여러분의 합격을
해커스공무원의 특별 혜택

📄 무료 **회독용 답안지**[PDF]

해커스공무원(gosi.Hackers.com) 접속 후 로그인 ▶ 상단의 [교재·서점 → 무료 학습 자료] 클릭 ▶
본 교재의 [자료받기] 클릭

FREE 공무원 한국사 **동영상강의**

해커스공무원(gosi.Hackers.com) 접속 후 로그인 ▶ 상단의 [무료강좌] 클릭
▶ 좌측의 [교재 무료특강] 클릭

🎟 해커스공무원 온라인 단과강의 **20% 할인쿠폰**

A468776647C469KX

해커스공무원(gosi.Hackers.com) 접속 후 로그인 ▶ 상단의 [나의 강의실] 클릭
▶ 좌측의 [쿠폰등록] 클릭 ▶ 위 쿠폰번호 입력 후 이용

* 쿠폰 이용 기한: 2023년 12월 31일까지(등록 후 7일간 사용 가능) | * ID당 1회에 한해 등록 가능(단과강의에만 적용 가능)

🎟 해커스 회독증강 콘텐츠 **5만원 할인쿠폰**

4D6FE7D35F34BE9A

해커스공무원(gosi.Hackers.com) 접속 후 로그인 ▶ 상단의 [나의 강의실] 클릭
▶ 좌측의 [쿠폰등록] 클릭 ▶ 위 쿠폰번호 입력 후 이용

* 쿠폰 이용 기한: 2023년 12월 31일까지(등록 후 7일간 사용 가능) | * ID당 1회에 한해 등록 가능(특별 할인상품 적용 불가)
* 월간 학습지 회독증강 행정학/행정법총론 개별상품은 할인쿠폰 할인대상에서 제외

📨 합격예측 모의고사 응시권 + 해설강의 수강권

ED88A594B2CB3GKR

해커스공무원(gosi.Hackers.com) 접속 후 로그인 ▶ 상단의 [나의 강의실] 클릭
▶ 좌측의 [쿠폰등록] 클릭 ▶ 위 쿠폰번호 입력 후 이용

* 쿠폰 이용 기한: 2023년 12월 31일까지(ID당 1회에 한해 등록 가능)

쿠폰 이용 관련 문의 1588-4055

단기 합격을 위한
해커스 커리큘럼

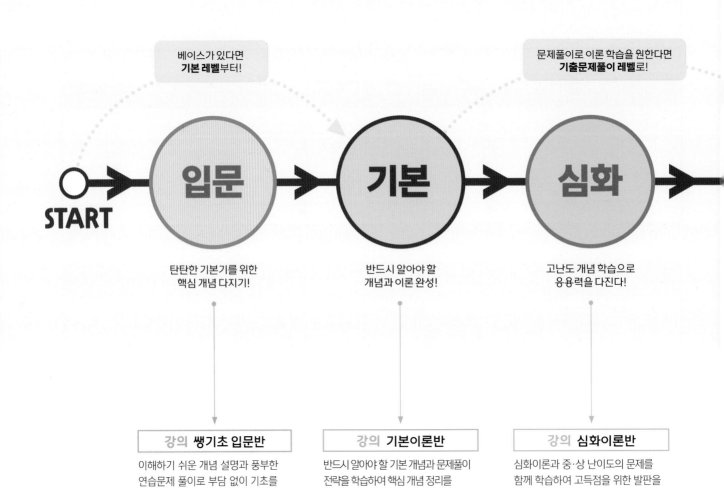

베이스가 있다면
기본 레벨부터!

문제풀이로 이론 학습을 원한다면
기출문제풀이 레벨로!

START → **입문** → **기본** → **심화** →

입문
탄탄한 기본기를 위한
핵심 개념 다지기!

기본
반드시 알아야 할
개념과 이론 완성!

심화
고난도 개념 학습으로
응용력을 다진다!

강의 **쌩기초 입문반**

이해하기 쉬운 개념 설명과 풍부한
연습문제 풀이로 부담 없이 기초를
다질 수 있는 강의

강의 **기본이론반**

반드시 알아야 할 기본 개념과 문제풀이
전략을 학습하여 핵심 개념 정리를
완성하는 강의

강의 **심화이론반**

심화이론과 중·상 난이도의 문제를
함께 학습하여 고득점을 위한 발판을
마련하는 강의

* 커리큘럼은 과목별·선생님별로 상이할 수 있으며, 자세한 내용은 해커스공무원 사이트에서 확인하세요.

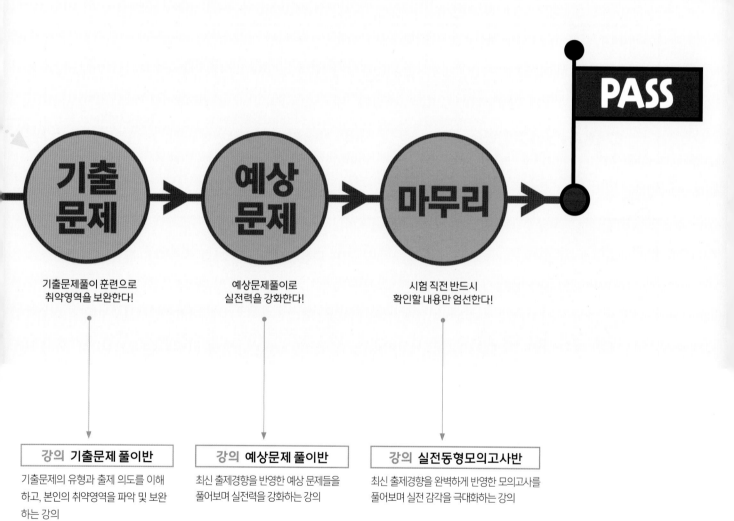

기출문제

기출문제풀이 훈련으로
취약영역을 보완한다!

강의 기출문제 풀이반

기출문제의 유형과 출제 의도를 이해
하고, 본인의 취약영역을 파악 및 보완
하는 강의

예상문제

예상문제풀이로
실전력을 강화한다!

강의 예상문제 풀이반

최신 출제경향을 반영한 예상 문제들을
풀어보며 실전력을 강화하는 강의

마무리

시험 직전 반드시
확인할 내용만 엄선한다!

강의 실전동형모의고사반

최신 출제경향을 완벽하게 반영한 모의고사를
풀어보며 실전 감각을 극대화하는 강의

강의 봉투모의고사반

시험 직전에 실제 시험과 동일한 형태의
모의고사를 풀어보며 실전력을 완성하는 강의

PASS

해커스공무원 **단기 합격생**이 말하는
공무원 합격의 비밀!

해커스공무원과 함께라면
다음 합격의 주인공은 바로 여러분입니다.

대학교 재학 중,
7개월 만에 국가직 합격!

김*석 합격생

영어 단어 암기를 하프모의고사로!

———

하프모의고사의 도움을 많이 얻었습니다. **모의고사의 5일 치 단어를 일주일에 한 번씩 외웠고,** 영어 단어 100개씩은 하루에 외우려고 노력했습니다.

가산점 없이
6개월 만에 지방직 합격!

김*영 합격생

국어 고득점 비법은 기출과 오답노트!

———

이론 강의를 두 달간 들으면서 **이론을 제대로 잡고 바로 기출문제로** 들어갔습니다. 문제를 풀어보고 기출강의를 들으며 **틀렸던 부분을 필기하며 머리에 새겼습니다.**

직렬 관련학과 전공,
6개월 만에 서울시 합격!

최*숙 합격생

한국사 공부법은 기출문제 통한 복습!

———

한국사는 휘발성이 큰 과목이기 때문에 **반복 복습이 중요하다고 생각**했습니다. 선생님의 강의를 듣고 나서 바로 **내용에 해당되는 기출문제를 풀면서 복습** 했습니다.

해커스공무원

대한국사
윤승규

기출
1200제

해커스공무원

윤승규

약력

현 | 해커스공무원학원 9·7급 한국사 전임강사

전 | KG패스원 9·7급 한국사 전임강사
숨마투스 9·7급 한국사 전임강사
(부산) 공단기 9·7급 한국사 전임강사
KG패스원(두로) 경찰간부 한국사 전임강사
대일학원 강사
송파/노량진 ETOOS 학원 강사
비타에듀 온라인 강사 외 다수

저서

해커스공무원 대한국사 윤승규 단원별 700제(2021, 해커스공무원)
해커스공무원 대한국사 윤승규 기출 1200제(2022, 해커스공무원)
윤승규 대한국사 필기의 정석(2022, 웅비)
윤승규 동형 360제(2021, 아람출판사)
윤승규 대한국사 단원별 600제(2018, 웅비)
윤승규 동형 320제(2017, 아람출판사)
All in one 대한국사(2017, 아람출판사)

서문

최근 공무원 한국사 시험 출제 경향은 그야말로 종잡을 수 없이 변화무쌍한 난이도를 보입니다. 그동안의 기출 문제를 중심으로 대부분의 문제가 출제되는가 하면, 새로운 학계의 연구 성과와 시사적 특징, 고등학교 8종 교과서를 망라한 신경향의 문제가 출제되기도 합니다.

그러나 공무원 한국사 시험의 전반적인 경향은 각 시대상에 대한 종합적 이해가 있어야 풀 수 있는 문제, 사료 제시형 추론 문제, 그리고 정확한 개념 및 사건의 특징을 알아야 풀 수 있는 지엽적인 문제 등이 적절한 비율로 출제되고 있다는 것입니다.

이에 따라 <해커스공무원 대한국사 윤승규 기출 1200제>는 수험생의 학습 효율성을 고려하여 각 단원을 분류사 체계 중심의 정치사, 경제사, 사회사, 문화사 순서로 구성하였습니다.
기출 문제는 다양한 출제 포인트를 최적화시켜 전체적인 역사상을 이해하고 전천후로 문제를 풀어나갈 수 있는 능력을 향상시키는 데 중점을 두고 배치하였습니다.
해설은 문제와 명확히 일치하는 해설을 서술하되, 심화 과정에 해당하는 세부적인 내용까지 이해하기 쉽도록 풀어냈습니다.
또한, 기출 문제는 왼쪽에, 해설은 오른쪽에 배치하여 문제 풀이 즉시 정답과 해설을 함께 확인할 수 있도록 구성하였습니다.

<해커스공무원 대한국사 윤승규 기출 1200제>가 수험생 여러분의 노력에 어긋나지 않는 뛰어난 교재가 되도록 끊임없이 검토하고 고쳐나가도록 하겠습니다.

끝으로 <해커스공무원 대한국사 윤승규 기출 1200제>가 나올 수 있기까지 끊임없이 도움을 주신 해커스 관계자 여러분께 가슴 깊이 고마움을 전합니다.

수험생 가족 여러분의 건승과 합격을 기원합니다.

윤승규

차례

해커스공무원 대한국사 윤승규 **기출 1200제**

공무원시험전문 **해커스공무원**
gosi.Hackers.com

PART 01

한국사의 이해

01 0001
2010년 9급 지방직

역사에 대한 설명으로 옳지 않은 것은?

① '기록으로서의 역사'에는 역사가의 주관이 개입되면 안 된다.
② 역사를 통하여 현재를 살아가는 데 필요한 삶의 지혜와 교훈을 얻을 수 있다.
③ 사료와 역사적 진실이 반드시 일치하는 것은 아니므로 사료 비판이 필요하다.
④ '사실로서의 역사'란 과거에 존재했던 모든 사실과 사건을 의미한다.

02 0002
2016년 9급 국가직

다음 글을 근거로 할 때, 사료를 탐구하는 자세로 옳지 않은 것은?

> 역사라는 말은 사람에 따라 다양한 뜻으로 사용되고 있지만, 일반적으로 '과거에 있었던 사실'과 '조사되어 기록된 과거'라는 두 가지 뜻을 지니고 있다. 즉, 역사는 '사실로서의 역사'와 '기록으로서의 역사'라는 두 측면이 있다. 전자가 객관적 의미의 역사라면, 후자는 주관적 의미의 역사라 할 수 있다. 우리가 역사를 배운다고 할 때, 이것은 역사가들이 선정하여 연구한 '기록으로서의 역사'를 배우는 것이다.

① 사료는 '과거에 있었던 사실'이므로 그대로 '사실로서의 역사'라고 판단한다.
② 사료를 이해하기 위해 그 사료가 기록된 당시의 전반적인 시대 상황을 살펴본다.
③ 사료 또한 사람에 의해 '기록된 과거'이므로, 기록한 역사가의 가치관을 분석한다.
④ 동일한 사건 또는 같은 시대를 다루고 있는 여러 다른 사료와 비교·검토해 본다.

03 0003
2011년 9급 지방직

다음과 같은 주장에 가장 적합한 역사 서술은?

> 역사가는 자기 자신을 숨기고 과거가 본래 어떠한 상태에 있었는가를 밝히는 것을 자신의 지상 과제로 삼아야 하며, 이때 오직 역사적 사실로 하여금 말하게 하여야 한다.

① 궁예와 견훤의 흉악한 사람됨이 어찌 우리 태조와 서로 겨룰 수 있겠는가.
② 건국 초에 향리의 자제를 뽑아 서울에 머물게 하여 출신지의 일에 대하여 자문하였는데, 이를 기인이라고 한다.
③ 묘청 등이 승리하였다면 조선사가 독립적, 진취적으로 진전하였을 것이니, 이 사건을 어찌 일천년래 제일대사건이라 하지 아니하랴.
④ 토문 이북과 압록 이서의 땅이 누구의 것인지 알지 못하게 하였으니 … (중략) … 고려가 약해진 것은 발해를 차지하지 못하였기 때문이다.

문제 풀이

01 0001

① 기록으로서의 역사는 '조사되어 기록된 과거'를 의미하며, 주관적 의미의 역사라 할 수 있다. 이것은 역사가가 사실을 토대로 조사하고 연구하여 주관적으로 재구성한 것으로써 역사가의 가치관과 주관적 요소(기록된 자료, 역사서)가 개입된 것이다. 또한 '기록으로서의 역사'는 과거의 모든 사실이 아니라 역사가가 주관적으로 선정한 사실에 한정된다.

정답 ①

03 0003

제시문의 내용은 근대 역사학의 아버지라 불리는 랑케의 주장이다. 랑케의 입장에 따르면 역사는 시간적으로 현재까지 일어난 모든 과거의 사건을 의미한다. 이러한 의미에서 역사란, 바닷가의 모래알과 같이 수많은 과거 사건들의 집합체가 된다.

② 사실을 있는 그대로 서술한 것으로, 랑케의 입장이 반영된 내용에 해당한다.

오답 분석

①, ③, ④ 모두 역사가의 해석과 주관이 개입된 내용으로 제시문의 입장과는 부합하지 않는다.

정답 ②

02 0002

① 사료는 그 자체에 관하여 그것의 진위 여부, 원 사료에 대한 타인의 첨가 여부, 필사인 경우 필사 과정에서의 오류, 혹은 사료가 만들어졌을 단계에서 작자 · 장소 · 연대 및 전거 등에 관한 분석이 필요하다. 이는 사료로서 전하는 것이 반드시 역사적 진실이라고는 할 수 없기 때문에 행하는 작업으로, 사료의 기술을 분석하고 기술의 개개의 점에 관하여 신뢰할 수 있는 이유의 유무를 조사하는 것이다.

정답 ①

PART 02

선사 시대의 문화와 국가의 형성

01 0004
2014년 9급 국가직

1960년대 전반 남북한에서 각기 조사 발굴되어 한국사에서 구석기 시대의 존재를 확인시켜 준 유적들을 바르게 짝지은 것은?

	남한	북한
①	제주 빌레못 유적	상원 검은모루 유적
②	공주 석장리 유적	웅기 굴포리 유적
③	단양 상시리 유적	덕천 승리산 유적
④	연천 전곡리 유적	평양 만달리 유적

02 0005
2020년 9급 국가직

(가) 시기의 생활상에 대한 설명으로 옳은 것은?

> 1935년 두만강 가의 함경북도 종성군 동관진에서 한반도 최초로 [(가)] 시대 유물인 석기와 골각기 등이 발견되었다. 발견 당시 일본에서는 [(가)] 시대 유물이 출토되지 않은 상황이었다.

① 반달 돌칼을 이용하여 벼를 수확하였다.
② 넓적한 돌 갈판에 옥수수를 갈아서 먹었다.
③ 사냥이나 물고기 잡이 등을 통해 식량을 얻었다.
④ 영혼 숭배 사상이 있어 사람이 죽으면 흙 그릇 안에 매장하였다.

03 0006
2018년 7급 서울시

〈보기〉에서 설명하는 구석기 유적은?

> **보기**
> 이곳에서는 동아시아에서 처음으로 아슐리안형 주먹 도끼가 발굴되었다. 이러한 성과는 세계의 전기 구석기 문화가 유럽·아프리카 아슐리안 전통과 동아시아 지역의 찍개 문화로 나뉜다는 고고학계의 학설이 무너지는 계기가 되었다.

① 공주 석장리 유적
② 연천 전곡리 유적
③ 청원 두루봉 동굴 유적
④ 단양 상시리 바위 그늘 유적

04 0007
2018년 9급 서울시

구석기 시대 사람들의 생활상에 대한 설명으로 가장 옳은 것은?

① 대체로 동굴이나 바위 그늘에서 생활하였으며 불을 사용할 줄 알았다.
② 단양 수양개, 연천 전곡리, 공주 석장리 등 강가에 살던 사람들은 주로 고기 잡이와 밭농사를 하며 생활하였다.
③ 이 시기의 대표적인 무덤 형식은 고인돌과 돌널무덤이다.
④ 주먹 도끼, 가로날 도끼, 민무늬 토기 등의 도구를 사용했다.

문제 풀이 ⚙

01 0004

② 공주 석장리 유적은 1964년 5월에 남한에서 최초로 발굴되어 구석기 시대 우리나라에 사람이 살았음을 본격적으로 알게 해 준 중요한 유적이다. 이 유적에서는 현재까지 12차례의 발굴을 통해 전기 · 중기 · 후기 구석기 시대의 다양한 문화층이 확인되었으며, 신석기 · 청동기 시대의 유물도 출토되었다.

웅기 굴포리 유적은 북한에서 최초로 발굴된 구석기 유적으로 1940년대부터 알려지기 시작했고, 1960~1964년의 발굴조사를 통해 유물과 유구가 드러났다. 6개 층으로 구분되는데, 박편 석기를 비롯한 포유동물 화석이 발굴되었다.

오답 분석

① 제주 빌레못 유적은 1977년부터 1981년까지 조사하여 세계 최장의 용암 동굴임이 확인되었고, 자르개 · 찍개 · 긁개 · 홈날석기 · 톱니날 석기 등이 출토되었다. 또한 황곰, 순록의 화석이 발견되어 당시의 제주도가 육지와 연결되어 있었음을 알 수 있게 되었다. 상원 검은모루 유적에서는 60~40만 년 전의 동물 화석, 주먹 도끼 등이 발굴되었는데, 한반도 구석기 시대 전기 문화의 자연환경, 동물의 분포상과 석기 제작술을 선명하게 나타내주고 있다.

③ 단양 상시리 유적은 1981년에 남한 최고(最古)의 인골이 발견된 유적으로 중기 구석기부터 후기 구석기 시대의 모습을 확인할 수 있다. 덕천 승리산 유적은 아래층에서 덕천인(10만 년 전, 어린이), 위층에서 승리산인(어른)이라 불리는 인골이 발견되었다.

④ 연천 전곡리 유적은 아슐리안계 양날 주먹 도끼가 발굴되어 모비우스설을 뒤집는 결정적 계기가 되었다. 평양 만달리 유적에서는 후기 구석기 시대의 인골이 발견되었는데, '만달사람'이라고 불리는 이 인골을 북한에서는 '조선 옛 유형사람'의 선조가 되는 것으로 본다.

정답 ②

02 0005

함경북도 종성군 동관진 유적은 한반도에서 최초로 발견된 구석기 시대의 유적지이다.

③ 구석기 시대는 획득 경제 체제로 수렵(사냥), 어로(물고기 잡이), 채집의 특성을 가지고 있었으며, 아직 생산 경제의 특징인 농경과 목축이 시작되기 전이었다. 생산 경제로의 진입은 신석기 시대부터였다.

오답 분석

① 반달 돌칼은 청동기 시대의 대표적 농기구로 벼, 보리의 이삭을 따는 도구였다.

② 돌 갈판은 신석기 시대의 대표적 유물 중 하나이다. 다만 옥수수는 아메리카 대륙에서 자생하던 식물로, 콜럼버스의 진출 이후 유라시아 대륙에는 16세기에 전래되었다. 우리나라에는 중국을 거쳐 16세기 후반에 전래된 것으로 보인다.

④ 영혼 숭배 사상은 신석기 시대에 본격적으로 등장하였다. 흙 그릇을 사용하는 독무덤은 신석기 시대에 처음 일부가 등장하고 청동기 시대를 거쳐 철기 시대에 이르러 대형화되는 특성을 갖는다. 철기 시대의 대표적 독무덤군으로 나주 반남 고분군 등이 있다.

정답 ③

03 0006

② 〈보기〉에서 설명하는 지역은 1978년 미군 보웬에 의해 아슐리안형 주먹 도끼(양날주먹 도끼)와 동아시아식 외날찍개가 함께 발견된 연천 전곡리 유적이다. 아슐리안형 주먹 도끼가 한반도에서 발견됨에 따라 인도 동쪽 지역에서는 동아시아식 외날찍개만 분포한다는 모비우스설이 무너지게 되었다.

오답 분석

① 공주 석장리 유적은 남한 최초의 구석기 유물 발견 지역으로, 전기~후기 구석기 시대의 유적이 모두 발견된 유적지이다.

③ 청원 두루봉 동굴 유적은 흥수 아이가 발견된 유적지이다.

④ 단양 상시리 바위 그늘 유적은 남한 최고의 인골이 발견된 유적지이다.

정답 ②

04 0007

① 구석기 시대 사람들은 동굴이나 막집, 바위 그늘 등에서 생활하였으며, 불을 이용할 수 있었다.

오답 분석

② 농경이 시작된 것은 신석기 시대에 해당한다.

③ 고인돌과 돌널무덤은 청동기 시대에 해당한다.

④ 민무늬 토기는 청동기 시대에 해당한다.

정답 ①

05 0008

밑줄 친 '이 시대'의 사회 모습으로 옳은 것은?

> 이 시대의 황해도 봉산 지탑리와 평양 남경 유적에서 탄화된 좁쌀이 발견되는 것으로 보아 잡곡류 경작이 이루어졌음을 알 수 있다. 농경의 발달로 수렵과 어로가 경제 생활에서 차지하는 비중이 줄어들기 시작하였지만, 여전히 식량을 얻는 중요한 수단이었다. 한편 가락바퀴나 뼈바늘을 이용하여 옷이나 그물을 만드는 등 원시적인 수공업 생산이 이루어지기 시작하였다.

① 생산물이 분배 과정에서 사유 재산 제도가 등장하였다.
② 마을 주변에 방어 및 의례 목적으로 환호(도랑)를 두르기도 하였다.
③ 흑요석의 출토 사례로 보아 원거리 교류나 교역이 있었음을 알 수 있다.
④ 집자리는 주거용 외에 창고, 작업장, 집회소, 공공 의식 장소 등도 확인되었다.

06 0009

신석기 시대의 사회상에 대한 설명으로 옳지 않은 것은?

① 독무덤과 널무덤이 유행하였다.
② 방추차를 이용하여 옷감을 짜서 입었다.
③ 이른 민무늬 토기, 덧무늬 토기 등을 사용하였다.
④ 영혼 숭배와 조상 숭배가 나타났다.

07 0010

밑줄 친 '이 시기'에 있었던 사실로 가장 적절한 것은?

> 이 시기에는 도구가 발달하고 농경이 시작되면서 주거 생활도 개선되어 갔다. 집터는 대개 움집 자리로, 바닥은 원형이거나 모서리가 둥근 사각형이었다. 움집의 중앙에는 불씨를 보관하거나 취사와 난방을 하기 위한 화덕이 위치하였다. 집터의 규모는 4~5명 정도의 한 가족이 살기에 알맞은 크기였다.

① 소를 이용한 밭갈이 농사를 하였다.
② 고인돌과 돌널무덤이 많이 만들어졌다.
③ 빗살무늬 토기와 가락바퀴가 제작되었다.
④ 한국식 동검이라 일컫는 세형동검을 사용하였다.

08 0011

다음 유물을 통해 알 수 있는 당시 사회의 모습을 〈보기〉에서 고르면?

> **보기**
> ㉠ 정착 생활이 시작되었다.
> ㉡ 전문적인 기술자와 사유 재산 제도가 나타났다.
> ㉢ 원시적인 수공업 생산이 이루어졌다.
> ㉣ 명도전 등을 사용하여 중국과 활발하게 교류하였다.

① ㉠, ㉡   ② ㉠, ㉢   ③ ㉡, ㉢   ④ ㉢, ㉣

09 0012

신석기 시대 유적과 유물을 바르게 연결한 것만을 모두 고르면?

> ㄱ. 양양 오산리 유적 – 덧무늬 토기
> ㄴ. 서울 암사동 유적 – 빗살무늬 토기
> ㄷ. 공주 석장리 유적 – 미송리식 토기
> ㄹ. 부산 동삼동 유적 – 아슐리안형 주먹 도끼

① ㄱ, ㄴ   ② ㄱ, ㄹ   ③ ㄴ, ㄷ   ④ ㄷ, ㄹ

05 0008

밑줄 친 '이 시대'는 신석기 시대를 말한다.

③ 흑요석은 화산과 관련된 지역에서 발견되는 광물로 주로 백두산 지역이나 일본 큐슈 지역에서 많이 생산된다. 신석기 시대의 유적인 통영 연대도 패총과 김해시 장유 수가리 패총에서 발견된 흑요석으로 만든 화살촉은 화산이 많은 일본 큐슈 지역에서 생산된 것으로 추정되고 있다. 또한 양양 오산리 유적의 흑요석 유물은 백두산 지역에서 생산된 것으로 여겨진다. 이 유물들의 발견으로 인해 신석기 시대의 원거리 교류나 교역의 양상을 추정할 수 있다.

오답 분석

①, ②, ④ 모두 청동기 시대의 사회 모습에 해당한다.

정답 ③

06 0009

① 독무덤은 신석기 시대에 나타나 청동기 시대를 거치면서 유아용 무덤으로 많이 축조되었으며, 철기 시대에 가면 대형화되는 특징을 보이는 묘제 형식이다.
널무덤은 철기 시대의 대표적 분묘로 철기 시기의 고조선 지역에서부터 삼한 지역에 이르기까지 널리 분포하였던 묘제 형식이다. 따라서 신석기 시대에도 존재하였던 독무덤과는 달리, 철기 시대의 분묘 양식인 널무덤은 신석기 시대와 관련이 없다.

오답 분석

② 신석기 시대에는 가락바퀴(방추차)와 뼈바늘을 이용해 그물을 제작하거나 옷감을 짜서 입었다.
③ 신석기 시대에는 저장 그릇으로 토기를 사용하였다. 전기에는 이른 민무늬 토기, 덧무늬 토기, 눌러찍기무늬 토기 등을 사용하였으나, 후기로 가면서 빗살무늬 토기가 많이 제작되었다.
④ 신석기 시대에는 애니미즘, 토테미즘, 샤머니즘 등의 신앙 체계가 생겨났으며, 아울러 영혼 숭배와 조상 숭배가 나타났다.

정답 ①

07 0010

밑줄 친 '이 시기'는 신석기 시대로, 신석기 시대에는 움집의 중앙에 위치했던 화덕이 난방과 취사를 겸하였다.

③ 신석기 시대에는 빗살무늬 토기와 가락바퀴가 제작되었다.

오답 분석

① 우경은 철기 시대에 등장한 것으로 보이나, 우리나라의 기록에는 신라 지증왕 시기(502년)에 처음 실시되었다고 전한다.
② 고인돌과 돌널무덤은 청동기 시대의 무덤 양식이다.
④ 세형동검은 철기 시대의 유물이다.

정답 ③

08 0011

사진 자료의 유물은 신석기 시대에 주로 사용된 가락바퀴와 빗살무늬 토기이다.

② 신석기 시대에는 조, 피, 수수 등의 작물을 경작하는 원시 농경이 이루어졌고, 이에 따라 곡식을 저장하기 위한 토기(빗살무늬 토기)를 제작하였으며, 강가나 바닷가 등에서 정착 생활이 시작되었다. 또한 가락바퀴와 뼈바늘을 이용하여 의복 및 그물을 제작하는 등 원시적 수공업 생산이 이루어졌다.

오답 분석

ⓒ 청동기, ⓔ 철기 시대에 해당한다.

정답 ②

09 0012

ㄱ. 양양 오산리 유적은 신석기 유적으로 같은 시대의 유물인 덧무늬 토기와 빗살무늬 토기가 발견되었다.
ㄴ. 신석기 시대의 유적지인 서울 암사동 유적에서도 빗살무늬 토기가 발견되었다.

정답 ①

10 0013

다음 유물이 만들어진 시대의 사회상으로 옳은 것은?

> • 충북 청주 산성동 출토 가락바퀴
> • 경남 통영 연대도 출토 치레걸이
> • 인천 옹진 소야도 출토 조개 껍데기 가면
> • 강원 양양 오산리 출토 사람 얼굴 조각상

① 한자의 전래로 붓이 사용되었다.
② 무덤은 일반적으로 고인돌이 사용되었다.
③ 조, 피 등을 재배하는 농경이 시작되었다.
④ 반량전, 오수전 등의 중국 화폐가 사용되었다.

11 0014

밑줄 친 '이 시기'에 해당하는 사실로 옳은 것은?

> 이 시기에는 반달 돌칼 등 다양한 간석기가 사용되었고 민무늬 토기를 비롯한 토기의 종류도 다양해졌으며, 고인돌과 돌널무덤이 만들어졌다.

① 목을 길게 단 미송리식 토기가 사용되었다.
② 용호동 유적에서 불 땐 자리가 확인되었다.
③ 주로 동굴이나 강가의 막집에 거주하였다.
④ 농경과 목축이 시작되었다.

12 0015

밑줄 친 '이 토기'가 주로 사용되었던 시대에 대한 설명으로 옳은 것은?

> 이 토기는 팽이처럼 밑이 뾰족하거나 둥글고 표면에 빗살처럼 생긴 무늬가 새겨져 있다. 곡식을 담는 데 많이 이용된 이 토기는 전국 각지에서 출토되고 있는데 대표적 유적지는 서울 암사동, 봉산 지탑리 등이다.

① 농경과 정착 생활이 이루어졌다.
② 고인돌이나 돌널무덤을 만들었다.
③ 빈부의 격차가 나타나고 계급이 발생하였다.
④ 군장이 부족의 풍요와 안녕을 기원하는 제사를 지냈다.

13 0016

우리나라 선사 시대에 대한 설명으로 옳지 않은 것은?

① 덕천 승리산 동굴에서 화석 인골이 발견되었다.
② 부산 동삼동 패총에서 조와 기장이 수습되었다.
③ 연천 전곡리 유적에서 유럽 아슐리안 계통의 주먹 도끼가 출토되었다.
④ 서울 암사동에서 출토된 빗살무늬 토기는 바닥이 납작한 평저(平底)를 특징으로 한다.

14 0017

㉠ 시대에 대한 설명으로 옳은 것은?

> 제주도 고산리 유적은 [㉠] 시대의 연대를 앞당길 수 있는 단서를 제공해 주고 있다. 여기에서 출토된 삼각형 모양의 돌화살촉과 '이른 민무늬 토기'를 분석하여 [㉠] 시대가 기원전 8,000년경부터 시작되었음을 알게 되었다. 출토된 토기는 일명 '고산리식 토기'라고 불린다.

① 고인돌에 간돌검을 부장하였다.
② 가락바퀴를 이용하여 옷감을 만들었다.
③ 명도전, 반량전 등의 화폐를 사용하였다.
④ 반달 돌칼을 사용하여 이삭을 수확하였다.

15 0018

다음 제시된 자료와 관련된 시대의 유적이 아닌 것은?

> 옷은 방추를 이용하여 옷감을 짜서 입을 줄 알게 되었고 돌로 만든 괭이, 낫 등을 이용하여 조, 피, 수수 등을 재배하기 시작하였다. 집은 동굴 생활에서 벗어나 땅을 파고 움집을 짓고 살았으며 바닥이 뾰족한 토기를 만들어 사용하는 지역도 있었다.

① 고령 지산동 유적
② 양양 오산리 유적
③ 봉산 지탑리 유적
④ 부산 동삼동 유적

10 0013

제시된 유물(가락바퀴, 치레걸이, 조개 껍데기 가면, 사람 얼굴 조각상)은 신석기 시대의 대표적인 유물이다.

③ 신석기 시대부터 농경이 시작되어 조, 피 등을 재배하였는데, 농경의 출발은 신석기 전기의 후반부부터 이루어진 것으로 추정된다.

오답 분석

①, ④ 철기 시대의 유적에서는 철기와 함께 명도전, 반량전, 오수전 등의 중국 화폐가 출토되었는데, 이는 철기 시대에 우리나라가 중국과 교류하였음을 보여준다. 또한 철기 시대의 유적인 경남 창원 다호리에서 붓이 발견된 것은 중국과의 교류를 통해 한자를 사용하였음을 보여준다.

② 청동기 문화가 유입되면서 나타나기 시작한 고인돌은 경제력이 있거나 정치 권력을 가진 지배층의 무덤이었다.

정답 ③

11 0014

제시문의 '이 시기'는 청동기 시대에 해당한다.

① 청동기 시대에는 미송리식 토기, 민무늬 토기, 붉은 간 토기 등이 사용되었다.

오답 분석

② 대전 용호동 유적은 구석기 중기부터 후기까지의 유적지에 해당한다.

③ 구석기 시대에 대한 설명이다.

④ 신석기 시대에 대한 설명이다.

정답 ①

12 0015

제시문의 '이 토기'는 신석기 시대에 주로 사용된 빗살무늬 토기이다.

① 신석기 시대부터 농경이 시작되었는데, 농경의 출발은 신석기 후반부부터 이루어진 것으로 추정된다. 이 시기에 원시적이나마 생산 경제에 돌입함으로써 정착 생활이 시작되었다.

오답 분석

②, ③, ④ 청동기 시대에 대한 설명이다.

정답 ①

13 0016

④ 서울 암사동에서 출토된 토기를 비롯한 대부분의 신석기 시대 빗살무늬 토기는 구연부가 넓고 밑이 뾰족하여 달걀을 잘라 놓은 모양의 첨저형이다.

서해안 및 남해안 지역에서는 밑이 뾰족한 첨저형 빗살무늬 토기가 분포된 반면, 동해안 지역에서는 밑이 납작한 평저형 빗살무늬 토기가 분포되어 있다. 함경도 지역과 강원도 지역에서 출토된 빗살무늬 토기는 구연부가 넓으나 바닥이 좁고 평평한 모양을 하고 있는 평저형의 특징을 보인다. 첨저형 빗살무늬 토기가 출토된 대표적인 유적으로는 서해안 지역의 평안남도 온천군 궁산리, 황해도 봉산군 지탑리, 서울특별시 암사동, 경기도 광주군 미사리, 경기도 부천군 시도(矢島) 패총 등이 있고, 남해안 지역의 부산 광역시 동삼동 패총, 경상남도 김해군 수가리 패총 등이 있다. 한편 평저형 빗살무늬 토기가 출토된 유적으로는 동해안 지역의 함경북도 무산군 서포항(西浦項) 패총, 강원도 양양군 오산리 유적(다른 지층에서 첨저형도 동시 출토) 등이 있다.

정답 ④

14 0017

제주도 한경면 고산리 유적은 신석기 시대의 상한을 1만 년 전으로 앞당겨놓은 곳으로 한반도에서 가장 오래된 신석기 시대의 유적지이다.

② 신석기 시대에는 가락바퀴와 뼈바늘을 이용하여 옷감이나 그물을 만들었다.

오답 분석

① 고인돌에 간돌검을 부장한 시기는 청동기 시대에 해당한다.

③ 명도전, 반량전은 철기 시대에 중국에서 도입된 화폐에 해당한다.

④ 반달 돌칼은 청동기 시대에 벼농사가 행해졌음을 알 수 있는 유물로, 이삭을 떼어낼 때 쓰는 도구였다.

정답 ②

15 0018

자료와 관련된 선사 시대는 신석기 시대에 해당한다. 신석기 시대의 대표적 유적지로는 양양 오산리, 김해 수가리, 서울 암사동, 부산 동삼동, 봉산 지탑리 유적 등이 있다.

① 고령 지산동 유적은 대가야의 고분 유적이다.

정답 ①

16 0019

2019년 7급 국가직

다음 토기가 사용된 시기의 생활상으로 옳지 않은 것은?

이 토기는 그릇의 표면에 점토 띠를 덧붙여 각종 문양 효과를 내었으며, 바닥은 평저 또는 원저로 이루어져 있다. 대표적인 예로 부산 동삼동, 울주 신암리, 양양 오산리 등에서 출토된 것이 있다.

① 움집에서 주거 생활을 하였다.
② 검은 간 토기를 함께 사용하였다.
③ 가락바퀴를 이용해 옷을 만들었다.
④ 농경이 시작되어 조와 기장 등을 경작하였다.

17 0020

2016년 7급 국가직

청동기 시대의 생활상에 대한 설명으로 옳은 것은?

① 정교하고 날카로운 간돌검을 사용하였다.
② 빗살무늬 토기에 도토리 등을 저장하였다.
③ 유적으로는 상원 검은모루, 공주 석장리 등이 있다.
④ 주먹 도끼, 찍개 등 돌로 된 사냥 도구를 만들었다.

18 0021

2019년 9급 국가직

청동기 시대의 유적과 유물에 대한 설명으로 옳은 것은?

① 연천 전곡리에서는 사냥 도구인 주먹 도끼가 출토되었다.
② 창원 다호리에서는 문자를 적는 붓이 출토되었다.
③ 강화 부근리에서는 탁자식 고인돌이 발견되었다.
④ 서울 암사동에서는 곡물을 담는 빗살무늬 토기가 나왔다.

19 0022

2013년 7급 국가직

다음 설명에 해당하는 토기는?

밑이 납작한 항아리 양쪽 옆으로 손잡이가 하나씩 달리고 목이 넓게 올라가서 다시 안으로 오므라들고, 표면에 집선(集線)무늬가 있는 것이 특징이다. 주로 청천강 이북, 요령성과 길림성 일대에 분포한다. 이 토기는 고인돌, 거친무늬 거울, 비파형 동검과 함께 고조선의 특징적인 유물로 간주된다.

① 검은 간 토기
② 미송리식 토기
③ 눌러찍기무늬 토기
④ 덧띠새김무늬 토기

문제 풀이

16 0019

제시문은 신석기 전기에 사용했던 덧무늬 토기에 대한 설명이다. 덧무늬 토기와 동시대에 사용된 것으로는 눌러찍기무늬 토기와 이른 민무늬 토기가 있다. 이후 신석기 후기에는 빗살무늬 토기가 주로 사용되었다.

② 검은 간 토기는 철기 시대에 사용되었다.

오답 분석

①, ③, ④ 신석기 시대에는 화덕이 가운데 설치된 원형이나 방형의 움집이 주로 만들어졌으며, 가락바퀴와 뼈바늘을 이용해 의복이나 그물을 제작하였다. 또한 농경이 시작되어 조, 피, 수수, 기장 등이 재배되었다.

정답 ②

17 0020

① 청동기 시대에도 청동은 무르고 흔하지 않아서 농기구와 같은 일반적인 도구로는 제작되지 않았다. 청동기 시대에는 일반적으로 신석기 시대보다 훨씬 다양한 돌 도구가 많이 제작되어 사용되었는데, 특히 돌검이나 돌화살촉 등은 정교하게 만들어졌으며, 그중 일부는 금속 제품을 모방하여 만들기도 하였다.

오답 분석

② 한반도의 신석기 시대 사람들은 주로 자연에서 채집한 도토리를 빗살무늬 토기에 저장하였다가, 갈돌과 갈판을 사용하여 갈아 먹었다. 도토리는 당시의 중요한 식량이었는데, 이는 경남 진주 상촌리 유적이나 창녕 비봉리 유적 등에서 확인할 수 있다.

③, ④ 상원 검은모루, 공주 석장리 유적은 구석기 유적에 해당하며, 주먹 도끼, 찍개 등 돌로 된 사냥 도구들도 구석기 시대에 사용되었던 유물이다.

정답 ①

18 0021

③ 청동기 시대의 유적으로 대표적인 것은 고인돌 유적군이다. 강화, 고창, 화순 등의 고인돌 유적은 세계 문화유산으로 지정되었다.

오답 분석

① 구석기 시대의 유적지인 연천 전곡리에서는 아슐리안계 주먹도끼와 동아시아식 외날찍개가 동시에 발견되어 인도 서쪽에서만 아슐리안계 석기가 발견된다는 모비우스설이 폐기되었다.

② 철기 시대의 유적인 창원 다호리에서 발견된 붓은 한자 문화권의 필기구로, 중국에서 철기의 도입과 동시에 중국 문화가 수용되었음을 알 수 있는 지표 유물 중 하나이다.

④ 빗살무늬 토기는 신석기 시대의 유물이다.

정답 ③

19 0022

② 제시문에 '밑이 납작한 항아리 양쪽 옆으로 손잡이가 하나씩 달리고'라는 부분을 통해 미송리식 토기에 대한 설명임을 알 수 있다. 미송리식 토기는 고인돌, 거친무늬 거울, 비파형 동검과 함께 고조선의 대표적인 유물로 간주된다.

오답 분석

① 검은 간 토기는 청동기 시대부터 사용하기 시작하여, 철기 전기(청동기 후기)에 주로 사용된 토기이다.

③ 눌러찍기무늬 토기는 신석기 전기에 주로 사용하였다.

④ 덧띠새김무늬 토기는 빗살무늬 토기 문화와 500여 년간 공존하였으며, 신석기 후기와 청동기 초기를 대표한다.

정답 ②

20 0023

2012년 7급 국가직

붓이 출토되어 문자를 사용한 사실이 있음을 알려주는 유적지는?

① 여주 흔암리
② 창원 다호리
③ 부여 송국리
④ 순천 대곡리

22 0025

2011년 9급 지방직

한국 철기 시대의 주거 양상에 대한 설명으로 옳지 않은 것은?

① 부뚜막이 등장하였다.
② 지상식 주거가 등장하였다.
③ 원형의 송국리형 주거가 등장하였다.
④ 출입구 시설이 붙은 '여(呂)'자형 주거가 등장하였다.

21 0024

2012년 9급 국가직

다음 ㉠~㉢에 들어갈 말을 바르게 배열한 것은?

> ○ 기원전 8~7세기 무렵에 ㉠ 도 본격화되기 시작했다.
> ○ 일반적으로 ㉡ 은 식량 채집 단계로부터 식량 생산 단계로의 변화를 낳은 농업혁명을 말한다.
> ○ ㉢ 과 뒤를 이은 ㉣ 을 대표적인 유물로 하는 청동기 문화는 황하나 내몽골 지역의 것과는 구별되는 독자적인 개성을 지닌 것이었다.

	㉠	㉡	㉢	㉣
①	벼농사	신석기 혁명	비파형동검	세형동검
②	벼농사	청동기 혁명	세형동검	비파형동검
③	보리농사	신석기 혁명	세형동검	비파형동검
④	보리농사	청동기 혁명	비파형동검	세형동검

23 0026

2014년 7급 지방직

선사 시대의 사회 생활상에 대한 설명으로 옳은 것은?

① 지상 가옥을 짓고 살았던 사람들은 청동제 농기구를 사용함으로써 농업 생산력을 한층 발전시켰다.
② 신석기 시대 후기 사람들은 가축을 기르기 시작하였으며, 벼 농사를 지어 쌀을 주식으로 사용하였다.
③ 빗살무늬 토기를 주로 사용하였던 사람들은 농사에서는 반달 돌칼, 전쟁에서는 세형동검을 이용하였다.
④ 연천 전곡리의 구석기인들은 외날찍개, 주먹 도끼 등을 이용하여 식량을 구하고 무리를 지어 살았다.

20 0023

② 창원 다호리의 덧널무덤(토광목곽분)에서는 철제 농기구 · 청동검 · 붓 등의 유물이 출토되었다. 붓이 발견된 것은 이미 한자를 사용하고 있음을 보여주는 것으로, 이는 중국과의 교역이 이루어졌음을 보여준다.

오답 분석

① 여주 흔암리 유적은 신석기 후기~청동기 시대의 유적으로 가락바퀴를 비롯하여 3,000년 전의 탄화미가 발견되어, 신석기 시대 후기에서 청동기 시대 초기에 벼농사가 이루어졌음을 알 수 있다.

③ 부여 송국리 유적은 우리나라 최대의 청동기 유적지로 60여 채의 집터, 10여 기의 독무덤과 돌널무덤, 그리고 반달 돌칼, 홈자귀, 돌낫, 붉은 간 토기 및 송국리형 토기 등 다량의 유물이 발굴되었다.

④ 순천 대곡리 유적은 대표적인 청동기에서 철기에 걸치는 유적으로 청동기 시대의 집터 등이 발견되었다.

정답 ②

21 0024

㉠ 기원전 8~7세기 무렵에는 벼농사가 본격화되기 시작하였다. 한편, 최근 몇 년 전부터는 안동 저전리, 울산 무거동 옥현리, 충남 논산시 연무읍 마전리, 진주 대평면 대평리 옥방 2, 3, 4지구 등 청동기 시대의 벼농사와 관련된 경작지들이 자주 발굴되고 있다.

㉡ 획득 경제에서 농경을 중심으로 한 생산 경제로의 진입은 신석기 시대에 이루어졌으며, 이를 신석기 혁명이라 부른다.

㉢ 청동기 시대의 대표적 유물은 비파형동검이다.

㉣ 철기 시대 전기의 대표적 청동기 유물은 비파형을 계승한 세형동검이다.

정답 ①

22 0025

③ 원형의 송국리형 집터는 청동기 시대의 주거 형태에 해당한다.

오답 분석

① 부뚜막은 취사와 난방이 완전히 분리되는 철기 시대에 등장한 것으로 보이며 실제의 형태는 고구려의 유적과 고분 벽화에서만 그 자취가 발견되었다.

② 지상식 주거가 본격적으로 등장하는 것은 철기 전기 시대라 할 수 있다.

④ '여(呂)'자형 주거는 철기 시대 동예의 세력 범위에서 주로 발굴되고 있다.

정답 ③

23 0026

④ 연천 전곡리 유적은 1978년에 당시 동두천 주둔 미군인 보웬(Bowen, G.)에 의해 처음으로 발견되었고, 3,000점 이상의 석기가 출토되었다. 연천 전곡리 유적에서는 양면 가공된 아슐리안형의 주먹 도끼(hand-axe)에 해당하는 일명 양면 핵석기와 외날찍개 등이 발견되었다.

오답 분석

① 움집의 지상 가옥화는 청동기에서 철기로 이행되는 시기에 이루어졌다. 또한 청동기 시대라 해도 청동이 흔하지 않아 농기구와 같은 일반적인 도구는 청동으로 거의 만들지 않았다.

② 가축은 기원전 1만 년경 후빙기가 시작된 이후 기원전 8000~6500년경에 오리엔트 지역(이른바 비옥한 초승달 지역)에서 시작하였고, 벼농사는 신석기 시대 후기에서 청동기 시대 초기에 이루어졌다.

③ 빗살무늬 토기는 신석기 시대의 사람들이 주로 사용하였던 토기이다. 반달 돌칼은 신석기 후기부터 나타나 청동기 시대에 흔히 쓰였고, 세형동검은 철기 전기 시대의 대표적인 유물이다.

정답 ④

24 0027 · 2017년 9급 지방직

한반도 선사 시대에 대한 설명으로 옳지 않은 것은?

① 구석기 시대 전기에는 주먹 도끼와 슴베찌르개 등이 사용되었다.
② 신석기 시대 집터는 대부분 움집으로 바닥은 원형이나 모서리가 둥근 사각형이다.
③ 신석기 시대 사람들은 조개류를 많이 먹었으며, 때로는 장식으로 이용하기도 하였다.
④ 청동기 시대의 전형적인 유물로는 비파형동검 · 붉은 간 토기 · 반달 돌칼 · 홈자귀 등이 있다.

25 0028 · 2012년 7급 지방직

선사 시대의 문화에 대한 설명으로 옳지 않은 것은?

① 구석기 시대 사람들은 동굴이나 바위 그늘, 막집 등에서 살았다.
② 신석기 시대에는 가락바퀴나 뼈바늘을 이용하여 옷이나 그물을 만들었다.
③ 빗살무늬 토기보다 앞서 덧무늬 토기, 이른 민무늬 토기 등을 사용하였다.
④ 청동기 시대부터 청동제 농기구를 본격적으로 사용함에 따라 농경이 더욱 발전하였다.

26 0029 · 2014년 7급 국가직

(가), (나) 시대의 사회상과 유적이 바르게 연결된 것을 〈보기〉에서 모두 고르면?

> (가) 동물의 뼈나 뿔로 만든 뼈 도구와 뗀석기를 가지고 사냥과 채집을 하면서 생활하였다.
> (나) 고인돌이 만들어지고 계급이 형성되는 한편 군장 국가가 등장하였다.

보기

ㄱ. (가) – 동굴 유적지로 덕천 승리산, 제천 점말, 청원 두루봉이 있다.
ㄴ. (나) – 금속을 다루는 전문 장인이 나타나고 사유 재산 제도가 발달하였다.
ㄷ. (가) – 반달 돌칼과 구멍 뚫린 돌자귀를 만들어 농경에 활용하였다.
ㄹ. (나) – 서울 암사동과 황해도 봉산 지탑리가 주요 유적지이다.

① ㄱ, ㄴ   ② ㄱ, ㄷ   ③ ㄴ, ㄹ   ④ ㄷ, ㄹ

27 0030 · 2015년 7급 지방직

다음 토기가 주로 사용된 시기에 대한 설명으로 옳은 것만을 모두 고른 것은?

> ㄱ. 민무늬 토기 – 반달형 돌칼을 이용하여 곡식의 이삭을 잘랐다.
> ㄴ. 빗살무늬 토기 – 돌이나 뼈로 만든 낚시 도구로 고기잡이를 하였다.
> ㄷ. 덧무늬 토기 – 계급 사회의 발생을 보여주는 고인돌이 만들어졌다.
> ㄹ. 미송리식 토기 – 뗀석기를 가지고 사냥과 채집 생활을 하였다.

① ㄱ, ㄴ   ② ㄱ, ㄹ   ③ ㄴ, ㄷ   ④ ㄷ, ㄹ

24 0027

① 구석기 전기에는 하나의 커다란 석기를 만들어 여러 용도에 쓴 주먹 도끼, 찍개 등이 주로 제작되었고, 후기에 이르러 대표적인 석기로 사냥 도구인 슴베찌르개를 사용하기도 하였다.

정답 ①

25 0028

④ 청동기 시대의 농기구는 단단한 나무나 돌로 만들어 사용하였다. 청동기는 흔하지도 않았지만, 지배층의 전유물로 제작되었기 때문에 농기구와 같은 일반적인 도구는 청동으로 거의 만들지 않았다.

정답 ④

26 0029

제시문의 (가)는 구석기 시대, (나)는 청동기 시대에 대한 내용이다.
ㄱ. 모두 구석기 시대의 동굴 유적지이다.
ㄴ. 청동기 시대에는 청동기 제작과 관련된 전문 장인이 출현하였으며, 사유 재산 제도와 계급이 나타났다.

오답 분석

ㄷ. 반달 돌칼과 돌자귀 등은 청동기 시대의 전형적인 유물이다. 신석기 시대 이후에 농경 생활이 이루어졌음을 알려주는 이 유물들은 신석기 시대 후기부터 나타나 청동기 시대에 흔히 쓰였다.
ㄹ. 서울 암사동과 봉산 지탑리 유적은 신석기 시대의 대표적 유적지이다. 서울 암사동 유적은 기원전 4000~3000년경의 신석기 시대에 살았던 사람들의 집터가 남아 있는 곳으로 국내 최대의 신석기 시대 집단 취락터이다. 봉산 지탑리 유적에서는 피, 조로 보이는 탄화된 곡식과 돌보습, 돌낫 등의 신석기 시대의 유물이 출토되었다.

정답 ①

27 0030

ㄱ. 민무늬 토기는 주로 청동기 시대에 사용되었다. 청동기 시대에는 반달 돌칼로 곡식을 자르고, 맷돌로 곡물을 가공하기도 하였다.
ㄴ. 빗살무늬 토기는 주로 신석기 시대에 사용되었다. 신석기 시대에는 활, 창, 그물, 작살, 돌이나 뼈로 만든 낚시 도구로 사냥 및 고기잡이 등을 하며 살았다.

오답 분석

ㄷ. 덧무늬 토기는 신석기 시대 초기의 대표적 토기이다. 고인돌은 청동기 시대에 이르러 제작되었다.
ㄹ. 미송리식 토기는 청동기 시대에 주로 사용된 토기이다. 뗀석기를 가지고 사냥과 채집 생활을 한 시기는 구석기 시대이다.

정답 ①

28 0031

2018년 9급 서울시(추가 채용)

〈보기〉의 유적들이 등장한 시대의 사회상에 대한 설명으로 가장 옳은 것은?

> **보기**
> • 서울 암사동 유적   • 제주 고산리 유적
> • 양양 오산리 유적   • 부산 동삼동 유적

① 움집을 청산하고 지상 가옥에서 거주하기 시작하였다.
② 벼농사를 위하여 각종 수리 시설이 축조되었다.
③ 조개무지(패총)를 많이 남겼다.
④ 마을을 보호하기 위한 방어 시설이 발전하였다.

30 0033

2018년 9급 지방직

다음은 각 유물과 그것이 사용되던 시기의 사회 모습에 대한 설명이다. 옳은 것만을 모두 고르면?

> ㄱ. 슴베찌르개 – 벼농사를 짓기 시작하였고 나무로 만든 농기구를 사용하였다.
> ㄴ. 붉은 간 토기 – 거친무늬 거울을 사용하여 제사를 지내거나 의식을 거행하였다.
> ㄷ. 반달 돌칼 – 농사를 짓기 시작했지만 아직 지배와 피지배 관계는 발생하지 않았다.
> ㄹ. 눌러찍기무늬 토기 – 가락바퀴와 뼈바늘을 이용하여 옷이나 그물을 만들어 사용하였다.

① ㄱ, ㄴ
② ㄱ, ㄷ
③ ㄴ, ㄹ
④ ㄷ, ㄹ

29 0032

2011년 7급 지방직

(가)~(라)에 대한 설명으로 옳은 것을 〈보기〉에서 모두 고른 것은?

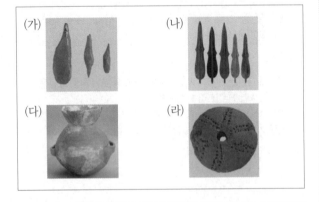

(가)   (나)
(다)   (라)

> **보기**
> ㄱ. (가)의 슴베찌르개는 주로 구석기 시대 후기에 이르러 사용하였는데, 이것은 창의 기능을 하였다.
> ㄴ. (나)는 만주로부터 한반도에 이르는 넓은 지역에서 출토되어, 이 지역이 같은 문화권에 속하였음을 보여 준다.
> ㄷ. (다)는 신석기 시대의 대표적 토기이다.
> ㄹ. (라)는 원시적 수공업 생산이 이루어졌음을 보여주는 유물이다.

① ㄱ, ㄴ   ② ㄴ, ㄷ   ③ ㄱ, ㄴ, ㄹ   ④ ㄴ, ㄷ, ㄹ

31 0034

2009년 7급 지방직

다음 그림에 대한 설명으로 옳은 것은?

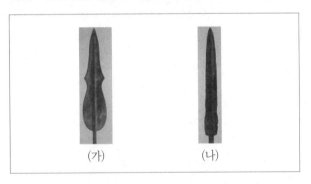

(가)   (나)

① (나) 시기의 지배자는 스스로 '왕'이라 일컫고, 중국의 연(燕)나라를 공격할 계획을 세우기도 하였다.
② (가) 시기의 사람들은 주로 바닷가의 움집에서 빗살무늬 토기를 사용하였다.
③ (가)는 대체로 요하 일대, 요동 반도 그리고 한반도 서북 지역에서 발견되며 후기 고조선의 대표적 유물이다.
④ (나)는 독자적 양식으로 옛 마한 지역을 중심으로 분포하며 청동제 농기구와 함께 발견되고 있다.

28 0031

〈보기〉의 유적들은 모두 신석기 시대의 유적지에 해당한다.

③ 우리나라에서 발견된 조개무지(패총)는 특히 신석기 시대의 조개더미가 322개소(46.1%)로 가장 많다. 이어 청동기 시대에는 76개소(10.9%)로 급격히 감소하다가 삼한·삼국 시대에 233개소(33.42%)로 다시 증가한다.

오답 분석

① 지상 가옥은 청동기 시대에 등장하여 철기 시대로 가면서 일반화되었다.

② 벼농사를 위한 수리 시설은 최근 안동 저전리, 세종시 대평동 유적 등 청동기 전기 시대의 유적지에서 대거 발견되고 있다.

④ 청동기 시대로 접어들면서 환호와 목책 등의 방어 시설이 많이 만들어졌다. 대표적인 유적지로는 울주 검단리 유적 등이 있다.

정답 ③

29 0032

제시된 사진에서 (가)는 슴베찌르개, (나)는 비파형동검, (다)는 미송리식 토기, (라)는 가락바퀴이다.

ㄱ. 슴베찌르개는 주로 구석기 시대 후기에 사용된 슴베(자루)가 달린 찌르개로, 창의 기능을 하였다.

ㄴ. 비파형동검은 랴오닝 성과 지린 성 지방을 포함한 중국 동북부와 한반도 전역에 걸쳐 많은 수량이 발견되고 있다. 이러한 비파형동검의 분포는 이 지역이 청동기 시대에 같은 문화권에 속하고 있었음을 보여 준다.

ㄹ. 실을 뽑는 도구인 가락바퀴는 뼈도구와 함께 신석기 시대에 원시적 수공업이 이루어졌음을 보여주는 유물이다.

오답 분석

ㄷ. (다) 미송리식 토기는 청동기 시대의 대표적 토기이다.

정답 ③

30 0033

ㄴ. 붉은 간 토기는 청동기 시대의 고인돌·돌널무덤·집터 등에서 주로 발견되며, 남해안 지방에서는 신석기 시대 유적에서도 출토되었다. 붉은 간 토기는 신석기 시대부터 사용되었으며, 대체로 민무늬 토기는 청동기 전기에 성행하였고 검은 간 토기보다는 선행한 토기였다. 따라서 청동기 전기의 대표적 토기의 형태를 지니기 때문에 거친무늬 거울의 출토 시기와 일치하는 것으로 볼 수 있다.

ㄹ. 눌러찍기무늬 토기는 신석기 시대에 사용되었으며, 이 시기에는 가락바퀴와 뼈바늘을 이용하여 의복이나 그물을 만들어 사용하였다.

오답 분석

ㄱ. 슴베찌르개는 구석기 후기의 이음 도구에 해당하는 유물이다. 벼농사가 시작된 시점은 청동기 시대에 해당한다.

ㄷ. 반달 돌칼은 벼농사의 시작을 보여주는 지표 유물 중 하나로 청동기 시대부터 사용되었다. 청동기 시대에는 지배와 피지배 관계의 계급 사회가 출현하였다.

정답 ③

31 0034

제시된 그림에서 (가)는 청동기 시대의 비파형동검, (나)는 철기 시대 전기를 대표하는 유물인 세형동검이다.

① 세형동검을 사용했던 시기에 고조선은 서쪽의 연과 대립하게 되었다. 연후(燕侯)가 '왕'이라고 칭하며 동으로 팽창할 기세를 보이자, 고조선도 수장을 왕이라 칭하고 군사를 일으켜 연을 공격하려고 하였다. 대부인 예가 간하여 이 계획은 중지되었으나 후일 연나라 장군 진개의 공격으로 고조선은 사방 2000리의 땅을 빼앗기게 되었다.

오답 분석

② 바닷가의 움집에서 빗살무늬 토기를 주로 사용한 것은 신석기 시대이다.

③ 후기 고조선의 대표 유물은 세형동검에 해당한다.

④ 세형동검은 고조선의 영역을 포함한 한반도 전역에서 발견되며, 청동은 농기구로 제작되지 않았다.

정답 ①

32 0035

㉠ 나라에 대한 설명으로 옳은 것은?

> 주나라가 쇠약해지자 연나라가 스스로 왕을 칭하고 동쪽으로 침략하려 하였다. (㉠)의 후(侯) 역시 스스로 왕을 칭하고 군사를 일으켜 연나라를 공격하려 하였는데, 대부인 예(禮)가 간하여 중지하였다.

① 전연의 공격을 받아 심한 타격을 받았다.
② 매년 10월 무천이라는 제천 행사를 열었다.
③ 박·석·김씨가 왕위를 교대로 계승하였다.
④ 8조의 법을 제정하였는데 세 조항만 전해진다.

33 0036

위만 조선에 대한 설명으로 옳지 않은 것은?

① 위만에게 밀려난 준왕은 진국(辰國)으로 가서 한왕이라 자칭하였다.
② 중국 세력과의 전쟁에서 서쪽의 영토 2,000여 리를 빼앗겼다.
③ 성장 과정에서 주변의 진번·임둔 등을 부속시켰다.
④ 이 시기 대표적인 무덤 양식은 널무덤이다.

34 0037

(가)와 (나) 시기 고조선에 대한 〈보기〉의 설명으로 옳은 것만을 고른 것은?

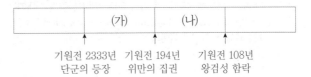

	(가)	(나)	

기원전 2333년   기원전 194년   기원전 108년
단군의 등장   위만의 집권   왕검성 함락

> **보기**
> ㉠ (가) – 왕 아래 대부, 박사 등의 직책이 있었다.
> ㉡ (가) – 고조선 지역에 한(漢)의 창해군이 설치되었다.
> ㉢ (나) – 철기 문화를 본격적으로 수용하며, 중계 무역의 이득을 취하였다.
> ㉣ (나) – 비파형 동검과 고인돌의 분포를 통하여 통치 지역을 알 수 있다.

① ㉠, ㉢   ② ㉠, ㉣
③ ㉡, ㉢   ④ ㉡, ㉣

35 0038

다음 신화에 대한 설명으로 옳지 않은 것은?

> 옛날에 환인의 아들 환웅이 있었는데, 자주 천하를 차지할 뜻을 두고 사람이 사는 세상을 탐내고 있었다. 그 아버지가 아들의 뜻을 알고 아래로 삼위태백을 내려다보니, (그곳이) 인간을 널리 이롭게 해 줄만 하였다. 이에 (환인은) 천부인 세 개를 (환웅에게) 주고, 가서 인간의 세계를 다스리게 하였다.
> – 『삼국유사』

① 신화의 내용이 『고기(古記)』에 수록되어 있었다.
② 고조선이 중국의 제(齊)와 교역하였음을 전하고 있다.
③ 단군이 중국의 요(堯)가 재위하던 시기에 건국하였다고 한다.
④ 환웅이 풍백·우사·운사를 거느리고 세상을 다스렸다고 한다.

32 0035

자료의 ⊙ 국가는 고조선이다. 사료는 『삼국지』 「위서」 동이전의 내용으로, 위략을 인용한 고조선에 대한 기록이다.

④ 고조선에서는 8조법을 제정하였는데, 8조법 중 세 조항의 내용만 중국의 역사서인 『한서』에 기록되어 전해진다.

오답 분석

① 고구려, ② 동예, ③ 신라에 대한 설명이다.

정답 ④

33 0036

② 연나라 장군 진개와 싸워 2,000여 리의 땅을 빼앗긴 것은 위만 조선 성립 이전의 일이다. 이후 고조선 유민의 자손으로 추정되는 위만이 진한 교체기에 고조선으로 들어와 세력을 키운 후 준왕의 왕위를 찬탈하였다.

정답 ②

34 0037

⊙ 고조선에서 왕 아래 대부, 박사 등의 지위가 있었다고 기록된 것은 대략 기원전 4세기경으로 (가) 시기에 해당한다.

ⓒ 위만 조선 시기인 (나) 시기에 철기 문화가 본격적으로 수용되고 중계 무역이 발전하였다. 또한 영토를 확장하여 진번, 임둔 등을 복속시켰다.

오답 분석

ⓛ 창해군은 기원전 128년 한 무제가 예(濊)의 지역에 설치한 군현이다. 기원전 128년 예의 군장인 남려가 위만 조선의 우거왕에게 반기를 들고 28만의 인구를 이끌어 한의 요동군에 복속해 오자, 무제는 예의 지역에 창해군을 설치하였다.

ⓔ 비파형 동검과 고인돌은 (가) 시기의 고조선을 특정할 수 있는 유물 및 유구이다.

정답 ①

35 0038

제시문은 단군 신화의 내용이다.

② 단군 신화에는 고조선이 중국 제나라와 교역을 하였다는 기록이 나와 있지 않다. 해당 기록은 관중이 지었다는 『관자』에 언급되어 있다. 『관자』는 고조선에 대한 최초의 기록이 언급된 중국측 문헌이다.

오답 분석

① 『삼국유사』는 대부분의 기록에서 그 내용의 출전을 언급하고 있는데, 단군의 건국 기록은 『위서(魏書)』와 『고기(古記)』의 내용을 인용하여 그 내용을 전하고 있다.

③ 『삼국유사』는 『위서』의 내용을 인용하여 중국의 요(堯)가 재위하던 시기에 고조선이 건국되었음을 기록하고 있다.

④ 『삼국유사』에 의하면 환웅은 풍백(風伯)·우사(雨師)·운사(雲師)를 거느리고, 곡식·생명·질병·형벌·선악 등 인간 세상의 360여 가지 일을 주관하여 인간 세상을 다스리고 교화시켰다고 한다.

정답 ②

36 0039

다음 자료에서 설명하는 나라의 사실로 옳지 않은 것은?

> 서로 죽이면 그때에 곧 죽인다. 서로 상하게 하면 곡식으로 배상하게 한다. 도둑질 한 자는 남자는 그 집의 가노(家奴)로 삼고 여자는 비(婢)로 삼는다. 노비에서 벗어나기를 원하는 자는 50만 전을 내야 하는데 비록 면하여 민의 신분이 되어도 사람들이 이를 부끄럽게 여겨 장가들고자 하여도 결혼할 사람이 없다. 이런 까닭에 그 백성들이 끝내 서로 도둑질하지 않았고 문을 닫는 사람이 없었다. 부인들은 단정하여 음란한 일이 없었다.
> ─ 『한서』「지리지」

① 『삼국사기』에 따르면 요 임금 때 건국되었다.
② 건국 사실이 『제왕운기』에도 기술되어 있다.
③ 사람의 생명과 사유 재산을 보호하는 사회였다.
④ 이 나라의 이름이 『관자』라는 책에도 나오고 있다.

37 0040

밑줄 친 '이 나라'에 대한 설명으로 옳지 않은 것은?

> 이 나라에는 백성들에게 금하는 법 8조가 있었다. 사람을 죽인 자는 즉시 죽이고, 남에게 상처를 입힌 자는 곡식으로 갚는다. 도둑질을 한 자는 노비로 삼는다. 용서받고자 한 자는 한 사람마다 50만 전을 내야 한다.
> ─ 『한서』

① 부왕, 준왕 같은 강력한 왕이 등장하여 왕위를 세습하였다.
② 건국에 관련된 기록이 『삼국유사』와 『제왕운기』 등에 실려 있다.
③ 요서 지방을 경계로 대립했던 연나라의 잇단 공격으로 멸망하였다.
④ 요령 지방과 대동강 유역을 중심으로 독자적인 문화를 이루며 발전하였다.

38 0041

다음 내용에 해당하는 국가에 대한 설명으로 옳은 것은?

> 대개 사람을 죽인 자는 즉시 죽이고, 남에게 상처를 입히는 자는 곡식으로 갚는다. 도둑질을 한 자는 노비로 삼는다. 용서받고자 하는 자는 한 사람마다 50만 전을 내야 한다. …(중략)… 농민들은 대나무 그릇에 음식을 먹고, 도시에서는 관리나 장사꾼을 본받아서 술잔 같은 그릇에 음식을 먹는다.

① 상가 · 고추가 등의 대가가 있었으며, 국가의 중요한 일은 제가 회의를 통해 결정하였다.
② 가축 이름을 딴 마가 · 우가 · 저가 · 구가가 사출도를 다스렸다.
③ 신지, 읍차로 불리는 군장들이 70여 개의 소국을 다스렸다.
④ 상 · 대신 · 장군 등의 관직을 두었으며, 연과 대립하였다.

39 0042

다음 자료에 해당하는 나라에 대한 설명으로 옳지 않은 것은?

> 구릉과 넓은 못이 많아서 동이 지역 중에서 가장 넓고 평탄한 곳이다. 토질은 오곡을 가꾸기에는 알맞지만, 과일은 생산되지 않았다. 사람들 체격이 매우 크고, 성품이 강직하고 용맹하며, 근엄하고 후덕하여 다른 나라를 노략질하지 않았다.

① 읍군, 삼로 등의 관직이 있어서 하호를 통치하였다.
② 왕이 죽으면 많은 사람을 껴묻거리와 함께 묻는 순장의 풍습이 있었다.
③ 수해나 한해로 오곡이 잘 익지 않으면 그 책임을 왕에게 묻기도 하였다.
④ 전쟁이 일어났을 때에 제천 의식을 행하고, 소 발굽으로 길흉을 점치기도 하였다.

문제 풀이 🔎

문제 풀이 🔎

36 0039

사료의 내용은 고조선의 8조법에 해당하는 것이다.

① 『삼국사기』는 고조선의 역사를 기록하지 않았다. 요 임금 시기에 건국되었다는 기록은 『삼국유사』의 내용이다.

오답 분석

② 고조선의 건국 기록은 『삼국유사』, 『제왕운기』, 『응제시주』, 『세종실록지리지』, 『동국여지승람』, 『동국통감』 등에 전한다.
③ 8조법의 조항을 통해 당시 고조선이 사람의 생명과 사유 재산을 보호하는 사회였음을 유추할 수 있다.
④ 『관자』는 춘추 시대인 기원전 7세기경에 활동한 제나라 정치가 관중(관자)의 업적을 주로 기록한 사서로, 고조선이 언급된 현존하는 가장 오래된 문헌이다. 이 책에 고조선과 제나라의 무역에 관련된 기록이 남아 있다.

정답 ①

37 0040

제시문은 고조선의 8조법에 대한 내용으로, 밑줄 친 '이 나라'는 고조선이다.

③ 고조선이 연나라의 공격을 받은 것은 위만 조선 성립 이전의 일이다. 전국 시대 말기 연나라의 진개는 고조선을 침공하여 2,000여 리의 땅을 빼앗아 갔다. 위만 조선이 성립된 이후 고조선은 한나라의 공격으로 기원전 108년에 멸망하였다.

정답 ③

38 0041

사료는 고조선의 8조법에 대한 내용이다.

④ 고조선은 왕 밑에 비왕, 상, 경, 대부, 대신, 장군, 박사라는 관직을 두었으며, 요서 지방을 경계로 중국의 연나라와 대립할 정도로 강성하였으나, 연의 침략으로 한때 위축되기도 하였다.

오답 분석

① 고구려, ② 부여, ③ 삼한에 대한 설명이다.

정답 ④

39 0042

제시문은 부여에 대한 기록이다. 부여는 구릉과 넓은 못이 많았고 비교적 비옥한 지역이었지만 원시 농경의 형태에서 벗어나지 못하였으며, 이에 따라 농경과 목축을 중심으로 하는 반농 반목 형태의 경제 체제를 유지하였다.

① 옥저와 동예는 정치적 발전이 늦었기 때문에 왕이 없고, 각 부족은 읍군, 삼로 등의 군장들에 의해 통솔되었다. 한편, 부여는 5부족 연맹체 국가(연맹 왕국)로, 왕이 있었다.

정답 ①

40 0043

2017년 7급 국가직

다음 글에 해당하는 국가에 대한 설명으로 <보기>에서 옳은 것을 모두 고른 것은?

> 형벌이 엄하여 사람을 죽인 자는 사형에 처하고, 그 집안 사람들을 노비로 삼았다. 도둑질을 하면 12배를 변상하게 하였다. … (중략) … 성책(城柵)의 축조는 모두 둥근 형태로 하는데, 마치 감옥과 같았다. … (중략) … 사람이 죽으면 여름철에는 모두 얼음을 사용하여 장사를 지냈다. … (중략) … 장사를 후하게 지냈으며, 곽(槨)은 사용하였으나 관(棺)은 쓰지 않았다.
>
> – 『삼국지』

보기
⊙ 여섯 가축의 이름으로 관명을 정하였다.
⊙ 국왕의 장례에는 옥갑(玉匣)을 사용하였다.
⊙ 집집마다 '부경'이라는 작은 창고를 갖고 있었다.
⊙ 온 집안 식구들을 하나의 곽 속에 넣어 매장하였다.

① ㉠, ㉡ ② ㉠, ㉣
③ ㉡, ㉢ ④ ㉢, ㉣

41 0044

2019년 9급 서울시(추가 채용)

<보기>에 해당하는 고대 국가에 대한 설명으로 가장 옳은 것은?

보기
• 은정월(殷正月)에 제천 행사를 행하면서 국중 대회를 열었다.
• 전쟁이 일어났을 때는 소를 죽여 그 굽으로 길흉을 점쳤다.
• 형이 죽으면 형수를 부인으로 맞아들였다.
• 남의 물건을 훔쳤을 때는 물건 값의 12배를 배상하게 하였다.
• 지방 행정 구획으로 사출도가 있었다.

① 소와 말을 순장하였고 큰 새의 깃털을 장례에 사용하였다.
② 제천 행사는 '동맹'이었으며 국동대혈에서의 제사가 있었다.
③ 천군이 신성 지역인 소도에서 농경 의례 등을 올렸다.
④ 재해가 발생하면 왕은 교체 혹은 죽음을 당하기도 하였다.

42 0045

2016년 9급 서울시

다음 자료와 관련된 나라에 대한 설명으로 가장 옳지 않은 것은?

> • 풍속에 장마와 가뭄이 연이어 오곡이 익지 않을 때, 그때마다 왕에게 허물을 돌려 '왕을 마땅히 바꾸어야 한다.'라거나 혹은 '왕은 마땅히 죽어야 한다.'라고 하였다.
> • 정월에 지내는 제천 행사는 국중 대회로 날마다 마시고 먹고 노래하고 춤추는데 그 이름은 영고라 한다.
>
> – 『삼국지』 「위서」 동이전

① 쑹화강 유역의 평야 지대에서 성장하였다.
② 왕 아래 가축의 이름을 딴 여러 가(加)들이 있었다.
③ 왕이 죽으면 노비 등을 묻는 순장의 풍습이 있었다.
④ 국력이 쇠퇴하여 광개토 대왕 때 고구려에 완전 병합되었다.

43 0046

2019년 9급 국가직

(가), (나)의 나라에 대한 설명으로 옳은 것은?

> (가) 음력 12월에 지내는 제천 행사가 있는데, 이를 영고라고 한다. 이때에는 형옥을 중단하고 죄수를 풀어 주었다.
> (나) 해마다 10월 하늘에 제사를 지내는데, 밤낮으로 술 마시며 노래 부르고 춤추니 이를 무천이라고 한다. – 『삼국지』

① (가) - 5부가 있었으며, 계루부에서 왕위를 차지하였다.
② (가) - 정치적 지배자로 신지, 읍차 등이 있었다.
③ (나) - 죄를 지은 사람이 소도에 들어가면 잡아가지 못하였다.
④ (나) - 다른 부족의 영역을 침범하면 책화라 하여 노비나 소, 말로 변상하였다.

문제 풀이

40 0043

제시문은 부여의 풍속에 대한 기록이다.

㉠ 『삼국지』 「위서」 동이전에는 "그 나라에는 국왕이 있고 모두 여섯 가지 가축 이름을 관직명으로 하며, 마가 · 우가 · 저가 · 구가 · 대사 · 대사자 · 사자가 있는데, 대사는 심부름꾼이다."라는 기록이 전한다.

㉡ 부여는 왕이 죽으면 백여 명까지 순장하고 옥갑(玉匣)을 입혀 장사 지낸 것으로 전한다.

오답 분석

㉢ 『삼국지』 「위서」 동이전 고구려조에는 "나라에 큰 창고가 없으며, 집집마다 각기 조그만 창고를 가지고 있는데, 이를 이름하여 부경이라 한다."는 기록이 있다.

㉣ 옥저의 골장제(세골장)에 대한 내용이다. 옥저는 가족이 죽으면 시체를 가매장하였다가 나중에 뼈를 추려서 가족 공동 무덤인 목곽에 함께 안치하였다.

정답 ①

41 0044

〈보기〉의 국가는 부여에 해당한다.

④ 『삼국지』 「위서」 동이전에 의하면, 부여에서는 왕권이 약하여 나라에 오곡이 익지 않거나 한해(가뭄)가 발생하면 왕에게 책임을 묻거나 왕을 죽여야 한다고 하였다.

오답 분석

① 삼한에 대한 설명이다. 『삼국지』 「위서」 동이전에는 마한에서 소와 말을 순장하였으며, 변한에서는 큰 새의 깃털을 장례에 사용하였다는 내용을 전하고 있다.
② 고구려에 대한 설명이다.
③ 삼한에 대한 설명이다.

정답 ④

42 0045

제시문의 국가는 부여에 해당한다.

④ 북쪽으로 선비족, 남쪽으로는 고구려와 접하고 있던 부여는 3세기 말인 285년 선비족 모용외가 침입하자 의려왕이 자살하면서 국가적 위기에 봉착하였다. 또한 4세기경에 선비족의 재침으로 국력이 극도로 약화되어 세를 회복하지 못하다가 물길족의 침입으로 494년(고구려의 문자명왕 재위기)에 멸망하였다.

오답 분석

①, ②, ③ 부여는 쑹화강 일대에서 성장하였고 가축의 이름을 딴 마가 · 우가 · 저가 · 구가 등이 다스리는 사출도가 있었다. 또한 대규모의 순장 풍습이 존재하였다.

정답 ④

43 0046

(가)는 부여, (나)는 동예에 대한 사료이다.

④ 동예에서는 다른 부족의 영역을 침범하면 책화라 하여 노비나 소, 말로 변상하였다.

오답 분석

① 고구려는 태조왕 시기 부족적 성격의 5부가 정비되었으며, 계루부에서 왕위를 차지하였다.
② 삼한은 정치 지배자로 신지, 읍차, 부례, 살해, 험측, 번예 등의 군장이 존재하였다.
③ 삼한에서는 천군이 주관하는 별읍으로 소도가 있었는데, 소도는 신성 지역으로 죄를 지은 자가 이곳에 들어가면 잡아가지 못하였다.

정답 ④

44 0047 2021년 9급 지방직

다음에 해당하는 나라에 대한 설명으로 옳은 것은?

> • 은력(殷曆) 정월에 지내는 제천 행사는 나라에서 여는 대회로 날마다 먹고 마시고 노래하고 춤추는데, 이를 영고라 하였다. 이때 형옥을 중단하고 죄수를 풀어주었다.
> • 국내에 있을 때의 의복은 흰색을 숭상하며, 흰 베로 만든 큰 소매 달린 도포와 바지를 입고 가죽신을 신는다. 외국에 나갈 때는 비단옷·수 놓은 옷·모직옷을 즐겨입는다.
> – 『삼국지』「위서」 동이전

① 사람이 죽으며 뼈만 추려 가족 공동 무덤에 모과에 안치하였다.
② 읍군이나 삼로라고 불린 군장이 자기 영역을 다스렸다.
③ 가축 이름을 딴 마가, 우가, 저가, 구가 등이 있었다.
④ 천신을 섬기는 제사장인 천군이 있었다.

45 0048 2012년 7급 국가직

다음 글에서 언급하고 있는 시대의 국가에 대한 설명으로 옳지 않은 것은?

> "큰 산과 깊은 골짜기가 많고 넓은 들은 없어 산골짜기에 의지하여 살면서 산골의 물을 식수로 한다. 좋은 전지(田地)가 없으므로 부지런히 농사를 지어도 식량이 충분하지 못하다. …… 그 나라 사람들의 성질은 흉악하고 급하며 노략질하기를 좋아한다. …… 그 나라의 대가(大家)들은 농사를 짓지 않으므로, 앉아서 먹는 인구(坐食者)가 만여 명이나 되는데, 하호들이 먼 곳에서 양식, 고기, 소금을 운반하여 그들에게 공급한다."
> – 『삼국지』「위서」 동이전

① 옥저를 정복하고 공물을 받는 공납적인 지배를 하였다.
② 장발 미인으로 유명한 관나 부인은 질투죄로 처벌을 받았다.
③ 흉년이 들면 그 책임을 왕에게 돌려 교체하고자 하든지 혹은 죽이자고 하였다.
④ 대가(大加)들 또한 자체적으로 사자·조의·선인을 두는데, 그 명단은 왕에게 보고한다.

46 0049 2019년 9급 지방직

(가), (나) 국가에 대한 설명으로 옳은 것은?

> (가) 그 나라의 혼인 풍속에 여자의 나이가 열 살이 되면 서로 혼인을 약속하고, 신랑 집에서는 (그 여자를) 맞이하여 장성하도록 길러 아내로 삼는다. (여자가) 성인이 되면 다시 친정으로 돌아가게 한다. 여자의 친정에서는 돈을 요구하는데, (신랑 집에서) 돈을 지불한 후 다시 신랑 집으로 돌아온다.
> (나) 은력(殷曆) 정월에 하늘에 제사를 지내며 나라에서 대회를 열어 연일 마시고 먹고 노래하고 춤추는데, 영고(迎鼓)라고 한다. 이때 형옥(刑獄)을 중단하여 죄수를 풀어 주었다.

① (가) – 무천이라는 제천 행사가 있었다.
② (가) – 계루부 집단이 권력을 장악하였다.
③ (나) – 사출도라는 구역이 있었다.
④ (나) – 철이 많이 생산되어 낙랑과 왜에 수출하였다.

47 0050 2017년 9급 지방직

(가), (나)의 특징을 가진 국가에 대한 설명으로 옳은 것은?

> (가) 옷은 흰색을 숭상하며, 흰 베로 만든 큰 소매 달린 도포와 바지를 입고 가죽신을 신는다.
> (나) 부여의 별종(別種)이라 하는데, 말이나 풍속 따위는 부여와 많이 같지만 기질이나 옷차림이 다르다.
> – 『삼국지』「위서」 동이전

① (가) – 혼인 풍속으로 민며느리제가 있었다.
② (나) – 제사장인 천군이 다스리는 소도가 있었다.
③ (가) – 남의 물건을 훔쳤을 때는 12배로 배상하게 하였다.
④ (나) – 단궁이라는 활과 과하마·반어피 등이 유명하였다.

44 0047

제시문 사료의 내용은 『삼국지』 「위서」 동이전에 언급된 부여에 대한 기술이다.

③ 부여에서는 마가, 우가, 저가, 구가 등 가축의 이름을 딴 군장들이 다스리는 4출도가 존재하였다.

오답 분석

① 옥저에 대한 내용이다.

② 『삼국지』 「위서」 동이전에 언급된 동예에 대한 내용이다. 읍군이나 삼로는 옥저와 동예의 군장을 언급한 것으로 보인다.

④ 삼한에 대한 내용이다.

정답 ③

45 0048

제시문은 초기 국가인 고구려에 대한 기록이다.

③ 왕권이 미약했던 부여에 해당하는 내용이다. 부여에서는 수해나 한해(가뭄)로 오곡이 잘 익지 않으면 그 책임을 왕에게 묻기도 하였다.

오답 분석

① 옥저와 동예는 고구려의 압력을 받아 고구려에 공물을 바쳤다.

② 고구려 중천왕의 소실인 관나 부인을 왕후 연씨가 위나라에 보내려 하자, 관나 부인은 거짓으로 왕후를 모함하였으나, 무고임이 밝혀져 질투죄로 죽임을 당하였다. 이 사건을 왕비 세력의 강화와 왕권의 약화로 이해하는 견해도 있다.

④ 고구려는 부족장인 대가들이 자체적으로 그 밑에 사자, 조의, 선인 등의 관리를 거느렸는데, 이들을 교체할 경우에는 반드시 그 명단을 왕에게 바쳐야만 하였다.

정답 ③

46 0049

(가)는 옥저의 민며느리제에 해당하며, (나)는 부여에 대한 내용이다.

③ 마가, 우가, 저가, 구가의 사출도가 있던 국가는 부여이다.

오답 분석

① 동예, ② 고구려, ④ 삼한 중 변한에 대한 설명이다.

정답 ③

47 0050

(가)는 부여에 대한 설명이고, (나)는 고구려에 대한 설명이다.

③ 『삼국지』 「위서」 동이전에 따르면, 부여에는 남의 물건을 훔쳤을 때 12배로 배상하게 하는 1책 12법이 있었다고 기록되어 있다. 한편 1책 12법은 고구려에서도 실시되었다.

오답 분석

① 옥저, ② 삼한, ④ 동예에 대한 설명이다.

정답 ③

48 0051

다음 자료에 나타난 나라에 대한 설명으로 옳은 것은?

> 해마다 10월이면 하늘에 제사를 지내는데, 밤낮으로 술을 마시고 노래 부르며 춤을 추니 이를 무천이라 한다. 또 호랑이를 신(神)으로 여겨 제사 지낸다. 읍락을 함부로 침범하면 노비와 소, 말로 변상하는데, 이를 책화라 한다.

① 후 · 읍군 · 삼로 등이 하호를 통치하였다.
② 국읍마다 천신에 대한 제사를 주관하는 천군이 있었다.
③ 사람이 죽으면 가매장한 다음 뼈만 추려 목곽에 안치하였다.
④ 아이가 출생하면 돌로 머리를 눌러 납작하게 하는 풍습이 있었다.

50 0053

㉠ 나라에 대한 설명으로 옳은 것은?

> (㉠)에는 대군장이 없고, 후(侯) · 읍군 · 삼로 등이 있어서 하호를 통치하였다. (㉠)의 풍습은 산천을 중요시하여 산과 하천마다 구분이 있어 함부로 들어가지 못하였다.

① 영고라는 제천 행사가 있었다.
② 민며느리제라는 혼인 풍습이 있었다.
③ 단궁, 과하마, 반어피가 많이 생산되었다.
④ 중대한 범죄자는 제가(諸加) 회의를 통해 처벌하였다.

49 0052

다음 자료의 (가), (나) 국가에 대한 설명으로 옳은 것은?

> (가) 산천을 중요시하여 산과 내마다 구분이 있어 함부로 들어가지 않으며, 이를 어기면 우마로 배상하였다.
> (나) 가족이 죽으면 시체를 가매장하였다가 나중에 그 뼈를 추려서 가족 공동 무덤인 커다란 목곽에 안치하였다.

① (가) – 12월에 영고라는 제천 행사를 지냈다.
② (나) – 민며느리제라는 혼인 풍속이 있었다.
③ (가), (나) – 왕권이 강화된 중앙 집권 국가로 발전하였다.
④ (가), (나) – 대가들이 제가 회의라는 부족장 회의를 운영하였다.

51 0054

(가)와 (나)의 나라에 대한 설명으로 옳은 것은?

> (가) 고구려 개마대산 동쪽에 있는데 개마대산은 큰 바닷가에 맞닿아 있다. …(중략)… 그 나라 풍속에 여자 나이 10살이 되기 전에 혼인을 약속한다. 신랑 집에서는 여자를 맞이하여 다 클 때까지 길러 아내로 삼는다.
> (나) 남쪽으로는 진한과 북쪽으로는 고구려 · 옥저와 맞닿아 있고 동쪽으로는 큰 바다에 닿았다. …(중략)… 해마다 10월이면 하늘에 제사를 지내는데 밤낮으로 술 마시며 노래 부르고 춤추니, 이를 무천이라고 한다.

① (가) – 서옥제라는 혼인 풍속이 있었다.
② (가) – 중대한 범죄자가 있으면 제가 회의를 통하여 사형에 처하였다.
③ (나) – 족장들은 저마다 따로 행정 구획인 사출도를 다스렸다.
④ (나) – 다른 부족의 영역을 침범하면 책화라고 하여 노비, 소, 말로 변상하였다.

48 0051

제시문은 동예의 풍속에 대한 내용이다.

① 동예는 옥저와 더불어 정치적 발전이 늦었기 때문에 왕이 없고, 각 부족은 읍군, 삼로 등의 군장들에 의해 통솔되었다.

오답 분석

② 삼한의 여러 나라는 정치와 종교가 분리되어, 천신에 제사를 지내는 제사장인 천군이 농경과 종교에 대한 의례를 주관하였다.

③ 옥저의 풍속인 골장제에 대한 설명이다.

④ 변한의 풍속인 편두에 대한 설명이다.

정답 ①

49 0052

자료의 (가)는 동예, (나)는 옥저에 대한 설명이다.

② 옥저의 혼인 풍속으로 민며느리제가 있었다.

오답 분석

① 부여에 대한 설명이다.

③ 동예와 옥저는 군장 국가로 머무르다 고구려에 흡수되었다.

④ 고구려에 대한 설명이다.

정답 ②

50 0053

㉠의 국가는 동예에 해당한다.

③ 동예에는 책화와 족외혼 등이 존재하였으며, 이는 씨족 사회의 전통적 특징이 나타난 것이었다. 동예에서는 단궁과 과하마, 반어피가 주로 생산되어, 중국에 수출하기도 하였다.

오답 분석

① 영고는 부여의 제천 행사였다. 동예의 제천 행사로는 10월에 행해진 무천이 있었다.

② 옥저에는 매매혼의 특성을 갖는 민며느리제가 있었다.

④ 『삼국지』 「위서」 동이전에는 "고구려에서 제가 회의를 통해 중대한 범죄를 저지른 자를 사형에 처하고 그 가족을 노비로 삼았다"는 기록이 남아 있다.

정답 ③

51 0054

(가)는 옥저에 대한 설명이다. 함흥평야 일대에 위치한 옥저는 토지가 비옥하여 농사가 잘 되었고, 어물, 소금 등 해산물이 풍부하였다. 고구려와 같이 부여족의 갈래였으나, 민며느리제라는 혼인 풍속이 있었고, 가족이 죽으면 시체를 가매장하였다가 나중에 뼈를 추려서 가족 공동 무덤인 목곽에 함께 안치하는 골장제(세골장) 풍습이 있었다.

(나)는 동예에 대한 설명이다. 동예는 예맥족의 한 갈래로 강원도 북부의 동해안 지방과 영흥·안변 일대에 위치하여 토지가 비옥하고 해산물이 풍부하였으며 명주와 삼베를 만드는 방직 기술이 발달하였다. 단궁·반어피·과하마 등이 유명하였고, 매년 10월에 무천이라는 제천 행사를 열었다.

④ 동예는 씨족 사회의 유풍으로 족외혼을 엄격히 지켰고, 산천을 중히 여겨 각 부족이 소유한 산천에는 다른 부족의 출입을 막았다. 또, 책화라는 풍습이 있어 다른 부족의 생활권을 침범하면 소, 말 등으로 배상해야 했다.

오답 분석

①, ② 고구려에 대한 설명이다.

③ 부여는 왕 밑에 마가(馬加)·우가(牛加)·저가(猪加)·구가(狗加) 등의 가(加)들이 있었다. 이들은 각기 관리를 거느리고 자기 부족을 지배하면서 중앙 관직을 겸하였다.

정답 ④

52 0055
2022년 9급 국가직

다음 풍습이 있었던 나라에 대한 설명으로 옳은 것은?

> ○ 가족이 죽으면 시체를 가매장하였다가 나중에 그 뼈를 추려서 가족 공동 무덤인 커다란 목곽에 안치하였다.
> ○ 목곽 입구에는 죽은 자가 먹을 양식으로 쌀을 담은 항아리를 매달아 놓기도 하였다.
>
> – 「삼국지」 「위서」 동이전

① 민며느리제라는 혼인 풍습이 있었다.
② 제가가 별도로 사출도를 다스렸다.
③ 소도라는 신성 구역이 존재하였다.
④ 무천이라는 제천 행사를 열었다.

53 0056
2014년 9급 지방직

(가), (나)의 나라에 대한 설명으로 옳은 것만을 〈보기〉에서 모두 고르면?

> (가) 살인자는 사형에 처하고 그 가족은 노비로 삼았다. 도둑질을 하면 12배로 변상케 했다. 남녀 간에 음란한 짓을 하거나 부인이 투기하면 모두 죽였다. 투기하는 것을 더욱 미워하여, 죽이고 나서 시체를 산 위에 버려서 썩게 했다. 친정에서 시체를 가져가려면 소와 말을 바쳐야 했다.
> (나) 귀신을 믿기 때문에 국읍에 각각 한 사람씩 세워 천신에 대한 제사를 주관하게 했다. 이를 천군이라 했다. 여러 국(國)에는 각각 소도라고 하는 별읍이 있었다. 큰 나무를 세우고 방울과 북을 매달아 놓고 귀신을 섬겼다. 다른 지역에서 거기로 도망쳐 온 사람은 누구든 돌려보내지 않았다.
>
> – 「삼국지」

보기
ㄱ. (가) – 왕 아래에는 상가, 고추가 등의 대가가 있었다.
ㄴ. (가) – 농사가 흉년이 들면 국왕을 바꾸거나 죽이기도 하였다.
ㄷ. (나) – 제천 행사는 5월과 10월의 계절제로 구성되어 있었다.
ㄹ. (나) – 동이(東夷) 지역에서 가장 넓고 평탄한 곳이라 기록되어 있었다.

① ㄱ, ㄴ   ② ㄱ, ㄹ   ③ ㄴ, ㄷ   ④ ㄷ, ㄹ

54 0057
2014년 7급 국가직

(가), (나)에 대한 설명으로 옳은 것은?

> (가) 그 나라 혼인 풍속은 여자 나이 10살이 되기 전에 혼인 약속을 한다. 신랑 집에서는 여자를 맞이하여 다 클 때까지 길러 아내로 삼는다.
> (나) 큰 세력을 가진 이는 스스로 신지(臣智)라 하고, 그 다음은 읍차(邑借)라 한다.

① (가) – 해마다 10월에 무천이라는 제천 행사를 열었다.
② (나) – 철제 농기구를 사용하였고 벼농사를 지었다.
③ (가) – 대가들이 각기 사자 · 조의 · 선인을 거느렸다.
④ (나) – 도둑질한 자는 물건 값의 12배를 변상하게 하였다.

55 0058
2020년 9급 지방직

밑줄 친 '이 나라'에서 볼 수 있는 모습으로 적절한 것은?

> 이 나라는 대군왕이 없으며, 읍락에는 각각 대를 잇는 장수(長帥)가 있다. …… 이 나라의 토질은 비옥하며, 산을 등지고 바다를 향해 있어 오곡이 잘 자라며 농사짓기에 적합하다. 사람들의 성질은 질박하고, 정직하며 굳세고 용감하다. 소나 말이 적고, 창을 잘 다루며 보전(步戰)을 잘한다. 음식, 주거, 의복, 예절은 고구려와 흡사하다. 그들은 장사를 지낼 적에는 큰 나무 곽(槨)을 만드는데 길이가 십여 장(丈)이나 되며 한쪽 머리를 열어 놓아 문을 만든다.
>
> – 「삼국지」 위서 동이전

① 민며느리를 받아들이는 읍군
② 위만에게 한나라의 침입을 알리는 장군
③ 5월에 씨를 뿌리고 하늘에 제사를 지내는 천군
④ 국가의 중요한 일을 논의하고 있는 마가와 우가

52 0055

제시문에서 언급한 국가는 옥저에 해당한다. 옥저에서는 가족이 죽으면 시체를 가매장하였다가 나중에 뼈를 추려서 가족 공동 무덤인 목곽에 함께 안치하는 골장제(세골장)라는 풍습이 있었다. 이 세골장(洗骨葬)은 한 가족의 뼈를 함께 매장하는 가족 공동 묘 풍습이었으며, 목곽 바깥에 죽은 자의 양식으로 쌀을 담은 항아리를 매달아 놓기도 하였다.

① 옥저는 민며느리제라는 풍속도 존재했는데, 이 풍속은 여자가 어렸을 때 남자의 집에서 맞이하여 성인이 되면 친가에 돌아와 있다가 남자 측에서 대가를 지불한 후 시집을 가는 풍습으로 일종의 매매혼이었다.

오답 분석

② 부여, ③ 삼한, ④ 동예에 대한 내용이다.

정답 ①

53 0056

(가)는 부여, (나)는 삼한에 대한 자료이다.

ㄴ. 부여에서는 나라에 가뭄이 들거나 전쟁에 패배할 경우, 왕을 교체할 만큼 고대 국가의 왕에 비해 상대적으로 권력이 미약한 연맹체의 맹주에 불과하였다.

ㄷ. 삼한에서는 풍년을 기원하고 추수를 감사하는 것으로서 씨뿌리기가 끝난 5월에 수릿날(단오의 기원)과 10월에 계절제(상달제, 추석의 기원)를 열어 하늘에 제사를 지냈다.

오답 분석

ㄱ. 고구려는 왕 아래에 상가, 대로, 패자, 고추가 등의 대가들이 있었다.

ㄹ. 부여는 만주의 농안, 장춘을 중심으로 한 송화(쑹화)강 유역의 넓은 평야 지대에 자리 잡고, 국경은 북쪽으로는 선비족, 남쪽으로는 고구려와 접하고 있었다.

정답 ③

54 0057

(가)는 옥저의 민며느리제에 대한 기록이고, (나)는 삼한에 대한 기록이다. 삼한의 군장은 나라의 크기에 따라 대군장인 신지와 소군장인 읍차·부례 등이 있었다.

② 삼한에서는 철제 농기구의 사용으로 농경이 발달하였고 벼농사가 널리 행해졌다.

오답 분석

① 무천은 동예의 제천 행사이다.(고조선의 제천 행사도 무천이라는 이름을 갖고 있었다는 중국 측 문헌 기록이 존재한다.)

③ 고구려는 부족장인 대가들이 그 밑에 사자, 조의, 선인 등의 관리를 거느렸다.

④ 고구려와 부여에는 1책 12법이 존재하여 도둑질한 자는 물건 값의 12배를 변상하게 하였다.

정답 ②

55 0058

① 밑줄 친 '이 나라'는 옥저에 해당한다. 함흥평야 일대에 위치한 옥저는 토지가 비옥하여 농사가 잘 되었고, 어물, 소금 등 해산물이 풍부하였다. 고구려와 같이 부여족의 갈래였으나, 민며느리제라는 혼인 풍속이 있었고, 가족이 죽으면 시체를 가매장하였다가 나중에 뼈를 추려서 가족 공동 무덤인 목곽에 함께 안치하는 골장제(세골장) 풍습이 있었다.

오답 분석

② 위만 조선, ③ 삼한, ④ 부여에 대한 설명이다.

정답 ①

56 0059

(가)와 (나)의 나라에 대한 설명으로 옳지 않은 것은?

> (가) 귀신을 믿어서 나라의 읍들이 각기 한 사람씩을 세워 천신에게 제사하는 것을 주관케 하였으니 그 이름을 천군이라 하였다. 나라마다 각각 소도라고 부르는 별읍이 있는데 큰 나무를 세우고 방울과 북을 매달아 귀신을 섬겼다.
>
> (나) 남녀가 음란한 짓을 하거나 질투하는 부인은 모두 죽였다. 투기는 더욱 미워하여 죽이고 나서 시체를 나라의 남산 위에 버려서 썩게 했다. 친정 집에서 그 시체를 가져가려면 소의 말을 바쳐야 하였다.

① (가) – 철제 농기구의 사용으로 농경이 발달하였고 벼농사를 지었다.

② (가) – 10월에는 추수 감사제인 제천 행사를 치르고 왕과 신하가 국동대혈에 모여 함께 제사를 지냈다.

③ (나) – 왕이 죽으면 많은 사람을 껴묻거리와 함께 묻는 순장의 풍습이 있었다.

④ (나) – 형이 죽으면 동생이 형수를 취하는 취수혼이 널리 행해지고 있었다.

57 0060

㉠~㉢에 대한 설명이 바르게 연결된 것은?

> ㉠ 농경이 발달하였고, 어물과 소금 등 해산물이 풍부하였다.
> ㉡ 도둑질을 하면 물건 값의 12배를 변상하게 하였다.
> ㉢ 산과 내마다 각기 구분이 있어서 함부로 들어가지 못하였다.
> ㉣ 국읍에 각각 한 사람씩 세워 천신의 제사를 주관하게 하였다.

① ㉠ – 10월에 동맹이라는 제천 행사를 실시하였다.

② ㉡ – 형이 죽으면 형수를 아내로 삼는 풍습이 있었다.

③ ㉢ – 족내혼과 함께 민며느리제라는 혼인 풍속이 있었다.

④ ㉣ – 상가, 고추가 등이 제가 회의를 열어 국가 대사를 결정하였다.

58 0061

우리나라 초기 국가의 사회 풍속을 설명한 내용으로 바르게 묶은 것은?

> ㄱ. 삼한 사회에서는 제사장인 천군이 주관하는 소도라는 별읍에 죄인이 들어가면 잡아가지를 못하였다.
> ㄴ. 부여는 12월에 영고라고 하는 제천 행사를 지냈으며, 전쟁이 일어났을 때에는 이 행사를 지내지 않았다.
> ㄷ. 고구려에서는 남녀가 혼인을 하면 신부 집 뒤꼍에 서옥이라는 집을 짓고 살다가, 거기서 자식을 낳아 장성하면 처가에 많은 재물을 주고 아내와 자식을 자기 집으로 데리고 갔다.
> ㄹ. 동예는 지극히 폐쇄적인 혈연 중심의 씨족 사회이나, 결혼의 경우 그 상대를 다른 씨족에서 구해야 했다.

① ㄱ, ㄷ   ② ㄱ, ㄹ

③ ㄴ, ㄷ   ④ ㄷ, ㄹ

59 0062

밑줄 친 '이 나라'에 대한 설명으로 옳은 것은?

> 이 나라는 서쪽에 자리 잡고 있다. 그 민인은 토착하여 곡식을 심고 누에치기와 뽕나무를 가꿀 줄 알며 면포를 만든다. 각기 장수(長帥)가 있어 큰 세력을 지닌 이는 스스로 신지(臣智)라 하고 그 다음은 읍차(邑借)라 한다.
>
> – 「삼국지」

① 남의 물건을 훔친 자는 12배의 배상을 하게 하였다.

② 집집마다 부경이라는 창고를 두었다.

③ 특산물인 단궁, 과하마, 반어피 등을 수출하였다.

④ 파종한 5월과 추수한 10월에는 제의를 행하였다.

문제 풀이

56 0059

(가)는 삼한, (나)는 부여에 대한 설명이다.

② 고구려에 대한 설명이다. 고구려는 추수 감사제의 성격을 지닌 동맹이라는 제천 행사를 10월에 성대하게 치르고, 더불어 왕과 신하들이 국동대혈에서 함께 제사를 지냈다.

정답 ②

57 0060

제시문의 ㉠은 옥저, ㉡은 부여와 고구려, ㉢은 동예, ㉣은 삼한에 해당한다.

② 부여와 고구려에는 형사취수제라 하여 형이 죽으면 동생이 형수를 아내로 맞았는데, 이로 인해 당시 부여와 고구려 사회에서 친족 집단의 공동체적 성격이 강하게 유지되고 있었음을 알 수 있다.

오답 분석

①, ④ 고구려에 대한 설명이다.
③ 민며느리제는 옥저의 풍습이며, 족내혼은 초기 국가와 관련이 없다.

정답 ②

58 0061

ㄱ. 삼한은 제정 분리 사회로 천신(天神)에 제사를 지내는 제사장인 천군이 농경과 종교에 대한 의례를 주관했고, 신성 지역인 소도가 존재하였다. 소도는 마을의 수호신을 섬기는 매우 신성한 곳이어서, 죄인이라도 이곳에 들어가면 잡아가지 못하였다.
ㄹ. 동예는 씨족 사회의 유풍으로 인해 같은 씨족끼리는 혼인을 하지 않는 족외혼을 엄격하게 지켰고, 다른 부족의 생활권을 침범하면 소, 말 등으로 갚아야 하는 책화라는 풍습이 있었다.

오답 분석

ㄴ. 부여는 12월에 영고라는 제천 행사를 지냈는데, 이것은 다른 초기 국가들의 제천 행사와는 달리 부여만의 독특한 풍속이며 원시 수렵 사회의 전통을 이어온 것이다. 전쟁이 일어났을 때 제천 행사를 지내지 않았다는 것은 확인된 바 없다.
ㄷ. 고구려는 서옥제라는 풍습이 있어 어린 신랑(사위)이 신부 집 뒤꼍에 서옥이라는 집을 지은 후 여자의 부모가 사위에게 서옥에 머무를 것을 허락하면, 집 뒤꼍에 돈과 예물 또는 폐백을 쌓아두었다는 기록이 있다. 그러므로 '처가에 많은 재물을 주고 아내와 자식을 자기 집으로 데리고 갔다.'라는 내용은 틀린 설명이다.

정답 ②

59 0062

제시문은 초기 국가인 삼한에 대한 설명이다.

④ 삼한에서는 씨뿌리기가 끝난 5월에 개최하는 수릿날과, 풍년을 기원하고 추수를 기념하는 것으로 10월 계절제가 열렸다.

오답 분석

① 부여와 고구려에 대한 설명이다.
② 고구려에 대한 설명이다.
③ 동예에 대한 설명이다.

정답 ④

공무원시험전문 **해커스공무원**

gosi. Hackers. com

PART 03

고대의 정치

01 0063
2021년 9급 국가직

다음 시가를 지은 왕의 재위 기간에 있었던 사실은?

> 펄펄 나는 저 꾀꼬리
> 암수 서로 정답구나
> 외로울사 이 내 몸은
> 뉘와 더불어 돌아가랴

① 진대법을 시행하였다.
② 낙랑군을 축출하였다.
③ 졸본에서 국내성으로 천도하였다.
④ 율령을 반포하여 중앙 집권 체제를 강화하였다.

02 0064
2014년 9급 국가직

다음과 같은 풍속이 행해진 국가의 사회 모습에 대한 설명으로 옳지 않은 것은?

> 그 풍속에 혼인을 할 때 구두로 이미 정해지면 여자의 집에는 대옥(大屋) 뒤에 소옥(小屋)을 만드는데, 이를 서옥(婿屋)이라고 한다. 저녁에 사위가 여자의 집에 이르러 문 밖에서 자신의 이름을 말하고 꿇어 앉아 절하면서 여자와 동숙하게 해줄 것을 애걸한다. 이렇게 두세 차례 하면 여자의 부모가 듣고는 소옥에 나아가 자게 한다. 그리고 옆에는 전백(錢帛)을 놓아둔다.
> – 「삼국지」 「동이전」

① 고국천왕 사후, 왕비인 우씨와 왕의 동생인 산상왕과의 결합은 취수혼의 실례를 보여준다.
② 계루부 고씨의 왕위 계승권이 확립된 이후 연나부 명림씨 출신의 왕비를 맞이하는 관례가 있었다.
③ 관나부인(貫那夫人)이 왕비를 모함하여 죽이려다가 도리어 자기가 질투죄로 사형을 받았다.
④ 김흠운의 딸을 왕비로 맞이하는 과정은 국왕이 중국식 혼인 제도를 수용했다는 사실을 알려주고 있다.

03 0065
2019년 7급 지방직

다음 설명에 해당하는 시기는?

> 왕 41년 겨울 10월에 백제 근초고왕이 군사 3만 명을 이끌고 평양성을 공격해 왔다. 왕이 군대를 내어 막다가 화살에 맞아 돌아가셨다.
> – 「삼국사기」

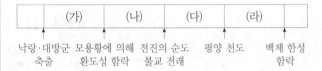

	(가)		(나)		(다)		(라)	
↑		↑		↑		↑		↑
낙랑·대방군 축출		모용황에 의해 환도성 함락		전진의 순도 불교 전래		평양 천도		백제 한성 함락

① (가)
② (나)
③ (다)
④ (라)

04 0066
2016년 7급 지방직

다음 자료에 나타난 시기에 백제왕의 활동으로 옳은 것은?

> 진(晉)나라 때에 구려(句麗)가 이미 요동을 차지하니, 백제 역시 요서, 진평의 두 군을 차지하였다.
> – 「통전」

① 평양성을 공격하여 고국원왕을 전사케 하였다.
② 미륵사를 창건하였다.
③ 웅진으로 도읍을 옮긴 후 신라와 동맹을 강화하였다.
④ 중국 남조와 활발하게 교류하고 일본에 불교를 전하였다.

01 0063

지문의 시는 황조가로, 고구려의 2대 임금인 유리왕이 지은 시가로 알려져 있다.

③ 『삼국사기』는 유리왕이 최초의 수도인 졸본에서 국내성으로 천도하였다는 내용을 전하고 있다.

[오답 분석]

① 진대법을 시행한 왕은 고국천왕이다.
② 낙랑군을 축출한 왕은 미천왕이다.
④ 소수림왕은 373년 율령을 반포하여 중앙 집권 체제의 기반을 마련하였다.

정답 ③

03 0065

② 고국원왕은 369년 스스로 군대를 이끌고 백제를 침공했으나, 치양 전투에서 백제 태자 근구수가 이끄는 군사에 패배하였고, 371년 10월 백제 근초고왕의 군대를 맞아 평양성에서 싸우다가 화살에 맞아 전사해 고국원(故國原)에 묻혔다. 모용황에 의해 환도성이 함락당한 시기는 342년, 전진의 순도에 의해 불교가 전래된 시기는 372년으로, 고국원왕의 죽음은 그 사이의 시기에 해당한다.

정답 ②

02 0064

제시문은 고구려의 혼인 풍속인 '서옥제'에 대한 기록이다.

④ 신라의 신문왕은 683년에 일길찬(一吉飡) 김흠운의 딸을 왕비로 삼았다. 신문왕과 김흠운의 딸의 혼인 시 폐백을 둔 사례가 언급되어 있으므로 중국식 혼인제가 수용되었다는 사실을 확인할 수 있다.

[오답 분석]

① 산상왕은 형인 고국천왕의 아내 우씨를 왕비로 맞았으며, 우씨를 비롯한 귀족 세력의 추대를 받아 즉위하였다.
② 고구려 초기에는 유리왕계의 해씨 세력이 왕위를 계승하다가, 뒤에 태조왕 때부터 계루부 고씨가 왕위를 계승하였다. 계루부 왕실은 고구려 5부족 중 하나인 연나부(절노부)와 혼인 관계를 맺었는데, 연나부의 주요 성씨인 명림씨, 연씨, 우씨 등에서 왕비가 주로 배출되었다.
③ 중천왕의 소실인 관나부인을 왕후 연씨가 위나라에 보내려 하자 관나부인은 거짓으로 왕후를 모함하였으나, 왕후의 무고함이 밝혀지면서 죽임을 당하였다. 이 사건을 왕비 세력의 강화와 왕권의 약화로 이해하는 견해도 있다.

정답 ④

04 0066

『통전』의 기록은 근초고왕 시기의 요서 장악을 서술한 것이다.

① 근초고왕은 371년 10월 고구려의 평양성을 공격하여 고국원왕을 전사시켰다.

[오답 분석]

② 미륵사 창건은 무왕 시기에 해당한다.
③ 웅진 천도 이후 결혼 동맹으로 신라와의 동맹을 강화하였던 왕은 동성왕이다.
④ 중국 남조와의 교류 활성화와 일본에 불교를 전파한 것은 성왕 시기에 해당한다.

정답 ①

05 0067

후왕(侯王), 왜왕(倭王) 등의 명문(銘文)을 통해서 백제와 왜의 관계를 알 수 있게 해주는 자료는?

① 칠지도
② 양직공도
③ 사택지적비
④ 무령왕릉 지석

07 0069

광개토 대왕릉비에 대한 설명으로 옳은 것은?

① 비문에는 복속지 주민도 수묘인으로 삼았다고 하였다.
② 비문에는 건국 시조가 해와 달을 부모로 하여 태어났다고 하였다.
③ 비문에 보이는 군사 행위는 모두 국왕이 직접 참전한 것들이다.
④ 비의 존재는 북방에 대한 관심이 표출되는 『동국통감』에서 처음 소개되었다.

06 0068

밑줄 친 '왕' 때의 사실로 옳은 것은?

> ○ <u>왕</u> 재위 2년에 전진 국왕 부견이 사신과 승려 순도를 보내며 불상과 경문을 전해왔다. (이에 우리) 왕께서 사신을 보내 사례하며 토산물을 보냈다.
> ○ <u>왕</u> 재위 5년에 비로소 초문사를 창건하고 순도를 머물게 하였다. 또 이불란사를 창건하고 아도를 머물게 하였다. 이것이 해동 불법(佛法)의 시작이었다.
>
> – 「삼국사기」

① 역사서인 『신집』을 편찬하였다.
② 진휼 제도로 진대법을 도입하였다.
③ 유학 교육 기관인 태학을 설치하였다.
④ 왜에 종이와 먹의 제작 방법을 전해주었다.

08 0070

다음의 군사 활동과 관련하여 나타난 변화로 가장 적절한 것은?

> 영락 9년 백제가 서약을 어기고 왜와 화통하므로 왕은 평양으로 남순(南巡)해 내려갔다. 이때 신라가 사신을 보내 왕에게 아뢰기를 "왜인들이 우리 국경에 가득 차 성을 파괴하고 있습니다. 노객은 백성된 자로서 왕에게 귀의하여 분부를 청하옵니다."라고 하였다. …(중략)… 영락 10년에 보병과 기병 5만을 보내 낙동강 유역에서 왜를 격퇴하였다.

① 백제가 웅진으로 천도하였다.
② 신라가 한강 유역으로 진출하였다.
③ 고구려가 한반도 남부 전체를 실질적으로 지배하였다.
④ 금관가야는 전기 가야연맹의 주도권을 상실하였다.

05 0067

① 칠지도는 당대의 금석문 자료로서 칼에 새겨진 명문의 내용에 대해 여러 가지 설이 분분하지만, 내용의 핵심은 이 칠지도가 근초고왕 때 만들어졌고 백제의 후왕(侯王)인 왜왕(倭王)에게 하사된 것이었다고 할 수 있다.

오답 분석

② 양직공도는 중국 양(梁)나라의 원제(元帝) 소역이 526~536년 무렵 양나라에 파견된 외국인 사절을 그림으로 그려 해설한 것이다. 백제국사(百濟國使)에 관한 부분은 백제가 중국과 통교한 내용이 담겨져 있으며, 양직공도에서 나타나는 백제는 한반도 남부 지역을 대표하는 나라임을 강조하여 국제적 지위를 인정받고자 했던 것으로 보인다.

③ 백제의 사택지적비는 654년(의자왕 14)에 건립된 4·6 변려체의 비석으로, 사택지적이 은퇴한 이후 불탑과 불당을 건립하고 자연을 숭배한 내용이 담겨 있다.

④ 무령왕릉 지석을 통해 무령왕릉의 주인(피장자)이 무령왕과 그의 왕비라는 것과, 무덤의 축조 연대를 확실히 알 수 있게 되었다. 또한 사택지적비와 함께 백제인의 도교적 성향을 엿볼 수 있는 자료이다.

정답 ①

06 0068

밑줄 친 '왕'은 소수림왕에 해당한다.

③ 소수림왕 시기 불교가 수용되었으며, 태학이 설립되고 율령이 반포되었다.

오답 분석

① 『신집』은 수나라의 1차 침입을 격퇴한 직후인 영양왕 시기(600)에 이문진에 의해 편찬되었다.

② 진대법이 도입된 시기는 고국천왕 시기에 해당한다.

④ 영양왕 시기에 담징이 왜에 건너가 종이와 먹의 제작 방법을 전해주었다.

정답 ③

07 0069

① 광개토 대왕릉비의 비문을 보면 330여 호가 수묘인으로 지정되어 있으며 요동, 백제인 등 복속지 포로들도 수묘인으로 삼을 것을 언급하고 있다. 또한 수묘인에는 포로가 원래의 고구려인에 비해 두 배 많았다.

오답 분석

② 비문에는 시조인 추모왕(주몽)이 천제(天帝)의 아들이며 황천(皇天)의 아들이라 언급되어 있다. 해와 달의 후손이라 언급한 기록은 모두루 묘지이다.

③ 비문에 보이는 군사 행위는 광개토 대왕이 직접 참전한 것만 언급된 것이 아닌, 간접 원정과 직접 원정이 모두 기록되어있다.

④ 비의 존재는 『용비어천가』에서 최초로 언급되고 있다.

정답 ①

08 0070

④ 신라를 구원하기 위해 파견된 고구려군의 공격으로 남동부 지역의 김해, 창원을 중심으로 한 금관가야 세력이 급속도로 약화되었다.

오답 분석

① 백제는 475년 장수왕의 공격을 받아 한성이 함락되고 개로왕이 전사하였다. 이후 도읍을 중국·왜와의 교통이 편리한 웅진(공주)으로 옮겼다.

② 신라 진흥왕은 553년에 대중국 관계에서 위기에 처한 고구려와 밀약을 맺은 뒤 백제가 수복한 한강 하류 유역을 기습 공격해 점령함으로써, 한강 유역의 전부를 차지하였다.

③ 왜구의 침입으로부터 신라를 구원함으로써 고구려가 한반도 남부까지 영향력을 확대한 것은 맞지만, 남부 전체를 실질적으로 지배한 것은 아니었다.

정답 ④

09 0071

(나) 시기에 발생한 사건으로 옳은 것은?

> (가) 백제왕이 병력 3만 명을 거느리고 평양성을 공격해 왔다. 왕이 출병하여 막다가 날아오는 화살에 맞아 서거 하였다.

↓

> (나)

↓

> (다) 왕이 보병과 기병 5만 명을 보내 신라를 구원하게 하였 다. (고구려군이) 남거성을 통해 신라성에 이르렀는데 그곳 에 왜가 가득하였다. 관군이 도착하자 왜적이 퇴각하였다.

① 태학을 설립하고 율령을 반포하였다.
② 평양으로 도읍을 옮기고 한성을 함락하였다.
③ 관구검이 이끄는 위나라 군대의 침략을 받았다.
④ 왕이 직접 말갈 병사를 거느리고 요서 지방을 공격하였다.

10 0072

다음 비문의 내용에 해당하는 고구려왕의 업적으로 옳은 것은?

> 영락 10년(400) 경자에 보병과 기병 5만을 보내 신라를 구 원하게 하였다. 후퇴하는 왜적을 추격하여 종발성을 함락하 고 병사를 두어 지키게 하였다.

① 후연을 격파하여 요동으로 진출하였다.
② 율령을 반포하여 국가 체제를 정비하였다.
③ 지방 세력 통제를 위해 불교를 공인하였다.
④ 지두우를 분할 점령하여 흥안령 일대의 초원 지대를 장악 하였다.

11 0073

밑줄 친 ㉠의 결과에 해당하는 사실로 옳은 것은?

> (영락) 6년 병신(丙申)에 왕이 직접 수군을 이끌고 백제를 토 벌하였다. (백제왕이) 우리 왕에게 항복하면서 "지금 이후로 는 영원히 노객(奴客)이 되겠습니다."라고 맹세하였다. …
> (중략) … ㉠ 10년 경자(庚子)에 왕이 보병과 기병 5만 명을 보내어 신라를 구원하게 하였다.

① 고구려가 신라 내정 간섭을 강화하였다.
② 백제가 고구려의 평양성을 공격하였다.
③ 신라가 관산성 전투에서 백제 성왕을 살해하였다.
④ 금관가야가 가야 지역의 중심 세력으로 대두하였다.

12 0074

고구려와 중국의 관계를 사건이 발생한 순으로 바르게 나열한 것은?

> ㉠ 유주자사 관구검이 쳐들어와 환도성을 함락하자 왕은 옥 저 쪽으로 도망하였다.
> ㉡ 고구려가 요동의 서안평을 공격해 차지하고, 낙랑군을 한반도에서 몰아내었다.
> ㉢ 모용황이 고구려를 침략하여 궁실을 불사르고 5만여 명 을 포로로 붙잡아 갔다.
> ㉣ 고구려가 후연을 공격하여 요동으로 진출하고, 동북쪽으 로는 숙신을 복속시켰다.

① ㉠ → ㉡ → ㉢ → ㉣
② ㉠ → ㉢ → ㉡ → ㉣
③ ㉡ → ㉢ → ㉣ → ㉠
④ ㉡ → ㉣ → ㉢ → ㉠

09 0071

(가) 371년 백제 근초고왕의 공격으로 인해 고국원왕이 전사하였다.
(다) 400년 광개토 대왕이 5만의 군대를 파병하여 신라에 쳐들어
온 왜를 격퇴하였다.

① 소수림왕은 372년 태학을 설립하고, 373년 율령을 반포하였다.

오답 분석

② 장수왕은 427년 평양으로 도읍을 옮기고 475년 한성을 함락하
였으므로, 이는 (다) 시기 이후에 해당한다.
③ 위나라 군대의 침략을 받은 것은 3세기 동천왕 때로, (가) 시기
이전에 해당한다.
④ (다) 시기 이후인 598년 영양왕은 말갈병을 이끌고 요서를 선
제 공격하였다.

정답 ①

10 0072

① 광개토 대왕은 신라 구원 이후 후연을 격파하고 요동을 장악
하였다.

오답 분석

②, ③ 소수림왕, ④ 장수왕과 관련된 내용이다.

정답 ①

11 0073

제시된 사료는 광개토 대왕릉비문에 언급된 내용이다.

① 고구려 광개토 대왕 때인 영락 10년 경자년(400)에 병사를 보
내 신라(내물 마립간)를 구원하였다. 이후 고구려는 내물 마립
간 사후 실성 마립간을 옹립하는 등 신라에 대한 내정 간섭을
강화하였다.

오답 분석

② 백제가 평양성을 공격한 것은 371년으로, 광개토 대왕의 신라 구
원(400) 이전의 일이다. 이때 백제의 공격으로 고구려의 고국원
왕이 화살을 맞고 전사하였다.
③ 관산성 전투는 6세기 중엽에 일어났다.
④ 금관가야가 가야 연맹을 주도하였던 시기는 광개토 대왕의 신라
구원(400) 이전에 해당한다. 금관가야는 왜의 신라 공격 시기에,
백제 및 왜와 연대하였다가 광개토 대왕이 보낸 고구려 군대에
패하여 약화되었다. 이후 연맹의 주도권은 이 시기 피해를 입지
않은 대가야에 넘어가게 되었다.

정답 ①

12 0074

① ㉠ 3세기 동천왕 → ㉡ 4세기 초 미천왕 → ㉢ 4세기 말 고국
원왕 → ㉣ 5세기 초 광개토 대왕 시기에 일어난 대중국 관계
에 해당한다.

정답 ①

13 0075

다음 금석문을 통해 알 수 있는 사실로 옳은 것은?

> 5월에 고구려 대왕이 상왕공(上王公)과 함께 동쪽 오랑캐 신라 매금(寐錦)을 만나 영원토록 우호를 맺기 위해 이곳에 왔으나, 신라 매금이 오지 않아 실행하지 못하였다. 이에 고 구려 대왕은 태자 공과 전부 대사자 다우환노에게 명하여 이곳에 머물러 신라 매금을 만나게 하였다. … 12월 23일에 신라 매금이 고구려 당주인 발위사자 금노에게 신라 국내의 사람들을 내지로 옮기게 하였다.

① 광개토왕이 새로 개척된 영토를 순수하고 민심을 수렴하 였다.
② 울진 봉평 지역에서 복속민의 토지나 재물에 대한 권리를 공인해주었다.
③ 원주민과 복속민을 수묘인으로 편성하여 왕릉을 수호하게 하였다.
④ 고구려가 스스로를 천하의 중심에 놓고 신라를 종속된 나라 로 인식하였다.

14 0076

고구려와 신라의 관계를 다음과 같이 알려주고 있는 삼국 시 대의 금석문은?

> ○ 고구려의 군대가 신라 영토에 주둔했던 것으로 이해할 수 있는 기록이 보인다.
> ○ 고구려가 신라의 왕을 호칭할 때 '동이 매금(東夷 寐錦)' 이라고 부르고 있다.
> ○ 고구려가 신라의 왕과 신하들에게 의복을 하사하는 의식 을 거행한 것으로 보인다.

① 광개토왕비
② 집안 고구려비
③ 중원 고구려비
④ 영일 냉수리비

15 0077

(가)~(다)는 고구려의 발전 과정을 시기 순으로 나열한 것 이다. (나)에 들어갈 내용으로 옳은 것만을 〈보기〉에서 모두 고른 것은?

> (가) 낙랑군을 차지하여 한반도로 진출하는 발판을 마련하 였다.
> (나) _____
> (다) 평양으로 도읍을 옮기고, 백제의 수도인 한성을 함락 하였다.

보기
ㄱ. 태학을 설립하였다.
ㄴ. 진대법을 도입하였다.
ㄷ. 천리장성을 축조하였다.
ㄹ. 신라를 도와 왜를 격퇴하였다.

① ㄱ, ㄴ　　② ㄱ, ㄹ　　③ ㄴ, ㄷ　　④ ㄷ, ㄹ

16 0078

다음은 고구려에 대한 내용이다. (가), (나) 사이에 있었던 사 실로 옳지 않은 것은?

> (가) 전진에서 불교를 받아들였고, 유학 교육 기관으로 태학 을 설립하였으며, 율령을 공포하였다.
> (나) 수도를 평양으로 옮기고, 백제의 수도 한성을 공격하 여 개로왕을 죽였다.

① 모용황의 공격을 받았다.
② 후연을 공격하여 요동 지역에 진출하였다.
③ 북쪽으로 숙신을 정복하였다.
④ 신라를 도와 낙동강 유역에서 왜병을 대파하였다.

13 0075

자료의 내용은 '중원 고구려비'의 내용이다. 중원 고구려비는 한강 유역을 장악한 고구려가 세운 것으로, 비의 건립 시기는 장수왕설과 문자명왕설로 양분되어 있었다. 그러나 최근 '영락칠년세재정유(永樂七年歲在丁酉)'라는 글이 판독됨으로써 '영락'이라는 연호를 사용한 광개토 대왕설이 추가되었다.

④ 중원 고구려비는 고구려 중심의 천하관에 의해 신라가 복속하고 있음을 알 수 있는 내용으로 구성되어 있다.

오답 분석

①, ③ 광개토 대왕릉비에 언급된 내용이다.
② 1988년에 발견된 울진 봉평비는 울진 지역에서 일어난 반란 사건 진압 후 사후 처리 내용을 담은 것이다. 토지나 재물에 대한 권리를 공인해준 것은 포항 중성리비와 영일 냉수리비에 해당한다.

정답 ④

14 0076

③ 제시문은 '중원 고구려비'의 내용이다. 중원 고구려비는 당시 신라가 고구려의 강한 영향력 아래 놓여 있었음을 보여주고 있다.

오답 분석

① 414년(장수왕 2)에 건립된 광개토 대왕릉비는 광개토 대왕의 업적과 고구려의 세계(世界)가 기록되어 있다.
② 집안 고구려비는 2012년 7월 29일 중국 지린성 집안[지안]시 마셴향 마셴촌에서 발견된 고구려 비석이다. 제작 시기에 관하여는 고국양왕설, 광개토 대왕설, 장수왕설 등이 있다.
④ 영일 냉수리비의 건립 연대는 443년 또는 503년으로 추정되며, 절거리라는 인물의 재산 분쟁을 판결한 내용을 기록하고 있다.

정답 ③

15 0077

(가)는 미천왕 시기의 일이다. 고구려는 313년에 낙랑군을 공략하여 멸망시켰다.
(다)는 고구려 장수왕 시기의 일이다. 고구려 장수왕은 427년에 국내성에서 평양성으로 천도를 단행하였다. 이후 455년에는 백제의 왕위 교체 틈을 이용해 백제를 공격하였고, 475년에는 백제의 수도 한성을 함락하고 개로왕을 전사시켜, 백제의 도읍을 웅진으로 옮기게 하였다.
즉, (나)는 미천왕 시기인 313년에서 장수왕 시기인 427년 사이의 시기를 말한다.

ㄱ. 소수림왕은 372년 유교 교육 기관인 태학(太學)을 설립해 귀족 자제들에게 유학을 가르치면서 유교 이념의 확대를 도모하고, 중앙 집권적 정치 제도에 적합한 관리를 양성하였다.
ㄹ. 광개토 대왕은 400년 왜구의 침입으로 위기에 처한 신라를 구원함으로써 한반도 남부까지 영향력을 확대하였다.

오답 분석

ㄴ. 고국천왕 시기인 194년 진대법을 실시해 궁핍한 농민들에 대한 구휼책을 마련하였다.
ㄷ. 영류왕은 당과의 평화가 한시적인 상황으로 끝날 것을 우려하여 631년 비사성에서 부여성에 이르는 천리장성을 축조하게 하였다. 천리장성은 착공한 지 16년 만인 647년(보장왕 6)에 완성되었다.

정답 ②

16 0078

(가)는 소수림왕, (나)는 장수왕 시기의 사실이다.

① 소수림왕 이전인 고국원왕 시기에 전연 모용황의 침략으로 고구려의 수도가 함락·파괴되었다.

오답 분석

②, ③, ④ 광개토 대왕 시기의 일이다.

정답 ①

17 0079
2015년 9급 서울시

다음 글의 밑줄 친 '왕'이 재위할 때의 사실로 옳은 것을 〈보기〉에서 모두 고른 것은?

> 왕이 군사 3만을 이끌고 백제에 침입하여, 백제왕의 도읍 한성을 함락시키고 백제왕 부여경을 죽이고, 남녀 8천 명을 사로잡아 돌아왔다.
> ─ 『삼국사기』

보기
㉠ 백제가 국호를 남부여로 고쳤다.
㉡ 고구려가 도읍을 평양으로 옮겼다.
㉢ 금관가야가 가야 연맹을 주도하였다.
㉣ 신라가 백제와 친선 정책을 추진하였다.

① ㉠, ㉡
② ㉠, ㉢
③ ㉡, ㉣
④ ㉢, ㉣

18 0080
2022년 9급 국가직

밑줄 친 '이 왕'에 대한 설명으로 옳은 것은?

> 백제 개로왕은 장기와 바둑을 좋아하였는데, 도림이 고하기를 "제가 젊어서부터 바둑을 배워 꽤 묘한 수를 알게 되었으니 개로왕께 알려드리기를 원합니다."라고 하였다. … (중략)… 개로왕이 (도림의 말을 듣고) 나라 사람을 징발하여 흙을 쪄서 성(城)을 쌓고 그 안에는 궁실, 누각, 정자를 지으니 모두가 웅장하고 화려하였다. 이로 말미암아 창고가 비고 백성이 곤궁하니, 나라의 위태로움이 알을 쌓아 놓은 것보다 더 심하게 되었다. 그제야 도림이 도망을 쳐 와서 그 실정을 고하니 이 왕이 기뻐하여 백제를 치려고 장수에게 군사를 나누어 주었다.
> ─ 『삼국사기』

① 평양으로 도읍을 천도하였다.
② 진대법을 처음으로 시행하였다.
③ 낙랑군을 점령하고 한 군현 세력을 몰아내었다.
④ 신라에 침입한 왜군을 낙동강 유역에서 물리쳤다.

19 0081
2018년 9급 서울시(추가 채용)

고구려와 관련된 〈보기〉의 사건을 시간 순으로 바르게 나열한 것은?

보기
㉠ 평양 천도
㉡ 관구검과의 전쟁
㉢ 고국원왕의 전사
㉣ 광개토 왕릉비 건립

① ㉢ - ㉠ - ㉣ - ㉡
② ㉠ - ㉢ - ㉡ - ㉣
③ ㉡ - ㉢ - ㉣ - ㉠
④ ㉣ - ㉡ - ㉠ - ㉢

20 0082
2015년 9급 지방직

다음 고구려에서 일어난 사건을 시기 순으로 바르게 나열한 것은?

> ㄱ. 불교를 수용하고, 율령을 반포하였다.
> ㄴ. 고국원왕이 평양성 전투에서 전사하였다.
> ㄷ. 을파소를 등용하여 진대법을 실시하였다.
> ㄹ. 한성을 공격하여 함락시키고 개로왕을 죽였다.

① ㄴ → ㄷ → ㄱ → ㄹ
② ㄴ → ㄷ → ㄹ → ㄱ
③ ㄷ → ㄴ → ㄱ → ㄹ
④ ㄷ → ㄴ → ㄹ → ㄱ

문제 풀이

17 0079

제시된 사료의 '왕'은 장수왕에 해당한다. 장수왕은 475년 백제를 공략하여 개로왕(부여경)을 죽이고 한강 유역을 장악하였다.

ⓒ, ② 장수왕 재위기인 427년 고구려가 평양으로 천도하자 백제의 비유왕과 신라의 눌지 마립간은 나·제 동맹(433)을 체결하였다.

오답 분석

⑦ 백제가 남부여로 국호를 개칭(538)한 것은 6세기 성왕 시기이며, 고구려의 안원왕 재위기에 해당한다.

ⓒ 금관가야가 가야 연맹을 주도하였던 시기는 광개토 대왕의 신라 구원(400) 이전에 해당한다. 금관가야는 왜의 신라 공격 시기에, 백제 및 왜와 연대하였다가 광개토 대왕이 보낸 고구려 군대에 패하여 세력이 약화되었다. 이후 연맹의 주도권은 이 시기 피해를 입지 않은 대가야에 넘어가게 되었다.

정답 ③

18 0080

제시문의 이 왕은 고구려의 장수왕이다.

① 장수왕은 왕권을 강화하고 백제와 신라에 대한 영향력을 강화하기 위해 427년 평양으로 천도하였으며, 이로 인해 433년 백제와 신라의 나·제 동맹이 체결되기도 하였다. 장수왕은 백제 개로왕의 실정을 이용하여 475년 백제의 수도 한성을 공략하였으며, 개로왕을 죽이고 한강 유역을 장악하였다.

오답 분석

② 진대법을 처음으로 시행한 왕은 고국천왕이다.

③ 미천왕은 313년 낙랑군을 점령하고 한 군현 세력을 몰아내었다.

④ 광개토 대왕은 신라의 구원 요청에 응해 400년 보병과 기병 5만 명을 파병하여 신라에 침입한 왜병을 낙동강 유역에서 격퇴하였다.

정답 ①

19 0081

③ 순서대로 나열하면 ⓒ 관구검의 침입 → ⓒ 고국원왕의 전사 → ② 광개토 왕릉비 건립 → ⑦ 평양 천도가 된다.

ⓒ 관구검의 침입은 3세기 동천왕 시기의 일이다. 동천왕은 242년 위의 서안평을 선제 공격하였으나 위나라 장수 관구검의 역습을 받아 수도가 함락되었다.

ⓒ 고국원왕은 371년 9월 백제를 공격하였다가 패하에서 크게 패하였으며, 그해 10월 근초고왕의 역습을 받아 평양성에서 전사하였다.

② 광개토 대왕릉비는 장수왕 재위 초기인 414년에 건립되었다.

⑦ 평양 천도는 장수왕 재위 시기인 427년에 이루어졌다.

정답 ③

20 0082

③ 순서대로 나열하면 ㄷ. 2세기 고국천왕(194) → ㄴ. 4세기 고국원왕(371) → ㄱ. 4세기 소수림왕(불교 수용 372, 율령 반포 373) → ㄹ. 5세기 장수왕(475) 순이다.

정답 ③

21 0083

다음 사건을 발생한 순서에 따라 바르게 나열한 것은?

> ㄱ. 낙랑군을 축출하고 대동강 유역을 차지하는 데 성공하였다.
> ㄴ. 왕위가 처음으로 형제 상속에서 부자 상속으로 바뀌었다.
> ㄷ. 평양으로 도읍을 옮기고 죽령 일대에서 남양만 선까지 판도를 넓혔다.
> ㄹ. 천리장성을 쌓고 방어 체제를 강화하는 등 당의 침략에 대비하였다.

① ㄱ → ㄴ → ㄷ → ㄹ
② ㄱ → ㄷ → ㄹ → ㄴ
③ ㄴ → ㄱ → ㄷ → ㄹ
④ ㄷ → ㄹ → ㄱ → ㄴ

22 0084

다음 중 5세기에 있었던 사실로 옳은 것은?

① 법흥왕은 병부를 설치하여 병권을 장악하고 상대등을 두었다.
② 영양왕은 온달 장군을 보내 한강 유역을 공격하였다.
③ 성왕은 사비로 천도하고 국호를 남부여로 바꾸었다.
④ 개로왕은 중국 북조의 위(魏)에 사신을 보내 군사 원조를 청하였다.

23 0085

밑줄 친 '무덤 주인'이 왕위에 있었던 시기의 사실로 옳은 것은?

> 1971년 7월 공주시 송산리 고분군 배수로 공사 도중 벽돌무덤 하나가 우연히 발견되었다. 무덤 입구를 열자 무덤 주인을 알려주는 지석이 놓여 있었으며 백제는 물론 중국의 남조와 왜에서 만들어진 갖가지 유물들이 고스란히 남아 있었다.

① 중앙에는 22부 관청을 두고 지방에는 5방을 설치하였다.
② 고구려의 남진 정책에 맞서 나·제 동맹을 처음 결성하였다.
③ 활발한 대외 정복 전쟁으로 한강 유역을 차지하고 가야를 완전히 정복하였다.
④ 지방에 22개의 담로를 두고 왕족을 파견하여 지방에 대한 통제를 강화하였다.

24 0086

〈보기〉에서 백제의 발전 과정을 순서대로 바르게 나열한 것은?

> **보기**
> ㄱ. 6좌평제와 16관등제 및 백관의 공복을 제정하였다.
> ㄴ. 고구려의 평양성을 공격하였다.
> ㄷ. 지방에 22담로를 설치하였다.
> ㄹ. 불교를 받아들여 통치 이념을 정비하였다.

① ㄱ → ㄴ → ㄷ → ㄹ
② ㄱ → ㄴ → ㄹ → ㄷ
③ ㄴ → ㄹ → ㄷ → ㄱ
④ ㄹ → ㄴ → ㄷ → ㄱ

문제 풀이 🔧

21 0083

③ 순서대로 나열하면 ㄴ. 2세기 고국천왕 → ㄱ. 4세기 미천왕 → ㄷ. 5세기 장수왕 → ㄹ. 7세기 영류왕~보장왕 대의 일로, 모두 고구려의 정치 상황에 관한 내용이다.

정답 ③

22 0084

④ 개로왕이 북위에 국서를 보낸 시점은 472년으로 5세기 후반에 해당한다. 이후 475년에 장수왕의 침입으로 개로왕은 죽음을 맞았으며, 백제는 한강 유역을 상실하였다.

오답 분석

① 법흥왕이 병부를 설치한 시점은 6세기 전반인 517년, 상대등 설치는 531년의 일이다.
② 온달이 한강 유역을 탈환하려다 전사한 시점은 6세기 말인 590년(영양왕 1)이다.
③ 백제의 성왕이 수도를 사비로 천도하고 국호를 남부여로 개칭한 시점은 538년에 해당한다.

정답 ④

23 0085

제시문은 무령왕릉에 대한 내용이다. 무령왕릉은 중국 남조의 영향을 크게 받아 축조된 벽돌무덤으로, 연꽃 등 우아하고 화려한 백제 특유의 무늬를 새긴 벽돌로 무덤 내부를 쌓았다. 무덤의 주인공이 무령왕과 왕비임을 알리는 지석이 발견되어 축조 연대를 확실히 알 수 있는 무덤이기도 하다.

④ 무령왕은 22담로에 왕족들을 파견하여 지방에 대한 통제력을 강화하였다.

오답 분석

① 백제 성왕은 중앙에 내관 12부, 외관 10부 등 22부를 설치하였으며, 전국을 동·서·중·남·북의 5방으로 나누고 그 아래 군현을 두는 방·군·성(현) 체제로 지방을 정비하였다.
② 백제 비유왕은 433년에 신라 눌지마립간과 나·제 동맹을 결성하였다.
③ 신라 진흥왕은 553년에 한강 하류를 차지하고, 562년에 대가야를 정복하여 가야를 완전히 복속시켰다.

정답 ④

24 0086

② 순서대로 나열하면 ㄱ. 6좌평제 및 16관등제, 백관 공복 제정(고이왕) → ㄴ. 고구려의 평양성 공격(근초고왕) → ㄹ. 불교 수용(침류왕) → ㄷ. 22담로 설치(무령왕)가 된다.

ㄱ. 고이왕은 6좌평제와 16관등제 및 자·비·청의 백관에 대한 공복을 제정(260)하였다.
ㄴ. 근초고왕은 고구려의 평양성을 공격(371)하여 고국원왕을 전사시켰다.
ㄹ. 근초고왕의 손자인 침류왕은 동진으로부터 마라난타를 맞아들여 불교를 수용(384)하였다.
ㄷ. 무령왕은 지방에 22담로를 설치(6세기 초)한 후 왕족의 자제를 파견하여 통제력을 강화하였다.

정답 ②

25 0087

(가)와 (나) 사이의 시기에 있었던 사실로 옳은 것은?

> (가) 동성왕은 신라에 사신을 보내 혼인을 청하였는데, 신라의 왕이 이벌찬(伊伐飡) 비지(比智)의 딸을 시집보냈다.
> (나) 왕은 신라를 습격하기 위하여 친히 보병과 기병 50명을 거느리고 밤에 구천(狗川)에 이르렀는데, 신라의 복병이 나타나 그들과 싸우다가 살해되었다.

① 도읍을 금강 유역의 웅진으로 옮겼다.
② 장수왕의 공격을 받아 한성이 함락되었다.
③ 국호를 남부여로 고치고 중흥을 꾀하였다.
④ 동진으로부터 불교를 수용하여 공인하였다.

26 0088

〈보기〉의 밑줄 친 왕에 대한 설명으로 가장 옳은 것은?

> **보기**
> 영동대장군 백제 사마왕은 나이가 62세 되는 계묘년 5월 임진일인 7일에 돌아가셨다. 을사년 8월 갑신일인 12일에 안장하여 대묘에 올려 뫼시며 기록하기를 이와 같이 한다.

① 북위에 사신을 보내 고구려를 공격해 줄 것을 요청하였다.
② 신라와 결혼 동맹을 맺어 이벌찬 비지의 딸을 왕비로 맞이하였다.
③ 22부의 중앙 관청을 두고 수도와 지방을 5부와 5방으로 정비하였다.
④ 양나라에 사신을 보내 여러 차례 고구려를 격파했다는 서신을 전했다.

27 0089

다음은 삼국 시대의 역사적 사실들을 순서대로 나열한 것이다. ⓛ에 들어갈 수 있는 역사적 사실은?

> ㉠ 10월에 백제왕이 병력 3만을 거느리고 평양성을 공격해 왔다. 왕이 군대를 내어 막다가 흐르는 화살에 맞아 이달 23일에 서거하였다.
> — 『삼국사기』 「고구려본기」
>
> ㉡
>
> ㉢ 백제의 성왕이 관산성을 공격하였다. … 신주의 군주인 김무력이 주의 군사를 이끌고 나아가 교전하였는데, … 급히 쳐서 백제 왕을 죽였다. 이에 모든 군사가 승리의 기세를 타고 크게 이겨서 … 한 마리의 말도 돌아간 것이 없었다.
> — 『삼국사기』 「신라본기」

① 고구려에서 천리장성이 축조되었다.
② 고구려가 동쪽의 옥저를 복속시켰다.
③ 신라는 지방의 행정 구역으로 9주를 설치했다.
④ 신라가 왜의 침입을 막기 위해 고구려에 원군을 청했다.

28 0090

밑줄 친 '왕'의 재위 기간에 있었던 사실로 옳은 것은?

> 왕 30년, 달솔 노리사치계를 왜에 보내 석가여래상과 불경을 전했다.

① 불교를 공인하였다.
② 국호를 남부여로 고쳤다.
③ 평양성까지 진군하여 고국원왕을 전사시켰다.
④ 북위에 국서를 보내 고구려를 공격해줄 것을 요청했다.

25 0087

(가)는 백제 동성왕(제24대, 재위 479~501) 시기의 일이고, (나)는 성왕(제26대, 재위 523~554) 시기의 일이다. 성왕은 554년 일본에 구원병을 청하는 한편, 왕자 부여창(27대 위덕왕)과 함께 친히 군사를 동원하여 신라 공격에 나섰다. 양국의 싸움은 관산성(지금의 옥천)에서 절정을 이루었는데, 초기에 우세를 보였던 백제는 성왕이 구천 지역에서 신라의 군주 김무력이 이끄는 복병에 의하여 전사하면서 대패하고 말았다.

③ 백제 성왕은 538년 수도를 협소한 웅진(충남 공주)에서 사비성(충남 부여)으로 천도한 후 국호를 일시 '남부여(南扶餘)'라 개칭해 부여족으로서의 전통을 강조하였다.

오답 분석

① 475년, 개로왕 전사 후 즉위한 문주왕은 웅진으로 수도를 천도하였다.
② 475년(개로왕 21), 고구려의 장수왕이 한성에 쳐들어와 도성을 함락시키고 개로왕을 살해하였다.
④ 384년(침류왕 1) 9월 동진에서 인도의 승려 마라난타가 법성포로 들어오자, 침류왕은 그를 맞아들여 불교를 수용하였다.

정답 ③

26 0088

밑줄 친 '사마왕'은 무령왕에 해당한다.

④ 무령왕은 중국 남조의 양으로부터 '사지절도독 백제제군사 영동대장군'의 작호를 받았다. 양직공도 등에서 무령왕이 여러 번 고구려를 격퇴했음을 양나라에 알린 사실이 있다.

오답 분석

① 북위에 국서를 보내 고구려 공격을 요청한 인물은 개로왕이다.
② 동성왕은 신라 소지마립간 시기에 신라와 혼인 동맹을 맺어 이벌찬 비지의 딸을 왕비로 맞이하였다.
③ 성왕은 행정 조직을 정비하여 중앙 관청으로 22부를 설치하는 한편, 수도와 지방을 5부 5방으로 정비했다.

정답 ④

27 0089

㉠은 고국원왕의 전사에 관련된 내용으로 371년 10월의 일이다.
㉡은 성왕이 전사하고 백제와 대가야의 연합군이 신라에 패배한 관산성 전투로, 554년의 사실이다.

④ 신라가 왜의 침입을 막기 위해 고구려에 원군을 청한 시기는 399년이며, 고구려군은 400년에 출병하여 왜를 격파하였다.

오답 분석

① 고구려에서 천리장성이 축조되기 시작한 것은 7세기 영류왕 재위 시기이며, 보장왕 집권 이후 연개소문에 의해 완성되었다.
② 고구려가 동옥저를 복속시킨 시기는 태조왕 시기(56~57년 경)로 추정된다.
③ 통일 신라는 통일 이후 685년(신문왕 5)에 9주를 설치했다.

정답 ④

28 0090

노리사치계는 552년 성왕의 명으로 석가모니불의 금상 1구, 번개, 경론 등을 일본에 전하였으며, 고류사 미륵반가사유상(7세기), 호류사의 백제 관음상이 제작되는 전기를 마련해주었다.

② 성왕은 538년 수도를 웅진에서 사비로 천도하고, 국호를 일시 '남부여(南扶餘)'라 개칭해 부여족으로서의 전통을 강조하였다.

오답 분석

① 침류왕, ③ 근초고왕, ④ 개로왕에 대한 설명이다.

정답 ②

29 0091
2022년 9급 지방직

다음 사건을 시기순으로 바르게 나열한 것은?

> (가) 신라의 한강 유역 확보
> (나) 관산성 전투
> (다) 백제의 웅진 천도
> (라) 고구려의 평양 천도

① (가) → (라) → (나) → (다)
② (나) → (다) → (가) → (라)
③ (다) → (나) → (가) → (라)
④ (라) → (다) → (가) → (나)

30 0092
2016년 9급 국가직

(가)~(라)의 시기에 해당하는 백제 역사에 대한 설명으로 옳지 않은 것은?

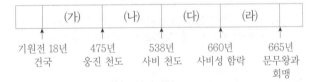

	(가)	(나)	(다)	(라)	
기원전 18년 건국	475년 웅진 천도	538년 사비 천도	660년 사비성 함락	665년 문무왕과 회맹	

① (가) – 관등제를 정비하고 공복제를 도입하는 등 국가 통치 체제의 근간을 마련하였다.
② (나) – 남쪽의 마한 잔여 세력을 정복하고, 수군을 정비하여 요서 지방까지 진출하였다.
③ (다) – 신라와 연합하여 한강 유역 일부 지역을 수복했으나 얼마 후 신라에게 빼앗겼다.
④ (라) – 복신과 도침 등이 주류성에서 군사를 일으켜 사비성의 당나라 군대를 공격하였다.

31 0093
2012년 9급 국가직

다음 글에 해당하는 왕의 정책으로 옳은 것은?

> ○ 처음으로 소를 이용한 밭갈이가 시작되었다.
> ○ 국호를 한자식 표현인 '신라'로 바꾸었다.

① 우산국을 복속시켜 영토로 편입하였다.
② 왕호를 이사금에서 마립간으로 바꾸었다.
③ 이차돈의 순교를 계기로 불교를 공인하였다.
④ 고령의 대가야를 정복하여 낙동강 유역을 확보하였다.

32 0094
2018년 7급 지방직

다음 사건이 발생한 왕의 재위 기간에 있었던 사실로 옳은 것은?

> 우산국은 명주의 동쪽 바다에 있는 섬으로, 울릉도라고도 한다. 땅은 사방 백 리인데, 지세가 험한 것을 믿고 복종하지 않았다. 이찬 이사부가 하슬라주 군주가 되어, '우산국 사람은 어리석고도 사나워서 힘으로 다루기는 어렵고 계책으로 복종시킬 수 있다'고 생각하였다. 이에 나무 사자[木偶師子]를 많이 만들어 전선에 나누어 싣고 그 나라 해안에 다다랐다. … (중략) … 그 나라 사람들이 두려워 즉시 항복하였다.

① 상대등 제도를 시행하였다.
② 아시촌에 소경을 설치하였다.
③ 고구려 승려 혜량을 승통으로 삼았다.
④ 사방에 우역(郵驛)을 처음으로 두었다.

29 0091

④ (라) 고구려의 평양 천도(427) → (다) 백제의 웅진 천도(475) → (가) 신라의 한강 유역 확보(551~553) → (나) 관산성 전투(554)

정답 ④

30 0092

(나) 시기는 개로왕의 전사 이후 즉위했던 문주왕부터 사비 천도 이전 성왕 재위기까지 해당한다.

② 마한의 잔여 세력을 정복하고, 요서 지방까지 진출하였던 왕은 근초고왕으로, (가) 시기에 재위하였던 국왕이다.

오답 분석

① 고이왕, ③ 성왕, ④ 백제 멸망 이후 풍왕을 복신과 도침 등이 옹립한 시기에 해당한다.

정답 ②

31 0093

우경의 실시와 신라 국호의 확정은 지증왕 시기에 해당한다.

① 지증왕은 우산국을 복속시키는 한편, 실직주를 설치하여 주·군·현 제도의 기틀을 마련하였다.

오답 분석

② 내물 마립간, ③ 법흥왕, ④ 진흥왕에 해당하는 내용이다.

정답 ①

32 0094

위의 사료는 우산국 정벌에 대한 내용으로 지증왕 시기에 해당한다.

② 지증왕은 주·군·현 제도를 시행하는 등 지방 제도를 새롭게 마련하는 조처를 취하였다. 그 예로 514년 최초로 경상남도 함안 일대 아시촌에 소경이 설치되었다.

오답 분석

① 법흥왕은 531년 이찬 철부를 화백 회의의 의장이자 귀족들의 대표인 상대등에 임명하였다.
③ 고구려의 승려 혜량이 신라로 망명하자 거칠부의 천거로 진흥왕은 혜량을 승통으로 삼고 교단을 정비하였다.
④ 관도를 수리하고 우역을 설치한 것은 소지 마립간이다.

정답 ②

33 0095

다음 사건이 있었던 시기의 신라 국왕에 대한 설명으로 옳은 것은?

> 이찬 이사부가 하슬라주 군주가 되어, '우산국 사람이 우매하고 사나워서 위엄으로 복종시키기는 어려우니 계책을 써서 굴복시키는 것이 좋겠다.'라고 생각하였다. 이에 나무로 사자 모형을 많이 만들어 배에 나누어 싣고 우산국 해안에 이르러, 속임수로 통고하기를 "만약에 너희가 항복하지 않는다면 곧바로 이 맹수들을 풀어 너희를 짓밟아 죽이겠다."라고 하였다. 그 나라 사람이 두려워 즉시 항복하였다.

① 독서삼품과를 실시하였다.
② 국호를 '신라'로 확정하였다.
③ 관료전을 지급하고 녹읍을 폐지하였다.
④ 장문휴를 보내 당의 등주를 공격하였다.

34 0096

밑줄 친 '왕'의 업적에 대한 설명으로 옳은 것은?

> • 왕 7년에 율령을 반포하고, 처음으로 백관의 공복을 제정하였다.
> • 왕 19년에 금관국의 왕인 김구해가 왕비와 세 아들을 데리고 와 항복하였다.

① '건원'이란 연호를 사용하였다.
② 이사부를 시켜 우산국을 정복하였다.
③ 유학 교육을 위해 국학을 설립하였다.
④ 화랑도를 국가적인 조직으로 개편하였다.

35 0097

(가) 시기에 신라에서 있었던 사실은?

> 고구려의 침입으로 한성이 함락되자, 수도를 웅진으로 옮겼다.
> ↓
> (가)
> ↓
> 성왕은 사비로 도읍을 옮겼다.

① 대가야를 정복하였다.
② 황초령 순수비를 세웠다.
③ 거칠부가 『국사』를 편찬하였다.
④ 이차돈의 순교를 계기로 불교가 공인되었다.

36 0098

㉠~㉣에 해당하는 왕의 업적으로 옳은 것은?

> 고구려 (㉠)왕 때 전진에서 승려 순도(順道)가 불상과 불경을 전하였으며, 백제는 (㉡)왕 때 동진에서 고승 마라난타(摩羅難陀)가 불교를 전하였다. 신라의 불교는 (㉢)왕 때 고구려에서 온 승려 묵호자가 전하고 소지왕 때 다시 고구려에서 승려 아도가 전하였으나 (㉣)왕 때 이차돈의 순교 후 비로소 공인되었다.

① ㉠ – 수도를 국내성에서 평양으로 옮겼다.
② ㉡ – 수도를 사비로 옮기고 남부여라 하였다.
③ ㉢ – 황룡사를 짓고 9층 목탑을 건립하였다.
④ ㉣ – 법령을 반포하고 상대등 제도를 설치하였다.

33 0095

제시문은 지증왕 시기 이사부가 우산국(울릉도)을 정복하는 내용이다.

② **지증왕은 사라, 사로, 신라 등으로 혼용되던 국호를 신라로 확정하였다.**

오답 분석

① 독서삼품과는 신라 하대인 원성왕 시기에 처음으로 실시되었다.
③ 관료전을 지급하고 녹읍을 폐지한 것은 통일 이후인 신문왕 재위기의 일이다.
④ 발해의 무왕은 장문휴를 보내 당의 등주를 공격하였다.

정답 ②

34 0096

밑줄 친 '왕'은 법흥왕이다. 법흥왕은 520년에 율령을 반포하고, 백관의 공복을 제정하였으며 골품제를 정비하였다. 또한 532년에 금관국주 김구해가 세 아들과 함께 가족들을 이끌고 신라에 항복해오자 금관가야를 정식으로 병합하여 금관군을 설치하고 낙동강 유역을 확보하였다.

① **법흥왕은 536년에 독자적 연호인 건원(建元)을 사용하였으며, 이후 진덕 여왕 시기까지 역대 왕들은 독자적인 연호를 사용하였다.**

오답 분석

② 지증왕, ③ 신문왕, ④ 진흥왕에 대한 설명이다.

정답 ①

35 0097

고구려의 침입으로 한성이 함락되자, 백제는 475년 문주왕의 주도로 수도를 웅진으로 천도하였다. 이 시기 신라는 자비 마립간에 의해 통치되고 있었다. 백제의 성왕은 538년 사비로 도읍을 옮겼으며, 이 시기 신라의 국왕은 법흥왕이었다.

④ **(가) 시기는 신라에 있어서 자비 마립간과 법흥왕의 통치기에 해당하며, 이 시기 중 법흥왕의 재위기인 527년에 이차돈의 순교로 불교가 공인되었다.**

오답 분석

① 대가야가 신라에 정복된 시기는 진흥왕 재위기인 562년에 해당한다.
② 황초령 순수비는 진흥왕 재위기인 568년에 건립되었다.
③ 진흥왕 시기인 545년 이사부의 건의에 의해 거칠부가 신라의 역사서인 『국사』를 편찬하였다.

정답 ④

36 0098

제시문의 ㉠은 소수림왕, ㉡은 침류왕, ㉢은 눌지 마립간, ㉣은 법흥왕이다.

④ **법흥왕은 520년에 율령을 반포하고, 귀족 회의의 주재자인 상대등을 설치함으로써 권력을 강화하였다.**

오답 분석

① 고구려의 장수왕은 귀족 세력의 약화, 서해안 적극 진출, 남진 정책의 추진 등을 목적으로 427년에 수도를 국내성에서 평양으로 천도하였다.
② 백제 성왕은 538년에 수도를 협소한 웅진에서 사비로 천도한 후 국호를 일시적으로 '남부여'라 개칭하여 부여족으로서의 전통을 강조하였다.
③ 황룡사는 진흥왕 시기인 569년에 완공되었고, 9층 목탑은 선덕 여왕 시기에 당에서 귀국한 자장의 건의에 따라, 백제의 아비지로 하여금 외환 진정을 목적으로 완공되었다.

정답 ④

37 0099

2015년 9급 지방직

(가), (나) 사이의 시기에 있었던 사실로 옳은 것은?

> (가) 국호를 신라로 바꾸고, 왕의 칭호도 마립간에서 왕으로 고쳤다. 대외적으로는 우산국을 복속시켰다.
> (나) 한강 유역을 빼앗고, 고령 지역의 대가야를 정복하였다. 북쪽으로는 함경도 지역까지 진출하였다.

① 백제 동성왕과 혼인 동맹을 맺었다.
② 김씨에 의한 왕위 계승권이 확립되었다.
③ 진골 귀족 세력의 반발로 녹읍이 부활되었다.
④ 병부를 설치하고, 백관의 공복을 제정하였다.

38 0100

2017년 7급 국가직(추가 채용)

㉠ 왕호를 사용하던 신라 시기의 사실로 옳은 것은?

> 신라 왕으로서 거서간, 차차웅이란 이름을 쓴 이가 각기 하나요, 이사금이라 한 이가 열여섯이며, (㉠)(이)라 한 이가 넷이다. – 『삼국사기』

① 율령이 반포되었다.
② 대가야를 병합하였다.
③ 왕위의 부자 상속제가 확립되었다.
④ 건원이라는 독자적인 연호를 사용하였다.

39 0101

2010년 9급 국가직

금석문의 내용에 대한 설명으로 옳지 않은 것은?

① 울진 봉평 신라비 – 이 지역에 발생한 중대 사건을 처리하고 관련자를 처벌하였다.
② 임신서기석 – 공부와 인격 도야에 관해 맹세하였다.
③ 광개토 대왕릉비 – 광개토 대왕이 침략해 온 북위를 크게 무찔렀다.
④ 사택지적비 – 사택지적이 지난 세월의 덧없음을 한탄하였다.

40 0102

2008년 7급 국가직

삼국 시대 비석의 건립 순서를 옳게 배열한 것은?

> ㄱ. 단양 적성비   ㄴ. 사택지적비
> ㄷ. 광개토 대왕릉비   ㄹ. 울진 봉평비

① ㄷ – ㄹ – ㄱ – ㄴ
② ㄴ – ㄷ – ㄱ – ㄹ
③ ㄷ – ㄱ – ㄴ – ㄹ
④ ㄷ – ㄱ – ㄹ – ㄴ

문제 풀이

37 0099

(가)는 6세기 초반 지증왕(500~514), (나)는 6세기 중·후반 진흥왕(540~576)이다.

④ (가)와 (나) 시기에 있었던 사실은 법흥왕 재위 시기에 행해졌던 병부 설치와 공복 제정이다.

오답 분석

① 5세기 소지 마립간, ② 4세기 말 내물 마립간, ③ 8세기 중엽 경덕왕 시기의 일이다.

정답 ④

38 0100

신라 왕호의 변천은 거서간 → 차차웅 → 이사금 → 마립간 → 왕 순으로 ㉠에 들어갈 왕호는 마립간이다. 신라의 왕 중에서 마립간이라는 왕호를 사용한 왕은 『삼국유사』를 기준으로 내물 마립간, 실성 마립간, 눌지 마립간, 자비 마립간, 소지 마립간이 있다. 『삼국사기』에서는 눌지 마립간부터 마립간의 사용 시기로 본다.

③ 신라는 눌지 마립간 이후 부자 상속에 의한 왕위 계승법이 확립되었다.

오답 분석

①, ④ 법흥왕, ② 진흥왕 시기의 일이다.

정답 ③

39 0101

③ 광개토 대왕릉비에는 정복 활동과 토경 순수 활동(정복한 지역을 안정화하기 위한 왕의 순행 활동)이 기록되어 있다. 이 기록에 따르면 광개토 대왕은 백제를 복속시키는 한편 후연을 격파하여 요동 일대를 장악하였다. 한편, 북위는 장수왕 대에 건국되었으며, 광개토 대왕과는 관련이 없다.

정답 ③

40 0102

① 순서대로 나열하면 ㄷ. 광개토 대왕릉비(414, 고구려 장수왕 추정) → ㄹ. 울진 봉평비(524, 신라 법흥왕) → ㄱ. 단양 적성비(550년 또는 551년 추정, 신라 진흥왕) → ㄴ. 사택지적비(654, 백제 의자왕) 순이다.

정답 ①

41 0103

2018년 7급 서울시(추가 채용)

〈보기〉의 (가)가 건립된 왕대에 있었던 일로 가장 옳은 것은?

> **보기**
>
> 내가 일찍이 (가)를 구경하기 위해 집안현에 이르러 여관에서 만주인 영자평이란 소년을 만나 필담을 나누었는데, (가)에 대해 다음과 같이 이야기했다. "(가)가 오랫동안 초래(草萊)에 묻혀 있다가 최근에 이 지방 영희(英禧)에 의해 발견되었습니다. 그런데 (가) 가운데 고구려가 중국 토지를 침탈했다는 자구들이 들어 있었으므로, 중국인들이 그것을 칼과 도끼로 쪼아냈습니다. 그 다음 일본인들이 (가)를(을) 차지하여 영업적으로 탁본을 만들어 팔기 시작했습니다. 일본인들은 닳아 없어지거나 이지러진 부분을 석회로 떼어 발랐는데, 이 때문에 그동안 인식할 수 없었던 자구가 도리어 생겨나 참된 사실은 삭제되고 위조된 사실이 첨가된 것 같습니다."

① 북연(北燕) 왕인 풍홍을 둘러싸고 북위 및 송과 갈등을 빚었다.
② 거란족 비려의 3개 부락을 격파하고 소·말·양을 노획하였다.
③ 당나라에서 도사와 『도덕경』이 본격적으로 들어오고 도교의 일파인 오두미도(五斗米道)도 유입되었다.
④ 이문진에게 명하여 『유기』를 『신집』 5권으로 개수하였다.

42 0104

2018년 7급 국가직

다음 풍속이 행해진 나라의 중심지와 가장 가까운 곳에 위치하였던 문화유산으로 옳은 것은?

> 이곳 사람들은 시체를 가매장했다가 썩은 뒤에 다시 뼈만 추려서 큰 목곽에 넣는다. 가족들의 시신도 모두 여기에 합장했으며, 죽은 사람의 모습을 닮은 인형을 만들어 목곽 옆에 두었다.
> – 『삼국지』

① 창녕비
② 황초령비
③ 사택지적비
④ 충주 고구려비

43 0105

2019년 9급 서울시

〈보기〉에서 밑줄 친 '이 나라'에 대한 설명으로 가장 옳은 것은?

> **보기**
>
> 천지가 개벽한 뒤로 이곳에는 아직 나라가 없고 또한 왕과 신하도 없었다. 단지 아홉 추장이 각기 백성을 거느리고 농사를 지으며 살았다. …… 아홉 추장과 사람들이 노래하고 춤추면서 하늘을 보니 얼마 뒤 자주색 줄이 하늘로부터 내려와서 땅에 닿았다. 줄 끝을 찾아보니 붉은 보자기에 금빛 상자가 싸여 있었다. 상자를 열어 보니 황금색 알 여섯 개가 있었다. …… 열 사흘째 날 아침에 다시 모여 상자를 열어 보니 여섯 알이 어린 아이가 되어 있었다. 용모가 뛰어나고 바로 앉았다. 아이들이 나날이 자라 십수 일이 지나니 키가 9척이나 되었다. 얼굴은 한고조, 눈썹은 당의 요임금, 눈동자는 우의 순임금과 같았다. 그달 보름에 맏이를 왕위에 추대하였는데, 그가 곧 이 나라의 왕이다.
> – 『삼국유사』

① 중국 동진으로부터 불교를 받아들여 왕실의 권위를 높였다.
② 재상을 뽑을 때 정사암에 후보 이름을 써서 넣은 상자를 봉해두었다.
③ 큰일이 있을 때에는 반드시 화백 제도를 통해 여러 사람의 의견을 따랐다.
④ 철기를 만들 때 사용하는 덩이쇠를 화폐와 같은 교환 수단으로 이용하기도 하였다.

44 0106

2021년 9급 지방직

(가) 나라에 대한 설명으로 옳은 것은?

> 북쪽 구지에서 이상한 소리로 부르는 것이 있었다. … (중략) … 구간(九干)들은 이 말을 따라 모두 기뻐하면서 노래하고 춤을 추었다. 자줏빛 줄이 하늘에서 드리워져서 땅에 닿았다. 그 줄이 내려온 곳을 따라가 붉은 보자기에 싸인 금으로 만든 상자를 발견하고 열어보니, 해처럼 둥근 황금알 여섯 개가 있었다. 알 여섯이 모두 변하여 어린아이가 되었다. … (중략) … 가장 큰 알에서 태어난 수로(首露)가 왕위에 올라 (가) 를/을 세웠다.
> – 『삼국유사』

① 해상 교역을 통해 우수한 철을 수출하였다.
② 박, 석, 김씨가 교대로 왕위를 계승하였다.
③ 경당을 설치하여 학문과 무예를 가르쳤다.
④ 정사암 회의를 통해 재상을 선발하였다.

41 0103

〈보기〉의 (가)는 광개토 대왕릉비에 해당한다. 광개토 대왕릉비는 장수왕의 재위 시기인 414년에 건립된 것으로 추정된다.

① 장수왕 재위 시기에 북위에 의해 멸망한 북연의 왕인 풍홍이 고구려로 망명하자, 고구려는 북위와 갈등을 빚게 되었다. 한편 풍홍은 고구려 내에서 독자적 세력을 유지하려다 좌절되자 송으로의 재망명을 꾀하였으나, 장수왕이 송으로의 망명을 추진한 풍홍을 살해하였다.

오답 분석

② 광개토 대왕 시기의 일에 해당한다.
③ 고구려에 『도덕경』이 본격적으로 들어온 것은 보장왕 시기(643)지만 오두미도 등은 그 이전부터 전래되었을 것으로 추정된다.
④ 영양왕 시기의 일에 해당한다.

정답 ①

43 0105

〈보기〉는 김수로왕의 건국 설화로 『삼국유사』 「가락국기」에 전하는 내용이다. 밑줄 친 '이 나라'는 금관가야에 해당한다.

④ 금관가야는 철을 매개로 낙랑 및 대방과 왜를 잇는 중계 무역을 전개하였으며, 덩이쇠를 화폐처럼 활용하였다.

오답 분석

①, ② 백제, ③ 신라에 대한 설명이다.

정답 ④

42 0104

사료는 옥저의 풍습이다. 옥저는 함흥평야에서 두만강 유역에 걸쳐 존재하였던 국가로 보인다.

② 황초령비는 진흥왕 순수비 중 하나로, 함흥 지역인 황초령에 건립되었다.

오답 분석

① 진흥왕 순수비 중 하나인 창녕비는 경남 창녕 지역에 건립되었다.
③ 사택지적비는 백제의 부여 지역에 건립되었다.
④ 충주 고구려비는 중원경에 해당했던 충주 지역에 건립되었다.

정답 ②

44 0106

『삼국유사』에 언급된 금관가야의 건국과 관련된 기록이다.

① 금관가야는 변한에 이어 해상 교역을 통해 덩이쇠로 만들어진 철을 수출하고 낙랑, 대방, 왜 등과 중개 무역을 하였다.

오답 분석

② 박, 석, 김씨는 신라의 이사금 시기에 교대로 왕위를 계승하였다.
③ 고구려에서는 지방에 경당을 설치하여 학문과 무술을 가르쳤다.
④ 『삼국유사』에 의하면 백제는 사비 천도 이후 정사암 회의를 통해 재상을 선출하였다고 한다.

정답 ①

45 0107

밑줄 친 '이 나라'에 대한 설명으로 옳지 않은 것은?

시조는 이진아시왕이다. 그로부터 도설지왕까지 대략 16대 520년이다. 최치원이 지은 「석이정전」을 살펴보면, 가야산 신 정견모주가 천신 이비가지에게 감응되어 이 나라 왕 뇌 질주일과 금관국왕 뇌질청예 두 사람을 낳았는데, 뇌질주일 은 곧 이진아시왕의 별칭이고 뇌질청예는 수로왕의 별칭이 라고 한다.
－ 「신증동국여지승람」

① 5세기 후반부터 급성장해 가야의 주도 세력이 되었다.
② 고령의 지산동 고분군을 대표적 문화유산으로 남겼다.
③ 시조는 아유타국에서 온 공주와 혼인을 하였다고 전한다.
④ 전성기에는 지금의 전라북도 일부 지역까지 세력을 확장 하였다.

46 0108

밑줄 친 '가라(가야)국'에 대한 설명으로 옳은 것은?

진흥왕이 이찬 이사부에게 명하여 가라(가야라고도 한다) 국을 공격하도록 하였다. 이때 사다함은 나이 15, 6세였음 에도 종군하기를 청하였다. 왕이 나이가 아직 어리다 하여 허락하지 않았으나, 여러 번 진심으로 청하고 뜻이 확고하 였으므로 드디어 귀당 비장으로 삼았다. … 그 나라 사람들 이 뜻밖에 군사가 쳐들어오는 것을 보고 놀라 막지 못하였 으므로 대군이 승세를 타고 마침내 그 나라를 멸망시켰다.
－ 「삼국사기」

① 시조는 수로왕이며 구지봉 전설이 있다.
② 나라가 망할 즈음 우륵이 가야금을 가지고 신라로 들어갔다.
③ 낙동강 하류에 도읍하고 해상 교역을 중계하였다.
④ 국주(國主) 김구해가 항복하자 신라왕이 본국을 식읍으로 주었다.

47 0109

가야의 여러 나라에 대한 설명으로 옳지 않은 것은?

① 가야의 여러 나라들은 주로 낙동강 하류 및 그 지류인 남강 주변에 위치하여 수상 교통을 활발히 이용하였다.
② 풍부한 철 생산과 해상 교통을 이용하여 낙랑과 왜의 규슈 지방을 연결하는 중계 무역이 발달하였다.
③ 전기 가야 연맹 시대에는 신라와 거의 비슷한 돌무지덧널무 덤이 유행하였다.
④ 6세기 초에 고령의 대가야는 백제, 신라와 대등하게 세력을 다투게 되었고, 신라와 결혼 동맹을 맺기도 하였다.

48 0110

〈보기〉의 밑줄 친 '왕' 대에 이루어진 내용을 옳게 고른 것은?

보기
재위 19년에는 금관국주인 김구해가 비와 세 아들을 데리 고 와 항복하자 왕은 예로써 대접하고 상등(上等)의 벼슬을 주었으며, 23년에는 처음으로 연호를 칭하여 건원(建元) 원 년이라 하였다.

ㄱ. 국호를 사로국에서 '신라'로, 왕호를 마립간에서 '왕'으 로 고쳤다.
ㄴ. 왕은 연호를 고쳐 '개국(開國)'이라 하였으며 「국사」를 편찬토록 하였다.
ㄷ. 왕호를 '성법흥대왕'이라 쓰기도 하였다.
ㄹ. '신라육부'가 새겨진 울진 봉평 신라비가 세워졌다.
ㅁ. 연호를 '인평(仁平)'으로 고쳤으며 분황사와 영묘사를 창건하였다.

① ㄱ, ㄴ   ② ㄴ, ㄷ
③ ㄷ, ㄹ   ④ ㄹ, ㅁ

45 0107

제시문의 밑줄 친 '이 나라'는 대가야이다.

③ 아유타국에서 온 공주 허황옥과 혼인을 하였다고 전하는 인물은 금관국의 시조인 수로왕이다.

오답 분석

① 대가야는 5세기 후반부터 금관가야의 김해 세력을 대신한 맹주로서 성장하였다.

② 대가야의 대표적 유적으로는 고령 지산동 고분 유적 등이 있다.

④ 6세기 초 대가야는 소백산맥 너머 남원군의 아막산성까지 진출하였으나, 백제의 반격으로 수세에 몰리게 되었다. 이후 대가야의 이뇌왕과 신라의 법흥왕은 결혼 동맹(522)을 체결하였다.

정답 ③

46 0108

밑줄 친 '가라(가야)국'은 대가야이다. 신라 진흥왕은 대가야가 백제의 신라 공격에 힘입어 신라에 대해 반기를 들자 562년에 이사부를 보내어 대가야를 정복, 멸망시켰다.

② 우륵은 가야국 가실왕(嘉實王, 일명 嘉寶王) 때와 신라 진흥왕 때 악사로 활약한 가야금의 명인이다. 우륵은 가야국이 어지러워지자 가야금을 들고 제자 이문(泥文)과 함께 신라 진흥왕에게 투항하였는데, 왕은 그를 맞아 국원(지금의 충주)에 안치시키고 계고(階古)·만덕(萬德)·법지(法知) 등을 보내어 그의 업(業)을 전습하게 하였다.

오답 분석

①, ③, ④ 금관가야에 대한 설명이다.

정답 ②

47 0109

③ 돌무지덧널무덤은 신라에서 주로 만든 묘제로, 지상이나 지하에 시신과 껴묻거리를 넣은 나무덧널을 설치하고 그 위에 댓돌을 쌓은 다음 흙으로 덮은 형식의 무덤이다. 가야 연맹 초기에는 덧무덤, 널무덤, 돌덧널무덤이 발달하였고, 후기에는 돌방무덤(전형)이 주류를 이루었다. 가야 연맹의 고분 유적으로는 석곽묘·석실분·토광묘·원방형분 등이 있으며, 부산 복천동 고분(금관가야), 김해 대성동 고분(금관가야), 고령 지산동 고분(대가야), 함안 말이산 고분, 창녕 교동 3호분(순장) 등이 대표적이다.

정답 ③

48 0110

〈보기〉의 밑줄 친 '왕'은 6세기 초의 법흥왕에 해당한다.

ㄷ. 울산 천전리 각석에는 법흥왕을 '성법흥대왕'이라고 칭하고 있다.

ㄹ. 울진 봉평 신라비는 반란 진압 후 화백 회의를 통해 반란 사건의 가담자를 처벌하는 내용을 담고 있다. 비문에는 법흥왕 시기 화백 회의에 참여한 6부의 수장들이 기록되어 있다.

오답 분석

ㄱ. 지증왕은 국호를 '신라'로 확정하였으며, 왕의 칭호를 마립간에서 중국식 왕호인 '왕'으로 고쳤다.

ㄴ. 진흥왕은 '개국', '대창', '홍제'라는 연호를 사용하고, 거칠부로 하여금 역사서인 『국사』를 편찬하도록 하였다.

ㅁ. 선덕 여왕은 '인평(仁平)'이라는 연호를 사용하였으며, 분황사와 영묘사를 창건하였다.

정답 ③

49 0111

밑줄 친 '이 나라'에 대한 설명으로 옳은 것은?

> 이 나라는 삼한의 종족이며, 지금의 고령에 있었다. 건원 원년(479)에 그 국왕 하지(荷知)는 사신을 보내 남제에 공물을 바쳤다. 남제에서는 국왕 하지에게 "보국장군본국왕"을 제수하였다.

① 관산성 전투에서 국왕이 전사하였다.
② 울릉도를 정복해서 영토로 편입하였다.
③ 호남 동부 지역까지 세력을 확장하였다.
④ 신라를 도와 낙동강 유역에 진출한 왜를 격파하였다.

50 0112

시기 순으로 바르게 나열한 것은?

> ㉠ 고구려의 흥안령 일대 장악
> ㉡ 백제의 사비 천도
> ㉢ 신라의 마운령비 건립
> ㉣ 전기 가야 연맹의 약화

① ㉠ → ㉣ → ㉢ → ㉡
② ㉠ → ㉣ → ㉡ → ㉢
③ ㉣ → ㉠ → ㉢ → ㉡
④ ㉣ → ㉠ → ㉡ → ㉢

51 0113

다음 사실들을 시기 순으로 바르게 나열한 것은?

> ㄱ. 고구려 – 살수에서 수 양제의 군대를 격파하였다.
> ㄴ. 백제 – 사비로 도읍을 옮기고 국호를 남부여로 고쳤다.
> ㄷ. 신라 – 율령을 반포하고 백관의 공복을 제정하였다.
> ㄹ. 가야 – 고령 지역의 대가야가 신라의 공격으로 멸망하였다.

① ㄴ → ㄷ → ㄹ → ㄱ
② ㄴ → ㄹ → ㄷ → ㄱ
③ ㄷ → ㄴ → ㄹ → ㄱ
④ ㄷ → ㄹ → ㄱ → ㄴ

52 0114

밑줄 친 '왕'의 재위 기간에 있었던 사실로 옳은 것은?

> 이찬 이사부가 왕에게 "국사라는 것은 임금과 신하들의 선악을 기록하여, 좋고 나쁜 것을 만대 후손들에게 보여 주는 것입니다. 이를 책으로 편찬해 놓지 않는다면 후손들이 무엇을 보고 알겠습니까?"라고 아뢰었다. 왕이 깊이 동감하고 대아찬 거칠부 등에게 명하여 선비들을 널리 모아 그들로 하여금 역사를 편찬하게 하였다.
>
> – 『삼국사기』

① 정전 지급
② 국학 설치
③ 첨성대 건립
④ 북한산 순수비 건립

49 0111

밑줄 친 '이 나라'는 대가야에 해당한다.

③ 대가야는 세력을 확장한 뒤 백제와 대립하여 소백산맥 너머 호남 동부 지역인 남원군의 아막산성까지 진출하였으며, 백제의 반격을 받자 이뇌왕이 522년 신라의 법흥왕과 결혼 동맹을 체결하였다.

오답 분석

① 관산성 전투에서 전사한 국왕은 백제의 성왕에 해당한다.
② 신라 지증왕 시기 울릉도가 정복되었다.
④ 고구려의 광개토 대왕에 대한 설명이다.

정답 ③

50 0112

④ 시기 순으로 바르게 나열하면 ㉣ 전기 가야 연맹 약화(4세기 말~5세기 초) → ㉠ 고구려의 흥안령 일대 장악(장수왕, 479) → ㉡ 백제의 사비 천도(성왕, 538) → ㉢ 신라의 마운령비 건립(진흥왕, 568)이 된다.

㉣ 신라를 구원하기 위해 남진했던 고구려 군대(광개토 대왕 시기)에 의해 금관가야가 패배하면서 전기 가야 연맹은 약화되었다. 이후 대가야를 중심으로 하는 후기 가야 연맹이 주도권을 장악하였다.
㉠ 장수왕 시기 고구려는 지두우족의 분할 점령을 꾀하고 흥안령 산맥 일대를 점령하였다.
㉡ 백제 성왕은 538년 수도를 사비성(충남 부여)으로 천도하였다.
㉢ 마운령비는 568년 진흥왕 시기에 건립되었다.

정답 ④

51 0113

③ 시기 순으로 바르게 나열하면 ㄷ. 신라 율령 반포 및 공복 제정(법흥왕, 520) → ㄴ. 백제 사비 천도(성왕, 538) → ㄹ. 대가야 멸망(진흥왕, 562) → ㄱ. 살수 대첩(영양왕, 612)이 된다.

ㄷ. 신라 법흥왕은 520년에 율령을 반포하고, 백관의 공복을 제정하였으며 골품제를 정비하였다.
ㄴ. 백제 성왕은 538년 수도를 웅진에서 사비로 천도하고, 국호를 '남부여(南扶餘)'라 개칭해 부여족으로서의 전통을 강조하였다.
ㄹ. 대가야군은 성왕이 관산성 전투에서 패하자 멸망 위기에 몰렸으며, 결국 562년 신라 진흥왕 때 병합되었다.
ㄱ. 612년 수 양제가 113만 군대를 이끌고 대규모 침공을 감행하였으나, 살수에서 30만의 별동대가 고구려군에 의해 참패당하였다.

정답 ③

52 0114

밑줄 친 '왕'은 진흥왕으로, 제시문은 이사부의 건의에 의해 『국사』가 편찬되는 과정을 언급한 것이다.

④ 북한산 순수비는 진흥왕이 한강 유역을 장악하고 세운 영토 확장비이다.

오답 분석

① 정전은 722년 성덕왕 때 백성들에게 지급한 토지이다. 정전은 왕토 사상에 근거하여 백성들이 소유하고 있던 토지를 법제적으로 인정해준 것으로 추측된다.
② 국학의 설립 시기는 682년 신문왕 때이다.
③ 첨성대가 건립된 시기는 선덕 여왕 때이다.

정답 ④

53 0115

밑줄 친 '대왕'이 재위하던 시기의 사실로 옳은 것은?

> 우리 왕후께서는 좌평 사택적덕의 따님으로 … (중략) … 기해년 정월 29일에 사리를 받들어 맞이하셨다. 원하오니, 우리 대왕의 수명을 산악과 같이 견고하게 하시고 치세는 천지와 함께 영구하게 하소서.

① 사비의 왕흥사가 낙성되었다.
② 22담로에 왕족을 보냈다.
③ 박사 고흥이 『서기』를 편찬하였다.
④ 노리사치계가 왜에 불상과 불경을 전하였다.

54 0116

삼국의 대외 관계와 대외 정책에 대한 설명으로 옳은 것은?

① 고구려 미천왕은 5대 10국이라는 중국 대륙의 분열 상황을 틈타 낙랑군 · 대방군을 점령했다.
② 백제 동성왕은 신라 왕조의 딸을 왕비로 맞아들여 나제 동맹을 더욱 굳건히 다졌다.
③ 신라는 진흥왕대에 금관가야를 정벌하고 가야 지역을 석권했다.
④ 고구려와 수의 전쟁은 수나라의 선제 공격으로 시작되었다.

55 0117

다음 삼국 시대 대외 관계와 관련된 사료를 순서대로 바르게 나열한 것은?

> ㉠ 10월 왕(백제)이 정병 3만 명을 거느리고 고구려 평양성을 침공하였다.
> ㉡ 왕(고구려) 10년 보병과 기병 5만 명을 파견하여 신라를 구원하게 하였다.
> ㉢ 9월 왕(고구려)이 군사 3만 명을 이끌고 백제에 침략하여 한성을 함락시켰다.
> ㉣ 백제왕 모대가 사신을 보내 혼인을 청하매, 신라왕은 이찬 비지의 딸을 보냈다.

① ㉠ - ㉡ - ㉢ - ㉣
② ㉠ - ㉡ - ㉣ - ㉢
③ ㉡ - ㉠ - ㉢ - ㉣
④ ㉡ - ㉠ - ㉣ - ㉢

56 0118

삼국의 항쟁을 시기 순으로 바르게 나열한 것은?

> ㉠ 백제가 신라의 대야성을 비롯한 40여 성을 빼앗았다.
> ㉡ 백제가 고구려의 평양성을 공격하여 고국원왕이 전사하였다.
> ㉢ 신라가 대가야를 정복하면서 가야 연맹이 완전히 해체되었다.
> ㉣ 고구려가 평양으로 도읍을 옮기고 백제의 수도 한성을 함락하였다.

① ㉡ → ㉢ → ㉣ → ㉠
② ㉡ → ㉣ → ㉢ → ㉠
③ ㉣ → ㉠ → ㉡ → ㉢
④ ㉣ → ㉡ → ㉠ → ㉢

53 0115

제시문의 내용은 미륵사지 석탑 안에서 발견된 사리 장엄의 봉안기 내용으로 밑줄 친 '대왕'은 백제의 무왕이다. 봉안기 명문에서 무왕의 왕비가 선화 공주가 아닌 사택적덕의 딸로 밝혀져 많은 논란을 낳았다. 현재는 무왕의 재위기가 41년으로 여러 명의 왕비가 있었을 가능성과 선화 공주가 무왕의 왕비라는 기록을 남긴 『삼국유사』의 오류 가능성이 동시에 대두되고 있다.

① 왕흥사는 『삼국사기』 기록을 토대로 백제 법왕 시기부터 조성하기 시작하여 무왕 시기에 완성되었을 것으로 추정되나, 2007년 탑지에서 창왕명 청동제 사리함이 발굴됨에 따라 조성 시기가 위덕왕(창왕) 시기라고 보는 설도 주장되고 있다.

오답 분석

② 무령왕, ③ 근초고왕, ④ 성왕 시기에 해당한다.

정답 ①

54 0116

② 백제 동성왕은 신라의 소지 마립간 시기에 이찬 비지의 딸을 왕비로 맞이하여 결혼 동맹을 성립시켰다.

오답 분석

① 고구려 미천왕이 낙랑·대방을 병합했던 시기는 각각 313년과 314년으로, 5호 16국이 발흥하는 초기적 상황에 해당한다. 5대 10국은 당 멸망 이후 송이 중국을 통일(907~979)하기까지 70여 년 간의 과도기적 시기에 해당한다.
③ 신라 진흥왕은 대가야를 멸망시켰으며, 금관가야는 법흥왕 때 신라에 병합되었다.
④ 7세기 여·수 전쟁은 고구려가 요서 지역을 선제 공격함으로써 일어났다.

정답 ②

55 0117

① 순서대로 바르게 나열하면 ㉠ 371년 근초고왕 → ㉡ 400년 광개토 대왕 → ㉢ 475년 장수왕 → ㉣ 493년 동성왕 시기가 된다.

정답 ①

56 0118

② 시기 순으로 나열하면 ㉡ 백제의 평양성 공격(371) → ㉣ 고구려의 평양 천도·한성 함락(5세기) → ㉢ 신라의 대가야 정복(562) → ㉠ 백제의 신라 대야성 함락(642)이 된다.

㉡ 371년 백제 근초고왕은 고구려의 평양성을 공격하였고, 고국원왕은 백제군을 맞아 싸우다가 전사하여 고국원에 묻혔다.
㉣ 427년에 고구려 장수왕은 국내성에서 평양성으로 천도를 단행하였고, 475년에 백제의 수도 한성을 공격하여 개로왕을 전사시켰다.
㉢ 562년에 신라 진흥왕은 이사부를 보내어 대가야를 정복·멸망시켰다.
㉠ 642년에 백제 의자왕은 신라의 대야성을 공격하여 함락시키고, 직접 군사를 이끌고 신라의 40여 성을 빼앗았다.

정답 ②

57 0119

삼국 간의 경쟁 과정에서 일어난 사건을 순서대로 바르게 나열한 것은?

> (가) 백제 성왕이 관산성 전투에서 전사하였다.
> (나) 백제 의자왕은 신라의 대야성을 함락시켰다.
> (다) 고구려 광개토 대왕은 신라 지역으로 쳐들어온 왜국의 침략을 격퇴하였다.
> (라) 백제는 고구려의 침략으로 말미암아 수도를 웅진으로 옮겼다.

① (나) - (다) - (라) - (가)
② (다) - (가) - (라) - (나)
③ (다) - (라) - (가) - (나)
④ (라) - (다) - (나) - (가)

58 0120

(가) 시기에 있었던 역사적 사실로 옳은 것은?

고구려 태학 설립	백제 『서기』 편찬	신라 『국사』 편찬	고구려 『신집』 편찬
			(가)

① 고구려 장수왕이 백제 한성을 함락하였다.
② 금관가야가 가야 연맹의 주도권을 상실하였다.
③ 신라에서 건원이라는 독자적인 연호를 사용하였다.
④ 백제가 노리사치계를 보내 일본에 불상과 불경을 전하였다.

59 0121

〈보기〉의 시와 관련된 전쟁에 대한 설명으로 가장 옳은 것은?

> **보기**
> 귀신같은 전술은 천문을 꿰뚫었고
> 묘한 전략은 지리를 통달했구나.
> 전쟁에서 이겨 공이 이미 높아졌으니,
> 만족함을 알고 그만함이 어떠하겠는가.

① 동천왕 때 일어난 전쟁이다.
② 살수에서 고구려군이 크게 승리하였다.
③ 당 태종이 직접 군대를 이끌고 침략을 감행하였다.
④ 왜군 3만 명이 원군으로 참전하였으나 백강 전투에서 크게 패배하였다.

60 0122

(가)와 (나) 사이에 있었던 역사적 사실을 〈보기〉에서 고른 것은?

> (가) 백제 동성왕은 신라 이벌찬 비지의 딸과 혼인한 후 병사 3천 명을 보내 신라군을 도와 고구려 병사의 포위를 풀게 하였다.
>   - 『삼국사기』
> (나) 6월에 수 양제가 요동성 남쪽에서 공격하였으나 항복하지 않고 계속 항전을 하였다. 수 양제는 부하 장수들에게 30만 5천의 병력으로 성을 우회하여 압록강으로 진격케 하였다.
>   - 『삼국사기』

> **보기**
> ㉠ 고구려는 신라에 침입한 왜를 격퇴하였다.
> ㉡ 백제는 사비로 도읍을 옮기고 국호를 남부여로 고쳤다.
> ㉢ 고구려는 안시성 싸움에서 민·군이 협력하여 당군을 물리쳤다.
> ㉣ 신라 지증왕은 국호를 신라로 바꾸고 왕의 칭호도 마립간에서 왕으로 고쳤다.

① ㉡   ② ㉠, ㉡   ③ ㉡, ㉣   ④ ㉢, ㉣

57 0119

③ 순서대로 나열하면 (다) 고구려 광개토 대왕의 왜구 격퇴(400) → (라) 백제 개로왕의 전사와 웅진 천도(475) → (가) 백제 성왕의 관산성 전투 전사(554) → (나) 백제 의자왕의 대야성 함락(642)이 된다.

정답 ③

58 0120

고구려의 태학 설립은 소수림왕 시기인 372년, 백제의 『서기』 편찬은 근초고왕 말년인 375년, 신라의 『국사』 편찬은 진흥왕 시기인 545년, 고구려의 『신집』 편찬은 영양왕 시기인 600년에 이루어졌다. 따라서 (가) 시기는 545년~600년 사이이다.

④ 『일본서기』에는 (가) 시기인 552년에 성왕이 달솔 노리사치계를 파견하여 불상 몇 구와 불교 경전을 전하였다고 기록하고 있다.

오답 분석

① 장수왕이 한성을 함락한 것은 475년에 해당한다.
② 광개토 대왕이 신라를 구원하는 과정에서 금관가야가 가야 연맹의 주도권을 상실한 시기는 400년에 해당한다.
③ 법흥왕이 건원이라는 연호를 사용한 시기는 536년에 해당한다.

정답 ④

59 0121

〈보기〉의 사료는 612년 수나라의 2차 침입 당시 고구려의 을지문덕이 수나라 장수 우중문에게 보낸 오언시 '여수장우중문시'의 내용이다.

② 을지문덕은 수나라군이 고구려를 침범하자 적진에 거짓 항복을 한 뒤 형세를 정탐하였으며, 후퇴 작전을 이용하여 적군을 지치게 만든 다음, 회군하는 수나라군을 살수에서 격파하였다 (살수 대첩).

오답 분석

① 동천왕은 3세기경 고조선의 고토를 회복하기 위하여 서안평을 공격하였다가 위나라 관구검의 역습을 받았다.
③ 당 태종은 연개소문이 영류왕을 시해한 사건을 빌미로 664년부터 고구려를 침공하였다. 당군은 개모성, 비사성, 백암성 등을 함락시키고 평원에서 벌인 고구려군과의 접전에서도 승리를 거두었으나 이어진 안시성 싸움에서 3개월여에 걸친 고구려군의 완강한 저항에 부딪히자 결국 철군하였다.
④ 663년 9월에 발생한 백강 전투는 부여풍이 이끄는 백제 부흥군과 왜의 구원군이 나·당 연합군에게 패배한 사건으로, 이후 백제의 부흥 운동은 붕괴하였다.

정답 ②

60 0122

(가)는 5세기 말 나·제 동맹의 강화, (나)는 7세기 살수 대첩(612)이 일어나게 되는 상황을 담은 사료이다.

③ ⓒ은 6세기 중엽 백제의 성왕, ⓔ은 6세기 초 신라의 지증왕에 대한 설명으로, (가)와 (나) 사이의 역사적 사실에 해당한다.

오답 분석

ⓐ은 서기 400년 광개토 대왕의 신라 구원, ⓑ은 7세기 중엽 안시성 전투(645)에 대한 설명으로, (가)와 (나) 사이의 사건에 해당하지 않는다.

정답 ③

61 0123

2015년 7급 서울시

㉠∼㉣ 시기에 있었던 역사적 사실로 옳은 것은?

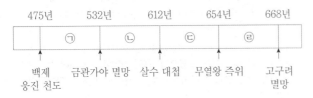

① ㉠ - 고구려가 도읍을 평양으로 옮겼다.
② ㉡ - 백제가 역사서인 『서기』를 편찬하였다.
③ ㉢ - 황룡사 9층탑이 건립되었다.
④ ㉣ - 상대등 비담이 반란을 일으켰다.

63 0125

2015년 7급 국가직

밑줄 친 '왕' 대에 있었던 역사적 사실로 옳은 것은?

> 왕이 죽기 전에 여러 신하들이 왕에게 아뢰었다. "어떻게 해서 모란꽃에 향기가 없고, 개구리 우는 것으로 변이 있다는 것을 아셨습니까." 왕이 대답했다. "꽃을 그렸는데 나비가 없으므로 그 향기가 없는 것을 알 수가 있었다. 이것은 당나라 임금이 나에게 짝이 없는 것을 희롱한 것이다."
>
> – 『삼국유사』

① 『국사』를 편찬하였다.
② 영묘사를 건설하였다.
③ 향가를 모아 『삼대목』을 편찬하였다.
④ 오언태평송(五言太平頌)을 지어 당에 보냈다.

62 0124

2020년 9급 국가직

(가)∼(라)에 해당하는 사실로 옳지 않은 것은?

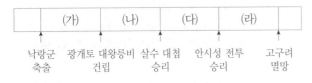

① (가) - 백제 침류왕이 불교를 받아들였다.
② (나) - 고구려 영양왕이 요서 지방을 선제 공격하였다.
③ (다) - 백제가 신라 대야성을 공격하여 함락시켰다.
④ (라) - 신라가 매소성에서 당군을 격파하였다.

64 0126

2011년 9급 사회복지직

다음 역사적 사실과 관련하여 나타난 정치상의 변화가 아닌 것은?

> 진덕왕이 죽자, 여러 신하들이 이찬 알천에게 섭정하기를 청하였다. 알천이 한결같이 사양하며 말하기를, "신은 늙고 이렇다할 만한 덕행도 없습니다. 지금 덕망이 높은 이는 춘추공 만한 자가 없습니다. 실로 가히 빈곤하고 어려운 세상을 도울 영웅호걸입니다." 마침내 (김춘추를) 봉하여 왕으로 삼았다. 김춘추는 세 번 사양하다가 부득이하게 왕위에 올랐다.
>
> – 『삼국사기』

① 성골 골품이 소멸하였다.
② 이후 진골 출신도 왕이 될 수 있었다.
③ 국왕의 조언자 역할을 하는 상대등의 권한이 강화되었다.
④ 집사부 시랑직에 6두품 출신들이 진출하였다.

61 0123

③ 황룡사 9층탑이 건립된 것은 640년대의 선덕 여왕 시기로, ⓒ에 해당한다.

오답 분석

① 고구려가 도읍을 평양으로 옮긴 때는 427년 장수왕 시기이다.
② 백제가 역사서인 『서기』를 편찬한 시기는 근초고왕(346~375)의 재위 시기이다.
④ 상대등 비담이 반란을 일으킨 시기는 647년 선덕 여왕 재위 말이며 진덕 여왕 즉위 이후 진압되었다.

정답 ③

62 0124

(가)는 낙랑군 축출(313)~광개토 대왕릉비 건립(414),
(나)는 광개토 대왕릉비 건립(414)~살수 대첩 승리(612),
(다)는 살수 대첩 승리(612)~안시성 전투 승리(645),
(라)는 안시성 전투 승리(645)~고구려 멸망(668)이다.

④ 매소성 전투는 (라) 시기 이후인 675년에 일어났으며, 이근행이 이끄는 당군 20만을 신라군이 전멸시킨 전투이다.

오답 분석

① 백제 침류왕 때 동진을 거쳐 온 호승 마라난타로부터 불교를 전래받은 시기는 384년이다.
② 고구려의 영양왕이 요서 지방을 선제 공격한 시기는 598년이다. 이후 수 문제는 30만의 병력을 동원해 고구려를 공격하였으나 패배하였다.
③ 백제의 의자왕은 장군 윤충에게 군사 1만을 주어 신라의 대야성을 공격(642)하게 하였다. 이때 대야성 성주 김품석과 부인(김춘추의 딸)이 살해당하였다.

정답 ④

63 0125

제시문은 선덕 여왕의 지혜로움을 알려주는 세 가지 기록(지기삼사)으로 『삼국유사』에 언급된 내용이다.

② 선덕 여왕은 634년에 분황사와 분황사 모전 석탑을 세우고 635년 영묘사를 창건하는 한편, 자장법사를 당에 보내어 불법을 수입하기도 하였다. 또한 이후 자장의 건의에 따라 황룡사 9층 목탑을 건립하였다.

오답 분석

① 진흥왕, ③ 진성 여왕, ④ 진덕 여왕 시기의 일이다. 진덕 여왕은 당 고종에게 당의 태평성대를 칭송한 오언태평송을 지어 바쳤다. 이후 신라의 독자적 연호인 태화를 당의 연호인 영휘로 교체하면서 사대 관계를 강화하였다.

정답 ②

64 0126

진덕 여왕이 사망하고 김춘추가 즉위하여 신라 중대가 시작되는 시기의 기사이다. 이 시기에 성골이 소멸하고 진골인 김춘추가 즉위함에 따라 무열계가 왕위를 독점하게 되었다.

③ 무열왕(김춘추)은 왕권을 강화하기 위하여 측근인 김유신을 상대등으로 기용하였으며, 이에 따라 화백 회의는 왕권을 견제할 수 있는 능력을 상실하였다. 이후 상대등의 직위는 약화되었고, 집사부 중시(시중)의 역할은 증대되었다. 또한 6두품 세력이 국학을 통해 세력을 기르는 한편, 왕권의 조언자 역할을 수행하게 되었다.

정답 ③

65 0127

〈보기〉의 ㉠에 들어갈 인물에 대한 설명으로 가장 옳은 것은?

> **보기**
> 이때 ___㉠___ 이(가) 군사를 출동시켜 사면에서 들이치니 수
> 병사들은 살수를 건너지도 못하고 허물어졌다. 처음 수의
> 군대가 쳐들어올 때는 무릇 30만 5천 명이었는데, 요동성
> 으로 돌아갈 때는 겨우 2천 7백 명뿐이었다.

① 그는 스스로 최고 관직인 대막리지에 올라 권력을 장악하
　였다.
② 그는 요하 하류에 있는 안시성에서 공방전 끝에 승리하였다.
③ 그가 적장 우중문에게 보낸 5언시가 전해진다.
④ 그는 5천의 결사대를 조직해 황산벌에서 싸웠으나 패하였다.

66 0128

밑줄 친 '그'에 대한 설명으로 옳은 것은?

> 그가 왕에게 아뢰었다. "삼교는 솥의 발과 같아서 하나라도
> 없어서는 안 됩니다. 지금 유교와 불교는 모두 흥하는데 도
> 교는 아직 번성하지 않으니, 소위 천하의 도술(道術)을 갖추
> 었다고 할 수 없습니다. 엎드려 청하오니 당에 사신을 보내
> 도교를 구해 와서 나라 사람들을 가르치게 하소서."
> 　　　　　　　　　　　　　　　　　　　　　－「삼국사기」

① 당나라와 동맹을 체결하였다.
② 천리장성의 축조를 맡아 수행하였다.
③ 수나라의 군대를 살수에서 격퇴하였다.
④ 남진 정책을 추진하여 한성을 점령하였다.

67 0129

(가) 인물에 대한 설명으로 옳은 것은?

> 김춘추가 당나라에 들어가 군사 20만을 요청해 얻고 돌아
> 와서 　(가)　을/를 보며 말하기를, "죽고 사는 것이 하늘의
> 뜻에 달렸는데, 살아 돌아와 다시 공과 만나게 되니 얼마나
> 다행한 일입니까?"라고 하였다. 이에 　(가)　이/가 대답하
> 기를, "저는 나라의 위엄과 신령함에 의지하여 두 차례 백제
> 와 크게 싸워 20성을 빼앗고 3만여 명을 죽이거나 사로잡았
> 습니다. 그리고 품석 부부의 유골이 고향으로 되돌아왔으니
> 천행입니다."라고 하였다.
> 　　　　　　　　　　　　　　　　　　　　　－「삼국사기」

① 황산벌에서 백제군을 물리쳤다.
② 화랑이 지켜야 할 세속오계를 제시하였다.
③ 진덕 여왕의 뒤를 이어 신라왕으로 즉위하였다.
④ 당에서 숙위 활동을 하다가 부대총관이 되어 신라로 돌아
　왔다.

68 0130

밑줄 친 '그'에 대한 설명으로 옳은 것은?

> 이날 소정방이 부총관 김인문 등과 함께 기벌포에 도착하
> 여 백제 군사와 마주쳤다. …(중략)… 소정방이 신라군이 늦
> 게 왔다는 이유로 군문에서 신라 독군 김문영의 목을 베고
> 자 하니, 그가 군사들 앞에 나아가 "황산 전투를 보지도 않
> 고 늦게 온 것을 이유로 우리를 죄주려 하는구나. 죄도 없이
> 치욕을 당할 수는 없으니, 결단코 먼저 당나라 군사와 결전
> 을 한 후에 백제를 쳐야겠다."라고 말하였다.

① 살수에서 수의 군대를 물리쳤다.
② 김춘추의 신라 왕위 계승을 지원하였다.
③ 청해진을 설치하고 해상 무역을 전개하였다.
④ 대가야를 정벌하여 낙동강 유역을 확보하였다.

65 0127

제시문의 ⊙에 들어갈 인물은 을지문덕이다.

③ 을지문덕은 수 양제의 명으로 고구려에 쳐들어 온 수나라 장수 우중문에게 5언시를 보낸 뒤, 회군하는 수나라군을 살수(청천 강)에서 격파하였다(살수 대첩).

오답 분석

① 연개소문은 영류왕을 시해하고 대막리지에 올라 권력을 독점 하였다.
② 연개소문이 고구려의 권력을 장악하고 있을 당시에 안시성 전 투가 일어났다. 조선 후기에 기록된 송준길의 『동춘당선생별집』 과 박지원의 『열하일기』에 의하면 이 시기의 안시성 성주가 양 만춘으로 되어 있다.
④ 황산벌 전투에서 신라군에 맞선 백제의 장군은 계백이다.

정답 ③

66 0128

밑줄 친 '그'는 영류왕을 시해하고 보장왕을 옹립한 연개소문으로 7세기 중반 고구려를 장악한 인물이었다. 그는 불교와 유교보다는 도교를 신봉하였으며, 불교 사원을 빼앗아 도교 사원을 확대하기도 하였다. 이에 반발하여 보덕이 백제로 망명, 열반종을 개창하였다.

② 연개소문은 영류왕의 명을 받아 천리장성의 축조를 담당하였 으나, 정변을 일으켜 왕을 시해하였다. 천리장성은 보장왕 시 기 완공되었다.

오답 분석

① 648년 당 태종과 나·당 동맹을 체결한 인물은 신라의 김춘 추이다.
③ 수나라의 침입을 살수에서 격퇴한 인물은 을지문덕이다.
④ 고구려의 장수왕은 남진 정책을 추진하여 475년 백제의 개로왕 을 죽이고 한성을 점령하였다.

정답 ②

67 0129

(가) 인물은 김유신이다.

① 김유신은 660년 황산벌 전투에서 백제의 계백을 물리치고 백제 를 멸망시키는 데 기여하였다.

오답 분석

② 추항과 귀산에게 세속오계를 제시한 승려는 원광이다.
③ 진덕 여왕의 뒤를 이어 654년 왕위를 계승한 인물은 최초의 진골 출신 왕인 김춘추로, 그의 즉위 이후 신라 중대가 시작 되었다.
④ 당에서 숙위 활동을 하다가 백제 멸망 시에 총관인 소정방의 뒤 를 이어 부대총관으로 당군을 지휘하며 돌아온 인물은 김춘추 의 둘째 아들인 김인문이다. 그는 668년에도 고구려 공격에 나 서 고구려를 멸망시키는 데 큰 공을 세웠으며, 나·당 전쟁기에 는 당으로부터 신라 왕으로 옹립되었으나, 이를 거부하고 투옥 되었다. 신라에서는 강수가 지은 『청방인문표』를 보내 그를 구 원하려 하였으나 이후 당과의 관계가 회복되자 당에서 체류하 다가 사망하였다.

정답 ①

68 0130

제시문은 황산벌 전투를 승리로 이끌고 당군과 합류한 김유신에 대한 내용이다.

② 김유신은 김춘추의 처남으로 그가 왕위를 계승하는 데 중요한 역할을 수행하였다.

오답 분석

① 살수 대첩은 고구려의 장수 을지문덕의 주도하에 이루어졌다.
③ 청해진 설치는 통일 신라 후기 흥덕왕 재위기에 장보고에 의 해 이루어졌다.
④ 대가야의 정벌은 진흥왕 시기에 이루어졌으며, 이사부와 사다 함 등이 주도하였다.

정답 ②

69 0131

2018년 7급 서울시(추가 채용)

〈보기 1〉과 〈보기 2〉 사이에 일어난 사건으로 가장 옳은 것은?

보기 1

7월 9일 김유신 등이 황산 들판으로 진군하였다. 백제 장군 계백이 병사를 거느리고 와서 먼저 험한 곳을 차지하여 세 군데에 진을 치고 기다렸다. 유신 등이 병사를 세 길로 나누어 네 번 싸웠으나 이기지 못하였다. 장수와 병졸들의 힘이 다하자, 장군 흠순이 아들 반굴에게 말하였다. "신하에게는 충성만 한 것이 없고, 자식에게는 효도만 한 것이 없다. 이렇게 위급할 때 목숨을 바친다면 충과 효 두 가지를 다하게 된다." 반굴이 "명을 받들겠습니다."하고 곧장 적진에 뛰어들어 힘을 다해 싸우다 죽었다.

보기 2

고구려 대신 연정토(淵淨土)가 12성 763호 3543명을 이끌고 투항하였다. 연정토 및 함께 온 관리 24명에게 의복과 식량과 집을 주고 서울과 주(州), 부(府)에 안주시켰다. 12성 중 8성은 온전했으므로 군사를 보내 지키도록 하였다.

① 고구려에서 연개소문이 정변을 일으켜 정권을 잡았다.
② 김춘추가 당에 가서 백제 정벌을 위한 군사 지원을 요청했다.
③ 당이 신라 왕을 계림주 대도독으로 임명하였다.
④ 검모잠이 안승을 받들고 고구려 부흥을 도모하였다.

70 0132

2018년 9급 지방직

(가) 시기에 해당되는 사실로 옳은 것만을 〈보기〉에서 모두 고르면?

문무왕이 왕위에 올랐다.
↓
(가)
↓
신라가 기벌포에서 당의 수군을 격파하였다.

보기

㉠ 신라가 안승을 고구려 왕에 봉했다.
㉡ 당나라가 신라를 계림 대도독부로 삼았다.
㉢ 신라가 황산벌 전투에서 백제군을 무찔렀다.
㉣ 보장왕이 요동 지역에서 고구려 부흥을 꾀했다.

① ㉠, ㉡
② ㉠, ㉢
③ ㉡, ㉣
④ ㉢, ㉣

71 0133

2017년 9급 서울시

삼국 통일 과정에서 나타난 사건을 순서대로 바르게 나열한 것은?

(가) 나·당 연합군이 평양성을 함락시켰다.
(나) 신라가 매소성에서 당군을 크게 물리쳤다.
(다) 계백의 저항에도 불구하고 사비성이 함락되었다.
(라) 백제·왜 연합군이 나·당 연합군과 백강에서 전투를 벌였다.

① (나) → (가) → (다) → (라)
② (나) → (다) → (가) → (라)
③ (다) → (라) → (가) → (나)
④ (라) → (다) → (가) → (나)

72 0134

2019년 경찰간부직

7세기의 한반도에서 일어난 (가)~(라)의 사실을 발생 순서대로 나열한 것은?

가. 신라군이 황산의 벌판으로 진군하여 백제군과 싸웠고 신라의 관창이 전사하였다.
나. 백제 장군 윤충이 신라의 대야성을 공격하여 빼앗고 도독인 김품석과 그의 부인인 김춘추의 딸을 죽였다.
다. 백제를 지원하였던 일본의 수군이 당군에게 크게 패하자 백제왕 풍은 고구려로 도망하였다.
라. 보장왕의 서자 안승이 신라에 투항하였다.

① 가 - 나 - 다 - 라
② 나 - 가 - 다 - 라
③ 라 - 다 - 가 - 나
④ 나 - 가 - 라 - 다

69 0131

〈보기 1〉은 660년 황산벌 전투, 〈보기 2〉는 666년 연정토의 신라 귀순에 해당한다.

③ 당이 문무왕을 계림주 대도독으로 임명한 것은 663년 4월의 일이다.

오답 분석

① 연개소문의 정변은 642년에 일어났다.
② 김춘추의 당 태종에 대한 군사 지원 요청은 648년의 사실이다.
④ 검모잠의 고구려 부흥 운동은 670년에 일어났다.

정답 ③

70 0132

문무왕의 즉위는 백제가 멸망한 지 1년 뒤인 661년의 일이다. 기벌포 전투는 676년에 발생하였다.

㉠ 안승이 고구려 왕으로 봉해진 시점은 670년이다.
㉡ 계림 도독부 설치는 663년이다.

오답 분석

㉢ 황산벌 전투가 벌어진 시점은 문무왕 즉위 전인 660년이다.
㉣ 보장왕의 요동 도독 임명과 고구려의 부흥 운동 개입은 677년 이후에 해당한다.

정답 ①

71 0133

③ 시기 순으로 바르게 나열하면 (다) 사비성 함락(660) → (라) 백강 전투(663) → (가) 평양성 함락(668) → (나) 매소성 전투(675)가 된다.

(다) 660년 황산벌 전투에서 계백의 5천 군대가 김유신이 이끄는 5만의 신라군에게 전멸당하였고, 나·당 연합군에 의해 사비성이 함락되면서 백제는 더 이상 버티지 못하고 당나라에 항복하였다.
(라) 663년 8월 왜의 구원군과 풍왕은 웅진 도독인 유인궤와 당의 장수 손인사, 부여융이 합세한 당군에 대항하여 백강에서 일전을 벌였다.
(가) 668년 나·당 연합군은 본격적으로 고구려를 침략하기 시작하였고, 9월에 평양성이 함락되면서 고구려는 멸망하였다.
(나) 675년 당의 이근행이 20만 명의 대군을 이끌고 들어와 매소성(매초성)에 주둔하였고 이곳에서 신라군과의 대접전이 벌어졌다. 이 전투에서 신라군은 크게 승리하여 군마 3만여 필과 비슷한 수의 무기를 노획했다.

정답 ③

72 0134

② 순서대로 나열하면 나. 대야성 공격(642) → 가. 황산벌 전투(660) → 다. 백강 전투(663) → 라. 안승 투항(670)이 된다.

나. 백제의 윤충이 대야성을 공략한 시점은 642년의 일이다.
가. 백제의 계백이 분전한 황산벌 전투는 660년에 일어났다.
다. 백제 부흥군과 왜의 연합군이 나·당 연합군에게 패배한 백강 전투는 663년 9월에 일어났다.
라. 고구려의 초기 부흥 운동을 주도했던 안승은 670년 신라에 투항하여 자치국인 고구려 왕으로 봉해졌으며, 이후 674년 보덕국 왕으로 다시 책봉되었다.

정답 ②

73 0135

2018년 9급 국가직

신라 문무왕의 유언이다. 밑줄 친 ㉠~㉣의 내용과 부합하지 않는 것은?

> 과인은 운수가 어지럽고 전쟁을 하여야 하는 때를 만나서 ㉠ 서쪽을 정벌하고 ㉡ 북쪽을 토벌하여 영토를 안정시켰고, ㉢ 배반하는 무리를 토벌하고 ㉣ 협조하는 무리를 불러들여 멀고 가까운 곳을 모두 안정시켰다. — 「삼국사기」

① ㉠ – 태자로서 참전하여 백제를 멸망시켰다.
② ㉡ – 당나라 군대와 함께 고구려를 멸망시켰다.
③ ㉢ – 백제 부흥 운동을 주도한 복신을 공격하였다.
④ ㉣ – 임존성에서 저항하던 지수신의 투항을 받아주었다.

74 0136

2010년 9급 법원직

사료에 해당하는 왕의 업적에 대한 설명 중 옳은 것을 〈보기〉에서 고르면?

> • 5년 봄에 다시 완산주를 설치하고 용원으로 총관을 삼았다. 거열주를 승격하여 청주를 설치하니 9주가 갖추어져서 대아찬 복세로 총관을 삼았다. 3월 남원 소경을 설치하고 여러 주와 군의 백성들을 옮겨 살게 하였다.
> • 9년 봄 정월에 내외관의 녹읍을 폐지하고 해마다 차등을 두어 조(租)를 주도록 하교하고, 이를 고정된 법식으로 삼았다. 왕이 달구벌로 서울을 옮기려다 실현하지 못하였다. — 「삼국사기」

보기
㉠ 당을 축출하고 통일 왕국을 형성하였다.
㉡ 김흠돌 모역 사건을 계기로 귀족 세력을 숙청했다.
㉢ 유학 사상을 강조하고, 국학을 설립했다.
㉣ 이사부로 하여금 우산국을 정벌케 하였다.
㉤ 행정 실무를 담당하는 세력으로 6두품이 성장했다.

① ㉠, ㉡, ㉢
② ㉠, ㉡, ㉣
③ ㉡, ㉢, ㉣
④ ㉡, ㉢, ㉤

75 0137

2017년 9급 국가직(추가 채용)

밑줄 친 '왕'의 재위 기간에 있었던 사실로 옳은 것은?

> 왕 7년 5월에 왕이 하교하여 문무 관료전을 차등 있게 지급하였다. … 왕 9년 정월에 하교하여 중외 관리들의 녹읍을 파하고 세조(歲租)를 차등 있게 지급하는 것을 항식(恒式)으로 삼도록 했다. — 「삼국사기」

① 독서삼품과가 시행되었다.
② 백성들에게 정전을 지급하였다.
③ 중앙군을 9개의 서당으로 개편하였다.
④ 관직과 주군현의 명칭을 중국식 한자명으로 바꾸었다.

76 0138

2018년 9급 국가직

다음 왕의 재위 기간에 있었던 사실로 옳은 것은?

> ○ 왕 원년: 소판 김흠돌, 파진찬 흥원, 대아찬 진공 등이 반역을 도모하다가 사형을 당하였다.
> ○ 왕 9년: 달구벌로 서울을 옮기려다 실현하지 못하였다. — 「삼국사기」

① 사방에 우역을 설치하였다.
② 수도에 서시와 남시를 설치하였다.
③ 국학을 설치하여 유학을 교육하였다.
④ 관료에게 지급하는 녹읍을 부활하였다.

73 0135

④ 임존성에서 흑치상지와 함께 백제의 부흥 운동을 주도하던 지수신은 흑치상지가 당나라로 망명하자 신라가 아닌 고구려로 투항하였다. 또한, 문무왕에게 협조했던 세력은 안승과 고연무에 해당한다.

정답 ④

74 0136

제시문은 신문왕과 관련된 내용이다.

④ 신문왕은 통일 이후 ⓒ 진골 세력을 약화시키는 한편, ⓒ 국학 설립, ⓔ 행정 구역의 정비와 통치 체제의 정비를 통해서 강력한 왕권에 의한 국가 체제를 마련하였고, 행정 실무를 담당하는 세력으로 6두품을 등용하여 관료제를 확립하였다.

[오답 분석]

㉠은 문무왕, ㉢은 지증왕과 관련된 내용이다.

정답 ④

75 0137

제시문에서 설명하는 '왕'은 신문왕이다.

③ 신문왕은 신라인을 중심으로 고구려 · 백제 · 보덕국 및 말갈인을 두루 포섭하여 9서당을 조직하였다.

[오답 분석]

① 독서삼품과는 국학 학생을 대상으로 유교 경전의 해석 능력에 따라 등급을 나누어 관리로 임용하는 제도이다. 원성왕 시기 시도되었으나, 진골 귀족들의 반발로 효과가 미약하였다.
② 성덕왕은 722년 8월에 처음으로 백성들에게 정전을 지급하였다.
④ 경덕왕은 한화 정책의 일환으로 고유 지명의 명칭을 모두 중국식으로 바꾸었으며, 중앙 관부의 관직명도 모두 중국식으로 바꾸었다.

정답 ③

76 0138

제시문의 왕은 신라 중대의 신문왕이다.

③ 신문왕은 682년에 국학을 설립하여 6두품을 중심으로 유학을 교육하였다.

[오답 분석]

① 우역을 설치한 왕은 소지 마립간이다.
② 서시와 남시는 신문왕의 아들인 효소왕 시기에 설치되었다.
④ 녹읍의 부활은 757년(경덕왕 16)의 일이다.

정답 ③

77 0139

2017년 7급 서울시

다음 즉위년 교서를 발표한 왕의 업적으로 옳지 않은 것은?

> 공이 있는 자를 상주는 것은 옛 성인의 좋은 규정이요, 죄 있는 자를 벌주는 것은 선왕의 아름다운 법이다. …… 적의 괴수인 흠돌·흥원·진공 등은 그 벼슬이 재능으로 높아진 것이 아니라 실상 왕의 은덕으로 올라간 것이지만, …… 악당들이 서로 도와 날짜와 기한을 정해 반역을 행하려 하였다.
>
> – 「삼국사기」

① 국학을 설치하여 유학을 진흥시켰다.
② 관료전을 지급하고 녹읍을 폐지하였다.
③ 9주 5소경을 설치하여 지방 통치 체제를 정비하였다.
④ 독서삼품과를 시행하여 관리를 등용하였다.

78 0140

2013년 9급 국가직

(가)와 (나) 사이의 시기에 있었던 사실에 대한 설명으로 옳은 것은?

> (가) 관리의 녹읍을 혁파하고 매년 조(租)를 내리되 차등이 있게 하였다.
> (나) 여러 관리의 월봉을 없애고, 다시 녹읍을 나누어 주었다.

① 처음으로 병부를 설치하였다.
② 화백 회의에서 국왕을 폐위시킨 일이 있었다.
③ 호족이 지방의 행정권과 군사권을 장악하였다.
④ 6두품이 학문적 식견을 바탕으로 국왕의 조언자로 활동하였다.

79 0141

2021년 9급 지방직

밑줄 친 '이 왕'에 대한 설명으로 옳은 것은?

> 문무왕이 왜병을 진압하고자 감은사를 처음 창건하려 했으나, 끝내지 못하고 죽어 바다의 용이 되었다. 뒤이어 즉위한 이 왕이 공사를 마무리하였다. 금당 돌계단 아래에 동쪽을 향하여 구멍을 하나 뚫어 두었으니, 용이 절에 들어와서 돌아다니게 하려고 마련한 것이다. 유언에 따라 유골을 간직해 둔 곳은 대왕암(大王岩)이라고 불렀다.
>
> – 「삼국유사」

① 건원이라는 독자적인 연호를 사용하였다.
② 국학을 설립하여 유학을 교육하였다.
③ 백성에게 처음으로 정전을 지급하였다.
④ 진골 출신으로서 처음 왕위에 올랐다.

80 0142

2019년 7급 서울시

〈보기〉의 밑줄 친 인물의 재위 기간에 있었던 사실로 가장 옳은 것은?

> **보기**
> 무예가 대장 장문휴를 파견하여 해적을 거느리고 등주를 치니, 당 현종은 급히 문예를 파견하여 유주의 군사를 동원시켜 이를 공격하는 한편, 태복경 김사란을 사신으로 신라에 보내어 군사를 독촉하여 발해의 남부를 치게 하였다. 마침 날씨가 매우 추운 데다 눈이 한 길이나 쌓여서 군사들이 태반이나 얼어 죽으니, 공을 거두지 못하고 돌아왔다.

① 당이 발해왕을 발해 국왕으로 승격하여 책봉했다.
② 발해가 일본에 사신을 파견하여 국교를 맺었다.
③ 전륜성왕을 자처하고 황상, 황후 등의 용어를 사용하였다.
④ 동경에서 상경으로 천도하고 중흥(中興)이라는 연호를 채택하였다.

77 0139

제시문은 신문왕 즉위년에 대한 기록이다. 신문왕이 즉위하던 해인 681년에 왕의 장인인 김흠돌이 모반을 일으켰으나 진압되었다.

④ 독서삼품과는 신라 하대의 원성왕 시기 실시된 것으로 학문·유학의 보급에 기여하였으나 골품 제도로 인해 제대로 시행되지 못하였다.

정답 ④

78 0140

(가)는 689년(신문왕 9), (나)는 757년(경덕왕 16)의 일이다.

④ (가)와 (나) 사이의 시기에는 6두품 세력이 진출하여 학문적 식견을 바탕으로 왕의 정치적 조언자 및 행정 실무를 총괄(집사부 시랑)하는 역할을 수행하였다.

오답 분석

① 병부를 설치한 것은 517년(법흥왕 4)의 일이다.
② 579년 화백 회의에서 진지왕을 정치적으로 무능하고 음란에 빠져 정사를 돌보지 않는다는 이유(정란황음 : 政亂荒淫)로 폐위시켰다.
③ 신라 하대에는 호족 세력이 성장하여 각 지역의 행정·군사권을 장악하였으며, 경제적 영향력을 행사하였고, 군 단위의 지방을 지배하였다.

정답 ④

79 0141

밑줄 친 '이 왕'은 신문왕이다.

② 신문왕은 재위 초인 2년에 국학을 설립하고 6두품을 중심으로 유학을 교육하였다.

오답 분석

① 건원은 법흥왕이 처음으로 제정한 신라의 연호이다.
③ 성덕왕은 722년 백성들에게 처음으로 정전을 지급하였다.
④ 진골 출신으로 처음으로 왕위에 오른 인물은 태종 무열왕이다. 성골의 마지막 왕인 진덕 여왕이 승하하자, 김춘추는 최초의 진골 왕으로서 654년 왕위를 계승하였다.

정답 ②

80 0142

밑줄 친 인물은 발해의 무왕(대무예)이다.

② 무왕은 당과 신라를 견제하기 위해 일본에 사신을 파견하고 국교를 맺었다(727). 이로 인해 일본도가 개설되었다. 또한 무왕은 732년 장문휴를 보내 당의 등주를 공격하여 자사 위준을 전사시켰으며, 이에 당은 신라의 성덕왕에게 파병을 요청하여 발해를 치게 했으나 733년 내린 폭설로 신라군은 철군할 수밖에 없었다.

오답 분석

① 고왕(대조영)은 당으로부터 발해 군왕이라는 작호를 받았다. 이후 문왕 시기에 이르러 발해 국왕의 작호를 다시 받았다.
③ 문왕은 전륜성왕을 자처하였으며, 정혜 공주 묘지석과 정효 공주 묘지석에는 '대흥보력효감금륜성법대왕'이라 기록되어 있다. 또한 이 금석문들에 문왕을 황상이라 표현한 기록이 있어 발해의 자주성을 엿볼 수 있다.
④ 발해의 5대 성왕(대화여)은 재위 기간이 5개월 남짓이었으나, 수도를 동경에서 상경으로 천도하고 중흥이라는 연호를 사용하였다.

정답 ②

81 0143

2016년 7급 지방직

밑줄 친 '왕'이 조성에 관여한 문화 유산만을 〈보기〉에서 고른 것은?

> 왕이 사신을 보내어 당나라에 만불산(萬佛山)을 헌상하니 대종(代宗)은 이것을 보고 "신라의 기교는 하늘의 조화이지 사람의 재주가 아니다."라고 경탄하였다.
>
> – 「삼국유사」

보기
ㄱ 감은사지 삼층 석탑
ㄴ 석굴암
ㄷ 상원사 동종
ㄹ 불국사 청운교 · 백운교

① ㄱ, ㄴ
② ㄱ, ㄷ
③ ㄴ, ㄹ
④ ㄷ, ㄹ

82 0144

2017년 7급 국가직(추가 채용)

다음 시가가 만들어진 국왕 대의 사실로 옳은 것은?

> 임금은 아버지요 신하는 사랑하실 어머니시라.
> 백성을 어리석은 아이라 여기시니, 백성이 그 사랑을 알리라.
> 꾸물거리며 사는 물생들에게, 이를 먹여 다스리네.
> 이 땅을 버리고 어디로 가랴, 나라 안이 유지됨을 아리이다.
> 아아! 임금답게 신하답게 백성답게 할지면, 나라 안이 태평하리라.
>
> – 「안민가」

① 9주의 명칭을 중국식으로 바꾸었다.
② 귀족들의 경제적 기반인 녹읍을 폐지하였다.
③ 최초로 진골 출신이 왕이 되어 왕권을 강화하였다.
④ 최치원이 국왕에게 10여 조의 시무책을 건의하였다.

83 0145

2019년 7급 지방직

밑줄 친 '왕'의 재위 기간에 있었던 일로 옳은 것은?

> 왕은 사벌주를 상주로 바꾸는 등 9주의 명칭을 개정하고, 군현의 이름도 한자식으로 고쳤다. 또한, 중앙 관서의 관직 명도 중국의 예에 맞추어 한자식으로 바꾸었다. – 「삼국사기」

① 국학이 설치되었다.
② 녹읍이 부활되었다.
③ 독서삼품과가 시행되었다.
④ 처음으로 정전이 지급되었다.

84 0146

2017년 7급 국가직

신라 말 진성왕 대의 사실로 옳지 않은 것은?

① 견훤이 무진주에서 군사를 일으켰다.
② 궁예가 국호 마진을 태봉으로 바꾸었다.
③ 원종과 애노가 사벌주에서 반란을 일으켰다.
④ 양길이 부하를 보내 명주 관할 군현을 공격하였다.

81 0143

사료의 내용은 『삼국유사』 '탑상편'에 언급된 만불산에 대한 내용으로 경덕왕과 관련된 기록이다.

③ 경덕왕 시기에 ⓒ 석굴암과 ⓔ 불국사가 낙성되었다.

오답 분석

⊙ 감은사지 삼층 석탑은 신문왕 시기에 조성되었다.
ⓒ 상원사 동종은 성덕왕 시기에 조성되었다.

정답 ③

83 0145

밑줄 친 '왕'은 경덕왕에 해당한다.

② 경덕왕은 757년(경덕왕 16) 3월 녹읍이 부활된 이후 같은 해부터 적극적인 한화 정책을 실시하여 지역명을 중국식으로 고치는 한편, 관직명도 중국식으로 개편하였다.

오답 분석

① 국학의 설치는 신문왕 재위 시기에 이루어졌다.
③ 원성왕은 국학에 독서삼품과를 운영하여 관료를 선발하려고 하였다.
④ 성덕왕 시기인 722년에 처음으로 정전이 지급되었다.

정답 ②

82 0144

제시문의 「안민가」는 통일 신라 경덕왕 때 충담사가 지은 10구체 향가로 『삼국유사』에 실려있다.

① 경덕왕은 한화 정책을 추진하여 757년(경덕왕 16)에 9주·5소경·117군·293현의 고유 지명의 명칭을 모두 중국식으로 바꾸었으며, 759년(경덕왕 18)에 중앙 관부의 관직명을 모두 중국식으로 바꾸었다.

오답 분석

② 신문왕, ③ 무열왕, ④ 진성 여왕 시기의 일이다.

정답 ①

84 0146

신라의 제51대 왕인 진성 여왕은 887년부터 897년까지 재위하였다.

② 궁예가 국호 마진을 태봉으로 바꾼 시기는 911년으로, 당시 신라의 왕은 효공왕이다.

오답 분석

① 견훤은 신라 말 혼란을 틈타 군사를 일으켜 경주의 서남 주현을 공격하였으며, 892년(진성 여왕 6)에는 무진주(지금의 광주)를 점령하고 독자적인 기반을 닦았다. 이후 900년(효공왕 4) 완산주(지금의 전주)에 도읍을 정하고 국호를 '후백제'라 하였으며 스스로 후백제왕이라 칭하였다.
③ 889년(진성 여왕 3) 원종과 애노가 사벌주(지금의 상주)에서 난을 일으켰다.
④ 891년(진성 여왕 5) 10월에 양길이 부하인 궁예를 강원도 동쪽으로 보내 명주(지금의 강릉)까지 함락시켰다.

정답 ②

85 0147

2020년 9급 국가직

밑줄 친 '왕'의 재위 기간에 있었던 사실로 옳은 것은?

나라 안의 여러 군현에서 공부(貢賦)를 바치지 않으니 창고가 비어 버리고 나라의 쓰임이 궁핍해졌다. 왕이 사신을 보내어 독촉하자, 이로 말미암아 곳곳에서 도적이 벌떼처럼 일어났다. 이때 원종과 애노 등이 사벌주에 웅거하여 반란을 일으켰다.

① 발해가 멸망하였다.
② 국학을 설치하였다.
③ 최치원이 시무책 10여 조를 건의하였다.
④ 장보고의 건의에 따라 청해진이 설치되었다.

86 0148

2018년 7급 서울시(추가 채용)

〈보기〉에서 설명하는 사건 이후에 일어난 일로 가장 옳은 것은?

보기
도적들이 나라 서남쪽에서 봉기하였다. 그들은 바지를 붉게 물들여 스스로 남들과 다르게 하였기 때문에 사람들은 적고적(赤袴賊)이라고 불렀다. 그들은 주와 현을 도륙하고 서울의 서부 모량지까지 와서 사람들을 위협하고 노략질하고 돌아갔다.

① 대구화상이 『삼대목』을 편찬하였다.
② 원종과 애노가 난을 일으켰다.
③ 최치원이 시무 10여 조를 바쳤다.
④ 궁예가 후고구려를 건국하였다.

87 0149

2018년 9급 서울시(추가 채용)

〈보기〉의 왕 재위 기간에 있었던 사실로 가장 옳은 것은?

보기
나라 안의 여러 주군에서 세금을 바치지 않으니, 창고가 비고 나라의 쓰임이 궁핍하였다. 왕이 독촉하자 곳곳에서 도적이 벌떼같이 일어났다. 이에 원종, 애노 등이 사벌주(상주)에 의거하여 반란을 일으키니, 왕이 나마 벼슬의 영기를 시켜 사로잡게 하였다.
— 『삼국사기』

① 관직과 주현의 이름을 중국식 한자로 바꾸었다.
② 귀족과 관리에게 주던 녹읍을 폐지하였다.
③ 해적을 소탕하기 위해 청해진을 세웠다.
④ 위홍 등이 향가를 모아 『삼대목』을 편찬하였다.

88 0150

2016년 9급 서울시

빈칸에 들어갈 왕의 재임 시기에 일어난 사실로 가장 옳은 것은?

발해와 당은 발해 건국 과정에서부터 대립적이었으며 발해의 고구려 영토 회복 정책으로 양국의 대립은 더욱 노골화되었다. 당은 발해를 견제하기 위해 흑수말갈 지역에 흑수주를 설치하고 통치관을 파견하였다. 이러한 당과 흑수말갈의 접근을 막기 위하여 발해의 [   ]은 흑수말갈에 대한 정복을 추진하였다. 이 계획을 둘러싼 갈등이 비화되어 발해는 산둥 지방의 덩저우에 수군을 보내 공격하였다. 이에 대응하여 당은 발해를 공격하는 한편, 남쪽의 신라를 끌어들여 발해를 제어하려고 하였다.

① 3성 6부를 비롯한 중앙 관서를 정비하였다.
② 융성한 발해는 '해동성국'이라는 칭호를 얻었다.
③ 왕을 '황상(皇上)'이라고 칭하여 황제국을 표방하였다.
④ 일본에 보낸 외교 문서에서 고구려 계승 의식을 천명하였다.

85 0147

원종과 애노의 난(889)은 신라 하대인 진성 여왕 재위기에 일어난 반란으로, 밑줄 친 왕은 진성 여왕에 해당한다.

③ 헌강왕 시기에 귀국한 최치원은 894년 진성 여왕에게 10여 조의 시무책을 제시하였고, 진성 여왕은 그를 6두품으로서 오를 수 있는 최고 관직인 아찬으로 임명하였다. 그러나 최치원의 개혁은 중앙 귀족의 반발로 실현되지 못했다.

오답 분석

① 거란에 의한 발해의 멸망은 926년으로, 고려 태조 왕건과 신라의 경애왕 재위기에 해당한다.
② 국학이 설치된 시기는 신라 중대 682년(신문왕 2)의 일이다.
④ 당나라 무령군 소장으로 재직하다가 귀국한 장보고가 청해진을 설립(828)한 시기는 흥덕왕 때이다.

정답 ③

87 0149

〈보기〉의 원종과 애노의 난은 진성 여왕 재위 시기에 일어났다.

④ 진성 여왕은 즉위 후 각간 위홍을 시켜 대구화상과 함께 향가를 수집하여 정리한 『삼대목』을 편찬하게 하였다. 이에 따라 888년에 『삼대목』이 편찬되었으나, 현존하지 않는다.

오답 분석

① 경덕왕, ② 신문왕, ③ 흥덕왕 시기에 해당하는 내용이다.

정답 ④

86 0148

〈보기〉의 사건은 신라 하대 진성 여왕 재위 시기인 896년에 일어난 적고적의 난을 언급한 것이다.

④ 궁예의 후고구려 건국은 효공왕 재위 시기인 901년에 해당한다.

오답 분석

모두 적고적의 난 이전의 일이다.
① 『삼대목』 편찬은 888년, ② 원종과 애노의 난은 889년, ③ 최치원의 시무 10여 조 제시는 894년에 해당한다.

정답 ④

88 0150

흑수말갈 정복을 추진하고 덩저우(등주)를 공격한 발해의 왕은 무왕이다.

④ 무왕은 727년 일본도를 개척하여 일본과 수교하는 한편, 외교 문서에서 '발해국은 고구려의 옛 영토를 회복하고 부여 이래의 오랜 전통을 이어받았다.'고 명시하여 고구려 계승 의식을 드러내기도 하였다.

오답 분석

① 3성 6부를 중심으로 중앙 관서를 정비한 왕은 문왕으로 추정되고 있다(일부 학자들은 선왕설을 주장하기도 한다).
② 문왕이 사망한 이후 침체기를 걷던 발해는 선왕 시기에 와서 다시 중흥기를 맞이하였으며, 이후 '해동성국'이라 불리게 되었다.
③ 문왕의 둘째 딸인 정혜 공주와 넷째 딸인 정효 공주 묘지석에서 황상(문왕)이 매우 슬퍼하였다는 문장이 발견되어 발해가 황제국을 표방하였음을 알 수 있다.

정답 ④

89 0151
2019년 7급 국가직

밑줄 친 '왕'의 재위 기간에 있었던 일로 옳은 것은?

> 왕의 국서에 이르기를, "열국(列國)을 거느리고 여러 번(蕃)을 총괄하면서, 고려의 옛 땅을 회복하고 부여의 유풍을 지니고 있습니다. 너무 멀어 길이 막히고 바다 역시 아득하여 소식이 통하지 않고 길흉을 물음이 끊어졌는데, 우호를 맺고 옛날의 예에 맞추어 사신을 보내어 이웃을 찾는 것이 오늘에야 비롯하게 되었습니다."라고 하였다.

① 당과 신라를 견제하기 위해 돌궐과 손을 잡았다.
② 당으로부터 발해 군왕의 책봉호를 처음으로 받았다.
③ 당에서 안녹산의 난이 일어나자 중경에서 상경으로 천도하였다.
④ 요동 지역까지 영토를 확장하고 5경 15부 62주의 행정 구역을 완비하였다.

90 0152
2013년 9급 지방직

밑줄 친 '왕'이 재위한 시기의 사실로 옳은 것은?

> 왕이 신하들을 불러 "흑수말갈이 처음에는 우리에게 길을 빌려서 당나라와 통하였다. …(중략)… 그런데 지금 당나라에 관직을 요청하면서 우리나라에 알리지 않았으니, 이는 분명히 당나라와 공모하여 우리나라를 앞뒤에서 치려는 것이다."라고 하였다. 이리하여 동생 대문예와 외숙 임아상으로 하여금 군사를 동원하여 흑수말갈을 치려고 하였다.

① 5경 15부 62주의 행정 제도가 완비되었다.
② 길림성 돈화 부근 동모산 기슭에서 나라를 세웠다.
③ 북만주 일대를 차지하고 산동의 등주를 공격하였다.
④ 수도를 중경에서 상경, 동경으로 옮겨 중흥을 꾀하였다.

91 0153
2022년 9급 국가직

(가) 왕에 대한 설명으로 옳은 것은?

> 당 현종 개원 7년에 대조영이 죽으니, 그 나라에서 사사로이 시호를 올려 고왕(高王)이라 하였다. 아들 (가) 이/가 뒤이어 왕위에 올라 영토를 크게 개척하니, 동북의 모든 오랑캐가 겁을 먹고 그를 섬겼으며, 또 연호를 인안(仁安)으로 고쳤다.
>
> – 「신당서」

① 수도를 상경성으로 옮겼다.
② '해동성국'이라고 불릴 만큼 전성기를 이루었다.
③ 장문휴를 시켜 당의 등주(산동성)를 공격하였다.
④ 고구려 유민과 말갈족을 이끌고 동모산에 도읍을 정하였다.

92 0154
2019년 9급 국가직

(가) 왕대의 사실에 대한 설명으로 옳은 것은?

> (가) 은/는 흑수말갈이 당과 통하려고 하자 군사를 동원하여 흑수말갈을 치게 하였다. 또한 일본에 사신 고제덕 등을 보내 "여러 나라를 관장하고 여러 번(蕃)을 거느리며, 고구려의 옛 땅을 회복하고 부여의 옛 습속을 지니고 있다."라고 하여 강국임을 자부하였다.

① 국호를 진국에서 발해로 바꾸었다.
② 신라는 급찬 숭정을 발해에 사신으로 보냈다.
③ 대흥이라는 독자적인 연호를 사용하였다.
④ 장문휴가 당의 등주를 공격하였다.

문제 풀이 🔧

89 0151

밑줄 친 '왕'은 발해의 무왕에 해당한다.

① 발해 무왕은 신라와 당을 견제하기 위해 돌궐과 손을 잡는 한편, 사신을 일본에 파견하여 일본과 수교하고 일본도를 개설(727)하였다.

오답 분석

② 당과 친선을 꾀하여 발해 군왕으로 책봉된 인물은 고왕 대조영이다. 문왕은 발해 국왕으로 격상된 칭호를 부여받았으며, 이후 발해의 성쇠에 따라 당은 군왕과 국왕의 호칭을 번갈아 부여하였다.

③ 문왕은 당에서 일어난 안녹산의 난(755~763) 이후 중경에서 상경으로 천도(755)하였으며, 이후 다시 동경으로 천도(785)하였다.

④ 발해의 중흥기를 이끈 선왕은 대조영의 동생 대야발의 후손으로 요동 지역까지 영토를 확장하고 5경 15부 62주의 행정 구역을 완비하였다.

정답 ①

90 0152

제시문은 『신당서』 발해 열전에 기록된 발해 무왕(제2대, 재위 719~737)에 관한 기록이다.

③ 무왕은 726년에 대문예로 하여금 흑수부 말갈에 대한 공격 명령을 내렸으나, 대문예는 출병 중 이를 반대하고 당에 망명하였다. 무왕은 당에 망명한 대문예를 죽이도록 외교적 교섭을 펼쳤으나, 당에서 받아들이지 않자 장문휴로 하여금 당나라 등주를 공격하게 하였다. 한편, 무왕 시기에 발해는 요서 지역에서 당군과 격돌하고 돌궐·일본(727년 일본에 사신 파견)과 연결하여 당과 신라를 견제하고 동북아시아의 세력 균형을 유지하였다.

오답 분석

① 선왕(제10대, 재위 818~830)은 만주의 대부분과 연해주에 걸친 광대한 영토를 다스렸으며, 5경 15부 62주의 지방 행정 제도를 완비하였다.

② 대조영은 698년 동모산 기슭에 도읍을 정한 후, 국호를 진(震), 연호를 천통(天統)이라 칭하고 건국하였다.

④ 문왕 시기의 일이다.

정답 ③

91 0153

발해 대조영(고왕)의 아들로 인안이라는 연호를 사용하고 영토를 크게 확장하였던 군주는 무왕이다.

③ 무왕은 흑수부 말갈에 대한 공격을 거부하고 당에 망명한 대문예를 죽이도록 외교적 교섭을 폈으나 당나라는 이를 거절하였다. 이에 장문휴로 하여금 수군을 이끌고 당나라의 등주를 공격하게 해 자사 위준을 죽였다.

오답 분석

① 수도를 중경 현덕부에서 상경 용천부로 천도한 인물은 문왕이다. 이후 문왕은 다시 수도를 동경 용원부로 옮겼으며, 5대 성왕 시기 동경에서 상경으로 환도하였다.

② 발해는 10대 선왕 시기 중흥기를 맞아 위축된 국력을 회복하였으며, 선왕 이후 '해동성국'의 칭호를 중국으로부터 부여받았다.

④ 대조영은 고구려 유민과 말갈족을 이끌고 동모산에 도읍하였으며, 국호를 처음에 진국이라 정하였다. 이후 당과의 친선 정책에 의해 국호는 발해로 변경되었다.

정답 ③

92 0154

(가) 왕은 발해의 무왕에 해당한다.

④ 무왕은 흑수부 말갈 공격을 시도하다가 이를 반대한 동생 대문예가 당에 망명하자, 대문예를 죽일 것을 당에 요청하였으나 당이 이를 거절하였다. 이에 무왕은 732년 9월에 장군 장문휴로 하여금 해군을 이끌고 당나라의 등주를 공격하게 해 자사 위준을 죽였다.

오답 분석

① 국호를 진국에서 발해로 바꾼 시기는 고왕(대조영) 시기이다.

② 신라가 급찬 숭정을 발해에 사신으로 보낸 시기는 신라 하대 헌덕왕 재위 시기로 발해 희왕 시기의 일이다.

③ 대흥이라는 연호를 사용한 발해의 국왕은 문왕이다.

정답 ④

93 0155

〈보기〉에 해당하는 국가의 정치 제도에 대한 설명으로 가장 옳지 않은 것은?

> **보기**
> 임금은 스스로 황상을 표방하고 독자적인 연호를 가지고 있었으며 5경 15부 62주의 행정 체제를 갖추고 있었고 율령에 해당하는 정령에 따라 정치를 운영하였다.

① 감찰 기관으로는 중정대, 재정 기관으로는 사장시가 있었다.
② 6부의 이름은 충·인·의·예·지·신 등 유교의 덕목을 따서 만들었다.
③ 부에는 도독, 주에는 자사, 현에는 현승을 두었다.
④ 정령을 제정하고 정책을 집행하는 기관을 중대성이라 불렀다.

94 0156

다음 설명에 해당하는 발해 왕의 재위 기간에 통일 신라에서 일어난 상황으로 옳은 것은?

> ○ 대흥이란 독자적인 연호를 사용하였다.
> ○ 수도를 중경 → 상경 → 동경으로 옮겼다.
> ○ 일본에 보낸 외교 문서에 천손(하늘의 자손)이라 표현하였다.
> ○ 당과 친선 관계를 맺으며 당의 문물을 도입하여 체제를 정비하였다.

① 녹읍 폐지
② 청해진 설치
③ 『삼대목』 편찬
④ 독서삼품과 설치

95 0157

(가), (나) 국왕의 재위 시기에 있었던 사실로 옳은 것만을 〈보기〉에서 모두 고르면?

> (가) 대조영의 뒤를 이어 즉위하였다. 영토 확장에 힘을 기울여 동북방의 여러 세력을 복속하고 북만주 일대를 장악하였다.
> (나) 대부분의 말갈족을 복속시키고, 요동 지역으로 진출하였다. 이후 전성기를 맞은 발해를 중국에서는 해동성국(海東盛國)이라고 불렀다.

> **보기**
> ㉠ (가) - 수도를 중경에서 상경으로 옮겼다.
> ㉡ (가) - 장문휴가 수군을 이끌고 당(唐)의 산동(山東) 지방을 공격하였다.
> ㉢ (나) - '건흥' 연호를 사용하고, 지방 행정 조직을 정비하였다.
> ㉣ (나) - 당시 국왕을 '대왕'이라 표현한 정혜 공주의 묘비가 만들어졌다.

① ㉠, ㉡
② ㉠, ㉣
③ ㉡, ㉢
④ ㉢, ㉣

96 0158

발해에 관한 설명으로 옳지 않은 것은?

① 정혜 공주 묘를 통하여 고구려 문화의 영향을 볼 수 있다.
② 유득공은 남(南)의 신라와 북(北)의 발해를 남북국이라 하였다.
③ 일본에 보낸 국서에서 발해가 고구려 계승국임을 표방하였다.
④ 3성 6부는 구성 기관들의 명칭이 당과 같았으나 운영 방식은 달랐다.

93 0155

제시문의 국가는 발해에 해당한다.

④ 발해에서 정책을 집행하는 기관은 중대성이 아닌 정당성이다. 중대성은 황제의 명령을 하달하는 기관이며, 또한 조칙을 기초하기도 했다.

오답 분석

① 발해의 감찰 기관은 중정대이다. 사장시는 7시 중 하나로 국가 재물과 재정을 관장하며, 무역에 대한 사무도 맡아 보았다.
② 발해는 정당성 밑에 좌사정과 우사정을 두어 각각 충·인·의, 지·예·신의 6부를 이원적으로 관장하였다.
③ 발해의 부에는 책임자로 도독을 두었고, 주에는 자사를 두었으며, 현에는 현승을 두었다.

정답 ④

94 0156

문왕의 재위 기간은 737년에서 793년으로, 이 시기 통일 신라의 왕은 효성왕, 경덕왕, 혜공왕, 선덕왕, 원성왕에 해당한다.

④ 독서삼품과는 원성왕 시기 설치되었다.

오답 분석

① 신문왕 시기 관료전이 지급되고 이후 녹읍이 폐지되었다.
② 흥덕왕 시기 장보고에 의해 청해진이 설치되었다.
③ 진성 여왕 시기 『삼대목』이 편찬되었다.

정답 ④

95 0157

(가)는 발해 무왕(제2대 왕), (나)는 발해 선왕(제10대 왕)에 대한 내용이다.

ⓒ 무왕은 당나라에 대문예를 죽이도록 외교적 교섭을 폈으나 당나라는 이를 거절하였다. 이에 장문휴로 하여금 수군을 이끌고 당나라의 등주를 공격하게 해 자사 위준을 죽였다.
ⓒ 선왕이 즉위한 뒤 발해의 중흥기가 이루어졌다. 선왕의 재위 시기에는 건흥(建興)이라는 연호를 사용하였고, 5경 15부 62주의 지방 행정 제도가 완비되었다.

오답 분석

㉠ 문왕은 수도를 두만강 하류의 중경 현덕부에서 상경 용천부로 옮겼다가 다시 동경 용원부로 이동하였다.
㉢ 문왕에 대한 내용이다. 정혜 공주는 문왕의 둘째 딸로, 정혜 공주 묘비는 당시 유행하던 4·6 변려체로 쓰였다.

정답 ③

96 0158

④ 발해는 당의 3성 6부 제도를 수용하였으나, 명칭과 운영은 발해의 독자성을 유지하였다.

오답 분석

① 정혜 공주 묘는 고구려의 영향을 받아 모줄임 천장 양식을 띠고 있다.
② 유득공은 『발해고』(정조, 1784)에서 발해를 신라와 대등한 국가로 인정하고 남북국 시대에 대해 처음 언급하였다.
③ 발해 무왕은 727년 일본에 보낸 국서에서 고구려를 계승했음을 밝히고 서로 우호 관계를 맺자고 제의하였다.

정답 ④

97 0159

발해에 대한 설명으로 옳은 것만을 모두 고른 것은?

> ㉠ 인안, 대흥 등 독자적인 연호를 사용하였다.
> ㉡ 중앙 관제로 당과 비슷한 3성 6부제를 시행하였다.
> ㉢ 동해안을 따라 신라에 이르던 교통로를 '신라도'라 하였다.
> ㉣ 무왕은 스스로 전륜성왕이라 자처하고, 일본에도 사신을 파견하였다.

① ㉠, ㉢
② ㉡, ㉣
③ ㉠, ㉡, ㉢
④ ㉠, ㉡, ㉢, ㉣

98 0160

밑줄 친 '이 나라'에 대한 설명으로 옳은 것은?

> ○ 이 나라에서 귀하게 여기는 것에는 태백산의 토끼, 남해부의 다시마, 책성부의 된장, 부여부의 사슴, 막힐부의 돼지, 솔빈부의 말, 현주의 베, 옥주의 면, 용주의 명주, 위성의 철, 노성의 쌀 등이 있다.   – 『신당서』
> ○ 이 나라의 땅은 영주(營州)의 동쪽 2천 리에 있으며, 남으로는 신라와 서로 접한다. 월희말갈에서 동북으로 흑수말갈에 이르는데, 사방 2천 리, 호는 십여만, 병사는 수만 명이다.   – 『구당서』

① 중앙에 6좌평의 관제를 마련하였다.
② 9서당 10정의 군사 조직을 갖추었다.
③ 지방을 5경 15부 62주로 편성하였다.
④ 제가 회의에서 국가의 중대사를 결정하였다.

99 0161

발해에 대한 설명으로 옳은 것을 〈보기〉에서 모두 고르면?

> **보기**
> ㉠ 발해의 영광탑은 고구려의 영향을 받은 석탑이다.
> ㉡ 교역을 목적으로 하는 대규모 사절단을 일본에 파견하였다.
> ㉢ 유학 교육을 목적으로 주자감을 설치하고 귀족 자제들에게 유학을 가르쳤다.
> ㉣ 전체 인구 구성 가운데 옛 고구려 계통 사람들이 가장 큰 비중을 차지하였다.

① ㉠, ㉡   ② ㉠, ㉣
③ ㉡, ㉢   ④ ㉢, ㉣

100 0162

발해의 대외 관계에 대한 설명으로 옳지 않은 것은?

① 당과 신라를 견제하기 위해 돌궐과 외교 관계를 맺기도 하였다.
② 일본과는 서경 압록부를 통해 여러 차례 사신이 왕래하였다.
③ 당에 유학생을 보냈는데 빈공과에 급제한 사람이 여러 명 나왔다.
④ 일본은 발해에 보낸 국서에서 발해왕을 '고려왕'으로 표현하기도 하였다.

97 0159

㉠ 발해의 무왕은 '인안'이라는 독자적 연호를 사용하고 대외적으로 고구려를 계승한 국가임을 천명하였다. 문왕은 '대흥'을 연호로 정하였으며 774년에 '보력'으로 고쳐 7년 정도 사용하다가 다시 대흥이라는 연호를 사용하였다.

㉡ 발해는 중앙 정치 조직으로 당의 3성 6부제를 수용하여 독자적(정당성 중심)으로 운영하였다.

㉢ 발해 문왕 시기에 발해의 동경 용원부와 남경 남해부를 거쳐 동해안을 따라 신라에 이르는 교통로인 신라도를 개설하였다.

오답 분석

㉣ 무왕 시기에도 일본에 사신을 파견하였지만, 전륜성왕이라 자처한 왕은 문왕이다. 이밖에도 고대 국가에서 고구려의 광개토대왕을 호태성왕(好太聖王)으로 칭한 것이나, 백제 성왕(聖王)의 생전 칭호 역시 성왕(聖王)인 점, 진흥왕의 두 아들 이름이 동륜과 금륜으로 불린 것 등에서 전륜성왕설을 바탕으로 왕권을 강화하고 불교적 이상 국가를 꿈꾸었음을 확인할 수 있다.

정답 ③

98 0160

밑줄 친 이 나라는 발해이다.

③ 발해는 10대 선왕 시기에 지방을 5경 15부 62주로 편성하였다.

오답 분석

① 중앙에 6좌평제를 마련한 것은 백제이다.
② 신라는 통일 직후인 신문왕 시기 9서당 10정의 군사 조직을 정비하였다.
④ 고구려는 제가 회의를 열어 국가의 중대사를 결정하였다.

정답 ③

99 0161

㉡ 발해에서는 교역 중심의 사절단을 일본에 30여 차례 파견하였다.

㉢ 발해에서는 주자감을 설치하여 지배층의 자제들에게 유학을 교육하였다.

오답 분석

㉠ 발해의 영광탑은 무덤 위에 축조된 누각식 전탑(벽돌 탑)으로 당의 영향을 받은 것이다.

㉣ 발해의 인구 구성 가운데 가장 큰 비중을 차지한 것은 말갈 계통이었다.

정답 ③

100 0162

② 무왕 재위 시기인 727년 일본과 통교한 이래 919년까지 발해는 30여 차례에 걸쳐 일본에 사절단을 파견하였다. 일본과의 주요 교통로에 해당하는 거점은 동경 용원부이다. 서경 압록부는 당으로 가는 조공도의 주요 길목에 해당한다.

정답 ②

101 0163
2015년 7급 서울시

발해의 정치에 대한 설명으로 옳은 것은?

① 건국 직후 신라와 협력하여 당 세력을 몰아냈다.
② 고구려 계승 의식을 내세워 평양을 남경으로 삼았다.
③ '황상'이라는 칭호를 사용하여 황제 국가임을 내세웠다.
④ 당에 보낸 국서에서 발해왕을 고려왕이라 자칭하였다.

103 0165
2017년 7급 서울시

다음 발해에 대한 설명으로 옳은 것을 모두 고른 것은?

> ㉠ 국호는 처음에는 진국, 당나라 책봉을 받은 뒤에는 발
> 해라고 했고, 고구려 계승국을 표방하여 고려로 부르기
> 도 했다.
> ㉡ 계획 도시인 상경의 유적과 유물은 발해의 문화를 잘 보
> 여 준다.
> ㉢ 타구와 격구 놀이가 당을 통해 들어와 널리 유행했다.
> ㉣ 귀하게 여기는 것에는 태백산의 토끼, 남해부의 곤포(다
> 시마), 책성부의 된장, 솔빈부의 말, 위성의 철, 미타호
> 의 붕어 등이 있다.

① ㉠, ㉡
② ㉠, ㉡, ㉢
③ ㉠, ㉡, ㉣
④ ㉠, ㉡, ㉢, ㉣

102 0164
2017년 7급 국가직

발해에 대한 설명으로 옳지 않은 것은?

① 국왕을 '황상' 또는 '대왕' 등으로 칭하였다.
② 모피, 우황, 구리, 말 등을 당나라에 수출하였다.
③ 상경(上京)은 당나라 도성을 본떠 조방(條坊)을 나누었다.
④ 중앙의 주요 관서에 각각 복수(複數)의 장관을 임명하였다.

104 0166
2018년 9급 서울시(추가 채용)

<보기>의 왕에 대한 설명으로 가장 옳은 것은?

> **보기**
> 왕은 당이 내분으로 어지러워진 틈을 타서 영토를 넓히고,
> 수도를 중경에서 상경으로, 다시 동경으로 옮겼다. 또한 대
> 흥, 보력 등 독자적인 연호를 사용하였다.

① 산동 지방에 수군을 보내 당을 공격하였다.
② 당으로부터 해동성국이라 불렸다.
③ 전륜성왕을 자처하고 황상이라는 칭호를 사용하였다.
④ 동모산에 나라를 세웠다.

101 0163

③ 발해 문왕의 둘째 딸인 정혜 공주와 넷째 딸인 정효 공주의 묘에서 발견된 비석은 개인의 인적 사항을 제외하고, 거의 같은 내용이 동일하게 적용된 비문(축자대비)이다. 이 기록들에서 공주들이 사망하였을 때 황상이 애도하였다는 내용이 발견되었다.

오답 분석

① 발해의 무왕은 흑수부 말갈에 대한 공격 과정에서 이를 반대한 대문예가 당으로 망명하자, 당과 대립하였다. 이후 당과의 교섭이 실패하자 당의 요서 지방을 공격하는 한편, 산둥을 장문휴로 하여금 공격하게 하여 자사인 위준을 죽이기도 하였다. 또한 일본, 돌궐과 연대하여 당과 신라의 동맹에 대응하였다. 한편, 발해는 문왕 이후 신라도를 이용해 신라와 교류하기도 하였다.
② 발해의 남경 남해부는 함경도 일원(함흥 일대)으로 추정되고 있다.
④ 발해의 문왕은 일본에 보낸 국서에서 스스로를 고려왕이라 칭하였다.

정답 ③

102 0164

④ 통일 신라에 대한 설명이다. 통일 신라의 재상은 상대등 1명, 집사부의 장관인 중시 또는 시중 1명, 병부의 장관인 병부령(법흥왕 시기 1명, 진흥왕 시기 2명, 무열왕 시기 3명)으로 구성되었고, 그 중 가장 권한이 있는 상재상을 선정하여 재상 회의를 주도하였다.

오답 분석

① 국왕을 '대왕' 또는 '황상'이라고 기록한 것은 정혜 공주 묘지석과 정효 공주 묘지석이다.
② 발해는 목축과 수렵이 발달하여 각종 동물의 모피와 소의 결석을 이용하여 만든 약재인 우황, 구리와 철을 이용해 만든 금속 가공품 등을 당나라에 수출하였다.
③ 상경 용천부는 목단강 이북쪽과 서쪽을 에워싸고, 외성은 동서 4,650m, 남북 3,530m의 네모꼴로서 높이 4m의 토성으로 두르고, 중앙 북방에 다시 황성을 쌓았다. 또한 황성 남문에서 외성 남문까지 연결된 일직선의 주작대로를 중심으로 좌경 · 우경으로 갈리고, 이것을 다시 여러 조방(條坊)으로 나누었다.

정답 ④

103 0165

㉠ 고왕(대조영)은 건국 초기에 국호를 진이라 하였으나, 당으로부터 책봉(발해 군왕)을 받은 후 발해로 국호를 변경하였다. 발해는 일본에 보낸 국서에서 고려(고구려)를 표방하였으며, 일본 또한 발해를 고려로 표현하기도 하였다.
㉡ 상경 용천부는 당의 장안성을 모방하여 왕성을 북쪽에 두고 남쪽에 주작대로를 건설하여 계획적인 도시 구획을 확정하였다.
㉢ 타구와 격구는 페르시아에서 유래되어 당에 도입되었으며 고구려 · 신라로 유입되었다. 발해는 고구려를 계승하여 타구와 격구가 유행했던 것으로 보인다. 일본에 파견된 발해의 사신단에 의해 일본에도 타구와 격구 경기가 전래되었으며, 이를 관람한 후 지은 시가 현존하고 있다.
㉣ 발해에서 생산된 대표적 물품으로는 중경 현덕부 현주의 삼베와 삼채 도자기, 태백산의 토끼, 남해부의 곤포(다시마), 책성부의 된장, 솔빈부의 말, 위성의 철, 미타호의 붕어 등이 있다.

정답 ④

104 0166

〈보기〉의 왕은 발해의 문왕이다.

③ 문왕은 전륜성왕을 자처하여 대흥보력효감금륜성법대왕이라 불렸으며 정혜 공주와 정효 공주의 묘지석에 황상이라 기록되어 있다.

오답 분석

① 무왕, ② 선왕 이후, ④ 고왕(대조영)에 해당하는 내용이다.

정답 ③

105 0167

2015년 7급 국가직

발해와 관련된 다음의 역사적 사실들을 시기 순으로 바르게 나열한 것은?

> ⊙ 당으로부터 해동성국이라고 불리었다.
> ⓒ 야율아보기에 의해 홀한성이 포위되었다.
> ⓒ 중경 현덕부에서 상경 용천부로 도읍을 옮겨 발전의 기틀을 마련하였다.
> ⓔ 당과 신라를 견제하기 위해 일본에 사신을 파견하여 처음 통교하였다.

① ⓒ → ⓒ → ⓔ → ⊙
② ⓒ → ⓔ → ⊙ → ⓒ
③ ⓔ → ⓒ → ⊙ → ⓒ
④ ⓔ → ⓒ → ⓒ → ⊙

106 0168

2013년 7급 지방직

다음은 발해사의 전개 과정이다. 시기 순으로 바르게 나열한 것은?

> ⊙ 일본과 국교를 맺었고, 해군을 보내어 당나라를 공격하였다.
> ⓒ 왕의 계보가 대조영의 직계에서 그의 동생 대야발의 직계로 바뀌게 되었다.
> ⓒ 당과 친선 관계를 맺으면서 당의 문물을 받아들여 체제를 정비하였고, 수도를 동경 용원부로 옮겼다.

① ⊙ → ⓒ → ⓒ
② ⊙ → ⓒ → ⓒ
③ ⓒ → ⊙ → ⓒ
④ ⓒ → ⊙ → ⓒ

107 0169

2017년 9급 국가직(추가 채용)

발해에서 일어난 일을 시기 순으로 바르게 나열한 것은?

> ㄱ. 장문휴가 당의 산동 지방 등주를 공격하였다.
> ㄴ. 수도를 중경 현덕부에서 북쪽의 상경 용천부로 옮겼다.
> ㄷ. 당으로부터 '발해 군왕'에서 '발해 국왕'으로 봉해졌다.
> ㄹ. '건흥'이라는 연호를 사용하였다.

① ㄱ → ㄴ → ㄷ → ㄹ
② ㄱ → ㄷ → ㄹ → ㄴ
③ ㄴ → ㄱ → ㄹ → ㄷ
④ ㄱ → ㄷ → ㄴ → ㄹ

108 0170

2019년 7급 서울시(추가 채용)

발해의 역사에 대한 설명으로 가장 옳지 않은 것은?

① 발해는 고구려계 유민과 말갈계 유민이 세운 다민족 국가였다.
② 제2대 무왕은 산동 지방의 등주(登州)에 수군을 보내 당을 공격하였다.
③ 제3대 문왕은 확대된 영토를 효율적으로 다스리기 위해 수도를 '중경 현덕부'에서 '상경 용천부'로, 그리고 '동경 용원부'로 옮겼다.
④ 제5대 성왕 대에는 국력이 더욱 강대해져서 '해동성국(海東盛國)'으로 불리기 시작했다.

105 0167

③ 순서대로 나열하면 ㉣ 무왕(727) → ㉢ 문왕(755) → ㉠ 선왕 (818~830) → ㉡ 애왕(926)이 된다.

㉣ 무왕(제2대, 대무예) 시기인 727년에 일본도를 통해 일본과 처음으로 통교하였다.

㉢ 문왕(제3대, 대흠무) 시기에 중경에서 상경으로, 다시 동경으로 천도가 이루어졌다. 상경 재천도가 이루어진 것은 5대 성왕(대화여) 시기의 일이다.

㉠ 선왕(제10대, 대인수)은 대조영의 동생인 대야발의 후손으로 왕위 계승을 둘러싼 발해의 내분을 종식시키고 중흥을 이루었다. 선왕 이후 발해는 중국으로부터 해동성국이라는 칭호를 얻었다.

㉡ 애왕(제14대, 또는 15대) 시기의 일이다. 홀한성은 상경 용천부의 또 다른 이름으로, 926년에 거란의 야율아보기에 의해 포위되었으며, 이 시기 애왕(대인선)이 항복함으로써 발해가 멸망하였다.

정답 ③

106 0168

제시된 자료의 ㉠은 무왕, ㉡은 선왕, ㉢은 문왕에 해당한다.

② 시기 순으로 나열하면 ㉠ 무왕(719~737) → ㉢ 문왕(737~793) → ㉡ 선왕(818~830)이 된다.

정답 ②

107 0169

① 시기 순으로 나열하면 ㄱ. 무왕(732) → ㄴ. 문왕(755) → ㄷ. 문왕(762) → ㄹ. 선왕(818~830)이 된다.

ㄱ. 무왕(제2대)은 흑수부 말갈에 대한 공격 과정에서 이를 반대한 대문예가 당으로 망명하자, 당과 대립하였다. 무왕은 당에 망명한 대문예를 죽이도록 외교적 교섭을 펼쳤으나, 교섭이 실패하자 당의 요서 지방을 공격하는 한편, 산둥(산동)을 장문휴로 하여금 공격하게 하여 자사인 위준을 죽이기도 하였다.

ㄴ. 문왕(제3대) 시기에 수도를 동모산 지역에서 두만강 하류의 중경 현덕부로 옮겼으며, 755년 무렵 다시 상경 용천부로 천도하였다가 785년 동경 용원부로 이동하였다(제5대 성왕 시기 상경으로 재천도하였으며 이후 멸망에 이르기까지 유지되었다).

ㄷ. 문왕은 당과 친선 관계를 추진하여 중국 문화를 수용하였으며 대외적 안정세를 구축하였다. 이에 당은 762년부터 문왕을 발해 군왕(渤海郡王)에서 발해 국왕(渤海國王)으로 승격하여 책봉하였다.

ㄹ. 선왕(제10대) 재위 시기(818~830)에는 '건흥'이라는 연호를 사용하였다.

정답 ①

108 0170

④ '해동성국'으로 불리기 시작한 것은 제10대 선왕 이후에 해당한다. 선왕은 발해의 중흥기를 이끌었으며, 5경 15부 62주를 정비하였다. 한편 제5대 성왕은 발해의 수도를 동경에서 다시 상경으로 옮겼다.

정답 ④

109 0171

다음은 발해사에 대한 중국과 러시아 입장이다. 한국사의 입장에서 이를 반박하는 증거로 적절한 것은?

> ○ 중 국: 소수 민족 지역의 분리 독립 의식을 약화시키려고, 국가라기보다는 당 왕조에 예속된 지방 민족 정권 차원에서 본다.
> ○ 러시아: 중국 문화보다는 중앙 아시아나 남부 시베리아의 영향을 강조하여 러시아의 역사에 편입시키려 한다.

① 신라와의 교통로
② 상경성 출토 온돌 장치
③ 유학 교육 기관인 주자감
④ 3성 6부의 중앙 행정 조직

110 0172

삼국 시대 각국의 역사상에 대한 설명으로 옳은 것만을 모두 고르면?

> ㉠ 고구려의 소노부는 자체의 종묘와 사직에 제사를 지내기도 하였다.
> ㉡ 백제 성왕은 중앙 관청을 22부로 확대 정비하고 수도를 5부로, 지방을 5방으로 정비하였다.
> ㉢ 영일 냉수리 신라비와 울진 봉평 신라비에 의하면 왕은 소속부의 명칭을 띠고 있었다.

① ㉠, ㉡
② ㉠, ㉢
③ ㉡, ㉢
④ ㉠, ㉡, ㉢

111 0173

삼국 시대의 정치 제도에 대한 설명으로 옳은 것만을 모두 고르면?

> ㉠ 삼국의 관등제와 관직 제도 운영은 신분제에 의하여 제약을 받았다.
> ㉡ 고구려는 대성(大城)에는 처려근지, 그 다음 규모의 성에는 욕살을 파견하였다.
> ㉢ 백제는 도성에 5부, 지방에 방(方)–군(郡) 행정 제도를 시행하였다.
> ㉣ 신라는 10정 군단을 바탕으로 영역을 확장하고 삼국 통일을 이룩하였다.

① ㉠, ㉡
② ㉠, ㉢
③ ㉡, ㉣
④ ㉢, ㉣

112 0174

삼국 시대 관등제에 대한 설명으로 옳지 않은 것은?

① 신라의 관등은 크게 솔계 관등과 덕계 관등으로 나뉜다.
② 고구려의 관등은 크게 형계 관등과 사자계 관등으로 나뉜다.
③ 백제의 관등은 복색제와 연관되어 공복의 색깔도 관등에 따라 3색으로 구분되었다.
④ 종래의 족장적 성격을 띤 다양한 세력 집단이 왕 아래에 하나의 체계로 조직되어 상하 관계를 이룬 것이다.

109 0171

② 발해가 우리 역사의 입장에서 고구려를 계승한 국가임을 확인할 수 있는 근거 중 하나는 온돌 장치의 사용이다.

정답 ②

110 0172

㉠ 소노부는 고구려에서 2대 유리왕과 5대 모본왕까지를 배출한 부로 알려져 있으며, 비류나부 또는 연노부라고 하는 별칭을 가지고 있다. 소노부는 종묘를 유지하고 사직을 모실 수 있었으나 제례법 개혁 이후 이러한 권한은 소멸된 것으로 보인다.
㉡ 백제의 성왕은 국호를 남부여라 개칭하고 22부의 중앙 관청을 설치하는 한편, 수도와 지방을 5부 5방제로 정비하였다. 이 시기 22담로는 해체 수순을 밟은 것으로 여겨진다.
㉢ 신라의 영일 냉수리비는 지증왕 시기 재산 분쟁을 해결한 내용을 담은 것이며, 울진 봉평비는 법흥왕 시기 반란 진압 후 사후 처리를 기록한 금석문이다. 이 두 비문은 각각의 사안에 대한 화백 회의 개최와 관련하여 신라의 부체제(국왕이 속한 소속부 명칭 기록)가 언급되어 있다.

정답 ④

111 0173

㉠ 삼국의 관등제 및 관직 제도 운영은 신분제에 의해 많은 제약이 있었다. 예컨대 골품은 개인 신분과 친족에 대한 등급으로, 개인·사회 생활·정치 활동의 범위를 엄격히 제한하였다. 신라의 관등 조직은 골품 제도와 연계되어 편성되었는데, 골품에 따라 관등 승진의 상한선을 결정하면서 불만을 야기시켜, 중위제가 마련되었을 것으로 보인다.
㉢ 성왕 시기 백제는 중앙 행정 구역을 5부(한성 시기 및 웅진 시기도 모두 5부)로 나누고, 지방에 5방과 군·성 체제를 마련하였다.

오답 분석

㉡ 고구려의 대성에는 욕살, 중성에는 처려근지, 소성에는 누초가 임명되었다.
㉣ 지방군 조직인 10정은 통일 이후인 신문왕 시기에 완성되었다.

정답 ②

112 0174

① 백제에 대한 설명이다. 『삼국사기』에 따르면 백제는 3세기 고이왕 시기에 좌평제와 16관등제를 마련하였으며, 자·비·청의 공복을 제정하였고, 관등을 크게 '솔', '덕' 계열로 구분하였다.

정답 ①

113 0175
2017년 9급 지방직

다음 (가)에서 이루어진 합의 제도를 시행한 국가의 통치 체제로 옳은 것은?

> 호암사에는 ___(가)___ (이)라는 바위가 있다. 나라에서 장차 재상을 뽑을 때에 후보 3, 4명의 이름을 써서 상자에 넣고 봉해 바위 위에 두었다가 얼마 후에 가지고 와서 열어 보고 그 이름 위에 도장이 찍혀 있는 사람을 재상으로 삼았다.
> ― 「삼국유사」

> ㉠ 중앙 정치는 대대로를 비롯하여 10여 등급의 관리들이 나누어 맡았다.
> ㉡ 중앙 관청을 22개로 확대하고 수도는 5부, 지방은 5방으로 정비하였다.
> ㉢ 16품의 관등제를 시행하고, 품계에 따라 옷의 색을 구별하여 입도록 하였다.
> ㉣ 지방 행정 조직을 9주 5소경 체제로 정비하였다.
> ㉤ 중앙에 3성 6부를 두고, 정당성을 관장하는 대내상이 국정을 총괄하도록 하였다.

① ㉠, ㉡
② ㉡, ㉢
③ ㉢, ㉣
④ ㉣, ㉤

114 0176
2016년 7급 지방직

삼국 시대 도성에 대한 설명으로 옳지 않은 것은?

① 고구려 수도인 평양에는 장안성이 축조되었다.
② 백제 사비도성에는 중심 지역 외곽에 나성을 둘렀다.
③ 신라는 산성을 축조하여 도성을 방어하였다.
④ 고구려 오녀산성은 국내성 방어를 위하여 축조되었다.

115 0177
2016년 7급 서울시

통일 신라의 통치 체제에 대한 설명으로 옳은 것은?

① 13개의 관부가 병렬적으로 독립되어 있었으며 각 부의 장관은 여러 명인 경우가 많았다.
② 중앙과 지방에 각각 9서당과 10정을 두었으며 10정에 편제된 보병이 군사력의 핵심을 이루었다.
③ 지방 세력을 제도적으로 통제·감시할 목적으로 일정 기간 경주에 머물게 하는 사심관제를 실시하였다.
④ 진골만을 위한 관리 등용 제도로 『춘추좌전』, 『논어』, 『효경』 등 유학적 견식을 파악하는 독서삼품과를 실시하였다.

116 0178
2015년 9급 국가직

통일 신라의 지방 행정 조직에 대한 설명으로 옳지 않은 것은?

① 신문왕 대에 9주 5소경 체제로 정비하였다.
② 주(州)에는 지방 감찰관으로 보이는 외사정이 배치되었다.
③ 5소경을 전략적 요충지에 두고, 도독이 행정을 관할토록 하였다.
④ 촌주가 관할하는 촌 이외에, 향·부곡이라는 행정 구역도 있었다.

113 0175

(가)에서 이루어진 합의 제도는 백제의 정사암 회의를 일컫는 것이다.

ⓒ 6세기 성왕 시기에 중앙 관부 22부를 설치하였으며, 5부 5방제를 정비하였다.

ⓒ 3세기 고이왕 시기에 지배 체제 정비를 위해 16관등제를 마련하고, 그에 따라 공복제를 마련하여 관리들의 관복색을 구별하였다.

오답 분석

㉠ 고구려, ㉣ 통일 신라, ㉤ 발해에 대한 설명이다.

정답 ②

114 0176

④ 고구려의 오녀산성은 고구려 초기 수도인 졸본성을 방어하기 위하여 축조되었다. 이후 천도한 국내성이 있는 집안시에는 환도산성(산성자 산성)이 축조되었다. 환도산성은 국내성으로부터 2.5km 지점에 있는데, 성의 앞쪽에 통구하가 마치 해자의 구실을 하듯 산성 남쪽을 돌아 흐른다. 이 성은 국내성의 군사 방어선으로 평상시에는 무기, 식량 등 군수품을 비축하였고 전시에는 국왕이 피신하는 성으로 이용되었다.

오답 분석

① 고구려 수도인 평양에 천도한 장수왕은 안학궁성을 축조하고 방어성으로 대성산성을 쌓았다. 장안성은 양원왕 시기에 축조되어 평원왕 시기에 안학궁성에서 천도했다고 알려져 있다. 장안성은 북성, 내성, 중성, 외성 등 사중성으로 구성되어 있었다.

② 백제 부여의 나성은 둘레가 약 84km이며 수도인 사비를 보호하기 위한 외곽 방어 시설과 사방에 문지(성문 터)가 있다. 축성 연대는 성왕 대인 523~554년을 전후한 시기로 추정되고 있다.

③ 신라는 산성을 축조하여 도성을 방어하였다. 명활산성과 남산신성·선도산성·북형산성 등은 동해로 쳐들어오는 왜구 등으로부터 수도 경주를 방어하는 데 큰 몫을 담당하였다.

정답 ④

115 0177

① 통일 신라는 집사부를 중심으로 13개 관부가 병렬적으로 독립되어 있었으며, 위화부(이부), 조부와 창부(호부), 예부, 병부, 좌·우 이방부(형부), 예작부(공부) 등이 있어 중국의 6전 제도와 비슷하게 행정을 분담하였다. 주요 부서의 장관을 복수(병부령 3인, 조부·창부·예부·승부·영객부·위화부·좌·우이방부 2인)로 임명하여 권력의 집중을 견제하기도 하였다.

오답 분석

② 10정은 지방에 설치된 군사 조직으로, 기병과 보병으로 구성되어 있었던 것으로 알려져 있으며, 기병 지휘관이 보병 지휘관보다 상위에 위치한 것으로 보아 기병이 주축이었을 것으로 추정되고 있다.

③ 상수리 제도에 대한 설명이다.

④ 독서삼품과는 골품 위주의 관리 등용을 지양하기 위해 원성왕 때 실시된 관리 등용 제도로, 주로 6두품 중심의 국학생들에게 적용되었다.

정답 ①

116 0178

③ 소경의 장관은 도독이 아닌 사신으로, 진골만이 임명된 것으로 여겨지고 있다. 통일 신라는 고구려 지역에 북원경(원주)·중원경(충주)을, 백제 지역에 서원경(청주)·남원경(남원)을, 가야 지역에 금관경(김해)을 설치하였다. 5소경은 통일 이후에 옛 고구려·백제·가야 지역의 이질적 문화 요소를 융화시키는 한편, 수도의 편재성을 보완하고 지방 통제력을 강화시키기 위한 의도로 풀이된다.

정답 ③

117 0179 　　　　　　　　　　　　　2018년 9급 서울시

통일 신라에 대한 설명으로 가장 옳은 것은?

① 통일 후에는 주로 진골 귀족으로 구성된 9서당을 국왕이 장악함으로써 왕실이 주도하는 교육 제도를 구축하였다.

② 불교가 크게 융성한 통일 신라의 수도인 경주에서는 주로 천태종이 권력과 밀착하며 득세하였다.

③ 신라 중대 때는 주로 원성왕의 후손들이 즉위하면서 비교적 강력한 왕권을 행사하였다.

④ 넓어진 영토를 관리하기 위해 지방 행정을 구획하였는데, 5소경도 이에 해당한다.

118 0180 　　　　　　　　　　　　　2015년 9급 지방직

밑줄 친 '북국(北國)'에 대한 설명으로 옳지 않은 것은?

> 원성왕 6년 3월 북국(北國)에 사신을 보내 빙문(聘問)하였다. …… 요동 땅에서 일어나 고구려의 북쪽 땅을 병합하고 신라와 서로 경계를 맞대었지만, 교빙한 일이 역사에 전하는 것이 없었다. 이때 와서 일길찬 백어(伯魚)를 보내 교빙하였다.

① 감찰 기관으로 중정대가 있었다.

② 최고 교육 기관으로 태학감을 두었다.

③ 중앙의 정치 조직으로 3성 6부를 두었다.

④ 지방의 행정 조직으로 5경 15부 62주가 있었다.

119 0181 　　　　　　　　　　　　　2016년 7급 국가직

괄호 안에 들어갈 국가의 도읍에 대한 설명으로 옳은 것은?

> 일본이 (　　　)에 국서를 보냈다. "삼가 고려 국왕에게 문안 인사를 드립니다. …(중략)… 보내신 글을 보니 날짜 아래 관품과 이름을 쓰지 않았고 글의 말미에는 천손(天孫)이라는 칭호를 써 놓았습니다."
>
> － 「속일본기」

① 북성 · 중성 등 4개의 성곽으로 이루어졌다.

② 연못, 인공섬을 갖춘 월지를 동궁으로 사용하였다.

③ 나성 및 궁궐 후원에 해당하는 부소산이 있었다.

④ 직사각형의 내 · 외성, 주작대로를 만들었다.

120 0182 　　　　　　　　　　　　　2012년 9급 지방직

후삼국 시대의 정치 상황에 대한 설명으로 옳지 않은 것은?

① 견훤은 900년에 무진주에서 후백제를 건국하였다.

② 궁예는 901년에 송악에서 후고구려를 건국하였다.

③ 궁예는 국호를 마진으로 바꾸고, 도읍을 철원으로 옮겼다.

④ 견훤은 후당(後唐), 오월(吳越)과도 통교하는 등 대중국 외교에 적극적이었다.

117 0179

④ 통일 신라의 5소경은 지방 통제력 강화와 수도의 편재성 보완을 위해 설치되었다.

오답 분석

① 통일 신라의 9서당은 신라인, 고구려인, 보덕국인, 말갈인으로 편성된 군사 조직이다.

② 천태종은 고려 중기 의천에 의해 창시되었다.

③ 원성왕은 신라 하대의 국왕이다. 신라 하대는 왕권이 약화되고 진골 귀족들의 왕위 쟁탈전이 끊임없이 일어났다. 신라 하대(780~935) 155년 동안 무려 20명의 왕(김씨 17명, 박씨 3명)이 교체되었다.

정답 ④

118 0180

사료의 밑줄 친 '북국'은 발해에 해당한다.

② 태학감은 통일 신라 경덕왕 시기에 국학을 개칭한 것이다. 태학감은 혜공왕 대에 다시 국학으로 명칭이 변경되었다. 발해는 유교 교육 기관으로 주자감을 설치하고 귀족 자제들에게 유학을 가르쳤다.

오답 분석

① 발해는 감찰 기구로 중정대를 두고 있었다.

③ 당의 3성 6부제를 수용하여 독자적(정당성 중심)으로 운영하였다.

④ 발해 선왕 시기에 대한 설명이다.

정답 ②

119 0181

괄호 안에 들어갈 국가는 발해이다.

④ 발해의 대표적 도성은 상경 용천부로 상경은 직사각형의 외성을 두르고 다시 중앙 북방에 황성을 쌓은 형태이며, 남쪽으로는 주작대로를 설치하였다.

오답 분석

① 내성 · 북성 · 중성 · 외성 등 네 개의 성곽으로 구성된 것은 고구려의 수도인 평양성이다.

② 도교의 세계관을 표현한 월지를 동궁으로 사용한 것은 통일 신라이다.

③ 사비 천도 이후의 백제에 해당한다.

정답 ④

120 0182

① 신라 상주 지역 출신으로 알려진 견훤은 900년 완산주(전주)를 거점으로 후백제를 건국하였다. 무진주는 옛 백제 지역을 중심으로 형성된 웅천주, 완산주, 무진주 중 하나로, 광주를 치소로 하는 신라 9주 중 하나이다.

정답 ①

PART 04

중세의 정치

01 0183
2019년 7급 서울시

〈보기〉의 밑줄 친 '내'가 시행한 정책으로 가장 옳지 않은 것은?

> **보기**
> 지난날 신라의 정치가 쇠하여 도적들이 다투어 일어나고 백성들은 난리 통에 그들의 폭골(曝骨)이 들판에 널렸다. 전 임금이 온갖 혼란을 평정하고 국가 기초를 닦았으나 말년에 와서는 무고한 백성들에게 피해를 끼쳤고 국가가 멸망하였다. 내가 그 위기를 이어 새 나라를 창건하였는데 백성들에게 고된 노동을 시켜 힘들게 하는 것이 어찌 원하던 일이겠는가? 다만 모든 일을 시작하는 때라 일이 부득이하여 그런 것이다. …… 관리로서 나라의 녹봉을 먹는 너희들은 마땅히 백성들을 자식과 같이 사랑하는 나의 뜻을 충분히 헤아려 자기의 녹읍(祿邑) 백성들을 사랑해야 할 것이다.

① 대외적으로 남중국의 오월, 일본 등과 활발히 교류하며 국교를 맺었다.
② 발해 왕자 대광현이 망명하자 왕계라는 이름을 내려주었다.
③ 『정계』, 『계백료서』 등을 통해 관리가 지켜야 할 규범을 제시하였다.
④ 평양을 서경으로 승격시키고 중시하였다.

02 0184
2012년 7급 지방직

다음 제도를 제정한 왕과 관련된 사실로 옳은 것은?

> 처음으로 역분전(役分田)을 정했다. 통합 때의 조신과 군사에게 관계(官階)를 논하지 않고 인성과 행실의 선악, 공로의 대소를 보고 차등있게 지급하였다. — 『고려사』

① 광군을 조직하여 거란의 침입에 대비하였다.
② 광덕, 준풍 등의 독자적인 연호를 사용하였다.
③ 북진 정책을 추진하여 서경을 경략하고 압록강까지 영토를 넓혔다.
④ 정주 유씨, 충주 유씨 등 유력한 지방 호족들과 정략적 혼인 관계를 맺었다.

03 0185
2019년 9급 지방직

다음과 같은 글을 남긴 국왕의 업적에 해당하는 것은?

> 우리 동방은 옛날부터 중국의 풍속을 흠모하여 문물과 예악이 모두 그 제도를 따랐으나, 지역이 다르고 인성도 각기 다르므로 꼭 같게 할 필요는 없다. 거란은 짐승과 같은 나라로 풍속이 같지 않고 말도 다르니 의관 제도를 삼가 본받지 말라. — 『고려사』에서

① 물가 조절을 위해 상평창을 설치하였다.
② 기인·사심관제와 함께 과거제를 실시하였다.
③ 혼인 정책과 사성 정책을 통해 호족을 포섭하였다.
④ 광군 30만을 조직하여 거란의 침략에 대비하였다.

04 0186
2014년 7급 국가직

밑줄 친 '이것'의 내용으로 옳지 않은 것은?

> 짐은 평범한 가문 출신으로 분에 넘치게 사람들의 추대를 받아 왕위에 올랐다. 재위 19년 만에 삼한을 통일하였고, 이제 왕위에 오른 지도 25년이 되었다. 몸이 이미 늙어지니, 후손들이 사사로운 인정과 욕심을 함부로 부려 나라의 기강을 어지럽게 할까 크게 걱정이 된다. 이에 이것을 지어 후대의 왕들에게 전하고자 하니, 바라건대 아침 저녁으로 펼쳐 보아 영원토록 귀감으로 삼을지어다.

① 연등회와 팔관회의 행사를 축소할 것
② 풍수지리 사상을 존중하고 서경을 중시할 것
③ 간언을 따르고 참언을 멀리하여 신민의 지지를 얻을 것
④ 농민의 요역과 세금을 가볍게 하여 민심을 얻고 부국안민을 이룰 것

01 0183

제시문의 밑줄 친 '내'는 태조 왕건에 해당한다.

① 후백제의 견훤은 국제적인 지위 확보와 대외적인 안정을 위해 남중국의 오월, 일본 등과 교류하며 국교를 맺었다.

오답 분석

② 926년 발해가 멸망하자 왕건은 발해의 유민을 수용하였으며, 발해의 왕자 대광현이 귀순하자 그에게 왕계라는 이름을 주어 우대하였다. 대광현의 귀순 시기에 관하여는 926년, 934년 등 다양한 설이 존재한다.

③ 왕건은 관리의 기강 확립을 위해 『정계』, 『계백료서』 등의 규범을 제시하였으나 현존하지는 않는다.

④ 왕건은 평양을 서경으로 높이고 중시하였으며, 훈요 10조에서도 이를 천명하였다.

정답 ①

02 0184

고려 태조는 940년에 공훈과 인품의 규정을 마련하여 역분전을 지급하였다.

④ 태조는 호족 통합을 위해 고구려, 백제, 신라 계열을 다양하게 망라하여 유력한 호족의 딸을 왕비로 맞이하였으며, 왕후 6명, 부인 23명을 두었다.

오답 분석

① 광군은 후진(後晉)에 유학하던 중 거란의 포로가 되었던 최광윤이 거란의 고려 침략 계획을 감지한 뒤 이를 고려 조정에 알려옴으로써 정종 대에 설치(947)되었다.

② 광종은 광덕, 준풍 등의 연호를 사용하는 등 독자적인 칭제건원을 통해 자주 국가로의 면모를 보여주었다.

③ 태조는 북진 정책의 전진 기지로 서경을 중시하고 청천강에서 영흥만까지 영토를 확장하였으나, 압록강까지 넓히진 못하였다. 이후 고려 성종 시기에 서희의 외교 담판으로 거란이 철수한 후, 압록강 동쪽으로 이동한 여진을 토벌하고 여러 성을 쌓아 강동 6주를 소유하게 되면서 고려의 국경은 압록강에 이르게 되었다.

정답 ④

03 0185

제시문은 고려 태조가 남긴 훈요 10조이다.

③ 태조는 호족 융합 정책으로 29명의 지방 유력 호족의 딸들과 혼인 관계를 맺었으며, 큰 공을 세운 호족에게 왕씨 성을 하사하는 사성 정책을 시행하였다. 한편 호족을 견제하기 위해 기인 제도, 사심관 제도 등을 시행하였다.

오답 분석

① 물가 조절을 위해 상평창을 설치하고, 빈민 구제를 위해 의창을 설치한 왕은 성종이다.

② 기인·사심관제를 실시한 왕은 태조가 맞지만, 과거제를 실시한 왕은 광종이다.

④ 정종은 광군 30만을 조직하여 거란의 침략에 대비하였다.

정답 ③

04 0186

제시문의 '이것'은 고려 태조 왕건이 지은 훈요 10조이다.

① 훈요 10조의 제6조에는 '연등회와 팔관회를 중시하여 함부로 가감하지 말라'라는 내용이 있다. 연등회와 팔관회의 축소를 주장한 것은 최승로의 시무 28조의 내용이다. 성종은 최승로의 건의를 바탕으로 연등회와 팔관회를 폐지하였으나, 이 행사들은 현종 재위기에 다시 부활되었다.

정답 ①

05 0187

밑줄 친 '인물상'에 해당하는 왕의 업적으로 옳은 것은?

> 개성의 현릉 부근에서 발견된 청동제 인물상은 온화한 얼굴에다가 두 손을 맞잡고 있으며, 자비로운 미소를 띠고 있다. 이 상은 황제가 착용한다는 통천관을 쓰고 있어 고려가 황제 국가로 자부하였음을 알 수 있다.

① 유학 교육 기관으로 국자감을 설치하였다.
② 거란에 대비하여 30만 광군을 조직하였다.
③ 개경을 황도로, 서경을 서도로 격상하였다.
④ 역분전이라는 토지 제도를 처음으로 시행하였다.

06 0188

(가)에 들어갈 내용으로 옳은 것은?

> ▶ 검색 요약: 공신과 호족에 대한 숙청을 단행했고, 노비안검법을 실시하여 호족의 경제적, 군사적 기반을 약화시키고 국가의 수입 기반을 확대하였다. 백관의 공복(公服)을 제정했으며, 동북계·서북계에 많은 성을 쌓는 등 치적이 많다.
> ▶ 별칭: 자는 일화(日華) 휘는 소(昭). 시호는 대성(大成)
> ▶ 활동 분야: 정치
> ▶ 업적: _____(가)_____

① 지방관을 파견하고 향리 제도를 마련하였다.
② 황제를 칭하고 독자적인 연호를 사용하였다.
③ 청천강에서 영흥에 이르는 국경선을 확보하였다.
④ 과거 제도를 정비하고 과거 출신자들을 우대하였다.

07 0189

다음 정책을 시행한 국왕 대에 있었던 사실로 옳은 것은?

> ○ 광덕, 준풍 등의 연호를 사용하였다.
> ○ 개경을 고쳐 황도라 하고 서경을 서도라고 하였다.

① 노비안검법을 시행하였다.
② 전시과 제도를 시행하였다.
③ 개경에 국자감을 설립하였다.
④ 12목을 설치하고 지방관을 파견하였다.

08 0190

밑줄 친 '왕'의 재위 기간에 있었던 일로 옳은 것은?

> ○ 평농서사 권신(權信)이 대상(大相) 준홍(俊弘)과 좌승(佐丞) 왕동(王同) 등이 반역을 꾀한다고 참소하자 왕이 이들을 내쫓았다.
> ○ 왕이 쌍기의 건의를 받아 처음으로 과거를 실시하였다. 시(詩)·부(賦)·송(頌) 및 시무책을 시험하여 진사를 뽑았으며, 더불어 명경업·의업·복업 등도 뽑았다.

① 노비안검법을 제정하였다.
② 전민변정도감을 설치하였다.
③ 토지 제도로서 전시과를 시행하였다.
④ 12목을 설치하고 지방관을 파견하였다.

05 0187

제시문은 왕건상에 대한 설명이다. 왕건상은 실제 크기와 비슷하게 나신으로 제작되었으며, 채색이 되어 있고 의복을 착용했던 것으로 보인다.

④ 왕건은 후삼국을 통일한 이후인 940년에 인품과 공훈을 중심으로 역분전을 지급하였다.

오답 분석

① 국자감 설치는 성종 재위기에 이루어졌다.
② 30만의 광군을 조직하여 청천강 유역에 배치한 왕은 3대 정종이다. 광군은 이후 주현군의 기원이 되었다.
③ 4대 광종은 개경을 황도로, 서경을 서도로 격상시켰으며, 내제외왕 체제를 확립시켜 안으로는 자주적 면모를 일신시키고 밖으로는 대외적 안정을 꾀하였다.

정답 ④

06 0188

제시된 자료의 국왕은 광종이다.

② 광종은 내제외왕 체제를 지향하여 송을 상국으로 예우하고 대외적 안정을 꾀하는 한편, 안으로는 광덕, 준풍과 같은 연호를 사용하며, 황제를 칭하였다.

오답 분석

①, ④ 성종, ③ 태조 왕건의 정책이다.

정답 ②

07 0189

고려 광종 시기에 해당한다.

① 광종 시기에 노비안검법이 시행되었다. 노비안검법 시행 결과 국가 재정이 확충되고 호족들의 세력 기반이 약화되었다.

오답 분석

② 경종 시기 시정 전시과, 목종 시기 개정 전시과, 문종 시기 경정 전시과가 시행되었다.
③ 성종 시기 개경에 국자감이 설치되었다.
④ 성종 시기 주요 지역에 12목을 설치하고 지방관을 파견하였다.

정답 ①

08 0190

제시문의 쌍기의 건의로 과거를 실시했다는 내용에서 밑줄 친 왕이 광종임을 알 수 있다.

① 광종은 재위기에 수많은 호족들을 숙청했으며, 호족 세력을 약화시키고 국가 재정을 확보하기 위해 노비안검법을 시행하였다.

오답 분석

② 전민변정도감을 최초로 설치한 왕은 원종으로, 이후 전민변정도감은 폐지와 재설치를 반복하여 각각 충렬왕, 공민왕, 우왕 시기에 복설되었다.
③ 전시과는 경종 시기에 시정 전시과가 시행된 이후, 목종 재위기에 개정 전시과, 문종 시기에 경정 전시과가 시행되었다.
④ 12목을 설치하고 최초로 지방관을 파견한 임금은 성종이다.

정답 ①

09 0191

다음 밑줄 친 '왕'에 대한 설명으로 옳은 것은?

왕의 이름은 소(昭)다. 치세 초반에는 신하에게 예를 갖추어 대우하고 송사를 처리하는 데 현명하였다. 빈민을 구휼하고, 유학을 중히 여기며, 노비를 조사하여 풀어주었다. 밤낮으로 부지런하여 거의 태평의 정치를 이루었다. 중반 이후로는 신하를 많이 죽이고, 불법(佛法)을 지나치게 좋아하며 절도가 없이 사치스러웠다.
— 「고려사절요」

① 쌍기의 건의로 과거제를 실시하였다.
② 12목을 설치하고 지방관을 파견하였다.
③ 호족을 견제하기 위해 사심관과 기인 제도를 마련하였다.
④ 승려인 신돈을 등용하여 전민변정도감을 설치하였다.

10 0192

밑줄 친 '왕'의 업적으로 옳은 것은?

왕이 노비를 상세히 조사하여 옳고 그름을 밝히도록 명령하였다. 이 때문에 주인을 배반하는 노비들을 도저히 억누를 수 없었으므로, 주인을 업신여기는 풍속이 크게 유행하였다. 사람들이 다 수치스럽게 여기고 원망하였다. 왕비도 간절히 말렸지만 받아들이지 않았다.
— 「고려사절요」

① 구제도감을 설치하였다.
② 문신 월과법을 실시하였다.
③ 백관의 공복을 제정하였다.
④ 삼한통보, 해동중보 등을 주조하였다.

11 0193

상소문의 밑줄 친 부분에 해당되는 정책으로 옳은 것은?

선왕은 정종의 유명(遺命)을 받고 아우로서 왕위를 계승한 후 예로써 아랫사람을 접하며 밝은 관찰력으로 사람을 잘 알아보았습니다. 종친과 귀족이라 해서 사정을 두지 않고 항상 호족과 공신 세력을 억제하였으며 소원하고 미천한 사람이라 해서 버리지 않고 의탁할 데 없는 백성들에게 혜택을 베풀었습니다. 그가 즉위한 해로부터 8년간 정치와 교화가 청백 공평하였고 형벌과 표창을 남용하지 않았습니다. 그러나 쌍기(雙冀)를 등용한 후로부터 문사를 존중하고 대우하는 것이 지나치게 풍후하였습니다.

① 국자감을 정비하였다.
② 노비안검법을 실시하였다.
③ 『정계』와 『계백료서』를 편찬하였다.
④ 지방에 경학 박사를 파견하였다.

12 0194

다음 건의를 받아들인 왕이 실시한 정책으로 옳은 것은?

임금이 백성을 다스릴 때 집집마다 가서 날마다 그들을 살펴보는 것이 아닙니다. 그래서 수령을 나누어 파견하여, (현지에) 가서 백성의 이해(利害)를 살피게 하는 것입니다. 우리 태조께서도 통일한 뒤에 외관(外官)을 두고자 하셨으나, 대개 (건국) 초창기였기 때문에 일이 번잡하여 미처 그럴 겨를이 없었습니다. 이제 제가 살펴보건대, 지방 토호들이 늘 공무를 빙자하여 백성들을 침해하며 포악하게 굴어, 백성들이 명령을 견뎌내지 못합니다. 외관을 두시기 바랍니다.

① 서경 천도를 추진하였다.
② 5도 양계의 지방 제도를 확립하였다.
③ 지방 교육을 위해 경학 박사를 파견하였다.
④ 유교 이념과는 별도로 연등회, 팔관회 행사를 장려하였다.

09 0191

밑줄 친 '왕'은 고려 4대 광종이다. 광종은 재위 기간 중 호족 세력을 약화시키기 위해 강력한 왕권 강화 정책을 시행하였다.

① 광종은 958년(광종 9)에 후주에서 귀화한 쌍기의 건의로 과거제를 도입하는 한편, 노비안검법, 주현공부법 등을 시행하였다.

오답 분석

② 12목을 설치하고 처음으로 지방관을 파견한 왕은 성종이다.

③ 태조 왕건은 호족들을 통제하기 위해 사심관 제도와 기인 제도를 시행하였다.

④ 승려인 신돈을 등용하여 전민변정도감을 통한 개혁을 추진한 왕은 고려 후기 공민왕이다. 한편 전민변정도감은 원종 시기 처음으로 설치되었으며, 이후 충렬왕, 공민왕, 우왕 시기에 각각 운용되었다.

정답 ①

10 0192

밑줄 친 '왕'은 광종으로, 사료의 내용은 노비안검법의 시행을 언급한 것이다. 강력한 중앙 집권 체제를 지향했던 광종은 노비의 안검을 명하여 호족들의 세력을 견제하고자 하였다. 광종은 본래 양인으로 고려의 통일 전쟁 때 포로가 되어 노비가 된 자들과 호족들이 강제로 노비화시킨 자들을 본래의 신분인 양인으로 회복시켜 주었다. 이 법은 양인의 수를 늘려 국가 재정을 확보하고 호족의 사병을 감소시킴으로써 호족의 약화와 왕권의 강화를 꾀한 것이었다. 그러나 호족들의 강력한 반발과 광종의 비인 대목 왕후의 반대를 불러오기도 하였다. 결국 경종 시기부터 호족의 반발이 격화되자, 성종 시기인 987년(성종 6)에 노비환천법을 실시함으로써 이 법은 폐지되었다.

③ 광종은 자·단·비·녹색의 공복을 제정하였다.

오답 분석

① 구제도감은 예종 때인 1109년에 개경의 백성들이 질병에 걸려 사망하고 시체가 방치되자, 병자들을 치료하고, 병사자들을 처리하기 위해 설치한 기관이었다.

② 문신 월과법은 성종 995년에 시행하였다.

④ 해동통보, 삼한통보와 해동중보 등은 숙종 시기에 발행된 것으로 추정된다.

정답 ③

11 0193

사료는 최승로의 5조 정적평 중 광종에 대한 내용이다.

② 광종은 호족을 억제하고 왕권을 강화하기 위한 정책을 시행했는데, 노비안검법이 대표적이다.

오답 분석

① 성종, ③ 태조 왕건, ④ 성종의 정책에 해당한다.

정답 ②

12 0194

자료는 최승로의 시무 28조의 내용이다. 최승로는 외관(外官)을 파견할 것을 건의하였으며 그 결과 12목이 설치되고 지방관이 파견되었다. 최승로는 호족 세력의 억제와 외관 파견 등으로 전국적 규모의 중앙 집권적 정치 형태를 구상하면서도, 시위 군졸의 축소를 주장하는 등 왕권의 전제화는 견제하였다.

③ 최승로의 건의를 받아들인 국왕은 성종으로, 지방 교육의 활성화를 위해 경학 박사, 의학 박사 등을 파견하였다.

오답 분석

① 서경 천도를 추진한 왕은 정종이다. 한편 고려 중기 인종 때 묘청 등을 중심으로 서경 천도 운동이 추진되기도 하였다.

② 5도 양계의 지방 제도를 확립한 왕은 현종이다.

④ 성종 때 최승로는 연등회와 팔관회의 축소를 건의하였으며, 성종은 이를 받아들여 연등회와 팔관회를 폐지하였다. 연등회와 팔관회를 장려한 왕은 태조, 부활시킨 왕은 현종에 해당한다.

정답 ③

13 0195

2015년 7급 국가직

최승로는 '시무 28조'를 올리면서 고려 초기 다섯 왕의 치적을 평가하였다. 그 내용으로 옳지 않은 것은?

① 태조는 후한 덕과 넓은 도량으로 후삼국을 통일하였고, 절약과 검소함을 숭상하여 궁궐이나 의복에 도를 넘지 않았다.

② 혜종은 즉위 초에는 평판이 좋았는데 점차 사람을 의심함이 지나쳐 임금된 체통을 잃었다.

③ 정종은 왕규를 처단함으로써 왕실을 보전하였고, 서경 천도를 강행함으로써 백성들에게서 원성을 샀다.

④ 광종은 아랫사람을 예로써 대접하였고, 쌍기를 등용한 후부터 현명한 인재를 얻어 중화의 좋은 법을 성취하였다.

14 0196

2021년 9급 국가직

다음 상소문을 올린 왕대에 있었던 사실은?

> 석교(釋敎)를 행하는 것은 수신(修身)의 근본이요, 유교를 행하는 것은 이국(理國)의 근원입니다. 수신은 내생의 자(資)요, 이국은 금일의 요무(要務)로서, 금일은 지극히 가깝고 내생은 지극히 먼 것인데도 가까움을 버리고 먼 것을 구함은 또한 잘못이 아니겠습니까.

① 양경과 12목에 상평창을 설치하였다.

② 균여를 귀법사 주지로 삼아 불교를 정비하였다.

③ 국자감에 7재를 두어 관학을 부흥하고자 하였다.

④ 전지(田地)와 시지(柴地)를 지급하는 경정 전시과를 실시하였다.

15 0197

2017년 9급 지방직(추가 채용)

다음 사건으로 즉위한 왕의 재위 기간에 있었던 사실로 옳지 않은 것은?

> 목종의 모후(母后)인 천추태후와 김치양이 불륜 관계를 맺고 왕위를 엿보자, 서북면 도순검사 강조가 군사를 일으켜 김치양 일파를 제거하고 목종을 폐위시켰다.

① 대장경 조판 사업을 시작하였다.

② 지방관이 없는 속군에 감무를 파견하였다.

③ 부모의 명복을 빌고자 현화사를 창건하였다.

④ 개성부를 경중(京中) 5부와 경기로 구획하였다.

16 0198

2022년 9급 지방직

(가) 인물에 대한 설명으로 옳은 것은?

> 군대를 이끌고 통주성 남쪽으로 나가 진을 친 ⎡(가)⎤은/는 거란군에게 여러 번 승리를 거두었다. 하지만 자만하게 된 그는 결국 패해 거란군의 포로가 되었다. 거란의 임금이 그의 결박을 풀어 주며 "내 신하가 되겠느냐?"라고 물으니, ⎡(가)⎤은/는 "나는 고려 사람인데 어찌 너의 신하가 되겠느냐?"라고 대답하였다. 재차 물었으나 같은 대답이었으며, 칼로 살을 도려내며 물어도 대답은 같았다. 거란은 마침내 그를 처형하였다.

① 묘청의 난을 진압하였다.

② 별무반의 편성을 건의하였다.

③ 목종을 폐위하고 현종을 옹립하였다.

④ 거란과 협상하여 강동 6주 지역을 고려 영토로 확보하였다.

13 0195

④ 최승로는 5대조 정적평에서 "광종의 8년 동안의 다스림은 가히 삼대[三代 : 하 · 은 · 주(夏 · 殷 · 周)]에 견줄 만하다."고 격찬하였으나, 958년(광종 9)에 쌍기를 등용하면서 정치가 어지러워졌다고 주장하며 통렬한 비판을 가하였다. 또한 "경신년(960)부터 을해년(975)에 이르기까지 16년간은 간악한 자들이 앞을 다투며 진출하여 참소가 크게 일어나니 군자는 몸 둘 곳이 없고 소인은 제 뜻대로 되었다. 드디어 자식이 부모를 거역하고 노예가 그 주인을 고소하기까지 하여 상하가 마음을 합치지 못하고 여러 신하들이 실망하여 옛 신하들과 이름난 장수들은 차례로 살육당하고 골육 친척들도 또한 모두 멸망당하였다."라고 광종을 비판하였다.

정답 ④

14 0196

제시문 사료의 내용은 고려 성종 시기 최승로가 건의한 '시무 28조' 중 일부로, 불교보다 유교를 통치 이념으로 삼을 것을 건의한 것이다.

① 성종 시기에는 개경, 서경 등 양경과 12목에 상평창을 설치하였다.

오답 분석

② 균여를 귀법사의 주지로 삼아 화엄종 중심의 교종 통합을 추진한 왕은 광종이다.
③ 예종은 6개의 유학재와 무학재인 강예재를 합하여 7재의 전문 강좌를 국자감에 설치함으로써 관학을 진흥하고자 하였다.
④ 경정 전시과는 문종 30년에 시행되었다.

정답 ①

15 0197

자료는 1009년 목종 때 강조가 일으킨 정변에 대한 내용이다. 강조의 정변으로 목종은 시해되었고, 현종이 즉위하였다.

② 예종 재위 시기의 일이다. 예종은 외관 파견 지역을 확대해 임시 지방관인 감무를 지방관이 없는 속군 · 속현에도 파견하기 시작하였다.

오답 분석

① 현종 재위 시기에 거란의 침략에 대한 격퇴를 기원하기 위해 초조대장경의 조판 사업을 시작하였다.
③ 현종은 자신의 부모인 안종과 헌정 왕후(시호는 효숙왕태후)의 명복을 기리기 위해 법상종의 본찰인 현화사를 창건하였다.
④ 현종은 성종 때의 10도 체제를 5도 양계로 정비하고 세부 행정 단위를 4도호부 · 8목과 경기제 및 군현제로 완비하였다.

정답 ②

16 0198

제시문의 (가)는 거란의 2차 침입 시기 포로로 잡힌 강조이다.

③ 강조는 목종의 명령으로 목종을 보호하기 위해 개경으로 들어왔지만, 목종을 폐위하고 현종을 옹립하였다.

오답 분석

① 인종 시기 묘청의 난을 진압한 것은 김부식이다.
② 윤관은 숙종에게 별무반의 편성을 건의하였다.
④ 성종 시기 거란의 1차 침입이 발발하였을 때 소손녕과 협상하여 강동 6주 지역을 확보하였던 인물은 서희이다.

정답 ③

17 0199
2012년 9급 법원직

다음은 어느 관리의 이력이다. 밑줄 친 (가)~(라)에 대한 설명으로 옳은 것은?

> 목종 8년 과거에 장원으로 급제
> 현종 4년 국사수찬관으로 (가)『칠대실록』을 편찬
> 정종 1년 지공거가 되어 과거를 주관
> 문종 1년 (나)문하시중이 되어 율령서산을 정함
> 문종 4년 도병마사를 겸하게 되자 (다)동여진에 대한 대비책을 건의함
> 문종 9년 퇴직 후 학당을 설립, (라)9개의 전문 강좌를 개설

① (가) - 현존하는 가장 오래된 관찬 역사서이다.
② (나) - 재신과 낭사로 구성되는 최고 기관의 장이었다.
③ (다) - 동북 9성을 건설한 계기가 되었다.
④ (라) - 양현고의 지원을 받아 번성하였다.

18 0200
2018년 9급 지방직

밑줄 친 '이곳'에서 일어난 일로 옳은 것은?

> 고려 정종 때 이곳으로 천도 계획을 세웠으나 실현되지 못했고, 문종 때 이곳 주위에 서경기 4도를 두었다.

① 이곳에서 현존 세계 최고의 『직지심체요절』이 간행되었다.
② 지눌이 이곳을 중심으로 수선사 결사 운동을 전개하였다.
③ 조위총이 정중부 등의 타도를 위해 이곳에서 반란을 일으켰다.
④ 강조가 군사를 이끌고 이곳으로 들어와 김치양 일파를 제거하였다.

19 0201
2015년 9급 지방직

밑줄 친 '그'에 대한 설명으로 옳은 것은?

> 그는 송악산 아래의 자하동에 학당을 마련하여 낙성(樂聖), 대중(大中), 성명(誠明), 경업(敬業), 조도(造道), 솔성(率性), 진덕(進德), 대화(大和), 대빙(待聘) 등의 9재(齋)로 나누고 각각 전문 강좌를 개설토록 하였다. 그리하여 당시 과거 보려는 자제들은 반드시 먼저 그의 학도로 입학하여 공부하는 것이 상례로 되었다.

① 9경과 3사를 중심으로 교육하였다.
② 유교적 합리주의 사관에 기초하여 『삼국사기』를 편찬하였다.
③ 유교 사상을 치국의 근본으로 삼아 시무 28조의 개혁안을 올렸다.
④ 『소학』과 『주자가례』를 중시하고 권문세족과 불교의 폐단을 비판하였다.

20 0202
2016년 9급 지방직

밑줄 친 '왕'의 재위 기간에 있었던 사실로 옳은 것은?

> 주전도감에서 왕에게 아뢰기를 "백성들이 화폐를 사용하는 유익함을 이해하고 그것을 편리하게 생각하고 있으니 이 사실을 종묘에 알리십시오."라고 하였다. 이 해에 또 은병을 만들어 화폐로 사용하였는데, 은 한 근으로 우리나라의 지형을 본떠서 만들었고 민간에서는 활구라고 불렀다.

① 주요 지역에 12목을 설치하고 목사를 파견하였다.
② 여진 정벌을 위해 윤관이 건의한 별무반을 설치하였다.
③ 지방 호족을 견제하기 위해 사심관과 기인 제도를 도입하였다.
④ 왕권을 강화하기 위해 과거 제도를 시행하고 독자적인 연호를 사용하였다.

17 0199

자료는 최충(984~1068)의 이력에 해당한다.

② 문하시중은 재신과 낭사로 구성되는 중서문하성의 장이었으며, 백관을 통솔하였다.

오답 분석

① (가) – 현존하는 가장 오래된 관찬 역사서는 『삼국사기』이다. 『칠대실록』은 현존하지 않는다.

③ (다) – 동북 9성을 건설한 계기가 되었던 것은 숙종 시기 정주관 전투(1104)의 패배에 의한 것이었다.

④ (라) – 양현고는 관학인 국자감의 재정을 지원하기 위해 설립된 기금이었다. 최충은 9개의 전문 강좌로 구성된 사립 교육 기관인 문헌공도(9재 학당)를 설립하였다.

정답 ②

18 0200

밑줄 친 '이곳'은 평양(서경)에 해당한다.

③ 조위총의 난은 1174년(명종 4)부터 1176년까지 3년 동안 평양을 중심으로 일어났으며, 무신 정권 타도가 목적이었다.

오답 분석

① 『직지심체요절』은 1377년 청주 흥덕사에서 간행되었다.

② 지눌의 수선사 결사 운동은 경상도 영천의 거조암을 거쳐 순천 송광사(수선사)에서 완성되었다.

④ 목종이 시해되고 현종이 옹립된 강조의 정변은 개성(개경)에서 발생하였다.

정답 ③

19 0201

밑줄 친 '그'는 최충이다.

① 최충은 문하시중에서 은퇴한 뒤 9재 학당을 개설하여 인재 양성에 주력하였으며, 이는 사학 12도가 성립되는 계기가 되었다. 9재 학당의 교과서는 9경과 3사였으며, 이를 중심으로 과거 시험을 위한 교육이 주를 이루었다. 대개 9경은 『역경』, 『시경』, 『서경』, 『예기』, 『춘추』, 『논어』, 『효경』, 『맹자』, 『주례』, 3사는 『사기』・『한서』・『후한서』인 것으로 보고 있다.

오답 분석

② 김부식, ③ 최승로, ④ 신진 사대부에 관한 설명이다.

정답 ①

20 0202

밑줄 친 '왕'은 고려 숙종이다. 숙종은 의천의 건의를 받아들여 1097년에 주전관을 두고 주전도감을 설치하였으며, 1101년에는 본국의 지형을 본떠서 은병(활구)을 주조하였다.

② 숙종은 윤관을 파견하여 두 차례에 걸쳐 여진 정벌을 단행하였으나, 기병인 여진군에 보병 위주인 고려군이 이길 수 없어 모두 참패를 당하였다. 이에 숙종은 윤관의 건의를 받아들여 기동력을 강화한 별무반을 조직함으로써 여진에 대한 대비책을 세웠다. 윤관은 예종 시기에 별무반을 이끌고 동북 9성을 개척하였다.

오답 분석

① 성종은 최승로의 건의로 983년에 12목을 설치하였으며, 최초로 목사(지방관)를 파견하여 지방 세력의 발호를 방지하였다.

③ 태조는 사심관 제도와 기인 제도를 실시하여, 대호족과 중・소 호족을 통제할 수 있는 기반을 마련하였다.

④ 광종은 958년(광종 9)에 후주에서 귀화한 쌍기의 건의로 과거제를 도입하였다.

정답 ②

21 0203

2017년 9급 국가직(추가 채용)

밑줄 친 '왕'의 정책으로 옳지 않은 것은?

> 대관(大觀) 경인년에 천자께서 저 먼 변방에서 신묘한 도(道)를 듣고자 함을 돌보시어 신사(信使)를 보내시고 우류(羽流) 2인을 딸려 보내어 교법에 통달한 자를 골라 훈도하게 하였다. 왕은 신앙이 돈독하여 정화(政和) 연간에 비로소 복원관(福源觀)을 세워 도가 높은 참된 도사 10여 인을 받들었다. 그러나 그 도사들은 낮에는 재궁(齋宮)에 있다가 밤에는 집으로 돌아가고는 하였다. 그래서 후에 간관이 지적, 비판하여 다소간 법으로 금하는 조치를 취하게 되었다. 간혹 듣기로는, 왕이 나라를 다스렸을 때는 늘 도가의 도록을 보급하는 데 뜻을 두어 기어코 도교로 호교(胡敎)를 바꿔 버릴 생각을 하고 있었으나 그 뜻을 이루지 못해 무엇인가를 기다리는 것이 있는 듯하였다고 한다. — 「고려도경」

① 우봉 · 파평 등의 지역에 감무관을 파견하였다.
② 국학 7재를 설치하여 관학을 진흥하였다.
③ 김위제의 건의로 남경 건설을 추진하였다.
④ 윤관을 원수로 하여 여진 정벌을 단행하였다.

22 0204

2017년 7급 국가직(추가 채용)

다음 사실을 시기 순으로 바르게 나열한 것은?

> ㄱ. 7재에 무학재를 두었다.
> ㄴ. 교정도감을 설치하였다.
> ㄷ. 도평의사사의 건의로 무과를 설치하였다.
> ㄹ. 경정 전시과에서 무관에 대한 차별 대우를 시정하였다.

① ㄱ → ㄴ → ㄹ → ㄷ
② ㄴ → ㄷ → ㄹ → ㄱ
③ ㄷ → ㄹ → ㄱ → ㄴ
④ ㄹ → ㄱ → ㄴ → ㄷ

23 0205

2016년 7급 지방직

다음 글을 쓴 인물이 만난 국왕에 대한 설명으로 옳은 것은?

> 도기의 빛깔이 푸른 것을 고려인은 비색(翡色)이라고 한다. 근래에 만드는 솜씨와 빛깔이 더욱 좋아졌다. 술 그릇의 형상은 참외 같은데, 위에 작은 뚜껑이 있고 그 위에 연꽃에 엎드린 오리 모양이 있다.

① 관학 진흥을 위해 국자감에 7재를 처음 설치하고 양현고를 두었다.
② 평양에 기자를 숭배하는 기자 사당을 세워 국가에서 제사하기 시작했다.
③ 경사 6학을 정비하고 지방의 주현에 향학을 증설하여 유교 교육을 확산시켰다.
④ 전국을 5도 양계로 나누고 그 안에 3경 5도호부 8목을 두어 지방 제도를 완비하였다.

24 0206

2016년 7급 서울시

다음의 글을 쓴 인물이 활동하던 시기에 대한 설명으로 옳은 것을 〈보기〉에서 모두 고르면?

> 신라 · 고구려 · 백제가 나라를 세우고 솥발처럼 대립하면서 예를 갖추어 중국과 교통하였으므로, 범엽(范曄)의 『한서(漢書)』나 송기(宋祁) 『당서(唐書)』에 모두 열전(列傳)을 두었는데, 중국의 일만을 자세히 기록하고 외국의 일은 간략히 하여 갖추어 싣지 않았습니다. 또한 그 고기(古記)라는 것은 글이 거칠고 졸렬하며 사적(事跡)이 누락되어 있어서, 임금된 이의 선함과 악함, 신하된 이의 충성과 사특함, 나라의 평안과 위기, 백성들의 다스려짐과 혼란스러움 등을 모두 드러내어 경계로 삼도록 하지 못하였습니다.

보기
㉠ 윤관이 북방의 거란족을 몰아내고 동북 지역에 9성을 세웠다.
㉡ 이자겸의 난이 진압된 후 15개조의 유신령이 발표되었다.
㉢ 분청사기가 유행할 정도로 화려한 문벌 귀족 문화를 꽃피웠다.
㉣ 예종과 인종은 관학 부흥에 힘쓰고 유학 진흥을 위해 노력하였다.

① ㉠, ㉡
② ㉠, ㉢
③ ㉡, ㉣
④ ㉢, ㉣

21 0203

제시문은 송나라 사신 서긍이 저술한 『고려도경』의 내용으로, 복원관을 세우고 도교를 장려했다는 내용 등을 통해 밑줄 친 '왕'이 예종임을 알 수 있다.

③ 숙종은 김위제 등의 말에 따라 남경을 건설한 뒤 완전 천도하지 않고 순행하면서 머무르는 곳으로 여겼다.

오답 분석

① 예종 시기에 외관 파견 지역을 확대해 임시 지방관인 감무(監務)를 지방관이 없는 속군·속현에 파견하기 시작하였다.
② 예종은 관학을 진흥하기 위해 1109년 국자감에 7재를 설치하였으며, 무과 준비 과정인 무학재를 편성하였다.
④ 예종은 1107년에 윤관·오연총 등으로 하여금 여진을 쳐서 대파시키고 이듬해에 9성을 설치하였다.

정답 ③

22 0204

④ 시기 순으로 나열하면, ㄹ. 경정 전시과 실시(1076, 문종) → ㄱ. 7재에 무학재 설치(1109, 예종) → ㄴ. 교정도감 설치(1209, 희종, 최충헌 무신 집권기) → ㄷ. 도평의사사의 건의로 무과 설치(1390, 공양왕)이다.

정답 ④

23 0205

사료는 송나라 사신 서긍이 기록한 『선화봉사고려도경』에 언급된 내용이다. 서긍은 고려 인종 때인 1123년에 사신으로 파견되어 1개월간 개경에 머무르며 보고 들었던 내용을 기록으로 남겨 편찬하였다.

③ 인종은 식목도감에서 학식을 제정하여 경사 6학을 정비하였으며, 유신지교를 반포하여 지방에 향학(향교)을 증설하고 지방 교육을 활성화시켰다.

오답 분석

① 예종, ② 숙종, ④ 현종 대의 일이다.

정답 ③

24 0206

제시문은 인종 시기에 김부식이 편찬을 주도한 『삼국사기』의 『진삼국사기표』에 실린 내용이다.

ⓒ 인종은 이자겸의 난이 진압된 이후 서경에 대화궁을 짓고 유신지교 15조의 개혁안을 발표하였다.
ⓔ 관학 진흥을 위해 예종은 7재의 전문 강좌를 국자감에 개설하고, 양현고의 장학 기금을 설치하는 한편, 청연각·보문각의 학술 기구를 설립하였다. 인종은 유신지교에서 향교 교육의 강화를 천명하였다.

오답 분석

ⓐ 윤관의 동북 9성은 예종 시기에 여진을 몰아내고 설치한 것이다.
ⓑ 분청사기는 북방 가마의 영향을 받아 원 간섭기 이후부터 유행하기 시작하였다.

정답 ③

25 0207

2011년 9급 지방직

고려 시대의 정치 기구에 대한 설명으로 옳지 않은 것은?

관부	장관	특징
㉠	문하시중(종1)	정치의 최고 관부로서 재부라고 불리움
㉡	판원사(종2)	왕명 출납, 숙위, 군기(軍機)
㉢	판사(재신 겸)	국방, 군사 문제의 회의 기관
㉣	판사(재신 겸)	법제, 격식 문제의 회의 기관

① ㉠의 관직은 2품 이상의 재신과 3품 이하의 낭사로 구분되었다.
② ㉠과 ㉡의 고관인 재추들이 모여 국가의 중대사를 협의·결정하는 기구가 ㉢과 ㉣이었다.
③ ㉢은 고려 후기에 이르러 국가의 모든 정무를 관장하는 최고 기구로 발전하였다.
④ ㉢은 당의 관제를, ㉣은 송의 관제를 본 딴 것이었다.

26 0208

2016년 7급 국가직

괄호 안에 들어갈 고려 시대의 정치 기구에 대한 설명으로 옳은 것은?

> 국초에 (   )을(를) 설치하여 시중·평장사·참지정사·정당문학·지문하성사로 판사(判事)를 삼고, 판추밀 이하로 사(使)를 삼아 일이 있을 때 모였으므로 합좌(合坐)라는 이름이 붙게 되었다. 그런데 한 해에 한 번 모이기도 하고 여러 해 동안 모이지 않기도 하였다. – 『역옹패설』

① 군사 기밀과 왕명 전달을 담당하였다.
② 화폐와 곡식의 출납, 회계의 일을 맡았다.
③ 정치의 잘잘못을 논하고 관리의 비리를 감찰하였다.
④ 양계의 축성 및 군사 훈련 등 국방 문제를 논의하였다.

27 0209

2013년 9급 지방직

(㉠)의 정치 기구에 대한 설명으로 옳은 것은?

> 도병마사는 성종 때 처음 설치되어 국방 문제를 담당하였다. …… 원 간섭기에 (㉠)(으)로 개칭되면서 국정 전반에 걸친 중요 사항을 관장하는 최고 기구로 발전하였다.

① 도당으로 불렸으며 조선 건국 초에 폐지되었다.
② 법제의 세칙을 만드는 고려의 독자적인 기구이다.
③ 정책을 집행하는 기능을 담당했으며, 그 밑에 6부를 두었다.
④ 관리의 임명이나 법령의 개폐를 동의하는 서경권을 행사하였다.

28 0210

2017년 7급 국가직(추가 채용)

(가)~(라)에 대한 설명으로 옳은 것은?

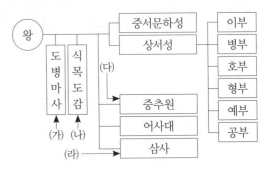

① (가)는 법제, 격식을 다루었으며, (나)는 고려 후기에 도당으로 불렸다.
② (가)와 (나)는 고려의 독자적인 기구이며, 중서문하성의 재신과 (다)의 추신이 합좌하였다.
③ (다)는 왕명 출납과 군기의 업무를 맡았고, (라)는 백관을 규찰하고 탄핵하였다.
④ (다)와 (라)는 당제를 모방하여 설치하였고, 주요 사안을 6부와 협의하여 결정하였다.

문제 풀이 ⚙

25 0207

④ ⓒ에 해당하는 도병마사와 ⓔ에 해당하는 식목도감은 고려의 독자적 합의 기구였다. 당의 관제를 본 딴 것은 2성 6부이고, 송의 관제를 본 딴 것은 중추원과 삼사에 해당한다.

> 오답 분석
>
> ⓒ은 중서문하성, ⓛ은 중추원에 해당한다.

정답 ④

26 0208

괄호 안의 정치 기구는 도병마사에 해당한다. 도병마사의 기원은 989년(성종 8)에 설치된 동서북면 병마사의 판사제에서 비롯되었다. 이때 서북면과 동북면에 파견된 병마사를 중앙에서 지휘하기 위해 문하시중·중서령·상서령을 판사로 삼았는데, 이 병마판사제가 뒤의 도병마사의 모체가 된 것으로 보인다.

④ 도병마사는 양계 지방의 축성·둔전·국경, 장졸에 대한 상벌, 주·진민에 대한 진휼 등 변경·군사·대외 문제를 의논·결정하였다.

> 오답 분석
>
> ① 중추원, ② 삼사, ③ 어사대에 해당한다.

정답 ④

27 0209

㉠은 도평의사사이다.

① 도병마사는 1279년(충렬왕 5)에 도평의사사(도당)로 개편되었고 임시 기관이 아닌 상설 기관으로 변모하였으며, 회의 기구인 동시에 국가 서무를 직접 관장하는 행정 기관으로 바뀌었다. 이후 도평의사사는 조선 정종 시기인 1400년에 당시 실권자였던 이방원에 의해 의정부로 개편되었다.

> 오답 분석
>
> ② 고려의 식목도감에 대한 설명으로, 도병마사와 식목도감은 고려의 독자적 기구였다.
> ③ 상서성에 대한 설명이다.
> ④ 대간에 대한 설명이다. 대간은 어사대의 관원(대관)과 중서문하성의 낭사(간관)로 구성되었다. 낭사는 간쟁과 봉박을, 대관은 시정을 논박하고 풍속을 교정하며 관료를 규찰, 탄핵하는 임무를 맡았다. 간관이 담당한 간쟁·봉박의 주요 대상이 군주였음에 비해, 대관은 관료와 양천인을 주로 감찰하였다.

정답 ①

28 0210

② 도병마사는 중서문하성의 재신과 중추원의 추밀로 구성되었으며, 성종 시기 기초가 만들어지고 현종 이후부터 본격적으로 운영되었다. 도병마사는 법제와 격식을 다루는 식목도감과 같이 고려의 독자적 기구로서 군사 문제를 주로 의논하는 기구였으나 점차 국정을 총괄하는 기구인 도평의사사로 발전하였다.

> 오답 분석
>
> ① 법제와 격식을 다룬 기관은 식목도감이며, 고려 후기에 도당으로 불렸던 기관은 도병마사이다.
> ③ 왕명 출납과 군사 기밀의 업무를 맡았던 기관이 중추원인 것은 맞지만, 고려 시대에 백관의 규찰과 탄핵을 담당하였던 기관은 어사대이다.
> ④ 중추원과 삼사는 송의 관제를 모방하여 설치하였으며, 주요 사안을 6부와 협의하여 결정하였다는 것은 관련 없는 내용이다.

정답 ②

29 0211

(가)에 들어갈 기구로 옳은 것은?

> 고려 시대 중서문하성과 중추원의 고위 관료들은 도병마사
> 와 (가) 에서 국가의 중요한 일을 논의하였다. 도병마사
> 에서는 국방과 군사 문제를 다루었고, (가) 에서는 제도
> 와 격식을 만들었다.

① 삼사　　　　　　　　② 상서성

③ 어사대　　　　　　　④ 식목도감

30 0212

다음은 고려 시대 어떤 기구에 대한 기록이다. 밑줄 친 시기에 이 기구의 명칭으로 옳은 것은?

> 왕명을 받아 글을 짓는 기관이다. 태조 때 태봉의 제도에 따라
> 원봉성을 두었고, 뒤에 학사원으로 고쳤다. 문종 때 학사 승지
> 1인을 두고 정3품으로 삼았고, 학사는 2인을 두고 정4품으
> 로 삼았다. 충렬왕 원년에 다시 문한서로 고쳤다.
> 　　　　　　　　－『고려사』 76, 백관지 1, 예문관

① 한림원　　　　　　　② 홍문관

③ 전중성　　　　　　　④ 비서성

31 0213

고려 시대 음서에 대한 설명으로 옳은 것만을 모두 고르면?

> ㄱ. 문종 때 처음 실시되었다.
> ㄴ. 음서로 등용된 사람들은 고위 관직에 오르지 못했다.
> ㄷ. 사위나 외손자에게도 적용되었다.
> ㄹ. 공신의 자손, 조종 묘예, 문무 5품 이상 관인의 자손 등
> 　　이 대상이었다.

① ㄱ, ㄴ　　　　　　　② ㄱ, ㄷ

③ ㄴ, ㄹ　　　　　　　④ ㄷ, ㄹ

32 0214

고려 전기의 문산계와 무산계에 대한 설명으로 옳지 않은 것은?

① 중앙 문반에게 문산계를 부여하였다.

② 성종 때에 문산계를 정식으로 채택하였다.

③ 중앙 무반에게 무산계를 제수하였다.

④ 탐라의 지배층과 여진 추장에게 무산계를 주었다.

29 0211

④ (가)에 들어갈 기구는 식목도감에 해당한다. 식목도감은 법제와 격식을 다루는 회의 기구였으며, 도병마사와 함께 당·송이나 신라·태봉의 관제에 기원하지 않은 고려의 독자적인 정치 기구였다.

오답 분석

① 고려의 삼사는 국가 전곡의 출납과 회계를 관장하던 관청으로 송나라 제도를 도입한 기구였다.

② 고려의 상서성은 행정 실무를 총괄한 기구로 상서도성과 6부로 구성되었다.

③ 어사대는 대관이라 불렸으며, 정사를 논의하고 풍속을 바로잡으며 백관을 감찰·탄핵하던 기구였다. 중서문하성의 낭사와 함께 서경·봉박·간쟁의 역할을 담당하기도 하였다.

정답 ④

30 0212

자료의 기구는 한림원이다.

① 한림원은 관서의 성격상 문장에 능하고, 학식이 뛰어난 인재들이 모였기 때문에 왕에게 시강하는 서연관의 기능도 담당하였다. 또한 이들은 왕을 시종하는 근신(近臣)이며, 대부분 재상으로 진출하였고, 모두 과거 급제자였다.

오답 분석

② 홍문관은 집현전의 후신으로 조선 성종 시기에 본격적으로 설치되어 경연의 주관 및 학술 자문을 맡았던 기관으로, 언론 3사 중 하나에 해당한다.

③ 전중성은 고려 전기에 왕실의 족보 및 왕실과 관련된 여러 업무를 담당하는 관청이었다.

④ 비서성은 고려 시대에 경적과 축문 작성 등의 일을 관장하던 관청이다.

정답 ①

31 0213

ㄷ. 음서는 친손뿐만 아니라 사위나 외손에게도 적용되었다.

ㄹ. 공신의 자손, 조종 묘예, 문무 5품 이상 관인의 자손 등이 대상이었다. 음직을 제수받는 연령은 만 18세 이상으로 규정되어 있었으나 실제로 문벌 귀족 사회에서는 평균 17세, 권문세족 시기에는 13세를 전후하여 관직에 등용되었으며, 부와 조부의 정치적 배경에 따라 승진 속도에 차이를 보이기도 하였다.

오답 분석

ㄱ. 음서 제도는 성종 때 제도적으로 정비되었을 것으로 추측되며, 목종 즉위년인 997년에 교서를 내려 처음 실시되었다.

ㄴ. 현존하는 사료를 조사·검토한 결과, 음서 출신자의 대부분이 5품 이상 직에 승진하였으며, 대략 50~60%는 재상에 진출하였다는 사실을 확인할 수 있다.

정답 ④

32 0214

③ 당이나 조선 시대와는 달리 고려 시대의 무반은 문반과 마찬가지로 모두 문산계를 받았다. 문산계는 문·무관인들의 지위를 나타내는 질서 체계였던 만큼 현직에 있을 때뿐만 아니라 처음 입사할 때나 휴직·퇴관 등 어느 경우를 막론하고 누구나 받게 되어 있었다. 고려 시대도 무산계가 있기는 하였지만 그것이 조선 시대처럼 무반의 관계로 기능하지는 못하였다. 고려 시대의 무산계는 탐라의 왕족, 여진의 추장, 향리·노병, 공장·악인 등에게 주어졌다.

정답 ③

33 0215

2012년 9급 사회복지직

고려 시대 지방 행정에 대한 설명으로 옳은 것은?

① 성종은 호장·부호장과 같은 향리 직제를 마련하였다.

② 퇴직한 관료를 사심관으로 임명하여 출신 지역에 거주하게 하였다.

③ 광종은 처음으로 중요 거점 지역에 상주하는 지방관을 파견하였다.

④ 지방 향리의 자제를 상수리로 임명하여 궁중의 잡역을 담당하게 하였다.

34 0216

2009년 7급 국가직

경(京)에 대한 설명으로 옳지 않은 것은?

① 지증왕 이후 신라의 소경은 왕경을 모방한 지방의 특수 행정 구역으로 정치적·문화적 중심지의 성격이 강하였다.

② 통일 신라는 지역적으로 편재된 수도의 한계를 보완하기 위해 군사·행정상의 요지에 5소경을 완비하였다.

③ 고려 초기에 국가의 균형적 발전과 지방 세력을 포섭하기 위해 고구려·신라의 수도를 포함하여 3경을 설치하였다.

④ 고려 명종 이후 남경을 3경에 포함시킨 것은 풍수지리 사상으로 인하여 남경의 중요성이 강조되었기 때문이다.

35 0217

2008년 9급 지방직

다음은 지방 토착 세력의 역사적 변천에 대한 서술이다. 시대 순서대로 바르게 나열된 것은?

> ㄱ. 속현에 감무가 파견되기 시작함으로써 자치적인 지배력에 영향을 받기 시작하였다.
> ㄴ. 농민 봉기를 배경으로 각처에서 일어나 반독립적인 호족 세력으로 성장하였다.
> ㄷ. 사심관 제도, 기인 제도를 통하여 견제를 받기 시작하였다.
> ㄹ. 군공 등으로 첨설직을 가지게 된 자들이 나타나게 되었다.

① ㄱ - ㄴ - ㄷ - ㄹ   ② ㄴ - ㄷ - ㄱ - ㄹ

③ ㄴ - ㄷ - ㄹ - ㄱ   ④ ㄴ - ㄹ - ㄷ - ㄱ

36 0218

2016년 9급 서울시

고려의 정치와 사회에 대한 설명으로 가장 옳지 않은 것은?

① 정치 제도는 당과 송의 제도를 참고하여 2성 6부제로 정비하였다.

② 지방 제도는 5도 양계 및 경기로 구성되었고 태조 때부터 12목을 설치하였다.

③ 관리 등용 제도로는 과거와 음서 등이 있었으며 무과는 거의 실시되지 않았다.

④ 성종 대에 최승로는 시무 28조를 건의하는 등 유교 정치 이념의 토대를 닦았다.

33 0215

① 성종은 향리제를 시행하여 지방 호족의 통제책을 마련하는 한편, 그들을 문산계의 중앙 관직보다 차별받는 무산계로 편제하여 지위를 약화시켰다.

오답 분석

② 사심관은 중앙 관리들이 자신의 출신지에 일정한 권한을 행사할 수 있도록 한 직책이며, 경순왕이 고려에 항복한 이후 경주 지역의 사심관으로 임명된 것이 시초였다. 사심관은 각 지방 부호장 이하의 임명권을 부여받았으나, 수도에 거주하며 지방에 대한 통제권을 행사한 직위로, 출신 지역에 상주한 것은 아니었다. 사심관제는 건국 초기 중앙 집권 체제의 확립을 위한 특수 관직이었으나, 한편으로는 관리로서 보다 높은 자리에 오를 수 있는 정치적·경제적 기반도 될 수 있었기 때문에 중앙의 관원은 서로 출신지의 사심관을 겸임하려고 경쟁하였다.

③ 중요 거점 지역인 12목에 상주하는 지방관을 처음으로 파견한 왕은 성종이다.

④ 태조 왕건은 지방 향리의 자제를 기인으로 임명하여 잡역을 담당하게 하거나 지방의 행정을 자문하게 하였다. 상수리 제도는 신라에서 만들어진 것이다.

정답 ①

34 0216

④ 남경(서울)이 3경에 포함된 것은 문종 재위 시기이다. 3경의 장관은 유수(留守)이며 특히 서경은 부도(副都)로서 분사가 설치되었다. 태조 시기 개경과 함께 서경이 정비되었으며, 성종 시기 동경(경주)이 설치되어 3경 체제가 완성되었다. 문종 이후부터 남경이 설치되어 동경 대신 남경이 개경, 서경과 더불어 3경을 구성하게 되었다.

정답 ④

35 0217

② 순서대로 나열하면 ㄴ. 통일 신라 말기 → ㄷ. 고려 태조 시기 → ㄱ. 고려 예종 시기 → ㄹ. 고려 공민왕 시기가 된다.

ㄴ. 통일 신라 말기에 농민 봉기를 배경으로 군진 세력, 중앙 몰락 귀족, 초적, 해상 세력 등이 호족으로 성장하였다.

ㄷ. 사심관 제도, 기인 제도는 모두 고려 태조 시기에 시행되었다.

ㄱ. 속현에 감무가 파견되기 시작한 것은 고려 예종 시기에 이르러서였다.

ㄹ. 첨설직은 고려 말 공민왕 시기부터 군공 등을 바탕으로 부여되었으며, 조선 초까지 유지되었다.

정답 ②

36 0218

② 현종은 성종 때의 10도 체제를 5도 양계로 정비하고 세부 행정 단위를 4도호부·8목과 경기제 및 군현제로 완비하였다. 12목의 설치는 성종 시기의 일이다.

정답 ②

37 0219

고려 시대에 대한 설명으로 옳지 않은 것은?

① 지방의 모든 군현에 지방관이 파견되어 행정을 담당하였다.

② 중앙군은 2군 6위, 지방군은 주현군·주진군으로 편성되었다.

③ 발해의 유민들을 받아들였으며, 발해 세자 대광현을 왕족으로 대우하였다.

④ 광종은 황제라 칭하였고, 개경을 황도(皇都)라 불렀으며, 독자적 연호를 사용하였다.

38 0220

고려 시대 의주에 대한 설명으로 옳지 않은 것은?

① 청천강 변에 위치하며 도호부가 설치된 곳이다.

② 강동 6주 가운데 하나인 흥화진이 있던 곳이다.

③ 요(遼)와 물품을 거래하던 각장이 설치된 곳이다.

④ 요(遼)와 금(金)의 분쟁을 이용하여 회복하려고 시도한 곳이다.

39 0221

다음과 같은 군사 제도를 두었던 나라에 대한 설명으로 옳은 것은?

> 중앙에는 응양군과 용호군, 그리고 좌우위, 신호위, 흥위위, 금오위, 천우위, 감문위 등을 두어 국왕 호위, 수도 경비, 국경 방어, 경찰, 의장, 궁성과 도성문 수비 등의 역할을 수행하게 하였다.

① 장군들로 구성된 장군방, 상장군·대장군들로 구성된 중방이라는 합좌 기관이 있었다.

② 중앙군으로 10위를 두고 그 밑에 지방군이 있었다.

③ 다섯 군단으로 구성된 중앙군이 있었고 지방의 육군은 진관체제로 편성하였다.

④ 포수·사수·살수의 삼수로 나누어 훈련시켜 군사의 전문적 기능을 높였다.

40 0222

고려 시대 군사 제도에 대한 설명으로 가장 옳지 않은 것은?

① 북방의 양계 지역에는 주현군을 따로 설치하였다.

② 2군(二軍)인 응양군과 용호군은 왕의 친위 부대였다.

③ 6위(六衛) 중의 감문위는 궁성과 성문 수비를 맡았다.

④ 직업 군인인 경군에게 군인전을 지급하고 그 역을 자손에게 세습시켰다.

37 0219

① 고려는 성종 시기부터 지방관을 파견하기 시작하였으나, 말기까지 모든 지역에 지방관을 파견하지 못하였다. 고려의 지방 행정 단위는 초기 580여 지역이었으며, 470여 구역으로 정비되었다가 다시 고려 말 500여 곳으로 증가하였다. 지방관은 고려 멸망 직전을 기준으로 340여 곳에 파견되었으며, 160여 곳은 부임하지 못하였다.

정답 ①

39 0221

제시문은 고려의 중앙군인 2군 6위에 관한 내용이다. 고려는 성종 시기에 6위, 현종 시기에 2군이 편성되었다.

① 고려에는 장군들로 구성된 장군방, 상장군·대장군들로 구성된 중방이라는 합좌 기관이 있었다.

오답 분석

② 발해에 대한 설명이다.

③ 5위와 진관 체제는 조선 전기의 군사 조직이다.

④ 훈련도감은 임진왜란 당시 명과 일본 사이에 휴전 협상이 진행되던 1593년에 설치된 군사 조직으로, 조선 중기에 해당한다.

정답 ①

38 0220

① 의주는 청천강 유역과는 관계가 없으며, 압록강 유역에 위치한다.

오답 분석

② 강동 6주 중 흥화진은 의주의 동쪽에 위치한다.

③ 각장은 고려 시대 고려와 거란·여진족 등 북방 민족 사이의 교역을 위해 설치된 무역장이었다. 고려와 요(거란) 사이의 각장은 목종 시기에 요의 요구로 설치되었다가 현종 시기에 요의 침입으로 폐지되었으며, 고려와 금(여진) 사이의 각장은 예종 시기 의주에 설치되었다.

④ 예종 시기 요(거란)의 세력이 약화되어 금(여진)이 요를 공격하자, 요의 지방관들이 귀순하는 과정에서 이 지역을 중심으로 한 일부 성들이 고려로 편입되었다.

정답 ①

40 0222

① 북방의 양계 지역에는 주진군이 설치되었다. 주진군은 좌군, 우군, 초군 등으로 구성되어 있으며 병마사의 관할 아래 단위별 부대를 관장하는 도령에 의해 지휘되었다. 주현군은 5도에 설치된 지방군으로, 치안과 지역 방위를 담당한 보승, 정용과 노역 부대인 일품군, 이품군, 삼품군 등으로 구성되어 있었다. 특히 일품군은 중앙의 노역에 동원되었으며, 이품군, 삼품군은 지방 노역에 동원되었다.

정답 ①

41 0223 2017년 9급 지방직

군사 제도가 실시된 시기 순으로 바르게 나열한 것은?

	중앙	지방
ㄱ	9서당	10정
ㄴ	5위	진관 체제
ㄷ	5군영	속오군
ㄹ	2군과 6위	주현군과 주진군

① ㄱ → ㄴ → ㄷ → ㄹ   ② ㄱ → ㄹ → ㄴ → ㄷ
③ ㄴ → ㄱ → ㄷ → ㄹ   ④ ㄴ → ㄹ → ㄱ → ㄷ

42 0224 2020년 9급 지방직

밑줄 친 '이 부대'에 대한 설명으로 옳은 것은?

> 윤관이 아뢰기를, "신이 적의 기세를 보건대 예측하기 어려울 정도로 굳세니, 마땅히 군사를 쉬게 하고 군관을 길러서 후일을 기다려야 할 것입니다. 또 신이 싸움에서 진 것은 적은 기병(騎兵)인데 우리는 보병(步兵)이라 대적할 수가 없었기 때문입니다."라 하였다. 이에 그가 건의하여 처음으로 이 부대를 만들었다.

① 정종 2년에 설치되었다.
② 귀주 대첩에서 큰 활약을 하였다.
③ 여진족에 대처하기 위해 조직되었다.
④ 응양군, 용호군, 신호위 등의 2군과 6위로 편성되었다.

43 0225 2014년 9급 사회복지직

고려 시대 음서에 대한 설명으로 옳은 것만을 모두 고른 것은?

> ㉠ 공신의 후손을 위한 음서도 있었다.
> ㉡ 음서 출신자는 5품 이상의 고위 관직에 오를 수 없었다.
> ㉢ 10세 미만이 음직을 받은 사례도 있었다.
> ㉣ 왕의 즉위와 같은 특별한 시기에만 주어졌다.

① ㉠, ㉢
② ㉠, ㉡
③ ㉡, ㉣
④ ㉢, ㉣

44 0226 2017년 7급 국가직

밑줄 친 '그'에 대한 설명으로 옳은 것은?

> 그는 스스로 국공(國公)에 올라 왕태자와 동등한 예우를 받았으며 자신의 생일을 인수절(仁壽節)이라 칭하였다. 그는 남의 토지를 빼앗고 공공연히 뇌물을 받아 집에는 썩는 고기가 항상 수만 근이나 되었다.

① 그가 일으킨 난을 경계(庚癸)의 난이라고도 한다.
② 아들을 출가시켜 현화사 불교 세력과 강력한 유대 관계를 맺고 있었다.
③ 금의 군신 관계 요구에 반대하며 금 정벌론을 주장하였다.
④ 문벌 귀족들의 세력을 억누르기 위해 지덕쇠왕설을 내세워 서경 천도를 주장하였다.

41 0223

② 시기 순으로 나열하면 ㄱ → ㄹ → ㄴ → ㄷ이다.

ㄱ은 통일 신라, ㄹ은 고려 시대, ㄴ은 조선 전기, ㄷ은 조선 후기의 군사 제도이다.

정답 ②

43 0225

㉠ 음서제는 공신 및 5품 이상의 자손에게 부여되었다.

㉢ 문벌 귀족 집권기에는 평균 17세 정도에 음직에 진출하는 것이 관례였으며, 권문세족이 권력을 잡았을 때에는 평균 12세에서 13세의 나이에 음서를 통해 관직에 진출하는 것이 일반화되어 있었다. 또한 기록에 의하면 5살의 어린이가 음직에 진출한 사례도 남아 있다.

오답 분석

㉡ 음서 출신자 중 절반 이상이 5품 이상의 고위 관직에 진출하였다.

㉣ 음서는 평시에 어느 때나 시행될 수 있는 특권으로 유지되었다.

정답 ①

42 0224

③ 밑줄 친 '이 부대'는 숙종 시기 윤관의 건의에 따라 창설된 별무반이다. 별무반은 여진족에 대처하기 위해 신보군, 신기군, 항마군으로 조직되었다.

오답 분석

① 거란의 침입을 막기 위해 설치된 광군에 해당한다.
② 귀주 대첩(1019)은 별무반이 조직(1104)되기 이전인 현종 시기에 일어났으며, 별무반과는 관련이 없다.
④ 응양군, 용호군의 2군과 신호위, 좌우위, 흥위위, 천우위, 금오위, 감문위의 6위는 고려의 중앙군으로 별무반과는 관계가 없는 직업군인 중심의 군사 조직으로 추정된다. 별무반은 농민병 중심의 군사 조직으로 구성되었다.

정답 ③

44 0226

밑줄 친 '그'는 이자겸이다.

② 현화사는 귀족과 강력한 유대 관계를 맺고 있던 사찰로, 현화사 주지인 승려 의장은 이자겸의 아들이다.

오답 분석

① 경인의 난(무신 정변)과 계사의 난(김보당의 난)을 합해서 경계의 난이라고 한다.
③ 이자겸은 금의 군신 관계 요구를 수용하였다. 금국 정벌론에 동의한 인물은 묘청이다.
④ 서경 천도를 주장한 인물은 묘청이다.

정답 ②

45 0227
2018년 9급 서울시

〈보기〉의 빈칸에 공통적으로 해당하는 국가와 관련하여 고려 시대에 발생한 일로 가장 옳은 것은?

> **보기**
> • 모든 관리들을 소집해 [   ]을/를 상국으로 대우하는 일의 가부를 의논하게 하자 모두 불가하다고 했으나, 이자겸과 척준경만이 찬성하고 나섰다.
> • [   ]은/는 전성기를 맞아 우리 조정이 그들의 신하임을 칭하도록 하고자 하였다. 여러 의견들이 뒤섞여 어지러운 가운데, 윤언이가 홀로 간쟁하여 말하기를 …… 여진은 본래 우리 조정 사람들의 자손이기 때문에 신하가 되어 차례로 우리 임금께 조공을 바쳐왔고, 국경 근처에 사는 사람들은 모두 우리 조정의 호적에 올라있는 지 오래되었습니다. 우리 조정이 어찌 거꾸로 그들의 신하가 될 수 있겠습니까?

① 이 국가의 침입으로 인해 국왕은 나주로 피난하였다.
② 묘청 일파는 이 국가의 정벌을 주장하였다.
③ 이 국가와 함께 강동성에 포위된 거란족을 격파하였다.
④ 이 국가의 침략에 대비하여 광군을 설치하였다.

46 0228
2019년 9급 국가직

(가) 왕의 시기에 일어난 사실로 옳은 것은?

> 이자겸, 척준경이 말하기를 "금이 예전에는 작은 나라여서 요와 우리나라를 섬겼으나, 지금은 갑자기 흥성하여 요와 송을 멸망시켰다. …(중략)… 작은 나라로서 큰 나라를 섬기는 것은 선왕의 도이니, 마땅히 우선 사절을 보내야 합니다."라고 하니 [(가)]이/가 그 의견을 따랐다. – 「고려사」

① 몽골의 침략에 대응하기 위해 강화도로 도읍을 옮겼다.
② 서경에 대화궁을 짓게 하고 칭제건원을 주장하였다.
③ 성리학을 수용하면서 『주자가례』를 보급하였다.
④ 도평의사사를 중심으로 정치를 주도하였다.

47 0229
2013년 9급 법원직

(가)와 (나) 시기 사이의 사실로 옳은 것은?

> (가) 왕이 어느 날 홀로 한참 동안 통곡하였다. 이자겸의 십팔자(十八字)가 왕이 된다는 비기(秘記)가 원인이 되어 왕위를 찬탈하려고 독약을 떡에 넣어 왕에게 드렸던 바, 왕비가 은밀히 왕에게 알리고 떡을 까마귀에게 던져주었더니 그 까마귀가 그 자리에서 죽었다.
> (나) 몽골병이 이르자 윤후가 처인성으로 난을 피하였는데, 몽골의 원수 살리타가 와서 성을 치매 윤후가 그를 사살하였다. 왕은 그 공을 가상히 여겨 상장군의 벼슬을 주었으나 이를 사양하고 받지 않았다.
> – 「고려사」

① 삼별초가 난을 일으켰다.
② 서경파가 대화궁을 축조하였다.
③ 강감찬이 귀주 대첩에서 승리하였다.
④ 여진을 축출하고 동북 9성을 쌓았다.

48 0230
2017년 9급 서울시

다음은 『고려사』에 나타난 고려 중기 두 세력의 대표적 인물의 주장이다. 이들에 대한 설명으로 옳은 것을 〈보기〉에서 고르면?

> (가) 제가 보건대 서경 임원역의 땅은 풍수지리를 하는 사람들이 말하는 아주 좋은 땅입니다. 만약 이곳에 궁궐을 짓고 전하께서 옮겨 앉으시면 천하를 다스릴 수 있습니다. 또한 금나라가 선물을 바치고 스스로 항복할 것이고 주변의 36나라가 모두 머리를 조아릴 것입니다.
> (나) 금년 여름 서경 대화궁에 30여 개소나 벼락이 떨어졌습니다. 서경이 만일 좋은 땅이라면 하늘이 이렇게 하였을 리 없습니다. 또 서경은 아직 추수가 끝나지 않았습니다. 지금 거동하시면 농작물을 짓밟을 것이니 이는 백성을 사랑하고 물건을 아끼는 뜻과 어긋납니다.

> **보기**
> ㉠ (가) 국호를 대위, 연호를 천개로 정하고 반란을 일으켰다.
> ㉡ (가) 칭제건원과 요나라 정벌을 주장하였다.
> ㉢ (나) 개경 중심의 문벌 귀족 세력의 대표였다.
> ㉣ (나) 편년체 역사서인 『삼국사기』를 편찬하였다.

① ㉠, ㉢
② ㉠, ㉡, ㉢
③ ㉠, ㉢, ㉣
④ ㉠, ㉡, ㉢, ㉣

45 0227

제시문의 빈칸에 들어갈 국가는 금나라이다.

② 묘청은 서경 천도와 금국의 정벌, 칭제건원 등을 주장하였다.

오답 분석

①, ④ 거란(요), ③ 몽골에 해당한다.

정답 ②

46 0228

(가)는 인종으로, 이자겸 등의 요구를 받아들여 금과 군신 관계를 맺었다.

② 인종은 묘청의 서경 천도 건의가 있자 서경에 행차 후 개혁안 인 유신지교를 반포하고 대화궁을 건립하였다. 이후 인종이 서 경 천도 계획을 철회하자 묘청은 국호를 대위, 연호를 천개라 하고 반란을 일으켰다.

오답 분석

① 최우는 몽골의 1차 침입 이후 고종 재위기에 몽골과 맺은 강화를 깨고 강화로 천도하여 결사 항전의 태세를 강화하였다.

③ 성리학이 수용되고 『주자가례』가 보급되기 시작된 것은 충렬왕 이후 고려 말기의 일이다.

④ 충렬왕 시기에 도병마사가 도평의사사로 확대·개편되어 정치 를 주도하였다.

정답 ②

47 0229

(가)는 이자겸의 난으로 1126년에 발생하였으며, (나)는 1232년 몽골 의 2차 침입 시기에 일어난 처인성 전투에 대한 내용이다.

② 서경파가 평양에 대화궁을 건립하였던 시기는 1128년 후반의 일 에 해당한다. 대화궁은 1129년에 완공되었다.

오답 분석

① 삼별초가 난을 일으킨 시기는 개경 환도가 이루어진 1270년 이다.

③ 강감찬이 귀주 대첩에서 승리한 시기는 현종 재위 시기인 1019 년의 일이다.

④ 윤관이 여진을 축출하고 동북 9성을 쌓았던 시기는 예종 재위 시기인 1107~1108년의 시점이다.

정답 ②

48 0230

(가)는 고려 중기의 승려인 묘청이 주장한 것으로, ⊙ 묘청은 국호 를 대위, 연호를 천개로 하고 서경 천도 운동을 일으켰다.

(나)는 김부식이 주장한 내용으로, 묘청이 서경 천도 운동을 일으키 자 인종의 명으로 묘청을 진압하였다. ⓒ 김부식은 개경 중심의 문 벌 귀족 세력의 대표였다.

오답 분석

ⓒ 묘청은 칭제건원과 금나라 정벌을 주장하였다.

ⓔ 김부식이 편찬한 『삼국사기』는 기전체 역사서이다.

정답 ①

49 0231

2015년 7급 지방직

㉠, ㉡에 대한 설명으로 옳은 것은?

> (㉠)(의) 천도 운동에 대하여 역사가들은 단지 왕의 군대가 반란한 적을 친 것으로 알았을 뿐인데, 이는 근시안적인 관찰이다. 그 실상은 낭가와 불교 양가 대 유교의 싸움이며, 국풍파 대 한학파의 싸움이며, 독립당 대 사대당의 싸움이며, 진취 사상 대 보수 사상의 싸움이니, (㉠)은(는) 전자의 대표요 (㉡)은(는) 후자의 대표였던 것이다.

① ㉠ – 『정감록』에 기반하여 서경 천도를 주장하였다.
② ㉠ – 대외적으로는 몽골의 성장을 견제하고자 하였다.
③ ㉡ – 기전체 사서인 『삼국사기』를 편찬하였다.
④ ㉡ – 조위총 등 서경 세력과 함께 개경의 관리들과 대립하였다.

50 0232

2016년 9급 지방직

밑줄 친 '그'에 대한 설명으로 옳은 것은?

> 묘청의 천도 운동에서 그가 패하고 묘청이 이겼더라면 조선사는 독립적·진취적으로 진전하였을 것이니 이것이 어찌 일천 년래 제일 사건이라 하지 아니하랴.

① 성리학적 유교 사관에 입각한 『사략』을 저술하였다.
② 현존하는 우리나라의 최고(最古) 역사서를 편찬하였다.
③ 우리나라 역사를 단군에서부터 서술한 역사서를 저술하였다.
④ 동명왕의 업적을 칭송한 영웅 서사시인 『동명왕편』을 저술하였다.

51 0233

2016년 9급 서울시

다음 사건을 일어난 순서대로 바르게 나열한 것은?

> (가) 김보당의 난 발생
> (나) 이의민의 권력 장악
> (다) 김사미와 효심의 난 발생
> (라) 교정도감의 설치

① (가) → (나) → (다) → (라)
② (가) → (나) → (라) → (다)
③ (나) → (가) → (다) → (라)
④ (나) → (가) → (라) → (다)

52 0234

2014년 7급 국가직

밑줄 친 '그'의 활동으로 옳은 것을 〈보기〉에서 모두 고르면?

> 그가 글을 올리기를 "이의민은 성품이 사납고 잔인하여 윗사람을 업신여기고 아랫사람을 능멸했습니다. …… 원컨대 폐하께서는 태조의 바른 법을 따라서 이를 행하여 빛나게 중흥하소서. 이에 삼가 열 가지 일을 조목별로 아룁니다."

> **보기**
> ㉠ 재조대장경의 조판을 주도하였다.
> ㉡ 순천의 수선사 결사 운동을 지원하였다.
> ㉢ 금속 활자본인 『남명천화상송증도가』의 발문을 지었다.
> ㉣ 문인 이규보를 발탁하여 그의 행정 능력을 활용하였다.

① ㉠, ㉡   ② ㉠, ㉢
③ ㉡, ㉣   ④ ㉢, ㉣

49 0231

제시문은 서경 천도 운동에 대한 신채호의 인식을 담은 『조선사연구초』의 기록이다. 신채호는 이 사건이 실패로 돌아감으로써 우리 역사에서 유교 사대주의가 득세해 자주적인 기상을 잃어버리게 되었다고 탄식하였다. 제시문의 ㉠은 묘청, ㉡은 김부식이다.

③ 김부식은 서경 천도 운동 진압 후 인종의 명을 받아 기전체 사서인 『삼국사기』를 편찬하였다.

오답 분석

① 『정감록』은 조선 중기 이후 민간에서 성행하였다. 묘청은 서경 길지설에 기반하여 서경 천도를 주장하였다.
② 묘청은 대외적으로 금국 정벌을 주장하였다.
④ 김부식은 무신 집권기에 반란을 일으켰던 서경의 조위총과 관련이 없다.

정답 ③

50 0232

제시문은 서경 천도 운동에 대한 신채호의 인식을 담은 『조선사연구초』의 기록으로, 밑줄 친 '그'는 김부식이다.

② 김부식이 서경 천도 운동 진압 후 인종의 명을 받아 편찬한 『삼국사기』는 현존하는 가장 오래된 관찬 역사서이다.

오답 분석

① 『사략』을 저술한 인물은 이제현이다.
③ 『삼국사기』는 『구삼국사』를 기본으로 유교적 합리주의 사관에 입각하여 신라·고구려·백제 세 나라의 역사를 기전체로 엮은 역사서이다. 고려 시대에 편찬된 역사서 중에서 단군부터 역사를 서술한 역사서는 일연의 『삼국유사』(1281), 이승휴의 『제왕운기』(1287) 등이 있다.
④ 『동명왕편』을 저술한 인물은 이규보이다.

정답 ②

51 0233

① 순서대로 나열하면 (가) 김보당의 난(1173) → (나) 이의민의 권력 장악(1183) → (다) 김사미·효심의 난(1193) → (라) 교정도감의 설치(1209)이다.

(가) 의종 복위와 문벌 귀족 사회의 부활을 목표로 정중부 집권기에 김보당이 거병하였으나, 실패하였다.
(나) 정중부를 제거하고 집권한 경대승이 4년 만에 사망하자 이의민이 권력을 장악하였다.
(다) 이의민 집권기에 신라 부흥 운동의 기치를 걸고 김사미는 운문, 효심은 초전에서 거병하였다.
(라) 교정도감은 최충헌의 암살 미수 사건을 계기로 이에 관련된 자들을 색출하기 위해 설치되어, 최씨 무신 정권의 최고 권력 기관으로 부상하였다.

정답 ①

52 0234

제시문은 봉사 10조에 대한 기록으로, 밑줄 친 '그'가 최충헌임을 알 수 있다.

㉡ 최충헌은 수선사 결사 운동을 지원하였고, 이후 수선사 결사 운동은 무신 정권의 직접적 지원을 받으면서 중앙 정치 세력과 연결되었다. 또한 교단이 확장·발전함에 따라 보다 보수화되는 경향을 갖게 되었다.
㉣ 무신 정권 이후 많은 문인들이 수난을 당하였으나, 최충헌 집권 이후에는 학문이 다시 진흥되기 시작하였다. 특히 최충헌은 이규보를 발탁하여 그의 행정 능력을 활용하였다.

오답 분석

㉠, ㉢ 최충헌의 뒤를 이어 교정별감이 된 최우에 대한 설명이다. 재조대장경은 몽골 침략기에 불법의 힘으로 몽골 세력을 격퇴하고자 하는 염원에서 최우 집권기에 제작되기 시작하였으며, 금속 활자본인 『남명천화상송증도가』는 최우가 발문을 지었다.

정답 ③

53 0235

고려 최씨 무신 정권에 대한 설명으로 가장 옳지 않은 것은?

① 재추 회의에서 국가의 중대사가 논의되었다.

② 최충헌은 상·대장군의 합의 기구인 중방의 권한을 강화하였다.

③ 최충헌과 최우는 부를 설치하여 왕자 등과 동등한 지위를 공식적으로 인정받았다.

④ 최윤의 등이 지은 의례서인 『상정고금예문』이 인쇄되었다.

55 0237

다음 사건을 시기순으로 바르게 나열한 것은?

> (가) 정중부와 이의방이 정변을 일으켰다.
> (나) 최충헌이 이의민을 제거하고 권력을 잡았다.
> (다) 충주성에서 천민들이 몽골군에 맞서 싸웠다.
> (라) 이자겸이 척준경과 더불어 난을 일으켰다.

① (가) → (나) → (라) → (다)

② (가) → (다) → (나) → (라)

③ (라) → (가) → (나) → (다)

④ (라) → (가) → (다) → (나)

54 0236

(가) 인물에 대한 설명으로 옳은 것은?

> 신종 원년 사노비 만적 등이 북산에서 땔나무를 하다가 공사의 노비들을 모아 모의하기를, "우리가 성 안에서 봉기하여 먼저 ⎡(가)⎦ 등을 죽인다. 이어서 각각 자신의 주인을 죽이고 천적(賤籍)을 불태워 삼한에서 천민을 없게 하자. 그러면 공경장상이라도 우리가 모두 할 수 있을 것이다."라고 하였다.

① 정방을 설치하여 인사권을 장악하였다.

② 치안 유지를 위해 야별초를 설립하였다.

③ 이의방을 제거하고 권력을 장악하였다.

④ 봉사 십조를 올려 사회 개혁안을 제시하였다.

56 0238

〈보기〉에 나열된 고려 시대의 사건들을 시간 순으로 바르게 나열한 것은?

> **보기**
> ㄱ. 거란의 소손녕이 수십만 대군을 이끌고 고려를 침입하여, 서희가 외교 담판으로 거란군의 철수를 이끌어 냈다.
> ㄴ. 노비의 신분을 조사해 본래 양인인 사람들을 환속시켰다.
> ㄷ. 송나라 사신 서긍이 고려를 방문하고 『고려도경』을 지었다.
> ㄹ. 전지(田地)와 시지(柴地)를 실직(實職)이 있는 사람과 없는 사람 모두에게 처음 지급하였다.

① ㄱ → ㄴ → ㄹ → ㄷ

② ㄱ → ㄷ → ㄴ → ㄹ

③ ㄴ → ㄱ → ㄹ → ㄷ

④ ㄴ → ㄹ → ㄱ → ㄷ

53 0235

② 최충헌은 자신에 대한 암살 시도가 이어지자 암살을 모의한 자들을 수색·처벌하기 위해 1209년 교정도감을 설치하고 스스로 교정별감이 되었다. 무신들이 모여 국가의 중대사를 공동으로 처리하던 중방은 교정도감 설치 이후 약화되었다.

오답 분석

① 1170년 무신정변 이후 재추의 고위직은 무신들에 의해 독점되었다. 이후 중방과 더불어 재추 회의는 무신들이 권력을 전횡하는 도구로 전락하였다.

③ 고려의 봉작제는 공·후·백·자·남의 5등제가 유지되었다. 특히 왕자들은 공 및 후로 작위를 받았는데 최충헌은 이들에 준하는 진강후로 봉해졌으며, 흥녕부를 세울 수 있었다. 또한 최우는 강화도 천도의 공을 인정받아 1234년 진양후로 봉해졌다가 1242년에는 진양공으로 승격되었다.

④ 인종 시기 최윤의가 지었던 『상정고금예문』은 강화도 피난 시기인 1234년 고종 시기에 금속 활자로 재인쇄되었다. 그러나 현재 전해지지는 않고, 『동국이상국집』에 인쇄하였다는 기록이 존재한다.

정답 ②

54 0236

제시문은 최충헌 집권기 전반에 일어난 만적의 난에 대한 내용이며, (가) 인물은 최충헌에 해당한다.

④ 최충헌은 집권한 뒤 명종에게 봉사 10조를 올려 개혁의 필요성을 역설하였으나, 개혁안의 주목적이 자신의 정치적 세력 기반을 확보하기 위한 조처였기 때문에 한계가 있었다.

오답 분석

① 정방을 설치하여 인사권을 장악한 인물은 최우이다.

② 치안 유지를 위해 야별초를 설립한 인물은 최우이다. 야별초가 확대되어 좌·우별초로 개편 후, 신의군을 포함하여 삼별초로 조직되었다. 다만 삼별초의 성립 시기는 명확하지 않다.

③ 이의방은 소장파 무신으로, 노장파인 정중부와 손을 잡고 무신 정변(경인의 변, 1170)을 일으킨 인물이다. 이후 전횡을 일삼다가 조위총의 난 진압에 실패하고 돌아오던 중 정중부의 아들 정균에 의해 피살되었다.

정답 ④

55 0237

③ (라) 이자겸이 척준경과 함께 난을 일으킨 시기는 1126년 → (가) 정중부와 이의방이 무신 정변을 일으킨 시기는 1170년 → (나) 최충헌이 이의민을 제거하고 권력을 장악한 시기는 1196년 → (다) 충주성에서 지광수의 지휘를 받아 천민들이 몽골군에 맞서 승전을 거둔 시기는 1차 침입 시기인 1231년에 해당한다.

정답 ③

56 0238

④ 순서대로 나열하면 ㄴ. 노비안검법(4대 광종) → ㄹ. 시정 전시과(5대 경종) → ㄱ. 거란의 1차 침입(6대 성종) → ㄷ. 서긍의 고려 방문(17대 인종)이 된다.

ㄴ. 제시문의 내용은 노비안검법으로, 4대 광종 시기에 해당한다.

ㄹ. 전지와 시지를 실직과 산직 모두에게 지급한 것은 시정 전시과로, 5대 경종 시기에 추진되었다.

ㄱ. 소손녕이 대군을 동원한 것은 거란의 1차 침입으로, 6대 성종 시기에 해당한다.

ㄷ. 송나라 사신 서긍의 고려 방문은 17대 인종 재위 초에 이루어졌으며, 『고려도경』은 인종 대에 저술되었다.

정답 ④

57 0239

2018년 9급 서울시

무신 집권기 지방민과 천민의 동요에 대한 설명으로 가장 옳지 않은 것은?

① 조위총은 백제 부흥을 위해 봉기하였다.
② 망이·망소이의 난은 일반 군현이 아닌 소에서 일어났다.
③ 경주를 중심으로 한 지역에서는 신라 부흥을 내걸고 반란이 일어나기도 했다.
④ 만적은 노비 해방을 내세우며 반란을 모의하였다.

59 0241

2018년 7급 서울시(추가 채용)

고려 무신 정권기에 대한 설명으로 가장 옳지 않은 것은?

① 조위총은 의종 복위를 내세우며 집권 무신을 타도하고자 했다.
② 산발적이던 민란은 김사미, 효심의 봉기를 계기로 연대하였다.
③ 최충헌은 명종을 폐하고 신종, 희종, 강종, 고종을 차례로 세웠다.
④ 최이의 처가 죽자 왕후처럼 장례를 치렀다.

58 0240

2016년 9급 지방직

(가)~(라)의 시기에 있었던 사실로 옳은 것은?

	(가)	(나)	(다)	(라)	
무신 정변 발생	최충헌 집권	최우 집권	김준 집권	왕정 복구	

① (가) - 국정을 총괄하는 교정도감이 처음 설치되었다.
② (나) - 망이·망소이 등 명학소민이 봉기하였다.
③ (다) - 금속 활자로 『상정고금예문』을 인쇄하였다.
④ (라) - 고려대장경을 다시 조판하여 완성하였다.

60 0242

2019년 9급 서울시(추가 채용)

고려 시대 무신 정권기 정치와 문화에 관한 설명으로 옳지 않은 것은?

① 무신 집권기 초반 정권을 잡은 무신들은 상장군·대장군의 회의 기관이었던 기존의 회의체 중방을 권력 기구로 삼았다.
② 최충헌은 군국의 정사를 관장하는 교정도감을 설치했고, 최우는 정방과 서방을 사저에 설치했다.
③ 김보당과 조위총은 최충헌의 집권에 항거하여 군사를 일으켰다.
④ 이규보는 『동명왕편』을 지어 고려가 천손의 후예인 고구려의 전통을 계승하고 있다는 자부심을 표현했다.

57 0239

① 조위총의 난은 삼국 부흥 운동과는 관련이 없다. 무신 집권기에 백제 부흥 운동을 표방하며 일어난 반란은 이연년 형제의 난이다. 이연년 형제는 최우 집권기인 1237년 원율·담양에서 무리들을 끌어 모아 백적도원수를 자칭하고, 해양(지금의 광주) 등지의 주·군을 점령하여 위세를 떨쳤다. 이후 이연년 형제의 난은 김경손에 의해 진압되었다.

정답 ①

58 0240

(가) 시기 : 1170년(무신 정변) ~ 1196년(최충헌 집권)
(나) 시기 : 1196년(최충헌 집권) ~ 1219년(최우 집권)
(다) 시기 : 1219년(최우 집권) ~ 1258년(김준 집권)
(라) 시기 : 1258년(김준 집권) ~ 1270년(왕정 복구)

③ 『상정고금예문』은 12세기 인종 때 최윤의 등이 지은 의례서이다. 강화도로 천도할 때 예관이 가지고 오지 못하여 1234년 최우가 보관하던 것을 강화도에서 금속 활자로 28부를 인쇄하여 각 기관에 배포하였으나, 현전하지 않는다.

오답 분석

① 교정도감은 1209년(희종 5) 최충헌 암살 미수 사건을 계기로 설치되었고, 최충헌이 책임자인 교정별감이 되었다.
② 망이·망소이 난은 무신 정변 이후 정중부 집권기인 1176년에 공주 명학소에서 일어났다.
④ 현종 때 판각한 초조대장경이 몽고의 2차 침입(1232)으로 소실되자, 당시 집권자인 최우가 대장도감을 설치하여 다시 조판하였다. 이 대장경을 고려대장경, 팔만대장경 또는 재조대장경이라고 하며, 1236년(고종 23)에 제작하기 시작하여 1251년(고종 38)에 완성되었다.

정답 ③

59 0241

① 의종 복위 운동을 표방하였던 것은 김보당의 난(1173)에 해당한다. 의종은 1173년 김보당의 난이 실패하자 정중부가 보낸 이의민에 의해 경주에서 살해되었다. 조위총의 난은 의종이 살해된 다음 해인 1174년에 서경에서 일어났다.

정답 ①

60 0242

③ 김보당의 난(1173)과 조위총의 난(1174)은 무신정변(1170) 이후 정중부 집권에 항거하여 일어났다. 동북면 병마사 김보당은 폐위된 의종 복위를 명분으로 거병하였다가 진압되었으며, 서경 유수 조위총은 무신 정권을 타도하기 위해 수년간 세력을 떨치다 진압되었다. 한편, 최충헌 집권기에 일어난 사건은 이비·패좌의 난, 탐라의 난, 만적의 난 등이다.

정답 ③

61 0243

밑줄 친 '이 지역'에 대한 설명으로 옳은 것은?

> 장수왕은 군사 3만을 거느리고 백제를 침공하여 왕도인 이 지역을 함락시켜, 개로왕을 살해하고 남녀 8천 명을 사로잡아 갔다.

① 망이, 망소이가 반란을 일으켰다.
② 고려 문종 대에 남경이 설치되었다.
③ 보조 국사 지눌이 수선사 결사를 주도하였다.
④ 고려 태조가 북진 정책의 전진 기지로 삼았다.

62 0244

다음 괄호 안에 공통으로 들어갈 말로 옳은 것은?

> 서희가 말하기를 "그렇지 않다. 우리나라는 바로 고구려의 후계자이다. 그러므로 나라 이름을 고려라고 부르고 평양을 국도로 정하였다. 그리고 경계를 가지고 말하면 귀국의 동경도 우리 국토 안에 들어와야 하는데 당신이 어떻게 침범했다는 말을 할 수 있겠는가? 또 압록강 안팎 역시 우리 경내인데 이제 (   )이 그 중간을 강점하고 있으면서 완악한 행위와 간사스러운 태도로서 교통을 차단했으므로 바다를 건너기보다도 왕래하기 곤란한 형편이니 국교가 통하지 못함은 (   )의 탓이다. ……"라고 격양된 기색으로 당당하게 논박하였다.
> ─ 「고려사」

① 거란   ② 여진
③ 돌궐   ④ 몽골

63 0245

(가)에 대한 설명으로 옳은 것은?

> 건국 초부터 북진 정책을 추진한 고려는 발해를 멸망시킨 (가) 를/을 견제하고 송과 친선 관계를 맺었다. 이에 송과 대립하던 (가) 는/은 고려를 경계하여 여러 차례 고려에 침입하였다.

① 강조의 정변을 구실로 고려를 침략하였다.
② 고려에 동북 9성을 돌려달라고 요구하였다.
③ 다루가치를 배치하여 고려의 내정을 간섭하였다.
④ 쌍성총관부를 두어 철령 이북의 땅을 지배하였다.

64 0246

다음 (갑)과 (을)의 담판 이후에 있었던 (을)의 활동으로 옳은 것은?

> (갑) 그대 나라는 신라 땅에서 일어났고 고구려 땅은 우리의 소유인데 그대들이 침범했다.
> (을) 아니다. 우리야말로 고구려를 이은 나라이다. 그래서 나라 이름도 고려라 했고, 평양에 도읍하였다. 만일 땅의 경계로 논한다면 그대 나라 동경도 모두 우리 강역에 들어 있는 것인데 어찌 침범이라 하겠는가.

① 9성 설치
② 귀주 대첩
③ 강동 6주 경략
④ 천리장성 축조

61 0243

밑줄 친 '이 지역'은 한성으로, 현재 서울시 송파구에 해당한다.

② 한성(한양)은 고려 문종 시기 남경이 설치된 곳으로, 숙종 때 김위제의 건의에 따라 남경개창도감이 설치되어 궁궐이 지어지기도 하였다.

오답 분석

① 망이, 망소이가 정중부 집권기인 1176년 반란을 일으킨 곳은 공주 명학소로, 현재의 대전시 서구 지역에 해당한다.

③ 보조 국사 지눌은 현재 순천의 송광사(수선사)에서 수선사 결사(정혜 결사)를 주도하였다.

④ 고려 태조 왕건이 북진 정책의 전진 기지로 삼았던 곳은 서경(평양)이다.

정답 ②

62 0244

제시문은 거란의 1차 침입(성종, 993) 당시 서희가 거란의 소손녕과 외교적 담판을 벌이며 주장한 내용이다.

② 괄호 안에 들어갈 세력은 여진으로, 서희는 외교 담판을 통해 송과의 관계를 끊고 거란에 적대하지 않는다는 조건으로 거란군을 철수시키고, 압록강 동쪽 여진의 옛 땅을 소유하는 권리를 얻게 되었다.

정답 ②

63 0245

(가)는 거란(요)을 언급한 것이다.

① 거란은 강조의 정변으로 목종이 시해되고 현종이 옹립되자 이를 구실로 2차 침입을 감행하였다.

오답 분석

② 여진에 해당하는 내용이다.

③ 몽골은 1차 침입 이후 고려와 강화가 이루어지자 서경에 다루가치를 배치하였으며, 이후 이들은 원 간섭기에 이르기까지 고려의 내정을 간섭하였다.

④ 원은 철령 이북의 땅에 쌍성총관부를 두어 이 지역을 지배하였으며, 공민왕은 유인우 등을 통해 이 지역을 무력으로 탈환하였다.

정답 ①

64 0246

(갑)은 소손녕, (을)은 서희에 해당하며, 자료에 제시된 담판은 거란의 1차 침입 시기에 이루어졌다.

③ 고려는 거란의 1차 침입 때 서희의 외교 담판 이후 강동 6주를 장악할 수 있었다.

오답 분석

① 동북 9성 설치는 예종 시기에 해당한다.

② 귀주 대첩은 현종 시기 거란의 3차 침입 때 강감찬이 활약한 전투이다.

④ 천리장성 축조는 9대 덕종 시기에 추진되어 10대 정종 시기에 완성되었다.

정답 ③

65 0247

2019년 7급 서울시(추가 채용)

〈보기〉의 대외 관계에 관한 사실을 일어난 순서대로 바르게 나열한 것은?

보기
- ㄱ. 강감찬이 거란군을 맞아 귀주에서 크게 승리했다.
- ㄴ. 윤관이 별무반을 편성하여 여진을 물리치고 동북 9성을 개척했다.
- ㄷ. 서희가 소손녕과 담판하여 강동 6주를 영토로 편입시켰다.
- ㄹ. 몽골과 강화를 맺고 개경으로 환도했다.

① ㄱ - ㄴ - ㄷ - ㄹ
② ㄴ - ㄷ - ㄹ - ㄱ
③ ㄷ - ㄱ - ㄴ - ㄹ
④ ㄹ - ㄴ - ㄷ - ㄱ

66 0248

2014년 7급 지방직

다음 ㈀의 침입과 연관된 것만 〈보기〉에서 모두 고른 것은?

처음 충주부사 우종주가 매양 장부와 문서로 인하여 판관 유홍익과 틈이 있었는데, (㈀)이(가) 장차 쳐들어온다는 말을 듣고 성 지킬 일을 의논하였다. 그런데 의견상의 차이가 있어서 우종주는 양반별초를 거느리고, 유홍익은 노군과 잡류별초를 거느리고 서로 시기하였다. (㈀)이(가) 오자, 우종주와 유홍익은 양반 등과 함께 다 성을 버리고 도주하고, 오직 노군과 잡류만이 힘을 합쳐서 이를 쫓았다.
　　　　　　　　　　　　　　　　　　　　－『고려사』

보기
- ㈀ 서경을 북진 정책의 거점으로 삼고 광군이라는 부대를 조직하였다.
- ㈁ 이들의 침략을 막기 위해 압록강 입구에서 도련포에 이르는 천여 리의 장성을 쌓았다.
- ㈂ 황룡사 9층탑, 부인사 소장 대장경 등 많은 문화재가 불탔다.
- ㈃ 개경으로의 환도를 반대하는 세력들이 진도 용장 산성에 행궁을 마련하고 주변 섬을 장악하였다.

① ㈂, ㈃
② ㈁, ㈃
③ ㈁, ㈂
④ ㈀, ㈂

67 0249

2015년 7급 서울시

다음 ㈀과의 항쟁에 대한 설명으로 옳지 않은 것은?

김윤후가 충주산성 방호별감으로 있을 때 (㈀)이/가 쳐들어와 충주성을 70여 일 동안 포위하자 비축해 둔 군량이 바닥나버렸다. 김윤후가 군사들에게 "만약 힘을 다해 싸워 준다면 귀천을 불문하고 모두 관작을 줄 것이니 너희들은 나를 믿으라."고 설득한 뒤 관노(官奴) 문서를 가져다 불살라 버리고 노획한 마소를 나누어 주었다. 이에 사람들이 모두 죽음을 무릅쓰고 적에게로 돌진하니 (㈀)은/는 조금씩 기세가 꺾여 더 이상 남쪽으로 나아가지 못했다.
　　　　　　　　　　　　　　　　　　　　－『고려사』

① 귀주에서 승리를 거두었다.
② 강화도로 천도하며 항쟁하였다.
③ 흥화진에서 승리를 거두었다.
④ 산성, 해도 입보 정책을 펼쳤다.

68 0250

2017년 7급 지방직

몽골 침입 시기에 발생한 사건 중 옳은 것만을 모두 고른 것은?

- ㈀ 망이 · 망소이, 만적 등이 봉기하였다.
- ㈁ 강화도 천도에 대해 삼별초가 반대하였다.
- ㈂ 황룡사 구층 목탑과 초조대장경이 불에 탔다.
- ㈃ 김윤후와 처인 부곡민들이 몽골 장수 살리타 군대를 물리쳤다.
- ㈄ 부처의 힘으로 몽골군을 물리치기 위해 팔만대장경을 조판하였다.

① ㈀, ㈁
② ㈀, ㈄
③ ㈁, ㈂, ㈃
④ ㈂, ㈃, ㈄

65 0247

③ 순서대로 나열하면 ㄷ. 강동 6주 획득(994) → ㄱ. 강감찬의 귀주 대첩(1019) → ㄴ. 동북 9성 설치(1107) → ㄹ. 개경 환도(1270)가 된다.

- ㄷ. 고려의 강동 6주 획득은 거란의 1차 침입 때 소손녕과 서희와의 담판 결과였다. 고려는 994년(성종 13) 평북 해안 지방에 흥화 · 용주 · 통주 · 철주 · 귀주 · 곽주 등 6주를 설치하였다.
- ㄱ. 강감찬의 귀주 대첩은 거란의 3차 침입에 대한 승전으로, 1019년(현종 10)에 일어났다.
- ㄴ. 별무반 편성은 숙종 재위기에 이루어졌으며, 윤관은 1107년(예종 2)에 출병하여 여진을 무찌르고 동북 9성을 설치하였다.
- ㄹ. 원종은 1270년 몽골과 강화를 맺고 개경으로 환도하였으며, 이에 반발하여 삼별초의 항쟁이 일어났다.

정답 ③

67 0249

㉠은 몽골이다. 몽골의 침입은 크게 6차례에 걸쳐 이루어졌다. 몽골의 1차 침입 시기 박서와 김경손이 분전한 귀주성 전투가 있었으며, 이후 최우의 무신 정권은 강화도로 천도하여 항쟁을 이어갔다. 또한 항전이 장기화되자 산성으로 들어가는 산성 입보 정책을 펼치거나 해도에 들어가 수전에 약한 몽골군과 대항하는 해도 입보 정책을 펼쳤다.

③ 흥화진에서의 승리는 거란과의 항쟁에서 거둔 것이다.

정답 ③

66 0248

사료의 ㉠은 몽골로, 몽골의 침략에 대한 내용이다.

- ㉢ 몽골의 침략으로 부인사 소장 초조대장경(2차 침입 시기 소실), 황룡사 9층 목탑(3차 침입 시기 소실) 등이 불에 타 사라지게 되었다.
- ㉣ 삼별초는 고려 조정이 몽골에 항복하여 개경으로 환도가 결정되자, 이에 반발하여 진도로 근거지를 옮기고 대몽 항쟁을 지속하였다.

오답 분석

- ㉠ 광군은 고려 시대에 거란군의 침입에 대비하여 조직된 특수군으로 947년(정종 2)에 설치되었으며, 병력은 30만 명이었다.
- ㉡ 천리장성은 거란 격퇴 이후 국경 지방에 쌓은 장성이다.

정답 ①

68 0250

- ㉢ 황룡사 구층 목탑은 몽골의 3차 침입, 초조대장경은 몽골의 2차 침입 시기에 불에 타 소실되었다.
- ㉣ 몽골의 2차 침입 시기 몽골군은 용인의 처인성에서 승려 김윤후가 지휘하는 고려 농민군의 화살에 맞아 살리타가 사살되는 등 패전을 거듭하였다.
- ㉤ 몽골의 3차 침입 시기에 최우를 비롯한 고려의 지도층은 부처의 가호로 적군을 물리치고자 새로운 대장경인 팔만(재조)대장경을 조판하기 시작하였다.

오답 분석

- ㉠ 망이 · 망소이의 난과 만적의 난은 몽골의 침입 이전인 무신 집권 초반기에 일어난 일이다.
- ㉡ 삼별초는 강화도 천도가 아닌 개경 환도에 반대하여 대몽 항쟁을 전개하였다.

정답 ④

69 0251
2014년 9급 지방직

(가)~(다)는 고려 시대 대외 관계와 관련된 자료이다. 이를 시기 순으로 바르게 나열한 것은?

> (가) 윤관이 "신이 여진에게 패한 이유는 여진군은 기병인데 우리는 보병이라 대적할 수 없었기 때문입니다."라고 아뢰었다.
>
> (나) 서희가 소손녕에게 "우리나라는 고구려의 옛 땅이오. 그러므로 국호를 고려라 하고 평양에 도읍하였으니, 만일 영토의 경계로 따진다면, 그대 나라의 동경이 모두 우리 경내에 있거늘 어찌 침식이라 하리요."라고 주장하였다.
>
> (다) 유승단이 "성곽을 버리며 종사를 버리고, 바다 가운데 있는 섬에 숨어 엎드려 구차히 세월을 보내면서, 변두리의 백성으로 하여금 장정은 칼날과 화살 끝에 다 없어지게 하고, 노약자들은 노예가 되게 함은 국가를 위한 좋은 계책이 아닙니다."라고 반대하였다.

① (가) → (나) → (다)
② (나) → (가) → (다)
③ (나) → (다) → (가)
④ (다) → (나) → (가)

70 0252
2019년 7급 서울시

〈보기〉의 사건이 일어난 시간 순으로 바르게 나열한 것은?

> **보기**
> ㄱ. 박서의 지휘 아래 귀주에서 완강히 저항했다.
> ㄴ. 배중손이 왕족 승화후 온을 왕으로 추대했다.
> ㄷ. 기병 부대인 신기군, 보병 부대인 신보군이 조직되었다.
> ㄹ. 서북면 도순검사 강조가 통주에서 패하여 포로가 되었다.

① ㄱ - ㄴ - ㄹ - ㄷ
② ㄴ - ㄹ - ㄱ - ㄷ
③ ㄷ - ㄴ - ㄹ - ㄱ
④ ㄹ - ㄷ - ㄱ - ㄴ

71 0253
2014년 9급 국가직

밑줄 친 '이번 문서'를 보낸 조직에 대한 설명으로 옳은 것은?

> • 이전 문서에서는 몽고의 연호를 사용했는데, 이번 문서에서는 연호를 사용하지 않았다.
> • 이전 문서에서는 몽고의 덕에 귀의하여 군신 관계를 맺었다고 하였는데, 이번 문서에서는 강화로 도읍을 옮긴 지 40년에 가깝지만, 오랑캐의 풍습을 미워하여 진도로 도읍을 옮겼다고 한다.
> — 「고려첩장(高麗牒狀)」

① 최우가 도적을 막기 위해 만든 조직에서 비롯되었다.
② 최충헌이 신변 보호와 집권 체제 강화를 위해 조직하였다.
③ 거란의 침입에 대비하기 위한 조직으로 편성되었다.
④ 쌍성총관부 탈환에 주도적인 역할을 한 조직이었다.

72 0254
2011년 7급 지방직

정동행성(征東行省)에 대한 설명으로 옳지 않은 것은?

① 장관인 승상(丞相)에는 원의 관리가 임명되었다.
② 부속 기관으로 이문소(理問所)가 있었는데, 불법적으로 사법권을 행사하였다.
③ 고려와 원의 연락 기관이었다.
④ 원이 일본 정벌을 위해 설치한 기구였다.

69 0251

② 순서대로 나열하면 (나) 거란의 1차 침입(993) → (가) 별무반 조직(1104) → (다) 강화 천도(1232)가 된다.

(나) 거란의 1차 침입(성종, 993) 당시 고려군의 중군사로 출정한 서희는 안융진(안주)에서 소손녕과 담판을 벌여 송과의 관계를 끊고 거란에 적대하지 않는다는 조건으로 거란군을 철수시켰다. 또한 압록강 동쪽의 여진을 토벌하고 여러 성을 쌓아 강동 6주를 소유하게 되었다.

(가) 숙종은 윤관을 파견하여 2차례에 걸쳐 여진 정벌을 단행하였으나, 기병인 여진군에 보병 위주인 고려군이 이길 수 없어 모두 참패를 당하였다. 이에 고려는 윤관의 건의를 받아들여 기동력을 강화한 별무반을 조직함으로써 여진에 대한 대비책을 세웠다.

(다) 최우 정권이 몽골의 침입에 대항하여 강화 천도(1232. 7.)를 계획하자, 유승단이 이를 반대하는 내용이다.

정답 ②

71 0253

제시문의 '이번 문서'를 보낸 조직은 삼별초이다.

① 삼별초는 최우 시기에 치안을 담당하기 위해 설치된 야별초(사병)에서 비롯된 것으로, 이후 좌·우별초와 신의군으로 재편되었다.

오답 분석

② 도방에 대한 설명이다. 도방은 경대승에 의해 처음으로 설치된 사병 집단으로, 경대승이 죽자 폐지되었으나, 최충헌이 부활시켜 크게 강화하였다.

③ 광군에 대한 설명이다. 광군은 정종 시기에 거란의 고려 침략 계획을 감지한 뒤 거란의 침입에 대비하기 위해 설치되었다.

④ 쌍성총관부 탈환은 삼별초와 관련이 없다. 공민왕 시기에 인당과 유인우의 주도하에 쌍성총관부를 탈환하였다.

정답 ①

70 0252

④ 시간 순으로 바르게 나열하면 ㄹ. 거란의 2차 침입(1010) → ㄷ. 별무반 창설(1104) → ㄱ. 박서의 귀주성 전투(1231) → ㄴ. 삼별초의 대몽 항쟁 시작(1270)이 된다.

ㄹ. 거란의 2차 침입으로 강조가 포로가 되었던 시기는 현종 재위기인 1010년이다.

ㄷ. 숙종 재위기인 1104년에 윤관의 건의로 별무반이 창설되었다.

ㄱ. 고종 재위기에 일어난 몽골의 1차 침입(1231~1232) 시기 박서는 귀주성 전투를 승리로 이끌었다.

ㄴ. 원종 재위기인 1270년에 고려가 원에 항복하고 개경 환도가 결정되자 삼별초를 이끌던 배중손은 승화후 왕온을 왕으로 추대하고 진도로 내려가 항쟁을 시작하였다.

정답 ④

72 0254

① 정동행성의 우두머리인 승상은 고려왕이 겸임했고, 승상 아래에는 고려 관료들로 구성되는 평장정사·우승·좌승·참지정사·원외랑·낭중·도사 등이 있었다. 몽골의 내정 간섭이 이루어진 것은 정동행성 이문소를 통해서였다.

정답 ①

73 0255 2019년 9급 서울시(추가 채용)

원 간섭기 고려의 국가 체제에 대한 설명으로 가장 옳은 것은?

① 고려 전체가 몽골의 직할지로 편입되었다.

② 정동행성의 승상은 몽골의 다루가치가 전담하였다.

③ 관제 격하의 일환으로 중서문하성과 상서성은 첨의부로 통합되었다.

④ 대막리지가 집정대신으로서 국정을 총괄하였다.

74 0256 2013년 7급 지방직

다음 사건이 있었던 국왕 때의 일로 옳은 것은?

- 왕에 관련된 칭호를 격하하였다.
- 정동행성을 설치하여 일본 원정을 단행하였다.

① 인사를 관장했던 정방을 폐지하고 사림원을 설치하여 개혁 정치를 수행하였다.

② 기철 등의 부원 세력을 제거하고 쌍성총관부를 공격하여 무력으로 복속하였다.

③ 정치도감을 두어 부원 세력을 척결하고 권세가들이 빼앗은 토지와 노비의 문제를 해결하였다.

④ 도병마사를 도평의사사로 개편하여 국가 중대사를 회의하고 결정하는 합좌 기관으로 만들었다.

75 0257 2017년 9급 국가직(추가 채용)

다음은 원의 세조가 고려에 약속한 내용의 일부이다. 이 약속 이후에 일어난 사실로 옳지 않은 것은?

○ 옷과 머리에 쓰는 관은 고려의 풍속을 유지하고 바꿀 필요가 없다.
○ 압록강 둔전과 군대는 가을에 철수한다.
○ 몽고에 자원해 머문 사람들은 조사하여 모두 돌려보낸다.

① 정동행성을 설치하였다.

② 2차 여·몽 연합군은 일본 원정에 실패하였다.

③ 쌍성총관부를 설치하였다.

④ 사림원을 설치하였다.

76 0258 2021년 9급 지방직

(가) 지역에 대한 설명으로 옳은 것은?

나는 삼한(三韓) 산천의 음덕을 입어 대업을 이루었다. [(가)] 는/은 수덕(水德)이 순조로워 우리나라 지맥의 뿌리가 되니 대업을 만대에 전할 땅이다. 왕은 춘하추동 네 계절의 중간달에 그곳에 가 100일 이상 머물러서 나라를 안녕케 하라.

－「고려사」

① 이곳에 대장도감을 설치하여 재조대장경을 만들었다.

② 지눌이 이곳에서 수선사 결사 운동을 펼쳤다.

③ 망이·망소이가 이곳에서 봉기하였다.

④ 몽골이 이곳에 동녕부를 두었다.

문제 풀이

73 0255

③ 고려의 2성 6부 체제는 부마국의 지위에 따라 **충렬왕 시기에 관제가 격하되어 1부 4사 체제로 전환되었다.** 중서문하성과 상서성은 첨의부로, 6부는 각각 전리사, 판도사, 군부사, 전법사로 편제되었다.

오답 분석

① 원종은 태자 시절인 1259년 쿠빌라이 칸을 만나 강화를 체결하면서 몽골이 고려의 풍속을 고치도록 강요하지 않겠다는 불개토풍의 약속을 받아내었다. 그 결과 고려는 독립을 보장받을 수 있었다. 이후 친원 세력들에 의해 고려를 원의 직할지로 편입시키려는 입성책동이 여러 번 있었으나 관철되지 못하였다.
② 정동행성은 충렬왕 시기 일본의 2차 원정을 담당하기 위해 만들어진 기구로, 정동행성의 승상은 고려 국왕이 겸하였다.
④ 대막리지가 국정을 총괄한 것은 고대 고구려에 해당하는 사실이다. 7세기 고구려의 연개소문은 대막리지가 되어 국정을 총괄하였다.

정답 ③

74 0256

제시된 내용이 일어난 시기의 왕은 충렬왕(제25대, 재위 1274~1308)이다. 이 시기 원나라는 고려의 관제를 격하시키고, 부마국 지위의 왕실 호칭을 사용하게 하였다. 이후 원나라는 1280년(충렬왕 6)에 일본 정벌을 위해 정동행성을 설치하였으며, 정동행성은 여러 차례 설치와 폐지가 되풀이되다가 내정 간섭 기구화되었다.

④ 1279년(충렬왕 5)에는 도병마사가 도평의사사(도당)로 개편되었고, 이후 그 기능이 더욱 확대·강화되었다.

오답 분석

① 충선왕은 1298년에 한림원을 강화한 기관으로 사림원을 설치하였으며, 정방이 맡고 있던 인사 행정, 승지방(承旨房)이 맡고 있던 왕명의 출납을 더하여 권력 기관화하고, 신진 학자로 하여금 관장하게 하였다.
② 공민왕은 원과 결탁하여 전횡을 일삼던 기철·노정·권겸 등의 부원 세력을 주살하였으며, 인당과 유인우를 각기 서북면과 동북면으로 파견하여 쌍성총관부를 회복하였다.
③ 정치도감은 1347년(충목왕 3)에 설치되었던 폐정 개혁 기관으로, 신진 사대부의 참여가 두드러졌던 기관이다. 원의 간섭으로 끊임없이 견제를 받아 결국 1349년(충정왕 1)에 폐지되었다.

정답 ④

75 0257

자료는 원 세조 쿠빌라이 칸이 고려 원종의 태자 시절(1259)에 약속한 불개토풍의 내용이다.

③ 1258년에 동북면 지역의 책임자였던 조휘와 탁청이 고려를 배신하고 원에 항복함으로써 쌍성총관부가 설치되었다. 이 해에는 최씨 무신 정권의 집권자였던 최의가 김준과 임연에 의해 피살당하는 무오정변이 일어나기도 하였다.

오답 분석

① 정동행성은 1280년(충렬왕 6)에 일본 원정에 물자와 군대, 선인 등 인적·물적 자원을 징발하기 위해 설치되었다.
② 1281년에 2차 여·몽 연합군이 일본 원정을 시행하였으나 태풍으로 실패하였다. 이후 정동행성은 내정 간섭 기구로 존속하였다.
④ 사림원은 한림원을 강화한 기관으로, 충선왕 때인 1298년에 정방이 맡고 있던 인사 행정, 승지방이 맡고 있던 왕명의 출납을 더하여 권력 기관화하고, 신진 학자로 하여금 관장하게 하였다.

정답 ③

76 0258

제시문 사료는 고려 태조 왕건의 훈요 10조 중 5조의 내용이다. (가) 지역은 서경(평양) 지역에 해당한다.

④ 1269년 최탄 등이 반란을 일으켜 서경을 비롯한 북계 지역을 원에 바치자, 원은 1270년에 자비령 이북을 기준으로 이 지역에 동녕부를 설치하였다. 동녕부는 충렬왕 재위기인 1290년에 고려에 반환되었으며, 동녕부는 폐지되지 않고 요동으로 옮겨 갔다.

오답 분석

① 재조대장경을 제작하기 위해 대장도감을 설치했던 곳은 강화도로 추정되고 있으나, 경남 남해 지역의 가능성도 주장되고 있다.
② 지눌이 수선사 결사 운동을 펼친 곳은 순천 지역이다.
③ 망이·망소이는 현재의 대전시 서구 지역인 공주 명학소에서 1176년 봉기하였다.

정답 ④

PART 04 중세의 정치 **141**

77 0259

2012년 9급 지방직

다음은 어떤 왕의 즉위 교서이다. 이 왕의 정책과 활동으로 옳지 않은 것은?

> 지금부터 만약에 종친으로서 동성과 혼인하는 자는 (원의 세조) 성지(聖旨)를 어긴 것으로 논죄할 터인즉, 마땅히 (종친은) 누대의 재상을 지낸 집안의 딸을 아내로 맞고, 재상 집안의 아들은 종실들의 딸들에게 장가들 것이다. …… 경원 이태후와 안산 김태후 및 철원 최씨, 해주 최씨, 공암 허씨, 평강 채씨, 청주 이씨, 당성 홍씨, 황려 민씨, 횡천 조씨, 파평 윤씨, 평양 조씨는 모두 누대의 공신이요, 재상지종(宰相之宗)이니 가히 대대로 혼인을 하여 아들은 종실의 여자에게 장가들고 딸은 왕비로 삼을 만하다. – 「고려사」

① 국가가 소금을 전매하는 각염법을 시행하였다.
② 북경에서 만권당을 설립하여 학문 연구를 지원하였다.
③ 사림원을 두어 신진 학자들과 함께 개혁을 추진하였다.
④ 고려에 내정 간섭을 하던 정동행성 이문소를 혁파하였다.

78 0260

2018년 7급 지방직

고려 후기 개혁 정치에 대한 설명이다. ㉠과 ㉡에 들어갈 내용으로 옳은 것은?

> 충선왕의 관제 개혁으로 [㉠]은 시정(施政)에 대한 국왕의 고문 기능 겸 전주(銓注)와 왕명 출납을 관장하는 권력 기구로 부상하여 개혁의 중심 기관이 되었다. 충목왕은 [㉡]이라는 임시 기구를 설치하여 부원 세력을 척결하면서 권세가들이 불법으로 차지한 토지와 노비를 조사하여 본 주인에게 돌려주었다.

	㉠	㉡
①	사림원	교정도감
②	편민조례추변도감	정치도감
③	사림원	정치도감
④	교정도감	편민조례추변도감

79 0261

2016년 9급 서울시

충선왕 대의 개혁 정책으로 옳은 것은?

① 원나라 연호와 관제를 폐지하였다.
② 몽골풍의 의복과 변발을 폐지하였다.
③ 왕권을 강화하고 개혁을 주도하기 위한 기구로 사림원을 두었다.
④ 정치도감을 두어 부원 세력을 척결하였다.

80 0262

2016년 9급 국가직

밑줄 친 '그'에 대한 설명으로 옳은 것은?

> 그는 즉위하여 정방을 폐지하고 사림원을 설치하는 등의 관제 개혁을 추진하는 한편, 권세가들의 농장을 견제하고 소금 전매제를 실시하여 국가 재정을 확충하고자 하였다.

① 만권당을 통해 고려와 원나라 학자들의 문화 교류에 힘썼다.
② 도병마사를 도평의사사로 개편하여 국정을 총괄하게 하였다.
③ 철령 이북의 영토 귀속 문제를 계기로 요동 정벌을 단행하였다.
④ 기철을 비롯한 부원 세력을 숙청하고 자주적 반원 개혁을 추진하였다.

77 0259

사료는 충선왕의 복위 교서 중 재상지종 가문을 지정한 내용에 해당한다.

④ 정동행성 이문소를 혁파한 왕은 공민왕이다. 정동행성 이문소는 홍건적의 침입 이후 다시 복구되었다.

오답 분석

① 충선왕은 국가의 재정을 늘리기 위해 국가가 소금을 전매하는 각염법을 시행하였다.

② 충선왕은 충숙왕에게 왕위를 물려준 후 북경에 머물면서 사저에 만권당을 설치하였다. 그리고 이 시기 이제현 등이 만권당에서 원의 학자들과 교류하면서 성리학에 대한 이해를 심화하였다.

③ 충선왕은 1298년에 한림원을 강화한 기관으로 사림원을 설치 하였으며, 정방이 맡고 있던 인사 행정, 승지방(承旨房)이 맡고 있던 왕명의 출납을 더하여 권력 기관화하고, 신진 학자로 하여 금 관장하게 하였다.

정답 ④

78 0260

㉠ 충선왕은 정방을 폐지하고 정방의 인사권을 사림원에 부여하였 다. 신진 사대부가 중심이 된 사림원은 인사 행정과 왕명 출납 을 관장하는 기구로 성장하였다.

㉡ 충목왕 때 설치된 개혁 기구로, 신진 사대부의 참여가 가장 활발 하였던 기관은 정치도감이다.

오답 분석

• 교정도감은 최충헌이 정적을 제거하기 위해 만들었던 관청으로, 곧 최씨 무신 정권의 통치 기구로 전환되었다.

• 편민조례추변도감은 충혜왕 때 개혁 기구로 설치되었으나 곧 철폐되었다.

정답 ③

79 0261

③ 충선왕이 설치한 사림원은 한림원을 강화한 기관으로, 정방이 맡고 있던 인사 행정, 승지방이 맡고 있던 왕명의 출납을 더하여 권력 기관화되었으며, 신진 학자들이 관장하였다.

오답 분석

①, ② 공민왕 시기의 개혁 정책에 해당한다.

④ 충목왕은 개혁 기구로 정치도감을 설치하여 부원 세력을 척결 하였으며, 권세가들이 불법으로 차지한 토지와 노비를 조사하 여 본 주인에게 돌려주었다.

정답 ③

80 0262

밑줄 친 '그'는 충선왕이다.

① 충선왕은 북경에 머물면서 사저에 만권당을 설치하여 이제현과 같은 학자들을 원나라의 학인들과 교류하게 하였다.

오답 분석

② 재추 회의인 도병마사를 70~80여 명에 이르는 구성원들의 회 의 기구인 도평의사사로 확대 · 개편시킨 인물은 충렬왕이다.

③ 최영의 주장을 받아들여 요동 정벌을 단행한 국왕은 우왕에 해당한다. 요동 정벌은 이성계의 위화도 회군으로 무산되었다.

④ 기철 등을 제거하고 강력한 반원 자주 정책을 펼친 인물은 공 민왕이다.

정답 ①

81 0263
2022년 9급 국가직

(가) 시기의 사실로 옳지 않은 것은?

> 무신 정권 몰락
> ↓
> (가)
> ↓
> 공민왕 즉위

① 만권당이 만들어졌다.
② 정동행성이 설치되었다.
③ 쌍성총관부가 수복되었다.
④ 『제왕운기』가 저술되었다.

82 0264
2012년 9급 국가직

다음 자료와 관련된 왕의 정책으로 옳은 것은?

> 안동 놋다리밟기는 음력 정월 대보름날 밤에 행해진다. 놀이의 기원 중 대표적인 것은 다음과 같다. 고려 시대 왕이 홍건적의 침입을 피하여 왕후와 안동으로 길을 떠났다. 개성을 떠나 문경 새재를 넘어 예천의 풍산을 거쳐 소야천의 나루에 이르렀다. …… 이때 마을 부녀자들이 나와 개울에 들어가 허리를 굽히고 다리를 놓아 왕후가 발을 적시지 않고 건너가게 하였다.

① 만권당을 설립하여 문물 교류를 진흥하였다.
② 성균관을 부흥시켜 유학 교육을 강화하였다.
③ 명의 철령위 설치 요구로 인해 요동 정벌을 단행하였다.
④ 정치도감을 설치하여 국가 재정 수입의 기반을 확대하였다.

83 0265
2014년 9급 국가직

다음 괄호 안에 들어갈 국왕과 관련되는 내용은?

> (   )이 원나라의 제도를 따라 변발(辮髮)을 하고 호복(胡服)을 입고 전상(殿上)에 앉아 있었다. 이연종이 간하려고 문밖에서 기다리고 있었더니, 왕이 사람을 시켜 물었다. …… 답하기를 "변발과 호복은 선왕의 제도가 아니오니, 원컨대 전하께서는 본받지 마소서."라고 하니, 왕이 기뻐하면서 즉시 변발을 풀어 버리고 그에게 옷과 요를 하사하였다.
>
> – 『고려사』

① 노비와 관련된 문제를 처리하는 장례원을 설치하였다.
② 정동행성 이문소를 폐지하고 요동 지방을 공략하였다.
③ 『동국병감』과 같은 병서를 간행하여 원나라의 침략에 대비하였다.
④ 권문세족의 경제 기반을 무너뜨리기 위해서 과전법을 시행하였다.

84 0266
2011년 7급 지방직

밑줄 친 '그'가 실시한 개혁 정책으로 옳지 않은 것은?

> 그의 즉위 이후에도 원의 간섭은 여전하였고, 친원파 역시 건재하였으나, 친원파를 완전히 제거할 수 있는 현실적인 힘을 가지고 있지는 못하였다. 때마침 원에서 기황후의 아들이 황태자에 봉해지자, 이러한 추세는 더욱 심해졌다. 이를 계기로 기철의 권력이 그를 압도할 정도로 커졌고 기철의 일족과 친원파의 정치적 지위가 크게 높아졌다.

① 고구려의 옛 땅을 되찾기 위하여 요동 지방을 공략하였다.
② 고려의 내정을 간섭하던 정동행성 이문소를 폐지하였다.
③ 성균관을 순수한 유교 교육 기관으로 개편하고 유교 교육을 강화하였다.
④ 정방을 폐지하고 사림원을 설치하여 개혁 정치를 수행하였다.

81 0263

무신 정권 몰락은 몽골에 대한 항복에 반대한 무신 임유무가 피살되고 개경 환도가 이루어진 1270년경이며, 공민왕 즉위는 1351년경이다. 공민왕 재위기에 원·명 교체기를 이용한 반원 자주 정책이 추진되었다.

③ 쌍성총관부 수복은 공민왕 재위기인 1356년에 이루어졌으며, 따라서 (가) 시기에 일어난 일에 해당하지 않는다.

오답 분석

① 만권당은 (가) 시기에 해당하는 원 간섭기에 충선왕이 아들인 충숙왕에게 양위한 이후, 1314년 베이징의 사저에 설치한 시설이다.
② 정동행성은 일본에 대한 2차 원정을 위해 충렬왕 6년인 1280년에 설치되었다.
④ 『제왕운기』는 충렬왕 재위기인 1287년 이승휴에 의해 편찬되었다.

정답 ③

82 0264

자료는 홍건적의 침입을 피해 안동(복주)으로 피난을 갔던 공민왕에 대한 내용이다. 공민왕의 재위기에 홍건적의 1차 침입(1359, 서경 함락)과 2차 침입(1361, 개경 함락)이 일어났다.

② 공민왕은 홍건적으로부터 개경을 수복한 이후 성균관을 중건하여 유학 교육을 강화하였다. 또한 이러한 일련의 정책은 신돈이 주도한 것이었다.

오답 분석

① 충선왕 시기에 해당한다.
③ 우왕 시기에 해당한다. 명의 철령위 설치 요구로 인해 요동 정벌을 단행하였으나, 이성계의 위화도 회군으로 중단되었다.
④ 충목왕 시기에 해당한다. 정치도감은 1347년(충목왕 3)에 설치되었으나 원의 압력으로 1349년(충정왕 1)에 폐지되었다.

정답 ②

83 0265

괄호 안에 들어갈 국왕은 공민왕이다. 공민왕은 즉위 초 감찰대부 이연종의 건의를 수용하여 왕 자신의 몽골식 변발과 호복을 풀었다.

② 공민왕은 1356년(공민왕 5)에 정동행성 이문소를 혁파하였고, 1368년(공민왕 17)에 명나라가 건국되자, 그 다음 해에 익군(翼軍)을 조직하여 이성계와 지용수로 하여금 요동 지역의 동녕부를 공격하게 하였다. 요동 지역을 일시적으로 빼앗았던 고려군은 그 지역에 사는 고려 백성들을 대거 본국으로 귀환시켰다.

오답 분석

① 조선 시대 세조는 1467년에 장례원을 설치하여 노비 쟁송의 판결, 노비 문서 보관 및 공노비의 확보·관리 등 업무를 전담하게 하였다.
③ 『동국병감』은 조선 문종 시기 김종서 등이 고조선에서 고려 말까지의 전쟁사를 정리하여 편찬한 책이다.
④ 혁명파 사대부는 공양왕 시기인 1391년 전제 개혁을 단행하여 과전법을 공포하고 경제적 기반을 획득하였다.

정답 ②

84 0266

제시된 자료의 '그'는 공민왕이다. 정방의 폐지는 충선왕과 충목왕 시기에도 한때 이루어졌으나, 이후 복구되었다.

④ 충선왕은 인사 행정을 담당해 오던 정방을 일시적으로 폐지하여 한림원에 편입시켰고, 1298년에 사림원을 설치하였다.

정답 ④

85 0267

다음 지도와 같이 영토 수복이 이루어진 왕대에 일어난 사실은?

① 과전법의 시행
② 철령위의 설치
③ 이승휴의 『제왕운기』 편찬
④ 전민변정도감의 설치

86 0268

밑줄 친 '인물'과 관계 있는 설명으로 옳지 않은 것은?

> 공민왕은 생각하기를 "첫째, 세신(世臣)과 대족(大族)은 서로 뿌리를 뻗어 연결하여 가려주고 있으며, 둘째, 초야의 신진들은 귀하게 되면 문벌이 한미한 것을 부끄러워하여 대족들과 연결하고 혼인하여 그 처음 뜻을 모두 버리며, 셋째, 유생들은 유약하고 또 문생(門生)이니 좌주(座主)니 동년(同年)이니 하여 서로 파당을 만들어 정에 끌리니 이 삼자는 모두 쓸 것이 못 된다."하였다. 이에 세상과 관계없는 독립한 인물을 얻어, 그를 크게 등용하여 오래된 폐단을 개혁할 것을 생각하였다.

① 『경제문감』을 기반으로 개혁을 단행하였다.
② 성균관을 통해 유학 교육을 강화하고 관료 체계의 정비를 추진하였다.
③ 사회 경제적 폐단을 시정하려는 개혁적 측면과 함께 국왕의 권력 기반을 강화하고자 하였다.
④ 권문세족이 부당하게 빼앗은 토지와 노비를 본래의 소유주에게 돌려주거나 양민으로 해방시켰다.

87 0269

〈보기〉의 밑줄 친 '왕'에 대한 내용으로 가장 옳지 않은 것은?

> **보기**
> 적이 개경 근처에 이르자 왕이 난을 피해 개경을 떠났다. 왕이 복주에 이르러 정세운을 총병관으로 삼아 홍건적을 토벌하게 하였다.

① 자제위를 설치하였다.
② 전민변정도감을 설치하였다.
③ 정동행성 이문소를 폐지하였다.
④ 박위를 보내 왜구의 소굴인 쓰시마를 공격하였다.

88 0270

다음 사건 이후에 일어난 일로 옳은 것은?

> 개경을 떠나 피난 중인 왕이 안성현을 안성군으로 승격 시켰다. 홍건적이 양광도를 침입하자 수원은 항복하였는데, 작은 고을인 안성만이 홀로 싸워 승리타름으로써 홍건적이 남쪽으로 내려오지 못하게 하였기 때문이다.

① 화약 무기를 사용해 진포 해전에서 승리하였다.
② 처인성 전투에서 적의 장수 살리타를 사살하였다.
③ 기철 일파를 제거하고 쌍성총관부의 관할 지역을 수복하였다.
④ 적의 침략을 물리치기 위한 염원에서 팔만대장경을 만들었다.

85 0267

지도는 고려 말 공민왕 시기의 영토 수복을 나타낸 것으로, 공민왕은 인당과 유인우를 각기 서북면과 동북면으로 파견하여 쌍성총관부를 점령하고, 마천령 이북 지역까지 진출하였다.

④ 공민왕은 즉위 초 전민변정도감을 재설치하여 부당한 전민의 탈점을 시정하게 하였다.

오답 분석

① 1391년(공양왕 3)에 실시되었다.
② 1387년(우왕 13)에 명에 의해 추진되었다.
③ 1287년(충렬왕 13)에 편찬되었다.

정답 ④

86 0268

제시문은 승려 신돈에 관한 내용이다. 신돈은 원증 국사 보우를 중심으로 하는 불교계와 대립하게 되자 신진 사대부와 연계한 개혁을 구상하였고, 이들의 지원을 얻기 위해 성균관 중영 및 과거제를 정비하였다.

① 『경제문감』은 정도전이 1395년(태조 4)에 『조선경국전』의 치전을 보완하여 지은 책이다.

정답 ①

87 0269

〈보기〉의 밑줄 친 '왕'은 공민왕으로, 공민왕은 홍건적의 2차 침입 (1361)으로 개경이 함락당하자 안동(복주)으로 피난하였다.

④ 박위의 대마도(쓰시마) 정벌은 위화도 회군(1388) 이후인 1389년 창왕 때 이루어졌다.

오답 분석

① 공민왕은 자제위를 설치하였으나, 자제위 홍륜에 의해 살해당하였다.
② 전민변정도감은 원종 시기에 설치되었다가 폐지되고, 충렬왕 시기 복설, 또 폐지되었다가 공민왕 시기에 재설치되었다.
③ 공민왕은 반원 자주 정책의 추진 과정에서 몽골풍을 없애고 정동행성 이문소를 폐지하였다.

정답 ④

88 0270

1361년 홍건적의 2차 침입으로 개경이 함락당하고, 공민왕이 안동으로 피난하였다.

① 1380년 우왕 시기 최무선의 화약 개발로 진포 해전에서 승리하였다.

오답 분석

② 고종 재위기인 1232년에 일어난 몽골의 2차 침입에서 처인성의 김윤후가 이끄는 농민군이 몽골 장수 살리타를 사살하였다.
③ 1356년(공민왕 5) 쌍성총관부가 수복되고, 친원파 기철이 제거되었다.
④ 1251년 고종 시기 대장도감과 분사대장도감에서 팔만대장경이 제작되었다.

정답 ①

89 0271

밑줄 친 '왕'의 재위 기간에 있었던 일로 옳은 것은?

> 왕의 어릴 때 이름은 모니노이며, 신돈의 여종 반야의 소생이었다. 어떤 사람은 "반야가 낳은 아이가 죽어서 다른 아이를 훔쳐서 길렀는데, 공민왕이 자신의 아들이라고 칭하였다."라고 하였다. 왕은 공민왕이 죽은 뒤 이인임의 추대로 왕위에 올랐다. 이후 이인임, 염흥방, 임견미 등이 권력을 잡아 극심하게 횡포를 부렸다.

① 이종무가 왜구의 소굴인 대마도를 정벌하였다.
② 삼별초가 반란을 일으켜 대몽 항쟁을 계속하였다.
③ 쌍성총관부를 공격해 철령 이북 지역을 수복하였다.
④ 요동 정벌을 위해 출병한 이성계가 위화도에서 회군하였다.

90 0272

밑줄 친 '이 기구'가 설치된 왕 대에 있었던 사실로 옳은 것은?

> 조정은 중국의 화약 제조 기술을 터득하여 이 기구를 두고, 대장군포를 비롯한 20여 종의 화기를 생산하였으며, 화약과 화포를 제작하였다.

① 복원궁을 건립하여 도교를 부흥시켰다.
② 흥덕사에서 『직지심체요절』을 간행하였다.
③ 교장도감을 설치하여 속장경을 간행하였다.
④ 시무 28조를 수용하여 유교 정치를 구현하였다.

91 0273

다음 제시문의 ㉠, ㉡, ㉢에 들어갈 내용이 바르게 연결된 것은?

> (가) (㉠) 6년(1380) 8월 추수가 거의 끝나갈 무렵 왜구는 500여 척의 함선을 이끌고 (㉡)로 쳐들어와 충청·전라·경상도의 3도 연해의 주군을 돌며 약탈과 살육을 일삼았다. 고려 조정에서는 나세, 최무선, 심덕부 등이 나서서 최무선이 만든 화포로 왜선을 모두 불태워버렸다.
> (나) (㉢)이(가) 이끄는 토벌군이 남원에 도착하니 왜구는 인월역에 있다고 하였다. 운봉을 넘어온 (㉢)은(는) 적장 가운데 나이가 어리고 용맹한 아지바투를 사살하는 등 선두에 나서 전투를 독려하여 아군보다 10배나 많은 적군을 섬멸했다.

	㉠	㉡	㉢
①	창왕	진포	최 영
②	우왕	당포	최 영
③	창왕	당포	이성계
④	우왕	진포	이성계

92 0274

고려 말기의 왜구에 대한 설명으로 가장 옳지 않은 것은?

① 이들을 막아내는 과정에서 최영, 이성계 등의 무장들이 명성과 세력을 얻었다.
② 이들의 상륙을 막기 위한 방법으로 고려에서 화포를 개발하기도 하였다.
③ 연해 지방뿐만 아니라 때로는 내륙 깊숙한 곳까지 침입하기도 하였다.
④ 막부의 지휘와 통제 아래 일사불란하게 한반도를 침입하였다.

89 0271

모니노라는 이름으로 불렸으며 공민왕의 시해 이후 이인임 등의 추대로 왕위를 계승한 인물은 우왕이다.

④ 우왕은 1374년에 즉위하여 1388년에 위화도 회군으로 폐위되었다. 따라서 위화도 회군은 우왕 재위 말에 일어난 사건에 해당한다.

오답 분석

① 이종무의 대마도 정벌은 세종 1년인 1419년, 아직 생존해 있던 태종에 의해 주도되었으며, 기해동정이라고도 불린다.
② 삼별초의 항쟁은 원종 시기 개경 환도가 이루어진 1270년부터 1273년까지이다.
③ 쌍성총관부는 공민왕 재위기인 1356년에 수복되었다.

정답 ④

90 0272

자료의 밑줄 친 '이 기구'는 화통도감(화약국)이다. 화통도감은 우왕 시기인 1377년에 최무선의 건의에 의해 설치되었고, 이로 인해 화약과 각종 화기의 제작이 급속도로 진전되었다. 이 시기 제작된 무기들은 1380년의 진포 싸움과 1383년의 진도 싸움에서 큰 위력을 발휘하였다.

② 보물 제1132호인 『직지심체요절』은 고려의 승려 경한이 선(禪)의 요체를 깨닫는 데 필요한 내용을 뽑아 엮은 책이다. 우왕 시기인 1377년 7월 청주 흥덕사에서 간행하였으며, 본래 상·하 2권으로 되어 있으나 현재 하권만이 유일하게 프랑스 국립 도서관에 소장되어 있다.

오답 분석

① 복원궁은 고려 예종 때 건립되었다.
③ 선종은 송나라에서 유학하고 돌아온 의천이 불경과 경서 1천 권을 바치며 흥왕사에 교장도감을 세울 것을 건의하자, 이를 받아들여 1086년 흥왕사에 교장도감을 설치하였다. 의천은 송·요·일본 등지에서 거의 4천여 권에 달하는 불교 관계 서적을 구입하여 이를 바탕으로 선종 때 교장(속장경)을 간행하기 시작하였고, 숙종 때 완성하였다.
④ 최승로의 시무 28조를 받아들여 유교 정치를 구현한 왕은 성종이다.

정답 ②

91 0273

자료의 (가)는 진포 대첩(우왕, 1380), (나)는 황산 대첩(우왕, 1380)에 해당한다.

④ ㉠ 우왕 6년(1380)에 왜선 5백여 척이 ㉡ 진포에 침입하자 나세·최무선 등이 화포를 이용하여 적선을 모두 불태운 진포 대첩이 일어났다. 이때 상륙했던 왜적들이 내륙 각지를 돌며 많은 백성들을 살상하고 약탈을 일삼자, ㉢ 이성계가 출병하여 이들 대부분을 섬멸하였다. 이 승전이 황산 대첩이다.

정답 ④

92 0274

14세기 중엽 이후 왜구가 크게 세력을 키워 한반도는 물론 중국 연해안까지 침략하게 된 것은 동아시아 정세 변화, 그리고 이와 관련된 일본 국내의 정세 변화와 관련되어 있다.

④ 14세기 중엽에 들어 원이 쇠퇴한 후, 일본은 남북조의 내란기에 접어들게 되는데, 남조 세력권에 있던 일부 지방 세력들이 해적화(왜구)하여 한반도와 중국 연해안을 침략하였다. 왜구는 막부의 지휘와 통제 아래 침략을 감행한 것이 아니었다. 오히려 왜구를 토벌하는데 고려에 협조한 측은 북조인 막부-쇼군 측이었는데, 이들은 왜구 토벌에 협조함으로써 국외적으로 일본을 대표하는 '일본 국왕'의 호칭을 받을 수 있었으며 남조에 대하여 우세를 차지할 수 있었다.

오답 분석

① 1376년 최영이 홍산(지금의 충청남도 논산)에서 대승을 거둔 홍산 대첩, 1380년 왜선 5백여 척이 진포에 침입했을 때 나세·최무선 등이 화포로 왜선을 모두 불살랐던 진포 대첩, 이때 상륙한 왜구가 내륙 각지를 노략하고 황산에 이르렀을 때 이성계 등이 이를 물리친 황산 대첩, 1383년(우왕 9) 정지의 남해(관음포) 대첩 등이 대표적인 왜구와의 항전이었다. 이 과정에서 최영, 이성계 등의 무장들이 명성과 세력을 얻었다.
② 왜구를 격퇴하는 데 공이 컸던 인물은 최무선이었다. 그는 화약·화포·화전(火箭) 등의 화기를 만들어 진포 대첩을 성공적으로 이끌었다.
③ 내륙에 침입한 왜군을 격퇴한 전투로는 대표적으로 황산 대첩이 있다.

정답 ④

PART 05

근세 ~ 근대 태동기의 정치

PART 05 근세 ~ 근대 태동기의 정치

01 0275

2016년 9급 서울시

고려 말에서 조선 초에 있었던 요동 정벌 운동을 설명한 것으로 옳지 않은 것은?

① 우왕 때 최영은 명이 철령위 설치를 통고하자 요동을 공격할 계획을 세웠다.

② 태조 이성계는 요동 정벌을 추진하였고 정도전과 남은은 군사 훈련을 강화하였다.

③ 명은 정도전을 '조선의 화근'이라며 명으로 압송할 것을 요구하였다.

④ 이방원은 태조의 요동 정벌 운동을 적극 지지하였다.

02 0276

2017년 7급 서울시

다음 여말선초기에 일어난 역사적 사건을 순서대로 바르게 나열한 것은?

> ㉠ 이성계의 위화도 회군
> ㉡ 이방원에 의한 정몽주 암살
> ㉢ 공양왕의 폐위
> ㉣ 이성계 및 정도전 주도로 과전법 실시

① ㉠ - ㉡ - ㉢ - ㉣

② ㉠ - ㉡ - ㉣ - ㉢

③ ㉠ - ㉣ - ㉡ - ㉢

④ ㉠ - ㉣ - ㉢ - ㉡

03 0277

2019년 9급 법원직

(가) 시기에 일어난 사건으로 가장 옳은 것은?

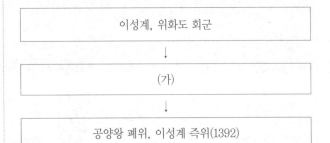

이성계, 위화도 회군
↓
(가)
↓
공양왕 폐위, 이성계 즉위(1392)

① 과전법 실시

② 전민변정도감 설치

③ 제1차 왕자의 난 발생

④ 정도전의 요동 정벌 추진

04 0278

2008년 7급 국가직

다음은 여말선초의 역사적 사건들이다. 시기 순서대로 바르게 배열된 것은?

> ㄱ. 홍건적의 침입으로 개경 함락
> ㄴ. 한양으로 천도
> ㄷ. 과전법 공포
> ㄹ. 위화도 회군으로 반대파인 최영 제거

① ㄷ - ㄱ - ㄹ - ㄴ

② ㄷ - ㄹ - ㄴ - ㄱ

③ ㄱ - ㄹ - ㄴ - ㄷ

④ ㄱ - ㄹ - ㄷ - ㄴ

01 0275

조선 건국 이후 명과의 관계가 악화되자 정도전과 남은을 중심으로 요동 정벌 계획이 추진되었다. 이들은 태조의 동의를 얻어 군량미를 비축하고 병력을 증강해 『진도(陣圖)』를 바탕으로 훈련을 강화하는 등 요동 정벌을 준비하였다. 그러나 1398년 5월 조선에 대해 강경책을 구사했던 명 태조가 죽고, 8월에 제1차 왕자의 난으로 정도전이 죽게 되자 명과의 관계가 호전되어 요동 정벌 운동이 모두 일단락되었다.

④ 태종 이방원은 정도전이 요동 정벌 운동의 일환으로 사병 혁파를 추진하자 위기의식을 느끼고, 요동 정벌 운동을 적극적으로 반대하였다. 결국 이방원은 무인정사(제1차 왕자의 난)를 일으켜 정도전을 제거하고 요동 정벌 운동을 중지시켰다.

정답 ④

03 0277

1388년의 위화도 회군과 1392년의 조선 건국 사이에 일어난 역사적 사건에 대한 내용이다.

① **과전법은 조선이 건국되기 1년 전인 1391년에 실시되었다.**

오답 분석

② 전민변정도감은 원종 시기에 최초로 설치되어 이후 폐지와 복설이 반복되었다. 전민변정도감은 충렬왕, 공민왕, 우왕 때 각각 설치되었다가 소기의 목적을 달성하거나 유명무실화되어 폐지되었으며, 위화도 회군 이후에는 운영된 적이 없다.

③ 제1차 왕자의 난은 1398년에 발생하였으며, 무인년에 종사를 바로 잡았다는 의미로 '무인정사'라고도 불렸다. 이때 난을 일으킨 이방원 세력에 의해 이복 동생인 방석, 방번을 비롯하여 개국 공신인 정도전, 남은 등이 피살당하였다.

④ 요동 정벌 운동은 조선 건국 이후 고명·금인 문제 및 표전문 사건으로 명과 관계가 악화되자 정도전을 중심으로 추진되었다. 그러나 요동 정벌 운동은 제1차 왕자의 난으로 정도전이 피살되자 중단되었다.

정답 ①

02 0276

③ 주어진 사건들을 순서대로 바르게 나열하면 ㉠ 위화도 회군 (1388) → ㉣ 과전법 실시(1391) → ㉡ 정몽주 암살(1392) → ㉢ 공양왕 폐위(1392)가 된다.

정답 ③

04 0278

④ 순서대로 나열하면 ㄱ. 홍건적의 2차 침입(공민왕, 1361) → ㄹ. 위화도 회군 이후 최영 제거(창왕, 1388) → ㄷ. 과전법 공포(공양왕, 1391) → ㄴ. 한양 천도(조선 태조, 1394)가 된다.

정답 ④

05 0279

2017년 9급 국가직

밑줄 친 '그'에 대한 설명으로 옳은 것은?

그는 이성계를 추대하여 조선 왕조를 개창한 공으로 개국 1등 공신이 되었으며, 의정부를 중심으로 하는 재상 중심의 관료 정치를 주창하였다. 그리고 『불씨잡변』을 저술하여 불교의 사회적 폐단을 비판하였다.

① 왜구의 소굴인 쓰시마 섬을 정벌하였다.
② 백성들의 윤리서인 『삼강행실도』를 편찬하였다.
③ 여진족을 두만강 밖으로 몰아내고 6진을 개척하였다.
④ 『조선경국전』을 편찬하여 왕조의 통치 규범을 마련하였다.

06 0280

2011년 7급 국가직

밑줄 친 '그'가 시행한 정책으로 옳은 것은?

그는 왕권을 안정시키기 위해 권세 있는 신하는 공신이든 처남이든 가리지 않고 처단하고, 6조를 직접 장악하여 의정부 재상 중심의 정책 운영을 국왕 중심 체제로 바꾸었다.

① 공법을 실시하여 전세를 낮추고 공평하게 부과하였다.
② 언론 기관인 사간원을 독립시켜 대신을 견제하게 하였다.
③ 호적 사업을 강화하고 보법을 실시하여 군정 수를 늘렸다.
④ 기본 법전인 『경국대전』의 편찬을 완료하여 반포하였다.

07 0281

2012년 7급 국가직

다음 글은 어떤 책의 서문이다. 이 책이 편찬된 왕 대에 일어난 내용으로 옳은 것은?

천하의 떳떳한 다섯 가지가 있는데 삼강이 그 수위에 있으니, 실로 삼강은 경륜의 큰 법이요 일만 가지 교화의 근본이며 원천입니다. …… "간혹 훌륭한 행실과 높은 절개가 있어도, 풍속 습관에 옮겨져서 보고 듣는 자의 마음을 흥기시키지 못하는 일도 또한 많다. 내가 그 중 특별히 남달리 뛰어난 것을 뽑아서 그림과 찬을 만들어 중앙과 지방에 나누어 주고, …… ."고 하시고 …… (후략)

① 궁궐에 신문고를 설치하여 반란 음모를 알리게 하였다.
② 역대 시와 산문의 정수를 모은 『동문선』을 편찬하였다.
③ 군사 제도를 익군 체제에서 진관 체제로 바꿈으로써 지방 군제의 기본 체제가 완성되었다.
④ 일본과 계해약조를 맺어 1년에 50척으로 무역선을 제한하였다.

08 0282

2013년 9급 지방직

밑줄 친 '왕'이 재위한 시기의 사실로 옳지 않은 것은?

왕은 원나라의 수시력을 참고하여 역법을 만들게 하였다. 그 책의 말미에 동지·하지 후의 일출·일몰 시각과 밤낮의 길이를 나타낸 표가 실려 있는데, 우리나라 역사상 최초로 한양을 기준으로 하여 계산한 것이다.

① 집현전을 설치하여 제도, 문물, 역사에 대한 연구와 편찬 사업을 전개하였다.
② 공법 제정 시 조정의 신하와 지방의 촌민에 이르기까지 18만 명의 의견을 물었다.
③ 불교 종파를 선교 양종으로 병합하고 사원이 가지고 있던 토지와 노비를 정비하였다.
④ 육전상정소를 설치하고 조선 왕조의 체계적인 법전인 『경국대전』을 편찬하기 시작하였다.

05 0279

밑줄 친 '그'는 정도전이다.

④ 『조선경국전』은 1394년(태조 3) 정도전이 『주례』를 모범으로 하여 저술한 것으로, 성리학적 민본주의 통치 규범을 확립하였다.

오답 분석

모두 정도전과 관계가 없다.

① 1389년 고려 창왕 때 경상도 도순문사 박위가 전함 100척을 거느리고 왜구의 소굴인 쓰시마를 소탕하였다. 또한, 조선 세종 때인 1419년 왜구의 약탈이 계속되자 이종무로 하여금 쓰시마 섬을 정벌하게 하였다.

② 조선 세종은 설순 등에게 명하여 우리나라와 중국의 서적에서 군신·부자·부부의 삼강에 모범이 될 만한 충신·효자·열녀의 행실을 모아 『삼강행실도』를 편찬하게 하였다.

③ 세종은 최윤덕으로 하여금 4군을 개척하게 하고, 김종서로 하여금 6진을 개척하게 하여 압록강~두만강 선까지 국경을 확보하였다.

정답 ④

06 0280

제시문은 6조 직계제 실시에 대한 내용으로, 밑줄 친 '그'는 태종 이방원이다.

② 태종은 1401년(태종 1) 문하부 낭사를 사간원으로 독립시켜 대신을 견제하게 하였다. 또한 1414년에 왕권 강화를 위해 의정부를 거치지 않고 사안을 왕에게 보고하고 왕의 재가를 받아 시행하는 6조 직계제를 실시하였다.

오답 분석

① 세종, ③ 세조, ④ 성종 때 시행한 정책이다.

정답 ②

07 0281

제시문은 세종 때 설순 등이 편찬한 『삼강행실도』의 서문이다.

④ 세종은 1443년에 계해약조를 체결하여 제한된 범위 내에서 교역을 허락하여, 3포 개항(1426) 이후 지나치게 늘어난 무역 규모를 제한하는 조치를 취하였다.

오답 분석

① 태종은 1401년에 백성들이 억울한 일을 하소연할 수 있도록 대궐 밖 문루에 신문고를 설치하였다. 신문고는 연산군 이후 폐지되었다가 영조가 부활시켜 경희궁의 건명문에 다시 설치되었다.

② 『동문선』은 1478년(성종 9)에 성종의 명으로 서거정 등이 중심이 되어 편찬한 시문집이다.

③ 세조 때 북방의 익군 체제를 전국적으로 확장·보완하여 진관 체제를 확립하였다.

정답 ④

08 0282

밑줄 친 '왕'은 조선 세종이다. 세종은 원의 수시력과 아라비아의 회회력을 응용하여, 『칠정산』 내외편을 편찬하였다.

④ 조선 세조는 법전 편찬을 위해 육전상정소를 설치하고 『경제육전』을 정비하여 국가의 기본 법전인 『경국대전』의 편찬에 착수하였다.

정답 ④

09 0283

밑줄 친 '왕'의 업적으로 옳은 것은?

> 풍토에 따라 곡식을 심고 가꾸는 법이 다르니, 고을의 경험 많은 농부를 각 도의 감사가 방문하여 농사짓는 방법을 알아본 후 아뢰라고 왕께서 명령하셨다. 이어 왕께서 정초와 변효문 등을 시켜 감사가 아뢴 바 중에서 꼭 필요하고 중요한 것만을 뽑아 『농사직설』을 편찬하게 하셨다.

① 공법을 제정하였다.
② 한양으로 도읍을 옮겼다.
③ 『경국대전』을 완성하였다.
④ 조광조를 등용하여 개혁 정치를 실시하였다.

10 0284

밑줄 친 '왕'의 재위 기간에 있었던 사실로 옳지 않은 것은?

> 왕이 이순지, 김담 등에게 명하여 중국의 선명력, 수시력 등의 역법을 참조하여 새로운 역법을 만들게 하였다. 이 역법은 「내편」과 「외편」으로 구성되었다. 「내편」은 수시력의 원리와 방법을 해설한 것이며 「외편」은 회회력(이슬람력)을 해설 편찬한 것이다.

① 천체 관측 기구인 혼의, 간의 등을 제작하였다.
② 경기 지역의 농사 경험을 토대로 『금양잡록』을 편찬하였다.
③ 경자자(庚子字), 갑인자(甲寅字) 등 금속 활자를 주조하였다.
④ 우리 풍토에 맞는 약재와 치료법을 정리한 『향약집성방』을 편찬하였다.

11 0285

다음과 같은 명을 내린 왕에 대한 설명으로 옳은 것은?

> 삼강은 인도의 근본이니, 군신·부자·부부의 도리를 먼저 알아야 할 것이다. 이제 내가 유신에게 명하여 고금의 사적을 편집하고 아울러 그림을 붙여 만들어 이름을 '삼강행실'이라 하고, 인쇄하게 하여 서울과 외방에 널리 펴고자 한다.

① 압록강과 두만강 지역에 4군 6진을 설치하였다.
② 훈구 세력을 견제하기 위해 사림을 적극 중용하였다.
③ 『국조오례의』를 편찬하여 국가의 예법과 절차를 정하였다.
④ 토지 등급을 대부분 하등으로 정하여 전세를 경감해 주었다.

12 0286

(가) 시기에 있었던 일로 옳은 것은?

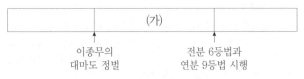

① 과전법 공포
② 이시애의 반란
③ 『농사직설』 편찬
④ 정도전의 요동 정벌 추진

09 0283

제시문의 왕은 세종으로 그는 정초와 변효문 등에게 명하여 『농사직설』을 편찬하게 하였다.

① 세종의 업적에 해당하는 것은 공법의 제정이다. 세종은 1430년 17만 2천여 명에 이르는 농민들에게 여론 조사를 실시한 뒤 공법상정소, 전제상정소 등의 운영을 거쳐, 1444년 연분 9등법과 전분 6등법을 골자로 하는 공법을 제정하였다.

오답 분석

② 한양 천도는 태조 재위기인 1394년에 이루어졌다. 이후 정종 시기인 1399년 개경으로 환도하였다가, 태종 재위기인 1405년 다시 한양으로 재천도 하였다.

③ 『경국대전』은 성종 시기 완성되었다.

④ 중종은 조광조를 등용하여 개혁 정치를 시도하였으나, 그의 급진적인 정책에 염증을 느끼고 훈구파와 연대하여 기묘사화를 일으켰다.

정답 ①

10 0284

제시문은 1444년에 편찬된 역법서인 『칠정산』에 대한 내용으로, 밑줄 친 '왕'은 세종이다.

② 『금양잡록』은 성종 때 강희맹이 52세에 좌찬성에서 물러나 경기도 금양현(지금의 경기도 시흥과 과천 지역)에 있는 묘막에 은거하며 노농들과의 대화와 자신이 직접 농사 지은 경험을 토대로 저술한 농서이다.

정답 ②

11 0285

제시문은 세종이 『삼강행실도』의 간행을 명하는 내용이다. 세종은 이 책을 간행하여 유교적 가치관에 따른 모범적 사례를 제시하였다.

① 세종은 최윤덕으로 하여금 4군을 개척하게 하고, 김종서로 하여금 6진을 개척하게 하여 압록강~두만강 선까지 국경을 확보하였다. 또한 북방 지역에 대한 적극적인 사민 정책을 실시하여 변방의 지배를 공고히 하였다.

오답 분석

②, ③ 성종에 대한 설명이다.

④ 토지 등급을 대부분 하등으로 정한 왕은 인조이다. 세종은 전분 6등법을 제정하여 3등 전품(상등품·중등품·하등품)으로 나누었던 기존의 양전제를 6등 전품으로 구분하였으며, 다수의 하등전을 1·2·3등전으로 편입시켰다.

정답 ①

12 0286

이종무의 대마도 정벌은 1419년(세종 1), 전분 6등법과 연분 9등법 시행은 1444년(세종 26)으로 (가) 시기는 세종 재위기에 해당한다.

③ 『농사직설』은 1429년 세종 때 정초, 변효문 등에 의해 편찬되었다.

오답 분석

① 과전법은 1391년 고려 공양왕 시기에 공포되었다.

② 이시애의 반란은 1467년 세조 재위기 말에 일어났다.

④ 태조 시기 정도전에 의해 요동 정벌이 추진되었으나, 1차 왕자의 난(1398, 무인정사)으로 중단되었다.

정답 ③

13 0287

세종 재위 기간에 있었던 사실만을 모두 고른 것은?

ㄱ. 왜구의 소굴인 쓰시마 섬을 정벌하였다.
ㄴ. 삼포에 대한 조선 정부의 통제가 강화되자, 삼포왜란이 일어났다.
ㄷ. 김종서를 함경도 관찰사로 임명하여 두만강 유역에 6진을 개척하였다.
ㄹ. 압록강 방면에 여진족의 침입이 잦아지자, 최윤덕을 파견하여 그들을 토벌하였다.
ㅁ. 쓰시마 도주(島主)와 계해약조를 맺어 연간 50척의 세견선을 파견할 수 있게 하였다.

① ㄱ, ㄴ
② ㄱ, ㄷ, ㄹ
③ ㄱ, ㄷ, ㄹ, ㅁ
④ ㄴ, ㄷ, ㄹ, ㅁ

14 0288

밑줄 친 '왕'에 대한 설명으로 옳은 것은?

왕은 왕권 강화를 위해 중앙 집권 체제를 강화하고, 변방 중심에서 전국적인 지역 중심 방어 체제로 바꾸는 등 국방을 강화하였다. 또 국가 재정을 안정시키기 위해 과전을 현직 관료에게만 지급하기 시작하였다.

① 『경국대전』의 편찬을 마무리하여 반포하였다.
② 간경도감을 두어 『월인석보』를 언해하여 간행하였다.
③ 6조 직계제를 채택하고 사간원을 독립시켜 대신을 견제하였다.
④ 대마도주와 계해약조를 맺어 무역선을 1년에 50척으로 제한하였다.

15 0289

다음 내용들이 일어난 왕대의 사실과 가장 관련이 적은 것은?

이 시기 국왕은 6조를 직접 장악하면서 국정을 운영하였으며, 친위병을 강화하고 군권 관장에 유념하였다. 또한 공신을 발탁하여 의정부, 6조, 승정원과 고위 군직에 포진시켰다. 특히 재위 4년에 별시위가 3000명에서 5000명으로, 6년에 내금위가 100명에서 200명으로 늘어났다. 아울러 재위 12년에는 도절제사 이하 진관 책임자의 명칭을 개정하였으며, 지방의 군사 지휘 체계는 도관찰사를 정점으로 병마절도사의 지휘를 받는 육군과 수군절도사의 지휘를 받는 수군으로 정립되었다.

① 길주 지방의 토호 세력이었던 이시애의 난이 이 시기에 발생하였다.
② 사병의 혁파와 함께 도평의사사가 의정부로 고쳐졌고, 중추원은 삼군부가 되면서 삼군부의 관원은 삼군부에만 근무하고 의정부에는 합좌하지 못하게 되었다.
③ 지방 재정과 군자의 부족을 보충하기 위해 각종 둔전이 증설 또는 신설되었으며, 특히 역둔전이 평안도에 설치되었고, 전국 관둔전의 면적이 종전의 두 배로 늘어났다.
④ 이 시기에 국왕은 『국조보감』과 『동국통감』 편찬을 지시하였다.

16 0290

조선 초기 국왕의 업적에 대한 설명으로 옳지 않은 것은?

① 태조는 한양으로 천도하고 한성부로 이름을 바꾸었다.
② 태종은 창덕궁과 창경궁을 새로 건설하였다.
③ 세종은 사가 독서제를 실시하여 학문 활동을 장려하였다.
④ 세조는 간경도감을 설치하여 불경을 번역하고 간행하였다.

13 0287

ㄱ. 세종 때인 1419년 왜구의 약탈이 계속되자, 이종무로 하여금 쓰시마 섬을 정벌하게 하였다.

ㄷ. 세종 때 김종서를 함길도(함경도) 도절제사로 임명하여 여진족을 몰아내고 6진을 설치하는 등 적극적인 북진 정책을 펼쳤다.

ㄹ. 압록강 방면에 여진족의 침입이 잦아지자, 세종 때 최윤덕을 평안도 도절제사로 삼아 여진족을 몰아내고 4군을 설치하였다.

ㅁ. 세종은 1443년 계해약조를 체결하여 세견선 50척 이내, 세사미두 200석 이내로 교역을 허락하면서, 3포 개항 이후 지나치게 늘어난 무역 규모를 제한하는 조치를 취하였다.

오답 분석

ㄴ. 삼포왜란은 1510년(중종 5년)에 일어났다.

정답 ③

14 0288

제시문의 밑줄 친 '왕'은 세조이다.

② 세조는 1461년 6월 간경도감을 설치하여 많은 불교 경전을 한글로 번역하여 간행하도록 하였다. 간경도감에서는 1462년 『능엄경언해』 발간을 시작으로 1463년 『법화경언해』, 1464년 『금강경언해』 · 『반야심경언해』 · 『아미타경언해』 · 『선종영가집언해』, 1465년 『원각경언해』, 1467년 『목우자수심결언해』 · 『법어언해』 · 『몽산화상법어약록』 등의 경전을 국역 · 간행하였다.

오답 분석

① 세조 시기에 편찬하기 시작한 『경국대전』은 성종 시기인 1485년에 완성 · 반포되었다.

③ 태종은 1401년 문하부 낭사를 사간원으로 독립시켜 대신을 견제하게 하였다.

④ 세종은 1443년에 대마도주와 계해약조를 체결하여 제한된 범위 내에서 교역을 허락하면서, 3포 개항 이후 지나치게 늘어난 무역 규모를 제한하는 조치를 취하였다.

정답 ②

15 0289

제시문의 '6조 직계제', '진관 책임자' 등을 통해 세조 시기의 사실임을 알 수 있다.

② 정종 시기인 1400년에 이방원의 주도 하에 사병을 혁파하고 내외의 병권을 의흥삼군부로 집중시켰으며, 도평의사사를 의정부로, 중추원을 삼군부로 고쳤다. 또한 삼군의 직책을 가진 자는 의정부에 합좌하지 못하게 하였는데, 이러한 개혁의 목적은 의정부는 정무를 담당하고, 삼군부는 군정을 담당하는, 군 · 정 분리 체제를 이루기 위함이었다. 이는 왕권 강화를 위해 이방원의 영향력 하에서 이루어진 것이라 볼 수 있다.

오답 분석

① 세조 말년인 1467년에 동북 지방에서 일어난 이시애의 난을 진압하였다.

③ 둔전은 대개 군사 경비를 위해 사용하였던 토지를 말하는데, 지방 행정 경비를 위해 사용되기도 하였다. 세조 때에 국방을 강화하기 위해 지방 군사 조직을 진관 체제로 재편성하고, 중부 이북의 13곳에서만 설치 · 운영되었던 국둔전을 전국에 걸쳐 대대적으로 개발하였다.

④ 『국조보감』은 실록 내용을 압축하여 경연 참고서로 편찬한 것으로, 세조 때부터 편찬되기 시작하였다. 세조는 1457년(세조 3)에 수찬청을 두고 신숙주와 권람 등에게 명하여, 태조 · 태종 · 세종 · 문종 4조의 보감을 처음으로 완성하였다. 여기에는 신숙주의 전(箋) · 서(序)와 수찬자 8인의 명단이 수록되었다. 『동국통감』은 세조가 전제 왕권 강화와 부국강병 정책을 보완하기 위하여 편찬하려 하였으나 완성되지 못하였고, 성종 시기에 완성되었다.

정답 ②

16 0290

② 태종은 1405년 한양으로 재천도한 이후, 창덕궁을 건설하였다. 창덕궁과 함께 동궐로 불리는 창경궁은 성종 때 건설되었다.

오답 분석

① 태조는 1394년 한양 천도를 단행하고, 1395년 한양부를 한성부로 개명하였다.

③ 세종은 젊은 문신들에게 휴가를 주어 독서에 전념할 수 있도록 하는 사가 독서제를 실시하였다.

④ 세조는 간경도감을 설치하여 불교 경전을 번역하거나 간행하였다.

정답 ②

17 0291
2014년 7급 국가직

조선 시대 관계(官階)에 대한 설명으로 옳지 않은 것은?

① 관료의 품계는 정1품에서 종9품까지 18등급으로 하였다.

② 행수 제도를 마련하여 가능한 관직과 관계가 일치되도록 하였다.

③ 정7품 이하는 참하관이라 하며, 목민관인 수령에 임용하였다.

④ 정3품 통정대부 이상은 당상관이라 하며, 국가의 중요한 정책을 논의하였다.

18 0292
2013년 7급 지방직

조선 초기 정치 제도 운영에 대한 설명으로 옳지 않은 것은?

① 승정원의 주서(注書)는 왕과 신하 간에 오고 간 문서와 국왕의 일과를 매일 기록하였다.

② 서울에 경재소를 두어 지방 유력자를 근무하게 하여 유향소를 중앙에서 통제할 수 있게 하였다.

③ 정책 회의에는 국왕이 매일 의정부와 삼사의 고급 관원들을 만나 정책 건의를 듣는 차대(次對)가 있었다.

④ 군현의 수령 아래에 면장, 이정, 통주 등을 두어 수령을 보좌하고 인구 파악과 부역 징발을 담당하게 하였다.

19 0293
2013년 9급 국가직

다음 정치관과 관련이 깊은 정책으로 옳은 것은?

> 임금의 직책은 한 사람의 재상을 논정하는 데 있다 하였으니, 바로 총재(冢宰)를 두고 한 말이다. 총재는 위로는 임금을 받들고 밑으로는 백관을 통솔하여 만민을 다스리는 것이니 직책이 매우 크다. 또 임금의 자질에는 어리석음과 현명함이 있고 강함과 유약함의 차이가 있으니, 옳은 일은 아뢰고 옳지 않은 일은 막아서, 임금으로 하여금 대중(大中)의 경지에 들게 해야 한다. 그러므로 상(相)이라 하니, 곧 보상(輔相)한다는 뜻이다.

① 6조 직계제의 시행

② 사간원의 독립

③ 의정부 서사제의 시행

④ 집현전의 설치

20 0294
2015년 9급 서울시

다음 제도의 시행에 대한 설명으로 옳은 것은?

> 6조에서 올라오는 모든 일을 영의정, 좌의정, 우의정이 중심이 되는 의정부에서 논의하여 합의된 사항을 국왕에게 올려 결재받게 하였다.

① 이 제도의 시행으로 국왕이 재상들을 직접 통솔할 수 있게 되어 왕권 강화에 기여하였다.

② 무력으로 집권한 태종과 세조는 이 제도를 이용하여 초기의 불안한 왕권을 안정시켰다.

③ 민본 정치를 추구한 정도전은 이 제도를 폐지하고 6조의 업무를 국왕에게 직접 보고하게 하였다.

④ 세종은 안정된 왕권과 경제력을 바탕으로 이 제도를 시행하여 왕권과 신권의 조화를 추구하였다.

17 0291

③ 조선 시대에는 종6품 이상의 참상관 이상만 지방 수령에 임용될 수 있었다.

오답 분석

① 조선 관료의 등급은 크게 1품에서 9품까지이며 각 품에는 정(正)과 종(從)의 구별이 있어 정1품에서 종9품까지 18품으로 구성되어 있었다.
② 행수 제도는 관직의 탄력적 운영을 위해 마련된 제도로, 관계와 관직이 일치하지 않은 경우 계고직비(관계가 높고 관직이 낮을 경우)이면 '행', 계비직고(관계가 낮고 관직이 높을 경우)이면 '수'를 관직명 앞에 명기하였다.
④ 당상관은 문관 중 정3품에 해당하는 통정대부 이상, 무관 중 정3품의 지위인 절충장군 이상의 고급 관료를 일컬었다.

정답 ③

18 0292

③ 차대는 조선 시대 정부 당상·대간·옥당들이 매일이 아닌, 매월 여섯 차례 입시하여 중요한 정무를 상주(上奏)하던 일이다. 매월 5일·10일·15일·20일·25일·30일에 비변사의 도제조 이하 당상관과 삼사의 관원 각 1원(員)이 입대하는데, 본래 매월 세 차례이던 것을 숙종 때에 특명으로 여섯 차례로 고쳤다.

정답 ③

19 0293

제시문은 정도전의 정치관에 대한 내용이다. 정도전은 훌륭한 재상을 선택하고 정치적 실권을 부여하여, 위로는 임금을 받들어 올바르게 인도하고, 아래로는 백관을 통괄하고 만민을 다스리게 해야 한다고 주장하였다.

③ 정도전의 정치관과 관계가 깊은 것은 의정부 서사제이다. 1400년(정종 2, 태종 즉위년) 처음으로 설치된 의정부는 초기에 의정부 서사제로 운영되다가 1414년(태종 14) 6조 직계제로 전환되었으며, 1436년(세종 18) 다시 의정부 서사제가 실시되어, 재상 합의제로 정책을 심의하였다.

정답 ③

20 0294

제시문은 의정부 서사제에 대한 내용이다.

④ 세종은 의정부 서사제를 실시하여 재상의 재량권을 인정하되 인사권을 장악하는 등 왕권과 신권의 조화를 추구하였다.

오답 분석

① 왕권 강화에 기여한 제도는 6조 직계제이다.
② 태종은 1414년(태조 14)에 6조 직계제를 추진하였으며, 세조는 즉위년에 세종 시기 부활된 의정부 서사제를 폐지시키고 다시 6조 직계제를 시행하여 집권 초기의 불안한 왕권을 안정시키려 하였다.
③ 정도전은 재상이 중심이 된 재상 총재제를 지지하였다. 따라서 왕권 강화와 관련 있는 6조 직계제와는 관련이 없다.

정답 ④

21 0295

2019년 9급 서울시(추가 채용)

조선 시대 중앙 통치 기구에 대한 설명으로 가장 옳지 않은 것은?

① 예문관 – 궁중 도서를 관리하고 국왕의 자문에 응하는 학문 기관
② 사간원 – 국왕에 대한 간쟁과 논박을 담당한 언론 기관
③ 승정원 – 국왕의 명령을 신하들에게 전달하는 비서 기관
④ 의금부 – 국왕의 명령을 받아 중대한 죄인을 다스리는 사법 기관

22 0296

2011년 7급 지방직

조선 전기 언관에 대한 설명으로 옳지 않은 것은?

① 관리의 비리를 감찰하고, 정사를 비판하였다.
② 어사대와 중서문하성의 낭사가 이에 속하였다.
③ 권력의 독점과 부정을 방지하는 데 기여하였다.
④ '맑고 중요한 자리'라 하여 청요직(淸要職)이라 불렸다.

23 0297

2022년 9급 국가직

조선 시대의 관청에 대한 설명으로 옳은 것은?

① 사간원 – 교지를 작성하였다.
② 한성부 – 『시정기』를 편찬하였다.
③ 춘추관 – 외교 문서를 작성하였다.
④ 승정원 – 국왕의 명령을 출납하였다.

24 0298

2019년 7급 서울시

〈보기〉와 같은 역할을 담당한 조선 시대 정치 기구에 대한 설명으로 가장 옳지 않은 것은?

보기
• 궁중의 서적과 문서를 관리하고, 국왕의 자문에 응하며, 경연(經筵)을 주관하였다.
• 매일 아침 신하들이 임금에게 정사를 보고하던 상참(常參) 등에 참여하여 국정에 대한 의견을 제출하였다.

① 옥당이라고 불리기도 하였다.
② 사간원 · 사헌부와 함께 삼사를 구성하였다.
③ 외교 문서와 사초를 작성하였다.
④ 소속 관원은 청요직이라 하여 선망의 대상이었다.

21 0295

① 궁중 도서를 관리하고 국왕의 자문에 응하는 학문 기관에 해당하는 기구는 집현전과 집현전의 후신인 홍문관에 해당한다. 예문관은 왕명을 받들어 교서를 작성하는 역할을 주로 담당하였다. 예문관 대제학은 나라의 문한(文翰)을 주관하며 문형(文衡)이라고도 하였다. 봉교 이하는 한림(翰林)이라고도 칭하였는데, 이들은 춘추관의 기사관(記事官)을 겸하였다.

정답 ①

22 0296

② 어사대와 중서문하성의 낭사는 고려 시대의 언관직에 해당한다. 대관은 어사대의 관리로서 주로 백관의 비위, 불법을 규찰, 탄핵하는 일을 맡았다. 간관은 중서문하성의 낭사의 관원으로 이들은 군주의 불가한 처사나 과오에 대해 간언하는 간쟁과 부당한 조칙을 봉환(封還)하는 봉박을 담당하며, 이와 함께 문무관의 임명이나 법의 개폐 등을 심사 · 동의하여 서명하는 서경의 권한을 가지고 있었다.

정답 ②

23 0297

④ 승정원은 국왕의 비서 기구로서, 왕명 출납을 비롯하여 다양한 국정 업무를 다룰 수 있었다. 특히 승지들은 예문관, 춘추관 등의 직책을 겸직하여 국정의 중요 사무에 직접 · 간접으로 관련되어 있었다.

오답 분석

① 국왕의 교지를 작성하는 기관은 예문관이었다. 사간원은 간쟁, 논박을 담당하는 관청으로, 관원은 간관(諫官)이라고 하며, 사헌부의 관원인 대관(臺官)과 더불어 대간(臺諫)이라 지칭되었다.
② 『시정기』는 실록 편찬의 중요한 기초 자료로 춘추관의 사관들에 의해 작성되었다. 한성부는 수도인 한성을 관할하는 관청으로 그 중요성이 인정되어 중앙 관청인 6조와 동등하게 대우를 받았으며, 소송 및 도적의 징계 등 사법권을 행사할 수 있었다.
③ 외교 문서를 작성하고 사대교린 관계를 관장했던 기구는 승문원이었다. 춘추관은 시정을 기록하고 역사를 관장하였던 기관이다.

정답 ④

24 0298

제시문의 기구는 홍문관에 해당한다. 홍문관은 사간원 · 사헌부와 함께 3사를 구성하였으며, 옥당이라는 별칭으로 불리기도 하였다. 홍문관은 사간원 · 사헌부 등 양사, 사관(한림), 이조 전랑 등과 더불어 청요직의 대표적 관직으로 지칭되었다.

③ 외교 문서 작성은 승문원, 사초 작성은 사관의 역할이다.

정답 ③

25 0299

(가)에 들어갈 기구로 옳은 것은?

> ○ 무릇 관직을 받은 자의 고신(임명장)은 5품 이하일 때는 [(가)] 과/와 사간원의 서경(署經)을 고려하여 발급한다.
> ○ [(가)] 는/은 시정(時政)을 논하고, 모든 관원을 규찰하며, 풍속을 바르게 하는 등의 일을 맡는다.
>
> — 「경국대전」

① 사헌부   ② 교서관
③ 승문원   ④ 승정원

26 0300

다음의 관서와 관련된 서술로 옳지 않은 것은?

> 어사대, 중서문하성 낭사, 홍문관, 사헌부, 사간원

① 언론과 간쟁을 하는 관서들이었다.
② 중서문하성 낭사와 어사대는 성대(省臺)라고 칭하였다.
③ 홍문관, 어사대, 사간원은 삼사라고 하였다.
④ 왕과 고위 관료의 활동을 견제하여 정치의 균형을 이루게 하였다.

27 0301

다음은 어떤 인물에 대한 연보이다. 밑줄 친 ㉠~㉣의 설명으로 옳은 것은?

> 1566년(31세) ㉠사간원 정언에 제수되다.
> 1568년(33세) ㉡이조 좌랑이 되었으나 외할머니 이씨의 병환 소식을 듣고 사퇴하다.
> 1569년(34세) 동호독서당에 머물면서 『동호문답』을 찬진하다.
> 1574년(39세) ㉢승정원 우부승지에 제수되어 「만언봉사」를 올리다.
> 1575년(40세) ㉣홍문관 부제학에서 사퇴하고 『성학집요』를 편찬하다.

① ㉠ – 왕명을 출납하면서 왕의 비서 기관의 업무를 하였다.
② ㉡ – 삼사의 관리를 추천하는 권한이 있었다.
③ ㉢ – 왕의 정책을 간쟁하고 관원의 비행을 감찰하였다.
④ ㉣ – 서적 출판 및 간행의 업무를 전담하였다.

28 0302

㉠에 대한 설명으로 옳은 것은?

> 임금께서 말하기를, "칠사(七事)라는 것은 무엇인가?"하니, 변징원이 대답하기를, "농상(농사와 양잠)을 성하게 하는 일, (㉠)을/를 일으키는 일, 소송을 간략하게 하는 일, 간활(간사하고 교활함)을 없애는 일, 군정(軍政)을 닦는 일, 호구를 늘리는 일, 부역을 고르게 하는 일이 바로 칠사입니다."라고 하였다.
> — 「성종실록」

① 유학에 힘쓰게 한다.
② 도적이 없게 한다.
③ 호적을 정리하고, 군역과 요역을 감독한다.
④ 중앙의 명령을 전달한다.

25 0299

① (가)에 들어갈 기구는 사헌부에 해당한다. 사헌부는 사간원과 함께 인사 동의권에 해당하는 고신서경을 행할 수 있었으며, 시정을 논하고 관원에 대한 규찰과 풍속 교정 등의 업무를 담당하였다.

오답 분석

② 교서관은 조선 시대 경적(經籍)의 인쇄와 제사 때 쓰이는 향과 축문 · 인신(도장) 등을 관장하기 위하여 설치되었던 관서였다.
③ 승문원은 조선 시대 외교 문제를 다루는 사대교린(事大交隣)에 관한 문서를 관장하기 위해 설치했던 관서였다.
④ 승정원은 왕명 출납을 담당한 왕의 비서 기구에 해당한다.

정답 ①

26 0300

고려의 대간(대성, 또는 성대)은 어사대의 관원(대관)과 중서문하성의 낭사(간관)로 구성되었는데, 간관은 간쟁과 봉박을 담당하였고, 대관은 시정을 논박하고 풍속을 교정하며 규찰, 탄핵하는 임무를 맡았다.

③ 고려 시대 대간의 역할은 조선 시대에 이르러 사헌부(고려 말 어사대가 개칭)와 사간원으로 연결되었으며, 성종 시기에 세워진 홍문관까지 언관의 역할을 수행함에 따라 삼사라 칭하였다.

정답 ③

27 0301

② 이조 정랑 3인과 좌랑 3인으로 구성된 이조 전랑 6인은 삼사 관리의 인사 추천권을 비롯하여 당하관 이하의 추천권 및 후임자 자천권(전랑 자대권) 등을 가지고 있었다.

오답 분석

① 사간원이 아닌 승정원에 대한 설명이다. 사간원은 조선 시대 언론을 담당했던 기관으로, 국왕에 대한 간쟁과 논박을 담당한 관청이었다.
③ 왕의 정책을 간쟁하는 역할을 담당한 기관은 사간원, 관원의 비행을 감찰하는 역할을 담당한 기관은 사헌부이다. 승정원은 조선 시대 국왕의 비서 기관으로, 왕명 출납과 주요 국정에 참여했던 관청이었다.
④ 홍문관이 아닌 교서관에 대한 설명이다. 홍문관은 궁중 도서를 관리하고 국왕의 자문에 응하는 학술 기관이었으며, 옥당으로도 불렸다.

정답 ②

28 0302

제시문은 『경국대전』에 실린 조선 초기 지방 수령의 임무를 나타내는 수령 7사에 대한 기록이다. 수령 7사의 기록은 다음과 같다.

수령 7사(『경국대전』)
1. 농사철에 맞추어 씨를 뿌리게 할 것(농상성)
2. 유생에게 경전을 교육하고 제술을 시험하여 유학 및 문학에 정진을 도모할 것(학교흥)
3. 법을 잘 지켜 민에게 올바름을 보여 줄 것(사송간)
4. 용모를 잘 관찰하여 간사스럽고 교활한 자를 없앨 것(간활식)
5. 때를 맞춰 군사 훈련을 실시하고 기강을 엄히 할 것(군정수)
6. 백성들을 편하게 일하면서 살 수 있게 하여 사람들이 모여 들게 할 것(호구증)
7. 부역을 시키는 데 차별 없이 공평하고 균등하게 부과할 것(부역균)

① 수령 7사에서는 유생에게 경전을 교육하고, 제술을 시험하는 등 유학에 힘쓸 것을 강조하였다.

정답 ①

29 0303

고려와 조선의 지방 행정 제도에 대한 설명으로 가장 옳지 않은 것은?

① 조선에서 지방관은 행정 · 사법권을, 별도로 파견된 진장 · 영장은 군사권을 보유하였다.

② 고려에서 상급 향리는 과거 응시에 제한을 두지 않아 고위 관리가 될 수 있었다.

③ 조선에서 지역 양반은 유향소를 구성하여 향리를 규찰하고 향촌 질서를 바로 잡았다.

④ 고려의 지방은 지방관이 파견된 주현과 파견되지 않은 속현으로 구성되었다.

30 0304

시대별 지방 행정 제도에 대한 설명으로 옳은 것은?

① 통일 신라 – 촌의 행정은 촌주가 담당하였다.

② 발해 – 전국 330여 개의 모든 군현에 수령을 파견하였다.

③ 고려 – 촌락 지배 방식으로 면리제가 확립되었다.

④ 조선 – 향리 통제를 위하여 사심관을 파견하였다.

31 0305

조선 지방 제도에 대한 설명으로 옳은 것을 〈보기〉에서 모두 고른 것은?

보기
㉠ 군현 밑에는 면, 리, 통을 두고 다섯 집을 1통으로 편제하였다.
㉡ 수령은 자기 출신 지역에 부임하지 못하며, 각 도에는 관찰사를 파견하여 수령의 업무 성적을 평가하였다.
㉢ 향리는 수령의 행정 실무를 보좌하였으며, 아전으로 신분이 격하되었다.
㉣ 각 군현에 지방민의 자치를 허용하기 위해 경재소를 설치하였다.

① ㉠

② ㉡, ㉢

③ ㉠, ㉡, ㉢

④ ㉠, ㉡, ㉣

32 0306

고려와 조선 시대 과거 제도에 대한 설명으로 옳은 것을 모두 고른 것은?

㉠ 고려 시대에는 제술업이 명경업보다 중시되어 그 합격자를 중용하였다.
㉡ 고려 시대 국자감시는 국자감의 학생만을 대상으로 치르는 시험이었다.
㉢ 조선 시대에 잡과에 합격한 기술관은 해당 관청에서 최고 정3품까지 승진할 수 있었다.
㉣ 조선 시대의 음서 대상도 고려 시대와 동일하여 음서를 통하여 고위 관리까지 진출하였다.

① ㉠, ㉢

② ㉠, ㉣

③ ㉡, ㉢

④ ㉢, ㉣

29 0303

수령의 임무는 권농 · 호구 증식 · 군정 · 교육 장려 · 징세 조역 · 소송 간평 · 풍속 교정이었으며, 수령의 하부 행정 체계로는 향리와 면리임이 있고, 자문 및 보좌 기관으로 유향소가 있었다.

① 조선 전기에는 지방관(수령)들이 행정 · 사법 · 군사권을 보유하였다. 1627년 정묘호란 이후 각 도의 지방 군대(속오군)의 조직과 훈련을 위해 진장 · 영장이 설치되었다. 이 직책은 진과 영의 정3품 당상직 장관 겸직으로서, 중앙은 판관이나 중군 및 경기 일원의 부사 · 목사가 겸임하였고, 각 도는 수령이 겸하였다. 이후 진장 · 영장이 별도의 관원으로 임명되자 수령과의 갈등이 심해져 문제가 되었다.

정답 ①

30 0304

① 통일 신라 촌의 행정은 촌주가 담당하였으며, 그 대가로 촌주는 촌주위답을 지급받아 경영하였다.

오답 분석

② 전국의 행정 단위를 330여 개의 군현으로 나누고, 모든 군현에 지방관을 파견한 것은 조선 시대의 사실이다.
③ 면리제는 고려 시기 최초로 등장한 것으로 알려져 있으나, 조선 시대에 와서 기초 행정 단위로서 적용되기 시작했다. 면리제는 『경국대전』에도 규정되어 있으나, 모든 지역에 균질한 개념으로 체계화된 시점은 조선 후기로 추정된다.
④ 지방 통제를 위해 중앙 고관을 자기 출신지의 사심관으로 삼은 사심관 제도는 고려 태조 때 시행되기 시작하여 충숙왕 때까지 유지되었다. 또한, 사심관은 지방에 파견되지 않고 중앙에 거주하였던 중앙관의 겸직에 해당하는 직책이었다.

정답 ①

31 0305

㉠ 조선 세조 시기부터 군현 밑에 면, 리, 통을 두고 다섯 집을 1통으로 편제하는 오가작통법에 대해 논의하기 시작하여, 성종 시기에 『경국대전』에 기록하여 법제화하였다. 이후 숙종 시기에 전국적으로 실시 · 강화하였다.
㉡ 조선 시대에 수령은 상피제에 의해 자기 출신 지역에 부임하지 못하였으며, 각 도에 파견된 관찰사에 의해 업무 성적을 평가받았다.
㉢ 조선 시대에 향리는 수령의 지방 행정 실무를 보좌하였으며, 세습적인 아전으로 신분이 격하되었다.

오답 분석

㉣ 조선 시대에 지방민의 자치를 허용하기 위해 설치한 것은 유향소이다. 경재소는 유향소를 통제하기 위해 한양(서울)에 설치된 기구이다.

정답 ③

32 0306

㉠ 고려 시대에는 한 · 당 유학(훈고학)의 영향으로 경학(유교 경전을 공부하는 학문)보다 사장(문학 중심의 학문)이 중시되었기 때문에 명경업보다 제술업이 더욱 중요시되었다.(현전하는 합격생의 수: 제술과 6700명, 명경과 449명)
㉢ 조선 시대의 기술관과 서얼은 한품서용에 따라 참상관(정3품 하~종6품 하)까지 승진이 허용되었다(원칙적으로 기술관이나 환관들은 당상관이 되는 것이 불가능하였지만 간혹 특례로 왕이 직접 벼슬을 내리는 제수를 통해 당상관이 되는 경우도 있었다).

오답 분석

㉡ 고려 시대의 국자감시는 초시 합격자들과 국자감생, 12도생, 현직 관리 등이 응시하였으며, 합격한 자에게 본시험인 예부시에 응시할 자격을 주었다.
㉣ 조선 시대에는 과거제가 정립되고 확대되면서, 음서의 대상이 5품 이상의 관리였던 고려에 비해 2품 이상의 관리로 제한되었으며, 고위 관리로의 승진이 어려웠다.

정답 ①

33 0307   2018년 2차 경찰직

조선 시대의 과거 제도에 대한 설명으로 가장 적절하지 않은 것은?

① 문과(대과)의 복시에서는 33명을 뽑았고, 이들은 다시 전시를 보았다.

② 문과(대과)의 최종 합격자는 지역과 상관없이 성적에 따라 갑·을·병으로 나뉘었다.

③ 무과는 문과처럼 대과와 소과의 구별은 없었으나 초시·복시·전시를 치르는 것은 문과와 마찬가지였다.

④ 소과 복시의 합격자 수는 각 도의 인구 비율로 배분되었다.

35 0309   2019년 7급 서울시

조선 시대의 과거제에 대한 설명으로 가장 옳지 않은 것은?

① 문과는 정규 시험인 식년시와 특별 시험인 각종 별시로 구분되어 있었다.

② 무과의 경우 조선 후기에 이르러서는 재정상의 이유 등으로 합격자가 양산되어 '만과(萬科)'로 지칭되기도 하였다.

③ 잡과는 기술관을 뽑는 시험으로, 문·무과와 마찬가지로 초시·복시·전시로 구성되어 있었다.

④ 1894년 갑오개혁 때 폐지되었다.

34 0308   2015년 7급 서울시

고려, 조선 시대의 과거 제도에 대한 설명으로 옳은 것은?

① 고려 전기의 과거에는 문과, 무과, 잡과, 승과가 있었다.

② 조선 초부터 현직 관리들이 과거에 응시하는 것이 금지되었다.

③ 조선의 과거 제도는 1910년 조선 총독부에 의해 폐지되었다.

④ 조선 후기에는 중인이 과거에 급제하면 교서관에 임용되는 것이 관례였다.

36 0310   2012년 7급 국가직

다음 〈표〉에서 나타내는 조선 시대 과거의 종류와 정원에 대한 설명으로 옳지 않은 것은?

종류		초시	복시	전시
문과(대과)		관시 50명 한성시 40명 향시 150명	(가)	갑과 3명 을과 7명 병과 23명
소과	생원시	한성시 200명 향시 500명	100명	–
	진사시	한성시 200명 향시 500명	100명	–
무과		원시 70명 향시 120명	(나)	갑과 3명 을과 5명 병과 20명

① 소과의 초시와 복시는 인구 비례에 의해 지역별로 할당되었다.

② 문과(대과)의 최종 합격자는 지역과 관련 없이 성적에 따라 갑, 을, 병으로 나뉘었다.

③ (가)와 (나)에 해당하는 정원은 각각 33명과 28명이었다.

④ 알성시와 증광시의 합격자 수는 이 〈표〉에 포함되지 않았다.

33 0307

④ 소과와 문과(대과), 무과의 초시는 모두 각 도의 인구 비율에 의해 선발하였지만, 복시는 초시 선발 인원을 대상으로 하였기 때문에 인구 비례 및 비율과는 무관하였다. 소과의 복시는 생원과와 진사과가 각각 초시 합격자(각 700명) 중 100명씩을 선발하였다.

오답 분석

①, ② 문과(대과)의 초시는 인구 비율에 따라 총 240명을 선발하였으며, 복시는 이들 중 33명을 선발하였다. 전시는 33명의 등급을 선별하는 시험으로, 성적에 따라 최종 갑과 3인, 을과 7인, 병과 23인으로 선발하였다.

③ 무과는 문과처럼 대과와 소과의 구별은 없었으나, 초시 · 복시 · 전시의 과정을 거쳐 최종 선발하였다.

정답 ④

34 0308

④ 조선 후기에 과거에 급제한 자들 중 가문이 한미하거나 중인 출신일 경우에는 교서관으로 분관되어 실무를 익히게 하였으며, 대개의 경우 승진하지 못하고 미관말직을 전전할 수밖에 없었다.

오답 분석

① 무과는 예종 시기 20여 년간 시행되었으며, 이 시기 국자감에 무학재인 강예재가 설치되기도 하였다.
② 조선은 현직 관리들이 과거에 응시하는 것이 허용되었다. 문과를 기준으로 현직 관료로서 장원한 자는 4등급, 을과는 2등급, 병과는 1등급씩 승진되었다. 뿐만 아니라 당하관 이하의 관료에게 10년에 한 번 중시를 시행하기도 하였다. 다만 현직 관료의 문과 응시는 대과는 당하관 이하, 소과는 5품관 이하만 응시할 수 있었고, 수령의 소과 응시는 금지되었다.
③ 조선의 과거 제도는 1894년 제1차 갑오개혁 때 폐지되었다.

정답 ④

35 0309

③ 잡과는 해당 각 아문에서 초시를 치르고, 예조에서 복시를 치렀다. 초시 · 복시 · 전시의 3단계 시험은 문무 대과에서만 치러졌다.

오답 분석

① 문과는 정기 시험인 식년시와 다양한 비정기 시험인 별시(증광시, 알성시 등)로 구분되어 있었다.
② 무과는 북벌 추진과 국방력 강화를 명분으로 합격자를 증가시켜, 숙종 시기에는 한 번에 18,000여 명을 선발하기도 하였다. 이에 만과라는 별칭을 얻었다.
④ 과거제는 1894년 제1차 갑오개혁 때 폐지되었다.

정답 ③

36 0310

① 소과의 초시는 인구 비례에 의해 합격자 수를 배분하여 한성부와 각 도의 감영에서 선발하였고, 복시는 각 과(생원 · 진사과)에 100인씩 모두 200인을 선발하였다. 소과와 대과(문과) 및 무과의 초시는 인구 비례에 의해 선발하였지만, 소과와 문과(대과) · 무과의 복시는 모두 인구 비례와 무관하게 선발되었다. 문과(대과) · 무과는 정기 시험인 식년시를 포함하여 많은 비정기 시험에서 선발하였지만, 소과는 식년시와 비정기 시험 중 증광시에서만 선발하였다.

정답 ①

37 0311

조선 시대 과거 제도에 대한 설명으로 가장 옳지 않은 것은?

① 문과의 소과에는 경학에 뛰어난 인재를 선발하는 진사과와 문학적 재능이 뛰어난 인재를 선발하는 생원과가 있었다.
② 소과의 1차 시험인 초시는 각 도의 인구 비율에 따라 선발 인원을 배분하였다.
③ 소과 합격 증서를 백패, 대과 합격 증서를 홍패라 하였다.
④ 무과에는 서얼도 응시가 가능하였다.

38 0312

조선 시대 과거 제도에 대한 설명 중 가장 옳은 것은?

① 소과인 생원과나 진사과에 합격하면 문과에 응시할 수 없었다.
② 생원과나 진사과의 초시에는 지역별 할당 인원을 정했지만, 문과의 경우는 지역 할당 없이 초시, 복시 모두 시험 성적 순으로 뽑았다.
③ 『경국대전』에서는 탐관오리의 자식, 재가한 여자의 아들과 손자, 서얼의 응시를 제한하고 있다.
④ 문과 합격자에게는 합격 증서에 해당하는 백패를 수여했다.

39 0313

〈보기〉의 (가)에 대한 설명으로 가장 옳은 것은?

> **보기**
> " (가) 를 역을 피하는 곳으로 삼거니와, 어쩌다 글을 아는 자가 있어도 도리어 (가) 에 이름을 두는 것을 부끄럽게 여겨 온갖 방법으로 교묘히 피하므로, 훈도 · 교수가 되는 자가 초동(樵童) · 목수(牧豎)의 나머지를 몰아다가 그 부족한 수를 채워 살아갈 길을 도모하고 있습니다."
> — 『중종실록』

① 군현의 인구 비례로 정원을 배정하였다.
② 천민도 입학이 허가되었다.
③ 국가의 사액을 받으면 면세의 특권이 주어졌다.
④ 성적이 우수한 자는 문과 복시에 바로 응시할 수 있었다.

40 0314

조선 전기의 군사 제도에 대한 설명으로 옳지 않은 것은?

① 5위 도총부가 군무를 통괄하였다.
② 지방의 주요 거점을 중심으로 진관을 편제하였다.
③ 잡색군은 생업에 종사하다가 일정 기간 군사 훈련을 받았다.
④ 금위영을 설치하여 도성을 수비하였다.

37 0311

① 소과의 진사과는 문학적 재능이 뛰어난 인재를 선발하는 과정이고, 생원과는 경학에 뛰어난 인재를 선발하는 과정에 해당한다. 한편 소과는 정기 시험인 식년시, 비정기 시험에서는 증광시에서만 실시되었다. 소과와 문과(대과) 및 무과의 초시는 인구 비례에 따라 인원을 선발하였다.

정답 ①

38 0312

③ 소과와 문과의 경우 탐관오리의 아들, 재가한 아들과 손자, 서얼은 응시가 제한되었다.

오답 분석

① 소과에 합격하면 문과(대과)에 응시할 수 있었으며, 소과를 통과하지 못하거나 응시하지 않은 유학들도 문과에 응시할 수 있었다.
② 소과(생원과, 진사과)와 대과(문과) 및 무과의 초시는 모두 인구 비례에 의해 선발하였다. 다만 잡과 초시는 인구 비례와는 관계가 없었다. 모든 복시는 인구 비례의 선발 방식을 적용하지 않았다.
④ 문과(대과)와 무과 합격자는 홍패를 수여받았다. 백패를 수여받은 것은 소과와 잡과 합격자이다.

정답 ③

39 0313

〈보기〉의 (가)는 지방 교육 기관인 향교이다.

① 향교는 군·현의 인구 비례에 따라 할당된 정원이 달랐다. 개국 초에 교생의 정원은 부·대도호부·목에 50명, 도호부에 40명, 군에 30명, 현에 15명으로 배당되었으나, 성종 이후 향교의 정원이 증가하여 각각 90명·70명·50명·30명으로 재조정되었으며, 이것이 조선 후기까지 유지되었다.

오답 분석

② 향교에는 양인 이상의 신분이면 입학이 가능하였으나 천민은 입학이 불가능하였다. 대개는 양반들이 주로 입학하였다.
③ 16세기부터 등장한 서원에 대한 설명이다.
④ 향교에서 학업 성적이 우수한 학생은 소과인 생원·진사시의 복시에 바로 응시하는 특전을 부여받았다.

정답 ①

40 0314

④ 금위영은 조선 후기 숙종 때 설치된 군영으로, 훈련도감 소속의 훈련별대와 병조판서가 관할하는 정초청의 정초군을 통합하여 1682년에 설치되었다. 이후 영조가 도성 수비에 대해 내린 명령인 『수성윤음』에 의해 도성을 지키는 3군문의 하나가 되었다.

정답 ④

41 0315

다음 자료는 조선 시대 어떤 군사 체제의 문제점을 지적하고 있다. 이 군사 체제에 해당하는 것은?

> 을묘왜변 이후 김수문이 전라도에서 처음으로 도내의 여러 읍을 순변사·방어사·조방장·도원수와 본도 병사·수사에게 소속시키니 여러 도에서 이를 본받았다. …… 이리하여 한번 위급한 일이 있으면 반드시 멀고 가까운 곳의 군사를 모두 동원하여 빈 들판에 모아놓고 1,000리 밖에서 오는 장수를 기다리게 하였다. 그러므로 장수는 아직 때맞추어 이르지 않았는데, 적은 이미 가까이 오게 되니 군심이 동요하여 반드시 궤멸하는 도리밖에 없다.
> — 유성룡의 상계

① 진관 체제
② 5군영 체제
③ 속오군 체제
④ 제승방략 체제

42 0316

다음 내용과 관련된 군사 조직에 대한 설명으로 옳은 것은?

> 외방 곳곳에서 도적들이 일어났다. … 나는 청하기를 "당속미 1천 석을 군량으로 하되, 한 사람당 하루에 2승씩 급료를 준다면 사방에서 군인으로 응하는 자가 모여들 것입니다." 라고 하였다. … 얼마 안 되어 수천 명을 얻어 조총 쏘는 법과 창·칼 쓰는 기술을 가르치고 초관과 파총을 세워 그들을 거느리게 하였다. 또 당번을 정하여 궁중을 숙직하게 하고, 국왕의 행차가 있을 때에 이들로써 호위하게 하니 민심이 점차 안정되었다.
> — 「서애집」

① 양반에서부터 노비에 이르기까지 편제 대상이 되었다.
② 진도와 제주도 등을 중심으로 몽골군에 항쟁을 하였던 부대이다.
③ 서리, 잡학인, 신량역천인 등이 소속되어 유사시에 동원되었다.
④ 이 군인들은 면포와 수공업 제품의 판매를 통해 난전에 가담하였다.

43 0317

다음에서 말하는 사건 이후 조선에 나타난 현상으로 옳지 않은 것은?

> 어느 명나라 병사가 마산으로 가는 길에 어린 아이가 죽은 어머니에게로 기어가서 가슴을 헤치고 그 젖을 빨고 있는 것을 보고 너무 가여워서 데려다가 군중에서 길렀다. 그는 나에게 말하기를 '왜적은 아직 물러가지 않고 백성들은 이처럼 처참한 형편이니 장차 어떻게 하겠습니까?'하고 탄식하기를 ….
> — 유성룡, 「징비록」

① 훈련도감 등 5군영이 설치되어 남인의 권력을 뒷받침하였다.
② 비변사의 기능이 강화되어 의정부 6조 체제가 약화되었다.
③ 선상의 활동으로 전국의 포구가 하나의 유통권으로 형성되어 갔다.
④ 서당 교육의 보급으로 서민 문화가 발달하면서 풍속화와 민화가 크게 유행하였다.

44 0318

지방 군사 제도의 변천 과정을 시대 순으로 바르게 나열한 것은?

> ㉠ 국방 요지인 영·진에 소속되어 복무하는 영진군이 있었다.
> ㉡ 양반부터 천인에 이르는 신분으로 구성된 속오군이 편성되었다.
> ㉢ 10정은 각 주마다 1정씩 배치되었는데, 한주(漢州)에는 2정이 설치되었다.
> ㉣ 5도의 일반 군현에 주둔하는 주현군과 양계 지역의 주진군으로 구성되었다.

① ㉠ → ㉡ → ㉢ → ㉣
② ㉠ → ㉢ → ㉣ → ㉡
③ ㉢ → ㉠ → ㉣ → ㉡
④ ㉢ → ㉣ → ㉠ → ㉡

41 0315

제시문의 '을묘왜변 이후 김수문이 전라도에서 처음으로', '한번 위급한 일이 있으면 반드시 멀고 가까운 곳의 군사를 모두 동원하여 빈 들판에 모아놓고, 1,000리 밖에서 오는 장수를 기다리게 하였다.'라는 부분을 통해 16세기의 군사 제도인 제승방략 체제의 문제점을 지적하고 있음을 알 수 있다.

④ 제승방략 체제는 유사시에 군역 대상자들이 지정된 장소에 모여 중앙에서 파견된 장수 또는 그 도의 병·수사를 기다려 그들의 통제 아래 전투를 하는 방어 체제였다.

오답 분석

① 진관 체제는 세조 때 확정된 군현 단위의 독자적·지역적 방위 체제로, 각 도에 한두 개의 병영을 두어 병사가 관할 지역 군대를 장악하고, 병영 밑에 몇 개의 거진을 설치하여 거진의 수령이 그 지역 군대를 통제하는 체제였다.

② 5군영은 임진왜란을 계기로 무너진 군사 체제를 정비하는 과정에서 서울과 그 주변을 방어하기 위해 구성된 중앙군이다.

③ 속오군은 평소에는 생업에 종사하고 농한기에 훈련을 받다가 유사시에 전투에 동원되었으며, 양천 혼성군으로 편제되었다. 속오군 체제는 임진왜란이 소강 상태였던 1594년에 황해도에서 조직되었고, 1596년 말에는 거의 전국적으로 조직되었다.

정답 ④

42 0316

제시문은 유성룡의 시문집인 『서애집』에 기록된 훈련도감에 관한 내용이다. 임진왜란 중인 1593년에 유성룡을 도제조로 하는 훈련도감을 설치하여 군대의 편제와 훈련 방법을 바꾸었다.

④ 훈련도감은 포수, 사수, 살수로 편성되었으며 모두 용병인 급료병으로 편제되어 직업적 상비군의 성격을 가지고 있었다. 특히 훈련도감 군인들은 생계를 유지하기 위해 봉급으로 받은 면포를 팔거나 수공업 제품을 만들어 시장에 내다 팔았으며, 여기에 다른 도성민들도 적극 가담하였다.

오답 분석

① 속오군(조선), ② 삼별초(고려), ③ 잡색군(조선)에 대한 설명이다.

정답 ④

43 0317

『징비록』은 유성룡이 임진왜란(1592~1598) 동안에 경험한 사실을 기록한 책으로, 임진왜란 이후 조선에 나타난 현상이 아닌 것을 고르는 문제이다.

① 훈련도감은 임진왜란 중인 1593년에 설치되었고, 이후 인조 때 어영청·수어청·총융청이 정비되었으며, 숙종 때 금위영이 설치되었다. 훈련도감 등 5군영은 남인이 아닌 서인 정권의 군사 기반 역할을 수행하였다.

정답 ①

44 0318

④ 시대 순으로 나열하면 ⓒ 통일 신라의 10정 → ⓔ 고려의 주현군과 주진군 → ㉠ 조선의 영진군 → ⓛ 조선의 속오군이 된다.

ⓒ 통일 신라의 지방군인 10정은 통일 신라 전기인 신문왕 때 완성된 군사 조직으로 추정되며, 9주에 각 1개의 정을 배치하였으나, 지역이 넓고 국방상 요충지인 한산주에는 2개의 정을 설치했다.

ⓔ 고려의 지방군은 5도의 일반 군현에 주둔하는 주현군과 양계 지역의 상비군인 주진군으로 구성되었다.

㉠ 조선의 영진군은 1397년(태조 6) 5월에 진(鎭)이 설치되고, 1398년 10월에 영(營)이 설치되면서 진군·영군이라는 병종으로 확립되었던 지방의 군사 조직이다.

ⓛ 조선의 속오군은 임진왜란 중인 1594년 양천 혼성으로 편성된 지방군이다.

정답 ④

45 0319

2011년 9급 사회복지직

다음 인물들에 대한 설명으로 옳은 것은?

> 김종직, 김일손, 정여창, 김굉필

① 대체로 서울에 거주하며 고위 관직을 독차지하였다.
② 정치 활동의 목표를 부국강병과 민생 치안에 두었다.
③ 공신으로서 정치적 실권을 장악한 사람들이 많았다.
④ 향사례 · 향음주례의 보급, 사창제의 실시를 주장하였다.

46 0320

2014년 7급 국가직

밑줄 친 '그'와 관련된 설명으로 옳지 않은 것은?

> 임금이 교지를 내렸다. "지금 그의 제자 김일손이 찬수한 사초 내에 부도덕한 말로 선왕의 일을 터무니없이 기록하였다. …… 성덕을 속이고 논평하여 김일손으로 하여금 역사에 거짓을 쓰는 지경에까지 이르렀다."

① 「조의제문」을 지어 무오사화의 원인이 되었다.
② 길재의 학통을 잇고 세조 대에 정계에 나아갔다.
③ 제자들이 과거를 통해 주로 삼사 언관직에 진출하였다.
④ 국가의 여러 행사 규범을 담은 「국조오례의」 편찬에 관여하였다.

47 0321

2018년 7급 지방직

다음과 관련된 사건에 대한 설명으로 옳은 것은?

> '조룡(祖龍)이 어금니와 뿔을 휘두른다'고 한 것은 세조를 가리켜 시황제에 비긴 것이요, '회왕을 찾아내어 민망(民望)에 따랐다'고 한 것은 노산군을 가리켜 의제(義帝)에 비긴 것이고, '그 인의를 볼 수 있다'고 한 것은 노산을 가리킨 것이니 의제의 마음에 비추어 말한 것이다.

① 폐비 윤씨 사건에 관련된 자들과 사림 세력이 제거되었다.
② 훈구 세력은 조광조 일파를 모함하여 죽이거나 유배 보냈다.
③ 훈구 세력이 사관 김일손의 사초 내용을 문제 삼아 사림을 축출하였다.
④ 훈구 세력이 폭정을 일삼던 연산군을 몰아내고, 중종을 왕으로 세웠다.

48 0322

2017년 7급 국가직(추가 채용)

㉠ 인물에 대한 설명으로 옳지 않은 것은?

> (㉠)은/는 초야의 미천한 선비로 세조 대에 과거에 급제하였다. 성종 대에 발탁되어 경연에 두어 오랫동안 시종의 자리에 있었다. 병으로 물러나게 되자 성종은 소재지 관리를 통해 특별히 미곡을 내려 주었다. 지금 그의 제자 김일손이 「사초」에 부도덕한 말로써 선왕의 일을 거짓으로 기록하고 스승인 (㉠)의 「조의제문」을 실었다.

① 「여씨향약」을 도입하여 언문으로 간행하였다.
② 김굉필, 조광조가 그의 도학을 계승하였다.
③ 외가인 밀양에 서원이 세워져 봉사되었다.
④ 고려 말 정몽주, 길재의 학풍을 이었다.

45 0319

김종직과 그의 제자들인 김일손, 정여창, 김굉필 등은 사림파를 대표하는 인물들이다.

④ 사림은 훈구파의 일방적 권력 강화를 막으려는 성종의 발탁으로 중앙 정계에 진출하였으며, 향사례 · 향음주례의 보급, 사창제의 실시를 주장하였다.

오답 분석

① 훈구파에 대한 설명이다. 사림파는 대체로 영남 지방을 중심으로 형성되기 시작하였다. 세도 정치기에 중앙의 정치 권력은 서울에 거주하는 소수의 유력 성씨인 안동 김씨, 대구 서씨, 풍양 조씨, 반남 박씨, 연안 이씨, 남양 홍씨 등 경화거족에 의해 독점되었다.

②, ③ 훈구파에 대한 설명이다. 훈구파는 정치적으로 부국강병과 민생 안정을 중시하였으며, 공신으로서 정치적 실권을 장악한 사람들이 많았다.

정답 ④

46 0320

제시문은 김일손이 그의 스승인 김종직이 쓴 「조의제문(弔義帝文)」을 사초에 실은 것을 문제 삼아 일어난 무오사화에 관한 내용이다. 제시문의 '그'는 김종직에 해당한다.

④ 「국조오례의」(1474, 성종 5)를 편찬한 신숙주, 정척 등은 대표적인 훈구 세력이다. 김종직은 세조 시기에 관계에 진출하여 성종 시기에 활약하였지만 「국조오례의」 편찬에는 참여하지 않았다.

정답 ④

47 0321

제시문은 연산군 재위 시기에 유자광이 김종직이 작성한 「조의제문(弔義帝文)」의 내용을 해석하고 이를 사화로 비화시킨 상황에 대한 것이다.

③ 훈구 세력인 유자광은 사관 김일손에 불만을 품은 이극돈이 「조의제문」의 내용을 언급하자 그 내용을 문제 삼아 연산군을 자극함으로써 무오사화를 주도하였다.

오답 분석

① 갑자사화, ② 기묘사화, ④ 중종반정과 관련된 내용이다.

정답 ③

48 0322

제시문의 ㉠에 해당하는 인물은 김종직이다.

① 조광조와 김안국에 대한 설명이다. 조광조는 「여씨향약」을 들여와 향촌 사회에 보급 · 실시하였고, 김안국은 중국의 「여씨향약」을 언문으로 간행하였다.

정답 ①

49 0323

2010년 9급 국가직

다음 시의 지은이와 관련이 없는 것은?

> 임금 사랑하기를 어버이 사랑하듯이 하고/ 나라를 내 집안 근심하듯이 했노라./ 밝은 해가 이 땅을 비치고 있으니/ 내 붉은 충정을 밝혀 비추리라.

① 군주의 마음을 바르게 하는 것이 중요하다고 믿어 경연을 강화하였다.
② 자신들의 의견을 공론이라고 표방하면서 급진적 개혁을 요구하였다.
③ 「조의제문」으로 인해 사화를 당하였다.
④ 도교 및 민간 신앙을 배격하였다.

50 0324

2022년 9급 국가직

밑줄 친 '사건'의 명칭은?

> 중종에 의해 등용된 조광조는 현량과를 통해 사림을 대거 등용하였다. 그는 3사의 언관직을 통해 개혁을 추진해 나갔고, 위훈 삭제를 주장하기도 하였다. 이러한 움직임은 반발을 불러일으켰으며, 중종도 급진적인 개혁 조치에 부담을 느껴 조광조 등을 제거하였다. 이 사건으로 사림은 큰 피해를 입었다.

① 갑자사화
② 기묘사화
③ 무오사화
④ 을사사화

51 0325

2019년 7급 서울시

〈보기〉의 ㉠에 들어갈 인물과 관련된 서술로 가장 옳지 않은 것은?

보기

> 반정에 의해 왕위에 오른 중종은 한동안 공신들의 그늘에서 벗어나지 못하였다. 중종은 재위 8년 무렵 반정 3인방이 모두 사망하면서, 기존의 훈구 세력을 대체할 수 있는 새로운 정치 파트너를 구했다. 그때 중종의 눈에 들어온 ㉠ 은(는) 사림파의 선두 주자였다. 그는 1510년 과거에 장원으로 합격하고, 1515년 별시에 급제하여 국왕인 중종의 마음을 사로잡았다. 이후 왕을 측근에서 보필하는 핵심 요직을 두루 거쳤고, 1518년 대사헌에 오르는 파격적인 승진을 거듭하였다.

① 『소학』과 향약(鄕約)의 보급을 위해 노력하였다.
② 사초 문제가 발단이 된 무오사화로 인해 목숨을 잃었다.
③ 방납의 폐단을 시정할 것을 주장하였다.
④ 위훈 삭제로 구세력을 제거하고 신진 세력 중심으로 정치판을 재편하려 하였다.

52 0326

2011년 9급 국가직

다음 정책을 추진한 인물에 대한 설명으로 옳은 것은?

> • 소격서 폐지 • 위훈 삭제 • 방납의 폐단 시정

① 경연을 강화하고 언론 활동을 활성화하였다.
② 갑자사화를 주도하여 훈구 세력을 몰아내었다.
③ 소수 서원을 설립하여 유교 윤리를 보급하였다.
④ 관리들에게 '신언패(愼言牌)'를 차고 다니게 하였다.

49 0323

제시문은 조광조가 능주에서 사약을 받기 전에 남긴 절명시이다. 그는 급진적 개혁을 추진하고 현량과를 실시하여 천거를 통한 사림의 무시험 등용을 추진하였으며, 중종반정의 공신 중 3/4인 76명의 위훈을 삭제하여 훈구 세력의 약화를 기도하였다. 또한 경연을 강화하고 언론 활동을 활성화하는 한편, 불교를 억압하였으며, 많은 반대에도 불구하고 미신 타파를 주장하여 도교의 제사를 맡아보는 소격서를 폐지하였다.

③ 조광조는 기묘사화(1519)로 사사되었다. 김종직이 쓴 「조의제문(弔義帝文)」을 사초에 실은 것을 문제 삼아 일어난 사건은 무오사화(1498)로, 죽은 김종직은 부관참시 당했으며, 김일손을 비롯한 영남 사림 세력이 사화를 당하였다.

정답 ③

50 0324

② 조광조 등의 신진 사림이 훈구 세력에 의해 피해를 입은 사건은 기묘사화에 해당한다. 기묘사화는 1519년(중종 14) 당시 조광조 등 신진 사림의 혁신 정치에 반발한 훈구파들에 의해 발생한 사화로, 이 사화에 희생된 인물들을 일명 기묘명현(己卯名賢)이라고 한다.

오답 분석

① 갑자사화는 연산군 재위기에 일어난 사화로 이세좌에 대한 처벌 중 불거진 폐비 윤씨 사건을 계기로 일어난 사건이었다.
③ 무오사화는 갑자사화보다 앞선 시기에 일어난 사건으로 연산군 시기 『성종실록』 사초에 기록되어 있던 김종직의 「조의제문」을 계기로 빚어진 일이었다.
④ 을사사화는 명종 시기 문정 왕후의 후원을 받고 있던 외척 윤원형 등이 인종의 외척인 윤임 세력을 제거하기 위해 일으킨 사건이었다.

정답 ②

51 0325

중종반정은 훈구파였던 박원종, 성희안, 유순정 등에 의해 주도되었다. 이후 이들이 사망하자 중종은 〈보기〉의 ㉠에 해당하는 인물인 사림파의 조광조를 중용하였다.

② 무오사화는 김일손이 스승인 김종직의 「조의제문」을 『성종실록』 사초에 수록하면서 일어난 사건으로, 연산군 재위 시기에 발생하였다.

정답 ②

52 0326

제시된 정책을 추진한 인물은 조광조이다.

① 조광조는 왕도 정치(도학 정치)의 이상 추구를 목표로 유교를 정치와 교화의 근본으로 삼아야 한다는 지치주의(至治主義)를 추진하였으며, 경연을 강화하고 언론 활동을 활성화하였다.

오답 분석

② 갑자사화(1504)는 연산군의 생모 폐비 윤씨의 사사와 관계된 사건으로, 임사홍 등 연산군 측근의 척신 세력이 일으켰다. 이 사건으로 윤씨 폐위와 사사에 찬성했던 윤필상 · 이극균 · 성준 · 이세좌 · 권주 · 김굉필 · 이주 등이 사형에 처해졌다.
③ 풍기 군수 주세붕이 안향을 배향하고자 소수 서원의 전신인 백운동 서원을 설립하였는데, 이후 이황의 건의로 백운동 서원이 소수 서원으로 사액되면서 최초의 사액 서원이 되었다.
④ 연산군은 재위 말에 관리들에게 신언패를 패용하게 하여 대간들의 직언을 금지하였다.

정답 ①

53 0327

(가) 인물에 대한 설명으로 옳은 것은?

> [가] 이/가 올립니다. "지방의 경우에는 관찰사와 수령, 서울의 경우에는 홍문관과 육경(六卿), 그리고 대간(臺諫) 들이 모두 능력 있는 사람을 천거하게 하십시오. 그 후 대궐에 모아 놓고 친히 여러 정책과 관련된 대책 시험을 치르게 한다면 인물을 많이 얻을 수 있을 것입니다. 이는 역대 선왕께서 하지 않으셨던 일이요, 한나라의 현량과와 방정과의 뜻을 이은 것입니다. 덕행은 여러 사람이 천거하는 바이므로 반드시 헛되거나 그릇되는 일이 없을 것입니다."

① 기묘사화로 탄압받았다.
②「조의제문」을 사초에 실었다.
③ 문정 왕후의 수렴청정을 지지하였다.
④ 연산군의 생모 윤씨를 폐비하는 데 동조하였다.

54 0328

다음 사건이 있었던 국왕 대의 역사적 사실로 옳지 않은 것은?

> 임꺽정은 양주의 백성으로 성품이 교활하고 또 날래고 용맹했으며 그 무리 10여 명이 모두 날래고 빨랐다. 도적이 되어 민가를 불사르고 소와 말을 빼앗고 만약 이에 항거하면 살을 베고 사지를 찢어 몹시 잔인하게 죽였다.

① 회령에서 니탕개(尼蕩介)가 반란을 일으켰다.
② 문정 왕후의 불교 숭신으로 선교 양종이 다시 설치되었다.
③ 세견선의 감소로 곤란을 겪던 왜인들이 전라도를 침범해 왔다.
④ 척신과 권신들은 많은 노동력을 투입하여 해택지(海澤地) 를 개간하였다.

55 0329

다음과 같은 명령을 내린 국왕의 재위 기간에 있었던 일로 옳은 것은?

> 국가에 반역한 큰 도적인 임꺽정 등이 이제 모두 잡혀 내 마음이 매우 기쁘다. 토포사 남치근, 군관 곽순수·홍언성 및 전 사복(司僕) 윤임에게 각각 한 자급씩을 더해 주고, 종사관 한홍제와 박호원에게는 각각 말을 내려 주라.

① 불교의 선교 양종을 부활하고 선과를 다시 설치하였다.
② 현직 관료에게만 과전을 지급하는 직전제를 도입하였다.
③ 현량과 시행을 통해서 유교의 이상 정치를 실현하려고 하였다.
④ 기축옥사(己丑獄死)를 계기로 동인이 남인과 북인으로 갈리었다.

56 0330

다음에서 서술하고 있는 인물에 대한 설명으로 옳은 것은?

> 이 인물을 중심으로 한 도적 무리는 조선 전기 도적 가운데 그 세력이 가장 컸으며, 명종 14년부터 명종 17년까지 주로 활동하였다. 이들이 거점으로 삼았던 지역은 백정들이 많이 사는 지역과 공물이 운송되며 사신들의 왕래가 빈번하여 농민들의 부담이 무거웠던 역촌(驛村) 지대 및 주변에 갈대밭이 많은 곳 등이었다. 이들은 이러한 곳을 거점으로 약탈·살인·방화를 서슴지 않았다.

① 광대 출신으로 승려 세력과 함께 봉기하여 서울로 들어가려고 하였다.
② 허균이 이 인물을 주인공으로 하여 정치의 부패상을 비판한 소설을 썼다.
③ 황해도를 중심으로 경기·강원·평안·함경도 주변 지역에서 활동하였다.
④ 대동계라는 비밀 결사를 조직하여 새 왕조를 세우려는 역성 혁명을 꿈꾸었다.

53 0327

한나라 현량과의 뜻을 이어받은 제도의 시행을 건의한 것으로 보아 (가)에 해당하는 인물은 조광조이며, 건의한 제도는 현량과에 해당한다.

① 조광조는 중종 시기에 일어난 기묘사화로 사사되었다.

오답 분석

② 김종직이 지은 「조의제문」을 『성종실록』 '사초'에 실었던 인물은 김일손이다. 김일손은 무오사화로 죽임을 당했다.
③ 나이 어린 명종의 즉위 이후 문정 왕후의 수렴청정을 지지했던 인물들은 외척인 윤원형을 위시한 세력이었다.
④ 연산군의 생모 윤씨의 폐비에 동조하였던 인물들은 한명회, 윤필상 등으로 각각 갑자사화 당시 부관참시되거나 사형 당하였다.

정답 ①

54 0328

제시문은 명종 시기인 1559년부터 1562년까지 백정 출신인 임꺽정이 상인, 대장장이, 노비, 아전, 역리 등 많은 무리들을 규합시켜 일으킨 난에 대한 내용이다. 명종의 재위 시기에 문정 왕후의 불교 후원으로 선교 양종이 부활되고 승과와 도첩제가 다시 실시되었다. 또한 이 시기에 세견선의 확대를 주장하던 왜인들이 을묘왜변(1555)을 일으켰다가 토벌되었으며, 윤원형 등이 간척지를 개간한 언전(해택지) 등을 확대하여 광대한 토지를 장악하였다.

① 1583년 선조 때 회령 지방에 살던 니탕개를 중심으로 여진족이 반란을 일으켜 조선의 국경 지대인 경원부가 함락되는 사건이 일어났다.

정답 ①

55 0329

임꺽정의 난은 명종 시기에 일어났다.

① 명종 시기에 문정 왕후의 후원에 힘입어 불교의 선교 양종이 부활하고 승과가 재설치되었다. 이 시기 불교의 중흥에 힘쓴 승려로는 보우가 있다.

오답 분석

② 휼양전, 수신전 등을 폐지하고 현직 관료에게만 과전을 지급하는 직전법은 세조 시기에 시행되었다.
③ 중종 시기 등용된 조광조는 현량과 시행을 통해 사림파의 진출을 용이하게 하는 한편, '지치주의'라는 유교적 이상 정치를 구현하고 추진하려 하였다.
④ 정여립 모반 사건으로 촉발된 기축옥사는 선조 재위 시기인 1589년에 일어났으며, 이때 탄압을 받았던 동인은 세자 건저 문제 이후 다수파의 지위를 장악하자 기축옥사 시기 탄압에 앞장섰던 정철과 서인에 대한 입장 차이로 남인(온건파)과 북인(강경파)으로 분화되었다.

정답 ①

56 0330

제시문에서 설명하는 인물은 임꺽정이다.

③ 양주 백정 출신의 임꺽정은 처음에는 황해도 구월산 · 서흥 등 산간 지대에서 활동하였으나 점차 시간이 흐르고 따르는 무리들이 많아지면서 평안도와 강원도, 안성 등 경기 지역으로까지 세력 범위를 확대하였다. 임꺽정은 백성들에게 의적으로 인식되기도 하였으나, 대규모 토벌로 체포되어 죽임을 당하였다.

오답 분석

① 숙종 시기에 활동하였으나 끝내 체포되지 않았던 장길산에 대한 내용이다.
② 허균은 연산군 시기에 활동했던 홍길동을 소설의 대상으로 삼아 한글 소설 「홍길동전」을 저술하였다.
④ 정여립은 대동계를 조직하여 활동하다가 모반을 꾀한다는 서인의 고발로 체포 직전 자결하였다.

정답 ③

57 0331
2020년 9급 지방직

다음 사건이 일어난 왕의 재위 기간에 대한 설명으로 옳은 것은?

> 임꺽정은 양주 백정으로, 성품이 교활하고 날래고 용맹스러웠다. 그 무리 수십 명이 함께 다 날래고 빨랐는데, 도적이 되어 민가를 불사르고 소와 말을 빼앗고, 만약 항거하면 몹시 잔혹하게 사람을 죽였다. 경기도와 황해도의 아전과 백성들이 임꺽정 무리와 은밀히 결탁하여, 관에서 잡으려 하면 번번이 먼저 알려주었다.

① 동인과 서인의 붕당이 형성되었다.
② 문정 왕후가 수렴청정하며 불교를 옹호하였다.
③ 삼포에서 4~5천 명의 일본인이 난을 일으켰다.
④ 조광조가 내수사 장리의 폐지, 소격서 폐지 등을 주장하였다.

58 0332
2017년 7급 국가직

다음 글에 나타난 '무리들'에 대한 설명으로 옳은 것은?

> 그 무리들이 번성한 지 벌써 십 년이 지났으나 아직 잡지 못하고 있다. 지난번 양덕에서 군사를 징발하여 그 무리들을 체포하려고 포위하였지만 끝내 잡지 못하였으니 역시 그 음흉함을 알 만하다. 지금 이영창의 심문 기록을 살펴보니 더욱 통탄스럽다.

① 양주 백정 출신인 임꺽정을 중심으로 황해도에서 활동하였다.
② 장길산을 우두머리로 하여 황해도와 평안도 등지에서 활동하였다.
③ 실존 인물인 홍길동이 이 집단의 우두머리로 충청도에서 활동하였다.
④ 몰락 양반인 홍경래를 중심으로 영세농과 광산 노동자 등이 가세하였다.

59 0333
2015년 9급 지방직

다음 사건으로 인하여 발생한 역사적 사실은?

> 심충겸이 장원 급제를 하자 전랑으로 천거하려고 하였다. 김효원이 "외척은 쓸 수 없다."하며 막으니, 심의겸이 "외척이 원흉의 문객보다는 낫지 않으냐."하였다. 이때 김효원 편을 드는 사람들은 "효원의 말은 공론에서 나온 것이다. 그런데 의겸이 사사로운 혐의로 좋은 선비를 배척하니 매우 옳지 못하다."하였다.

① 동인과 서인으로의 분화
② 남인과 북인으로의 분화
③ 노론과 소론으로의 분화
④ 서인과 남인 간의 예송 논쟁

60 0334
2015년 9급 서울시

다음의 사건과 관련된 설명으로 옳은 것은?

> 김효원이 과거에 장원으로 급제하여 이조 전랑의 물망에 올랐으나, 그가 윤원형의 문객이었다 하여 심의겸이 반대하였다. 그 후에 심충겸(심의겸의 동생)이 장원 급제를 하여 이조 전랑에 천거되었으나, 외척이라 하여 김효원이 반대하였다.
>
> – 『연려실기술』

① 외척들의 반발로 이 사건에 관련된 훈구 세력과 사림 세력이 제거되었다.
② 심의겸 쪽에는 정치의 도덕성을 강조한 서경덕, 이황, 조식의 문인들이 가세하였다.
③ 이이, 성혼의 문인들은 주기론(主氣論)에 입각하여 양쪽을 모두 비판하며 타협안을 제시하였다.
④ 이 사건 이후 사림을 중심으로 정치적, 학문적 견해 차이에 따른 붕당 정치가 나타났다.

57 0331

임꺽정은 명종 시기에 활동한 백정 출신의 대표적인 도적이다.

② 명종이 어린 나이에 즉위하자 문정 왕후(명종의 어머니)가 수렴청정을 하였으며, 이 시기 문정 왕후는 불교를 옹호하여 승려 보우를 중용하였다.

오답 분석

① 붕당 정치의 형성은 선조 재위기에 이뤄졌다.
③ 중종 시기 삼포왜란(1510)이 일어나고, 이를 기점으로 비변사가 설치되었다.
④ 중종 시기 1516년(중종 11) 이후 조광조가 추진한 개혁의 내용이다.

정답 ②

59 0333

사료의 내용은 선조 시기에 일어난 사건으로, 붕당 정치의 출발에 해당하는 '을해분당'을 언급한 기록이다.

① 이른바 이조 전랑 임명 문제로 촉발된 붕당의 형성으로, 사림이 김효원을 중심으로 한 동인과, 심의겸을 중심으로 한 서인으로 분화되었다.

정답 ①

58 0332

제시문은 『조선왕조실록』에 실린 기록으로, 숙종 시기인 1692년 무렵 평안남도 양덕 일대에서 활약한 장길산 일당을 체포하려다 실패한 내용을 언급한 것이다.

② 장길산은 조선 숙종 때 황해도의 구월산을 중심으로 활동한 도적의 우두머리로, 홍길동·임꺽정 등과 함께 조선의 3대 도적으로 꼽힌다.

오답 분석

① 임꺽정은 조선 중기 명종 때 활동한 백정 출신의 도적이다.
③ 홍길동은 조선 연산군 때 충청도 일대를 중심으로 활동하였다.
④ 평안도 출신의 몰락 양반인 홍경래의 지휘 아래 영세 농민, 중소 상인, 광산 노동자 등이 합세하여 1811년에 난(홍경래의 난)을 일으켰다.

정답 ②

60 0334

사료는 사림이 동인과 서인으로 분화되는 계기가 된 '을해분당'에 해당하는 내용이다.

④ 사림은 이조 전랑 임명 문제와 정치적·학문적 견해의 차이에 따라 동인과 서인으로 분당되면서 붕당 정치가 전개되었다.

오답 분석

① 외척들과 관련된 사건은 을사사화이며, 이 시기 사림이 박해를 받았다. 을사사화 당시 훈구 세력은 거의 소멸된 상황이었으며, 외척의 과도적인 정권 장악이 이루어졌다.
② 정치의 도덕성을 강조한 서경덕, 이황, 조식의 문인들은 김효원을 지지하는 동인 세력에 가세하였다.
③ 양쪽을 모두 비판하며 타협안을 제시하였던 인물은 율곡 이이였으며, 이후 이이와 성혼의 문인들은 주로 서인에 가담하였다.

정답 ④

61 0335

(가) 인물에 대한 옳은 설명을 〈보기〉에서 고른 것은?

> 내가 비록 부덕하더라도 일국의 국모 노릇을 한 지 여러 해가 되었다. _____(가)_____ 은(는) 선왕(先王)의 아들이다. 나를 어미로 여기지 않을 수 없는데도 내 부모를 죽이고 품 속의 어린 자식을 빼앗아 죽였으며, 나를 유폐하여 곤욕을 치르게 했다. 어디 그뿐인가. 중국이 우리나라를 다시 일으켜 준 은혜를 저버리고, 속으로 다른 뜻을 품고 오랑캐에게 성의를 베풀었다.
>
> ─「계축일기」

보기

㉠ 북벌 운동을 전개하였다.
㉡ 이괄의 난을 진압하였다.
㉢ 『동의보감』을 편찬하게 하였다.
㉣ 경기도에 대동법을 시행하였다.

---

① ㉠, ㉡
② ㉠, ㉢
③ ㉡, ㉣
④ ㉢, ㉣

62 0336

임진왜란으로 발생한 문제를 해결하기 위해 광해군 재위 기간 중에 추진된 정책에 해당하지 않는 것은?

① 토지 대장과 호적을 새로 정비하였다.
② 공납 제도의 문제점을 보완하기 위해 대동법을 실시하였다.
③ 임진왜란 때 활약한 충신과 열녀를 조사하여 추앙하였다.
④ 진관 체제에서 제승방략 체제로 변경하였다.

63 0337

다음 자료와 관련된 설명으로 옳은 것은?

> (가) 최명길이 말하기를 "우리들이 비록 만고의 죄인이 될지라도 차마 임금을 망할 땅에 둘 수는 없으니, 오늘의 화친은 하지 않을 수 없을 것이다."라고 하였다.
> (나) 정온이 상소를 올려 "예로부터 지금까지 천하 국가에 어찌 영원히 존속하며 망하지 않은 나라가 있겠습니까마는, 남에게 무릎을 꿇고 사는 것이 어찌 바른 도리를 지키면서 사직을 위해 죽는 것보다 낫겠습니까."라고 하였다.
>
> ─「연려실기술」

① 광해군 대 후금과의 전쟁을 앞둔 정부의 대책 논의이다.
② (가)의 입장에 동조하는 정파는 패전 직후 북학 운동을 적극 추진하였다.
③ (나)의 입장에 동조하는 정파는 이후 패전의 책임을 지고 정권에서 완전히 축출되었다.
④ 전쟁이 끝난 후 조선은 청과 러시아 간의 충돌 시 청의 군사 요청에 응할 수밖에 없었다.

64 0338

밑줄 친 '왕'의 재위 기간 중에 있었던 사실로 옳은 것은?

> 최명길이 마침내 국서를 가지고 비변사에서 다시 수정하였다. 예조판서 김상헌이 밖에서 들어와 그 글을 보고는 통곡하면서 찢어 버리고, 왕께 아뢰기를 "명분이 일단 정해진 뒤에는 적이 반드시 우리에게 군신의 의리를 요구할 것이니 성을 나가는 일을 면하지 못할 것입니다. … (중략) … 깊이 생각하소서."라고 하였다.

① 수도 외곽의 방어를 위하여 총융청을 설치하였다.
② 훈련도감을 신설하고 포수, 사수, 살수 등 삼수병을 두었다.
③ 북벌 계획에 따라 어영청을 정비하여 화포병과 기병을 늘렸다.
④ 도성을 수비하기 위해 기병과 훈련도감군의 일부를 주축으로 금위영을 설치하였다.

61 0335

제시문의 (가)는 광해군이다.

ⓒ 허준이 1596년(선조 29)에 중국과 우리나라의 의학 서적을 하나로 모아 편집에 착수하였으며, 1610년(광해군 2)에 『동의보감』을 완성하였다.

ⓔ 광해군은 방납의 폐단을 개선하기 위해 1608년 선혜청을 두어 경기도 지역에 대동법을 실시하였다.

오답 분석

ⓐ 효종은 북벌 운동을 전개하여 북벌의 중심 군영으로 어영청을 강화하였으며, 금군의 기병 전환을 모색하였고 영장제를 통해 속오군을 강화하였다.

ⓑ 이괄의 난은 1624년 인조 재위 시기에 일어났으며, 한양(서울)을 점령하였다가 장만이 이끄는 관군에 의해 진압되었다.

정답 ④

62 0336

④ 제승방략 체제는 선조 시기 무장 이일이 저술한 『제승방략』에 따른 것으로, 을묘왜변 이후부터 지역 방위 체제로 적용되기 시작하였다. 임진왜란 이후에는 속오군을 중심으로 진관 체제가 복구되었다. 이때 복구된 속오군 중심의 진관 체제는 임진왜란 이전과는 다르게 적용되었다.

오답 분석

① 광해군은 수세 및 역의 공평을 위해 호패법과 양전을 실시하였으며, 개간을 장려하여 국가 재정 확보와 민생 안정에 힘썼다.

② 광해군은 방납의 폐단을 개선하기 위해 1608년 선혜청을 두어 경기도 지역에 대동법을 실시하였다.

③ 광해군 때 임진왜란 시기에 활약한 전국의 효자 · 충신 · 열녀를 조사하여 적극적으로 포상하였다.

정답 ④

63 0337

(가)는 정묘호란, 병자호란 시기 모두 화친을 주장(주화론)하였던 최명길의 주장이다.

(나)는 병자호란 시기 척화를 주장하였던 정온의 주장(주전론)으로, 그는 항복 후 자결을 시도하였을 만큼 절의를 중시한 인물이었다.

④ 병자호란 이후 효종 시기 청의 요청에 의해 나선 정벌에 두 차례에 걸쳐 군사를 파견하였다.

오답 분석

① (가), (나)의 입장 대립은 인조 시기의 사실이다. (나)의 입장인 주전론이 우세해지자, 1636년에 청이 조선을 침입하는 병자호란이 발발하였다.

② 패전 직후 최명길은 명과의 연대를 모색하다가 발각되어 청에 압송되었다가 풀려났다. 또한 효종 시기에는 북벌이 추진되었다. 북학 운동은 영조 이후부터 부각되었다.

③ (나)의 입장에 동조하였던 정파(서인)는 정계의 주류가 되어 북벌 추진의 주체가 되었으며, 이후에도 정권의 주도권을 장악하였다.

정답 ④

64 0338

제시문은 병자호란(1636) 때 척화론(주전론)자 김상헌이 청과의 강화를 반대하며 인조에게 아뢴 내용이다. 당시 인조는 남한산성에 입성한 뒤 10여만 명의 청군에 포위당한 채 성에 고립된 상태였다. 이에 성 안의 조선 조정에서는 강화론이 일어났으며 척화파 또한 난국을 타개할 별다른 방법을 내놓지 못하는 상황이었다. 결국 인조는 최명길로 하여금 청군에 화의를 청하는 문서를 작성하게 하였고, 이를 본 김상헌이 분개하여 국서를 찢어버리고 인조에게 찾아와 화의를 반대하며 제시문과 같은 말을 아뢰었다.

① 인조 시기에 설치된 총융청은 경기도 일대의 정군과 속오군을 조직화해 편성한 조직으로, 북한산성을 비롯한 경기 북부 일대의 방위를 담당하였다.

오답 분석

② 선조(1593), ③ 효종, ④ 숙종 시기의 일이다.

정답 ①

65 0339

조선 중기 이후 정치 상황에 대한 설명으로 옳지 않은 것은?

① 사림이 서인과 동인으로 나뉘면서 상호 비판적인 붕당 정치가 전개되었다.

② 인조반정 이후 반정을 주도한 서인은 북인과 연합하여 정국을 운영해 갔다.

③ 현종 대에는 효종의 왕위 계승에 대한 정통성과 관련하여 예송이 발생하였다.

④ 숙종 대에 이르러 정국을 급격하게 전환하는 환국이 나타나기 시작하였다.

66 0340

(가)~(라)를 일어난 순서대로 바르게 나열한 것은?

> (가) 정여립 모반 사건을 계기로 사림 세력이 갈라졌다.
> (나) 공신들을 견제하기 위해 지방의 사림을 대거 등용하였다.
> (다) 언론을 장악하고 왕권을 견제하던 사림 세력을 탄압하였다.
> (라) 일당 전제화에 따라 공론보다 개인이나 가문의 이익을 우선시하였다.

① (가) - (다) - (라) - (나)

② (나) - (다) - (가) - (라)

③ (다) - (가) - (나) - (라)

④ (라) - (가) - (나) - (다)

67 0341

밑줄 친 '대의(大義)'를 이루기 위해 효종이 한 일로 옳은 것은?

> 병자년 일이 완연히 어제와 같은데, 날은 저물고 갈 길은 멀다고 하셨던 성조의 하교를 생각하니 나도 모르게 눈물이 솟는구나. 사람들은 그것을 점점 당연한 일처럼 잊어가고 있고 대의(大義)에 대한 관심도 점점 희미해져 북녘 오랑캐를 가죽과 비단으로 섬겼던 일을 부끄럽게 생각지 않고 있으니 그것을 생각한다면 그 아니 가슴 아픈 일인가.
>
> — 『조선왕조실록』

① 남한산성을 복구하고 어영청을 확대하였다.

② 훈련별대를 정초군과 통합하여 금위영을 발족시켰다.

③ 명과 후금 사이에서 실리를 추구하는 중립 외교 정책을 펼쳤다.

④ 호위청, 총융청, 수어청 등의 부대를 창설하여 국방력을 강화하였다.

68 0342

조선 후기 예송에 대한 설명으로 옳지 않은 것은?

① 갑인예송에서 남인은 조대비가 9개월복의 상복을 입어야 한다고 주장하였다.

② 기해예송은 서인의 주장대로 조대비가 효종을 위해 1년복을 입는 것으로 결정되었다.

③ 기해예송은 효종이 사망하자 조대비가 상복을 3년복으로 입을 것인가, 1년복으로 입을 것인가를 둘러싸고 일어났다.

④ 갑인예송은 효종비가 사망하자 조대비가 상복을 1년복으로 입을 것인가, 9개월복으로 입을 것인가를 둘러싸고 일어났다.

65 0339

② 인조반정(1623) 이후 정권을 장악한 서인은 남인의 일부와 연합하여 정국을 운영하였으며 상호 비판적인 공존 체제를 이룩할 수 있었다. 서인과 남인의 정치적 공존은 인조반정을 기점으로 인조, 효종, 현종 조를 거치면서 유지되어 왔으나 숙종 즉위 이후 경신환국(1680)으로 붕괴되었다. 한편, 북인은 임진왜란 이후부터 광해군 때까지 정국을 주도하였고, 인조반정 이후 몰락하였다.

정답 ②

66 0340

② 순서대로 나열하면 (나) 성종 – (다) 연산군~명종 – (가) 선조 – (라) 숙종 순이다.

(나) 성종 때 공신들을 견제하기 위해 지방 사림이 대거 등용되었다.

(다) 사림 세력에 대한 탄압은 연산군 시기에 일어난 무오사화와 갑자사화, 중종 시기에 일어난 기묘사화, 명종 시기에 일어난 을사사화를 통해 이루어졌다.

(가) 선조 시기에 정여립 모반 사건(기축옥사)으로 탄압을 받았던 동인은 세자 건저 문제 이후 정치 권력을 장악하자 기축옥사 시기 탄압에 앞장섰던 정철과 서인에 대한 입장 차이로 남인과 북인으로 분화되었다.

(라) 숙종 시기부터 추진된 환국으로 붕당의 공존이 붕괴되자 일당 전제화 경향이 대두되고 공론보다 개인이나 가문의 이익이 우선시되는 현상이 나타났다.

정답 ②

67 0341

밑줄 친 '대의'는 북벌론에 대한 것이다.

① 효종은 실질적 북벌의 실현을 위해 이완 · 유혁연 등을 중용해 북벌을 위한 군비 확충을 본격화했다. 우선 북벌의 중심 군영으로 어영청을 강화하였으며, 금군의 기병 전환을 모색하였고 영장제를 통해 속오군을 강화하였다. 또한 남한산성을 복구하기도 하였다. 그러나 재정의 부족과 집권 서인의 소극적 입장, 효종의 죽음으로 북벌은 실현되지 못하였다.

오답 분석

② 숙종, ③ 광해군, ④ 인조 시기의 일에 해당한다.

정답 ①

68 0342

조선 후기 현종 대에 일어난 예송 논쟁은 서인과 남인의 정치적 대립을 보여준다. 기해예송(1659, 1차 예송)은 효종이 승하하자 인조의 계비인 자의 대비(조대비)의 복제 문제가 쟁점이 되어 일어났다. 이때 송시열 · 송준길 등 서인은 1년복(기년복)을 입어야 한다고 주장하였고, 허목 · 윤휴를 비롯한 남인은 3년복을 입어야 한다고 주장하였다. 기해예송에서는 다수파인 서인이 승리하였다. 이후 1673년 효종비(인선 왕후)가 죽자 생존한 자의 대비(조대비)의 복제 문제를 둘러싸고 갑인예송(1674, 2차 예송)이 일어났다. 당시 서인은 9개월복을 주장하였고, 남인은 1년복(기년복)을 주장하였는데, 서인 내부의 분열로 한당인 김석주가 산당인 송시열에 반대해 남인의 1년복을 찬성하였고, 이를 현종이 적극 지지함에 따라 남인이 승리하였다.

① 갑인예송(2차 예송)에서 남인은 조대비가 1년복을 입어야 한다고 주장하였다.

정답 ①

69 0343

다음과 같이 주장한 붕당에 대한 설명으로 옳은 것은?

> 기해년의 일은 생각할수록 망극합니다. 그때 저들이 효종 대왕을 서자처럼 여겨 대왕 대비의 상복을 기년복(1년 상복)으로 낮추어 입도록 하자고 청했으니, 지금이라도 잘못된 일은 바로잡아야 하지 않겠습니까?

① 인조반정으로 몰락하였다.
② 기사환국으로 다시 집권하였다.
③ 경신환국을 통해 정국을 주도하였다.
④ 정제두 등이 양명학을 본격적으로 수용하였다.

70 0344

다음 (가), (나)의 주장이 정치적 대립으로 이어진 배경에 대한 설명으로 옳지 않은 것은?

> (가) 효종은 임금이셨으니 새 어머니인 인조 임금의 계비는 돌아가신 효종에 대해 3년 상복을 입어야 합니다. 임금의 예는 보통 사람과 다릅니다.
> (나) 효종은 형제 서열상 차남이셨으니 새 어머니인 인조 임금의 계비는 돌아가신 효종에 대해 1년복만 입어야 합니다. 천하의 예는 모두 같은 원칙에 따라야 합니다.

① 왕이 직접 나서서 환국을 주도하였다.
② 서인이 우세한 가운데 남인의 세력이 성장하였다.
③ 왕권 강화와 신권 강화에 대한 입장 차이가 있었다.
④ 효종의 왕위 계승의 정통성 문제와 관련이 있었다.

71 0345

〈보기〉의 정치적 사건이 일어난 왕대의 일과 가장 관련이 없는 것은?

> **보기**
> 후궁이 낳은 왕자가 세자로 책봉되는 과정에서 서인이 몰락하고 남인이 집권하였으며, 송시열과 김수항 등이 처형당하였다.

① 청과 러시아 사이에 국경 충돌이 일어나자, 청의 요구에 따라 수백 명의 조총 부대를 영고탑(지금의 지린성)에 파견하였다.
② 병조판서 김석주의 건의에 따라 국왕 호위와 수도 방위의 핵심 군영 중 하나인 금위영이 설치되었다.
③ 안용복이 울릉도와 우산도(독도)에 출몰하는 왜인을 쫓아내고 일본 당국과 담판하여 그곳이 우리의 영토임을 승인받았다.
④ 삼남 지방에 대한 양전 사업이 완료되었고, 세종 때 설치했다가 폐지한 '폐사군'의 일부를 복설하였다.

72 0346

㉠~㉣에 대한 설명으로 옳지 않은 것은?

> 예조가 아뢰기를, "㉠자의 왕대비께서 선왕의 상에 입어야 할 복제를 결정해야 하는데, ㉡어떤 사람은 삼년복을 입어야 한다고 하고 ㉢어떤 사람은 기년복(期年服)을 입어야 한다고 하니 어떻게 결정해야 할지 모르겠습니다."라고 하였다. 이에 국왕은 여러 대신에게 의견을 물은 다음 ㉣기년복으로 결정하였다.
> – 『조선왕조실록』

① ㉠ – 인조의 계비 조대비를 가리킨다.
② ㉡ – 윤휴는 왕통을 이었으면 적장자로 보아야 하므로 3년복을 입어야 한다고 주장하였다.
③ ㉢ – 송시열은 '체이부정(體而不正)'을 내세워 기년복을 입어야 한다고 주장하였다.
④ ㉣ – 『국조오례의』의 상복 규정에 따라 기년복으로 결정되었다.

문제 풀이

69 0343

제시문은 『현종실록』에 기록된 남인의 주장이다. 제시문의 '기해년의 일'은 기해예송(1659)으로, 당시 송시열·송준길 등 서인은 자의 대비의 복제에 대해 기년복(1년복)을 입어야 한다고 주장하였고, 허목·윤휴를 비롯한 남인은 3년복을 입어야 한다고 주장하였다. 기해예송에서는 정권을 주도하고 있던 서인이 승리하였다.

② 기사환국(1689)은 숙종이 후궁 장희빈이 낳은 아들을 원자로 정호(定號)하려는 문제를 반대한 서인을 정권에서 쫓아내고 남인을 집권시킨 사건이다.

오답 분석

① 북인에 대한 설명이다.
③ 서인에 대한 설명이다.
④ 양명학은 16세기 전반인 중종 시기에 전래되어 17세기 후반 소론 학자들에 의하여 본격적으로 수용되었으며, 그 뒤 정제두(1649~1736)가 학문적 체계를 갖추었다.

정답 ②

70 0344

자료는 현종 재위 시기에 일어난 기해예송 당시 남인과 서인의 대립을 보여주는 것으로 (가)는 남인, (나)는 서인의 주장이다.

① 환국은 숙종 시기에 전개된 정치 상황에 해당한다. 경신환국(1680), 기사환국(1689), 갑술환국(1694)은 국왕이 직접 나서서 주도함에 따라 왕실, 외척 및 종실의 정치적 비중은 증대되었고, 벌열(閥閱) 가문의 정권 독점이 이루어졌다.

정답 ①

71 0345

〈보기〉의 정치적 사건은 숙종 재위 시기 장희빈의 아들인 경종의 원자 정호(定號) 문제에서 비롯된 것으로, 기사환국(1689)에 해당한다.

① 효종 시기 나선 정벌에 관한 사실이다. 효종 시기 청의 요청에 따라 나선 정벌에 두 차례에 걸쳐 조총 부대를 파견하였다. 1차(1654)는 변급이 이끌었고, 2차(1658)는 신유가 지휘하였다.

오답 분석

② 숙종은 훈련대장 겸 병조판서인 김석주의 건의로 국왕의 호위와 수도의 방위를 주 목적으로 하는 금위영을 설치(1682)하였다.
③ 숙종 대에 동래 수군 출신 어민 안용복이 울릉도와 우산도(독도)에 출몰하는 일본 어민들을 쫓아내고, 일본 당국과 담판하여 울릉도와 독도가 조선의 영토임을 확인받았다.
④ 숙종은 종래의 폐사군지(廢四郡地)에 관심을 보여 무창(茂昌)·자성(慈城) 2진을 설치하고 옛 땅의 회복 운동을 시작하였다.

정답 ①

72 0346

1659년 기해예송에 대한 사료이다. 효종이 사망한 후 조대비(자의 대비)의 복상 기간을 두고 남인은 '왕자례부동사서'에 따라 3년복을, 서인은 '천하동례'에 따라 기년복을 주장하였다.

④ 『국조오례의』에는 효종처럼 차자로서 왕위에 올랐다가 죽었을 경우 어머니(자의 대비)가 어떤 상복을 입어야 하는지에 관해 명확한 규정이 없었다. 이것이 예송 논쟁의 계기가 되었다.

오답 분석

① 자의 왕대비는 인조의 계비이자 효종의 계모인 조대비를 가리킨다.
② 윤휴는 효종이 차자에 해당하지만 왕위를 계승했으므로 적장자의 예에 따라 3년복을 적용해야 한다고 주장하였다.
③ 송시열은 효종이 적장자가 아닌 차자이기 때문에 적장자에게 적용되는 규정의 예외에 해당하는 '체이부정'의 입장에 따라 기년복을 적용해야 한다고 주장하였다.

정답 ④

73 0347

다음은 조선 후기 붕당 정치의 전개 과정에서 일어난 사건들이다. 이 가운데 남인이 집권하는 계기가 된 사건들만을 모두 고른 것은?

㉠ 1차 예송 논쟁	㉡ 2차 예송 논쟁
㉢ 경신환국	㉣ 기사환국
㉤ 갑술환국	㉥ 이인좌의 난

① ㉠, ㉤

② ㉡, ㉣

③ ㉠, ㉢, ㉤

④ ㉡, ㉣, ㉥

74 0348

17세기 말 숙종 때 벌어진 정치 집권 세력의 변화 양상에 대한 설명으로 가장 옳은 것은?

① 제2차 예송 논쟁으로 집권한 서인은 숙종 6년(1680) '경신환국'으로 남인에게 정권을 빼앗기게 되었다.

② '경신환국'의 결과 서인은 송시열을 영수로 하는 노론과 윤증을 중심으로 하는 소론으로 분당되었다.

③ 숙종 15년(1689) 후궁 희빈 장씨가 낳은 왕자가 세자로 책봉되는 과정에서 서인이 몰락하고 남인이 다시 집권하였는데 이를 '갑술환국'이라 칭한다.

④ 숙종 20년(1694) 남인 집안 출신의 왕비 민씨가 폐비되면서 서인(노론과 소론)이 다시 집권하였다.

75 0349

〈보기〉의 조치를 시행한 국왕에 대한 설명으로 가장 옳은 것은?

> **보기**
> • 노산 대군의 시호를 올리고 (중략) 묘호를 단종이라 하였다.
> • 임금이 친히 명나라 신종 황제를 제사하였다.
> • 충무공 이순신의 사우(祠宇)에 '현충'이라는 호를 내렸다.

① 왕권 강화를 위해 수시로 환국을 단행하였다.

② 수원에 새로운 성곽 도시인 화성을 건설하였다.

③ 명의 요청을 수용하여 중국에 원병을 파견하였다.

④ 백성들의 군역 부담 완화를 위해 균역법을 시행했다.

76 0350

(가)와 (나) 사이의 시기에 있었던 일로 옳은 것은?

> (가) 남인들이 대거 관직에서 쫓겨나고 허적과 윤휴 등이 처형되었다.
> (나) 인현 왕후가 복위되고 노론과 소론이 정계에 복귀하였다.

① 송시열과 김수항 등이 처형당하였다.

② 서인과 남인이 두 차례에 걸쳐 예송을 전개하였다.

③ 서인 정치에 한계를 느낀 정여립이 모반을 일으켰다.

④ 청의 요구에 따라 조총 부대를 영고탑으로 파견하였다.

73 0347

ⓒ, ⓔ 2차 예송 논쟁(갑인예송, 1674)과 기사환국(1689)은 남인이 집권하게 된 계기가 되었다.

오답 분석

ⓐ 1차 예송 논쟁(1659, 기해예송)은 다수파인 서인의 주장이 받아들여지면서 서인이 집권한 사건이다.

ⓒ 경신환국(1680, 숙종 6)은 서인이 집권하고 남인이 몰락한 사건이다.

ⓔ 갑술환국(1694, 숙종 20)은 노론과 소론이 정권을 장악한 사건으로, 이후 남인은 몰락하였다.

ⓗ 이인좌의 난은 1728년(영조 4) 소론과 남인의 일부 강경파가 영조의 정통성을 부정하고, 경종의 죽음이 영조와 노론의 합작에 의한 독살로 이루어졌다고 주장하면서 이인좌를 중심으로 일어난 난이다. 이들은 소현세자의 증손인 밀풍군 탄(坦)을 왕으로 추대하기로 하고 청주성을 점령한 뒤 북상하였으나 안성과 죽산 등지에서 관군에게 패하여 진압되었다.

정답 ②

74 0348

② 경신환국 직후, 서인은 남인에 대한 처벌을 놓고 윤증을 중심으로 한 소론과, 송시열을 영수로 하는 노론으로 분당되었다.

오답 분석

① 2차 예송인 갑인예송(1674)으로 집권한 남인은 1680년에 모반을 꾀했다는 혐의로 일어난 경신환국을 계기로 서인에게 정권을 빼앗기게 되었다.

③ 장희빈이 낳은 왕자가 원자로 정호되는 과정에서 서인이 몰락하고 남인이 다시 집권하였는데, 이를 기사환국(1689)이라 한다.

④ 갑술환국(1694)으로 장희빈이 폐비된 이후, 인현 왕후가 복위되고 서인이 재집권하였다.

정답 ②

75 0349

〈보기〉의 조치를 시행한 왕은 숙종이다. 숙종은 노산 대군의 시호를 올리고, 묘호를 단종이라 하였으며, 사육신과 김종서의 명예를 회복시켰다. 또한, 창덕궁 후원에 대보단을 만들어 명나라 신종 황제 및 태조 홍무제, 의종 숭정제 등을 제사하였다.

① 숙종 재위 시기에는 경신환국, 기사환국, 갑술환국이 일어났다.

오답 분석

② 정조, ③ 광해군, ④ 영조에 해당한다.

정답 ①

76 0350

(가)는 1680년 경신환국, (나)는 1694년 갑술환국에 해당한다.

① (가) 경신환국과 (나) 갑술환국 사이 시기인, 1689년 기사환국으로 송시열과 김수항 등이 처형당하였다.

오답 분석

모두 (가) 이전의 사실이다.

② 현종 시기인 1659년에 기해예송이, 1674년에 갑인예송이 일어났다.

③ 선조 시기인 1589년에 정여립 모반 사건으로 기축옥사가 일어났다.

④ 나선 정벌을 위해 효종 시기인 1654년(1차) 변급, 1658년(2차) 신유가 파견되었다.

정답 ①

77 0351　　　　　　　　　　　　　2010년 7급 국가직

밑줄 친 '이 같은 풍습'과 관계가 먼 것은?

> 근래 지방의 민심이 사나워 수령을 능멸하는 폐단이 있습니다. 이전에 성상께서 행차하는 길에, 황주와 해주의 백성이 수령에 대한 불만을 성상의 수레 앞에서 호소하여, 수령을 바꾸어 달라고까지 하였습니다. 백성들의 <u>이 같은 풍습</u>은 이전에는 들어보지 못한 것입니다. 성상은 이들을 고양군에 가두라고 한 다음 특별히 어사를 보내 옳고 그름을 따지지 말고 모두 석방하라 하였습니다.
> 　　　　　　　　　　　　　　　　　　　　－ 『영조실록』

① 민권의식의 증대
② 소원 제도의 확대
③ 언관 언론의 발전
④ 상언 · 격쟁의 증가

78 0352　　　　　　　　　　　　　2016년 9급 지방직

다음 정책을 시행한 왕에 대한 설명으로 옳은 것은?

> • 『속대전』을 편찬하여 법령을 정비하였다.
> • 사형수에 대한 삼복법(三覆法)을 엄격하게 시행하였다.
> • 신문고 제도를 부활시켜 백성들의 억울함을 풀어주고자 하였다.

① 신해통공을 단행해 상업 활동의 자유를 확대하였다.
② 삼정이정청을 설치해 농민의 불만을 해결하려 하였다.
③ 붕당의 폐단을 제거하기 위해 서원을 대폭 정리하였다.
④ 환곡제를 면민이 공동 출자하여 운영하는 사창제로 전환하였다.

79 0353　　　　　　　　　　　　　2013년 9급 국가직

조선 영조 때의 역사적 사실로 옳지 않은 것은?

① 『속대전』을 편찬하여 법전 체계를 정비하였다.
② 군역의 부담을 줄여주기 위해 균역법을 시행하였다.
③ 산림(山林)의 존재를 인정하지 않고, 그들의 본거지인 서원을 상당수 정리하였다.
④ 각 붕당의 주장이 옳은지 그른지를 명백히 가리는 적극적인 탕평책을 추진하였다.

80 0354　　　　　　　　　　　　　2019년 9급 서울시(추가 채용)

영조의 정책에 대한 서술로 옳은 것을 〈보기〉에서 모두 고르면?

> **보기**
> ㄱ. 형벌 제도를 개선해 가혹한 악형을 없앴다.
> ㄴ. 서얼 출신의 학자를 검서관에 기용하고 공노비의 해방을 추진하는 등 서얼과 노비에 대한 차별을 개선하기 위해 노력하였다.
> ㄷ. 균역법을 시행하여 양반과 상민이 똑같이 군포를 부담하게 하였다.
> ㄹ. 청계천 준설 사업으로 일자리를 만들어주고 홍수에 대비하게 하였다.

① ㄱ, ㄹ
② ㄴ, ㄷ
③ ㄱ, ㄴ, ㄷ
④ ㄱ, ㄷ, ㄹ

77 0351

영조대의 소원 제도(격쟁)에 대한 내용이다. 영조는 상언과 격쟁을 활성화시켜 민의를 직접 국정에 반영하도록 하였고, 연산군 시기 폐지되었던 신문고를 부활시켜 경희궁의 건명문에 다시 설치하였다.

③ 영조는 전랑권을 약화시키려 하였으며, 더불어 언관의 권한도 축소시키는 정책을 취해 정치 권력이 국왕과 탕평파 대신에게 집중되는 탕평 정책을 펼치려 하였다.

정답 ③

78 0352

제시된 정책을 시행한 왕은 영조이다.

③ 영조는 붕당 정치의 지역적 기반이 되는 서원의 난립을 막고자 신설 서원의 금지와 기존 서원의 정리를 단행하였고, 1741년에 170여 개소의 서원·사우에 대한 훼철을 강행함으로써 서원의 남설에 강력한 제동을 걸었다.

오답 분석

① 정조(1791), ② 철종(1862), ④ 고종(1867) 시기의 일이다.

정답 ③

79 0353

④ 정조의 준론 탕평에 대한 설명이다. 영조의 탕평책은 완론 탕평으로, 붕당의 시비를 가리는 것이 아닌 붕당 간 타협을 전제로 하여 온건파(탕평파)를 기용하려는 것이었다.

정답 ④

80 0354

ㄱ. 영조는 압슬형, 경자형, 낙형 등 가혹한 악형을 금지하였다.
ㄹ. 영조는 청계천 준설 사업을 추진하여 홍수에 대비한 치수 사업을 벌였다.

오답 분석

ㄴ. 서이수, 박제가, 유득공, 이덕무 등의 서얼 출신 학자를 규장각 검서관에 기용한 왕은 정조이다.
ㄷ. 양반과 상민이 똑같이 군포를 부담하는 것은 호포론으로, 호포론은 흥선 대원군 집권기에 추진되었다. 영조가 추진한 균역법은 감포론을 기반으로 1인 당 2필의 군포 징수를 1필로 감한 것이다.

정답 ①

81 0355

2009년 9급 국가직

영조 집권 초기에 일어난 다음 사건과 관련된 설명으로 옳지 않은 것은?

> 충청도에서 정부군과 반란군이 대규모 전투를 벌였으며 전라도에서 반군이 조직되었다. 반란에 참가한 주동자들은 비록 정쟁에 패하고 관직에서 소외되었지만, 서울과 지방의 명문 사대부 가문 출신이었다. 반군은 청주성을 함락하고 안성과 죽산으로 향하였다.

① 주요 원인 중의 하나는 경종의 사인에 대한 의혹이다.
② 반란군이 한양을 점령하고 왕이 피난길에 올랐다.
③ 탕평책을 추진하는 데 더욱 명분을 제공하였다.
④ 소론 및 남인 강경파가 주동이 되어 일으킨 것이다.

82 0356

2009년 9급 국가직

다음에서 설명하는 제도가 시행되었던 왕대의 상황에 대한 설명으로 옳은 것은?

> 양인들의 군역에 대한 절목 등을 검토하고 유생의 의견을 들었으며, 개선 방향에 관한 면밀한 검토를 거친 후 담당 관청을 설치하고 본격적으로 시행하였다. 핵심 내용은 1년에 백성이 부담하는 군포 2필을 1필로 줄이는 것이다.

① 『증보문헌비고』가 편찬, 간행되었다.
② 노론의 핵심 인물이 대거 처형당하였다.
③ 통공 정책을 써서 금난전권을 폐지하였다.
④ 청계천을 준설하여 도시를 재정비하고자 하였다.

83 0357

2015년 9급 국가직

다음의 기록이 보이는 왕대의 정치 변화를 바르게 설명한 것은?

> (왕이) 양역을 절반으로 줄이라고 명하셨다. 왕이 말하였다. "호포나 결포는 모두 문제점이 있다. 이제는 1필로 줄이는 것으로 온전히 돌아갈 것이니 경들은 대책을 강구하라."

① 특정 붕당이 정권을 독점하는 일당 전제화의 추세가 대두되었다.
② 왕위 계승에 대한 정통성과 관련하여 두 차례의 예송이 발생하였다.
③ 정치 집단은 소수의 가문 출신으로 좁아지면서 그 기반이 축소되었다.
④ 붕당을 없애자는 논리에 동의하는 관료들을 중심으로 탕평 정국을 운영하였다.

84 0358

2022년 9급 지방직

밑줄 친 '나'가 국왕으로 재위하던 기간에 있었던 일은?

> 팔순 동안 내가 한 일을 만약 나 자신에게 묻는다면
> 첫째는 탕평책인데, 스스로 '탕평'이란 두 글자가 부끄럽다.
> 둘째는 균역법인데, 그 효과가 승려에게까지 미쳤다.
> 셋째는 청계천 준설인데, 만세에 이어질 업적이다.
> … (하략) …
>
> – 『어제문업(御製問業)』

① 장용영이 창설되었다.
② 나선 정벌이 단행되었다.
③ 홍경래의 난이 발생하였다.
④ 『동국문헌비고』가 편찬되었다.

81 0355

제시문은 영조 집권 초기에 일어난 이인좌의 난에 대한 내용이다. 이인좌를 중심으로 한 반란군은 소현 세자의 증손인 밀풍군 탄(坦)을 왕으로 추대하기로 하고 청주성을 점령한 뒤 북상하였으나 안성과 죽산 등지에서 관군에게 패배하였다.

② **이괄의 난에 대한 설명이다. 반란군이 한양을 점령하자 인조는 공주로 피신하였다.**

오답 분석

①, ③, ④ 1728년(영조 4) 소론과 남인의 일부 강경파는 영조의 정통성을 부정하고, 경종의 죽음이 영조와 노론의 합작에 의한 독살로 이루어졌다고 주장하면서 이인좌를 중심으로 난을 일으켰다. 이인좌의 난을 진압한 이후 영조는 수령을 통한 지방 통제력을 강화하였으며 탕평책을 본격적으로 추진하였다.

정답 ②

82 0356

제시문에서 설명하는 제도는 균역법으로, 영조 재위 시기인 1750년에 시행되었다.

④ **영조는 연 동원 최대의 노동력을 투입하여 청계천 준설 공사를 시행하였다.**

오답 분석

① 영조 시기에 편찬된 『동국문헌비고』가 사실의 소략과 착오 등이 많아, 정조의 명으로 『동국문헌비고』의 증보 사업이 추진되었다. 『증보동국문헌비고』라 불리는 이 책은 간행되지 않았으나, 이후 대한 제국 시기 순종 때인 1908년에 변화한 문물 제도를 반영하여 『증보동국문헌비고』를 개찬한 『증보문헌비고』가 편찬·간행되었다.
② 경종 시기에 일어난 신축옥사(1721)로 이이명, 김창집, 이건명, 조태채 등 노론의 4대신이 축출되었고, 이후 노론 일파가 왕을 시해하고자 모의했다는 목호룡의 고변으로 인해 노론 4대신을 비롯한 관련자 50여 인이 처단되었다. 이외 170여 인이 유배 또는 연좌되어 처벌을 받은 임인옥사(1722. 3.)가 일어났다.
③ 정조 시기에 실시된 신해통공(1791)에 대한 설명이다.

정답 ④

83 0357

자료의 내용은 영조 시기 균역법의 실시를 언급한 것이다.

④ **영조는 온건파를 중심으로 탕평파(이중 일부는 붕당을 없애자는 논리에 동의)를 육성하여 완론 탕평을 전개하였다.**

오답 분석

① 특정 붕당이 정권을 독점하는 일당 전제화의 추세가 대두된 것은 숙종 시기에 환국이 이루어지면서부터이다.
② 예송 논쟁은 모두 현종 시기에 발생한 것으로, 기해예송(1659)과 갑인예송(1674)이 전개되었다.
③ 정치 집단이 소수의 가문 출신으로 좁아지면서 그 기반이 축소된 것은 순조 시기부터 전개된 세도 정치기에 해당된다.

정답 ④

84 0358

탕평책과 균역법, 청계천 준설 등의 회고 등을 통해 밑줄 친 '나'가 영조임을 알 수 있다.

④ **영조는 관찬 백과사전으로 『동국문헌비고』를 편찬하였다.**

오답 분석

① 장용영은 정조에 의해 창설되었다.
② 나선 정벌은 효종 시기에 이루어진 일이다.
③ 홍경래의 난은 순조 시기인 1811년에 발생하였다.

정답 ④

85 0359

(가) 시기에 볼 수 있는 장면으로 적절한 것은?

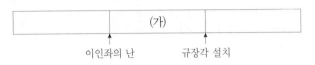

① 당백전으로 물건을 사는 농민
② 금난전권 폐지를 반기는 상인
③ 전(錢)으로 결작을 납부하는 지주
④ 경기도에 대동법 실시를 명하는 국왕

86 0360

다음 중 영조 대에 편찬된 서적은?

①『동국문헌비고』
②『동국지리지』
③『동사강목』
④『동의보감』

87 0361

〈보기〉의 조선 시대의 국방 정책을 시간 순으로 바르게 나열한 것은?

보기
㉠ 서울 주변의 네 유수부가 서울을 엄호하는 체제를 구축하였다.
㉡ 금위영을 발족시켜 5군영 제도가 성립되었다.
㉢ 하멜이 가져온 조총 기술을 도입하여 서양식 무기를 제조하였다.
㉣ 수도 방어 체계를 강화하고 『수성윤음』을 반포하였다.

① ㉠ → ㉡ → ㉢ → ㉣
② ㉡ → ㉣ → ㉠ → ㉢
③ ㉢ → ㉡ → ㉣ → ㉠
④ ㉣ → ㉢ → ㉠ → ㉡

88 0362

다음 시나리오에 등장하는 밑줄 친 ㉠과 빈칸 ㉡에 대한 설명으로 옳은 것은?

s#3
즉위한 지 얼마 안 되어 아직 상복 차림인 ㉠국왕, 대신과 여러 관원을 부르다.

국왕: 우리나라의 역대 임금님들이 지은 글은 제대로 봉안할 곳이 없었다. 그리하여 창덕궁 후원에 (㉡)을 (를) 세우고 임금님들의 글을 봉안하게 하였다. 따라서 이를 담당하는 관원이 있어야 할 것 같은데, 경들은 어떻게 생각하는가?
신하들: 이 일은 문치의 교화를 진작시킬 것입니다. 마땅히 관원을 두셔야 할 줄로 아뢰옵니다.

① ㉠ – 신경준에게 명하여 『동국여지도』를 편찬하도록 하였다.
② ㉠ – 내수사와 궁방 및 각급 관청에 속한 관노비의 장적을 소각하도록 하였다.
③ ㉡ – 백성의 억울함을 왕에게 알릴 수 있는 창구 역할을 하였다.
④ ㉡ – 조정 관료 중에서 재능 있는 문신들을 선발하여 이곳에서 재교육하였다.

85 0359

이인좌의 난은 1728년(영조 4)에 소론과 남인의 일부 강경파가 영조의 정통성을 부정하고, 경종의 죽음이 영조와 노론의 합작에 의한 독살로 이루어졌다고 주장하면서 일으킨 사건이다.

규장각은 정조가 1776년(정조 즉위년)에 설치하였는데, 본래의 왕실 도서관 기능에 비서실 기능, 문한 기능을 통합적으로 부여하고, 과거 시험의 주관과 문신 교육의 임무까지 부여하였다.

③ 1750년(영조 26) 균역법이 실시됨에 따라 절반으로 줄어든 군포 수입의 부족분은 결작미 · 어염세 · 선세 · 은여결세 · 선무군관 포 등을 통해 보충하였다. 결작미는 전국의 전결(평안도 · 함경도 제외)에 1결당 쌀 2두(또는 돈 5전)를 부과하여 징수하였다.

오답 분석

① 당백전은 흥선 대원군이 경복궁 중건을 위하여 1866년(고종 3)에 발행한 동전이다.

② 정조는 채제공의 건의에 따라 1791년(정조 15)에 금난전권을 폐지하는 신해통공을 시행하였다.

④ 대동법은 이원익의 주장에 의해 광해군 즉위년(1608)에 경기도에서 시범적으로 시행되었다.

정답 ③

86 0360

① 영조 시기에 편찬된 서적은 관찬 백과사전인 『동국문헌비고』로, 1770년에 완성되었다. 『동국문헌비고』는 중국 『문헌통고』의 예에 따라 상위(象緯) · 여지(輿地) · 예 · 악 · 병 · 형 · 전부(田賦) · 재용(財用) · 호구 · 시적 · 선거 · 학교 · 직관(職官)의 13고(考)로 나누어 수록하였다. 이후 정조 시기부터 고종 시기까지 개정 · 증보되어 『증보문헌비고』로 간행되었다.

오답 분석

② 『동국지리지』(1615)는 광해군 재위 시기에 한백겸에 의해 저술된 최초의 역사 지리서이다. 이 책은 이후 간행된 역사 지리서에 많은 영향을 주었다.

③ 『동사강목』(1778)은 정조 재위 시기에 안정복이 편찬한 역사서이다. 안정복은 삼한 정통론을 내세워 한국사를 체계화하였으며, 도덕적으로 정당성을 결여한 국가는 국가로 인정하지 않는 정통 사상을 강하게 반영하였다.

④ 『동의보감』(1610)은 광해군 재위 시기에 허준에 의해 편찬된 의서이다. 예방 의학의 성격이 강하게 반영되어 있으며, 신체에 관한 내용을 안팎으로 나누어 신체 내부와 관련된 내용을 「내경편」에, 신체 외부와 관련된 내용을 「외형편」에 두었다. 신체 관련 내용에 포함되지 않는 각종 병 이론과 구체적인 병 내용은 「잡병편」에 묶였다. 「탕액편」은 가장 주요한 치료 수단인 약에 관한 이론과 구체적인 약물에 관한 각종 지식을 실었고, 「침구편」은 또 하나의 치료 수단인 침 · 뜸의 이론과 실재를 다뤘다.

정답 ①

87 0361

③ 순서대로 나열하면 ⓒ 하멜의 조총 기술 도입(효종) → ⓛ 금위영 발족(숙종) → ⓔ 『수성윤음』 반포(영조) → ⓐ 4 유수부 체제 구축(정조)이 된다.

정답 ③

88 0362

㉠은 정조, ㉡은 규장각(주합루)에 해당한다. 정조는 즉위한 해인 1776년 3월에 규장각을 궐내에 창설할 것을 명하였는데, 이는 송나라 제도에 따라 선왕들의 책과 어필 · 어제 등을 함께 봉안하기 위한 전각을 만들기 위해서였다.

④ 정조는 젊은 관리들이 규장각에서 재교육을 받는 제도인 초계문신 제도를 시행하였다. 이것은 이미 과거를 거친 사람 가운데 당하관 출신으로 37살 이하의 젊은 인재를 뽑아 3년 정도 특별 교육을 시키는 제도였다.

오답 분석

① 영조는 신경준에게 명하여 『동국여지도』를 편찬하도록 하였다.

② 순조는 1801년에 공노비 6만 6천여 명을 해방시켰다.

③ 영조와 정조 시기에는 상언과 격쟁이 활성화되어 백성들이 억울함을 호소할 수 있는 창구의 역할을 하였다.

정답 ④

89 0363

2012년 9급 지방직

밑줄 친 '상(上)'의 재위 시에 있었던 일로 옳은 것은?

이 책이 완성되었다. …… 곤봉 등 6가지 기예는 척계광의 『기효신서』에 나왔는데 …… 장헌 세자가 정사를 대리하던 중 기묘년에 명하여 죽장창 등 12가지 기예를 더 넣어 도해(圖解)로 엮어 새로 신보를 만들었고, 상(上)이 즉위하자 명하여 기창 등 4가지 기예를 더 넣고 또 격구, 마상재를 덧붙여 모두 24가지 기예가 되었는데, 검서관 이덕무 · 박제가에게 명하여 …… 주해를 붙이게 했다.

① 민(民)의 상언과 격쟁의 기회를 늘려 주었다.
② 『대전회통』을 편찬하여 통치 체제를 재정리하였다.
③ 군역의 부담을 줄이기 위해 균역법을 시행하였다.
④ 5군영 대신 무위영과 장어영 등 2영을 설치하였다.

90 0364

2012년 9급 국가직

밑줄 친 '국왕'의 정책으로 옳지 않은 것은?

국왕께서 왕위에 즉위한 첫 해에 맨 먼저 도서집성 5천여 권을 연경의 시장에서 사오고, 또 옛날 홍문관에 간직했던 책과 강화부 행궁에 소장했던 책과 명에서 보내온 책들을 모았다. …… 창덕궁 안 규장각 서남쪽에 열고관을 건립하여 중국본을 저장하고, 북쪽에는 국내본을 저장하니, 총 3만 권 이상이 되었다.

① 통치 규범을 재정리하기 위하여 『대전통편』을 편찬하였다.
② 당파와 관계없이 인물을 등용하는 완론 탕평을 실시하였다.
③ 당하관 관료의 재교육을 위해 초계문신 제도를 시행하였다.
④ 왕권을 강화하기 위해 장용영이라는 친위 부대를 창설하였다.

91 0365

2021년 9급 지방직

밑줄 친 '왕'의 재위 기간에 있었던 사실로 옳은 것은?

왕은 노론과 소론, 남인을 두루 등용하였으며 젊은 관료들을 재교육하기 위해 초계문신제를 시행하였다. 또 서얼 출신의 유능한 인사를 규장각 검서관으로 등용하였다.

① 동학이 창시되었다.
② 『대전회통』이 편찬되었다.
③ 신해통공이 시행되었다.
④ 홍경래의 난이 발생하였다.

92 0366

2013년 7급 국가직

다음 교서가 발표된 시기의 정치 상황으로 가장 적절한 것은?

오늘날 사설(邪說)의 폐단을 바로 잡는 길은 더욱 정학(正學)을 밝히는 길밖에 없다. …… 연전에 서학(西學) 서적을 구입해 온 이승훈은 어떤 속셈이든지 간에 죄를 묻지 않을 수 없다. 이에 전 현감 이승훈을 예산현으로 귀양을 보내고, 이외 시골 백성에게도 상줄 만한 백성은 상 주어야 할 관서가 있어야 하니 묘당(廟堂)에서는 소관관서를 철저히 감독하라. …… 이렇게 교시한 뒤에도 다시 서학(西學) 때문에 문제가 생긴다면 어찌 정부가 있다고 말할 수 있겠는가?

― 『척사학교』

① 탕평 정치가 시작되고 『속대전』이 편찬되었다.
② 화성이 완성되었고 노론 벽파와 시파, 남인 간의 갈등이 커졌다.
③ 기사환국, 갑술환국 등 환국 정치가 이어지고 장길산 농민군이 봉기하였다.
④ 근기(近畿) 지역에 거주하는 훈구 세력은 실용적인 학문 경향을 가지고 있었다.

89 0363

제시문은 정조 때 편찬된 『무예도보통지』의 일부 내용으로, 밑줄 친 '상(上)'은 정조를 가리킨다. 정조는 규장각 내에 검서관을 두어 서얼 신분인 이덕무·유득공·박제가 등을 등용하였다. 이들은 정조의 명을 받아 종합 무예서인 『무예도보통지』를 편찬하였다.

① 영·정조 대에는 상언과 격쟁을 활성화시켜 민의를 직접 국정에 반영하도록 하였다. 정조는 화성 행차 시 백성의 의견을 청취하여 정치에 적극 반영하기도 하였다.

> **오답 분석**
> ② 『대전회통』은 고종 시기에 조두순이 중심이 되어 편찬하였다.
> ③ 균역법은 영조 재위 시기에 시행되었다.
> ④ 무위영과 장어영은 한말 고종의 재위 시기인 1881년에 설치되었다.

정답 ①

90 0364

제시문의 밑줄 친 '국왕'은 정조이다. 정조는 즉위년에 규장각을 설치하여 청으로부터 수집한 『고금도서집성』을 비롯한 수입 도서와 선왕들의 책과 어필·어제 등을 보관하였다.

② 완론 탕평은 영조 대의 탕평책으로, 붕당 간 타협을 전제로 하여 온건파(탕평파)를 기용하려는 것이었다. 정조는 선왕 영조를 계승하는 탕평 정책을 추진하였으나, 영조의 완론 탕평과는 달리 각 붕당의 주장이 옳은지 그른지를 명백하게 가려 수용하는 적극적인 준론 탕평을 전개하였다.

정답 ②

91 0365

초계문신제를 시행하고 서얼 출신의 규장각 검서관을 등용한 왕은 정조이다.

③ 정조의 재위 기간인 1791년에 채제공의 건의로 신해통공이 시행되어 육의전을 제외한 시전의 금난전권이 폐지되었다.

> **오답 분석**
> ① 최제우에 의해 동학이 창시된 해는 1860년으로 철종 재위기에 해당한다.
> ② 고종 시기에 『대전회통』이 편찬되었다. 정조가 편찬한 법전은 『대전통편』이다.
> ④ 홍경래의 난은 순조가 재위하던 시기인 1811년에 발생하였다.

정답 ③

92 0366

제시문은 정조가 1795년 이승훈을 유배 보내면서 발표한 교서이다.

② 정조 재위 시기에는 수원 화성이 완성되었고, 노론 벽파와 시파, 남인 간의 갈등이 커졌다.

> **오답 분석**
> ① 『속대전』은 영조 재위기 1746년(영조 22)에 『경국대전』의 137항목을 개정·증보하여 편찬되었다.
> ③ 기사환국(1689), 갑술환국(1694)은 숙종 시기의 일이다.
> ④ 훈구 세력은 조선 전기의 정치 세력이다. 근기 지역의 훈구 세력은 부국강병을 중시하여 실용적인 학문 경향을 가지고 있었다.

정답 ②

93 0367
2015년 7급 서울시
다음의 행사를 주관한 국왕의 정책으로 옳지 않은 것은?

〈8일간의 화성 행차〉

첫째 날: 창덕궁을 출발해서 시흥에 도착하다.
둘째 날: 시흥을 출발해서 화성에 도착하다.
셋째 날: 향교 대성전을 참배하고 과거를 실시하다.
넷째 날: 현륭원을 참배하고 장용영의 군사를 조련시키다.
다섯째 날: 혜경궁 홍씨의 회갑 잔치를 베풀다.
여섯째 날: 노인을 위로하는 잔치를 베풀다.
일곱째 날: 화성을 출발해서 시흥에 도착하다.
여덟째 날: 시흥을 출발해서 창덕궁에 도착하다.

① 병법서인『무예도보통지』를 편찬하였다.
② 초계문신 제도를 도입하여 관료들을 재교육하였다.
③ 수령이 군현 단위의 향약을 직접 주관하게 하였다.
④『대전회통』을 편찬하여 국정 수행의 편의를 도모했다.

95 0369
2014년 9급 국가직
밑줄 친 '국왕'이 실시한 정책으로 옳은 것은?

국왕은 행차 때면 길에 나온 백성들을 불러 직접 의견을 들었다. 또한 척신 세력을 제거하여 정치의 기강을 바로 잡았고, 당색을 가리지 않고 어진 이들을 모아 학문을 장려하였다. 침전에는 '탕탕평평실(蕩蕩平平室)'이라는 편액을 달았으며, "하나의 달빛이 땅 위의 모든 강물에 비치니 강물은 세상 사람들이요, 달은 태극이며 그 태극은 바로 나다."라고 하였다.

① 병권 장악을 위해 금위영을 설치하였다.
② 명에 대한 의리를 지켜 청에 복수하자는 북벌을 추진하였다.
③ 육의전을 제외한 시전 상인의 특권을 폐지하였다.
④ 백성의 여론을 정치에 반영하기 위해 신문고 제도를 부활하였다.

94 0368
2011년 9급 사회복지직
밑줄 친 ㉠~㉣에 대한 설명으로 옳지 않은 것은?

정조는 ㉠준론 탕평을 추진하여 영조 때에 세력을 키워 온 척신을 제거하였다. 이어 권력에서 배제되었던 ㉡남인 계열 인물을 중용하였고, ㉢규장각을 강력한 정치 기구로 육성하였다. 또한 자유로운 상업 행위를 허락하는 ㉣통공 정책을 실시하는 등 사회 전반에 걸친 개혁을 추진하였다.

① ㉠ – 각 붕당의 주장이 옳은지 그른지를 명백히 가리는 것이었다.
② ㉡ – 대표적 인물은 채제공, 이가환, 정약용 등이었다.
③ ㉢ – 본래 역대 왕의 글과 책을 수집, 보관하기 위한 기구로 설치되었다.
④ ㉣ – 육의전을 비롯한 시전의 금난전권이 철폐되었다.

96 0370
2018년 9급 국가직
다음과 같이 주장한 인물에 대한 설명으로 옳은 것은?

달은 하나이나 냇물의 갈래는 만 개가 된다. … (중략) … 나는 그 냇물이 세상 사람들이라는 것을 안다. 빛을 받아 비추어서 드러나는 것은 사람들의 상이다. 달이라는 것은 태극이요, 태극은 나이다.

①『해동농서』를 편찬하도록 하였다.
② 갑인예송에서 왕권을 강조하며 기년복을 주장하였다.
③ 이순신에게 현충이라는 시호를 내리고 강감찬 사당을 건립하였다.
④ 민간의 광산 개발 참여를 허용하는 설점수세제를 처음 실시하였다.

93 0367

제시된 화성 행차 행사를 주관한 왕은 정조이다.

④ 『대전회통』은 흥선 대원군이 고종 재위기에 조두순을 중심으로 법전을 정비시킨 것이다. 『대전회통』은 고종 초기의 정치적·사회적 현실에 맞게 『경국대전』을 기본법으로 삼고, 『속대전』과 『대전통편』의 조문 입법 규정 내용을 비교 나열하면서 현실적으로 보완해야 할 보충적 입법 규정 등을 새 전교(傳敎)의 규정으로서 보완한 법전이다. 정조 대에는 『경국대전』과 『속대전』 및 그 뒤의 법령을 통합한 법전인 『대전통편』을 편찬(1785)하였다.

정답 ④

94 0368

④ 정조가 1791년에 실시한 신해통공은 육의전을 제외한 시전의 금난전권을 폐지한 조치였다.

오답 분석

① 정조는 각 붕당의 주장이 옳은지 그른지 명백히 가리는 적극적인 준론 탕평을 시행하였다.
② 정조는 권력에서 배제되었던 남인 계열의 인물들을 등용하였는데, 채제공, 이가환, 정약용 등이 대표적이었다.
③ 정조는 왕실 관련 서적을 수집·보관할 목적으로 규장각을 설치하였다.

정답 ④

95 0369

제시문의 밑줄 친 '국왕'은 정조를 가리킨다.

③ 정조는 1791년 신해통공을 실시하여 육의전을 제외한 시전 상인의 금난전권을 혁파하였다.

오답 분석

① 금위영은 1682년 숙종에 의해 왕실과 수도의 방위를 목적으로 창설되었으며, 향군을 위주로 하는 군역병으로 편제되었다.
② 효종은 실질적 북벌의 실현을 위해 군비를 확충하고 북벌의 중심 군영으로 어영청을 강화하였으며, 영장제를 통해 속오군을 강화하였다.
④ 영조는 연산군 시기 폐지되었던 신문고를 부활시켜 경희궁의 건명문에 다시 설치하였다.

정답 ③

96 0370

자료의 내용을 주장한 인물은 정조이다.

① 『해동농서』는 정조의 명에 의해 서호수가 편찬하였다.

오답 분석

② 갑인예송에서 기년복을 주장한 것은 남인과 현종이다.
③ 이순신에게 충무공이라는 시호를 내리고, 의주에 강감찬 사당인 현충사를 건립한 인물은 숙종이다.
④ 설점수세제는 효종 재위 시기인 1651년에 처음으로 실시되었다.

정답 ①

97 0371

밑줄 친 '왕'의 업적으로 옳은 것만을 〈보기〉에서 모두 고르면?

> 왕은 계지술사(繼志述事)를 내걸고 전통 문화를 계승하면서 중국과 서양의 과학 기술을 받아들여 국가 경영을 혁신하였다. 또한 재정 수입을 늘리고 상공업을 진흥하기 위해 육의전을 제외한 시전의 금난전권을 폐지하여 자유 상업을 진작하고, 전국 각지의 광산 개발을 장려하였다.

보기

ⓐ 무위영을 설치하였다.
ⓑ 『동문휘고』를 편찬하였다.
ⓒ 『수성윤음(守城綸音)』을 반포하였다.
ⓓ 한구자(韓構字)와 정리자(整理字)를 주조하였다.

① ⓐ, ⓒ   ② ⓐ, ⓓ
③ ⓑ, ⓒ   ④ ⓑ, ⓓ

98 0372

(가)~(라) 시기에 있었던 사실로 옳은 것은?

	(가)	(나)	(다)	(라)
연산군 즉위	중종 즉위	효종 즉위	영조 즉위	정조 즉위

① (가) – 현량과를 실시하였다.
② (나) – 무오사화와 갑자사화가 일어났다.
③ (다) – 두 차례에 걸친 예송이 일어났다.
④ (라) – 신해통공으로 금난전권을 폐지하였다.

99 0373

다음 ⊙~ⓒ에 들어갈 말이 바르게 짝지어진 것은?

> • 박세채는 (⊙)이란 말을 사용하면서 서인과 남인을 서로 조정하여 화합시켜 붕당 정치 형태를 회복할 것을 촉구했다.
> • 영조는 법전 체계를 수정·보완하여 (ⓒ)을 편찬하였다.
> • 정조는 노비추쇄를 금지하는 등 노비제를 완화하고 나아가 혁파할 뜻이 컸지만 이루지 못하고 순조 1년에 (ⓒ)의 부분 혁파 조치만이 이루어지게 된다.

	⊙	ⓒ	ⓒ
①	탕평	대전통편	사노비
②	탕평	속대전	공노비
③	환국	속대전	사노비
④	환국	대전통편	공노비

100 0374

다음 글을 남긴 국왕의 재위 기간에 일어난 사실로 옳은 것은?

> 보잘것없는 나, 소자가 어린 나이로 어렵고 큰 유업을 계승하여 지금 12년이나 되었다. 그러나 나는 덕이 부족하여 위로는 천명(天命)을 두려워하지 못하고 아래로는 민심에 답하지 못하였으므로, 밤낮으로 잊지 못하고 근심하며 두렵게 여기면서 혹시라도 선대왕께서 물려주신 소중한 유업이 잘못되지 않을까 걱정하였다. 그런데 지난번 가산(嘉山)의 토적(土賊)이 변란을 일으켜 청천강 이북의 수많은 생령이 도탄에 빠지고 어육(魚肉)이 되었으니 나의 죄이다.
>
> – 『비변사등록』

① 최제우가 동학을 창도하였다.
② 공노비 6만 6천여 명을 양인으로 해방시켰다.
③ 미국 상선 제너럴셔먼호가 격침되었다.
④ 삼정 문제를 해결하기 위해 삼정이정청을 설치하였다.

97 0371

밑줄 친 '왕'은 1791년 신해통공을 실시한 정조이다.

ⓒ, ⓔ 정조는 대청, 대일본 외교 문서를 집대성한 『동문휘고』를 편찬하였으며, 정유자[동활자, 1777], 생생자[목활자, 1792], 정리자[동활자(생생자를 글자본으로 주조), 1796], 춘추강자[목활자, 1797]를 제작하였다.

오답 분석

ⓐ 무위영의 설치는 1881년 고종 재위 시기에 이루어졌다.
ⓒ 『수성윤음』의 발표로 훈련도감, 어영청, 금위영 삼군문의 도성 방위 체제가 수립된 시기는 영조 재위 시기에 해당한다.

정답 ④

98 0372

(가) 1494년(연산군 즉위)~1506년(중종 즉위)
(나) 1506년(중종 즉위)~1649년(효종 즉위)
(다) 1649년(효종 즉위)~1724년(영조 즉위)
(라) 1724년(영조 즉위)~1776년(정조 즉위)

③ 예송 논쟁은 현종 시기의 사실이다. 1차 예송은 기해예송으로, 1659년에 효종이 승하하자 인조의 계비인 자의 대비(조대비)의 복제 문제가 쟁점이 되어 일어났는데, 기년설을 주장한 서인이 승리하여 집권하였다. 2차 예송은 갑인예송으로, 1674년 인선 왕후(효종비)가 죽자 자의 대비의 복제 문제를 둘러싸고 일어났으며, 기년설을 주장한 남인이 승리하였다.

오답 분석

① 현량과는 중종 즉위 후에 조광조의 건의로 실시되었다.
② 연산군은 무오사화(1498)와 갑자사화(1504)를 일으켜 많은 사류(士類)를 희생시키는 참극을 벌였다.
④ 정조는 1791년 신해통공을 실시하여 육의전을 제외한 시전 상인의 금난전권을 혁파하였다.

정답 ③

99 0373

ⓐ 박세채는 1684년 회니시비를 계기로 「황극탕평론(皇極蕩平論)」을 발표하여 탕평을 바탕으로 파당적 대립을 막으려 하였다.
ⓒ 『속대전』은 1746년(영조 22)에 편찬된 법전이다. 『경국대전』의 137항목을 개정·증보했으며, 「호전」·「형전」 등에 18항목을 새로 추가하여 법령을 재정비하였다.
ⓒ 순조는 1801년(순조 1) 국가 재정과 국방 안정을 목적으로 중앙 관서의 공노비 66,000여 명을 해방하였다.

정답 ②

100 0374

제시문을 남긴 왕은 순조이다. 자료의 "어린 나이로 어렵고 큰 유업을 계승", "가산의 토적이 변란을 일으켜 청천강 이북의 수많은 생령이 도탄에 빠지고"를 통해 순조 시기의 기록임을 알 수 있다. 순조는 11세의 어린 나이에 즉위하였으며, 자료에서 말하는 "변란"은 1811년 평안도에서 일어난 홍경래의 난을 말한다.

② 순조는 수렴청정을 맡은 정순 왕후의 명에 따라 1801년(순조 1) 국가 재정과 국방 안정을 목적으로 중앙 관서에 소속된 공노비 66,000여 명을 해방시켰다.

오답 분석

① 철종 시기인 1860년에 경주의 몰락 양반인 최제우가 동학을 창시하였다.
③ 1866년 7월에 미국 상선 제너럴셔먼호가 조선에 통상을 요구하며 횡포를 부리자 평안 감사 박규수와 평양 주민들의 공격에 의해 침몰당하였다.
④ 철종은 세도 정치의 문란으로 매관매직이 성행하고 삼정이 문란해지자 이를 해결하기 위해 삼정이정청을 설치(1862)하였다.

정답 ②

101 0375

2018년 9급 서울시(추가 채용)

〈보기〉에서 설명하고 있는 기구에 대한 설명으로 가장 옳은 것은?

보기

재신(宰臣)으로서 이 일을 맡은 사람을 지변재상(知邊宰相)이라고 불렀습니다. 그러나 이것은 일시적인 전쟁 때문에 설치한 것으로 국가의 중요한 모든 일들을 참으로 다 맡긴 것은 아니었습니다. 오늘에 와서 큰 일이건 작은 일이건 중요한 것으로 취급되지 않는 것이 없는데, 정부는 한갓 헛이름만 지니고 육조는 모두 그 직임을 상실하였습니다. 명칭은 '변방의 방비를 담당하는 것'이라고 하면서 과거에 대한 판하(判下)나 비빈(妃嬪)을 간택하는 등의 일까지도 모두 여기를 경유하여 나옵니다.

– 『효종실록』

---

① 대원군에 의해 기능이 강화되었다.
② 의정부의 기능을 약화시켰다.
③ 붕당 정치의 폐단을 막기 위해 설치되었다.
④ 왜구의 침입에 대비하여 16세기 초 상설 기구로 설치되었다.

102 0376

2008년 9급 국가직

다음의 사건이 발생한 시기의 집권 세력에 대한 설명으로 옳지 않은 것은?

서토(西土)에 있는 자 어찌 억울하고 원통하지 않을 자 있겠는가. 막상 급한 일을 당해서는 …… 과거에는 반드시 서로(西路)의 힘에 의지하고 서토의 문을 빌었으니 400년 동안 서로의 사람이 조정을 버린 일이 있는가. 지금 나이 어린 임금이 위에 있어서 권세 있는 간신배가 날로 치성하니 …… 흉년에 굶어 부황 든 무리가 길에 널려 늙은이와 어린이가 구렁에 빠져 산 사람이 거의 죽음에 다다르게 되었다.

---

① 왕실의 외척이 세도를 명분으로 정권을 잡았다.
② 호조와 선혜청의 요직을 차지하여 재정 기반을 확보하였다.
③ 의정부와 병조를 권력의 핵심 기구로 삼고 인사권을 장악하였다.
④ 과거 시험의 합격자를 남발하고 뇌물이나 연줄로 인사를 농단하였다.

103 0377

2016년 7급 국가직

(가)와 (나) 사건 사이에 있었던 사실로 옳은 것은?

(가) 평서 대원수는 급히 격문을 띄우노니 관서의 부로자제와 공 · 사천민은 모두 이 격문을 들으라. … (중략) … 조정에서 관서를 버림이 분토와 다름없다. 심지어 권세가의 노비도 서토의 사람을 보면 반드시 '평한(平漢)'이라고 말한다.

(나) 백성들이 소동을 일으킨 것은 우병사 백낙신이 탐욕을 부려 침학하였기 때문입니다. 환포와 도결 6만 냥을 가호(家戶)에 배정하여 백징(白徵)하였으므로 백성들이 봉기했던 것입니다.

---

① 정약용이 유배 중 『목민심서』를 저술하였다.
② 흥선 대원군이 경복궁을 중건하였다.
③ 이승훈이 사행 중 천주교 세례를 받고 돌아왔다.
④ 양헌수가 정족 산성에서 프랑스군을 격퇴하였다.

104 0378

2011년 9급 국가직

19세기 조선 사회에 대한 설명으로 옳은 것만을 모두 고르면?

㉠ 순조 초에 훈련도감이 벽파 세력에 의해 혁파되고, 군영 대장 후보자를 결정할 권한은 당시 권력 집단이 장악한 비변사가 가지고 있었다.

㉡ 중앙 정치 참여층이 경화 벌열로 압축되고 중앙 관인과 재지 사족 간에 존재했던 경향의 연계가 단절되면서 전통적인 사림의 공론 형성은 거의 불가능해졌다.

㉢ 환곡은 본래 진휼책의 하나였지만, 각 아문에서 환곡의 모곡을 재정 수입의 주요 항목으로 이용하면서 부세와 다름없이 운영되었다.

㉣ 홍경래 난을 계기로 국가는 삼정이정청을 설치하여 삼정의 개선 방안을 모색하였으며, 각지의 사족들 또한 상소문을 올려 해결 방안을 제시하였다.

---

① ㉠, ㉡, ㉢
② ㉡, ㉢
③ ㉡, ㉢, ㉣
④ ㉢, ㉣

101 0375

〈보기〉에서 설명하고 있는 기구는 비변사에 해당한다.

② 비변사는 임진왜란을 겪는 동안 기능이 확대·강화되어 비빈의 간택까지도 처리하는 등 국정 전반을 관장하였으며, 이에 따라 의정부는 유명무실한 존재가 되고 말았다.

오답 분석

① 흥선 대원군은 1864년에 국가 기구의 재정비를 단행하여, 의정부와 비변사의 사무 한계를 규정하였다. 이에 따라 비변사는 종전대로 외교·국방·치안 관계만을 관장하고, 나머지 사무는 모두 의정부에 넘기도록 하여 비변사의 기능을 축소, 격하시켰다. 또, 이듬해에는 비변사를 폐지하여 그 담당 업무를 의정부에 이관하고, 그 대신 국초의 삼군부를 부활시켜 군무를 처리하게 하였다.

③ 비변사는 붕당 정치의 활성화와 더불어 그 기능이 확대되어 갔다.

④ 비변사는 16세기 초 삼포왜란(1510)을 계기로 임시 기구로 설치되었으며, 을묘왜변 이후인 1555년에 상설 기구로 편제되었다.

정답 ②

102 0376

제시문은 홍경래의 난(1811)이 일어날 당시에 발표된 격문이다. 홍경래의 난이 일어난 19세기에는 세도 정치로 인한 관료의 부정부패로 삼정이 문란해지면서 농촌 경제가 피폐해졌고, 자연재해와 전염병까지 겹쳐 농민들의 몰락이 가속화되었다. 이로 인해 사회 불안이 고조되고, 전국 곳곳에서 농민들의 봉기가 일어났다.

③ 세도 정치기에는 소수의 세도가들이 비변사의 고위직을 독점한 가운데 인사권과 군사권이 비변사에 의해 장악되었고, 재정권마저 넘어가 의정부·6조의 기능은 약화되었다.

정답 ③

103 0377

(가)는 1811년에 일어난 홍경래의 난, (나)는 1862년에 일어난 진주 민란이다.

① 『목민심서』는 정약용이 전라도 강진 유배지에서 저술하기 시작하여 1818년에 완성하였다. 따라서 (가)와 (나) 사이의 시기에 해당한다.

오답 분석

② 흥선 대원군의 경복궁 중건은 1865년부터 1867년 말까지 해당한다.

③ 이승훈이 사행 중 천주교 세례를 받고 돌아온 시기는 정조 재위 시기인 1784년이다.

④ 양헌수가 정족 산성에서 프랑스군을 격퇴한 시기는 1866년이다.

정답 ①

104 0378

ⓒ 19세기 세도 정치기에는 벌열 가문의 정권 독점이 이루어짐으로써 국익과 공론보다는 개인이나 가문의 이익이 우선시되는 상황이 전개되었다.

ⓒ 환곡은 조선 후기 삼정의 문란 중 그 폐해가 가장 심각했는데, 환곡을 가마니 속에 풀뿌리, 모래, 겨 등을 채워 나눠주거나[분석(分石)], 아예 장부상으로만 환곡을 빌려주기도 했다[반작(反作)]. 또한 부세가 금납화됨에 따라 환곡은 농민을 수탈하는 수단이 되기도 하였다.

오답 분석

㉠ 세도 정치기에 정권을 장악한 경화거족들은 비변사와 훈련도감을 장악하여 정권 유지 기반으로 삼았다. 훈련도감은 1881년 별기군이 설치되어 신식 군대 조직이 이루어지자 이듬해인 1882년에 폐지되었다.

㉣ 철종은 1862년 임술 농민 봉기를 계기로 삼정이정청을 설치하여 삼정의 폐해를 바로잡고자 하였으나, 세도 정치의 문란으로 인해 근본적인 해결책을 제시하지 못하였다.

정답 ②

105 0379

밑줄 친 '갈등'에 대한 설명으로 옳지 않은 것은?

> 이성계는 즉위 직후 명에 사신을 보내어 조선의 건국을 알리고, 자신의 즉위를 승인해줄 것과 국호의 제정을 명에 요청하였다. 명으로부터 승인을 받아 국내의 정치 상황을 안정시키기 위함이었다. 그러나 이후 조선은 명과 외교적 <u>갈등</u>을 빚었다.

① 조선으로 넘어온 여진인의 송환을 명이 요구함으로써 생긴 갈등

② 조선이 명에 보낸 외교 문서에 무례한 표현이 있다는 명의 주장에 따른 갈등

③ 이성계가 이인임의 아들이었다는 중국 측 기록을 둘러싼 갈등

④ 조선의 조공에 대해 명 황제가 내린 회사품의 양과 가치가 지나치게 적은 데 따른 갈등

106 0380

조선 초기의 대외 관계에 대한 설명 중 가장 옳은 것은?

① 화이관(華夷觀)이라는 세계관에 바탕을 두고 사대교린(事大交隣)을 기본 정책으로 삼았다.

② 북진 정책 하에 고구려 고토의 회복을 도모하였다.

③ 일본과 여진에 대해서는 무력 진압을 위주로 하였다.

④ 동남아시아 국가와는 교류가 없었다.

107 0381

조선 전기 대외 관계에 대한 설명으로 옳지 않은 것은?

① 유구와 교류하여 불경·유교 경전·범종 등을 전해주었다.

② 대마도주와 계해약조를 맺어 제한된 범위 내에서 교역을 허락하였다.

③ 태조 때 명으로부터 1년에 세 차례 이상의 정례적 사신 파견을 요청받았다.

④ 여진이나 일본과는 교린 관계를 유지하였고, 토벌과 회유의 양면 정책을 추진하였다.

108 0382

다음 내용이 포함된 조약으로 옳은 것은?

> 1. 대마도주(對馬島主)의 세사미두(歲賜米豆)는 100석으로 한다.
> 1. 대마도주의 세견선(歲遣船)은 20척으로 한다.
> 1. 왜관의 체류 시일은 대마도주가 특별히 보낸 사람은 110일, 기타 세견선은 85일이고, 표류인 등을 송환할 때는 55일로 한다.

① 기유약조

② 임신약조

③ 정미약조

④ 계해약조

105 0379

조선 건국 초기에 명과의 외교적 갈등은 크게 고명·금인 문제와 표전 문제, 요동 수복 운동, 종계변무 문제를 들 수 있다.

④ 조선의 대명 외교는 표면상 사대 정책의 성격을 띠었으나, 그 본질은 자주적 실리 외교로 정의될 수 있다. 조선은 이를 통해 왕권의 안정과 국제적인 지위를 확보할 수 있었고, 명의 선진 문물을 흡수할 수 있었다. 뿐만 아니라 당대의 조공 원칙인 '조공이 있으면 사여(賜與)가 있다'에 따라 조선은 조공품의 가액을 넘는 회사품(사여품)들을 명으로부터 챙겨 돌아올 수 있었다. 그러나 명은 회사품(사여품)에 따른 부담 때문에 3년에 1회만 사신을 보낼 것을 요구하였다.

정답 ④

106 0380

① 조선 초기의 대외 관계는 중국과 우리나라 및 다른 국가들을 중심으로 한 화이관에 따라 규정되었다. 중국을 중화로 인정하고 사대 정책의 대상으로 규정하였으며, 일본 및 여진 등은 화전양면의 외교 정책을 구사하는 교린의 입장에 따라 관계를 규정하였다.

오답 분석

② 고려 초 태조 왕건의 대외 정책에 해당한다.
③ 조선은 일본과 여진에 대해 무력 진압이 아닌 화전양면책인 교린 정책을 구사하였다. 교린 정책에 의하여 평화기에는 대외 교류 및 무역 관계를 강화하였으며, 침략이 일어날 경우 무력으로 강력하게 맞서는 입장이 전개되었다.
④ 조선 전기에는 류큐(오키나와), 시암(태국), 자와(인도네시아) 등의 국가들과 교류하였다.

정답 ①

107 0381

③ 조선 초기의 대명 관계는 고명·금인 문제와 표전문 사건, 정도전의 요동 정벌 운동 등으로 악화일로를 걷고 있었다. 1398년 명 태조가 죽고, 이후 정도전이 제1차 왕자의 난으로 이방원에 의해 제거되자 대명 관계는 회복되는 과정으로 들어섰다. 3년 1공(3년에 1회 사신 파견)을 주장하는 명과 1년 3공(1년에 3회 사신 파견)을 주장하는 조선의 입장이 1년 3공으로 결정된 것은 태종 재위 시기인 1401년이었다. 이때 명으로부터 책봉 문서인 고명과 직인인 금인이 보내져 명과의 관계는 완전히 회복되었다.

정답 ③

108 0382

① 제시문의 내용은 1609년 체결된 기유약조에 해당하는 것이다. 기유약조는 세견선 20척, 세사미두 100석, 부산포만 개항하는 조건으로 구성되었다.

오답 분석

② 임신약조(1512, 중종 7): 일본인의 3포 거주 금지, 3포 중 제포만 개항, 세견선 25척, 세사미두 100석으로 무역 범위 제한
③ 정미약조(1547, 명종 2): 세견선 25척으로 유지. 단, 큰 배는 9척, 중간 배는 8척, 작은 배 8척으로 제한, 인원의 제한 규정 위반 시 벌칙 강화
④ 계해약조(1443, 세종 25): 세견선 50척, 세사미두 200석

정답 ①

109 0383　　　　　　　　　　　　　2019년 7급 서울시(추가 채용)

〈보기〉의 (가)와 (나) 사이의 시기에 있었던 일로 가장 옳은 것은?

> **보기**
> (가) 왜인들이 세견선이 줄어든 것에 불만을 품고 을묘왜변을 일으켰다.
> (나) 일본을 통일한 도요토미 히데요시가 20만의 대군을 보내 조선을 침략하였다.

① 정여립 모반 사건이 일어나 많은 동인이 처형당했다.
② 4~5천 명의 왜인들이 삼포왜란을 일으켰다.
③ 도원수 강홍립이 거느리는 원군을 명에 파견하였다.
④ 최세진이 『훈몽자회』를 편찬하였다.

110 0384　　　　　　　　　　　　　　　　2019년 7급 지방직

다음의 사건을 시대 순으로 바르게 나열한 것은?

> (가) 이종무가 대마도를 토벌하였다.
> (나) 김윤후가 용인에서 살리타를 사살하였다.
> (다) 김헌창이 공주를 근거로 반란을 일으켰다.
> (라) 이시애가 길주에서 군사를 일으켰다.

① (나) → (가) → (다) → (라)
② (나) → (다) → (라) → (가)
③ (다) → (나) → (가) → (라)
④ (다) → (나) → (라) → (가)

111 0385　　　　　　　　　　　　　　　　2016년 9급 서울시

조선 전기 일본과 관계된 주요 사건이다. (가)~(라) 각 시기에 있었던 사건으로 옳지 않은 것은?

1392		1419		1510		1592	
	(가)		(나)		(다)		(라)

조선 건국　　쓰시마 토벌　　3포 왜란　　임진왜란

① (가) – 부산포, 제포, 염포 등 3포를 개항하였다.
② (나) – 계해약조를 체결하여 쓰시마 주의 제한적 무역을 허락하였다.
③ (다) – 왜선이 침입하여 을묘왜변을 일으켰다.
④ (라) – 조선은 포로의 송환 교섭을 위해 일본에 사신을 파견하였다.

112 0386　　　　　　　　　　　　　　　　2016년 9급 국가직

임진왜란 때의 주요 전투를 벌어진 순서대로 바르게 나열한 것은?

> ㉠ 권율 장군이 행주산성에서 왜군을 크게 무찔렀다.
> ㉡ 조선과 명나라 군대가 합세하여 평양성을 탈환하였다.
> ㉢ 진주 목사 김시민이 왜의 대군을 맞아 격전 끝에 진주성을 지켜냈다.
> ㉣ 이순신 장군이 한산도 앞바다에서 왜의 수군을 격퇴하고 제해권을 장악하였다.

① ㉠ → ㉡ → ㉢ → ㉣
② ㉠ → ㉢ → ㉡ → ㉣
③ ㉣ → ㉡ → ㉢ → ㉠
④ ㉣ → ㉢ → ㉡ → ㉠

109 0383

(가)는 1555년(명종 10)에 일어난 을묘왜변에 대한 설명이다.
(나)는 1592년(선조 25)에 일어난 임진왜란에 대한 설명이다.

① 이른바 기축옥사로 불리는 정여립의 모반 사건으로 인한 동인
의 옥사 사건은 을묘왜변과 임진왜란 사이 시기인 1589년에 일
어났으며, 서인인 정철의 주도하에 많은 동인이 희생을 당했다.

오답 분석

② 삼포왜란은 을묘왜변 이전인 1510년 중종 재위 시기에 일어
났다.
③ 광해군은 명의 원군 요청으로 1619년 강홍립이 이끄는 부대를
파병하였으며, 이들은 심하 전투(또는 부차 전투)에서 후금에
게 패배하였다.
④ 『훈몽자회』는 중종 시기인 1527년에 최세진이 만든 어린이용 한
자 학습서이다.

정답 ①

110 0384

③ 시대 순으로 나열하면 (다) 김헌창의 난(822) → (나) 김윤후의
살리타 사살(1232) → (가) 이종무의 대마도 토벌(1419) → (라)
이시애의 난(1467)이다.

(다) 김헌창이 웅천주(공주)를 근거지로 반란을 일으킨 시기는 822
년(헌덕왕 14)이다.
(나) 김윤후가 이끄는 농민군이 몽골 사령관 살리타를 사살한 것은
몽골의 2차 침입 시기인 1232년이다.
(가) 이종무는 1419년(세종 1)에 대마도를 토벌하였다.
(라) 이시애의 난은 1467년(세조 13)에 일어났다.

정답 ③

111 0385

① 부산포, 제포, 염포 등 3포를 모두 개항한 시점은 1426년(세종
8)으로, 쓰시마 토벌 이후의 일이다. 1407년(태종 7)에 부산포
와 제포(내이포)를 개항하였고, 1426년(세종 8)에는 염포까지
개항하였다.

정답 ①

112 0386

④ 순서대로 나열하면 ② 한산도 대첩(1592. 7.) → © 진주 대첩
(1592. 10.) → © 평양성 탈환(1593. 1.) → ③ 행주 대첩(1593.
2.) 순이다.

정답 ④

113 0387

다음 사건을 발생한 순서대로 바르게 나열한 것은?

> ㉠ 이순신이 명량에서 일본 수군을 격파하였다.
> ㉡ 의주로 피난했던 국왕 일행이 한성으로 돌아왔다.
> ㉢ 권율이 행주산성에서 일본군의 공격을 격파하였다.
> ㉣ 원균이 이끄는 조선 수군이 칠천량에서 크게 패배하였다.

① ㉡ → ㉢ → ㉠ → ㉣
② ㉡ → ㉢ → ㉣ → ㉠
③ ㉢ → ㉡ → ㉠ → ㉣
④ ㉢ → ㉡ → ㉣ → ㉠

114 0388

다음 자료에 나타난 상황과 관련 있는 사건은?

> 경성에는 종묘, 사직, 궁궐과 나머지 관청들이 또한 하나도 남아 있는 것이 없으며, 사대부의 집과 민가들도 종루 이북은 모두 불탔고 이남만 다소 남은 것이 있으며, 백골이 수북이 쌓여서 비록 치우고자 해도 다 치울 수 없다. 경성의 수많은 백성들이 도륙을 당했고 남은 이들도 겨우 목숨만 붙어 있다. 굶어 죽은 시체가 길에 가득하고 진제장(賑濟場)에 나아가 얻어먹는 자가 수천 명이며 매일 죽는 자가 60~70명 이상이다.
> — 성혼, 『우계집』에서

① 병자호란
② 임진왜란
③ 삼포왜란
④ 이괄의 난

115 0389

임진왜란의 전개 과정에 대한 설명으로 옳지 않은 것은?

① 휴전 협상이 진행되는 동안 조선은 훈련도감을 설치해 군대의 편제를 바꾸었다.
② 조선군은 명나라 지원군과 연합하여 일본군에게 뺏긴 평양성을 탈환하였다.
③ 전세가 불리해지고 도요토미 히데요시가 죽자 일본군이 철수함으로써 전란이 끝났다.
④ 첨사 정발은 부산포에서, 도순변사 신립은 상주에서 일본군과 맞서 싸웠지만 패배하였다.

116 0390

임진왜란과 병자호란 사이의 시기에 있었던 사실들을 모두 고른 것은?

> ㄱ. 선조가 왜란이 끝나기 전에 사망하자 그의 뒤를 이어 광해군이 왕위에 올랐다.
> ㄴ. 광해군을 추종한 북인은 동인 중에서 이황 문인을 제외한 파벌들이 연합한 붕당이었다.
> ㄷ. 광해군은 명과 후금 사이의 싸움에 말려들지 않는 실리 정책을 폈다.
> ㄹ. '인조반정'으로 권력을 잡은 서인 정권은 광해군의 대외 정책을 계승하였다.

① ㄱ, ㄴ   ② ㄴ, ㄷ   ③ ㄱ, ㄷ   ④ ㄱ, ㄹ

113 0387

④ 순서대로 나열하면 ⓒ 권율의 행주 대첩은 1593년 2월 → ⓛ 선조의 환궁은 1593년 10월 → ⓔ 원균의 칠천량 해전은 1597년 7월 → ⓘ 이순신의 명량 해전은 1597년 9월의 순서로 일어났다.

정답 ④

114 0388

② 제시된 사료는 우계 성혼이 임진왜란에 대한 참상을 적은 글이다. 성혼은 율곡 이이의 친한 벗으로 임진왜란이 일어났을 때 화의를 주장하다가 선조의 미움을 받기도 하였다. 서인의 대표적 인물로 1598년에 사망하자 후일 율곡 이이와 함께 문묘에 배향되었다. 후일 소론은 우계 성혼을 학문의 뿌리로 추앙하였고, 노론은 율곡 이이를 숭상하였다.

정답 ②

115 0389

④ 일본군과 상주에서 맞서 싸운 인물은 이일이다. 조선 정부는 북상하는 왜군에 맞서기 위하여 이일을 순변사로 임명하였다. 이일이 상주에 도착하였을 때 상주 목사 김해는 이미 도주하였고 군사들도 뿔뿔이 흩어져 달아난 상태였다. 대부분이 농민인 이일의 군사들은 대규모 공격을 받자 크게 동요하였고, 한성에서 데리고 온 60여 명의 사수들과 힘겨운 싸움을 벌였으나, 결국 패배하였다. 신립은 충주까지 올라온 왜군에 맞서 탄금대에서 전투를 벌였으나 크게 패배(1592. 4.)하였다.

오답 분석

① 휴전 협상이 진행되는 동안 조선에서는 유성룡을 도제조로 하는 훈련도감을 설치하여 군대의 편제와 훈련 방법을 바꾸었다. 즉, 속오법을 실시하여 지방군 편제를 능률적으로 개편하고, 군대를 살수 · 사수 · 포수의 삼수기(三手技)로 나누어 침략에 대비했다.

② 1593년 1월 8일 명의 이여송, 조선의 김응서와 휴정 · 유정 등의 승병이 연합 전선을 구축하고 평양성을 공격하였다. 조 · 명 연합군은 일본군 1만여 명을 살상하고 평양성을 탈환했다.

③ 1598년 8월에 도요토미가 병사하자 일본군은 철수하기 시작했다. 이순신의 조선 수군은 진린(陳璘) 지휘하의 명 수군과 함께 일본군의 퇴로를 차단하고자 1598년 11월 노량에서 일본의 전투선 300여 척과 해전(노량 해전)을 벌였다. 이 전투에서 이순신이 전사하였고, 일본과의 7년에 걸친 전쟁은 끝나게 되었다.

정답 ④

116 0390

임진왜란과 병자호란 사이인 1592년(선조)~1636년(인조)에 일어난 사건을 고르는 문제이다.

ㄴ. 1589년 정여립 모반 사건을 계기로 동인은 이황 학파 문인 중심의 남인과 서경덕, 조식 학파 중심의 북인으로 나뉘었다. 북인은 광해군 때 집권하여 대동법의 시행과 은광 개발 등 사회 · 경제 정책을 추진하였고, 중립 외교를 추진하였다.

ㄷ. 광해군은 명나라와 후금 사이에서 실리를 추구하는 중립 외교를 진행하였다.

오답 분석

ㄱ. 광해군은 임진왜란 중에 피난지 평양에서 세자로 책봉되었고, 종전 후 10년 뒤인 1608년 선조가 죽자 왕위에 오르고 이듬해 왕으로 책봉되었다.

ㄹ. 서인은 광해군이 추구한 중립 외교 정책에 대하여 반발하였고, 인조반정 이후에 친명 배금 정책을 추진하였다.

정답 ②

117 0391
2017년 9급 국가직(추가 채용)

다음 상소 이후에 나타난 사실로 옳지 않은 것은?

> 윤집(尹集)이 상소하기를 "화의가 나라를 망친 것은 어제 오늘의 일이 아니고 옛날부터 그러하였으나 오늘날처럼 심한 적은 없었습니다. 명나라는 우리나라에 있어서 부모의 나라이고 노적은 우리나라에 있어서 부모의 원수입니다. …… 지난날 성명께서 크게 분발하시어 의리에 의거하여 화의를 물리치고 중외에 포고하고 명나라에 알리시니, 온 동토(東土) 수천 리가 모두 크게 기뻐하여 서로 고하기를 '우리가 오랑캐가 됨을 면하였다.'고 하였습니다."
>
> – 「인조실록」

① 소현 세자는 청에서 서양의 문물에 관심을 가지고, 천문 관련 서적 등을 가져왔다.

② 조선은 청과 굴욕적인 형제의 맹약을 맺었다.

③ 조선은 복수설치(復讐雪恥)를 과제로 삼았다.

④ 숭정처사(崇禎處士), 대명거사(大明居士)로 자처하며 출사를 거부하는 인물이 있었다.

118 0392
2008년 9급 선관위

조선 시대 일본과의 대외 관계에 대한 설명으로 옳지 않은 것은?

① 임진왜란이 끝난 뒤 일본의 도쿠가와 막부의 강화 요청을 받아들여 국교를 재개하였다.

② 조선 초 일본인들의 경제적 욕구를 충족시켜 주기 위해 3개의 항구를 열어 제한적으로 교역을 허락하였다.

③ 세종 대 이종무가 쓰시마 섬을 정벌하여 쓰시마 도주의 항복을 받았다.

④ 17세기 초부터 일본에 개항할 때까지 정기적으로 통신사를 통한 활발한 교류를 진행시켰다.

119 0393
2018년 7급 서울시

조선 초기 대외 관계의 설명으로 가장 옳은 것은?

① 신숙주는 일본에 다녀온 뒤, 일본의 사정을 자세하게 소개한 견문록 『해동제국기』를 성종 2년(1471)에 편찬하였다.

② 대마도주가 무역을 요청해 오자, 벼슬을 내려 조선의 신하로 삼고, 부산, 인천, 원산 3포를 열어 무역을 허용하였다.

③ 태종은 요동 수복을 포기하지 않고, 삼남 지방의 향리와 부민을 대거 북방으로 강제 이주시켜 압록강 이남 지역의 개발을 추진했다.

④ 여진족에 대해서는 포섭 정책만을 구사하여, 국경 지역에서 무역을 허용하고, 조공과 귀화를 권장하였다.

120 0394
2016년 7급 지방직

조선 시대의 사행(使行)에 대한 설명으로 옳지 않은 것은?

① 조선 전기 명에 파견된 사신은 조천사, 조선 후기 청에 파견된 사신은 연행사로 불렸다.

② 임진왜란 이후 일본으로 통신사를 매년 파견하여 교류하였다.

③ 북경에 사신으로 다녀온 인물들을 중심으로 북학이 전개되었다.

④ 조선 후기 사행에서 역관들은 팔포 무역 등을 통해 국제 무역의 활성화에 기여하였다.

117 0391

제시된 사료의 내용은 윤집의 상소로, 명을 떠받들고 청을 배척하자는 친명 배금의 명분을 담고 있는 글이다. 윤집은 병자호란 시기 척화를 주장했던 삼학사 중의 한 사람으로, 청에 압송되어 사형을 당한 인물이다.

② 조선이 청(후금)과 형제의 맹약을 맺은 것은 정묘호란(1627) 때의 일로, 윤집의 상소 이전의 일이다. 후금이 청으로 국호를 변경하고 조선에 군신 관계를 요구하자 조선은 이에 대해 반발하였으며, 이러한 과정에서 병자호란(1636)이 발발하였다.

오답 분석

① 병자호란 이후 인질로 끌려갔던 소현 세자는 조선에 귀국하여 서양과 청 문물의 적극 수용을 주장하였으나, 2개월 만에 사망하였다.

③ 복수설치(復讐雪恥)는 청에 대해 복수를 하고 치욕을 씻자는 입장으로, 북벌론의 명분이 되었다.

④ 숭정처사(崇禎處士)는 명나라 마지막 황제인 숭정제 의종의 연호인 숭정을 떠받들며 청을 배척한다는 입장을 가진 인물들이 자처했던 명칭이다. 또한, 대명거사(大明居士)도 명이 멸망하자 명을 떠받들고 청을 배척한다는 명분론을 주장한 인물들이 스스로를 자처했던 명칭이다.

정답 ②

118 0392

④ 조선은 일본에 통신사를 총 12회(1607~1811) 파견하였는데, 1~3회는 '회답 겸 쇄환사'란 이름으로 파견되었으며 4회차부터 '통신사'란 이름으로 파견되었다. 1811년(순조 11), 마지막으로 파견된 12회 통신사가 에도가 아닌 대마도로 가는 역지빙례를 한 이후 정례화된 통신사는 없었다. 따라서 1876년 강화도 조약의 체결로 개항이 이루어질 때까지 통신사가 지속적으로 파견되었던 것은 아니다.

정답 ④

119 0393

① 신숙주는 세종 때 일본에 다녀온 뒤 일본의 지세, 국정, 교빙 내왕의 연혁 등을 기록한 『해동제국기』를 1471년(성종 2)에 완성하였다.

오답 분석

② 부산(1876), 원산(1880), 인천(1883)이 개항된 것은 1876년 강화도 조약 이후이다. 조선 초기 세종 조에 부산포, 제포, 염포를 열어 왜관을 설치하고 무역을 허용하였다.

③ 태종은 요동 수복 운동을 전개하였던 정도전을 죽이고, 요동 정벌 계획을 중단하였다. 삼남 지방의 향리와 부민을 북방으로 강제 이주 시켜 압록강 이남 지역의 개발을 추진하고자 한 사민 정책은 세종 때부터 본격적으로 추진되었다.

④ 여진족에 대해서는 교린 정책을 추진하여 강경책과 회유책을 교차 적용하였다. 이에 따라 여진족을 정벌하고 4군 6진을 설치하는 등 강경책을 펼치는 한편, 무역소 설치와 귀순 장려, 조공 무역 허용 등을 통해 회유책을 추진하기도 하였다.

정답 ①

120 0394

② 조선 통신사는 비정기 사절에 해당한다. 일본은 조선의 선진 문화를 수용하고, 막부의 쇼군이 바뀔 때마다 그 권위를 국제적으로 인정받기 위해 외교 사절의 파견을 요청하였으며, 조선은 임진왜란 직후, 전쟁 상태 종결을 위한 강화 교섭, 포로의 쇄환, 국정 탐색, 막부 쇼군의 세습 축하 등 정치 · 외교적인 목적에서 통신사를 파견하였다.

오답 분석

① 조선은 소중화 사상에 입각해 명나라의 사행을 '조천사'라 한데 반해 청나라의 사행은 '연행사'라 통칭하였다. 조천사란 천조(天朝)인 중국에 조근하는 사행이라는 뜻이고, 연행사는 연경인 북경에 간 사행이라는 뜻이다.

③ 북학은 사행원 출신들을 중심으로 전개되었으며, 영 · 정조 시기에 성행하였다.

④ 조선 후기에 조공 무역의 형태와 더불어 팔포 무역이 행해졌는데, 이는 중국 사행 수행 역관의 순번 근무에 대한 배려로, 광해군 시기 이후 역관 여비로 쓰기 위해 홍삼 80근(8포)의 무역을 허용한 역관 무역이다.

정답 ②

121 0395 2008년 9급 국가직

다음의 묘사와 관련된 외교 사절에 대한 설명으로 옳지 않은 것은?

> 일본 사람이 우리나라의 시문을 구하여 얻은 자는 귀천현우(貴賤賢愚)를 막론하고 우러러보기를 신선처럼 하고 보배로 여기기를 주옥처럼 하지 않음이 없어, 비록 가마를 메고 말을 모는 천한 사람이라도 조선 사람의 해서(楷書)나 초서(草書)를 두어 글자만 얻으면 모두 손으로 이마를 받치고 감사의 성의를 표시한다.

① 1811년까지 십여 차례 수행되었다.
② 일본의 정한론을 잠재우는 데 기여하였다.
③ 일본 막부가 자신의 권위를 높이려는 목적도 있었다.
④ 18세기 후반 일본에서는 국학 운동이 일어나는 자극제가 되었다.

122 0396 2012년 9급 지방직

조선 시대 각 시기별 대외 관계에 대한 설명으로 옳지 않은 것은?

① 15세기 - 류큐에 불경이나 불종을 전해주어 그곳 불교 문화 발전에 기여하였다.
② 16세기 - 을묘왜변이 일어나자 비변사로 하여금 군사 문제를 처리하도록 하였다.
③ 17세기 - 정묘호란과 병자호란의 패배로 인해 청에 대한 문화적 열등감이 팽배해졌다.
④ 18세기 - 청과 국경 분쟁이 일어나 양국 대표가 백두산 일대를 답사하고 정계비를 세웠다.

123 0397 2018년 9급 서울시

조선 시대의 대외 관계에 대한 설명으로 가장 옳은 것은?

① 태조는 북방의 여진족을 몰아내고 4군 6진을 개척하였다.
② 왜란이 끝난 후 조선은 일본에 통신사를 파견하여 국교 재개를 요청하였다.
③ 조선 후기 북학 운동의 한계를 느낀 지식인들은 북벌 운동을 전개하였다.
④ 조선 후기 중국과의 외교와 무역에 은이 대거 소비되면서 은광이 활발하게 개발되었다.

124 0398 2017년 7급 서울시

다음 역사적 사실을 순서대로 바르게 나열한 것은?

> ㉠ 청의 요청으로 조선은 나선(러시아) 정벌에 조총병을 파병하였다.
> ㉡ 청의 정세 변화를 이용하여 윤휴를 중심으로 북벌 움직임이 제기되었다.
> ㉢ 조선과 청의 두 나라 대표가 백두산 일대를 답사하고, 국경을 확정하는 백두산 정계비를 세웠다.
> ㉣ 안용복은 울릉도에 출몰하는 일본 어민들을 쫓아내고, 일본에 건너가 울릉도와 독도가 조선의 영토임을 확인받고 돌아왔다.

① ㉠ → ㉡ → ㉢ → ㉣
② ㉠ → ㉡ → ㉣ → ㉢
③ ㉡ → ㉠ → ㉢ → ㉣
④ ㉡ → ㉠ → ㉣ → ㉢

121 0395

제시문은 조선 통신사에 대한 내용이다. 조선은 일본에 1607년부터 1811년까지 12회에 걸친 조선 통신사를 파견하였고, 1811년 일본의 제의로 조선 통신사가 에도까지 가지 않고 대마도까지만 가는 역지빙례로 전환하였다. 1800년대 이후 여러 번(蕃)의 재정 악화와 통신사행으로 초래된 재정 위기는 막부의 영향력이 약화되는 상황을 불러왔다. 이러한 상황 하에서 에도 막부는 통신사행을 부담스럽게 여길 수밖에 없었으며, 일본 내에서 일어난 국학 운동은 조선에 대한 배타적 입장을 강화시켜, 이후 두 나라의 관계는 소극적 외교 관계만을 지속하게 되었다.

② 일본의 정한론은 메이지 유신(1868) 이후 서계 사건을 계기로 대두되었다. 메이지 유신 이후 일본은 조선에 통상 수교를 요구하는 외교 문서(서계)를 전달하였으나, 흥선 대원군이 서계의 용어와 양식이 기존과 다르다는 것을 문제 삼아 이를 거절하였다. 이를 계기로 일본 내에서 정한론이 대두되었다.

정답 ②

122 0396

③ 조선은 병자호란 이후 외적으로는 청과 군신 관계의 사대 관계를 맺고 사신을 왕래시키면서 교역을 활발하게 전개하였으나, 내적으로는 은밀하게 국방에 힘을 기울이면서 청에 대한 북벌을 준비하려 하였다. 이는 문화적 우월감을 바탕으로 형성된 소중화 사상을 기반으로 한 것이었다.

정답 ③

123 0397

④ 조선 후기에는 은을 화폐 단위로 삼은 중국과의 외교·무역에 은이 대거 소비되면서 은광이 활발하게 개발되었다.

오답 분석

① 세종 시기의 정책에 해당한다.
② 국교 재개와 조선 통신사의 파견을 요청한 것은 일본이었다.
③ 조선 후기의 북벌론은 점차 북학 운동으로 방향이 전환되었다.

정답 ④

124 0398

② 사건을 순서대로 나열하면 ㉠ 나선 정벌(효종, 1차 1654, 2차 1658) → ㉡ 윤휴의 북벌론(숙종, 1674) → ㉣ 안용복의 활약(숙종, 1차 1693, 2차 1696) → ㉢ 백두산 정계비 건립(숙종, 1712)이다.

정답 ②

125 0399

울릉도와 독도에 대한 설명으로 옳지 않은 것은?

① 『세종실록지리지』와 『(신증)동국여지승람』에는 울릉도와 우산도(독도)에 관한 기록이 있다.

② 조선 숙종 때 안용복은 일본으로 건너가 울릉도와 우산도(독도)가 조선의 영토임을 주장하였다.

③ 19세기 말 조선 정부는 울릉도 경영에 적극 나서면서 타지 주민들의 울릉도 이주를 금지하였다.

④ 대한 제국기에는 울릉도를 울도군으로 승격시키고 관할 구역으로 석도(독도)를 함께 규정하였다.

126 0400

울릉도와 독도에 관련된 역사적 사건에 대한 서술로 옳지 않은 것은?

① 대한 제국 정부는 이범윤을 울릉도 시찰위원에 임명하여 현지에 파견하였다.

② 러ㆍ일 전쟁 중에 일본은 대한 제국 정부에 알리지 않고 독도를 시마네 현에 편입시켰다.

③ 대한 제국 정부는 칙령을 반포하여 울릉도를 군으로 승격시키고 독도[石島]를 관할 구역 안에 포함시켰다.

④ 숙종 때 안용복은 일본에서 울릉도가 조선의 영토임을 주장하며 일본 어민의 고기잡이에 항의하였다.

127 0401

㉠에 대한 설명으로 옳지 않은 것은?

> 칙령 제41호
>
> 제1조 울릉도를 울도라 개칭하여 강원도에 부속하고, 도감을 군수로 개정하여 관제 중에 편입하고, 군의 등급은 5등으로 한다.
>
> 제2조 군청 위치는 태하동으로 정하고, 구역은 울릉전도 (鬱陵全島)와 죽도, (㉠)을/를 관할한다.

① 『세종실록지리지』에는 강원도 울진현 소속으로 구분하고, 우산으로 표기하였다.

② 숙종 때 안용복은 일본에 건너가 울릉도와 더불어 조선의 영토임을 확인받았고, 당시 일본에서는 '송도(松島)'로 기록하였다.

③ 일본 정부는 1870년대에 조선의 영토임을 인정했으면서도, 1905년 국제법상 무주지(無主地)라는 명목으로 일본 영토에 편입시켰다.

④ 1952년 UN군 사령부와 협의 하에 이승만 정부는 '인접 해양의 주권에 관한 대통령 선언'을 발표하여 한국의 영토로 확인하였고, 당시 일본은 이를 묵인하였다.

문제 풀이

125 0399

③ 일본 어민의 침범이 계속되자, 19세기 말 정부는 울릉도 개척령을 선포하여 적극적으로 주민의 이주를 장려하였고, 이에 따라 1884년 울릉도에 육지 주민이 이주하게 되었다. 이후 1900년에 대한 제국 정부는 칙령 제41호를 반포하여 울릉도를 군으로 승격시켜 관리를 파견하고 독도까지 관할하게 하였다.

정답 ③

126 0400

① 이범윤은 울릉도가 아닌 북간도 관리사(북변도 관리)로 간도에 파견되었다. 대한 제국 정부는 1902년 시찰관 이범윤을 간도에 파견하여 황제의 교화를 선포하고 호구를 조사하게 하였다. 다음 해인 1903년 간도 거주민들의 요청대로 이범윤을 간도 관리사로 차임하여 간도에 주재시켜 전적으로 사무를 관장하게 하고 주한 청국 공사에 통고하였다.

정답 ①

127 0401

제시문은 울릉도와 독도를 우리 영토로 확정한 1900년 대한 제국 정부가 반포한 칙령 41호의 내용으로, ㉠은 석도(독도)이다.

④ 이승만 대통령이 1952년 1월 18일 독도를 영해로 포함하는 '이승만 라인(인접 해양의 주권에 관한 대통령 선언)'을 선포하자, 일본은 이에 거칠게 반발하였다. 일본은 1월 28일 "미·일 평화 조약의 해석 상 일본 영토라고 인정된 죽도(우리의 독도)를 이 라인 안에 넣은 것은 한국의 일방적인 영토 침략이다."라고 주장하였으며, 이에 한·일 간에 영토 논쟁이 벌어졌다. 같은 해 9월 유엔군 사령관 클라크(Clark,M.W.)가 북한의 침투를 막고 전시밀수출입품의 유통 봉쇄를 위해 '클라크 라인'이라는 해상 방위 수역을 한국 연안해에 선포하였다. 이 클라크 라인이 이승만 라인과 거의 비슷한 수역선이어서 일본과의 어로 마찰은 자연적으로 해소되었다. 평화선(이승만 라인)은 1965년 6월 한·일 조약이 체결됨으로써 사실상 철폐되었다.

오답 분석

① 독도가 우리나라 영토임을 입증하는 근거로는 『삼국사기』의 기록(이사부의 우산국 정복, 신라 영토 편입), 『고려사』(지리지 울진현)의 조세 징수 기록, 『태종실록』(쇄환 정책), 『세종실록지리지』, 『동국여지승람』, 「팔도총도」(『신증동국여지승람』), 『숙종실록』(안정복의 1·2차 도일 기록), 조선의 이주 정책(1884), 대한 제국 칙령 제41호 등이 있다. 뿐만 아니라 일본의 「은주시청합기」, 태정관 문서, SCAPIN(연합국 최고 사령부 지령) 제677호 등에서도 독도가 우리나라 영토임을 확인할 수 있는 근거가 명확하게 남아 있다.

② 숙종 시기에 안용복은 일본으로 건너가(1차 1693, 2차 1696) 울릉도와 독도가 조선의 영토임을 확인받고 돌아왔다. 특히 안용복의 2차 도일 당시 도쿠가와 막부는 울릉도·독도를 조선 영토로 재확인하여 결정하고, 문서를 필사 정리하여 태정관에 제출하였다. 내용은 다음과 같다. "울릉도와 그 밖의 1도인 송도는 일본과 관계없는 곳이고 조선 영토로 판단 결정. 그러나 영토에 대한 취사 선택은 중대한 문제이므로 그 최종 결정을 국가 최고 기관인 태정관에 요청함." 이에 대하여 태정관에서는 "품의한 취지의 죽도 외 1도의 건에 대하여 본방(일본)은 관계가 없다는 것을 명심할 것."이라는 지령안을 내렸다.

③ 1875년에 일본 육군성 참모국이 편찬한 「조선전도」에서 울릉도와 독도를 조선 영토로 표시하였다. 또한 1876년에 일본 해군성 수로국에서 한반도 침략을 위해 전략 자료로 제작한 「조선동해안도」에도 독도를 울릉도와 함께 '조선 동해안'에 포함시켜 조선의 영토로 표시하였다. 그러나 러·일 전쟁의 승기를 잡은 일본은 시마네 현 고시 제40호를 발표(1905)하여 일방적으로 독도를 일본의 영토에 불법적으로 편입시켰다.

정답 ④

PART 06

경제 구조와
경제생활

01 0402
2014년 7급 지방직

다음은 삼국 시대 어느 나라 수취 제도에 대한 설명이다. 이 나라와 관련된 내용으로 옳은 것은?

> • 세(稅)는 포목, 명주실과 삼, 쌀을 내었는데, 풍흉에 따라 차등을 두어 받았다. — 『주서』
> • 한수(漢水) 동북 여러 부락인 가운데 15세 이상된 자를 징발하여 위례성을 수리하였다. — 『삼국사기』

① 남중국 및 왜와 무역을 활발하게 전개하였다.
② 한강 유역을 차지한 뒤에야 당항성을 통하여 중국과 직접 교역할 수 있게 되었다.
③ 승려 혜자는 쇼토쿠 태자의 스승이 되었다.
④ 관료전과 정전을 지급하여 토지 개혁을 시도하였다.

02 0403
2012년 7급 지방직

신라 민정 문서에 대한 설명으로 옳지 않은 것은?

① 사람은 연령에 따라 6등급으로 구분하였다.
② 5년마다 토지의 변화를 중심으로 작성되었다.
③ 호는 상상호에서 하하호까지 9등급으로 나누어 파악하였다.
④ 토지와 인구뿐만 아니라 소와 말의 수, 뽕나무 · 잣나무 · 호두나무의 수까지 기록하였다.

03 0404
2014년 9급 지방직

통일 신라 시대 민정 문서(장적)에 대한 설명으로 옳지 않은 것은?

① 인구, 가호, 노비 및 소와 말의 증감까지 매년 작성하였다.
② 토지에는 연수유전답, 촌주위답, 내시령답이 포함되어 있다.
③ 사람은 남녀로 나누고, 연령을 기준으로 하여 6등급으로 구분하였다.
④ 호(戸)는 상상호(上上戸)에서 하하호(下下戸)까지 9등급으로 구분하였다.

04 0405
2015년 7급 국가직

일본 정창원(正倉院)에서 발견된 신라 민정(촌락) 문서에 대한 설명으로 옳지 않은 것은?

① 호구와는 달리 전답 면적의 증감은 기록되어 있지 않다.
② 인구는 남녀를 망라하여 연령에 따라 6등급으로 나누었다.
③ 촌락을 단위로 소와 말의 수 및 뽕나무 · 잣나무 · 호두나무의 수까지 기록하였다.
④ 서원경 부근 4개 촌락의 주민 이름, 성별, 나이와 노비의 수를 구체적으로 기재하였다.

01 0402

제시문의 '위례성'을 통해 해당 국가가 백제라는 사실을 알 수 있다.

① 백제는 중국 남조의 송 및 왜와의 동맹을 유지·강화하며 활발한 대외 무역을 전개하였다.

오답 분석

② 신라에 대한 내용이다. 신라는 진흥왕 553년에 한강 유역을 확보함으로써 설치한 당항성을 통하여 중국과 직접적인 교역을 전개할 수 있는 발판을 마련하였다.

③ 고구려에 대한 내용이다. 고구려의 승려 혜자가 595년에 일본으로 건너가 쇼토쿠 태자[聖德太子]의 스승이 되었으며, 610년에는 담징·법정 등이 파견되는 등 고구려는 일본에 많은 문화적 영향을 주었다.

④ 통일 신라에 해당하는 내용이다. 관료전은 687년(신문왕 7) 5월에, 정전은 722년(성덕왕 21) 8월에 처음 지급되었다.

정답 ①

02 0403

② 민정 문서에는 토지의 증감이 기록되어 있지 않다. 민정 문서는 촌락 지배의 책임자였던 촌주가 작성하였을 것으로 여겨지며, 문서의 기록은 식년(式年) 기록과 추기(追記)로 나누어진다. 식년 기록은 3년마다 이루어졌으며, 추기는 전(前)식년과 당(當)식년의 중간 시점에 호구의 감소만을 기재하는 방식으로 이루어졌다.

정답 ②

03 0404

① 민정 문서는 매년 작성되지 않았다. 민정 문서의 기록은 식년 기록과 추기로 나누어진다. 식년 기록은 3년마다 이루어졌으며, 추기는 전(前)식년과 당(當)식년의 중간 시점에 호구의 감소만을 기재하는 방식으로 이루어졌다.

정답 ①

04 0405

민정 문서는 일본 동대사 정창원에서 1933년 10월 『화엄경론질』의 파손 부분을 수리하던 중 발견되었다. 민정 문서에는 서원경 부근의 3개 촌락과 서원경의 직접 관할 아래 있던 1개 촌락에 대한 내용이 기재되어 있었다. 이 문서에는 남녀 노동력의 자연적 증감과 제한적 인구 이동에 따른 사회적 증감이 기록되어 있으며, 인구의 연령별 6등급, 호구별 9등급 등 구체적인 내용이 기재되어 있다. 또한 토지는 그 용도와 특성이 서술되어 있으나 증감은 기록되어 있지 않다. 생산 자원은 뽕나무, 호두나무, 잣나무 등 유실수와 소와 말의 수 및 증감이 언급되어 있다.

④ 민정 문서에는 성별, 나이(연령대), 노비의 수는 기록되어 있으나, 주민 이름은 기록되어 있지 않다.

정답 ④

05 0406

2017년 9급 지방직(추가 채용)

'신라 촌락(민정) 문서'를 통해서 알 수 있는 내용으로 옳지 않은 것은?

① 인구를 중시하여 소아의 수까지 파악했다.
② 내시령과 같은 관료에게 토지가 지급되었다.
③ 촌락의 경제력을 파악할 때 유실수의 상황을 반영했다.
④ 촌락을 통제하기 위해서 지방관으로 촌주가 파견되었다.

06 0407

2018년 7급 지방직

다음 자료에 해당하는 국가에 대한 설명으로 옳지 않은 것은?

> 재상가는 녹(祿)이 끊이지 않았다. 노동이 3,000명이고, 비
> 슷한 수의 갑옷과 무기, 소, 말, 돼지가 있었다. 바다 가운
> 데 섬에서 길러 필요할 때에 활로 쏘아서 잡아먹었다. 곡식
> 을 꾸어서 갚지 못하면 노비로 삼았다.

① 천문 박사와 누각 박사를 두었다.
② 인구는 남녀 각각 연령에 따라 6등급으로 구분하였다.
③ 수도에 서시(西市)와 남시(南市)가 새로이 설치되었다.
④ 지방에서 수취한 조세를 수도로 이송하는 조운 제도가 확
   립되었다.

07 0408

2011년 7급 지방직

고려 시대 조세 수취에 대한 설명으로 옳지 않은 것은?

① 조(租)는 토지를 논과 밭으로 나누어 비옥한 정도에 따라 3
   등급으로 나누어 부과하였다.
② 자연재해를 입었을 경우 그 비율에 따라 조(租), 조포(租布),
   조포역(租布役)을 면제하기도 하였다.
③ 남자가 16세가 되면 정(丁)으로 삼아 국역에 복무하게 하였
   고, 60세가 되면 역을 면해 주었다.
④ 중앙 관청에서 필요한 공물은 향, 소, 부곡에서 주로 부담
   하였다.

08 0409

2016년 7급 국가직

고려 시대의 조운 제도에 대한 설명으로 옳지 않은 것은?

① 양계에서는 조세를 현지 경비로 사용하였다.
② 조창에서 개경까지의 운반은 조창민이 담당하였다.
③ 조운량이 증가하자 주교사 소속의 배를 이용하였다.
④ 조운 기간은 일반적으로 2월부터 5월이었다.

05 0406

④ 촌주는 촌락의 토착 세력으로, 지방관이 아니다. 촌주는 몇 개의 촌락을 관장하며 촌락을 지배하였던 것으로 보이며(촌주가 개별 촌락 단위를 관장하였다는 이설도 있다), 민정 문서 작성에 관여하였을 것으로 추정된다.

정답 ④

07 0408

④ 고려 시대에는 국가에서 각 군현의 토지와 호구 수를 중심으로 군현의 전반적인 경제력과 그 지역의 특산물, 각 군현에 있는 소(所)의 분포와 생산량 등을 고려하여 군현 단위로 중앙 관청에서 필요한 공물을 부과하였다. 공물을 거두는 일의 실무를 담당하였던 향리는 주현 및 속현, 향·소·부곡 등을 돌아다니며 촌락의 호구(인정의 다과)를 기준으로 군현에 할당된 공물을 거둬들였다.

정답 ④

06 0407

제시문의 자료에 해당하는 국가는 통일 신라이다.

④ 조운 제도가 확립된 것은 고려 성종 시기이며, 이 시기 이후 포와 조창 등이 본격적으로 정비되기 시작하였다.

[오답 분석]

① 통일 신라의 성덕왕은 누각전을 설치하고 누각 박사를 두었으며, 경덕왕 시기 천문을 관장하는 천문 박사도 누각전 소속으로 배치하였다.
② 통일 신라의 민정 문서를 근거로 인구를 남녀 각각 연령에 따라 6등급으로 구분하였음을 알 수 있다.
③ 지증왕 때 설치된 동시에 이어, 효소왕 때 서시와 남시가 새롭게 개설되었다.

정답 ④

08 0409

③ 주교사는 조선 정조 때 설치된 기구로, 배다리 건설 및 호서·호남 등의 조운에 관한 사무를 주관하였다. 따라서 고려 시대의 조운 제도와는 관련이 없다.

[오답 분석]

① 고려 시대의 양계는 조세를 현지의 군사비 사용 목적으로 쓰고 수도로 운반하지 않았기 때문에 조창을 설치하지 않았다.
② 조세의 운반은 판관의 주재 하에 조창민이 담당하였다.
④ 문종 시기 13개의 조창이 설치되었는데, 13개의 조창은 저마다 가까운 고을에서 거둔 세곡을 보관했다가 이듬해 2월부터 보내기 시작해 가까운 조창은 4월까지, 먼 곳은 5월까지 조운을 마쳐야 했다.

정답 ③

09 0410 　　　　　　　　　　　　　　　2011년 7급 지방직

다음 자료와 관련된 전세 제도에 대한 설명으로 옳은 것을 〈보기〉에서 모두 고른 것은?

> 모든 토지는 6등급으로 나누었다. 20년마다 토지를 다시 측량하여 양안(토지 대장)을 만들어 호조와 해당 도, 고을에 갖추어 둔다. 1등전의 척(尺, 자)은 주척으로 4척 7촌 7분이며, 6등전의 척은 9척 5촌 5분이다. …… 항상 경작하는 토지를 정전(正田)이라 하고, 경작하다 때로 휴경하는 토지를 속전(續田)이라 부른다. 정전으로 기록되었더라도 토질이 좋지 못하여 곡식이 잘 되지 않는 토지라든지, 속전으로 기록되어도 토질이 비옥하여 소출이 많은 경우에는 수령이 이를 관찰사에게 보고하여 다음에 개정한다. — 『경국대전』

보기
㉠ 전세는 풍흉에 따라 6등급으로 나누어 부과하였다.
㉡ 1등전의 1결과 6등전의 1결은 그 생산량이 같았다.
㉢ 조세 액수를 1결당 최고 20두에서 최하 4두를 내도록 하였다.
㉣ 토지를 측량할 때 등급에 따라서 사용하는 척이 달랐다.

① ㉠, ㉡　　　　　　　② ㉡, ㉢
③ ㉠, ㉡, ㉣　　　　　④ ㉡, ㉢, ㉣

10 0411 　　　　　　　　　　　　　　　2012년 9급 국가직

다음과 같은 상황을 극복하기 위해 조선 정부가 시행한 정책으로 가장 적절한 것은?

> 임진왜란과 병자호란을 거치면서 농촌 사회는 심각하게 파괴되었다. 수많은 농민이 전란 중에 사망하거나 피난을 가고 경작지는 황폐화되었다. 그러나 농민의 조세 부담은 줄어들지 않았다. 양난 이후 조선 정부의 가장 큰 어려움은 농경지의 황폐와 전세 제도의 문란이었다.

① 양전 사업 실시
② 군적수포제 실시
③ 연분 9등법 실시
④ 오가작통제 실시

11 0412 　　　　　　　　　　　　　　　2010년 9급 지방직

임진왜란 이후 시행된 경제 정책에 대한 설명으로 옳지 않은 것은?

① 풍흉에 관계없이 전세를 토지 1결당 미곡 4~6두로 고정시켰다.
② 군포를 연간 1필로 줄이면서 지주에게 토지 1결당 미곡 2두의 결작을 부담시켰다.
③ 공납제의 폐해를 줄이기 위하여 공물 대신 미곡·면포·화폐를 받았다.
④ 세습으로 인한 과전의 부족 문제를 해결하기 위해 현직 관리에게만 수조권을 지급하였다.

12 0413 　　　　　　　　　　　　　　　2013년 9급 지방직

밑줄 친 '이 제도'의 시행 결과로 옳은 것은?

> 이 제도가 처음 경기도에서 실시되자 토호와 방납인들은 그동안 얻었던 이익을 모두 잃게 되었다. 그래서 온갖 수단을 다 동원하여 왕에게 폐지할 것을 건의했으나, 백성들이 이 제도가 편리하다고 하였기 때문에 계속 실시하기로 하였다. — 『열조통기』

① 전국의 농민이 공납을 현물로 납부하게 되었다.
② 전세가 풍흉에 관계없이 토지 1결당 미곡 4두로 정해졌다.
③ 공인이 활약하여 수공업이 활기를 띠고 상품 수요가 증가하였다.
④ 호(戶)를 기준으로 하였기 때문에 농민의 세금 부담이 줄어들었다.

09 0410

자료와 관련된 전세 제도는 세종 때 공법이 마련됨에 따라 실시된 '전분 6등법'이다.

ⓒ, ⓔ 전분 6등법에서는 토지 등급에 따라 길이가 다른 자를 사용하였다. 그렇기 때문에 등급에 따라 기준 생산량(300두)을 수취할 수 있는 토지 면적이 달랐다. 즉, 1등전의 1결과 6등전의 1결은 생산할 수 있는 곡식의 양은 같지만, 1등전은 비옥한 토지이기 때문에 가장 비옥하지 않은 6등전보다 1결의 크기가 작았다.

ⓒ 전분 6등법과 연분 9등법의 공법 하에 1결당 최고 액수는 20두였고, 최하 액수는 4두였다.

오답 분석

㉠ 전세는 토질에 따라 6등급, 풍흉에 따라 상상년부터 하하년까지 9등급으로 나누었다.

정답 ④

11 0412

④ 현직 관리에게만 수조권을 지급한 것은 임진왜란 이전 세조 때 시행된 직전법에 관한 설명이다. 세조는 새로운 관리에게 지급할 토지가 부족해지자, 현직 관리에게만 수조권을 지급하는 직전법을 시행(1466)하였다.

오답 분석

① 영정법에 대한 설명으로, 1635년 인조 때 시행되었다.

② 균역법에 대한 설명으로, 1750년 영조 때 시행되었다.

③ 대동법에 대한 설명으로, 1608년 광해군 때 경기 지역에서 시행되었고 이후 1708년 숙종 시기에 전국적으로 확대 · 시행되었다.

정답 ④

10 0411

제시문은 농경지가 황폐화되고 토지 결수가 감소하는 등 전반적인 토지 제도의 문란 현상이 대두되었던 양난 이후의 상황에 대한 내용이다.

① 정부에서는 임진왜란 이후 황폐해진 농경지에 대해 개간을 권장하고 토지 조사 사업(양전 사업)을 실시하여 양안에 빠진 토지를 색출하고자 하였다.

오답 분석

② 군적수포제는 군역과 관련된 내용이다.

③ 연분 9등법은 풍흉을 기준으로 상상년(上上年)부터 하하년(下下年)까지 9등급으로 나누어 토지 1결당 최고 20두에서 최저 4두까지 징수한 것으로, 조선 전기인 세종 때 시행되었다.

④ 오가작통법은 성종 때 농민들의 유랑을 방지하기 위하여 시행되었다.

정답 ①

12 0413

밑줄 친 '이 제도'는 대동법이다. 대동법은 이원익의 주장에 의해 광해군 즉위년(1608) 경기도에서 처음으로 실시되었으며, 1708년(숙종 34)에 잉류 지역을 제외한 전국에서 실시되었다. 대동법의 시행으로 토지를 가진 농민들은 1결당 쌀 12두(처음에는 16두)만 납부하면 되었고, 쌀을 납부하기 어려운 지방에는 포(마포) · 목(면포) · 전(동전) 등으로 대신 납부하도록 하였다.

③ 공인은 관청에서 공가를 미리 받아 물품을 사서 납부하던 관수품 조달의 어용 상인으로, 공인이 등장함에 따라 상품 수요가 증가하고 유통 경제가 크게 성장하였다.

오답 분석

①, ④ 대동법은 잉류 지역을 제외한 전국에서 시행되었으며, 공물을 각종 현물 대신 쌀, 면포, 동전 등으로 징수하였고, 과세 기준도 종전의 가호에서 토지 결수로 바꾸었으며 봄, 가을로 분할하여 상납하게 하였다.

② 영정법(1635, 인조 13)에 대한 설명이다.

정답 ③

13 0414

다음 대화에 나타난 수취 제도에 대한 설명으로 옳은 것은?

> • 갑: 호(戶)에 부과하던 공물을 토지에 부과하게 되면서 땅이 많은 대가(大家)와 거족(巨族)이 불만을 가져 원망을 하고 있으니 가뜩이나 어려운 시기에 심히 걱정스럽군.
> • 을: 부자는 토지 소유에 비례하여 많은 액수의 세금을 한꺼번에 내기 어렵다고 불평하지만, 수확과 노동력이 많은 부자가 가난한 사람도 여태껏 그럭저럭 납부해 온 것을 왜 못 내겠소?

① 광해군 때 경기도에서 처음으로 실시되었다.
② 농민의 군포 부담을 1년에 1필로 줄여 주었다.
③ 지주에게 토지 1결당 2두의 결작미를 징수하였다.
④ 농민 부담을 낮추기 위해 전세를 토지 1결당 미곡 4두로 고정하였다.

14 0415

밑줄 친 '이 법'에 대한 설명으로 옳지 않은 것은?

> 현물로 바칠 벌꿀 한 말의 값은 본래 목면 3필이지만, 모리배들은 이를 먼저 대납하고 4필 이상을 거두어 갑니다. 이런 폐단을 없애기 위해 이 법을 시행하면 부유한 양반 지주가 원망하고 시행하지 않으면 가난한 농민이 원망한다는데, 농민의 원망이 훨씬 더 큽니다. 경기와 강원에서 이미 시행하고 있으니 충청과 호남 지역에도 하루빨리 시행해야 합니다.

① 토지 결수를 과세 기준으로 삼았다.
② 인조 때 처음으로 경기도에서 시행하였다.
③ 이 법이 시행된 후에도 왕실에 대한 진상은 계속되었다.
④ 이 법을 시행하면서 관할 관청으로 선혜청을 설치하였다.

15 0416

다음의 ㉠에 들어갈 부세 제도에 관한 설명으로 옳은 것은?

> 이때에 이원익이 (㉠)을 시행할 것을 청하니, 봄가을로 민전 1결에 각기 8말의 쌀을 내어 경창(京倉)에 수납하게 하고, 때때로 각 관아의 사주인(私主人)에게 나누어 주어 스스로 상공(上供)을 교역하여 바치게 하였다. 이로써 물화를 저축하고 시장에서 값을 오르내리게 하여 그 수를 넉넉히 남겼던 것이다.
> ─ 『택당집』

① 부과 기준이 가호에서 토지로 바뀌는 결과를 가져왔다.
② 양인들이 지던 군포의 부담을 줄여주기 위해 시행되었다.
③ 연분 9등법에 의해 복잡하게 적용되던 전세율을 고정시켰다.
④ 답험 손실의 폐단을 줄이려는 제도로, 백성들의 여론 조사까지 거쳤다.

16 0417

다음에서 설명하는 밑줄 친 '청(廳)'에 해당하는 것은?

> 영의정 이원익이 의논하기를, "각 고을에서 진상하는 공물이 각 사의 방납인들에 의해 중간에서 막혀 물건 하나의 가격이 몇 배 또는 몇십 배, 몇백 배가 되어 그 폐단이 이미 고질화되었는데, 기전(畿甸)의 경우는 더욱 심합니다. 그러니 지금 마땅히 별도로 하나의 청(廳)을 설치하여 매년 봄·가을에 백성들에게서 쌀을 거두되, 1결당 매번 8말씩 거두어 본청(廳)에 보내면 본청에서는 당시의 물가를 보아 가격을 넉넉하게 헤아려 정해 거두어들인 쌀로 방납인에게 주어 필요한 때에 사들이도록 함으로써 간사한 꾀를 써 물가가 오르게 하는 길을 끊으셔야 합니다. ……"

① 어영청
② 상평청
③ 선혜청
④ 균역청

13 0414

제시문은 대동법에 대한 내용이다.

① 대동법은 이원익의 주장에 의해 광해군 즉위년(1608) 경기도에서 처음으로 실시되었으며, 1708년(숙종 34)에 잉류 지역을 제외한 전국에서 실시되었다. 대동법의 시행으로 토지를 가진 농민들은 1결당 쌀 12두(처음에는 16두)만 납부하면 되었고, 쌀 납부하기 어려운 지방에는 포(마포)·목(면포)·전(동전) 등으로 대신 납부할 수 있었다.

오답 분석

②, ③ 1750년(영조 26)에 균역법이 실시됨에 따라 연간 2필씩의 군포 부담은 1필로 줄어들었고, 절반으로 줄어든 군포 수입의 부족분은 결작미·어염세·선세·은여결세·선무군관포 등을 통해 보충하였다. 결작미는 전국의 전결(평안도·함경도 제외)에 1결당 쌀 2두(또는 돈 5전)를 부과·징수한 것이다.

④ 1635년(인조 13)에 실시된 영정법은 풍흉에 관계없이 전세를 토지 1결당 미곡 4~6두로 고정하여 징수하도록 한 제도이다.

정답 ①

14 0415

밑줄 친 '이 법'은 대동법으로, 광해군 즉위년인 1608년에 경기도에서 처음 시행된 이후, 숙종 시기인 1708년에 잉류 지역을 제외한 전국으로 확대되었다.

② 인조 때 시행된 법은 영정법이다. 대동법은 가호세를 토지세로 전환시킨 것이었으며, 상공을 제외한 별공과 진상은 유지되었다. 거두어들인 쌀(일부 지역은 포, 목, 전으로 대납 가능)은 상납미와 유치미로 나누었는데, 상납미는 선혜청이 관리하여 공인을 통한 물품 구입에 활용하였으며, 유치미는 지방 관아의 제반 경비로 활용하였다.

정답 ②

15 0416

대동법은 이원익의 주장에 의해 광해군 즉위년(1608)에 경기도에서 시범적으로 시행되었다. 양반 지주와 방납인들의 반발로 찬반 양론이 심하게 충돌하는 가운데 인조 원년(1623)에는 강원도, 17세기 중엽에는 충청·전라·경상도 순으로 확대되었다. 그리고 1708년(숙종 34)에 황해도 지역에도 실시되어, 잉류 지역을 제외한 전국에서 실시되었다.

① 대동법은 공물을 각종 현물 대신 쌀로 통일하여 징수하였고, 과세 기준도 종전의 가호에서 토지 결수로 전환한 것이었다.

오답 분석

② 영조 때 실시된 균역법에 대한 설명이다.
③ 인조 때 실시된 영정법에 대한 설명이다.
④ 세종 시기 공법을 시행하는 과정에서의 여론 조사에 해당한다.

정답 ①

16 0417

사료의 내용은 광해군 즉위년(1608) 경기 지역에 대동법을 실시하는 과정을 언급한 것이다.

③ 대동법의 주무 관청은 선혜청으로, 대동법의 시행에 따라 거둬들인 대동미 등의 출납을 관장하며 국가가 필요한 물자를 공인에게 사들여 충당하는 역할을 수행하였다.

오답 분석

① 조선 시대 5군영 중 하나인 어영청은 1623년 인조 때 후금의 침입에 대비하기 위하여 설치된 것으로, 효종이 북벌 정책을 추진할 때 중앙군으로 편성하여 수도 방어와 북벌을 담당하게 하였다.
② 상평청은 흉년으로 굶주린 백성들의 구제(救濟)를 위한 비축 곡물 및 자금을 관리하던 관청이다.
④ 균역청은 조선 후기 영조 때 균역법 실시(1750)에 따른 업무를 관장하기 위하여 설치된 관청이다.

정답 ③

17 0418

조선 후기에 시행된 대동법에 대한 설명으로 옳지 않은 것은?

① 경기도에서 시범 실시된 이후 평안도와 함경도를 제외한 전국으로 확대·실시되었다.

② 대체로 토지 1결당 쌀 12두를 부과하였다.

③ 쌀 대신 삼베나 무명, 동전 등으로 납부할 수도 있었다.

④ 공물 조달이 선혜청에서 상평청으로 일원화되었다.

18 0419

〈보기〉와 같은 폐단을 해결하기 위해 실시한 제도에 대한 설명으로 가장 옳지 않은 것은?

> **보기**
>
> 각 고을에서 공물을 상납하려 할 때 각 관청의 사주인들이 여러 가지로 농간을 부려 좋은 것도 불합격 처리를 하기 때문에 바칠 수가 없게 되었습니다. 이리하여 사주인은 자기가 갖고 있는 물품으로 관청에 대신 내고 그 고을 농민들에게는 자기가 낸 물건 값을 턱없이 높게 쳐서 열 배의 이득을 취하니, 이것은 백성의 피와 땀을 짜내는 것입니다.
>
> – 「선조실록」

① 광해군 시기에 실시하였다.

② 토지 결수를 기준으로 1결당 쌀 12두를 납부하게 하였다.

③ 왕실과 관청에서 필요한 수요품을 구해 납품하는 덕대가 등장하였다.

④ 물품 구매와 상품 수요가 증가하면서 상품 화폐 경제가 한층 발전하였다.

19 0420

다음 자료에 나타난 정책이 시행된 원인으로 가장 적절한 것은?

> 양역의 폐단이 심하여 백성들이 살 수 없을 지경이니 이제 군포를 영구히 1필로 감한다. 부족해진 재정은 어장과 선박에 대한 세금을 국가에서 거두고, 선무군관에게서 1필씩 거두어 보충하도록 한다.

① 결작세가 신설되면서 부담이 농민에게 전가되었다.

② 호포제가 실시되었지만 백성의 부담은 여전하였다.

③ 신해통공으로 상업 활동이 늘면서 군포 부과 대상이 줄었다.

④ 감영과 병영이 독자적으로 군포를 거두면서 군포 부담이 증가하였다.

20 0421

〈보기〉의 정책이 실시된 왕 대에 대한 설명으로 가장 옳은 것은?

> **보기**
>
> 백성들이 2필의 응역(應役)에 괴로워하였기 때문에 … 그 폐단을 줄이려 하였으나 오래도록 결말이 나지 않았다. 이에 1필을 감하고 어(漁)·염(鹽)·선(船)에 세를 거두어 그 감액을 보충하려 하였다. 아! 예부터 민역(民役)을 줄이는 방도는 경비를 절약하여 백성을 넉넉하게 해주는 것보다 나은 방도가 없는 것이다.

① 자의 대비의 복제 문제를 둘러싸고 예송 논쟁이 치열하게 전개되었다.

② 국제 정세를 이용하여 명과 후금의 사이에서 중립 외교 정책을 취하였다.

③ 호포제를 시행하기 위하여 창경궁 홍화문에 나아가 백성들에게 의견을 물었다.

④ 흉년을 당해 걸식하거나 버려진 아이들을 구휼하기 위하여 『자휼전칙』을 반포하였다.

17 0418

④ 대동법이 시행되면서 공물 조달은 선혜청으로 일원화되었다. 선혜청은 거둬들인 대동미를 현물 종류에 따라 지정된 공인들에게 공물가로 지급하고, 필요한 물품을 받아 각 궁방·관청에 공급하였다.

정답 ④

18 0419

〈보기〉의 내용은 방납의 폐단에 해당한다. 이를 해결하기 위해 광해군 시기인 1608년부터 대동법이 실시되었다. 대동법은 경기 지역에서 먼저 시행되었고, 이후 숙종 시기에 이르러 잉류 지역을 제외한 전국에서 시행되었다.

③ 대동법 실시 이후, 왕실과 관청에서 필요한 수요품을 구해 납품하는 공인이 등장하였다. 광산을 전문적으로 운영했던 덕대가 등장한 것은 효종 시기 설점수세제가 실시된 이후이다.

정답 ③

19 0420

제시문은 1750년(영조 26)에 실시한 균역법에 대한 내용이다.

④ 균역법은 각 지방의 감영과 병영이 독자적으로 군포를 거둠에 따라 백성들의 군포 부담이 증가하자, 이를 시정하고자 실시된 제도이다.

오답 분석

① 균역법 실시의 결과에 해당한다.
② 호포제는 균역법이 실시된 이후에 시행된 것으로, 고종 때 흥선 대원군이 군정의 문란을 바로잡기 위하여 시행한 제도이다.
③ 신해통공은 정조가 1791년에 좌의정 채제공의 주장을 받아들여 실시한 것으로, 육의전을 제외한 시전 상인들의 금난전권을 철폐한 것이었다. 이는 균역법과 관련이 없다.

정답 ④

20 0421

〈보기〉의 정책은 영조 시기에 실시된 균역법이다.

③ 영조는 호포제를 시행하기 위하여 창경궁 홍화문에 나아가 백성들에게 의견을 수렴하였다. 양반들의 반대가 심해지자 영조는 호포제 대신 군포를 2필에서 1필로 줄이는 균역법을 시행(1750)하였다.

오답 분석

① 예송 논쟁이 전개된 것은 현종 때의 사실이다. 1659년에 효종이 사망하자 인조의 계비인 자의 대비의 복제를 두고 기해예송이 일어났다. 이후 1674년에 효종비가 사망하자 다시 자의 대비의 복제 문제를 두고 갑인예송이 일어났다.
② 광해군의 대외 정책에 해당한다.
④ 정조에 대한 설명이다. 『자휼전칙』은 1783년(정조 7)에 가뭄과 홍수로 인해 굶주리는 어린이를 구호하기 위하여, 임금의 글을 실어 반포한 책이다.

정답 ③

21 0422

다음에 서술된 군역 제도의 양상을 시기 순으로 바르게 나열한 것은?

> ㉠ 보법을 실시하여 군정수를 크게 늘렸다.
> ㉡ 지방의 각 진관에서 방군수포가 행해졌다.
> ㉢ 평민에게만 징수해 온 군포를 양반에게도 징수하는 호포제를 실시하였다.
> ㉣ 종래 군역이 면제되었던 상층 양인들을 선무군관으로 처음 편성하여 수포하였다.

① ㉠ → ㉡ → ㉢ → ㉣
② ㉠ → ㉡ → ㉣ → ㉢
③ ㉡ → ㉠ → ㉢ → ㉣
④ ㉡ → ㉠ → ㉣ → ㉢

22 0423

조세 제도에 대한 설명으로 옳지 않은 것은?

① 통일 신라는 토지 생산량의 10분의 1 정도를 조세로 수취하였다.
② 고려는 토지를 논과 밭으로 구분하고, 비옥한 정도에 따라 3등급으로 나누어 조세를 부과하였다.
③ 조선 세종 때에는 토지의 비옥도에 따라 6등급으로, 풍흉의 정도에 따라 9등급으로 나누어 조세를 부과하였다.
④ 조선 후기에는 영정법을 시행하면서 지주에게 토지 1결당 미곡 12두의 전세를 부담시켰다.

23 0424

국가의 호구 파악의 기준과 역의 징발에 대한 설명으로 옳은 것으로만 묶인 것은?

> ㉠ 신라 민정 문서에 의하면 남자는 연령에 따라 6등급으로 나누었다.
> ㉡ 고려에서는 편성된 호를 인구와 장정의 많고 적음에 따라 6등급으로 나누었다.
> ㉢ 조선에서는 경군이 복무하는 데에 드는 비용을 보조하기 위해 군인전을 지급하였다.
> ㉣ 조선 성종 때에는 경작하는 토지 8결을 기준으로 한 사람씩 요역에 동원하도록 하였다.

① ㉠, ㉡
② ㉡, ㉢
③ ㉢, ㉣
④ ㉠, ㉣

24 0425

19세기 부세 제도인 도결(都結)에 대한 설명으로 옳은 것을 모두 고른 것은?

> ㉠ 군역, 환곡, 잡역 중 일부 또는 전부를 토지에 부과하여 화폐로 징수하였다.
> ㉡ 노비 신공과 결세는 그 해의 작황을 참작하여 중앙에서 일방적으로 도별 총액을 할당하였다.
> ㉢ 양전하는 자[尺]를 통일하였고, 전세율을 1결당 4말~6말로 고정시켰다.
> ㉣ 제도적으로는 신분에 따른 부세의 차별이 거의 남지 않게 되었음을 의미한다.
> ㉤ 수령과 아전이 횡령한 관곡을 민의 토지에 부세로 부과하는 수단이 되었다.

① ㉡, ㉢, ㉣
② ㉢, ㉣, ㉤
③ ㉡, ㉢, ㉤
④ ㉠, ㉣, ㉤

문제 풀이

21 0422

② 시기 순으로 바르게 나열하면 ⑦ 보법 시행(세조, 15세기) → ⑥ 방군수포의 성행(16세기) → ⑧ 균역법 실시(영조, 18세기) → ⑥ 호포제 실시(고종 때 흥선 대원군, 19세기) 순이다.

정답 ②

22 0423

④ 인조 때부터 시행된 영정법(1635)은 풍흉에 관계없이 전세로 토지 1결당 미곡 4∼6두를 고정하여 징수한 제도이다. 토지 1결당 미곡 12두를 부과한 것은 광해군 때 처음 실시된 대동법이다.

정답 ④

23 0424

⑦ 민정 문서에 의하면 통일 신라는 인구를 연령과 성별에 따라 촌락 단위로 6등급으로 구분하였다.
⑧ 성종 때 토지 8결당 1명을 차출하는 팔결출일제를 실시하여, 1년에 6일 이내로 역에 종사하는 기준을 세웠으나 실제로는 임의 징발되었다.

> 오답 분석

⑥ 고려 시대에는 요역을 징발할 때 호를 인정의 수가 많고 적음에 따라 9등급으로 나누었다.
⑥ 군인전을 지급한 것은 고려 시대의 사실로, 2군 6위에 군인전을 지급하였다. 조선 시대에는 경군이 복무하는 데에 드는 비용을 보인·봉족을 통해 보조하였다.

정답 ④

24 0425

⑦, ⑧, ⑩ 도결은 조선 후기 삼정 문란의 한 사례인 전정의 폐해이다. 도결은 수령이 관아의 각 환곡이나 군포(軍布)를 개인 용도에 충당하고, 이를 보충하는 미봉책으로 마을에 배분할 일부 또는 전부를 토지에 부과하여 화폐로 수납한 것이다.

> 오답 분석

⑥ 도결은 대개 수령과 아전이 마을 단위로 할당하는 전세의 특성을 갖는다. 따라서 중앙에서 총액을 할당하는 것과는 관련이 없다.
⑥ 양전하는 자를 통일한 것은 효종 때의 양척동일법에 대한 내용이고, 전세율을 1결당 4말∼6말로 고정시킨 것은 인조 때 시행한 영정법에 대한 내용이므로, 도결과 관련이 없다.

정답 ④

25 0426

2014년 9급 국가직

통일 신라 시대 귀족 경제의 변화를 말해주고 있는 밑줄 친 '이것'에 대한 설명으로 옳은 것은?

> 전제 왕권이 강화되면서 신문왕 9년(689)에 이것을 폐지하였다. 이를 대신하여 조(租)의 수취만을 허락하는 관료전이 주어졌고, 한편 일정한 양의 곡식이 세조(歲租)로서 또한 주어졌다. 그러나 경덕왕 16년(757)에 이르러 다시 이것이 부활되는 변화 과정을 겪었다.

① 이것이 폐지되자 전국의 모든 국토는 '왕토(王土)'라는 사상이 새롭게 나오게 되었다.

② 수급자가 토지로부터 조(租)를 받을 뿐 아니라, 그 지역의 주민을 노역(勞役)에 동원할 수 있었다.

③ 삼국 통일 이후 국가에 큰 공을 세운 육두품 신분의 사람들에게 특별히 지급하였다.

④ 촌락에 거주하는 양인 농민인 백정이 공동으로 경작하였다.

26 0427

2016년 7급 국가직

㉠~㉢에 들어갈 내용으로 옳은 것은?

> ○ 신문왕 7년 5월에 문무 (㉠)을 지급하되, 차등을 두었다.
> ○ 신문왕 9년 1월에 내·외관의 (㉡)을 혁파하고 매년 조(租)를 내리되, 차등이 있게 하였다.
> ○ 성덕왕 21년 8월에 처음으로 백성에게 (㉢)을 지급하였다.

	㉠	㉡	㉢
①	관료전	식읍	민전
②	관료전	녹읍	정전
③	공음전	식읍	정전
④	공음전	녹읍	민전

27 0428

2012년 9급 지방직

밑줄 친 ㉠~㉣에 대한 설명으로 옳은 것은?

> • 문무왕 8년(668) 김유신에게 태대각간의 관등을 내리고 ㉠식읍 500호를 주었다.
> • 신문왕 7년(687) 문무 관리들에게 ㉡관료전을 차등 있게 주었다.
> • 신문왕 9년(689) 내외 관료의 ㉢녹읍을 혁파하고 매년 조(租)를 주었다.
> • 성덕왕 21년(722) 처음으로 백성에게 ㉣정전을 지급하였다.

① ㉠ – 조세를 수취하고 노동력을 징발할 권리를 부여하였다.

② ㉡ – 하급 관료와 군인의 유가족에게 지급하였다.

③ ㉢ – 전쟁에서 큰 공을 세운 사람에게 공로의 대가로 지급하였다.

④ ㉣ – 왕권이 약화되는 배경이 되었다.

28 0429

2015년 7급 지방직

괄호 안에 들어갈 말로 옳은 것은?

> ○ 신문왕 7년에 문무 관료전을 지급하되 차등을 두었다.
> ○ 신문왕 9년에 내외관의 녹읍을 혁파하고 매년 조(租)를 내리되 차등이 있게 하였다.
> ○ 성덕왕 21년에 처음으로 백성에게 ( )을 지급하였다.
> ○ 경덕왕 16년에 여러 내외관의 월봉을 없애고, 다시 녹읍을 나누어 주었다.

① 과전

② 정전

③ 식읍

④ 녹봉

25 0426

밑줄 친 '이것'은 녹읍이다. 신라의 녹읍은 689년(신문왕 9)에 폐지되었다가, 757년(경덕왕 16)에 부활되었으며 고려 초까지 유지되었다가 고려가 후삼국을 통일한 이후 폐지되었다.

② 녹읍은 조세를 수취할 뿐만 아니라 그 토지에 딸린 노동력까지 징발할 수 있었다.

오답 분석

① 왕토 사상은 관념적인 것으로, 통일 신라 성덕왕 대에 지급된 정전과 관련이 있다.

③ 식읍에 대한 설명이다. 녹읍은 국가에서 관료 귀족에게 관직 복무의 대가인 녹봉 대신 지급하였다.

④ 통일 신라 민정 문서에 기록된 마전에 대한 설명이다. 마전은 각 촌에 일정하게 배분되었으며, 여기서 생산되는 삼(麻)을 국가에 공물로 납부하기 위해 농민의 공동 경작지 형태로 유지한 것으로 보인다.

정답 ②

26 0427

② 신문왕 7년 5월에 지급된 것은 ㉠ 관료전(687)이고, 신문왕 9년 1월에 혁파된 것은 ㉡ 녹읍(689)이며, 성덕왕 21년 8월에 백성들에게 지급된 것은 ㉢ 정전(722)에 해당한다.

정답 ②

27 0428

① 식읍은 국가에서 왕족, 공신 등에게 준 토지와 가호로, 조세를 수취하고 노동력을 징발할 권리를 부여하였다. 식읍은 조선 세조 때 폐지되었다.

오답 분석

② 구분전에 대한 설명이다.

③ 식읍에 대한 설명이다.

④ 정전 지급은 토지를 매개로 국가의 농민에 대한 일원적 지배가 이루어졌다고 볼 수 있으므로, 왕권 강화의 배경이 되었다고 할 수 있다.

정답 ①

28 0429

② 성덕왕 21년(722) 8월에 처음으로 모든 백성들에게 정전(丁田)을 지급하였다. 정전은 백성들의 관습적 토지 소유권을 법제적으로 추인한 것이라 여겨지며 이로써 세원을 확보하여 재정을 확대시키고, 토지를 매개로 백성에 대한 지배력을 강화할 수 있었다.

정답 ②

29 0430

다음과 같은 문서가 작성되었던 시대에 대한 설명으로 옳지 않은 것은?

> 토지는 논, 밭, 촌주위답, 내시령답 등 토지의 종류와 면적을 기록하고, 사람들은 인구, 가호, 노비의 수와 3년 동안의 사망, 이동 등 변동 내용을 기록하였다. 그 밖에 소와 말의 수, 뽕나무, 잣나무, 호두나무의 수까지 기록하였다.

① 관료에게는 관료전을, 백성에게는 정전을 지급하였다.
② 인구는 남녀 모두 연령에 따라 6등급으로 나누어 파악하였다.
③ 전국을 9주로 나누고, 주 아래에는 군이나 현을 두어 지방관을 파견하였다.
④ 국가에 봉사하는 대가로 관료에게 토지를 나누어 주는 전시과 제도를 운영하였다.

30 0431

〈보기〉의 통일 신라 시대의 경제 제도를 시간 순으로 바르게 나열한 것은?

> **보기**
> ㉠ 중앙과 지방의 여러 관리에게 매달 주던 녹봉을 없애고 다시 녹읍을 주었다.
> ㉡ 중앙과 지방 관리들의 녹읍을 폐지하고 해마다 조(租)를 차등 있게 주었으며 이를 일정한 법으로 삼았다.
> ㉢ 처음으로 백성들에게 정전(丁田)을 지급하였다.
> ㉣ 교서를 내려 문무 관료들에게 토지를 차등 있게 주었다.

① ㉡ → ㉠ → ㉣ → ㉢
② ㉡ → ㉣ → ㉠ → ㉢
③ ㉣ → ㉢ → ㉡ → ㉠
④ ㉣ → ㉡ → ㉢ → ㉠

31 0432

고려 시대 토지 제도에 대한 설명으로 옳은 것은?

① 6품 이상의 관리는 전시과 이외에도 공음전을 받아 자손에게 물려줄 수 있었다.
② 전시과에서는 문무 관리, 군인, 향리 등을 9등급으로 나누어, 토지를 주었다.
③ 후삼국을 통일한 태조 왕건은 공신, 군인 등을 대상으로 그들의 공로에 따라 차등을 두어 역분전을 지급하였다.
④ 국가는 왕실 경비를 마련하기 위해서 공해전을 지급하였다.

32 0433

㉠에 해당하는 토지에 대한 설명으로 옳은 것은?

> 5월 을사에 태조가 예산진에 행차하여 이르기를, "너희 공경장상은 국록을 먹는 사람들이므로 내가 백성을 자식처럼 사랑하는 마음을 헤아려서, 너희들 [㉠] 의 백성들을 불쌍히 여겨야 할 것이다. 만약 무지한 가신들을 [㉠] 에 보낸다면, 오직 거두어들이는 데만 힘써 마음대로 약탈할 것이니 너희 또한 어찌 알 수 있겠는가?"라고 하였다.
> – 「고려사」

① 신라의 토지 제도에서 비롯된 것이다.
② 직역에 대한 대가로 수조권만을 지급한 것이다.
③ 대상 토지에 거주하는 가호의 수를 단위로 지급되었다.
④ 지방 호족들의 경제 기반으로 고려 무신 정권기까지 존속했다.

29 0430

제시문은 통일 신라 시대에 작성된 민정 문서의 내용으로, 통일 신라 시대에 대한 설명으로 옳지 않은 것을 고르는 문제이다.

④ 전시과 제도는 고려 시대의 토지 제도이다.

오답 분석

① 통일 신라 전기인 신문왕 때에 관료전이 지급되고 녹읍이 폐지되었으며, 성덕왕 때는 백성들의 법제적 소유권을 인정한 정전이 지급되었다.
② 민정 문서는 인구를 남녀의 연령별 6등급, 호구별 9등급으로 나누어 파악하였다.
③ 통일 신라는 전국을 9주로 나누고, 하부 행정 조직으로 군현을 설치하여 중앙 집권 체제를 강화하였다.

정답 ④

30 0431

④ 시간 순으로 바르게 나열하면 ② 관료전 지급(687, 신문왕 7) → ⓒ 녹읍 폐지(689, 신문왕 9) → ⓒ 정전 지급(722, 성덕왕 21) → ⑤ 녹읍 부활(757, 경덕왕 16)이 된다.

정답 ④

31 0432

③ 역분전(940)은 태조 왕건이 후삼국 통일 후 새로운 왕조에 대한 충성도와 공로의 대소에 의거하여 논공행상의 성격으로 시행된 것으로, 공훈 · 충성도 · 인품 등에 따라 지급되었다.

오답 분석

① 공음전은 문종 3년에 지급되기 시작하였으며, 5품 이상의 고위 관료에게 지급된 세습이 가능한 영업전이다.
② 전시과는 시정 전시과가 시행될 때부터 문무 관리, 군인, 향리 등을 9등급이 아닌 18등급으로 나누어 전지와 시지를 분급하였다.
④ 공해전은 중앙 · 지방 관청의 운영 비용으로 지급되는 토지였다.

정답 ③

32 0433

사료의 내용은 934년(태조 17)에 내려진 왕건의 조서 내용이다.

① ⑤에 해당하는 토지는 신라 경덕왕 시기 부활되어 고려 초기까지 계승되었던 녹읍에 해당한다. 태조는 후삼국 통일 이후 녹읍을 폐지하였다.

오답 분석

② 직역의 대가로 수조권만 지급한 것은 전시과에 해당한다.
③ 녹읍은 가호의 수가 아닌 지역 단위로 지급되었다.
④ 지방 호족의 경제 기반으로 지급된 것은 외역전에 해당한다.

정답 ①

33 0434

(가)~(다) 전시과에 대한 설명으로 옳은 것을 〈보기〉에서 모두 고른 것은?

	과	1	2	3	4	5	6	7	8	9	10	11	12	13	14	15	16	17	18
(가)	전지	110	105	100	95	90	85	80	75	70	65	60	55	50	45	42	39	36	32
	시지	110	105	100	95	90	85	80	75	70	65	60	55	50	45	40	35	30	25
(나)	전지	100	95	90	85	80	75	70	65	60	55	50	45	40	35	30	27	23	20
	시지	70	65	60	55	50	45	40	35	33	30	25	22	20	15	10			
(다)	전지	100	90	85	80	75	70	65	60	55	50	45	40	35	30	25	22	20	17
	시지	50	45	40	35	30	27	24	21	18	15	12	10	5	8				

지급액수(결)

－「고려사」 식화지

보기

㉠ (가) - 관품과 함께 인품도 고려되었다.

㉡ (나) - 한외과가 소멸되었다.

㉢ (다) - 승인과 지리업에게 별사전이 지급되었다.

㉣ (가)~(다) - 경기 8현에 한하여 지급되었다.

① ㉠, ㉡

② ㉠, ㉢

③ ㉡, ㉢

④ ㉢, ㉣

34 0435

(가) 토지 제도에 대한 설명으로 옳은 것은?

비로소 직관(職官)·산관(散官) 각 품(品)의 （ (가) ）을/를 제정하였는데, 관품의 높고 낮은 것은 논하지 않고 다만 인품만 가지고 그 등급을 결정하였다. － 「고려사」

① 고려의 건국 과정에서 충성도와 공로에 따라 차등 지급되었다.

② 전임 관료와 현임 관료를 대상으로 경기 지방에 한하여 지급하였다.

③ 산관이 지급 대상에서 제외되었으며 무반의 차별 대우가 개선되었다.

④ 4색 공복을 기준으로 문반, 무반, 잡업으로 나누어 지급 결수를 정하였다.

35 0436

전시과 제도의 변천 과정을 나타낸 것이다. (가) 제도에 대한 〈보기〉의 설명으로 옳은 것만을 모두 고른 것은?

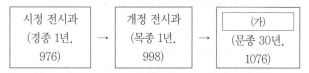

시정 전시과 (경종 1년, 976) → 개정 전시과 (목종 1년, 998) → (가) (문종 30년, 1076)

보기

㉠ 4색 공복을 기준으로 등급을 나누었다.

㉡ 산직(散職)이 전시의 지급 대상에서 배제되었다.

㉢ 등급별 전시의 지급 액수가 전보다 감소하였다.

㉣ 무반과 일반 군인에 대한 대우가 전반적으로 향상되었다.

① ㉠, ㉡

② ㉢, ㉣

③ ㉠, ㉡, ㉢

④ ㉡, ㉢, ㉣

36 0437

〈보기〉는 고려의 토지 제도에 대한 설명이다. (㉠)과 (㉡)에 들어갈 것으로 가장 옳게 짝지은 것은?

보기

5품 이상의 고위 관리에게는 (A)를 주어 자손에게 상속하게 하였다. 하급 관료의 자제 중 관직에 오르지 못한 사람에게는 (B)를 주고, 직업 군인에게는 군역의 대가로 (C)를 지급하였다. 직역을 계승할 자손이 없으면 국가에서는 토지를 회수하고 대신 유가족의 생활을 보호하기 위해 (㉠)을 지급하였다. 한편 왕실에는 왕실 경비를 충당하기 위해 (D)를 지급하였다. 중앙과 지방의 관청에는 (㉡)을 지급하였고, 사원에는 (E)를 지급하였다.

	㉠	㉡
①	구분전	공해전
②	민전	내장전
③	군인전	공해전
④	한인전	내장전

33 0434

(가)는 시정 전시과, (나)는 개정 전시과, (다)는 경정 전시과에 해당한다.

ⓒ (가) 경종 시기에 시행된 시정 전시과는 관직 체계의 미비와 왕권의 미약으로 관품과 인품이 병용되었다.

ⓒ (다) 경정 전시과에서는 승인과 지리업에게 별사전이 지급되었다.

오답 분석

ⓒ 한외과가 소멸된 것은 (다) 경정 전시과이다.

ⓔ 경기 8현에 한하여 지급되었던 것은 고려 말에 지급된 녹과전이며, 전시과는 대개 전국적으로 외방에 지급되었다.

정답 ②

34 0435

(가) 토지 제도는 시정 전시과이다.

④ 시정 전시과에서는 분급 기준으로 관품과 인품을 아울러 사용하였다. 우선 분급 대상은 광종 때 제정된 자삼·단삼·비삼·녹삼의 사색 공복에 따라 4계층으로 구분하였다. 그리고 다시 단삼은 문반·잡업·무반으로, 비삼·녹삼은 문반·잡업으로 나눈 뒤 5·8·10·18품으로 세분하여 토지를 나누어 주었다. 시정 전시과에서 관품보다 인품을 세분화시켜 분급의 기준으로 설정한 것은 신·구세력이 타협해 정국의 안정을 모색하던 경종 초기의 상황을 반영한 것이다.

오답 분석

① 역분전, ② 과전법, ③ 경정 전시과의 내용이다.

정답 ④

35 0436

(가)는 경정 전시과에 해당한다.

ⓒ, ⓒ, ⓔ 1076년(문종 30)에 실시한 경정 전시과는 산직을 배제하고 현직 위주로 지급하였다. 또한 지급 토지 부족 현상이 발생하여 전체적으로 토지 지급 액수가 감소하였으며, 시지 지급량도 대폭 축소되었다. 경정 전시과는 무관에 대한 대우가 현저히 상승하여 상장군은 목종 대 5과(135결)에서 3과로, 대장군은 6과에서 4과로 올랐으며, 다른 무반도 모두 과등이 높아졌다.

오답 분석

ⓒ 4색 공복을 기준으로 등급을 나눈 것은 경종 시기에 시행한 시정 전시과이다.

정답 ④

36 0437

(A)는 공음전, (B)는 한인전, (C)는 군인전, (D)는 내장전, (E)는 사원전에 해당한다.

① ⓒ은 구분전으로, 고려 시대 군인의 유족 및 군인직을 세습할 자손이 없는 70세 이상의 퇴역 군인에게 지급되던 토지였으며, ⓒ은 공해전으로, 고려 시대부터 국가 기관의 관청 및 왕실·궁원의 경비 조달을 위해 지급된 토지였다.

정답 ①

37 0438
2013년 7급 지방직

고려 시대 경제에 대한 설명으로 옳은 것만을 모두 고른 것은?

> ㉠ 권세가들은 대규모 개간에 참여하였고 사패를 받아 토지를 확대하기도 하였다.
> ㉡ 농민은 민전을 경작하여 수확의 10분의 1을 세금으로 냈고, 역과 공부를 부담하였다.
> ㉢ 토지만이 아니라 인정에 대한 지배가 허용된 식읍이 왕실이나 공신들에게 수여되었다.
> ㉣ 왕실의 경비를 충당하기 위해 외역전과 내장전을, 관청의 경비를 위해 공해전을 두었다.

① ㉠, ㉡, ㉢   ② ㉠, ㉡, ㉣
③ ㉠, ㉢, ㉣   ④ ㉡, ㉢, ㉣

38 0439
2022년 9급 국가직

밑줄 친 '이 나라'의 경제 상황에 대한 설명으로 옳지 않은 것은?

> 이 나라에는 관리에게 정해진 면적의 토지에서 조세를 거둘 수 있는 권리를 나누어주는 전시과라는 제도가 있었다. 농민은 소를 이용해 깊이갈이를 하기도 했으며, 시비법의 발달로 휴경지가 점차 줄어들었다. 밭농사는 2년 3작의 윤작법이 점차 보급되었다. 이 나라의 말기에는 직파법 대신 이앙법이 남부 지방 일부에 보급될 정도로 논농사에 변화가 나타났다. 또한 이암에 의해 중국 농서인 『농상집요』도 소개되었다.

① 재정을 운영하는 관청으로 삼사를 두었다.
② 공물 부과 기준이 가호에서 토지로 바뀌었다.
③ 생산량의 10분의 1에 해당하는 조세를 거두었다.
④ '소'라는 행정 구역의 주민이 국가에서 필요로 하는 물품을 생산하였다.

39 0440
2010년 7급 지방직

다음은 고려 중기 상황을 알려 주는 글이다. 밑줄 친 ㉠~㉣에 대한 설명으로 적절한 것은?

> ㉠김돈중 등이 절의 북쪽 산은 민둥하여 초목이 없으므로 그 인근의 ㉡백성들을 모아 ㉢나무와 기이한 꽃과 이채로운 풀을 심고 단을 쌓아 임금의 방을 꾸몄는데, 하루는 왕이 이곳에 행차하니 김돈중 등이 ㉣절의 서쪽 대에서 잔치를 베풀었다.
> － 『고려사』

① ㉠은 관직에 상관없이 선악과 공로에 따라 토지를 지급받았다.
② ㉡은 상속이 불가능한 민전을 소유할 수 있었다.
③ ㉢은 수조권만 있는 시지를 통해 구했을 것이다.
④ ㉣은 토지와 노비를 지급받아 일체의 경제 활동을 하지 않았다.

40 0441
2017년 9급 지방직(추가 채용)

고려 시대 토지 종목 중 ㉠에 해당하는 것은?

> 원종 12년 2월에 도병마사가 아뢰기를, "근래 병란이 일어남으로 창고가 비어서 백관의 녹봉을 지급하지 못하여 사인(士人)을 권면할 수 없었습니다. 청컨대 경기 8현을 품등에 따라 (㉠)으로 지급하소서."라고 하였다.
> － 『고려사』

① 공음전
② 구분전
③ 녹과전
④ 사패전

37 0438

㉠ 정부는 개간을 장려하는 한편 지배층에게도 특정 지역의 개간권인 사패권을 분급하였다.

㉡ 민전을 비옥도에 따라 상·중·하의 3등급으로 구분하였으며, 수확의 1/10을 조세로 수취하였다.

㉢ 식읍은 삼국 시대 초기에 나타나 조선 초까지 지급되다가, 조선 세조의 즉위 이후 폐지되었다.

오답 분석

㉣ 외역전은 사전(私田) 중 하나로, 향리에게 분급되는 토지이다. 향리직의 계승으로 세습되었으며 향리전이라고도 불린다. 내장전은 공전(公田)에 속하며 왕실 재정을 위해 왕실에 지급된 토지로 세습되었다. 공해전 또한 공전인데, 중앙·지방 관청의 운영 비용으로 지급되는 토지였다.

정답 ①

38 0439

전시과 제도가 시행된 밑줄 친 이 나라는 고려이다.

② 고려와 조선 전기에 이르기까지 공물에 대한 부과 기준은 가호세의 성격을 띠고 있었으며, 이것이 토지 기준으로 바뀐 것은 광해군 시기 대동법이 시행되면서부터였다.

오답 분석

① 고려의 삼사는 국가 전곡의 출납과 회계를 관장하던 기구로서 호부와 더불어 재정을 관장하던 관청이었다.

③ 고려의 조세 기준은 생산량을 기준으로 10분의 1을 과세하는 것이었다.

④ 고려의 특수 행정 구역 중 '소'는 금소·은소·동소·광소·사소·주소·지소·와소·탄소·염소·묵소·곽소·자기소·어량소·강소 등으로 나뉘며, 각각 그 지역에서 생산하는 물품을 대량으로 국가에 납품하는 지역이었다.

정답 ②

39 0440

제시문은 고려 중기 김부식의 아들인 김돈중과 의종의 향락 생활에 대한 사료이다.

③ 고려 중기의 문벌 귀족은 전시과로 주어지는 시지를 통해 나무를 구할 수 있었다.

오답 분석

① 김돈중은 문벌 귀족으로, 국가로부터 경정 전시과 규정에 따라 과전과 공음전을 지급받았을 것이다. 관직과 상관없이 선악과 공로에 따라 토지를 지급한 것은 태조 시기에 분급된 역분전(940)에 해당하므로 이와는 관계가 없다.

② 고려 시대의 백성들은 소유권 상의 민전을 가지고 있었는데, 이것은 상속이 누대에 걸쳐 가능한 영업전이었다.

④ 고려 시대의 절은 당시 엄청난 규모의 사원전과 노비를 지급받았으며, 적극적인 상업 활동에 나서고 고리대를 통한 부 축적에 골몰하는 등 많은 사회적 물의를 일으켰다.

정답 ③

40 0441

③ 원종 시기인 1271년 녹봉의 부족분을 보충하기 위해 경기 8현의 토지를 녹과전으로 지급하였다. 녹과전은 충렬왕(1278) 때 재정비되었으며, 우왕 시기까지 지급되었다.

오답 분석

① 공음전은 1049년(문종 3)부터 5품 이상의 고위 관료에게 지급된 세습 가능한 영업전으로, 문벌 귀족의 경제적 기반이 되었다.

② 구분전은 6품 이하의 하급 관리와 군인의 유가족 또는 자손 없이 퇴직한 70세 이상의 군인에게 지급된 토지이다.

④ 사패전은 몽골의 침략으로 농토가 황폐화되고 유민이 많이 발생하자 고려 정부가 개간을 목적으로 지급한 토지이다. 사패전은 개간을 전제로 한 것이기 때문에 소유권 확보와 동시에 전조를 면제받았다.

정답 ③

41 0442

다음 자료 이후에 나타난 사실로 옳은 것은?

> 대사헌 조준이 글을 올려 아뢰기를 " …… 근년에는 (토지를) 겸병하는 일이 더욱 심해져 간사하고 흉악한 무리의 토지가 주(州)에 걸치고 군(郡)을 포괄하며, 산천을 경계로 삼을 정도입니다. 1무(畝)의 주인이 5, 6명이나 되고 1년에 조세를 받는 횟수가 8, 9차에 이릅니다. 위로는 어분전(御分田)부터 종실 · 공신 · 조정 · 문무관의 토지, 외역 · 진 · 역 · 원 · 관의 토지와 백성들이 여러 대 동안 심은 뽕나무와 지은 집에 이르기까지 모두 빼앗아 차지하니 호소할 곳 없는 불쌍한 백성들이 사방으로 흩어져 떠돌아다닙니다."

① 전시과를 공포하여 전제 개혁을 단행하였다.
② 전제 개혁으로 신진 사대부들은 심각한 타격을 받았다.
③ 이성계에 반대하는 신하들에게는 토지를 분배하지 않았다.
④ 과전 지급 지역은 경기에 한정되었고, 지급 대상은 전직, 현직 관리였다.

42 0443

〈보기〉의 문제점을 해결하기 위해 시행한 토지 제도에 대한 설명으로 가장 옳은 것은?

> **보기**
> 조정의 사대부들이 겉모양으로는 서로 사이가 좋으나, 마음 속으로는 시기하여 심지어 은밀하게 중상하는 지경에까지 이르렀으니, 이것은 사전이 함정이 되었기 때문입니다. 근년에 이르러 겸병이 더욱 심하여져서 간악하고 흉악한 무리들은 주(州)를 타넘고 군(郡)을 포괄하며 산과 내를 표지로 삼아 모두 가리켜 조업전(祖業田)이라고 하면서 서로 물리치며 서로 빼앗으니, 한 이랑의 주인이 5~6명을 넘고 1년에 조(租)를 거두는 것이 8~9차례에 이릅니다. – 「고려사」

① 전국의 토지가 재분배되었으며, 관료들은 경기도 땅에서 최고 150결, 최하 10결의 토지를 수조지로 받았다.
② 관료 등급을 18등급으로 나누어 전지와 시지를 지급하였으며, 시지는 14등까지만 주었다.
③ 현직 관리에게만 토지가 지급되었다.
④ 인품과 관품에 따라 최고 100결에서 최하 20결의 토지를 주었으며, 상층 향리에게도 주었다.

43 0444

고려의 전시과와 조선의 과전법에서 공통점에 해당되는 것으로 묶은 것은?

> ㉠ 관리들에게 18등급에 따라 차등적으로 지급하였다.
> ㉡ 과전은 본인 사후 반납이 원칙이었다.
> ㉢ 현직 관리에게만 지급하였다.
> ㉣ 5품 이상의 관리들에게 세습이 허용된 별도의 토지가 지급되었다.

① ㉠, ㉡
② ㉠, ㉢
③ ㉡, ㉣
④ ㉢, ㉣

44 0445

고려의 전시과와 조선의 과전법에 대한 설명으로 옳지 않은 것은?

① 전국의 민전은 과전법의 대상지로 설정되어 운영되었다.
② 전시과의 군인전은 군역이 세습됨에 따라 자손에게 세습되었다.
③ 관료가 사망한 후에 토지를 국가에 반납하는 것이 전시과의 원칙이었다.
④ 과전법의 토지 분급은 토지에 대한 소유권이 아니라 수조권을 나누어 준 것이었다.

41 0442

제시문은 『고려사』 식화지에 나오는 고려 말 수조권의 문란에 대한 조준의 상소이다. 고려 말에는 무신 정변 이후 전시과의 붕괴와 농장의 확대로 인해 대토지 점유 현상이 나타났으며, 토지 제도의 문란이 심화되었다. 원 간섭기로 이행하는 시기에 토지에 대한 지배층의 불법적 토지 겸병은 더욱 확대되었고, 토지 겸병으로 등장한 농장은 국가 재정과 민생을 모두 위협하였다. 결국 권문세족의 농장 확대로 농민이 몰락하고 국가 재정은 파탄에 이르게 되었다.

④ 고려 말 문란했던 토지 체제를 정비하는 과정에서 권문세족의 농장을 해체하고 국가 재정과 신진 사대부 세력의 경제적 기반을 확보하기 위하여 과전법을 실시하였다. 과전법은 전·현직 문무 관리들에게 수조권을 분급하였는데, 죽거나 반역을 한 경우 국가에 반환하는 것이 원칙이었다.

오답 분석

① 전시과는 고려 경종 시기 처음 시행된 토지 제도이다.
② 과전법은 신진 사대부의 경제적 기반을 마련하기 위해 시행되었다.
③ 과전법은 1391년에 시행될 당시의 전·현직 관리 모두에게 지급되었다.

정답 ④

42 0443

〈보기〉는 『고려사』 식화지에 나오는 조준의 상소문으로, 고려 말 권문세족의 대토지 겸병을 비판한 것이다. 이 상소로 인해 1391년 과전법이 실시되었다.

① 과전법을 바탕으로 경기 사전의 원칙에 따라 관료들은 경기도 땅에서 최고 150결, 최하 10결의 토지를 수조지로 받았다. 과전법 체제하에서 전국의 토지가 수조지로 재분배된 경우는 존재하지 않는다.

오답 분석

② 고려 시대 전시과 제도 하에서는 관료 등급을 18등급으로 나누어 전지와 시지를 지급하였다. 14등급까지 시지를 지급한 것은 문종 때의 경정 전시과이다.
③ 과전법 하에서는 전·현직 문무 관리들에게 수조권을 분급하였다. 현직 관리에게만 수조권이 지급된 것은 경정 전시과 또는 직전법에 대한 설명이다.
④ 관품에 따라 최고 100결에서 최하 20결의 토지를 지급한 것은 목종 시기 개정 전시과에 해당한다. 개정 전시과는 인품을 반영하지 않았다.

정답 ①

43 0444

㉠ 전시과는 시정 전시과에서 관품과 인품을 병용하였지만 18과 차등 지급의 원칙을 확립하였고, 이후 개정 전시과와 경정 전시과에서 관품을 중심으로 18과 차등 지급 원칙이 계승되었다. 이는 과전법에서도 같은 원칙으로 적용되었다.
㉡ 전시과, 과전법 모두 사후 반납과 세습되지 않는 것이 원칙이었다.

오답 분석

㉢ 현직 관리 지급 규정은 각각 원래의 제도에서 수정된 경정 전시과와 직전법에 해당한다.
㉣ 5품 이상의 관리에게 분급된 공음전(문종 3년에 본격적으로 지급)은 고려에서만 지급되었다.

정답 ①

44 0445

① 과전은 경기 사전의 원칙에 입각하여 수조권이 개인에게 속한 사전을 경기도 내로 한정하고, 타 도의 토지는 수조권이 국가에게 속한 공전(公田)화하였다.

오답 분석

② 군인 전시과는 998년(목종 1)의 개정 전시과에서 처음으로 시행되었는데, 군역을 계승한 자손에게 토지가 함께 세습되었다.
③ 고려의 전시과는 토지 소유권을 준 것이 아니고 수조권을 준 것이므로, 토지를 받은 자가 죽거나 관직을 박탈당할 때 국가에 반납하는 것이 원칙이었다. 조선의 과전법 또한 죽거나 반역을 한 경우 국가에 반환하는 것이 원칙이었다.
④ 조선의 과전법은 전·현직 문무 관리들에게 수조권을 분급하였다.

정답 ①

45 0446

2016년 7급 지방직

고려 말 과전법에 대한 설명으로 옳지 않은 것은?

① 제1과 150결에서 제18과 10결까지 차등 지급하였다.

② 지방 거주의 한량품관에게 군전으로 5결 혹은 10결씩 지급하였다.

③ 수조율은 공전 · 사전을 막론하고 1결당 30두로 정하였다.

④ 전민변정도감의 주재 하에 분급 대상인 관인 선정 작업을 시작하였다.

46 0447

2013년 9급 지방직

다음 토지 제도에 대한 설명으로 옳은 것은?

> 경기는 사방의 근본이니 마땅히 과전을 설치하여 사대부를 우대한다. 무릇 경성에 거주하여 왕실을 시위(侍衛)하는 자는 직위의 고하에 따라 과전을 받는다. 토지를 받은 자가 죽은 후, 그의 아내가 자식이 있고 수신하는 자는 남편의 과전을 모두 물려받고, 자식이 없이 수신하는 자의 경우는 반을 물려받는다. 부모가 모두 사망하고 그 자손이 유약한 자는 휼양전으로 아버지의 과전을 전부 물려받고, 20세가 되면 본인의 과에 따라 받는다. – 「고려사」

① 과전을 지급함으로써 조선 개국 세력의 경제적 기반이 되었다.

② 관리가 되었으면서도 관직을 받지 못한 사람들에게 한인전을 지급하였다.

③ 관직이나 직역을 담당하는 사람들에게 농지와 땔감을 채취하는 시지를 주었다.

④ 공로가 많은 사람들에게 인품을 기준으로 역분전을 차등 지급하였다.

47 0448

2019년 9급 서울시(추가 채용)

조선 초기의 과전(科田)에 대한 설명 중 가장 옳은 것은?

① 과전은 성종 대까지 경기도에 한정되었다.

② 현직 관리에게 소유권과 수조권(收租權)을 부여하였다.

③ 전직 관리와 현직 관리에게 모두 수조권을 지급하였다.

④ 과전에 대해서 상속권을 인정해 주었다.

48 0449

2015년 7급 서울시

조선 시대 과전법 제도에 대한 설명으로 옳지 않은 것을 ㉠~㉤ 중에서 모두 고른 것은?

> 과전은 ㉠18등급으로 나누어 경기 지방의 전지와 시지를 지급하였는데, 이때 관리들에게 준 토지는 ㉡소유권을 지급한 것이다. 이 토지를 ㉢받은 자가 죽거나 반역을 하면 국가에 반납하도록 정해져 있었다. ㉣공신전은 세습을 할 수 없었으나, 죽은 관료의 가족에 대해서는 생계를 유지할 수 있도록 하기 위하여 받았던 토지 중 일부를 ㉤수신전, 휼양전 등으로 다시 지급하여 세습이 가능하도록 하였다.

① ㉠, ㉡

② ㉠, ㉡, ㉢

③ ㉠, ㉡, ㉣

④ ㉢, ㉤

45 0446

전민변정도감은 1269년(원종 10) 최초로 설치되었는데, 그 뒤 1288 · 1301(충렬왕 27) · 1352(공민왕 1) · 1366 · 1381(우왕 7) · 1388(우왕 14)년에 각각 설치되었다가 폐지되었다. 전민변정도감이 가장 활발히 운영된 시기는 공민왕 때 신돈이 주관하면서부터였다.

④ **과전법은 공양왕 시기인 1391년 실시되었으므로 전민변정도감과는 관련이 없다. 관인 선정 작업은 급전도감과 관계된 것이다.**

오답 분석

① 과전법은 최고 150결에서 최하 10결의 토지를 차등 지급하였으며, 전시과와 달리 시지는 지급하지 않았다.
② 과전은 사전을 경기 지역으로 한정하고 타 도의 토지는 공전(公田)화하였다. 다만 다른 도에는 한량관 등에게 군전이 5결 또는 10결로 분급되었다.
③ 사전에서 수조권자에게 바치는 조는 1결당 10분의 1에 해당하는 30두였다.

정답 ④

46 0447

제시문은 과전법에 대한 내용이다.

① 과전법은 고려 말 문란했던 경제 체제를 정비하는 과정에서 권문세족의 농장을 해체하고, 국가 재정과 조선의 개국을 주도한 신진 사대부 세력의 경제적 기반을 확보하는 데 효과적인 수단으로 작용하였다. 과전법은 전 · 현직 문무 관리들에게 수조권을 분급하였는데, 죽거나 반역을 한 경우 국가에 반환하는 것이 원칙이었다. 전시과와 달리 시지는 지급하지 않았다.

오답 분석

②, ③ 고려 전시과 제도에 대한 설명이다.
④ 고려 태조는 처음으로 역분전을 시행하여 공훈 · 충성도 · 인품 등에 따라 차등 지급하였다.

정답 ①

47 0448

③ 과전법은 경기 사전의 원칙을 기반으로 최고 150결, 최하 10결의 토지를 전 · 현직 관리에게 차등적으로 지급하였다.

오답 분석

① 1391년 제정된 과전법은 경기 사전의 원칙에 의해 경기도에 한정되어 사전이 지급되었다. 과전법 시행 이후 경기도의 땅이 부족해지자 태종 시기 하삼도로 일부가 이급되었으나 세종 이후 지급액이 축소되어 경기도로 다시 환원되었다. 과전은 명종 대까지 경기도에 한정되어 지급되었으며, 녹봉제가 시행되면서 소멸되었다.
② 과전법은 소유권을 제외하고 수조권만을 부여한 제도였다.
④ 과전법은 세습을 원칙적으로 허용하지 않았다.

정답 ③

48 0449

㉠ 과전법은 경기 지방의 전지를 18과로 나누어 지급한 것이며, 시지는 지급하지 않았다.
㉡ 과전법은 전 · 현직 문무 관리들에게 수조권을 분급하였다.
㉣ 공신전은 원칙적으로 세습이 전제된 것이었다. 『경국대전』에는 공신전을 기본적으로 자손에게 상속이 허용된 토지로 규정하고 있는데, 적자가 상속할 경우 그 전액을 인정하고, 양천첩자가 계승할 때는 일부만을 상속하도록 하였다.

정답 ③

49 0450

2015년 9급 국가직

과전법과 그 변화에 대한 설명으로 옳지 않은 것은?

① 수신전, 휼양전을 죽은 관료의 가족에게 지급하였다.

② 공음전을 5품 이상의 관료에게 주어 세습을 허용하였다.

③ 세조 대에 직전법으로 바꾸어 현직 관리에게만 수조권을 지급하였다.

④ 성종 대에는 관수 관급제를 실시하여 전주의 직접 수조를 지양하였다.

50 0451

2012년 7급 지방직

다음 토지 제도의 변천 과정에 대한 설명으로 옳은 것은?

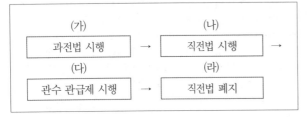

① (가)를 계기로 관료의 유가족에게 구분전과 한인전이 지급되었다.

② (나)로 인해 수조권 지급 제도가 사라졌다.

③ (다)를 계기로 수조권자의 과다한 수취를 막기 위해 국가가 수조를 대행하였다.

④ (라)로 인해 자영농의 숫자가 급속히 늘어나게 되었다.

51 0452

2010년 7급 지방직

(가)~(라)의 토지 제도에 대한 설명으로 옳지 않은 것은?

> (가) 신문왕 9년(689) 내외관의 녹읍을 혁파하고 매년 조를 내리되, 차등이 있게 하여 이로써 영원한 법식을 삼았다.
>
> (나) 목종 원년(998) 문무 양반의 전시과를 개정하였다.
>
> (다) 공양왕 3년(1391) 국가의 재정 기반과 신진 사대부 세력의 경제적 기반을 확보하기 위해 과전법을 공포하였다.
>
> (라) 세조 12년(1466) 현직 관리에게만 토지를 지급하는 직전법을 시행하였다.

① (가): 귀족 세력의 경제 기반을 약화시켰다.

② (나): 인품은 고려하지 않고 관직에 따라 토지를 분급하였다.

③ (다): 수조권자는 그 해 수확량의 2분의 1을 농민에게 세금으로 거두었다.

④ (라): 토지에 대한 국가의 지배력이 강화되었다.

52 0453

2010년 9급 국가직

다음 토지 및 조세 제도에 관한 내용을 시기 순으로 바르게 나열한 것은?

> ㄱ. 풍흉에 관계없이 전세를 토지 1결당 미곡 4두로 고정시켰다.
>
> ㄴ. 토지 비옥도와 풍흉의 정도에 따라 조세 액수를 1결당 최고 20두에서 최하 4두로 하였다.
>
> ㄷ. 토지의 지급 대상을 현직 관리로 한정하였다.
>
> ㄹ. 관료들을 18과로 나누어 최고 150결에서 최하 10결의 과전을 지급하였다.

① ㄴ → ㄷ → ㄹ → ㄱ

② ㄴ → ㄹ → ㄱ → ㄷ

③ ㄹ → ㄱ → ㄴ → ㄷ

④ ㄹ → ㄴ → ㄷ → ㄱ

49 0450

② 공음전은 5품 이상의 관료에게 세습을 허용한 토지로, 고려 1049년(문종 3)에 완비되었다. 과전법은 고려 말인 1391년(공양왕 3)에 시행되었다.

오답 분석

① 과전법 체제 하에서 과전은 원칙적으로 세습이 불가능하였으나, 죽은 관료의 가족에게 수신전과 휼양전의 명목으로 지급되어 사실상 세습이 가능하였다. 수신전과 휼양전은 조선 세조 때 직전법의 시행으로 폐지되었다.

③ 과전법 체제 하에서 수신전, 휼양전 등으로 토지 세습이 가능해지면서 관료들에게 지급할 토지가 부족해지자, 조선 세조 대에 직전법으로 개편하여 현직 관리에게만 수조권을 지급하였다.

④ 직전법 체제 하에서 수조권자(관리)들이 행하는 직접 수조의 문제점이 대두되자, 성종 때 국가가 수조를 대신하는 간접 수조 중심의 관수 관급제로 개편되었다.

정답 ②

50 0451

③ 과전법은 고려 말인 1391년(공양왕 3)에 시행하였으며, 지급 토지의 부족으로 세조 때 직전법으로 개편되었다. 이후 수조권자들이 행하는 직접 수조의 문제점이 대두되자 성종 때 간접 수조 중심의 관수 관급제가 시행되었다.

오답 분석

① 구분전과 한인전은 전시과 체제 하에서 지급되었던 토지이다. 과전법 실시로 관료의 유가족에게 휼양전과 수신전이 지급되었다.

② 과전법과 직전법은 관료들에게 수조권을 지급하였다. 수조권은 명종 때 녹봉제가 실시되면서 소멸되었다.

④ 직전법 폐지로 지주 전호제가 확산되면서 자영농의 숫자가 줄고 소작농의 숫자가 증가하였다.

정답 ③

51 0452

(가)는 통일 신라의 관료전, (나)는 고려 시대의 개정 전시과, (다)는 고려 말의 과전법, (라)는 조선 시대의 직전법에 해당한다.

③ (다)의 과전법 하에서 수조권자는 수확량의 1/10을 수취할 수 있었다. 1/2은 병작반수제의 지대에 해당하는 것이다.

정답 ③

52 0453

④ 시기 순으로 바르게 나열하면 ㄹ. 과전법(공양왕, 1391) → ㄴ. 연분 9등법(세종, 1444) → ㄷ. 직전법(세조, 1466) → ㄱ. 영정법(인조, 1635)이 된다.

정답 ④

53 0454

2011년 9급 지방직

우리나라의 시대별 토지 제도에 대한 설명으로 옳지 않은 것은?

① 신라는 통일 이후에 관료전과 정전(丁田)을 지급하였다.
② 고려 후기의 녹과전은 수조권을 지급한 토지에 해당한다.
③ 고려 말 과전법에서 과전은 경기 지방의 토지로 지급하였다.
④ 지주제의 한 형태인 병작제는 조선 초기에 가장 발달하였다.

54 0455

2018년 7급 지방직

다음은 고려·조선 시대 토지 제도의 폐단을 기술한 것이다. 이를 시정하기 위해 실시한 내용으로 옳은 것은?

> (가) 권문세족의 대토지 소유와 토지 겸병으로 국가 재정이 부족해졌다.
> (나) 수신전, 휼양전, 공신전 세습과 증가로 신진 관료에게 지급할 수조지가 부족해졌다.
> (다) 수조권을 받은 관료가 권한을 남용하여 과다하게 수취하는 일이 빈번하게 발생하였다.
> (라) 거듭되는 흉년과 왜구의 침입 등으로 국가 재정이 악화되어 직전이 유명무실해졌다.

① (가) – 권문세족이 겸병한 토지를 몰수하고, 전국 토지의 수조권을 관료에게 지급하였다.
② (나) – 공신전을 몰수하고 신진 관료에게 수조권 지급을 중지하였다.
③ (다) – 관료의 직접적인 수조권 행사를 금지하고 관청에서 수조권 행사를 대행하였다.
④ (라) – 관료에게 수조권과 함께 녹봉도 지급하였다.

55 0456

2010년 9급 지방직

다음 글에서 (   )에 들어갈 내용으로 옳지 않은 것은?

> 삼국은 서로 치열하게 경쟁하고 있었다. 각 나라는 군사력과 재정을 확보하기 위하여 농업 생산력 증대에 많은 관심을 기울였다. (   ), (   ), (   ) 등 여러 정책을 실시하자, 농업 생산이 증대되어 농민 생활도 점차 향상되어 갔다.

① 우경 장려
② 철제 농기구의 보급
③ 수취 제도의 정비
④ 정전(丁田)의 지급

56 0457

2011년 7급 지방직

통일 신라 시대 경제 생활에 대한 설명으로 옳지 않은 것은?

① 일반 농민은 자기 토지를 경작하는 외에도 관청 소유지를 공동 경작하기도 하였다.
② 호(戶)는 상상호(上上戶)에서 하하호(下下戶)까지 6등급으로 나누어 파악하였다.
③ 귀족들은 당이나 아라비아에서 수입한 비단, 양탄자, 유리 그릇, 귀금속 등 사치품을 사용하였다.
④ 귀족들은 소, 말, 돼지를 바다 가운데 섬에서 길러 필요한 때 화살로 쏘아 잡아먹기도 하였다.

53 0454

④ 조선 초기에는 과전법을 시행하면서 병작반수를 금하였다. 세조 이후 훈구파의 대토지 소유가 확대되고 16세기 중엽에 직전법이 폐지되면서 토지에 대한 국가의 통제가 느슨해지자 지주 전호제에 입각한 병작제가 확대되기 시작하였다.

정답 ④

54 0455

(가)의 문제를 시정하기 위해 실시한 개혁은 과전법, (나)의 상황을 해결하기 위해 시행된 조치는 직전법, (다)의 폐단을 시정하기 위해 시행한 제도는 관수 관급제, (라)의 상황을 타개하기 위해 실시한 조치는 직전법의 폐지와 녹봉제의 실시에 해당한다.

③ 관리들이 한 해의 농사 작황을 직접 나가 조사하는 직접 답험이 시행되던 당시에 직접 수조를 바탕으로 과도하게 농민들을 착취하는 등 많은 폐단을 일으키자, 성종 시기에 조선 정부는 관청이 조세를 걷어 관리들에게 지급하는 간접 수조 방식인 관수 관급제를 실시하였다.

오답 분석

① 과전법은 경기 사전의 원칙에 따라 전국 토지가 아닌 경기 지방에 국한하여 전·현직 관리들에게 수조권을 지급하였다.

② 세조 때 직전법이 시행된 이후에도 공신전이 남발되는 경향을 보였다. 한편, 세조는 1466년에 직전법을 실시하여 전직 관료에게 수조권 지급을 중지하고 현직 관료에게만 수조권을 분급하였으며, 수신전, 휼양전을 폐지하였다.

④ 명종 때 관료들에게 수조권을 분급한 직전법을 폐지하고 녹봉만을 지급하였다.

정답 ③

55 0456

④ 정전은 통일 신라 성덕왕 시기인 722년 8월에 처음으로 지급되었다.

정답 ④

56 0457

② 민정 문서의 기록을 통해 통일 신라는 촌락 단위로 인구(人口)를 연령과 성별에 따라 6등급으로 구분하였으며, 호구(戸口)는 인정의 다과에 따라 9등급으로 나누었음을 알 수 있다(호구를 토지의 다과에 따라 나누어야 한다는 견해도 있다).

정답 ②

57 0458

고려 시대 농민의 생활에 대한 설명으로 옳은 것은?

① 특정한 직역을 갖지 않은 농민은 조세와 공납, 국역의 부담을 졌다.

② 백정 농민 중에도 천역을 담당하는 계층이 있었는데 이들을 신량역천이라 하였다.

③ 특정한 죄를 지었을 때 자신의 본관지로 되돌아가게 하는 귀향형(歸鄕刑)에 처해졌다.

④ 군현별로 일정액을 할당하는 비총법(比摠法)이 실시되자 농민은 공동납으로 대응하였다.

58 0459

고려의 농민을 위한 정책으로 옳지 않은 것은?

① 농민 자제의 과거를 위한 기금으로 광학보를 설치하였다.

② 개간지는 일정 기간 면세하여 줌으로써 농민의 부담을 경감해 주었다.

③ 재해를 당했을 때에는 세금을 감면해 농민 생활의 안정을 꾀하였다.

④ 농번기에는 잡역 동원을 금지하여 농사에 지장을 주지 않으려 하였다.

59 0460

고려 시대의 경제 활동에 대한 설명으로 가장 옳지 않은 것은?

① 개경의 우창(右倉) 곡식은 관리의 녹봉으로 지출되었다.

② 양안과 호적 작성은 안정적인 재정 운영을 위해 시행되었다.

③ 상업 활동이 활발해지면서 철전, 은병 등이 주조되었다.

④ 고려 말에는 남부 일부 지방에 모내기법이 보급되었다.

60 0461

〈보기1〉에 대한 올바른 설명을 〈보기2〉에서 고르면?

> **보기 1**
> 조선 건국 후 세종 즉위 전까지 양반의 경제 기반은 과전, 녹봉, 자기 소유의 토지와 노비 등이 있었다.

> **보기 2**
> ㉠ 과전 – 경기도를 비롯하여 전국의 토지를 대상으로 지급하였다.
> ㉡ 녹봉 – 과전을 받는 관리에게는 녹봉이 지급되지 않았다.
> ㉢ 자기 소유의 토지 – 유망민들을 모아 노비처럼 만들어 자신의 토지를 경작하게 하는 경우도 있었다.
> ㉣ 노비 – 외거 노비는 자기 재산을 가질 수 있었고 조상에 대한 제사를 지내기도 했다.

① ㉠, ㉡

② ㉡, ㉢

③ ㉢, ㉣

④ ㉠, ㉣

57 0458

① 고려 시대에 특정한 직역을 갖지 않은 일반 농민인 백정은 조세와 공납, 국역의 부담을 졌다.

오답 분석

② 고려의 백정 농민층은 조세·공납·역의 의무를 가진 계층으로 조선 시대의 양인에 해당하며, 조선 시대에 도살업에 종사한 천민을 백정이라고 한 것과는 의미가 다르다. 따라서 신량역천은 고려 시대의 백정과는 관련이 없다.

③ 귀향형은 고려의 귀족에게 적용된 형벌이다.

④ 비총제(比總制)는 조선 후기에 시행된 제도로, 군현 단위로 전세를 부과한 총액제에 해당한다.

정답 ①

58 0459

① 광학보는 고려 시대의 불교 공부를 위한 장학 기금이었다. 이외에도 고려의 보는 학보(학교의 장학 재단), 경보(불경 간행), 팔관보(팔관회 거행), 제위보(빈민 구제), 기일보(국왕 제사 준비), 금종보(현화사 범종 주조), 불보(부처 제사), 상평보(홍수와 한발 대비), 선구보(환자 치료) 등이 있었다.

정답 ①

59 0460

① 고려의 경창은 우창인 풍저창(국용), 좌창인 광흥창(녹봉), 용문창(군량미) 등으로 나누어져 있었다. 이 중 좌창인 광흥창에서 관리의 녹봉 지급을 담당하였다. 이후 조선에서는 경창이 우창인 풍저창(국용), 좌창인 광흥창(녹봉), 군자창(군량미) 등으로 계승되었다.

정답 ①

60 0461

ⓒ 15세기 후반부터 지배층들은 유망민들을 모아 노비처럼 만들어 자신의 토지를 경작하게 하는 경우도 있었다.

ⓔ 외거 노비는 외거 상태에서 주인의 토지를 경작하고, 수확의 반을 소작료로 상납하거나 작개지를 경작하고 사경지를 대여받기도 하였다.

오답 분석

ⓐ 과전은 경기 사전의 원칙에 입각하여 사전을 경기도 내의 토지로 한정하고 타 도의 토지는 공전화하였다.

ⓑ 녹봉은 관리에게 과전과는 별도로 지급된 특권적 성격을 지니는 것으로, 고려 시대에는 2회, 조선 시대에는 4회 이상 지급되었다.

정답 ③

61 0462

㉠~㉢과 관련된 사실로 옳지 않은 것은?

> 조선 전기에 농업에서는 유교적 민본주의를 바탕으로 ㉠농서의 편찬과 보급, ㉡수리 시설의 확충 등 안정된 농업조건을 만들기 위한 권농 정책이 추진되었다. 상공업에서는 ㉢시전의 설치, ㉣관영 수공업의 정비 등을 통하여 국가에서 필요로 하는 물품을 안정적으로 조달할 수 있는 체계를 만들었다.

① ㉠ – 『농가집성』의 간행
② ㉡ – 저수지 다수 축조
③ ㉢ – 관청 필수품 공급
④ ㉣ – 수공업자의 공장안 등록

62 0463

다음 제시문의 수취 제도가 만들어질 당시의 농업 발달 특징으로 옳은 것을 모두 고르면?

> 각 도의 수전(水田), 한전(旱田)의 소출 다소를 자세히 알 수가 없으니, 공법(貢法)에서의 수세액을 규정하기가 어렵습니다. 지금부터는 전척(田尺)으로 측량한 매 1결에 대하여, 상상(上上)의 수전에는 몇 석을 파종하고 한전에서는 무슨 곡종 몇 두를 파종하여, 상상년에는 수전은 몇 석, 한전은 몇 두를 수확하며, 하하년에는 수전은 몇 석, 한전은 몇 석을 수확하는지, …… 각 관의 관둔전에서도 과거 5년간의 파종 및 수확의 다소를 위와 같이 조사하여 보고하도록 합니다.

> ㉠ 쌀의 수요가 늘면서 밭을 논으로 바꾸는 현상이 활발하였다.
> ㉡ 신속은 『농가집성』을 펴내 벼농사 중심의 농법을 소개하였다.
> ㉢ 남부 지방에서 모내기가 보급되어 일부 지역은 벼와 보리의 이모작이 가능해졌다.
> ㉣ 시비법의 발달로 경작지를 묵히지 않고 계속 농사지을 수 있게 되었다.

① ㉠, ㉡
② ㉡, ㉢
③ ㉢, ㉣
④ ㉠, ㉢, ㉣

63 0464

밑줄 친 '이 농법'에 대한 설명으로 옳은 것만을 모두 고르면?

> 대개 이 농법을 귀중하게 여기는 이유는 다음과 같다. 두 땅의 힘으로 하나의 모를 서로 기르는 것이고, … (중략) … 옛 흙을 떠나 새 흙으로 가서 고갱이를 씻어 내어 더러운 것을 제거하는 것이다. 무릇 벼를 심는 논에는 물을 끌어들일 수 있는 하천이나 물을 댈 수 있는 저수지가 꼭 필요하다. 이러한 것이 없다면 벼논이 아니다.
> – 『임원경제지』

> ㄱ. 세종 때 편찬된 『농사직설』에도 등장한다.
> ㄴ. 고랑에 작물을 심도록 하였다.
> ㄷ. 『경국대전』의 수령칠사 항목에서도 강조되었다.
> ㄹ. 직파법보다 풀 뽑는 노동력을 절약할 수 있었다.

① ㄱ, ㄴ   ② ㄱ, ㄹ
③ ㄴ, ㄷ   ④ ㄷ, ㄹ

64 0465

우리나라 농서에 대한 설명으로 옳은 것은?

① 『농가집성』은 고려 말 이암이 원에서 들여온 것이다.
② 『농사직설』은 정초 등이 왕명을 받아 편찬한 것이다.
③ 『산림경제』는 박세당이 과수, 축산 등을 소개한 것이다.
④ 『과농소초』는 홍만선이 화초 재배법에 대해 저술한 것이다.

61 0462

① 『농가집성』은 신속이 1655년(효종 7)에 편찬한 농서로, 『농사직설』·『금양잡록』·『사시찬요초』·『구황촬요』를 증보·합보하여 조선 전기 우리나라의 농학을 집대성하였다.

정답 ①

62 0463

제시문은 세종 때 연분 9등법의 제정 과정에 관한 사료이다.
ⓒ 조선 전기에는 일부 남부 지방에 모내기법이 보급되어 벼와 보리의 이모작이 가능해졌다.
ⓔ 조선 전기에는 비료를 주는 농법인 시비법이 발달하여 경작지를 묵히지 않고 계속 농사를 지을 수 있었다.

오답 분석

ⓐ 조선 후기에 대한 설명으로, 정조 시기에 이르러 전국 토지 중 논의 비율이 밭보다 많은 비중을 차지하게 되었다.
ⓑ 『농가집성』은 1655년에 신속이 편찬한 조선 후기의 농서이다.

정답 ③

63 0464

밑줄 친 '이 농법'은 이앙법(모내기법)이다. 이앙법은 고려 후기 남부 일부 지방(경상도 지역)에 보급되기 시작한 후 조선 전기에는 삼남 지방(경상, 전라, 충청)으로 확대되었으며, 후기에는 전국으로 널리 보급되었다.

ㄱ. 이앙법은 조선 초의 농서인 『농사직설』에도 소개되어 있다.
ㄹ. 이앙법은 대개 수전(水田)에서 자라기 때문에 물속에서 자랄 수 있는 잡초의 종류가 한정되어 이전 농법인 직파법보다 획기적으로 노동력이 절감되었다.

오답 분석

ㄴ. 고랑에 작물을 심도록 한 농법은 밭농사에 적용된 견종법이다.
ㄷ. 이앙법은 가뭄의 피해를 우려한 정부의 입장에서는 권장되지 않았으며, 『경국대전』에 수록된 수령 7사에 적용되지 않았다. 수령 7사의 내용은 다음과 같다. 농상성(농업과 의복 생산을 권장하여, 백성들을 잘 입히고 잘 먹일 것), 부역균(부역을 균등히 적용하여 백성의 부담을 줄일 것), 사송간(소송을 간결하고 정확히 처리하여 억울함을 풀어줄 것), 군정수(군사 방비를 철저히 할 것), 학교흥(지역의 교육을 흥하게 할 것), 호구증(지역의 인구를 증식시킬 것), 간활식(간사하고 교활한 자(향리)를 식별하여 제거할 것).

정답 ②

64 0465

② 『농사직설』은 정초와 변효문 등이 세종 시기 왕명을 받아 편찬한 농서이다. 이 책은 『금양잡록』과 더불어 우리 풍토에 맞는 농법이 본격적으로 소개된 저술이다.

오답 분석

① 『농가집성』은 17세기 효종 때 신속이 『농사직설』, 『금양잡록』, 『사시찬요초』, 『구황촬요』 등을 합본·편찬한 농서이다.
③ 『산림경제』는 숙종 시기 홍만선의 저술로, 농업 백과사전적 특성을 갖는다. 박세당의 저술은 『색경』이다.
④ 『과농소초』는 박지원의 저술로, 부록인 「한민명전의」에서 한전제를 주장하였다. 화초 재배에 대한 자세한 저술은 서유구의 『임원경제지』 중 「예원지」에 언급되어 있다.

정답 ②

65 0466

밑줄 친 '농서'가 편찬된 왕 대의 경제 생활로 옳은 것은?

> 각 지역의 풍토가 달라 곡식을 심고 가꾸는 법이 옛 글과 다 같을 수 없습니다. 이에 여러 도의 감사들이 주현의 늙은 농부를 방문하여 실제 농사 경험을 들었습니다. 저희 정초 등은 이를 참고하여 <u>농서</u>를 편찬하였습니다.

① 칠패 시장에서 어물을 판매하였다.
② 녹비법을 활용하여 지력을 회복하였다.
③ 고구마 · 감자를 구황 작물로 활용하였다.
④ 시전에서 남초를 거래하였다.

66 0467

(가), (나)의 밑줄 친 '이들'에 대한 설명으로 옳지 않은 것은?

> (가) 정부는 종로에 상가를 만들어 <u>이들</u>로 하여금 독점 영업을 하게 하고 세금을 거두었다.
> (나) 정부는 <u>이들</u>을 공장안에 등록시켜 서울과 지방의 각급 관청에 소속하게 하고 관청에 필요한 물품을 제조하게 하였다.

① (가)는 왕실이나 관청에 물품을 공급해야 했다.
② (가)는 16세기 중엽 전국적으로 확대되었다.
③ (나)는 부역으로 동원되어 물품을 만들었다.
④ (가), (나)의 활동은 정부의 통제를 받고 있었다.

67 0468

조선 시대 시전에 대한 설명으로 옳은 것은?

① 신해통공으로 육의전의 금난전권이 폐지되었다.
② 경시서를 두어 시전과 지방의 장시를 통제하였다.
③ 시전은 보부상을 관장하여 독점 판매의 혜택을 오래 누렸다.
④ 국역의 형태로 궁중과 관청에 필요한 물품을 조달할 의무가 있었다.

68 0469

조선 시대 상업의 추이에 대한 설명으로 옳은 것을 모두 고른 것은?

> ㉠ 15세기에 한양의 운종가에 시전이 세워지면서 시전 상인들에게 사상을 단속하는 금난전권이 부여되었다.
> ㉡ 조선 후기에 장시가 전국적으로 확대되었고, 그 시기에 활동했던 보부상은 국가로부터 행상 허가를 받아야 했다.
> ㉢ 순조 때 일어난 서울의 '쌀 폭동'은 경강 상인이 도성 안의 미전 상인을 움직일 정도로 성장했음을 보여주는 사건이었다.

① ㉠
② ㉠, ㉡
③ ㉡, ㉢
④ ㉢

65 0466

밑줄 친 '농서'는 15세기 세종 재위 시기에 편찬된 『농사직설』에 해당한다.

② 이 시기에는 녹비법을 비롯한 시비법의 발전으로 땅의 지력을 상승시킬 수 있었다.

오답 분석
① 조선 후기에는 현 남대문 시장의 기원이 된 칠패에서 어물 등을 파는 난전 상인의 활동이 활발하였다.
③ 고구마는 영조 시기, 감자는 19세기 초에 전래된 구황 작물이다.
④ 남초라 불렸던 담배는 조선 후기에 전래되었다.

정답 ②

66 0467

(가)의 밑줄 친 '이들'은 시전 상인, (나)의 밑줄 친 '이들'은 관청 수공업자이다.

② 시전은 태종 시기 한양의 종로 운종가에 설치된 관허 상점이었으며, 도성의 상업 전반을 유지하는 기반이었다. 그러나 시전은 도성의 상업을 관장했을 뿐, 전국적으로 확대된 것은 아니었다. 16세기 중엽 전국적으로 확대된 것은 장시이다.

정답 ②

67 0468

④ 시전은 왕실이나 관청에 필요한 물품을 납품하는 대신 국가의 보호를 받으며 도성 내 특정 물품에 대한 판매 독점권을 보장받았다.

오답 분석
① 신해통공(1791)은 육의전을 제외한 시전 상인의 금난전권을 폐지한 조치이다.
② 경시서는 시전의 매점매석과 같은 상행위의 감독과 물가를 조절하는 기능을 수행한 관청으로, 지방의 장시는 통제하지 않았다. 이후 경시서는 세조 때 평시서로 개칭되었다.
③ 시전과 보부상 관장은 관련이 없다.

정답 ④

68 0469

ⓒ 경강 상인은 한강을 근거지로 삼아 주로 서남 해안을 오가며 미곡, 소금, 어물 등의 운송과 판매를 장악하고 부를 축적하였으며, 선박의 건조 등 생산 분야에까지 활동 분야를 넓히기도 하였다. 그러나 순조 때 경강 상인들이 서울에서 쌀 값을 올리려고 쌀을 매점매석하여 서울 미전 상인들이 문을 닫게 되었고, 이 때문에 쌀을 구하지 못한 빈민들이 폭동을 일으키는 이른바 1833년의 '쌀 폭동'이 일어나기도 하였다. 이러한 쌀 폭동은 매점매석에 의한 도고 상업이 가능해지면서 나타난 현상으로, 축적된 상업 자본의 규모와 그에 따른 저항 즉, '반도고 운동'의 전개를 알 수 있다.

오답 분석
㉠ 시전 상인들은 조선 후기(17세기 초로 추정)에 정부로부터 금난전권을 부여받아 사상들의 활동을 억압할 수 있었다. 그러나 금난전권이 자유로운 상공업을 억제하고 물가 폭등, 영세 상인의 몰락, 도시 빈민에 피해를 주는 문제점을 야기시키자 정조는 육의전을 제외한 나머지 시전의 금난전권을 폐지하는 신해통공의 조치를 내렸다.
㉡ 장시는 15세기 말 전라도에서 처음 등장하였으며, 16세기 중엽에 확대되어 18세기 중엽에는 전국적으로 1,000여 곳에서 열렸다. 보부상은 도 단위로 도접장을 중심으로 운영되었으며, 개별 보부상의 행상 허가를 국가가 관장한 것은 아니었다.

정답 ④

69 0470

조선 후기 상업에 대한 설명으로 옳지 않은 것은?

① 보부상은 농촌의 장시를 하나의 유통망으로 연계시켰다.

② 동래의 내상은 선박의 건조 등 생산 분야에까지 진출하였다.

③ 의주의 만상은 대중국 무역을 주도하면서 재화를 많이 축적하였다.

④ 개성의 송상은 인삼을 재배·판매하고 대외 무역에도 깊이 관여하였다.

70 0471

다음의 자료에 보이는 시기의 경제 동향에 대한 설명으로 옳지 않은 것은?

> 배에 물건을 싣고 오가면서 장사하는 장사꾼은 반드시 강과 바다가 이어지는 곳에서 이득을 얻는다. 전라도 나주의 영산포, 영광의 법성포, 흥덕의 사진포, 전주의 사탄은 비록 작은 강이나 모두 바닷물이 통하므로 장삿배가 모인다. …… 그리하여 큰 배와 작은 배가 밤낮으로 포구에 줄을 서고 있다.
> – 『비변사등록』

① 강경, 원산 등이 상업 중심지로 성장하였다.

② 선상은 선박을 이용해서 각 지방의 물품을 거래하였다.

③ 객주나 여각은 상품의 매매를 중개하고, 숙박, 금융 등의 영업도 하였다.

④ 상업 활동이 활발해지면서 삼한통보 등의 동전을 만들어 유통하였다.

71 0472

다음 자료에 보이는 시기의 경제 상황에 대한 설명 중 옳지 않은 것은?

> "내 조금 시험해 볼 일이 있어 그대에게 만 금(萬金)을 빌리러 왔소."하였다. 변씨는 "그러시오."하고 곧 만 금을 내주었다. …… 허생은 만 금을 얻어 생각하기를 "저 안성은 기(畿)·호(湖)의 어우름이요, 삼남의 어귀다."하고는 이에 머물러 살았다. 그리하여 대추, 밤, 감, 배, 석류, 귤, 유자 등의 과실을 모두 두 배 값으로 사서 저장하였다. 허생이 과실을 몽땅 사들이자 온 나라가 잔치나 제사를 치르지 못하게 되었다. 그런 지 얼마 아니 되어서 두 배 값을 받은 장사들이 도리어 열 배의 값을 치렀다.
> – 박지원, 『허생전』

① 주로 공인과 사상들에 의해 주도되었다.

② 포구의 상거래는 장시보다 규모는 작았으나, 포구를 거점으로 선상, 객주, 여각 등이 활발한 상행위를 하였다.

③ 개성의 송상은 전국에 지점을 설치하여 활동 기반을 강화하였는데 주로 인삼을 재배·판매하고 대외 무역에도 깊이 관여하여 부를 축적하였다.

④ 청으로부터는 약재, 문방구 등을 수입하였고 일본으로부터는 후추, 황 등을 수입하였다.

72 0473

다음 자료에 나타난 시기의 경제 상황으로 옳지 않은 것은?

> 이현(梨峴)과 칠패(七牌)는 모두 난전(亂廛)이다. 도고 행위는 물론 집방(執房)하여 매매하는 것이 어물전의 10배에 이르렀다. 또 이들은 누원점의 도고 최경윤, 이성노, 엄차기 등과 체결하여 동서 어물이 서울로 들어오는 것을 모두 사들여 쌓아두었다가 이현과 칠패에 보내서 난매(亂賣)하였다.
> – 『각전기사』

① 사상과 난전의 발호로 시전 상인의 특권이 위협받았다.

② 강경포, 원산포 지역이 새로운 상업 중심지로 성장하였다.

③ 포구를 이용하여 경강 상인이 선상(船商) 활동을 활발히 하였다.

④ 중개 무역을 하던 송상이 운송업, 조선업을 지배하면서 거상으로 성장하였다.

69 0470

② 선박의 건조 등 생산 분야에까지 진출한 것은 경강 상인이다. 동래의 내상은 일본과의 무역을 주도하였다.

정답 ②

71 0472

② 조선 후기에는 포구가 새로운 상업 중심지가 되어 장시보다 상거래의 규모가 훨씬 커졌다. 종래의 포구는 세곡이나 소작료를 운송하는 기지의 역할을 했으나, 18세기에 이르러 강경포, 원산포 등이 상업의 중심지로 성장하였다. 포구를 거점으로 선상, 객주, 여각 등이 활발한 상행위를 하였다. 선상은 선박을 이용해서 각 지방의 물품을 구입해 와 포구에서 판매하였는데, 운송업에 종사하다가 거상으로 성장한 경강 상인이 대표적인 선상이었다. 그들은 한강을 근거지로 하여 주로 서남 연해안을 오가며 미곡, 소금, 어물 등을 거래하였다. 한편, 객주나 여각은 각 지방의 선상이 물화를 싣고 포구에 들어오면 그 상품의 매매를 중개하고, 부수적으로 운송, 보관, 숙박, 금융 등의 영업도 하였다. 객주와 여각은 지방의 큰 장시에도 있었다.

정답 ②

70 0471

제시문은 조선 후기 포구 상업에 대한 내용이다.

④ 삼한통보가 만들어진 시기는 고려 숙종 때이다. 숙종의 동생인 의천은 화폐 사용을 통해 국가가 유통 경제를 장악할 수 있으며, 세금을 걷거나 교역을 할 때 권세가나 부유한 상인들이 백성을 수탈하는 것을 막을 수 있음을 주장하였다. 숙종은 의천의 건의를 받아들여 1097년에 주전관을 두고 주전도감을 설치하여, 은병, 해동통보, 삼한통보, 동국통보 등의 주화를 만들고 통용하게 하였다. 조선 후기에는 팔분체 조선통보, 상평통보 등의 동전이 주조되었다.

정답 ④

72 0473

제시문은 조선 후기의 경제 상황을 설명한 글이다.

④ 송상(개성)은 전국에 송방(松房)이라는 지점을 설치 · 운영하며 인삼을 직접 재배 · 판매하였고, 만상(의주)과 내상(동래)을 매개로 하여 청 · 일간의 중계 무역에 종사하였으나, 운송업 · 조선업과는 관련이 없다. 운송업과 조선업을 위주로 활동하였던 상인은 경강 상인이다.

[오답 분석]

① 조선 후기에는 사상이 성장하여 육의전과 같은 특권적 시전 상인에게 큰 타격을 주었다.

② 조선 후기에 칠성포, 강경포, 원산포 등이 새로운 상업 중심지로 성장하여 포구 상권이 형성되었고, 연해안이나 큰 강 유역에서 인근 포구와 장시를 연결하는 유통권이 형성되었다.

③ 경강 상인은 포구를 거점으로 운송업, 조선업을 통해 수익을 창출하였다.

정답 ④

73 0474
2019년 7급 지방직

조선 후기 사회 경제적 변동에 대한 설명으로 옳은 것만을 모두 고르면?

> ㄱ. 박지원의 『과농소초』와 서호수의 『해동농서』 등을 비롯한 여러 농서가 편찬되었다.
> ㄴ. 담배·채소·약재 등을 상품 작물로 재배하여 수익을 올리는 부농이 나타났다.
> ㄷ. 청으로부터 유황·구리 등을 수입하여 일본에 수출하였다.
> ㄹ. 지대 납부 방식이 도조법에서 타조법으로 전환되었다.

① ㄱ, ㄴ   ② ㄱ, ㄷ
③ ㄴ, ㄹ   ④ ㄷ, ㄹ

74 0475
2012년 9급 국가직

다음에서 묘사하고 있는 시기의 역사적 사실로 옳지 않은 것은?

> 허생은 안성의 한 주막에 자리 잡고서 밤, 대추, 감, 귤 등의 과일을 모두 값을 배로 주고 사들였다. 그가 과일을 도고하자, 온 나라가 제사나 잔치를 치르지 못할 지경에 이르렀다. 따라서 과일값은 크게 폭등하였다. 그는 이에 10배의 값으로 과일을 되팔았다. 이어서 그는 그 돈으로 곧 호미, 삼베, 명주 등을 사 가지고 제주도로 들어가 말총을 모두 사들였다. 말총은 망건의 재료였다. 얼마 되지 않아 망건 값이 10배나 올랐다. 이렇게 하여 그는 50만 냥에 이르는 큰 돈을 벌었다.

① 보부상들을 보호할 목적으로 혜상공국이 설치되었다.
② 특정 상품들을 독점 판매하는 도고 상업이 성행하였다.
③ 상업이 활성화되면서 선박을 이용한 운수업도 발전하였다.
④ 전국적으로 발달한 장시를 토대로 한 사상들이 성장하였다.

75 0476
2011년 9급 지방직

고려 시대의 수공업에 대한 설명으로 옳지 않은 것은?

① 고려 시대의 수공업은 관청 수공업, 소(所) 수공업, 사원 수공업, 민간 수공업으로 구분할 수 있다.
② 중앙과 지방의 관청에서는 그곳에서 일할 기술자들을 공장안(工匠案)에 등록해 두었다.
③ 소(所)에서는 금, 은, 철 등 광산물과 실, 종이, 먹 등 수공업 제품 외에 생강을 생산하기도 하였다.
④ 고려 후기에는 소(所)에서 죽제품, 명주, 삼베 등 다양한 물품을 만들어 민간에 팔기도 하였다.

76 0477
2017년 7급 국가직(추가 채용)

고려 시대의 상공업에 대한 설명으로 옳은 것만을 모두 고른 것은?

> ㄱ. 고려 초기 개경, 서경 등에 시전을 두었다.
> ㄴ. 주전도감을 설치하여 해동통보를 주조하였다.
> ㄷ. 충선왕 때에 각염법을 실시하였다.
> ㄹ. 사원과 소(所)에서 수공업 물품이 제작되었다.

① ㄱ, ㄴ   ② ㄱ, ㄹ
③ ㄴ, ㄷ, ㄹ   ④ ㄱ, ㄴ, ㄷ, ㄹ

73 0474

ㄱ. 박지원의 『과농소초』와 서호수의 『해동농서』는 모두 조선 후기
인 정조 재위 시기에 편찬되었다.
ㄴ. 조선 후기에는 상업적 농업의 발달로 담배·채소·약재 등을
상품 작물로 재배하여 수익을 올리는 부농이 나타났다.

오답 분석

ㄷ. 유황·구리 등은 일본에서 조선이 주로 수입하던 품목이었다.
ㄹ. 조선 후기에는 지대 납부 방식이 타조법 일변도에서 도조법이
등장하여 확산되기 시작하였다.

정답 ①

74 0475

제시문은 박지원의 『허생전』 일부 내용으로, 조선 후기 도고의 문
제점을 드러내고 있다.

① 혜상공국은 정부가 보부상을 보호하기 위해 1883년에 설치하
였고, 1885년에 상리국으로 개편되었다. 연암 박지원의 『허생
전』은 18세기 작품으로, 19세기 혜상공국이 설치되기 이전에
저술되었다.

정답 ①

75 0476

④ 고려 후기에 관청 수공업과 소(所) 수공업은 쇠퇴하였으며, 농촌
가내 수공업 중심의 민간 수공업과 사원 수공업이 이를 대체하
였다. 또한 소(所)에서는 국가에서 필요한 물품을 생산하여 공
물로 납부하였기에, 민간에 판매하지 못했다.

정답 ④

76 0477

ㄱ. 고려는 개경에 상설 점포로서 시전을 설치하여 관청 수요품,
왕실과 귀족의 생활 용품 등을 공급하게 하였다. 시전은 국가
가 지어 상인에게 빌려주었는데, 이곳에서는 주로 관부나 지배
층·사원과 연결된 상인들이 상업 활동을 하였으며 점포세와
상세를 납부하였다. 서경에도 시전과 유사한 상가가 있었는데,
숙종 7년(1102)에는 화천별감이라는 관리를 파견하여 시장을 감
독하고 상업을 장려하였다.
ㄴ. 숙종은 의천의 건의를 받아들여 1097년에 주전관을 두고 주전
도감을 설치하였으며, 은병, 해동통보, 삼한통보, 동국통보 등
의 주화를 만들어 통용하게 하였다.
ㄷ. 각염법(소금의 전매제)은 충선왕이 복위된 이후인 1309년에
실시되었다.
ㄹ. 고려 시대에는 사원과 소에서 수공업 물품이 제작되었다. 사원
수공업이 고려 후기에 활발하게 이루어진 반면, 관청 수공업과
소 수공업은 쇠퇴하여 농촌 가내 수공업 중심의 민간 수공업과
사원 수공업이 이를 대체하였다.

정답 ④

77 0478 　　　　　　　　　　　　　2017년 9급 국가직

다음의 자료에 보이는 시기의 경제 상황에 대한 설명으로 옳지 않은 것은?

> 황해도 관찰사의 보고에 따르면, 수안군에는 본래 금광이 다섯 곳이 있었다. 올해 여름에 새로 39개소의 금혈을 뚫었는데, 550여 명의 광꾼들이 모여들었다. 도내의 무뢰배들이 농사를 짓지 않고 다투어 모여들 뿐만 아니라 다른 지방에서 이익을 좇는 무리들도 소문을 듣고 몰려온다. … (중략) … 금점을 설치한 지 이미 여러 해가 된 곳에는 촌락이 즐비하고 상인들이 물품을 유통시켜 큰 도회지를 이루고 있다.

① 개간을 장려하기 위해 사패전을 부농층에 분급하였다.
② 일부 지방에서 도조법으로 지대를 납부하였다.
③ 면화, 담배 등 상품 작물을 재배하였다.
④ 밭농사에서는 견종법이 보급되었다.

78 0479 　　　　　　　　　　　　　2017년 7급 지방직

다음은 삼국의 주요 대외 교역 물품을 표시한 지도이다. ㉠~㉣에 들어갈 내용으로 옳은 것은?

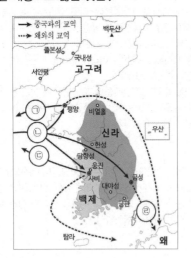

① ㉠: 도자기, 비단, 서적
② ㉡: 인삼, 직물류
③ ㉢: 금, 은, 모피류
④ ㉣: 곡물, 비단

79 0480 　　　　　　　　　　　　　2017년 9급 지방직

다음 밑줄 친 '대사'에 대한 내용으로 옳지 않은 것은?

> 이 엔닌은 대사의 어진 덕을 입었기에 삼가 우러러 뵙지 않을 수 없습니다. 저는 이미 뜻한 바를 이루기 위해 당나라에 머물러 왔습니다. 부족한 이 사람은 다행히도 대사께서 발원하신 적산원(赤山院)에 머물 수 있었던 것에 대해 감경(感慶)한 마음을 달리 비교해 말씀드리기가 어렵습니다.
>
> 　　　　　　　　　　　　　　　－『입당구법순례행기』

① 법화원을 건립하고 이를 지원하였다.
② 당나라에 가서 서주 무령군 소장이 되었다.
③ 회역사, 견당매물사 등의 교역 사절을 파견하였다.
④ 웅주를 근거지로 반란을 일으켜 장안(長安)이라는 나라를 세웠다.

80 0481 　　　　　　　　　　　　　2011년 7급 지방직

다음에서 고려와 송(宋) 사이의 해상 무역로로 가장 활발하게 이용된 것은?

> ㄱ. 예성강 – 군산도 – 밍저우(明州)
> ㄴ. 예성강 – 군산도 – 광저우(廣州)
> ㄷ. 예성강 – 장산곶 – 산둥(山東) 반도
> ㄹ. 예성강 – 장산곶 – 보하이(渤海) 만

① ㄱ　　　　② ㄴ　　　　③ ㄷ　　　　④ ㄹ

77 0478

사료는 조선 후기 광산촌의 모습을 설명한 것이다. 17세기 이후 정부는 정부의 감독 아래 민간인에게 광물 채굴을 허용하고 세금을 거두었다. 민영 수공업의 발달에 따라 광물 수요가 증가하자 광산 개발도 활기를 띠었는데, 특히 대청 무역으로 은 수요가 증가하면서 17세기 말 70개소의 은광이 개발되었다.

① 고려 시기 몽골의 침략으로 농토가 황폐화되고 유민이 많이 발생하자 정부는 개간을 장려하며 개간을 통해 얻은 토지는 사적으로 소유가 가능한 사패권을 지급하였다. 고려 후기 권문세족은 사패전을 이용하여 큰 규모의 농장을 소유하였고, 이는 많은 문제를 일으켰다.

오답 분석

② 조선 후기에 지대 납부 방식이 지주와 소작인이 수확량을 절반씩 나누는 병작반수제인 타조법에서 지주와 소작인 사이에 일정한 지대액을 미리 정하여 풍흉에 관계없이 일정액을 바치는 도조법으로 변화하였다.

③ 조선 후기에는 상품 화폐 경제의 발달과 더불어 상품 작물의 재배가 확대되어 쌀·목화·채소·담배·약초 등이 널리 경작되었다.

④ 견종법은 밭고랑에 파종하는 방식으로, 조선 후기에 일반화되는 경향으로 나아갔다.

정답 ①

78 0479

㉠은 금·은 모피류, ㉡은 비단·서적·도자기, ㉢은 인삼·직물류, ㉣은 곡물·비단에 해당한다.

④ 신라는 왜에 곡물과 비단을 수출하였다.

오답 분석

① 고구려는 중국에 금·은, 모피류를 수출하였고, 왜로 해표피, 모피류 등을 수출하였다.

② 세 나라 모두 중국으로부터 비단, 서적, 도자기 등을 수입하였다.

③ 백제는 중국에 인삼, 직물류를 수출하였으며, 왜에 곡물, 직물류 등을 수출하였다.

정답 ④

79 0480

제시문은 엔닌이 장보고에게 올린 글로, 밑줄 친 '대사'는 장보고를 일컫는다. 장보고는 도당 이후 서주 절도사 휘하의 군관직인 무령군 소장의 지위로 승진하였다. 귀국 후 청해진을 거점으로 활동했던 장보고는 산둥 반도에 법화원이라는 사찰을 건립하고 이를 지원하였으며, 일본에 회역사, 당에 견당매물사를 파견하였다.

④ 김헌창에 대한 설명이다.

정답 ④

80 0481

① 고려와 송 사이의 해상 무역로 가운데 가장 가까운 거리는 예성강에서 출발하여 산둥 반도(덩저우)로 가는 항로였으나, 거란과의 관계를 의식하여 예성강 – 군산도 – 밍저우(明州)에 이르는 남쪽 항로를 더 많이 이용하였다.

정답 ①

81 0482　　　　　　　　　　　　　　　2015년 7급 지방직

고려의 대외 무역에 대한 설명으로 옳은 것은?

① 거란과 여진의 압력으로 송과의 교류가 끊어져 상호 무역이 이루어지지 않았다.

② 예성강 어귀의 벽란도는 대외 무역의 발전과 함께 국제 무역항으로 번성하였다.

③ 일본은 11세기 후반부터 주로 모피를 가지고 와 식량, 인삼, 서적 등과 바꾸어갔다.

④ 대식국인이라 불리던 아라비아 상인들이 비단, 약재 등을 가지고 고려와 무역하였다.

83 0484　　　　　　　　　　　　　　　2021년 9급 국가직

시기별 대외 교류에 관한 설명으로 옳지 않은 것은?

① 백제: 노리사치계가 일본에 불경과 불상을 전하였다.

② 통일 신라: 장보고가 청해진을 설치하여 해상권을 장악하였다.

③ 고려: 예성강 하구의 벽란도가 국제항으로 번성하였다.

④ 조선: 명과의 교류에서 중강 개시와 책문 후시가 전개되었다.

82 0483　　　　　　　　　　　　　　　2016년 7급 국가직

시기별 대외 교역에 대한 설명으로 옳지 않은 것은?

① 고조선 – 위만 정권은 진국과 한 사이의 교역을 중계하였다.

② 통일 신라 – 교통로인 신라도를 통하여 당과 직접 교역하였다.

③ 고려 – 송에 종이와 인삼을 수출하고 서적과 약재를 수입하였다.

④ 조선 – 류큐 및 동남아시아에서 물소뿔, 침향을 들여왔다.

84 0485　　　　　　　　　　　　　　　2013년 9급 국가직

다음과 같은 정책이 시행되었던 시대의 경제 상황에 대한 설명으로 옳은 것은?

> • 해동통보를 비롯한 돈 15,000관을 주조하여 관리들에게 나누어 주었다.
> • 은 한 근으로 우리나라 지형을 본 딴 은병을 만들어 통용시켰는데, 민간에서는 이를 활구(闊口)라 불렀다.

① 공인이 상업 활동을 주도하였다.

② 시전 상인의 금난전권을 제한하였다.

③ 대도시에 주점, 다점 등의 관영 상점을 두었다.

④ 시장을 감독하는 관청으로 동시전을 설치하였다.

81 0482

② 고려 후기에는 개성의 상업 활동이 도성 밖으로 확대되어 예성강 하구의 벽란도 등이 교통로와 산업의 중심지로 발달하였다.

오답 분석

① 송은 고려의 최대 교역국이었으며, 송나라 상인들이 벽란도를 통해 고려에 들어와 교역을 하는 경우도 빈번하였다. 금 건국 이후인 남송 시기에는 공무역이 단 5차례 밖에 이루어지지 않았지만, 사무역은 오히려 활기를 띠어 활발하게 이루어졌다.
③ 일본은 11세기 후반부터 교역을 시작하였는데, 주로 수은과 유황을 가져와 식량과 인삼 및 서적과 거래하였다.
④ 아라비아 상인들은 고려에 수은 · 향료 · 산호 등을 수출하였다.

정답 ②

82 0483

② 신라도는 발해에서 통일 신라로 가는 교통로로, 발해 문왕 시기에 개설되었다.

오답 분석

① 위만 조선은 남방의 진 및 동방의 예와 한을 잇는 중계 무역을 주도하였다.
③ 고려는 최대의 무역국인 송에 종이 · 인삼 · 먹 · 붓 · 나전칠기 · 화문석 등을 수출하였다. 고려의 종이와 먹은 품질이 우수하여 송에서 선호하는 물품이었다. 또한 고려는 송으로부터 서적 · 비단 · 약재 · 악기 등을 수입하였다.
④ 조선은 류큐 및 동남아시아에서 물소뿔, 침향, 목향, 소목 등을 들여왔는데, 특히 류큐와는 16세기 이후 교역이 줄어들었지만 양국 사신이 연경에서 만나 표류민 교환을 합의하기도 하였다.

정답 ②

83 0484

④ 중강 개시와 책문 후시는 조선과 청의 관계에서 형성된 무역 시장이며, 명과는 관계가 없다. 명과 조선의 무역은 주로 조공 무역을 통해 이루어졌다.

오답 분석

① 백제: 성왕 시기 달솔 노리사치계를 파견하여 일본에 불상과 불경을 전래하였다.
② 통일 신라: 흥덕왕 시기 당에서 귀국한 장보고는 완도에 청해진을 설치하고 해상 무역을 장악하였다.
③ 고려: 예성강 하구의 벽란도는 고려의 대표적인 무역항이었다.

정답 ④

84 0485

자료는 고려 숙종 시기에 주조된 화폐에 대한 내용이다.

③ 고려는 상업을 육성하고 보호하기 위하여 개경, 서경 등 대도시에 관청의 수공업장에서 생산한 물품을 판매하는 서적점, 약점, 주점, 다점과 같은 관영 상점(국영 점포)을 설치하였다.

오답 분석

① 조선 후기에 대동법이 실시되면서 등장한 공인은 조선 후기의 상업 활동을 주도하였다.
② 조선 후기에 금난전권의 폐해가 잇따르자 영조는 금난전권을 규제하였고, 1791년에 정조는 신해통공을 통해 육의전 외에 시전의 금난전권을 폐지하였다.
④ 6세기 초 신라 지증왕 때 동시를 개설하면서 이를 감독하는 관청인 동시전이 설치되었다.

정답 ③

85 0486

다음에서 설명하는 화폐가 사용된 시기의 경제 상황으로 옳은 것은?

> 초기에는 은 1근으로 우리나라 지형을 본떠 만들었는데 그 가치는 포목 100필에 해당하는 고액이었다. 주로 외국과의 교역에 사용되었으며 후에 은의 조달이 힘들어지고 동을 혼합한 위조가 성행하자, 크기를 축소한 소은병을 만들었다.

① 청해진이 설치되어 무역권을 장악하였다.
② 동시전이 설치되어 시장을 감독하였다.
③ 책, 차 등을 파는 관영 상점을 두었다.
④ 이앙법이 전국적으로 보급되었다.

86 0487

〈보기〉 자료의 정책을 시행한 국왕이 발행한 화폐로 가장 옳은 것은?

> **보기**
> 주전도감에서 아뢰기를, "나라 사람들이 비로소 전폐(錢幣) 사용의 이로움을 알아 편리하게 되었으니 바라건대 종묘에 고하소서."라고 하였다. 이 해에 또한 은병을 사용하여 화폐로 삼았는데, 그 제도는 은 1근으로 만들고, 형상은 우리나라 지형으로 하였으며, 속칭 활구라고 하였다.

① 건원중보　　　　② 상평통보
③ 조선통보　　　　④ 해동통보

87 0488

고려 시대의 경제 생활에 대한 설명으로 옳은 것을 〈보기〉에서 모두 고른 것은?

> **보기**
> ㉠ 성종은 건원중보를 만들어 전국적으로 사용하게 하려 했으나 성공하지 못하였다.
> ㉡ 고려 후기 관청 수공업이 쇠퇴하면서 민간 수공업이 발달하였다.
> ㉢ 예성강 어귀의 벽란도는 고려의 국제 무역항이었다.
> ㉣ 원 간섭기에는 원의 지폐인 보초가 들어와 유통되기도 하였다.

① ㉠, ㉡, ㉢
② ㉠, ㉢, ㉣
③ ㉡, ㉢, ㉣
④ ㉠, ㉡, ㉢, ㉣

88 0489

조선의 화폐 유통에 대한 설명으로 옳지 않은 것은?

① 16세기 후반까지 대체로 쌀과 면포 등 현물이 화폐로 사용되었다.
② 임진왜란 시기 명군이 참전하면서 조선에서 은 유통이 활발해졌다.
③ 효종 때 동전을 처음 주조하여 개성을 중심으로 유통시켰다.
④ 17세기 중반 이후 후금, 일본과의 교역이 확대되면서 은이 더욱 활발하게 유통되었다.

85 0486

사료에서 말하는 화폐는 은병(활구)이다. 1101년 숙종은 귀금속 화폐로서 일종의 칭량 화폐인 은병을 법화로 주조·유통하게 하였다. 그러나 은병은 통용 초기에 일정한 통용 가치가 보장되었으나, 뒤에 품질이 조악한 위조 은병이 나타나자 가치가 하락되었다. 또한 여타의 동전 역시 쌀·베 등 물품 화폐에 압도되어 통용 범위가 극히 한정되었으며 화폐로서의 구실을 제대로 할 수 없었다. 이후 1331년(충혜왕 1)에 은병의 순도를 높여 가치를 안정시킨 소은병이 주조되었으나, 이 또한 사적 주조가 성행하여 품질이 나빠져 실패하였다.

③ 고려는 상업을 육성하고 보호하기 위하여 개경, 서경 등 대도시에 관청의 수공업장에서 생산한 물품을 판매하는 서적점, 약점, 주점, 다점 등 관영 상점을 설치하였다.

오답 분석

① 통일 신라 흥덕왕은 828년에 궁복(장보고)에게 1만 명의 병사를 주어 지금의 완도에 청해진을 설치하게 하였다.

② 삼국 시대 신라의 지증왕은 6세기 초 신라의 수도인 경주에 동시전을 설치하였다.

④ 이앙법은 고려 후기부터 경상도 일부 지역에서 시행되기 시작하여 조선 전기에 삼남 지방으로 확대되었다. 그리고 조선 후기부터는 수리 시설의 확충으로 인해 전국적으로 보급되었다.

정답 ③

86 0487

〈보기〉의 화폐 정책을 시행한 왕은 고려 숙종이다.

④ 고려 숙종 때는 의천의 건의로 주전도감이 설치되어 삼한통보, 해동통보, 해동중보가 만들어졌다.

오답 분석

① 건원중보는 고려 성종 때 만들어진 화폐로, 철전과 동전이 주조되었다.

② 상평통보는 효종 시기인 1651년부터 주조된 것으로 추정되기도 하나 숙종 시기인 1678년에 본격적으로 주조·유통(상평청 및 여러 기관에서 발행)되었다.

③ 해서체 조선통보는 1423년 세종 때 주조되었으나 원료 부족 및 주조 시설 미비 등의 이유로 유통에 실패하였다. 이후 1633년 인조 때 팔분체 조선통보가 주조되었다.

정답 ④

87 0488

㉠ 고려 성종 시기에 철전과 동전으로 건원중보가 주조되었으나 본격적으로 유통되지는 못하였다.

㉡ 고려 후기에는 관청 수공업과 소 수공업이 쇠퇴하고, 민간 수공업과 사원 수공업이 발전하였다.

㉢ 벽란도는 고려의 국제 무역항 역할을 수행하였다.

㉣ 원 간섭기에 원의 지폐인 지원보초가 들어와 10만 정 이상이 유통되었다.

정답 ④

88 0489

③ 조선 최초의 동전은 세종 때 주조된 조선통보이다. 이때 유통되지는 못하였고, 이후 조선 후기인 인조 때 팔분체 조선통보가 주조되고, 효종 때 동전이 재주조(기록에는 상평지전이라 표현되어 있음)되었으나, 본격적으로 동전이 유통된 것은 숙종 때부터 주조된 상평통보이다.

오답 분석

① 15세기 태종 때 저화가 만들어지고, 세종 때 해서체 조선통보가 주조되었으나, 자급자족적인 물물교환 경제 체제의 특성과 화폐 제도의 지속적 유지 의지 미약, 구리의 부족 등 다양한 이유로 인해 16세기 후반까지 대체로 쌀과 면포 등 현물이 화폐로 사용되었다.

② 중국은 명에서 청에 이르기까지 은본위 화폐 제도를 운영하였다. 임진왜란 시기 명군이 참전하면서 사적인 무역이 등장하고, 이를 바탕으로 조선에서 명과의 무역 교환 수단인 은의 유통이 활발해졌다.

④ 17세기 중반 이후 후금, 일본과의 교역이 확대되면서 은이 교환 수단으로 활용됨에 따라 더욱 활발하게 유통되었다. 특히 일본으로부터 은의 수입량이 증가하였다.

정답 ③

89 0490

조선 태종 대의 주요 정책에 대한 설명으로 가장 옳은 것은?

① 사섬서를 두어 지폐인 저화를 발행하였다.

② 상평통보를 발행하여 화폐 경제를 촉진하였다.

③ 지계를 발급하여 토지 소유권을 공고히 하였다.

④ 연분 9등법과 전분 6등법을 시행하여 조세 제도를 개편하였다.

90 0491

조선 후기의 동전 유통 실태에 대한 설명으로 옳지 않은 것은?

① 숙종 대, 동전이 전국적으로 유통되었다.

② 18세기 전반, 동전 공급 부족으로 전황이 발생하였다.

③ 18세기 후반, 동전으로 세금이나 소작료를 납부하는 비중이 증가하였다.

④ 19세기 전반, 군사비 지출을 보완하기 위하여 당백전을 주조하였다.

91 0492

다음의 내용과 관련된 설명으로 옳지 않은 것은?

> 숙종 4년 1월 을미, 대신과 비변사의 여러 신하들을 접견하고 비로소 돈을 사용하는 일을 정하였다. 돈은 천하에 통행하는 재화인데, 오직 우리나라에서는 예부터 누차 행하려 하였으나 행할 수 없었다. …… 시중에 유통하게 되었다.
>
> – 『숙종실록』

① 위의 화폐 이전에는 팔분체 조선통보가 주조·유통되었다.

② 화폐의 유통이 원활하지 않아 전황 현상이 일어났다.

③ 평안도와 전라도의 감영과 병영에서도 이 화폐의 주조가 허락되었다.

④ 이익은 화폐 사용이 백성들의 삶에 크게 유익하다는 주장을 제기하였다.

92 0493

통일 신라의 경제 상황에 대한 설명으로 옳지 않은 것은?

① 왕경에 서시전과 남시전이 설치되었다.

② 어아주, 조하주 등 고급 비단을 생산하여 당나라에 보냈다.

③ 촌락의 토지 결수, 인구 수, 소와 말의 수 등을 파악하였다.

④ 시비법과 이앙법 등의 발달로 농민층에서 광작이 성행하였다.

89 0490

① 태종 원년(1401) 조선 정부는 사섬서를 설치하여 저화(楮貨)를 발행하는 한편, 포화(布貨)의 사용을 금지시켰다. 이후 정부는 저화의 유통을 장려하기 위해 각 관청의 경비나 녹봉·국세 등을 저화로만 지출하거나 수납하도록 강행하였지만 성공하지 못하였다.

[오답 분석]

② 숙종은 1678년에 상평통보를 발행하여 화폐 경제를 크게 활성화시켰다.

③ 대한 제국 시기에 근대적 토지 소유권과 국가 재정 확보를 위하여 지계 발급 사업을 추진하였으나 러·일 전쟁과 일본의 간섭 등으로 중단되었다.

④ 세종은 1444년에 공법을 제정하여 연분 9등법과 전분 6등법을 시행하였다.

정답 ①

90 0491

④ 당백전은 1866년(고종 3)에 흥선 대원군의 주도로 경복궁 중건을 위해 발행한 동전이다. 당백전의 실제 가치는 상평통보의 5배에서 6배에 불과하였고, 주전비(鑄錢費)는 1/20 정도였다. 조선은 당백전 발행 이후, 통용 1년 만에 엄청난 인플레이션을 초래하여 결국 1868년에 당백전 사용을 금지하고 청전을 수입해 사용하였다.

정답 ④

91 0492

제시문은 1678년(숙종 4)에 법화로 채택한 상평통보에 대한 내용이다. 인조 시기인 1633년에 상평청에서 주조한 팔분체 조선통보가 유통되었으며, 효종 시기 동전을 재주조하였다. 이후 숙종 시기인 1678년에 상평통보를 본격적으로 주조하였다.

④ 중농학파인 이익은 화폐가 백성들에게 유해하므로, 화폐 사용을 중지하자는 폐전론을 주장하였다.

정답 ④

92 0493

④ 시비법과 이앙법 등의 발달로 광작이 성행한 시기는 조선 후기이다.

[오답 분석]

① 효소왕 시기 왕경에 서시전과 남시전이 설치되었다.

② 통일 신라는 어아주, 조하주 등의 비단을 생산하여 당으로 보냈다.

③ 통일 신라의 민정 문서를 통해 토지, 인구, 소와 말, 뽕나무, 잣나무 등의 생산 자원을 국가가 파악하고 있음을 알 수 있다.

정답 ④

93 0494

통일 신라의 경제에 대한 설명으로 옳지 않은 것은?

① 경주 인구의 증가로 상품 생산이 늘어 동시, 서시, 남시 등의 시장이 설치되었다.

② 역(役)은 군역과 요역으로 이루어졌으며, 대체로 16~60세의 남자에게 부과되었다.

③ 무역의 확대로 중국 산둥 반도와 양쯔 강 하류에 신라방, 신라소, 신라관, 신라원 등이 설치되었다.

④ 귀족은 식읍과 녹읍을 통해 그 지역 농민을 지배하면서 조세와 공물을 거두었으나, 노동력의 동원은 불가능하였다.

94 0495

(가) 시기의 경제 상황에 대한 설명으로 옳은 것은?

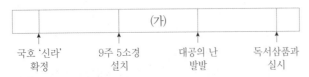

		(가)		
국호 '신라' 확정	9주 5소경 설치	대공의 난 발발	독서삼품과 실시

① 백성에게 정전을 처음으로 지급하였다.

② 시장을 감독하는 관청인 동시전을 신설하였다.

③ 백성의 구휼을 위하여 진대법을 제정하였다.

④ 청주(菁州)의 거로현을 국학생의 녹읍으로 삼았다.

95 0496

고려 시대의 경제 활동에 대한 설명으로 옳지 않은 것은?

① 전기에는 관청 수공업과 소 수공업 중심으로 발달하였다.

② 상업은 촌락을 중심으로 발달하였다.

③ 대외 무역에서 가장 큰 비중을 차지한 것은 송과의 무역이었다.

④ 사원에서는 베, 모시, 기와, 술, 소금 등의 품질 좋은 제품을 생산하였다.

96 0497

다음 상황이 나타난 시기에 볼 수 있는 모습으로 옳은 것은?

> 대외 무역이 발전하면서 예성강 어귀의 벽란도가 국제 무역항으로 번성했으며, 대식국(大食國)으로 불리던 아라비아 상인들도 들어와 수은·향료·산호 등을 팔았다.

① 해동통보와 은병(銀瓶) 같은 화폐를 만들어 사용하였다.

② 인구·토지 면적 등을 기록한 장적(帳籍, 촌락 문서)이 작성되었다.

③ 개성의 송상은 전국에 송방(松房)이라는 지점을 개설해서 활동하였다.

④ 지방 장시의 객주와 여각은 상품의 매매뿐 아니라 숙박·창고·운송 업무까지 운영하였다.

93 0494

④ 군공과 공신, 왕족들에게 지급된 식읍과 직역의 대가로 주어진 녹읍에는 각각 조(토지세), 용(노동력), 조(공물)를 모두 징발할 수 있는 권리가 부여되었다.

오답 분석

① 통일 신라 시기에는 경주의 인구가 증가하고 상품 수요가 늘어나자 물품의 생산과 판매도 증가하였다. 이에 따라 지증왕 때 설치되었던 동시 외에 통일 신라 효소왕 때 서시와 남시가 추가로 설치되었다.

② 통일 신라 시기에는 군역과 요역으로 이루어진 역을 16~60세 남자에게 부과하였다.

③ 통일 신라 시기에 당과의 교역이 활발해지면서 주로 산둥 반도, 양쯔강 하류 일대를 중심으로 신라인의 왕래가 많은 지역에 신라방(거주지), 신라소(자치 기관), 신라관(숙소), 신라원(사원)이 설치되었다.

정답 ④

94 0495

(가)는 신라 중대인 신문왕(681~692)에서 혜공왕(765~780) 재위 시기에 해당한다.

① 성덕왕은 722년에 백성들에게 정전을 지급하였다. 정전의 지급은 백성들의 사유지를 법제적으로 추인해 준 조치임과 동시에, 토지가 없는 백성들에게 국유지를 경작지로 급여해 준 조처인 것으로 보인다.

오답 분석

② 신라 지증왕(509), ③ 고구려 고국천왕(194), ④ 통일 신라 소성왕(799) 시기에 해당한다.

정답 ①

95 0496

② 고려 시대의 상업은 촌락이 아닌 대도시를 중심으로 발달하였다. 고려는 상업을 육성하고 보호하기 위하여 개경, 서경 등 대도시에 관청의 수공업장에서 생산한 물품을 판매하는 서적점, 약점, 주점, 다점 등 관영 상점(국영 점포)을 설치하였다.

정답 ②

96 0497

제시문은 고려 시대의 대외 무역에 대한 내용이다.

① 고려 숙종 시기인 1102년에 해동통보(海東通寶)의 유통·보급을 시도하였고, 삼한통보(숙종 7, 1102)·삼한중보(숙종 대로 추정)·해동중보(숙종 8, 1103년으로 추정) 등의 동전을 주조하였다.

오답 분석

② 통일 신라에 대한 설명이다.

③, ④ 조선 후기에 대한 설명이다.

정답 ①

97 0498

2017년 7급 국가직

다음은 조선 시대 어느 관원의 일기에서 발췌한 사실이다. 이와 관련된 내용으로 적절하지 않은 것은?

○ 1568년: 광흥창에서 쌀 7섬, 콩 7섬, 명주베 1필, 삼베 3 필을 받아왔다.
○ 1568년: 쌀 4섬 5되와 베 10필, 콩 2섬으로 이형이라는 사람의 밭을 샀다.
○ 1569년: 노비 석정이 와서 올해 논의 총 수확이 모두 83 섬이라고 말했다.
○ 1570년: 이효원이 찾아와 호조에 속한 공장(工匠)이 만들어 파는 충정관(沖靜冠)의 구입을 권하였다.

① 이 관원은 녹봉을 광흥창에 가서 받았다.
② 이 관원이 이형에게 산 밭은 병작반수의 형태로 경작을 시킬 수 있었다.
③ 이 관원은 논의 총 수확 83섬의 10분의 1을 농민들로부터 수조할 수 있었다.
④ 이 관원은 관청에 소속된 공장들이 개인적으로 생산·판매하는 물품을 구입할 수 있었다.

98 0499

2010년 7급 국가직

다음 자료와 같은 시기의 경제상으로 적절하지 않은 것은?

임금 규정
목수 1인당 매일 돈 4전 2푼, 조각장 1인당 매일 돈 4전 2 푼, 기와장 1인당 매일 쌀 3승과 돈 2전
〈중략〉
석수(石手)
서울 한시웅 782일, 개성 고복인 752일, 광주 송복남 577일 반, 경기 정수대 694일, 충청 김순노미 168일
– 『화성성역의궤』

① 인삼 재배농과 홍삼 제조업이 성장하였다.
② 국가 사업에서 부역 노동의 비중이 줄어들었다.
③ 국가에 장인세를 바치는 납포장이 줄어들었다.
④ 농촌을 떠나 도시나 광산 등에서 임노동자가 되는 농민이 늘어났다.

99 0500

2019년 9급 국가직

밑줄 친 ㉠~㉣과 관련된 임란 이후 경제에 대한 설명으로 옳지 않은 것은?

○ ㉠서울 안팎과 번화한 큰 도시에 파·마늘·배추·오이 밭 따위는 10묘의 땅에서 얻은 수확이 돈 수만을 헤아리게 된다. 서도 지방의 ㉡담배밭, 북도 지방의 삼밭, 한산의 모시밭, 전주의 생강밭, 강진의 ㉢고구마밭, 황주의 지황 밭에서의 수확은 모두 상상등전(上上等田)의 논에서 나는 수확보다 그 이익이 10배에 이른다.
○ 작은 보습으로 이랑에다 고랑을 내는데, 너비 1척, 깊이 1척이다. 이렇게 한 이랑, 즉 1묘마다 고랑 3개와 두둑 3 개를 만들면, 두둑의 높이와 너비는 고랑의 깊이와 너비와 같아진다. 그 뒤 ㉣고랑에 거름 재를 두껍게 펴고, 구멍 뚫린 박에 조를 담고서 파종한다.

① ㉠ – 신해통공을 반포하여 육의전의 금난전권을 폐지하였다.
② ㉡ – 인삼과 더불어 대표적인 상업 작물로 재배되었다.
③ ㉢ – 『감저보』, 『감저신보』에서 재배법을 기술하였다.
④ ㉣ – 밭농사에서 농업 생산력의 발전을 가져온 농법이었다.

100 0501

2011년 7급 지방직

다음 자료의 내용과 같은 시기에 일어난 경제 상황으로 옳지 않은 것은?

농민이 밭에 심는 것은 곡물만이 아니다. 모시, 오이, 배추, 도라지 등의 농사도 잘 지으면 그 이익이 헤아릴 수 없이 크다. 도회지 주변에는 파밭, 마늘밭, 배추밭, 오이밭 등이 많다. 특히 서도 지방의 담배밭, 북도의 삼밭, 한산의 모시 밭, 전주의 생강밭, 강진의 고구마밭 등의 수확은 모두 상 상등전의 논에서 나는 수확보다 그 이익이 10배에 이른다.
– 『경세유표』

① 민간 수공업자는 자금과 원료를 미리 받아 제품을 생산하는 선대제가 성행하였다.
② 농민의 경제력 향상으로 지주 전호제가 유명무실해졌다.
③ 청과의 무역으로 은의 수요가 늘면서 은광의 개발이 활기를 띠었다.
④ 상품 화폐 경제가 발달하면서 신용 화폐가 점차 보급되었다.

97 0498

제시문의 내용은 16세기 후반의 사실이다.

③ 이 관원이 노비에게 경작하게 한 토지는 자영지로서 논의 총 수확 83섬 전부가 주인인 이 관원의 소유이다. 즉, 소작인이 경작한 수확물이라면, 병작반수의 원칙에 따라 총 수확량의 절반을 주인에게 바치게 되지만, 노비가 경작한 수확물은 모두 토지의 주인이 소유하게 되는 것이다. 또한 1556년에 직전법이 폐지되면서 전주 전객제를 바탕으로 한 수조권은 소멸하여 양반 지주가 농민들에게 수조할 수 없었다.

오답 분석

① 조창에서 운반한 세곡은 서울 한강변에 있는 경창에 보관하였는데, 경창은 군자창·광흥창·풍저창으로 나누어졌다. 그 중 광흥창으로 운반한 세곡은 관리의 녹봉으로 사용하였다.

② 16세기 중엽부터는 토지 소유권에 바탕을 둔 지주 전호제가 확대되어 병작반수의 형태로 소작을 주는 경우가 많았다.

④ 조선 시대의 공장은 경공장, 외공장 등으로 분류되어 공장안에 이름을 등록하고 관청에 소속되었으며, 관수품을 제조하여 납품하였다. 생산된 물량 중 책임량 초과분은 공장들이 개인적으로 세를 납부하고 판매할 수 있었다.

정답 ③

98 0499

제시문은 조선 후기 정조 때 화성 성곽 축조 경비와 과정을 기록한 『화성성역의궤』에 대한 내용이다.

③ 조선 후기에는 관영 수공업이 쇠퇴하면서 국가에 장인세를 납부하는 대신 자유로운 생산 활동을 하는 납포장이 증가하였다. 이후 정조 시기에 장인 등록제가 폐지되었다.

오답 분석

① 18세기 중엽 이후 인삼은 국내 소비와 더불어 국외 수출품의 역할이 중시되어 그 수요가 크게 증가하였다.

②, ④ 조선 후기에는 광작이 가능해지면서 소작지를 잃고 농촌을 떠나 임노동자가 되는 농민이 증가하였고, 이로 인해 국가 사업에서 부역 노동의 비중이 줄어들었다. 수원 화성 또한 강제 노역으로 만든 성이 아닌, 임노동자를 고용하여 세운 성곽이다.

정답 ③

99 0500

① 신해통공(1791)은 육의전을 제외한 시전 상인들의 금난전권을 폐지한 조처였다. 금난전권을 폐지한 신해통공으로 인해 조선에서는 시전 상인들이 점차 몰락하고 자유 상인이 크게 늘어났다. 또한 금난전권으로 인해 위축되었던 조선의 상업도 활기를 띠며 발달했다.

오답 분석

② 조선 후기에 재배된 담배는 인삼과 함께 대표적인 상품 작물이었다.

③ 조선 후기에 간행된 『감저보』와 『감저신보』는 고구마 재배법을 기술한 농서이다.

④ 조선 후기에는 견종법이 보급되어 농업 생산력이 증가하였다.

정답 ①

100 0501

제시문은 조선 후기 상품 작물의 재배에 관한 『경세유표』의 기록이다. 조선 후기에는 농업 생산력이 발달하고 상업적 농업이 성장하여 상품 작물의 재배가 성행하였다.

② 조선 후기에는 지주 전호제가 확대되어 18세기에 일반화되었다. 이로 인해 농민이 자연 재해, 고리대, 세금 부담 등으로 자기 소유의 토지를 팔고 소작농이 되는 경우가 증가하였다.

정답 ②

101 0502

2011년 9급 지방직

조선 후기의 경제 활동에 대한 설명으로 옳지 않은 것은?

① 대동법의 시행으로 공물 납부는 모두 쌀을 납부하는 것으로 바뀌었다.
② 영정법을 제정하여 풍흉에 관계없이 토지 1결당 전세를 고정하였다.
③ 사상의 활동은 개성, 평양, 의주, 동래 등 지방 도시에서도 활발하였다.
④ 덕대가 노동자를 고용하여 광산을 개발하기도 하였다.

102 0503

2015년 7급 지방직

조선 후기의 사회·경제적 변화에 대한 설명으로 옳지 않은 것은?

① 조세의 금납화가 확산되고 상품 화폐 경제가 발달하였다.
② 광작이 성행하면서 부농과 빈농의 계급 분화가 촉진되었다.
③ 객주, 여각 등이 포구를 중심으로 활발한 상업 활동을 하였다.
④ 대일 무역이 활발하게 전개되어 은, 구리, 유황 등을 일본에 수출하였다.

103 0504

2017년 7급 지방직

조선 후기의 시대 상황으로 옳지 않은 것은?

① 광작을 통해 부농이 될 수 있었다.
② 광산 경영 방식에서 덕대제가 유행하기 시작하였다.
③ 『금양잡록』, 『농서집요』 등의 농서가 간행되었다.
④ 상품 화폐 경제가 발달하여 독립 수공업자들이 나타났다.

104 0505

2010년 7급 지방직

조선 후기 경제 상황으로 옳은 것을 모두 고른 것은?

> ㄱ. 이앙법의 전국적 보급과 노동력의 절감
> ㄴ. 시비법의 발달과 연작법의 시작
> ㄷ. 면작 보급의 확대와 상업적 농업의 전개
> ㄹ. 『농상집요』, 『농사직설』 등의 농서 보급
> ㅁ. 제언사의 설치와 『제언절목』의 반포

① ㄱ, ㄴ, ㄷ   ② ㄱ, ㄷ, ㅁ
③ ㄴ, ㄷ, ㄹ   ④ ㄴ, ㄹ, ㅁ

105 0506

2015년 7급 국가직

조선 후기의 경제 상황에 대한 설명으로 옳지 않은 것은?

① 상평통보가 널리 유통되면서 환·어음 등의 신용 화폐는 점차 소멸하였다.
② 이앙법의 보급으로 직파법에 비해 김매기에 필요한 노동력이 감소하였다.
③ 공장안(工匠案)에서 벗어난 납포장이 장인세를 납부하면서 상품 생산을 확대하였다.
④ 감자·고구마 등의 구황 작물과 담배·고추 등의 상업 작물이 도입되어 상품 경제가 활성화되었다.

101 0502

① 대동법의 시행으로 공물 대신 쌀을 납부하기 어려운 지방에는 포(마포) · 목(면포) · 전(동전) 등으로 대신 납부하도록 하였다. 특히 충청 · 전라 · 경상 · 황해 4도에서는 연해의 읍과 산군을 구별하여 각각 쌀이나 포 · 전으로 상납하도록 하였다.

정답 ①

102 0503

④ 조선 후기 대일 수출품은 면포 · 인삼 · 미곡 등이었고, 수입품은 동 · 유황 · 후추 · 금 · 은 등이었다.

정답 ④

103 0504

③ 『금양잡록』과 『농서집요』는 모두 조선 전기에 간행된 농서이다. 『금양잡록』은 강희맹이 경기도 금양현에서 그곳의 노농들과의 대화와 자신의 체험을 토대로 지은 책으로, 성종 시기 완성(1492)되었다. 총 80품종의 곡식 작물을 분류하여 설명하였고, 품종의 이름이 한자명과 이두 및 국문명으로 병기되어 있다. 『농서집요』는 태종 시기에 만들어져 1517년 중종 시기에 재간행된 농서로, 『농상집요』의 농법 일부를 발췌하고, 한국식 농법의 특성을 이두문으로 기록한 것이 특징이다. 다른 농서가 『농사직설』을 대부분 인용한 것과 달리, 『농서집요』의 한국식 농법은 당시 새롭게 등장한 농법을 주로 수록하고 있다.

오답 분석

① 조선 후기 이앙법의 실시로 광작이 가능하게 된 농민들은 경작 규모의 확대, 영농 방법의 개선, 상품 작물의 재배 등을 통하여 부농이 되었고, 일부는 경영형 부농으로 성장하였다.
② 조선 후기에는 광산 개발 방식에 변화가 생겨 '덕대'라는 광산 경영 전문가가 등장하였다. 이들은 상인 물주로부터 자본을 조달받아 채굴업자인 혈주(穴主)와 채굴 노동자, 제련 노동자 등을 고용하여 광산을 운영하였다.
④ 조선 후기에는 상품 화폐 경제가 발달하고 민영 수공업이 발달하면서, 놋그릇, 농기구, 모자, 장도 분야에서 생산과 판매까지 주관하는 독립 수공업자가 나타났다.

정답 ③

104 0505

ㄱ. 조선 후기에 이앙법이 전국적으로 보급되어 노동력이 절감되었다.
ㄷ. 조선 후기에는 목화, 담배 등 상품 작물 재배를 비롯한 상업적 농업이 전개되었다.
ㅁ. 조선 후기에 수리 · 관개 시설 정비를 위한 제언사가 설치되고, 『제언절목』이 반포되었다.

오답 분석

ㄴ. 시비법의 발달과 연작법의 본격적인 시작은 고려 말로 추정할 수 있으며, 조선 후기의 경제 상황과는 관련성이 없다.
ㄹ. 『농상집요』는 고려 충정왕 때 이암이 중국에서 들여왔으며, 『농사직설』은 조선 전기 세종 때 편찬되었다.

정답 ②

105 0506

① 18세기 후반부터 상공업의 발달에 힘입어 세금과 소작료도 동전으로 대납할 수 있게 되면서 상평통보의 유통이 더욱 확대되었다. 또한 상품 화폐 경제가 발달하면서 환, 어음 등의 신용 화폐가 등장하여 보급되었다. 신용 화폐의 활발한 사용은 동전의 중량 때문에 대규모의 상거래에 불편함이 초래되었던 상황과 상평통보의 액면가치가 지나치게 낮은 데서 기인한 것이기도 했다.

정답 ①

PART 07

사회 구조와 사회생활

01 0507 2012년 9급 지방직

각 나라별 생활과 풍속에 대한 설명으로 옳지 않은 것은?

① 고조선 – 남에게 상처를 입힌 자는 곡식으로 갚게 하였다.

② 동예 – 다른 부족의 영역을 침범하면 노비와 소, 말로 변상하게 하였다.

③ 부여 – 길흉을 점치기 위해 소를 죽였고, 매년 10월에 제천 행사를 열었다.

④ 고구려 – 신부 집 뒤에 집을 짓고 살다가 자식을 낳아 장성하면 아내를 데리고 신랑 집으로 돌아가는 제도가 있었다.

02 0508 2012년 9급 국가직

다음과 같은 혼인 풍습이 있었던 나라의 사회상으로 옳지 않은 것은?

> 혼인하는 풍속을 보면, 구두로 약속이 정해지면 신부 집에서 본채 뒤에 작은 별채를 짓는데, 이를 서옥(婿屋)이라 한다. 해가 저물 무렵, 신랑이 신부 집 문 밖에 와서 이름을 밝히고 꿇어앉아 절하며 안에 들어가 신부와 잘 수 있도록 요청한다. 이렇게 두세 번 청하면 신부의 부모가 별채에 들어가 자도록 허락한다. …… 자식을 낳아 장성하면 신부를 데리고 자기 집으로 간다.
> – 「삼국지」 「위서」 동이전

① 건국 시조인 주몽과 그 어머니 유화 부인을 조상신으로 섬겨 제사를 지냈다.

② 남의 부족의 영역을 침범하면 소나 말 등으로 변상하는 책화라는 풍습이 있었다.

③ 왕 아래에 상가, 고추가 등의 대가들이 있었으며, 각기 사자, 조의, 선인 등 관리를 거느렸다.

④ 10월에 동맹이라는 제천 행사를 치르고, 아울러 왕과 신하들이 국동대혈에 모여 함께 제사를 지냈다.

03 0509 2012년 7급 국가직

다음은 삼국 시대 어느 나라의 사회 모습에 대한 내용이다. 이 나라의 지배층에 대한 설명으로 옳지 않은 것은?

> 이 나라 사람은 상무적인 기풍이 있어서 말타기와 활쏘기를 좋아하고, 형법의 적용이 엄격했다. 반역한 자나 전쟁터에서 퇴각한 군사 및 살인자는 목을 베었고, 도둑질한 자는 유배를 보냄과 동시에 2배를 물게 했다. 그리고 관리가 뇌물을 받거나 국가의 재물을 횡령했을 때에는 3배를 배상하고, 죽을 때까지 금고형에 처했다.

① 간음죄를 범할 경우 남녀 모두를 처벌하였다.

② 투호와 바둑 및 장기와 같은 오락을 즐겼다.

③ 중국의 고전과 역사책을 읽고 한문을 구사하였다.

④ 대표적인 귀족의 성으로는 여덟 개가 있었다.

04 0510 2015년 9급 국가직

다음 자료에 대한 해석으로 가장 적절한 것은?

> ○ 신라 지증왕 3년의 순장 금지 사료(史料)
> ○ 신라 무덤에서 출토한 순장 대용(代用) 흙 인형

① 전쟁 노비의 소멸로 순장할 대상이 없어졌다.

② 농업 생산력의 상승에 따라 노동력을 중시하였다.

③ 죽음에 대한 의식(儀式)에 도교 사상이 반영되었다.

④ 왕실은 귀족층의 사치와 허례허식을 막기 위해 노력하였다.

01 0507

③ 부여의 제천 행사인 영고는 본격적인 사냥철이 시작되는 시기인 12월에 열렸다. 이것은 원시 수렵 사회의 전통을 계승한 것으로 다른 초기 국가들의 제천 행사와는 다른 부여만의 독특한 풍속이었다.

정답 ③

03 0509

제시문은 백제의 사회 모습에 대한 기록이다. 『주서』의 백제에 대한 기록에 "부인이 간통을 저지르면 남편의 노비로 삼았다."는 기록이 있으므로, 간음죄를 범할 경우 여자가 남편 집의 노비가 되는 남성 중심의 가족 윤리를 확인할 수 있다.

① 간음죄를 범할 경우 남녀 모두를 처벌한 국가는 부여이다.

정답 ①

02 0508

제시문은 고구려의 서옥제에 대한 『삼국지』 「위서」 동이전의 기록이다.

② 책화는 동예의 풍습이다. 동예는 산천을 중시하여 각 부족이 소유한 산천에는 다른 부족의 출입을 금지하였고, 만약 이를 어기면 소, 말 등으로 갚아야 하는 책화라는 풍습이 있었다.

정답 ②

04 0510

② 지증왕은 502년에 국왕이 죽으면 남녀 각 5명씩 순장하던 것을 금지하는 명을 내렸다. 당시 우경의 실시로 농업 생산력이 증대됨에 따라 노동력이 중시되면서 순장이 금지되었다.

정답 ②

05 0511

신라의 골품 제도에 대한 설명으로 옳지 않은 것은?

① 아찬과 일길찬은 경(卿)의 벼슬에 오를 수 있었다.

② 육두품은 득난(得難)이라고도 하였는데, 진골 다음 가는 신분이었다.

③ 복색의 기준은 신분에 따라 자색 → 단색 → 비색 → 녹색의 순서로 정하였다.

④ 가옥의 규모와 장식물, 수레 등 신라인의 일상생활까지 규제하는 기준이 되었다.

06 0512

삼국 시대 사회 모습에 대한 설명으로 옳은 것은?

① 신분은 혈연 집단의 사회적 위상과 개인의 능력을 중요하게 평가하여 결정되었다.

② 천민은 대개 전쟁 포로, 범법 행위, 채무 등의 이유로 인하여 발생하였다.

③ 고구려의 혼인 풍습으로는 민며느리제와 형사취수제가 있었다.

④ 신라 골품제는 신분별로 관등 승진의 상한을 규제하였으나 일상생활에서는 그렇지 않았다.

07 0513

다음 자료에 나타난 통일 신라 시대의 신분층과 연관된 설명으로 옳은 것은?

> (그들의) 집에는 녹(祿)이 끊이지 않았다. 노동(奴僮)이 3천 명이며, 비슷한 수의 갑병(甲兵)이 있다. 소, 말, 돼지는 바다 가운데 섬에서 기르다가 필요할 때 활로 쏘아 잡아먹는다. 곡식을 남에게 빌려주어 늘리는데, 기간 안에 갚지 못하면 노비로 삼아 부린다.
>
> – 「신당서」

① 관등 승진의 상한은 아찬까지였다.

② 도당 유학생의 대부분을 차지하였다.

③ 돌무지덧널무덤을 묘제로 사용하였다.

④ 식읍·전장 등을 경제적 기반으로 하였다.

08 0514

밑줄 친 인물들이 속한 신분층에 대한 설명으로 옳은 것은?

> ○ 진덕 여왕 2년, 김춘추가 돌아오는 길에 고구려의 순라병을 만났는데, 종자인 온군해가 대신 피살되었고 그는 무사히 신라로 귀국했다.
> ○ 마침 알천의 물이 불어 김주원이 왕궁으로 건너오지 못하니, 상대등 김경신이 왕위에 올랐다.
>
> – 「삼국사기」

① 관등과 상관없이 특정 색깔의 관복을 입었다.

② 골품제의 모순을 비판하며 과거제 도입을 주장하였다.

③ 죄를 지으면 본관지로 귀향시키는 형벌이 적용되었다.

④ 중앙 관부와 지방 행정 조직의 장관직에 오를 수 있었다.

05 0511

③ 신라의 관복 색상의 기준은 신분이 아닌 관등에 따라 자색, 비색, 청색, 황색으로 구분되었다. 한편 자색, 단색, 비색, 녹색의 관복은 고려 시대 광종 대에 제정된 공복 제도이다.

오답 분석

① 아찬은 6등위의 관계로서 진골과 육두품이 받을 수 있었으며, 동시에 육두품이 받을 수 있는 최고의 관등이었다. 일길찬은 7등위 관계에 해당하며, 이 역시 진골과 육두품이 받을 수 있었던 관등이었다. 경은 신라의 차관 직위이며, 아찬 관등 이하의 사람으로서 대개 2인 이상이 임명되었다.

② 육두품은 대족장 계열에 연원을 두고 있으며 득난(得難)이라고도 하였는데, 진골 다음 가는 신분이었다. 골품 제도 하에서 육두품은 제5관등인 대아찬 이상의 직위로 승진할 수 없었으므로, 이같은 법제적 제한에 대한 육두품의 불만을 무마하기 위해 중위제를 두기도 하였다.

④ 신라의 골품 제도는 가옥의 규모와 장식물, 수레 등 신라인의 일상생활까지 규제하는 기준이 되어, 우·마차의 자재 및 장식, 기타 일상생활 용기들이 골품에 따라 각기 다르게 규정되어 있었다.

정답 ③

06 0512

② 삼국 시대의 천민은 전쟁 포로, 범법 행위, 채무 등의 이유로 발생하였는데 특히 전쟁 포로의 비율이 높았다.

오답 분석

① 삼국 시대의 신분은 대개 혈연 집단의 사회적 위상에 의해 폐쇄적으로 규정되었으며, 능력이 중시된 사회는 아니었다.

③ 고구려의 혼인 풍습으로는 형사취수제와 서옥제가 있었다. 민며느리제는 옥저의 혼인 풍습이다.

④ 신라의 골품 제도는 개인 신분과 친족의 등급을 정한 신분 제도로, 관등 승진 제한 등의 정치 활동뿐만 아니라, 개인·사회 생활의 범위를 엄격히 제한하였다.

정답 ②

07 0513

자료는 통일 신라 진골 귀족의 생활을 보여주는 기록이다.

④ 통일 신라의 진골 귀족들은 식읍 등을 지급받고 농장(전장) 등을 소유하여 거대한 경제적 기반을 차지하고 있었다.

오답 분석

①, ② 6두품에 해당하는 사실이다.

③ 돌무지덧널무덤을 묘제로 사용한 시기는 신라가 삼국을 통일하기 이전인 4세기 말, 또는 5세기부터 6세기 초까지였다. 통일 이후에는 굴식 돌방무덤 및 화장이 묘제의 주류를 이루었다.

정답 ④

08 0514

밑줄 친 김춘추, 김주원, 김경신은 모두 진골 귀족이다.

④ 진골 귀족층은 정치·군사 정권을 장악하고 5관등(대아찬) 이상의 요직을 독점하였으며, 집사부의 장관직인 중시(시중)나 각 부의 장관직인 영(令)에 오를 수 있었다.

오답 분석

① 신라는 관등에 따라 관복이 자–비–청–황색으로 구분되었고, 진골은 17관등에 모두 속할 수 있었으므로, 관등에 따라 네 가지 중 해당하는 색의 관복을 입었다.

② 6두품 출신의 유학생과 선종 승려들은 골품제를 비판하고, 능력 중심의 정치 운영과 과거제 도입 등의 개혁을 제시하였으나 받아들여지지 않았다.

③ 귀향형은 고려 시대 귀족들이 죄를 지은 경우에 받는 형벌이다.

정답 ④

09 0515

2019년 9급 서울시(추가 채용)

〈보기〉의 밑줄 친 ㉠에 관한 설명으로 옳은 것은?

보기

신라에서는 사람을 등용하는 데에 ___㉠___ 을(를) 따진다. [때문에] 진실로 그 족속이 아니면, 비록 큰 재주와 뛰어난 공이 있더라도 넘을 수가 없다. 나는 원컨대, 서쪽 중국으로 가서 세상에서 보기 드문 지략을 떨쳐서 특별한 공을 세워 스스로 영광스러운 관직에 올라 고관대작의 옷을 갖추어 입고 칼을 차고서 천자의 곁에 출입하면 만족하겠다.

---

① 통일 신라기에 성립하였다.
② 국학이 설립되면서 폐지되었다.
③ 진골은 대아찬 이상의 고위 관등만 받을 수 있었다.
④ 혈통에 따른 신분제로서 승진의 상한선을 결정했다.

10 0516

2017년 7급 지방직

다음 (가), (나)에 나타난 신라 제도에 대한 설명으로 옳지 않은 것은?

(가) 속성은 김씨로 태종 무열왕이 8대조이다. 할아버지인 주천의 골품은 진골이고 … 아버지는 범청으로 골품이 진골에서 한 등급 떨어져 득난(得難)이 되었다.
  ― 「성주사낭혜화상백월보광탑비문」

(나) 최치원은 난랑비(鸞郎碑) 서문에서 우리나라에는 현묘한 도가 있으니 풍류(風流)라 일컬었다. … 실로 이는 삼교(유 · 불 · 선)를 포함하고 중생을 교화한다. ― 「삼국사기」

---

① (가) – 개인의 사회 활동과 일상생활을 규제하였다.
② (가) – 관등 승진의 상한선이 정해져 있었다.
③ (나) – 진흥왕 때 인재 양성을 위한 제도로 정착되었다.
④ (나) – 귀족들이 회의를 통하여 중요한 국사를 결정하였다.

11 0517

2017년 9급 국가직

㉠과 ㉡ 두 인물의 공통된 신분상의 특징으로 옳은 것은?

○ ___㉠___ 은(는) 신문왕에게 「화왕계」를 통하여 조언하였다.
○ ___㉡___ 은(는) 진성 여왕에게 시무책 10여 조를 올렸다.

---

① 관등 승진에서 중위제(重位制)를 적용받았다.
② 중앙 관부의 최고 책임자를 독점하였다.
③ 자색(紫色)의 공복을 착용하였다.
④ 왕이 될 수 있는 신분이었다.

12 0518

2019년 7급 서울시(추가 채용)

〈보기〉의 밑줄 친 ㉠과 같은 신분이 있었던 국가에 대한 설명으로 가장 옳은 것은?

보기

대사의 법호는 무염으로 달마 대사의 10대 법손이 된다. (……) 고조부와 증조부는 모두 조정에서는 재상, 나가서는 장수를 지내 집집에 널리 알려졌다. 아버지는 범청으로 ㉠득난(得難)이 되었다.

---

① 갈문왕이라고 불리는 귀족이 있었다.
② 대귀족으로 진씨, 해씨 등 8개 성씨가 있었다.
③ 귀족들이 정사암에 모여 회의를 열고 수상을 선출했다.
④ 최고 귀족인 왕족과 왕비족은 고추가로 불렸다.

09 0515

사료는 7세기 초에 6두품인 설계두가 골품제의 모순을 거론했던 내용에 관한 것이다. 밑줄 친 ⊙은 골품에 해당한다. 설계두는 621년 당으로 건너갔으며, 당의 고구려 원정 시 종군하였다가 전사하여 당태종으로부터 사후 대장군의 칭호를 받았다.

④ 골품제는 혈연에 따른 폐쇄적 신분제로 골품에 따라 승진의 상한선이 결정되었다.

[오답 분석]

① 골품제가 정비된 것은 법흥왕 시기의 일이다.
② 골품제는 신라가 멸망하기 전까지 폐지된 적이 없다.
③ 진골은 17관등에 따른 모든 관등에 제수될 수 있었으며, 자색 공복을 입는 제1관등 이벌찬~제5관등 대아찬에도 오를 수 있었기 때문에 자·비·청·황의 네 가지 색 공복을 모두 입을 수 있었다.

정답 ④

10 0516

(가)는 신라의 골품제에 대한 내용으로, 제시문의 득난은 6두품을 일컫는다.
(나)는 최치원의 난랑비 서문에 기록된 화랑도에 대한 내용을 언급한 것이다.

④ 신라의 화백 회의에 대한 설명이다. 화백 회의는 진골 귀족인 대등들이 모여 국정을 좌우하는 회의로, 귀족들의 단결을 강화시키는 역할을 하였으며, 만장일치제로 운영되었다.

[오답 분석]

① 신라의 골품제는 신분에 따른 개인·사회 생활·정치 활동의 범위를 엄격히 제한하였으며, 가옥 규모, 장식물, 복색, 수레 크기 등의 일상생활에서도 규제하는 기준으로 작용하였다.
② 신라의 관등 조직은 골품에 따라 관등 승진의 상한선을 두었고, 이에 따른 불만을 무마하기 위하여 아찬·대나마·나마에 중위제를 두었다.
③ 화랑도는 인재 양성의 교육적 기능과 국가 위기 시 전사단의 기능을 담당하였으며, 여러 계층이 한 조직 속에 편입되어 계급 간 대립과 갈등을 완화·조절하는 기능을 하기도 하였다.

정답 ④

11 0517

제시문의 ⊙은 설총, ⓒ은 최치원으로 모두 6두품에 해당한다.
⊙ 신라 중대의 유학자인 설총은 유교 경서와 이두를 정리하는 한편, 「화왕계」를 저술하여 신문왕에게 바쳤다.
ⓒ 신라 하대의 대표적인 6두품 유학자인 최치원은 당나라의 빈공과에 급제한 이후 당에서 활약하다가 귀국하여 진성 여왕에게 개혁안인 시무 10여 조를 건의하였다.

① 신라는 골품제의 불만을 무마하기 위해 아찬·대나마·나마에 중위제를 두었다. 6관등인 아찬은 4중아찬까지, 10관등인 대나마는 9중대나마까지, 11관등 나마는 7중나마까지 진급할 수 있었다.

[오답 분석]

②, ③ 진골 귀족에 대한 설명이다. 진골 귀족은 정치·군사 정권을 장악하고 제5관등(대아찬) 이상의 고위 관등에 올라 자색 공복을 착용할 수 있었다. 또한 집사부의 장관직인 중시(시중)나 각 부의 장관직인 영(슈)에 오를 수 있었다.
④ 성골과 진골에 대한 설명이다. 성골은 왕이 될 수 있는 최고 신분이었으나 진덕 여왕을 마지막으로 단절되었으며, 진골인 김춘추 계열에서 왕위를 계승하였다.

정답 ①

12 0518

무염은 신라 말 선종의 승려이다. 무염은 당에 유학한 다음 귀국하여 선종 9산문 중 성주산문의 개조가 되어, 성주 대사로 불렸다. 그는 무열왕의 8대손이었으나, 후대에 강등되어 득난이라 불린 6두품 신분이 되었다.

① 갈문왕은 신라에서 왕위 계승권이 없으나 거의 왕에 준하는 존재에게 주어진 칭호이다. 갈문왕은 왕위를 이은 왕의 생부나 왕의 장인 등에게 추봉(追封)하던 것으로 짐작되며, 갈문왕제는 태종 무열왕 시기에 폐지되었을 것으로 추측된다.

[오답 분석]

② 백제에 대한 설명이다. 백제에는 해씨, 진씨, 협씨, 목씨, 국씨, 백씨, 사씨, 연씨 등 8성의 귀족이 존재하였다.
③ 정사암 회의는 백제의 귀족 회의로, 6세기 사비 천도 이후 구성되었을 것으로 보인다.
④ 고구려에 대한 설명이다.

정답 ①

13 0519

다음 글을 지은 사람들의 공통점으로 옳은 것은?

> (가) 낭혜화상백월보광탑비문(朗慧和尙白月葆光塔碑文)
> (나) 대견훤기고려왕서(代甄萱寄高麗王書)
> (다) 낭원대사오진탑비명(郎圓大師悟眞塔碑銘)

① 골품제를 비판하고 호족 억압을 주장하였다.
② 국립 교육 기관인 태학(太學)에서 공부하였다.
③ 신라뿐만 아니라 고려 왕조에서도 벼슬하였다.
④ 당나라에 유학하여 빈공과(賓貢科)에 급제하였다.

14 0520

다음 자료에 나타난 시기의 사회·경제적 상황으로 가장 적절한 것은?

> 당나라 소종 황제가 중흥을 이룰 때, 전쟁과 흉년이라는 두 가지 재앙이 서쪽에서 그치고 동쪽으로 오니 굶어서 죽고 전쟁으로 죽은 시체가 들판에 별처럼 늘어 있었다.
> – 「해인사 묘길상탑기」

① 당나라와 계속되는 전쟁으로 인하여 국가의 재정이 악화되었다.
② 왕실이 차지하는 농장은 장·처라 불리었는데 그 수는 360개나 되었다.
③ 성주 또는 장군이라 칭한 이들이 지방 행정을 장악하고 조세를 징수하였다.
④ 관료에게 관료전을 주고 녹읍을 폐지하는 대신 세조(歲租)를 차등 지급하였다.

15 0521

다음 자료에 나타난 시기에 대한 설명으로 옳은 것은?

> 곳곳에서 도적이 벌 떼같이 일어났다. 이에, 원종, 애노 등이 사벌주(상주)에 의거하여 반란을 일으키니, 왕이 나마 벼슬의 영기에게 명하여 잡게 하였다.

① 지방에서는 호족 세력이 성장하였다.
② 신진 사대부가 대두하여 권문세족을 비판하였다.
③ 농민들은 전정, 군정, 환곡 등 삼정의 문란으로 고통을 받았다.
④ 봄에 곡식을 빌려 주었다가 가을에 추수한 것으로 갚게 하는 진대법을 실시하였다.

16 0522

발해의 사회 모습에 대한 설명으로 가장 옳지 않은 것은?

① 주민은 고구려 유민과 말갈인으로 구성되었다.
② 중앙 문화는 고구려 문화를 바탕으로 당의 문화가 가미된 형태를 보였다.
③ 당, 신라, 거란, 일본 등과 무역하였는데, 대신라 무역의 비중이 가장 컸다.
④ 유학 교육 기관인 주자감을 설치하여 귀족 자제에게 유교 경전을 가르쳤다.

13 0519

(가)는 최치원(사산비명 중 하나), (나)는 최승우, (다)는 최언위의 글이다.

④ 세 사람은 당대 3최로 불리었던 신라의 6두품 출신 학자들로, 당나라에서 유학하여 모두 빈공과에 급제하였다. 반(反)신라적 경향을 가졌던 세 인물들은 각각 다른 삶을 살았는데, 최치원은 진성 여왕 시기 개혁안이 좌절되자 은둔의 삶을 살았으며, 최승우는 견훤의 책사가 되었다. 또한 최언위는 왕건에 귀부하여 고려의 개창에 참여하였다.

정답 ④

14 0520

「해인사 묘길상탑기」는 최치원이 지은 것으로, 895년(진성 여왕 9)에 전란에서 사망한 원혼들의 명복을 빌기 위해 삼층 석탑을 세운다는 것이 주요 내용이다.

③ 이 글에서 설명하는 신라 하대에는 호족 세력이 성장하여 지방의 행정·군사권을 장악하였으며, 각 지역의 경제적 지배력을 행사하면서 군 단위의 지방을 지배하였다.

오답 분석

① 신라 하대의 상황과 관련이 없다. 신라 하대의 혼란은 당의 침입 때문이 아니라, 신라 사회 내부의 모순이 주요 원인이다.
② 고려 시대에 해당하는 설명이다. 장·처는 경기·충청 지역에 집중적으로 분포하였으며, 각 궁원, 내장택, 사원 등 왕실 재정과 사원 재정을 담당하였다.
④ 신라 중대에 대한 설명이다. 왕권의 전제화로 687년(신문왕 7)에 문무 관료전을 지급하고, 689년(신문왕 9)에 녹읍제를 폐지하여, 연봉 성격의 축년사조로 세조 지급을 확립하였다.

정답 ③

15 0521

제시된 자료는 원종과 애노의 난(889) 등 전국적인 농민 봉기가 일어났던 신라 하대에 대한 내용이다.

① 신라 하대에는 중앙 귀족들에게 대항하는 호족(지방 유력자)들이 곳곳에서 무장 조직을 결성하면서 새로운 세력가로 등장하였다. 이들은 사원과 대토지를 소유하며 반독립 세력으로 성장하였으며, 선종과 풍수지리설 등의 새로운 사상을 수용하였고, 지방의 징세권·군사권을 장악하면서 세력을 확대하였다.

오답 분석

② 고려 후기의 사실이다.
③ 조선 후기의 사실이다.
④ 진대법은 고구려 고국천왕 때 시행한 빈민 구제책으로, 식량이 부족한 봄에 곡식을 빌려주었다가 가을에 추수한 것으로 되갚게 하는 춘대추납의 방식으로 운영되었다.

정답 ①

16 0522

③ 발해의 대외 무역 가운데 대당 무역이 가장 큰 비중을 차지하였기 때문에 발해는 조공도와 영주도 등 당으로 가는 주요 교통로를 확보하고 있었다. 특히 해상 교역로의 종착지에 해당하는 산둥의 덩저우(등주)에는 신라관 옆에 발해관이 설치되기도 하였다.

오답 분석

① 발해의 주민은 고구려 유민과 말갈인으로 구성되었는데 특히 고구려계 사람을 토인이라 불렀다.
② 문왕 이후 당과의 관계가 회복됨에 따라 고구려 문화에 당의 문화가 가미된 발해 문화가 발달하였다.
④ 발해에는 유교 교육 기관인 주자감이 설치되어 지배층의 자제에게 유교 경전을 교육하였다.

정답 ③

17 0523
2015년 9급 서울시

다음의 밑줄 친 ㉠과 관련된 설명으로 가장 옳지 않은 것은?

> 원의 간섭을 받으면서 그에 의존한 고려의 왕권은 이전 시기에 비하여 상대적으로 안정되었고 ㉠중앙 지배층도 개편되었다. …… 그들은 왕의 측근 세력과 함께 권력을 잡아 농장을 확대하고 양민을 억압하여 노비로 삼는 등 사회 모순을 격화시켰다.

① ㉠은 가문의 권위보다는 현실적인 관직을 통하여 정치 권력을 행사하였다.
② 공민왕은 ㉠의 경제력을 약화시키기 위해 전민변정도감을 설치하였다.
③ ㉠은 사원 세력의 대표인 신돈과 연대하여 신진 사대부에 대항하였다.
④ ㉠에는 종래의 문벌 귀족 가문, 무신 정권기에 등장한 가문, 원과의 관계에서 성장한 가문 등이 포함되었다.

18 0524
2019년 7급 국가직

고려 후기 권문세족에 대한 설명으로 옳지 않은 것은?

① 음서는 이들의 지위를 유지할 수 있는 중요한 제도적 장치였다.
② 재지지주로서 녹과전과 녹봉을 유력한 경제적 기반으로 삼았다.
③ 첨의부 등의 고위 관직을 독점하면서 도당의 구성원으로서 권력을 장악하였다.
④ 왕실 또는 자기들 상호 간에 중첩되는 혼인을 맺어 긴밀한 유대 관계를 가지고 있었다.

19 0525
2014년 9급 국가직

고려 시대에는 귀족·양반과 일반 양민 사이에 '중간 계층' 또는 '중류층'이라 불리는 신분층이 존재하였다. 이 신분층에 대한 설명으로 옳지 않은 것은?

① 남반은 궁중의 잡일을 맡는 내료직(內僚職)이다.
② 하급 장교들도 이 신분층에 포함되는 것으로 분류되고 있다.
③ 서리는 중앙의 각 사(司)에서 기록이나 문부(文簿)의 관장 등 실무에 종사하였다.
④ 향리에게는 양반으로 신분을 상승시킬 수 있는 길을 열어 놓지 않았다.

20 0526
2012년 7급 국가직

고려 시대의 향리에 대한 설명으로 옳지 않은 것은?

① 향리의 세력을 억제하기 위해 그 지방 출신의 중앙 관리를 사심관으로 임명하였다.
② 향리의 자제들을 인질로 상경 숙위케 하는 상수리 제도를 설정하였다.
③ 향리의 자손을 중앙 관인으로 뽑는 향공 진사의 제도가 확립되었다.
④ 향리와 귀족과의 신분적 차이를 나타내기 위하여 향리의 공복을 제정하였다.

17 0523

제시문에서 밑줄 친 ㉠에 해당하는 세력은 권문세족이다.

③ 신돈은 권문세족을 약화시키고 왕권을 강화시키려는 공민왕의 개혁 추진을 위해 성균관 중건에 적극 참여하고 과거제 정비에 기여하였다. 그러나 신돈은 원증 국사 보우와 대립하는 등 불교계의 지원을 받지는 못하였다.

오답 분석

① 권문세족은 원 간섭기에 가문의 권위보다는 관직 독점을 통하여 정치 권력을 행사하려 하였다. 따라서 평균 나이 12~13세에 음서를 통한 관직 진출을 꾀하였으며, 이를 통해 신분 세습을 강화하려 하였다.

② 공민왕은 권문세족의 경제력을 약화시키기 위해 즉위 초에 전민변정도감을 재설치하였다. 전민변정도감이 활성화된 것은 신돈이 본격적으로 등장한 이후의 일이다.

④ 권문세족에는 종래의 문벌 귀족 가문, 무신 정권기에 새롭게 관리로 성장한 가문, 일부 무신 세력, 원과의 관계에서 성장한 가문 등이 포함되었다.

정답 ③

18 0524

② 권문세족은 대개 토지 소재지에 거주하면서 농사짓는 재지지주가 아닌, 토지 소재지에 거주하지 않으면서 대리인, 몰락 농민 등을 통해 대농장을 경영하는 부재지주였다. 권문세족은 개경에 거주하면서 지방에는 대농장을 소유하고 있었으며, 이러한 대농장은 권문세족의 경제적 기반이 되었다. 한편 녹과전은 고려 후기 전시과 체제가 붕괴되자, 일시적으로 현직 관료를 위주로 경기 8현 토지의 수조권을 지급한 제도이다.

오답 분석

① 권문세족은 원과 연계되어 권력을 유지하는 것이 중요하였으므로, 이를 매개할 수 있는 관직을 차지하는 것이 관건이었다. 이 시기 음서를 통해 관직에 진출한 권문세족의 평균 연령은 13~15세에 불과하였으며, 음서는 이들에게 가장 중요한 관직 진출 경로였다.

③ 권문세족은 충렬왕 시기에 첨의부를 장악하고 도평의사사의 구성원이 되어 권력의 대부분을 차지할 수 있었다.

④ 권문세족 중 유력 집안은 충선왕 시기 재상지종으로 선정되었으며, 왕실과 그들 내부의 혼맥 관계를 중첩적으로 형성하여 강력한 연대를 구축하였다.

정답 ②

19 0525

④ 고려 시대에는 지방 향리의 자제들이 과거를 통해 벼슬에 진출하기도 하였으며, 하층 향리의 경우 직역이 세습되긴 하였지만 개인의 능력에 따라 신분 내 상위 품계로 이동이 가능하였다.

오답 분석

① 남반은 궁정의 당직이나 국왕의 호종 및 왕명의 전달, 의장 등 궁중의 실무를 담당하는 내료직이다.

② 고려 시대에는 군관(하급 장교, 직업 군인)도 직역을 세습하는 중류층에 속하였다.

③ 고려의 서리는 문서 기록 임무를 담당한 도필지임이라 불렸으며, 중앙의 각 사에서 문서 기록 등 행정의 말단을 맡아 실무에 종사하였다.

정답 ④

20 0526

② 상수리 제도는 지방 세력을 통제하기 위해 지방 향리 세력을 일정 기간 상경시켜 거주하게 하던 통일 신라의 제도로, 이는 고려 시대에 기인 제도로 이어졌다.

오답 분석

① 고려 시대에는 지방의 향리 세력을 견제하기 위해 중앙 고관을 출신 지역의 사심관으로 임명하는 사심관 제도를 실시하였다.

③ 고려 시대에는 지방 향교 등에서 수업한 뒤 그 지방 계수관이 실시하는 시험에 합격한 사람을 향공이라 하였는데, 이들이 다시 진사시에 합격하면 이를 향공 진사라 하였다. 주로 상층 향리인 호장의 자제들이 향공을 독점하였으며, 이 시험이 신분 상승의 통로로 이용되었다.

④ 고려 현종 때 호장 이하 사급에 이르기까지 향직의 고하에 따라 공복을 구분하는 향리 공복제를 마련하였다.

정답 ②

21 0527

고려 시대 향리에 대한 설명으로 옳은 것만을 모두 고르면?

> ㄱ. 부호장 이하의 향리는 사심관의 감독을 받았다.
> ㄴ. 상층 향리는 과거로 중앙 관직에 진출할 수 있었다.
> ㄷ. 일부 향리의 자제들은 기인으로 선발되어 개경으로 보내졌다.
> ㄹ. 속현의 행정 실무는 향리가 담당하였다.

① ㄱ
② ㄱ, ㄴ
③ ㄴ, ㄷ, ㄹ
④ ㄱ, ㄴ, ㄷ, ㄹ

22 0528

다음 자료를 통해 알 수 있는 내용으로 가장 적절한 것은?

> • 삼사에서 말하기를 "지난 해 밀성 관내의 뇌산 부곡 등 세 곳은 홍수로 논밭 작물이 피해를 보았으므로 청컨대 1년치 조세를 면제하십시오."라고 하니, 이를 따랐다.
> • 향·부곡·악공·잡류의 자손은 과거에 응시하는 것을 허락하지 않는다.
> • 익안폐현은 충주의 다인철소인데, 주민들이 몽고의 침입을 막는 데 공이 있어 현으로 삼아 충주의 속현이 되었다.
> – 『고려사』

① 소의 주민은 주로 농사를 지었다.
② 부곡민은 조세를 부담하지 않았다.
③ 부곡민은 과거에 응시하여 관리가 될 수 있었다.
④ 소의 주민이 공을 세우면 소가 현으로 승격될 수 있었다.

23 0529

다음 ㉠의 주민에 대한 설명으로 옳은 것은?

> 고려 시기에 (㉠)은(는) 금, 은, 구리, 쇠 등 광산물을 채취하거나 도자기, 종이, 차 등 특정한 물품을 생산하여 국가에 공물로 바쳤다.

① 군현민과 같은 양인이지만 사회적 차별을 받았다.
② 죄를 지으면 형벌로 귀향을 시키는 처벌을 받았다.
③ 지방 호족 출신으로 지방 행정의 실무를 담당하였다.
④ 재산으로 간주되어 매매·상속·증여의 대상이 되었다.

24 0530

㉠, ㉡의 거주민에 대한 설명으로 옳은 것은?

> • 이제 살펴보건대, 신라가 주·군을 설치할 때 그 전정(田丁), 호구(戶口)가 현의 규모가 되지 못하는 곳에는 ┌ ㉠ ┐, ┌ ㉡ ┐을/를 두어 소재지의 읍에 속하게 하였다.
> – 『신증동국여지승람』
> • 지난 왕조 때 5도와 양계에 있던 역과 진에서 역을 부담한 사람과 ┌ ㉡ ┐의 사람은 모두 고려 태조 때의 명령을 거역한 사람이므로, 고려는 이들에게 천하고 힘든 일을 맡게 했다.
> – 『태조실록』

① 향리층의 지배를 받았다.
② 관직의 진출에 제한을 받지 않았다.
③ 백정이라고 불렸으며 조·용·조를 면제받았다.
④ 개인의 소유물로 인정되어 매매나 증여, 상속의 대상이 되었다.

21 0527

ㄱ. 고려 시대 부호장 이하의 향리는 사심관의 감독을 받았으며, 사심관 제도는 태조 시기에 시행되어 충숙왕 재위기에 폐지되었다. 호장은 현종 이후 상서성에서 임명한 복수 호장제가 운영되어 한 지역에 최소 두 명 이상의 호장이 임명되었다.

ㄴ. 부호장 이하의 손과 부호정 이하의 자까지 과거 응시 자격이 주어졌으며, 이들은 과거를 통해 중앙 관직에 진출할 수 있었다.

ㄷ. 태조 시기에 운영되기 시작한 기인 제도는 일부 지방 향리의 자제들을 기인으로 선발하여 개경에서 복무하도록 하였다.

ㄹ. 지방관이 파견되지 않은 속현의 행정 실무는 해당 지역의 향리가 담당하였다.

정답 ④

22 0528

제시문은 고려의 향·소·부곡에 거주하는 특수 집단민에 대한 내용이다.

④ 향·소·부곡의 특수 행정 구역은 주민이 공을 세우면 일반 군현으로 승격될 수 있었는데, 특히 몽골 침략기 군사적 승전이 이루어진 곳에서 일반 군현으로의 승격이 자주 일어났다.

오답 분석

① 향·부곡의 주민은 주로 농사를 지었고, 소의 주민은 수공업이나 광업품의 생산에 종사하였다.

② 향·소·부곡과 같은 특수 행정 구역의 백성도 법제적으로는 모두 양인으로, 각종 부세와 국역을 담당하는 계층이었다. 이들은 일반 군현민에 비해 더욱 과중한 세금을 부담하였다.

③ 향·부곡·소의 특수 집단민은 형벌상 노비와 동등한 취급을 받았으며 국학에 입학하거나 과거에 응시할 수 없었고, 승려 역시 될 수 없었다.

정답 ④

23 0529

제시문의 ㉠은 고려의 특수 행정 구역인 '소(所)'에 해당한다. 고려 시대에 소의 주민들은 수공업이나 광업품의 생산에 종사하였는데, 금·은·동·철 등 광물이나 도자기·종이·먹 등의 수공업품, 소금·어물·생강·차 등의 특산물을 납부하였다.

① 소의 주민들은 국가에 직역이나 조세·공납·역을 부담하는 등 양인으로서 의무를 졌다는 점에서는 본질적인 차이가 없으나, 일반 군현민에 비해 과중한 세금을 부담하였고, 과거 응시에 제한을 받는 등 사회적 차별 대우를 받았다.

오답 분석

② 귀향형은 고려 귀족에게 적용하던 형벌이다.

③ 고려의 중류층인 향리에 대한 설명이다. 호족 출신의 향리는 호장, 부호장을 대대로 배출하는 지방의 실질적 지배층으로서 하층 향리와 구별되었다.

④ 고려 시대에 노비는 매매·증여·상속의 대상이 되었으며, 양천교혼 시 일천즉천을 적용하여 부모 중 한 사람이 노비일 경우, 그 자식은 노비가 되었다.

정답 ①

24 0530

㉠은 향, ㉡은 부곡에 해당한다.

① 향, 부곡 등은 향리의 지배를 받았으며, 그곳에 사는 사람들은 법제적 천민은 아니었으나 일반 행정 구역보다 차별적 처우를 받았다.

오답 분석

② 향, 부곡민 등은 과거 응시가 제한되어 있어 관직 진출이 어려웠다. 또한 이곳의 향리들도 과거에 급제할 경우 5품 이상으로는 승진이 불가능하였다.

③ 고려 시대의 백정은 조·용·조(세금)가 아닌, 중앙 군역과 같은 직역을 면제받았던 일반 백성(농민)들로서 향, 부곡민과는 구별되었다.

④ 노비에 해당하는 설명이다. 법제적 천민인 노비는 개인의 소유물로 인정되어 매매나 증여, 상속의 대상이 되었다.

정답 ①

25 0531   2010년 9급 지방직

고려 시대 노비에 대한 설명으로 옳지 않은 것은?

① 노비는 자신의 재산을 소유할 수도 있었다.

② 노비는 매매, 증여, 상속의 대상이 되었고, 승려가 될 수 없었다.

③ 소유주가 각기 다른 노와 비가 혼인하더라도 가정을 이루는 것이 가능하였다.

④ 모든 노비는 독립된 경제 생활을 영위하였다.

26 0532   2018년 7급 서울시

고려 시대 신분 제도에 대한 설명으로 가장 옳지 않은 것은?

① 왕실과 혼인을 통해 외척이 되어 대대로 특권을 누리는 문벌 가문이 나타났다.

② 상층 향리인 호장층은 지방 세력 가운데 과거 합격률이 가장 높아 관료를 배출하는 모체가 되었다.

③ 서민이 손쉽게 출세하는 벼슬은 궁궐의 잡무를 맡은 서리층으로 이를 산관이라 했다.

④ 광산에서 일하는 광부를 철간, 어부를 생선간, 소금 굽는 염부를 염간, 목축하는 사람을 목자간, 뱃사공을 진척이라 불렀다.

27 0533   2013년 9급 국가직

밑줄 친 '평량'과 '평량의 처'에 대한 설명으로 옳은 것을 〈보기〉에서 골라 바르게 짝지은 것은?

> 평량은 평장사 김영관의 사노비로 경기도 양주에 살면서 농사에 힘써 부유하게 되었다. 평량의 처는 소감 왕원지의 사노비인데, 왕원지는 집안이 가난하여 가족을 데리고 와서 의탁하고 있었다. 평량이 후하게 위로하여 서울로 돌아가기를 권하고는 길에서 몰래 처남과 함께 왕원지 부부와 아들을 죽이고, 스스로 그 주인이 없어졌음을 다행으로 여겼다.
>
> – 『고려사』 중에서

보기
㉠ 평량은 자신의 토지를 소유할 수 있었다.
㉡ 평량은 주인 집에 살면서 잡일을 돌보았다.
㉢ 평량의 처는 국가에 일정량의 신공을 바쳤다.
㉣ 평량의 처는 매매 · 증여 · 상속의 대상이 되었다.

① ㉠, ㉡   ② ㉠, ㉣

③ ㉡, ㉢   ④ ㉢, ㉣

28 0534   2012년 7급 지방직

다음과 같은 사실이 있었던 시대의 신분 제도에 대한 설명으로 옳지 않은 것은?

> ○ 경학 박사와 의학 박사를 파견하여 지방 세력의 자제를 교육하였다.
> ○ 문헌공도, 홍문공도 등의 사학이 설립되었다.

① 중류층인 남반은 중앙 관청의 말단에서 행정 실무를 관장하였다.

② 향리 자제들이 과거를 통해 중앙 관리가 되는 길이 열려 있었다.

③ 관청의 잡역에 종사한 공역노비는 60세가 되면 역이 면제되었다.

④ 향, 부곡의 주민은 군현의 주민에 비해 여러 가지 차별 대우를 받았다.

25 0531

④ 고려 시대의 노비 중 독립된 경제 생활이 가능한 것은 사노비 중 외거 노비이다. 외거 노비는 주인과 따로 살면서 농업에 종사하며 주인에게 일정량의 신공을 납부하였다. 이들은 주인의 토지뿐만 아니라 타인의 토지도 소작이 가능했으며, 경제적 여유가 있을 때에는 토지 소유도 가능하였다. 또한 신분적으로는 천민이었지만, 양인 백정과 비슷한 경제적 생활을 누릴 수 있었기 때문에 지위 상승이나 재산 증식이 가능하였다.

정답 ④

26 0532

③ 고려 시대에 궁궐의 잡무를 맡은 것은 남반층이며, 관청의 문서기록을 담당하는 도필지임으로 불린 서리는 중앙 관청의 잡무를 맡았다. 산관은 품계는 있지만 실직을 부여 받지 못한 관직으로, 동정직, 검교직 등이 이에 해당한다. 남반이나 서리는 산관과는 관련이 없다.

오답 분석

① 고려 시대의 문벌 귀족은 문벌 귀족 간의 혼인, 음서, 과거 등을 통해 그 지위를 대물림할 수 있었다. 특히 경원 이씨 집안 등은 왕실과의 연속적인 혼인으로 그 세력을 확대할 수 있었다.
② 고려 시대의 호장, 부호장의 손자, 호정, 부호정의 아들까지 과거 시험 응시가 가능하였다. 특히 호장층은 상층 향리의 지위를 이용하여 과거를 통한 관직 진출에 유리한 입지를 다질 수 있었다.
④ 고려 시대의 '～간', '～척'이라는 명칭이 붙은 지위는 천대받는 직업에 해당하며, 이들은 대부분 신량역천이었다.

정답 ③

27 0533

제시문에서 밑줄 친 '평량'과 '평량의 처'는 사노비 중 외거 노비에 속한다.

㉠ 고려 시대의 사노비 중 외거 노비들은 소작 및 토지 소유가 가능하여 양민 백정과 비슷한 경제적 생활을 영위하기도 하였다.
㉣ 고려 시대의 노비는 매매·증여·상속의 대상이 되었으며, 양천 교혼 시 일천즉천을 적용하여 부모 중 한 사람이라도 천인 신분일 때는 그 자식도 노비가 되었다. 또한 천인혼 시 천자수모법에 따라 천인의 자녀는 어머니의 주인에게 예속되었다.

오답 분석

㉡ 외거 노비들은 주인과 따로 살면서 농업에 종사하였다.
㉢ 사노비들은 국가가 아닌 자신의 주인에게 신공을 납부하였다.

정답 ②

28 0534

첫 번째 사료는 고려 성종 때와 관련된 내용이고, 두 번째 사료는 고려 중기 최충의 문헌공도, 정배걸의 홍문공도와 관련된 내용이다.

① 고려 시대의 남반은 궁정의 당직이나 국왕의 호종 및 왕명의 전달, 의장(儀仗) 등의 궁중의 실무를 담당하는 관리를 말하며 횡반이라고도 불렸다. 중앙의 각 사에서 문서 기록 등 행정의 말단 업무를 맡아 실무에 종사한 것은 서리에 해당한다.

정답 ①

29 0535
2012년 7급 국가직

고려 시대의 신분 제도에 대한 설명으로 옳지 않은 것은?

① 화척, 재인, 양수척을 호적에 올려 그들에게 역을 부담시켰다.
② 죄를 지어 관직에 나갈 수 없는 자들을 귀향시키는 형벌이 있었다.
③ 본관제가 사회적 의미를 가지게 되는 시기이다.
④ 군반, 남반 등과 같이 일정한 정치적 기능을 나타내는 몇 개의 반(班)이 설정되었다.

30 0536
2015년 9급 국가직

고려 사회의 모습으로 옳지 않은 것은?

① 천민 출신인 이의민이 무신 정권의 최고 권력자가 되었다.
② 외거 노비가 재산을 늘려, 그 처지가 양인과 유사해질 수 있었다.
③ 지방 향리의 자제가 과거(科擧)를 통해 귀족의 대열에 진입할 수 있었다.
④ 향·부곡·소의 백성도 일반 군현민과 동일한 수준의 조세·공납·역을 부담하였다.

31 0537
2010년 7급 국가직

고려의 향도에 대한 설명으로 옳지 않은 것은?

① 지방의 향소를 중심으로 활동하였다.
② 상장례 등 의례를 행할 수 있는 조직이었다.
③ 매향 활동 등을 하는 불교의 신앙 조직이었다.
④ 마을의 노동력이 동원될 때 주도적 역할을 하였다.

32 0538
2017년 9급 국가직 (추가 채용)

다음은 『고려사』의 일부 내용이다. 이 시기에 대한 설명으로 옳지 않은 것은?

> ○ 명학소를 충순현으로 승격시켰다. 수령까지 두어 위무하더니 태도를 바꿔 군대를 보내와서 토벌하니 어찌된 까닭인가?
> ○ 순비 허씨는 일찍이 평양공 왕현에게 시집가서 3남 4녀를 낳았는데, 왕현이 죽은 후 충선왕의 비가 되었다.
> ○ 윤수는 매와 사냥개를 잘 다루어 응방 관리가 되었으며, 그의 가문은 권세가가 되었다.

① 향·소·부곡 등 특수 행정 구역이 주현으로 승격되기도 하였다.
② 여성의 재혼을 규제하려는 움직임이 나타났다.
③ 향리 이하의 층도 문·무반으로 신분 상승을 할 수 있었다.
④ 충선왕 대 이후에도 왕실 족내혼이 널리 행해졌다.

29 0535

① 고려 시대에는 노비가 천인 신분의 절대 다수를 차지하며, 대개 주인의 호적에 올라 관리되었으나, 양수척(화척), 악공, 재인, 기생 등은 국역 부담이 없을 뿐만 아니라 호적에 등록되지도 않았다.

정답 ①

30 0536

④ 고려 시대에 향·부곡·소 등 특수 행정 구역의 거주민은 일반 군현민보다 과도한 세금을 부담하였다. 이들 지역의 거주민은 일반 군현민에 비해 관직 진출과 교육 등에서 법제적 차별 대우를 받았다. 이들은 국학에 입학하거나 과거에 응시할 수 없었고, 승려 역시 될 수 없었으며 형벌상 노비와 동등한 취급을 받았다. 따라서 이들은 양민보다 하급 신분으로 대우받았는데, 신분은 양민이면서도 일반 양민에 비하여 심한 규제를 받았다.
한편, 향과 부곡은 하삼도 지역에 집중적으로 분포하였는데, 공해전·둔전·학전 등 국가의 공유지를 경작하는 지역이었다. 소의 주민들은 수공업이나 광업품의 생산에 종사하였는데 금·은·동·철 등 광물이나 도자기·종이·먹 등의 수공업품, 소금·어물·생강·차 등의 특산물을 납부하였다. 역과 진의 주민들은 육로 교통이나 수로 교통에 종사하였으며, 교통·통신 등과 관련된 다양한 국역에 종사하였다. 장과 처는 경기·충청 지역에 집중적으로 분포하였으며, 각 궁원, 내장택, 사원 등 왕실 재정과 사원 재정을 담당하였다.

정답 ④

31 0537

① 향소는 조선 시대의 유향소, 혹은 향청을 말한다. 유향소는 풍속을 바로잡고, 향리를 감찰하며, 민간에 정령을 전달하고 민의를 대변하던 수령의 자문 기관 역할을 하였다. 고려 시대의 향도는 매향 활동 등을 하는 불교의 신앙 조직으로서, 마을의 노동력이 동원될 때 주도적 역할을 하기도 하였다.

정답 ①

32 0538

자료의 내용은 고려 후기의 정치, 사회적 상황에 해당한다.

④ 1308년에 발표된 충선왕의 복위 교서에서는 왕실 족내혼을 금하고, 재상지종 15개 가문을 지정하여, 왕실과의 혼인을 장려하였다.

정답 ④

33 0539

다음과 같은 주장이 제기된 시기의 사회 현상으로 가장 적절한 것은?

> 지금의 불교계를 보면 아침 저녁으로 행하는 일들이 비록 부처의 법에 의지하였다고 하나, 자신을 내세우고 이익을 구하는 데 열중하며 세속의 일에 골몰한다. 도덕을 닦지 않고 옷과 밥만 허비하니, 비록 출가하였다고 하나 무슨 덕이 있겠는가? …… 마땅히 명예와 이익을 버리고 산림에 은둔하여 항상 선(禪)을 익히고 지혜를 고르는 데 힘쓰면서 예불하고 경전을 읽으며 힘들여 일하는 것에 이르기까지 각자 맡은 바 임무에 따라 경영하도록 하자.

① 변발, 호복, 조혼 등의 풍습이 유행하였다.
② 가묘를 세워서 제사하는 예제가 확산되었다.
③ 지방에서는 호족이라 불리는 새로운 세력이 성장하였다.
④ 김사미 · 효심의 봉기를 비롯한 농민과 천민의 봉기가 자주 일어났다.

34 0540

조선 전기의 신분 제도에 대한 설명으로 옳지 않은 것은?

① 공노비는 유외(流外)잡직으로 불리는 하급 기술관직을 가질 수 있었다.
② 서얼은 『경국대전』에 의해 문과 응시가 가능했지만 실제로는 제약을 받았다.
③ 지위가 높은 문무 관원의 자손에게는 음서와 대가(代加) 등의 혜택이 주어졌다.
④ 국역 노동이 끝난 공장(工匠)들은 시장을 상대로 필요한 물품을 만들어 판매하여 이득을 취하였다.

35 0541

다음 정책을 추진한 국왕 대에 있었던 사실로 옳은 것은?

> 옛적에 관가의 노비는 아이를 낳은 지 7일 후에 입역(立役)하였는데, 아이를 두고 입역하면 어린 아이에게 해로울 것이라 걱정하여 100일간의 휴가를 더 주게 하였다. 그러나 출산에 임박하여 일하다가 몸이 지치면 미처 집에 도착하기 전에 아이를 낳는 경우가 있다. 만일 산기에 임하여 1개월간의 일을 면제하여 주면 어떻겠는가. 가령 저들이 속인다 할지라도 1개월까지야 넘길 수 있겠는가. 상정소(詳定所)로 하여금 이에 대한 법을 제정하게 하라.

① 사형의 판결에는 삼복법을 적용하였다.
② 주자소를 설치하여 계미자를 주조하였다.
③ 국방력 강화를 위해 진관 체제를 실시하였다.
④ 도평의사사를 개편하여 의정부를 설치하였다.

36 0542

〈보기〉의 (갑)은 조선 시대 신분층에 대한 설명이다. (갑)에 대한 내용으로 가장 옳지 않은 것은?

> **보기**
> 무릇 (갑)의 매매는 관청에 신고해야 하며 사사로이 몰래 사고 팔았을 때는 관청에서 (갑)과 그 대가로 받은 물건을 모두 몰수한다. 나이 16세 이상 50세 이하는 값이 저화 4천 장이고, 15세 이하 50세 이상은 3천 장이다. — 『경국대전』

① 재산으로 취급되어 매매나 상속의 대상이 되었다.
② 부모 모두가 (갑)일 경우에만 그 자녀도 (갑) 신분이 되었다.
③ 주인과 떨어져 독립된 생활을 하며 신공(身貢)을 바치기도 했다.
④ 국가에 소속된 경우 관청의 잡무 처리와 물품 제작에 참여했다.

33 0539

제시문은 지눌의 「정혜결사문」이다. 의천의 죽음과 무신 정변으로 인해 교종 중심의 한 불교 통합 운동이 힘을 잃어가는 가운데 무신 집권기에 신앙 결사인 수선사 결사가 등장하였다.

④ 무신 정변 이후 하극상 풍조가 만연하자 이에 자극받은 피지배층들의 봉기가 이어졌다. 김사미(운문)와 효심(초전) 또한 1193년에 신라 유민을 모아 극렬한 항거를 전개했다.

오답 분석

① 몽골과의 강화 이후인 권문세족 집권기에는 몽골의 풍습이 고려에 전래되어 변발, 호복, 조혼 등의 풍습이 유행하였다.
② 가묘를 세워 제사하기 시작한 것은 고려 후기에서 조선 전기 때의 사실이다.
③ 호족은 신라 하대에 지방에서 반독립적 세력으로 성장하여 스스로 성주(城主), 장군(將軍)이라 자칭하였다.

정답 ④

34 0540

② 『경국대전』에는 서얼의 자손은 문과의 대과와 소과의 생원시·진사시에 응시하지 못한다는 내용이 명기되어 있다.

오답 분석

① 공노비는 유외(流外)잡직으로 불리는 하급 기술관직을 가질 수 있었다. 일반 관직과 구별되는 유외잡직은 공노비뿐만 아니라 장인과 상인도 받을 수 있었다.
③ 지위가 높은 문무 관원의 자손에게는 음서와 대가(代加) 등의 혜택이 주어졌다. 음서는 고려의 5품 이상의 자제와 달리 2품 이상의 자제로 한정했으며, 대가제는 조선에서 최초로 시행된 독자적 제도로, 정3품 당하관 이상인 직위에 적용되었다. 대가 제도는 국가의 경사가 있을 때 정3품 당하관 이상인 직위에 해당하는 관료가 자신에게 별가(別加)된 산계(品系)를 아들·사위·아우·조카 등 친족 가운데 한 사람에게 더해줄 수 있는 제도였다.
④ 장인 등록제에 의해 공안에 기재되어 국역 노동이 끝난 공장(工匠)들은 시장을 상대로 필요한 물품을 만들어 판매하여 이득을 취하였다.

정답 ②

35 0541

제시문의 산후 휴가 정책은 세종 시기에 시행되었다. 세종은 관비의 출산 휴가를 15일에서 산전 한 달, 산후 100일로 늘려주고, 그 남편에게도 산후 한 달간 휴가를 주었다.

① 사형수에 대한 삼심제는 세종 시기와 영조 시기에 시행되었다.

오답 분석

② 계미자의 주조는 태종 시기에 이루어졌다.
③ 보법을 제정하여 진관 체제를 정비한 왕은 세조에 해당한다.
④ 도평의사사를 개편하여 의정부를 설치한 것은 정종 대의 사실이다. 정종 때 제2차 왕자의 난으로 실권을 장악한 이방원(태종)의 주도 하에 도평의사사가 의정부로 개편되었으며, 중추원을 폐지하고 그 직무를 승정원과 삼군부에 소속시켜 정무와 군무를 완전히 분리하였다.

정답 ①

36 0542

〈보기〉의 (갑)은 노비 신분에 해당한다.

② 조선 시대 노비에게는 천인혼뿐만 아니라 양천교혼의 혼인 형태가 적용되었으며, 신분 세습은 일천즉천에서 점차 노비종모법의 형태로 전환되어 갔다. 양천교혼 시 어머니의 신분을 따라야 한다는 노비종모법은 영조 이후 완전히 정착되어 갔다.

정답 ②

37 0543

2019년 7급 서울시(추가 채용)

조선 시대 노비 제도 및 노비의 역할에 대한 설명으로 가장 옳은 것은?

① 조선 시대 노비의 자식들은 대대로 노비 신분이 세습되었으나, 일정 기간 국역(國役)에 종사하면 양인으로 신분이 상승하는 게 일반적이었다.

② 조선 시대 사노비는 주인이 마음대로 매매·양도·상속할 수 있었을 뿐 아니라, 주인이 사노비를 함부로 죽이거나 사형(私刑)을 가하는 게 법으로 허용되었다.

③ 사노비는 주인의 집에서 거주하는 솔거 노비와 주인과 떨어져 거주하는 외거 노비가 있었는데, 그 수는 솔거 노비가 절대 다수였다.

④ 외거하는 사노비는 주인으로부터 사경지(私耕地)를 받아 그 수확을 자신이 차지하여 재산을 축적하기도 하였다.

38 0544

2015년 9급 국가직

밑줄 친 '우리'에 해당하는 계층의 활동으로 옳은 것은?

> 아! 우리는 본시 모두 사대부였는데 혹은 의(醫)에 들어가고 혹은 역(譯)에 들어가 7, 8대 또는 10여 대를 대대로 전하니 …… 문장과 덕(德)은 비록 사대부에 비길 수 없으나, 명공(名公) 거실(巨室) 외에 우리보다 나은 자는 없다.

① 집단으로 상소하여 청요직(淸要職) 허통(許通)을 요구하였다.

② 형평사를 창립하고, 평등한 대우를 요구하는 형평 운동을 펼쳤다.

③ 관권과 결탁하고 향회를 장악하여, 향촌 사회에서 영향력을 키우려 하였다.

④ 유향소를 복립하여 향리를 감찰하고 향촌 사회의 풍속을 바로 잡으려 하였다.

39 0545

2020년 9급 국가직

(가), (나) 신분층에 대한 설명으로 옳지 않은 것은?

> 오래도록 막혀 있으면 반드시 터놓아야 하고, 원한은 쌓이면 반드시 풀어야 하는 것이 하늘의 이치다. ___(가)___ 와/과 ___(나)___ 에게 벼슬길이 막히게 된 것은 우리나라의 편벽된 일로 이제 몇백 년이 되었다. ___(가)___ 은/는 다행히 조정의 큰 성덕을 입어 문관은 승문원, 무관은 선전관에 임명되고 있다. 그런데도 우리들 ___(나)___ 은/는 홀로 이 은혜를 함께 입지 못하니 어찌 탄식조차 없겠는가?

① (가)의 신분 상승 운동은 (나)에게 자극을 주었다.

② (가)는 수차례에 걸친 집단 상소를 통해 관직 진출의 제한을 없애 줄 것을 요구하였다.

③ (나)에 해당하는 인물로는 정조 때 규장각 검서관으로 등용된 유득공, 박제가, 이덕무 등이 있다.

④ (나)는 주로 기술직에 종사하며 축적한 재산과 탄탄한 실무 경력을 바탕으로 신분 상승을 추구하였다.

40 0546

2012년 9급 지방직

밑줄 친 '공(公)'이 속한 신분 계층에 대한 설명으로 옳은 것은?

> 공(公)은 열일곱에 사역원(司譯院) 한학과(漢學科)에 합격하여, 틈이 나면 성현(聖賢)의 책을 부지런히 연구하여 쉬는 날 없었다. 경전과 백가에 두루 통달하여 드디어 세상에 이름이 났다. … 공은 평생 고문(古文)을 좋아하였다.
>
> – 「완암집」

① 조선 초기 – 개시 무역에 종사하여 많은 부를 축적하였다.

② 조선 중기 – 서원 건립을 주도하고 성현들의 제사를 받들었다.

③ 조선 후기 – 소청 운동을 통해 신분 상승 운동을 전개하였다.

④ 개항 전후 – 외세 침략에 맞서 위정 척사 운동을 주도하였다.

37 0543

④ 부재 지주들은 대개 외거 노비를 통해 농경지를 경작하게 하고, 대부분의 수확물을 자가 소유로 하였으며, 그 중 일부인 사경지에서 생산된 생산물을 외거 노비 몫으로 인정해주었다. 외거 노비들은 그 수확물을 통해 재산을 축적하기도 하였다.

오답 분석

① 조선 시대에 일천즉천의 원칙에 따라 노비의 신분이 대대로 세습된 것은 맞지만, 노비 중에서 군역 등의 국역에 종사하여 양인으로 신분을 상승하는 경우는 극히 예외적인 일이었다.
② 조선 시대 사노비는 매매·양도·상속이 가능하였지만, 주인이 사노비를 함부로 죽이거나 사형을 하는 것은 허용되지 않았다.
③ 조선 시대 사노비는 주인이 직접 거느리는 솔거 노비보다 외거 노비가 다수를 점하고 있었다.

정답 ④

38 0544

제시문은 『상원과방』의 중인에 대한 내용이다. '혹은 의(醫)에 들어가고 혹은 역(譯)에 들어가'라는 내용을 통해 밑줄 친 '우리'는 중인임을 알 수 있다.

① 중인은 철종 시기에 집단으로 상소하여 청요직 허통을 요구하였으나 실패하였다.

오답 분석

② 백정에 대한 설명으로, 1923년 진주에서 조선 형평사를 창립하고 형평 운동을 전개하였다.
③ 조선 후기 부농을 중심으로 한 신향 세력에 대한 설명이다.
④ 사림파의 입장으로, 1488년(성종 19)에 김종직이 주도한 유향소 복설과 관련된 것이다.

정답 ①

39 0545

제시문은 『상원과방』으로, 중간 계층의 신분 상승 운동과 관련된 내용이다. (가)는 서얼, (나)는 중인층에 해당한다.

③ 정조 시기 규장각 검서관에 등용된 서이수, 유득공, 이덕무, 박제가는 모두 서얼 출신으로 (가) 신분에 해당한다.

오답 분석

① 서얼의 신분 상승 운동에 힘입어 중인층의 소청 운동이 철종 시기 전개되었지만 실패하였다.
② 서얼은 여러 차례의 상소를 통해 청요직 진출의 허용을 요구하였다. 영조 시기에 청요직 진출에 대한 법제적 허용이 추진되었지만 실행되지 않았고, 정조 시기에 이르러 규장각 검서관 진출이 이루어졌다. 청요직 허용은 철종 시기 신해허통(1851)으로 이루어졌다.
④ 중인층은 주로 기술직에 종사하였으며, 재력과 실무 경력을 바탕으로 신분 상승을 추구하였다. 특히 역관들은 청과의 외교 업무에 종사하면서 서학을 비롯한 외래 문화 수용에 선구적인 역할을 하였으며, 성리학적 가치 체계에 도전하는 새로운 사회의 수립을 추구하였다.

정답 ③

40 0546

『완암집』은 조선 후기 역관인 정내교의 문집으로, 밑줄 친 '공'이 속한 신분 계층은 중인층이다.

③ 중인들은 철종 시기 청요직 진출을 위한 대규모 소청 운동을 전개하였으나 실패하였다. 중인들의 관직 승진 제한 규정은 고종 시기인 1882년에 철폐되었다.

오답 분석

① 중인에 속하는 역관이 사신을 수행하면서 무역에 관여하여 막대한 이득을 취하였던 것은 맞지만, 개시 무역은 조선 후기에 개설된 대외 교역 시장이다.
② 사림 세력에 대한 설명으로, 양반층에 속한다.
④ 한말의 위정 척사 운동은 중인층과 관련이 없다.

정답 ③

41 0547

2011년 7급 지방직

조선 후기 신분제의 변화에 대한 설명으로 옳지 않은 것은?

① 양천제가 해체되면서 이를 대신해서 정부는 반상제를 법제적 신분제로 규정하였다.

② 노비는 군공과 납속 등을 통해서 자신의 신분을 상승시킬 수 있었다.

③ 서얼도 18세기 후반부터는 점차적으로 청요직의 허통이 이루어졌다.

④ '환부역조'와 '모칭유학' 등이 신분 상승을 위해 사용되었다.

42 0548

2018년 9급 서울시

조선 시대 신분제에 대한 설명으로 가장 옳지 않은 것은?

① 중앙 관직에 진출할 수 있던 고려 시대의 향리와 달리 조선의 향리는 수령을 보좌하는 아전으로 격하되었다.

② 유교의 적서 구분에 의해 서얼에 대한 차별이 심했기 때문에 서얼은 관직에 진출하지 못하였다.

③ 뱃사공, 백정 등은 법적으로는 양인으로 취급되기도 했으나 노비처럼 천대받으며 특수 직업에 종사하였다.

④ 순조는 공노비 중 일부를 양인으로 해방시켜 주었다.

43 0549

2022년 9급 지방직

밑줄 친 '이들'에 해당하는 것은?

> 이들의 과거 응시와 벼슬을 제한한 것은 우리나라의 옛 법이 아니다. 그런데 『경국대전』을 편찬한 뒤부터 이들을 금고(禁錮)하였으니, 아직 백 년이 채 되지 않았다. 또한 다른 나라에 이러한 법이 있다는 말은 듣지 못했다. 경대부(卿大夫)의 자식인데 오직 어머니가 첩이라는 이유만으로 대대로 이들의 벼슬길을 막아, 비록 훌륭한 재주와 쓸만한 자질이 있어도 이를 발휘할 수 없게 하였으니, 참으로 안타깝다.

① 향리　　② 노비　　③ 서얼　　④ 백정

44 0550

2017년 7급 지방직

조선 후기 신분 변화와 역할에 대한 설명으로 옳지 않은 것은?

① 양반의 수는 늘어나고 상민과 노비의 수는 줄어들었다.

② 역관은 외래 문화의 수용에서 선구적 역할을 수행하였다.

③ 서얼은 신분 상승 운동에도 불구하고 관직에 진출할 수 없었다.

④ 군공이나 납속책 등을 통해 노비의 신분이 상승되고 공노비는 해방되었다.

41 0547

① 1894년 갑오개혁 때 신분제가 폐지될 때까지 조선의 법제상 신분제는 양천제가 유지되었다.

오답 분석

② 조선 후기에 노비는 군공이나 납속 등을 통하여 합법적으로 자신의 신분을 상승시킬 수 있었다.

③ 조선 후기 18세기 후반부터는 서얼 출신도 점차 청요직의 허통이 이루어졌다.

④ '환부역조'는 아비와 할아버지를 바꾼다는 뜻으로, 양반이 아닌 자가 부정한 방법으로 양반 행세를 하는 것을 말한다. '모칭유학'이란 면세·면역을 위해 부정한 방법으로 청금록에 이름을 올리고, 유생 행세를 하는 것을 말한다.

정답 ①

43 0549

③ 밑줄 친 이들은 제시문의 내용에 '어머니가 첩이라는 이유로'라는 내용을 보아 서얼이라는 것을 알 수 있다. 이들은 어머니가 양첩인 경우 서자로 불렸으며, 천첩인 경우 얼자로 불렸다.

정답 ③

42 0548

② 서얼은 조선 전기에 생원시·진사시와 문과에는 진출할 수 없었으나, 무과와 잡과 등을 거쳐 관직에 진출할 수 있었다. 또한 임진왜란 이후의 납속과 공명첩 및 허통의 확대에 따라 관직 진출이 점차 확대되었다.

정답 ②

44 0550

③ 조선 후기에 들어서면서 납속책과 공명첩의 성행으로 서얼의 관직 진출은 크게 증가하였다. 점차 서얼의 청요직 진출 요구도 거세져 허통에 대한 논의가 거듭되었고, 결국 영조 시기에 법제적으로 서얼 허통이 허용되었으나 실행되지 못하다가, 철종 시기인 1851년 신해허통으로 서얼의 청요직 진출이 허용되었다.

정답 ③

45 0551

2018년 지방교행직

(가)에 대한 설명으로 옳은 것은?

> 진휼청에서 아뢰기를, "관직을 주는 일과 관직을 높여 주는
> 일 등의 문서를 올 봄 각 도에 보내 1만여 석의 곡식을 모
> 아 흉년이 든 백성들을 도와주는 데 보탰습니다. 금년 충청,
> 경상, 전라도의 흉년은 작년보다 심하니 관직에 임명하는 값
> 을 낮추지 않으면 응할 사람이 줄어들 것입니다. 신 등이 여
> 러 번 상의하여 각 항목별로 __(가)__ 의 가격을 줄였습니다."
> 라고 하였다.
>
> – 『비변사등록』

① 지계아문에서 발급하였다.

② 대간의 서경을 받아 작성되었다.

③ 승려의 수를 제한하는 데 활용되었다.

④ 부유한 상민의 신분 상승에 이용되었다.

46 0552

2010년 7급 지방직

16~17세기 재지 사족의 향촌 지배와 운영에 대한 설명으로
옳지 않은 것은?

① 수령과의 관계를 원활히 하면서 경재소를 만들어 중앙 진출
의 발판으로 삼았다.

② 유향소를 통해 조세의 부과 및 수세 과정에 관여하며 향리
와 농민을 통제하였다.

③ 향약 조직을 만들어 마을 공동체에 영향력을 행사하였다.

④ 임진왜란 이후에는 향촌 사회의 안정을 위해 사족들의 동계
와 농민들의 향도계가 하나로 합쳐지기도 하였다.

47 0553

2012년 9급 국가직

조선 시대 향촌 사회의 모습으로 옳지 않은 것은?

① 유향소는 수령을 보좌하고 향리를 감찰하기 위한 기구였다.

② 향안은 임진왜란 전후 시기에 각 군현마다 보편적으로 작
성되었다.

③ 경제적으로 성장한 일부 부농층은 향회를 장악하며 상당한
지위를 확보하기도 하였다.

④ 세도 정치기에 향회는 수령과 향리들을 견제하고 지방 통치
를 대리하는 기구로 성장하였다.

48 0554

2013년 9급 국가직

다음 조직에 대한 설명으로 옳지 않은 것은?

> 가입하기를 원하는 자에게는 반드시 먼저 규약문을 보여주
> 고, 몇 달 동안 실행할 수 있는가를 스스로 헤아려 본 뒤에
> 가입하기를 청하게 한다. 가입을 청하는 자는 반드시 단자
> 에 참가하기를 원하는 뜻을 자세히 적어 모임이 있을 때에
> 진술하고, 사람을 시켜 약정(約正)에게 바치면 약정은 여러
> 사람에게 물어서 좋다고 한 다음에야 글로 답하고, 다음 모
> 임에 참여하게 한다.
>
> – 『율곡전서』

① 향촌 사회의 질서를 유지하고 치안을 담당하는 향촌의 자
치 기능을 맡았다.

② 전통적 미풍양속을 계승하면서 삼강오륜을 중심으로 한 유
교 윤리를 가미하였다.

③ 어려운 일이 생겼을 때에 서로 돕는 역할을 하였고, 상두꾼
도 이 조직에서 유래하였다.

④ 지방 유력자가 주민을 위협, 수탈하는 배경을 제공하는 부
작용도 있었다.

45 0551

제시문에서 관직을 주는 일과 관직을 높여 주는 일 등의 문서를 언급한 내용을 통해 (가)가 공명첩임을 알 수 있다.

④ 공명첩은 임진왜란 중에 나타난 것으로, 군공을 세운 사람 또는 납속을 한 사람들에게 그 대가로서 주어졌다. 그러나 이후에는 국가의 재정이나 군량이 부족할 때, 또는 진휼(흉년으로 곤궁에 처한 백성을 구제)을 위해 남발되어 매매되는 현상이 나타났다. 면역·면천·면향을 위한 공명첩은 부유한 상민층을 비롯한 신분의 상승 효과를 가져왔으나, 이때 획득한 관직은 실제의 관직이 아니라 허직일 뿐이었다.

오답 분석

① 대한 제국 시기 지계아문에서 발급된 근대적 토지 소유권 증명서인 지계에 대한 설명이다.

② 조선 시대에 대간의 서경을 받아 작성된 것은 5품 이하 관리가 임명될 때 지급된 교첩에 해당한다.

③ 승려가 출가할 때 국가가 그 신분을 공인해 줌으로써 승려의 수를 제한하는 데 활용되었던 것은 도첩이다.

정답 ④

46 0552

① 경재소는 유향소를 견제하기 위해 조선 초기에 설치되었다. 그러나 임진왜란 이후 수령권의 강화로 유향소의 지위가 격하되자, 이를 통제하던 경재소도 1603년(선조 36)에 폐지되었다. 이후 유향소는 수령에게 경영권이 위임되었다.

정답 ①

47 0553

④ 조선 후기에 수령의 관권이 향회를 장악하면서 향리의 역할이 중요해졌고, 새롭게 성장한 부농층이 관권과 결탁하여 향회를 장악하려 하면서 수령과 향리의 세력이 강화되었다. 이로 인해 사족들의 향촌 지배력은 약화되었으며, 향회는 부세를 거두는 자문 기구로 전락하였다.

정답 ④

48 0554

제시문은 『율곡전서』에 기록된 「해주향약 입약 범례문」이다. 중종 대에 정계에 진출한 조광조 등의 사림파는 훈구파의 지방 통제 수단으로 이용되던 경재소·유향소 등의 철폐를 주장하고 그 대안으로서 향약의 보급을 제안하였다. 향약은 중국의 여씨향약을 기반으로 '덕업상권', '환난상휼', '과실상규', '예속상교' 등의 덕목을 펼치기 위한 향촌 자치 규약이었으며, 조광조, 김안국, 김인범 등의 주장에 따라 설립이 실행되었다가, 기묘사화로 폐지되었다. 이후 이황, 이이에 의해 파주 향약, 해주 향약, 서원 향약, 예안 향약 등이 만들어졌으며, 임진왜란 이후에는 하층민들을 통제하고 사족 중심의 신분 질서를 강화할 목적으로 양반 신분의 상계(上契)와 상민 신분의 하계(下契)를 합친 형태의 동약(洞約)이 향약의 하부 조직으로 만들어졌다.

③ 향도에 대한 설명이다. 향도는 고려 후기에 불교 신앙 조직에서 일반 백성들의 상부상조 조직으로 발전하였다.

정답 ③

49 0555

조선 시대 향약에 대한 설명으로 옳지 않은 것은?

① 덕업상권, 과실상규, 예속상교, 환난상휼 등을 주요 강령으로 하였다.

② 서원과 더불어 향촌 사회에서 사림의 지위를 강화시키는 역할을 하였다.

③ 영남 지방에서는 이황이 만든 예안 향약을 표본으로 삼은 향약이 유행하였다.

④ 오가작통제를 중심으로 그 지역의 풍속 교화와 치안 유지를 담당했던 향촌 자치 조직이었다.

50 0556

다음 향촌 사회 변화에 대응한 양반층의 움직임으로 옳은 것은?

> 지금까지 향촌 사회에서 영향력을 행사하였던 양반은 새로 성장한 부농층의 도전을 받았다. 경제력을 갖춘 부농층은 수령을 중심으로 한 관권과 결탁하여 향안에 이름을 올리는가 하면, 향회를 장악하여 향촌 사회에서 영향력을 키우려고 하였다. 부농층은 종래의 재지 사족이 담당하던 정부의 부세제도 운영에 적극 참여하였으며 향임직에 진출하거나 기존 향촌 세력과 타협하면서 상당한 지위를 얻었다.

① 향도를 조직하여 공동으로 신앙 활동을 하였다.

② 양반층의 결속을 위한 납속책 확대 시행을 지지하였다.

③ 문중 의식을 고양하고 문중 서원이나 사우 건립을 확대하였다.

④ 향회를 통한 수령권의 견제와 이서층의 통제를 강화하였다.

51 0557

조선 전기(15～16세기) 사림의 향촌을 주도하기 위한 동향으로 옳지 않은 것은?

① 향사례(鄕射禮), 향음주례(鄕飮酒禮)의 실시를 주장하였다.

② 도덕과 의례의 기본 서적인 『소학』을 보급하였다.

③ 촌락 단위의 동약을 실시하고, 문중 중심으로 서원과 사우를 많이 세웠다.

④ 향회를 통해서 자신들의 결속을 다지고, 향촌을 교화하였다.

52 0558

다음과 같은 현상이 일어나게 된 배경으로 옳지 않은 것은?

> 향회라는 것이 한 마을 사민(士民)의 공론에 따른 것이 아니고, 수령의 손 아래 놀아나는 좌수 · 별감들이 통문을 돌려 불러 모은 것에 불과합니다. 그 향회에서는 관의 비용이 부족하다는 핑계로 제멋대로 돈을 거두고 법을 만드니, 일의 원통함이 이보다 심한 것이 없습니다.

① 사족의 향촌 지배력이 약화되었다.

② 수령과 향리의 영향력이 약해졌다.

③ 향회는 수령의 부세 자문 기구로 전락하였다.

④ 양반 사족과 부농층이 향촌의 주도권 다툼을 벌였다.

49 0555

④ 향약은 사림의 지방 자치가 구현된 것으로서 지방 행정 조직 제도인 오가작통제와는 관련이 없다. 오가작통제는 성종 시기에 시행되기 시작하였으며, 다섯 집을 하나의 통으로 묶고 통수가 관장하는 제도이다. 17세기 중엽 이후에는 오가작통제가 강화되어 촌락 주민의 통제가 심층적으로 추진되었다.

정답 ④

50 0556

제시문은 조선 후기 향촌 사회의 변화를 설명한 것이다.

③ 조선 후기에 양반의 권위가 하락하자 양반들은 자신들의 지위를 유지하고 향촌 지배의 주도권을 장악하기 위해 향약을 확대하여 촌락 단위로 동약을 실시하거나, 족적 결합의 강화를 꾀하였고, 문중 서원과 사우를 건립하여 향촌 내에서의 입지를 공고히 하고자 하였다. 또한 이 시기에는 족보, 청금록, 향안의 작성 강화와 향회의 독점적 운영이 꾀해졌다.

정답 ③

51 0557

③ 향약의 하부 조직으로 만들어진 촌락 단위의 동약(洞約)은 조선 후기에 등장하였다. 임진왜란을 겪은 뒤 인륜이나 명분이 피폐해지자 무너진 질서와 생활 윤리 등을 시급히 재건할 필요가 있었다. 이에 상하민을 망라한 새로운 향약, 즉 지역적인 자치 조직으로서 상하 합계의 동계인 동약이 출현하게 되었다.

오답 분석

① 덕행이 뛰어난 사람을 모시고, 활쏘기를 거행하고 친목을 다지는 향사례(매년 봄, 가을), 나이가 많고 덕과 재주가 있는 자를 모시고 대접하는 향음주례(음력 10월)는 모두 15세기 후반 성종 시기부터 활발히 거행된 것으로 보인다.
② 조선 건국 이후 예속을 교정하고 유교적인 생활 관습을 시행하기 위해 『소학』, 『주자가례』 등의 예서가 권장되었다. 특히 삼강오륜의 수신 교과서인 『소학』을 강조하였는데, 김굉필 이후 조광조 등의 기묘사림이 이를 전국에 보급하는 등 그 중요성을 강조하였다.
④ 사대부들은 유향소를 설립하고 각 지역의 양반 모임인 향회를 통해서 자신들의 결속을 다지고, 향촌을 교화하였다.

정답 ③

52 0558

사료의 내용은 조선 후기의 사회상에 대한 기록이다.

② 조선 후기에는 붕당 정치의 일당 전제화와 더불어 사족(구향)들의 향촌 지배력이 현저히 약화되었다. 또한 농업 생산력의 증대에 따라 성장한 부농층이 공명첩, 납속책, 족보 매입 및 위조 등의 방법으로 신분 상승을 이뤄냄으로써 향촌의 주도권 다툼인 향전이 빈번하게 일어났다. 이러한 상황에서 수령권은 점차 강화되고 향리의 영향력도 증대되었다.

정답 ②

53 0559

2020년 9급 국가직

다음 사실이 있었던 시기의 향촌 사회에 대한 설명으로 옳지 않은 것은?

> 황해도 봉산 사람 이극천이 향전(鄕戰) 때문에 투서하여 그와 알력이 있는 사람들을 무고하였는데, 내용이 감히 말할 수 없는 문제에 저촉되었다.

① 향전의 전개 속에서 수령의 권한이 강화되었다.
② 신향층은 수령과 그를 보좌하는 향리층과 결탁하였다.
③ 수령은 경재소와 유향소를 연결하여 지방 통치를 강화하였다.
④ 재지사족은 동계와 동약을 통해 향촌 사회에 대한 영향력을 유지하려 하였다.

54 0560

2016년 9급 국가직

다음 자료와 같은 현상이 나타난 시기의 사회 모습에 대한 설명으로 옳지 않은 것은?

> 근래 세상의 도리가 점점 썩어가서 돈 있고 힘 있는 백성들이 갖은 방법으로 군역을 회피하고 있다. 간사한 아전과 한통속이 되어 뇌물을 쓰고 호적을 위조하여 유학(幼學)이라 칭하면서 면역하거나 다른 고을로 옮겨 가서 스스로 양반 행세를 하기도 한다. 호적이 밝지 못하고 명분의 문란함이 지금보다 심한 적이 없다.
> – 『일성록』

① 사족들이 형성한 동족 마을이 증가하였다.
② 향회가 수령의 부세 자문 기구로 변질되었다.
③ 유향소를 통제하기 위하여 경재소가 설치되었다.
④ 부농층이 관권과 결탁하여 향임직에 진출하였다.

55 0561

2016년 9급 지방직

다음 자료에 나타난 시기의 사회 모습에 대한 설명으로 옳은 것은?

> 옷차림은 신분의 귀천을 나타내는 것이다. 그런데 어찌된 까닭인지 근래 이것이 문란해져 상민·천민들이 갓을 쓰고 도포를 입는 것을 마치 조정의 관리나 선비와 같이 한다. 진실로 한심스럽기 짝이 없다. 심지어 시전 상인들이나 군역을 지는 상민들까지도 서로 양반이라 부른다.

① 불교의 신앙 조직인 향도가 널리 확산되었다.
② 서얼의 청요직 진출이 부분적으로 허용되었다.
③ 양민의 대다수를 차지한 농민을 백정(白丁)이라고 하였다.
④ 선현 봉사(奉祀)와 교육을 위한 서원이 설립되기 시작하였다.

56 0562

2010년 9급 지방직

다음과 같은 주장이 제기된 시기의 사회상에 대한 설명으로 적절하지 않은 것은?

> 지금 양반이 명분상으로 상공업에 종사하는 것을 부끄러워 하지만 그들의 비루한 행동이 상공업자보다 심한 자가 많다. …(중략)… 상공업을 두고 천한 직업이라 하지만 본래 부정하거나 비루한 일은 아니다.

① 이익, 정약용 등이 토지 제도의 개혁을 주장하였다.
② 미륵 사상이나 『정감록』 등이 민중에게 널리 전파되었다.
③ 정부는 교정청을 설치하여 삼정 문란을 바로잡고자 노력하였다.
④ 서민 생활을 반영하는 풍속화, 한글 소설, 판소리 등이 유행하였다.

53 0559

제시된 사료는 조선 후기에 발생한 향전에 대한 내용이다. 조선 후기 부농층(신향)은 관권과 결탁하여 정부 부세 운영에도 적극 참여하였으며, 점차 향회 및 향안 등록에도 참여하였다. 그 과정에서 향촌 사회의 지배권을 두고 기존의 재지사족(구향)과 대립하게 되는데, 이를 향전(鄕戰)이라 한다.

③ 경재소는 조선 전기에 운영되었으며, 임진왜란 직후인 1603년에 폐지되었다. 이후 수령이 유향소에 대한 운영권을 장악하였다.

오답 분석

① 향전은 신향이 구향에 대한 자신들의 이해 관계를 도모하는 과정에서 일어난 것으로, 신향은 관권과 결탁하여 수령과 타협적인 관계를 유지하였다. 이 과정에서 수령의 권한은 더욱 확대되었다.

② 신향층은 수령과 관권을 구성하는 향리층과도 결탁하여 자신들의 권리를 확대시키려 하였다. 관권이 향회를 장악하면서 향리의 역할이 중요해졌고, 새롭게 성장한 부농층이 관권과 결탁하여 향회를 장악하려 하면서 향회의 역할이 변질되었다. 즉, 재지사족의 이익을 대변하던 향회의 주도권을 신향을 통해 국가 권력이 장악하면서, 향회는 수령이 세금을 부과할 때 의견을 물어보는 자문 기구로 전락하였다. 이로써 관권과 향리 세력이 강화되었으며, 점차 농민에 대한 수탈이 심화되었다.

④ 재지사족의 권위가 하락하자 양반 지위를 유지하기 위한 노력이 이루어졌다. 이들은 향촌 지배의 주도권을 장악하기 위해 향약을 확대하여 촌락 단위로 동계나 동약을 실시하거나, 족적 결합의 강화를 꾀하였고, 문중 서원과 사우를 건립하여 향촌 내에서의 입지를 공고히 하고자 하였다.

정답 ③

54 0560

자료는 조선 후기의 신분제 동요가 기록된 『일성록』의 내용이다.

③ 경재소는 조선 초기에 유향소를 통제하기 위해 설치되었으나, 선조에 의해 임진왜란 이후인 1603년에 폐지되었다.

오답 분석

① 붕당 정치의 변질로 소수의 권반들이 권력을 장악하고 다수의 양반들이 권력에서 소외되자, 향반을 비롯한 향촌 지배 세력의 힘이 현저히 약화되었다. 사족들은 자신들의 영향력을 강화하기 위하여 동족 마을을 활성화시키고 신분적 위계 질서를 강화하고자 하였다.

② 신향들이 관권의 지원을 받아 향회를 장악하는 경우가 많아지자, 사족들의 향촌 지배력은 약화되었으며, 향회는 부세를 거두는 자문 기구로 전락하였다.

④ 조선 후기 성장한 부농층은 납속책과 공명첩 또는 족보 매입 및 위조 등을 통해 신분 상승을 꾀하였고, 매향으로 향직에 진출하기도 하였다. 또한, 수령 중심의 관권과 결탁하여 향안에 이름을 올리거나, 향임직에 진출하였다.

정답 ③

55 0561

제시문은 『일성록』의 기록으로 신분제가 동요하는 조선 후기의 상황을 보여준다.

② 서얼은 임진왜란 이후 납속책 실시와 공명첩 발급을 통해 관직으로 진출하였고, 상소를 통하여 청요직 진출을 요구하였다. 이후 영조 시기에 법제적으로 서얼의 청요직 진출이 허용되었으나 시행되지 못하다가 정조 대에 유득공, 박제가, 이덕무, 서이수 등의 서얼들이 규장각 검서관으로 기용되어 활동하였다.

오답 분석

① 불교 신앙 공동체로서의 향도는 고려 시대의 조직이다. 고려 후기에는 신앙적 향도에서 상장제례 및 공동 노역 등을 위한 공동체 조직의 향도로 그 성격이 변화하기 시작하였다.

③ 고려 시대의 백정에 대한 설명이다. 고려 시대의 일반 백성을 가리키는 백정과는 달리 조선 시대 백정은 도살업에 종사하는 사람들을 의미하였다.

④ 1543년(중종 38) 풍기 군수 주세붕이 안향의 고향인 영주 순흥에 세운 백운동 서원이 최초의 서원이었다. 이후 서원은 각지에 설립되어 선조 때에 124개소로 증가하였으며, 숙종 때에는 한 도에만 80~90개소나 되는 곳도 있을 정도로 확대되었다.

정답 ②

56 0562

제시문은 조선 후기의 중상 실학자인 유수원이 저술한 『우서』의 내용이다. 그는 이 책을 통해 상공업 진흥과 기술 혁신을 강조하였다.

③ 조선 후기 철종 대에 삼정의 문란을 바로잡고자 설치한 것은 삼정이정청(1862)이다. 교정청은 고종이 내정 개혁에 관한 정책 입안을 위하여 설치한 기관으로, 일본이 강압적으로 요구한 5개조의 내정 개혁안을 물리치고 자주적인 내정 개혁을 시도하려는 목적으로 만들어졌다.

정답 ③

57 0563

2017년 7급 국가직(추가 채용)

밑줄 친 ㉠, ㉡에 대한 설명으로 적절하지 않은 것은?

> ○ 사대부가 수백 년 동안 관직에서 막혀 있어도 존부(尊富)를 잃지 않는 까닭은 집집마다 각기 한 조상을 떠받들고 넓은 농지를 점하여 종족이 흩어져 살지 않으므로 그 ㉠풍습이 견고하게 유지되고 근본이 뽑히지 않았기 때문이다.
> — 「여유당전서」
>
> ○ 퇴계 이황이 영남 예안에 역동사(易東祠)를 창건하고 ㉡족보를 손수 필사하여 그곳에 보관하였다. …(중략)… 산이 있으면 물이 있는 것이니 백파(百派)가 순류하여 끝내 한곳에 모이는 것인데 이는 종합(宗合)의 뜻이다.
> — 「단양 우씨 족보서」

① ㉠ - 친영이 일반화되었다.
② ㉠ - 이성불양의 관념으로 양자 제도가 확산되었다.
③ ㉡ - 동성 마을의 감소를 초래하였다.
④ ㉡ - 적서 차별과 가족 간의 위계를 중시하였다.

58 0564

2014년 9급 국가직

조선 후기 천주교와 관련된 설명으로 옳지 않은 것은?

① 기해사옥 때 흑산도로 유배를 간 정약전은 그 지역의 어류를 조사한 『자산어보』를 저술하였다.
② 안정복은 성리학의 입장에서 천주교를 비판하는 『천학문답』을 저술하였다.
③ 1791년 윤지충은 어머니 상(喪)에 유교 의식을 거부하여 신주를 없애고 제사를 지낸 권상연과 함께 처형을 당하였다.
④ 신유사옥 때 황사영은 군대를 동원하여 조선에서 신앙의 자유를 보장받게 해달라는 서신을 북경에 있는 주교에게 보내려다 발각되었다.

59 0565

2019년 9급 지방직

조선 후기 서학과 관련한 설명으로 옳지 않은 것은?

① 이승훈이 북경에서 영세를 받았다.
② 윤지충 사건을 계기로 하여 기해박해가 일어났다.
③ 안정복이 천주교를 비판하는 『천학문답』을 저술하였다.
④ 최초의 한국인 신부 김대건이 귀국하여 포교 중 순교하였다.

60 0566

2014년 7급 국가직

(가), (나)에 대한 설명으로 옳지 않은 것은?

> (가) 어른과 아이(父老子弟)와 공사천민(公私賤民)은 모두 이 격문을 들어라. 무릇 관서는 기자와 단군 시조의 옛 터로, 훌륭한 인물이 넘친다. …… 그러나 조정에서 서토(西土)를 버림이 분토(糞土)나 다름없이 한다.
>
> (나) 금번 난민이 소동을 일으킨 것은 오로지 전 우병사 백낙신이 탐욕을 부려서 수탈하였기 때문입니다. 병영에서 포탈한 환곡과 전세 6만 냥을 집집마다 배정하여 억지로 받으려 하였습니다.

① (가) - 금광 경영이나 인삼 무역으로 자금을 마련하였다.
② (나) - 노비 문서의 소각과 탐관오리의 엄징을 요구하였다.
③ (가) - 세도 정권과 특권 어용 상인에 대한 불만을 표출하였다.
④ (나) - 조정은 삼정이정청을 설치하여 세제 개혁을 약속하였다.

57 0563

17세기 이후 성리학적 질서가 강화되어 성리학적 의식과 예학이 발달하면서, 부계 친족 중심의 가족 제도가 확립되었다. 이에 부계 위주의 족보가 편찬되었고 동성촌이 형성되었으며, 종중(문중)이라고 하는 친족 집단이 강화되었다.

③ 족보는 종족의 내력을 기록하던 것으로, 종족의 종적인 내력과 횡적인 종족 관계를 확인하여 종족 내부의 결속을 강화하는 방안으로 작용하였다. 따라서 족보는 양반 문벌 제도의 강화와 동성촌 형성의 확대에 기여한 것으로 볼 수 있다.

오답 분석

①, ② 당시 남자가 여자를 자신의 집으로 데리고 와서 혼례를 올리고 남자 집에서 생활하는 혼인 형태인 친영 제도가 정착하였다. 또한 아들이 없는 경우 양자를 입양하는 일이 일반화되었는데, 양자를 입양할 때 다른 성의 양자를 입양하는 것은 불가하고, 동성 친족에서 양자를 들이는 제도가 확산되었다.

④ 족보는 다른 종족이나 하급 신분에 대하여 우월 의식을 고취하는 자료로 이용되기도 하였으며, 종가와 방계의 구분, 문벌의 권위와 우월 의식 과시, 결혼 상대자 파악, 붕당을 구별하는 자료 등으로 이용되었다.

정답 ③

58 0564

① 정약전은 1801년 신유사옥(신유박해) 때 흑산도로 유배되었고, 그곳에서 『자산어보(玆山魚譜)』를 저술(1814)하였다. 『자산어보』는 흑산도 연해의 다양한 어종과 해초의 이름을 밝히고 이들의 생태와 습성을 연구하여 기록한 책이다. 기해사옥(기해박해)은 1839년에 일어났다.

정답 ①

59 0565

② 어머니의 신주를 불태우고 제사를 천주교식 추모 방식으로 바꾸려던 윤지충 사건으로 인해 일어난 천주교 탄압은 1791년의 신해박해에 해당한다. 기해박해는 1839년 헌종 시기에 일어난 천주교 박해 사건이다. 기해박해 당시 정하상은 『상재상서』를 올려 천주교 교리를 옹호하고 탄압을 중지할 것을 호소하려 하였으나 실패하였다.

오답 분석

① 이승훈은 북경에서 영세를 받았으며 1801년 신유박해로 처형당하였다.

③ 안정복은 남인 공서파(서학을 비판)의 대표적 인물로 『천학문답』과 『천학고』를 저술하여 천주교를 비판하였다.

④ 최초의 한국인 신부 김대건은 1846년 병오박해 당시 순교하였다.

정답 ②

60 0566

제시문의 (가)는 홍경래의 난(1811, 순조 11), (나)는 임술 농민 봉기(1862, 철종 13)에 대한 기록이다.

② 동학 농민 운동(1894)의 폐정 개혁안의 내용이다.

정답 ②

61 0567

평안도 농민 전쟁(홍경래 난)의 역사적 배경으로 옳지 않은 것은?

① 평안도민은 중앙 관직에 진출할 수 있는 기회가 매우 제한되었다.

② 봉기에 대한 호응이 전국적으로 일어날 만큼 지역 차별이 극심하였다.

③ 세도 정권이 서울 특권 상인의 이권을 보호하기 위해 평안도민의 상공업 활동을 억압했다.

④ 평안도민 중 대외 무역과 광산 개발에 참여하여 부호로 성장한 인물이 많았다.

62 0568

밑줄 친 '난'의 주체들이 주장했을 구호로 거리가 먼 것은?

> 최근 남쪽에서 일어나는 난은 양민이 일으키는 것이 아니라 궁민(窮民)이 일으킨다. 이들은 생활할 만한 자산이 없으므로 밤낮 원망하고 난을 생각한 지 오래되었다. 비록 의리를 말하면서 그들을 타일러도 따르지 않는다. 요사이 남쪽 농민들의 소란은 대개 이들이 주동한 것이며 양민은 단지 협조자일 뿐이다.
> – 「고환당수초」

① 잡역세 부과를 반대한다.

② 토지는 농민에게 넘겨라.

③ 과중한 결세를 해결하라.

④ 군포 부담을 고르게 하라.

63 0569

다음 자료에 나타난 사상에 대한 설명으로 옳은 것은?

> 사람이 곧 하늘이라. 그러므로 사람은 평등하며 차별이 없나니, 사람이 마음대로 귀천을 나눔은 하늘을 거스르는 것이다. 우리 도인은 차별을 없애고 선사의 뜻을 받들어 생활하기를 바라노라.

① 이 사상에 대해 순조 즉위 이후 대탄압이 가해졌다.

② 이 사상을 바탕으로 『동경대전』과 『용담유사』가 편찬되었다.

③ 이 사상을 근거로 몰락한 양반의 지휘 아래 평안도에서 난이 일어났다.

④ 이 사상을 근거로 단성에서 시작된 농민 봉기는 진주로 이어졌다.

64 0570

19세기 농민들의 동향에 대한 설명으로 옳지 않은 것은?

① 왕조 부정 논리를 담고 있는 『정감록』과 미륵 신앙이 농민들 사이에 퍼졌다.

② 평안도 지방에서 일어난 '홍경래 난'에서는 신흥 상공업 세력과 광산 노동자가 대거 가담하였다.

③ 농민들의 불만이 조직적으로 확산되어 정부와 탐관오리를 비방하는 괘서(掛書) 사건으로 표출되었다.

④ 지주·토호의 압박과 삼정의 수탈에 대처하기 위한 공동 조직의 일환으로 농민층에서는 향약이 성행하였다.

61 0567

② 홍경래의 난은 1811년 서북민에 대한 차별에 불만을 품고 몰락 양반 홍경래의 지휘 아래 영세 농민, 중소 상인, 광산 노동자 등이 합세하여 일으킨 난이다. 당시 봉기를 일으킬 만큼 서북민에 대한 차별이 극심했던 것은 맞지만, 봉기에 대한 호응이 전국적으로 일어나지는 않았다. 전국적으로 봉기가 일어난 것은 1862년의 임술 농민 봉기이다.

정답 ②

62 0568

19세기의 세도 정치로 삼정이 문란해지고, 그 결과 농민 반란이 일어나게 되었다. '남쪽'은 진주를 말하며 진주에서 일어난 임술 민란을 계기로 민란이 전국적으로 확산되었다.

② 농민들에게 토지를 균등 분배할 것을 주장한 것은 동학 농민 운동 때의 주장이다.

정답 ②

63 0569

제시문의 내용은 동학의 인내천 사상에 해당한다.

② 교조인 최제우를 계승한 최시형은 동학 교도인 이필제가 일으킨 난(1871)에 연루되어 피해 다니다가, 1880년 인제군에 경전 간행소를 세워 경전인 『동경대전』을 순 한문으로 간행하였다. 1881년 단양에도 경전 간행소를 마련하여 포교 가사집인 『용담유사』를 순 한글로 간행하였다.

오답 분석

① 순조 즉위 이후 천주교에 대한 탄압이 이루어져 신유박해(1801)가 일어났다. 신유박해 이후 황사영 백서 사건이 일어나자 유배형에 처해졌던 정약전과 정약용이 각각 흑산도와 강진으로 재유배되었다. 동학은 철종 재위기인 1860년에 창시되었다.
③ 평안도에서 일어난 민란은 몰락 양반 홍경래의 지휘로 5개월간 서북 지방을 휩쓴 홍경래의 난(1811)이다. 이 민란은 서북인에 대한 차별 대우가 원인이 되어 발생하였다.
④ 단성에서 일어나 진주를 기폭제로 하여 전국적인 농민 봉기로 확대된 것은 임술 농민 봉기(1862)에 해당한다.

정답 ②

64 0570

④ 조선의 향약은 사림의 지방 자치가 구현된 것으로서 향촌 사회 내에서 지방 사족들의 지배력을 확보하는 수단으로 시행되었다. 향약 운영은 사족들이 중심이 되었으나 조선 후기에는 수령의 주도 하에 지방 사족에 바탕을 두고, 군현 단위로 시행하는 것으로 변화하였다.

정답 ④

65 0571

2011년 9급 사회복지직

19세기 조선 사회에 대한 설명으로 옳지 않은 것은?

① 홍경래의 난은 서북 지방의 몰락 양반과 영세 농민, 중소 상인, 광산 노동자 등이 참여하였다.

② 진주 농민 항쟁은 봉기 세력이 유계춘의 지도 아래 진주성을 점령하기도 하였다.

③ 마테오 리치가 지은 『천주실의』는 이 시기에 한글로 번역되어 천주교의 유포에 기여하였다.

④ 서울의 중인들은 상소를 통해 통청 운동을 전개하였다.

66 0572

2012년 7급 지방직

다음 민중 봉기에 대한 내용을 시기 순으로 바르게 나열한 것은?

ⓐ 경주와 그 주변 지역을 중심으로 신라 부흥을 외친 농민 봉기가 자주 일어났다.

ⓑ 군현에 사자를 보내어 조세를 독촉하자 원종과 애노가 상주에 웅거하여 반란을 일으켰다.

ⓒ 서북 지방의 대상인, 향임층, 무사, 농민 등이 연합하여 지방 차별 타파를 외치며 봉기하였다.

ⓓ 백정 출신이 몰락한 사림, 아전, 평민 등을 규합하여 구월산을 본거지로 의협 활동을 전개하였다.

---

① ㉠ → ㉡ → ㉢ → ㉣

② ㉠ → ㉡ → ㉣ → ㉢

③ ㉡ → ㉠ → ㉢ → ㉣

④ ㉡ → ㉠ → ㉣ → ㉢

67 0573

2014년 7급 지방직

고려 시대의 사회 정책에 대한 설명으로 옳지 않은 것은?

① 상평창은 물가 조절 기관으로서 곡식과 포의 가격이 내렸을 때 사들였다가 값이 오르면 싸게 내다 팔았다.

② 의창은 빈민을 도와줌으로써, 유교 정치 이념의 명분을 살림과 동시에 농업 재생산의 활동을 원만하게 하려는 사회 정책의 일환으로 설치되었다.

③ 동ㆍ서 활인서는 유랑자의 수용과 구휼을 담당하였다.

④ 혜민국은 백성들의 의료를 맡아 시약(施藥)을 행하던 곳으로 고려 예종대에 설치되었다.

68 0574

2020년 9급 국가직

(가)에 들어갈 기관으로 옳은 것은?

5월에 조서를 내리기를 "개경 내의 사람들이 역질에 걸렸으니 마땅히 ▢▢(가)▢▢ 을/를 설치하여 이들을 치료하고, 또한 시신과 유골은 거두어 묻어서 비바람에 드러나지 않게 할 것이며, 신하를 보내어 동북도와 서남도의 굶주린 백성을 진휼하라."라고 하였다.

– 『고려사』

---

① 의창

② 제위보

③ 혜민국

④ 구제도감

69 0575

2014년 9급 국가직

고려의 형률 제도에 대한 설명으로 옳은 것은?

① 주로 당나라의 것을 끌어다 썼으며, 때에 따라 고려의 실정에 맞는 율문도 만들었다.

② 행정과 사법이 명확하게 분리ㆍ독립되어 있었다.

③ 실형주의(實刑主義)보다는 배상제(賠償制)를 우위에 두고 있었다.

④ 기본적으로 태형(笞刑), 장형(杖刑), 도형(徒刑), 유형(流刑)의 4형 체계를 가지고 있었다.

65 0571

③ 이탈리아인 선교사 마테오 리치가 한문으로 번역하여 지은 『천주실의』는 18세기 중엽에 한글로 번역되었다. 이 책은 17세기에 베이징에서 처음 간행되었고, 곧이어 조선에도 유몽인의 『어우야담』, 이수광의 『지봉유설』에서 소개되었다. 그러나 한자로 지어진 탓에 일반 대중이 가까이 하기엔 어려움이 있어 18세기에 한글 번역본이 나오게 되었고 천주교 유포에 기여하였다.

정답 ③

66 0572

④ 시기 순으로 바르게 나열하면 ⓒ 원종 · 애노의 난(889) → ㉠ 김사미 · 효심의 난(1193) → ㉣ 임꺽정의 난(1559~1562) → ㉢ 홍경래의 난(1811)이 된다.

정답 ④

67 0573

③ 동 · 서 활인서는 조선 시대의 의료 기관으로 고려의 동 · 서 대비원을 1466년(세조 12)에 개칭한 것이다. 고려 시대의 동 · 서 대비원은 환자 진료와 빈민 구휼을 위해 개경에 세웠던 의료 기관으로, 설립 연대는 미상이나 1036년(정종 2)에 동대비원에 대한 기사가 나타나는 것으로 보아 그 이전에 설치된 것임을 알 수 있다. 동 · 서 대비원은 조선 초기까지 유지되었다.

정답 ③

68 0574

제시문 사료의 내용은 구제도감에 관한 것이다.

④ 구제도감은 1109년(예종 4) 개경의 백성들이 전염병에 걸리자 이들을 치료하고, 병으로 죽은 사람들의 시신을 매장하기 위하여 설치한 임시 기구였다. 1106년(예종 1)에 설치한 동서제위도감이 그 시초이며, 이후 유사한 기구로 1348년(충목왕 4)에 설치한 진제도감, 1381년(우왕 7)에 설치한 진제색 등이 있었다.

오답 분석

① 의창은 고려 성종 시기 춘대추납으로 빈민을 구제하기 위해 설치한 기구였다.

② 제위보는 고려 963년(광종 14)에 설치된 빈민의 구호 및 질병 치료를 맡은 기관으로, 관영 재단의 성격을 가지고 있었다.

③ 혜민국은 고려 1112년(예종 7) 서민의 질병 치료를 위해 설치한 의료 기관이며, 1466년(세조 12) 1월에 혜민서로 개칭되었다.

정답 ④

69 0575

① 고려의 형법은 당률을 참작하여 71개조의 법률을 제정하였으나, 일상 생활은 대체로 관습법이 적용되었다.

오답 분석

② 고려는 지방관의 사법적 재량권이 인정되었다.

③ 고려의 형률 제도는 배상제보다 실형주의를 우위에 두고 있었다.

④ 고려의 형벌은 태형, 장형, 도형, 유형, 사형의 5형 체계를 가지고 있었다.

정답 ①

70 0576
2016년 7급 지방직

고려 시대 혼인 풍속에 대한 설명으로 옳지 않은 것은?

① 결혼 후 신랑이 신부 집에 머무르는 '서류부가혼' 혼속이 있었다.

② 국왕을 비롯한 종실의 경우 동성 근친혼인 족내혼의 관행이 있었다.

③ 원의 영향으로 여러 명의 처와 첩을 두는 '다처병첩'이 법적으로 허용되었다.

④ 공녀 선발을 피하기 위해 어린 신랑을 처가에서 양육해 혼인시키는 '예서제'가 있었다.

71 0577
2017년 7급 지방직

고려 사회에 대한 설명으로 옳은 것만을 모두 고른 것은?

┌─────────────────────────────────
│ ㉠ 여성은 재혼이 가능하였다.
│ ㉡ 여성은 호주가 될 수 없었다.
│ ㉢ 부모의 재산은 아들과 딸의 구분 없이 고르게 상속되었다.
│ ㉣ 결혼할 때 여성이 데려온 노비에 대한 소유권은 남편에게 귀속되었다.
└─────────────────────────────────

① ㉠, ㉡

② ㉠, ㉢

③ ㉡, ㉣

④ ㉢, ㉣

72 0578
2017년 9급 국가직

다음 제도를 시행한 목적에 해당하는 것만을 〈보기〉에서 모두 고른 것은?

┌─────────────────────────────────
│ ○ 무릇 민호(民戶)는 그 이웃과 더불어 모으되, 가족 숫자의 다과(多寡)와 재산의 빈부에 관계없이 다섯 집마다 한 통(統)을 만들고, 통 안에 한 사람을 골라서 통수(統帥)로 삼아 통 안의 일을 맡게 한다.
│ ○ 1리(里) 마다 5통 이상에서 10통까지는 소리(小里)를 삼고, … (중략) … 리(里) 안에서 또 이정(里正)을 임명한다.
│   – 『비변사등록』
└─────────────────────────────────

┌─────────────────────────────────
│ 보기
│ ㉠ 농민들의 도망과 이탈 방지
│ ㉡ 부세와 군역의 안정적인 확보
│ ㉢ 재지사족 중심의 향촌 자치 활성화
│ ㉣ 향권을 둘러싼 구향과 신향 간의 향전 억제
└─────────────────────────────────

① ㉠, ㉡

② ㉠, ㉣

③ ㉡, ㉢

④ ㉢, ㉣

73 0579
2013년 7급 국가직

조선 후기 가족 제도에 대한 설명으로 가장 적절한 것은?

① 제사는 형제가 돌아가면서 지냈으며 책임을 분담하였다.

② 태어난 차례대로 족보에 기재하여 남녀 차별을 하지 않았다.

③ 입양 제도가 확대되고 부계 위주의 족보가 적극적으로 편찬되었다.

④ 사위가 처가의 호적에 입적하여 처가에서 생활하는 것이 일반적이었다.

70 0576

충렬왕 시기 박유가 '다처병첩'을 건의하였으나 중단되었으며, 이후 다시 논의되지 않았다.

③ **고려의 혼인 풍속은 일부일처제가 기본적 원칙이었다.**

오답 분석

① 고려의 혼인 풍속은 처가살이, 즉 '서류부가혼'의 형태가 많았으며, 사위가 처가의 호적에 입적한 경우가 다수 존재했다.
② 고려 왕실의 경우에는 광종 이후부터 족내혼이 관행적으로 이어졌다.
④ 원 간섭기가 되면서 공녀 징발 문제로 조혼이 행해지고, 예서제가 성행하였다.

정답 ③

72 0578

제시문은 오가작통법에 대한 사료이다. 오가작통법은 『경국대전』에 실리면서 법제화되었고, 1675년(숙종 1) 윤휴의 건의로 비변사에서 오가작통사목 21개조를 제정하면서 다시 전국적으로 재실시되었다.

㉠, ㉡ 오가작통법과 면리제 시행은 국가 차원에서 농민의 유랑을 방지하고 통제를 강화하기 위해 시행된 것이며, 부세와 군역의 안정적 확보를 위한 일종의 편호 조직과 그것을 확대한 것에 해당한다.

오답 분석

㉢ 유향소 또는 향약에 해당한다.
㉣ 오가작통법은 향전과 관련이 없다.

정답 ①

71 0577

㉠, ㉢ 고려 시대 여성들은 남편과 사별했을 때 언제든지 재혼할 수 있었으며, 자녀 균분 상속으로 여성들은 남성과 거의 동등한 재산을 소유할 수 있었다.

오답 분석

㉡ 고려 시대에는 여성이 호주가 될 수 있었으나, 조선 중기인 17세기 이후에는 부계 중심의 가족 제도가 확립되어 여성이 호주가 될 수 없었다.
㉣ 고려의 여성은 자신이 결혼할 때 가져갔던 재산들을 유지할 수 있었고, 남편보다 먼저 죽을 경우 여자의 재산은 본가로 귀속되었다. 그러나 조선 후기로 갈수록 노비나 토지 등 재산의 출처를 밝히는 경우는 드물게 되었다. 이는 가부장적 의식이 정착하면서 여자가 남편 가계 구성원의 일원이 되는 의식 변화를 반영하는 것으로 보인다.

정답 ②

73 0579

③ 조선 후기에는 아들이 없는 경우 같은 성씨에서 양자를 들이는 입양 제도가 확대되었고, 가부장제의 확산으로 인해 부계 위주의 족보가 적극적으로 편찬되었다.

오답 분석

① 조선 후기에는 장자 중심 봉사와 장자 중심 상속이 이루어졌다.
② 조선 후기에는 장자 · 장손을 우대하는 과도기적 단계를 거쳐 노골적인 딸에 대한 차별 의식이 생겨났다.
④ 조선 후기에는 여자가 혼인 후 남자의 집에서 생활하는 친영 제도(시집살이)가 정착하였다.

정답 ③

74 0580
2017년 9급 국가직(추가 채용)

다음 족보가 편찬된 시기의 사회상으로 가장 적절한 것은?

> 우리나라는 자고로 종법이 없고 보첩(譜牒)도 없어서 비록 거가대족(巨家大族)이라도 가승(家乘)이 전혀 없어서 겨우 몇 대를 전할 뿐이므로 고조나 증조의 이름도 호(號)도 기억하지 못하는 이가 있다.
> — 「안동 권씨 성화보」

① 윤회 봉사 · 외손 봉사 등이 행해졌다.
② 아들을 먼저 기록하고 딸을 그 다음에 기록하였다.
③ 자손이 없으면 무후(無後)라 하고 양자를 널리 맞아들였다.
④ 남자는 대개 결혼 후에 바로 친가에서 거주하였다.

75 0581
2017년 9급 지방직

우리나라 족보에 대한 설명으로 옳지 않은 것은?

① 조선 후기에 부유한 농민들은 족보를 사거나 위조하기도 하였다.
② 조선 초기의 족보는 친손과 외손을 구별하지 않고 모두 수록하였다.
③ 현존하는 가장 오래된 족보는 성종 7년에 간행된 『문화 류씨 가정보』이다.
④ 조선 시대에는 족보가 배우자를 구하거나 붕당을 구별하는 데 중요한 자료로 활용되기도 하였다.

76 0582
2014년 9급 국가직

다음은 조선과 일본, 중국의 인구 변화 추세를 나타낸 〈표〉이다. 이에 대한 설명으로 옳은 것은?

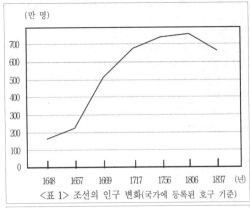

〈표 1〉 조선의 인구 변화(국가에 등록된 호구 기준)

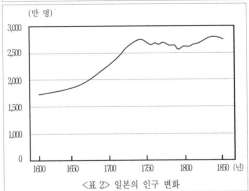

〈표 2〉 일본의 인구 변화

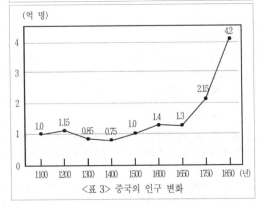

〈표 3〉 중국의 인구 변화

① 18세기 중반 이후 조선의 급격한 인구 증가는 삼남 지방의 개발과 인구 유입 때문이었다.
② 명대 초기 1억 4천만 명 정도였던 중국의 인구는 청대 초기 3억 명을 돌파하였고, 19세기 중반에 4억 2천만 명에 이르렀다.
③ 17세기~18세기 초반 조선을 비롯한 삼국은 농업 기술이 발달하고 농경지가 늘어나서, 결과적으로 인구가 많이 증가하였다.
④ 17세기 이후 일본의 인구는 정체현상을 보이는데, 이러한 경향은 18세기까지 지속되었다.

74 0580

『안동 권씨 성화보』는 1476년 성종 시기 간행된 현존하는 우리나라 최고(最古)의 족보이다.

① 조선 중기 이전에는 제사 때에도 장자 혹은 중자가 거행하는 것이 아니라, 자녀가 돌아가면서 제사를 지내거나 책임을 분담하는 윤회 봉사, 아들이 없을 경우 딸이 제사를 지내는 외손 봉사 등이 행해졌다.

오답 분석

②, ③, ④ 모두 조선 후기에 해당한다. 조선 후기에는 부계 중심의 가족 제도가 대두되면서 장자 중심 봉사와 장자 중심 상속, 친영 제도의 정착, 양자 입적 등이 일반화되었다.

정답 ①

75 0581

③ 현존하는 가장 오래된 족보는 1476년(성종 7)에 간행된 『안동 권씨 성화보』이다. 『문화 류씨 가정보』는 1565년(명종 20)에 간행된 족보로, 『안동 권씨 성화보』가 발견되기 전까지 가장 오래된 족보로 알려져 왔다.

정답 ③

76 0582

③ 각 자료를 살펴보면, 17세기를 지나면서 조선, 일본, 중국의 인구가 증가하는 것을 확인할 수 있다. 이 시기에는 각국의 농업 기술이 발달하고 농경지가 늘어나면서 인구가 증가하였다.

오답 분석

① 18세기 중반 이후 조선은 홍수, 가뭄에 의한 피해와 전염병(콜레라, 장티푸스, 천연두 등)으로 인해 수십 만 명이 사망하여 인구가 감소하였다.

② 명나라는 1368년에 건국되었고, 당시 중국의 인구는 약 8천 5백만 명 정도였다. 명나라가 멸망하고 1644년에 중국을 통일한 청나라 초기의 인구는 1억 3천만 명 정도였다.

④ 표를 분석해보면 일본의 인구는 17세기 이후 지속적으로 증가하다가, 18세기 중반 이후 정체 현상을 보이는 것을 알 수 있다.

정답 ③

해커스공무원 대한국사 윤승규
기출 1200제

PART 08

민족 문화의 발달

PART

08 민족 문화의 발달

01 0583

〈보기〉의 (가)에 해당하는 인물의 활동으로 가장 옳은 것은?

> **보기**
>
> 신인(神人)이 말하였다. "지금 그대 나라는 여자가 왕위에 있으니 덕은 있지만 위엄이 없습니다. 그래서 이웃 나라가 침략을 꾀하고 있는 것입니다. 그대는 빨리 돌아가야 합니다." (가) 가(이) 다시 물어보았다. "고국에 돌아가면 어떤 이로운 일을 해야합니까?" 신인이 답했다. "황룡사의 호법용(護法龍)은 나의 맏아들입니다. 범왕(梵王)의 명을 받고 가서 그 절을 보호하고 있습니다. 고국에 돌아가거든 절 안에 9층 탑을 세우십시오. 그러면 이웃 나라가 항복할 것이고 구한(九韓)이 와서 조공할 것이며 왕업의 길이 편안할 것입니다. (중략)" 정관 17년 계묘 16일에 (가) 는(은) 당나라 황제가 준 불경과 불상, 승복과 폐백 등을 가지고 와 탑을 세울 일을 왕에게 아뢰었다.

① 세속 오계를 통해 당시 신라 사회가 요구하는 도덕 관념을 가르쳤다.

② 대승 불교의 두 흐름인 중관과 유식의 대립을 극복하며 화쟁을 주장하였다.

③ 대국통(大國統)에 임명되어 출가자의 규범과 계율을 주관하였다.

④ 질병 등 현실적 재난 구제에 치중하는 밀교를 전파하였다.

02 0584

밑줄 친 '그'에 대한 설명으로 옳은 것은?

> 그는 중국 유학을 마치고 귀국한 다음, 국왕에게 황룡사에 9층탑을 세울 것을 건의했다. 그가 9층탑 건립을 건의한 데에는 주변 나라의 침입을 막고자 하는 호국정신이 담겨 있다.

① 화랑이 지켜야 할 세속 오계를 지었다.

② 대국통으로 있으면서 계율을 지키는 일에 힘을 보탰다.

③ 통일 이후의 사회 갈등을 통합으로 이끄는 화엄 사상을 강조하였다.

④ 일심(一心) 사상을 주장하여 불교 교리의 대립을 극복하고자 하였다.

03 0585

(가) 인물에 대한 설명으로 옳은 것은?

> (가) 가/이 귀산 등에게 말하기를 "세속에도 5계가 있으니, 첫째는 충성으로써 임금을 섬기는 것, 둘째는 효도로써 어버이를 섬기는 것, 셋째는 신의로써 벗을 사귀는 것, 넷째는 싸움에 임하여 물러서지 않는 것, 다섯째는 생명 있는 것을 죽이되 가려서 한다는 것이다. 그대들은 이를 실행함에 소홀하지 말라."라고 하였다.
>
> – 『삼국사기』

① 모든 것이 한마음에서 나온다는 일심 사상을 제시하였다.

② 화엄 사상을 연구하여 『화엄일승법계도』를 작성하였다.

③ 왕에게 수나라에 군사를 청하는 글을 지어 바쳤다.

④ 인도를 여행하여 『왕오천축국전』을 썼다.

04 0586

삼국의 사회 · 문화에 관한 설명으로 가장 옳지 않은 것은?

① 고구려는 영양왕 때 이문진이 『유기』를 간추려 『신집』 5권을 편찬했다.

② 백제의 승려 원측은 당나라에 가서 유식론(唯識論)을 발전시켰다.

③ 신라의 진흥왕은 두 아들의 이름을 동륜 등으로 짓고 자신은 전륜성왕으로 자처했다.

④ 백제 말기에는 미래에 중생을 구제한다는 미륵 신앙이 유행하기도 하였다.

01 0583

〈보기〉의 (가)에 해당하는 인물은 자장 법사이다.

③ 자장은 귀국한 뒤 대국통이 되어 국내의 교단을 정비하고 승단
의 기풍을 쇄신하였다. 또한 자장은 통도사에 금강 계단을 만
들고 계법을 널리 펼침으로써 백성들이 불교를 신봉할 수 있는
터전을 만들었다.

오답 분석

① 원광에 대한 설명이다.
② 원효에 대한 설명이다.
④ 안홍 · 명랑 등에 대한 설명이다.

정답 ③

03 0585

(가)에 해당하는 인물은 진평왕 시기에 활약한 승려인 원광이다.

③ 원광은 추항과 귀산에게 '세속 5계'를 제시하였으며, 진평왕의
부탁으로 수나라의 군대를 청해 고구려를 치기 위하여 '걸사표'
를 지어 바쳤다.

오답 분석

① 일심 사상은 원효의 핵심 이론으로 화쟁 사상의 바탕을 이루
고 있는 것이다.
② 『화엄일승법계도』는 의상에 의해 제시되어 왕권 강화의 기반적
사상으로 활용되었다.
④ 『왕오천축국전』은 혜초에 의해 지어졌으며, 돈황에서 발견되어
펠리오에 의해 프랑스로 반출되었다.

정답 ③

02 0584

밑줄 친 '그'는 신라의 자장이다.

② 자장은 황룡사 주지이자 신라의 대국통으로서 교단을 정비하고
통도사를 창건하였으며, 계율종을 창시하였다. 또한 오대산 신
앙을 바탕으로 신라를 불국토로 인식하는 사상을 전파하였는
데, 『화엄경』에 따르면 오대산은 문수보살이 머무는 곳으로 중
국에 존재한다고 되어 있다. 자장은 그러한 오대산이 신라에도
존재하며, 문수진신(文殊眞身)과 5만의 여러 불 · 보살이 머무
르고 있다는 신앙을 신라에 전하였다.

오답 분석

① 원광에 대한 설명이다.
③ 의상에 대한 설명이다.
④ 원효에 대한 설명이다.

정답 ②

04 0586

② 원측은 백제가 아닌 신라 사람으로 당나라의 대표적 승려인 현
장의 제자가 되었다. 원측은 구유식과 신유식의 조화를 주장하
여, 신유식만을 인정하는 현장의 또 다른 제자 규기의 자은학
파로부터 비판을 받았으나, 이후 그의 학맥을 계승한 서명학파
가 성립되었다.

정답 ②

05 0587

㉠, ㉡ 승려의 활동으로 옳은 것은?

> ○ 왕이 수(隋)에 군사를 청하는 글을 요청하자, ㉠ 은/는 "자기가 살기 위해 남을 멸망시키는 것은 승려가 할 일이 아니나, 제가 대왕의 땅에 살면서 수초(水草)를 먹고 있사오니 명령을 따르겠습니다."라고 하였다.
>
> ○ 왕이 왕성을 짓고자 하여 ㉡ 에게 의견을 묻자, "비록 들판의 초가집에 살아도 바른 도를 행하면 복업이 길어질 것이요, 그렇지 않으면 사람을 수고롭게 하여 애써 성(城)을 만들지라도 역시 이익이 없을 것입니다."라고 하였다.
>
> – 『삼국사기』

① ㉠ – 왕에게 건의하여 황룡사 9층 탑을 세웠다.

② ㉠ – 화랑이 지켜야 할 세속 오계를 만들었다.

③ ㉡ – 저잣거리에서 무애가를 부르면서 대중을 교화하였다.

④ ㉡ – 당에 유학하여 유식론을 독자적으로 발전시켰다.

06 0588

다음 (가), (나) 승려에 대한 설명으로 옳은 것은?

> (가) 중국 유학에서 돌아와 부석사를 비롯한 여러 사원을 건립하였으며, 문무왕이 경주에 성곽을 쌓으려 할 때 만류한 일화로 유명하다.
>
> (나) 진골 귀족 출신으로 대국통을 역임하였으며, 선덕 여왕에게 황룡사 9층탑의 건립을 건의하였다.

① (가)는 모든 것이 한마음에서 나온다는 일심 사상을 제시하였다.

② (가)는 『화엄일승법계도』를 만들었다.

③ (나)는 『왕오천축국전』이라는 여행기를 남겼다.

④ (나)는 이론과 실천을 같이 강조하는 교관겸수를 제시하였다.

07 0589

다음 내용과 관련된 인물에 대한 설명으로 옳은 것만을 〈보기〉에서 모두 고른 것은?

> 스스로 소성거사라 부르고 …… 방방곡곡을 돌아다니며 노래와 춤을 통해 부처의 가르침을 전하였다. 이로 말미암아 가난하고 무지몽매한 사람들까지도 부처의 이름을 알게 되었고, 나무아미타불을 외우게 되었으니 그의 교화가 자못 크다.
>
> – 『삼국유사』

> **보기**
>
> ㉠ 현세에서 고난을 구제받고자 하는 관음 신앙을 이끌었다.
> ㉡ 『금강삼매경론』을 찬술하였다.
> ㉢ 교종과 선종을 통합하고자 하였다.
> ㉣ 화쟁 사상을 주장하였다.

① ㉠, ㉡

② ㉡, ㉣

③ ㉡, ㉢

④ ㉠, ㉣

08 0590

밑줄 친 '그'에 대한 설명으로 옳은 것은?

> 그는 그 모양대로 도구를 만들어 화엄경의 "일체 무애인은 한 길로 생사를 벗어난다."라는 문구에서 그 이름을 따와서 무애라 하며 이내 노래를 지어 세상에 퍼뜨렸다. 일찍이 이것을 가지고 많은 촌락에서 노래하고 춤추며 교화하고 음영하여 돌아왔으므로 가난하고 무지몽매한 무리들까지도 모두 부처의 호를 알게 되었고, 다 나무아미타불을 부르게 되었으니 그의 법화는 컸던 것이다.
>
> – 『삼국유사』

① 부석사를 창건하여 해동 화엄종의 시조가 되었다.

② 천태종을 통해 교종의 입장에서 선종을 통합하려 하였다.

③ 화쟁의 논리에 따라 중관파의 부정론과 유식파의 긍정론을 다 같이 비판하였다.

④ 자신의 행동을 진정으로 참회하는 법화 신앙에 중점을 둔 백련 결사를 제창하였다.

05 0587

㉠은 원광으로, 진평왕의 요청에 의해 608년 수나라에 청병하는 글인 걸사표를 지어 바쳤다. ㉡은 의상으로, 문무왕의 도성 축조 계획을 만류하였다.

② 원광은 화랑 추항과 귀산에게 세속 오계를 주어 화랑이 지켜야 할 규범을 제시하였다.

오답 분석

① 황룡사 9층 목탑은 자장의 건의로 세워졌다.
③ 무애가는 원효가 지은 노래로, 그는 이 노래를 퍼뜨리며 대중을 교화하였다.
④ 원측은 당에 유학한 후 현장의 제자로 유식 불교의 발전에 기여하여 서명학파의 개조가 되었다.

정답 ②

06 0588

(가)는 해동 화엄종을 개창한 의상이며, (나)는 계율종을 성립시키고 통도사를 창건한 자장이다.

② 의상은 화엄 사상의 요체를 잘 드러낸 『화엄일승법계도』를 210자의 문자로 창안하였다.

오답 분석

① 일심 사상을 제시한 인물은 원효이다.
③ 『왕오천축국전』은 혜초에 의해 저술되었다.
④ 교관겸수를 제창하여 교종과 선종의 조화를 꾀하였던 인물은 고려의 승려인 대각 국사 의천이다.

정답 ②

07 0589

제시문의 인물은 원효이다.

㉡ 『금강삼매경론』은 『금강삼매경』에 대한 주석서 3권으로, 원효가 찬술하였다. 이 서적에는 원효의 일심 사상이 잘 드러나 있다.
㉣ 원효는 종파주의적인 불교 이론을 고차원적인 입장에서 회통(會通)시키려 하였는데, 중관파와 유식파의 교리적 대립을 화쟁(和諍)의 논리를 제시하여 해결하려 하였다. 이것을 오늘날 원효의 화쟁(원융회통) 사상이라 부른다.

오답 분석

㉠ 의상에 대한 설명이다. 의상은 화엄 사상의 근본인 원융무애(圓融無碍)의 세계관에 입각하여 아미타 신앙·관음 신앙 등을 적극적으로 수용하였다.
㉢ 교종과 선종의 통합을 위해 노력한 인물은 고려 시대 승려인 의천과 지눌이 대표적이다. 의천은 교종을 중심으로 선종의 통합을 꾀했으며, 지눌은 선종을 중심으로 교종과의 조화를 이루고자 하였다.

정답 ②

08 0590

제시문의 '그'는 통일 신라의 대표적 고승인 원효이다.

③ 원효는 화쟁(和諍)의 논리에 따라 중관파의 부정론과 유식파의 긍정론을 모두 부정하였다.

오답 분석

① 의상에 대한 설명이다.
② 고려 시대의 승려 의천에 대한 설명이다.
④ 고려 시대의 승려 요세에 대한 설명이다.

정답 ③

09 0591

신라 승려 ⑤과 ⑥에 대한 설명으로 옳지 않은 것은?

(⑤)은(는) 불교 서적을 폭넓게 이해하고, 일심(一心) 사상을 바탕으로 여러 종파들의 사상적 대립을 조화시키며, 분파 의식을 극복하려고 노력하였다. 한편 (⑥)은(는) 모든 존재가 상호 의존적인 관계에 있으면서 서로 조화를 이룬다는 화엄 사상을 정립하고, 교단을 형성하여 많은 제자를 양성하였다.

① ⑤은 미륵 신앙을 전파하며 불교 대중화의 길을 열었다.
② ⑤은 무애가라는 노래를 유포하며 일반 백성을 교화하였다.
③ ⑥은 관음 신앙과 함께 아미타 신앙을 화엄 교단의 주요 신앙으로 삼았다.
④ ⑥은 국왕이 큰 공사를 일으켜 도성을 새로이 정비하려 할 때 백성을 위해 이를 만류하였다.

10 0592

밑줄 친 '그'의 저술로 옳은 것은?

그는 당나라에 유학하여 지엄의 문하에서 수학하고 돌아와 영주에 부석사를 창건하고 문무왕의 정치적 자문도 맡았다. 그는 모든 우주만물이 대립적인 존재가 아니라 서로 조화하고 포용하는 관계를 가졌다고 주장해 유명한 '일즉다다즉일(一卽多多卽一)'이라는 독특한 논리를 폈다. 즉 하나가 전체요 전체가 하나라는 것이다.

① 『십문화쟁론』　　　　② 『해심밀경소』
③ 『천태사교의』　　　　④ 『화엄일승법계도』

11 0593

다음에서 설명하는 인물의 업적으로 옳은 것은?

성은 김씨이다. 29세에 황복사에서 머리를 깎고 승려가 되었다. 얼마 후 중국으로 가서 부처의 교화를 보고자 하여 원효(元曉)와 함께 구도의 길을 떠났다. …… 처음 양주에 머무를 때 주장(州將) 유지인이 초청하여 그를 관아에 머물게 하고 성대하게 대접하였다. 얼마 후 종남산 지상사에 가서 지엄(智儼)을 뵈었다.
　　　　　　　　　　　　　　　　－ 『삼국유사』

① 『화엄일승법계도』를 저술하여 화엄 사상을 정리하였다.
② 중국에서 풍수지리설을 들여와 지세의 중요성을 일깨웠다.
③ 『십문화쟁론』을 지어 종파 간의 대립을 해소하고자 하였다.
④ 인도와 중앙아시아 지역을 여행하고 돌아와 『왕오천축국전』을 저술하였다.

12 0594

밑줄 친 '그'의 행적으로 옳은 것은?

왕이 수도(금성)에 성곽을 쌓으려고 문의하니 그가 말하기를, "비록 초야에 살더라도 정도(正道)만 행하면 복업(福業)이 오래 갈 것이요, 만일 그렇지 못하면 여러 사람을 수고롭게 하여 성을 쌓을지라도 아무 이익이 없을 것입니다."라고 하였다. 왕은 이에 성 쌓는 일을 그만두었다.
　　　　　　　　　　　　　　　　－ 『삼국사기』

① 일심 사상을 바탕으로 화쟁 사상을 주장하였다.
② 당에서 유학하고 돌아와 부석사를 창건하였다.
③ 당에 들어가 유식론을 독자적으로 발전시켰다.
④ 가지산파를 개창하면서 선종을 보급하기 시작하였다.

09 0591

㉠은 원효, ㉡은 의상에 해당한다.
원효는 『대승기신론소』, 『금강삼매경론』 등을 지어 불교의 이해 기준을 확립하였으며, 유식 불교와 중관학파의 대립을 해소하기 위해 화쟁을 내세우며 일심 사상과 원융회통 사상 등을 강조하였다. 의상은 화엄종을 개창하고 부석사와 화엄 10찰(해인사, 갑사, 화엄사, 범어사 등)을 건립하였다. 또한 의상은 문무왕의 도성 축조를 만류하고, 『화엄일승법계도』를 지어 전제 왕권 강화에 기여하는 한편, 불교 대중화를 위해 아미타 신앙과 관음 신앙을 내세웠다.

① 원효는 아미타 신앙과 무애 사상을 바탕으로 불교 대중화에 앞장섰던 인물로, 미륵 신앙과는 관련이 없다.

정답 ①

10 0592

자료의 '그'는 의상이다.

④ 『화엄일승법계도』는 의상의 화엄 사상이 압축되어 있는 것으로, 화엄경의 내용을 3보인 불(佛)·법(法)·승(僧)을 강조하여 이 3자를 가운데에 나란히 배열시켜 놓고 전체 모양을 사각형으로 하여 7언 30구를 배열한 것이다.

오답 분석

① 『십문화쟁론』은 원효의 저서이다.
② 『해심밀경소』는 『해심밀경』에 대한 해석을 적은 것으로 가장 유명한 것은 원효와 원측의 『해심밀경소』이다.
③ 『천태사교의』는 제관의 저서이다.

정답 ④

11 0593

제시된 사료의 인물은 의상이다.

① 의상은 해동 화엄종을 개창하였으며, 부석사와 함께 해인사, 범어사 등 화엄 10찰을 창건하였다. 또한 『화엄일승법계도』를 저술하여 화엄 사상을 정리하는 한편, 아미타 신앙과 관음 신앙을 바탕으로 불교를 대중화하는데 주력하였다.

오답 분석

② 도선에 대한 설명이다.
③ 원효에 대한 설명이다.
④ 혜초에 대한 설명이다.

정답 ①

12 0594

제시된 사료의 왕은 문무왕이며, 밑줄 친 '그'는 의상이다. 의상은 문무왕이 통일 직후 금성에 도성을 축조하려 하자 이를 만류하였다.

② 의상은 당에 유학하였으며, 귀국한 뒤 낙산사, 부석사 등 여러 사찰을 창건하였다.

오답 분석

① 원효에 해당한다.
③ 원측에 해당한다.
④ 도의에 해당한다.

정답 ②

13 0595　　　　　　　　　　2014년 9급 국가직

신라 하대 불교계의 새로운 경향을 알려주는 다음의 사상에 대한 설명으로 옳은 것은?

> 불립문자(不立文字)라 하여 문자를 세워 말하지 않는다고 주장하고, 복잡한 교리를 떠나서 심성(心性)을 도야하는 데 치중하였다. 그러므로 이 사상에서 주장하는 바는 인간의 타고난 본성이 곧 불성(佛性)임을 알면 그것이 불교의 도리를 깨닫는 것이라는 견성오도(見性悟道)에 있었다.

① 전제 왕권을 강화해주는 이념적 도구로 크게 작용하였다.
② 지방에서 새로이 대두한 호족들의 사상으로 받아들여졌다.
③ 왕실은 이 사상을 포섭하려는 노력에 관심을 기울이지 않았다.
④ 인도에까지 가서 공부해 온 승려들에 의해 전파되었다.

14 0596　　　　　　　　　　2014년 7급 지방직

밑줄 친 '이들'이 등장한 시기의 문화에 대한 설명으로 옳은 것은?

> 이들은 스스로 성주, 장군이라고 칭하면서 지역에서 실질적인 지배력을 행사하였다. 이들은 지방으로 낙향한 진골 귀족이나 6두품 계층, 무역에 종사하면서 재력과 무력을 키운 세력, 촌의 행정을 담당한 촌주 출신이 주를 이루었다.

① 태학 박사 이문진이 왕명을 받아 『신집』 5권을 만들었다.
② 전탑 형식의 분황사탑이 세워졌다.
③ 북방 가마의 기술이 도입되어 분청사기가 생산되었다.
④ 선종의 영향을 받은 승탑과 탑비가 유행하였다.

15 0597　　　　　　　　　　2018년 9급 지방직

다음과 같은 불교 사상의 영향을 받아 만들어진 문화재는?

> 이 불교 사상은 개인적 정신 세계를 추구하는 경향이 강하였기 때문에 지방에서 독자적인 세력을 이루어 성주나 장군을 자처하던 자들로부터 큰 호응을 받았다.

① 성덕 대왕 신종
② 쌍봉사 철감선사탑
③ 경천사지 십층 석탑
④ 금동 미륵보살 반가 사유상

16 0598　　　　　　　　　　2017년 7급 서울시

삼국 시기 불교계에 대한 설명으로 가장 옳지 않은 것은?

① 고구려의 보덕은 도교에 밀려 불교가 쇠퇴함을 개탄하였고, 후에 열반종을 제창하였다.
② 백제에서는 계율종이 크게 성행하였는데, 겸익이 대표적인 승려이다.
③ 신라에서는 호국 불교가 크게 성행하였으나 밀교는 성행하지 못하였다.
④ 신라의 화랑은 미륵이 인간 세계에 내려온다는 미륵 하생 신앙과 관련이 있다.

13 0595

자료의 '불립문자', '견성오도'를 통해 신라 하대에 대두한 선종에 대한 설명임을 알 수 있다.

② 선종은 호족 세력이 수용하여 지방으로 확산되었으며, 지방 호족 및 도당 유학생의 반신라적 움직임과 결부되어 고려 개창의 사상적 바탕이 되었다.

오답 분석

① 교종에 대한 설명이다. 선종은 지방 분권적 정치 성향을 지니고 있었다.

③ 당나라에서 선종을 배우고 돌아온 홍척(실상산파)은 흥덕왕과 같은 왕실의 관심 대상이 되었다. 또한 경문왕을 비롯한 하대의 왕들은 왕권 강화를 위해 선종과 결탁하려는 노력을 보이기도 하였다.

④ 선종은 당나라에서 유학한 승려들이 귀국하여 선사찰(禪寺刹)을 세우면서, 지방을 거점으로 성장해 나가기 시작하였다.

정답 ②

14 0596

밑줄 친 '이들'은 신라 하대에 지배층으로 성장한 호족 세력이다.

④ 호족 세력이 등장한 신라 하대에는 선종의 영향을 받은 승탑과 탑비가 유행하였다.

오답 분석

① 고구려의 영양왕은 600년에 태학 박사 이문진을 시켜 고구려의 옛 역사서인 『유기』 100권을 정리·재편수하여 『신집』 5권을 엮게 하였다.

② 선덕 여왕은 신라 상대인 634년에 분황사와 분황사 모전 석탑을 세웠다.

③ 고려 원 간섭기 이후 원으로부터 북방 가마 기술이 도입되면서 청자의 빛깔이 퇴조하고 분청사기가 등장하였다.

정답 ④

15 0597

제시문의 불교 사상은 신라 하대에 유행한 선종 불교이다.

② 쌍봉사 철감선사탑은 신라 하대의 대표적인 승탑이다. 신라 하대에는 선승들이 많이 배출됨에 따라 탑이나 불상보다는 점차 선승들의 일대기를 기록한 탑비나 승탑(부도) 등이 유행하였다.

오답 분석

모두 선종과는 관련이 없다.

① 성덕 대왕 신종은 신라 중대인 경덕왕 시기에 만들어지기 시작하여 혜공왕 시기에 완성되었다.

③ 경천사지 십층 석탑은 원의 영향을 받은 고려 후기의 대표적인 석탑이다.

④ 금동 미륵보살 반가 사유상은 대개 6세기 후반부터 7세기, 또는 8세기 전반까지 제작되었다.

정답 ②

16 0598

③ 삼국 시대 왕실의 불교 장려는 불교로 하여금 국가의 평안을 기원하는 호국 불교의 성격을 띠게 하였다. 백제의 왕흥사, 신라 황룡사 9층 목탑, 100명이 『인왕경』을 강독하는 백고좌회(백좌강회), 호국적 의미가 강한 토속 행사인 팔관회 등이 대표적인 호국 불교의 특성이다. 한편 민간에서는 샤머니즘과 유착되어 출산·질병 치료·침략자 격퇴 등의 현세 구복적 성격을 띠는 밀교가 성행하였다.

정답 ③

17 0599

2017년 7급 서울시

밑줄 친 '이 승려'에 대한 설명으로 옳은 것을 〈보기〉에서 모두 고른 것은?

> 이 승려는 고려 초기에 귀법사의 주지를 역임하였고, 남악파와 북악파의 통합을 위해 인유(仁裕)와 함께 큰 사찰의 승려를 찾아가 설득하여 화엄종파의 분쟁을 종식시켰다. 958년에는 시관(試官)이 되어 유능한 승려들을 많이 선발하였다.

보기
㉠ 『신편제종교장총록』을 편찬하였다.
㉡ 『천태사교의』를 저술하였다.
㉢ 성상융회를 주창하였다.
㉣ 향가를 지음으로써 국문학 사상 큰 업적을 남겼다.

① ㉠, ㉡　　　　② ㉡, ㉢
③ ㉡, ㉣　　　　④ ㉢, ㉣

18 0600

2015년 9급 지방직

다음 왕의 재위 기간에 있었던 사실로 옳은 것은?

> 왕은 중국에 36명의 승려를 파견하여 법안종을 배우도록 하였다. 또한 제관과 의통을 파견하여 천태학에 대한 관심을 보였다.

① 승과 제도를 시행하였다.
② 요세가 세운 백련사를 후원하였다.
③ 의천이 국청사를 창건하는 것을 후원하였다.
④ 거란과의 전쟁을 물리치기 위해 초조대장경을 조성하였다.

19 0601

2010년 7급 지방직

다음 글에서 ㉠의 간행을 주도한 인물에 대한 설명으로 옳은 것은?

> 선종 8년에 간행된 (　㉠　)은 고려, 송, 요, 일본 등 각지에 있는 불교 서적을 모아 편찬한 것으로 고려 불교의 전통을 재확인하고 불교의 기반을 국제적 규모로 확대한 것이다.

① 유·불 일치설을 주장하며 심성의 도야를 강조하여 장차 성리학 수용의 토대를 마련하였다.
② 만덕사에서 법화 신앙에 중점을 둔 백련 결사를 제창하였다.
③ 흥왕사를 근거지로 삼아 화엄종 중심의 교종 통합 운동을 벌였다.
④ 정혜쌍수와 돈오점수를 내세우면서 선교 일치의 사상을 완성하였다.

20 0602

2019년 7급 국가직

밑줄 친 '왕'의 재위 기간에 있었던 일로 옳지 않은 것은?

> 왕 24년 봄에 전라도 지휘사 김경손이 초적 이연년을 쳐서 평정하였다. 이때 이연년 형제가 원율·담양 등 여러 고을의 무뢰배들을 불러 모아 해양(海陽) 등의 주현을 공격하여 함락시켰다.

① 왕실의 원찰인 묘련사가 창건되었다.
② 백련 결사가 조직되어 백련 결사문이 발표되었다.
③ 각훈이 왕명에 따라 『해동고승전』을 편찬하였다.
④ 수기의 주도 아래 대장경의 편집·교정이 이루어졌다.

17 0599

밑줄 친 '이 승려'는 균여로, 교종을 통합하기 위해 광종의 부름을 받고 귀법사의 주지로 발탁되었다. 이후 균여는 양분되었던 남악과 북악 등 화엄종 내부의 분열을 종식시키고, 교종의 다른 일파인 법상종을 화엄종 중심으로 통합하였다.

ⓒ 균여는 화엄 사상 속에 법상종의 사상을 융합해 교종 내의 대립을 해소시키고자 하였으며, 통합 사상인 성상융회 사상을 주창하였다.

ⓔ 『보현십원가』는 균여가 중생을 교화하기 위하여 어려운 불경을 향가로 풀이한 것으로, 성속무애 사상이 표현되어 있다.

오답 분석

㉠ 의천에 대한 설명이다.
ⓛ 제관에 대한 설명이다.

정답 ④

18 0600

제시문의 왕은 광종이다.

① 광종은 쌍기의 건의로 과거 제도를 시행하면서 승과도 동시에 시행하였던 것으로 보인다.

오답 분석

② 요세가 중창한 백련사를 후원하였던 것은 최씨 무신 정권이다.
③ 의천의 국청사 창건을 후원하였던 왕은 선종과 숙종이다.
④ 현종은 거란과의 전쟁에서 부처의 힘을 빌려 거란을 물리치기 위해 초조대장경을 판각하였다.

정답 ①

19 0601

㉠은 교장(속장경)이며, 대각국사 의천의 주도하에 간행되었다.

③ 의천은 흥왕사를 근거지로 삼아 화엄종 중심의 교종 통합 운동을 벌였다. 또한 송 유학 이후에는 국청사를 근거지로 천태종을 창시하여, 교종을 중심으로 선종을 통합시키려 하였다.

오답 분석

① 혜심에 대한 설명이다.
② 요세에 대한 설명이다.
④ 지눌에 대한 설명이다.

정답 ③

20 0602

제시문은 최우 집권기인 1237년에 일어난 이연년 형제의 난으로, 밑줄 친 '왕'은 고려 고종에 해당한다. 고종은 1213년부터 1259년까지 47년간 재위하였으며, 이 시기에 고려는 몽골의 침략을 받았다.

① 묘련사는 충렬왕이 1284년(충렬왕 10)에 왕실의 원찰로 창건한 절이다. 묘련사는 이후 천태종의 결사도량인 백련사의 분원 역할을 맡게 되었다.

오답 분석

② 요세는 고종 재위 시기인 1216년에 처음으로 강진 만덕사에서 백련 결사를 제창하였다.
③ 각훈이 『해동고승전』을 집필한 시기는 고종 재위 시기인 1215년이다.
④ 고종 재위 시기에 수기의 주도 아래 재조대장경의 편집·교정이 이루어졌다.

정답 ①

21 0603

『신편제종교장총록』을 편찬한 승려에 대한 설명으로 옳은 것은?

① 선종의 일파인 임제종을 들여와 전파하였다.
② 거조암, 길상사 등에서 정혜 결사를 주도하였다.
③ 우리나라 천태교학의 전통을 원효에게서 찾았다.
④ 성속무애 사상을 주장하면서 종단을 통합하려 하였다.

22 0604

밑줄 친 '나'에 대한 설명으로 옳지 않은 것은?

> 나는 도(道)를 구하는 데 뜻을 두어 덕이 높은 스승을 두루 찾아 다녔다. 그러다가 진수대법사 문하에서 교관(敎觀)을 대강 배웠다. 법사께서는 강의하다가 쉬는 시간에도 늘 "관(觀)도 배우지 않을 수 없고, 경(經)도 배우지 않을 수 없다."라고 제자들에게 훈시하였다. 내가 교관에 마음을 다 쏟는 까닭은 이 말에 깊이 감복하였기 때문이다.

① 해동 천태종을 창시하였다.
② 이론과 실천의 양면을 강조하였다.
③ 교종의 입장에서 선종을 통합하였다.
④ 정혜쌍수로 대표되는 결사 운동을 일으켰다.

23 0605

다음 내용을 주장한 인물에 대한 설명으로 옳은 것은?

> • 한 마음(一心)을 깨닫지 못하고 한없는 번뇌를 일으키는 것이 중생인데, 부처는 이 한 마음을 깨달았다. 깨닫는 것과 깨닫지 못하는 것은 오직 한 마음에 달려 있으니 이 마음을 떠나서 따로 부처를 찾을 수 없다.
> • 먼저 깨치고 나서 후에 수행한다는 뜻은 못의 얼음이 전부 물인 줄은 알지만 그것이 태양의 열을 받아 녹게 되는 것처럼 범부가 곧 부처임을 깨달았으나 불법의 힘으로 부처의 길을 닦게 되는 것과 같다.

① 국청사를 창건하고 천태종을 창시하였다.
② 부석사를 창건하고 화엄 사상을 선양하였다.
③ 불교계를 개혁하기 위해 수선사 결사를 주도하였다.
④ 『십문화쟁론』을 저술하여 종파 간의 사상적 대립을 조화시키고자 하였다.

24 0606

(가)와 (나)의 인물에 대한 〈보기〉의 설명으로 옳은 것은?

> (가)는 "교(敎)를 배우는 이는 대개 안의 마음을 버리고 외면에서 구하고, 선(禪)을 익히는 이는 인연을 잊고 안의 마음을 밝히기를 좋아하니, 모두 한쪽에 치우친 것으로 두 극단에 모두 막힌 것이다."라고 주장하였다.
> (나)는 "정(定)은 본체이고 혜(慧)는 작용이다. 작용은 본체를 바탕으로 존재하므로 혜가 정을 떠나지 않고, 본체가 작용을 가져오게 하므로 정은 혜를 떠나지 않는다."라고 주장하였다.

> **보기**
> ㉠ (가)와 (나)는 서로 다른 방법으로 교종과 선종의 통합을 시도하였다.
> ㉡ (가)와 (나)는 지방 호족과 연합하여 신라 정부의 권위를 약화시켰다.
> ㉢ (가)는 불교와 유교 모두 도를 추구한다는 점에서 같다는 유·불 일치설을 주장하였다.
> ㉣ (나)는 수선사 결성을 제창하여 불교계의 개혁을 추진하였다.

① ㉠, ㉡
② ㉠, ㉣
③ ㉡, ㉢
④ ㉡, ㉣

21 0603

『신편제종교장총록』은 의천이 편찬하였다. 의천은 요나라·송나라·일본 등에서 불교 서적 4,000여 권과 국내의 고서들을 수집하였으며, 흥왕사에 교장도감을 설치하고 이들 경서를 간행하였다. 또한 간행 목록으로서『신편제종교장총록』3권을 편집하였다.

③ 의천은 원효의 원융회통에 입각한 화쟁 사상에서 불교 통합의 해법을 찾으려 하였다. 화엄종의 시조인 의상의 업적을 찬양하면서도, 원효를 더욱 숭상하여 분황사를 찾아가 원효의 상전에 제사를 드렸고, 원효를 '해동교주·해동보살·성사(聖師)' 등으로 숭상하였다. 또한 원효의 사상에 대하여 '성상(性相)을 융통히 밝히고 고금을 세밀히 감싸면서 백가들의 다투는 실마리를 화합시켰다.'고 높이 평가하였다.

오답 분석

① 보우에 대한 설명이다.
② 지눌에 대한 설명이다.
④ 균여에 대한 설명이다.

정답 ③

22 0604

제시문은 대각국사 의천이 주장한 교관겸수에 관한 내용으로, 밑줄 친 '나'는 의천이다. 의천은 1097년 중국 유학 이후 교종을 중심으로 선종을 통합하기 위해 천태종을 창시하고 국청사를 창건하였다. 이후 교관겸수(敎觀兼修)와 내외겸전(內外兼全)을 제창하였으며 이론과 실천의 양면을 강조하였다.

④ 정혜쌍수는 선정과 지혜를 같이 닦아야 한다는 것으로, 지눌이 주장하였다. 지눌은 돈오점수의 방법으로 정혜쌍수를 강조함으로써 선종을 중심으로 교종과의 조화를 이루고자 하였다.

정답 ④

23 0605

제시문은 보조국사 지눌이 주장한 것으로, 각각 『정혜결사문』, 『수심결』의 내용에 해당한다. 지눌은 돈오(인간의 마음이 곧 부처의 마음임을 문득 깨닫는 것)와 점수(오랜 악습을 제거하고 부처가 되기 위하여 돈오하였더라도 깨달음을 꾸준히 실천하는 것)의 방법으로, 선정과 지혜를 같이 닦아야 한다는 정혜쌍수를 강조하였다.

③ 지눌은 승려 본연의 자세인 선 수행과 독경의 병행을 주장하였으며, 노동을 강조하고, 수선사(송광사) 결사 운동을 제창하였다.

오답 분석

① 의천에 대한 설명이다.
② 의상에 대한 설명이다.
④ 원효에 대한 설명이다.

정답 ③

24 0606

(가)는 의천, (나)는 지눌에 해당한다.

㉠ 대각국사 의천은 원효의 원융회통에 입각한 화쟁 사상에서 불교 통합의 해법을 찾으려 하였고, 흥왕사와 화엄종을 중심으로 성상겸학의 교리를 정비하여 교종을 통합하려 노력하였다. 반면 지눌은 선종 계통의 조계종을 바탕으로 선종과 교종을 통합하려 하였다.

㉣ 보조국사 지눌은 정혜 결사(수선사 결사)를 중심으로 하는 선·교 통합 운동을 벌였으며 조계종을 창건하였다.

오답 분석

㉡ 신라 하대의 선종에 대한 설명으로, 고려 시대의 승려인 의천, 지눌과는 관련이 없다.
㉢ 진각국사 혜심에 대한 설명이다.

정답 ②

25 0607

2013년 9급 지방직

㉠과 ㉡의 인물이 수행한 활동으로 옳은 것은?

> • 문무왕이 도성을 새롭게 짓고자 하니,   ㉠ 이(가) 말하기를 "비록 궁벽한 시골(草野) 띳집(茅屋)에 있다고 해도 바른 도를 행하면 복된 일이 오래 갈 것이고, 만일 그렇지 못하면 사람을 수고롭게 하여 성을 쌓을지라도 아무 이익이 없을 것입니다." 하니, 왕이 곧 그 성을 쌓는 것을 그만두었다.
> • 임인년 정월에 개경 보제사에서 열린 담선 법회가 파한 연후에   ㉡ 은(는) 동문 10여 인과 함께 "명예와 이익을 버리고 산림에 은둔하여 같은 모임을 맺자. 항상 선정을 익히고 지혜를 고르는 데 힘쓰고, 예불하고 경전을 읽으며 힘들여 일하는 것에 이르기까지 각자 맡은 바 임무에 따라 경영한다."라고 결의하였다.

① ㉠ – 황룡사 9층 목탑의 건립을 왕에게 건의하였다.
② ㉠ – 세속 5계를 만들어 젊은이에게 규범을 제시하였다.
③ ㉡ – 순천 송광사에서 수선 결사 운동을 전개하였다.
④ ㉡ – 국청사를 중심으로 고려 천태종을 창시하였다.

26 0608

2011년 7급 지방직

고려 후기 천태종의 백련사 결사(白蓮社結社)에 대한 설명으로 옳은 것은?

① 유교와 불교는 다름이 없다 하여 유불 일치를 강조하였다.
② 정토 신앙(淨土信仰)을 적극 수용하였다.
③ 선정(禪定)과 지혜(智慧)를 함께 닦을 것을 강조하였다.
④ 최씨 무신 정권과 긴밀하게 연결되어 강화도에 분사(分社)를 세웠다.

27 0609

2019년 9급 서울시

고려 시대 불교계의 동향과 관련된 설명으로 가장 옳지 않은 것은?

① 백련 결사를 제창한 요세는 참회와 수행에 중점을 두는 등 복잡한 이론보다 종교적 실천을 강조했다.
② 재조대장경은 고려 전기에 만들어졌던 대장경 판목이 거란의 침입으로 불타버렸기 때문에 무신집권기에 다시 만든 것이다.
③ 각훈은 삼국 시대 이래 승려들의 전기를 정리하여 『해동고승전』을 지었다.
④ 지눌은 깨달음과 더불어 실천을 강조하는 돈오점수를 주장했다.

28 0610

2017년 9급 서울시

밑줄 친 '그'에 대한 설명으로 옳은 것은?

> 그는 『묘종초』를 설법하기 좋아하여 언변과 지혜가 막힘이 없었고, 대중에게 참회를 닦기를 권하였다. … (중략) … 대중의 청을 받아 교화시키고 인연을 맺은 지 30년이며, 결사에 들어온 자들이 3백여 명이 되었다.

① 강진의 토호 세력의 도움을 받아 백련사를 결성하였다.
② 불교계 폐단을 개혁하기 위해 9산 선문의 통합을 주장하였다.
③ 이론의 연마와 실천을 아울러 강조하는 교관겸수를 제창하였다.
④ 깨달은 후에도 꾸준한 실천이 필요하다는 돈오점수를 중시하였다.

25 0607

⊙은 신라 중대의 승려인 의상이고, ⓒ은 고려 무신 집권기의 승려인 지눌이다. 의상은 676년(문무왕 16)에 왕의 뜻을 받아 부석사를 창건하고 화엄을 강술하여 해동 화엄종의 시조가 되었다.

③ 지눌은 송광사에서 수선사 결사 운동을 제창하였으며, 돈오점수의 방법으로 정혜쌍수를 강조함으로써 선종을 중심으로 교종과의 통합을 시도하였다.

오답 분석

① 통일 신라 선덕 여왕 시기에 자장이 황룡사 9층 목탑의 건립을 건의하였다.
② 신라의 승려 원광은 세속 5계를 만들었으며, 고구려를 치기 위하여 수나라에 병사를 요청하는 글인 걸사표를 짓기도 하였다.
④ 고려의 승려 의천은 흥왕사에 교장도감을 설치하여 『신편제종교장총록』 3권을 편집하였고, 국청사를 중심으로 고려 천태종의 개조가 되었다.

정답 ③

26 0608

② 고려 후기의 백련 결사는 원묘국사 요세가 제창한 것으로, 강진 지방의 호족 세력과 연합하여 요세가 수선사에 맞서 천태종 중심의 법화 신앙을 내세운 신앙 결사이다. 요세는 자신의 행동을 진정으로 참회하는 법화 신앙에 중점을 두었으며, 백성의 신앙적 욕구를 고려하여 정토 신앙을 적극 수용하였다. 이로 인해 요세의 백련 결사는 지방민의 호응을 얻어 수선사와 양립하게 되었다.

오답 분석

① 혜심에 대한 설명이다.
③ 지눌에 대한 설명이다.
④ 최씨 무신 정권과 긴밀하게 연결된 것은 조계종이었으며, 최우는 강화도에 수선사(순천 송광사)의 분사로 선원사를 세웠다.

정답 ②

27 0609

② 고려 전기에 만든 초조대장경이 몽골의 침입으로 소실되자, 이후 최씨 무신 정권은 불법의 힘에 의지해 몽골의 침략을 저지하려는 목적으로 재조대장경을 조판하였다.

오답 분석

① 백련 결사는 진정한 참회를 바탕으로 표준적인 수행 방법을 제시함으로써 백성들에게 법화 신앙과 정토 신앙에 기반한 신앙 체계를 제시하였다.
③ 각훈은 삼국 시대부터 고려 시대까지의 승려들의 전기를 정리한 『해동고승전』을 지었다. 이 중 삼국 시대의 기록만이 현존하고 있다.
④ 지눌은 정혜 결사를 주창하고 돈오점수와 정혜쌍수를 바탕으로 불교계의 혁신을 이끌었다.

정답 ②

28 0610

밑줄 친 '그'는 고려 후기의 승려 요세이다.

① 요세는 강진의 토호 세력의 도움으로 만덕사에서 천태종 중심의 백련 결사를 제창하였다. 백련 결사는 대중의 참회를 중심으로 한 법화 신앙과 정토 신앙을 내세웠던 결사 단체였다.

오답 분석

② 원증국사 보우에 대한 설명이다. 그는 공민왕에게 9산 선문을 통합하여 종파의 이름을 '도존(道存)'으로 할 것을 건의하였다.
③ 대각국사 의천에 대한 설명이다.
④ 보조국사 지눌에 대한 설명이다.

정답 ①

2019년 9급 서울시(추가 채용)

29 0611

2019년 9급 서울시(추가 채용)

고려 시대 불교 문화에 대한 설명으로 가장 옳은 것은?

① 태조는 훈요 십조에서 전국에 비보사찰을 제한 없이 늘려 불국토를 이루도록 당부하였다.

② 현종 대에는 거란의 대장경을 수입하여 고려의 독자적인 초조대장경을 만들기 시작했고, 완료한 후 흥왕사에 보관하였다.

③ 광종 대 균여는 국청사를 중심으로 해동 천태종을 창시하고, 교종과 선종의 대립을 완화하기 위해 노력하였다.

④ 삼국 시대부터 있어 왔던 향도를 계승하여 신앙의 결속을 다졌으며, 매향 행위를 함으로써 내세의 복을 빌기도 했다.

30 0612

2015년 7급 국가직

고려 시대 불교에 대한 설명으로 옳지 않은 것은?

① 국통 아래 주통과 군통 등의 승관을 두어 사찰과 승려를 관리하였다.

② 요세가 결사한 백련사는 법화 신앙을 내세운 천태종 계통의 신앙 단체였다.

③ 균여는 북악의 법손(法孫)으로서 북악을 중심으로 남악의 사상을 융합하였다.

④ 사찰에서는 토지와 노비를 소유하고 재산을 지키기 위해 승병을 양성하기도 하였다.

31 0613

2013년 7급 지방직

고려 후기 불교계에 대한 설명으로 옳은 것은?

① 대각국사 의천은 현화사를 중심으로 해동 천태종을 창시하였다.

② 공민왕 때 개혁정치를 추진한 신돈은 9산 선문의 통합을 주장하였다.

③ 교종 세력은 친원 세력과 손을 잡고 수선사를 개조하여 세력 신장에 힘썼다.

④ 태고 보우는 원으로부터 임제종을 들여와 전파시킴으로써 불교계의 새로운 주류로 떠올랐다.

32 0614

2019년 9급 서울시

〈보기〉에서 밑줄 친 '그'가 활동하던 시대 상황에 대한 설명으로 가장 옳지 않은 것은?

> **보기**
> 그가 북산에서 나무하다가 공, 사노비를 불러 모아 모의하기를, "나라에서 경인, 계사년 이후로 높은 벼슬이 천한 노비에게서 많이 나왔으니, 장수와 재상이 어찌 씨가 따로 있으랴. 때가 오면 누구나 할 수 있는데, 우리들이 어찌 고생만 하면서 채찍 밑에 곤욕을 당해야 하겠는가?"라고 하니, 여러 노비들이 모두 그렇게 여겼다.
> ─『고려사』

① 최충의 9재 학당을 비롯한 사학 12도가 융성하였다.

② 경주 일대에서 고려 왕조를 부정하는 신라 부흥 운동이 일어났다.

③ 정혜쌍수와 돈오점수를 주장하는 수선 결사 운동이 전개되었다.

④ 소(所)의 거주민은 금, 은, 철 등 광업품이나 수공업 제품을 생산하여 바치기도 하였다.

29 0611

④ 향도는 백제에서도 그 자취를 살필 수 있으며, 신라 김유신의 화랑도 조직 이름인 용화향도에서 그 기원을 찾을 수 있다. 향도의 매향 행위는 미륵 하생 신앙을 바탕으로 백성들의 삶의 터전인 지역 사회를 구원받으려는 믿음이 반영된 것이었다.

오답 분석

① 태조는 훈요 십조에서 도선이 산수의 순과 역에 따라 세운 비보사찰 이외에 다른 절들을 함부로 세우지 말 것을 당부하였다.
② 초조대장경은 현종 시기부터 만들기 시작하여 선종 시기에 완성되었다. 초조대장경의 제작 과정에서 거란의 대장경을 참고한 것은 문종 시기 이후이며, 현종 시기에는 송의 대장경을 바탕으로 제작되었다. 초조대장경은 일시적으로 미완성본이 흥왕사에 보관되었다가 제작이 완료된 후 부인사로 이관되어 보관되었다.
③ 국청사를 중심으로 해동 천태종을 창시하고, 교종과 선종의 대립을 완화하기 위해 노력한 인물은 대각국사 의천에 해당한다.

정답 ④

31 0613

④ 고려 후기에 태고 보우는 원으로부터 선종의 일파인 임제종을 들여와 전파시킴으로써 불교계의 새로운 주류로 떠올랐다. 임제종은 이후 조선까지 이어져 선종 불교의 주류가 되었다.

오답 분석

① 의천이 해동 천태종을 창시한 곳은 국청사이다. 현화사는 법상종의 본찰로서 귀족 세력을 대표하는 사원이었다.
② 공민왕 때 9산 선문의 통합을 주장한 것은 보우이다.
③ 지눌은 의천의 죽음과 무신 정변으로 인해 교종 중심의 불교 통합 운동이 힘을 잃어가는 가운데, 선종 중심의 신앙 결사인 수선사를 통해 선 수행과 독경의 병행을 주장하였으며, 노동을 강조하였다.

정답 ④

30 0612

① 신라 진흥왕 대의 사실이다. 진흥왕은 551년에 신라로 귀화한 고구려 승려 혜량을 승통(국통)으로 삼고, 그 아래 주통과 군통을 두어 교단을 조직하였다. 고려 시대에는 승록사라는 관청을 두어 승려와 교단을 관리하였다.

오답 분석

② 요세가 제창한 백련사 결사는 대중의 참회를 중심으로 한 법화 신앙과 정토 신앙을 내세웠던 천태종 계열의 신앙 단체였다.
③ 신라 말 화엄종은 후백제 견훤의 복전(福田)이 된 관혜(지리산 화엄사)와 고려 태조의 복전이 된 희랑(영주 부석사와 가야산 해인사)의 두 종으로 분열되어 있었는데, 그 법문을 각각 남악(南岳)과 북악(北岳)이라 불렀다. 광종은 북악의 법통을 계승한 균여로 하여금 남악까지 통합하게 함으로써, 후삼국 이래 남악파와 북악파로 분열된 화엄 종단을 통합하게 하였다.
④ 불교가 융성했던 고려 시대에는 사찰에서 막대한 토지와 노비를 소유하였고, 이를 지키기 위해 승병을 조직하기도 하였다.

정답 ①

32 0614

밑줄 친 '그'는 고려 무신 집권기의 집권자 최충헌의 사노비인 만적이다. 그는 개경의 노비들을 모아 신분 해방 운동을 시도하려 하였으나 한충유의 노비 순정의 밀고로 사전에 발각되어 실패하였다.

① 최충이 9재 학당을 만들어 사학을 융성시킨 시기는 고려 전기 문종 때이다.

오답 분석

② 최충헌 집권기인 1202년에 경주에서 신라 부흥 운동의 성격을 갖는 이비·패좌의 난이 일어났다.
③ 수선사 결사 운동(정혜 결사)은 최씨 무신 정권의 후원을 받았다.
④ 고려 시대의 특수 행정 구역인 소(所)는 금, 은, 철, 동 등의 광물과 종이, 먹 등 수공업품을 생산하여 국가에 공급하였다.

정답 ①

33 0615

2019년 9급 지방직

다음 ㉠~㉣에 들어갈 인물을 바르게 연결한 것은?

> ○ (㉠)는/은 『신편제종교장총록』을 편찬하였다.
> ○ (㉡)는/은 원의 불교인 임제종을 들여와서 전파시켰다.
> ○ (㉢)는/은 강진에 백련사를 결사하여 법화 신앙을 내세웠다.
> ○ (㉣)는/은 『목우자수심결』을 지어 마음을 닦고자 하였다.

	㉠	㉡	㉢	㉣
①	수기	보우	요세	지눌
②	의천	각훈	요세	수기
③	의천	보우	요세	지눌
④	의천	요세	각훈	수기

34 0616

2011년 7급 국가직

불교계의 동향에 대한 설명으로 옳지 않은 것은?

① 원효는 화엄 사상을 바탕으로 교단을 형성하여 많은 제자를 양성하였다.
② 의천은 이론의 연마와 실천을 아울러 강조하는 교관겸수를 제창하였다.
③ 지눌은 선과 교학의 근본이 하나라는 정혜쌍수를 사상적인 바탕으로 삼았다.
④ 요세는 법화 신앙에 중점을 둔 백련 결사를 제창하여 지방민의 호응을 얻었다.

35 0617

2018년 9급 국가직

다음 (가)에 대한 설명으로 옳지 않은 것은?

> 예전에 성종이 [(가)] 시행에 따르는 잡기가 정도(正道)에 어긋나는데다가 번거롭고 요란스럽다 하여 이를 모두 폐지하였다. … (중략) … 이것을 폐지한 지가 거의 30년이나 되었는데, 이때에 와서 정당문학 최항이 청하여 이를 부활시켰다.

① 국제 교류의 장이었다.
② 정월 보름에 개최되었다.
③ 토속 신에게 제사를 지냈다.
④ 훈요 10조에서 시행할 것을 강조하였다.

36 0618

2018년 7급 국가직

(가)~(라) 승려에 대한 설명으로 옳지 않은 것은?

> (가) 참회법과 미타 정토 신앙을 실천행으로 강조하는 결사 운동을 전개하였다.
> (나) 송광산 길상사를 근거지로 새로운 선풍(禪風) 진작에 힘을 기울여 개혁적인 승려들과 지방민의 호응을 얻었다.
> (다) 북악파 중심으로 남악파를 통합하여 화엄 교단을 정리하고 당시 불교계를 주도하였다.
> (라) 고려와 송, 거란 등의 불교 저술을 망라한 『신편제종교장총록』을 작성하고 속장경을 간행하였다.

① (가) – 중국 화엄종의 방계(傍系)인 이통현의 화엄 사상에서 많은 영향을 받았다.
② (나) – 선을 체(體)로 삼고 교를 용(用)으로 삼아 선과 교의 합일점을 구하였다.
③ (다) – 화엄 사상의 입장에서 법상종 세력을 흡수하여 성상 융회 사상을 표방하였다.
④ (라) – (다)의 화엄학이 실천의 문제를 떠나 지나치게 관념화되어 있음을 비판하였다.

33 0615

㉠ 『신편제종교장총록』을 편찬하고 이를 바탕으로 불경 주석서인 『교장』을 정리한 인물은 의천이다.

㉡ 원으로부터 선종의 일파인 임제종을 도입한 인물은 공민왕 시기의 승려인 보우이다.

㉢ 법화 신앙과 정토 신앙을 바탕으로 천태종 중심의 백련 결사를 주도한 인물은 요세이다.

㉣ 『목우자수심결』을 지어 정혜쌍수와 돈오점수를 제창한 인물은 지눌이다.

오답 분석

· 수기는 개태사의 주지로, 몽골 침략기에 편찬된 재조대장경의 교정을 주관한 승려이다.

· 각훈은 1215년 무신 집권기에 『해동고승전』을 집필한 승려이다.

정답 ③

34 0616

① 원효는 6두품 출신의 승려로 의상과 더불어 원융무애를 강조하는 화엄 사상의 대가였으나, 교단 형성에는 관여하지 않았다. 화엄사상을 정립하고, 교단을 형성하여 많은 제자를 양성한 인물은 의상이다.

오답 분석

② 의천은 천태종을 중심으로 교관겸수와 내외겸전을 제창하였다.

③ 지눌은 수선사 결사(정혜 결사)를 중심으로 정혜쌍수와 돈오점수를 제창하였다.

④ 요세는 강진 만덕사에서 참회를 강조하는 법화 신앙을 중심으로 천태종의 신앙 결사체인 백련 결사를 제창하였다.

정답 ①

35 0617

(가)는 팔관회이다. 팔관회는 천령 · 오악 · 명산 · 대천 · 용신을 섬기는 대회로, 불교 의식의 하나였다. 여덟 가지 계율을 하루 낮, 하룻밤 동안 엄격히 지켜 불교 입문의 상징으로 삼았으며, 이 8계를 수여하는 의식을 팔관회라 하였다.

② 팔관회는 매년 11월 15일(서경에서는 10월 15일)에 개경에서 열렸으며, 고려 왕의 정치적 권위를 확인하는 자리이기도 하였다. 이 불교 의식은 송의 상인이나 여진과 탐라의 사절이 와서 축하 선물을 바치고 무역을 하는 등 국제적 규모의 행사가 되기도 하였다.

정답 ②

36 0618

(가)는 요세, (나)는 지눌, (다)는 균여, (라)는 의천이다.

① 이통현은 당나라의 화엄종을 재정립한 인물로, 그의 화엄 사상의 영향을 받은 승려는 의천과 지눌이다. 특히 지눌은 이통현의 화엄 사상을 연구하여 교종(화엄학)에 대한 이해를 심화하였으며, 이를 바탕으로 선종의 입장에서 교종을 받아들이려는 정혜 결사를 추진하였다. 요세는 천태종 중심의 신앙 결사 운동을 전개하였다.

오답 분석

② 송광산 길상사는 현재의 순천 송광사로, 한때 수선사라고도 불리었다. 이곳에서 지눌은 정혜쌍수를 바탕으로 선교 일치를 주장하였다.

③ 북악의 법손인 균여는 성상융회 사상을 바탕으로 화엄종과 법상종의 통합을 추진하였다.

④ 의천은 『신편제종교장총록』을 바탕으로 교장(속장경)을 편찬하였다. 의천은 같은 화엄종 교단의 승려인 균여를 비판하였으며 균여의 저작을 『신편제종교장총록』에서 제외시키기도 하였다. 이후 의천은 교관겸수를 바탕으로 교선 일치를 주장하는 천태종을 창시하였다.

정답 ①

37 0619

밑줄 친 '이 사상'에 대한 설명으로 옳지 않은 것은?

> 신라 말기에 도선과 같은 선종 승려들이 중국에서 유행한 이 사상을 전하였다. 이는 산세와 수세를 살펴 도읍·주택·묘지 등을 선정하는, 경험에 의한 인문 지리적 사상이다. 아울러 지리적 요인을 인간의 길흉 화복과 관련하여 생각하는 자연관 및 세계관을 내포하고 있다.

① 신라 말기에 안정된 사회를 염원하는 일반 백성의 인식이 반영되었다.
② 신라 말기에 호족이 자기 지역의 중요성을 자부하는 근거로 이용하였다.
③ 고려 시대에 묘청이 서경 천도의 필요성을 주장하는 논리로 활용하였다.
④ 고려 시대에 국가와 왕실의 안녕과 번영을 기원하는 초제로 행하여졌다.

39 0621

다음에 나타난 사상에 대한 설명으로 옳지 않은 것은?

> 신(臣)들이 서경의 임원역 지세를 관찰하니, 이곳이 곧 음양가들이 말하는 매우 좋은 터입니다. 만약 궁궐을 지어서 거처하면 천하를 병합할 수 있고, 금나라가 폐백을 가지고 와 스스로 항복할 것이며, 36국이 모두 신하가 될 것입니다.

① 서경 천도 운동의 배경이 되었다.
② 문종 때 남경 설치의 배경이 되었다.
③ 하늘에 제사 지내는 초제의 사상적 근거가 되었다.
④ 공민왕과 우왕 때 한양 천도 주장의 근거가 되었다.

38 0620

고려에서 행한 국가 제사에 대한 설명으로 옳지 않은 것은?

① 태조 때에 환구단(圜丘壇)에서 풍년을 기원하는 제사를 올렸다.
② 성종 때에 사직(社稷)을 세워 지신과 오곡 신에게 제사를 지냈다.
③ 숙종 때에 기자(箕子) 사당을 세워 국가에서 제사하였다.
④ 예종 때에 도관(道觀)인 복원궁을 세워 초제를 올렸다.

40 0622

다음은 고려 시대의 특정 사상에 대한 내용이다. 이와 관련된 사실만을 〈보기〉에서 모두 고른 것은?

> 영암군 사람들이 전하기를 "고려 때 최씨의 뜰 가운데 오이 하나가 열렸는데, 길이가 한 자나 넘어 온 집안사람들이 자못 이상하게 여겼다. 최씨 딸이 몰래 이것을 따 먹었더니, 저절로 태기가 있어 달이 차서 아들을 낳았다. …(중략)… 이름을 도선이라 하였다."
>
> ─ 『세종실록』 지리지

보기

ㄱ. 『보현십원가』   ㄴ. 남경개창도감
ㄷ. 대화궁 건립   ㄹ. 연등회

① ㄱ, ㄴ   ② ㄴ, ㄷ   ③ ㄴ, ㄹ   ④ ㄷ, ㄹ

37 0619

밑줄 친 '이 사상'은 풍수지리 사상으로, 신라 하대에 도선에 의해 도입되었으며, 신라 정부의 권위를 약화시키고 고려 왕조를 개창하는데 중요한 이념적 구실을 하였다. 또한 자신의 근거지를 내세운 호족들의 지배력 강화에 이용되기도 하였다. 송악 길지설, 서경 길지설, 남경 길지설 등은 모두 풍수지리설의 영향을 받아 파생된 것이다.

④ 고려 시대 도교에 대한 설명이다. 도교는 특히 예종 시기에 성행하여 개경의 북쪽에 도관으로 복원궁이 설립되기도 하였다.

정답 ④

38 0620

① 고려 시대의 환구단 설치는 983년 정월에 성종이 환구단에 풍년 기원제를 드렸다는 『고려사』의 기록으로 보아 알 수 있다. 성종은 국가 제사를 정립하여 환구단, 사직, 종묘 등을 설치하였다.

정답 ①

39 0621

사료에 나오는 사상은 풍수지리 사상으로, 묘청은 이 사상을 바탕으로 서경 천도 운동을 벌였으며, 인종은 서경에 대화궁을 짓고 수시로 순행하기도 하였다.

③ 초제는 천지와 산천에 대한 공식적인 국가 제사로, 도교와 관련이 있다.

오답 분석

① 묘청은 풍수지리설을 바탕으로 하여 서경 천도 운동을 일으켰다.
② 도선의 지리도참설에 의해 문종 21년인 1067년에 양주로 불리던 서울이 남경으로 승격되었다.
④ "삼각산 아래가 제왕의 도읍이 될 만하다."는 풍수지리설에 의해 고려 말 공민왕과 우왕 시기에 한양 천도가 여러 차례 시도되었지만 실현되지는 못하였다.

정답 ③

40 0622

제시문은 신라 하대 풍수지리설의 대가였던 '도선'에 관한 기록이다.

ㄴ. 태조 시기 개경과 함께 서경이 정비되었으며, 성종 시기 동경(경주)이 설치되어 3경 체제가 완성되었다. 문종 이후부터 풍수지리설의 영향으로 남경(한양)이 설치되어 동경을 대신해 개경, 서경과 더불어 3경을 구성하게 되었다. 또한 숙종은 남경개창도감을 두어 남경에 궁궐을 건립하기도 하였다.
ㄷ. 서경 출신의 승려 묘청은 풍수지리설을 바탕으로 고려가 약화되고 변란이 일어난 것은 개경의 지덕이 쇠약한 때문이라고 주장하였다. 따라서 지덕이 왕성한 서경으로 수도를 옮겨야 하며, 칭제건원을 통해 국격을 높이고 국운을 중흥시켜야 한다고 역설하였다. 이에 인종은 서경에 자주 행차하면서 대화궁을 완공하고 유신지교를 반포하여 개혁 의지를 대외에 표방하였다.

오답 분석

ㄱ. 『보현십원가』는 고려 광종 때의 승려 균여가 지은 11수의 시로, 불경을 향가로 풀이한 것이다.
ㄹ. 연등회는 매년 정월 대보름에 열리는 고려의 불교 행사이다.

정답 ②

41 0623　　　　　　　　　　　　　2013년 7급 국가직

우리나라 도교에 대한 설명으로 옳지 않은 것은?

① 고구려에서는 연개소문이 도교 진흥 정책을 써서 불교 사찰을 도관(道觀)으로 쓰기도 했다.

② 유학자 최치원은 도교와 불교에도 조예가 깊어 삼교를 회통한 사상가로 추앙받았다.

③ 고려 문종 때 복원궁이라는 도교 사원을 세우고 본격적으로 도교를 보급하였다.

④ 조선 초기에는 소격서라는 관청을 두고 일월성신에 대한 제사로서 초제를 주관하게 했다.

42 0624　　　　　　　　　　　　　2016년 9급 서울시

삼국 시대의 사상과 문화에 대한 설명으로 가장 옳지 않은 것은?

① 부여 능산리에서 발견된 백제 대향로에는 신선이 산다는 봉래산이 조각되어 있어 백제인의 신선 사상을 엿볼 수 있다.

② 삼국 불교의 윤회설은 왕이나 귀족, 노비는 전생의 업보에 의해 타고났다고 보기 때문에 신분 질서를 정당화하는 관념을 제공하였다.

③ 신라 후기 민간 사회에서는 주문으로 질병 치료나 자식 출산 등을 기원하는 현실 구복적 밀교가 유행하였다.

④ 고구려의 겸익은 인도에서 율장을 가지고 돌아온 계율종의 대표적 승려로서 일본 계율종의 성립에도 영향을 주었다.

43 0625　　　　　　　　　　　　　2012년 7급 국가직

삼국 시대 및 통일 신라 시대의 유교에 대한 설명으로 옳지 않은 것은?

① 백제에는 박사 제도가 있었으며, 일본에 유교 경전을 전해 주었다.

② 삼국 시대에는 유교의 충효 논리를 전통적인 공동체 윤리와 조화시키고자 하였다.

③ 신문왕 대에는 당나라로부터 공자와 그 제자들의 화상(畵像)을 들여와서 국학에 안치시켰다.

④ 고구려에서는 『사기』, 『한서』 등의 역사책과 사전인 『옥편』, 문학서인 『문선』을 이해하고 있었다.

44 0626　　　　　　　　　　　　　2016년 7급 국가직

밑줄 친 '그'에 대한 설명으로 옳지 않은 것은?

> 아버지가 말하기를 "십 년 안에 과거에 급제하지 못하면 내 아들이 아니니 힘써 공부하라"라고 하였다. 그는 당에서 스승을 좇아 학문을 게을리 하지 않았다. 건부(乾符) 원년 갑오에 예부시랑 배찬이 주관하는 시험에 합격하여 선주(宣州)의 율수현위에 임명되었다.
> — 『삼국사기』

① 역사서인 『제왕연대력』을 저술하였다.

② 난랑비 서문에서 삼교 회통의 사상을 보여주었다.

③ 『법장화상전』에서 화엄종 승려의 전기를 적었다.

④ 사산비명의 하나인 고선사 서당화상비문을 지었다.

41 0623

③ 복원궁은 복원관이라고도 하며, 도교의 최고 신인 삼청과 천황을 봉안하여 도교의 신앙 체계를 갖춘 도관이다. 복원궁의 건립 연대에 대해 정확히 기록된 것은 없으나, 고려 예종 때 이중약의 건의로 건립되었던 것으로 보인다.

정답 ③

42 0624

④ 겸익은 고구려가 아닌 백제의 승려로, 성왕 시기에 인도에서 계율 중심의 불경을 들여와 직접 번역하여 불교에 대한 이해를 심화시켰다. 또한 이후 일본 계율종의 성립에도 영향을 주었다.

[오답 분석]

① 1993년 부여 능산리에서 발견된 백제 대향로는 신선이 산다는 봉래산과 용 및 봉황이 조각되어 있어 도교적 특성을 이해할 수 있다. 또한 연잎이 새겨져 있어 불교의 세계관도 함께 접목되어 있음을 확인할 수 있다.
② 삼국의 불교는 윤회설을 바탕으로 사람의 행위에 따라 업보를 받는다는 업설을 내세웠다. 윤회설에 의하면, 왕과 귀족은 전생에 선한 공덕을 많이 쌓아 현생의 높은 지위에 오르게 되었다고 볼 수 있었기 때문에 윤회설은 신분 질서를 정당화하는 관념으로 활용되었다.
③ 밀교는 민간 신앙적 요소와 결합된 대표적 불교 종파로서 삼국 시대 말기에 전래된 것으로 보이며, 주문, 부적 및 비방 등을 사용하여 현세구복적 기능을 강하게 수행하는 특성을 갖는다. 신라의 삼국 통일 후 당나라가 통일 신라를 침범하려는 기세가 엿보일 때, 명랑이 밀교의 비법을 써서 당의 군사를 무찔렀다고 알려져 있으며, 토속 신앙과 결합하여 고려, 조선까지 일부가 계승되었다.

정답 ④

43 0625

③ 당나라로부터 공자와 72제자의 화상을 들여와서 국학에 안치시킨 것은 성덕왕 때이다. 당나라에 갔던 김수충이 717년에 귀국해 공자(문선왕)와 10철(哲) 및 72제자의 화상(畫像)을 바쳐 국학에 봉안하였다. 신문왕 시기에는 국학이 설립되었다.

정답 ③

44 0626

밑줄 친 '그'는 고운 최치원이다.

④ 사산비명은 숭엄산 성주사 대낭혜화상 백월보광탑 비명(국보 제8호), 지리산 쌍계사 진감선사 대공령탑 비명(국보 제47호), 초월산 대숭복사 비명, 희양산 봉암사 지증대사 적조탑 비명(국보 제315호)에 해당한다. 이것은 최치원이 세 선사의 행적과 화엄종 계열의 왕실 원찰인 대숭복사의 창건 내력을 적은 비문으로, 모두 왕명에 의해 찬술되었다. 고선사 서당화상비문은 원효의 업적을 새긴 비문으로, 원효의 후손에 의해 찬술되었을 것으로 추정되며, 최치원과는 관련이 없다.

[오답 분석]

① 최치원은 신라의 고유 왕호를 중국식 왕명으로 통칭하였을 것으로 추정되는 『제왕연대력』을 저술하였다.
② 최치원은 난랑비 서문에서 유·불·선을 포용한 풍류도를 언급하였다.
③ 『법장화상전』은 최치원이 저술한 책으로, 당나라 화엄종 승려 법장의 전기이다.

정답 ④

45 0627

2018년 7급 국가직

다음과 같은 시기에 재위하였던 국왕 대의 사실로 옳은 것은?

> 성균관을 다시 짓고 이색을 판개성부사 겸 성균관 대사성으로 삼았다. … (중략) … 이색이 다시 학칙을 정하고 매일 명륜당에 앉아서 경전을 나누어 수업하였는데, 강의를 마치면 함께 논쟁하느라 지루함을 잊었다. 이에 학자들이 모여들기 시작하였고 서로 함께 눈으로 보고 느끼게 되니, 정주성리학이 비로소 흥기하게 되었다.
>
> – 『고려사』

① 정동행성을 설치하였다.
② 정치도감을 설치하였다.
③ 전민변정도감을 설치하였다.
④ 각염제를 처음으로 시행하였다.

46 0628

2019년 7급 국가직

㉠에 들어갈 인물에 대한 설명으로 옳은 것은?

> (㉠)는(은) 원에서 크게 성행하고 있었던 성리학을 국내에 소개하였으며, 중국 강남에 사람을 보내 공자와 제자들의 초상화 및 문묘에서 사용할 제기와 서적 등을 구해 오게 하였다.

① 최초의 성리학 입문서인 『학자지남도』를 편찬하였다.
② 충선왕이 세운 만권당에서 원의 학자들과 교류하였다.
③ 원의 과거에 급제하고 돌아와 성균관을 중심으로 성리학을 확산시켰다.
④ 이 인물을 배향하기 위해 설립된 서원은 뒤에 조선 최초의 사액 서원이 되었다.

47 0629

2021년 9급 국가직

밑줄 친 '유학자'에 대한 설명으로 옳은 것은?

> 풍기 군수 주세붕은 고려 시대 유학자의 고향인 경상도 순흥면 백운동에 회헌사(晦軒祠)를 세우고, 1543년에 교육 시설을 더해서 백운동 서원을 건립하였다.

① 해주 향약을 보급하였다.
② 원 간섭기에 성리학을 국내로 소개하였다.
③ 『성학십도』를 저술하여 경연에서 강의하였다.
④ 일본의 동정을 담은 『해동제국기』를 저술하였다.

48 0630

2018년 7급 지방직

고려 시대 성리학의 수용 과정에 대한 설명으로 옳지 않은 것은?

① 이제현은 만권당에서 원의 학자들과 교류하면서 성리학에 대한 이해를 심화하였다.
② 안향은 정몽주, 권근, 정도전 등을 가르쳐 성리학을 더욱 확산시켰다.
③ 김문정은 원에서 공자의 화상과 각종 서적을 구해 왔다.
④ 백이정은 직접 원에 가서 성리학을 배워 왔다.

45 0627

사료의 국왕은 공민왕이다. 공민왕은 홍건적의 2차 침입 이후 불탄 개경의 성균관을 1367년에 다시 중건하였으며, 이색을 성균관 대사성으로 임명하여 유학 교육을 진흥시켰다.

③ 공민왕은 전민변정도감을 다시 설치하여 개혁 정치를 시행하였다.

오답 분석

① 충렬왕 대의 사실이다.
② 충목왕 대의 사실이다.
④ 충선왕 대의 사실이다.

정답 ③

46 0628

㉠에 들어갈 인물은 안향이다. 안향은 교육의 진흥을 위해 섬학전을 설치하고, 문묘의 대성전을 낙성하였으며, 박사 김문정을 중국에 보내 공자의 초상화와 제기·악기·육경·제자사(諸子史) 등의 책을 구입하여 유학 진흥에 큰 공적을 남겼다.

④ 1542년 풍기 군수 주세붕이 안향을 배향하기 위해 세운 백운동 서원은 이후 이황의 건의로 사액되면서 조선 최초의 사액 서원인 소수 서원이 되었다.

오답 분석

① 정도전에 대한 설명이다. 정도전의 성리학 입문서인 『학자지남도』는 후일 권근의 『입학도설』에 큰 영향을 끼쳤다.
② 이제현에 대한 설명이다. 이제현은 충선왕의 북경 사저에 있던 만권당에서 원의 학자들과 교류하였다.
③ 이색에 대한 설명이다. 그는 원나라에 가서 회시에 장원, 전시에 차석으로 급제하고 국사원편수관 등을 지내다가 귀국하였다. 1367년 대사성이 되자 성균관의 학칙을 새로 제정하고 김구용·정몽주·이숭인 등과 강론하는 등 성리학 발전에 공헌했다.

정답 ④

47 0629

제시문의 밑줄 친 '유학자'는 고려 후기의 인물인 안향 선생이다. 조선 중종 시기 풍기 군수였던 주세붕은 안향을 기리고 후학을 양성하기 위해 백운동 서원을 건립하였다.

② 충렬왕 시기에 활약하였던 안향은 원나라에 여러 번 방문하였으며, 본격적으로 원으로부터 성리학을 도입하였다.

오답 분석

① 이이는 1574년 황해도 관찰사로 부임한 후 해주 향약을 보급하였다.
③ 이황은 선조가 즉위한 후 『성학십도』를 저술하여 경연에서 이를 강론하였다.
④ 일본과 유구국 등의 정보를 수록한 『해동제국기』는 성종 초 신숙주에 의해 집필되었다.

정답 ②

48 0630

② 성균관을 정비하고 정몽주, 권근, 정도전 등의 학자들을 배출하여 성리학을 진흥시킨 인물은 이색이다. 안향은 충렬왕 시기의 인물로 『유국자제생문』을 집필하여 성리학의 학풍을 진작시키고, 대성전을 건립하여 문묘를 정비하였다. 또한 양현고의 부실을 보강하기 위해 섬학전을 운영하여 교육 진흥을 꾀하였다.

오답 분석

① 충선왕은 충숙왕에게 왕위를 물려준 후 베이징에 머물면서 사저에 만권당을 설치하였다. 이제현은 만권당에서 원의 학자들과 교류하면서 성리학에 대한 이해를 심화하였다.
③ 김문정은 충렬왕 시기에 원에서 공자의 화상과 서적을 구해와 국자감(성균감)의 문묘에 봉안하였다.
④ 백이정은 충선왕을 따라 원나라에 가서 1298년부터 10년 간 왕을 보필하고 성리학을 수학하였다.

정답 ②

49 0631

〈보기〉 이야기의 아들에 대한 설명으로 가장 옳은 것은?

> **보기**
>
> 오래도록 후사를 이을 아들이 없어 이 절의 관음보살 앞에서 기도를 하였더니 태기가 있어 아들을 낳았다. 태어난 지석 달이 안되어 백제의 견훤이 서울을 습격하니 성 안이 크게 어지러웠다. 은함은 아이를 안고 [이 절에] 와서 고하기를, "이웃 나라 군사가 갑자기 쳐들어와서 사세가 급박한지라 어린 자식이 누가 되어 둘이 다 죽음을 면할 수 없사오니 진실로 대성(大聖)이 보내신 것이라면 큰 자비의 힘으로 보호하고 길러주시어 우리 부자로 하여금 다시 만나보게 해주소서."라고 하고 눈물을 흘려 슬프게 울면서 세 번 고하고 [아이를] 강보에 싸서 관음보살의 사자좌 아래에 감추어 두고 뒤돌아보며 돌아갔다.
> — 『삼국유사』

① 전생의 부모를 위해서는 석불사를, 현생의 부모를 위해서는 불국사를 창건하였다.

② 국가 재정을 낭비하는 불교 행사를 억제하고, 유교 사상을 정치의 근본 이념으로 삼아 통치 체제를 정비하도록 건의하였다.

③ 동리산문의 승려이자 음양풍수설의 대가로서, 개성, 평양, 한양이 국가의 중심지가 될 것을 예언하여 고려 왕들의 존숭을 받았다.

④ 신라 말 당나라에 유학하였고, 발해의 재상 오소도의 아들 광찬과 같은 해에 급제하였다.

50 0632

〈보기〉에서 제시된 인물의 공통점으로 가장 옳은 것은?

> **보기**
>
> ㉠ 김운경   ㉡ 최치원   ㉢ 최언위   ㉣ 최승우

① 고려 출신으로 당나라에서 유학했다.

② 7세기와 8세기에 활약했던 신라의 대문장가이다.

③ 숙위 학생으로 당 황제의 호위 무사가 되었다.

④ 당나라의 빈공과에 급제한 후 귀국하였다.

51 0633

밑줄 친 '그'에 대한 설명으로 옳지 않은 것은?

> 그와 남은이 임금을 뵈옵고 요동을 공격하기를 요청하였고, 그리하여 급하게 「진도(陣圖)」를 익히게 하였다. 이보다 먼저 좌정승 조준이 휴가를 받아 집에 있을 때, 그와 남은이 조준을 방문하여, "요동을 공격하는 일은 지금 이미 결정되었으니 공(公)은 다시 말하지 마십시오."라고 말하였다.

① 만권당에서 원의 학자들과 교류하였다.

② 맹자의 역성혁명론을 조선 건국에 적용하였다.

③ 한양 도성의 성문과 궁궐 등의 이름을 지었다.

④ 『경제문감』을 저술하여 재상 중심의 정치를 주장하였다.

52 0634

조선 전기 사림(士林)에 대한 설명으로 옳지 않은 것은?

① 재야에서 공론을 주도하는 지도자로서 산림(山林)이 존중되었다.

② 향촌 자치를 내세우며, 도덕과 의리를 바탕으로 한 왕도 정치를 강조하였다.

③ 3사의 언관직을 차지하고, 자신들의 의견을 공론으로 표방하였다.

④ 중소 지주적인 배경을 가지고, 지방 사족이 영남과 기호 지방을 중심으로 성장하였다.

49 0631

〈보기〉의 이야기는 『삼국유사』에 수록된 최승로의 출생 설화이다.

② 최승로가 고려 성종에게 바친 '시무 28조'의 내용 중 하나에 해당한다.

오답 분석

① 신라 중대 경덕왕 시기 석불사와 불국사를 창건한 인물은 김대성이다.

③ 음양풍수설의 대가이며, 고려 시대 왕들의 존숭을 받은 인물은 도선이다.

④ 최언위에 대한 설명이다. 신라의 최언위와 발해 재상 오소도의 아들 오광찬이 당나라 빈공과에 급제하였으나, 최언위의 석차가 더 높다는 사실을 안 오소도가 당나라에 항의하면서 빈공과 등제 서열 사건이 발생하였다.

정답 ②

50 0632

④ 김운경, 최치원, 최언위, 최승우는 신라 하대의 6두품 출신 유학자들로, 모두 당의 빈공과에 급제한 후 귀국하였다.

정답 ④

51 0633

밑줄 친 '그'는 요동 정벌을 추진한 정도전이다. 정도전의 요동 정벌 추진에는 사병을 혁파하려는 목적도 함께 담겨 있었기 때문에, 제1차 왕자의 난(무인정사, 1398) 당시 정도전은 이방원에게 제거되었고, 그 이후 요동 정벌은 중단되었다.

① 북경의 충선왕 사저에 지어진 만권당에서 원의 학자들과 교류한 인물은 이제현이다.

오답 분석

②, ③, ④ 정도전은 맹자의 역성 혁명론을 바탕으로 조선 건국의 정당성을 부여하였으며, 경복궁을 비롯한 도성 지역 대부분의 지명을 작명하기도 하였다. 또한 『경제문감』을 저술하여 재상 중심의 정치를 주장하기도 하였다.

정답 ①

52 0634

① 산림이 처음으로 등장한 것은 조선 후기인 광해군 때였으며, 하나의 제도로 성립된 것은 17세기 전반 인조 때였다. 최초의 산림이었던 정인홍은 경상도 사림의 영수로서 광해군 재위 시기에 북인 정권의 지지 기반과 국정 방향을 제시하였으나 회퇴변척을 주장하여 유적에서 삭제되고 인조반정으로 죽임을 당하였다. 산림은 한 지역 사대부의 여론을 주도하고, 지역 사림의 천거권까지 보유하여 국정의 방향과 운영, 특정 붕당이나 정파의 성쇠에 큰 영향을 끼쳤다.

정답 ①

53 0635

조선 초기 향교에 대한 설명으로 옳지 않은 것은?

① 원칙적으로 모든 양인 남자에게 입학이 허용되었고 학비는 없었다.
② 모든 군현에 향교를 두기로 하고 군현의 규모에 따라 정원을 정하였다.
③ 매년 자체적으로 정기 시험을 치러 성적 우수자에게는 성균관 입학 자격이 주어졌다.
④ 학업 중 군역이 면제되었으나 성적 미달로 자격이 박탈될 경우 군역을 지도록 하였다.

55 0637

다음 글을 쓴 인물에 대한 설명으로 옳은 것은?

> 꿈속에 신선이 나타나서 "나는 초나라 회왕 손심인데 서초 패왕에게 살해되어 빈강에 버려졌다"고 말하고 사라졌다. 잠에서 깨어나 생각해보니 회왕은 중국 초나라 사람이고, 나는 동이 사람으로 거리가 만리(萬里)나 떨어져 있는데 꿈에 나타난 징조는 무엇일까? 역사를 살펴보면 시신을 강물에 버렸다는 기록이 없으니 아마 항우가 사람을 시켜서 회왕을 죽이고 시체를 강물에 버린 것인지 알 수 없는 일이다. 이제야 글을 지어 의제를 조문한다.

① 최초의 서원인 백운동 서원을 세웠다.
② 길재의 학통을 이어받고 김굉필 등 제자들을 길렀다.
③ 『소학』 보급을 통해 유교 윤리를 확산시키려 하였다.
④ 유교 경전의 독자적 해석을 시도하여 사문난적으로 몰렸다.

54 0636

(가) 교육 기관에 대한 설명으로 옳은 것은?

> 주세붕이 비로소 ____(가)____ 을/를 창건할 적에 세상에서 자못 의심했으나, 그의 뜻은 더욱 독실해져 무리들의 비웃음을 무릅쓰고 비방을 극복하여 전례 없던 장한 일을 이루었습니다. … (중략) … 최충, 우탁, 정몽주, 길재, 김종직, 김굉필 같은 이가 살던 곳에 ____(가)____ 을/를 건립하게 될 것입니다.
> – 『퇴계집』

① 학문 연구와 선현의 제사를 위해 설립된 사설 교육기관이다.
② 성적 우수자는 문과의 초시를 면제해 주었다.
③ 선비와 평민의 자제에게 『천자문』 등을 가르쳤다.
④ 지방의 군현에 있던 유일한 관학이다.

56 0638

밑줄 친 '이 사람'에 대한 설명으로 옳은 것은?

> 이 사람은 1501년에 출생하여 1572년에 타계한 경상우도를 대표하는 유학자이다. 그의 학문 사상 지표는 경(敬)과 의(義)이다. 마음이 밝은 것을 경(敬)이라 하고 밖으로 과단성 있는 것을 의(義)라고 하였다. 이러한 그의 주장은 바로 '경'으로써 마음을 곧게 하여 수양하는 기본으로 삼고 의로써 외부 생활을 처리하여 나간다는 생활 철학을 표방한 것이었다.

① 문인들이 주로 북인이 되었다.
② 이황과 사단 칠정 논쟁을 벌였다.
③ 『동호문답』, 『만언봉사』 등을 저술하였다.
④ 일본의 성리학 발전에 큰 영향을 끼쳤다.

53 0635

③ 향교 자체 시험으로는 성균관 입학 자격이 부여되지 않았다. 중앙의 4부 학당에서 성균관에 입학할 수 있는 승보시가 시행된 반면, 향교에서는 학업 성적 우수자에게 소과의 초시를 면제해 줄 뿐이었다.

오답 분석

① 향교 입학생들의 사회적인 신분은 조선 개국 초부터 양인 범주에 속하는 사람들이 그 대상이었으며, 학비는 없었다. 향교에는 정부에서 5~7결의 학전을 지급하여 그 수세(收稅)로써 교육 비용을 충당하도록 하였다.

② 향교는 각 지방 관청의 관할하에 두어 부·대도호부·목에는 각 90명, 도호부에는 70명, 군에는 50명, 현에는 30명의 학생을 수용하도록 하고, 종6품의 교수와 정9품의 훈도를 두도록 『경국대전』에 규정하였다.

④ 향교의 교생은 군역을 면제받는데, 이로 인해 군역을 피할 목적으로 교생이 되던 자가 많았다. 이후 군역이 부족해지자, 교생들 중에 성적이 좋지 않은 자들은 군역을 지도록 하는 '낙강교생충군법'이 마련되기도 하였다.

정답 ③

54 0636

(가)는 16세기부터 건립되기 시작한 서원이다.

① 서원은 학문 연구와 선현의 제사를 위해 설립된 사설 교육 기관의 성격을 가지고 있었으며, 이후 붕당 정치의 성행으로 남설되었다.

오답 분석

② 성적 우수자에게 문과(대과)의 초시를 면제해 준 것은 성균관이다.

③ 서당에 대한 설명이다.

④ 향교에 대한 설명이다.

정답 ①

55 0637

제시문은 김종직의 「조의제문」이다. 「조의제문」은 김종직이 수양대군(세조)의 왕위 찬탈을 비방한 글로, 무오사화의 원인이 되었다.

② 김종직은 길재의 학풍을 이어받았으며, 정여창, 김굉필, 김일손 등을 제자로 두었다.

오답 분석

① 주세붕에 대한 설명이다.

③ 조광조에 대한 설명이다.

④ 윤휴, 박세당에 대한 설명이다.

정답 ②

56 0638

밑줄 친 '이 사람'은 조식이다. 조식은 경으로 마음을 곧게 하여 수양하는 것을 기본으로 삼고, 의로써 외부 생활을 해나간다는 의리 철학·생활 철학을 표방하였다. 특히 경을 바탕으로 의를 중시한다는 점에서 퇴계 이황과 차이를 보인다. 그는 학문이란 반궁실천(반궁체험)과 지경실행해야 하는 것임을 강조하면서, 현실에서는 일반 민중의 고통을 해결하고 삶을 영위하는 데 실제적인 혜택을 주어야 한다고 주장했다.

① 조식의 학풍은 선조·광해군 시기 퇴계 이황의 문인들과 견줄 만큼의 학파를 형성하였고, 광해군 시기 중앙 정계의 주도 세력인 북인의 주축을 이루기도 하였다.

오답 분석

② 기대승에 대한 설명이다.

③ 이이에 대한 설명이다.

④ 이황에 대한 설명이다.

정답 ①

57 0639

다음은 사단 칠정에 대한 어느 유학자의 견해이다. 〈보기〉에서 이 유학자에 대한 설명으로 옳은 것을 모두 고른 것은?

- 사단의 발은 순리이므로 선하지 않음이 없고, 칠정의 발은 이기를 겸하였기 때문에 선악이 있다.
- 사단은 이가 발함에 기가 따른 것이고, 칠정은 기가 발함에 이가 탄 것이다(理乘之). － 『논사단칠정서』

보기
㉠ 이는 무형(無形)하지만 기는 유형하므로 이통기국(理通氣局)이라 주장하였다.
㉡ 간략한 해석을 곁들인 10개의 도형으로 성리학의 핵심 내용을 집성하여 왕에게 바쳤다.
㉢ 형이하의 현실 세계를 기의 능동성으로 파악하여 경세적으로는 경장(更張)을 강조하였다.
㉣ 도덕적 행위의 근거로서 인간의 심성을 중시하고 근본적이며 이상주의적인 성격이 강하였다.

① ㉠, ㉢   ② ㉠, ㉣
③ ㉡, ㉢   ④ ㉡, ㉣

58 0640

〈보기〉와 같은 사상 체계를 지닌 인물에 대한 설명으로 가장 옳지 않은 것은?

보기
○ 이기호발설(理氣互發設)을 내세워 이(理)는 착하고 보편적이지만 기(氣)는 착한 것과 악한 것이 섞여 있어 비천한 것으로 보았다.
○ 4단(四端)은 이에서 발생하고 7정(七情)은 기에서 발생한다고 보았다.

① 주자의 서찰을 뽑아 『주서절요』를 편찬하여 일본 주자학 발달에 기여하였다.
② 선배학자 이언적의 철학을 발전시켜 주리설(主理設)을 수립하였다.
③ 유성룡, 김성일, 정구, 장현광 등 영남 학자들에게 학설이 계승되었다.
④ 국왕과 선비가 지켜야 할 왕도 정치의 규범을 체계화한 『성학집요』를 지었다.

59 0641

왕의 수신 교과서인 『성학십도』를 집필한 인물에 대한 설명으로 가장 옳은 것은?

① 아동용 수신서인 『동몽선습』을 편찬하였다.
② 그의 학설을 따르는 이들이 처음에는 서인을 형성하였다.
③ 기(氣)보다는 이(理)를 중시했고, 『예안향약』을 만들었다.
④ 『주자대전』의 중요 부분을 발췌하여 『주자문록』을 편찬하였다.

60 0642

다음 글을 쓴 인물에 대한 설명으로 옳은 것은?

이제 이 도(圖)와 해설을 만들어 겨우 열 폭밖에 되지 않는 종이에 풀어 놓았습니다만, 이것을 생각하고 익혀서 평소에 조용히 혼자 계실 때에 공부하소서. 도(道)가 이룩되고 성인이 되는 요체와 근본을 바로잡아 나라를 다스리는 근원이 모두 여기에 갖추어져 있사오니, 오직 전하께서는 이에 유의하시어 여러 번 반복하여 공부하소서.

① 일본의 성리학 발전에 크게 영향을 끼쳤다.
② 방납의 폐단을 개선하기 위해 수미법을 주장하였다.
③ 노장 사상을 포용하고 학문의 실천성을 강조하였다.
④ 성리학을 중심에 두면서도 양명학의 심성론을 인정하였다.

57 0639

제시문은 사단과 칠정에 관한 퇴계 이황의 견해이다.
ⓒ 이황은 10개의 도형으로 성리학의 핵심 내용을 집성한 『성학십도』를 편찬하여 선조에게 바쳤다.
ⓔ 이황은 이원적 이기이원론을 바탕으로 한 이기호발설을 주장하였고, 도덕적 행위의 근거로서 이가 주도하는 사단에 의한 인간의 심성을 중시하였다.

오답 분석

ⓐ, ⓒ 이이에 대한 설명이다. 이이는 이기겸발설을 지지하고 기발이승일도설을 주장하며 기만이 능동성을 가질 수 있다는 입장을 피력하였다.

정답 ④

58 0640

〈보기〉의 주장은 주리론의 관점으로, 이황의 입장에 해당한다.
④ 『성학집요』는 율곡 이이의 저서이다.

오답 분석

①, ②, ③ 이황은 이언적의 학풍을 계승하여 주리론(主理論)을 정립하였고, 주요 저서로는 『성학십도』, 『주자서절요』, 『이학통록』, 『전습록변』 등이 있다. 이후 이황의 학설은 유성룡, 김성일, 정구 등의 영남 학자들에게 계승되었다.

정답 ④

59 0641

『성학십도』는 퇴계 이황의 저작이다.
③ 이황은 이귀기천의 입장에서 이(理)를 강조하였으며, 『예안향약』을 만들었다.

오답 분석

① 아동용 수신서인 『동몽선습』은 박세무가 편찬하였다.
② 이황의 학설을 따르는 이들은 남인으로 결집되었다.
④ 『주자대전』의 중요 부분을 발췌하여 『주자문록』을 편찬한 인물은 기대승이다.

정답 ③

60 0642

제시문의 내용은 『성학십도』로, 이 책을 저술한 인물은 이황이다.
① 이황의 성리학은 일본 성리학 발전에 영향을 주었다.

오답 분석

② 이이에 대한 설명이다. 이이는 기(氣)를 강조하는 주기론(主氣論)의 입장이었는데, 이이의 사상은 현실적, 개혁적 성격이 강하여 수미법, 10만 양병설과 같은 현실 문제의 해결책을 제시하기도 하였다.
③ 조식은 노장 사상을 포용하고 학문의 실천성을 강조하면서 강학을 하기보다는 방법을 제시해주고 학습자 스스로 깨우치는 심득(心得)을 중시하였다.
④ 이황 등 주자학파는 양명학을 이단으로 몰아 철저히 배척하였다.

정답 ①

61 0643

밑줄 친 '이 사람'에 대한 설명으로 옳은 것은?

이 사람은 34세에 문과에 급제하여 관직 생활을 시작하였지만 곧 모친상을 당하여 3년간 상복을 입었다. 삼년상이 끝나고 관직에 복귀하였으나 을사사화 등으로 조정이 어지러워지자 이내 관직 생활의 뜻을 접고, 1546년 40대 중반의 나이에 향리로 퇴거하여 학문 연구에 전념하였다. 이후 경상도 풍기 군수로 있으면서 주세붕이 창설한 백운동 서원에 대한 사액을 청원하여 실현을 보게 되었으니, 이것이 조선 왕조 최초의 사액 서원인 '소수 서원'이다.

① 서리 망국론을 부르짖으며 당시 서리의 폐단을 강력하게 비판하였다.
② 아홉 차례의 과거 시험에 모두 장원하여 '구도장원공'이라는 별칭을 얻었다.
③ 주희의 성리설을 받아들였으며, 이기 철학에서 이(理)의 절대성을 주장하였다.
④ 우주 자연은 기(氣)로 구성되어 있으며, 기는 영원불멸하면서 생명을 낳는다고 보았다.

62 0644

밑줄 친 '이 책'의 저자에 대한 설명으로 옳은 것은?

이 책은 왕과 사대부를 위해 왕도 정치의 규범을 체계화한 것으로 통설, 수기, 정가, 위정, 성현도통 등으로 구성되어 있다. 이 책은 성리학의 정치 이론서인『대학연의』를 보완함으로써 조선의 사상계에 널리 영향을 미쳤다.

① 경과 의를 근본으로 하는 실천적 성리학풍을 강조하였다.
② 기대승과 8차례 편지를 통해 4단과 7정에 대한 논쟁을 벌였다.
③ 이보다 기를 중심으로 세계를 이해하고 노장 사상에 개방적이었다.
④ 사림이 추구하는 왕도 정치가 기자에서 시작되었다는 평가를 담은『기자실기』를 저술하였다.

63 0645

〈보기〉의 인물 ㉠에 대한 설명으로 가장 옳은 것은?

보기

명나라 사신 왕경민이 "항상 기자가 동쪽으로 온 사적에 대해 알 수 없는 것이 한스럽다. 조선에 기록된 것이 있으면 보고 싶다."라고 하니, (㉠)이(가) 전에 본인이 저술한『기자실기』를 주었다.

① 백운동 서원에 소수 서원이라는 편액을 하사받도록 하였다.
②『성학집요』와『격몽요결』등을 집필하였다.
③ 유성룡, 김성일, 장현광 등 주로 영남학자들에게 그의 학설이 계승되었다.
④ 일평생 처사로 지내며 독창적인 유기 철학을 수립하였다.

64 0646

밑줄 친 '저'에 대한 설명으로 옳은 것은?

올해 초가을에 비로소 저는 책을 완성하여 그 이름을『성학집요』라고 하였습니다. 이 책에는 임금이 공부해야 할 내용과 방법, 정치하는 방법, 덕을 쌓아 실천하는 방법과 백성을 새롭게 하는 방법이 실려 있습니다. 또한 작은 것을 미루어 큰 것을 알게 하고 이것을 미루어 저것을 밝혔으니, 천하의 이치가 여기에서 벗어나지 않을 것입니다. 따라서 이것은 저의 글이 아니라 성현의 글이옵니다.

① 예안향약을 만들었다.
②『동호문답』을 저술하였다.
③ 백운동 서원을 건립하였다.
④ 왕자의 난 때 죽임을 당했다.

61 0643

밑줄 친 '이 사람'은 퇴계 이황이다.

③ 이황은 주희의 성리설을 수용하였으며, 이기 철학에서 이귀기천론과 이의 절대성을 강조하였다.

오답 분석

① 조식은 「무진봉사」에서 서리 망국론을 주장하여 서리의 폐단을 강력하게 비판하였다.

② '구도장원공'이라는 별칭을 얻었던 인물은 이이이다.

④ 서경덕은 기는 우주를 포함하고도 남는 무한량한 것이며, 가득 차 있어 빈틈이 없으며, 시작도 없고 끝도 없는 영원한 존재이므로, 스스로의 힘에 의해서 만물을 생성할 수 있기 때문에, 기 이외의 어떤 원인이나 그 무엇에 의존하지 않는다고 주장했다. 기가 모이면 하나의 물건이 이루어지고, 흩어지면 그 물건이 소멸하며, 기 그 자체는 소멸하지 않는다는 것이 서경덕의 유기 철학이다. 서경덕은 이를 기의 내면적 작용을 표현한 것으로 이해하였다.

정답 ③

62 0644

자료의 밑줄 친 '이 책'은 「성학집요」이다. 「성학집요」는 1575년 이이가 저술한 책이다.

④ 이이는 「기자실기」에서 기자가 정전제와 팔조교 등을 시행하였다는 내용을 들어 이를 성인과 같은 업적으로 평가하며, 사림들이 추구하는 왕도 정치의 기원을 기자에 두는 입장을 서술하였다.

오답 분석

① 조식은 도덕적 행위의 근거로 인간의 심성을 중시하는 한편 경(敬)의 실천을 강조하였다.

② 이황은 기대승과의 사단 칠정 논쟁을 통해 '사단은 이가 발함에 기가 따르는 것이고, 칠정은 기가 발함에 이가 타는 것'이라 하여 이기가 호발(互發)한다(이기호발설)고 주장하였다.

③ 서경덕은 태허설을 바탕으로 기가 모든 것의 기원이라는 주장을 펼쳤으며, 노장 사상에 개방적이었다.

정답 ④

63 0645

〈보기〉의 인물 ㉠은 율곡 이이에 해당한다. 이이는 1580년에 「기자실기」를 집필하였다.

② 이이의 대표적 저술로는 「성학집요」와 「격몽요결」, 「동호문답」, 「석담일기」 등이 있다.

오답 분석

①, ③ 이황에 대한 설명이다. 이황은 명종 시기에 풍기 군수로 부임한 이후 전임 군수인 주세붕이 건립한 백운동 서원에 대해 명종에게 합법적인 인정과 정책적 지원을 요청하였다. 이황은 소수 서원이라는 편액과 함께 사서오경과 「성리대전」 등의 서적, 그 외에 노비를 하사받았다. 한편 이황의 학설은 유성룡, 김성일, 장현광 등 주로 영남 학자들에게 계승되었다.

④ 독창적인 유기 철학과 이를 바탕으로 한 태허설을 주장하였던 인물은 서경덕이다.

정답 ②

64 0646

「성학집요」는 율곡 이이의 저술로 이황의 저작인 「성학십도」와 함께 선조에게 바쳐진 성학 군주론의 대표적 저작이다.

② 이이는 동호 독서당에서 수학한 이후 수미법이 포함된 개혁안을 담은 「동호문답」을 저술하였다.

오답 분석

① 예안향약은 이황에 의해 설립되었다. 이이가 가담하거나 주도한 향약은 파주, 해주, 서원향약이다.

③ 백운동 서원은 이황의 전임 풍기 군수였던 주세붕에 의해 창건되었다.

④ 1398년 1차 왕자의 난 시기에 죽임을 당한 대표 인물은 정도전이다.

정답 ②

65 0647

(가)와 (나)의 인물에 대한 설명으로 옳은 것은?

> (가) 주자의 이론에 조선의 현실을 반영하여 나름대로의 체계를 세우고자 하였다. 그의 사상은 도덕적 행위의 근거로서 인간 심성을 중시하고, 근본적이며 이상주의적인 성격이 강하였다. 대표적인 저서로 『성학십도』가 있다.
>
> (나) 현실적이며 개혁적인 성격을 가지고 있었다. 그는 『성학집요』 등을 저술하여 16세기 조선 사회의 모순을 극복하는 방안으로 통치 체제의 정비와 수취 제도의 개혁 등 다양한 개혁 방안을 제시하였다.

① (가)의 사상은 일본 성리학 발전에 영향을 끼쳤다.
② (가)는 도학의 입문서인 『격몽요결』을 저술하였다.
③ (나)는 왕에게 주청하여 소수 서원이라는 편액을 하사받았다.
④ (나)는 향촌 사회의 도덕적 질서를 안정시키기 위해 예안 향약을 만들었다.

66 0648

조선 성리학의 학설이나 동향을 시기순으로 바르게 나열한 것은?

> ㉠ 현실 세계를 구성하는 기를 중시하여 경장(更張)을 주장하였다.
> ㉡ 우주를 무한하고 영원한 기로 보는 '태허(太虛)설'을 제기하였다.
> ㉢ 정지운의 『천명도』 해석을 둘러싸고 사단칠정 논쟁이 시작되었다.
> ㉣ 향약 보급 운동과 함께 일상에서의 실천 윤리가 담긴 『소학』을 중시하였다.

① ㉡ → ㉠ → ㉣ → ㉢
② ㉡ → ㉣ → ㉠ → ㉢
③ ㉣ → ㉡ → ㉢ → ㉠
④ ㉣ → ㉢ → ㉡ → ㉠

67 0649

다음과 같이 주장한 인물에 대한 설명으로 옳은 것은?

> 예로부터 나라의 역사가 중기에 이르면 인심이 반드시 편안만 탐해 나라가 점점 쇠퇴한다. 그때 현명한 임금이 떨치고 일어나 천명을 연속시켜야만 국운이 영원할 수 있다. 우리나라도 200여 년을 지내 지금 중쇠(中衰)에 이미 이르렀으니, 바로 천명을 연속시킬 때이다.

① 경과 의를 근본으로 하는 실천적 성리학풍을 창도하였다.
② 왕이 지켜야 할 왕도 정치 규범을 체계화한 『성학십도』를 지었다.
③ 삼강오륜의 윤리를 설명하고 중국과 우리나라의 역사를 적은 『동몽선습』을 지었다.
④ 우리 역사에서 기자의 행적을 주목하고 그 전통을 계승하기 위해 『기자실기』를 지었다.

68 0650

조선 후기 호락(湖洛) 논쟁에 대한 설명으로 옳지 않은 것은?

① 18세기 중엽 노론 내부에 주기설과 주리설의 분파가 생겨 일어났다.
② 호론은 인성과 물성이 다르다고 보는 인물성이론을 내세웠다.
③ 낙론은 인성과 물성이 같다는 인물성동론을 주장하였다.
④ 호론은 북학파의 과학 기술 존중과 이용후생 사상으로 이어졌다.

65 0647

(가)는 이황, (나)는 이이에 대한 설명이다.

이황은 이언적의 철학을 발전시켜 주리론(主理論)을 확립하였고, 이원적 이기이원론을 주장하였다. 도덕적 행위의 근거로 인간의 심성을 중시하는 한편 경(敬)의 실천을 강조하였다. 한편 이이는 서경덕의 영향을 받아 형이하의 기(氣)를 강조하는 주기론의 입장이었는데, 일원적 이기이원론을 바탕으로 '기발이승일도설'을 주장하였다. 이이의 이론은 현실적, 개혁적 성격(사회 경장론)이 강하였고, 성(誠)의 실천을 강조하며 수미법과 10만 양병설 등 현실 문제에 대한 해결책을 제시하기도 하였다. 저서로는 『동호문답』, 『성학집요』 등이 있다.

① 이황은 일본 성리학 발전에 영향을 주었으며, 저서로는 『주자서절요』, 『성학십도』 등이 있다.

오답 분석

② 『격몽요결』(1577)은 이이의 저서로, 어린이의 성리학 입문서 역할을 하였다.

③ 백운동 서원의 사액을 요청하여 소수 서원이라는 편액을 받은 인물은 이황이다.

④ 이황은 예안 향약을 통해 경제적 상부상조보다는 도덕 질서와 계급 질서의 안정에 주안점을 두었다.

정답 ①

67 0649

제시문의 내용은 율곡 이이가 경연에서 강론한 것을 적은 일기로, 『경연일기』 또는 『석담일기』라고 불리는 책에서 인용한 사료(『석담일기』 하권 내용 중 1581년 부분)이다. 『석담일기』는 명종 20년(1565)에서 선조 14년(1581)까지의 경연 강론 내용을 담고 있다. 이이는 16세기 후반의 조선 사회를 '중쇠기(中衰期)'로 판단하여 일대 경장(更張)이 요구되는 시대라 보았다.

④ 율곡 이이는 1580년에 『기자실기』를 편찬하였다.

오답 분석

① 경과 의를 학문의 도야와 실천을 결합한 지경실행, 반궁체험을 표현한 것으로 보는 실천적 성리학풍을 창도한 인물은 조식이다.

② 『성학십도』를 저술한 인물은 이황이다.

③ 중종 재위 말에서 명종 즉위에 이르는 시기에 아동용 역사서인 『동몽선습』을 편찬한 인물은 박세무이다.

정답 ④

66 0648

③ 순서대로 나열하면 ② 조광조의 향약 보급 운동(중종) → ⓒ 서경덕의 태허설 제기(인종) → ⓒ 이황과 기대승의 사단칠정 논쟁(명종) → ① 이이의 경장설 주장(선조)이 된다.

정답 ③

68 0650

④ 호론이 아닌 낙론에 대한 설명이다. 인물성동론을 주장하던 낙론의 학자들은 청 문물을 적극 수용하였고, 상공업 진흥과 기술 혁신을 통한 부국강병을 추구하였다. 호론의 입장인 인물성이론은 위정척사 사상의 배경 중 하나가 되었다.

정답 ④

69 0651

2017년 9급 지방직(추가 채용)

조선 후기의 사상 동향에 대한 설명으로 옳은 것만을 모두 고른 것은?

> ㉠ 서울 부근의 일부 남인 학자는 천주교를 수용하였다.
> ㉡ 정조는 기존의 문체에 얽매이지 않는 신문체를 장려하였다.
> ㉢ 복상 기간에 대한 견해차로 인해 예송(禮訟)이 전개되었다.
> ㉣ 노론과 남인 간에 인성(人性)·물성(物性) 논쟁이 전개되었다.

① ㉠, ㉡

② ㉠, ㉢

③ ㉡, ㉣

④ ㉢, ㉣

70 0652

2013년 7급 국가직

다음과 같은 주장에 대한 설명으로 가장 적절한 것은?

> 만물이 생기고 나면 바르고 통(通)한 기운을 받은 것이 사람이 되고, 편벽되고 막힌 기운을 받은 것이 물건이 된다. 물건은 편벽되고 막힌 기운을 받았기 때문에, 이(理)의 전체를 받지 못한 것은 아니지만 기질을 따라 본성 역시 편벽되고 막히게 된다. … (중략) … 사람만은 바르고 통한 기운을 받았기 때문에 마음이 가장 영묘하여 건순과 오상의 덕을 모두 갖추었으니, 그 지극한 것을 확충하면 천지에 참여하여 만물을 화육하는 것을 돕는 것도 모두 우리 인간이 할 수 있는 일이다. 이는 사람과 물건의 다른 점이다.

① 최한기에 의해 서양의 경험철학과 연결되어 개화 사상의 철학적 기반이 되었다.

② 이(理)의 중요성을 강조하여 과학 기술과 이용후생을 강조하는 북학의 배경이 되었다.

③ 화이론에 따라 중화와 오랑캐를 본질적으로 구별되는 존재로 보려는 배타적 입장이 깔려 있었다.

④ 정권에서 소외된 소론파와 왕실의 종친 그리고 서얼 출신 인사들 사이에서 가학으로 이어졌다.

71 0653

2011년 7급 지방직

조선의 양명학에 대한 설명으로 옳지 않은 것은?

① 양명학은 누구나 양지를 가지고 있음을 주장하고, 지행일치를 강조하였다.

② 18세기 초 정제두는 양명학을 체계적으로 연구하여 학파로 발전시켰다.

③ 양명학은 정권에서 소외된 북인 집안의 후손과 인척을 중심으로 하여 계승되었다.

④ 양명학을 계승한 강화 학파는 실학자들과 영향을 주고 받았다.

72 0654

2019년 7급 국가직

양명학에 대한 설명으로 옳은 것만을 모두 고르면?

> ㄱ. 명종 대에 처음 전래되어 이황에 의해 이단으로 비판받았다.
> ㄴ. 수용 초기 양명학자들은 성리학을 배척하여 양립할 수 없었다.
> ㄷ. 박은식의 유교 구신론과 정인보의 조선학 운동에 큰 영향을 끼쳤다.
> ㄹ. 정권에서 소외된 소론과 왕가의 종친 그리고 서얼 출신 인사들 사이에서 가학(家學)으로 이어지면서 퍼졌다.

① ㄱ, ㄴ

② ㄱ, ㄹ

③ ㄴ, ㄷ

④ ㄷ, ㄹ

69 0651

㉠ 천주교는 18세기 후반에 근기 남인 계열의 일부 실학자에 의해 학문으로서 연구되다가, 이승훈이 베이징에서 영세를 받고 돌아오면서 신앙 운동으로 발전하였다.

㉢ 예송 논쟁은 현종 시기에 자의 대비의 복상 기간을 두고 서인과 남인이 대립한 사건이다. 효종이 승하하자, 효종에 대한 자의 대비의 복상 기간을 두고 기해예송(1659)이 일어났고, 효종비(인선 왕후)가 죽은 뒤 또다시 자의 대비의 복상 기간을 두고 갑인예송(1674)이 일어났다.

오답 분석

㉡ 정조는 문풍이 비속해지고 있다는 이유를 들어 1792년에 문체반정을 추진하였고, 당시 자유로운 문장으로 쓰인 많은 글들을 패관소품(稗官小品)의 문체로 규정하여 탄압을 가했다.

㉣ 18세기에 있었던 인성과 물성에 대한 논쟁(호락 논쟁)은 노론 내부에서 전개되었다. 충청 지역의 호론은 인성과 물성이 다르다는 인물성이론을 주장한 반면, 서울 중심의 낙론은 인성과 물성이 같다는 인물성동론을 주장했다.

정답 ②

70 0652

제시문은 조선 후기 노론 중심의 호락 논쟁 중 호론이 주장한 인물성이론에 대한 내용이다.

③ 호론(인물성이론)은 세계관을 확대하여 우리와 오랑캐의 본성이 다르다는 입장을 전개하였으며, 이는 위정척사적 관점과 연계되었다. 개화 사상의 철학적 기반이 된 것은 낙론(인물성동론)에 해당한다.

오답 분석

① 최한기는 경험론에 입각하여 학문관을 정립하고, 경험을 바탕으로 자신의 생각을 확장하는 추측법을 주장하였다.

② 과학 기술과 이용후생을 강조하는 북학파의 배경이 된 사상은 인물성동론으로, 서울 · 경기 지방의 노론이 중심이 된 낙론의 주장에 해당한다.

④ 양명학에 대한 설명이다.

정답 ③

71 0653

③ 양명학은 17세기 후반을 기점으로 북인이 아닌 근기 지방의 재야 소론 학자와 왕실 종친, 그리고 서얼 출신 인사들에 의해 본격적으로 수용되었다. 겉으로는 주자학을 표방하지만 내면으로는 양명학을 신봉함으로써 각 학파의 소외 집단이 주로 수용하였다.

정답 ③

72 0654

ㄷ, ㄹ. 양명학은 정제두 이후 점차 강화도를 중심으로 정권에서 소외된 소론과 왕가의 종친, 그리고 서얼 출신 인사들 사이에서 가학(家學)으로 이어지게 되었다. 또한 후일 박은식과 정인보에게 큰 영향을 끼쳤다.

오답 분석

ㄱ. 양명학은 중종 시기에 전래되어 서경덕 학파를 통해 알려졌으며, 그 문인인 남언경이 최초의 양명학자가 되었다.

ㄴ. 양명학의 수용 초기에는 성리학과의 철학적 조화를 모색하여 학문적 교류를 꾀하기도 하였다.

정답 ④

73 0655

다음과 같이 주장한 학자에 대한 설명으로 옳은 것은?

> 나의 학문은 안에서만 구할 뿐이고 밖에서는 구하지 않는다. … (중략) … 그런데 오늘날 주자를 말하는 자들로 말하면, 주자를 배우는 것이 아니라 다만 주자를 빌리는 것이요, 주자를 빌릴 뿐만 아니라 곧 주자를 부회해서 자기들의 뜻을 성취하려 하고 주자를 끼고 위엄을 지어 자기들의 사욕을 달성하려 할 뿐이다.

① 양지와 양능의 본체성을 근거로 지행합일을 긍정하였다.
② 교조화된 주자학을 비판하다가 사문난적으로 몰리어 죽음을 당하였다.
③ 서인의 영수로서 왕과 사족·서민은 예가 같아야 한다고 주장하였다.
④ 유교 문명 이외에도 유럽·회교·불교 문명권을 소개하여 시야를 넓혀 주었다.

74 0656

〈보기〉는 어느 책의 일부를 발췌한 것이다. 이 책을 저술한 사람은?

> **보기**
> 하늘이 재능을 균등하게 부여하는데 관리의 자격을 대대로 벼슬하던 집안과 과거 출신으로만 한정하고 있으니 항상 인재가 모자라 애태우는 것은 당연한 일이다. 어느 시대, 어느 나라에서 노비나 서얼이어서 어진 인재를 버려두고, 어머니가 개가 했으므로 재능을 쓰지 않는다는 것은 듣지 못했다.

① 이황   ② 이이
③ 허균   ④ 유형원

75 0657

조선 시대의 사상에 대한 설명으로 옳은 것은?

① 정도전은 성리학에만 국한하지 않고 다양한 사상을 포용하였으며, 특히 『춘추』를 국가의 통치 이념으로 중요하게 여겼다.
② 이황은 16세기 조선 사회의 모순을 극복하는 방안으로 통치 체제의 정비와 수취 제도의 개혁 등을 주장하였다.
③ 18세기에는 인간과 사물의 본성이 다르다고 주장하는 호론과, 이를 같다고 주장하는 낙론 사이에서 논쟁이 벌어졌다.
④ 유형원과 이익의 사상을 계승한 김정희는 토지 제도 개혁론을 비롯하여 많은 저술을 남겼다.

76 0658

다음 주장을 한 조선 후기 실학자에 대한 설명으로 옳지 않은 것은?

> 농사를 힘쓰지 않는 자 중에 그 좀이 여섯 종류가 있는데, 장사꾼은 그 중에 들어가지 않는다. 첫째가 노비요, 둘째가 과거요, 셋째가 벌열이요, 넷째가 기교요, 다섯째가 승니요, 여섯째가 게으름뱅이들이다. 저 장사꾼은 본래 사민(四民)의 하나로서 그래도 통화의 이익을 가져온다. 소금·철물·포백 같은 종류는 장사가 아니면 운반할 수 없지만, 여섯 종류의 해로움은 도둑보다도 더하다.

① 유통 경제의 발전을 통해 농촌 경제를 활성화시키고자 하였다.
② 자영농 육성을 위한 토지제도 개혁론으로 한전론을 주장하였다.
③ 역사에서 고금의 흥망이 시세(時勢)에 따라 이루어진다고 파악하였다.
④ 관직은 적은데 과거에 응시한 사람이 많은 데서 붕당이 생긴다고 보았다.

73 0655

사료의 내용은 주자를 비판하는 양명학에 대한 내용으로, 정제두의 『하곡집』의 기록이다. 양명학은 17세기 후반을 기점으로 주화론자인 최명길 등에 의해 본격적으로 수용되었고, 18세기 정권에서 실각한 소론의 가학(家學)으로 형성되다가 정제두에 의해 체계화되었다. 이후 그의 집안 후손과 인척을 중심으로 이른바 강화 학파가 형성되었고, 이건창, 이건방, 박은식, 정인보 등 국학자들에게 계승되어 민족 운동에 영향을 주었다.

① 양명학은 인간이 상하 존비의 차별 없이 본래 타고난 천리(天理)로서의 양지를 실현하여 사물을 바로잡을 수 있다는 치양지설을 주장하며, 신분 계급 질서를 부정하고 평등을 지향했다. 또한 마음이 곧 이치이기 때문에 마음이 원하는 것을 깨닫는 순간이 실천의 순간이라고 파악함으로써 앎과 행함이 분리되거나 선후가 있는 것이 아니라 앎은 행함을 통해서 성립한다는 지행합일설을 주장하였다.

오답 분석

② 교조화된 주자학을 비판하다가 사문난적으로 몰린 학자는 윤휴와 박세당이다. 그러나 사문난적으로 몰려 죽임을 당한 학자는 존재하지 않는다.

③ 서인의 영수로서 왕과 사족 · 서민의 예(禮)가 같아야 한다고 주장한 학자는 송시열이다.

④ 조선 · 중국 등의 유교 문명 이외에도 유럽 · 회교 · 불교 문명권을 소개한 인물은 이수광이다.

정답 ①

74 0656

③ 허균은 자신의 문집에서 「관론(官論)」 · 「정론(政論)」 · 「병론(兵論)」 · 「유재론(遺才論)」 등을 저술하고 민본 사상과 국방 정책, 신분 계급 타파 및 인재 등용, 붕당 배척의 입장을 전개했다. 특히 「유재론」에서 허균은 하늘이 인재를 태어나게 함은 본래 한 시대의 쓰임을 위한 것이므로 인재를 버리는 것은 하늘을 거역하는 것이라고 주장하였다. 이에 따라 서얼이라서 인재를 버리고, 어머니가 개가했다고 해서 인재를 버리는 것은 조선의 병폐라고 주장하였다.

정답 ③

75 0657

③ 호락 논쟁은 18세기에 노론 내부에서 전개되었다. 호론은 인성과 물성이 다르다는 인물성이론을 주장한 반면, 낙론은 인성과 물성이 같다는 인물성동론을 주장했다.

오답 분석

① 정도전은 성리학 이외의 사상을 포용하였으나, 『춘추』가 아닌 『주례』를 성리학의 정치 이념 및 통치의 기본으로 삼았다.

② 이이에 대한 설명이다. 이이는 개혁적 성격의 사회 경장론을 주장하였고, 수미법 등 현실 문제를 해결할 수 있는 해결책을 제시하였다.

④ 유형원과 이익의 사상을 계승한 인물은 정약용으로, 정약용은 여전론과 정전론 등 토지 제도 개혁론을 비롯하여 『여유당전서』, 『전론』, 『목민심서』, 『경세유표』 등 많은 저술을 남겼다. 김정희는 19세기 노론 계열의 실학자로 실사구시 학파로 분류된다.

정답 ③

76 0658

제시문은 성호 이익이 저술한 『곽우록』의 내용으로, 그의 사회관이 잘 드러나 있다. 이익이 지적한 6가지 폐단인 6좀에는 노비 제도, 과거 제도, 양반 문벌 제도, 사치와 미신, 승려, 게으름이 해당한다.

① 유수원, 홍대용, 박지원과 같은 중상학파 실학자들에 해당하는 지문이다. 중상학파 실학자들은 상공업 진흥과 기술 혁신을 통한 부국강병을 추구하였다. 성호 이익은 농업 중심의 개혁론을 주장한 경세치용 학파(중농학파 실학자)로서, 토지 제도의 개혁과 국가 제도의 개편을 주장하였다.

정답 ①

77 0659

〈보기〉의 내용을 주장한 인물에 대한 설명으로 가장 옳은 것은?

> **보기**
>
> 국가는 마땅히 한 집의 생활에 맞추어 재산을 계산해서 토지 몇 부(負)를 한 호의 영업전으로 한다. 그러나 땅이 많은 자는 빼앗아 줄이지 않고 미치지 못하는 자도 더 주지 않으며, 돈이 있어 사고자 하는 자는 비록 천백 결이라도 허락해 주고, 땅이 많아서 팔고자 하는 자는 다만 영업전 몇 부 이외에는 허락한다.

① 『목민심서』를 저술하는 등 실학을 집대성하였다.

② 발해사를 우리나라 역사로 체계화할 목적으로 『발해고』를 저술하였다.

③ 전국의 자연 환경과 인물, 풍속 등을 정리한 『택리지』를 저술하였다.

④ 천지 · 인사 · 만물 · 경사 · 시문 등 5개 부문으로 나누어 우리나라와 중국의 문화를 백과사전식으로 소개 · 비판한 『성호사설』을 저술하였다.

78 0660

다음을 주장한 실학자의 활동으로 옳은 것은?

> 무릇 1여(閭)의 토지는 여민이 함께 농사하고 경계를 나누지 않는다. 여장은 매일 개개인의 노동량을 장부에 기록하여 두었다가 가을이 되면 수확물을 여장의 집에 가져온 다음에 분배한다. 이때 국가에 바칠 세와 여장의 봉급을 제하며, 그 나머지를 가지고 노동 일수에 따라 여민(閭民)에게 분배하도록 한다.

① 박제가와 함께 종두법을 연구하고 실험하였다.

② 이익의 역사의식을 계승하여 『동사강목』을 저술하였다.

③ 지구가 우주의 중심이 아니라는 무한 우주론을 내놓았다.

④ 『북학의』를 저술하여 청의 문물을 적극 수용하자고 하였다.

79 0661

〈보기〉의 토지 개혁안을 주장한 조선 후기 실학자를 옳게 짝지은 것은?

> **보기**
>
> ㄱ. 지금 농사를 하고자 하는 사람은 토지를 얻고, 농사를 하지 않는 사람은 토지를 얻지 못하도록 한다. 즉 여전(閭田)의 법을 시행하면 나의 뜻을 이룰 수 있을 것이다. … 무릇 1여의 토지는 1여의 사람들로 하여금 공동으로 경작하게 하고, 내 땅 네 땅의 구분 없이 오직 여장의 명령만을 따른다. 매 사람마다의 동량은 매일 여장이 장부에 기록한다. 가을이 되면 무릇 오곡의 수확물을 모두 여장의 집으로 보내어 그 식량을 분배한다. 먼저 국가에 바치는 공세를 제하고, 다음으로 여장의 녹봉을 제하며, 그 나머지를 날마다 일한 것을 기록한 장부에 의거하여 여민들에게 분배한다.
>
> ㄴ. 국가는 마땅히 한 집의 재산을 헤아려 전(田) 몇 부(負)를 한정하여 1호(戶)의 영업전(永業田)을 삼기를 당나라의 조제(租制)처럼 해야 한다. 그렇다고 해서 많이 소유한 자의 것을 줄이거나 빼앗지 않고, 모자라게 소유한 자라고 해서 더 주지 않는다. 돈이 있어 사고자 하는 자는 비록 천백 결(結)이라도 모두 허가하고, 토지가 많아 팔고자 하는 자도 단지 영업전 몇 부 이외에는 역시 허가한다.

	ㄱ	ㄴ
①	정약용	이익
②	박지원	유형원
③	정약용	유형원
④	이익	박지원

77 0659

〈보기〉의 내용을 주장한 인물은 성호 이익이다. 이익은 한 가정의 생활을 유지하는 데 필요한 일정한 토지를 영업전으로 하고, 그 밖의 토지는 매매할 수 있게 하여 점진적으로 토지 소유의 평등을 이루고자 하였다.

④ **이익은 천지 · 인사 · 만물 · 경사 · 시문 등 우리나라와 중국 문화를 백과사전식으로 정리한 『성호사설』을 저술하였다.**

오답 분석

① 정약용은 『목민심서』 등을 저술하여 실학을 집대성하였다.
② 유득공은 발해사를 우리나라 역사로 체계화할 목적으로 『발해고』를 저술하였다.
③ 이중환은 전국의 자연 환경과 인물, 풍속, 물산, 인심 등을 분석하여 정리한 인문 지리서인 『택리지』를 저술하였다.

정답 ④

78 0660

제시문은 정약용이 「전론」에서 주장한 여전제의 내용이다. 정약용은 여전제를 통해 모든 토지의 사유화를 부정하였으며, 경자유전의 원칙에 입각하여 농사를 짓는 사람에게만 토지의 점유권과 경작권을 부여해야 한다고 주장하였다.

① **정약용은 박제가와 종두법을 실험하고 마진 · 두진(천연두)에 관해 연구한 『마과회통』을 집필하였으며, 부록에는 『종두방서』를 실어 제너의 종두법을 소개하였다.**

오답 분석

② 안정복에 대한 내용이다. 안정복은 이익의 '삼한정통론'의 영향을 받아 『동사강목』에서 독자적 정통론과 '삼국무통론'을 주장하였다.
③ 홍대용에 대한 내용이다. 홍대용은 『의산문답』에서 지구가 우주의 중심이 아니라는 '무한 우주론'을 주장하였다.
④ 박제가에 대한 내용이다. 박제가는 청을 네 차례 방문하였으며, 『북학의』를 저술하여 청의 문물을 적극 수용하자고 주장하였다.

정답 ①

79 0661

ㄱ. 정약용이 「전론」에서 주장한 여전제의 내용이다. 정약용은 토지 국유제를 바탕으로 30가를 1여로 묶어 경작권을 주는 여전제를 고안하였다.
ㄴ. 이익의 한전제에 대한 설명이다. 한전제는 토지 소유의 하한선을 제시하고 영업전의 매매를 제한하는 내용을 전제로 한 토지 제도이다.

정답 ①

80 0662

2012년 7급 지방직

다음의 토지 제도 개혁론에 대한 설명으로 옳지 않은 것은?

> 여(閭)에는 여장(閭長)을 두며 여민들이 공동으로 경작한다. 내 땅 네 땅의 구분이 없으며 오직 여장의 명령만 따르며, 개인별 노동량은 매일 여장이 기록하고, 수확물은 모두 여장의 집에서 모은다. 분배할 때는 공세(公稅)와 여장 녹봉을 빼고서 일역부(日役簿) 기록에 따라 공정하게 분배한다.
> ─「전론(田論)」

① 균전제 시행에는 비판적이었다.
② 병농일치의 군사 제도가 함께 제안되었다.
③ 정전제를 이상적 모델로 삼은 개혁론이었다.
④ 놀고 먹는 양반 사회에 대한 비판 의식이 담겼다.

81 0663

2019년 7급 서울시(추가 채용)

〈보기〉의 ㉠과 ㉡에 들어갈 인물에 대한 설명으로 가장 옳은 것은?

> **보기**
> 조선 후기에 과학 및 기술 분야에서 많은 저술 활동이 이루어졌다. (　㉠　)은(는)「과농소초」를 집필하여 농업 기술 발달에 기여하였고, (　㉡　)은(는)「마과회통」을 저술하여 의학 분야 발달에 기여하였다.

① ㉠은(는) 천주교도를 탄압한 신유사옥 때 유배형에 처해졌다.
② ㉡은(는) 여전제 실시를 주장하였다.
③ ㉠은(는) 서얼 출신으로 상공업 육성과 청과의 통상 무역 등을 주장하였다.
④ ㉡은(는)「반계수록」을 집필해 토지 재분배의 필요성을 주장하였다.

82 0664

2017년 7급 지방직

㉠~㉢에 들어갈 책의 이름이 옳은 것은?

> ○ (㉠)에서는「주례」에 나타난 주나라 제도를 모범으로 하여 중앙과 지방의 정치 제도를 개혁할 것을 제안했다.
> ○ (㉡)는 수령들이 백성을 수탈하는 도적으로 변한 현실을 바로잡기 위해 백성을 기르는 목민관으로서 지켜야 할 규범을 제시한 일종의 수신 교과서이다.
> ○ (㉢)는 백성들이 억울한 벌을 받지 않도록 형법을 신중하게 집행하기 위해 지은 책이다.

	㉠	㉡	㉢
①	「경세유표」	「목민심서」	「흠흠신서」
②	「목민심서」	「경세유표」	「흠흠신서」
③	「흠흠신서」	「목민심서」	「경세유표」
④	「경세유표」	「흠흠신서」	「목민심서」

83 0665

2015년 7급 지방직

다음 주장을 한 인물의 저술로 옳은 것은?

> 그들의 권능은 사람을 경사스럽게 만들기 충분하며 그들의 형률과 위엄은 사람을 겁주기에 충분하다. 그리하여 거만하게 제 스스로 높은 체하고 태연히 제 혼자 좋아서 자신이 목민자임을 잊어버리고 있다. 한 사람이 다투다가 찾아가 판정해 달라고 하면 불쾌한 표정으로 말하기를 "어찌 이렇게 시끄럽게 구느냐?"라고 하고, …(중략)… 곡식이나 옷감을 바치지 아니 하면 매질이나 몽둥이질을 하여 피가 흘러서야 그친다. 날마다 문서 장부에다 고쳐 쓰고 덧붙여 써서 돈과 베를 거두어들여 그것으로 밭과 집을 장만한다. 또한 권귀와 재상에게 뇌물을 써서 훗날의 이익을 도모하고 있다. 그리하여 "백성이 목민자를 위하여 살고 있는 것이다"라고 말하지만 그것이 어디 이치에 합당하겠는가? 목민자는 백성을 위하여 있는 것이다.
> ─「원목」

①「곽우록」
②「강계고」
③「과농소초」
④「마과회통」

80 0662

제시문은 정약용이 주장한 '여전론'에 대한 내용이다. 정약용은 「전론」에서 여전제를 이상적 모델로 생각하고 마을 단위의 공동 농장제 실시와 노동량을 기준으로 한 수확량 분배를 주장하였다.

③ 정약용은 기존의 정전제 · 균전제 · 한전제를 비판하였다. 중국 고대의 정전제는 한전(旱田)과 평전(平田)에서만 시행되었던 것이므로, 수전(水田)과 산전(山田)이 많은 우리나라의 현실에는 맞지 않는다고 판단하였다. 이후 『경세유표』에서 우리 현실에 맞는 정전제를 고안하여 이를 토지 개혁론으로 제시하였다.

오답 분석

① 정약용은 균전제 시행에는 비판적이었다. 균전제는 토지와 인구를 계산하여 이를 표준으로 삼는 방법인데, 당시 조선은 호구의 증감이 수시로 변동되고 토지의 비옥도가 일정치 않기 때문에 적합하지 못하다고 보았다.

② 정약용은 여전제를 바탕으로 여 · 리 · 방 · 읍 단위의 병농일치 군사 제도를 함께 제안하였다.

④ 정약용은 놀고 먹는 양반 사회에 대한 비판 의식을 바탕으로 '경자유전의 원칙'을 강조하여 농민에게만 토지에 대한 권리를 주어야 한다고 주장하였다. 이에 따라 상인과 수공업자는 독립적으로 여전제와 사회적 분업 관계를 이루도록 하였다. 양반 사족의 경우 직업을 바꾸어 농사에 종사하거나 그 밖의 생산 활동, 즉 상업 · 수공업 · 교육 등에 종사할 것을 주장하였다. 특히, 양반들이 이용후생(利用厚生)을 위한 기술 연구에 종사하는 것을 가장 높이 평가하였다.

정답 ③

81 0663

㉠은 『과농소초』를 집필한 박지원이다.
㉡은 정약용으로, 마진(홍역)과 천연두에 대해 그 치료법을 적은 『마과회통』을 집필하였다.

② 정약용은 「전론」에서 여전제의 실시를 주장하였다.

오답 분석

① 정약용은 1801년에 신유박해로 강진에 유배되었다.
③ 박제가는 서얼 출신으로 『북학의』를 집필하고, 상공업 육성과 청과의 통상 무역 등을 주장하였다.
④ 유형원은 『반계수록』에서 균전제를 주장하였다.

정답 ②

82 0664

㉠ 『경세유표』는 행정 기구의 개편을 비롯하여 관제 · 토지 제도 등 모든 제도의 개혁 원리를 제시한 정약용의 저서로, 원제명은 『방례초본』이다. 『주례』의 이념을 근거로 하면서 당시 조선의 현실에 맞도록 조정하여 정치 · 경제 · 사회 제도를 개혁하고 부국강병을 이루는 것을 목표로 삼고 있다.

㉡ 정약용은 『목민심서』를 지어 수령이 지켜야 할 지침을 밝히면서 관리들의 폭정을 비판하였다. 수령에 대한 봉사 정신과 전정 · 세법 · 부역의 균등 및 민(民)의 입장에서 부정부패 개혁을 주장하였다.

㉢ 『흠흠신서』는 한국 최초의 율학 연구서로 평가받고 있는 정약용의 저술로, 죄수에 대한 재판 방법과 『대명률』, 『경국대전』의 형벌 규정 및 모범 사례를 정리하였다.

정답 ①

83 0665

제시문은 정약용이 저술한 「원목」이다. 정약용은 「원목」에서 백성을 수탈하고 괴롭히는 현실을 날카롭게 비판하며 백성이 목민관을 위해 존재하는 것이 아니라 목민관이 백성을 위해 존재한다는 사실을 강조하였다.

④ 정약용은 1798년(정조 22)에 박제가와 종두법을 연구하고 실험한 내용의 『마과회통』을 저술하였다.

오답 분석

① 『곽우록』은 이익의 저서로, '경세치용'에 관한 견해의 요점이 집중적으로 서술된 서적이다.
② 『강계고』는 신경준이 영조 시기에 편찬한 민간 지리지이다.
③ 『과농소초』는 박지원이 농업 기술과 농업 정책 등을 정리한 책으로, 토지 소유의 상한선 제한을 주장한 「한민명전의」가 포함되어 있다.

정답 ④

84 0666   2017년 9급 지방직

다음 글을 쓴 사람에 대한 설명으로 옳은 것은?

> 오늘날 백성을 다스리는 자는 백성에게서 걷어들이는 데
> 만 급급하고 백성을 부양하는 방법은 알지 못한다. ……
> '심서(心書)'라고 이름 붙인 까닭은 무엇인가? 백성을 다스
> 릴 마음은 있지만 몸소 실행할 수 없기 때문에 그렇게 이
> 름 붙인 것이다.

① 우리나라에서 처음으로 지전설을 주장하였다.
② 『농가집성』을 펴내 이앙법 보급에 공헌하였다.
③ 홍역 관련 의서를 종합해 『마과회통』을 저술하였다.
④ 조선 시대의 역사를 서술한 『열조통기』를 편찬하였다.

85 0667   2014년 9급 국가직

다음과 같은 내용을 주장한 실학자에 대한 설명으로 옳은 것은?

> 중국은 서양과 180도 정도 차이가 난다. 중국인은 중국을
> 중심으로 삼고 서양을 변두리로 삼으며, 서양인은 서양을
> 중심으로 삼고 중국을 변두리로 삼는다. 그러나 실제는 하
> 늘을 이고 땅을 밟는 사람은 땅에 따라서 모두 그러한 것이
> 니 중심도 변두리도 없이 모두가 중심이다.

① 『동국지리지』를 저술하여 역사 지리 연구의 단서를 열어놓
   았다.
② 『임하경륜』을 통해서 성인 남자들에게 2결의 토지를 나누어
   줄 것을 주장하였다.
③ 『동사』에서 조선의 자연 환경과 풍속, 인성의 독자성을 강
   조하였다.
④ 『동국지도』를 만들어 지도 제작의 과학화에 기여하였다.

86 0668   2018년 7급 서울시(추가 채용)

정치적 입장이 노론이었던 학자가 쓴 책의 주요 내용을 바르
게 소개한 것은?

① 실옹과 허자의 문답 형식을 빌려 고정관념을 상대적 논법
   으로 비판했다.
② 부안 우반동에서 농촌 사회의 안정을 위해 공전제와 토지 재
   분배를 주장했다.
③ 첨성촌에 은거하면서 견문한 내용들을 백과사전식으로 저
   술했다.
④ 야사 400여 종을 참고해 조선 정치사를 객관적 입장에서
   기술했다.

87 0669   2017년 9급 국가직

다음과 같이 주장한 조선 후기의 실학자에 대한 설명으로 옳은 것은?

> 천체가 운행하는 것이나 지구가 자전하는 것은 그 세가 동
> 일하니, 분리해서 설명할 필요가 없다. 생각건대 9만 리의
> 둘레를 한 바퀴 도는데 이처럼 빠르며, 저 별들과 지구와의
> 거리는 겨우 반경(半徑)밖에 되지 않는데도 오히려 몇 천만
> 억의 별들이 있는지 알 수 없다. 하물며 은하계 밖에도 또
> 다른 별들이 있지 않겠는가!

① 『우서』에서 상업적 경영을 통해 농업 생산성을 높여야 한다
   고 주장하였다.
② 『반계수록』에서 신분에 따라 토지를 차등 있게 재분배하자
   고 주장하였다.
③ 『임하경륜』에서 성인 남자에게 2결의 토지를 나누어 주자
   고 주장하였다.
④ 『북학의』에서 소비를 권장하여 생산을 촉진하자고 주장하
   였다.

84 0666

제시문은 정약용의 『목민심서』의 일부 내용이다.

③ 정약용은 1798년에 박제가와 종두법을 연구하고 실험한 내용의 『마과회통』을 저술하였다.

오답 분석

① 김석문에 대한 설명이다.
② 신속에 대한 설명이다.
④ 안정복에 대한 설명이다.

정답 ③

85 0667

자료는 홍대용의 『의산문답』에 대한 내용이다. 홍대용은 김석문, 박지원과 더불어 지전설을 주장하였다.

② 홍대용은 『임하경륜』에서 성인 남성에게 2결의 토지를 지급할 것과 병농일치를 주장하였다.

오답 분석

① 한백겸의 『동국지리지』(1615, 광해군 7)는 우리나라 역사 지리학의 창시라는 점에서 중요한 가치가 있다.
③ 허목은 『동사』(1667, 현종 8)를 통해 북벌 운동과 붕당 정치를 비판하였고, 조선의 자연 환경과 풍속, 인성의 독자성을 강조하였다.
④ 정상기의 『동국지도』(영조 연간)는 100리 척을 사용한 최초의 축척 지도로 육로와 해로가 자세하게 기입되어 있고, 산계의 줄기가 뚜렷하게 표시되어 있어 지도 제작의 과학화에 기여하였다.

정답 ②

86 0668

① 『의산문답』에 대한 내용으로, 노론 가문 출신의 실학자인 홍대용의 저작이다.

오답 분석

② 북인계 남인 출신 실학자인 유형원의 『반계수록』에 언급된 주장이다.
③ 남인 계열 실학자인 이익의 『성호사설』에 대한 설명이다.
④ 소론 가문 출신인 이긍익의 『연려실기술』에 대한 설명이다.

정답 ①

87 0669

제시문은 조선 후기 실학자 홍대용의 문집인 『담헌서』에 수록된 『의산문답』의 내용으로, 홍대용이 주장한 지전설에 해당한다.

③ 『임하경륜』은 『담헌서』에 실려있는 글로, 모든 제도상의 개혁을 통하여 농민의 최저 생활의 보장을 위시한 국가의 경제적 재건을 시도하고 국방의 기반을 확보하는 데 역점을 두고 있다.

오답 분석

① 소론 출신 실학자인 유수원은 『우서』를 통해 농기구의 개량, 상업적 농업의 장려, 상업의 장려 및 상업 자본의 확대 등을 주장하였다.
② 유형원은 『반계수록』에서 신분에 따른 토지의 차등 재분배인 균전론을 주장하였다.
④ 박제가는 『북학의』에서 소비를 우물물에 비교하며 절약보다는 소비를 권장하였으며, 생산을 촉진해야한다고 주장하였다.

정답 ③

88 0670

2013년 7급 국가직

다음과 같이 양반 사회를 비판한 실학자에 대한 설명으로 옳지 않은 것은?

> 양반이란 사족(士族)을 높여서 일컫는 말이다. 정선(旌善) 고을에 어떤 양반이 살고 있었는데, 어질고 책 읽기를 좋아하였다. 고을 군수가 부임할 적마다 방문하여 인사하였는데, 살림이 무척 가난하였다. 그래서 관가에서 내주는 환자(還子)를 타서 먹었는데 결국 큰 빚을 졌다. 그러자 마을 부자가 양반의 위세를 부러워해서 양반을 사겠노라 권유하니 그 양반은 기뻐하며 승낙하였다.

① 『한민명전의』에서 한전법을 주장하였다.
② 『호질』을 통해 양반의 위선을 풍자하였다.
③ 『과농소초』를 통해 농기구의 개량을 주장하였다.
④ 『중용주해』에서 주자 학설 중심의 성리학을 비판하였다.

89 0671

2022년 9급 국가직

다음 주장을 한 실학자가 쓴 책은?

> 토지를 겸병하는 자라고 해서 어찌 진정으로 빈민을 못살게 굴고 나라의 정치를 해치려고 했겠습니까? 근본을 다스리고자 하는 자라면 역시 부호를 심하게 책망할 것이 아니라 관련 법제가 세워지지 않은 것을 걱정해야 할 것입니다. …(중략)… 진실로 토지의 소유를 제한하는 법령을 세워, "어느 해 어느 달 이후로는 제한된 면적을 초과해 소유한 자는 더는 토지를 점하지 못한다. 이 법령이 시행되기 이전부터 소유한 것에 대해서는 아무리 광대한 면적이라 해도 불문에 부친다. 자손에게 분급해 주는 것은 허락한다. 만약에 사실대로 고하지 않고 숨기거나 법령을 공포한 이후에 제한을 넘어 더 점한 자는 백성이 적발하면 백성에게 주고, 관(官)에서 적발하면 몰수한다."라고 하면, 수십 년이 못 가서 전국의 토지 소유는 균등하게 될 것입니다.

① 『반계수록』 　　　　② 『성호사설』
③ 『열하일기』 　　　　④ 『목민심서』

90 0672

2016년 7급 지방직

밑줄 친 '아버지'에 대한 설명으로 옳은 것은?

> 아버지는 권력의 부침에 따라 아첨하는 자들을 보면 참지 못하였으니 이 때문에 평생 남의 노여움을 사고 비방을 받는 일이 아주 많았다. …(중략)… 여기에 붙었다 저기에 붙었다 하는 세태가 꼴불견이었는데 아버지는 젊을 때부터 이런 세태를 미워하셨다. 그래서 아홉 편의 전(傳)을 지어 세태를 풍자하셨는데 그 속에는 왕왕 우스갯소리가 들어 있었다.

① 정조가 일으킨 문체반정(文體反正)의 주 대상 인물이었다.
② 주자 성리학을 비판하고 양명학을 학문적으로 체계화하였다.
③ 『청사열전』을 지어 김시습 등 도가(道家) 관련 인물들의 행적을 정리하였다.
④ 경제적으로 여유가 있는 호민(豪民)이 나라의 중심이 되어야 한다고 주장하였다.

91 0673

2020년 9급 지방직

밑줄 친 '그'의 저술로 옳은 것은?

> 서울의 노론 집안에서 태어난 그는 『양반전』을 지어 양반 사회의 허위를 고발하였다. 그는 또한 한전론을 주장하였으며, 상공업 진흥에도 관심을 기울여 수레와 선박의 이용 등에 대해서도 주목하였다.

① 『북학의』
② 『과농소초』
③ 『의산문답』
④ 『지봉유설』

88 0670

제시문은 박지원이 저술한 「양반전」의 내용이다.

④ 『중용주해』는 주자의 『중용』을 독자적으로 해석한 책으로, 여러 학자들이 각자 자신의 해석을 달아 여러 권의 『중용주해』가 편찬되었다. 효종 때 조익, 숙종 때 윤휴 등이 저술하였는데, 윤휴는 『중용주해』에서 주자의 주해에 불만을 품고 독자적인 해석을 시도하여 송시열에게 사문난적으로 지목 당하였다.

오답 분석

① 박지원은 『과농소초』의 부록인 「한민명전의」에서 토지 소유의 상한선을 정할 것을 주장하는 한전론을 제기하였다.
② 박지원은 「양반전」, 「허생전」, 「호질」을 통해 양반 사회의 허구성을 지적하고, 실용적 태도를 강조하였다.
③ 『과농소초』는 박지원이 정조의 윤음을 받아, 신속의 『농가집성』과 유중림의 『증보산림경제』, 중국의 『농정전서』를 참고하여 우리 농업에 맞는 농서로 저술한 책이다.

정답 ④

89 0671

제시문의 내용은 박지원이 『과농소초』에 수록된 「한민명전의」에서 주장한 한전제이다. 박지원은 한전제에서 대토지 소유의 제한을 통한 토지 제도 개혁을 주장하였다.

③ 박지원이 저술한 서적으로 대표적인 것은 『열하일기』이다.

오답 분석

① 『반계수록』은 유형원의 저술이며, 그는 토지 제도에 대한 개혁론으로 균전제를 주장하였다.
② 『성호사설』은 이익의 저술로, 이익은 영업전을 바탕으로 토지 소유의 하한선을 규정한 한전제를 주장하였다. 이는 토지 소유의 상한선을 바탕으로 한 박지원의 한전제와는 다른 주장에 해당한다.
④ 『목민심서』는 정약용의 저술이다. 정약용은 「전론」에서 여전제를 주장하였으며, 『경세유표』에서 점진적 토지 국유화를 바탕으로 한 정전제를 주장하였다.

정답 ③

90 0672

밑줄 친 '아버지'는 연암 박지원으로, 그의 아홉 편의 전은 『방경각외전』을 말한다. 『방경각외전』은 그가 젊은 시절 저술한 것으로 「마장전」, 「예덕선생전」, 「민옹전」, 「광문자전」, 「양반전」, 「김신선전」, 「우상전」, 「역학대도전」, 「봉산학자전」 등이 실려 있다.

① 박지원은 정조의 문체 반정이 추진되었을 당시 전통적인 표현 양식에서 벗어나 개성적인 문체를 사용하여 저술한 『열하일기』로 인해 자송문을 써서 바쳐야 했다.

오답 분석

② 정제두에 대한 설명이다. 정제두는 주자 성리학을 비판하고 양명학을 학문적으로 체계화하였다. 정제두에 의해 양명학을 신봉하는 강화 학파가 성립하였다.
③ 허목에 대한 설명이다. 허목은 『기언』에서 '청사열전'이란 표제 하에 김시습, 정희량, 정렴, 정작, 정두 등 실존 인물 5인의 일생에 관한 이야기를 열전 형식으로 서술하였다.
④ 허균에 대한 설명이다. 허균은 「호민론」에서 백성을 항민(恒民)·원민(怨民)·호민(豪民)으로 나누어 설명하고 있다. 허균의 「호민론」에 따르면, '항민은 일정한 생활을 영위하는 백성들로, 자기의 권리나 이익을 주장할 의식 없이 법을 받들면서 윗사람에게 부림을 당하고, 얽매인 채 사는 사람들이다. 또한 원민은 수탈당하는 계급이라는 점에서 항민과 마찬가지이나, 이를 못마땅하게 여겨 윗사람을 탓하고 원망하는 사람들이다. 호민은 남모르게 딴마음을 품고 틈만 엿보다가 시기가 오면 일어나는 사람들이다. 그들은 자기가 받는 부당한 대우와 사회의 부조리에 도전하는 무리들이다. 호민이 반기를 들고 일어나면 원민이 소리만 듣고도 저절로 모여들고, 항민도 살기를 구해서 따라 일어나게 된다.'고 한다. 「호민론」은 기성의 권위에 맞서 이단으로 일컬어질 만한 새로운 사상과 개혁의 이론을 내세운 허균의 정치 사상의 일면을 보여주는 글이다. 이외에도 허균은 「관론(官論)」·「정론(政論)」·「병론(兵論)」·「유재론(遺才論)」 등에서 민본 사상과 국방 정책, 신분 계급의 타파 및 인재 등용의 이론을 강조하였다.

정답 ①

91 0673

밑줄 친 '그'는 연암 박지원이다.

② 연암 박지원은 정조 때 농서인 『과농소초』를 지어 바쳤으며, 이 책에 포함된 「한민명전의」에서 한전제를 주장하였다.

오답 분석

① 『북학의』는 박제가의 저술이다.
③ 『의산문답』은 홍대용의 저술이다.
④ 『지봉유설』은 광해군 때 이수광이 저술하였다.

정답 ②

92 0674

조선 후기에 〈보기〉의 주장을 펼친 인물의 저술로 옳은 것은?

> **보기**
>
> 재물은 비유하자면 샘과 같은 것이다. 우물물은 파내면 차고, 버려두면 말라 버린다. 그러므로 비단옷을 입지 않아서 나라에 비단 짜는 사람이 없게 되면 여공이 쇠퇴하며, 찌그러진 그릇을 싫어하지 않고 기교를 숭상하지 않아서 공장(수공업자)이 기술을 익히지 않게 되면 기예가 사라지게 된다. 심지어 농사가 황폐해져서 농사짓는 법을 잊고, 상업은 이익이 적어서 생업을 잃게 된다. 그리하여 사 · 농 · 공 · 상 사민(四民)이 모두 곤궁해져서 도울 수 없게 된다.

① 『반계수록』   ② 『북학의』
③ 『곽우록』   ④ 『흠흠신서』

93 0675

다음 주장을 펼친 인물의 사상에 대한 설명으로 가장 적절한 것은?

> 비유하건대, 재물은 대체로 샘과 같다. 퍼내면 차고 버려 두면 말라 버린다. 그러므로 비단 옷을 입지 않아서 나라에 비단 짜는 사람이 없게 되면 여공(女紅)이 쇠퇴하게 되고, 쭈그러진 그릇을 싫어하지 않고 기교를 숭상하지 않아서 수공업자가 기술을 익히는 일이 없게 되면 기예가 망하게 되며, 농사가 황폐해져서 그 법을 잃게 되므로 사농공상의 사민이 모두 곤궁하여 서로 구제할 수 없게 된다.

① 존언, 만물일체설로 지행합일 이론을 체계화하였다.
② 화이론적 명분론을 강화하고 성리학을 절대화하였다.
③ 인간과 사물의 본성이 같다는 인물성동론의 입장을 보였다.
④ 농촌 사회의 모순을 중점적으로 해결하려는 경세치용론이었다.

94 0676

다음과 같이 주장한 실학자에 대한 설명으로 옳은 것은?

> 재물은 대체로 샘과 같다. 퍼내면 차고, 버려두면 말라 버린다. 그러므로 비단옷을 입지 않아서 나라에 비단 짜는 사람이 없게 되면 여공이 쇠퇴하며, 찌그러진 그릇을 싫어하지 않고 기교를 숭상하지 않아서 공장(工匠)이 기술을 익히지 않게 되면 기예가 사라지게 되고, 농사가 황폐해져서 그 법을 잊었으므로, 사민이 모두 곤궁하여 서로 구제할 수 없게 된다.

① 『의산문답』에서 중국이 세계의 중심이라는 생각을 비판하였다.
② 서양 선교사를 초빙하여 서양의 과학 · 기술을 배우자고 제안하였다.
③ 신분별로 차등을 둔 토지 재분배로 자영농을 안정시킬 것을 주장하였다.
④ 중국과 일본에 있는 우리나라 관련 기록을 참조하여 『해동역사』를 저술하였다.

95 0677

(가), (나)에 들어갈 이름을 바르게 연결한 것은?

>   (가) 는/은 『북학의』를 저술하여 청의 선진 기술을 적극적으로 수용할 것과 상공업 육성 등을 역설하였다. 한편,   (나) 는/은 중국 및 일본의 방대한 자료를 참고하여 『해동역사』를 편찬함으로써, 한 · 중 · 일 간의 문화 교류를 잘 보여주었다.

	(가)	(나)
①	박지원	한치윤
②	박지원	안정복
③	박제가	한치윤
④	박제가	안정복

92 0674

제시문의 주장을 펼친 인물은 박제가이다.

② 박제가는 『북학의』를 저술하여 청과의 통상을 확대하고 생산과 소비의 관계를 우물에 비유하여 소비를 권장하였다.

오답 분석

① 『반계수록』은 유형원이 저술하였다.
③ 『곽우록』은 이익이 저술하였다.
④ 『흠흠신서』는 정약용이 저술하였다.

정답 ②

93 0675

제시문은 박제가가 저술한 『북학의』의 내용으로, 절약보다는 소비를 강조하였다. 또한 청과의 통상을 강화하고 수레와 선박을 이용할 것을 주장하였으며 이러한 상공업 발달의 중요성과 함께 신분 타파도 주장하였다.

③ 박제가는 노론 출신의 중상학파 실학자로, 낙론의 입장인 인물성동론을 지지하였다.

오답 분석

① 정제두는 자신의 시문집인 『하곡집』에 수록된 「존언」, 「만물일체설」 등의 저술을 통해 양명학적 관점에서 자신의 이론 체계를 확립하였다.
② 화이론적 명분론을 강화하고 성리학을 절대화하려는 태도는 송시열을 중심으로 형성되었으며, 이후 18세기에 호론으로 계승되었다.
④ 농업 중심의 개혁론을 주장한 경세치용학파(중농학파 실학자)에 대한 설명이다. 박제가와 같은 중상학파 실학자들은 이용후생의 입장에서 농업의 생산력 증대를 중요시하였다.

정답 ③

94 0676

제시문은 박제가가 저술한 『북학의』의 내용이다. 이 책은 박제가가 청나라를 시찰하고 돌아와 쓴 견문록으로, 재물을 우물물에 비유하여 절약보다 소비를 권장하고 생산을 촉진할 것을 주장하였다.

② 조선 후기 중상학파 실학자인 박제가는 청의 문물을 적극 수용할 것과 서구의 상선들이 청에 왕래하는 것처럼 조선도 대형 선박을 건조하여 국제 무역에 적극 나서야 한다고 강조하였으며, 서양 선교사를 초빙하여 서양의 과학 기술을 배우자고 제안하였다.(1786년, 병오소회)

오답 분석

① 홍대용에 대한 설명이다.
③ 유형원이 주장한 균전제에 대한 설명이다.
④ 한치윤에 대한 설명이다.

정답 ②

95 0677

③ 『북학의』를 집필한 (가) 인물은 박제가로 규장각 검서관에 등용된 서얼 출신이었다. 그는 청을 4회 방문하였으며, 청의 문물을 적극 수용할 것과 상공업 진흥을 주장하였다. 『해동역사』를 집필한 (나) 인물은 한치윤이다. 그는 19세기 중국과 일본의 자료를 참고하여 『해동역사』를 편찬하였다.

정답 ③

96 0678

2016년 7급 서울시

조선 후기 토지 개혁론에 대한 설명으로 옳은 것을 〈보기〉에서 모두 고르면?

> **보기**
> ㄱ. 연암 박지원은 한전론(限田論)을 제안하였는데, 토지 소유의 상한선을 정하면 토지 소유의 양극화를 해소할 수 있다고 생각하였다.
> ㄴ. 풍석 서유구는 둔전론(屯田論)을 주장하였는데, 소농 생활의 안정을 위해서는 세금을 줄일 뿐만 아니라 지주제도 철폐해야 한다고 생각하였다.
> ㄷ. 다산 정약용은 정전론(井田論)을 제시하였는데, 구획이 가능한 곳은 정자(井字)로, 불가능한 곳은 계산상으로 구획한 뒤 노동력의 양과 질에 따라 토지를 차등적으로 분급할 것을 주장하였다.
> ㄹ. 성호 이익은 농가를 안정시키는 방법으로 매 호마다 영업전(永業田)을 갖게 하고, 그 이외의 토지는 매매를 허락하여 점진적으로 토지 균등을 이루어 나가자고 주장하였다.

① ㄱ, ㄴ, ㄷ   ② ㄱ, ㄴ, ㄹ
③ ㄱ, ㄷ, ㄹ   ④ ㄴ, ㄷ, ㄹ

97 0679

2015년 9급 서울시

조선 후기 실학자의 저술에 대한 설명 중 옳은 것은?

① 유형원은 백과사전적 성격을 지닌 『반계수록』을 저술하였다.
② 이익은 『곽우록』을 저술하여 국가 제도 전반에 대한 의견을 제시하였다.
③ 박지원은 청에 갔던 기행문인 『연기』를 저술하였다.
④ 안정복은 각종 서적을 참고하여 조선 시대 역사를 기술한 『동사강목』을 편찬하였다.

98 0680

2018년 9급 지방직

다음에서 설명하는 인물의 저술로 옳은 것은?

> ○ 종래의 조선 농학과 박물학을 집대성하였다.
> ○ 전국 주요 지역에 국가 시범 농장인 둔전을 설치하여 혁신적 농법과 경영 방법으로 수익을 올려서 국가 재정을 보충할 것을 제안했다.

① 『색경』
② 『산림경제』
③ 『과농소초』
④ 『임원경제지』

99 0681

2012년 9급 국가직

다음과 같이 왕명을 받아 편찬한 책에 대한 설명으로 옳지 않은 것은?

> 신 부식은 아뢰옵니다. 옛날에는 여러 나라들도 각각 사관을 두어 일을 기록하였습니다. … 해동의 삼국도 지나온 세월이 장구하니, 마땅히 그 사실이 책으로 기록되어야 하므로 마침내 늙은 신에게 명하여 편집하게 하셨사오나, 아는 바가 부족하여 어찌할 바를 모르겠습니다.

① 현존하는 우리나라의 역사서 가운데 가장 오래된 것이다.
② 기전체로 서술되어 본기, 지, 열전 등으로 나누어 구성되었다.
③ 고구려 계승 의식보다는 신라 계승 의식이 좀 더 많이 반영되었다고 평가된다.
④ 몽골 침략의 위기를 겪으며 우리의 전통 문화를 올바르게 이해하려는 움직임에서 편찬되었다.

96 0678

ㄱ. 연암 박지원은 『한민명전의』에서 토지 소유의 상한선을 설정한 후, 그 이상의 토지 소유를 금하는 한전론을 제안하였다.

ㄷ. 다산 정약용은 『경세유표』에서 농지 구획이 가능한 곳은 정(井) 자로, 불가능한 곳은 계산상으로 구획한 뒤 노동력의 양과 질에 따라 토지를 나누는 정전론을 주장하였다.

ㄹ. 성호 이익은 『곽우록』에서 매 호마다 최소한의 토지를 영업전으로 설정하여 매매를 금지하고, 영업전 이외의 토지만 매매가 가능하도록 해야 한다는 한전론을 주장하였다.

오답 분석

ㄴ. 서유구는 정전제의 이상을 추구하였으나, 현실적으로 실행이 어렵다는 전제를 바탕으로 둔전제를 주장하였다. 서유구가 주장한 둔전제에서 둔전은 국가에서 재정을 출자하여 설치하는 '국둔(國屯)'과 부민(富民)으로 하여금 개인 재산을 출자하게 해 설치하는 '민둔(民屯)'으로 나뉜다. 당시 그가 둔전 설치를 주장한 곳은 한양의 동서남북 4곳과 북쪽 국경 지대 및 서남 해안의 도서 지역 등이었다. 서유구는 세도 정치의 현실에서 실현 가능한 개혁을 모색하고 제시하였으며, 지주제 철폐는 실현 불가한 것으로 여겨 정전제를 이상으로 삼으면서도 이를 주장하지는 않았다.

정답 ③

97 0679

② 이익의 『곽우록』은 국가가 당면한 문제의 해결책을 조목별로 나누어 서술한 것으로, 경연·육재·입법·치민·생재·국용·한변·병제·학교·숭례·식년시·치군·입사·공거사의·선거사의·전론·균전론·붕당론·논과거지폐 등 19항목에 대한 이익 자신의 견해를 밝힌 책이다.

오답 분석

① 유형원의 『반계수록』은 법 조항과 그러한 법 조항이 필요한 현실적이고 역사적인 이념적 근거를 정리한 '고설(攷說)'의 두 가지 내용으로 이루어져 있다.

③ 『연기』를 저술한 인물은 홍대용이며, 그는 청 방문 이후 『을병연행록』과 『의산문답』을 함께 저술하였다.

④ 안정복의 『동사강목』은 고조선부터 고려 말까지를 찬술한 역사서이다. 안정복의 저서 중 조선 시대사를 저술한 것은 『열조통기』이다.

정답 ②

98 0680

제시문의 내용은 서유구에 관한 것이다.

④ 서유구의 『임원경제지』는 『산림경제』를 토대로 한국과 중국의 저서 900여 종을 참고하여 엮어낸 농업 위주의 백과전서이다. 서유구는 둔전제 시행을 주장하였는데, 한양의 동서남북 외곽, 북쪽 국경 지대, 서·남해안의 도서 지역에 국가 주도의 둔전을 운영할 것을 제안하였다.

오답 분석

① 『색경』은 박세당의 저술이다.
② 『산림경제』는 홍만선의 저술이다.
③ 『과농소초』는 박지원의 저술이다.

정답 ④

99 0681

자료는 김부식이 『삼국사기』를 올리는 글이다. 김부식 등은 인종의 명에 따라 『삼국사기』를 편찬(1145)하였다. 『삼국사기』는 『구삼국사』를 바탕으로 유교적 합리주의 사관에 입각하여 신라·고구려·백제 세 나라의 역사를 기전체로 엮은 역사서이다.

④ 일연의 『삼국유사』와 관련된 내용이다. 『삼국유사』는 1281년 충렬왕 시기에 편찬된 불교사 중심의 사서로, 고조선 계승 의식에 입각해 단군을 민족의 시조로 인식하였으며, 향가 14수가 수록되어 있어 고대사 연구에 중요한 자료가 되고 있다.

정답 ④

100 0682

2014년 7급 국가직

밑줄 친 '사서'에 대한 설명으로 옳은 것은?

국왕의 명령을 받아 편찬한 기전체 <u>사서</u>로 편찬 동기를 "학사대부(學士大夫)가 우리 역사를 알지 못하니 유감이다. 중국 사서는 우리나라 사실을 간략히 적었고 고기(古記)는 내용이 졸렬하므로 왕, 신하, 백성의 잘잘못을 가려 규범을 후세에 남기지 못하고 있다."라고 하였다. 연표 3권, 본기 28권, 지 9권, 열전 10권 등 총 50권으로 구성되었다.

① 민간 설화와 신라의 향가 11수를 수록하였다.
② 열전에는 김유신을 비롯한 신라인이 편중되었다.
③ 동명왕의 건국 설화를 5언시체로 재구성하여 서술하였다.
④ 민족 시조인 단군을 강조하고 발해에 대한 내용을 서술하였다.

101 0683

2021년 9급 지방직

다음 내용의 역사서에 대한 설명으로 옳은 것은?

왕께서는 "우리나라 사람들은 유교 경전과 중국 역사에 대해서는 자세히 말하는 사람이 있으나 우리나라의 사실에 이르러서는 잘 알지 못하니 매우 유감이다. 중국 역사서에 우리 삼국의 열전이 있지만 상세하게 실리지 않았다. 또한, 삼국의 고기(古記)는 문체가 거칠고 졸렬하며 빠진 부분이 많으므로, 이런 까닭에 임금의 선과 악, 신하의 충과 사악, 국가의 안위 등에 관한 것을 다 드러내어 그로써 후세에 권계(勸戒)를 보이지 못했다. 마땅히 일관된 역사를 완성하고 만대에 물려주어 해와 별처럼 빛나도록 해야 하겠다."라고 하셨습니다.

① 불교를 중심으로 신화와 설화를 정리하였다.
② 유교적인 합리주의 사관에 따라 기전체로 서술되었다.
③ 단군 조선을 우리 역사의 시작으로 본 통사이다.
④ 진흥왕의 명을 받아 거칠부가 편찬하였다.

102 0684

2010년 7급 지방직

다음 글을 쓴 사람이 중심이 되어 편찬한 책에 대한 설명으로 옳은 것은?

신은 아룁니다. 고대의 열국에서도 각기 사관(史官)을 두어 사실을 기록한 일이 있습니다. 우리 해동의 삼국에 있어서도 역년(歷年)이 오래되어 마땅히 그 사실을 서책에 기록하여야 할 것이므로 늙은 저에게 명하여 이것을 편찬케 하셨는데, 스스로 돌아보건대 부족함이 많아 어찌할 바를 몰랐습니다.

① 삼국 시대의 승려 30여 명의 전기를 모은 것이다.
② 삼국의 민간 설화나 전래 기록을 많이 수록하여 우리 고유의 문화와 전통을 중시하였다.
③ 단군 신화를 기록하고 중국과 우리나라의 역사를 서사시로 표현하였다.
④ 유교적 합리주의 사관에 기초하여 기전체로 서술되었다.

103 0685

2016년 9급 국가직

(가)와 (나)에 들어갈 역사서에 대한 설명으로 옳은 것은?

○   (가)   은(는) 현존하는 우리나라의 가장 오래된 역사서로 고려 인종 때 편찬되었다. 본기 28권, 연표 3권, 지 9권, 열전 10권 등 총 50권으로 구성되어 있다.
○   (나)   은(는) 충렬왕 때 한 승려가 일정한 역사 서술 체계에 구애받지 않고 자유로운 형식으로 저술한 역사서이다. 총 5권으로 구성되었으며, 민간 설화와 불교에 관한 내용들이 많이 수록되어 있다.

① (가) - 고조선의 역사를 중시하였다.
② (가) - 고구려 계승 의식을 강조하였다.
③ (나) - 민족적 자주 의식을 고양하였다.
④ (나) - 도덕적 합리주의를 표방하였다.

100 0682

제시문은 김부식의 『삼국사기』(1145)이다. 『삼국사기』는 김부식이 왕명에 따라 펴낸 역사서로 고대 설화 및 전통 문화 등을 축소시켜 기록하였으며, 『구삼국사』를 기본으로 유교적 합리주의 사관에 입각하여 신라·고구려·백제 세 나라의 역사를 기전체로 엮은 역사서이다.

② 『삼국사기』 열전은 신라사에 치중되어, 10권 중 김유신 개인의 열전이 3권을 차지하며, 나머지 68인의 열전을 7권에 포함시키고 있다.

오답 분석

① 민간 설화와 신라의 향가가 수록되어 있는 것은 일연의 『삼국유사』(1281)이며, 『삼국유사』에는 14수의 향가가 수록되어 있다.
③ 이규보의 『동국이상국집』 제3권에 수록되어 있는 『동명왕편』(1193)에 대한 설명이다.
④ 이승휴의 『제왕운기』(1287)에 대한 설명이다.

정답 ②

101 0683

제시문의 내용은 『삼국사기』에 언급된 김부식의 '진삼국사기표'의 서술 부분이다.

② 『삼국사기』는 인종 재위기인 1145년 유교적 합리주의 사관에 따라 기전체로 서술되었다. 본기(신라 본기 12권, 고구려 본기 10권, 백제 본기 6권)와 열전(김유신을 비롯한 69명의 전기) 등으로 구성되어 있으며, 신라 중심 서술의 특징을 띠고 있다.

오답 분석

① 일연이 저술한 『삼국유사』는 불교를 중심으로 신화와 설화를 정리하였다.
③ 조선 성종 시기 편찬된 『동국통감』은 단군 조선을 우리 역사의 시작으로 본 통사에 해당한다.
④ 신라 진흥왕의 명을 받아 거칠부가 편찬했다고 알려진 역사서는 『국사』이며 현존하지 않는다.

정답 ②

102 0684

제시문은 김부식이 주도하여 편찬한 『삼국사기』의 내용이다.

④ 『삼국사기』는 『구삼국사』를 토대로 유교적 합리주의 사관에 입각하여 기전체로 서술되었다.

오답 분석

① 무신 집권기인 1215년(고종 2)에 각훈이 저술한 『해동고승전』에 대한 설명이다.
② 원 간섭기인 1281년(충렬왕 7)에 일연이 저술한 『삼국유사』에 대한 설명이다.
③ 원 간섭기인 1287년(충렬왕 13)에 이승휴가 저술한 『제왕운기』에 대한 설명이다.

정답 ④

103 0685

(가)는 『삼국사기』, (나)는 『삼국유사』에 해당한다.

③ 『삼국유사』는 원 간섭기인 충렬왕 때 편찬되었으며, 고조선 계승 의식을 바탕으로 민족적 자주 의식을 고양하였다.

오답 분석

① 『삼국사기』는 고조선의 역사를 거의 언급하지 않았다. 고조선과 관련한 기록은 단편적으로 「신라 본기」 시조 혁거세 거서간 부분에 신라 6촌의 기원('조선의 유민들이 산골에 나뉘어 살면서 여섯 개의 마을을 이루고 있었다.'), 「고구려 본기」 동천왕 조에 나오는 평양에 대한 지역적 연원('평양은 본래 선인 왕검의 집이다. 혹은 왕의 도읍을 왕험이라 한다.') 등에만 일부 기록되어 있을 뿐이다.
② 『삼국사기』에는 신라 계승 의식이 반영되어 있다.
④ 유교적 특성에 입각한 도덕적 합리주의를 표방한 사서는 『삼국사기』이다. 『삼국유사』는 신이 사관과 더불어 불교적 특성이 많이 반영되어 있다.

정답 ③

104 0686

다음과 같은 역사 인식에 따라서 편찬된 역사서에 대한 설명으로 옳은 것은?

> 대저 옛 성인은 예악으로 나라를 일으키고 인의로 가르쳤으며 괴력난신(怪力亂神)은 말하지 않았다. 그러나 제왕이 장차 일어날 때는 부명(符命)과 도록(圖籙)을 받게 되므로 반드시 남보다 다른 일이 있었다. 그래야만 능히 큰 변화를 타고 대업을 이룰 수 있는 것이다. …(중략)… 그러니 삼국의 시조가 모두 신비하고 기이한 일을 연유하여 태어났다는 것을 어찌 괴이하다 할 수 있겠는가. 이것이 신이(神異)로써 이 책의 앞머리를 삼은 까닭이다.

① 정통의식과 대의명분을 강조하였다.
② 유교적 합리주의 사관에 기초하여 기전체로 서술하였다.
③ 고구려 계승 의식을 반영하고 고구려의 전통을 노래하였다.
④ 우리의 고유 문화와 전통을 중시하였으며 단군 신화를 수록하였다.

105 0687

다음 자료가 기록된 사서에 대한 설명으로 옳은 것은?

> 곰과 호랑이가 찾아와 사람이 되기를 원하므로 환웅이 그들에게 쑥과 마늘을 주면서 "이것을 먹고 100일 동안 햇빛을 보지 않으면 사람이 될 것이다."라고 하였다. 곰은 이를 지켜 여자의 몸이 되었으나 호랑이는 사람이 되지 못하였다. 환웅이 사람으로 변신하여 웅녀와 결혼하였다. 아들을 낳으니 이가 단군왕검이다.

① 왕력, 기이, 흥법, 탑상, 의해 등으로 구성되어 있다.
② 김부식을 비롯한 유학자들이 편찬한 역사서이다.
③ 현존하는 우리나라의 가장 오래된 역사서이다.
④ 삼국에서 고려까지 고승들의 전기를 정리하여 편찬한 책이다.

106 0688

다음 내용이 실린 사서에 대한 설명으로 옳은 것은?

> 제왕이 장차 일어난 때는 하늘의 명령과 상서로운 기운을 받아서 반드시 보통 사람과는 다른 점이 있으니, 그런 뒤에야 능히 큰 변화를 타서 제왕의 지위를 얻고 대업을 이루었다. …(중략)… 삼국의 시조들이 모두 신이(神異)한 일로 탄생했음이 어찌 괴이하겠는가. 이것이 책 첫머리에 「기이(紀異)」편이 실린 까닭이며, 그 의도도 여기에 있는 것이다.

① 불교 승려의 전기를 수록한 고승전이다.
② 불교 중심의 고대 민간 설화를 수록하였다.
③ 고조선부터 고려 말까지의 역사를 정리하였다.
④ 유교적 사관에 기초하여 기전체로 서술하였다.

107 0689

다음 논쟁이 있었던 무렵의 저술 활동으로 가장 적절한 것은?

> 재상 박유가 아뢰기를 "청컨대 여러 신하, 관료로 하여금 여러 처를 두게 하되, 품위에 따라 그 수를 점차 줄이도록 하여 보통사람에 이르러서는 1처 1첩을 둘 수 있도록 하며, 여러 처에서 낳은 아들도 역시 본처가 낳은 아들처럼 벼슬을 할 수 있게 하기를 원합니다."라고 하였다. 연등회 날 저녁 박유가 왕의 행차를 호위하여 따라갔는데, 어떤 노파가 그를 손가락질하면서 "첩을 두고자 요청한 자가 저 늙은이다."라고 하였다. 듣는 사람들이 서로 전하여 서로 가리키니 무서워하는 자들이 있었기 때문에 그 건의를 정지하고, 결국 시행하지 못하였다.

① 김부식이 『진삼국사기표』를 지었다.
② 일연 선사가 『삼국유사』를 찬술하였다.
③ 정도전이 『조선경국전』을 저술하였다.
④ 정인지가 『훈민정음해례』 서문을 지었다.

104 0686

제시문은 『삼국유사』에 대한 내용이다.

④ 『삼국유사』는 원 간섭기에 우리의 전통 문화를 강조하기 위해 저술되었으며, 고대 민간 설화와 단군 신화 등이 수록되어 있다.

오답 분석

① 이제현의 『사략』에 대한 설명이다. 『사략』(1357, 공민왕 6)은 고려 태조부터 숙종 때까지의 역사를 성리학적 유교 사관에 입각해 편년체로 저술한 책으로, 정통과 대의명분을 중시하였다. 현재는 『사략』에 실렸던 「사론」만 전해진다.

② 김부식은 유교적 합리주의 사관에 입각해 『삼국사기』를 저술하였다.

③ 이규보의 『동명왕편』에 대한 설명으로, 『동명왕편』은 고구려 계승 의식이 반영된 한문 서사시이다.

정답 ④

105 0687

자료와 관련된 사서는 『삼국유사』이다.

① 『삼국유사』는 왕력(王歷) · 기이(紀異) · 흥법(興法) · 탑상(塔像) · 의해(義解) · 신주(神呪) · 감통(感通) · 피은(避隱) · 효선(孝善) 등 9편목으로 구성되어 있다.

오답 분석

②, ③ 김부식의 『삼국사기』에 대한 설명이다.

④ 각훈의 『해동고승전』에 대한 설명이다.

정답 ①

106 0688

제시문의 사서는 『삼국유사』이다. 이 책은 김부식의 『삼국사기』가 유교적 합리주의 사관에 입각하여 누락시킨, 고대의 설화와 야사들을 수록한 저작이다.

② 『삼국유사』는 일연에 의해 집필되었으며, 불교 중심의 고대 민간 설화를 수록하고 있다.

오답 분석

① 각훈이 집필한 『해동고승전』에 대한 설명이다.

③ 『동국통감』, 『동사강목』 등의 사서에 대한 설명이다.

④ 『삼국사기』에 대한 설명이다.

정답 ②

107 0689

제시문은 『고려사』에 기록된 박유에 관한 내용이다. 박유는 충렬왕 시기인 1275년에 원나라의 공녀 등의 문제에 대한 해결책으로 관리의 직위에 따라 차등을 두어 첩을 거느릴 것을 주장하였다.

② 『삼국유사』는 일연이 충렬왕 시기인 1281년에 편찬한 불교사 중심의 사서로, 고조선 계승 의식에 입각해 단군을 민족의 시조로 인식하였으며, 삼국 가운데 신라를 중심으로 서술하였다.

오답 분석

① 「진삼국사기표」는 1145년(인종 23)에 김부식이 『삼국사기』를 왕에게 진헌하면서 지은 표문이다.

③ 『조선경국전』은 1394년(태조 3)에 정도전이 편찬한 사찬 법전이다.

④ 『훈민정음해례』는 1446년(세종 28)에 편찬된 『훈민정음』 원문에 실린 부록이다.

정답 ②

108 0690

2019년 7급 국가직

이규보의 역사의식에 대한 설명으로 옳은 것은?

① 불교사를 중심으로 새로운 고대사 체계를 세웠다.

② 유교적 합리주의 사관에 입각하여 기전체 사서를 편찬하였다.

③ 고구려 계승 의식을 통해 고려의 기원을 신성시하고자 하였다.

④ 우리 역사를 중국과 대등하게 파악하며 단군을 민족 시조로 인식하였다.

109 0691

2010년 7급 국가직

다음 글의 지은이에 대한 설명으로 옳지 않은 것은?

> 동명왕의 일은 변화의 신이한 것으로 여러 사람의 눈을 현혹시키는 것이 아니요, 실로 나라를 창시한 신기한 사적이니 이것을 기술하지 않으면 앞으로 후세에 무엇을 볼 수 있으리오.
>
> – 「동명왕편」

① 최씨 무인 정권 하에서 관직 생활을 하였다.

② 유교 · 불교 · 도교 · 민간 신앙 등을 포용하였다.

③ 『삼국사기』에 반영된 신라 계승 의식을 비판하였다.

④ 단군 계승 의식을 반영하여 민족적 자주의식을 고취하였다.

110 0692

2018년 9급 국가직

다음은 고려 시대 진화의 시이다. 이 시인과 교류를 통해 자부심을 공유한 인물의 작품은?

> 서쪽 송나라는 이미 기울고 북쪽 오랑캐는 아직 잠자고 있네. 앉아서 문명의 아침을 기다려라, 하늘의 동쪽에서 태양이 떠오르네.

① 『삼국사기』

② 『동명왕편』

③ 『제왕운기』

④ 『삼국유사』

111 0693

2019년 9급 국가직

단군에 대한 인식을 설명한 것으로 옳지 않은 것은?

① 이승휴의 『제왕운기』에서는 우리 역사를 단군부터 서술하였다.

② 홍만종의 『동국역대총목』은 단군 정통론의 입장에서 기술하였다.

③ 이규보의 『동명왕편』은 단군의 건국 과정을 다루고 있다.

④ 『기미독립선언서』에는 '조선건국 4252년'으로 연도를 표기하였다.

108 0690

③ 이규보는 최씨 무신 정권기에 활약했던 문인으로, 『동명왕편』을 지어 신이 사관을 바탕으로 고구려 계승 의식을 드러냈으며, 고려의 기원을 신성시하고자 하였다.

오답 분석

① 불교사를 중심으로 단군 계승 의식을 드러낸 인물은 『삼국유사』를 집필한 일연이다.
② 김부식은 인종 때 유교적 합리주의와 신라 계승 의식을 바탕으로 『삼국사기』를 저술하였다.
④ 이승휴는 충렬왕 때 『제왕운기』를 통해 중국사와 우리 역사를 대등하게 구분하여 서술하였다.

정답 ③

109 0691

제시된 『동명왕편』을 저술한 인물은 이규보이다.

④ 일연과 이승휴에 대한 설명이다. 일연의 『삼국유사』는 단군을 민족의 시조로 받들면서 고구려 계승 의식이나 신라 계승 의식을 뛰어넘는 민족적 자주 의식을 표현하였다. 이승휴는 『제왕운기』에서 단군부터 역사를 서술하여 고조선 계승 의식을 드러냈으며, 우리 역사를 중국과 대등하게 파악하였다.

정답 ④

110 0692

제시문의 시는 진화의 '봉사입금'이다. 이 시는 금(金)나라에 사신으로 가면서 지은 것으로 『보한집(補閑集)』에 실려 있으며, 고려인으로서의 시대적 자각과 민족적 긍지를 보여주는 시이다. 중국 남송(南宋)은 이미 노쇠의 지경에 있고 북방 민족인 금(金)과 몽골(蒙古)은 아직 몽매한 상태에 있는데, 새로운 문명의 아침이 동쪽에서 밝아 온다는 것이 이 시의 내용으로, 고려의 위상을 노래한 것이다. 진화는 무신 집권기인 신종과 희종 연간에 활동했던 문신으로, 이규보와 교류를 했던 대표적인 인물이다. 그가 지은 또 다른 대표 시로는 무신 집권기 백성들의 비참한 삶을 노래한 '도원가'가 있다.

② 이규보의 작품은 『동명왕편』이다.

오답 분석

① 김부식, ③ 이승휴, ④ 일연의 저서이다.

정답 ②

111 0693

③ 이규보의 『동명왕편』은 단군의 건국 과정이 아닌 고구려 동명왕의 건국 설화를 다룬 것이다. 이규보의 『동명왕편』은 고구려 동명왕 탄생 이전의 계보를 밝힌 서장과 출생에서 건국에 이르는 본장, 그리고 후계자인 유리왕의 경력과 작가의 느낌을 붙인 종장으로 구성되어 있다. 『동명왕편』의 서문에서 이규보는 "처음 동명왕의 설화를 귀신과 환상으로 여겼으나, 연구를 거듭한 결과 귀신이 아니라 신(神)이라는 것을 깨달았으며, 이것을 시로 쓰고 세상에 펴서 우리나라가 원래 성인지도(聖人之都)임을 널리 알리고자 한다."고 저작 동기를 밝히고 있다.

정답 ③

112 0694

2020년 9급 국가직

밑줄 친 '이 책'에 대한 설명으로 옳은 것은?

> 신(臣)이 <u>이 책</u>을 편수하여 바치는 것은 …(중략)… 중국은 반고부터 금국에 이르기까지, 동국은 단군으로부터 본조(本朝)에 이르기까지 처음 일어나게 된 근원을 간책에서 다 찾아보아 같고 다른 것을 비교하여 요점을 취하고 읊조림에 따라 장을 이루었습니다.

① 성리학적 유교 사관이 반영되어 대의명분을 강조하였다.
② 국왕, 훈신, 사림이 서로 합의하여 통사 체계를 구성하였다.
③ 원 간섭기에 중국과 구별되는 우리 역사의 독자성을 강조하였다.
④ 왕명으로 단군 조선에서 고려 말까지의 역사를 노래 형식으로 정리하였다.

113 0695

2019년 7급 지방직

밑줄 친 '왕'의 재위 기간에 있었던 일로 옳은 것은?

> <u>왕</u>이 복주에 이르렀다. 정세운은 성품이 충성스럽고 청렴하였는데, 왕의 파천(播遷) 이래 밤낮으로 근심하고 분하게 여겨서 홍건적을 물리치고 개경을 회복하는 것을 자신의 임무로 여겼다. …(중략)… 마침내 정세운을 총병관으로 임명하였다.
> – 「고려사절요」

① 『향약구급방』이 편찬되었다.
② 정치도감이 설치되었다.
③ 『직지심체요절』이 금속 활자로 인쇄되었다.
④ 이제현에 의해 『사략』이 편찬되었다.

114 0696

2015년 7급 서울시

고려 시대의 역사 서술에 대한 설명으로 옳지 않은 것은?

① 고려 초부터 역대 왕의 치적을 기록한 『실록』을 편찬했는데, 조선 초기에 『고려사』를 편찬할 때 참고 자료로 사용되었다.
② 의종 때 김관의가 『편년통록』을 편찬하여 태조 왕건의 가계를 서술하였으나 현재는 남아 있지 않다.
③ 민지가 편찬한 『본조편년강목』에는 성리학적인 역사 서술 방식이 반영되어 있다.
④ 이승휴는 태조에서 숙종 때까지 역대 임금의 치적을 정리한 『사략』을 편찬하였는데, 현재는 '사찬'만이 남아있다.

115 0697

2011년 7급 국가직

역사서의 편찬과 관련된 설명으로 옳지 않은 것은?

① 『삼국사기』는 고려 초에 쓰인 『구삼국사』를 기본으로 유교적 합리주의 사관에 기초하여 기전체로 서술되었다.
② 한 왕대의 역사를 후대에 남기기 위한 실록의 편찬은 조선 시대부터 시작되어 『태조실록』에서 『철종실록』까지 계속되었다.
③ 『고려사』는 『고려국사』를 계승하여 고려 시대의 역사를 재정리한 기전체 역사서이다.
④ 안정복은 고조선에서 고려 말까지의 역사를 서술한 『동사강목』을 저술하여 우리 역사의 독자적 정통론을 체계화하였다.

112 0694

밑줄 친 '이 책'은 충렬왕 때 이승휴가 지은 『제왕운기』이다.

③ 『제왕운기』는 상권과 하권으로 나눠져 있는데, 상권에서는 중국의 상고 시대부터 원이 대륙을 장악하는 시기까지를, 하권은 단군 조선부터 고려 충렬왕 시기까지를 시로 집필하였다. 상권인 중국사에 대응하여 하권에서는 병렬적으로 우리 역사의 독자성을 강조하였는데, 특히 중국과 우리나라의 지리적 · 문화적 차이를 강조하고, 중국과 구별되는 독자적이고 자주적인 특성을 강조하였다. 또한 발해를 고구려의 계승국으로 인정하며 고려에 귀순해 온 사실을 서술함으로써, 발해를 최초로 우리 역사 속에 편입시켰다.

오답 분석

① 성리학적 유교 사관이 반영되기 시작한 것은 충숙왕 때 집필되었던 민지의 『본조편년강목』과 공민왕 때 저술되었던 이제현의 『사략』이다.
② 국왕과 훈신, 사림이 합의하여 우리나라 역사를 통사 형식으로 간행한 것은 서거정이 중심이 되어 성종 때 편찬한 『동국통감』에 해당한다. 세조 재위기에 훈구파가 주도하여 편찬을 시작한 이 책은 성종 시기 사림의 협조와 참여로 완성되었다.
④ 왕명으로 단군 조선에서 고려 말까지의 역사를 노래 형식으로 정리한 것은 세종 시기에 권제 등이 편찬한 『동국세년가』이다. 『제왕운기』는 단군 조선에서 고려 후기 충렬왕까지의 시기를 언급한 책으로, 노래 형식(시가, 또는 영사체)은 맞지만 고려 말에 해당하는 것은 아니다. 또한 이 책은 왕명에 의해 집필된 것이 아니라 이승휴가 왕의 실정과 친원파, 권문세족의 전횡을 비판하다가 파직된 시기에 저술되었다.

정답 ③

113 0695

밑줄 친 '왕'은 공민왕이다. 홍건적의 2차 침입 시기(1361)에 개경이 함락되면서 공민왕이 복주(현재 안동)로 피난하였다.

④ 공민왕의 재위 시기인 1357년에 이제현의 『사략』이 편찬되었으나, 현재는 『사론』만 전해진다.

오답 분석

① 『향약구급방』은 고려 고종 시기(13세기)에 팔만대장경을 만들던 대장도감에서 처음으로 간행하였다고 추정되고 있다.
② 정치도감은 충목왕 재위 시기에 개혁 기구로 발족하였다.
③ 『직지심체요절』은 우왕 재위 시기인 1377년에 청주 흥덕사에서 간행되었다.

정답 ④

114 0696

④ 이승휴는 『제왕운기』를 저술하였으며, 『사략』은 이제현이 고려 말 성리학적 유교 사관에 입각해 편찬한 역사서이다. 『제왕운기』는 상권과 하권으로 나눠져 있는데, 상권에서는 중국의 상고 시대부터 원이 대륙을 장악하는 시기까지를, 하권은 단군 조선부터 충렬왕 집권까지를 시로 집필하였다. 상권인 중국사에 대응하여 하권에서는 병렬적으로 우리 역사의 독자성을 강조하였다. 특히 중국과 우리 민족의 지리적 · 문화적 차이를 강조하고 중국과 구별되는 독자적이고 자주적인 특성을 강조하였다. 또한 발해를 고구려의 계승국으로 인정해 고려 태조에 귀순해 온 사실을 서술함으로써 발해를 최초로 우리 역사 속에 편입시켰다.

정답 ④

115 0697

② 『실록』의 편찬은 고려 시대 초부터 시작되어, 조선 시대 말까지 이어졌다. 고려 시대의 『실록』은 공양왕 실록까지 편찬되어 충주 사고(또는 춘추관으로 추정)에 보관하였으나, 임진왜란 시기 소실되었다. 『조선왕조실록』은 통상적으로 일제 강점기인 1930년대에 편찬된 『고종실록』과 『순종실록』을 제외하고, 『태조실록』에서 『철종실록』까지 25대 실록만을 정식 실록으로 인정하고 있다.

정답 ②

116 0698

조선 시대의 통치 기록에 대한 설명으로 옳지 않은 것은?

① 역대 국왕의 언행을 본보기로 삼기 위해 태종 때부터 『국조
보감』을 편찬하였다.

② 춘추관은 관청별 업무 일지인 여러 관청의 『등록(謄錄)』을 모
아 시정기를 정기적으로 편찬하였다.

③ 조선 초기부터 왕실 관련 행사나 국가적인 행사에 관한 기록
이나 장면을 모은 『의궤』를 만들었다.

④ 승정원의 주서(注書)는 왕과 신하 간에 오고 간 문서와 국왕
의 일과를 매일 기록하여 『승정원일기』를 작성하였다.

117 0699

『조선왕조실록』에 대한 서술로 옳지 않은 것은?

① 고려 시대의 왕대별 『실록』을 편찬하는 전통이 조선 시대에
도 계속되었다.

② 「사초」와 각 관청의 문서들을 종합하여 실록청에서 『시정기
(時政記)』를 만들었다.

③ 『실록』 편찬의 공정성을 확보하기 위하여 왕이 죽은 후에
『실록』을 편찬하는 것이 관례였다.

④ 국왕과 신하가 정사를 논의한 발언과 행동을 사관(史官)이
기록하였는데 이를 「사초(史草)」라고 불렀다.

118 0700

㉠~㉣에 대한 설명으로 가장 적절한 것은?

(㉠)에 소속된 주서는 왕과 신하 간에 오고 간 문서
와 국왕의 일과를 매일 기록하여 (㉡)을/를 작성하였
다. 왕이 바뀌면 전왕의 통치 기록인 사초, 시정기, 조보 등
을 합하여 (㉢)을/를 편찬하여 4부를 만들고 한성에는
(㉣)에 보관하였다.

① ㉠ – 의정의 합좌 기관으로 백관과 서무를 총괄하였다.

② ㉡ – 실록 편찬의 기본 자료였으며, 세계 기록유산이다.

③ ㉢ – 임진왜란 이후 전주, 성주, 충주에 지은 사고에 각기
보관하였다.

④ ㉣ – 국왕의 교서를 제찬하고 외교 사무를 관장하였다.

119 0701

**다음은 조선 전기에 편찬된 책 서문의 일부이다. 이 책과 같
은 왕대에 편찬된 책은?**

우리 동방의 문(文)은 송(宋)과 원(元)의 문도 아니고 한(漢)
과 당(唐)의 문도 아니며 바로 우리나라의 문입니다. 마땅
히 중국 역대의 문과 나란히 천지의 사이에 행하게 하여야
합니다. …(중략)… 우리 동방의 문은 삼국 시대에서 비롯
하여 고려에서 번성하였고 아조(我朝)에 와서 극(極)에 이
르렀습니다. 천지 기운의 성쇠와 관계된 것을 또한 알 수
있습니다.

① 『국조오례의』

② 『고려사절요』

③ 『조선경국전』

④ 『의방유취』

116 0698

① 『국조보감』은 『실록』에서 조선 역대 국왕의 치적 중 후대 왕에게 모범이 될 만한 기록을 뽑아 제작한 편년체 사서로, 세조 때 처음 편찬된 뒤 지속적으로 보완되어 1908년까지 총 90권 26책이 완성되었다.

오답 분석

② 『시정기』는 춘추관이 주관하여 편찬한 것으로, 3년마다 인쇄하여 해당 관사와 의정부 및 사고에 보관하였다.
③ 『의궤』는 조선 시대 왕실에서 거행된 여러 가지 의례의 전모를 소상하게 기록한 서책으로, 왕실의 혼사, 장례, 부묘, 건축, 잔치, 편찬 등 반복적으로 일어나는 일을 기록하여 유사한 행사가 있을 시에 참고하도록 하였다.
④ 승정원 주서는 매일 상·하번으로 나눠 국왕이 신하들과 국정을 논의하고 처결하는 모든 자리에 입시해 그 내용을 기록했다.

정답 ①

117 0699

② 『시정기』는 국가 정사에 대해 사관이 작성하는 기록이다. 『시정기』는 춘추관에서 『승정원일기』와 각 관사의 문서를 모아 작성하였으며, 3년마다 인쇄하여 해당 관사와 의정부 및 사고에 보관하였다.

정답 ②

118 0700

㉠은 승정원, ㉡은 『승정원일기』, ㉢은 『조선왕조실록』, ㉣은 춘추관이다.

② 『실록』 편찬의 기본 자료가 된 『승정원일기』는 유네스코에 등재된 한국의 세계 기록유산이다. 이밖에 『훈민정음(해례본)』부터 『조선왕조실록』, 『직지심체요절』, 『조선왕조 의궤』, 『해인사 대장경판 및 제(諸)경판』, 『동의보감』, 『일성록』, 5·18 광주 민주화운동 기록물, 『난중일기』, 새마을 운동 기록물 등 총 16개가 유네스코 세계 기록유산으로 지정되어 있다.

오답 분석

① 의정부에 대한 설명이다.
③ 임진왜란 이전에는 춘추관(한양)·충주·성주·전주 등 4대 사고에 보관하였다. 그러나 임진왜란 이후에는 내사고인 춘추관을 비롯하여 외사고인 마니산·묘향산·태백산·오대산의 5사고가 마련되어 보관하였다.
④ 국왕의 교서를 제찬한 것은 예문관이며, 외교 사무를 관장한 곳은 승문원이다. 춘추관은 시정을 기록하고 역사를 관장하였던 기관이다.

정답 ②

119 0701

제시문은 성종의 명으로 서거정 등이 중심이 되어 1478년에 편찬한 『동문선』이다.

① 『국조오례의』는 성종 때 왕명으로 신숙주 등이 편찬하였다.

오답 분석

② 『고려사절요』는 문종 때 김종서 등이 편찬한 편년체 역사서이다.
③ 『조선경국전』은 태조 때 정도전이 편찬한 조선 최초의 법전이다.
④ 『의방유취』는 세종 때 전순의 등이 편찬한 의학 백과사전이다.

정답 ①

120 0702 2015년 7급 국가직

괄호 안에 들어갈 역사책에 대한 설명으로 옳은 것은?

> 동양에서는 역사학이 정책을 입안하는 데 이론적 근거와 참고 자료를 마련하기 위하여 연구되었다. 동양에서는 역사학의 제1차적인 목적을 귀감에서 찾는다. 그러기에 대부분의 역사책은 '거울 감(鑑)'자를 쓴다. 우리나라에서는 서거정이 편찬한 (   ), 중국에서는 사마광의 자치통감, 주희의 통감강목, 원추의 통감기사본말 등이 그 대표적인 예이다.

① 성리학적 가치관으로 고려 역사를 정리한 기전체 사서이다.

② 단군 조선에서 고려 말까지의 역사를 노래 형식으로 정리하였다.

③ 단군 조선에서 삼한까지의 역사를 「외기(外紀)」로 구분하여 서술하였다.

④ 역대 국왕의 사적(事績) 가운데 후세의 귀감이 될 만한 내용만을 뽑아 편년체로 편찬하였다.

121 0703 2010년 7급 지방직

조선 시대에 편찬된 다음의 사서에서 추론할 수 있는 역사 인식으로 가장 옳은 것은?

> 물론 단군께서 제일 먼저 나시기는 하였으나 문헌으로 상고할 수 없다. 삼가 생각하건대 기자께서 우리 조선에 들어와서 그 백성을 후하게 양육하고 힘써 가르쳐 주어 머리를 틀어 얹는 오랑캐의 풍속을 변화시켜, 문화가 융성하였던 제나라와 노나라 같은 나라로 만들어 주셨다.

① 왕조의 정통성에 대한 명분을 내세웠다.

② 성리학적 통치 규범을 정착시키기 위해 국가적 차원의 노력을 기울였다.

③ 사림들이 추구하는 왕도 정치에 대한 뿌리 찾기의 시도를 보여주었다.

④ 민족적 자주 의식을 바탕으로 전통 문화에 대한 올바른 이해를 중시하였다.

122 0704 2018년 7급 지방직

기자에 대한 인식의 변천을 설명한 것으로 옳지 않은 것은?

① 고구려에서는 기자신에게 제사를 지냈다.

② 고려 시대에는 평양에 기자 사당을 세우고 제사를 지냈다.

③ 한백겸은 토지 개혁론의 입장에서 기자의 정전(井田)에 주목하였다.

④ 이익은 '삼한정통론'에서 기자가 조선에 봉해졌다는 주장을 부정하였다.

123 0705 2019년 7급 지방직

조선 시대 기록 문화에 대한 설명으로 옳지 않은 것은?

① 실록청에서 「사초」·「시정기」·「승정원일기」 등을 바탕으로 실록을 편찬하였다.

② 임진왜란 이전에 『실록』은 4부를 만들어 한양의 춘추관과 전주·성주·충주의 사고에 보관하였다.

③ 후대 왕에게 본보기로 제공하고자 국왕의 언행을 실록에서 가려 뽑아 『국조보감』을 편찬하였다.

④ 국왕과 대신이 국정을 논의할 때 예문관 한림이 사관으로 참가하여 『시정기』를 작성하였다.

120 0702

괄호 안에 들어갈 역사서는 『동국통감』으로, 서거정 등이 성종 시기에 『삼국사절요』와 『고려사절요』를 개수하고 통합하여 편년체로 서술한 책이다. 『동국통감』은 삼국을 대등한 국가로 해석하여 고려 시대의 고구려 계승주의와 신라 계승주의의 갈등을 해소하였으며, 단군 조선을 국사의 시작으로 설정하였다. 또한 이 책은 엄격한 유교적 명분론에 입각하여 준엄한 포폄을 가한 것이 특징이다.

③ 『동국통감』은 삼국이 병립하였을 때는 「삼국기」라 하였고, 통일 신라의 역사는 「신라기」, 고려 때는 「고려기」, 삼한 이전의 시기는 「외기」로 구분하여 서술하였다.

오답 분석

① 『고려사』(세종~문종, 정인지 등)에 대한 설명이다.
② 『동국세년가』(세종, 권제 등)에 대한 설명이다.
④ 『국조보감』(세조~순종)에 대한 설명이다.

정답 ③

121 0703

제시문은 16세기에 율곡 이이가 저술한 『기자실기』의 내용이다.

③ 이이는 기자가 정전제와 팔조교 등을 시행하였다는 내용을 들어 이를 성인과 같은 업적으로 평가하며, 사림들이 추구하는 왕도 정치의 기원을 기자에 두는 입장을 서술하였다. 이러한 입장은 사림파의 존화주의적 성향을 강화시켰으며, 명이 멸망한 후 소중화 사상을 바탕으로 청에 대한 북벌론이 일어나는 배경이 되었다.

오답 분석

①, ②, ④는 조선 건국 초와 15세기의 역사 인식을 보여준다.

정답 ③

122 0704

④ 이익은 삼한 정통론에서 우리의 정통이 기자 조선이라고 주장하며, 마한이 기자 조선을 계승했음을 천명하였다. 이익은 『성호 선생문집』에 삼한 정통론이라는 글을 실어, 위만이 나라를 합당하게 계승하지 않고 찬탈하였으므로 그를 기자 조선 정통의 정당한 계승자로 볼 수 없고, 그 정통은 준왕이 남쪽으로 옮겨와 세웠다고 하는 마한으로 이어진다고 주장하였다. 이후 이익의 삼한 정통론은 그의 제자 안정복의 『동사강목』에 반영되었다.

오답 분석

① 중국의 『구당서』에는 고구려에서 기자신에게 제사를 지냈다는 기록이 있다.
② 고려 숙종은 평양에 기자 사당을 세우고 기자를 숭상하였다.
③ 한백겸은 기자의 정전에 주목하여 기자의 정전(井田) 제도가 평양에서 시행되었음을 증명하는 그림인 기전도와 함께 당시 기자의 정전 제도에 대한 주장을 정리한 기전도설발, 기전도설후어 등을 그의 문집인 『구암유고』에 수록하였다. 이는 유형원을 비롯한 실학자들의 토지 개혁론에 많은 영향을 끼쳤다.

정답 ④

123 0705

④ 국왕과 대신이 국정을 논의할 때 승정원 주서가 참관하여 『승정원일기』를 작성하였다. 『시정기』는 예문관 한림(봉교 2인, 대교 2인, 검열 4인으로 구성, 춘추관에 파견되어 전임사관의 역할 수행)이 『등록』 등 국정 관련 기록과 문서, 『승정원일기』 등을 종합하여 매년 작성하였던 문서이다. 춘추관은 이것을 매년 제출 받아 3년에 한 번씩 인쇄하여 보관하였다가, 왕이 죽은 후 『실록』의 기본 자료로 활용하였다.

오답 분석

① 왕이 승하하면 임시 관청인 실록청이 설치되고 200여 명의 편찬 위원이 위촉되어 「사초」・『시정기』・『승정원일기』 등을 바탕으로 『실록』이 편찬되었다.
② 임진왜란 전 조선은 내사고인 춘추관, 외사고인 전주・성주・충주 사고를 중심으로 『실록』을 보관하였다. 임진왜란 이후 사고는 5대 사고로 정비되었다.
③ 『국조보감』은 『실록』이 봉인되기 전 모범이 되는 왕의 자취를 뽑아 편찬된 것으로, 세조 때부터 편찬되었다.

정답 ④

124 0706

조선 후기 역사서에 나타나는 정통론에 대한 설명으로 옳지 않은 것은?

① 임상덕의 『동사회강』에서는 마한을 정통으로 인정하지 않고 삼국을 무통으로 보았다.

② 안정복의 『동사강목』에서는 삼국을 무통으로 하고 단군 – 기자 – 마한 – 통일 신라를 정통으로 하였다.

③ 홍만종의 『동국역대총목』에서는 단군을 배제하고 기자 – 마한 – 통일 신라의 흐름을 정통으로 규정하였다.

④ 홍여하의 『동국통감제강』에서는 기자의 전통이 마한을 거쳐 신라로 이어졌다고 하여 기자 – 마한 – 신라를 정통 국가로 내세웠다.

125 0707

다음은 조선 후기 집필된 역사서의 일부이다. 이 책에 대한 설명으로 옳은 것은?

> 삼국사에서 신라를 으뜸으로 한 것은 신라가 가장 먼저 건국했고, 뒤에 고구려와 백제를 통합하였으며, 또 고려는 신라를 계승하였으므로 편찬한 것이 모두 신라의 남은 문적(文籍)을 근거로 했기 때문이다. …(중략)… 고구려의 강대하고 현저함은 백제에 비할 바가 아니며, 신라가 차지한 땅은 남쪽의 일부에 불과할 뿐이다. 그러므로 김씨는 신라사에 쓰여진 고구려 땅을 근거로 했을 뿐이다.

① 우리 역사의 독자적 정통론을 세워 이를 체계화하였다.

② 단군 – 부여 – 고구려의 흐름에 중점을 두어 만주 수복을 희구하였다.

③ 중국 및 일본의 자료를 망라한 기전체 사서로 민족사 인식의 폭을 넓혔다.

④ 여러 영역을 항목별로 나눈 백과사전적 시술로 문화 인식의 폭을 확대하였다.

126 0708

〈보기〉의 (가), (나) 역사서에 대한 설명으로 가장 옳지 않은 것은?

보기

(가) 『구삼국사』를 얻어 동명왕 본기를 보니 그 신이한 사적이 세상에 전하는 것보다 더 하였다. 그러나 처음에는 믿지 못해 귀환(鬼幻)으로만 여겼는데, 세 번 반복하여 읽어서 점점 그 근원에 들어가니, 환(幻)이 아니고 성(聖)이며 귀(鬼)가 아니고 신(神)이었다. …… 이것을 기술하지 않으면 후인들이 장차 무엇을 볼 것인가.

(나) 부여씨가 망하고 고씨가 망하자 김씨가 그 남쪽을 영유하였고, 대씨가 그 북쪽을 영유하여 발해라 하였다. 이것이 남북국이라 부르는 것으로, 마땅히 남북국사가 있어야 했음에도 고려가 이를 편찬하지 않은 것은 잘못된 일이다. 무릇 대씨가 누구인가? 바로 고구려 사람이다. 그가 소유한 땅은 누구의 땅인가? 바로 고구려 땅이다.

① (가) – 고구려 계승 의식이 반영되었다.

② (가) – 연대순으로 기록하는 편년체로 서술되었다.

③ (나) – 발해사를 우리 역사로 인식하였다.

④ (나) – 남북국이라는 용어를 처음 사용하였다.

127 0709

(가), (나)에 대한 설명으로 옳은 것은?

> ☐(가) 역사서의 저자는 다음과 같은 글을 지어 왕에게 바쳤다. "성상 전하께서 옛 사서를 널리 열람하시고, '지금의 학사 대부는 모두 오경과 제자의 책과 진한(秦漢) 역대의 사서에는 널리 통하여 상세히 말하는 이는 있으나, 도리어 우리나라의 사실에 대하여서는 망연하고 그 시말(始末)을 알지 못하니 심히 통탄할 일이다. 하물며 신라·고구려·백제가 나라를 세우고 정립하여 능히 예의로써 중국과 통교한 까닭으로 범엽의 한서 나 송기의 당서 에는 모두 열전이 있으나 국내는 상세하고 국외는 소략하게 써서 자세히 실리지 않았다. … (중략) … 일관된 역사를 완성하고 만대에 물려주어 해와 별처럼 빛나게 해야 하겠다.'라고 하셨다."
>
> ☐(나) 역사서에는 다음과 같은 서문이 실려 있다. "부여씨와 고씨가 망한 다음에 김씨의 신라가 남에 있고, 대씨의 발해가 북에 있으니 이것이 남북국이다. 여기에는 마땅히 남북국사가 있어야 할 터인데, 고려가 그것을 편찬하지 않은 것은 잘못이다."

① (가)는 동명왕의 업적을 칭송한 영웅 서사시이다.

② (가)는 불교를 중심으로 고대 설화를 수록하였다.

③ (나)는 만주 지역까지 우리 역사의 범위를 확장하였다.

④ (나)는 고조선부터 고려에 이르는 역사를 체계적으로 정리하였다.

124 0706

③ 홍만종의 『동국역대총목』에서는 단군 조선을 정통의 시작으로 설정하고, 그 다음에 기자 – 마한 – 통일 신라 – 고려로 정통이 이어지는 것으로 보았다. 단군에 대한 존숭은 홍만종의 모든 저술에서 나타나는데, 이 책에서도 『고기(古記)』를 참고해서 단군의 출생을 비롯하여 단군 이전의 사실과 단군의 치적 및 재위 기간 등을 자세하게 서술하고 있다.

정답 ③

125 0707

자료의 내용은 『동사강목』에 나타난 안정복의 삼국에 대한 인식이다.

① 안정복은 『동사강목』에서 단군 조선을 기점으로 기자 조선 – 마한 – 통일 신라 – 고려로 연결되는 독자적 정통론을 주장하였다.

오답 분석

② 이종휘의 『동사』에 대한 설명이다.
③ 한치윤의 『해동역사』에 대한 설명이다.
④ 『지봉유설』(이수광), 『성호사설』(이익), 『임원경제지』(서유구) 등에 대한 설명이다.

정답 ①

126 0708

(가) 고려 시대 이규보가 저술한 『동국이상국집』에 들어 있는 서사시 『동명왕편』이다.
(나) 조선 후기에 집필된 유득공의 『발해고』이다.

② 『동명왕편』은 서사시이기 때문에 편년체 서술 방식과 관련이 없다.

오답 분석

① 『동명왕편』은 주몽의 건국 신화를 다룬 글로, 고구려 계승 의식이 반영되었음을 알 수 있다.
③, ④ 유득공은 만주를 방문한 후, 발해가 고구려의 후손임을 인식하였고, 『발해고』에서 남북국이라는 용어를 처음 사용하였다.

정답 ②

127 0709

(가)는 『삼국사기』로 제시문은 서문인 「진삼국사표」의 내용이다.
(나)는 조선 후기에 집필된 유득공의 『발해고』이다.

③ 『발해고』에서 유득공은 발해의 역사를 고증하고 신라와 발해를 남북국으로 칭해 발해의 영역인 만주 지역까지 우리 역사의 범위를 확장하였다.

오답 분석

① 동명왕의 업적을 칭송한 영웅 서사시는 이규보가 저술한 『동명왕편』이다.
② 불교를 중심으로 고대 설화를 수록한 서적은 『삼국사기』가 아니라 『삼국유사』에 해당한다.
④ 조선 성종 시기 완성된 『동국통감』은 고조선에서 고려에 이르는 역사를 체계적으로 정리하였다.

정답 ③

128 0710
2011년 7급 지방직

(가)~(다)에서 설명하고 있는 조선 시대 역사서와 역사가를 바르게 나열한 것은?

> (가) 고조선에서 고려에 걸친 통사로서 「외기」·「삼국기」·「신라기」·「고려기」로 구성되어 있는데, 당시 정계에 진출한 사림 계열의 역사 인식이 반영된 결과 사론이 대폭적으로 첨가되었다.
> (나) 중국과 일본의 문헌을 광범위하게 참작한 유서(類書)적 성격의 사서로서 기전체 형식을 취하고 있지만 열전은 없고 세기·지·고(考)로 구성되어 있다.
> (다) 역사를 움직이는 힘을 '시세(時勢)', '행불행(幸不幸)', '시비(是非)'의 순서로 봄으로써 도덕 중심 사관을 비판하였다.

	(가)	(나)	(다)
①	『동국통감』	『해동역사』	이익
②	『동사강목』	『연려실기술』	허목
③	『동국통감』	『연려실기술』	이익
④	『동사강목』	『해동역사』	허목

129 0711
2018년 9급 지방직

다음과 같은 특징을 가진 조선 후기 역사서는?

> ○ 단군으로부터 고려에 이르기까지의 우리 역사를 치밀한 고증에 입각하여 엮은 통사이다.
> ○ 마한을 중시하고 삼국을 무통(無統)으로 보는 입장에서 우리 역사를 체계화하였다.

① 허목의 『동사』
② 유계의 『여사제강』
③ 한치윤의 『해동역사』
④ 안정복의 『동사강목』

130 0712
2022년 9급 지방직

역사서에 대한 설명으로 옳은 것만을 모두 고르면?

> ㄱ. 김부식의 『삼국사기』에는 단군 신화가 수록되어 있다.
> ㄴ. 이규보의 『동명왕편』은 고구려 계승 의식을 강조하였다.
> ㄷ. 안정복의 『동사강목』은 기사본말체로 역사를 서술하였다.
> ㄹ. 유득공의 『발해고』에는 남북국이라는 용어가 사용되었다.

① ㄱ, ㄴ
② ㄱ, ㄷ
③ ㄴ, ㄹ
④ ㄷ, ㄹ

131 0713
2011년 7급 국가직

다음 서적들의 편찬 시기가 바르게 나열된 것은?

> ㄱ. 『동국이상국집』　　ㄴ. 『불씨잡변』
> ㄷ. 『임원경제지』　　ㄹ. 『해동제국기』

① ㄱ - ㄴ - ㄷ - ㄹ
② ㄱ - ㄴ - ㄹ - ㄷ
③ ㄴ - ㄱ - ㄷ - ㄹ
④ ㄴ - ㄱ - ㄹ - ㄷ

128 0710

① (가)는 『동국통감』, (나)는 『해동역사』, (다)는 이익이다.

(가) 성종 시기에 서거정 등이 편찬한 『동국통감』은 단군 조선을 민족사의 기원으로 정립하고 고조선부터 고려까지의 역사를 정리하였다.

(나) 『해동역사』는 한치윤이 조선 후기 순조 대에 편찬한 기전체 역사서이다.

(다) 이익은 역사에서 정치적 사건에 도덕적 평가보다는 당시의 시세 파악이 중요함을 주장하고, 역사 서술에서 신화 기술의 배제를 강조하였다. 허목은 이황, 조식의 주리론을 계승한 조선 후기의 학자로, 『기언』을 편찬하였다. 허목의 문집 『기언』에 수록된 역사서 『동사』는 서(序)와 세가(世家)·열전(列傳)·지승(地乘)·외기(外記)로 구성된 기전체 형식을 취하고 있다. 그 중 '지승'은 우리나라의 강역과 물산·풍속을 언급하고 있다.

정답 ①

129 0711

자료는 안정복의 『동사강목』에 관한 것이다.

④ 『동사강목』은 임상덕의 『동사회강』의 영향을 받아 삼국을 무통으로 간주하였다.

오답 분석

① 허목의 『동사』는 단군 조선에서 삼국 시대까지의 내용을 담은 사서이다.

② 유계의 『여사제강』은 고려사를 강목체 형식의 편년체로 기록한 사서이다.

③ 한치윤의 『해동역사』는 한국의 역사서를 참고하면서, 중국·일본의 자료를 참고(중국의 사서 523종, 일본의 사서 22종 등 550여 종의 인용서 동원)한 역사서로, 삼국 무통론과는 관련이 없다.

정답 ④

130 0712

ㄴ. 이규보의 『동명왕편』은 고구려의 시조 주몽에 대해 쓴 서사시로 고구려 계승 의식을 확인할 수 있다.

ㄹ. 유득공의 『발해고』에서는 신라와 발해를 남북국이라고 표현하였다.

오답 분석

ㄱ. 김부식의 『삼국사기』에는 단군 신화가 언급되어 있지 않으며, 고려 시대의 문헌으로는 『삼국유사』와 『제왕운기』에 수록되어 있다.

ㄷ. 안정복의 『동사강목』은 강목체로 저술되었다. 기사본말체와 유사한 역사서로는 『삼국유사』와 『연려실기술』이 있다.

정답 ③

131 0713

② 순서대로 나열하면 ㄱ. 『동국이상국집』(고려 고종, 이규보) → ㄴ. 『불씨잡변』(1398, 정도전) → ㄹ. 『해동제국기』(1471, 신숙주) → ㄷ. 『임원경제지』(19세기 초, 서유구) 순으로 편찬되었다.

정답 ②

132 0714 2018년 9급 서울시(추가 채용)

〈보기〉의 백과사전(유서)을 편찬한 순서대로 바르게 나열한 것은?

보기
ㄱ. 『대동운부군옥』　　　ㄴ. 『지봉유설』
ㄷ. 『성호사설』　　　ㄹ. 『오주연문장전산고』

① ㄱ → ㄴ → ㄷ → ㄹ
② ㄴ → ㄷ → ㄹ → ㄱ
③ ㄱ → ㄷ → ㄴ → ㄹ
④ ㄱ → ㄹ → ㄷ → ㄴ

134 0716 2017년 9급 서울시

조선 후기에 전개된 국학 연구에 대한 설명으로 옳지 않은 것은?

① 유희는 『언문지』를 지어 우리말의 음운을 연구하였다.
② 이의봉은 『고금석림』을 편찬하여 우리의 어휘를 정리하였다.
③ 한치윤은 『기언』을 지어 토지 제도의 개혁을 주장하였다.
④ 이종휘는 『동사』를 지어 고구려사에 대한 관심을 고조시켰다.

133 0715 2020년 9급 국가직

조선 전기 문화에 대한 설명으로 옳은 것은?

① 『어우야담』을 비롯한 야담·잡기류가 성행하였다.
② 유서(類書)로 불리는 백과사전이 널리 편찬되었다.
③ 『동문선』이 편찬되어 우리 문학의 독자성을 강조하였다.
④ 중인층을 중심으로 시사가 결성되어 문학 활동을 벌였다.

135 0717 2016년 7급 서울시

조선 후기 중인층과 서얼은 자신들의 기록물을 남겼다. 이에 해당하는 저술만을 가장 바르게 나열한 것은?

① 『연조귀감(掾曹龜鑑)』 - 『방경각외전(放璚閣外傳)』
② 『지봉유설(芝峯類設)』 - 『호산외기(壺山外記)』
③ 『풍요삼선(風謠三選)』 - 『의산문답(醫山問答)』
④ 『규사(葵史)』 - 『이향견문록(里鄕見聞錄)』

132 0714

① 순서대로 나열하면 ㄱ.『대동운부군옥』(선조) → ㄴ.『지봉유설』
(광해군) → ㄷ.『성호사설』(영조) → ㄹ.『오주연문장전산고』(헌
종)가 된다.

ㄱ. 권문해의 『대동운부군옥』은 선조 시기에 편찬된 일종의 백과
사전이다.
ㄴ. 이수광의 『지봉유설』은 광해군 시기에 편찬된 백과사전이다.
ㄷ. 이익의 『성호사설』은 영조 시기에 편찬된 백과사전이다.
ㄹ. 이규경의 『오주연문장전산고』는 헌종 시기(추정)에 편찬된 백
과사전이다.

정답 ①

133 0715

③ 『동문선』은 조선 전기인 1478년(성종 9)에 성종의 명을 받아 서
거정, 노사신, 강희맹, 양성지 등 23인의 찬집관이 참여하여 편
찬한 우리나라 역대 시문선집이다.

오답 분석

① 『어우야담』은 유몽인이 광해군(1622) 때 편찬한 야담집이다. 조
선 후기에는 『어우야담』을 비롯한 야담·잡기류가 유행하였다.
② 조선 후기에는 유서(類書)로 불리는 백과사전이 널리 편찬되었
는데, 유서류의 백과사전으로는 『지봉유설』·『성호사설』·『물
명고』·『오주연문장전산고』·『임하필기』 등이 있다.
④ 조선 후기에는 중인층을 중심으로 시사가 결성되고 위항 문학이
발달하였다. 대표적인 시사에는 송석원(옥계)시사, 직하시사 등
이 있으며, 대표적인 시선으로는 『소대풍요』(1737), 『풍요속선』
(1797), 『풍요삼선』(1857) 등이 있다.

정답 ③

134 0716

③ 『기언』은 숙종 시기에 간행된 허목의 시문집으로, 일명 『미수기
언』이라고도 부른다. 한편 한치윤은 단군 조선부터 고려 말까지
의 역사를 서술한 『해동역사』를 편찬하였다. 『해동역사』는 기전
체로 편찬되었으며, 고대에서 고려까지의 왕조를 세기(世紀)로
삼고, 지(志)와 전기(傳紀)를 덧붙였다.

정답 ③

135 0717

④ 중인층과 서얼에 대한 기록만으로 나열된 것은 『규사』와 『이향
견문록』이다. 『규사』는 철종 시기에 대구 지역의 유림 단체인 달
서정사가 서얼에 관계되는 사실을 역대 왕의 순으로 서술한 서
적이다. 『이향견문록』도 철종 시기의 책으로, 중인 유재건이 중
인층 이하 인물들의 행적을 기록한 것이다.

오답 분석

① 『연조귀감』은 향리 출신인 이진흥이 정조 시기에 편찬한 서
적으로, 향리의 기원·형성 과정 및 위업을 모아 향리와 양반
이 처음에는 같은 신분이었음을 재인식시키고, 향리들의 신분
상 지위 변화를 개진하고자 저술한 것이다. 『방경각외전』은 박
지원이 저술한 소설집으로 9개의 작품이 수록되어 있었으나,
「마장전」, 「예덕선생전」, 「민옹전」, 「광문자전」, 「양반전」, 「김신
선전」, 「우상전」 등 7개만이 현존하며, 「역학대도전」과 「봉산학
자전」은 유실되었다.
② 『지봉유설』은 이수광이 집필한 백과사전적 저작이다. 『호산외
기』는 헌종 시기에 조희룡이 중인층 42인의 특이한 행적을 기
록한 전기이다.
③ 『풍요삼선』은 철종 시기에 중인 이하의 시사(詩社) 동인 모임이
었던 직하시사의 유재건, 최경흠 등이 편찬한 시집이다. 『의산
문답』은 홍대용이 가상의 인물인 실옹과 허자의 대담 형식으로
집필한 것으로, 청을 방문한 뒤 저술한 것이다.

정답 ④

136 0718

2018년 7급 국가직

밑줄 친 '시집'에 해당하는 것으로 옳은 것은?

> 위항인들은 인왕산, 삼청동, 청계천, 광교 등의 지역에 많은 시사를 결성하여 문학 활동을 벌이면서 자신들의 위상을 높여 갔다. 그리고 문학을 하는 능력에는 신분의 귀천이 없음을 주장하면서 자신들의 시를 집성한 시집을 편찬하였다.

① 『어우야담』　　　　② 『연조귀감』

③ 『호산외기』　　　　④ 『소대풍요』

137 0719

2019년 9급 서울시(추가 채용)

밑줄 친 '이것'에 대한 설명으로 옳지 않은 것은?

> 이것은 조선 시대 법령의 기본이 된 법전이다. 조선 건국 초의 법전인 『경제육전』의 원전과 속전, 그리고 그 뒤의 법령을 종합하여 만든 통치의 기본이 되는 통일 법전이다. (……) 편제와 내용은 『경제육전』과 같이 6분 방식에 따랐고, 각 전마다 필요한 항목으로 분류하여 규정하였다.

① 성종 때 완성되었다.
② 조준이 편찬을 주도하였다.
③ 이·호·예·병·형·공전으로 나뉘어 정리되었다.
④ 세조 때 만세 불변의 법전을 만들기 위해 편찬을 시작하였다.

138 0720

2019년 경찰간부직

조선 시대 법전 편찬에 대한 설명 중 옳지 않은 것은?

① 태조 때 정도전은 『조선경국전』, 조준은 『경제육전』을 편찬하였다.
② 성종 때 완성되어 반포된 『경국대전』은 이전, 호전, 예전, 병전, 형전, 공전의 6전으로 구성되었다.
③ 영조 때 조선 후기 사회상을 종합하여 정리한 『속대전』을 편찬하였다.
④ 정조 때 조선 시대 마지막 법전인 『대전통편』을 편찬하였다.

139 0721

2022년 9급 국가직

(가)~(라) 국왕 대에 있었던 사실로 옳지 않은 것은?

> 조선 시대 국가를 운영하는 핵심 법전인 『경국대전』은 세조 대에 그 편찬이 시작되어 　(가)　 대에 완성되었다. 이후 여러 차례의 전쟁으로 혼란에 빠진 국가 체제를 수습하고 새로운 정치 사회적 변화에 대응하기 위해 법전 정비가 필요하게 되었다. 이에 따라 　(나)　 대에 『속대전』을 편찬하였으며, 　(다)　 대에 『대전통편』을, 그리고 　(라)　 대에는 『대전회통』을 편찬하였다.

① (가) – 홍문관을 두어 집현전을 계승하였다.
② (나) – 서원을 붕당의 근거지로 인식하여 대폭 정리하였다.
③ (다) – 사도 세자의 무덤을 옮기고 화성을 축조하였다.
④ (라) – 삼정의 문란을 바로잡기 위해 삼정이정청을 설치했다.

136 0718

위항인 또는 여항인은 중인 이하의 계층에 해당한다. 위항 문학은 조선 후기에 발달하였는데, 이 시기에 많은 시집이 간행되었다.

④ 『소대풍요』는 1737년(영조 13)에 편찬된 시집으로, 중인과 서인을 비롯하여 상인과 천민 출신이 쓴 다양한 시가 수록되어 있다. 위항인들은 60갑자 단위로 문학적 성취를 기념하는 책을 간행하기로 약속하여, 1797년에는 『풍요속선』, 1857년에는 『풍요삼선』이 간행되었다.

오답 분석

① 『어우야담』은 17세기 초 유몽인의 작품으로, 위항 시집이 아니다.
② 『연조귀감』은 이진흥이 쓴 향리에 대한 책으로, 향리와 사대부의 기원이 같았음을 주장하였으며 향리에 대한 차별을 없앨 것을 주장하였다.
③ 1844년에 간행된 『호산외기』는 조희룡이 중심이 되어 편찬한 책으로, 중인들의 시집이 아닌 전기에 해당한다.

정답 ④

137 0719

밑줄 친 '이것'은 『경국대전』이다.

② 조준이 편찬을 주도한 법전은 『경제육전』으로, 조선 태조 때 조준이 위화도 회군(1388) 이후부터 1397년까지의 조례를 모아서 편찬한 법전이다.

오답 분석

① 『경국대전』은 세조 때 편찬하기 시작하여 성종 때 완성되었다.
③ 『경국대전』은 「이전」, 「호전」, 「예전」, 「병전」, 「형전」, 「공전」의 육전으로 구성된 조선의 기본 법전이다.
④ 세조는 즉위하자마자 당시까지의 모든 법을 전체적으로 정리하여 후대에 길이 전할 법전을 만들기 위해 육전상정소(六典詳定所)를 설치하고, 최항 · 김국광 · 한계희 · 노사신 · 강희맹 · 임원준 · 홍응 · 성임 · 서거정 등에게 명하여 『경국대전』의 편찬을 시작하였다.

정답 ②

138 0720

④ 조선의 마지막 법전은 고종 시기 흥선 대원군의 주도로 편찬된 『대전회통』이다. 조선은 순조 이후 극히 문란해진 삼정(三政)을 개혁하기 위해 새로운 법령이 필요하였다. 그리하여 정조 이후 고종 대에 이르는 80여 년 동안 새로 반포된 조례, 개정된 조례 및 각종의 교지(教旨) 등을 종합해 『대전통편』을 보완한 『대전회통』이 편찬되었다. 한편 『대전통편』은 정조 시기인 1785년에 『경국대전』과 『속대전』 및 그 뒤의 법령을 통합해 편찬한 법전이다.

정답 ④

139 0721

『경국대전』이 완성된 것은 성종 시기로 (가) 왕은 성종이다. 『속대전』을 편찬한 (나) 왕은 영조에 해당한다. 『대전통편』은 (다) 왕에 해당하는 정조 재위기에 편찬되었다. 『대전회통』은 고종 시기에 편찬되었으며, (라)는 고종이다.

④ 삼정이정청은 1862년 진주 민란 직후 철종이 설치한 기구이며, 고종과는 관련이 없다.

오답 분석

①, ②, ③ 성종은 집현전을 계승한 홍문관을 설립하였으며, 영조는 붕당의 근거지라 여긴 서원을 대폭 정리하였다. 정조는 사도 세자의 무덤인 현륭원을 옮기고 화성을 축조하였다.

정답 ④

140 0722

조선 시대의 법전에 대한 설명으로 옳지 않은 것은?

① 『경국대전』 – 성종 대 육전 체제의 법전으로 완성하였다.

② 『대전회통』 – 법규 교정소에서 만국공법에 기초하여 제정하였다.

③ 『대전통편』 – 18세기까지의 법령을 모아 원·속·증 표식으로 체계화하였다.

④ 『속대전』 – 영조가 직접 서문을 지어 간행하였다.

141 0723

밑줄 친 '국왕'의 재위 기간에 있었던 일로 옳은 것은?

> 지금 국왕께서 풍속을 바꾸려는 데에 뜻이 있으므로 신은 지극하신 뜻을 받아드려 완악한 풍속을 고치고자 합니다. …(중략)… 『이륜행실(二倫行實)』로 말하면 신이 전에 승지가 되었을 때에 간행할 것을 청했습니다. 삼강이 중한 것은 아무리 어리석은 부부라도 모두 알고 있으나, 붕우·형제의 이륜에 이르러서는 평범한 사람들이 제대로 모르는 경우가 있습니다.

① 주세붕이 백운동 서원을 세웠다.

② 김시습이 『금오신화』를 저술하였다.

③ 『국조오례의』가 편찬되고 『동국여지승람』이 만들어졌다.

④ 문화와 제도를 유교식으로 갖추기 위해 집현전을 창설하였다.

142 0724

조선 전기에 편찬된 서적으로 가장 옳지 않은 것은?

① 『본조편년강목』

② 『의방유취』

③ 『삼국사절요』

④ 『농사직설』

143 0725

밑줄 친 '성상(聖上)' 대에 편찬된 서적에 대한 설명으로 옳은 것은?

> 세조가 신하들에게 말씀하시기를, "법의 과목(科目)이 너무 번잡하고 앞뒤가 맞지 않았기 때문에 상세히 살펴 다듬어 자손만대의 성법(成法)을 만들고자 한다."라고 하셨다. 「형전(刑典)」과 「호전(戶典)」은 이미 반포되어 시행하고 있으나 나머지 네 법전은 미처 교정을 마치지 못했다. 이에 성상(聖上)께서 세조의 뜻을 받들어 여섯 권의 법전을 완성하게 하여 중외에 반포하셨다.

① 『동국병감』은 고조선에서 고려 말까지의 전쟁을 정리한 병서이다.

② 『동몽선습』은 중국과 우리나라의 역사를 담은 아동 교육서이다.

③ 『삼강행실도』는 모범적인 효자·충신·열녀를 다룬 윤리서이다.

④ 『국조오례의』는 국가의 여러 행사에 필요한 의례를 정비한 의례서이다.

140 0722

② 고종은 독립 협회를 해산한 다음, 황제 직속으로 법규 교정소를 설치하여 지금의 헌법에 해당하는 '대한국 국제'를 제정(1899)하였다. 만국 공법을 바탕으로 한 대한국 국제는 '대한 제국은 세계 만국이 공인한 자주 독립국이며, 황제가 군 통수권, 입법권, 행정권, 사법권 등 모든 권한을 가진다'고 규정하였다. 한편 『대전회통』은 고종 시기에 흥선 대원군의 주도로 조두순이 편찬한 조선의 마지막 법전으로, 원·속·증·보의 형식으로 편찬하였다.

오답 분석

① 『경국대전』은 성종 때 「이전」·「호전」·「예전」·「병전」·「형전」·「공전」의 육전 체제로 완성된 법전이다.
③ 『대전통편』은 정조 때 편찬된 법전으로, 『경국대전』의 내용을 '원', 『속대전』의 내용은 '속', 추가 법령의 내용은 '증'으로 표기하여 정리하였다.
④ 『속대전』은 조선 후기의 변화상을 반영한 법전으로, 영조가 직접 서문을 지어 간행하였다.

정답 ②

142 0724

① 『본조편년강목』은 고려 충숙왕 시기인 1317년에 민지에 의해 편찬되었다.

오답 분석

②, ④ 『의방유취』와 『농사직설』은 조선 전기 세종 때 편찬되었다.
③ 『삼국사절요』는 조선 전기 성종 때 편찬되었다.

정답 ①

141 0723

『이륜행실도』가 간행된 시기는 중종 재위 시기이다.

① 중종 때 풍기 군수로 부임한 주세붕은 안향을 기리기 위해 백운동 서원을 세웠다.

오답 분석

② 김시습의 『금오신화』는 세조 재위 시기인 1465년에 집필된 것으로 추정된다.
③ 『국조오례의』와 『동국여지승람』은 모두 성종 때 편찬되었다.
④ 집현전이 본격적으로 창설된 것은 세종 재위 시기에 해당한다.

정답 ①

143 0725

제시문의 내용은 『경국대전』의 반포에 관한 것으로, 밑줄 친 '성상'은 성종이다.

④ 성종 대에 『국조오례의』, 『동국여지승람』, 『삼국사절요』, 『동국통감』, 『동문선』, 『악학궤범』 등이 편찬되었다.

오답 분석

① 『동국병감』은 문종 때 편찬된 병서이다.
② 『동몽선습』은 중종 말 박세무가 편찬한 아동용 역사서이다.
③ 『삼강행실도』는 세종 때 편찬된 윤리서이다.

정답 ④

144 0726

밑줄 친 '왕'에 대한 설명으로 옳은 것은?

> 1919년 3월 1일 탑골 공원에서 민족 대표 33인이 서명한 독립선언서가 낭독되었다. 이 공원에 있는 탑은 <u>왕</u>이 세운 것으로 경천사 10층 석탑의 영향을 받았다.

① 우리나라 전쟁사를 정리한『동국병감』을 편찬하였다.

② 우리나라 역대 문장의 정수를 모은『동문선』을 편찬하였다.

③ 6조 직계제를 실시하여 국왕 중심의 정치 체제를 구축하였다.

④ 한양으로 다시 천도하면서 이궁인 창덕궁을 창건하였다.

145 0727

다음 책에 대한 설명으로 옳은 것을 모두 고른 것은?

> ㄱ.『칠정산내편』은 이슬람 달력인 회회력을 개정 증보하여 번역해 놓은 것이다.
> ㄴ.『원생몽유록』은 사육신과 단종의 사후 생활을 그려 은연 중에 세조를 비판하였다.
> ㄷ. 이종휘는『동사』를 지어서 고구려사에 대한 관심을 높였다.
> ㄹ.『박통사언해』는 일본에 포로로 잡혀갔던 강우성이 만든 일본어 학습서이다.

① ㄱ, ㄴ   ② ㄴ, ㄷ   ③ ㄴ, ㄹ   ④ ㄷ, ㄹ

146 0728

〈보기 1〉 지도에 대한 설명으로 옳은 것을 〈보기 2〉에서 모두 고른 것은?

> **보기 1**
> 1402년(태종 2)에 의정부 정승 이무와 김사형이 발의하여 이회가 제작하고, 권근이 발문을 쓴 세계 지도이다.

> **보기 2**
> ㄱ. 원나라 세계 지도를 참고하여, 여기에 한반도와 일본 지도를 첨가하여 만들었다.
> ㄴ. 지도의 중심에 중국이 위치하였고, 중국과 한국을 실제보다 크게 그렸다.
> ㄷ. 유럽과 아프리카 대륙은 지도에 빠져 있다.
> ㄹ. 후대의 모사본 가운데 하나를 일본 류코쿠 대학이 소장하고 있다.
> ㅁ. 지도 제작에 참여한 이회는 이보다 앞서『동국지도』도 만든 바 있다.

① ㄱ, ㄴ, ㄹ   ② ㄱ, ㄴ, ㅁ

③ ㄴ, ㄷ, ㄹ   ④ ㄴ, ㄹ, ㅁ

147 0729

〈보기〉의 지리서를 편찬된 순서대로 바르게 나열한 것은?

> **보기**
> ㄱ.『아방강역고』   ㄴ.『동국여지승람』
> ㄷ.『신찬팔도지리지』   ㄹ.『동국지리지』

① ㄱ - ㄹ - ㄴ - ㄷ   ② ㄴ - ㄷ - ㄹ - ㄱ

③ ㄷ - ㄴ - ㄹ - ㄱ   ④ ㄹ - ㄴ - ㄱ - ㄷ

144 0726

제시문의 탑은 원각사지 10층 석탑으로 이 탑을 세운 밑줄 친 '왕'은 세조에 해당한다.

③ 세조는 단종의 왕위를 찬탈한 직후 6조 직계제를 시행하였다.

오답 분석

① 『동국병감』은 문종 재위기에 편찬되었다.
② 『동문선』은 성종 시기 서거정의 주도로 편찬되었다.
④ 1399년 정종은 한양에서 개성으로 환도하였으며, 1400년에 즉위한 태종은 1405년 한양으로 재천도한 이후 이궁인 창덕궁을 창건하였다.

정답 ③

145 0727

ㄴ. 조선 선조 때 임제가 지은 한문 소설 『원생몽유록』에서는 사육신과 단종의 사후 생활을 다룸으로써, 은연중에 세조의 왕위 찬탈을 비판하였다.
ㄷ. 이종휘는 『동사』를 지어 고구려사에 대한 관심을 고조시켰다.

오답 분석

ㄱ. 『칠정산』은 세종 때 만들어진 역법서이다. 「칠정산내편」은 원의 수시력을 토대로, 「칠정산외편」은 이슬람 달력인 회회력을 개정 증보하여 만들었다.
ㄹ. 『박통사언해』는 변섬, 박세화가 1677년(숙종 3)에 『박통사』의 원문에 한글로 중국어의 독음을 달고 언해한 책이다. 강우성이 일본어 학습서로서 편찬한 책은 『첩해신어』이다.

정답 ②

146 0728

〈보기 1〉의 '지도'는 혼일강리역대국도지도이다.

ㄱ. 혼일강리역대국도지도는 아라비아 지도학의 영향을 받은 원나라의 세계 지도를 참고하여, 한반도와 일본을 덧붙여서 제작한 것이다.
ㄴ. 혼일강리역대국도지도는 중화 사상을 반영하여 지도의 중심에 중국을 위치시켰고, 중국과 조선을 실제보다 크게 그렸다.
ㄹ. 현존하는 혼일강리역대국도지도는 모사본으로, 일본의 류코쿠 대학이 소장하고 있고 이 밖에 일본 큐슈의 혼코사에도 유사본이 있다.

오답 분석

ㄷ. 혼일강리역대국도지도에는 유럽과 아프리카 대륙까지 묘사되었는데, 유럽과 아프리카 대륙이 중국과 우리나라에 비해 상대적으로 작게 그려져 있다.
ㅁ. 이회는 이 지도에 앞서 팔도도를 제작하였다. 동국지도는 세조 때 양성지와 정척이 제작한 것이다. 또한 조선 후기 정상기가 제작한 동국지도도 존재한다.

정답 ①

147 0729

③ 순서대로 나열하면 ㄷ. 『신찬팔도지리지』(1432) → ㄴ. 『동국여지승람』(1481) → ㄹ. 『동국지리지』(1615) → ㄱ. 『아방강역고』(1811)가 된다.

ㄷ. 『신찬팔도지리지』는 조선 최초의 관찬 지리지로, 1432년(세종 14)에 편찬되었으나 현존하지는 않는다.
ㄴ. 『동국여지승람』은 1481년(성종 12)에 편찬되었다.
ㄹ. 『동국지리지』는 최초의 역사 지리서로, 한백겸에 의해 1615년(광해군 7)에 편찬되었다.
ㄱ. 『아방강역고』는 정약용이 집필한 역사 지리서로, 1811년(순조 11)에 편찬되었다.

정답 ③

148 0730

2018년 9급 서울시(추가 채용)

조선 시대에 편찬된 서적과 관련된 설명으로 옳은 것을 〈보기〉에서 모두 고른 것은?

보기
ㄱ. 『경국대전』: 조선의 통치 규범과 법을 정리하였다.
ㄴ. 『동문선』: 우리 풍토에 맞는 약재와 치료법을 정리하였다.
ㄷ. 『동의수세보원』: 중국과 일본의 자료를 참고하여 민족사 인식을 확대하였다.
ㄹ. 『금석과안록』: 북한산비가 진흥왕 순수비임을 밝혔다.

① ㄱ, ㄴ   ② ㄴ, ㄷ
③ ㄱ, ㄹ   ④ ㄴ, ㄹ

149 0731

2019년 7급 서울시

〈보기〉의 ㉠에 해당하는 것은?

보기
왕께서 집현전 부제학 신(臣) 설순에게 명하여 편찬하는 일을 맡게 하였습니다. 이에 동방 고금의 서적에 기록되어 있는 것을 모두 열람하여 효자·충신·열녀로서 우뚝이 높아서 기술할 만한 자를 각각 1백인을 찾아내었습니다. 그리하여 앞에는 형용을 그림으로 그리고, 뒤에는 사실을 기록하였으며, 모두 시를 붙였습니다. …… 편찬을 마치니, ㉠ (이)라고 이름을 하사하시고, 주자소로 하여금 인쇄하여 길이 전하게 하였습니다.

① 『입학도설』   ② 『국조오례의』
③ 『소학』   ④ 『삼강행실도』

150 0732

2018년 9급 국가직

밑줄 친 '이 지도'에 대한 설명으로 옳지 않은 것은?

1402년 제작된 이 지도는 조선 학자들에 의해 제작된 세계 지도이다. 권근의 글에 의하면 중국에서 수입한 '성교광피도'와 '혼일강리도'를 기초로 하고, 우리나라와 일본의 지도를 합해서 제작하였다고 한다.

① 유럽과 아프리카 대륙까지 묘사하였다.
② 중국이 세계의 중심이라는 중화 사상이 반영되었다.
③ 이 지도의 작성에는 이슬람 지도학의 영향이 있었다.
④ 우리나라에 해당하는 부분은 백리척을 사용하여 과학화에 기여하였다.

151 0733

2019년 9급 서울시

조선 후기 지도 편찬에 대한 설명으로 가장 옳지 않은 것은?

① 김정호는 대동여지도를 편찬하기 이전에 이미 청구도 등을 제작하였다.
② 정상기는 백리척을 이용하여 동국지도를 제작하였다.
③ 모눈 종이를 이용한 정밀한 지도도 제작되었다.
④ 대동여지도가 완성되자 나라의 기밀을 누설시킬 우려가 있다고 하여 판목은 압수 소각되었다.

148 0730

ㄱ. 『경국대전』은 세조 때 편찬되기 시작하여 성종 때 완성된 법전으로, 조선 시대 최고 법전으로서 지위를 유지하였다. 법률의 개폐가 계속되고 그것을 반영한 법전이 출현하였지만, 『경국대전』의 기본 체제와 이념은 큰 변화없이 이어졌다.

ㄹ. 『금석과안록』은 김정희의 저작으로, 북한산비가 진흥왕 순수비임을 밝혀냈다.

오답 분석

ㄴ. 『동문선』은 성종의 명으로 서거정 등이 중심이 되어 편찬한 우리나라 역대 시문선집이다. 한편 우리 풍토에 맞는 약재와 치료법을 정리한 책은 『향약집성방』이다.

ㄷ. 『동의수세보원』은 이제마가 19세기 말에 편찬한 의서로, 사람의 체질을 태양인·태음인·소양인·소음인으로 나누고, 같은 병이라도 체질에 맞게 약을 써야 한다는 사상 의학을 언급하였다. 한편 중국과 일본의 자료를 참고하여 민족사 인식을 확대한 서적은 『해동역사』이다.

정답 ③

149 0731

④ 〈보기〉의 ㉠은 『삼강행실도』이다. 『삼강행실도』는 1434년(세종 16) 직제학 설순 등이 세종의 명에 따라 우리나라와 중국의 서적에서 군신·부자·부부의 삼강에 모범이 될 만한 충신·효자·열녀의 행실을 모아 만든 책이다.

오답 분석

① 성리학 입문서인 『입학도설』은 권근이 저술하였다.

② 『국조오례의』는 국가 의례를 흉례(장례), 길례(제례), 가례(혼례), 빈례(사신 접대), 군례(군사 예법) 등 오례로 정비한 책으로, 성종 때 편찬되었다.

③ 『소학』은 주자가 유학의 기본을 가르치기 위해 만든 책으로, 조선 시대 교육 기관의 필수 교재로 널리 애용되었다. 특히 김굉필, 조광조 등 사림파에 의해 크게 권장되었다.

정답 ④

150 0732

밑줄 친 '이 지도'는 혼일강리역대국도지도이다. 혼일강리역대국도지도는 중국과 일본으로부터 수입한 지도와 우리나라 지도를 합해 제작한 것이다. 이 지도의 바탕이 되는 중국의 '성교광피도'와 '혼일강리도'는 1399년 김사형 등에 의해 중국으로부터, 일본 지도는 1401년 박돈지가 일본에 사신으로 갔다가 입수한 것으로 추정된다. 또한 조선 지도는 이회가 1402년(태종 2)에 제작한 '팔도도'로 추정되고 있다. 이 지도는 바다의 색깔과 지명에서 이슬람 지도학의 영향을 받았지만, 동양의 전통적 천지관인 '천원지방(하늘은 둥글고 땅은 네모지다)'을 반영하여 세계 지도를 둥글게 그리지 않고 사각형 형태로 표현하였다.

④ 백리척을 사용하여 과학화에 기여한 지도는 영조 시기에 간행된 정상기의 동국지도이다.

정답 ④

151 0733

④ 김정호의 대동여지도 판목이 조선 정부에 의해 압수·소각되었다는 일설은 일제 강점기에 조작된 사실이다. 현재 전해지는 대동여지도의 판목은 약 20본으로, 숭실대학교 박물관, 국립 중앙 박물관 및 미국의 밀워키 대학교 도서관 등에서 소장하고 있다. 한편 김정호의 대동여지도는 22첩으로 구성된 분첩절첩식 지도이다. 우리나라를 남북으로 120리 간격으로 구분하여 22층을 만들고, 동서로 80리 간격을 한 면으로 했는데 두 면이 한판으로 구성하여 각 층의 판을 병풍식으로 접어 첩으로 만든 것이다.

정답 ④

152 0734
2010년 7급 국가직

천문학의 발전과 관련된 내용으로 옳지 않은 것은?

① 고구려 고분에서는 천문 관측을 수행했음을 보여주는 별자리 그림이 확인된다.

② 신라에서는 천문 관측이 제도화되어 서운관에서 천문학 관련 업무를 관장하였다.

③ 고려에서는 천문 관측을 담당한 관리들이 첨성대에서 관측 업무를 수행하였다.

④ 조선 초기에는 고구려의 천문도를 바탕으로 천상열차분야지도를 제작하였다.

154 0736
2015년 7급 지방직

조선 전기 과학 · 기술에 대한 설명으로 옳지 않은 것은?

① 서울을 기준으로 작성한 역법인 『칠정산 내편』을 만들었다.

② 화약 무기의 제작과 그 사용법을 정리한 『총통등록』이 편찬되었다.

③ 측우기는 서운관에만 설치하여 강우량 측정의 통일성을 기하였다.

④ 우리의 풍토에 맞는 독자적인 농법을 정리한 『농사직설』이 편찬되었다.

153 0735
2014년 7급 지방직

조선 전기 과학 기술에 대한 설명으로 옳지 않은 것은?

① 세종 대 경복궁에 간의대(簡儀臺)를 축조하고 간의를 설치하여 천문 관측을 하였다.

② 태조 대 고구려의 천문도를 바탕으로 천상열차분야지도(天象列次分野之圖)를 돌에 새겼다.

③ 세종 대 장영실 등이 물시계인 자격루(自擊漏)와 해시계인 앙부일구(仰釜日晷) 등을 제작하였다.

④ 태종 대 토지 측량 기구인 인지의(印地儀)와 규형(窺衡)을 제작하였다.

155 0737
2015년 7급 서울시

세종 대의 과학 기술의 발달에 대한 설명으로 옳지 않은 것은?

① 해시계인 혼의와 물시계인 자격루를 만들었다.

② 『의방유취』라는 의학 백과사전을 편찬하였다.

③ 한양을 기준으로 천체 운동을 계산한 역법서인 『칠정산』을 만들었다.

④ 밀랍 대신 식자판을 조립하는 방법으로 인쇄 기술이 더욱 발전하였다.

152 0734

② 서운관은 고려 시대에 천문을 관장했던 관청으로, 1308년(충렬왕 34)에 사천감과 태사국이 합쳐지면서 서운관이라 하였다.

오답 분석

① 덕흥리 고분, 각저총, 약수리 고분 등 고구려 고분의 벽이나 천장에서 별자리 그림이 발견되었다.

③ 개성 만월대에 첨성대라고 구전(口傳)되는 건축물이 발견되어 이곳에서 천문 관측 업무를 수행했던 것으로 보인다. 고려의 첨성대는 조선 시대의 간의대와 비슷한 구조를 이루고 있으며, 고려 시기 천문관계 유적으로는 거의 유일하다.

④ 천상열차분야지도는 태조 때 고구려의 천문도를 바탕으로 제작되었다. 천상열차분야지도는 하늘의 형체를 본떠 황도(黃道) 부근을 12지역으로 나눈 12차(次)와 이에 대응하는 지상의 지역인 분야(分野)에 맞추어 별자리의 위치와 크기를 사실적으로 나타내었다.

정답 ②

154 0736

③ 측우기는 세종 때부터 조선 후기에 이르기까지 강우량을 측정하기 위하여 쓰인 기구이다. 1441년(세종 23)에 호조가 측우기를 설치할 것을 건의하였고, 1442년에 강우량 측정에 관한 제도를 새로 제정하고 측우기를 만들어 서울과 각 도의 군현에 설치하였다.

정답 ③

153 0735

④ 인지의는 태종이 아닌 1466년 세조 때 제작되었으며, 각도와 축척의 원리를 이용하여 토지의 원근과 높낮이를 측량하는 데 사용한 기구였다. 구리로 그릇을 만들어 24방위를 새겼으며, 그릇 중간을 보이게 하고 가운데 동주(銅柱)를 세워 구멍을 뚫었다. 그리고 동형(銅衡)을 그 위에 끼워 상하로 움직여 측량한 것으로 알려져 있다. 규형 역시 세조 시기에 제작된 것으로, 땅의 원근을 측량하는 기구였으나 자세한 내용이 전래되지 않아 알 수 없다.

정답 ④

155 0737

① 혼의와 자격루는 모두 세종 때 제작된 것이다. 다만 혼의는 해시계가 아닌 천체의 운행과 그 위치를 측정하던 천체 관측 기구였다. 세종 때 제작된 해시계로는 일성정시의, 소정시의 등이 있으며 가장 잘 알려진 것은 앙부일구이다.

정답 ①

156 0738
2017년 9급 국가직(추가 채용)

밑줄 친 '왕'이 재위하던 시기에 편찬되지 않은 것은?

지금 우리 왕께서도 밝은 가르침을 계승하시고 다스리는 도리를 도모하시어 더욱 백성들의 일에 뜻을 두셨다. 여러 지방의 풍토가 같지 않아 심고 가꾸는 방법이 지방에 따라서 차이가 있기 때문에 옛 글의 내용과 모두 같을 수가 없었다. 이에 각 도의 감사들에게 명령하시어, 주·현의 노농(勞農)을 방문하여 그 땅에서 몸소 시험한 결과를 자세히 듣게 하시었다. 또 신 정초(鄭招)에게 명하시어 말의 순서를 보충케 하시고, 신 종부 소윤 변효문(卞孝文) 등이 검토해 살피고 참고하게 하여, 그 중복된 것은 버리고 절실하고 중요한 것은 취해서 한 편의 책을 만들었다.

① 『의방유취』   ② 『향약채취월령』
③ 『향약집성방』   ④ 『향약제생집성방』

157 0739
2019년 9급 지방직

다음 서적을 편찬된 시기 순으로 바르게 나열한 것은?

ㄱ. 『의방유취』
ㄴ. 『동의보감』
ㄷ. 『향약구급방』
ㄹ. 『향약집성방』

① ㄱ → ㄴ → ㄷ → ㄹ
② ㄱ → ㄷ → ㄴ → ㄹ
③ ㄷ → ㄱ → ㄹ → ㄴ
④ ㄷ → ㄹ → ㄱ → ㄴ

158 0740
2019년 9급 서울시

〈보기〉의 의서(醫書)를 편찬된 순서대로 바르게 나열한 것은?

보기
ㄱ. 『동의보감(東醫寶鑑)』
ㄴ. 『마과회통(麻科會通)』
ㄷ. 『의방유취(醫方類聚)』
ㄹ. 『향약구급방(鄕藥救急方)』

① ㄱ - ㄴ - ㄷ - ㄹ
② ㄷ - ㄹ - ㄴ - ㄱ
③ ㄹ - ㄷ - ㄱ - ㄴ
④ ㄹ - ㄷ - ㄴ - ㄱ

159 0741
2012년 9급 국가직

조선 후기 과학 문화에 대한 설명으로 옳지 않은 것은?

① 유클리드 기하학을 중국어로 번역한 『기하원본』이 도입되기도 하였다.
② 지석영은 서양 의학의 성과를 토대로 서구의 종두법을 최초로 소개하였다.
③ 곤여만국전도 같은 세계 지도가 전해짐으로써 보다 과학적이고 정밀한 지리학의 지식을 가지게 되었다.
④ 서호수는 우리 고유의 농학을 중심에 두고 중국 농학을 선별적으로 수용하여 한국 농학의 새로운 체계화를 시도하였다.

문제 풀이

156 0738

제시문은 『농사직설』에 대한 내용으로, 세종 대에 정초와 변효문 등이 왕명을 받아 편찬한 농서이다.

④ 『향약제생집성방』은 1398년 태조 대에 권중화, 김사형, 김희선, 조준 등이 저술한 것을 제생원에서 편찬한 의서이다. 이 책은 유실되어 그 내용을 자세히 알 수 없으나, 세종 대에 발간한 『향약집성방』이 『향약제생집성방』에서 388증(症)과 2,803방(方)을 인용하였다.'고 쓰여 있는 것으로 보아 그 방대함을 짐작할 수 있다. 현전하는 보물 제1178호인 『향약제생집성방』은 총 30권 가운데 제6권으로, 김희선이 1399년 정종 대에 강원도에서 간행한 것이다.

오답 분석

① 『의방유취』는 세종 대인 1445년에 편찬된 것으로, 동양 의학을 집대성한 의학 백과사전이다.
② 『향약채취월령』은 세종 대인 1431년에 왕명으로 유효통 · 노중례 · 박윤덕 등이 간행한 의약서이다.
③ 『향약집성방』은 세종 대인 1433년에 『향약채취월령』 등 여러 한의학 책들을 발전시켜 제작한 서적이다.

정답 ④

157 0739

④ 편찬된 순서대로 나열하면 ㄷ. 『향약구급방』(13세기, 고려 고종) → ㄹ. 『향약집성방』(1433, 조선 세종) → ㄱ. 『의방유취』(1445, 조선 세종) → ㄴ. 『동의보감』(1610, 조선 광해군)이다.

ㄷ. 『향약구급방』은 고려 고종 때 대장도감에서 편찬된 의서로, 우리나라 현존 최고(最古)의 의학 서적이다.
ㄹ. 『향약집성방』은 1433년(세종 15)에 편찬된 의학 서적이다.
ㄱ. 『의방유취』는 1445년(세종 27)에 편찬된 의학 백과사전이다.
ㄴ. 『동의보감』은 1610년(광해군 2)에 허준이 저술한 의학 서적이다.

정답 ④

158 0740

③ 편찬된 순서대로 나열하면 ㄹ. 『향약구급방』(13세기, 고려 고종) – ㄷ. 『의방유취』(1445, 세종 27) – ㄱ. 『동의보감』(1610, 광해군 2) – ㄴ. 『마과회통』(1798, 정조 22)이다.

ㄹ. 『향약구급방』은 13세기 고려 고종 때 대장도감에서 간행되었으며, 우리나라에서 현존하는 가장 오래된 의학 서적이다.
ㄷ. 1445년(세종 27)에 의학 백과사전적 성격을 가진 『의방유취』가 편찬되었다.
ㄱ. 1610년(광해군 2)에 허준이 『동의보감』을 완성하였다.
ㄴ. 1798년(정조 22)에 정약용이 마진(홍역)에 관한 의서인 『마과회통』을 편술하였다.

정답 ③

159 0741

② 우리나라에 종두법을 최초로 소개한 인물은 정약용이다. 정약용은 박제가와 종두법을 연구 · 실험하고 마진(홍역) · 두진(천연두)에 관해 『마과회통』을 저술하였으며, 부록에는 『종두방서』를 실어 제너의 종두법을 소개하였다. 한편, 지석영은 종두법을 본격적으로 실시한 인물이다. 19세기 말 지석영은 부산의 제생 의원으로부터 두묘(痘苗, 소의 몸에서 뽑아낸 면역 물질로, 천연두의 예방으로 쓰임)와 종두침, 접종 기구 등을 일본 거류민들에게 부탁하여 어린 처남에게 첫 종두를 실시했고, 같은 마을 어린이 40여 명에게 접종을 하였다. 이후 지석영은 1880년 수신사 일행에 수행원 자격으로 직접 따라나서 우두묘의 제조 기술을 완전히 습득하고 돌아왔다. 귀국한 뒤에는 서울에 종두장을 차려 백성들을 계몽하면서 본격적으로 우두 접종 사업을 펼쳐나갔다.

정답 ②

160 0742

2017년 7급 국가직(추가 채용)

㉠에 대한 설명으로 옳은 것은?

> 평장사 최윤의 등 17명의 신하에게 명하여 고금의 서로 다른 예문을 모아 참작하고 절충하여 50권의 책을 만들고 (㉠)(이)라 이름하였다.
>
> – 『동국이상국집』

① 교서관에서 갑인자로 인쇄되었다.
② 금속 활자로 인쇄한 판본이 남아있다.
③ 최씨 집권기에 활자본 28부를 간행하였다.
④ 현재 프랑스 국립 도서관에서 소장하고 있다.

161 0743

2011년 9급 국가직

고구려 고분에 그려진 벽화의 내용으로 가장 적절한 것은?

① 흰 수염의 노인이 호랑이를 탄 채로 담배를 피우는 모습
② 무명옷을 입고 목화밭을 일구는 여인의 모습
③ 은하수를 사이에 두고 견우와 직녀가 만나는 모습
④ 초가 지붕 옆에서 감자, 고추 등의 농작물을 재배하는 모습

162 0744

2012년 9급 지방직

다음 그림에 대한 설명으로 옳지 않은 것은?

① 사신도의 하나로, 북쪽 방위신이다.
② 돌무지덧널무덤의 벽면에 그려진 것이다.
③ 죽은 자의 사후 세계를 지켜 주리라는 믿음을 표현하였다.
④ 고구려 시대의 고분에 그려졌는데 도교의 영향이 나타나 있다.

163 0745

2015년 7급 지방직

돌무지덧널무덤에 대한 설명으로 옳은 것은?

① 중국 남조의 영향을 받았다.
② 도굴이 어려워 금관 등 많은 껴묻거리가 남아 있다.
③ 만주의 집안 일대에 1만 2천여 기가 무리를 이루고 있다.
④ 백제의 건국 세력이 고구려와 같은 계통이라는 사실을 뒷받침한다.

164 0746

2019년 7급 국가직

백제 무령왕릉과 발해 정효 공주 묘의 공통점으로 옳은 것만을 모두 고르면?

> ㄱ. 중국 문화의 영향을 받아 만들어진 벽돌무덤이다.
> ㄴ. 천장은 각을 줄여 쌓는 평행 고임 구조로 되어 있다.
> ㄷ. 무덤방의 네 벽면에 회가 칠해지고 벽화가 그려져 있다.
> ㄹ. 무덤에 묻힌 인물에 대해 알려 주는 문자 자료가 발견되었다.

① ㄱ, ㄴ
② ㄱ, ㄹ
③ ㄴ, ㄷ
④ ㄷ, ㄹ

160 0742

자료의 ㉠에 해당하는 것은 1234년에 인쇄되었다고 전해지는 『상정고금예문』이다.

③ 『상정고금예문』은 12세기 인종 때 최윤의 등이 간행한 의례서로, 강화도로 천도할 때 예관이 가지고 오지 못하자 최우가 보관하던 소장본을 바탕으로 강화도에서 금속 활자를 사용하여 28부를 인쇄하였다고 전해진다. 이는 최초의 금속 활자본으로 서양보다 200여 년 앞선 것이나, 현전하지 않는다.

오답 분석

① 갑인자는 조선 세종 때인 1434년에 주조된 것이다.
②, ④ 유네스코 세계 기록유산으로 등재된 『직지심체요절』(1377)에 대한 설명이다. 이 책은 고려 말기의 승려 경한이 선(禪)의 요체를 깨닫는 데 필요한 내용을 뽑아 엮은 책으로, 1377년 7월 청주 흥덕사에서 금속 활자로 인쇄되었다. 현존하는 세계 최고(最古)의 금속 활자본으로, 본래 상 · 하 2권으로 되어 있으나 현재 하권만이 유일하게 프랑스 국립 도서관에 소장되어 있다.

정답 ③

161 0743

③ 고구려 고분인 덕흥리 고분 벽화에 견우직녀도가 그려져 있다.

오답 분석

① 담배는 16세기에 전래된 상품 작물이다.
② 목화는 고려 공민왕 시기에 문익점에 의해 전래되었다. (목화 전래 시기에 대해서는 여러 이설이 있다.)
④ 감자는 19세기, 고추는 16세기에 전래되었다고 전해진다.

정답 ③

162 0744

제시된 그림은 고구려 강서 대묘의 현무도인데, 강서 대묘는 굴식 돌방무덤 형식이다. 고분 벽화는 대부분 굴식 돌방무덤에서 발견되며, 일부 벽돌무덤에서도 확인되고 있다.
② 돌무지덧널무덤에서는 벽화가 발견된 적이 없다.

정답 ②

163 0745

② 돌무지덧널무덤은 신라에서 주로 만든 무덤으로, 지상이나 지하에 시신과 껴묻거리를 넣은 나무 덧널을 설치하고 그 위에 댓돌을 쌓은 다음 흙으로 덮은 것이다. 이 묘제는 도굴이 어려워 많은 껴묻거리가 그대로 남아 있다.

오답 분석

① 무령왕릉, 송산리 6호분과 같은 벽돌무덤에 대한 설명이다.
③, ④ 돌무지무덤에 대한 설명이다. 돌무지무덤은 돌로 쌓아 만든 무덤으로 청동기 시대부터 삼국 시대까지 만들어졌으며, 고구려 초기의 무덤과 고구려의 영향을 받은 한성 백제 시대의 무덤 등에서 나타난다. 한성 백제 시기의 계단식 돌무지무덤은 백제 건국의 주도 세력이 고구려계 유이민이라는 사실을 뒷받침한다.

정답 ②

164 0746

ㄱ. 백제의 무령왕릉과 발해의 정효 공주 묘는 모두 중국의 영향을 받은 벽돌무덤이다.
ㄹ. 무령왕릉과 정효 공주 묘에서는 무덤의 주인이 누구인가를 알 수 있는 지석이 발견되었다.

오답 분석

ㄴ. 무령왕릉의 천장은 벽돌로 축조된 아치형 구조를 가지고 있으나, 정효 공주 묘의 천장은 고구려 양식인 평행 고임 구조를 가지고 있다. 정효 공주 묘는 벽돌로 축조한 뒤 천장은 돌판으로 마무리되는 구조적 특징을 보인다.
ㄷ. 무령왕릉에는 벽화가 존재하지 않는 반면, 정효 공주 묘는 십여 명의 인물도가 그려져 있는 것이 특징이다.

정답 ②

165 0747

2021년 9급 국가직

다음은 발해 수도에 대한 답사 계획이다. 각 수도에 소재하는 유적에 대한 탐구 내용으로 옳은 것만을 모두 고르면?

발해 유적
답사계획서

일시

출발
○○○○년 ○월 ○○일
귀국
○○○○년 ○월 ○○일

인원

○○명

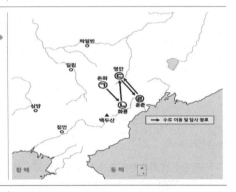
장소

→ 수도 이동 및 답사 경로

탐구 내용

㉠ 정효공주 무덤을 찾아 벽화에 그려진 인물들의 복식을 탐구한다.
㉡ 용두산 고분군을 찾아 벽돌무덤의 특징을 탐구한다.
㉢ 오봉루 성문터를 찾아 성의 구조를 당의 장안성과 비교해 본다.
㉣ 정혜공주 무덤을 찾아 고구려 무덤과의 계승성을 탐구한다.

① ㉠, ㉡
② ㉠, ㉣
③ ㉡, ㉢
④ ㉢, ㉣

166 0748

2017년 7급 국가직(추가 채용)

다음 자료에 해당하는 국가에 대한 설명으로 옳지 않은 것은?

처음에 왕들이 자주 학생들을 보내어 장안의 태학에 가서 고금의 제도를 배우도록 하였는데, 지금에 이르러 해동성국이 되었다. 땅에 5경 15부 62주가 있다.

① 당과 비단, 서적, 공예품을 교역하였다.
② 도서와 문서를 관장하는 문적원을 두었다.
③ 일본에 보낸 국서에서 천손임을 자부하였다.
④ 정효 공주 묘는 굴식 돌방과 모줄임 천장 구조로 축조되었다.

167 0749

2017년 7급 국가직

다음 기행문의 ㉠에서 출토한 유물로 적절한 것은?

며칠 전 나는 공주 시내에 있는 유적지를 둘러보았다. 가장 인상에 남는 곳은 송산리 고분군이었다. 그곳에는 ☐㉠☐가(이) 자리 잡고 있었으며, 전시관도 마련되어 있었다. ☐㉠☐는(은) 연도(羨道)와 현실(玄室)을 아치형으로 조성한 벽돌 무덤이다. 이 무덤에서 금송(金松)으로 만든 왕과 왕비의 관(棺)을 비롯하여 많은 부장품을 출토하였다. 중국 남조 양나라나 왜와의 교류를 짐작게 하는 무덤이다.

① 무덤 안에 있는 여러 옷차림의 토우
② 무덤 안에 놓여 있는 왕과 왕비의 지석
③ 무덤 안의 네 벽면을 장식한 사신도 벽화
④ 무덤 주위를 둘러싼 돌에 새겨진 12지 신상

168 0750

2019년 9급 지방직

삼국 시대 문화에 대한 설명으로 옳지 않은 것은?

① 선덕 여왕 때에 첨성대를 세웠다.
② 목탑 양식의 미륵사지 석탑이 건립되었다.
③ 가야 출신의 우륵에 의해 가야금이 신라에 전파되었다.
④ 사신도가 그려진 강서대묘는 돌무지무덤으로 축조되었다.

165 0747

ⓒ 화룡: 문왕의 넷째 딸인 정효 공주 무덤이 위치한 곳으로, 정효 공주 무덤은 벽돌로 축조되었으며, 천장은 고구려의 평행 고임 양식을 계승하고 있다.

ⓒ 영안: 상경 용천부가 위치해 있던 곳으로 상경은 당의 장안성 구조를 모방하고 있다. 오봉루는 상경 궁성의 정문에 해당한다.

오답 분석

ⓐ 돈화: 정효 공주 무덤은 길림성 화룡현 용두산에 위치하며, 돈화 지역에는 정혜 공주 무덤이 위치하고 있다.

ⓒ 훈춘: 동경 용원부가 있던 곳으로 정혜 공주 무덤의 위치와는 관련이 없다.

정답 ③

166 0748

자료는 발해에 대한 설명이다.

④ 정효 공주 묘는 당나라의 영향을 받은 벽돌무덤 양식과 고구려 의 영향을 받은 평행 고임 천장으로 축조되었다.

오답 분석

① 발해는 당과의 교역에서 각종 공예품 · 모피류 · 약재 · 도기 등 을 수출하였고, 견직물 · 마포 · 서적 등을 수입하였다.

② 발해의 문적원은 서적과 문서를 관리하고 제문 · 축문 · 외교 문 서 등을 작성한 관서이다.

③ 발해의 문왕과 무왕은 일본에 보낸 국서에 '천손(天孫)'이라는 칭호를 사용하였다.

정답 ④

167 0749

기행문에서 설명하고 있는 유적지는 공주 송산리 고분군 내의 백 제 무령왕릉이다. 무령왕릉은 1971년 완전히 보존된 상태로 발견 되었는데, 무덤 안에서는 금으로 만든 관장식, 용과 봉황이 장식 된 큰 칼, 글씨가 새겨진 팔찌 등 모두 4,600여 점에 이르는 다량 의 유물이 발굴되었다. 그리고 무령왕릉이 중국 남조의 영향을 받 은 벽돌무덤 양식인 점과 관재에 일본산 금송을 사용한 점 등을 통 하여 당시 중국 · 일본과 활발한 교류를 전개한 백제의 대외 관계 를 엿볼 수 있다.

② 무령왕릉 안에서 왕과 왕비의 장례 때 지신에게 묘소로 쓸 땅을 매입한다는 내용을 돌(지석)에 새겨 넣은 매지권이 발견되었다.

오답 분석

① 경주 장산의 기슭에 자리잡고 있는 돌방무덤인 토우총에서 토 우가 발견되었다.

③ 백제의 무덤 중 사신도 벽화가 발견된 무덤은 송산리 6호분과 능산리 고분군으로, 송산리 6호분은 벽돌무덤, 능산리 고분은 굴식 돌방무덤이다.

④ 통일 신라의 굴식 돌방무덤은 도교의 영향으로 12지 신상이 새 겨진 둘레돌이 세워져 있다.

정답 ②

168 0750

④ 사신도가 그려진 고구려의 강서 대묘는 굴식 돌방무덤으로 축조 되었다. 돌무지무덤으로 유명한 것은 장군총이다.

오답 분석

① 선덕 여왕 때 첨성대를 비롯하여 영묘사, 분황사, 황룡사 9층 목 탑 등이 건립되었다.

② 백제 무왕 때 미륵사와 미륵사지 석탑이 조성되었다.

③ 신라 진흥왕 때 대가야 출신의 우륵에 의해 가야금이 신라에 전파되었다.

정답 ④

169 0751
2015년 7급 서울시

백제의 유적이나 유물에 대한 설명으로 옳지 않은 것은?

① 무왕은 익산에 미륵사를 창건하였다.

② 무령왕이 묻힌 관의 재료는 양나라에서 가져온 금송이다.

③ 칠지도에는 백제왕이 왜왕에게 보낸 칼임을 알려주는 내용이 새겨져 있다.

④ 목책과 우물, 사당 등 다양한 유적들이 발견된 풍납토성은 한성 백제 시기에 축조되었다.

170 0752
2013년 7급 지방직

백제 시대의 문화재로 바르게 묶은 것은?

① 사택지적비, 임신서기석

② 미륵사지 석탑, 단양 적성비

③ 정림사지 5층 석탑, 서산 마애 삼존불

④ 연가 7년명 금동 여래 입상, 법주사 쌍사자 석등

171 0753
2015년 9급 서울시

다음 〈보기〉에서 백제의 문화재를 모두 고른 것은?

> **보기**
> ㄱ. 백률사 석당 　　　　　 ㄴ. 정림사지 5층 석탑
> ㄷ. 창왕명 석조 사리감 　　 ㄹ. 법주사 쌍사자 석등

① ㄱ, ㄴ　　② ㄱ, ㄹ　　③ ㄴ, ㄷ　　④ ㄷ, ㄹ

172 0754
2017년 9급 지방직(추가 채용)

밑줄 친 '탑'에 대한 설명으로 옳은 것은?

> 신인(神人)이 말하기를, "황룡사의 호법룡은 나의 아들로서 범왕(梵王)의 명을 받아 그 절을 보호하고 있으니, 본국에 돌아가 그 절에 탑을 세우시오. 그렇게 하면 이웃 나라가 항복하고 구한(九韓)이 와서 조공하여 왕업이 길이 태평할 것이오."라고 하였다. …… 백제에서 아비지(阿非知)라는 공장을 초빙하여 이 탑을 건축하고 용춘이 이를 감독했다.
> － 「삼국유사」

① 자장 율사가 건의하여 세워졌다.

② 돌을 벽돌 모양으로 다듬어 쌓았다.

③ 목조탑의 양식을 간직하고 있는 석탑이다.

④ 선종이 보급되면서 승려의 사리를 봉안하기 위해 세웠다.

169 0751

② 무령왕은 중국 남조의 양나라와 활발하게 교류하여 무령왕릉의 묘제 역시 중국 남조의 영향을 받은 벽돌무덤으로 축조되었다. 그러나 왕과 왕비의 목관은 일본에서 수입된 금송으로 제작되었는데, 이는 당시 백제가 일본과의 교류를 활발히 전개했음을 확인할 수 있는 근거가 되고 있다.

정답 ②

171 0753

ㄴ. 부여의 정림사지 5층 석탑은 익산의 미륵사지 석탑과 더불어 대표적인 백제의 석탑이다. 당의 소정방이 백제를 멸망시킨 이후 자신의 공덕을 탑신부 기둥에 기록하여 평제탑이라 불리기도 하였다.

ㄷ. 백제의 창왕명 석조 사리감은 사리를 보관하는 용기로, 능산리 절터의 중앙부에 자리한 목탑 자리 아래에서 나왔다. 2007년 왕흥사 터 발굴 시 발견된 청동 사리함과 함께 창왕(위덕왕)과 관련된 유물이다.

오답 분석

ㄱ. 백률사 석당은 신라의 유물로 법흥왕 시기 순교한 이차돈을 기리기 위한 이차돈 순교비의 또 다른 명칭이다. 이차돈의 순교 장면을 묘사한 부조와 명문이 6각형의 화강암 석재에 새겨져 있다.

ㄹ. 법주사 쌍사자 석등은 통일 신라의 대표적 석등이다.

정답 ③

170 0752

③ 정림사지 5층 석탑과 서산 마애삼존불 모두 백제의 문화재이다.

오답 분석

① 사택지적비는 백제 의자왕(654) 때 제작되었으며 도교적 특성과 더불어 불교적 색채를 알 수 있는 유물이다. 임신서기석은 552년(진흥왕 13) 혹은 612년(진평왕 34)에 신라의 화랑으로 추정되는 두 명의 청소년이 맹세한 내용을 기록한 비석이다.

② 단양 적성비는 551년 신라 진흥왕 때 건립되었을 것으로 추정되는 문화재로, 적성 점령에 대한 포상 내용과 민심 수습에 대한 내용을 담고 있다.

④ 연가 7년명 금동 여래 입상(국보 제119호)은 고구려의 불상으로, 중국 북조의 양식을 바탕으로 하여 고구려의 독창성을 발휘한 것이 특징이다. 법주사 쌍사자 석등(국보 제5호)은 통일 신라의 문화재이다.

정답 ③

172 0754

사료는 선덕 여왕 시기 황룡사 9층 목탑 건립에 관한 『삼국유사』의 기록이다.

① 자장이 중국 태화지 옆을 지날 때 신인이 나타나 외적을 물리치고 신라의 위상을 높이기 위해 황룡사에 목탑을 세우라고 한 내용을 듣고, 귀국 후 선덕 여왕에게 탑 건립을 건의하였다.

오답 분석

② 선덕 여왕 시기에 건립되었을 것으로 추정되는 분황사 모전 석탑에 대한 설명이다.

③ 미륵사지 석탑에 대한 설명이다.

④ 승탑에 대한 설명이다. 신라의 대표적인 승탑은 화순의 쌍봉사 철감선사 승탑으로, 통일 신라 말기에 선종 불교가 흥성했음을 보여주는 문화재이다.

정답 ①

173 0755

2017년 7급 국가직(추가 채용)

백제가 일본에 전파한 문화에 대한 설명으로 옳지 않은 것은?

① 아직기가 일본 태자에게 한자를 가르쳤다.
② 혜관이 일본 삼론종의 시조가 되었다.
③ 노리사치계가 불교를 전해 주었다.
④ 고안무가 유학을 전해 주었다.

174 0756

2015년 7급 지방직

㉠~㉢에 들어갈 건축물의 이름을 순서대로 바르게 나열한 것은?

> 고려의 건축물 가운데 지금 남아 있는 것 중에서는 13세기 이후에 지은 안동 봉정사의 (㉠)이 가장 오래된 것이며, 영주 부석사의 (㉡)과 예산 수덕사의 (㉢)을 통해 자연과 어우러진 외관과 배흘림 기둥, 그리고 균형 잡힌 주심포 등 고려 사찰의 특색을 엿볼 수 있다.

	㉠	㉡	㉢
①	극락전	응진전	약사전
②	대웅전	응진전	약사전
③	극락전	무량수전	대웅전
④	대웅전	무량수전	극락전

175 0757

2022년 9급 국가직

다음 설명에 해당하는 문화유산은?

> 이 건물은 주심포 양식에 맞배지붕 건물로 기둥은 배흘림 양식이다. 1972년 보수 공사 중에 공민왕 때 중창하였다는 상량문이 나와 우리나라에서 가장 오래된 목조 건물로 보고 있다.

① 서울 흥인지문
② 안동 봉정사 극락전
③ 영주 부석사 무량수전
④ 합천 해인사 장경판전

176 0758

2016년 7급 국가직

㉠과 ㉡에 해당하는 건축물에 대한 설명으로 옳은 것은?

> 공포를 기둥 위에만 배치하는 (㉠) 양식은 고려 시대의 일반적 건축 양식이었다. 공포를 기둥과 기둥 사이에도 배치하는 (㉡) 양식 건물은 고려 후기에 등장하지만 조선 시대에 널리 유행하였다.

① ㉠ - 부석사 무량수전은 간결한 맞배 지붕 형태이다.
② ㉠ - 팔작 지붕인 봉정사 극락전은 장엄하고 화려하다.
③ ㉡ - 수덕사 대웅전은 백제계 사찰의 전통을 이었다.
④ ㉡ - 맞배 지붕의 성불사 응진전이 이에 해당한다.

문제 풀이 🔧

173 0755

② 혜관은 고구려의 승려로서 7세기 영류왕 때 일본으로 건너가 삼론종의 개조가 되었다.

오답 분석

① 백제 근초고왕 시기의 사실이다.
③ 백제 성왕 시기의 사실이다.
④ 백제 무령왕 시기의 사실이다.

정답 ②

174 0756

③ ㉠은 극락전, ㉡은 무량수전, ㉢은 대웅전이다. 주심포 양식은 부석사 무량수전에서 잘 나타나고, 수덕사 대웅전 등의 건물에서도 그 모습을 찾아볼 수 있다. 한편 안동의 봉정사 극락전은 현재 남아 있는 우리나라의 목조 건축물 가운데 가장 오래된 것이다.

정답 ③

175 0757

② 안동 봉정사 극락전은 13세기 초에 건립된 건축물로 현존하는 국내에서 가장 오래된 건물이다. 이 건물은 맞배지붕의 구조에 주심포 양식과 배흘림기둥의 특성을 가지고 있다. 맞배지붕, 주심포, 배흘림기둥의 특성을 가지고 있는 또 다른 건축물로는 영주 부석사 조사당, 예산 수덕사 대웅전 등이 있다.

오답 분석

① 흥인지문은 조선 시대의 건축으로 다포식 중층 우진각 지붕이며, 누각은 조선 후기에 지어진 것이다.
③ 부석사 무량수전은 지붕의 형식이 맞배지붕이 아닌 팔작지붕이며, 배흘림기둥과 주심포 양식의 특성을 가지고 있다.
④ 해인사 장경판전은 조선 초기인 15세기에 건축된 것으로 추정되며 우진각 지붕의 특성을 띠고 있다. 특히 건물을 간결한 방식으로 처리하여 판전으로서 필요로 하는 기능만을 충족시켰을 뿐 장식적 의장을 하지 않았으며, 통풍을 고려해 전·후면 창호의 위치와 크기가 서로 다르게 건축되었다.

정답 ②

176 0758

㉠은 주심포, ㉡은 다포이다.

④ 고려 후기의 성불사 응진전(맞배 지붕), 석왕사 응진전(맞배 지붕), 심원사 보광전(팔작 지붕) 등이 다포 양식에 해당한다.

오답 분석

① 부석사 무량수전은 주심포 양식의 팔작 지붕 형태이다.
② 봉정사 극락전은 주심포 양식의 맞배 지붕 형태이다.
③ 수덕사 대웅전은 주심포 양식의 맞배 지붕 형태이며 유일하게 백제 계열의 건축 양식을 계승한 건물로, 충렬왕 때 세워졌다.

정답 ④

177 0759
2012년 9급 지방직

고려 시대의 건축과 조형 예술에 대한 설명으로 옳지 않은 것은?

① 초기에는 광주 춘궁리 철불 같은 대형 철불이 많이 조성되었다.

② 지역에 따라서 고대 삼국의 전통을 계승한 석탑이 조성되기도 하였다.

③ 팔각 원당형의 승탑이 많이 만들어졌는데, 그 대표적인 예로 법천사 지광 국사 현묘탑을 들 수 있다.

④ 후기에는 사리원의 성불사 응진전과 같은 다포식 건물이 출현하여 조선 시대 건축에 큰 영향을 끼쳤다.

178 0760
2022년 9급 지방직

밑줄 친 '이 시기'에 있었던 사실로 옳은 것은?

> 이 시기의 불교 조각은 지역에 따라 다양하게 제작되었다. 처음에는 하남 하사창동의 철조 석가여래 좌상과 같은 대형 철불이 많이 제작되었다. 또한 덩치가 큰 석불이 유행하였는데, 논산 관촉사 석조 미륵보살 입상이 대표적이다. 이 불상은 큰 규모에 비해 조형미는 다소 떨어지지만, 소박한 지방 문화의 모습을 잘 보여 준다.

① 성골 출신의 국왕이 재위하였다.

② 지방 세력으로 호족이 존재하였다.

③ 풍양 조씨 등 특정 가문이 정권을 장악하였다.

④ 성리학에 투철한 사림 세력이 정국을 주도하였다.

179 0761
2012년 7급 국가직

조선 시대에 건축된 문화재로 바르게 묶은 것은?

① 숭례문, 경천사 10층 석탑

② 봉정사 극락전, 법주사 팔상전

③ 수덕사 대웅전, 부석사 무량수전

④ 무위사 극락전, 원각사지 10층 석탑

180 0762
2018년 9급 서울시(추가 채용)

〈보기〉에서 조선 전기 건축물을 모두 고른 것은?

보기

ㄱ. 무위사 극락전 ㄴ. 법주사 팔상전

ㄷ. 금산사 미륵전 ㄹ. 해인사 장경판전

① ㄱ, ㄹ ② ㄴ, ㄹ

③ ㄷ, ㄹ ④ ㄱ, ㄷ

177 0759

③ 국보 제101호 법천사 지광 국사 현묘탑은 고려 문종~선종 시기에 조성되었다. 이 탑은 팔각 원당형에서 벗어나 평면 방형을 기본으로 하는 새로운 양식의 탑으로, 조형미가 뛰어나 우리나라 묘탑 중 최대의 걸작으로 꼽힌다.

오답 분석

① 고려 초기에는 구리의 부족으로 청동불을 조성하기 어려워짐에 따라 광주 춘궁리 철불 같은 대형 철불이 많이 조성되었다.
② 고려 초기에는 지역에 따라서 호족의 영향력을 바탕으로 고대 삼국의 전통을 계승한 석탑이 조성되기도 하였다.
④ 고려 후기에는 원으로부터 다포 양식이 도입되어 사리원의 성불사 응진전과 같은 다포식 건물이 출현하였으며, 조선 시대 건축에 큰 영향을 끼쳤다.

정답 ③

178 0760

지역적 특색이 강한 하남시 하사창동 철조 석가여래 좌상 등 대형 철불이 제작되고 논산 관촉사 미륵보살 입상과 같은 거대한 석불이 제작되는 시기는 고려 초기에 해당한다.

② 나말여초에는 지방 세력으로 강력한 힘을 가진 호족이 존재하였으며, 왕건은 호족들을 아우르는 정책으로 후삼국의 재통일을 이룰 수 있었다.

오답 분석

① 성골 출신의 국왕이 재위한 시기는 신라 상대로 진덕 여왕을 끝으로 성골 혈통이 단절되자 진골인 김춘추가 즉위하여 신라 중대를 열었다.
③ 풍양 조씨 등 특정 가문이 권력을 장악한 시기는 조선 말 세도 정치에 해당한다.
④ 16세기 이후 훈구파가 소멸하자 조선의 정국은 사림파에 의해 주도되었다.

정답 ②

179 0761

④ 국보 제13호인 무위사 극락전은 조선 전기인 1430년(세종 12)에 지어진 건물로, 공포는 주심포 양식, 지붕은 맞배 지붕이다. 국보 제2호인 원각사지 10층 석탑은 1465년 세조 시기에 건립되었다.

오답 분석

① 숭례문은 조선 태조 때 창건된 것이나, 경천사 10층 석탑은 1348년(충목왕 4)에 세워졌다.
② 법주사 팔상전은 조선 후기 17세기에 축조되었으나, 봉정사 극락전은 고려 시대에 건립되었다.
③ 수덕사 대웅전과 부석사 무량수전은 모두 고려 시대의 건축물이다.

정답 ④

180 0762

ㄱ. 무위사 극락전은 주심포 양식과 맞배 지붕 형태의 건축물로, 조선 전기 15세기에 건축되었다.
ㄹ. 해인사 장경판전은 조선 전기 15세기의 건축물로, 두 개의 긴 중심 건물 사이에 작은 두 개의 건물이 하나의 마당을 가운데 두고 마주 보도록 배치되어 있다. 해인사 장경판전은 통풍을 위해 칸마다 창문 크기를 다르게 설계한 것이 특징이다.

오답 분석

ㄴ, ㄷ. 법주사 팔상전과 금산사 미륵전은 조선 후기인 17세기에 세워진 건축물로, 양반 지주층의 후원을 받아 건립되었다.

정답 ①

181 0763

2018년 9급 지방직

다음 각 문화재에 대한 설명으로 옳지 않은 것은?

① 화엄사 각황전은 다층식 외형을 지녔다.

② 수덕사 대웅전은 주심포 양식의 건물이다.

③ 부석사 무량수전은 배흘림 기둥을 갖고 있다.

④ 덕수궁 석조전은 서양 고딕 양식의 건물이다.

183 0765

2017년 9급 지방직

조선 시대 도성 한양에 대한 설명으로 옳지 않은 것은?

① 경복궁 근정전의 이름은 정도전이 지었다.

② 경복궁의 동쪽에 사직이, 서쪽에 종묘가 각각 배치되었다.

③ 유교 사상인 인 · 의 · 예 · 지 덕목을 담아 도성 4대문의 이름을 지었다.

④ 도성 밖 10리 안에는 개인의 무덤을 쓰거나 벌채를 하지 못하도록 규제하였다.

182 0764

2016년 7급 서울시

다음은 조선 시대 한양을 설명한 것이다. (가)~(라)에 각각 들어갈 단어를 순서대로 나열한 것은?

> 한양은 통치의 중심 공간인 ((가))을 ((나)) 아래에 남향으로 짓고 그 좌우에 종묘와 사직을 건설하였다. ((다))은 안산에 해당한다. 도성에는 네 개의 대문이 건설되었는데 동은 흥인지문, 서는 ((라)), 남은 숭례문, 북은 숙정문이다.

	(가)	(나)	(다)	(라)
①	경복궁	인왕산	남산	소의문
②	경복궁	백악산	남산	돈의문
③	창덕궁	인왕산	낙산	소의문
④	창덕궁	백악산	낙산	돈의문

184 0766

2017년 7급 서울시

조선 시대 '궁궐'에 대한 설명으로 가장 옳지 않은 것은?

① 각 궁궐이 처음 지어진 순서는 '경복궁 – 창덕궁 – 경희궁' 이다.

② 후원(後園)은 궁궐의 북쪽에 있어서 북원(北園) 혹은 아무나 못 들어간다고 해서 금원(禁園)이라 불렸다.

③ 조정(朝廷)이란 말은 궁궐의 외전(外殿) 앞의, 품계석이 놓인 마당을 의미한다.

④ 양궐 체제(兩闕體制)란 국왕의 중심 공간인 법궁(法宮)과 중전이나 세자 등 왕실 가족의 공간인 이궁(離宮)을 의미한다.

181 0763

④ 덕수궁 석조전은 1910년에 축조된 서양식 건물로, 르네상스 양식의 건축물이다. 18세기 신고전주의 유럽 궁전 건축 양식을 따른 것으로, 당시 건축된 우리나라의 서양식 건물 가운데 규모가 가장 큰 건물이다. 이곳에서 1946년 미·소 공동 위원회가 열렸으며, 6·25 전쟁 이후 1986년까지 국립 중앙 박물관으로 사용되었다.

정답 ④

182 0764

(가)는 경복궁, (나)는 백악산, (다)는 남산, (라)는 돈의문이다.

② 한양은 정도전의 주도 하에 백악산 아래 남향으로 경복궁을 건립하고 좌묘우사의 원칙에 의해 종묘와 사직을 설치하였다. 안산은 남산에 해당한다. 서대문은 돈의문이라 불렸으며, 현재는 사대문 중 유일하게 터만 남아 있다.

정답 ②

183 0765

② 종묘는 좌묘우사의 원칙에 따라 경복궁 동쪽에 지었으며, 사직은 경복궁의 서쪽에 배치하였다. 종묘의 정전과 영령전에서는 각각 연 5회와 2회 제사가 치러지는데, 연산군과 광해군은 폐위된 군주이기 때문에 종묘의 제사에서 제외되었다.

오답 분석

① 정도전은 개경에서 한양으로 천도 과정을 주도하면서 현재의 경복궁 및 도성 자리를 정하였고, 수도 건설 공사의 총책임자로 임무를 수행하였다. 또한, 경복궁을 비롯한 성문의 이름과 한성부의 5부 52방 이름을 지었고, 서울을 구성하던 각종 상징물에 의미를 부여하였는데, 대부분 유교의 덕목이나 가치가 담긴 표현이었다.

③ 정도전은 유교 사상인 인·의·예·지 덕목을 담아 도성 4대문의 이름을 지었는데, 흥인지문(동), 돈의문(서), 숭례문(남), 숙청(정)문(북)의 이름이 그것이다.

④ 조선 시대 도성 한양에서는 수도의 위엄과 경관을 위해 도성 밖 10리 안에는 개인의 무덤을 쓰거나 벌채를 하지 못하도록 규제하였다.

정답 ②

184 0766

④ 양궐 체제란 국왕이 법궁과 이궁을 함께 경영하며 국정을 살피고 생활하는 방식이다. 법궁은 정궁이라고도 하며, 6궁(왕·왕비·대비·후궁·세자·세자빈 등의 공간)을 모두 갖춘 공간을 의미한다. 우리나라에서 6궁을 모두 갖춘 법궁은 경복궁이 유일하다. 한편 이궁은 화재 등의 사고나 왕의 자의적 판단 하에 공식적으로 거처를 옮기고자 할 때 쓰이는 별도의 궁궐을 일컫는다.

오답 분석

① 궁궐이 건립된 순서는 1395년(태조 4)에 창건된 경복궁, 1405년(태종 5)에 창건된 창덕궁, 1617년(광해군 9)에 창건된 경희궁 순이다.

② 조선 시대 궁궐의 뒤편에는 왕실 사람들의 휴식 공간인 정원을 두었는데, 이를 후원이라 한다. 후원은 보통 궁궐의 북쪽에 있어 북원, 혹은 아무나 못 들어간다고 해서 금원으로 불렸다.

③ 조선 시대에 조정(朝廷)은 궁궐의 외전 앞 마당을 의미하며, 조가(朝家), 조당(朝堂)이라 부르기도 하였다. 조정의 양쪽에는 품계의 순서에 따라 나열된 품계석이 놓여 있는데, 국가의 의식, 연회 등 행사를 치를 때 문무 백관은 자신의 벼슬이 적힌 품계석 앞에 정렬하였다.

정답 ④

185 0767

2020년 9급 지방직

다음 글에서 설명하고 있는 문화유산은?

이곳은 원래 성종의 형인 월산 대군(月山大君)의 집이 있던 곳으로, 선조가 임진왜란 뒤 임시 거처로 사용하면서 정릉동 행궁으로 불리었고, 광해군 때는 경운궁이라 하였다. 아관 파천 후 고종이 이곳에 머물렀다. 주요 건물로는 중화전, 함녕전, 석조전 등이 있다.

① 경복궁
② 경희궁
③ 창덕궁
④ 덕수궁

186 0768

2017년 7급 국가직

사림의 문화를 반영한 16~17세기 그림에 해당하지 않는 것은?

① 이정의 풍죽도
② 심사정의 초충도
③ 어몽룡의 월매도
④ 황집중의 묵포도도

187 0769

2010년 9급 국가직

조선 시대의 미술 작품에 대한 설명이다. 바르게 연결한 것은?

• 창덕궁과 창경궁의 전모를 그려낸 (㉠)는 기록화로서의 정확성과 정밀성이 뛰어날 뿐 아니라 배경 산수의 묘사가 극히 예술적이다.
• 강희안의 (㉡)는 무념무상에 빠진 선비의 모습을 그린 작품으로 간결하고 과감한 필치로 인물의 내면 세계를 느낄 수 있게 표현하였다.
• 노비 출신으로 화원에 발탁된 이상좌의 (㉢)는 바위 틈에 뿌리를 박고 모진 비바람을 이겨내고 있는 나무를 통하여 강인한 정신과 굳센 기개를 표현하였다.

	㉠	㉡	㉢
①	동궐도	송하보월도	금강전도
②	동궐도	고사관수도	송하보월도
③	서궐도	송하보월도	금강전도
④	서궐도	고사관수도	송하보월도

188 0770

2019년 7급 서울시(추가 채용)

〈보기〉의 그림들의 제작 시기를 시간 순으로 바르게 나열한 것은?

보기
ㄱ. 고려 대학교 박물관에 소장된 동궐도
ㄴ. 안견의 몽유도원도
ㄷ. 장승업의 삼인문년도
ㄹ. 정선의 금강전도

① ㄱ - ㄴ - ㄹ - ㄷ
② ㄴ - ㄷ - ㄹ - ㄱ
③ ㄴ - ㄹ - ㄱ - ㄷ
④ ㄹ - ㄴ - ㄱ - ㄷ

185 0767

제시문에서 설명하고 있는 궁은 덕수궁이다.

④ 덕수궁은 1907년 고종이 강제 퇴위당한 이후 고종의 거처로 사용되었는데, 이때 고종의 장수를 빈다는 의미로 경운궁에서 덕수궁으로 이름을 바꾸었다.

정답 ④

187 0769

② ㉠은 동궐도, ㉡은 고사관수도, ㉢은 송하보월도이다.

㉢ 송하보월도는 조선 초기의 화가 이상좌의 대표적인 작품이다. 달밤에 동자를 데리고 산책하는 고사(高士)의 모습을 담은 이 그림은 비단 바탕에 담채 수법으로 그린 것이다. 또한 남송 마원(馬遠)의 화풍과 가장 밀접한 관계를 보이는 것으로, 당시 화단의 경향을 이해하는 데 매우 중요한 의의를 지니고 있다.

오답 분석

• 서궐도는 경희궁의 전각 및 궁궐 전경을 조감도식으로 그린 그림이다.
• 금강전도는 정선이 1734년 종이 바탕에 수묵 담채로 그린 그림으로, 겨울 금강내산의 전경을 만폭동을 중심으로 그린 것이다.

정답 ②

186 0768

② 심사정의 초충도는 18세기 작품이다. 조선 후기의 문인 화가인 현재 심사정은 스승인 겸재 정선, 그리고 관아재 조영석과 더불어 삼재 화가로 불리기도 하였다.

오답 분석

①, ③, ④ 이정(1554~1626), 어몽룡(1566~?), 황집중(1533~?)은 조선 중기의 대표적 문인 화가이다. 이들은 한 가지 소재를 전문적으로 그려 명성을 얻었다.

정답 ②

188 0770

③ 순서대로 나열하면 ㄴ. 몽유도원도(1447) - ㄹ. 금강전도(18세기) - ㄱ. 동궐도(19세기 전반) - ㄷ. 삼인문년도(19세기 말)이다.

ㄴ. 몽유도원도는 1447년(세종 29) 안평 대군이 꾼 꿈을 바탕으로 화원이었던 안견이 완성하였다.
ㄹ. 정선의 금강전도는 1734년(영조 10)경 제작되었을 것으로 추정하고 있다.
ㄱ. 동궐도는 순조 시기인 19세기 전반(1826~1830년 사이)에 제작된 것으로 추정하고 있다.
ㄷ. 장승업은 주로 19세기 후반에 활약했던 화가로, 그가 그린 삼인문년도는 19세기 말 작품으로 추정하고 있다.

정답 ③

189 0771

〈보기〉는 한국 고대 사회 문화의 일본 전파와 관련된 설명이다. 옳은 것끼리 짝지어진 것은?

> **보기**
> ㄱ. 백제의 아직기는 일본에 불교를 전파하였다.
> ㄴ. 다카마쓰 무덤에서 발견된 벽화를 통해 가야 문화가 일본에 영향을 미쳤음을 알 수 있다.
> ㄷ. 신라인들은 배를 만드는 조선술과 제방을 만드는 축제술을 일본에 전해주었다.
> ㄹ. 고구려의 승려 혜자는 쇼토쿠 태자의 스승이 되었다.

① ㄱ, ㄴ   ② ㄴ, ㄷ
③ ㄴ, ㄹ   ④ ㄷ, ㄹ

190 0772

고대 문화에 대한 설명 중 옳지 않은 것은?

① 삼국의 문화는 일본 야마토 조정과 아스카 문화의 성립에 기여하였다.
② 고구려의 오골성은 졸본성의 방어를 위하여 축조되었다.
③ 돌무지덧널무덤은 구조상 널방이 없어 벽화를 그릴 수가 없었다.
④ 백제의 가요 정읍사(井邑詞)는 『악학궤범』에 수록되어 현재 전한다.

191 0773

다음 중 해외로 유출된 우리 문화재는?

① 신윤복의 미인도
② 안견의 몽유도원도
③ 정선의 인왕제색도
④ 강희안의 고사관수도

192 0774

다음 해외 견문 기록을 시기순으로 바르게 나열한 것은?

> ㄱ. 『표해록』
> ㄴ. 『열하일기』
> ㄷ. 『서유견문』
> ㄹ. 『해동제국기』

① ㄱ → ㄴ → ㄹ → ㄷ
② ㄱ → ㄹ → ㄷ → ㄴ
③ ㄹ → ㄱ → ㄴ → ㄷ
④ ㄹ → ㄷ → ㄱ → ㄴ

189 0771

ㄷ. 신라인들은 배를 만드는 조선술과 제방을 만드는 축제술을 일본에 전해주었다.

ㄹ. 혜자는 고구려의 승려로, 일본에 건너가 일본의 쇼토쿠 태자의 스승이 되었으며, 백제 승려인 혜총과 함께 호코사(法興寺)에서 포교에 힘쓰다 615년 고구려로 돌아왔다고 전해진다.

오답 분석

ㄱ. 일본에 불교를 전파한 백제의 인물은 6세기 성왕 시기의 인물인 노리사치계이다. 아직기는 백제 근초고왕 때 일본으로 건너가 일본 태자의 스승이 되어 한자를 가르쳐주었다.

ㄴ. 다카마쓰 고분 벽화의 인물들의 복장 등이 고구려 강서 수산리 벽화 고분과 흡사한 것을 통해 고구려 문화가 일본에 전파되었음을 확인할 수 있다. 가야의 고분 벽화는 고령 고아동 고분에만 존재한다. 고령 고아동 고분의 연꽃무늬 벽화를 통해 대가야 이뇌왕과 신라 법흥왕의 혼인 동맹 시기에 신라로부터 불교가 전파되었음을 유추할 수 있다.

정답 ④

190 0772

② 오골성은 요동 동남부 지방의 중심성으로, 최고 지방관인 욕살이 파견된 대성(大城)의 하나였다. 오골성은 졸본성과는 거리가 떨어져 있어, 방어 기능을 수행하는 것과는 거리가 있다. 졸본의 방어성, 또는 졸본으로 추정되는 성은 오녀산성이다.

오답 분석

① 아스카 문화는 7세기 전반 일본에서 형성된 문화로, 삼국 문화의 영향을 받아 불교적 특징을 바탕으로 형성되었다.

③ 돌무지덧널무덤은 5세기 초에서 6세기 초까지 신라에서 유행한 묘제로, 추가 매장이 불가능했으며, 널방이 없기 때문에 벽화를 제작할 수 있는 공간이 없었다.

④ 『악학궤범』에는 동동(動動), 정읍사(井邑詞), 처용가(處容歌), 여민락(與民樂), 봉황음(鳳凰吟), 북전(北殿), 문덕곡(文德曲), 납씨가(納氏歌), 정동방곡(靖東方曲) 등의 가사가 한글로 수록되어 있다.

정답 ②

191 0773

② 안견의 몽유도원도는 임진왜란 중에 일본으로 유출되어 현재 일본의 덴리 대학[天理大學] 중앙 도서관에 소장되어 있다.

오답 분석

① 간송 미술관, ③ 리움 미술관, ④ 국립 중앙 박물관에 소장되어 있다.

정답 ②

192 0774

③ 순서대로 나열하면 ㄹ.『해동제국기』(1471, 성종 2) → ㄱ.『표해록』(1488, 성종 19) → ㄴ.『열하일기』(1780, 정조 4) → ㄷ.『서유견문』(1895, 고종 32)이다.

ㄹ. 『해동제국기』는 세종 대에 일본을 방문했던 신숙주가 1471년(성종 2)에 완성한 책이다.

ㄱ. 『표해록』은 중국의 3대 견문록 중 하나로, 제주도에 경차관으로 파견되었던 최부가 부친상을 당해 육지로 돌아오다 표류하여, 중국 남부에 표착하면서 귀환하기까지의 과정을 작성한 기행문이다. 최부는 1488년(성종 19) 왕명에 의해 『표해록』을 집필하였다.

ㄴ. 『열하일기』는 연암 박지원이 청에 사신단의 일원으로 다녀온 이후 1780년(정조 4)에 집필한 기행문이다.

ㄷ. 『서유견문』은 유길준에 의해 1889년 집필되었으며, 1895년(고종 32)에 간행되었다.

정답 ③

193 0775

고려 · 조선 시대 음악에 대한 설명으로 옳은 것은?

① 고려 시대 향악은 주로 제례 때 연주되었다.

② 고려 시대에는 동동, 대동강, 오관산 등이 창작 유행되었다.

③ 조선 시대에는 「정간보」를 만들어 음악의 원리와 역사를 체계화 하였다.

④ 조선 시대 가사, 시조, 가곡 등은 아악을 발전시켜 연주한 것이다.

195 0777

통일 신라 시대 예술에 대한 설명으로 옳지 않은 것은?

① 석탑은 다각 다층탑이 많았고 석탑의 몸체를 받치는 받침이 보편화되었다.

② 건축이나 주종(鑄鐘)에 종사하는 사람들도 나마(奈麻)와 같은 관등을 받았다.

③ 가야금 하나로 연주되던 시대에 비해 악기가 다양해지고 악기 편성이 풍부해졌다.

④ 굴식 돌방무덤이 발전하여 봉토를 호석으로 두르고 그 호석에는 12지 신상을 조각하였다.

194 0776

다음 유물에 대한 설명으로 적절하지 않은 것은?

> 색이 푸른데 사람들은 이를 비색(翡色)이라 한다. 근년에 들어와 제작이 공교해지고 광택이 더욱 아름다워졌다. 술병의 형태는 참외와 같은데, 위에는 작은 뚜껑이 있고 마치 연꽃에 엎드린 오리 모양이다.

① 강진과 부안이 생산지로 유명하였다.

② 왕실과 관청 및 귀족들이 주로 사용하였다.

③ 송나라 사신 서긍이 그 아름다움을 극찬하였다.

④ 신라 말기 상감 청자가 제작되면서 무늬가 한층 다양해졌다.

196 0778

다음은 『삼국사기』에서 신라의 역사를 세 시기로 구분한 것이다. (가)~(다) 시기에 있었던 사실로서 옳은 것을 〈보기〉에서 모두 고른 것은?

⊢ 박혁거세 - 진덕 여왕 ⊣		⊢ 선덕왕 ── 경순왕 ⊣
(가)	(나)	(다)

보기

㉠ (가) – 황룡사 9층 목탑을 세웠다.

㉡ (나) – 천체를 관측하기 위해 첨성대를 세웠다.

㉢ (나) – 감은사지 3층 석탑을 축조하였다.

㉣ (다) – 봉덕사 종이라고도 하는 성덕 대왕 신종을 제작하였다.

① ㉠, ㉡   ② ㉠, ㉢

③ ㉡, ㉢   ④ ㉢, ㉣

193 0775

② 동동, 대동강, 오관산 등은 고려 시대에 창작된 대표적인 음악이다.

오답 분석

① 고려 시대의 향악은 주로 연회 때 연주되었던 음악이다. 제례 때에는 아악이 쓰였다.

③ 조선 세종에 의해 창안된 「정간보」는 매 정간에 시간 단위를 표기하여 음의 높이와 길이를 나타낼 수 있는 유량 악보(有量樂譜)의 특징을 갖는다.

④ 가사, 시조, 가곡 등은 당악과 향악에서 비롯되었다. 조선 시대에는 민간에서도 당악과 향악을 속악으로 발달시켜 가사, 시조, 가곡 등 우리말로 된 노래를 연주 음악이나 민요에 활용하였다.

정답 ②

194 0776

제시문은 송나라 사신 서긍이 저술한 『고려도경』의 내용으로, 11세기 고려에서 유행했던 순수 청자에 대한 설명이다. 고려 청자의 '비색'이란 표현은 이 책에서 비롯되었다.

④ 상감 청자는 고려 시대인 12세기 중엽부터 본격적으로 제작되기 시작하여 무신 집권기에 크게 유행하였다.

정답 ④

195 0777

① 다각 다층탑이 유행하였던 것은 고려 시대이다. 고려 시대에는 송의 영향으로 안정감이 다소 부족한 다각 다층탑이 많이 세워졌으며, 석탑의 몸체를 받치는 받침이 보편화되었다. 통일 신라 시대에는 목탑과 전탑 양식을 계승·발전시킨 이중 기단 위의 3층 석탑 양식이 완성되었다.

정답 ①

196 0778

『삼국사기』에서는 신라를 (가) 상대(기원전 57~654, 박혁거세~진덕 여왕), (나) 중대(654~780, 태종 무열왕~혜공왕), (다) 하대(780~935, 선덕왕~경순왕) 세 시기로 구분하였다.

㉠ 황룡사 9층 목탑은 선덕 여왕 때 당나라에서 귀국한 자장의 건의에 따라 건립하였다.

㉢ 감은사지 3층 석탑은 682년 신문왕 때 건립되었다.

오답 분석

㉡ 첨성대는 선덕 여왕 때 축조된 것으로, (가) 시기에 해당한다.

㉣ 성덕 대왕 신종은 경덕왕이 아버지 성덕왕의 공덕을 찬양하기 위해 주조하기 시작하여 혜공왕 시기인 771년에 완성되었으므로, (나) 시기에 해당한다.

정답 ②

197 0779

2017년 7급 서울시

다음은 역사적 사실을 순서대로 나열한 것이다. 다음 (가)와 (나)에 들어갈 역사적 사실로 옳지 않은 것은?

백제의 고흥이 『서기』를 편찬하였다.
(가)
신라의 거칠부가 『국사』를 편찬하였다.
(나)
성덕 대왕 신종이 완성되었다.

① (가) 충주 고구려비가 세워졌다.
② (가) 황룡사 9층 목탑이 건축되었다.
③ (나) 이문진이 『신집』 5권을 편찬하였다.
④ (나) 김대성이 석굴암을 지었다.

198 0780

2014년 9급 국가직

밑줄 친 '이 농서'가 처음 편찬된 시기의 문화에 대한 설명으로 옳은 것은?

> 『농상집요』는 중국 화북 지방의 농사 경험을 정리한 것으로서 기후와 토질이 다른 조선에는 도움이 될 수 없었다. 이에 농사 경험이 풍부한 각 도의 농민들에게 물어서 조선의 실정에 맞는 농법을 소개한 이 농서가 편찬되었다.

① 현실 세계와 이상 세계를 표현한 몽유도원도가 그려졌다.
② 선종의 입장에서 교종을 통합한 조계종이 성립되었다.
③ 윤휴는 주자의 사상과 다른 모습을 보여 사문난적으로 몰렸다.
④ 진경 산수화와 풍속화가 유행하였다.

199 0781

2010년 9급 지방직

조선 시대의 예술에 대한 설명으로 옳은 것은?

① 공예는 생활용품이나 문방구 등에서 특색 있는 발달을 보였다.
② 분청사기와 백자가 많이 만들어졌는데 후기로 갈수록 분청사기가 주류를 이루었다.
③ 궁궐, 관아, 성문, 학교 건축이 발달했던 고려 시대와 대조적으로 사원 건축이 발달하였다.
④ 양반들은 장인들이 하는 일이라 하여 서예를 기피하였으나 그림은 필수적 교양으로 여겼다.

200 0782

2010년 7급 지방직

다음 그림에 대한 설명으로 옳은 것은?

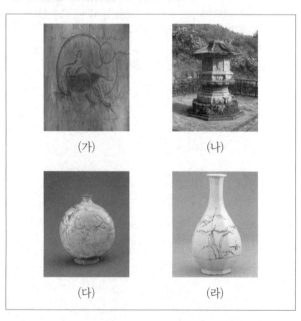

(가) (나)

(다) (라)

① (가): 이상적인 불국토를 건설한다는 미륵 신앙의 상징이다.
② (나): 통일 신라기 교종 불교가 성행하였음을 보여준다.
③ (다): 청자에 백토분을 칠한 것으로 소박하고 천진스러운 무늬가 어우러져 있다.
④ (라): 이것이 유행한 시기에는 서민들도 옹기 대신 백자를 널리 사용하였다.

197 0779

백제 고흥의 『서기』 편찬은 근초고왕(346~375) 때의 일이고, 거칠부의 『국사』 편찬은 진흥왕 때인 545년의 일이다. 또한 성덕 대왕 신종은 경덕왕 때 제작하기 시작하여 혜공왕 때인 771년에 완성되었다. 따라서 (가)는 근초고왕 재위기(346~375)부터 545년까지, (나)는 545년부터 771년까지의 시기를 말한다.

② 황룡사 9층 목탑은 7세기 선덕 여왕 때 당나라에서 귀국한 자장의 건의에 따라 백제의 아비지를 데려와 건립한 것으로, (나) 시기에 해당한다.

오답 분석

① 충주 고구려비(중원 고구려비)의 건립 시기는 광개토 대왕(391~413) 또는 장수왕(413~491) 때와 문자명왕(491~519) 때 건립되었다는 설로 구분되는데, 세 가지 설 모두 (가) 시기에 해당한다.

③ 『신집』 편찬은 고구려 영양왕 재위기인 600년의 일로, (나) 시기에 해당한다.

④ 석굴암은 (나) 시기인 751년 통일 신라 경덕왕 때 창건되었다.

정답 ②

198 0780

밑줄 친 '이 농서'는 세종 때 편찬된 『농사직설』(1429)이다. 정초, 변효문 등은 우리 풍토에 맞는 농서를 쓰기 위하여 각 도의 농민들에게 농사 경험을 듣고 『농사직설』을 편찬하였다.

① 몽유도원도는 1447년(세종 29) 전문 화원인 안견이 그린 산수화로, 15세기의 대표적 작품이다.

오답 분석

② 고려 시대에 지눌은 돈오점수의 방법으로 정혜쌍수를 강조함으로써 선종 계통의 조계종을 중심으로 선종과 교종을 통합하려 하였다.

③ 조선 후기에 송시열은 윤휴·박세당을 비롯한 주자 비판론자들을 사문난적으로 규정하고 비난하였다.

④ 조선 후기에 우리의 산천과 각 계층의 현실적 삶의 모습을 소재로 한 진경 산수화와 풍속화가 널리 성행했다.

정답 ①

199 0781

① 조선 시대 공예는 양반들의 의식주 생활에 요구되는 필수품이나 문방구 등에서 특색 있게 발달하였다.

오답 분석

② 분청사기는 조선 초기에 유행하다가 임진왜란 이후 소멸하였고, 조선 후기에는 형태와 안료가 다양해지면서 청화 백자를 비롯한 다양한 형태의 자기가 유행하였다.

③ 고려 시대에는 사원 건축 등 불교 문화가 융성하였다.

④ 조선 시대에 서예는 양반들에게 누구나 터득해야 할 교양에 속하였고, 시와 그림 또한 중시하였다.

정답 ①

200 0782

③ (다)는 분청사기로 고려 말 원 간섭기부터 조선 초까지 유행하였다. 분청사기는 북방 가마의 영향을 받은 양식으로 청자에 백토분을 칠한 것이다.

오답 분석

① (가)는 사신도 중 북쪽 방위신인 현무도로, 도교적 특성을 보이며, 미륵 신앙과는 관련이 없다.

② (나)는 화순의 쌍봉사 철감선사 승탑으로, 통일 신라 말기에 선종 불교가 유행했음을 보여주는 유물이다.

④ (라)는 청화 백자로, 조선 후기에 일반화되었으며, 주로 사대부나 왕실에서 사용되었다. 서민들은 주로 옹기 등을 많이 사용하였다.

정답 ③

201 0783
2018년 9급 서울시

고려의 문화에 대한 설명 중 가장 옳은 것은?

① 고려의 귀족 문화를 대표하는 백자는 상감 기법을 이용한 것이다.

② 고려는 세계 최초로 금속 활자를 발명하였다.

③ 팔만대장경판은 거란의 침입을 물리치기 위한 염원을 담아 만든 것이다.

④ 고려는 불교 국가여서 유교 문화가 발전하지 못하였다.

203 0785
2017년 7급 국가직

유네스코 '세계 기록유산'에 등재된 것만을 모두 고른 것은?

ㄱ.『일성록』	ㄴ.『난중일기』
ㄷ.『비변사등록』	ㄹ.『승정원일기』
ㅁ. 한국의 유교 책판	

① ㄱ, ㄴ   ② ㄱ, ㄴ, ㄹ

③ ㄱ, ㄴ, ㄹ, ㅁ   ④ ㄱ, ㄴ, ㄷ, ㄹ, ㅁ

202 0784
2016년 7급 서울시

우리나라의 국보와 그 제작 시대를 연결한 것으로 옳지 않은 것은?

① 조선 –『징비록』,『비변사등록』, 송시열 초상

② 고려 – 영주 부석사 무량수전, 안향 초상, 상원사 동종

③ 통일 신라 – 충주 탑평리 칠층 석탑, 성덕 대왕 신종, 보은 법주사 석련지

④ 백제 – 부여 정림사지 오층 석탑, 익산 미륵사지 석탑, 서산 용현리 마애 여래 삼존상

204 0786
2015년 7급 지방직

유네스코(UNESCO)에 등재된 세계 기록유산으로 옳지 않은 것은?

①『승정원일기』

②「월인천강지곡」

③ 훈민정음 해례본

④ 새마을 운동 기록물

201 0783

② 고려는 세계 최초로 금속 활자를 발명하여 『상정고금예문』과 『직지심체요절』 등 금속 활자 인쇄본을 편찬하였다. 『상정고금예문』은 1234년 금속 활자로 인쇄하였다는 기록이 남아있고, 『직지심체요절』은 1377년 고려 우왕 때 청주 흥덕사에서 간행된 것으로, 현존 세계 최고(最古)의 금속 활자본이다.

오답 분석

① 상감 기법은 고려 청자에 적용된 것이다.
③ 팔만대장경판은 몽골의 침입을 물리치기 위한 염원을 담아 만든 것이다. 거란과 관련된 것은 초조대장경이다.
④ 고려 시대에는 불교뿐만 아니라 유교 문화도 발달하여 교육 기관인 국자감과 사학 12도 등이 흥성하였다.

정답 ②

203 0785

③ 유네스코 '세계 기록유산'에 등재된 것을 모두 고르면 ㄱ. 『일성록』, ㄴ. 『난중일기』, ㄹ. 『승정원일기』, ㅁ. 한국의 유교 책판이다.

『일성록』은 2011년 5월, 『난중일기』는 2013년 6월, 『승정원일기』는 2001년 9월, 한국의 유교 책판은 2015년 10월에 유네스코 세계 기록유산에 등재되었다.

오답 분석

ㄷ. 『비변사등록』(국보 제152호)은 유네스코 세계 기록유산에 등재되지 않았다.

정답 ③

202 0784

② 영주 부석사 무량수전(국보 제18호)과 안향 초상(국보 제111호)은 고려 시대에 제작되었으나, 상원사 동종(국보 제36호)은 통일 신라 때 제작된 것이다.

오답 분석

① 조선 시대에 『징비록』(국보 제132호), 『비변사등록』(국보 제152호), 송시열 초상(국보 제239호)이 제작되었다.
③ 통일 신라 시대에 충주 탑평리 칠층 석탑(국보 제6호), 성덕 대왕 신종(국보 제29호)이 제작되었고, 보은 법주사 석련지(국보 제64호)가 조성되었다.
④ 백제 시대에 부여 정림사지 오층 석탑(국보 제9호), 익산 미륵사지 석탑(국보 제11호), 서산 용현리 마애 여래 삼존상(국보 제84호)이 세워졌다.

정답 ②

204 0786

② 보물 제398호인 『월인천강지곡』은 세종이 수양 대군의 『석보상절』을 보고, 석가모니의 공덕을 칭송한 노래를 지어 이를 한데 묶은 것이다. 『석보상절』은 수양 대군이 세종의 명을 받아 모후인 소헌 왕후의 명복을 빌기 위해 석가모니의 가계와 그 일대기를 기록한 것이다.

오답 분석

①, ③, ④ 『승정원일기』는 2001년 9월, 『훈민정음 해례본』은 1997년 10월, 새마을 운동 기록물은 2013년 6월에 유네스코 세계 기록유산으로 지정되었다.

정답 ②

205 0787

다음 중 유네스코(UNESCO)에 등재된 우리나라의 세계 기록
유산이 아닌 것은?

① 『난중일기』
② 『일성록』
③ 『동의보감』
④ 『비변사등록』

207 0789

조선 시대 『의궤』에 대한 설명으로 옳지 않은 것은?

① 왕실의 행사에 사용된 도구, 복식 등을 그림으로 남겨 놓
았다.
② 이두와 차자(借字) 및 우리의 고유한 한자어(漢字語) 연구에
도 귀중한 자료이다.
③ 왕실 혼례와 장례, 궁중의 잔치, 국왕의 행차 등 국가의 중
요한 행사를 기록하였다.
④ 프랑스 국립 도서관에는 신미양요 때 프랑스군이 약탈해 간
어람용 의궤가 소장되어 있다.

206 0788

2018년 현재까지 유네스코에서 제정한 한국의 세계 기록유
산이 아닌 기록물은?

① 왕의 비서실인 승정원에서 일지 형식으로 쓴 기록
② 박지원이 청나라를 다녀온 후에 기록한 기행문
③ 조선 시대 유학자들의 저작물을 간행하기 위한 판각한 책판
④ 조선 왕실 주요 행사를 기록하고 필요한 경우 그림을 넣
은 책

208 0790

조선 시대 의궤에 대한 설명으로 옳지 않은 것은?

① 『가례도감의궤』는 임진왜란 이후부터 편찬되기 시작하였다.
② 조선 왕조 『의궤』는 유네스코 세계 기록유산으로 등재되었다.
③ 정조 때 화성 행차 일정, 참가자 명단, 행차 그림 등을 수록
한 『의궤』가 편찬되었다.
④ 『가례도감의궤』의 말미에 그려진 반차도에는 당시 왕실 혼례
의 행렬 모습이 담겨 있다.

205 0787

④ 『비변사등록』은 유네스코 세계 기록유산에 해당하지 않는다.

오답 분석

유네스코에 등재된 우리나라의 세계 기록유산은 1997년에 『훈민정음 해례본』, 『조선왕조실록』, 2001년에 『직지심체요절』, 『승정원일기』, 2007년에 『해인사 대장경판 및 제경판』, 조선 왕조 『의궤』, 2009년에 『동의보감』, 2011년에 『일성록』, 5·18 광주 민주화 운동 기록물, 2013년에 『난중일기』, 새마을 운동 기록물, 2015년에 KBS 특별 생방송 '이산가족을 찾습니다.' 기록물, 한국의 유교 책판, 2017년에 국채 보상 운동 기록물, 조선 통신사에 관한 기록, 조선 왕실 어보와 어책이 각각 지정되었다.

정답 ④

206 0788

② 박지원의 기행문인 『열하일기』는 유네스코 세계 기록유산에 해당하지 않는다.

오답 분석

①, ③, ④ 왕의 비서실인 승정원에서 왕의 일상과 업무 내용 등에 대해 일지 형식으로 쓴 기록은 『승정원일기』, 조선 시대 유학자들의 저작물을 간행하기 위해 판각한 책판은 한국의 유교 책판, 조선 왕실 주요 행사의 참가자 및 비용 등에 대해 상세히 기록하고, 필요한 경우 그림을 넣은 책은 조선 왕조 『의궤』이다. 『승정원일기』, 한국의 유교 책판, 조선 왕조의 『의궤』는 모두 유네스코 세계 기록유산으로 등재되었다.

정답 ②

207 0789

④ 『의궤』는 신미양요가 아닌 병인양요 때 프랑스군이 약탈해 간 것이다. 1866년 병인양요 때 프랑스 군대가 외규장각 도서 중 『의궤』와 고문서를 약탈해 갔다. 그 후 외규장각 도서는 2010년 11월 G20 정상 회의에서 양국이 2011년부터 5년 단위 갱신이 가능한 임대 형식으로 반환하기로 합의함에 따라 현재 296권이 반환되었다.

정답 ④

208 0790

① 『가례도감의궤』 등의 오례(五禮) 절차를 그림으로 그리고 기록한 『의궤』는 조선 초기부터 편찬되었다. 그러나 임진왜란으로 모두 소실되어, 현재는 임진왜란 이후에 제작된 『의궤』만 남아있다.

정답 ①

209 0791

우리나라 세계 유산과 세계 기록유산에 대한 설명으로 옳은 것만을 모두 고르면?

> ㄱ. 공주 송산리 고분군에는 전축분인 6호분과 무령왕릉이 있다.
> ㄴ. 양산 통도사는 금강계단 불사리탑이 있는 삼보 사찰이다.
> ㄷ. 남한산성은 병자호란 때 인조가 피난했던 산성이다.
> ㄹ. 『승정원일기』는 역대 왕의 훌륭한 언행을 『실록』에서 뽑아 만든 사서이다.

① ㄱ, ㄴ
② ㄴ, ㄷ
③ ㄱ, ㄴ, ㄷ
④ ㄱ, ㄷ, ㄹ

210 0792

다음 유네스코 세계 유산으로 지정된 백제 역사 유적 지구 문화유산 중 부여군에 속한 것만을 모두 고르면?

> ㄱ. 정림사지   ㄴ. 공산성
> ㄷ. 부소산성과 관북리 유적   ㄹ. 송산리 고분군

① ㄱ, ㄷ
② ㄱ, ㄹ
③ ㄴ, ㄷ
④ ㄴ, ㄹ

211 0793

우리나라 유네스코 세계유산에 대한 설명으로 옳지 않은 것은?

① 미륵사지에는 목탑 양식의 석탑이 있다.
② 정림사지에는 백제의 5층 석탑이 남아 있다.
③ 능산리 고분군에는 계단식 돌무지무덤이 있다.
④ 무령왕릉에는 무덤 주인공을 알려주는 지석이 있었다.

212 0794

우리나라 문화유산에 대한 설명으로 옳지 않은 것은?

① 개성 경천사지 10층 석탑은 원의 석탑을 본떠 만들어졌다.
② 영주 부석사 무량수전은 주심포식 목조 건물이다.
③ 부여 정림사지 5층 석탑에서는 백제 무왕의 왕후가 넣은 사리기가 발견되었다.
④ 김제 금산사 미륵전은 다층 건물이나 내부가 하나로 통한다.

209 0791

ㄱ. 백제의 벽돌무덤(전축분)인 6호분과 무령왕릉은 모두 공주 송산리에 위치해 있다.

ㄴ. 자장에 의해 건립된 양산 통도사는 세계 문화유산으로 지정된 산지 승원의 하나로 석가모니의 불사리를 봉안한 금강계단이 위치해 있다. 불·법·승을 상징하는 삼보 사찰로는 부처의 사리를 봉안한 통도사, 불법에 해당하는 팔만대장경을 보관하고 있는 해인사, 유명한 16명의 국사를 배출하여 승보 사찰이 된 송광사 등이 있다.

ㄷ. 남한산성은 병자호란 시기 인조가 피난하여 항전을 꾀하던 곳으로, 인조는 강화도가 함락되자 이곳을 벗어나 삼전도에서 청에 항복하였다.

오답 분석

ㄹ. 『승정원일기』는 승정원에서 취급한 문서와 사건을 기록한 일기로 인조 시기부터 고종 시기까지의 내용이 현존하고 있다. 역대 왕의 훌륭한 언행을 『실록』에서 뽑아 만든 사서는 세조 시기부터 간행된 『국조보감』이다.

정답 ③

210 0792

백제 역사 유적 지구 문화유산은 부여군, 공주군, 익산군의 세 지역으로 구분되어 있다.

① ㄱ. 정림사지, ㄷ. 부소산성과 관북리 유적은 백제 역사 유적 지구 중 부여군 지역에 분포되어 있다.

오답 분석

ㄴ. 공산성과 ㄹ. 송산리 고분군은 백제 역사 유적 지구 중 공주 지역에 위치하고 있다.

정답 ①

211 0793

계단식 돌무지무덤은 고구려와 백제의 전기 무덤 양식으로 고구려에서는 주로 집안시(국내성 일대)에 분포하며, 대표적 무덤으로는 장군총이 있다. 백제에서는 한성 백제 시기에 주로 조성되어 석촌동 일대에 여러 무덤 떼가 존재한다. 이후 두 나라의 무덤 양식은 주로 굴식 돌방무덤으로 대체되기 시작하였다. 고구려에서는 국내성 시기에 두 무덤군이 공존하였다가 평양 천도 이후에는 굴식 돌방무덤이 대표적인 양식으로 자리매김하게 되었다. 백제의 무덤 양식은 한성 백제 시기의 계단식 돌무지무덤(석촌동 고분)에서 웅진 백제 시기의 굴식 돌방무덤과 벽돌무덤의 공존기(공주 송산리 고분)를 거쳐 사비 백제 시기 굴식 돌방무덤을 비롯한 여러 형태의 돌방무덤 형식(부여 능산리 고분)으로 이행된다.

③ 부여 능산리 고분에는 계단식 돌무지무덤이 존재하지 않는다.

오답 분석

① 익산 미륵사지 석탑은 가장 오래된 석탑으로서 목탑 형식의 구조가 남아있는 특징을 보이고 있다.

② 정림사지 5층 석탑은 백제의 대표적 문화재 중 하나로서, 백제 멸망 이후 당나라 장수 소정방이 자신의 전공을 탑신에 새겨 놓아 '평제탑'이라 불리기도 하였다.

④ 무령왕릉은 1971년 송산리 고분군의 배수로 공사 중에 우연히 발견되었다. 이 무덤은 중국 남조의 영향을 받았으며, 무덤의 주인공이 무령왕과 왕비임을 알리는 지석이 발견되어 조성 연대를 확실히 알 수 있는 무덤이기도 하다.

정답 ③

212 0794

③ 좌평 사택적덕의 딸이자 백제 무왕의 왕비가 봉안한 사리기가 발견된 것은 익산 미륵사지 석탑이다. 한편 부여 정림사지 5층 석탑은 1층 탑신에 소정방이 백제 멸망 이후 새겨 넣은 정벌 내용이 있어 평제탑이라 불리기도 한다.

오답 분석

① 개성 경천사지 10층 석탑은 원의 석탑을 본뜬 석탑으로, 대리석으로 제작되었다.

② 영주 부석사 무량수전은 주심포 양식과 배흘림 기둥 양식이 사용된 고려 시대의 건축물이다.

④ 김제 금산사 미륵전은 17세기의 대표적인 건축물로, 다층 건물이나 내부가 하나로 통하는 특징을 가지고 있다.

정답 ③

213 0795

㉠~㉣에 대한 설명으로 옳지 않은 것은?

유네스코가 세계 문화유산으로 등재한 우리나라의 문화유산은 ㉠종묘, 해인사 장경판전, 불국사와 석굴암, 수원 화성, 창덕궁, 경주 역사 유적 지구, ㉡고창·화순·강화의 고인돌 유적, 안동 하회 마을과 경주 양동 마을, 조선 시대 왕릉 등이다. 또 훈민정음, ㉢『조선왕조실록』, 『승정원일기』, ㉣『직지심체요절』, 해인사 고려대장경판 및 제경판, 조선왕조 『의궤』, 『동의보감』, 『일성록』, 5·18 민주화 운동 기록물 등이 유네스코의 세계 기록유산으로 등재되어 있다.

① ㉠ – 조선 시대 왕과 왕비의 신주를 모셨다.
② ㉡ – 청동기 시대의 돌무덤이다.
③ ㉢ – 태조에서 철종 때까지의 역사를 편년체로 기록하였다.
④ ㉣ – 병인양요 때 프랑스군에게 약탈당하였다.

214 0796

세계 유산으로 등재된 것이 아닌 것은? (2019년 12월 31일 기준)

① 종묘
② 화성
③ 한양 도성
④ 남한산성

215 0797

다음 괄호 안에 들어갈 사항으로 옳은 것만을 〈보기〉에서 모두 고른 것은?

2000년 12월에 유네스코 세계 유산으로 지정된 경주 역사 유적 지구는 남산 지구, 월성 지구, 대릉원 지구, 황룡사 지구, 산성 지구로 세분된다. 이 중에 남산 지구에 해당하는 문화유산으로는 (   ) 등이 있다.

보기

ㄱ. 계림
ㄴ. 나정(蘿井)
ㄷ. 포석정
ㄹ. 분황사
ㅁ. 첨성대
ㅂ. 배리 석불 입상

① ㄱ, ㄴ, ㄷ
② ㄱ, ㄹ, ㅁ
③ ㄴ, ㄷ, ㅂ
④ ㄹ, ㅁ, ㅂ

216 0798

아래에서 설명하는 지역의 역사적 사실로 옳지 않은 것은?

○ 신라 하대에 군진 세력의 하나인 혈구진이 있었다.
○ 정제두를 중심으로 한 조선의 양명학파가 형성되었다.

① 고려 초기에 풍수지리설의 길지로 여겨진 삼경 중의 한곳이다.
② 조선 시대 실록이 보관된 사고가 있던 곳이다.
③ 조선 시대에 왕실에서 초제를 지낸 산이 있다.
④ 개항 전에 프랑스군의 침입을 받았으나 격퇴한 곳이다.

213 0795

④ 『직지심체요절』은 고종 시기 주한 프랑스 공사였던 플랑시(Collin de Plancy)가 수집해 간 것으로, 골동품 수집가였던 앙리 베베르(Henry Vever)에게 넘어갔다가, 프랑스 국립 도서관으로 이관되어 현재까지 그 곳에 소장되어 있다.

정답 ④

214 0796

③ 한양 도성은 세계 문화유산에 해당하지 않는다.

오답 분석

① 종묘는 1995년 유네스코 세계 문화유산으로 지정되었다.
② 수원 화성은 1997년에 지정된 유네스코 세계 문화유산으로, 원형 유산이 아닌 복원 유산에 해당한다.
④ 남한산성은 17세기 산성 성제의 중요한 유산으로, 2014년에 유네스코 세계 문화유산으로 지정되었다.

정답 ③

215 0797

③ 남산 지구의 문화유산은 ㄴ. 나정, ㄷ. 포석정, ㅂ. 배리 석불 입상이 있다. 그 외에도 용장사곡 석불 좌상, 용장사곡 삼층 석탑, 천룡사지 삼층 석탑, 남산리 삼층 석탑 등 37개의 보물과 시·도 유형 문화재 및 사적이 있다.

남산 지구 외에 경주 역사 유적 지구는 다음과 같다.
• 월성 지구: 계림, 경주 월성, 임해전지, 첨성대, 내물왕릉 등
• 대릉원 지구: 미추왕릉, 경주 대릉원 일원(황남리 고분군, 노동리 고분군, 노서리 고분군), 오릉, 동부사적지대, 재매정 등
• 황룡사 지구: 황룡사지, 분황사 모전 석탑
• 산성 지구: 명활산성

정답 ③

216 0798

① 자료에서 설명하는 지역은 강화도이며, 강화도는 고려의 삼경(3경)과 관련이 없다. 고려의 삼경은 성종 때 확정되었으며 개경(송악), 서경(평양), 동경(경주)에 해당한다. 이후 문종 때 남경(서울)이 동경을 대신하여 삼경으로 확정되었으며, 숙종 때 남경에 남경개창도감을 두어 궁궐을 축조하기도 하였다.

정답 ①

PART 09

근대 사회의 전개

01 0799   2016년 7급 지방직

다음 자료에 나오는 인물의 활동으로 옳은 것은?

> 그가 대단한 능력을 발휘하여 힘써 교정하고 쇄신하니 치도(治道)가 맑고 깨끗하여 국가의 재정이 풍족하게 된 것은 득이며 장점인 것이요. … (중략) … 쇄국을 스스로 장하다 하여 대세의 흐름을 부질 없이 반대하였으니 이것은 단점이요 실정인 것이다.

① 군국기무처에서 총재관을 역임하였다.
② 을미의병이 확산되자 해산 권고 조칙을 발표하였다.
③ 갑신정변이 발발하자 청군의 개입을 요청하였다.
④ 임오군란으로 집권하여 5군영을 복구하였다.

02 0800   2017년 9급 서울시

밑줄 친 '그'의 활동에 대한 설명으로 옳은 것은?

> 그는 만동묘와 폐단이 큰 서원을 철폐하도록 명령을 내렸다. 선비들 수만 명이 대궐 앞에 모여 만동묘와 서원을 다시 설립할 것을 청하니, 그가 크게 노하여 병졸로 하여금 한강 밖으로 몰아내도록 하였다.

① 갑오개혁 당시 군국기무처의 총재관으로 활동하였다.
② 갑신정변 당시 청군의 원조를 요청하였다.
③ 임오군란 직후 통리기무아문을 폐지하였다.
④ 강화도 조약 체결 직전 화서 학파의 적극적인 지지를 받았다.

03 0801   2017년 7급 국가직(추가 채용)

밑줄 친 '그'의 활동으로 옳은 것은?

> 인정(人丁)에 대한 세를 신포(身布)라고 하는데 충신과 공신의 자손에게는 모두 그것이 면제되었다. 그 모자라는 액수는 반드시 평민에게만 덧붙여 징수하였다. 그는 이를 수정하고자 동포(洞布)라는 법을 제정하였다. 가령 한 동리에 2백여 호가 있으면 매 호에 더부살이 호가 약간씩 있는 것을 자세히 밝혀서 계산하고, 신포를 부과하여 고르게 징수하였다.

① 갑신정변 때 청군의 파견을 요청하였다.
② 군국기무처의 총재를 역임하였다.
③ 경상도 안핵사를 수행하였다.
④ 순무영을 설치하였다.

04 0802   2021년 9급 국가직

밑줄 친 '그'에 대한 설명으로 옳은 것은?

> 군역에 뽑힌 장정에게 군포를 거두었는데, 그 폐단이 많아서 백성들이 뼈를 깎는 원한을 가졌다. 그런데 사족들은 한평생 한가하게 놀며 신역(身役)이 없었다. … (중략) … 그러나 유속(流俗)에 끌려 이행되지 못하였으나 갑자년 초에 그가 강력히 나서서 귀천이 동일하게 장정 한 사람마다 세 납전(歲納錢) 2민(緡)을 바치게 하니, 이를 동포전(洞布錢)이라고 하였다.
>   – 『매천야록』

① 만동묘 건립을 주도하였다.
② 군국기무처 총재를 역임하였다.
③ 통리기무아문을 폐지하고 5군영을 부활하였다.
④ 탕평 정치를 정리한 『만기요람』을 편찬하였다.

01 0799

제시문의 '그'는 흥선 대원군으로 호포법과 사창제를 실시하고 서원을 정리하는 등 내치를 강화하여 국가 재정 확보에 기여하였으며, 세도 정치를 청산하였다. 또한 통상 수교 거부 정책을 실시하여 근대화를 지연시키는 결과를 초래하기도 하였다.

④ 임오군란으로 재집권한 흥선 대원군은 5군영을 부활시키고 통리기무아문 등을 폐지하여 과거로의 회귀를 꾀하였으나, 청군에 의해 청나라로 압송되었다.

오답 분석

① 김홍집에 해당하는 내용이다.
② 고종에 해당하는 내용이다.
③ 명성 황후를 비롯한 민씨 일파에 해당하는 내용이다.

정답 ④

03 0801

제시문은 흥선 대원군이 실시한 호포법에 대한 내용으로, 밑줄 친 '그'는 흥선 대원군이다.

④ 순무영은 전쟁이나 지방에서 반란이 일어났을 때 이의 수습을 위한 군무(軍務)나 민심 수습을 맡아보기 위하여 임시로 설치되었던 군영이다. 순무영이 처음 설치된 것은 영조 시기에 이인좌의 난(1728)이 일어났을 때이며, 이후 순조 시기에 홍경래의 난(1811)이 일어났을 때, 고종 시기에 동학 농민 운동 때(1894)에도 설치되었다. 흥선 대원군은 병인양요(1866) 당시 프랑스군의 진격에 맞서 훈련대장 이경하 휘하에 순무영을 설치하여 대응하였다.

오답 분석

① 민씨 정권에 대한 설명이다.
② 김홍집에 대한 설명이다.
③ 흥선 대원군은 경상도 안핵사를 수행한 적이 없다. 진주 민란 당시 경상도 안핵사로 파견되었던 인물은 박규수이다.

정답 ④

02 0800

제시문의 '그'는 흥선 대원군이다. 흥선 대원군은 제수전의 명목으로 백성들을 착취했던 만동묘를 철폐하였고, 전국 650개 서원 중 소수 서원 · 도산 서원 · 도동 서원 등 도학과 정의에 뛰어난 인물을 봉사한다고 판단되는 47개의 서원만 남기고 나머지는 모두 정리하였다.

③ 임오군란 직후 고종이 흥선 대원군에게 사태 수습을 맡기면서 흥선 대원군이 재집권하였다. 흥선 대원군은 정부의 개화 정책을 중단하기 위해 통리기무아문을 폐지하고, 무위영과 장어영을 없애고 5군영과 삼군부를 부활시켰으며 별기군을 폐지하였다.

오답 분석

① 김홍집에 대한 설명이다.
② 명성 황후를 비롯한 민씨 일파에 대한 설명이다.
④ 흥선 대원군은 1873년에 정권에서 물러났기 때문에 강화도 조약과는 관계가 없다.

정답 ③

04 0802

밑줄 친 '그'는 흥선 대원군이다.

③ 흥선 대원군은 임오군란으로 재집권한 이후 통리기무아문을 폐지하고 5군영을 부활시켰다.

오답 분석

① 만동묘는 명 신종과 명 의종을 제사지낸 사당으로 기사환국 시기 사사된 송시열의 유명에 의해, 권상하 등 송시열의 제자들이 건립하였다. 만동묘는 흥선 대원군에 의해 철폐되었다.
② 1차 갑오개혁 시기 군국기무처 총재관을 역임한 인물은 김홍집이다.
④ 순조 시기에 재정과 군정을 집약한 『만기요람』이 편찬되었다. 『만기요람』은 탕평 정치 정리와는 관련이 없다.

정답 ③

05 0803　　　　　　　　　　　　2019년 7급 서울시

〈보기〉에 제시된 두 정책의 공통점으로 가장 옳은 것은?

> 보기
> • 만동묘를 철폐하고 폐단이 큰 서원을 각 도에 명하여 철폐하도록 하였다. 선비들 수만 명이 대궐 앞에 모여 다시 설립할 것을 청하니, 대원군이 크게 노하여 한강 밖으로 몰아냈다.
> • 갑자년(1864) 초에 대원군이 강력히 중원(衆怨)을 책임지고, 귀천이 동일하게 장정 한 사람마다 세납전 2꾸러미를 바치게 하여, 이를 동포전이라고 칭하였다.

① 농민들의 봉기를 조래하였다.
② 유생들의 지지를 받으며 추진되었다.
③ 신분 제도가 폐지되는 직접적인 계기가 되었다.
④ 정부의 재정 수입 증가에 기여하였다.

06 0804　　　　　　　　　　　　2021년 9급 지방직

(가) 인물에 대한 설명으로 옳은 것은?

> 철종이 죽고 고종이 어린 나이로 왕이 되자, 고종의 아버지인 (가) 가/이 실권을 장악하였다. (가) 는/은 임진왜란 때 불탄 후 방치되어 있던 경복궁을 중건하였다. 이때 원납전이라는 기부금을 징수하는 일이 벌어졌으며 당백전이라는 화폐도 발행되었다.

① 『대한국국제』를 만들어 공포하였다.
② 서원을 대폭 줄이는 정책을 추진하였다.
③ 우정총국 개국 축하연을 이용해 정변을 일으켰다.
④ 황쭌셴의 『조선책략』을 가져와 널리 유포하였다.

07 0805　　　　　　　　　　　　2019년 9급 지방직

밑줄 친 '이때' 재위한 국왕 대에 있었던 사실로 옳은 것은?

> 이때 거두어들인 돈을 '스스로 내는 돈'이라는 뜻에서 원납전이라 하였다. 그런데 백성들은 입을 삐쭉거리면서 '원납전, 즉 원망하며 바친 돈이다.'라고 하였다.　– 『매천야록』에서

① 세한도가 제작되었다.
② 삼정이정청이 설치되었다.
③ 삼군부가 부활되고 삼수병이 강화되었다.
④ 비변사 당상들이 중요한 권력을 장악하였다.

08 0806　　　　　　　　　　　　2022년 9급 국가직

밑줄 친 '그'에 대한 설명으로 옳은 것은?

> 고종이 즉위한 직후에 실권을 장악한 그는 러시아를 견제하기 위해 천주교 선교사를 통해 프랑스와 교섭하려 했다. 하지만 천주교를 금지해야 한다는 유생의 주장이 높아지자 다수의 천주교도와 선교사를 잡아들여 처형한 병인박해를 일으켰다. 이후 고종의 친정이 시작됨에 따라 물러난 그는 임오군란이 일어났을 때 잠시 권력을 장악했지만, 청군의 개입으로 곧 물러났다.

① 미국에 보빙사라는 사절단을 파견하였다.
② 전국 여러 곳에 척화비를 세우도록 했다.
③ 국경을 획정하고자 백두산정계비를 세웠다.
④ 통리기무아문을 설치하고 그 아래에 12사를 두었다.

문제 풀이

05 0803

제시문의 정책은 흥선 대원군의 만동묘 및 서원 철폐와 호포제 실시에 해당한다.

④ 흥선 대원군 집권기에 서원은 47개소만을 남기고 대부분 철폐되었는데, 이때 서원이 보유한 막대한 면세지가 정부에 확보됨으로써 정부의 재정 증가에 크게 기여하였다. 또한 호포제 실시도 양반의 반발 속에서 추진되었지만 15%에 불과하던 납부층이 74%로 늘어나 정부의 재정 증가에 기여하였다.

정답 ④

06 0804

(가) 인물은 흥선 대원군이다.

② 대원군은 서원 정리에 착수하여 47개소만 남기고 대부분의 서원을 철폐하였다.

오답 분석

① 고종은 1897년 대한 제국을 수립한 이후 1899년에 「대한국국제」를 만들어 공포하였다.
③ 김옥균, 박영효 등 개화당은 우정총국 개국 축하연을 이용해 1884년 갑신정변을 일으켰다.
④ 김홍집은 1880년 2차 수신사로 파견된 이후 황쭌셴의 『조선책략』을 가져와 널리 유포하였다.

정답 ②

07 0805

제시문은 흥선 대원군이 경복궁을 중건하기 위해 징수한 원납전에 관한 내용이다. 밑줄 친 '이때' 재위한 국왕은 고종이다.

③ 고종 대에 흥선 대원군은 비변사를 폐지하고 삼군부를 부활시켜 삼수병을 강화하였다.

오답 분석

① 세한도는 헌종 시기인 1844년에 제주도 유배 생활 중이었던 추사 김정희가 그린 그림이다.
② 삼정이정청은 진주 민란(1862) 이후 철종의 명령으로 설치되었으나 얼마 후 비변사에 통합되었다.
④ 흥선 대원군은 비변사가 갖고 있었던 행정권을 의정부로, 군사권을 삼군부로 넘기면서 비변사의 권한을 약화시켰다.

정답 ③

08 0806

밑줄 친 그는 고종의 아버지인 흥선 대원군이다. 대원군은 고종이 왕이 되는 시기인 1863년 집권하여 1873년까지 권좌에 있었던 인물이다.

② 대원군은 집권하던 시기에 대외적으로 통상 수교 거부 정책을 펼쳤으며, 이로 인해 병인양요(1866)와 신미양요(1871)라는 사건이 발생하기도 하였다. 대원군은 신미양요 이후 척화비를 건립하여 통상 수교 거부 정책을 공고히 하고자 하였다.

오답 분석

① 보빙 사절단은 대원군 퇴진에 이어 민씨 정권이 수립되고 1882년 미국과 수교한 이후, 이듬해인 1883년에 미국에 파견되었다.
③ 백두산정계비는 숙종 재위기인 1712년에 세워졌다.
④ 1880년대 들어와 통리기무아문을 설치하고 그 아래에 12사를 둔 것은 민씨 정권이다.

정답 ②

09 0807
2016년 9급 서울시

다음 (가)~(다)의 설명에 해당하는 인물을 바르게 연결한 것은?

> (가) 스승 이벽의 권유로 북경에 갔다가 서양인 신부의 세례를 받고 귀국하였다.
> (나) 성리학의 입장에서 천주교를 비판하는 『천학문답』을 저술하였다.
> (다) 신부가 되어 충청도 당진(솔뫼)을 근거로 포교하다가 붙잡혀 처형되었다.

	(가)	(나)	(다)
①	이가환	안정복	황사영
②	이승훈	이기경	황사영
③	이승훈	안정복	김대건
④	이가환	이기경	김대건

10 0808
2015년 9급 서울시

밑줄 친 ⊙과 직접 관련된 천주교 박해에 대한 설명으로 옳은 것은?

> 프란치스코 교황은 16일 오전 순교자 124위 시복 미사에 앞서 한국 최대 순교 성지이자 이번에 시복될 124위 복자 중 가장 많은 27위가 순교한 서소문 성지를 참배했다. 이곳은 본래 서문 밖 순교지로 불리는 천주교 성지였다. 한국에 천주교가 들어온 후 박해를 당할 때마다 이곳에서 많은 사람들이 처형당했으니 …… '황사영 백서'로 알려진 ⊙황사영도 이곳에서 처형되었다.
> – 한국일보, 2014년 8월 16일

① 모친상을 당해 신주를 불태운 것이 알려지면서 박해가 일어났다.

② 함께 붙잡혀 박해를 받은 정하상은 『상재상서』를 통해 포교의 정당함을 주장하였다.

③ 순조 즉위 후 정권을 장악한 노론 벽파가 반대파를 정계에서 제거하려고 박해를 일으켰다.

④ 대원군 집권기에 발생한 대규모 박해로, 프랑스 선교사를 비롯한 수천 명의 희생자를 낳았다.

11 0809
2012년 7급 지방직

다음 '민요'가 나타난 시기의 역사적 사건으로 옳은 것은?

> 남문을 열고 파루를 치니 계명산천이 밝아온다.
> 석수장이 거동보소. 방 망치를 갈라 잡고 눈만 꿈벅거린다.
> 도편수란 놈 거동보소. 먹통 들고 갈팡질팡한다.
> 우리나라 좋은 나무, 이 궁궐 짓는 데 다 들어간다.

① 정족산성에서 프랑스군을 격파하였다.

② 상평통보를 발행하여 전국적으로 유통시켰다.

③ 나라 이름을 조선으로 하고 수도를 한양으로 옮겼다.

④ 일본군이 경복궁을 점령하고 청·일 전쟁을 일으켰다.

12 0810
2015년 9급 지방직

다음 설명과 관련된 사건으로 옳은 것은?

> 1975년 서지학자 박병선 박사는 이곳 도서관에서 조선 시대 도서가 보관되어 있음을 발견하고 목록을 정리하여 그 존재를 알렸다. 그 후 1990년대 초 한국 정부가 반환을 공식 요청하기에 이르렀다. 그 결과 2011년에 '5년마다 갱신이 가능한 대여 방식'으로 반환되었다.

① 어재연이 광성보에서 결사 항전하였다.

② 제너럴셔먼호 사건을 빌미로 일어났다.

③ 프랑스가 강화도 외규장각 도서를 약탈하였다.

④ 조선이 처음으로 서양 국가와 외교 관계를 맺었다.

09 0807

③ (가) 이승훈은 이벽의 권유로 천주교에 입교하였으며, 여러 차례의 배교와 재입교 끝에 신유박해(1801)로 사형을 당하였다. (나) 안정복은 이익의 제자로 천주교를 배척하는 공서파의 대표 인물이었다. 그는 『천학문답』, 『천학고』를 저술하여 천주교를 비판하였다. (다) 김대건은 우리나라 최초의 신부가 되었으며, 1846년에 순교하였다.

정답 ③

11 0809

제시문의 민요는 '경복궁 타령'으로, 흥선 대원군이 경복궁 중건(1865~1868)을 추진하던 시기에 나타난 민요이다.

① 양헌수는 1866년 9월에 일어난 병인양요 당시 정족산성에서 프랑스 군을 무찔렀다.

오답 분석

② 조선 숙종(1678) 시기에 해당한다.
③ 조선 태조(1394) 시기에 해당한다.
④ 조선 고종(1894) 시기에 해당한다.

정답 ①

10 0808

황사영 백서 사건은 신유박해(1801) 시에 발생한 사건이다. 황사영은 백서를 통해 외세를 개입시켜 천주교 탄압을 중지시키려 하였으나 발각되어 처형당하였다.

③ 신유박해는 노론 벽파와 남인의 공서파(서학 반대 세력)가 연대하여 남인의 신서파 등 천주교와 연루된 세력을 제거한 사건이다.

오답 분석

① 신해박해(1791)에 대한 설명이다.
② 기해박해(1839)에 대한 설명이다.
④ 병인박해(1866)에 대한 설명이다.

정답 ③

12 0810

박병선 박사는 프랑스의 국립 도서관 사서로 일하며 세계에서 가장 오래된 금속 활자본인 『직지심체요절』과 약탈 문화재인 외규장각 『의궤』를 발견하였다.

③ 자료의 설명은 외규장각 도서를 언급한 것이며 이것은 병인양요(1866) 시기에 프랑스군이 강화도에서 약탈해간 문화재이다.

오답 분석

①, ② 제너럴셔먼호 사건을 빌미로 일어난 사건은 신미양요(1871)이다. 신미양요가 발생하자 어재연은 광성보에서 결사 항전으로 맞서다가 전사하였다.
④ 조선이 처음으로 서양 국가와 외교 관계를 맺은 것은 1882년에 미국과 체결한 조·미 수호 통상 조약이다. 프랑스와의 조약은 1886년에 체결되었다.

정답 ③

13 0811 2017년 9급 지방직(추가 채용)

다음 사건에 대한 설명으로 옳은 것은?

> 미국이 제너럴셔먼호 사건을 구실로 광성보를 침공하였다. 어재연이 이끄는 조선군은 격렬히 항전했지만, 미군에 패하고 말았다. 그러나 조선 정부는 굴복하지 않았고, 결국 미군은 물러갔다.

① 『조선책략』에 대한 반발로 발생한 사건이었다.
② 전국 여러 곳에 척화비가 세워지는 계기가 되었다.
③ 오페르트가 남연군 묘 도굴 사건을 일으킨 원인이 되었다.
④ 이 사건 당시 정족산성에서 양헌수 부대가 승리를 거두었다.

14 0812 2021년 9급 지방직

(가) 시기에 있었던 사실로 옳은 것은?

> | 평양의 관민이 제너럴셔먼호를 불태웠다. |
> | :---: |
> ↓
> | (가) |
> ↓
> | 미군이 광성보를 공격해 점령하였다. |

① 고종이 홍범 14조를 발표하였다.
② 일본의 운요호가 초지진을 포격하였다.
③ 오페르트가 남연군의 묘 도굴을 시도하였다.
④ 차별 대우에 불만을 품은 군인이 임오군란을 일으켰다.

15 0813 2013년 7급 지방직

다음의 역사적 사실들을 순서대로 바르게 나열한 것은?

> ㉠ 일본 군함 운요호가 강화도 초지진을 공격하였고, 일본 군은 관아와 민가를 노략질하였다.
> ㉡ 미국의 군함이 초지진을 함락하고 광성보를 공격하자 어재연이 이끄는 부대는 격렬하게 항전하였다.
> ㉢ 제너럴셔먼호가 대동강에 나타나 통상을 요구하며 난동을 부리자 평양 군민들이 이를 공격하여 침몰시켰다.
> ㉣ 조선에 통상을 요구하였다가 거절당한 독일 상인 오페르트는 흥선 대원군의 부친 남연군의 묘를 도굴하려고 하였다.

① ㉠ → ㉢ → ㉣ → ㉡
② ㉡ → ㉢ → ㉣ → ㉠
③ ㉢ → ㉣ → ㉡ → ㉠
④ ㉣ → ㉡ → ㉠ → ㉢

16 0814 2018년 9급 서울시

두 차례의 양요에 대한 설명으로 가장 옳은 것은?

① 어재연이 이끄는 조선군은 프랑스군을 상대로 승리를 거두었다.
② 미국 상선 제너럴셔먼호는 평양 주민을 약탈하였다.
③ 양헌수 부대는 광성보 전투에서 결사 항전 하였으나 퇴각하였다.
④ 박규수는 화공 작전을 펴서 프랑스 군대를 공격하였다.

13 0811

자료는 제너럴셔먼호 사건(1866. 7.)을 구실로 일어난 신미양요(1871)에 대한 내용이다.

② 신미양요 직후 대원군은 전국에 「척사교서」를 내리고 척화비를 전국 각지에 건립하였으며, 통상 수교 거부 의지를 대내외적으로 천명하였다.

> 오답 분석

① 일본에 수신사로 다녀온 김홍집으로부터 『조선책략』이 유포되자, 이에 반발하여 개화 반대 운동이 전개되었다. 1881년에는 이만손을 중심으로 하는 경상도 유생들이 『조선책략』의 내용에 반발하여 영남 만인소를 올렸고, 영남 만인소로 촉발된 위정척사 운동은 전국적인 유생 운동으로 확산되었다.

③ 오페르트 도굴 사건은 신미양요 이전의 일이다. 독일 상인 오페르트는 2번에 걸친 조선과의 통상 요구가 거절당하자 1868년에 흥선 대원군의 아버지인 남연군의 묘를 도굴하려 하였다가 실패하였다.

④ 병인박해를 계기로 발발한 병인양요(1866. 9.) 당시 양헌수는 정족산성에서 프랑스군을 물리쳤다.

정답 ②

14 0812

(가) 시기는 제너럴셔먼호 사건(1866)과 신미양요 시기의 광성보 전투(1871) 사이에 해당한다.

③ 이 시기인 1868년 오페르트가 흥선 대원군의 아버지인 남연군의 묘를 도굴하려다 실패하였다.

> 오답 분석

① 고종이 홍범 14조를 발표한 시기는 1894년 12월로 2차 갑오개혁이 추진되는 시점이었다.

② 일본의 운요호가 강화도 초지진을 포격하고 영종진에 상륙했던 시기는 1875년이다. 이 사건을 계기로 1876년 강화도 조약이 체결되었다.

④ 구식 군인들이 일으킨 임오군란은 1882년 6월에 일어났다.

정답 ③

15 0813

③ 순서대로 나열하면 ⓒ 제너럴셔먼호 사건(1866) → ⓔ 오페르트 도굴 사건(1868) → ⓛ 신미양요(1871) → ⓖ 운요호 사건(1875)이 된다.

정답 ③

16 0814

② 1866년에 미국 상선 제너럴셔먼호는 대동강을 거슬러 올라오면서 통상을 요구하고 약탈을 자행하다가 평안도 감사 박규수와 평양 주민들에 의해 격파되었다.

> 오답 분석

① 어재연은 1871년에 일어난 신미양요와 관련된 인물이다. 프랑스군을 격퇴한 인물은 양헌수와 한성근이다.

③ 광성보 전투는 신미양요 때 어재연이 이끄는 조선군이 항전한 전투였다.

④ 박규수가 화공 작전을 벌인 것은 제너럴셔먼호 사건 때이다.

정답 ②

17 0815

다음 사건이 일어난 왕의 재위 기간에 있었던 사실로 옳은 것은?

> 그들 조선군은 비상한 용기를 가지고 응전하면서 성벽에 올라 미군에게 돌을 던졌다. 창칼로 상대하는데 창칼이 없는 병사들은 맨손으로 흙을 쥐어 적군 눈에 뿌렸다. 모든 것을 각오하고 한 걸음 한 걸음 다가드는 적군에게 죽기로 싸우다 마침내 총에 맞아 죽거나 물에 빠져 죽었다.

① 군포에 대한 양반들의 면세 특권이 폐지되었다.
② 금난전권을 제한하려는 통공 정책이 시작되었다.
③ 결작세가 신설되면서 지주들의 부담이 증가하였다.
④ 영정법이 제정되어 복잡한 전세 방식이 일원화되었다.

18 0816

〈보기〉의 비석을 세우게 된 직접적인 사건으로 가장 옳은 것은?

> **보기**
> 서양 오랑캐가 침범하였을 때 싸우지 않는 것은 화친하는 것이요, 화친을 주장하는 것은 나라를 파는 것이다.

① 운요호가 강화도 초지진을 공격하였다.
② 미국이 초지진과 덕진진을 점령하였다.
③ 부산, 인천, 원산 항구를 개항하였다.
④ 구식 군인들이 반외세 운동을 일으켰다.

19 0817

다음 조항이 포함된 조약과 직접 관련된 내용은?

> 제4관 조선국 부산 초량진에는 일본국 공관이 있어 오랫동안 양국 인민의 통상 구역이 되어 있다. 이제 마땅히 종전의 관례와 세견선 등의 일을 혁파하고 새로 만든 조약에 의거하여 무역 사무를 처리하도록 한다. 또한 조선국 정부는 따로 제5관에 기재된 2개의 항구를 열어 일본국 인민의 왕래 통상함을 들어주어야 한다.

① 곡물 수출 금지
② 양화진 개방
③ 치외법권의 인정
④ 내지 통상 허용

20 0818

1876년 체결된 조·일 수호 조규에 들어있지 않은 조항은?

① 조선은 자주국으로 일본과 동등권을 갖는다.
② 인천과 부산에 일본 공관을 둔다.
③ 일본인 거주 지역 내에서의 치외 법권을 인정한다.
④ 일본 선박의 조선 연해 측량을 인정한다.

17 0815

제시문의 사료는 광성보 전투로, 신미양요(1871)에 대한 내용이다. 신미양요는 흥선 대원군이 집권한 고종 재위기에 일어났다.

① 고종 재위 시기에 흥선 대원군은 호포제를 실시하여 양반의 군포에 대한 면세 특권을 없애고 납부층을 74%로 확대하였다.

오답 분석

② 육의전을 제외한 시전 상인의 금난전권 폐지(신해통공)는 정조 재위기인 1791년에 시행되었다.
③ 결작의 신설은 영조 시기 균역법의 시행으로 부족해진 군액을 보충하기 위하여 1750년에 시행되었다.
④ 복잡한 세법의 연분 9등법(4~20두)을 대체한 영정법(4~6두)은 인조 시기인 1635년에 시행되었다.

정답 ①

18 0816

〈보기〉의 비석은 1871년에 세워진 척화비이다.

② 척화비의 부수적인 내용에는 '병인작, 신미립'이라는 기록이 있어 병인양요(1866)에서 신미양요(1871)에 이르는 외세의 침략이 직접적인 척화비 건립의 이유임을 확인할 수 있다. 미국은 신미양요 당시 초지진과 덕진진, 광성보를 점령하였다.

오답 분석

① 운요호가 초지진을 포격하고 영종진에 상륙하여 백성들을 살육한 사건은 1875년에 일어났으므로 척화비 건립과는 관련이 없다.
③ 강화도 조약(1876)으로 부산(1876)이 개항하고, 연이어 원산(1880), 인천(1883) 등이 개항하였다.
④ 구식 군인들이 일으킨 반외세 운동은 임오군란(1882)이다.

정답 ②

19 0817

제시문은 강화도 조약(1876. 2.)의 내용이다.

③ 일본은 조선의 사법권을 침해하고 조선 내 일본인의 활동을 보호하기 위하여 강화도 조약의 제10조에 치외법권을 인정하는 조항을 넣었다.

오답 분석

① 조·일 통상 장정(1876. 7.)에서 일본인에게 무제한 양곡 유출이 허용되었다.
② 양화진의 개방은 조·청 상민 수륙 무역 장정에서 언급된 내용이다.
④ 임오군란(1882)의 결과 조·청 상민 수륙 무역 장정이 체결되었으며, 이 조약에서 청 상인들의 조선 내지 통상권이 허용되었다.

정답 ③

20 0818

② 조·일 수호 조규에는 부산 이외에 두 곳의 항구를 개항할 것을 내용으로 하는 조항이 들어가 있으며, 이에 따라 왜관이 있었던 부산에 일본 영사관이 설치(1879)되었다. 나머지 두 곳의 항구는 원산과 인천으로 각각 1880년, 1883년에 개항되었다.

오답 분석

① 일본은 청의 간섭을 배제하기 위해 조선을 자주국으로 인정하는 조항을 조·일 수호 조규 제1조에 명시하였다.
③ 조·일 수호 조규에는 개항장(부산)에서의 일본의 치외 법권이 인정되었다.
④ 조·일 수호 조규에는 일본의 조선에 대한 연해안 측량권에 대한 내용이 규정되어 있으며, 이는 대표적인 영토 주권 침해에 해당하는 불평등 조약의 내용이다.

정답 ②

21 0819

다음 조약과 관련한 설명으로 가장 적절한 것은?

> • 양국 관리는 양국 인민의 자유로운 무역 활동에 일체 간섭하지 않는다.   – ○○ 수호 조규
> • 개항장 부산에서 일본인 간행이정(間行里程)은 10리로 한정한다.   – ○○ 조규 부록
> • 조선국 여러 항구에 거주하는 일본인은 쌀과 잡곡을 수출입할 수 있다.   – ○○ 무역 규칙

① 쌀 유출이 허용되면서 쌀값이 폭등하고 쌀의 상품화가 촉진되었다.

② 개항지 지정이 약정되면서 군산항, 목포항, 양화진이 차례로 개항되었다.

③ 은행권의 발행이 용인되면서 제일은행권이 조선의 본위 화폐가 되었다.

④ 최혜국 대우와 무관세 조항이 함께 명문화되면서 불평등 무역이 조장되었다.

22 0820

다음 조약에 대한 설명으로 옳은 것을 〈보기〉에서 모두 고른 것은?

> • 조선국은 부산 등 개항장에 일본인이 와서 통상을 하도록 허가한다. …… 조선국 연해의 도서와 암초를 조사하지 않아 매우 위험하니 일본국 항해자가 자유로이 해안을 측량하도록 허가한다.   – ○○ ○○ 조규
> • 일본국 인민은 본국에서 현행되는 화폐들로 조선국 인민이 소유하고 있는 물자와 교환할 수 있다.   – ○○ ○○ 조규 부록

> **보기**
> ㉠ 청을 의식하여 조선을 자주국으로 인정하였다.
> ㉡ 개항장 밖 10리까지 외국인의 왕래를 허가하였다.
> ㉢ 부산, 인천, 원산에 이어 군산, 마산까지 개항하기로 하였다.
> ㉣ 초량에 전관 거류지를 설치하고 수출입 물품에 5% 관세를 부과하였다.

① ㉠, ㉡   ② ㉠, ㉣

③ ㉡, ㉢   ④ ㉢, ㉣

23 0821

㉠ ~ ㉢에 대한 설명으로 옳은 것은?

> 운요호 사건으로 조선은 일본과 ㉠조·일 수호 조규를 체결하였고, 몇 달 후에는 부속으로 ㉡조·일 수호 조규 부록과 ㉢조·일 무역 규칙을 약정하였다.

① ㉠ – 개항장에서 일본 화폐의 유통을 허용하였다.

② ㉡ – 일본국 항해자가 조선의 연해를 자유롭게 측량하도록 허가하였다.

③ ㉢ – 일본 정부 소속의 선박에는 항세를 면제하였다.

④ ㉠, ㉡, ㉢ – 일본인 범죄자에 대한 영사 재판을 허용하는 조항이 모두 들어 있다.

24 0822

밑줄 친 '수호 조약'에 대한 설명으로 옳은 것은?

> 저번에 사절선이 온 것은 오로지 수호(修好) 때문이니 우리가 선린(善隣)하는 뜻에서도 이번에는 사신을 전위(專委)하여 수신(修信)해야겠습니다. 사신의 호칭은 수신사라 하고 김기수를 특별히 차출하고 따라가는 인원은 일을 아는 자로 적당히 가려서 보내십시오. 이는 수호 조약을 체결한 뒤에 처음 있는 일이니, 이번에는 특별히 당상관을 시켜 서계(書契)를 가지고 들어가게 하고, 이 뒤로는 서계를 옛날처럼 동래부에 내려 보내어 에도로 옮겨 보내는 것이 어떠하겠습니까.   – 『승정원일기』

① 거중조정을 규정하였다.

② 내지 통상권을 허용하였다.

③ 해안 측량권을 인정하였다.

④ 『조선책략』의 영향으로 체결되었다.

21 0819

제시문은 차례대로 조·일 수호 조규(강화도 조약, 1876. 2.), 조·일 수호 조규 부록(1876. 8.), 조·일 통상 장정(1876. 7.)의 내용이다.

① 조·일 통상 장정을 통해 일본인에게 무제한 양곡 유출이 허용되면서, 일본으로의 식량 유출로 인해 곡물이 부족해지고 가격이 폭등하면서 농민들의 불만이 늘어났다.

오답 분석

② 부산(1876), 원산(1880), 인천(1883), 양화진(1883), 한성(1883)이 차례로 개항되었다. 개항 이후 일본은 양화진에 시장을 열어 내륙 침략의 발판을 확보하고, 부산과 원산에 이어 인천에 일본의 조계를 설치하였다.

③ 제1차 한·일 협약(1904)에 따라 대한 제국의 재정 고문이 된 메가타는 1905년에 화폐 정리 사업을 실시하여 종래 사용되던 엽전 및 백동화를 수거하고 새로운 화폐인 일본의 제일은행권을 본위 화폐로 하여 유통시켰다.

④ 조·일 통상 장정(1876)에는 무관세 조항이 명시되었다. 그러나 최혜국 대우는 1883년에 개정 조·일 통상 장정에서 규정되었다.

정답 ①

22 0820

제시문은 조·일 수호 조규(1876, 강화도 조약)와 조·일 수호 조규 부록(양력 1876. 8. 24, 음력 1876. 7. 6)의 내용이다.

㉠ 일본은 조·일 수호 조규 제1조에 '조선국은 자주국이며 일본과 똑같은 권리를 갖는다.'는 조항을 통해 조선의 자주국 지위를 인정하였다. 그러나 이 조항은 조선에 대한 청의 종주권을 부인함으로써 일제의 조선 침략을 용이하게 하려는 입장이 반영된 것이다.

㉡ 일본은 조·일 수호 조규 부록을 통해 간행이정을 10리로 확정하였다.

오답 분석

㉢ 일본은 조·일 수호 조규의 체결로 조선 내에 정치적(인천)·경제적(부산)·군사적(원산) 거점을 마련할 수 있었다. 그러나 군산과 마산은 대한 제국 시기 고종의 칙령으로 개항되었다.

㉣ 조·일 수호 조규를 통해 전관 거류지가 설치된 것은 맞지만, 관세에 대한 내용은 없다. 일본 상품에 관세가 부과된 것은 1883년에 개정된 조·일 통상 장정을 통해서이다.

정답 ①

23 0821

③ 조·일 무역 규칙은 1876년 7월에 체결되었으며 곡물의 무제한 유출 허용, 일본에 대한 수출입 상품의 무관세, 일본 선박의 무항세 등이 규정되었다.

오답 분석

① 일본 화폐의 개항장 유통 허용은 ㉡ 조·일 수호 조규 부록의 내용이다.

② 조선의 연해안 측량권은 ㉠ 조·일 수호 조규의 내용이다.

④ 영사 재판을 허용하는 치외 법권은 ㉠ 조·일 수호 조규에만 규정되어 있다.

정답 ③

24 0822

제시문의 밑줄 친 '수호 조약'은 강화도 조약에 해당한다.

③ 강화도 조약은 불평등 조약으로 '조선국 연해를 일본국 항해자가 자유롭게 측량할 수 있다.'는 내용의 연해안 측량권이 규정되어 있었다.

오답 분석

① 거중조정 조항은 1882년에 미국과 체결한 조·미 수호 통상 조약에 규정되었으며, 미국의 불이행으로 유명무실화되었다.

② 임오군란(1882)의 결과 조·청 상민 수륙 무역 장정이 체결되었으며, 이 조약에서 청 상인들의 조선 내지 통상권이 허용되었다.

④ 청의 알선과 『조선책략』의 영향으로 1882년 4월에 조·미 수호 통상 조약이 체결되었다.

정답 ③

25 0823

2012년 9급 사회복지직

다음 조약과 직접 관련된 내용으로 옳은 것은?

> 제10조 일본인이 조선국 지정의 각 항구에 머무는 동안에
> 죄를 범한 것이 조선인에 관계되는 사건일 때에는 모두 일
> 본국 관원이 심판할 것이다.

① 일본은 조선에 주둔시켰던 군대를 철수하였다.

② 개항장에 일본 군인을 주둔하게 하는 규정을 두었다.

③ 일본국 항해자가 자유롭게 조선 해양을 측량하도록 허가
하였다.

④ 일본 공사관에 군인을 두어 경비하게 하고 그 비용은 조선
이 부담하게 하였다.

26 0824

2021년 9급 국가직

밑줄 친 '조약'에 대한 설명으로 옳지 않은 것은?

> 1905년 8월 4일 오후 3시, 우리가 앉아있는 곳은 새거모어
> 힐의 대기실. 루스벨트의 저택이다. 새거모어 힐은 루스벨
> 트의 여름용 대통령 관저로 3층짜리 저택이다. … (중략) …
> 대통령과 마주하자 나는 말했다. "감사합니다. 각하. 저는
> 대한 제국 황제의 친필 밀서를 품고 지난 2월에 헤이 장관
> 을 만난 사람입니다. 그 밀서에서 우리 황제는 1882년에 맺
> 은 조약의 거중조정 조항에 따른 귀국의 지원을 간곡히 부
> 탁했습니다."

① 영사 재판권이 인정되었다.

② 임오군란을 계기로 체결되었다.

③ 최혜국 대우 조항이 포함되었다.

④『조선책략』의 영향을 받았다.

27 0825

2017년 7급 국가직

다음 ㉠에 대한 설명으로 옳은 것은?

> 미국은 제너럴셔먼호 사건을 구실로 통상을 요구해 왔다.
> 이어 군함을 이끌고 강화도를 침략하였다. 조선군의 결사
> 항전과 정부의 통상 거부로 미군은 결국 퇴각했다. 그러나
> 개항 이후 조선 정부도 수교의 필요성을 인식하고 전권대
> 관 신헌 등을 통해 미국과 ㉠ 을(를) 체결하였다.

① 조선과 영국의 통상 조약 체결 이후 맺어졌다.

② 양곡의 무제한 유출, 무관세, 무항세 조항이 포함되었다.

③ 러시아를 견제하기 위한 일본의 적극적인 알선과 중재로 체
결되었다.

④ 다른 나라의 압박을 받으면 거중조정한다는 내용의 조항이
들어 있었다.

28 0826

2021년 9급 국가직

개항기 무역에 대한 설명으로 옳지 않은 것은?

① 개항장에서 조선인 객주가 중개 활동을 하였다.

② 조·청 무역 장정으로 청국에서의 수입액이 일본을 앞질
렀다.

③ 일본 상인은 면제품을 팔고, 쇠가죽·쌀·콩 등을 구입하
였다.

④ 조·일 통상 장정의 개정으로 곡물 수출이 금지되기도 하
였다.

25 0823

제시문은 강화도 조약(조·일 수호 조규)의 일부 조항이다. 이 조약은 최초의 근대적 조약이자 문호 개방 조약으로, 이후 서구 열강과 맺게 되는 조약의 선례가 되었다.

③ 강화도 조약은 1858년의 미·일 수호 통상 조약을 모방한 것으로, 조선의 주권을 침해하는 내용(조차지 설정·연해 측량의 자유·치외 법권)을 가지고 있어 명백한 불평등 조약에 해당한다.

[오답 분석]

① 갑신정변 이후 청·일 간에 체결된 톈진 조약(1885)에 의해 조선에 주둔시켰던 청·일군의 철수가 결의되었다.
② 강화도 조약에는 개항장에 일본 군인을 주둔하게 하는 규정은 들어 있지 않다.
④ 일본은 임오군란으로 인한 피해 보상을 빌미로 제물포 조약 체결을 요구하였다. 제물포 조약을 통해 조선은 일본에 배상금을 지불하고, 일본 공사관의 경비를 위해 일본군의 주둔을 허용하게 되었다.

정답 ③

27 0825

자료의 ㉠은 조·미 수호 통상 조약(양력 1882. 5. 22., 음력 1882. 4. 6.)이다.

④ 조·미 수호 통상 조약은 치외 법권(4조)과 최혜국 대우(14조)를 인정하는 불평등 조약이었다. 청나라 이홍장의 주장에 의해 거중조정권(1조)이 명시되기도 하였으나, 이 조항은 실제로 지켜지지 않아 유명무실화되었다. 조·미 수호 통상 조약 체결의 결과 미 공사가 파견되었고, 조선에서는 양국 간의 친선을 위하여 보빙사(민영익, 홍영식, 서광범, 유길준)를 파견하기도 하였다.

[오답 분석]

① 조·영 수호 통상 조약은 조·미 수호 통상 조약 체결 이후인 1883년 11월 26일(음력 10월 27일)에 체결되었다.
② 1876년 8월 24일(음력 7월 6일)에 체결된 조·일 통상 장정(조·일 무역 규칙)의 내용이다.
③ 조·미 수호 통상 조약은 『조선책략』의 영향으로 연미론이 대두하면서 청의 알선을 통해 체결되었다. 청은 러시아와 일본을 견제하고자 미국을 조선과 연결시키려 하였다.

정답 ④

26 0824

1905년 8월 4일 루즈벨트 대통령을 새거모어 힐에서 만난 사람은 이승만과 하와이 한인 대표인 윤병구였다. 화자인 나는 이승만에 해당한다. 1905년 12월에 루즈벨트를 만나려 했던 헐버트는 미국의 거부로 대통령을 만나지 못했으며, 고종의 친서를 전달할 수 없었다. 이승만이 이야기한 밑줄 친 '조약'은 1882년 4월에 체결된 조·미 수호 통상 조약이다.

② 이 조약은 같은 해 일어난 사건인 임오군란(1882. 6.) 이전에 체결되었다.

[오답 분석]

① 조·미 수호 통상 조약은 조선국 경내에서 미국의 영사 재판권을 잠정적으로 인정하였다.
③ 조·미 수호 통상 조약은 최혜국 대우 조항을 최초로 포함하고 있었다.
④ 조·미 수호 통상 조약은 황쭌셴이 저술하고 김홍집이 가지고 온 『조선책략』의 영향을 받아 체결되었다.

정답 ②

28 0826

② 1882년 체결된 조·청 상민 수륙 무역 장정 이후 청과의 무역 규모와 수입액이 증가하기는 하였으나, 일본과의 무역 규모와 수입액을 앞지르지는 못하였다.

[오답 분석]

① 강화도 조약과 조·일 수호 조규 부록 및 무역 규칙이 체결된 1876년 이후 개항장에서는 객주가 중개 무역에 종사하였다.
③ 일본 상인은 개항장 무역 시기에 영국산 면화를 수입해 면제품을 조선에 팔고, 쌀·쇠가죽·콩 등을 수입하였다.
④ 조·일 통상 장정은 1883년 7월에 개정되었으며, 곡물 유출을 금지할 수 있는 규정이 37칙에 규정됨으로써 조선 정부가 곡물 유출을 금지하는 방곡령을 내릴 수 있게 되었다.

정답 ②

29 0827

개항기 체결된 통상 협약에 대한 설명으로 옳지 않은 것은?

① 조·일 통상 장정(1876) - 곡물 유출을 막는 방곡령 규정이 합의되었다.

② 조·청 수륙 무역 장정(1882) - 서울에서 청국 상인의 개점이 허용되었다.

③ 개정 조·일 통상 장정(1883) - 일본과 수출입하는 물품에 일정 세율이 부과되었다.

④ 한·청 통상 조약(1899) - 대한 제국 황제와 청 황제가 대등한 위치에서 조약을 체결하였다.

30 0828

조약 (가), (나) 사이 시기의 경제 상황으로 옳은 것은?

(가)	(나)
○ 조선국 항구에 머무르는 일본은 쌀과 잡곡을 수출·수입할 수 있다. ○ 일본국 정부에 소속된 모든 선박은 항세(港稅)를 납부하지 않는다.	○ 입항하거나 출항하는 각 화물이 세관을 통과할 때에는 세칙에 따라 관세를 납부해야 한다. ○ 조선 정부가 쌀 수출을 금지하고자 할 때에는 반드시 먼저 1개월 전에 지방관이 일본 영사관에게 통고해야 한다.

① 메가타 재정 고문이 화폐 정리 사업을 시도하였다.

② 혜상공국의 폐지 등을 주장한 정변이 발생하였다.

③ 양화진에 청국인 상점을 허용하는 조약이 체결되었다.

④ 함경도 방곡령 사건으로 일본과 외교적 마찰이 일어났다.

31 0829

다음 상소문에 나타난 역사 의식에 대한 설명으로 가장 적절한 것은?

> 군신, 부자, 부부, 붕우, 장유의 윤리는 인간의 본성에 부여된 것으로서 천지를 통하는 만고불변의 이치이고, 위에 존재하는 것으로서 도(道)에 해당됩니다. 반대로 배, 수레, 군사, 농사, 기계 등 편민이국(便民利國)하는 것은 외형적인 것으로서 기(器)에 해당합니다. 신이 변혁을 꾀하자고 주청드리는 대상은 기이지 도가 아닙니다.

① 왜양 일체론을 계승하였다.

② 온건 개화파의 현실관을 반영하였다.

③ 인물성이론을 사상적 연원으로 삼았다.

④ 갑신정변 주도 세력의 입장을 대변하였다.

32 0830

다음 자료에 나타난 사상에 대한 설명으로 옳은 것은?

> 군신, 부자, 부부, 붕우, 장유의 윤리는 인간의 본성에 부여된 것으로서 천지를 통하는 만고불변의 이치이고, 위에 존재하는 것으로서 도(道)가 됩니다. 이에 대해 배, 수레, 군사, 농사, 기계가 국민에게 편리하고 나라에 이롭게 하는 것은 외형적인 것으로서 기(器)가 됩니다. 신이 변혁을 꾀하고자 하는 것은 기(器)이지 도(道)가 아닙니다.

① 왜양 일체론(倭洋一體論)을 주장하였다.

② 근대 문물 수용의 사상적 기반이 되었다.

③ 갑신정변 주도 세력의 견해를 대변하였다.

④ 우등한 사회가 열등한 사회를 지배하는 것이 당연하다고 보았다.

29 0827

① 일본은 종래의 통상 장정을 개정한 조·일 통상 장정을 1883년 7월에 체결하였다. 이 장정에서 흉년 시 곡물 유출을 제한할 수 있는 규정이 만들어져 방곡령을 내릴 수 있는 근거를 조선이 확보할 수 있었다. 그러나 방곡령이 내려지자 일본은 다양한 트집을 잡아 조선 정부에게 배상금을 요구하였으며, 결국 방곡령은 실패할 수밖에 없었다. 이 장정에 따르면 기존 장정에서의 무관세 조항이 수출 5%, 수입 8%를 기본으로 하는 협정 관세로 전환되었으며, 개항장 밖 과세는 모두 부정되었다. 또한 최혜국 대우가 인정되어 연안 해운·연안 무역권이 승인되었다.

정답 ①

30 0828

(가)는 강화도 조약의 부속 조약으로 1876년 7월에 체결된 조·일 무역 규칙(조·일 통상 장정)이다. 조·일 무역 규칙은 곡물의 무제한 유출 허용, 수입·수출 상품에 대한 무관세, 일본 정부가 인정한 선박에 대한 무항세를 내용으로 한다.

(나)는 조·일 무역 규칙(조·일 통상 장정)을 개정한 (개정) 조·일 통상 장정(1883. 7.)이다. 개정 조·일 통상 장정은 흉년 시 곡물 유출을 제한하고자 할 때 1개월 전에 통보할 것, 협정 관세, 최혜국 대우 등을 내용으로 담고 있다.

③ 1882. 10. 4.(음력 1882. 8. 23.)에 체결된 조·청 상민 수륙 무역 장정에 해당한다.

오답 분석

① 1905년에 재정 고문 메가타에 의해 화폐 정리 사업이 시행되었다.
② 1884년에 갑신정변을 일으킨 개화 세력은 혜상공국 폐지 등을 규정한 혁신 정강을 발표하였다.
④ 1889년에 함경도에서 방곡령을 선포하면서 일본과 외교적 마찰이 일어나게 되었다.

정답 ③

31 0829

제시문은 『승정원일기』에 기록된 개화 유생 윤선학의 상소이다.

② 이 상소문에는 동도 서기론을 바탕으로 한 온건 개화파의 역사 의식이 반영되어 있다.

오답 분석

①, ③ 위정척사파와 관련된 내용이다.
④ 급진 개화파와 관련된 내용이다.

정답 ②

32 0830

제시문의 사료는 개화 유생 윤선학의 상소문으로, '동도서기(東道西器)'의 입장을 대변한 것이다.

② 동도서기는 동양은 이미 유교적 개화를 달성했으니, 전제 군주정을 유지한 채, 서양의 그릇인 틀에 해당하는 기술만 배우자는 주장이었다. 이 주장은 당시 민씨 정권에 의해 수용되어 근대 문물 수용의 사상적 기반이 되었다.

오답 분석

① 왜양 일체론은 위정척사의 입장으로, 최익현이 일본과의 문호 개방(강화도 조약)을 반대하면서 주장한 것이었다.
③ 갑신정변을 주도한 김옥균, 박영효, 홍영식 등의 입장은 동도서기가 아닌 변법 개혁으로, 입헌 군주제 등 제도 및 문물 전체의 개혁을 주장한 것이었다.
④ 우등한 사회가 열등한 사회를 지배하는 것이 당연하다고 주장한 논리는 사회 진화론으로, 동도서기의 입장과는 구별되는 것이다. 사회 진화론은 제국주의 국가의 침략을 옹호하기 위한 이론이었으나, 후일 애국 계몽 운동으로 수용되었다.

정답 ②

33 0831
2016년 7급 국가직

(가)와 (나)를 주장한 인물의 활동으로 옳은 것은?

> (가) 서양 종교는 사교이므로 마땅히 음탕한 음악이나 미색처럼 여겨서 멀리해야겠지만, 서양 기계는 이로워서 진실로 백성의 생활을 편리하게 할 수 있다.
> (나) 오늘날 급선무는 인재를 등용하며 국가 재정을 절약하고 사치를 억제하며, 문호를 개방하고 이웃 나라와 친선을 도모하는 데 있다. …(중략)… 일본은 법을 변경한 이후로 모든 것을 바꾸었다[更張]고 한다.

① (가) – 개벽 사상을 담은 동학을 창도하였다.
② (가) – 갑신정변이 일어나자 청국 군대의 개입을 요청하였다.
③ (나) – 만동묘 철폐를 주도하였다.
④ (나) – 보부상단을 통괄하는 혜상공국의 설치를 주장하였다.

34 0832
2017년 9급 지방직

다음 자료가 조선 조정에 소개된 이후에 일어난 사건으로 옳지 않은 것은?

> 러시아를 막을 수 있는 조선의 책략은 무엇인가? 중국과 친하고〔親中〕 일본과 맺고〔結日〕 미국과 연합해〔聯美〕 자강을 도모하는 길 뿐이다.

① 육영 공원(育英公院)을 설립해 서양의 새 학문을 교육했다.
② 임오군란이 일어나고 제물포 조약이 체결되어 일본에 배상금을 지불하였다.
③ 개화파가 우정총국 개국 축하연을 이용해 정변을 일으켜 정권을 장악하였다.
④ 최익현은 일본과 통상을 반대하는 오불가소(五不可疏)를 올렸다.

35 0833
2020년 9급 지방직

(가) 시기에 있었던 일로 옳은 것은?

강화도 조약을 체결하였다.
↓
(가)
↓
청에 영선사를 파견하였다.

① 군국기무처를 두고 여러 건의 개혁안을 처리하였다.
② 개화 정책을 추진할 기구로 통리기무아문을 설치하였다.
③ 국정 개혁의 기본 방향을 담은 홍범 14조를 공포하였다.
④ 구본신참의 개혁 원칙을 정하고 대한국 국제를 선포하였다.

36 0834
2012년 9급 사회복지직

밑줄 친 '이들'에 대한 설명으로 옳은 것은?

> 이들이 받은 교육 내용은 주로 서양의 말과 문장, 탄약 제조, 화약 제조, 제도, 전기, 소총 수리 등이었다. 그러나 이들 가운데에는 자질이 부족하여 교육에 어려움을 느끼다가 자퇴하는 사람들도 있었다.

① 갑신정변을 주도하였다.
② 일본에 파견되어 활동하였다.
③ 정부의 재정 지원으로 외국에서 3년간 교육을 받았다.
④ 이들의 활동을 계기로 근대적 병기 공장인 기기창이 설치되었다.

33 0831

(가)는 온건 개화파(사대당)인 김윤식이 작성한 고종의 교서 내용이며 (나)는 김옥균 등 개화당의 주장이다.

② (가)는 동도서기의 입장을 대변한 것으로서 이 주장을 한 사대당 세력은 갑신정변이 일어나자 명성 황후와 연대하여 청군의 개입을 요청하였다.

오답 분석

① 동학은 최제우에 의해 1860년에 창도되었다.
③ 만동묘 철폐를 주도한 것은 흥선 대원군이다.
④ (나)는 혜상공국의 폐지를 주장하였다.

정답 ②

34 0832

자료는 1880년 8월에 2차 수신사 김홍집이 일본에서 귀국하며 가져온 『조선책략』의 내용이다. 『조선책략』의 내용에 반발하여 이만손을 중심으로 영남의 유생들이 정부의 개화 정책에 반대하는 영남 만인소를 올렸다.

④ 최익현은 강화도 조약의 체결 과정에 반대하며, 도끼를 메고 광화문 앞에 나가 "왜적을 물리치지 않으려면 신의 목을 베라."며 왜양 일체론을 담은 오불가척화의소(五不可斥和議蔬)를 올렸다.

오답 분석

① 육영 공원은 1886년에 설립된 관립 학교이다.
② 임오군란은 1882년의 일이며, 임오군란의 결과로 일본과 제물포 조약[양력 1882. 8. 30.(음력 1882. 7. 17.)], 청나라와 조·청 상민 수륙 무역 장정이 체결[양력 1882. 10. 4.(음력 1882. 8. 23.)]되었다.
③ 1884년에 일어난 갑신정변에 대한 설명이다.

정답 ④

35 0833

강화도 조약 체결은 1876년 2월, 영선사 파견은 1881년에 일어났다.

② 통리기무아문은 1880년 12월에 설치되었다.

오답 분석

① 1894년 6월 1차 갑오개혁 시기에 군국기무처가 조직되었으며, 이 기구는 1894년 12월 공식 해체되었다.
③ 1894년 12월 홍범 14조가 반포되고 2차 갑오개혁이 추진되었다.
④ 1899년 대한국 국제가 선포되었다.

정답 ②

36 0834

밑줄 친 '이들'은 영선사 일행을 가리킨다. 조선 정부는 이홍장의 권유로 1881년에 김윤식과 학생·기술자 등 총 38명을 영선사로 청의 톈진에 파견하였다.

④ 영선사에 파견되었던 이들은 1883년 3월 삼청동 북창에 최초의 기기창을 창건하는 데 큰 역할을 하였다.

오답 분석

① 영선사를 이끈 김윤식은 김홍집, 어윤중 등과 함께 온건 개화파의 대표적 인물이다. 갑신정변은 김옥균, 박영효, 홍영식 등 급진 개화파가 주도하여 일으켰다.
② 영선사 일행은 청의 톈진에 파견되었다. 일본에 파견된 이들은 조사 시찰단에 해당한다.
③ 영선사 일행은 톈진의 기기국에서 무기 제조법, 군사 훈련, 외국어 학습 등을 받기로 되어 있었으나, 재정 결핍과 임오군란 등의 이유로 파견된 지 1년여 만에 귀국하였다.

정답 ④

37 0835

㉠~㉣에 들어갈 나라에 대한 설명으로 옳은 것만을 〈보기〉에서 모두 고른 것은?

(㉠)은(는) 우리가 신하로서 섬기는 나라로, 신의를 지켜 속방이 되어 온 지 2백 년이 되었습니다. 이제 무엇을 더 친할 것이 있겠습니까 …(중략)… (㉡)은(는) 우리에게 매여 있던 나라입니다. 3포 왜란이나 임진왜란 때의 숙원이 아직 풀리지 않고 있는데, 만일 그들이 우리가 허술한 것을 알고 공격하면 장차 이를 어떻게 막겠습니까? …(중략)… (㉢)은(는) 우리가 본래 모르던 나라입니다. 돌연히 타인의 권유로 불러 들였다가 그들이 우리의 허점을 보고 어려운 청을 강요하면 장차 이에 어떻게 대응할 것입니까? …(중략)… (㉣)은(는) 본래 우리와는 싫어하고 미워할 처지에 있지 않은 나라입니다. 공연히 타인의 말만 믿고 틈이 생기면 우리의 체통이 손상되게 됩니다. 또, 이를 빌미로 저들이 군사로 침략해 온다면 장차 이를 어떻게 막을 것입니까.

– 이만손 외 만인소, 『일성록』, 1881

보기

ㄱ. 보빙사는 ㉠에서 근대 산업과 문물을 시찰하였다.
ㄴ. 조사 시찰단은 ㉡에서 근대 산업 시설과 공장을 둘러보았다.
ㄷ. 영선사 김윤식이 이끄는 유학생 일행은 ㉢에서 무기 제조법과 근대적 군사 훈련법을 배웠다.
ㄹ. 영국은 ㉣의 남하를 견제한다는 구실로 불법으로 거문도를 점령하였다.

① ㄱ, ㄴ　　② ㄱ, ㄷ　　③ ㄴ, ㄹ　　④ ㄷ, ㄹ

38 0836

다음은 『조선책략』의 유포에 반발하여 유생들이 올린 상소문이다. ㉠, ㉡ 나라에 대한 설명으로 옳은 것은?

(㉠)는(은) 우리가 본래 모르던 나라입니다. 쓸데없이 타인의 권유로 불러들였다가 만에 하나 그들이 우리의 허점을 보고 우리를 업신여겨 어려운 요구를 강요하면 장차 이에 어떻게 대응할 것입니까? …(중략)… (㉡)는(은) 본래 우리와는 싫어하거나 미워할 처지에 있지 않은 나라입니다. …(중략)… 하물며 (㉡), (㉠) 그리고 일본은 모두 오랑캐입니다. 그들 사이에 누구는 후하게 대하고 누구는 박하게 대하기란 어려운 일입니다.

① ㉠ – 청의 알선으로 조선과 불평등 조약을 체결하였다.
② ㉠ – 임오군란 이후 조선에 대한 내정 간섭을 강화하였다.
③ ㉡ – 천주교 박해에 항의하여 강화도를 침략하였다.
④ ㉡ – 거문도를 불법 점령하여 러시아의 남하를 견제하였다.

39 0837

강화도 조약 이후 외국에 파견된 시찰단 (가)~(라)를 파견 순서대로 바르게 나열한 것은?

(가) 박정양 등의 조사 시찰단
(나) 김홍집 등의 2차 수신사
(다) 민영익 등의 보빙사
(라) 김윤식 등의 영선사

① (나) → (가) → (다) → (라)
② (나) → (가) → (라) → (다)
③ (나) → (라) → (가) → (다)
④ (나) → (라) → (다) → (가)

40 0838

다음 약력에 해당하는 인물은?

- 1872년 철종의 딸 영혜 옹주와 결혼
- 1884년 갑신정변에 참여. 실패 후 일본 망명
- 1894년 내무대신에 임명됨. 다음 해 일본 망명
- 1910년 국권 피탈 이후 일본의 작위를 받고 동아일보사 초대 사장, 중추원 의장 · 부의장, 일본 귀족원 의원 등 역임

① 박영효　　　　　　② 윤치호
③ 김옥균　　　　　　④ 김홍집

37 0835

제시문의 ㉠은 중국, ㉡은 일본, ㉢은 미국, ㉣은 러시아에 해당한다.

ㄴ. 조사 시찰단(1881)으로 파견된 박정양, 어윤중, 홍영식 등은 일본의 근대 산업 시설과 공장 등을 둘러보았다.

ㄹ. 영국은 러시아의 남하를 견제하기 위해 거문도를 불법으로 점령하였다.

오답 분석

ㄱ. 보빙사(1883)는 조·미 수호 통상 조약이 체결된 다음 해에 미국 공사 내한에 대한 답례와 양국 간 친선을 위하여 파견한 사절단으로, 민영익을 전권 대신으로 하여 홍영식·서광범·유길준 등이 파견되었다.

ㄷ. 1881년에 이홍장의 권유로 김윤식을 영선사로 하여 학생·기술자 등 총 38명을 청의 톈진에 파견하였다.

정답 ③

38 0836

㉠은 미국, ㉡은 러시아에 해당한다.

① 미국은 청의 알선으로 1882년에 조선과 조·미 수호 통상 조약을 체결하였다.

오답 분석

② 임오군란 이후 조선에 대한 내정 간섭을 강화하였던 국가는 미국이 아닌 청이었다.

③ 프랑스는 병인박해에 항의하여 병인양요를 일으켜 강화도를 침략하고 외규장각 도서를 약탈하였다.

④ 1885년에 영국은 러시아를 견제하고자 거문도를 불법 점령하고 군항인 해밀턴 항을 건설하였다.

정답 ①

39 0837

② 순서대로 나열하면 (나) 2차 수신사(1880) → (가) 조사 시찰단(1881. 4.) → (라) 영선사(1881. 9.) → (다) 보빙사(1883)가 된다.

(나) 김홍집이 2차 수신사로 파견된 시점은 1880년 5월이다.

(가) 조사 시찰단 파견은 1881년 4월이다.

(라) 영선사 파견은 1881년 9월이다.

(다) 보빙사 파견은 1883년 7월이다.

정답 ②

40 0838

제시된 약력에 해당하는 인물은 박영효이다.

① 박영효는 철종의 부마로 갑신정변에 주역으로 참여하였으며, 한성순보의 창간에 공헌하기도 하였다. 제2차 갑오개혁에 참여하여 이를 주도하기도 하였으나, 민씨 정권의 견제로 곧 일본으로 망명하였다. 1910년에 한·일 병합 이후 친일파가 되어 일제의 통치에 순응하다가 1932년에 일본 귀족원 의원을 지냈으며, 1939년에 중추원 부의장 재직 중 사망하였다.

정답 ①

41 0839　　　　　　　　2018년 7급 국가직

1880년대 개화 정책과 관련된 사실에 대한 설명으로 옳은 것만을 모두 고르면?

> ㉠ 교정청은 개화 정책을 총괄하는 기구였다.
> ㉡ 청에 파견된 영선사 김윤식 일행은 무기 제조법을 배웠다.
> ㉢ 미국에 파견된 보빙사는 근대 시설을 시찰하고 대통령을 접견하였다.
> ㉣ 김홍집은 조사 시찰단으로 일본을 방문하여 『조선책략』을 가지고 돌아왔다.

① ㉠, ㉡　　　　　　② ㉠, ㉣
③ ㉡, ㉢　　　　　　④ ㉢, ㉣

42 0840　　　　　　　　2019년 9급 국가직

(가), (나)가 설명하는 조약을 옳게 짝지은 것은?

> (가) 강화도 조약에 이어 몇 달 뒤 체결되었다. 양곡의 무제한 유출을 가능하게 한 규정과 일본 정부에 소속된 선박은 항세를 납부하지 않는다는 규정이 들어 있었다.
> (나) 김홍집이 일본에서 황준헌의 『조선책략』을 가져오면서 그 내용의 영향으로 체결되었으며, 청의 적극적인 알선이 있었다. 거중조정 조항과 최혜국 대우의 규정이 포함되어 있었다.

	(가)	(나)
①	조·일 무역 규칙	조·미 수호 통상 조약
②	조·일 무역 규칙	조·러 수호 통상 조약
③	조·일 수호 조규 부록	조·미 수호 통상 조약
④	조·일 수호 조규 부록	조·러 수호 통상 조약

43 0841　　　　　　　　2019년 9급 서울시

〈보기〉의 밑줄 친 (가) 국가에 대한 설명으로 가장 옳은 것은?

> **보기**
> 정부는 　(가)　 공사의 서울 부임에 답례할 겸 서구의 근대 문물을 시찰하기 위해 1883년 　(가)　에 보빙사를 파견하였다. 보빙사의 구성원은 민영익, 홍영식, 서광범 등 11명이었다.

① 삼국 간섭에 참여하였다.
② 용암포를 강제 점령하고 조차를 요구하였다.
③ 거문도를 불법으로 점령하였다.
④ 운산 금광 채굴권을 차지하였다.

44 0842　　　　　　　　2019년 9급 서울시

위정척사 운동에 대한 설명으로 가장 옳지 않은 것은?

① 최익현은 왜양 일체론을 내세우며 개항 반대 운동을 전개하였다.
② 이항로는 척화 주전론을 주장하며 통상 반대 운동을 전개하였다.
③ 기정진 등 영남 유생들이 만인소를 올려 『조선책략』을 들여온 김홍집의 처벌을 요구하였다.
④ 홍재학은 주화매국의 신료를 처벌하고 서양 물품과 서양 서적을 불태울 것을 주장하였다.

41 0839

ⓒ 김윤식이 이끄는 영선사는 1881년에 청의 톈진으로 파견되어 무기 제조법을 배웠으며, 귀국하여 기기창 설립에 기여하였다.

ⓓ 1882년 조·미 수호 통상 조약 체결 이후 1883년에 보빙사가 미국에 파견되었다.

오답 분석

ⓐ 교정청은 1894년 전주 화약 이후 동학 농민군의 요구 사항을 수용하고 자주적 개혁을 추진하기 위해 설치된 기구이다.

ⓔ 김홍집은 조사 시찰단이 아닌, 2차 수신사(1880)로 파견되었다.

정답 ③

42 0840

① (가)는 1876년에 체결된 조·일 무역 규칙(조·일 통상 장정)의 내용이다. 이 조약에서는 양곡의 무제한 유출과 일본 정부에 소속된 선박의 무항세, 일본과의 수출입 무관세가 규정되었다. (나)는 조·미 수호 통상 조약으로 1882년 4월에 체결되었다. 이 조약은 거중조정 조항과 최혜국 대우 및 잠정적 규정의 치외 법권이 명시되었다. 또한 협정 관세의 규정이 포함되었다.

정답 ①

43 0841

〈보기〉의 밑줄 친 (가) 국가는 미국에 해당한다.

④ 운산 금광은 1896년에 미국의 J.R.모스가 대한 제국 황실로부터 운산 일원의 채굴권을 얻어 동양 합동 광업 회사를 설립하고 25만 주(株)에 대한 일시금 25만원과 매년 2만 5000원을 황실에 헌납하기로 하고 25년간의 특허권을 얻었던 광산이었다.

오답 분석

① 삼국 간섭(1895)에 참여한 국가는 러시아, 프랑스, 독일이다.

② 러시아는 1903년에 용암포를 불법으로 점령하여 러·일 전쟁의 원인을 제공하였다.

③ 영국은 갑신정변 이후 조선이 러시아와 비밀 조약 체결을 추진하자 거문도 사건을 일으켜 1885년부터 1887년까지 거문도를 불법 점유하고 해밀턴 항이라는 군항을 건설하였다.

정답 ④

44 0842

③ 1880년대에 이만손 등이 영남 만인소를 올려 황쭌셴의 『조선책략』의 내용을 비판하고 이를 도입한 김홍집의 처벌을 요구하였다. 기정진은 1860년대에 척화 주전론을 주장하였다.

오답 분석

① 최익현은 1870년대에 왜양 일체론을 주장하며 개항 반대 운동을 전개하였다.

② 이항로는 1860년대의 대표적인 위정척사론자로 척화 주전론에 입각한 통상 반대론을 주장하였다.

④ 홍재학은 1880년대에 강력하게 정부의 개화 정책을 비판하였으며, 불손함을 이유로 처형당하였다.

정답 ③

45 0843
2014년 7급 국가직
다음 상소문을 올린 인물의 활동으로 옳은 것은?

> 저들의 욕심은 물화를 교역하는 데 있습니다. …… 저들이
> 비록 왜인이라고는 하지만 본질적으로는 서양 오랑캐와 다
> 를 것이 없습니다. 강화가 이루어지면 사악한 서적과 천주
> 교가 다시 들어와 나쁜 기운이 온 나라를 덮게 될 것입니다.

① 의병 운동을 주도했으며 대마도에서 순국하였다.
② 왕궁, 일본 공사관, 민씨 일족을 습격하고 대원군을 옹립하
고자 하였다.
③ 『조선책략』의 내용을 비난하고 이것을 가져온 김홍집의 처
벌을 요구하였다.
④ 『화서아언』에서 프랑스와의 통상을 반대하고 서양 세력과 끝
까지 항전해야 한다고 주장하였다.

46 0844
2016년 9급 지방직
다음 사건에 대한 설명으로 옳은 것은?

> 임오년 서울의 영군(營軍)들이 큰 소란을 피웠다. 갑술년 이
> 후 대내의 경비가 불법으로 지출되고 호조와 선혜청의 창
> 고도 고갈되어 서울의 관리들은 봉급을 못 받았으며, 5영의
> 병사들도 가끔 결식을 하여 급기야 5영을 2영으로 줄이고
> 노병과 약졸들을 쫓아냈는데, 내쫓긴 사람들은 발붙일 곳이
> 없으므로 그들은 난을 일으키려 했다.

① 군대 해산에 반발한 군인들은 의병 부대에 합류하였다.
② 보국안민, 제폭구민의 대의를 위해 봉기할 것을 호소하였다.
③ 정부의 개화 정책에 반대하는 서울의 하층민들도 참여하
였다.
④ 충의를 위해 역적을 토벌한다는 명분을 내걸고 유생들이 주
동하였다.

47 0845
2015년 7급 국가직
다음 자료에 나타난 사건이 원인이 되어 체결된 조약의 내용
으로 옳지 않은 것은?

> 선혜청 당상관 민겸호의 하인이 선혜청 창고에서 군량을 내
> 줬다. 이때 하인이 쌀을 벼 껍질과 바꾸어 이익을 챙기자 많
> 은 군인이 분노하여 하인을 때려눕혔다. 민겸호는 주동자를
> 잡아 포도청에 가두고는 곧 죽여 버리겠다고 하니 군인들은
> 분기하여 포도청과 경기 감영을 습격하였다.

① 개항장에서 일본 화폐의 유통을 허락한다.
② 일본 공사관에서 경비병의 주둔을 허락한다.
③ 양화진에서 청국 상인의 통상을 인정한다.
④ 조선에서 청국 상무위원의 영사 재판권을 인정한다.

48 0846
2013년 7급 지방직
〈보기〉의 ㉠~㉣ 중 다음의 장정(章程)이 체결된 시기로 적
절한 것은?

> 이 장정은 청이 속방을 우대하는 뜻에서 상정한 것이고, 각
> 조약국들에게 부여하는 모든 균점(均霑)의 예와는 다르다.

보기
개항 → 임오군란 → 갑신정변 → 청·일 전쟁 → 을미사변
　　㉠　　　　㉡　　　　㉢　　　　㉣

① ㉠　　　　　　　　　　② ㉡
③ ㉢　　　　　　　　　　④ ㉣

45 0843

제시문은 최익현의 개항 반대 상소문의 일부이다. 1870년대의 위정척사 사상을 대표하는 최익현은 강화도 조약의 체결로 인해 일본과의 수교가 재개되자, 왜양 일체론을 담은 오불가척화의소(五不可斥和議疏)를 올렸다. 이후 최익현은 1895년의 을미개혁 당시에는 단발령에 반대하는 시위를 주도하였으며, 1905년에 을사조약이 체결되자 청토오적소(請討五賊疏)와 재소를 올려서 조약의 무효를 국내외에 선포하고 망국 조약에 참여한 박제순 등 오적을 처단할 것을 주장하였다.

① 최익현은 1906년에 전라도 태인에서 임병찬과 함께 의병 활동을 하다 붙잡혀 대마도로 유배되었는데, 유배 이후 "왜놈의 음식은 먹을 수 없다."며 식음을 거부하다가 순국하였다.

오답 분석

② 임오군란(1882)에 대한 설명이다.
③ 1880년대에 이만손 등이 전개한 개화 반대 운동에 대한 설명이다.
④ 1860년대 통상 반대 운동을 전개한 이항로에 대한 설명이다.

정답 ①

46 0844

제시문은 임오군란(1882)에 대한 기록이다. 1881년에 5군영이 폐지되고 무위영과 장어영의 2영 체제로 개편되었으며, 신식 군대인 별기군이 설치되었다. 이후 구식 군인에 대한 차별 대우와 식량 유출 등 경제 사정의 악화로 민심이 악화되었으며, 급료를 지불하는 과정에서 일어났던 도봉소 사건으로 임오군란이 촉발되었다.

③ 임오군란 당시에는 민씨 정권과 일본에 반감을 갖는 서울의 하층민들이 적극적으로 참여하였다.

오답 분석

① 일제는 한·일 신협약(1907)의 부수 각서에 의해 대한 제국의 군대를 해산시켰다. 해산된 군인들은 정미의병에 합류하여 의병 활동을 전개하였다.
② 동학 농민 운동(1894)에 대한 설명이다.
④ 임오군란은 구식 군인과 도시 빈민의 주도하에 추진되었다.

정답 ③

47 0845

제시문은 임오군란(1882)에 대한 내용이다. 임오군란으로 인해 조·청 상민 수륙 무역 장정과 제물포 조약이 체결되었다.

① 조·일 수호 조규 부록(1876. 8.)에서 체결된 내용이다.

오답 분석

② 제물포 조약(제5조)에서 일본 공사관 경비병 주둔이 허락되었고, 그 비용은 조선국이 부담하게 되었다.
③, ④ 조·청 상민 수륙 무역 장정에서 청은 조선을 속방으로 규정하였고, 조선은 청 상무위원의 영사 재판권을 인정하였다. 또한 이 조약에서 청국 상인들의 조선 내지 통상권 및 거주·여행·영업 등의 자유가 인정되었다.

정답 ①

48 0846

제시문은 조·청 상민 수륙 무역 장정(1882. 8. 23.)에 대한 설명이다.

② 청은 임오군란(1882)을 빌미 삼아 조선에 대한 종주권 및 경제적 침투를 강화하기 위하여 조·청 상민 수륙 무역 장정을 체결하였다. 전문 8개조로 된 이 조약은 제1조에서 조선을 청의 속방으로 규정하여 종속 관계를 명문화하였으며, 이는 청이 조선에서 다른 열강을 제치고 우위를 차지하기 위함이었다. 한편 이 조약은 청국 상인들에게 조선 내지 통상권 및 거주·여행·영업 등의 자유를 인정할 것을 명시하여 청 상인들의 본격적인 조선 진출의 발판이 되었다. 그들로 인해 조선 상인들은 큰 타격을 입었으며 이에 반청 감정이 증대되었다.

정답 ②

49 0847

〈보기〉는 개항 이후 각국과 맺은 조약이다. ㉠과 ㉡에 들어갈 용어로 옳은 것은?

> 보기
> (가) 조선국은 ___㉠___ 으로 일본국과 평등한 권리를 보유한다. 금후 양국이 화친의 성의를 표하고자 할진대 모름지기 서로 동등한 예의로써 상대할 것이며 추호도 경계를 넘어 침입하거나 시기하여 싫어함이 있어서는 아니될 것이다.
> (나) 수륙 무역 장정은 중국이 ___㉡___ 을 우대하는 후의에서 나온 것인 만큼 다른 각국과 일체 균점하는 예는 같지 않으므로 여기에 각항 약성을 한다.

① ㉠ 인근국 – ㉡ 속방
② ㉠ 자주국 – ㉡ 우방
③ ㉠ 인근국 – ㉡ 우방
④ ㉠ 자주국 – ㉡ 속방

50 0848

다음 조약이 체결된 시기를 연표에서 옳게 고른 것은?

> 제2조 중국 상인이 조선 항구에서 만일 개별적으로 신소(申訴)를 제기하였을 경우에는 중국 상무위원에 넘겨 심의 · 처리한다. …(후략)…
> 제4조 …(전략)… 조선 상인이 북경(北京)에서 규정에 따라 물건을 팔고 사도록 하며 중국 상인이 조선의 양화진과 서울에 들어가서 영업소를 차려놓을 수 있도록 허락하는 외에 각종 화물을 내륙 지방으로 운반하여 상점을 차려놓고 파는 것은 승인하지 않는다.

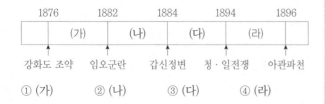

	1876		1882		1884		1894		1896
		(가)		(나)		(다)		(라)	

강화도 조약   임오군란   갑신정변   청 · 일전쟁   아관파천

① (가)   ② (나)   ③ (다)   ④ (라)

51 0849

(가), (나)는 조선이 외국과 맺은 조약이다. 이와 관련한 설명 중 옳은 것은?

> (가) ○ 조선국은 자주국으로 일본국과 평등한 권리를 보유한다.
>   ○ 경기, 충청, 전라, 경상, 함경 5도 연해 중에서 통상하기 편리한 항구 두 곳을 택하여 지정한다.
> (나) 이 수륙 무역 장정은 중국이 속방(屬邦)을 우대하는 뜻에서 상정한 것이고, 각 대등 국가 간의 일체 동등한 혜택을 받는 예와는 다르다.

① (가)는 '운요호 사건' 이후 체결된 것이다.
② (가)에는 일본 상인의 내지 통상권에 대한 허가가 규정되어 있다.
③ (나)는 갑신정변 이후 체결된 것이다.
④ (나)에는 천주교의 포교권 인정이 규정되어 있다.

52 0850

다음은 1876년 개항 이후 우리나라가 외국과 맺은 조약의 내용이다. 시기 순으로 바르게 나열한 것은?

> ㉠ 조선과 미국 두 나라 중 한 나라가 다른 나라의 핍박을 받을 경우 분쟁을 해결하도록 주선한다.
> ㉡ 일본국 국민은 본국에서 사용되는 화폐로 조선국 국민의 물자와 마음대로 교환할 수 있다.
> ㉢ 영국 군함은 개항장 이외에 조선 국내 어디서나 정박할 수 있고 선원을 상륙할 수 있게 한다.
> ㉣ 일본 공사관에 군인 약간을 두어 경비하게 하고 그 비용은 조선국이 부담한다.

① ㉡ → ㉣ → ㉢ → ㉠
② ㉡ → ㉠ → ㉢ → ㉣
③ ㉡ → ㉣ → ㉠ → ㉢
④ ㉡ → ㉠ → ㉣ → ㉢

49 0847

(가)는 강화도 조약(1876), (나)는 조 · 청 상민 수륙 무역 장정(1882)의 내용이다.

④ (가)는 조선을 ① 자주국으로 일본과는 대등한 권리를 갖는다고 규정하고 있는데, 이것은 청의 종주권을 부인함으로써 일제의 조선 침략을 용이하게 하려는 입장이 반영된 것이었다.
(나)는 청이 임오군란 이후 조선에 대한 종주권 및 경제적 침투를 강화하기 위해 체결한 것으로, 제1조에서 조선을 청의 ⓒ 속방으로 규정하여 종속 관계를 명문화하였다.

정답 ④

50 0848

제시문은 임오군란 직후인 1882년 8월에 조선과 청 사이에 체결된 조 · 청 상민 수륙 무역 장정의 일부이다.

② 청은 임오군란 이후 조선에 대한 종주권 및 경제적 침투를 강화하기 위하여 조 · 청 상민 수륙 무역 장정을 체결하였다. 전문 8개조로 된 이 조약은 제1조에서 조선을 청의 속방으로 규정하여 종속 관계를 명문화하였으며, 치외 법권을 규정하였다. 또한 이 조약은 청국 상인들에게 조선 내지 통상권 및 거주 · 여행 · 영업 등의 자유를 인정할 것을 명시하여 그들이 조선에 본격적으로 진출하게 되는 계기가 마련되었다. 이로 인해 조선 상인들은 큰 타격을 입었으며 조선 내에서 반청 감정이 증대되었다.

정답 ②

51 0849

(가)는 강화도 조약(1876), (나)는 조 · 청 상민 수륙 무역 장정(1882)이다.

① 1875년에 일본의 운요호는 부산항, 초지진, 영종도에서 포격을 가하고 살인과 약탈 및 방화를 자행한 운요호 사건을 일으켰다. 이 사건으로 조선인이 피해를 입었음에도 불구하고 일본은 이 사건의 책임을 묻는다는 구실로 강화도 조약을 체결하여 조선의 개항을 요구하였다.

오답 분석

② 강화도 조약에서는 부산을 비롯한 두 항구를 추가로 개항하고, 개항한 항구에 일본인이 와서 통상을 하도록 허가하였다.

③ 임오군란이 일어난 후 청은 조선에 대한 종주권 및 경제적 침투를 강화하기 위하여 조 · 청 상민 수륙 무역 장정을 체결하였다.

④ 조 · 프 수호 통상 조약(1886)이 체결되면서 천주교 신앙과 포교의 자유를 허가하였다.

정답 ①

52 0850

④ 시기 순으로 나열하면 ⓒ 조 · 일 수호 조규 부록(1876) → ① 조 · 미 수호 통상 조약(1882. 4.) → ⓔ 제물포 조약(1882. 7.) → ⓒ 조 · 영 수호 통상 조약(1883)이 된다.

정답 ④

53 0851

2016년 9급 국가직

밑줄 친 '사건'에 대한 설명으로 옳은 것은?

> 4~5명의 개화당이 사건을 일으켜서 나라를 위태롭게 한
> 다음 청나라 사람의 억압과 능멸이 대단하였다. …(중략)…
> 종전에는 개화가 이롭다고 말하면 그다지 싫어하지 않았
> 으나 이 사건 이후 조야(朝野) 모두 '개화당은 충의를 모르
> 고 외인과 연결하여 매국배종(賣國背宗)하였다'고 하였다.
>
> – 『윤치호일기』

① 정동구락부 세력이 주도하였다.
② 일본군과 함께 경복궁을 침범하였다.
③ 차관 도입을 위한 수신사 파견의 계기가 되었다.
④ 일본 공사관이 불타고 일본군이 청군에 패퇴하였다.

54 0852

2011년 7급 국가직

다음 자료와 관련된 역사적 사건에 대한 설명으로 옳지 않은 것은?

> • 청과의 조공 관계를 청산하고 대원군을 다시 데려온다.
> • 양반 신분 제도, 문벌을 폐지하고 인재를 등용하여 인민
> 평등을 실현한다.
> • 내시부, 규장각 등 왕의 근시 기구를 폐지하고 입헌 군주
> 제에 입각한 내각제를 수립한다.

① 전제 군주제를 입헌 군주제로 바꾸어 근대 국민 국가를 수
립하려고 하였다.
② 청·일 전쟁으로 청군이 일부 철수한 상황에서 일본의 군사
력을 끌어들여 일으켰다.
③ 봉건적 신분 제도를 타파하고 인민 평등권을 확립하여 근대
적 평등 사회를 이루려고 하였다.
④ 일본의 침략 의도를 인식하지 못하고 무력 지원을 받아 외세
의 조선 침략을 촉진하는 결과를 가져왔다.

55 0853

2010년 9급 국가직

다음에 제시된 개혁 내용을 공통으로 포함한 것은?

> ○ 청과의 조공 관계 청산   ○ 인민 평등 실현
> ○ 혜상공국 혁파   ○ 재정의 일원화

① 갑오개혁의 홍범 14조
② 독립 협회의 헌의 6조
③ 동학 농민 운동의 폐정 개혁안
④ 갑신정변 때의 14개조 정강

56 0854

2013년 9급 법원직

다음의 내각에서 발표한 개혁안의 내용으로 옳은 것은?

좌의정	이재원	우의정	홍영식
전후영사	박영효	좌우영사	서광범
병조참판	서재필	호조참판	김옥균

내각 명단

① 지조법을 개혁한다.
② 과거제를 폐지한다.
③ 토지를 평균으로 분작한다.
④ 태양력을 사용하고 종두법을 시행한다.

53 0851

자료의 밑줄 친 '사건'은 갑신정변이다. 개화당은 임오군란 이후 청의 내정 간섭이 심해지면서 입지가 좁아졌고, 일본으로부터의 차관 도입을 시도하였으나 실패하였다. 이러한 상황에서 이들은 1884년에 갑신정변을 일으켜 위로부터의 개혁을 추진하였는데, 문벌의 폐지, 인민 평등권의 확립, 능력에 따른 인재 등용 등을 내걸어 차별적 신분 제도의 타파와 근대 사회의 건설을 위한 대대적인 개혁을 단행하려 하였다.

④ 갑신정변은 청의 무력 개입에 의해 좌절되었는데 이 과정에서 정변을 지지하였던 일본군이 청군에 패퇴하였으며, 일본 공사관이 불에 타 소실되었다.

[오답 분석]

① 정동구락부 세력은 한말 서울 정동에 있었던 구미인과 개화파 지식인 중심의 사교 모임으로 1894년에 사교와 친목 등 비정치적인 성격을 표방하며 설립되었다. 이 단체는 춘생문 사건과 관련이 있으며, 후일 독립 협회 창립의 발판이 되었다.

② 급진 개화파는 갑신정변 당시 경복궁이 아닌 창덕궁에 침범하여 왕과 왕비를 경우궁으로 이동시켰다.

③ 차관 도입을 위한 수신사 파견의 계기가 된 것과 갑신정변은 관련이 없다. 갑신정변이 일어나기 이전에 급진 개화파인 김옥균은 개화 정책을 추진하기 위해 일본으로부터 차관을 도입하려고 시도하였으나 실패하였다.

정답 ④

54 0852

자료의 내용은 갑신정변의 14개조 혁신 정강 중 일부이다.

② 갑신정변은 임오군란의 결과로 주둔한 청의 병력 일부가 청·프 전쟁으로 철수한 틈을 타 이루어졌으나, 잔여 청나라 병력들의 공격으로 실패하였다.

[오답 분석]

①, ③, ④ 갑신정변은 입헌 군주제를 지향하였으며, 봉건적 신분제를 타파하고 인민 평등권을 제정하는 등 근대 국가를 지향하는 개혁 시도였다. 그러나 일본에 의존하는 등 대외 의존적 성격으로 인해 외세의 침략을 촉진하는 결과를 가져왔다.

정답 ②

55 0853

④ 갑신정변(1884)을 일으킨 개화당 정부는 14개조 혁신 정강에서 청과의 조공 관계 청산, 문벌의 폐지, 인민 평등권의 확립, 능력에 따른 인재 등용 등을 내걸면서 차별적 신분 제도의 타파와 근대 사회의 건설을 위한 대대적인 개혁을 단행하려 하였다. 또한 혜상공국(보부상 조직)의 폐지, 환곡 폐지, 재정의 일원화(호조), 근위대 설치 등을 주장하였다.

정답 ④

56 0854

제시된 내각 명단은 갑신정변과 관련된 것이다. 서재필의 회고에는 갑신정변 당시 발표된 혁신 정강의 조항이 80여 개에 달했다고 하나, 현재 김옥균의 『갑신일록』에 수록되어 있는 14개 조항만 전해지고 있다.

① 개화당의 14개조 혁신 정강에는 지조법 개혁에 대한 내용이 포함되어 있는데 토지 가격에 따른 조세 부과를 골자로 한 것이었다.

[오답 분석]

② 1894년에 시행된 제1차 갑오개혁의 내용이다.

③ 동학 농민 운동(1894) 당시 농민군이 제시한 폐정 개혁안의 내용이다.

④ 1895년에 시행된 을미개혁의 내용이다.

정답 ①

57 0855
2015년 9급 서울시

밑줄 친 '그들'이 추진했던 정책에 대한 설명으로 옳은 것을 〈보기〉에서 모두 고른 것은?

> 그들의 실패는 우리에게 무척 애석한 일이다. 내 친구 중에 이 사건을 잘 아는 이가 있는데, 그는 어쩌다 조선의 최고 수재들이 일본인에게 이용당해서 그처럼 큰 잘못을 저질렀는지 참으로 애석하다고 했다. 진실로 일본인이 조선의 운명과 그들의 성공을 위해 노력을 다했겠는가? 우리가 만약 국가적 발전의 기미를 보였다면 일본인들은 백방으로 방해할 것이 자명한데 어찌 그들을 원조했겠는가? - 「한국통사」

보기
㉠ 토지의 평균 분작을 실현한다.
㉡ 러시아와 비밀 협약을 추진한다.
㉢ 보부상 단체인 혜상공국을 혁파한다.
㉣ 의정부, 6조 외의 불필요한 관청은 없앤다.

① ㉠, ㉡   ② ㉠, ㉢
③ ㉡, ㉣   ④ ㉢, ㉣

58 0856
2017년 9급 국가직

갑신정변 이후 국내외 정세로 옳지 않은 것은?

① 독일 부영사 부들러는 조선의 영세 중립국화를 건의하였다.
② 러시아의 남하 정책에 대응하여 영국 함대가 거문도를 불법 점령하였다.
③ 조·청 상민 수륙 무역 장정을 체결하여 청나라 상인에게 통상 특혜를 허용하였다.
④ 청·일 양국 군대가 조선에서 철수하는 것 등을 내용으로 하는 톈진 조약이 체결되었다.

59 0857
2017년 9급 서울시

거문도 사건이 전개된 동안, 당시 사람들이 볼 수 있었던 모습은?

① 당오전을 발행하는 기사
② 한성순보를 배포하는 공무원
③ 『서유견문』을 출간한 유길준
④ 일본과의 무관세 무역을 항의하는 동래 부민

60 0858
2016년 7급 지방직

다음 격문을 작성한 세력이 제기한 주장으로 옳은 것은?

> 우리가 의를 들어 여기에 이르렀음은 그 본뜻이 다른 데 있지 않고 창생(蒼生)을 도탄(塗炭) 중에서 건지고 국가를 반석(磐石) 위에 두고자 함이라. 안으로는 탐학한 관리의 머리를 베고, 밖으로는 횡포한 왜적의 무리를 내몰고자 함이라.

① 각종 무명 잡세를 근절할 것
② 장교를 육성하고 징병제를 실시할 것
③ 조약을 체결할 때 중추원 의장이 서명할 것
④ 민법과 형법을 제정하여 인민의 생명과 재산을 보호할 것

57 0855

밑줄 친 '그들'은 김옥균, 박영효 등을 중심으로 한 개화당이며, 갑신정변을 일으켰다가 실패한 세력이다.

④ 갑신정변에서 개화당 세력이 주장한 혁신 정강의 내용은 ⓒ 혜상공국 혁파와 ⓔ 내각 제도 개혁에 해당한다.

오답 분석

㉠ 토지의 평균 분작 주장은 동학 농민 운동 때 제시된 폐정 개혁안의 내용이다.

ⓛ 민씨 정권은 갑신정변을 겪고 재집권한 이후 러시아와 비밀 협약을 추진하였으나 실패하였다.

정답 ④

58 0856

갑신정변은 근대 국가의 건설을 목표로 1884년 10월에 급진 개화 세력이 일으킨 사건이다.

③ 조·청 상민 수륙 무역 장정은 음력 1882년 8월 23일, 양력 10월 4일에 체결되었다. 이 조약은 청나라가 조선에 대한 종주권 및 경제적 침투를 강화하기 위한 목적으로 체결한 조약이었다. 이 조약은 조선과 청의 종속 관계를 명문화하였고, 청국 상인들에게 조선 내지 통상권 및 거주·여행·영업 등의 자유를 허용하였다.

오답 분석

① 조선을 사이에 둔 열강들의 대립이 심해지는 상황에서 당시 조선 주재 독일 부영사인 부들러는 한반도의 영세 중립화 안을 건의(1885. 3.)했다.

② 1884년에 조선은 러시아와 독자적으로 수호 통상 조약을 체결한 이후 비밀 협약을 맺으려 청에 탄로나 조약 체결이 무산되었다. 이러한 상황에서 영국이 러시아를 견제하고자 거문도를 점령(1885~1887)하는 일이 발생했다.

④ 톈진 조약은 1885년 4월 18일(음력 1885. 3. 4.)에 체결되었다.

정답 ③

59 0857

거문도 사건은 영국이 러시아를 견제하고자 1885~1887년 동안 거문도를 불법 점령한 사건이다.

① 당오전은 1883년에 전환국에서 처음으로 발행되었으며, 1894년에 발행이 중단되었다. 따라서 거문도 사건이 전개되는 기간에는 당오전이 유통되고 있었다고 볼 수 있다.

오답 분석

② 한성순보는 1883년에 박문국에서 창간되었으나, 갑신정변(1884) 직후 박문국이 불타면서 종간되었다.

③ 유길준은 해외에 머물다 갑신정변이 실패한 다음 해인 1885년 12월에 귀국하였다. 김옥균과의 친분으로 사형의 위험에 처했으나 한규설의 규명으로 감형되어 가택에 연금당하였다. 이 시기 유길준이 집필한 책이 『서유견문』으로, 거문도 사건이 종결된 이후인 1889년에 탈고가 마무리되고 1895년에 처음으로 출간되었다.

④ 1876년에 체결된 조·일 통상 장정(조·일 무역 규칙)을 통해 일본의 수출입 상품에 대한 무관세가 허용되었다가, 1883년에 조·일 통상 장정 개정을 체결하여 관세 조항을 규정함으로써 일본의 수출입 상품에 대한 관세가 부과되었다.

정답 ①

60 0858

제시문의 내용은 동학 농민 운동 제1차 봉기 당시에 발표되었던 호남 창의 대장소의 내용이다.

① 전주 화약이 체결되면서 발표된 동학 농민군의 폐정 개혁안 12개조에는 무명의 잡세 근절을 요구하는 내용이 포함되어 있다.

오답 분석

② 제2차 갑오개혁 시기에 발표(1894. 12.)되었던 홍범 14조 중 제12조에 해당한다.

③ 관민 공동회(1898)에서 발표된 헌의 6조 중 제2조에 해당한다.

④ 홍범 14조 중 제13조의 내용에 해당한다.

정답 ①

61 0859

2019년 9급 국가직

(가)의 체결 이후에 일어난 사실로 옳은 것은?

청군과 일본군의 개입으로 사태가 악화되자 농민군은 폐정 개혁을 제시하며 정부와 ___(가)___ 을/를 맺었다. 이에 따라 농민군은 해산하였다.

① 남접군과 북접군이 논산에서 합류하여 연합군을 형성하였다.
② 안핵사 이용태가 농민을 동학도로 몰아 처벌하였다.
③ 고부 군수 조병갑이 만석보를 쌓아 수세를 강제로 거두었다.
④ 농민군이 황토현에서 감영군을 격파하였다.

63 0861

2018년 9급 국가직

(가) 시기에 해당되는 사실로 옳은 것은?

방금 안핵사 이용태의 보고에 따르면 "죄인들이 대다수 도 망치는 바람에 조사하지 못하였다."라고 하였다.
– 『승정원일기』

↓

(가)

↓

전봉준은 금구 원평에 앉아 (전라) 우도에 호령하였으며, 김 개남은 남원성에 앉아 좌도를 통솔하였다.
– 『갑오약력』

① 논산에서 남·북접의 동학군이 집결하였다.
② 우금치 전투에서 동학군이 일본군과 격전을 벌였다.
③ 동학 교도가 궁궐 앞에서 교조 신원을 주장하는 집회를 열 었다.
④ 백산에서 전봉준이 보국안민을 위해 궐기하라는 통문을 보 냈다.

62 0860

2013년 7급 국가직

다음과 같은 주장이 발표된 시기의 역사적 사실로 가장 적 절한 것은?

우리가 지금 의(義)를 내세워 주장하는 것은 그 본의가 다른 데 있지 아니하고 창생(蒼生)을 도탄에서 건지고 국가를 반 석 위에 두려는 것이다. 안으로는 탐학한 관리의 머리를 베 고 밖으로 횡포한 강적(強賊) 무리를 구축(驅逐)하고자 함 이다. 양반과 호강(豪強)에게서 고통 받는 민중들과 방백 (方伯)과 수령 밑에서 굴욕을 받는 하급 관리들은 우리처럼 원한이 깊은 자이다. 조금도 주저하지 말고 이 시각에 일어 서라. 만일 기회를 잃으면 후회해도 소용없으리라.
– 호남 창의 대장소

① 일본이 전쟁을 도발하려 하자 대한 제국은 국외 중립을 선 언하였다.
② 급진 개화파가 문벌 폐지와 청에 대한 사대 관계 청산을 촉 구하였다.
③ 고종이 칭제건원의 요청을 수용하고 구본신참의 개혁 과제 를 공포하였다.
④ 일본이 공사관 보호 명분으로 서울에 침입하고 서해 지역에 서 청을 공격하였다.

64 0862

2015년 9급 법원직

다음과 같은 강령으로 활동했던 운동 세력에 관한 서술로 옳 은 것은?

첫째, 사람을 함부로 죽이지 말고 가축을 잡아먹지 말라(不 殺人 不殺物).
둘째, 충효를 다하여 세상을 구하고 백성을 편안케 하라(忠 孝雙全 濟世安民).
셋째, 일본 오랑캐를 몰아내고 나라의 정치를 바로 잡는다 (逐滅倭夷 澄淸聖道).
넷째, 군사를 몰아 서울로 쳐들어가 권신 귀족을 모두 제거 한다(驅兵入京 盡滅權貴).

① 진주에서 시작되어 함경도 일대까지 전국으로 확산되었다.
② 정부에 지조법 개혁을 요구하여 교정청을 통해 실시되었다.
③ 남접 세력이 우금치에서 다시 봉기함으로써 청·일 전쟁을 유발하였다.
④ 전주에서 해산한 후 집강소를 설치하고 행정과 치안을 담 당하였다.

61 0859

제시문의 (가)는 1894년 5월에 동학 농민군과 정부 간에 체결된 전주 화약이다.

① 전주 화약 이후 경복궁이 일본군에 의해 점령되고 갑오개혁이 강요되는 한편, 청·일 전쟁이 발발하자 동학 농민군의 2차 봉기가 일어났다. 2차 봉기 시에는 남접군과 북접군이 논산에서 합류하여 연합군을 형성하였다.

오답 분석

② 고부 민란을 해결하는 과정에서 안핵사 이용태가 농민을 탄압하자 이에 저항하여 1894년 3월에 제1차 봉기가 일어났다.

③ 조병갑과 만석보 사건은 1894년 1월에 일어난 고부 민란의 원인에 해당한다.

④ 동학 농민군이 황토현에서 전라도 관찰사 김문현이 이끄는 감영군을 격파한 것은 제1차 봉기의 상황이다. 이 전투 이후 전라일대를 장악한 농민군은 장성 황룡촌 전투에서 중앙군을 격파하고 전주성을 점령하였다.

정답 ①

62 0860

제시문은 동학 농민군 제1차 봉기 격문의 내용이다. 1894년에 전봉준은 탐관오리의 숙청과 보국안민을 위해 일어서자는 내용의 호남 창의 대장소를 발표하였다.

④ 톈진 조약을 구실로 조선에 출병한 일본군은 일본 공사관 보호를 명분으로 서울에 침입하고 서해 지역의 풍도에서 청을 공격하였다. 이에 동학 농민군은 반외세를 주장하며 다시 봉기(제2차 동학 농민 운동, 1894)하였다.

오답 분석

① 대한 제국은 러·일 전쟁 직전인 1904년 1월에 국외에 중립을 선포하였다.

② 1884년에 일어난 갑신정변에 대한 설명이다.

③ 대한 제국 수립(1897)에 대한 내용이다.

정답 ④

63 0861

(가) 이전은 고부 봉기(1894. 1.), (가) 이후는 전주 화약(1894. 5.) 이후 집강소 설치에 해당한다. 따라서 (가) 시기는 동학 농민 운동의 제1차 봉기에 해당한다.

④ 백산 봉기는 제1차 봉기의 도화선이 되었다.

오답 분석

① 남북접의 동학군이 집결한 것은 제2차 봉기 때이며, 제1차 봉기에는 남접만이 참여하였다.

② 우금치 전투는 제2차 봉기에 해당한다.

③ 동학 교도가 서울 광화문 궁궐 앞에서 국왕에게 교조 신원에 대한 복합 상소를 올리는 집회를 연 것은 고부 봉기 이전인 1893년 2월에 일어났다.

정답 ④

64 0862

사료는 동학 농민 운동의 제1차 봉기 때 발표된 동학 농민군의 4대 강령이다.

④ 전주 화약 이후 정부의 폐정 개혁이 실제로 이루어지지 않자 농민군은 폐정 개혁안을 집행하기 위해 농민의 자치 조직으로 집강소를 설치했다. 농민군은 집강소를 통해 지방 통치의 실권을 장악하고 이속과 행정의 말단 조직을 자신들의 지배하에 두고서 무기와 군량을 모으는 한편, 삼정 업무를 관장하고 민간의 사송을 처리해 나갔다. 집강소가 설치된 후 농민군의 조직은 크게 확장되어 일부 양반 유생과 이서층들도 참가했으며 무기와 군량을 모으고 무기의 조작법을 익히는 등 군사 활동을 하기도 하였다.

오답 분석

① 1862년에 단성 민란과 진주 민란을 계기로 일어난 임술 농민 봉기에 대한 설명이다.

② 교정청은 동학 농민 운동 이후 내정 개혁에 관한 정책 입안을 위하여 설치한 기관으로, 일본이 강압적으로 요구한 5개조의 내정 개혁안을 물리치고 자주적인 내정 개혁을 시도하려는 목적으로 만들어졌다. 지조법 개혁은 갑신정변(1884)에 14개조 혁신 정강으로 발표되었던 것이다.

③ 일본군은 청·일 전쟁을 도발한 이후, 조선에 대한 내정 간섭을 심화하고, 농민군 토벌을 본격화하려고 했다. 이에 농민군 지도부는 재봉기를 결정하고 남접과 북접군이 논산에서 연합하여 공주 우금치에서 일본군과 접전을 벌였으나 패배하였다.

정답 ④

65 0863
2015년 7급 서울시

밑줄 친 '적'이 요구한 내용으로 옳은 것을 〈보기〉에서 모두 고른 것은?

> 적은 모두 천민 노예이므로 양반, 사족을 가장 증오하였다. 길에서 갓을 쓴 자를 만나면 곧바로 꾸짖으며 말하였다. 너도 양반인가? 갓을 빼앗아 찢어 버리거나 자기가 쓰고 거리를 돌아다니면서 양반을 욕 주었다. 무릇 집안 노비로서 적을 따르는 자는 물론이요, 비록 적을 따르지 않는 자라 할지라도 모두 적을 끌어다 대며 주인을 협박하여 노비 문서를 불사르고 면천해 줄 것을 강요하였다. …… 때로 양반 가운데 주인과 노비가 함께 적을 따른 경우도 있었다. 이들은 서로를 접장이라 부르면서 적의 법도를 따랐다. 백정이나 재민들도 평민이나 양반과 평등한 예를 하였으므로 사람들은 더욱 치를 떨었다.
>
> – 「오하기문」

보기
㉠ 무명 잡세를 폐지할 것
㉡ 조혼(早婚)을 금지할 것
㉢ 각 도의 환곡을 영구히 폐지할 것
㉣ 관리 채용에는 지벌을 타파하고, 인재를 등용할 것

① ㉠, ㉡   ② ㉠, ㉣   ③ ㉡, ㉢   ④ ㉢, ㉣

66 0864
2015년 9급 국가직

다음은 동학 농민 운동과 관련한 연표이다. (가)~(라) 시기에 있었던 사실로 옳은 것은?

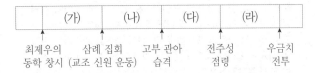

	(가)	(나)	(다)	(라)	
최제우의 동학 창시	삼례 집회 (교조 신원 운동)	고부 관아 습격	전주성 점령	우금치 전투

① (가) – 황토현 전투
② (나) – 청 · 일 전쟁의 발발
③ (다) – 남 · 북접군의 논산 집결
④ (라) – 일본군의 경복궁 점령

67 0865
2015년 9급 지방직

동학 농민 운동에 관한 설명으로 옳지 않은 것은?

① 전주 화약 이후 조선 정부는 청 · 일 군대의 철수를 요청하였다.
② 조선 정부는 농민들의 요구에 대응하여 삼정이정청을 설치하였다.
③ 청 · 일 전쟁 발발 직후에도 전라도 지역을 중심으로 집강소가 운영되었다.
④ 일본군이 경복궁을 점령한 후 전라도와 충청도 지역의 농민군이 연합하였다.

68 0866
2017년 9급 서울시

(가)의 사건에 대한 설명으로 옳은 것은?

> 심문자: 작년 3개월간 무슨 사연으로 고부 등지에서 민중을 크게 모았는가?
> 답변자: 고부 군수의 수탈이 심하여 민심이 억울하고 통한스러워 의거를 하였다.
> 심문자: 흩어져 돌아간 후에는 무슨 일로 봉기하였는가?
> 답변자: 안핵사 이용태가 의거 참가자 대다수를 동학도로 몰아 체포하여 살육하였기 때문이다.
> 심문자: (가) 이후 다시 봉기를 일으킨 이유는 무엇인가?
> 답변자: 일본이 군대를 거느리고 경복궁을 침범하였기 때문이다.

① 일본군이 풍도의 청군을 공격하면서 성립하였다.
② 법규 교정소를 설치한다는 내용이 들어 있었다.
③ 집강소 및 폐정 개혁에 관한 규정이 포함되었다.
④ 제물포 조약을 근거로 실행한 것이다.

65 0863

밑줄 친 '적'은 동학 농민군을 지칭하는 것이다.

㉠, ㉣ 동학 농민 운동의 폐정 개혁안에 해당하는 것은 무명의 잡세 폐지, 지벌 타파와 고른 인재 등용 등이다.

오답 분석

㉡ 조혼 금지는 제1차 갑오개혁에 해당한다.

㉢ 환곡 폐지는 갑신정변의 혁신 정강 내용에 해당한다.

정답 ②

67 0865

② 삼정이정청은 진주 민란(1862) 이후 안핵사 박규수의 건의로 설치되었다. 삼정이정청은 1862년 5월에 설치된 뒤 그해 8월에 『삼정이정절목』을 책으로 내면서 철폐되고, 그 뒤 삼정 업무는 비변사에서 관장하게 되었다. 따라서 1894년 일어난 동학 농민 운동과는 관련이 없다.

정답 ②

66 0864

동학 농민 운동의 주요 전개 과정은 다음과 같다.

1. 고부 봉기(1894. 1.)
2. 1차 봉기(1894. 3.): 백산 봉기 → 황토현 전투 → 정읍·고창·흥덕·무장·영광·함평 점령 → 장성 황룡촌 전투 → 전주성 입성
3. 전주 화약: 정부가 청의 지원 요청 → 청군 아산만 상륙(1894. 5. 5.) → 일본군 상륙(1894. 5. 6., 톈진 조약 구실) → 외국군 철수와 폐정 개혁 조건으로 전주 화약 체결(1894. 5. 8.)
4. 일본의 철수 거부, 경복궁 점령(1894. 6.), 청·일 전쟁 발발 후 내정 간섭
5. 2차 봉기(1894. 10.) 전개 : 남·북접의 연합군 형성 → 우금치 전투 패배(1894. 11., 남원의 김개남 부대도 청주성 전투 패배)

(가) 최제우의 동학 창시(1860)~삼례 집회(교조 신원 운동, 1892)

(나) 삼례 집회(교조 신원 운동, 1892)~고부 관아 습격(1894. 1.)

(다) 고부 관아 습격(1894. 1.)~전주성 점령(1894. 4. 27.)

(라) 전주성 점령(1894. 4. 27.)~우금치 전투(1894. 11.)

④ 일본군은 (라) 시기인 1894년 6월에 경복궁을 점령하여 친일 내각을 세우고 청·일 전쟁을 일으켰다.

오답 분석

① 황토현 전투는 (다) 시기에 해당한다.

②, ③ 청·일 전쟁의 발발과 남·북접군의 논산 집결은 (라) 시기에 해당한다.

정답 ④

68 0866

(가) 사건은 전주 화약 체결(1894. 5. 8.)이다. 안핵사 이용태의 탄압을 계기로 일어난 동학 농민군의 제1차 봉기는 전주 화약이 체결되고 집강소가 설치되면서 해산하였다. 그러나 농민군이 해산한 뒤에도 일본군은 철수를 거부하고 경복궁을 점령하며 청·일 전쟁을 유발하였고, 민씨 정권을 무너뜨리고 대원군과 개화파의 연립 정권을 수립시켰다. 이에 농민군 지도부는 일본군 축출을 기치로 하여 군량과 군기를 정비하면서 재봉기를 결정하였다.

③ 농민군은 외국군 철수와 폐정 개혁 조건으로 정부와 전주 화약을 체결하였으며, 폐정 개혁을 추진하기 위해 농민의 자치 조직으로 집강소를 설치하기도 하였다.

오답 분석

① 풍도 해전은 1894년 6월에 풍도 앞바다에서 일본군 함대가 청군 함대를 공격한 사건으로, 청·일 전쟁의 시발점이 되었다.

② 고종은 독립 협회를 해산한 다음, 황제 직속으로 법규 교정소를 설치하여 지금의 헌법에 해당하는 대한국 국제를 제정(1899)하였다.

④ 제물포 조약[양력 1882. 8. 30.(음력 1882. 7. 17.)]은 임오군란을 계기로 체결되었다. 이를 통해 조선은 일본에 배상금을 지불하고, 일본 공사관의 경비를 위해 일본군의 주둔을 허용하게 되었다.

정답 ③

69 0867

〈보기 1〉의 밑줄 친 부분에 대한 서술로 옳은 것을 〈보기 2〉에서 모두 고르면?

보기 1

심문자: 작년(1894) 3월 고부 등지에서 무슨 사연으로 민중을 크게 모았는가?

전봉준: 그때 고부 군수(조병갑)의 수탈이 심하여 의거하였다.

심문자: 흩어져 돌아간 후에는 무슨 일로 ㉠군대를 봉기하였느냐?

전봉준: 고부 민란 조사 책임자 이용태가 내려와 의거 참가자 대다수가 일반 농민이었음에도 모두를 동학도로 통칭하고, 그 집을 불태우며 체포하고 살육을 행했기 때문에 다시 일어났다.

심문자: ㉡전주 화약 이후 ㉢다시 군대를 일으킨 이유가 무엇이냐?

전봉준: ㉣일본이 개화를 구실로 군대를 동원하여 왕궁을 공격하고 임금을 놀라게 했으니, 의병을 일으켜 일본과 싸워 그 책임을 묻고자 함이다.

– 「전봉준 공초」(발췌요약)

보기 2

ㄱ. ㉠: 반봉건의 기치를 높이 들고 남·북접이 연합하여 봉기하였다.

ㄴ. ㉡: 정부와 정치를 개혁할 것을 합의하였다.

ㄷ. ㉢: 공주 우금치에서 우세한 화력으로 무장한 일본군과 정부군에게 패하고 말았다.

ㄹ. ㉣: 명성 황후를 무참히 살해하는 을미사변을 일으켰다.

---

① ㄱ, ㄹ   ② ㄴ, ㄷ

③ ㄱ, ㄷ, ㄹ   ④ ㄱ, ㄴ, ㄷ, ㄹ

70 0868

다음 상황이 일어난 이후의 사실을 〈보기〉에서 모두 고른 것은?

일본군이 경복궁을 습격하자 이에 전봉준은 삼례에 대도소를 설치하여 농민군의 삼례 집결을 도모하였고, 기병을 촉구하는 통문을 돌렸다. 통문에는 "이번 거사에 호응하지 아니하는 자는 불충무도(不忠無道)한 자이다."라는 내용이 담겨 있었다.

보기

㉠ 농민군은 황토현에서 관군을 격파하였다.

㉡ 정부와 농민군은 전주에서 화약을 맺었다.

㉢ 북접군과 남접군이 논산에서 합류하여 집결하였다.

㉣ 농민군은 공주 우금치에서 관군과 일본군 연합 부대를 맞아 격돌하였다.

---

① ㉠, ㉡

② ㉠, ㉢

③ ㉡, ㉣

④ ㉢, ㉣

71 0869

다음의 역사적 사실들을 일어난 순서대로 바르게 나열한 것은?

㉠ 우금치 전투

㉡ 고부 농민 봉기 발발

㉢ 청·일 전쟁 발발

㉣ 명성 황후 시해 사건

---

① ㉠ → ㉡ → ㉢ → ㉣

② ㉠ → ㉢ → ㉡ → ㉣

③ ㉡ → ㉠ → ㉣ → ㉢

④ ㉡ → ㉢ → ㉠ → ㉣

69 0867

ㄴ. 정부와 동학 농민군은 폐단이 많은 정부와 정치를 개혁하기 위해 폐정 개혁안에 합의를 하고 전주 화약을 체결하였다.

ㄷ. 일본군이 경복궁을 점령하자 동학 농민군이 제2차 봉기를 하였다. 동학 농민군은 우금치 전투의 패전 이후 전봉준이 순창에서 체포되고 남접은 전남 장흥에서, 북접은 보은 전투에서 패배하여 와해되었다.

오답 분석

ㄱ. 남·북접 연합은 제2차 봉기에 해당한다. ㉠의 군대는 제1차 봉기로 남접 중심으로 이루어졌다.

ㄹ. 1894년 6월 21일에 경복궁이 포위되고 갑오개혁이 일본의 강요에 의해 추진되었으며 같은 해인 6월 23일에 청·일 전쟁이 발발하였다. 을미사변은 1895년 10월 8일(음력 8월 20일)에 일어났다.

정답 ②

70 0868

1894년 6월 21일에 일본군은 조선 정부의 철병 요구를 무시한 채 군대를 동원하여 경복궁을 점령하고 민씨 정권을 몰아낸 뒤 제1차 김홍집 내각을 수립하였다. 이에 반발한 전봉준은 농민군을 삼례에 집결시켜 반외세의 기치를 내걸은 제2차 동학 농민 운동을 일으키고, 동도 창의소를 발표하여 다른 지역의 농민군도 거병할 것을 촉구하는 통문을 돌렸다(1894. 9.).

㉢ 1894년 10월에 동학 농민군은 제2차 봉기를 일으키기 위해 삼례에서 일본군을 몰아낸 뒤 남접과 북접의 연합을 시도하였다.

㉣ 남·북접 동학 농민군은 1894년 11월 9일부터 공주 웅치와 우금치에서 관군과 일본군의 연합 부대와 결전을 벌였다.

오답 분석

㉠ 황토현 전투는 제1차 동학 농민군이 1894년 4월 7일에 전라 감영군과 벌인 전투이다.

㉡ 동학 농민군은 1894년 5월 8일에 외국군 철수와 폐정 개혁 조건으로 정부와 전주 화약을 체결하였다.

정답 ④

71 0869

④ 순서대로 나열하면 ㉢ 고부 농민 봉기 발발(1894. 1.) → ㉢ 청·일 전쟁 발발(1894. 6.) → ㉠ 우금치 전투(1894. 11.) → ㉣ 명성황후 시해 사건(1895. 10.)이 된다.

정답 ④

72 0870

우금치 전투가 진행된 당시에 동학 농민군이 알 수 있었던 사실로 적절한 것은?

① 정부가 '개국' 기년을 사용하기로 하였다.
② '건양'이라는 연호가 제정되었다.
③ 고종이 홍범 14조를 발표하였다.
④ 지방 제도가 23부 337군으로 개편되었다.

74 0872

1894년 제1차 갑오개혁 내용 중 동학 농민군의 주장과 가장 관련이 깊은 것을 〈보기〉에서 모두 고르면?

> 보기
> ㉠ 삼사 언론 기관 폐지   ㉡ 과부의 재가 허용
> ㉢ 공·사 노비법 혁파   ㉣ 중국 연호 폐지

① ㉠, ㉡   ② ㉠, ㉣
③ ㉡, ㉢   ④ ㉢, ㉣

73 0871

(가) 시기에 있었던 일로 옳은 것은?

신미양요 ――――(가)―――― 갑오개혁

① 을사늑약 체결
② 정미의병 발생
③ 오페르트 도굴 미수 사건
④ 조·미 수호 통상 조약 체결

75 0873

갑오개혁과 동학 농민 운동에서 공통적으로 제기된 개혁안으로 옳은 것은?

① 과부가 된 여성의 개가를 허용한다.
② 각 도의 각종 세금은 화폐로 내게 한다.
③ 죄인 자신 이외의 모든 연좌율을 폐지한다.
④ 공채이든 사채이든 기왕의 것은 모두 무효로 한다.

72 0870

우금치 전투는 동학 농민 운동 제2차 봉기 때의 전투로 1894년 11월(양력 12월 초)에 전개되었던 전투이다. 이 시기에는 제1차 갑오개혁이 진행되고 있었다.

① 제1차 갑오개혁에서 정부는 청의 연호를 버리고 '개국' 연호를 사용하기로 하였다.

오답 분석

② 건양이라는 연호는 을미개혁 시기에 제정되었으며 1896년부터 사용되었다.

③ 홍범 14조는 제2차 갑오개혁의 출범 당시인 1894년 12월(양력 1895년 1월)에 발표되었다.

④ 지방 제도가 8도에서 23부로 개편된 것은 제2차 갑오개혁 때 추진된 내용이다.

정답 ①

73 0871

신미양요는 미국 해병대가 강화도를 침략한 사건으로 1871년에 일어났다. 갑오개혁은 1894년에 추진되었다.

④ 조·미 수호 통상 조약은 청의 알선에 의해 1882년에 체결되었으며, 따라서 (가) 시기에 일어난 일은 조·미 수호 통상 조약에 해당한다.

오답 분석

① 을사늑약은 1905년 11월 17일(음 1905년 10월 21일)에 강제되었다.

② 정미의병은 1907년 고종 퇴위와 군대 해산을 계기로 일어났다.

③ 오페르트 도굴 미수 사건은 흥선 대원군 집권기인 1868년에 발생하였다.

정답 ④

74 0872

ⓒ, ⓒ 제1차 갑오개혁에서 수용된 동학 농민 운동의 주장은 과부의 재가 허용, 공·사 노비법 혁파 등이다.

오답 분석

㉠ 제1차 갑오개혁 때 삼사 언론 기관이 폐지된 것은 동학 농민군의 주장과 관련이 없다.

㉣ 제1차 갑오개혁 때 중국 연호를 폐지하고 '개국 기년'을 사용한 것은 동학 농민군의 주장과 관련이 없다.

정답 ③

75 0873

① 동학 농민 운동과 갑오개혁의 개혁안에서는 공통적으로 과부의 재가를 허용할 것과 노비제를 폐지할 것, 문벌 폐지 및 인재 등용 등이 제기되었다.

오답 분석

②, ③ 조세의 금납화와 연좌제 폐지는 제1차 갑오개혁의 내용으로 동학 농민 운동에서는 제기되지 않았다.

④ 기존의 공·사채를 무효화하여 부당한 채무를 원천적으로 해결해달라는 요구는 동학 농민 운동에서만 제기된 내용이다.

정답 ①

76 0874

2010년 7급 지방직

갑신정변, 동학 농민 운동, 갑오개혁이 공통적으로 추진한 개혁 방안으로 옳은 것은?

① 상공업의 진흥
② 군주제의 폐지
③ 토지 제도의 개혁
④ 문벌의 타파와 인재의 등용

77 0875

2013년 9급 국가직

다음 기구에서 추진한 개혁 내용으로 옳은 것은?

> 총재 1명, 부총재 1명, 그리고 16명에서 20명 사이의 회의원으로 구성되었다. 이밖에 2명 정도의 서기관이 있어서 활동을 도왔고, 또 회의원 중 3명이 기초 위원으로 선정되어 의안의 작성을 책임졌다. 총재는 영의정 김홍집이 겸임하고, 부총재는 내아문독판으로 회의원인 박정양이 겸임하였다.

① 은 본위 화폐 제도를 실시하였다.
② 의정부와 삼군부의 기능을 회복하였다.
③ 양전 사업을 실시하여 지계를 발급하였다.
④ 재판소를 설치하여 사법권과 행정권을 분리시켰다.

78 0876

2017년 7급 국가직

밑줄 친 '이 내각'의 재정 개혁안으로 옳은 것은?

> 이 내각의 개혁 정책은 초정부적 비상 기구인 군국기무처를 중심으로 추진되었다. 당시 군국기무처에는 박정양, 유길준 등의 개화 인사들이 참여하여 개혁 정책을 결정하였다.

① 모든 재정은 호조에서 통할하도록 한다.
② 국가 재정을 탁지아문의 관할로 일원화시키도록 한다.
③ 궁내부 산하의 내장원에서 광산, 홍삼 사업 등의 재정을 관할하도록 한다.
④ 국가 재정은 탁지부에서 전관하고, 예산과 결산을 국민에게 공표하도록 한다.

79 0877

2016년 9급 지방직

다음 내용이 포함된 개혁에 대한 설명으로 옳지 않은 것은?

> • 공·사 노비 제도를 모두 폐지하고, 인신매매를 금지한다.
> • 연좌법을 폐지하여 죄인 자신 외에는 처벌하지 않는다.
> • 과부의 재혼은 귀천을 막론하고 그 자유에 맡긴다.

① 중국 연호의 사용을 폐지하였다.
② 독립 협회 활동의 영향을 받았다.
③ 군국기무처의 주도 하에 추진되었다.
④ 동학 농민 운동의 요구를 일부 수용하였다.

76 0874

④ 갑신정변, 동학 농민 운동, 갑오개혁에서는 공통적으로 문벌의 타파와 능력에 따른 인재 등용을 개혁 방안에 담아 추진하였다.

오답 분석

① 상공업의 진흥을 위해 식산흥업 정책을 실시하여 근대적 공장과 회사 등을 설립한 것은 광무개혁이다.
② 갑신정변, 동학 농민 운동, 갑오개혁은 모두 군주제의 폐지를 주장하지 않았다.
③ 토지 제도의 개혁은 동학 농민 운동에서만 제기된 개혁안이다. 지배층이 추진하거나 국가가 추진한 개혁에서 토지의 재분배는 본격적으로 거론된 적이 없다. 또한 갑신정변, 광무개혁 등에서는 지주의 권한을 인정한 상태에서 지조법 개혁이나 근대적 토지 소유권 확립 등이 추진되었다.

정답 ④

77 0875

제시문은 군국기무처에 대한 설명으로 제1차 갑오개혁의 내용을 고르는 문제이다.

① 제1차 갑오개혁 때 신식 화폐 장정을 제정하여 은 본위 제도를 채택·시행하였다.

오답 분석

② 흥선 대원군은 1864년(고종 1)에 의정부의 기능을 회복시켰으며, 1865년(고종 2)에 비변사를 폐지하고, 삼군부를 부활시켜 군무를 처리하게 하였다.
③ 대한 제국에서 추진한 광무개혁의 내용이다. 정부는 조세 수입 증대 및 근대적인 토지 소유권 확립을 목적으로 양전 사업을 실시하고 지계를 발급하였다. 그러나 이는 완료되지 못하고 중단되었다.
④ 제2차 갑오개혁의 내용이다. 제2차 김홍집·박영효 연립 내각은 재판소를 설치하여 사법권을 분리 독립함으로써 지방관의 권한을 축소하였다.

정답 ①

78 0876

제시문의 '이 내각'은 제1차 김홍집 내각으로, 이 내각에서 군국기무처를 설치하여 추진한 개혁은 제1차 갑오개혁(1894. 6.~1894. 11.)이다.

② 제1차 갑오개혁에서는 탁지아문을 중심으로 재정의 일원화가 추진되었다.

오답 분석

① 갑신정변(1884) 당시 발표된 14개조 혁신 정강의 내용이다.
③ 대한 제국이 추진한 광무개혁(1896~1904)의 내용이다. 광무개혁은 재정의 일원화에 역행하는 입장을 가지고 있었으며, 황실 재정을 분리시키기 위해 내장원을 설치하였다.
④ 관민 공동회에서 결의(1898. 10.)한 헌의 6조의 내용이다.

정답 ②

79 0877

제시문은 제1차 갑오개혁(1894. 6.~1894. 11.) 때의 개혁 법령이다.

② 독립 협회는 제1차 갑오개혁 이후인 1896년 7월에 창립되었다. 갑신정변 실패 이후 미국으로 망명했다가 귀국한 서재필을 중심으로 개화 지식인과 관료 및 시민 계층 등 각계각층의 신흥 사회 계층이 참여하여 독립 협회를 발족하였다.

오답 분석

① 제1차 갑오개혁에서는 중국의 연호를 폐지하고 개국 기년의 사용을 의무화하였으며, 경무청을 신설하고 탁지아문을 설치하여 재정을 일원화하였다. 이 밖에도 은 본위 화폐 제도 마련, 도량형 통일, 신분제 폐지, 조혼 금지, 고문·연좌법 폐지 등이 이루어졌다.
③ 제1차 갑오개혁은 정부에 의해 설치된 군국기무처의 주도 하에 추진되었다. 군국기무처는 정치와 군사 사무를 관장하던 최고 정책 결정 기관이었다.
④ 제1차 갑오개혁은 동학 농민군의 요구를 일부 수용하여 공·사 노비 제도를 폐지하고, 과부의 재가를 허용하는 조항을 포함하였다.

정답 ②

80 0878

2014년 7급 지방직

다음은 홍범 14조의 조항 일부이다. 이 발표에 따라 추진된 것만을 〈보기〉에서 모두 고른 것은?

- 청에 의존하는 생각을 버리고, 자주 독립의 기초를 세운다.
- 종실, 외척의 정치 간섭을 용납하지 않는다.
- 조세의 징수와 경비 지출은 모두 탁지아문의 관할에 속한다.
- 문벌을 가리지 않고 인재 등용의 길을 넓힌다.

보기
㉠ 재판소를 설치하여 사법권을 행정부로부터 독립시켰다.
㉡ 지방의 군현제를 폐지하고 전국을 23부로 나누었다.
㉢ 은 본위 제도와 조세 금납화를 실시하였다.
㉣ 지방의 영세 상인인 보부상을 지원하기 위하여 상무사를 조직하여 상업 특권을 부여하였다.

① ㉠, ㉡, ㉢   ② ㉡, ㉢
③ ㉠, ㉡   ④ ㉡, ㉢, ㉣

81 0879

2012년 9급 법원직

다음 칙령에 의해 성립된 내각에서 추진했던 개혁으로 옳은 것은?

제1호 내가 재가한 공문 식제(式制)를 반포하게 하고 종전의 공문 반포 규례는 오늘부터 폐지하며 승선원, 공사청도 아울러 없애도록 한다.
제3호 내가 동지날에 백관들을 거느리고 태묘(太廟)에 나아가 우리나라가 독립하고 모든 제도를 이정(釐正)한 사유를 고하고, 다음 날에는 태사(太社)에 나아가겠다.
제4호 박영효를 내무대신으로, 서광범을 법무대신으로 … (중략) … 삼도록 하라고 명하였다.
– 이상은 총리대신 김홍집, 외무대신 김윤식, 탁지대신 어윤중, 학무대신 박정양이 칙령을 받았다.

① 과거 제도를 폐지하였다.
② 전국을 23부로 재편하였다.
③ 재정을 탁지아문으로 일원화시켰다.
④ 서울에 친위대, 지방에 진위대를 설치하였다.

82 0880

2018년 7급 국가직

군국기무처가 폐지되고 시행된 제2차 갑오개혁의 내용으로 옳은 것은?

① 교육 입국 조서를 반포하였다.
② 종래의 6조를 8아문으로 개편하였다.
③ 경무청을 신설하여 경찰 제도를 도입하였다.
④ 궁내부를 신설하여 왕실과 정부 사무를 분리하였다.

83 0881

2019년 9급 법원직

다음 밑줄 친 '개혁'의 내용으로 옳은 것을 〈보기〉에서 고른 것은?

청·일 전쟁에서 승기를 잡은 일본은 조선의 내정에 적극 간섭하기 시작하였다. 흥선 대원군을 물러나게 하고 군국기무처를 폐지하였으며, 김홍집·박영효 연립 내각을 구성하고 개혁을 단행하였다.

보기
ㄱ. 과거제를 폐지하였다.
ㄴ. 재판소를 설치하였다.
ㄷ. 8도를 23부로 개편하였다.
ㄹ. 친위대, 진위대를 설치하였다.

① ㄱ, ㄴ   ② ㄱ, ㄹ
③ ㄴ, ㄷ   ④ ㄷ, ㄹ

80 0878

홍범 14조는 제2차 갑오개혁(1894. 11.~1895. 5.)을 추진하며 반포되었다.

㉠ 제2차 갑오개혁을 통해 재판소가 설치되어 사법권이 행정권에서 분리되어 지방관의 권한이 축소되었다.
㉡ 제2차 갑오개혁을 통해 지방의 군현제가 폐지되고 지방 제도가 8도에서 23부로 개편되었다.

오답 분석

㉢ 제1차 갑오개혁(1894. 6.~1894. 11.) 때 추진된 내용이다.
㉣ 광무개혁 때 추진된 내용이다.

정답 ③

81 0879

칙령의 내용 중 박영효를 내무대신으로 삼는다는 내용을 통해 김홍집과 박영효의 연립 내각이 추진한 제2차 갑오개혁임을 확인할 수 있다.

② 제2차 갑오개혁에서는 8도를 23부 337군으로 개편하였다.

오답 분석

①, ③ 제1차 갑오개혁 시기에 추진된 개혁의 내용이다.
④ 을미개혁 시기에 추진된 군제 개혁이다.

정답 ②

82 0880

① 교육 입국 조서는 제2차 갑오개혁 추진 시기인 1895년에 발표되었다.

오답 분석

② 의정부 산하의 6조를 8아문으로 개편한 것은 제1차 갑오개혁 때이다. 제2차 갑오개혁 때는 의정부와 8아문 체제를 내각과 7부로 개편하였다.
③ 경무청을 신설하여 근대식 경찰 제도를 도입한 것은 제1차 갑오개혁 때이다.
④ 궁내부를 신설하여 왕실과 정부의 사무를 분리한 것은 제1차 갑오개혁 때이다.

정답 ①

83 0881

밑줄 친 '개혁'은 제2차 갑오개혁에 해당한다.

ㄴ. 제2차 갑오개혁 시기에는 지방관이 장악하고 있던 사법권의 독립을 보장하기 위한 조처로서 「재판소 구성법」과 「법관 양성소 규정」이 공포되고 재판소가 설치되었다.
ㄷ. 제2차 갑오개혁 시기에 종래의 도·부·목·군·현 등의 대소 행정 구역이 폐합되어 전국 8도가 23부 337군으로 개편되었다.

오답 분석

ㄱ. 과거제 폐지는 제1차 갑오개혁의 내용이다.
ㄹ. 을미개혁 시기에 중앙군인 친위대와 지방군인 진위대가 설치되었다.

정답 ③

84 0882   2018년 7급 지방직

갑오개혁 때 시행된 내용으로 옳지 않은 것은?

① 신식 화폐 발행 장정을 반포하여 일본 화폐의 유통을 허용
하였다.

② 군현제와 8도제를 폐지하여 전국을 23부 337군으로 재편
하였다.

③ 내장원에서 광산, 홍삼 전매 등을 관장하였다.

④ 사법권을 행정부에서 독립시켰다.

85 0883   2011년 9급 법원직

(가), (나) 시기에 목격될 수 있는 장면으로 옳은 것은?

```
• 농민군 이끌고 고부 관아 습격 → 군수 추방, 아전 징벌
• 정부, 안핵사로 이용태 파견 → 동학 농민군 탄압
```

(가) ↓

```
• 6조를 8아문으로 개편        • 과거제 폐지
• 은 본위 화폐제 실시         • 도량형 통일
```

(나) ↓

```
• 태양력 사용               • 종두법 시행
• 소학교 설치               • '건양'이라는 새 연호 사용
```

① (가): 농민의 요구를 반영한 개혁을 시도하려는 교정청 관
리들

② (가): 일본이 요동 반도를 차지하는 것을 포기하라고 권고하
는 삼국의 대표들

③ (나): 단발령 공포에 분노하여 항일 의병을 일으키는 유생
과 민중들

④ (나): 동아시아의 세력 확장을 위해 거문도를 불법 점령한
영국 군인들

86 0884   2018년 9급 서울시

〈보기〉의 사건을 시간 순으로 바르게 나열한 것은?

```
보기
㉠ 아관 파천
㉡ 전주 화약 체결
㉢ 홍범 14조 발표
㉣ 군국기무처 설치
```

① ㉠ → ㉢ → ㉡ → ㉣

② ㉡ → ㉣ → ㉢ → ㉠

③ ㉢ → ㉠ → ㉣ → ㉡

④ ㉣ → ㉡ → ㉠ → ㉢

87 0885   2013년 9급 법원직

다음과 같은 개혁이 단행될 수 있었던 배경으로 옳은 것은?

```
제1조 국내의 육군을 친위와 진위 2종으로 나눈다.
제2조 친위는 경성에 주둔하여 왕성 수비를 전적으로 맡는다.
제3조 진위는 부(府) 혹은 군(郡)의 중요한 지방에 주둔하
      여 지방 진무와 변경 수비를 전적으로 맡는다.
```

① 명성 황후 시해

② 러 · 일 전쟁의 발발

③ 통리기무아문의 설치

④ 동학 농민 운동의 전개

84 0882

③ 내장원에서 광산, 홍삼 전매 등을 관장하게 된 것은 대한 제국 시기에 시행된 광무개혁을 통해서이다. 광무개혁 때는 광산 개발 사업과 홍삼 전매, 화폐 주조 등의 수입을 내장원으로 이관하여 황실 재정을 확대하였다.

오답 분석

① 제1차 갑오개혁 시기 정부는 일본 화폐 유통과 은 본위 화폐 제도를 골자로 하는 신식 화폐 발행 장정을 반포하였다. 그 결과 일본 화폐의 유통이 허용되어 심각한 재정의 예속화를 초래하였다.
② 제2차 갑오개혁 시기에 행정 구역을 정비하여 8도가 23부로 개편되었다.
④ 제2차 갑오개혁 시기에는 재판소를 설치하고 재판관 양성소를 구성하는 등 사법권의 분리 조치가 이루어졌다.

정답 ③

85 0883

자료의 (가)는 고부 농민 봉기(1894. 1.)와 제1차 갑오개혁(1894. 6.) 사이, (나)는 제1차 갑오개혁(1894. 6.)과 을미개혁(1895. 8.) 사이의 시기이다.

① 고부 봉기 이후 동학 농민 운동의 1차 봉기가 발생하였으며, 청·일군이 출병하자 정부와 동학 농민군 사이에 전주 화약이 맺어졌다. 정부는 이후 일본 정부에 철병을 요구하였으나, 일본은 조선의 내정 개혁을 이유로 철병을 거부하고 청과 전쟁을 일으켰다. 이에 고종이 1894년 6월에 개혁의 단행을 지시하자, 정부는 교정청을 설치하고 위원들을 임명하였다.

오답 분석

② 삼국 간섭은 (나) 시기의 일이다. 일본은 청·일 전쟁에서 승리한 이후 시모노세키 조약을 통해 청으로부터 랴오둥(요동) 반도와 타이완을 할양받았다. 그러나 이후 프랑스·러시아·독일의 요구에 따라 일본은 요동 반도를 청에 다시 반환하게 되었다.
③ 을미사변으로 명성 황후가 시해되고, (나) 이후 을미개혁 때 단발령이 시행되자, 이에 반발하여 유인석 등을 중심으로 을미의병이 일어났다.
④ 러시아의 세력 팽창을 견제하기 위하여 영국이 거문도 사건을 일으킨 시기는 1885년부터 1887년 사이에 해당한다.

정답 ①

86 0884

② 순서대로 나열하면 ⓒ 전주 화약 체결(1894. 5.) → ⓔ 군국기무처 설치(1894. 6.) → ⓒ 홍범 14조 발표(1894. 12.) → ① 아관 파천(1896)이 된다.

ⓒ 동학 농민 운동의 제1차 봉기 결과 1894년 5월에 전주 화약이 체결되었다.
ⓔ 제1차 갑오개혁 당시인 1894년 6월에 교정청이 폐지되고 군국기무처가 설치되었다.
ⓒ 제2차 갑오개혁이 추진될 당시인 1894년 12월에 홍범 14조가 반포되었다.
① 을미사변 이후 1896년 2월에 고종은 아관 파천을 단행하였다.

정답 ②

87 0885

제시문의 친위대와 진위대가 설치된 것은 을미개혁 시기의 일이다.

① 삼국 간섭으로 조선에서 입지가 약해진 일본은 친미·친러 세력을 제거하고 친일 내각을 수립하기 위하여 경복궁에서 명성 황후를 시해하는 을미사변(양력 1895년 10월 8일, 음력 8월 20일)을 일으켰다. 이후 친일적 성격의 제4차 김홍집 내각이 수립되어 을미개혁을 단행하였다.

오답 분석

② 러·일 전쟁은 1904년 2월에 일어났으므로, 1895년에 추진된 을미개혁의 원인이 될 수는 없다.
③ 통리기무아문은 정부의 개화 정책 추진 과정에서 1880년 12월에 설치된 개혁 기구이다.
④ 1894년 1월에 고부 봉기를 기점으로 3월에 동학 농민 운동(1차 봉기)이 일어났다. 이후 2차 봉기 때 동학 농민군이 관군과 일본군에게 패하면서, 동학 농민 운동은 실패로 돌아갔다. 을미개혁은 을미사변 이후 1895년 8월부터 본격적으로 실시되었기 때문에, 동학 농민 운동이 직접적 계기가 된 것은 아니다.

정답 ①

88 0886

2014년 7급 국가직

다음 법령을 만든 개화파 내각의 개혁으로 옳은 것을 〈보기〉에서 모두 고르면?

> 제1조 소학교는 아동의 신체 발달에 맞추어 인민 교육의 기초와 생활상 필요한 보통 지식과 기능을 가르치는 것을 목적으로 한다.
>
> 제2조 소학교는 관립 소학교·공립 소학교·사립 소학교 등의 3종이며, 관립 소학교는 정부 설립, 공립 소학교는 부(府) 혹은 군(郡) 설립, 사립 소학교는 사립 학교 설립과 관계된 것을 말한다. – 소학교령

> **보기**
> ㉠ 건양이라는 연호를 제정하였다.
> ㉡ 조·일 무역 규칙을 개정하였다.
> ㉢ 서울에 친위대를, 지방에 진위대를 두었다.
> ㉣ 단발령을 폐지하고 의정부를 다시 설치하였다.

① ㉠, ㉡
② ㉠, ㉢
③ ㉡, ㉣
④ ㉢, ㉣

89 0887

2016년 7급 지방직

아관 파천 기간에 사람들이 볼 수 있었던 사실로 적절한 것은?

① 청량리행 전차를 운행하는 기사
② 한성순보를 배부하는 관리
③ 대한천일은행에서 근무하는 은행원
④ 백동화를 주조하는 주전관

90 0888

2012년 9급 법원직

밑줄 친 회원들이 소속된 단체의 개혁 활동으로 옳은 것은?

> 회원 김정현이 급히 배재 학당으로 가서 교사 이승만 및 학도 40~50인과 함께 경무청 앞에 갔고 다른 회원들은 백목전 도가(都家)*에 모여 윤시병을 만민 공동회 회장으로 삼아 경무청 앞으로 갔다. 이때 인민들이 다투어 모인 자가 수천 인이었다. – 『대한계년사』
>
> *도가: 상인들이 모여 의논하는 집

① 해외 독립군 기지 건설 운동을 벌였다.
② 헌의 6조를 결의하고 국왕에게 건의하였다.
③ 을사조약 체결을 비판하는 사설을 발표하였다.
④ 일본의 황무지 개간권 요구 거부 운동을 벌였다.

91 0889

2022년 9급 국가직

(가) 단체에 대한 설명으로 옳은 것은?

> 아관 파천 이후 러시아의 영향력이 강화되고 열강의 이권 침탈이 가속화되었다. 이러한 가운데 서재필 등은 ___(가)___ 을/를 만들었다. ___(가)___ 은/는 고종에게 자주독립을 굳건히 하고 내정 개혁을 단행하라는 내용이 담긴 상소문을 제출하였으며, 만민 공동회를 개최하여 외국의 간섭과 일부 관리의 부정부패를 비판하였다.

① 교육 입국 조서를 작성해 공포하였다.
② 영은문이 있던 자리 부근에 독립문을 세웠다.
③ 개혁의 기본 강령인 홍범 14조를 발표하였다.
④ 일본에 진 빚을 갚자는 국채 보상 운동을 일으켰다.

88 0886

제시문은 을미개혁(1895) 당시 제정·공포한 소학교령의 내용이다.

㉠ 을미개혁 때에는 갑오개혁 때 사용하던 '개국 기년'을 폐지하고 '건양'이라는 연호를 제정하였다.

㉢ 을미개혁 때 서울에 친위대, 지방에 진위대가 설치되었다.

오답 분석

㉡ 1876년 7월에 체결된 조·일 무역 규칙(조·일 통상 장정)은 1883년 7월에 개정되었다.

㉣ 을미개혁 때 단발령을 공포하여 상투를 자르게 하고 망건의 착용을 금지하였다. 그러나 아관 파천(1896) 이후 을미개혁에서 단행된 단발령을 비롯한 새로운 제도 대부분이 중단되었으며, 의정부가 다시 설치되었다.

정답 ②

89 0887

아관 파천은 1896년 2월에 일어났으며, 1897년 2월에 고종이 경운궁(덕수궁)으로 환궁하면서 마무리되었다.

④ 백동화는 1892년부터 1904년까지 주조되어 많은 수량이 유통되었다.

오답 분석

모두 아관 파천 기간에 볼 수 없었던 모습이다.

① 전차는 1899년에 청량리에서 서대문에 이르는 구간이 개통되었다.

② 한성순보는 박문국에서 1883년부터 1884년까지 간행되었다.

③ 대한천일은행은 1899년에 세워진 민족 은행이었다.

정답 ④

90 0888

제시문에서 언급된 만민 공동회 회장에 대한 설명으로 보아 이 단체가 독립 협회임을 알 수 있다.

② 갑신정변의 참여자로 미국에 망명했던 서재필은 을미사변 이후 귀국하여 서구 시민 사상에 입각한 계몽 활동을 전개하였다. 그는 아관 파천 이후 정부의 지원으로 1896년 4월에 독립신문을 창간하였고, 1896년 7월에 개화 지식인과 관료 및 시민 계층 등 각계각층의 신흥 사회 세력을 배경으로 하여 독립 협회를 발족하였다. 독립 협회는 근대 민족주의 사상과 민주주의 의식 형성에 기여하였으며, 이후의 근대적 민족 운동의 기반이 되었다. 또한 만민 공동회를 개최하여 정부의 실정을 비판하였으며, 1898년 10월 말에는 정부와 공동으로 관민 공동회를 열어 헌의 6조를 결의하고 이를 국왕에게 건의하여 재가를 얻기도 하였다.

오답 분석

① 1907년에 안창호가 중심이 되어 결성한 비밀 결사인 신민회와 관련된 설명이다. 신민회는 만주 삼원보를 중심으로 독립운동 기지를 건설하였다.

③ 장지연은 을사늑약 이후 황성신문에 '시일야방성대곡'을 발표하였다.

④ 일제의 황무지 개간권 요구를 철회시킨 단체는 보안회이다.

정답 ②

91 0889

(가) 단체는 1896년에 창설된 독립 협회이다.

② 독립 협회는 1897년에 청 사신을 환영하던 영은문을 헐고 독립문을 지었다. 같은 해 5월에는 청 사신의 접대 장소였던 모화관을 개수하여 독립관을 건립했다. 그 후 그곳을 독립 협회의 사무실 및 토론회관으로 사용했다.

오답 분석

① 교육 입국 조서는 2차 갑오개혁 시기인 1895년 2월 고종이 조칙으로 발표한 조서이며, 독립 협회와는 관련성이 없다.

③ 홍범 14조는 1894년 12월 12일(양 1895년 1월 7일)에 2차 갑오개혁을 추진하면서 공포한 내용으로 독립 협회가 창설되기 전에 발표되었다.

④ 국채 보상 운동은 1907년 대구를 중심으로 확대되었으며, 독립 협회는 1898년에 해산하였다.

정답 ②

92 0890

㉠ 단체에 대한 설명으로 옳은 것은?

> ___㉠___ 은/는 만민 공동회를 개최하여 외국 열강의 내정 간섭을 비판하였다. 또 정부 관리들까지 참석한 관민 공동 회를 열어 국정 개혁에 관한 내용을 논의하였다. 이를 통해 각부 대신과 중추원 의장이 합동으로 서명 날인하지 않은 조약을 시행하지 말 것, 전국 재정을 탁지부로 하여금 관리 하게 하고 예산과 결산에 관한 사항을 인민에게 공표할 것 등의 요구가 담긴 헌의 6조를 채택하였다.

① 국정의 기본 강령인 홍범 14조를 발표하였다.
② 러시아가 절영도 조차를 요구하자 이에 반대하였다.
③ 경제적 자주권을 지키기 위해 국채 보상 운동을 일으켰다.
④ 황해도 일대에 방곡령을 내려 외국에 곡물을 유출하지 못 하게 하였다.

93 0891

다음 주장이 발표된 배경을 〈보기〉에서 고른 것은?

> • 재물정사(財物政事)는 비유컨대 사람의 온몸의 피와 백과 같으니 그 혈맥을 보호하여 기르는 것은 각각 자기들에게 있지 남이 보호하여 주고 길러주지 못한다.
> • 국내에 금·은·석탄광이 있으면 마땅히 스스로 취하여 그 이익을 얻을 것이지 하필 외국에 넘겨 본국은 날로 가 난케하고 타인으로 하여금 부강케 하리오.
> • 대한 토지는 선왕의 크신 업이요 1천 2백만 인구의 사는 땅이니 한 자, 한 치라도 다른 나라 사람에게 빌려주면 이 는 곧 선왕의 죄인이요 1천 2백만 동포 형제의 원수이다.

> **보기**
> ㄱ. 일본이 황무지 개간권을 요구하였다.
> ㄴ. 러시아가 절영도의 조차를 요구하였다.
> ㄷ. 프랑스와 독일이 광산 채굴권을 요구하였다.
> ㄹ. 일본이 시설 개선의 명목으로 차관을 제공하였다.

① ㄱ, ㄴ   ② ㄱ, ㄹ   ③ ㄴ, ㄷ   ④ ㄷ, ㄹ

94 0892

다음 연설문과 가장 관련이 깊은 역사적 사실은?

> 나는 대한의 가장 천한 사람이고 무지몰각합니다. 그러나 충군애국의 뜻은 대강 알고 있습니다. 이에 나라에 이롭고 백성을 편안하게 하는 길은 관과 민이 합심한 연후에야 가 능하다고 생각합니다.

① 우정국 개국 축하연을 계기로 정변을 일으켰다.
② 유교 문화를 수호하고, 서양과 일본 문화를 배척하였다.
③ '헌의 6조'를 고종에게 올려 시행 약속을 받았다.
④ 구식 군대가 신식 군대에 비해 차별을 받게 되자 폭동을 일 으켰다.

95 0893

다음 건의문이 결의된 이후에 일어난 사실로 옳은 것은?

> 1. 외국인에게 의지하지 말고, 관·민이 힘을 합하여 전제 황권을 견고하게 할 것
> 2. 외국과의 이권에 관한 조약은 각 대신과 중추원 의장이 합동 날인하여 시행할 것
> 3. 국가 재정은 탁지부에서 전관하고, 예산과 결산을 국민 에게 공포할 것
> 4. 중대 범죄를 공판하되, 피고의 인권을 존중할 것
> 5. 칙임관을 임명할 때에는 정부의 자문을 받아 다수의 의 견에 따를 것
> 6. 정해진 규정을 실천할 것

① 서재필을 중심으로 민중 계몽을 위한 독립신문이 창간되 었다.
② 고종이 러시아 공사관으로 거처를 옮기게 되었다.
③ 황제권 강화 작업의 일환으로 원수부가 설치되었다.
④ 군국기무처를 중심으로 개혁이 추진되었다.

92 0890

㉠ 단체는 1896년에 창립하여 1898년에 해산한 독립 협회이다.

② 독립 협회는 1898년 초에 러시아의 절영도 조차 요구를 만민 공동회를 통해 좌절시켰다.

오답 분석

① 홍범 14조는 제2차 갑오개혁을 추진하던 1894년 12월에 정부에 의해 제정되었다. 독립 협회와는 관련이 없다.

③ 국채 보상 운동은 1907년에 대구에서 추진되어 전국으로 확대되었으며, 1898년에 해산한 독립 협회와는 관련이 없다.

④ 황해도 일대에 방곡령이 내려진 시기는 1889년으로 독립 협회 결성 이전에 해당한다.

정답 ②

93 0891

자료는 독립 협회의 이권 수호 운동(자주 국권 운동)과 관련된 내용이다.

ㄴ, ㄷ. 독립 협회는 아관 파천 이후 열강의 이권 침탈이 가속화되자 러시아의 절영도 조차 요구를 저지시키는 한편, 일본의 석탄고 기지를 반환하게 하였다. 또한 만민 공동회를 열어 러시아의 군사 교련단과 재정 고문단을 철수시키고, 목포, 증남포 해역의 토지 매도를 저지시켰다. 프랑스, 독일의 광산 채굴권 요구도 이 시기에 중단되었다.

오답 분석

ㄱ. 1904년에 러 · 일 전쟁 중 일본은 황무지 개간권을 조선 정부에 요구하였으며, 이러한 일본의 요구는 보안회의 시위와 농광회사의 활동으로 저지되었다.

ㄹ. 일본은 한 · 일 의정서 체결 이후 시설 개선 명목으로 대한 제국 정부에 막대한 차관 도입을 강요하였으며, 이를 바탕으로 식민지 기반 시설을 충족시킬 수 있었다.

정답 ③

94 0892

제시문은 1898년 10월에 열린 관민 공동회에서 백정 출신 박성춘이 발표한 연설문이다.

③ 독립 협회는 관민 공동회를 통해 헌의 6조를 결의하여 고종의 재가를 받았다.

오답 분석

① 갑신정변(1884)에 대한 내용이다.

② 위정척사 운동에 대한 내용이다.

④ 임오군란(1882)에 대한 내용이다.

정답 ③

95 0893

제시문은 관민 공동회(1898)에서 결의된 헌의 6조의 내용이다. 독립 협회는 진보적인 관료들을 중심으로 개혁 내각을 수립하고 민의를 반영할 수 있는 민선 의회를 설립해, 국정 전반에 걸쳐 근대적 자강 개혁을 추진하려고 하였다. 독립 협회는 이를 위해 만민 공동회에 관리들을 참여시켜 관민 공동회를 개최하였다.

③ 고종은 자주 독립을 지키고 근대 국가로서의 위상을 정립하려는 시도 하에 군사력 강화를 목적으로 원수부(1899~1904)를 설치하고 황제 호위 부대를 증강하였다.

오답 분석

① 서재필은 자유주의 · 민주주의를 보급하고 국민의 힘으로 완전한 독립 국가를 이루려는 목적에서 1896년에 정부의 지원을 받아 독립신문을 창간하였다.

② 을미사변 이후 신변에 불안을 느끼던 고종은 1896년 2월에 경복궁을 탈출하여 러시아 공사관으로 처소를 옮기는 아관 파천을 단행하였다.

④ 군국기무처를 중심으로 제1차 갑오개혁(1894. 6.~1894. 11.)이 추진되었다.

정답 ③

96 0894

2020년 9급 지방직

다음과 같은 주제로 토론회를 개최한 단체에 대한 설명으로 옳은 것은?

일자	주제
1897.8.29.	조선에 급선무는 인민의 교육
1897.9.5.	도로 수정하는 것이 위생에 제일 방책
⋮	⋮
1897.12.26.	인민의 귀로 듣고 눈으로 보는 것을 개명케 하려면 우리나라 신문지며 다른 나라 신문지들을 널리 반포하는 것이 제일 긴요함

① 헌정 연구회의 활동을 계승하여 월보를 간행하고 지회를 설치하였다.

② 국민 계몽을 위해 회보를 발간하고 만민 공동회 등 대규모 집회를 열었다.

③ 보부상 중심의 단체로 황권 강화를 통한 부국강병을 행동 지침으로 삼았다.

④ 일본이 황무지 개간을 구실로 토지를 약탈하려 하자 대중적 반대 운동을 벌였다.

97 0895

2013년 9급 법원직

다음 주장을 펼친 단체에 대한 설명으로 옳은 것은?

나라라 하는 것은 사람을 두고 이름이니, 만일 빈 강산에 초목금수만 있고 해와 달만 내왕하는 곳이면 어찌 나라라고 칭하리오. 그러므로 사람이 토지에 의거하여 나라를 세울 때 임금과 정부와 백성이 동심 합력하여 나라를 세웠나니, …… 백성의 권리로 나라가 된다고 말하는 것이요. …… 해외 강국이 와서 나라를 빼앗는데 종묘사직과 임금과 나라 이름을 그대로 두고 사람의 권리와 토지 이익만 가져가고 또 총명 강대한 백성을 옮겨다 가두고 주장을 하나니, …… 관민이 합심하여 정부와 백성의 권리가 절반씩 함께 한 후에야 대한이 억만 년 무강할 줄로 나는 아노라. - 1898. 12. 15.

① 대성 학교와 오산 학교를 설립하였다.

② 일제의 황무지 개간권 요구에 반대하였다.

③ 러시아의 절영도 조차 요구를 저지하였다.

④ 월보를 간행하고 고종 퇴위 반대 운동을 벌였다.

98 0896

2011년 9급 법원직

(가), (나)에 대한 설명으로 옳은 것은?

> (가) • 청에 잡혀간 흥선 대원군을 곧 돌아오게 하며, 종래의 청에 대하여 행하던 조공의 허례를 폐지한다.
> • 지조법을 개혁해 관리의 부정을 막고 백성을 보호하며, 국가 재정을 넉넉하게 한다.
> • 혜상공국을 혁파한다.
> • 대신과 참찬은 의정부에 모여 정령을 의결하고 반포한다.
> (나) • 외국인에게 기대하지 아니하고 관민이 동심 협력하여 전제 황권을 공고히 할 것.
> • 국가 재정은 탁지부에서 모두 관리하고 예산, 결산을 국민에게 공포할 것.
> • 지방관을 임명할 때에는 정부에 그 뜻을 물어 중의에 따를 것.
> • 중대 범죄를 공판하되, 피고의 인권을 존중할 것.

① (가): 서구식 민주 공화국 설립을 목표로 활동하였다.

② (가): 집권층의 요구로 파병된 청 병력에 의해 좌절되었다.

③ (나): 일제의 화폐 정리 사업에 저항하였다.

④ (나): 흥선 대원군의 재집권으로 타격을 받았다.

99 0897

2016년 9급 서울시

대한 제국의 성립 과정에 대한 설명으로 가장 옳지 않은 것은?

① 을미사변 이후 위축된 국가 주권을 지키고 고종의 위상을 높여야 한다는 여론이 높아졌다.

② 고종은 러시아 공사관에 있는 동안 경운궁을 증축하였다.

③ 고종은 연호를 광무라 하고 경운궁에서 황제 즉위식을 거행하였다.

④ 대한 제국의 헌법이라 할 수 있는 대한국 국제를 발표하였다.

96 0894

제시문은 1897년 독립 협회가 주최한 토론회와 관련된 자료이다.

② 독립 협회는 1898년 3월부터 만민 공동회를 개최하였으며, 중추원 관제를 통한 입헌 군주제의 수립을 주장하였다.

오답 분석

① 1906년 설립된 대한 자강회에 대한 설명이다.
③ 1898년 보부상 중심의 황국 협회가 만들어졌다. 황국 협회가 해산된 이후 정부는 1899년 보부상의 조직으로 상무사를 설립하였다.
④ 1904년에 결성된 보안회에 대한 설명이다.

정답 ②

97 0895

제시문에서 1898년이라는 연도와 관민의 합심이 언급된 것을 통해 독립 협회의 주장임을 알 수 있다.

③ 독립 협회는 러시아의 이권 침탈을 규탄하였으며, 그들의 절영도 조차 요구를 저지하는 한편, 목포와 증남포의 해역 토지 매도 요구도 무산시켰다.

오답 분석

① 1907년에 조직된 신민회의 활동에 해당한다.
② 1904년에 결성된 보안회의 활동에 해당한다.
④ 1906년에 결성된 대한 자강회의 활동에 해당한다.

정답 ③

98 0896

(가)는 1884년 갑신정변 당시 개화당이 발표한 14개조 혁신 정강, (나)는 1898년 독립 협회가 관민 공동회에서 결의한 헌의 6조에 해당한다.

② 갑신정변은 민씨 정권의 요청으로 청군이 개입하여, 3일 만에 실패로 끝나고 말았다. 청군은 1,500명의 병력을 두 부대로 나누어 창덕궁의 돈화문과 선인문으로 각각 공격하였다. 외위를 담당한 친군영인 전후영의 조선군이 용감히 응전하였으나 패퇴하였고, 중위를 담당한 일본군은 제대로 대응하지 않고 철병하였다.

오답 분석

① 갑신정변을 일으킨 개화당은 민주 공화국의 수립이 아닌 입헌 군주제를 지향하였다.
③ 독립 협회는 1898년 12월에 해산되었으며, 화폐 정리 사업은 1905년에 추진되었다.
④ 흥선 대원군은 임오군란(1882)을 수습하기 위해 일시적으로 재집권하였으나, 민씨 정권의 요청으로 파견된 청군이 임오군란을 진압하면서 흥선 대원군을 청으로 압송하였고, 민씨 정권이 다시 집권하게 되었다.

정답 ②

99 0897

③ 고종이 황제 즉위식을 거행한 장소는 경운궁이 아닌 환구단이다. 제천 행사를 치르는 원구단 및 환구단과 같은 제단은 고려에 이어 조선에도 계승되었으나, 중기 이후 논의를 거쳐 제후국의 위상을 고려한다는 취지에서 폐지되었다. 고종은 1897년(광무 1) 대한 제국의 황제로 즉위하면서 환구단을 다시 건립하여 예를 치르고 경운궁(덕수궁)에서 집정하였다.

정답 ③

100 0898

대한 제국의 성립과 관련된 설명 중 옳지 않은 것은?

① 명성 황후가 시해된 후 신변의 위협을 느낀 고종은 러시아 공사관으로 피신하여 1년간 머물렀다.

② 러시아가 일본을 견제함으로써 한반도 내의 세력 균형이 이루어졌고, 이러한 국제 정세 속에서 대한 제국이 탄생하였다.

③ 고종이 경운궁을 증축하여 정궁으로 선택한 것은 이곳이 러시아 공사관과 가까운 곳이기 때문이었다.

④ 대한 제국의 헌법인 대한국 국제는 의회나 국민의 참정권 그리고 사법권 등에 대한 규정을 두었다.

⑤ 평양을 서경으로 높이고 풍경궁이라는 행궁을 건설하여 양경(兩京) 체제를 갖추었다.

101 0899

대한 제국 정부가 시행한 정책으로 옳은 것은?

① 별기군을 폐지하고 5군영을 복구하였다.

② 양전 사업을 시행하고자 양지아문을 설치하였다.

③ 통리기무아문을 설치하여 개화 정책을 추진하였다.

④ 화폐 제도를 은 본위제로 개혁하고자 신식 화폐 발행 장정을 공포하였다.

102 0900

다음 대한 제국에 대한 설명으로 옳은 것을 모두 고른 것은?

> ㉠ 과거와는 달리 목포, 군산, 원산을 스스로 개항하였다.
> ㉡ '대한국 국제'는 황제에게 육해군 통수권, 입법권, 행정권, 조약 체결권 등 모든 권한을 집중시켰다.
> ㉢ 두 차례에 걸쳐 토지 조사 사업을 실시하였고, 지계 발급 사업을 실시하였다.
> ㉣ 만국 우편 연합에 가입하고, 만국 박람회에 참여하였다.

① ㉠, ㉡

② ㉠, ㉡, ㉢

③ ㉡, ㉢, ㉣

④ ㉠, ㉡, ㉢, ㉣

103 0901

대한 제국의 근대화 사업에 대한 설명으로 가장 옳지 않은 것은?

① 토지 조사 사업을 시행하여 지계를 발급하였다.

② 서북 철도국을 설치해 경의철도 부설 사업을 추진했다.

③ 우편 학당, 전무 학당, 상공업 학교, 의학교, 광산 학교 등을 설립하였다.

④ 고종 대에 비변사를 설치하여 근대화 사업 전반을 관장하였다.

100 0898

고종은 아관 파천 1년 만인 1897년에 내외의 여론에 힘입어 경운궁(지금의 덕수궁)으로 환궁하였다. 이후 안으로는 외세의 간섭을 막고 자주적 국가 의식을 고양하기 위한 국민적 자각에 영향을 받고, 밖으로는 러시아 세력을 견제하려는 열강의 뒷받침에 영향을 받아 새로운 국가 수립을 추진하여 대한 제국이 성립되었다.

④ 대한 제국은 대한국 국제에서 독립 주권을 천명하였고 전제 군주권을 강화하고자 하였기 때문에, 의회나 국민의 참정권, 사법권 등에 대한 규정은 없었다.

정답 ④

101 0899

② 대한 제국 정부는 1898년에 양지아문을 설치하여 양전 사업을 추진하였다. 이후 양지아문은 1902년에 지계아문으로 통합되었다.

오답 분석

① 별기군을 폐지하고 5군영을 복구한 것은 임오군란 직후인 1882년 흥선 대원군에 의해서였다.
③ 통리기무아문은 1880년 12월에 민씨 정권에 의해 개혁 기구로 창설되었다.
④ 신식 화폐 발행 장정은 1차 갑오개혁 시기인 1894년에 공포되었다.

정답 ②

102 0900

ⓒ 고종은 황제 직속으로 법규 교정소를 설치하여 지금의 헌법에 해당하는 대한국 국제를 제정하였다. 만국 공법에 따라 제정한 대한국 국제에서 대한 제국은 세계 만국이 공인한 자주 독립국이며, 황제가 군 통수권, 입법권, 사법권 등 모든 권한을 가진다고 규정하였다.
ⓒ 대한 제국 정부는 1898년에서 1904년까지 토지 조사를 실시하였다. 첫 번째 단계에는 양지아문을 중심으로 임야를 포함한 토지 측량을 하였고, 두 번째 단계에는 지계아문을 중심으로 양전 사업과 지계 발급을 실시하였다.
ⓔ 대한 제국은 만국 공법을 바탕으로 국제 사회의 일원으로 인정을 받아 독립을 유지하려는 입장을 취하였다. 이에 따라 1900년에 파리의 만국 박람회에 참여하고 만국 우편 연합에 가입하였으며, 1903년에는 국제 적십자사에 가입하였다.

오답 분석

ⓖ 대한 제국 시기 스스로 개항한 항구는 목포, 군산, 성진, 마산 등이며 원산은 해당되지 않는다. 부산(1876), 원산(1880), 인천(1883) 등 세 항구는 일본의 요구에 의해 개항되었다.

정답 ③

103 0901

④ 고종 재위 시기인 흥선 대원군 집권기에 비변사는 축소되었다가 곧 폐지되었다. 흥선 대원군이 집정하면서 비변사의 한계를 규정하고 국정 의결권을 의정부에 이관하면서 비변사는 그 기능이 약화되었다. 이후 삼군부 제도를 부활시켜 군무를 처리하게 함으로써 비변사는 폐지되었다.

정답 ④

104 0902

다음 중 '대한국 국제'의 내용에 해당되는 것은?

① 내시부를 없애고 그 중에 우수한 인재를 등용한다.
② 조세의 부과와 징수, 경비의 지출은 모두 탁지아문이 관할한다.
③ 칙임관은 황제가 정부에 자문하여 그 과반수의 의견에 따라 임명한다.
④ 대한국 대황제는 각 조약 체결 국가에 사신을 파견하고, 선전강화(宣戰講和) 및 제반 조약을 체결한다.

105 0903

밑줄 친 '개혁'의 내용으로 옳은 것은?

> 독립 협회가 해산된 후 대한 제국은 황제 중심의 근대 국가를 수립하기 위하여 노력하였다. …(중략)… 대한 제국의 개혁 이념은 옛 법을 근본으로 하고 새로운 제도를 참작한다는 것이었다. 갑오개혁이 지나치게 급진적으로 진행되었다고 생각하여 점진적인 개혁을 추구한 것이었다.

① 지조법을 개혁하고 혜상공국을 폐지하려 하였다.
② 황제의 군사권을 강화하고자 원수부를 설치하였다.
③ 태양력을 사용하고 건양이라는 연호를 제정하였다.
④ 관민 공동회를 종로에서 개최하고 헌의 6조를 채택하였다.

106 0904

다음 조칙 이후 정부가 추진한 정책으로 옳지 않은 것은?

> 황제께서 조칙을 내리시길 "민은 오직 나라의 근본이라. 근본이 굳어야 나라가 평안한 것이다. 근본을 굳게 하는 방도는 제산안업(制産安業)하여 항심(恒心)이 있게 하는 것이니 누가 그 직책을 맡는 것인가 하면 정부일 뿐이다."라고 하였다.

① 양잠 전습소와 잠업 시험장을 설립하였다.
② 금 본위제를 실시하려고 하였다.
③ 산업 정책을 담당하는 공무아문을 설치하였다.
④ 상공 학교와 광무 학교를 설립하였다.

107 0905

대한 제국의 개혁에 대한 설명으로 옳지 않은 것은?

① 근대적인 재정 일원화를 위해 내장원의 업무를 탁지부로 이관하였다.
② 구본신참의 개혁 방향을 제시하고, 대한국 국제를 제정하여 황권을 강화하였다.
③ 상공업 진흥책을 펼쳐 황실 스스로 공장을 설립하거나 민간 회사 설립을 지원하였다.
④ 황제가 군권을 장악하기 위해 원수부를 설치하고 황제를 호위하는 군대를 증강하였다.

104 0902

대한국 국제의 내용은 다음과 같다.

제1조 대한국은 세계 만국이 공인한 자주 독립 제국이다.

제2조 대한국의 정치는 만세 불변의 전제 정치이다.

제3조 대한국 대황제는 무한한 군주권을 누린다.

제4조 대한국의 신민은 대황제의 군권을 침해할 수 없다.

제5조 대한국 대황제는 육, 해군을 통솔하고 군대의 편제를 정하고 계엄을 명한다.

제6조 대한국 대황제는 법률을 제정하여 반포와 집행을 명하고, 대사, 특사, 감형, 복권을 명한다.

제7조 대한국 대황제는 행정 각 부서의 관제를 정하고 행정에 필요한 칙령을 공포한다.

제8조 대한국 대황제는 문무 관리의 출척 및 임면권을 가진다.

제9조 대한국 대황제는 각 조약 체결 국가에 사신을 파견하고, 선전, 강화 및 제반 조약을 체결한다.

④ 대한국 국제의 9조에 해당한다.

오답 분석

① 갑신정변 때 발표한 14개조 혁신 정강의 내용에 해당한다.

② 제2차 갑오개혁 당시 반포한 홍범 14조의 내용이다.

③ 독립 협회가 관민 공동회에서 결의한 헌의 6조의 내용에 해당한다.

정답 ④

105 0903

밑줄 친 '개혁'은 대한 제국 시기의 광무개혁에 해당한다.

② 대한 제국 시기의 광무개혁 당시 황제의 군사권을 강화하고자 원수부를 설치하고 황제가 육·해군을 통솔하도록 하였다. 대한 제국은 1899년에 대한국 국제를 반포하여 전제 황권 강화와 자주 독립을 천명하였고, 황실 재정을 확대하여 궁내부 산하의 내장원에 재원을 집중하였다. 또한 간도를 함경도로 편입시키고 간도 관리사를 파견하였으며, 양전 사업을 실시하는 한편, 신교육령을 반포하여 소학교, 중학교, 사범 학교 등을 설치하였다.

오답 분석

① 갑신정변(1884) 당시 발표한 14개조 혁신 정강의 내용이다.

③ 을미개혁(1895)의 내용이다.

④ 독립 협회는 1898년 10월에 관민 공동회를 개최하고 헌의 6조를 채택하였다.

정답 ②

106 0904

자료의 기록은 대한 제국과 관련된 내용으로 식산흥업 정책에 대한 것이다.

③ 공무아문의 설치는 제1차 갑오개혁(1894)으로 대한 제국과는 관련이 없다. 공무아문은 제2차 갑오개혁 당시인 1895년에 농상아문과 합하여 농상공부로 개편되었다.

오답 분석

①, ④ 대한 제국은 양잠 전습소와 잠업 시험장을 설립하여 근대적 산업을 육성하려고 하였다. 또한 상공업을 육성하기 위해 1899년에 상공 학교를, 광업 계통의 실업 교육을 육성하기 위해 1900년에 광무 학교를 설립하였다.

② 대한 제국은 1901년에 화폐 조례를 통해 금 본위 화폐 제도의 시행을 추진하였으나 실패하였다.

정답 ③

107 0905

① 광무개혁은 재정의 일원화에 역행하는 입장을 가지고 있었으며, 황실 재정을 분리시키기 위해 내장원을 확대하였다. 탁지부가 관장하던 화폐 주조권, 홍삼 전매권, 역둔토 소작료 징수권, 상업세·어세·염세·선세 등 허다한 재원들이 궁내부 산하의 내장원으로 이관되었으며, 이로 인해 정부 재정은 극도로 궁핍해졌다.

정답 ①

108 0906

2019년 9급 지방직

대한 제국 시기에 추진된 정책으로 옳지 않은 것은?

① 시위대와 진위대를 증강하였다.
② 독립신문의 창간을 지원하였다.
③ 화폐제도의 개혁과 중앙은행의 창립을 추진하였다.
④ 황실 재정을 담당하는 내장원의 기능을 확대하였다.

110 0908

2015년 7급 국가직

대한 제국 시기에 볼 수 있는 장면으로 적절하지 않은 것은?

① 전등이 켜진 경복궁
② 한성순보를 읽는 관리
③ 종로 일대를 달리는 전차
④ 광제원에서 치료받는 환자

109 0907

2017년 7급 국가직(추가 채용)

대한 제국의 지계 발급 사업에 대한 설명으로 옳지 않은 것은?

① 지계아문에서 토지 측량과 지계 발급을 담당하였다.
② 개항장에서 외국인의 토지 소유를 인정하지 않았다.
③ 모든 산림, 토지, 전답, 가옥을 발급 대상에 포함하였다.
④ 러 · 일 전쟁으로 중단되어 전국적으로 확대되지 못하였다.

111 0909

2016년 9급 국가직

다음 상황이 나타난 시기에 추진한 정부 정책으로 옳지 않은 것은?

> 외국 사람들이 조계지를 지키지 않고 도성의 좋은 곳에 있는 집은 후한 값으로 사고 터를 넓히니 잔폐(殘廢)한 인민의 거주지가 침범을 당한다. 또한 여러 해 동안 도로를 놓고 있기 때문에 집들이 줄어들었다. 탑동(塔洞) 등지에 집을 헐고 공원을 만든다 하니 … (중략) … 결국 집 없는 사람이 태반이 될 것이다.
> — 매일신문

① 경운궁을 정궁으로 삼았다.
② 한성은행, 대한천일은행 등 민족계 은행을 지원하였다.
③ 중추원을 개조하여 우리 옛 법령과 풍속을 연구하였다.
④ 한성 전기 회사를 통하여 서울에 전차 노선을 개통하였다.

108 0906

② 독립신문은 대한 제국이 수립(1897)되기 이전인 1896년에 창간되었다. 정부가 독립신문을 지원한 것은 맞지만 이때는 대한 제국 수립 이전인 아관 파천 시기에 해당한다.

오답 분석

① 대한 제국은 을미개혁 추진 과정에서 훈련대(을미개혁 추진 과정 중 다시 폐지)에 합병된 시위대를 다시 재건하고 진위대의 군사 수를 증강하였다.
③ 대한 제국은 1901년에 금 본위 화폐 제도의 시행을 추진하였으나 실패하였다. 이후 제1차 한·일 협약 체결 결과 재정 고문으로 파견된 메가타가 단행한 화폐 정리 사업에 의해 일본의 상업은행인 제일은행이 대한 제국의 중앙은행 역할을 하게 되었다.
④ 대한 제국은 국가 재정에서 황실 재정을 분리시키고 내장원을 확대·강화하여 황실 재정을 담당하게 하였다.

정답 ②

109 0907

② 대한 제국은 개항장에서의 외국인의 토지 소유는 인정하였으나, 개항장 이외 지역 토지는 외국인의 토지 소유를 금지하였다.

오답 분석

①, ④ 대한 제국은 양지아문(1898)과 지계아문(1901)을 설치하여 토지 조사 사업과 지계 발급 사업(1899~1904)을 실시하였으나 일본의 방해와 러·일 전쟁의 발발로 중단되었다. 대한 제국의 지계 발급 사업은 조세 수입 증대 및 근대적인 토지 소유권 확립을 목적으로 시행되었다. 대한 제국은 지계를 발급하여 토지의 명분상 소유주와 실제 소유주를 일치시키고, 토지를 자유롭게 매매할 수 있게 하였다. 토지 소유권을 법적으로 증명하기 위한 문서인 지계는 같은 양식으로 된 문서 두 개를 한 장으로 만들어, 한쪽은 지방 관청이 보관하고 다른 한쪽은 토지 소유주가 갖도록 하였다.
③ 지계는 토지 소유권을 인정한 증명서로서, 지계 발급 대상은 모든 산림, 토지, 전답, 가옥까지 포괄하였다.

정답 ②

110 0908

② 한성순보는 대한 제국이 수립(1897)되기 이전에 폐간되었다. 한성순보(1883)는 3차 수신사로 일본에 갔던 박영효의 건의로 박문국에서 발행한 최초의 신문이다. 그러나 이후 급진 개화파가 일으킨 갑신정변으로 인해 박문국이 소실되면서 한성순보는 발행한지 1년 만인 1884년 말에 간행이 중단되었다.

오답 분석

① 전등은 1887년에 우리나라 최초로 경복궁에서 점등되었다.
③ 1899년에 한성 전기 회사에 의하여 설치된 전차가 서울 서대문과 청량리 사이를 최초로 운행하였다.
④ 광제원은 1900년에 정부가 설립한 국립 병원이다.

정답 ②

111 0909

제시문의 매일신문은 1898년에 협성회 회보를 확대·개편하여 창간하였던 신문으로 1년 3개월 만인 1899년에 폐간되었던 일간지였다. 따라서 이 신문에 소개되었던 상황은 대한 제국기에 해당하는 시기라 볼 수 있다.

③ 중추원은 제2차 갑오개혁 당시 내각 자문 기구로 설치되었으나 별 역할을 수행하지 못하였고, 이후 독립 협회가 의회로의 개편을 시도하였으나 좌절되었다. 이후 일제 강점기에 총독부 자문 기구로 재건되었으나, 3·1 운동 시기 전까지는 회의조차 소집되지 못하였고, 1915년 이후 개편되어 우리나라의 옛 관습과 제도에 관한 조사·연구와 각종 역사 자료의 발행 등을 추진하는 역할을 수행하였다.

오답 분석

① 대한 제국 시기에는 경운궁(현재의 덕수궁)을 정궁으로 삼았다. 이는 경운궁이 러시아 등 외국 공사관과 가까웠기 때문이었다.
② 대한 제국 시기에는 식산흥업 정책이 활발하게 전개되어 정부가 한성은행, 대한천일은행 등 민족계 은행을 지원하였다.
④ 한성 전기 회사는 서대문~청량리 간 전차 노선 부설 사업을 추진하여 1899년에 전차 노선을 개통하였다.

정답 ③

112 0910 2014년 9급 서울시

다음에서 설명하고 있는 기관의 공통된 이름으로 옳은 것은?

> • 고려와 조선에서는 왕명 출납, 군사 기무, 숙위의 일을
>   맡았다.
> • 대한 제국에서는 정부의 자문 기구로 개편되었고, 독립
>   협회가 의회로의 개편을 시도하였다.

① 중추원 ② 홍문관
③ 규장각 ④ 성균관
⑤ 집현전

113 0911 2014년 9급 지방직

다음은 근대 개혁 방안에 관한 자료이다. 이를 시기 순으로 바르게 나열한 것은?

> ㉠ 내시부를 없애고 그 가운데서 재능있는 자가 있으면 뽑
>   아 쓴다.
> ㉡ 왕실 사무와 국정 사무를 모름지기 나누어 서로 뒤섞지
>   아니한다.
> ㉢ 대한국 대황제는 육해군을 통솔하고 편제를 정하며 계엄
>   과 해엄을 명한다.
> ㉣ 재정은 모두 탁지부에서 전담하여 맡고, 예산과 결산은
>   인민에게 공포한다.

① ㉠ → ㉡ → ㉢ → ㉣
② ㉠ → ㉡ → ㉣ → ㉢
③ ㉡ → ㉠ → ㉢ → ㉣
④ ㉡ → ㉠ → ㉣ → ㉢

114 0912 2017년 9급 국가직

독도가 우리나라 영토임을 입증하는 근거로만 옳게 짝지어 진 것은?

① 이범윤의 보고문 –『은주시청합기』
② 대한 제국 칙령 제41호 – 삼국접양지도
③ 미쓰야 협정 – 시마네현 고시 제40호
④『조선국교제시말내탐서』– 어윤중의 서북 경략사 임명장

112 0910

고려 시대 중추원의 주요 업무는 왕명 출납 업무로, 중추원의 속아문이던 승지방에서 담당하였다. 이는 조선까지 지속된 것으로 보이는데, 조선 건국 후, 정종 2년(1400)에 중추원의 기능이 축소·분할되는 과정에서 승정원으로 독립시켜 왕명 출납 업무를 담당케 하였다. 이후 중추원은 제2차 갑오개혁 당시 내각의 자문 기관으로 설치되어 대한 제국 시기까지 이어졌고, 이후 독립 협회가 중추원을 의회로 개편하고자 하였으나 좌절되었다.

① 기관의 공통된 명칭은 중추원이다.

오답 분석

② 홍문관은 조선 시대에 왕의 자문 기구로서 경연을 관장하고 경서와 서적을 관리하며, 문헌 처리 등의 업무를 담당하였다.

③ 규장각은 조선 시대 왕실 도서관이면서 학술 및 정책을 연구한 관서로 1776년(정조 즉위년)에 설치되었다.

④ 성균관은 고려 말과 조선 시대 최고의 교육 기관이다.

⑤ 집현전은 고려 시대부터 조선 초기에 걸쳐 궁중에 설치한 학문 연구 기관이다.

정답 ①

113 0911

② 순서대로 나열하면 ㉠ 갑신정변의 14개조 혁신 정강(1884) → ㉡ 제2차 갑오개혁의 홍범 14조(1894) → ㉢ 관민 공동회의 헌의 6조(1898. 10) → ㉣ 대한국 국제(1899)가 된다.

정답 ②

114 0912

② '대한 제국 칙령 제41호'는 1900년에 울릉도를 울도군으로, 울릉도 도감을 울도군 군수(郡守)로 개칭하고 울도군을 강원도 관할로 편입시켜 울릉 군수가 독도를 관할함을 명시한 것이다. '삼국접양지도'는 1785년에 일본의 학자 하야시 시헤이가 만든 지도로, 울릉도와 독도가 조선의 영토로 표기되어 있다. 이밖에 독도가 우리나라 영토임을 입증하는 근거로는 『삼국사기』의 기록(이사부의 우산국 정복, 신라 영토 편입), 『고려사』(지리지 울진현) 조세 징수 기록, 『태종실록』(쇄환 정책), 『세종실록지리지』, 『동국여지승람』, 팔도총도(『신증동국여지승람』), 『숙종실록』(안용복의 1차·2차 도일 기록), 조선의 이주 정책(1884) 등이 있다. 뿐만 아니라 일본의 『은주시청합기』, 태정관 문서, SCAPIN(연합국 최고 사령부 지령) 제677호 등에서도 독도가 우리나라 영토임을 확인할 수 있는 근거가 명확하게 남아 있다.

오답 분석

① 이범윤은 대한 제국 시기인 1902년에 간도 시찰원으로 파견되었다가 1903년에 간도 관리사로 임명되었던 인물이다. 『은주시청합기』는 일본 관리 사이토 호센이 일본의 은주 지역을 시찰하다가 배가 표류하여 울릉도·독도를 목격하였던 것을 기록한 것이다. 이 기록은 독도에 관한 일본 최초의 기록이라는 점에서 의미가 있으며, '울릉도와 송도(독도)는 고려에 속한 영토이며, 일본의 서북 국경은 은기도를 한계로 함'이라는 기록을 통해 독도가 우리나라 영토임을 입증하는 근거가 된다.

③ 미쓰야 협정은 1925년에 조선 총독부 경무국장 미쓰야와 만주 군벌 장쭤린이 독립군 탄압을 목적으로 체결한 협정이므로 독도와 관련이 없다. '시마네 현 고시 제40호'는 1905년(고종 42)에 일본 정부가 독도를 일방적으로 시마네 현에 편입시키고 그 사실을 고시한 것이다. 그러나 시마네 현 어떤 고시 내역을 살펴봐도 이 내용을 확인할 수 없다는 점에서 일본 측에서 독도를 자국의 영토로 편입시키기 위해 조작한 것이 아니냐는 의혹이 제기되고 있다.

④ 『조선국교제시말내탐서』는 일본 메이지 정부가 조선을 내탐한 후 1870년에 작성한 보고서이다. 이 보고서는 총 13개 항으로 작성되었는데, 마지막 항목에 '울릉도와 독도가 조선의 부속으로 된 시말'이라는 주제로 독도가 조선의 영토로서 기록되어 있어 일본이 울릉도와 독도를 조선의 영토로 인정했다는 명백한 증거에 해당한다. 한편 어윤중은 간도 문제를 둘러싸고 청의 군사 행동에 대비하여 1882년에 서북 경략사로 임명되었다.

정답 ②

115 0913

2014년 9급 국회직

독도에 대한 설명 중 옳지 않은 것은?

① 일제는 청·일 전쟁 중 독도를 시마네 현에 편입시켜 일본의 영토로 만들었다.

② 『삼국사기』에 의하면 신라 지증왕 때 이사부가 우산국을 정벌하여 울릉도와 독도를 우리 영토로 편입하였다.

③ 대한 제국기 울릉도를 울도군으로 승격시키고 관할 구역으로 석도(독도)를 규정하였다.

④ 조선 숙종 대 안용복은 일본으로 가서 울릉도와 독도가 우리의 영토임을 확인받았다.

⑤ 『고려사』에는 우산국에서 고려 정부에 토산물을 바친 기록이 수록되어 있다.

116 0914

2020년 9급 국가직

독도가 대한민국의 영토임을 알 수 있는 자료로 옳은 것만을 모두 고르면?

> ㄱ. 일본의 『은주시청합기』(1667년)
> ㄴ. 일본의 삼국접양지도(1785년)
> ㄷ. 일본의 태정관 지령문(1877년)
> ㄹ. 일본의 시마네 현 고시(1905년)

① ㄱ, ㄴ, ㄷ

② ㄱ, ㄴ, ㄹ

③ ㄱ, ㄷ, ㄹ

④ ㄴ, ㄷ, ㄹ

117 0915

2017년 7급 서울시

베베르(웨베르)·고무라 각서에 대한 설명으로 가장 옳은 것은?

① 조선이 청의 중재를 거치지 않고 러시아와 직접 조·러 통상 조약을 체결하였다.

② 조선이 러시아와 조·러 비밀 협약을 추진하자 영국이 거문도를 불법 점령하였다.

③ 일본이 아관 파천 이후 수세에 몰리자 러시아와 세력 균형을 위한 협상을 하였다.

④ 일본이 러·일 전쟁에서 승리하자 미국과 영국으로부터 조선에 대한 독점권을 인정받았다.

118 0916

2022년 9급 지방직

(가) 시기에 있었던 사실로 옳은 것은?

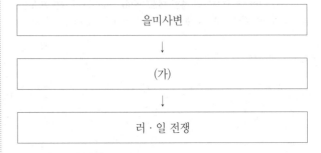

① 독립문이 건립되었다.

② 통감부가 설치되었다.

③ 동양 척식 주식회사가 설립되었다.

④ 임진왜란 때 소실된 경복궁이 중건되었다.

115 0913

① 일제는 청·일 전쟁(1894)이 아닌 러·일 전쟁 중이던 1904년 11월에 일본 해군의 독도 탐사 이후, 독도가 무주지라며 '다케시마'라는 이름으로 강제로 자국 영토에 편입하였다. 1905년 2월에는 시마네 현이 독도의 일본 영토 편입을 시마네현 고시 제40호에 고시하였으며, 8월에는 일본 해군이 독도에 망루를 설치하였다.

오답 분석

② 『삼국사기』에는 '지증왕 13년 우산국이 항복하여 해마다 토산물을 바쳤다. 이사부가 하슬라주 군주가 되어 …… 우산국을 정벌하였다.'고 기록되어 있다.
③ 대한 제국은 1900년 10월 24일 의정부 회의에서 "울릉도를 울도로 개칭하고 도감을 군수로 개정"하기로 결정하였고, 이러한 결정 내용은 1900년 10월 25일에 황제의 재가를 받아 10월 27일에 '칙령 제41호'로서 관보에 게재되었다. '칙령 제41호'는 제2조에서 "구역은 울릉전도와 죽도·석도(독도)를 관할한다."라고 규정하여 울도군의 관할 구역에 독도를 명시적으로 포함시키고 있다.
④ 조선 숙종 때 안용복은 울릉도와 독도 주변에서 고기 잡이를 하는 일본 어민들을 내쫓고, 일본으로 가서 울릉도와 독도가 우리 영토임을 주장하여 이를 확인받았다.
⑤ 『고려사』에는 '930년 울릉도에서 백길과 토두를 보내 방물(토산물)을 바쳤다. 백길에게 정위, 토두에게 정조 품계를 각각 주었다.'라는 기록이 수록되어 있다.

정답 ①

116 0914

ㄱ. 『은주시청합기』는 1667년 일본 운주 지방 관리였던 사이토 호센이 편찬한 것으로, 일본의 은주(隱州)를 관찰하고 들은 내용을 기록한 보고서이다. 이 보고서에 독도를 조선의 영토로 보는 내용이 들어 있는데, 일본은 일부 문장을 왜곡하여 독도의 영유권을 주장하기도 한다.
ㄴ. '삼국접양지도'는 일본인 하야시 시헤이가 1785년에 편찬한 『삼국통람도설』에 들어 있는 지도이다. 이 지도에는 울릉도와 독도는 조선 것이라는 내용이 기술되어 있다.
ㄷ. '태정관 지령문'은 일본의 최고 의결 기구인 태정관에서 1877년 3월 29일 작성한 문서이다. 이 문서에는 일본의 영토와 울릉도·독도는 관계가 없다는 내용이 포함되어 있다. 태정관 지령문은 태정관이 1868~1885년까지 접수한 문서를 모은 『공문록』과 태정관 기록국이 1867~1881년의 법령 등을 필사한 『태정류전』에 전해지고 있다.

오답 분석

ㄹ. 시마네 현은 1905년 2월 22일 내부 회람용이란 도장을 찍어 관보에 게시하지 않고 시마네 현 고시 제40호를 고시하였는데, 여기에 독도를 일본 땅에 편입한다는 내용을 담고 있다. 그러나 이는 출처를 알 수 없는 회람본일 뿐이었으며, 공식적으로 고시된 사실이 없다고 알려져 있다.

정답 ①

117 0915

③ 베베르·고무라 각서는 1896년 5월에 체결된 협정으로, 아관 파천 이후 일본이 조선에서 자신들의 영향력이 약화되자 러시아와의 세력 균형을 위해 체결한 것이다. 결의한 내용으로는 일본의 아관 파천과 친러 정권 인정, 일본군 병력의 감원·철수 및 동일한 사항의 러시아군 적용, 거류민 보호를 위한 수준의 일본군의 주둔 인정 등이 있다.

오답 분석

① 조·러 통상 조약(1884)은 청의 중재 없이 조선과 러시아 사이에 체결된 양국의 우호·왕래·통상에 관한 조약이다.
② 조선은 1884년에 조·러 통상 조약을 체결한 이후 러시아와의 비밀 협약을 체결하려 하였으나 실패하였다. 이후 영국이 러시아가 조선에 진출하는 것을 견제하기 위해 거문도를 불법 점령하고 해밀턴 항이라고 불렀다.
④ 러·일 전쟁 이후 미국의 중재로 1905년 9월에 러시아와 일본 간 포츠머스 조약이 체결되었다.

정답 ③

118 0916

을미사변은 1895년에 발생하였으며, 러·일 전쟁은 1904년에 일어났다.

① 독립 협회에 의해 독립문이 건립되어 완공된 시기는 1897년이다.

오답 분석

② 통감부는 을사늑약 이후 1906년 2월에 설치되었다.
③ 동양 척식 주식회사는 1908년에 설립되었다.
④ 경복궁의 중건은 1865년부터 추진되어 1868년에 완공되었다.

정답 ①

119 0917

2018년 9급 서울시(추가 채용)

〈보기〉의 사건을 시간순으로 바르게 나열한 것은?

> **보기**
> ㉠ 일본군이 인천항에 정박한 러시아 군함 2척을 공격
> ㉡ 대한 제국 정부의 국외 중립 선언
> ㉢ 일본군이 러시아에 선전 포고
> ㉣ 한 · 일 의정서 체결

① ㉠ → ㉣ → ㉡ → ㉢
② ㉡ → ㉠ → ㉢ → ㉣
③ ㉠ → ㉢ → ㉣ → ㉡
④ ㉡ → ㉣ → ㉢ → ㉠

120 0918

2016년 9급 서울시

일본이 대한 제국의 정부 기관에 자신들이 추천하는 고문을 두게 하여 대한 제국의 내정에 간섭함으로써 실질적으로 주권을 침해하는 결과를 가져왔던 조약은?

① 1904년 2월 한 · 일 의정서
② 1904년 8월 제1차 한 · 일 협약(한 · 일 협정서)
③ 1905년 제2차 한 · 일 협약(을사늑약)
④ 1907년 한 · 일 신협약(정미 7조약)

121 0919

2011년 7급 국가직

다음 조약에 직접적으로 영향을 준 사건이 아닌 것은?

> • 일본국 정부는 동경의 외무성을 경유하여 금후에 한국의 외국에 대한 관계 및 사무를 감리 지휘할 것이요, 일본국의 외교 대표자 및 영사는 외국에서의 한국의 신민 및 이익을 보호할 것임.
> • 일본국 정부는 한국과 타국 간에 현존하는 조약의 실행을 완수하는 임무를 담당하고 한국 정부는 금후 일본국 정부의 중계를 거치지 않고서는 국제적 성질을 가진 어떤 조약이나 약속을 맺지 않을 것을 서로 약속함.

① 포츠머스 조약
② 시모노세키 조약
③ 제2차 영 · 일 동맹
④ 가쓰라 · 태프트 밀약

122 0920

2021년 9급 지방직

다음과 같은 내용이 담긴 조약에 대한 설명으로 옳은 것은?

> 일본 정부는 그 대표자로 한국 황제 밑에 1명의 통감을 두되, 통감은 전적으로 외교에 관한 사항을 관리하기 위하여 경성에 주재하고 친히 한국 황제를 만날 수 있는 권리를 가진다. 또한, 일본 정부는 한국의 개항장 및 일본 정부가 필요하다고 인정하는 지역에 이사관을 설치할 권리를 가지며, 이사관은 통감의 지휘하에 종래 재(在)한국 일본 영사에게 속하였던 모든 권리를 집행한다.

① 조선 총독부를 설치한다는 조항이 포함되어 있다.
② 헤이그 특사 사건 직후 일제의 강요로 체결되었다.
③ 방곡령 시행 전에 미리 통보해야 한다는 합의가 실려 있다.
④ 일본의 중재 없이 국제적 성격을 가진 조약을 체결할 수 없다는 내용이 담겨 있다.

119 0917

② 순서대로 나열하면 ⓒ 고종의 국외 중립 선언(1904. 1.) → ⊙ 일본군의 러시아 기습(1904. 2. 8.) → ⓒ 일본의 대러 선전 포고 (1904. 2. 10.) → ⓔ 한·일 의정서 체결(1904. 2. 23.)이 된다.

ⓒ 러·일 전쟁이 일어날 가능성이 고조되자 대한 제국은 1904년 1월 23일에 국외 중립을 선언하였다.

⊙ 일본군은 1904년 2월 8일 밤에 뤼순항을 공격한데 이어 2월 9일에 인천항에 정박한 러시아 군함 2척을 공격하여 격침시켰다.

ⓒ 일본군의 러시아에 대한 선전 포고는 전쟁 개시 2일 뒤인 1904년 2월 10일에서야 이루어졌다.

ⓔ 일본은 1904년 2월 23일에 대한 제국의 국외 중립 선언을 무시하고, 한반도의 군사 요충지와 시설을 마음대로 사용할 수 있도록 규정한 한·일 의정서를 체결하였다.

정답 ②

120 0918

② 일본은 러·일 전쟁에서 유리해지자 황무지 개척권을 철회하는 대신 고문관의 초빙을 대한 제국에 강요하였다. 이에 따라 하야시와 윤치호 사이에 3개조의 제1차 한·일 협약이 체결되었다. 이 조약은 본래 재정(메가타)과 외교 부문(스티븐스)에만 고문이 파견되도록 약속되었지만, 곧 그 외의 다양한 부서에도 고문이 파견되었다.

오답 분석

① 한·일 의정서는 일본이 대한 제국의 자주 독립을 보장하겠다는 약속을 빌미로 시정 개선과 군사적 요지 사용권을 획득한 조약이다.

③ 제2차 한·일 협약(을사늑약)은 일본이 군대를 동원한 무력 시위 속에서 외교권을 박탈하고 통감부 설치를 강요한 조약이다.

④ 한·일 신협약(정미 7조약)은 국가의 법령 제정·주요 행정 처분·고등 관리 임면과 관련한 사안들에 대해 통감의 사전 승인을 얻도록 규정하여, 실질적으로 한국의 내정과 관련된 모든 국권을 찬탈하는 내용을 담고 있다.

정답 ②

121 0919

자료의 내용은 을사늑약으로 1905년 11월 17일(음력 10월 21일)에 강제 체결되었다. 을사늑약은 일본이 대한 제국에 대한 지배권을 서구 열강으로부터 인정받기 위해 체결한 조약들의 영향을 받아 체결되었다. 일본은 1905년 7월에 미국과의 가쓰라·태프트 밀약, 1905년 8월에 영국과의 제2차 영·일 동맹, 1905년 9월에 러시아와의 포츠머스 조약에서 대한 제국에 대한 지배권을 승인받았다.

② 시모노세키 조약은 1895년에 청·일 전쟁의 승리로 일본이 청과 체결한 조약으로 을사늑약과는 관계가 없다.

정답 ②

122 0920

제시문은 을사늑약(2차 한·일 협약)의 내용이다.

④ 을사늑약은 1905년 11월 17일(음력 10월 20일)에 강제 체결되었으며, 외교권 박탈과 통감부 설치 등을 중요 내용으로 담고 있다.

오답 분석

① 조선 총독부는 1910년 한·일 병합 조약 당시에 그 실체가 규정되었으며, 일제는 칙령 제319호로 조선 총독부 설치령을 공포하였다. 이에 따라 1910년 9월 30일 총독부 및 소속 관서의 관제가 공포되어 10월 1일부터 조선 총독부의 기능이 가동되었으며, 초대 총독에 앞서 통감으로 있던 육군 대장 데라우치 마사타케가 취임하였다. 총독부 설치와 을사늑약의 내용과는 관계가 없다.

② 1907년 헤이그 특사 사건 이후 일제의 강요로 체결된 것은 한·일 신협약(정미 7 조약, 3차 한·일 협약)이다.

③ 방곡령 시행 이전에 미리 통보해야 한다는 규정은 1883년 7월에 개정된 통상 장정의 내용이다.

정답 ④

123 0921

다음 〈보기〉의 사건들을 발생 순서대로 옳게 나열한 것은?

보기
- ㉠ 일본은 러시아로부터 한국에 대한 지도·보호 및 감독의 권리를 인정받았다.
- ㉡ 미국은 한국에서 일본의 보호권 확립을, 일본은 미국의 필리핀 지배를 인정하였다.
- ㉢ 일본은 한국의 외교권을 박탈하고 통감부를 설치하였다.
- ㉣ 영국은 한국에서 일본의 특수 이익을, 일본은 영국의 인도 지배를 서로 승인하였다.

① ㉠ → ㉡ → ㉢ → ㉣
② ㉡ → ㉣ → ㉠ → ㉢
③ ㉢ → ㉠ → ㉡ → ㉣
④ ㉣ → ㉡ → ㉠ → ㉢

124 0922

다음 자료 내용이 시행되기 전에 있었던 사실에 대한 설명으로 옳은 것은?

제1조 일본 정부는 동경에 있는 외무성을 경유하여 금후 한국이 외국과의 관계 및 사무를 감리, 지휘할 수 있고, 일본국의 외교 대표자와 영사는 외국에 있는 한국의 신민 및 이익을 보호할 수 있다.

① 의병 부대들은 간도와 연해주로 이동하여 의병 기지를 건설하였다.
② 명성 황후 시해 사건과 단발령으로 의병 운동이 확산되었다.
③ 유생과 전직 관료, 평민 출신 등 다양한 계층에서 의병을 일으켰다.
④ 유생 출신 의병장을 중심으로 13도 연합 의병 부대가 결성되었다.

125 0923

대한 제국과 일본이 체결한 각 조약의 내용에 대한 설명으로 옳지 않은 것은?

(가) 제1조 대한 제국 정부는 대일본 제국 정부가 추천한 일본인 1명을 재정 고문에 초빙하여 재무에 관한 사항은 모두 그의 의견을 들어 시행할 것.

(나) 제4조 제3국의 침해 또는 내란으로 대한 제국 황실의 안녕과 영토의 보전에 위험이 있을 경우에는 대일본 제국 정부는 곧 필요한 조치를 취할 것이며,……대일본 제국 정부는 전항의 목적을 달성하기 위하여 전략상 필요한 지점을 수시로 사용할 수 있다.

(다) 각서 제3-1. 육군 1대대를 존치하여 황궁 수위를 담당하게 하고 기타 부대는 해체한다.
제5. 중앙 정부 및 지방청에 일본인을 한국 관리로 임명함.

① (가): 러·일 전쟁의 전세가 유리하게 전개됨에 따라 한국을 식민지로 만들기 위한 내정 간섭을 강화한 것이다.
② (나): 대한 제국의 국외 중립 선언을 무시하고 강제로 체결한 것이다.
③ (다): 고종의 강제 퇴위 후 체결된 한·일 신협약의 결과이다.
④ (가), (나), (다)의 순서로 체결된 후 한·일 병합 조약이 체결되었다.

126 0924

〈보기〉는 대한 제국 시기의 국권 피탈과 관련된 사건이다. 이를 시간 순으로 바르게 나열한 것은?

보기
- ㄱ. 일본은 대한 제국의 외교권을 박탈하고 통감부를 설치하였다.
- ㄴ. 일본은 대한 제국의 각 부에 일본인 차관을 두어 내정을 간섭하였다.
- ㄷ. 대한 제국은 재정과 외교 부문에 일본이 추천하는 외국인 고문을 두게 되었다.
- ㄹ. 고종은 헤이그의 만국 평화 회의에 특사를 보내 억울함을 호소하려고 하였다.

① ㄱ → ㄷ → ㄴ → ㄹ
② ㄴ → ㄷ → ㄱ → ㄹ
③ ㄷ → ㄱ → ㄹ → ㄴ
④ ㄹ → ㄷ → ㄱ → ㄴ

문제 풀이

123 0921

② 순서대로 나열하면 ㉡ 가쓰라·태프트 밀약(1905. 7) → ㉣ 제2차 영·일 동맹(1905. 8) → ㉠ 포츠머스 조약(1905. 9) → ㉢ 을사늑약(1905. 11)이 된다.

정답 ②

125 0923

(가)는 1904년 8월에 체결된 제1차 한·일 협약의 내용이다. 러·일 전쟁에서 유리해지자 일본은 황무지 개척권을 철회하는 대신 고문관의 초빙을 대한 제국에 강요하였으며, 하야시와 윤치호 사이에 3개조의 제1차 한·일 협약이 체결되었다. 이 협약은 본래 재정과 외교 부문에만 고문이 파견되도록 협의되었지만, 실제로는 그 외의 다양한 부서에 고문이 파견되었다.

(나)는 1904년 2월에 체결된 한·일 의정서의 내용이다. 일본은 조선의 중립국 선포를 무시하고 경복궁에 군대를 투입, 강압으로 이지용과 하야시 사이에 6개조로 된 한·일 의정서를 체결하도록 하였다.

(다)는 1907년 7월에 체결된 한·일 신협약의 부수 각서의 내용으로, 이에 따라 대한 제국의 군대가 강제로 해산되었다.

④ (나), (가), (다)의 순서대로 조약들이 체결된 후 한·일 병합 조약(1910)이 체결되었다.

정답 ④

124 0922

제시문은 을사늑약(1905. 11.)의 내용이다.

② 일본이 명성 황후를 살해한 을미사변은 양력 1895년 10월 8일, 음력 8월 20일의 일이다. 이후 을미사변과 단발령 시행으로 인해 전국의 유림을 중심으로 반일·반개화 의병 운동(을미의병)이 전개되었다.

> 오답 분석

① 의병 운동은 국권 피탈 이후 독립 전쟁으로 연결되었다. 이 시기에 많은 의병들이 간도와 연해주, 만주 지방으로 옮겨가 무장 독립 투쟁을 펼쳤으며, 곧 세력을 재편하여 독립군으로 전환하였다.

③, ④ 정미의병(1907)에 대한 설명이다. 정미의병에는 각계각층(전직 관리·유생·군인·농민·포수 등)이 참여하였으며, 유생 출신 의병장인 이인영을 중심으로 13도 창의군이 결성되었다.

정답 ②

126 0924

③ 시간 순으로 나열하면 ㄷ. 제1차 한·일 협약(1904) → ㄱ. 제2차 한·일 협약(1905) → ㄹ. 헤이그 특사 파견(1907. 7.) → ㄴ. 제3차 한·일 협약(한·일 신협약, 1907. 7. 24.)이 된다.

ㄷ. 제1차 한·일 협약(1904. 8.) 이후 재정 고문에 메가타, 외교 고문에 스티븐스가 임명되었다.

ㄱ. 제2차 한·일 협약(을사늑약, 1905. 11.)으로 인해 대한 제국의 외교권이 박탈되었고 통감부가 설치되었다.

ㄹ. 고종은 을사늑약의 부당함을 알리기 위해 헤이그에 이상설, 이준, 이위종을 특사로 파견(1907. 7.)하였다.

ㄴ. 제3차 한·일 협약(한·일 신협약, 정미 7조약, 1907. 7. 24.)은 헤이그 특사 사건 이후 체결되었으며, 이후 차관 정치가 행해졌다.

정답 ③

127 0925

다음 인물의 활동으로 옳은 것은?

> 1886년 우리나라에 왔다. 을사늑약 사건 후 고종의 밀서를 휴대하고 미국에 가서 국무장관과 대통령을 면담하려 했으나 실현하지 못하였다. 1906년 다시 내한하였으며, 고종에게 헤이그에서 열리는 제2차 만국 평화 회의에 밀사를 보내도록 건의하였다. 그는 이상설 등 헤이그 특사보다 먼저 도착하여 '회의시보'에 한국 대표단의 호소문을 싣게 하는 등 한국의 국권 회복을 위해 노력하였다.

① 대한매일신보의 발행인이었다.
② 육영 공원의 교사로 초빙되었다.
③ 광혜원의 설립에 깊이 관여하였다.
④ 우리나라 최초의 서양인 고문이었다.

128 0926

〈보기〉의 글이 발표된 사건과 가장 가까운 시기에 전개된 민족 운동은?

> **보기**
> 아, 우리나라 우리 민족의 치욕이 이 지경에 이르렀구나. 생존 경쟁이 심한 이 세상에 우리 민족의 운명이 장차 어찌 될 것인가. 살기를 원하는 사람은 반드시 죽고, 죽기를 맹세하는 사람은 살아 나갈 수 있으니 이는 여러분이 잘 알 것이다.

① 지금 의의 깃발을 치켜들고 '보국안민'을 생사의 맹세로 삼았다.
② 군인이 나라를 지키지 못하고 만 번 죽어도 아깝지 않다.
③ 오늘 병사를 일으키려는 것은 국모의 원수를 갚으려는 것이다.
④ 충남 정산에서 전 참판 민종식이 의병을 일으켰다.

129 0927

다음의 시와 관련된 역사적 사건에 대한 설명으로 가장 옳은 것은?

> 새 짐승도 슬피 울고 산악 해수 다 찡기는 듯
> 무궁화 삼천리가 이미 영락되다니
> 가을 밤 등불 아래 책을 덮고서 옛일 곰곰이 생각해 보니
> 이승에서 지식인 노릇하기 정히 어렵구나.

① 일본은 영·일 동맹, 태프트-가쓰라 각서와 포츠머스 조약을 통하여 각각 영국, 미국, 러시아로부터 대한 제국에 대한 지배를 인정받았다.
② 일본은 군대를 거느리고 들어가 고종 황제와 대신들을 협박하면서 조약에 서명할 것을 강요하였으나, 황제는 끝까지 서명을 거부하였다.
③ 일본은 국가의 법령 제정, 중요 행정 처분, 고등 관리의 임명에 대해 통감의 사전 승인을 받도록 하였고 통감이 추천한 일본인을 관리로 임명하도록 하였다.
④ 육군 대신 데라우치는 2천여 명의 헌병을 데리고 들어와 경찰 업무를 담당하게 하였고, 순종에게 양위의 조서를 내리도록 강요하였다.

130 0928

다음의 협약 이후 일어난 일로 옳지 않은 것은?

> • 한국 정부는 시정 개선에 관하여 통감의 지도를 받을 것
> • 한국 정부의 법령 제정 및 중요한 행정상의 처분은 미리 통감의 승인을 거칠 것
> • 한국 고등 관리의 임면은 통감의 동의로써 이를 행할 것
> • 한국 정부는 통감이 추천하는 일본인을 한국 관리에 임명할 것

① 13도 창의군의 서울 진공 작전
② 고종의 헤이그 특사 파견
③ 대한 제국 군대 해산
④ 대한 제국 경찰권 박탈

127 0925

제시문은 헐버트에 대한 설명이다. 그는 1905년에 일제가 을사늑약 체결을 강제할 때 미리 미국에 파견되어 대기 중이었으며, 이후 첫 번째 특사로 미국 대통령을 면담하려 하였으나 실패하였다. 1906년에 다시 한국으로 돌아와 이듬해인 1907년에 고종에게 네덜란드 헤이그에서 열리는 제2차 만국 평화 회의에 밀사를 파견하도록 건의하였다. 그는 밀사로 파견된 이상설ㆍ이준ㆍ이위종보다 먼저 헤이그에 도착하여 '회의시보'에 한국 대표단의 호소문을 싣게 하는 등 한국의 국권 회복을 위해 힘썼다.

② 헐버트는 1886년에 설립된 육영 공원에서 외국어를 가르쳤으며, 세계 지리서인 『사민필지』를 저술하기도 하였다.

오답 분석

① 영국인 베델에 대한 설명이다. 그는 러ㆍ일 전쟁 때 '런던 데일리 뉴스' 특파원으로 한국에 파견되었으며, 이후 양기탁과 함께 대한매일신보를 창간하여 강력한 항일 운동을 펼쳤다.
③ 미국인 선교사 알렌에 대한 설명이다. 그는 갑신정변 시기 자상을 입은 민영익을 치료하여 고종과 명성 황후의 신임을 얻었으며, 이로 인해 1885년에 최초의 근대식 병원인 광혜원 설립을 건의할 수 있었다.
④ 독일인 묄렌도르프에 대한 설명이다. 그는 임오군란 이후 청에 의해 조선의 외교 고문으로 파견되었다.

정답 ②

128 0926

〈보기〉의 글은 대한매일신보에 보도되었던 민영환의 유서 「한국 인민에게 고함」의 내용이다. 민영환은 을사늑약(1905) 체결 이후 자결하였다.

④ 민종식은 충남에서 참판직을 버리고 을사늑약(1905)에 대응하여 1906년에 의병을 일으켰다. 민종식의 부대는 한때 홍주성을 점령했으나 패퇴하였다.

오답 분석

① 1894년 3월에 전봉준, 손화중, 김개남 등이 발표한 호남 창의 소이다.
② 1907년에 해산된 시위대의 대대장 박승환이 자결하면서 남긴 어록이다.
③ 을미의병장 중 한사람인 민용호의 「관동 창의록」의 내용이다.

정답 ④

129 0927

제시문은 매천 황현의 절명시이다. 황현은 1910년의 경술국치로 국권이 피탈되자 절명시를 남기고 음독 자결하였다.

④ 국권 피탈과 관련된 내용이다.

오답 분석

① 태프트-가쓰라 각서는 1905년 7월, 영ㆍ일 동맹은 1차 1902년 1월 말과 2차 1905년 8월, 포츠머스 조약은 1905년 9월에 체결되었다.
② 1905년 11월(음력 10월)에 강요된 을사늑약에 대한 설명이다.
③ 1907년 7월에 강요된 한ㆍ일 신협약(정미 7조약)에 대한 설명이다.

정답 ④

130 0928

자료는 1907년에 체결된 한ㆍ일 신협약(1907. 7. 24.)의 내용이다.

② 고종의 헤이그 특사 파견은 한ㆍ일 신협약 체결 이전의 일이다. 고종은 일제가 을사늑약을 통하여 외교권을 박탈하자 을사늑약의 불법성과 일제의 침략을 폭로하고 열강의 후원을 얻기 위하여 1907년 네덜란드 헤이그에 특사를 파견하였다. 일제는 이 일을 문제 삼아 고종을 강제로 퇴위시키고 순종을 즉위(1907. 7. 19.)시켰다. 순종 즉위 후, 일본은 한국을 강점하기 위한 사전 조처로서 한ㆍ일 신협약을 강제로 체결하였다.

오답 분석

① 한ㆍ일 신협약의 부수 각서에 의해 해산된 군인들의 정미의병 가담으로 병력이 크게 강화되어 의병 운동이 의병 전쟁으로 확산되었으며, 특히 1908년에 서울 진격을 목적으로 연합 전선을 형성하여 13도 창의군을 결성하고 서울 진공 작전을 전개하기도 하였다.
③ 한ㆍ일 신협약의 부수 각서에 의해, 일제는 재정 곤란 등의 이유를 들어 1907년에 대한 제국의 군대를 해산하였다.
④ 1910년 6월에 통감 데라우치 마사다케는 대한 제국 경찰권 위탁 협정을 맺어 경시청을 폐지하고 경찰 통감부를 설치하여 헌병 경찰제를 확립하고 대한 제국의 경찰권을 박탈하였다.

정답 ②

131 0929

2019년 9급 서울시

〈보기〉의 협약 이후 일어난 사실로 가장 옳지 않은 것은?

> **보기**
> 제1조 한국 정부는 시정 개선에 관하여 통감의 지도를 받는다.
> 제2조 한국의 법령 제정 및 중요한 행정상의 처분은 미리 통감의 승인을 거친다.
> 제4조 한국 고등 관리의 임면은 통감의 동의로써 이를 시행한다.
> 제5조 한국 정부는 통감이 추천하는 일본인을 한국 관리에 임명한다.

① 각 부의 차관에 일본인이 임명되어 이른바 차관 정치가 시작되었다.
② 대한 제국 군대가 해산되었다.
③ 사법권과 경찰권을 빼앗겼다.
④ 만국 평화 회의에 이상설 등이 파견되었다.

132 0930

2018년 9급 지방직

밑줄 친 '이 협약'에 대한 설명으로 옳은 것은?

> 일제는 군대를 증강해 강압적 분위기를 조성한 다음 친일 내각과 이 협약을 체결했다. 이 협약을 체결할 때, 일제는 대한 제국 군대의 해산을 요구해 관철시켰다. 이때 해산된 군인의 상당수는 일본군과 격전을 벌인 후 의병 부대에 합류하였다.

① 고종이 헤이그에 특사를 파견하는 계기가 되었다.
② 최익현이 의병 운동을 처음 시작한 원인이 되었다.
③ 재정 고문 메가타가 화폐 정리 사업을 실시하는 근거가 되었다.
④ 통감이 추천하는 일본인을 한국 관리에 임명한다는 내용을 담고 있다.

133 0931

2017년 9급 국가직

다음 조칙이 발표된 이후의 상황에 대한 설명으로 옳은 것만을 〈보기〉에서 모두 고른 것은?

> **≪관보≫ 호외**
> 짐이 생각건대 쓸데없는 비용을 절약하여 이용후생에 응용함이 급무라. 현재 군대는 용병으로서 상하의 일치와 국가 안전을 지키는 방위에 부족한지라. 훗날 징병법을 발표하여 공고한 병력을 구비할 때까지 황실 시위에 필요한 자를 빼고 모두 일시에 해산하노라.

> **보기**
> ㉠ 신돌석과 같은 평민 출신의 의병장이 처음으로 등장하였다.
> ㉡ 단발령의 실시로 위정척사 사상에 바탕을 둔 의병 운동이 시작되었다.
> ㉢ 연합 의병 부대인 13도 창의군이 결성되어 서울 진공 작전을 계획하였다.
> ㉣ 일본군의 '남한 대토벌 작전'으로 의병 부대의 근거지가 초토화되었다.

① ㉠, ㉡   ② ㉠, ㉣
③ ㉡, ㉢   ④ ㉢, ㉣

134 0932

2017년 9급 국가직

국권이 침탈되기까지의 과정을 시기 순으로 바르게 나열한 것은?

> ㉠ 헤이그 특사 파견을 문제 삼아 고종 황제를 강제로 퇴위시켰다.
> ㉡ 일본인 메가타를 재정 고문으로, 미국인 스티븐스를 외교 고문으로 임명하도록 하였다.
> ㉢ 대한 제국의 사법권을 빼앗고 감옥 사무를 장악하였다.
> ㉣ 통감이 추천한 일본인을 대한 제국의 관리로 임명하도록 하였다.

① ㉠ → ㉡ → ㉢ → ㉣
② ㉡ → ㉠ → ㉣ → ㉢
③ ㉡ → ㉢ → ㉠ → ㉣
④ ㉣ → ㉡ → ㉠ → ㉢

131 0929

〈보기〉의 협약은 1907년에 체결된 제3차 한·일 협약(한·일 신협약, 정미 7조약)에 해당하는 것이다.

④ 제3차 한·일 협약은 1907년에 열린 만국 평화 회의에 이상설 등이 특사로 파견된 헤이그 특사 사건으로 고종이 강제 퇴위당한 이후 체결되었다.

오답 분석

① 제3차 한·일 협약의 결과 차관 정치가 시작되었다.
② 제3차 한·일 협약의 부수 각서에 군대 해산에 관한 내용이 명시되어 대한 제국의 군대가 해산되었다.
③ 1909년의 기유각서, 1910년의 경찰권 위탁 협정으로 대한 제국의 사법권과 경찰권을 빼앗기게 되었다.

정답 ④

132 0930

밑줄 친 '이 협약'은 1907년에 체결된 한·일 신협약(정미 7조약)에 해당한다.

④ 한·일 신협약은 국가의 법령 제정·주요 행정 처분·고등 관리 임면과 관련한 사안들에 대해 통감의 사전 승인을 얻도록 규정하여, 실질적으로 한국의 내정과 관련된 모든 국권을 찬탈하는 내용을 담고 있다. 이에 따라 제1차 한·일 협약부터 시행되던 고문 제도가 폐지되고, 각 부의 차관 자리에 일본인 관리가 다수 임명되는 '차관 정치'가 시행되었다. 또한 한·일 신협약의 부수 각서에 의해, 일제는 재정 곤란 등의 이유를 들어 대한 제국의 군대를 해산시켰다.

오답 분석

① 헤이그 특사(1907)의 파견 계기는 을사늑약(1905)이다.
② 최익현이 의병 운동을 처음 시작한 원인이 된 협약은 제2차 한·일 협약(을사늑약)이다.
③ 메가타의 화폐 정리 사업의 근거는 1904년에 체결된 1차 한·일 협약의 고문 정치에서 마련되었다.

정답 ④

133 0931

제시된 사료는 한·일 신협약(1907)의 부수 각서에 근거하여 대한 제국 군대를 해산하는 내용을 담고 있는 '군대 해산 조칙'이다.

ⓒ 1907년에 일본의 강압에 의해 고종 황제가 강제 퇴위를 당하고 대한 제국 정부군이 해산되자 해산 군인들의 일부가 의병 운동에 가담하여 정미의병을 일으켰다. 해산 군인의 가담으로 무기와 병력이 크게 강화된 전국 의병 부대들은 서울 진격을 목적으로 연합 전선을 형성하여 이인영을 총대장, 허위를 군사장으로 하여 13도 창의군을 결성한 뒤 서울 진공 작전을 계획하였다.
ⓔ 일본군은 호남 지방의 의병들을 진압하기 위하여 1909년 9월부터 약 1개월간 의병의 근거지가 될 만한 가옥과 촌락을 닥치는 대로 방화하고 살상·약탈을 자행하여 초토화시켰다(남한 대토벌 작전).

오답 분석

ⓐ 신돌석이 최초로 의병을 거병한 시기는 을미사변 이후의 일이다. 신돌석은 을미의병, 을사의병, 정미의병에 모두 참여하였다.
ⓑ 1895년에 을미개혁으로 인해 단발령이 실시되자 위정척사 사상을 계승한 유생층을 중심으로 동학 농민군의 잔여 세력이 합세하여 을미의병을 일으켰다.

정답 ④

134 0932

② 순서대로 나열하면 ⓑ 제1차 한·일 협약(1904. 8. 22.) → ⓐ 헤이그 특사 사건, 고종 강제 퇴위(1907. 7.) → ⓔ 한·일 신협약(1907. 7. 24.) → ⓒ 기유각서 체결(1909. 7. 12.)이 된다.

정답 ②

135 0933
2019년 7급 서울시

〈보기〉의 (가)와 (나) 조약 체결 사이에 일어난 사건으로 가장 옳지 않은 것은?

> **보기**
> (가) 한국 정부는 시정 개선에 관하여 통감의 지도를 받을 것.
> (나) 한국 황제 폐하는 한국 전부에 관한 모든 통치권을 완전 또는 영구히 일본 황제에게 양여한다.

① 사립 학교령이 공포되었다.
② 안중근이 이토 히로부미를 저격했다.
③ 재정 고문 메가타가 화폐 정리에 나섰다.
④ 한국 군대를 해산하는 조칙이 발표되었다.

136 0934
2015년 7급 서울시

일본이 강요한 조약의 내용을 시기 순으로 나열한 것은?

> ㉠ 비밀 각서를 통해 대한 제국의 군대를 해산하였다.
> ㉡ 재정 고문으로 일본인 메가다를, 외교 고문으로 미국인 스티븐스를 채용하게 하였다.
> ㉢ 통감부를 설치하여 대한 제국의 외교권을 완전히 장악하였다.
> ㉣ 대한 제국이라는 국가가 없어졌다.

① ㉡ → ㉠ → ㉢ → ㉣
② ㉡ → ㉢ → ㉠ → ㉣
③ ㉢ → ㉠ → ㉡ → ㉣
④ ㉢ → ㉡ → ㉠ → ㉣

137 0935
2010년 7급 국가직

다음 주장이 나오게 된 직접적인 시대적 배경으로 가장 적절한 것은?

> 우리에게 이웃 나라가 있어도 스스로 결교(結交)하지 못하고 타인을 시켜 결교하니 이것은 나라가 없는 것이요, 우리에게 토지와 인민이 있어도 스스로 주장하지 못하고 타인을 시켜 대신 감독하게 하니, 이것은 임금이 없는 것이다. 나라가 없고 임금이 없으니 우리 삼천리 인민은 모두 노예이며 신첩일 뿐이다. 남의 노예가 되고 남의 신첩이 된다면 살았다 하여도 죽는 것만 못하다.
> ― 최익현, 포고팔도사민

① 일본의 강제 합병 조약 체결로 조선 총독부가 설치되었다.
② 을미사변을 계기로 개혁을 단행하여 단발령을 실시하였다.
③ 러·일 전쟁에서 승리한 일본은 을사조약을 강제로 체결하였다.
④ 일본은 청·일 전쟁에서 승리하여 조선에 대한 주도권을 장악하였다.

138 0936
2018년 7급 국가직

다음과 같이 주장한 인물에 대한 설명으로 옳은 것만을 〈보기〉에서 모두 고르면?

> 오호라. 작년 10월에 저들이 한 행위는 만고에 일찍이 없던 일로서, 한 조각의 종이에 강제로 조인하게 하여 5백 년 전해오던 종묘사직이 마침내 하룻밤 사이에 망했으니 … (중략) … 우리 의병 군사의 올바름을 믿고, 적의 강대함을 두려워하지 말자. 이에 격문을 돌리니 다 함께 일어나라.

> **보기**
> ㉠ 의병을 이끌고 홍주성을 점령하였다.
> ㉡ 대마도(쓰시마)로 압송된 후 순국하였다.
> ㉢ 왜양 일체론을 주장하며 개항에 반대하였다.
> ㉣ 13도 창의군을 이끌고 서울 진공 작전을 지휘하였다.

① ㉠, ㉡   ② ㉠, ㉣
③ ㉡, ㉢   ④ ㉢, ㉣

135 0933

(가)는 1907년에 체결된 한·일 신협약의 내용이고, (나)는 1910년에 체결된 한·일 병합 조약의 내용이다.

③ 메가타의 화폐 정리 사업은 (가) 이전 시기인 1905년부터 추진되었다.

오답 분석

① (가)와 (나) 사이 시기인 1908년에 사립 학교령이 공포되었다.
② 1909년에 안중근이 만주 하얼빈 역에서 이토 히로부미를 사살하였다.
④ 1907년에 체결된 한·일 신협약의 부수 각서에 의해 순종이 군대 해산 조칙을 발표하였다.

정답 ③

136 0934

② 시기 순으로 나열하면 ㉡ 제1차 한·일 협약(1904. 8.) → ㉢ 제2차 한·일 협약(1905. 11.) → ㉠ 한·일 신협약(1907. 7.)의 비밀 각서 → ㉣ 한·일 병합 조약(1910. 8.)이 된다.

㉡ 재정 고문으로 일본인 메가타를, 외교 고문으로 미국인 스티븐스를 채용하게 한 시기는 제1차 한·일 협약으로 1904년 8월이다.
㉢ 을사늑약(제2차 한·일 협약)에 대한 설명으로 1905년 11월이다.
㉠ 대한 제국의 군대가 해산된 시기는 1907년 7월 말이다.
㉣ 대한 제국의 국권 피탈은 1910년 8월에 해당한다.

정답 ②

137 0935

제시문은 을사의병의 대표적 인물인 최익현이 1906년에 발표한 포고팔도사민이다.

③ 최익현은 을사늑약이 체결되자 이에 반대하여 고종에게 창의토적소를 올리고 의병을 일으켰다. 그는 '포고팔도사민'을 전국 유림에 배포하여 전 국민의 궐기를 선동하는 동시에 일본이 저지른 16조목의 죄를 묻는 '기신배의 16죄'를 발표하고 의병을 일으켜 태인, 순창, 곡성에서 활동하였다. 최익현은 전주와 남원의 진위대가 출동하자 자진하여 포로가 되었으며, 일본군에 의해 쓰시마 섬에 끌려가 순절하였다.

오답 분석

① 한·일 합병 조약이 체결된 것은 1910년 8월의 일이다. 일본의 강제 합병 조약 체결로 조선 총독부가 설치되자, 주춤했던 의병이 다시 봉기하여 국내에서는 분산·유격전의 형태로, 국외에서는 만주·간도 지역에서 조직적으로 진행되었다. 이러한 의병 운동은 마지막 의병장이었던 채응언이 체포되는 1915년까지 계속되었다.
② 을미사변과 단발령을 계기로 일어난 을미의병(1895)은 문석봉, 유인석, 이소응, 허위 등, 위정척사 사상을 지닌 유생층이 주도하였다.
④ 청·일 전쟁은 1894년의 일로 을사의병과 관계가 없다.

정답 ③

138 0936

제시된 자료는 최익현이 일본에 의해 강제적으로 체결된 을사늑약의 폐기와 친일 내각의 타도를 요구하며 의병 활동에 참여할 것을 촉구하는 포고팔도사민의 내용이다.

㉡ 을사의병을 일으킨 최익현은 체포된 후 대마도(쓰시마)로 압송되어 1906년 11월에 순국하였다.
㉢ 최익현은 1876년에 일본도 서양과 다를 바 없다는 '왜양 일체론'을 주장하며 개항을 반대하였다.

오답 분석

㉠ 민종식에 해당한다.
㉣ 이인영과 허위에 해당한다.

정답 ③

139 0937
2017년 7급 지방직

다음 자료에 나타난 의병 운동에 대한 설명으로 옳은 것은?

> • 최익현 부대는 순창에서 대한 제국 정부가 보낸 진위대와 대치하게 되자 … 임금의 군대와 싸울 수는 없다면서 스스로 포로가 되었다.
> • 이인영은 부친상을 당하자 '불효는 불충'이라면서 귀가해 버려 결국 서울 진공 작전은 실패하고 말았다.

① 입헌 군주제를 지향하였다.
② 관군에 합류하기 위하여 투항하였다.
③ 천도교를 배경으로 전개되었다.
④ 의병장은 주로 양반 유생이었다.

140 0938
2019년 9급 국가직

(가), (나) 시기에 있었던 사실로 옳은 것은?

① (가) – 시전 상인을 중심으로 황국 중앙 총상회가 조직되었다.
② (가) – 신민회는 일제가 날조한 105인 사건으로 와해되었다.
③ (나) – 함경도 관찰사 조병식이 곡물 수출을 막는 방곡령을 내렸다.
④ (나) – 일제의 황무지 개간권 요구를 반대하기 위해 보안회가 창설되었다.

141 0939
2012년 7급 지방직

다음 (가), (나)와 관련하여 나타난 사건에 대한 설명으로 옳지 않은 것은?

> (가) 시위대 참령 ○○○이 …… "내가 몇 해 동안 군사를 거느리고 있었는데, 갑자기 해산을 당하고 말았으니 차마 내 병정들을 대할 면목이 없다."라고 말하고 차고 있던 군도를 빼어 스스로 목을 찔러 죽으니 병정들이 분기를 이기지 못하였다고 한다.
> (나) 용병(用兵)의 요체는 고립을 피하고 일치 단결하는 데 있다. 각 도의 군사를 통일하여 뚝이 무너질 듯 근기(近畿) 지방으로 밀려들어가면 온 천하를 우리 보물로 하기는 불가능하더라도 한국 문제를 해결하는 데 유리하게 될 것이다.

① (가) – 의병과 연계하여 일본군과 접전을 벌였다.
② (나) – 13도 창의 대진소가 설치되고 이인영을 창의 대장으로 뽑았다.
③ (가) – 고종이 퇴위하고 정미 조약이 강요되는 계기가 되었다.
④ (나) – 허위가 이끄는 선발 부대는 동대문 인근까지 진출하였다.

142 0940
2015년 9급 국가직

다음 두 사건이 일어난 이후의 사실로 옳은 것만을 〈보기〉에서 모두 고른 것은?

> • 고종 황제의 강제 퇴위
> • 일제에 의한 군대 해산

보기

> ㉠ 안중근이 만주 하얼빈에서 이토 히로부미를 사살하였다.
> ㉡ 민영환이 일제에 대한 저항을 강력하게 표현한 유서를 남기고 자결하였다.
> ㉢ 장지연이 민족 의식을 고취하는 '시일야방성대곡'을 황성신문에 발표하였다.
> ㉣ 이인영을 총대장으로 하는 13도 연합 의병 부대(창의군)가 서울 진공 작전을 시도하였다.

① ㉠, ㉡　　　　　　　② ㉠, ㉣
③ ㉡, ㉢　　　　　　　④ ㉢, ㉣

139 0937

제시문은 최익현이 의병장으로 활약한 을사의병(1905)과 13도 창의군(1908)이 추진하였던 서울 진공 작전에 대한 내용이다.

④ 을사의병 때 평민 의병장이 등장하여 대두되었던 것은 맞지만, 유생층이 의병장으로서 주도적 역할을 담당하였다. 13도 창의군은 1908년 서울 진공 작전을 수행하기 위하여 각 지역의 의병 부대가 횡적인 연합으로 구성한 조직이다. 정미의병(1907) 당시 평민 의병장이 다수 등장하여 활약하였던 데에 반해 13도 창의군에서는 평민 의병장이 배제되고 이인영, 허위 등의 유생층이 주도하였다.

오답 분석

① 양반 유생들이 중심이 된 의병 부대는 군주제를 지향하였으며, 국권 피탈 이후에는 복벽주의를 지향하였다.
② 을사의병 중 최익현의 부대는 관군인 진위대와 대치하자 자진 해산하였고, 정미의병 때 결성된 13도 창의군의 경우 오히려 해산한 관군이 의병에 합류하였다.
③ 천도교와 의병 운동은 관련이 없다.

정답 ④

140 0938

을미사변은 음력 1895년 8월 20일, 을사늑약은 1905년 11월 17일, 서울 진공 작전의 전개는 1908년의 일이다.

① 시전 상인을 중심으로 황국 중앙 총상회가 조직되었던 시기는 1898년으로, 을미사변(1895)과 을사늑약(1905) 사이인 (가) 시기의 일이다.

오답 분석

② 105인 사건은 1911년에 일어났다.
③ 조병식은 1889년에 방곡령을 반포하였다.
④ 보안회의 창설은 1904년의 일이다.

정답 ①

141 0939

(가)는 1907년에 군대 해산이 이루어지자, 시위대 제1대대장 박승환이 자결한 내용을 기록한 것이고, (나)는 서울 진공 작전 시기 이인영의 격문이다. (가)는 고종 퇴위와 정미 7조약 체결이 원인이 되어 일어난 사건이다. 일제는 고종을 강제 퇴위시키고 순종을 즉위시킨 뒤, 정미 7조약(한ㆍ일 신협약)을 체결하였고, 그 부수 각서에 의해 재정 곤란 등의 이유를 들어 군대를 해산시켰다.

③ 고종이 강제로 퇴위당하고 정미 7조약이 강요되는 계기가 된 것은 헤이그 특사 사건이다.

오답 분석

①, ②, ④ 1907년 일본에 의해 고종이 퇴위당하고 대한 제국 정부군이 해산되자, 해산 군인들이 무장 봉기를 일으켜 일본군과 시가전을 벌이기도 하였다. 이후 해산 군인은 각지의 의병과 합류하여 의병 전쟁을 전개하였고, 해산 군인의 합류로 무기와 병력이 강해진 전국 의병 부대들은 13도 창의군을 결성하고 서울 진공 작전을 계획하였다.

정답 ③

142 0940

고종의 강제 퇴위와 군대 해산은 모두 1907년의 일이다.

㉠, ㉣ 두 사건 이후에 일어난 사실에 해당하는 것은 1909년 안중근의 이토 히로부미 사살, 1908년의 서울 진공 작전이다.

오답 분석

㉡, ㉢ 민영환의 자결과 장지연의 '시일야방성대곡' 발표는 모두 1905년으로 을사늑약 직후의 일이다.

정답 ②

143 0941
2022년 9급 지방직

밑줄 친 '나'에 대한 설명으로 옳은 것만을 모두 고르면?

> 오늘날 사람은 모두 법에 의하여 생활하고 있는데 실제로 사람을 죽인 자가 벌을 받지 않고 생존할 도리는 없는 것이다. … (중략) … 나는 한국의 의병이며 지금 적군의 포로가 되어 와 있으므로 마땅히 만국공법에 의해 처단되어야 할 것으로 생각한다.

> ㄱ. 일본에서 순국하였다.
> ㄴ. 한인 애국단 소속이었다.
> ㄷ. 『동양평화론』을 집필하였다.
> ㄹ. 연해주에서 의병 투쟁을 전개하였다.

① ㄱ, ㄴ   ② ㄱ, ㄹ
③ ㄴ, ㄷ   ④ ㄷ, ㄹ

144 0942
2015년 7급 국가직

㉠, ㉡에 관한 설명으로 옳지 않은 것은?

> 판 사: (㉠)은/는 힘이 없는 조선이 망하지 않도록 일본이 보호하자는 조약이 아닌가? 그러니 초대 통감을 죽인다고 (㉡)이/가 폐지되겠는가?
> 안중근: (㉠)은/는 우리 황제를 협박해 강제로 체결된 것이며, 그 늑약으로 (㉡)이/가 설치된 이후 우리 백성들이 더 많이 학살되고 있다.

① ㉠에 반발하여 민종식, 최익현 등이 의병을 일으켰다.
② ㉠에 대하여 장지연은 논설 '시일야방성대곡'으로 비판하였다.
③ ㉡의 설치는 보안회가 결성되는 계기가 되었다.
④ ㉡을 통하여 대한 제국의 외교권을 강탈하였다.

145 0943
2015년 9급 지방직

다음 취지서를 발표한 단체의 활동에 대한 설명으로 옳은 것은?

> 무릇 나라의 독립은 오직 자강(自强)의 여하에 달려 있는 것이다. …… 그러나 자강의 방도를 강구하려 할 것 같으면 다른 곳에 있지 않고 교육을 진작하고 산업을 일으키는 데 있으니 무릇 교육이 일어나지 않으면 민지(民智)가 열리지 않고 산업이 일어나지 않으면 국부가 증가하지 못하는 것이다. 교육과 산업의 발달이 곧 자강의 방도임을 알 수 있는 것이다.

① 만민 공동회를 개최하여 러시아의 침략 정책을 강력하게 규탄하였다.
② 고종의 강제 퇴위 반대 운동을 전개하다가 일본의 탄압으로 해산되었다.
③ 방직, 고무, 메리야스 공장을 육성하여 경제 자립을 이루자는 운동을 전개하였다.
④ 일본의 황무지 개간에 대한 대중적인 반대 운동을 일으켜 이를 철회시키는 데 성공하였다.

146 0944
2011년 9급 법원직

(가), (나)에 대한 설명으로 옳지 않은 것은?

> (가) 헌정 연구회를 모체로 설립된 단체로 독립을 위해 '자강(自强)'을 주장하였다. 자강의 방법으로는 교육을 진작하고 산업을 일으켜 흥하게 하는 것이라 강조하였으며, 전국 각지에 지회를 설치하고 월보의 간행과 강연회를 개최하였다.
> (나) 안창호, 양기탁 등이 중심이 되어 회원 800여 명이 참여하여 결성된 단체로 평양에 대성 학교와 정주에 오산 학교를 세워 민족 교육을 실시하였다. 또한 평양에 자기 회사를 운영하여 민족 자본 육성에도 힘썼다.

① (가): 정미 7조약 체결에 반대하는 투쟁을 전개하였다.
② (가): 일제의 통감부 설치를 반대하기 위해 설립되었다.
③ (나): 공화 정체의 근대 국민 국가 건설을 위해 노력하였다.
④ (나): 국내에서 전개된 계몽 운동의 한계를 극복하는 데 기여하였다.

143 0941

제시문의 밑줄 친 인물은 이토 히로부미를 하얼빈에서 처단하고 체포된 안중근 의사이다.

ㄷ. 안중근은 뤼순 감옥에서 『동양평화론』을 집필하기 시작하였으나, 미완성으로 순국하였다.

ㄹ. 안중근은 이토 히로부미 처단 이전 연해주로 망명하여 의병 투쟁을 벌이기도 하였다.

오답 분석

ㄱ. 일본에서 순국한 인물에는 이봉창과 윤봉길 등이 있다.

ㄴ. 한인 애국단 소속에는 이봉창과 윤봉길 등이 있다.

정답 ④

144 0942

㉠은 을사늑약(1905), ㉡은 통감부(1906)를 의미한다.

③ 보안회는 통감부가 설치되기 이전에 결성되었다. 보안회는 1904년에 보국안민의 기치를 내걸고 조직된 단체로 일제가 황무지 개간권을 요구하자 대규모의 민중 집회를 열어 이를 철회시켰다.

오답 분석

①, ②, ④ 을사늑약의 강제 체결로 대한 제국은 일본에게 외교권을 박탈당하였고, 이후 설치된 통감부는 외교뿐만 아니라 내정 면에서까지 간섭을 강화하였다. 이에 반발하여 민종식, 최익현 등의 유생층이 의병을 일으켰고, 신돌석 등 평민 의병장이 이 시기 활발한 활동을 전개하였다. 장지연도 을사늑약 체결에 반발하여 황성신문에 '시일야방성대곡'을 게재하고 이를 규탄하였다.

정답 ③

145 0943

자료는 대한 자강회의 취지서이다.

② 대한 자강회는 해산당한 헌정 연구회의 후속으로 1906년 설립되었다. 대한 자강회는 전국에 25개 지부를 설립하고 계몽 운동과 자강 개혁 운동을 추진하려 하였지만 고종 퇴위 반대 운동과 정미 7조약 체결 반대 운동을 주도하다가 일본의 탄압으로 1907년에 해산당하였다.

오답 분석

① 독립 협회에 대한 설명이다.

③ 1920년대의 실력 양성 운동에 해당한다.

④ 보안회에 대한 설명이다.

정답 ②

146 0944

(가)는 1906년에 윤효정, 장지연 등이 중심이 되어 결성한 대한 자강회이다. (나)는 1907년에 비밀 결사로 조직된 신민회이다.

② 통감부는 을사늑약 이후 1906년 2월에 본격적으로 설치되었으며, 대한 자강회의 설치는 그 이후인 1906년 4월의 일이다.

정답 ②

147 0945
2010년 7급 지방직

다음은 일제의 한국 침탈이 노골화되던 시기에 구국 운동을 전개한 사회 단체에 대한 설명이다. 단체명이 옳게 연결된 것은?

> ㉠ 일본이 황무지 개척권을 요구하며 영토 강탈의 의도를 드러내자 이를 저지하기 위해 만들어진 단체이다.
> ㉡ 국권 회복을 목표로 교육과 식산 활동을 전개한 단체로 윤효정, 장지연 등이 주도하였다.
> ㉢ 유신한 국민이 통일 연합하여 유신한 자유 문명국을 성립하자는 취지로 설립되었다.

	㉠	㉡	㉢
①	보안회	대한 자강회	신민회
②	헌정 연구회	대한 자강회	대한 협회
③	보안회	헌정 연구회	신민회
④	대한 자강회	신민회	대한 협회

148 0946
2018년 9급 국가직

다음은 대한 제국 시기에 설립된 어느 회사에 관한 내용이다. 밑줄 친 '이 회사'에 대한 설명으로 옳은 것은?

> ○ 이 회사의 고금(股金, 주권)은 액면 50원씩이고, 총 1천만 원을 발행하고, 주당 불입금은 5년간 총 10회 5원씩 나눠서 낸다.
> ○ 이 회사는 국내 진황지 개간, 관개 사무와 산림천택(山林川澤), 식양채벌(殖養採伐) 등의 사무 이외에 금·은·동·철·석유 등의 각종 채굴 사무에 종사한다.

① 종로의 백목전 상인이 주도가 된 직조 회사였다.
② 역둔토나 국유 미간지를 약탈하려는 국책 회사였다.
③ 황무지 개간권 요구에 대응하여 설립된 특허 회사였다.
④ 외국 상인과의 상권 경쟁을 위해 시전 상인이 만든 척식 회사였다.

149 0947
2016년 7급 서울시

다음의 내용과 관련된 단체에 대한 설명으로 옳지 않은 것은?

> 1. 국민에게 민족 의식과 독립 사상 고취
> 2. 동지를 발견하고 단합하여 국민 운동 역량 축적
> 3. 상공업 기관 건설로 국민의 부력(富力) 증진
> 4. 교육 기관 설립으로 청소년 교육 진흥

① 평양에 대성 학교, 정주에 오산 학교를 설립하였다.
② 평양 근교에 자기(磁器) 회사를 설립, 운영하기도 하였다.
③ 평양과 대구에 태극 서관을 설립하여 출판 사업을 벌였다.
④ 통감부가 설치된 직후에 정치 집회가 금지되면서 해산당했다.

150 0948
2016년 9급 서울시

근대의 구국 계몽 운동에 대한 설명으로 가장 옳은 것은?

① 송수만, 심상진은 대한 자강회를 조직하고 일본의 황무지 개척에 반발하는 운동을 전개하여 이를 철회시켰다.
② 이종일은 순 한글로 간행한 황성신문을 발간하여 정치 논설보다 일반 대중을 위한 사회 계몽 기사를 많이 실었다.
③ 최남선은 을지문덕, 강감찬, 최영, 이순신 등의 애국 명장에 관한 전기를 써서 애국심을 고취하였다.
④ 고종은 을사늑약의 불법성을 폭로하는 친서를 양기탁과 영국인 베델의 대한매일신보를 통하여 발표하였다.

147 0945

① ⑦ 보안회, ⓒ 대한 자강회, ⓒ 신민회이다.

• ⑦ 일제의 황무지 개간권 요구에 맞서 이를 저지하기 위해 결성된 단체는 보안회이다.

• ⓒ 윤효정, 장지연 등이 주도한 이 단체는 대한 자강회로 전국 각지에 25개의 지회를 설립하고 월보를 간행하면서 교육·언론·종교 등 문화 운동에 치중한 국권 회복 운동을 전개하였다. 일제가 고종을 강제로 퇴위시키자, 그에 대한 반대 운동을 펼치다가 일제의 탄압으로 해산되었다.

• ⓒ 유신한 자유 문명국을 성립하자는 취지에서 결성된 비밀 결사 단체는 신민회로 1907년에 국권 회복과 공화정체의 근대 국민 국가 건설을 목표로 조직되었다.

정답 ①

148 0946

밑줄 친 '이 회사'는 이도재, 김종한 등에 의해 설립된 농광 회사이다.

• ③ 농광 회사는 일제의 황무지 개간권 요구에 대응하여 1904년에 설립되었다. 뒤를 이어 보안회(輔安會) 등에서도 일본의 황무지 개간권에 반발하자, 일본은 개간권의 요구를 철회하였다. 그러나 그해 8월 10일 일본 공사는 본국의 훈령에 따라 철회 조건으로 농광 회사에 대한 정부의 허가를 취소할 것을 요구하였고, 정부가 이에 동조함으로써, 농광 회사는 본격적인 활동을 하지 못한 채 해체되었다.

오답 분석

① 1900년에 설립된 종로 직조사에 해당한다.
② 1908년에 설립된 동양 척식 주식회사에 해당한다.
④ 1898년에 설립된 황국 중앙 총상회에 해당한다.

정답 ③

149 0947

신민회는 1907년 4월 안창호의 발기로 양기탁·전덕기·이동휘·이동녕·이갑·유동열·안창호 등 7인이 창건위원이 되고, 노백린·이승훈·안태국·최광옥·이시영·이회영·이상재·윤치호·이강·조성환·김구·신채호·박은식·임치정·이종호·주진수 등이 참여하여 설립된 단체이다. 신민회는 대한매일신보를 중심으로 애국 계몽 운동을 전개하던 집단, 상동교회를 중심으로 애국 계몽 운동을 전개하던 집단, 서북 지방과 서울 등지의 신흥 시민 세력, 무관 출신으로서 애국 계몽 운동을 전개하던 세력, 미주에 있던 공립 협회의 세력을 중심으로 구성되었다. 신민회는 국권 회복과 공화정체의 근대 국민 국가 건설을 목표로 하여 비밀 결사 단체로 결성되었다.

• ④ 일제는 1911년에 안악 사건과 양기탁 등 보안법 위반 사건, 그리고 데라우치 총독 암살 미수 사건(105인 사건) 등을 날조하여 많은 독립 운동가들을 체포하였으며, 이 시기 신민회는 그 정체가 드러나 해체될 수밖에 없었다. 신민회가 해산된 시기는 일제 강점기로 한말인 통감부가 설치된 직후는 아니다.

오답 분석

①, ②, ③ 모두 신민회와 관련된 내용에 해당한다.

정답 ④

150 0948

• ④ 고종은 을사늑약의 불법성을 폭로하는 친서를 대한매일신보를 통하여 발표하는 한편, 헐버트를 미국에 파견하여, 미국의 협조를 얻고자 하였다. 또한 헤이그에 이상설, 이준, 이위종을 특사로 파견하여 을사늑약의 부당함을 세계에 알리고 국권을 수호하고자 하였다.

오답 분석

① 송수만, 심상진 등이 조직하고, 일본의 황무지 개척권 요구를 철회시킨 단체는 보안회이다.
② 이종일이 순 한글로 간행한 신문은 제국신문이다.
③ 을지문덕, 최영, 이순신 등의 애국 명장에 관한 전기는 신채호가, 강감찬에 대한 전기는 우기선이 집필하였다.

정답 ④

151 0949
2018년 7급 지방직

우리나라 근대 교육에 대한 설명으로 옳은 것만을 모두 고르면?

> ㄱ. 함경도 덕원 주민들의 건의로 근대식 학교인 원산 학사가 설립되었다.
> ㄴ. 선교사들이 들어와서 세운 기독교 계통의 학교에는 배재 학당과 이화 학당 등이 있었다.
> ㄷ. 정부는 외국어 교육 기관으로 동문학을 설립하였다.
> ㄹ. 교육 입국 조서가 반포되었고, 사범 학교와 외국어 학교의 관제가 제정되었다.

① ㄱ
② ㄱ, ㄴ
③ ㄱ, ㄴ, ㄷ
④ ㄱ, ㄴ, ㄷ, ㄹ

152 0950
2018년 7급 서울시

〈보기〉는 개항 이후 경제 상황이다. 시간 순으로 바르게 나열한 것은?

> **보기**
> ㉠ 청 상인들이 내지 통상권을 획득하였다.
> ㉡ 일본인 재정 고문이 화폐 정리 사업을 추진하였다.
> ㉢ 대한천일은행이 고종의 적극적인 지원 하에 설립되었다.
> ㉣ 일본 상인들이 개항장 중심의 거류지 무역을 시작하였다.

① ㉠ → ㉡ → ㉢ → ㉣
② ㉠ → ㉢ → ㉡ → ㉣
③ ㉣ → ㉠ → ㉢ → ㉡
④ ㉣ → ㉠ → ㉡ → ㉢

153 0951
2012년 9급 사회복지직

다음은 1890년 대일 무역 실태를 보여주는 표이다. 당시의 경제 상황으로 옳지 않은 것은?

1890년 대일 수출입 상품의 품목별 비율			
수출 상품		수입 상품	
품목	비율	품목	비율
쌀	57.4%	면제품	55.6%
콩	28.3%		
기타	14.3%	기타	44.4%

① 쌀값이 올랐다.
② 면공업 발전에 타격을 주었다.
③ 지주나 부농의 경제적 형편이 어려워졌다.
④ 지방관의 방곡령 발령을 초래하기도 하였다.

154 0952
2013년 7급 서울시

다음 중 빈칸 ㉠에 들어갈 관청의 이름으로 옳은 것은?

> 국교 확대 초기에 개항장을 중심으로 펼쳐지던 일본 상인의 활동 반경이 점차 내륙으로까지 넓어지자, 정부와 상인 · 민인들은 이를 심각히 우려하였다. 또한 국내 교역에서는 관리와 토호의 수탈로 말미암아 행상들이 입는 피해가 극심하였다. 이에 따라 조선 정부는 서구 근대의 회사 조직을 본떠 보부상 조직을 설립하고 이름을 (㉠)(이)라 하였다.

① 혜상공국   ② 황국 협회
③ 황국 중앙 총상회   ④ 독립 협회
⑤ 농무 목축 시험장

151 0949

ㄱ. 1883년 근대 교육 기관으로 함경도 덕원에 원산 학사가 설립되었다.
ㄴ. 1885년 선교사 아펜젤러에 의해 배재 학당이, 1886년 선교사 스크랜턴에 의해 이화 학당이 설립되었다.
ㄷ. 1883년 통역관 양성을 위한 외국어 교육 기관으로 영어와 일어를 가르치는 동문학이 설립되었다.
ㄹ. 제2차 갑오개혁 시기 교육 입국 조서가 반포되어 사범 학교와 외국어 학교의 관제가 제정되었다.

정답 ④

152 0950

③ 순서대로 나열하면 ㉢ 일본 상인들의 거류지 무역 시작(1876) → ㉠ 청 상인들의 내지 통상권 획득(1882) → ㉣ 대한천일은행 설립(1899) → ㉡ 화폐 정리 사업 추진(1905)이 된다.

㉢ 1876년에 체결된 강화도 조약의 부속 조약인 조·일 수호 조규 부록을 통해 일본 상인들의 거류지 무역이 추진되었다.
㉠ 1882년에 체결된 조·청 상민 수륙 무역 장정을 바탕으로 청 상인들은 서울 지역 내의 상점 개설, 내지 통상권 등의 권리를 획득하였다.
㉣ 대한천일은행은 1899년에 설립되었다.
㉡ 재정 고문으로 임명된 일본인 메가타에 의해 1905년에 화폐 정리 사업이 추진되었다.

정답 ③

153 0951

1876년 강화도 조약 체결 이후 일본 상인들은 개항장을 중심으로 거류지 무역을 전개하였다. 1882년 조·청 상민 수륙 무역 장정 체결 이후 청이 내지 통상권을 획득하자, 일본은 조선과 1883년 개정 조·일 통상 장정을 체결하여 획득한 최혜국 대우를 계기로 일본 또한 내지 통상권을 얻어낼 수 있었다.

③ **지주나 부농은 일본에 쌀을 수출하여 부를 축적하고 토지를 매입하여 성장할 수 있었다.**

오답 분석

① 일본은 주로 쌀, 콩, 쇠가죽 등을 수입하였으며, 이로 인해 쌀값이 폭등하였다.
② 일본 상인들은 영국산 면화를 중계 무역으로 판매하여 이득을 취하였으나, 청과의 경쟁이 심화되고 영국산 면화에 대한 경쟁력을 상실하자 일본산 면화의 생산과 수출을 확대하기 시작하였다. 이러한 상황에서 국내의 면직물 생산은 타격을 입을 수밖에 없었다.
④ 일본으로의 곡물 유출이 급증하고, 흉년이 겹치면서 곡물이 부족해지고 곡물 가격이 폭등하자, 황해도, 함경도 등지의 지방관들이 곡물 유출을 막는 방곡령을 내렸으나, 일본 측은 방곡령을 실시하기 1개월 전에 지방관이 일본 영사관에 통고해야 한다는 개정 조·일 통상 장정(1883)의 규정을 구실로 방곡령 철회를 요구하였다.

정답 ③

154 0952

① 조선 정부는 개항 이후 상업 자유화에 밀려 생업에 위협을 받게 된 보부상을 보호하기 위한 관청으로 1883년(고종 20) 혜상공국을 설치하였다. 이후 혜상공국은 상리국(1885)으로 바뀌었고, 황국 중앙 총상회에 소속되었다가 다시 1898년에 황국 협회에 이속되었다. 그 뒤로 상무사(1899), 공제소(1903), 상민회(1903) 등으로 변화하였다가 일제 강점기에 말살 정책으로 거의 소멸되었다.

정답 ①

155 0953

밑줄 친 '이 단체'의 운동에 대한 설명으로 옳은 것은?

> 이 단체는 본격적으로 자신을 수호하는 운동을 벌이기에 앞
> 서 정부로부터의 허가 과정에서 유배에 처해진 회장의 유배
> 해제를 주장하는 강경한 상소를 올렸다. 정부의 반응이 소
> 극적이자 이 단체는 독립 협회의 민권 운동을 적극 지원하
> 는 것이 그들의 운동에 부합하는 것이라고 생각하였다. 그
> 리하여 이 단체는 독립 협회가 사회 운동의 일환으로 전개
> 한 노륙법과 연좌법의 부활 저지 운동에 적극 참가하였다.

① 대한매일신보, 만세보 등의 언론 기관이 참여하였다.

② 시전 상인들이 경제적 특권 회복을 요구하였다.

③ 대한 자강회 등의 애국 계몽 운동 단체가 참여하였다.

④ 통감부는 양기탁을 횡령 혐의로 구속하는 등 탄압하였다.

156 0954

다음의 경제 조치에 대한 설명으로 옳지 않은 것은?

> 제1조 구 백동화 교환에 관한 사무는 금고로 처리케 하여
> 탁지부 대신이 이를 감독함.
> 제3조 구 백동화의 품위(品位)·양목(量目)·인상(印象)·
> 형체(形體)가 정화(正貨)에 준할 수 있는 것은 매 1
> 개에 대하여 금 2전 5푼의 가격으로 새 화폐로 교환
> 함이 가함.

① 한국 상인들이 경제적으로 큰 타격을 받았다.

② 일본 제일은행이 중앙 은행의 역할을 하게 되었다.

③ 액면가대로 바꾸어 주는 화폐 교환 방식을 따랐다.

④ 구 백동화 남발에 따른 물가 상승이 이 조치에 영향을 끼
   쳤다.

157 0955

다음의 정부 조치에 대한 설명으로 옳은 것만을 〈보기〉에서 모두 고르면?

> 상태가 매우 좋은 갑종 백동화는 개당 2전 5리의 가격으로
> 새 돈으로 바꾸어 주고, 상태가 좋지 않은 을종 백동화는 개
> 당 1전의 가격으로 정부에서 사들이며, 팔기를 원치 않는 자
> 에 대해서는 정부가 절단하여 돌려준다. 다만 모양과 질이
> 조잡하여 화폐로 인정하기 어려운 병종 백동화는 사들이지
> 않는다.
>   – 탁지부령

> **보기**
> ㄱ. 한·일 신협약을 계기로 추진되었다.
> ㄴ. 은화를 발행하여 본위화로 삼고자 하였다.
> ㄷ. 제일은행권을 교환용 화폐로 사용하였다.
> ㄹ. 필요한 자금을 대느라 거액의 국채가 발생하였다.

① ㄱ, ㄴ

② ㄱ, ㄹ

③ ㄴ, ㄷ

④ ㄷ, ㄹ

158 0956

다음 자료에서 나타난 민족 운동에 대한 설명으로 옳지 않은 것은?

> • 나라 빚 1,300만 원은 우리 대한의 존망에 관계한다. 갚
> 으면 나라가 존재하고 갚지 못하면 나라가 망하는 것이
> 대세이다.
>   – 취지문
> • 모집금 내역

(단위: 원)

도명	5월까지 모집금	6월 중 모집금	계
경성	62,735,080	109,200	62,844,280
경기도	13,916,087	4,412,312	18,328,399
충청북도	3,778,625	227,530	4,006,155
⋮	⋮	⋮	⋮
함경북도	977,400	207,000	1,184,400
합계	241,098,913	31,590,606	272,689,519

– 경무고문 보고

① 한·일 신협약에 따라 중지되었다.

② 서울에서는 국채 보상 기성회가 발족되었다.

③ 2,000만 조선인의 금연 및 금주 운동이 전개되었다.

④ 언론 기관인 대한매일신보사와 황성신문사가 지원하였다.

155 0953

밑줄 친 '이 단체'는 황국 중앙 총상회이다.

② 황국 중앙 총상회는 1898년 서울의 시전 상인들이 외국 상인들의 침투에 대항하여 조직한 단체이다. 황국 중앙 총상회는 독립 협회의 노륙법(처자까지 연좌하여 죽이는 법) 및 연좌법 부활 저지, 자강 개혁 내각 수립 요구, 독립 협회 지도자 17인 석방 운동, 독립 협회 복설 운동, 황국 협회와의 투쟁 등 모든 자주 민권 자강 운동에 적극 참여하고 지원하였다.

오답 분석

①, ④ 대한매일신보, 만세보 등의 언론 기관의 참여로 확산된 운동은 국채 보상 운동이다. 국채 보상 운동은 통감부의 방해로 실패하였다.
③ 대한 자강회는 1906년에 조직되었다. 황국 중앙 총상회는 1898년에 설립되어 같은 해에 해체되었으므로 관련이 없다.

정답 ②

156 0954

제시문은 1905년 메가타에 의해 시행된 화폐 정리 사업의 내용이다.

③ 일제는 화폐 정리 사업 당시 신구 화폐의 교환 과정에서 백동화를 그 질에 따라 갑·을·병종으로 구분하여 교환해 주었다. 갑종은 신전(新殿) 2전 5푼(2전 5리)으로, 질이 떨어지는 을종은 신전 1전으로 교환해 주었다. 그리고 질이 더 나쁜 병종은 악화(惡貨)라고 하여 아예 교환해 주지 않았다.

정답 ③

157 0955

제시문은 1905년 일본인 메가타에 의해 시행된 화폐 정리 사업의 내용이다.

ㄷ. 일본은 메가타를 앞세워 화폐 개혁이라는 명목으로 대한 제국 화폐인 백동화 및 엽전을 제일은행권의 신화폐로 교환해주는 사업을 실시했다. 그런데 백동화를 액면 가치가 아닌 실질 가치로 교환해 줌으로써, 한국인들은 하루아침에 화폐 재산을 강탈 당하고 한국 상인들은 몰락했다.
ㄹ. 일본은 화폐 정리 방법으로서 한국 정부가 일본 정부 또는 일본 정부의 보증을 받아 차관으로서 자금을 차입하도록 하였다. 이로 인해 거액의 국채가 발생하였다.

오답 분석

ㄱ. 메가타의 화폐 정리 사업은 1904년에 체결된 제1차 한·일 협약의 결과로 시행되었다.
ㄴ. 메가타의 화폐 정리 사업은 금 본위제를 기준으로 추진된 것이었다.

정답 ④

158 0956

제시된 자료는 국채 보상 운동(1907)에 대한 내용이다. 국채 보상 운동은 1907년 대구 광문사에서 서상돈을 중심으로 시작되었는데, 서울에서 국채 보상 기성회가 설립되는 등 빠르게 전국으로 확산되었다. 모금을 위해 전국적으로 금연 운동이 전개되었고, 부인 단체와 여학생들도 의연금 모집에 적극적으로 나섰다. 특히, 대한매일신보, 황성신문, 제국신문, 만세보 등의 언론 기관이 참여하면서 전국적으로 모금 운동이 활발하게 전개되었고, 일본 유학생들도 담뱃값을 절약하여 보내기도 하였다.

① 국채 보상 운동은 일진회를 이용한 일제의 방해 공작과 통감부의 탄압으로 그 목적을 이루지 못하고 1908년에 중단되었다.

정답 ①

159 0957

2012년 7급 지방직

다음과 같은 민족 운동을 촉발한 일제의 침략 정책으로 가장 적절한 것은?

> 국채 1,300만 원은 나라의 존망과 관계한다. 갚으면 나라가 살고 갚지 못하면 망하는 것은 시대의 대세이다. 현재 국고로는 이 국채를 갚기 어려운즉, 삼천리 강토가 자칫 우리나라와 백성의 것이 아니 될 위험에 처하게 되었다.

① 화폐 정리 사업과 시정 개선 사업을 강요하였다.
② 청국과 간도 협약을 맺어 대륙 철도를 부설하였다.
③ 제1차 한 · 일 협약을 강요하여 경찰 고문을 파견하였다.
④ 회사령을 공포하고, 일본 물품의 수입 관세를 유지하였다.

160 0958

2014년 7급 지방직

다음 자료의 사건보다 늦게 일어난 사실만을 〈보기〉에서 모두 고른 것은?

> 국채 1,300만 원은 우리 대한의 존망에 관계가 있는 것이다. 갚아 버리면 나라가 존재하고 갚지 못하면 나라가 망하는 것은 대세가 반드시 그렇게 이르는 것이다. 현재 국고에서는 이 국채를 갚아 버리기 어려운즉, 장차 삼천리 강토는 우리나라와 백성의 것이 아닌 것으로 될 위험이 있다. 토지를 한 번 잃어버리면 다시 회복하기 어려운 것이다.

보기
㉠ 일본의 경원선 부설권 강탈
㉡ 토지 조사령 반포
㉢ 을사조약 체결
㉣ 산미 증식 계획 시행

① ㉠, ㉡   ② ㉠, ㉢
③ ㉡, ㉢   ④ ㉡, ㉣

161 0959

2019년 7급 서울시(추가 채용)

〈보기〉의 (가), (나)와 관련한 설명으로 옳지 않은 것은?

보기
(가) 메가타 다네타로(目賀田 種太郎), 스티븐스(Stevens)
(나) 경인철도, 경부철도, 경의철도

① (가)는 대한 제국 정부에 고용된 관료였으나, 일본의 이익을 위해 활동했다.
② (나)의 3개의 철도 모두 최종적으로 일본이 건설했다.
③ (가)는 '을사조약' 체결 이후 각각 대한 제국의 재정과 외교를 감독했다.
④ (나)의 철도 건설에 토지 · 노동력을 강제 징발당한 한국인의 분노와 저항이 일어났다.

162 0960

2017년 7급 지방직

다음 자료와 관련된 단체의 설명으로 옳지 않은 것은?

> • 시장에 외국 상인의 출입을 엄금할 것
> • 다른 나라에 철도 부설권을 허용하지 말 것
> • 시급히 방곡령을 실시하고 구민법을 채용할 것
> • 금광의 채굴을 금지하고 인민의 방책을 꾀할 것

① 정치적 · 경제적 각성을 촉진하고, 단결을 공고히 함을 강령으로 삼아 투쟁하였다.
② 1900년 전후 충청과 경기, 낙동강 동쪽의 경상도 등지에서 활동하였다.
③ '가난한 사람을 살려내는 무리'라는 뜻으로 「홍길동전」에서 이름을 따왔다.
④ 을사늑(조)약 이후에 이들 가운데 일부는 의병 운동에 참여하였다.

159 0957

제시문은 국채 보상 운동에 대한 내용이다.

① 국채 보상 운동은 일제의 화폐 정리 사업과 시정 개선 사업 등으로 인해 발생된 국채를 갚기 위해 촉발되었다. 1905년 화폐 정리 사업으로 일본 제일은행권이 본위 화폐로 통용되면서 한국의 은행들은 몰락하거나 자주성을 잃게 되었고, 한국의 금융은 사실상 일제에 의해 지배되어 갔다. 더불어 시설 개선의 명목 등으로 일본에서 차관을 도입할 것을 강요하여, 한국은 거액의 국채가 발생하였다. 이에 국민의 힘으로 국채를 상환하자는 국채 보상 운동이 촉발되었다.

오답 분석

모두 국채 보상 운동과 관련이 없다.

② 일본은 1909년 청과 간도 협약을 체결하였고, 이 협약을 통해 안봉선(안동 – 봉천) 철도 부설권과 푸순 탄광 개발권을 획득하였다.

③ 1904년에 체결된 제1차 한 · 일 협약으로 고문 정치가 시행되었다. 대한 제국의 재정 고문으로 일본인 메가타가, 외교 고문으로는 친일 미국인인 스티븐스가 임명되었다.

④ 일제는 1910년에 회사 설립의 허가제를 골자로 하는 회사령을 공포하였다.

정답 ①

160 0958

제시문은 1907년에 일어난 국채 보상 운동에 대한 내용이다. 국채 보상 운동은 대구 광문사에서 서상돈을 중심으로 시작되었는데, 서울에서 국채 보상 기성회가 설립되는 등 순식간에 전국으로 확산되었다. 그러나 일제의 공작으로 국채 보상 운동은 그 목적을 이루지 못하고 1908년에 실패하였다.

ⓒ 토지 조사령은 1912년에 반포되었고, 그 결과 토지 소유권 조사와 토지 가격 조사, 지형 및 지목에 대한 조사가 실시되었다.

ⓔ 산미 증식 계획은 일제가 일본 내 부족한 쌀 수요를 충족시키기 위해 시행한 것으로, 1920년부터 시행되기 시작하였다.

오답 분석

ⓐ 경원선 부설권은 본래 박기종 등의 국내 철도 회사에 허가하였으나, 일본이 1904년에 경의 철도 자금 대부 약관의 부수 약관에 들어 있던 의무 조항을 교묘히 악용하여 경원선에 대한 출자 권리를 내세우고 부설권을 강탈하였다.

ⓑ 을사조약(을사늑약)은 러 · 일 전쟁에서 승리한 일본에 의해 1905년 11월에 강제로 체결된 조약이다.

정답 ④

161 0959

③ 메가타와 스티븐스는 을사조약(을사늑약) 아닌 제1차 한 · 일 협약 체결에 따라 각각 재정 고문과 외교 고문으로 파견되어 대한 제국의 재정과 외교에 간섭하였다.

오답 분석

① (가) 재정 고문 메가타, 외교 고문 스티븐스는 제1차 한 · 일 협약 체결(1904. 8.) 이후 대한 제국에 고용된 고문이었으며, 철저하게 일본의 입장에서 대한 제국의 재정과 경제적 예속 작업 및 친일적 여론의 환경 조성에 착수하였다.

②, ④ (나) 경인선(1899), 경부선(1905), 경의선(1906)은 모두 일본에 의해 완공되었다. 일본은 철도를 건설하는 과정에서 철도 부지를 확보한다는 명목으로 토지를 약탈하고, 농민들을 강제로 동원하였다. 이에 분노한 한국인들은 철도 건설에 저항하기도 하였다.

정답 ③

162 0960

제시문은 활빈당(活貧黨)이 행동 강령으로 발표한 대한사민논설 13조의 내용이다.

① 일제 강점기에 조직된 신간회(1927)의 강령이다.

오답 분석

②, ③, ④ 활빈당은 1900년부터 충청도, 경기도, 경상도 지역과 소백산맥 부근에서 활동하였으며 주로 행상, 유민, 노동자, 화적 등 대부분 빈민으로 구성되었다. 소설 「홍길동전」에서 이름을 따온 활빈당은 그 이름에 맞게 관리와 양반 부호들의 무능과 수탈을 신랄하게 비판하고 부호와 관청, 장시 등을 습격하여 무기와 재물을 약탈하였으며, 그 일부를 빈민에게 나누어 주는 등 의적으로 행세하였다. 또한 적극적으로 정부에 구민법 시행과 토지 균등 분배 등을 요구하고 외세 침탈에 저항하였다. 1904년 한 · 일 의정서가 체결된 뒤 활빈당의 투쟁은 의병 운동 대열에 흡수되어 항일 무장 투쟁의 핵심적 역할을 하였다.

정답 ①

163 0961
2018년 7급 국가직

밑줄 친 '그'에 대한 설명으로 옳은 것은?

> 독립신문 발간에 관여했던 그는 독립신문사 안에 '국문동식회(國文同式會)'를 조직했으며, 1897년 4월에 「국문론」이라는 글을 발표하기도 했다. 그는 당시의 문장들이 한문에 토를 다는 형식에 그치고 있다면서 실제로 말하는 대로 글을 쓰는 '언문일치'가 필요하다고 주장했다.

① 『우리말 큰사전』의 편찬을 주도하였다.
② 문법 서적인 『국어문법』을 저술하였다.
③ 조선어 연구회를 주도적으로 조직하였다.
④ 한글 맞춤법 통일안을 만들어 발표하였다.

164 0962
2018년 9급 서울시

근대 교육 기관에 대한 설명으로 가장 옳지 않은 것은?

① 배재 학당: 선교사 아펜젤러가 서울에 설립한 사립 학교이다.
② 동문학: 정부가 설립한 외국어 교육 기관으로 통역관을 양성하였다.
③ 경신 학교: 고종의 교육 입국 조서에 따라 설립된 관립 학교이다.
④ 원산 학사: 함경도 덕원 주민들이 기금을 조성하여 설립한 학교이다.

165 0963
2019년 경찰간부직

근대 교육과 국어 연구에 관련된 설명 중 옳지 않은 것은?

① 베델은 세계 각국의 산천·풍토 등을 한글로 소개한 『사민필지』를 저술하였다.
② 1896년에 설립된 국문동식회는 최초의 국문 연구회이다.
③ 국문 연구소는 주시경·지석영을 중심으로 국문의 정리와 국어의 이해 체계 확립을 위해 노력하였다.
④ 제국신문, 대한매일신보 등이 한글로 발간되면서 국어 연구에 도움이 되었다.

163 0961

밑줄 친 '그'는 주시경(1876~1914)이다.

② 주시경은 국어 문법서인 『국어문법』, 『말의 소리』 등을 저술하였고, 지석영과 더불어 한말 한글 연구에 크게 기여하였다.

> **오답 분석**

①, ③ 『우리말 큰사전』은 주시경 선생의 제자들이 중심이 된 조선어 연구회 및 조선어 학회에서 1929년부터 편찬되기 시작하였으며, 1942년 조선어 학회 사건으로 중단되었다. 이후 『우리말 큰사전』은 1957년 완간되었다.

④ 한글 맞춤법 통일안은 조선어 학회에서 1933년 제정하였다.

정답 ②

165 0963

① 『사민필지』는 육영 공원의 교사였던 헐버트가 집필한 세계 지리서이다. 이 책은 제1장 지구, 제2장 유럽주, 제3장 아시아주, 제4장 아메리카주, 제5장 아프리카주로 되어 있고, 총론에서는 태양계와 그 현상, 지구의 모습, 기후·인력·일월식, 그 밖의 지구상의 현상, 대륙과 해양, 인종 등에 관한 내용을 담고 있다. 베델은 대한매일신보를 창간한 언론인으로 우리나라의 자주 독립을 위해 노력하였던 인물이다.

정답 ①

164 0962

③ 경신 학교는 미국 선교사 언더우드(Underwood, H.G.)에 의하여 설립된 우리나라 근대 학교의 하나로, 개신교 계통의 사립 교육 기관이다. 고종의 교육 입국 조서에 따라 설립된 관립 학교는 1895년에 설립된 한성 사범 학교이다.

> **오답 분석**

① 배재 학당은 선교사 아펜젤러가 서울에 설립한 사립 학교이며, 1885년 개신교 계열의 선교 교육 기관으로 설립되었다.

② 동문학은 정부가 설립한 외국어 교육 기관으로 1883년 설립되어 영어와 일어를 교육하였고, 이를 통해 통역관을 양성하였다.

④ 원산 학사는 1883년 함경도 덕원 주민들이 기금을 조성하여 원산에 설립한 학교이다.

정답 ③

PART 10

민족 독립운동의 전개

01 0964
2019년 7급 서울시(추가 채용)

〈보기〉의 사건 이후 한반도의 상황에 대한 설명으로 가장 옳지 않은 것은?

> **보기**
>
> 일본은 일진회를 사주하여 「합방청원서」를 제출하도록 하였다. 그리고 1910년 초 일본은 러시아와 영국, 프랑스로부터 한국 병합에 대한 승인을 받아 국제적인 여건을 충족시킨 뒤 한국 병합 조약을 강제로 체결하였다.(1910. 8. 22.)

① 일본은 자국의 '헌법'과 '법률'을 적용하여 한국에 무단 통치를 실시하였다.

② 일본은 한국을 일본의 새로운 영토의 일부로 병합하고, 국가명이 아닌 지역명 '조선'으로 호칭했다.

③ 육해군 대장 중에서 임명된 조선 총독은 일본 천황에 직속되어 한반도에 대한 입법·사법·행정권을 장악하고 있었다.

④ 헌병 경찰은 구류, 태형, 3개월 이하의 징역 등에 해당하는 한국인의 범죄에 대해 법 절차나 재판 없이 즉결 처분할 수 있는 권한이 있었다.

02 0965
2015년 7급 서울시

다음 가상 대화가 이루어진 시기의 사실로 가장 옳은 것은?

> • 길동: 이웃집 아저씨가 헌병 경찰에게 잡혀가서 태형을 당하였다고 하네.
> • 수일: 우리 학교 선생님은 제복을 입고 칼까지 차고 수업을 하고 있어.

① 경성 제국 대학이 설립되었다.

② 제1차 조선 교육령이 공포되었다.

③ 배재 학당과 이화 학당이 설립되었다.

④ 내선일체를 강조하고 조선어 사용을 금지하였다.

03 0966
2013년 7급 서울시

다음 중 1910년대에 일어난 일로 옳은 것을 모두 고른 것은?

> ㄱ. 조선인에 한해 태형령이 적용되었다.
> ㄴ. 치안 유지법으로 독립운동이 탄압받았다.
> ㄷ. 토지 조사 사업으로 소작인의 경작권이 인정되었다.
> ㄹ. 헌병 경찰이 경찰을 지휘하며 일반 경찰 업무까지 간여하였다.

① ㄱ, ㄴ   ② ㄱ, ㄷ

③ ㄱ, ㄹ   ④ ㄴ, ㄷ

⑤ ㄴ, ㄹ

04 0967
2016년 9급 지방직

다음 법령이 시행되던 시기에 볼 수 있는 모습으로 옳은 것은?

> 제1조 3개월 이하의 징역 또는 구류에 처하여야 할 자는 그 정상에 따라 태형에 처할 수 있다.
> 제6조 태형은 태로써 볼기를 치는 방법으로 집행한다.
> 제13조 본령은 조선인에 한하여 적용한다.

① 회사령 공포를 듣고 있는 상인

② 경의선 철도 개통식을 보는 학생

③ 동양 척식 주식회사의 설립식에 참석한 기자

④ 대한 광복군 정부의 군사 훈련에 참여한 청년

01 0964

① 일본은 자국의 헌법 및 법률과는 다른 강압적인 법을 조선에 적용하여 무단 통치를 실시하였다. 일제는 국권 피탈(1910. 8. 29.) 직전, 집회취체령(1910. 8. 25.)을 제정하여 모든 단체를 해산하고 집회를 금지하였다. 병탄 직후에는 범죄 즉결례(1910. 12.)와 경찰범 처벌 규칙(1912)에서 경찰서장과 헌병 분대장에게 즉결 처분권을 부여하였다. 이에 따라 정식으로 법적 절차나 재판을 거치지 않고도 조선인에게 벌금을 부과하거나 구류 처분 등을 내릴 수 있게 되었다.

정답 ①

03 0966

ㄱ, ㄹ. 헌병 경찰 통치 체제가 적용되었던 1910년대에 무단 통치 시기는 헌병 사령관이 경무총감이 되고 각 도의 헌병 대장이 해당 도의 경무부장을 겸임하였다. 헌병 경찰은 조선인의 모든 행위에 대해 재판 없이 구류 · 벌금 · 태형 등을 가할 수 있는 즉결 처분권을 가지고 있었는데, 헌병 경찰의 즉결 처분권은 범죄 즉결례(1910), 경찰범 처벌 규칙(1912), 조선 태형령(1912) 등이 있었다.

오답 분석

ㄴ. 일제는 1925년에 치안 유지법을 제정하여 민족 운동과 독립운동을 억압하였다.

ㄷ. 토지 조사 사업(1912~1918)은 농민의 전통적 경작권을 인정하지 않아, 농민 대다수는 기한부 계약 소작농으로 전락하는 한편 지주의 소유권은 인정하여 식민지 지주제가 강화 · 정착되었다.

정답 ③

02 0965

가상의 대화는 1910년대 일제의 무단 통치에 관한 내용이다.

② 제1차 조선 교육령은 무단 통치 시기인 1911년에 공포되었다.

오답 분석

① 경성 제국 대학은 1924년에 설립되었다.

③ 배재 학당은 1885년, 이화 학당은 1886년에 설립되었다.

④ 내선일체를 강조하고 조선어 사용을 금지한 것은 1930년대 후반의 민족 말살 통치기에 해당한다.

정답 ②

04 0967

제시문은 1912년부터 1920년까지 시행된 조선 태형령의 내용이다.

④ 대한 광복군 정부는 1914년 블라디보스토크에서 권업회 인사들을 중심으로 조직되었다.

오답 분석

① 회사령 공포는 1910년의 일로, 조선 태형령 시행 이전의 일이다.

② 경의선은 러 · 일 전쟁 시기에 부설된 것으로, 러 · 일 전쟁 이후인 1906년에 전 구간이 개통되었다.

③ 동양 척식 주식회사는 조선 태형령 시행 이전인 1908년에 설립되었다.

정답 ④

05 0968

다음 법령이 시행되던 시기에 있었던 사실은?

> 제1조 회사의 설립은 조선 총독의 허가를 받아야 한다.
> …(중략)…
> 제5조 회사가 본령이나 본령에 의거하여 발하는 명령과 허가 조건에 위반하거나 또는 공공질서와 선량한 풍속에 반하는 행위를 할 때, 조선 총독은 사업의 정지, 지점의 폐쇄 또는 회사의 해산을 명할 수 있다.

① 경성 제국 대학이 설립되었다.
② 경찰범 처벌 규칙이 제정되었다.
③ 학교에서 조선어 사용이 금지되었다.
④ 일본 상품에 대한 관세가 철폐되었다.

06 0969

다음 법령에 대한 설명으로 옳은 것은?

> 제17관 임시 토지 조사국은 토지 대장 및 지도를 작성하고, 토지의 조사 및 측량한 것을 사정하여 확정한 사항 또는 재결을 거친 사항을 이에 등록한다.

① 토지와 임야를 함께 조사하도록 하였다.
② 토지 등급은 물론 지적, 결수, 지목 등을 신고하도록 하였다.
③ 지역별 지가와 그것의 1.3%를 지세로 하는 과세 표준을 명시하였다.
④ 본 법령에 따라 토지 소유를 증명하는 토지 가옥 증명 규칙과 시행 세칙이 공포되었다.

07 0970

다음 정책과 관련된 설명으로 가장 잘못된 것은?

> (제1조) 토지의 조사 및 측량은 본령에 의한다.
> (제2조) 토지 소유자는 조선 총독이 정하는 기간 내에 주소 · 씨명, 명칭 및 소유지의 소재, 지목 자번호(子番號), 등급, 지적, 결수(結數)를 임시 토지 조사 국장에게 신고해야 한다. 단, 국유지는 보관 관청이 임시 토지 조사 국장에게 통지해야 한다.

① 지주의 토지 소유권은 강화되었다.
② 농민의 관습적 경작권이 인정되었다.
③ 기한부 계약에 따라 소작인이 증가했다.
④ 지세를 안정적으로 확보하기 위해 시행되었다.

08 0971

다음 법령에 따라 시행된 사업에 대한 설명으로 옳은 것은?

> 제1조 토지의 조사 및 측량은 본령에 따른다.
> 제4조 토지 소유자는 조선 총독이 정한 기간 내에 주소, 성명 또는 명칭 및 소유지의 소재, 지목, 자번호, 사표, 등급, 지적, 결수를 임시 토지 조사 국장에게 신고해야 한다. 단 국유지는 보관 관청이 임시 토지 조사 국장에게 통지해야 한다.

① 농상공부를 주무 기관으로 하였다.
② 역둔토, 궁장토를 총독부 소유로 만들었다.
③ 토지 약탈을 위해 동양척식회사를 설립하였다.
④ 춘궁 퇴치, 농가 부채 근절을 목표로 내세웠다.

05 0968

제시문은 1910년부터 1920년까지 시행된 회사령의 내용이다.

② **일제는 1908년 통감부령 제44호로 발표했던 경찰범 처벌령을 강화하여 경찰범 처벌 규칙을 1912년에 제정하였다.**

오답 분석

① 경성 제국 대학은 1924년에 설립되었다.
③ 조선어 교육은 제3차 조선 교육령 시행(1938) 이후 선택 과목으로 격하되어 사실상 폐지의 수순을 밟기 시작하였다.
④ 1923년에 일본 상품에 대한 관세가 철폐되었다.

정답 ②

06 0969

자료는 1912년에 발표된 토지 조사령의 일부이다. 당시 조선의 농민들은 토지 소유권에 대한 법적 개념이 명확하지 않았으며, 전통적으로 동중·문중의 공유적 성격을 가진 토지가 많아 이를 개인의 소유지로 신고하기에는 적당하지 못했다. 또한 짧은 기간과 복잡한 절차 때문에 토지 신고가 제대로 되지 않아, 전 국토의 약 40%가 총독부 소유가 되었다. 토지를 빼앗긴 농민들은 만주나 연해주 등지로 이주하였으며, 해외로 이주하지 않은 농민들은 소작농이 되거나 임노동자가 되었다.

② **토지 조사령에서 밝힌 토지 신고 대상은 토지 소유권·지형·지목·토지의 가격 등이었고, 토지에 대한 소유권을 인정받기 위해서는 정해진 기간 안에 신고를 해야 하는 기한부 신고제로, 증거주의와 신고주의 원칙에 의해 이루어졌다. 토지 조사 사업은 농민의 경작 토지의 연고권을 인정하지 않았다.**

오답 분석

① 임야는 1918년에 제정된 임야 조사령에서 처리하였다.
③ 일제는 1914년에 지세령을 공포하였는데, 이후 토지 조사 사업이 완료되자 1918년에 이를 개정하여 지역별 지가와 그것의 1.3%를 지세로 하는 과세 표준을 명시하였다. 이에 따라 지세 수입이 1911년보다 1920년에 2배 이상 증가하였다.
④ 토지 가옥 증명 규칙과 시행 세칙이 공포되었던 시기는 을사늑약 직후인 1906년이다.

정답 ②

07 0970

토지 조사 사업은 1912년부터 1918년까지 일제가 우리나라에서 식민지적 토지 제도를 확립할 목적으로 실시한 대규모의 사업이었다.

② **토지 조사 사업의 결과 실제로 토지를 소유해왔던 수백만의 농민이 토지에 대한 권리를 잃고 영세 소작인 또는 화전민·자유 노동자로 전락하였고, 반면 조선 총독부는 우리나라 전 국토의 40%에 해당하는 전답과 임야를 차지하는 대지주가 되었다. 또한 지주의 소유권은 강화되었으나 농민의 관습적 경작권이 부정됨에 따라 기한부 소작농이 증가하였다. 토지 조사 사업의 완료 이후 지세가 안정적으로 확보되어 조선 총독부의 지세 수입은 두 배 이상 증가하였다.**

정답 ②

08 0971

제시문의 법령은 일제가 1912년에 발표한 토지 조사령이다.

② **토지 조사령을 근거로 일제는 역둔토, 궁장토를 총독부 소유로 이전하였다. 토지 조사 사업은 대한 제국의 관청과 궁실이 수조권을 가지고 있던 역토(驛土)와 둔토(屯土) 등 각종 관전(官田)과 궁장토(宮庄土)를 조사, 정리해 무상으로 조선 총독부 소유지를 창출해 점유함으로써, 조선 총독부가 지주가 되어 지세와 소작료를 수취해 재정 수입을 보충하려는 것이 또 하나의 중요한 목적이었다.**

오답 분석

① 토지 조사 사업은 임시 토지 조사국(1910~1918)이 추진하였으며, 농상공부는 2차 갑오개혁 시기 만들어진 7부 중 하나로 한말에 운영된 기구였다.
③ 동양척식회사는 한말인 1908년에 설립되었다.
④ 춘궁 퇴치, 농가 부채 근절을 목표로 내세웠던 것은 1932년부터 추진된 농촌 진흥 운동이다.

정답 ②

09 0972

다음 자료와 관련된 사업에 대한 설명으로 가장 옳지 않은 것은?

> 만약 지주가 정해진 기한 내에 조사국 출장 소원에게 신고 제출을 게을리 하거나 신고를 제출하지 아니하는 때는 당국에서 이 토지에 대해 지주의 소유권 유무 등을 심사하여 만약 소유자로 인정하지 못할 경우에는 이 토지를 지주가 없는 것으로 간주하여 당연히 국유지로 편입하는 수단을 집행할 것이니, 일반 토지 소유자는 고시에 의한 신고 제출을 게을리 하지 말도록 하였더라. — 매일신보

① 소유권 분쟁을 인정하지 않아 분쟁은 발생하지 않았다.
② 명의상의 주인을 내세우기 어려운 동중·문중 토지의 상당 부분이 조선 총독부의 소유가 되었다.
③ 한·일 병합 조약이 체결된 직후 신속하게 사업이 시작되었다.
④ 사업의 결과 조선 총독부의 재정 수입이 크게 증가하였다.

10 0973

(가), (나) 사업의 공통점으로 가장 옳지 않은 것은?

> (가) 지계 업무를 소관 지방으로 가서 실시하되 전답·산림·천택·가옥을 모두 조사 측량하여 결부와 사표의 분명함과 칸 수 및 척량의 정확함과 시주 및 구권의 증거를 반드시 확인한 후 발급할 것
> (나) 토지 소유자는 조선 총독이 정하는 기간 내에 주소·씨명, 명칭 및 소유지의 소재, 지목, 자번호, 사료, 등급, 지적, 결수를 임시 토지 조사 국장에게 신고해야 한다.

① 재정의 확보에 기여하였다.
② 근대적 토지 소유권을 확립하였다.
③ 토지 매매가 보다 쉽게 이루어질 수 있었다.
④ 경자유전의 원칙을 실현하기 위한 방안이었다.

11 0974

(가) 기구가 존속한 시기의 사람들이 볼 수 있었던 사실로 적절한 것은?

> 지주는 조선 총독이 정하는 기간 내에 ___(가)___ 혹은 그 것의 출장소 직원에게 신고해야 한다. 만약 제출을 태만히 하거나 신고서를 제출하지 않을 시에는 당국에서 해당 토지에 대해 소유권의 유무 등을 조사하다가 소유자를 알지 못하는 경우에 지주가 없는 것으로 간주하여 국유지로 편입할 수 있다.

① 조선 청년 연합회에 출입하는 일본인 고문
② 신문에 연재 중인 소설 「무정」을 읽는 학생
③ 연초 전매 제도에 따라 조합에 수매되는 담배
④ 의열단에 가입하는 신흥 무관 학교 출신 청년

12 0975

'무단 통치' 시기에 조선 총독부가 실시한 경제 정책으로 옳지 않은 것은?

① 조선 광업령으로 일본 자본의 광산 진출을 촉진하였다.
② 회사령을 공포하여 회사를 설립할 때 총독의 허가를 받도록 하였다.
③ 토지 조사령에서 황무지의 국유지 편입을 규정하였다.
④ 조선 어업령으로 황실 소유 어장을 일본인 소유로 재편하였다.

09 0972

자료는 1912년부터 1918년까지 추진된 토지 조사 사업에 대한 기사이다.

① 토지 조사 사업은 정해진 기간 안에 신고를 해야 하는 기한부 신고제로, 증거주의와 신고주의 원칙에 의해 이루어졌고, 농민의 전통적인 경작권 및 도지권 등을 인정하지 않았다. 이로 인해 토지 소유권을 빼앗긴 사람들에 의한 소유권 분쟁이 크게 일어났다.

정답 ①

10 0973

(가)는 광무개혁의 지계 발급 사업과 관련된 자료이다. 대한 제국은 조세 수입 증대 및 근대적인 토지 소유권의 확립 목적으로 1898년 양지아문을 설치하여 1899년부터 5년 동안 전국에 걸친 양전 사업을 실시하였다. 또한 1901년에는 지계아문을 설치하여 토지 소유자에게 국가에서 토지 소유권을 인정하는 증명서인 지계를 발급하였으나, 러·일 전쟁(1904)의 발발로 완료하지 못하고 중단되었다. (나)는 1912년에 일제가 공포한 토지 조사령의 내용이다. 이 제도는 전국의 토지를 측량하여 근대적 소유권이 인정되는 토지 제도를 확립한다는 명분 아래 실시되었다.

④ 경자유전의 원칙에 의한 토지 재분배가 주장된 것은 동학 농민 운동과 활빈당의 사민 논설 13조에서이며, 후일 해방 이후 이승만 정부의 농지 개혁에서 반영되었다.

정답 ④

11 0974

(가) 기구는 임시 토지 조사국이다. 임시 토지 조사국은 1910년에 설치되어 1912년부터 1918년까지 시행된 토지 조사 사업을 주관하였다.

② 이광수의 「무정」은 1917년 매일신보에 연재되었다.

오답 분석

① 조선 청년 연합회는 1920년에 결성되었다.
③ 연초 전매 제도는 1921년에 연초 전매령이 제정됨에 따라 추진되었다.
④ 의열단과 신흥 무관 학교는 모두 1919년에 만들어졌다.

정답 ②

12 0975

③ 황무지의 국유지 편입은 토지 조사령에 규정되어 있지 않다. 토지 조사령의 조사 대상은 토지 소유권·지형·지목·토지의 가격 등이었으며, 정해진 기간 안에 신고를 해야 하는 기한부 신고제로, 증거주의와 신고주의 원칙에 의해 이루어졌다. 또한 토지 조사 사업은 농민의 전통적인 경작권 및 도지권 등을 인정하지 않았다. 일제는 한말인 1907년에 통감부를 통하여 국유 미간지 이용법을 제정하여 황무지의 국유지 편입을 주도하였다.

오답 분석

① 조선 광업령은 1915년에 한국인 광산 경영의 허가제를 골자로 제정되었다. 이 결과 1920년에는 일본 광업 자본의 침투가 가속화되어 일본인 소유 광산이 전체 광산의 80%를 넘어서게 되었다.
② 회사령은 1910년에 제정되어 회사를 설립할 때 조선 총독의 사전 허가를 받도록 하고, 허가 조건을 어길 경우 기업의 해산을 명할 수 있도록 한 것이다.
④ 조선 어업령은 1911년에 제정되었으며, 기존의 조선인 어업권을 부인하고, 주요 어장을 일본인 중심으로 재편성함으로써 일본인들의 어업 활동을 적극 지원하였다. 그 결과 조선인 어장과 황실 소유의 어장이 일본인 소유로 재편되었다.

정답 ③

13 0976

2022년 9급 국가직

(가) 시기에 있었던 사실로 옳은 것은?

> 한국을 식민지로 삼은 일제는 헌병에게 경찰 업무를 부여한 헌병 경찰제를 시행했다. 헌병 경찰은 정식 재판 없이 한국인에게 벌금 등의 처벌을 가하거나 태형에 처할 수도 있었다. 한국인은 이처럼 강압적인 지배에 저항해 3·1 운동을 일으켰으며, 일제는 이를 계기로 지배 정책을 전환했다. 일제가 한국을 병합한 직후부터 3·1 운동이 벌어진 때까지를 　(가)　 시기라고 부른다.

① 토지 조사령이 공포되었다.
② 창씨개명 조치가 시행되었다.
③ 초등 교육 기관의 명칭이 국민학교로 변경되었다.
④ 전쟁 물자 동원을 내용으로 한 국가 총동원법이 적용되었다.

14 0977

2017년 7급 국가직(추가 채용)

1910년대 일제의 지배 정책으로 옳지 않은 것은?

① 일본인 업자에 특혜를 준 연초 전매령을 공포하였다.
② 총독의 자문 기관인 중추원 관제를 공포하였다.
③ 계몽 운동을 주도한 황성신문을 폐간하였다.
④ 농공은행을 조선식산은행으로 개편하였다.

15 0978

2014년 7급 국가직

조선 총독부의 '문화 통치'에 대한 설명으로 옳지 않은 것은?

① 조선인의 협력을 부르짖는 국민 총력 운동을 전개하였다.
② 민족 운동을 탄압하고자 치안 유지법을 조선에도 적용하였다.
③ 조선인 계통의 신문인 조선일보, 동아일보의 발행을 허가하였다.
④ 친일파 양성을 겨냥하여 도 평의회와 부·면 협의회를 만들었다.

16 0979

2018년 7급 지방직

조선 총독부가 실시한 소위 문화 통치의 내용으로 옳지 않은 것은?

① 문관도 총독으로 임명될 수 있도록 하였으나 무관 총독만이 부임하였다.
② 치안 유지법을 제정하여 사상을 통제하고 사회 운동을 탄압하였다.
③ 헌병 경찰제가 보통 경찰제로 전환되면서 경찰의 수가 증가하였다.
④ 전국 각지에 대화숙을 설치하여 사상범에게 전향을 강요하였다.

13 0976

(가) 시기는 무단 통치, 또는 헌병 경찰 통치라 불리며, 언론, 출판, 집회, 결사의 자유가 완전히 박탈된 때에 해당한다.

① 이 시기인 1912년에 토지 조사령이 공포되었다.

오답 분석

② 창씨개명 조치는 민족 말살 통치가 행해지던 1940년에 추진되었다. 조선 총독부는 1940년 2월 11일부터 '개정 조선 민사령'을 시행하면서 조선의 관습에 없었던 씨(氏: 家의 칭호)를 일본 풍으로 만들고 신고할 것을 의무로 규정하였고, 이름도 개명하도록 하였다.
③ 황국 신민을 양성하는 학교라는 뜻의 국민학교는 1941년에 소학교 명칭을 변경하면서 적용되었다.
④ 국가 총동원법은 민족 말살 통치기인 1938년에 시행되었다.

정답 ①

14 0977

① 연초 전매령이 공포된 것은 1921년이다.

오답 분석

② 일제에 의해 중추원 관제가 공포된 것은 1910년의 일이다.
③ 황성신문이 폐간된 것은 1910년의 일이다.
④ 조선식산은행은 1918년에 6개의 농공은행을 통합하여 설립되었다.

정답 ①

15 0978

① 국민 총력 운동은 민족 말살 통치기(1931~1945)에 전개된 것으로, 일제는 중·일 전쟁(1937)이 확대되자, 국민 정신 총동원 운동을 추진하였으며, 후속으로 1940년부터 국민 총력 운동을 전개하였다.

정답 ①

16 0979

④ 대화숙의 설치는 문화 통치 기간이 아닌 민족 말살 통치기에 이루어졌다. 일제는 민족 말살 통치기인 1938년에 사상범 보호 관찰소를 만들어 사상범들을 체포하고 격리하였다. 이후 1941년에 조선 사상범 예방 구금령을 제정하고, 조선 사상 보국 연맹을 대화숙으로 개편하여 사상범에 대한 감시와 탄압을 강화하였다.

정답 ④

17 0980   2010년 9급 국가직

일제가 다음과 같은 취지의 조선 교육령을 공포한 데 대한 설명으로 옳은 것은?

> • 보통학교의 수업 연한을 4년에서 6년으로, 고등 보통학교는 4년에서 5년으로 연장한다.
> • 조선인과 일본인의 공학을 원칙으로 한다.

① 헌병 경찰 중심의 통치 체제하에서 낮은 수준의 실용 교육만 실시하고자 하였다.
② 태평양 전쟁을 일으키고 황국 신민화 교육을 더욱 강화하고자 하였다.
③ 만주 침략을 감행하고 한국인을 동화시켜 침략 전쟁의 협조자로 만들고자 하였다.
④ 3·1 운동 이후 격화된 한국인의 반일 감정을 무마하고자 하였다.

18 0981   2012년 9급 법원직

다음 법령의 시행기에 있었던 사실로 옳지 않은 것은?

> 제2조 국어를 상용하는 자의 보통 교육은 소학교령, 중학교령 및 고등 여학교령에 의함.
> 제3조 국어를 상용치 아니하는 자에 보통 교육을 하는 학교는 보통학교, 고등 보통학교 및 여자 고등 보통학교로 함.
> 제5조 보통학교의 수업 연한은 6년으로 함. 보통학교에 입학하는 자는 연령 6년 이상의 자로 함.
> 제7조 고등 보통학교의 수업 연한은 5년으로 함. 고등 보통학교에 입학하는 자는 수업 연한 6년의 보통학교를 졸업한 자 또는 조선 총독이 정하는 바에 의하여 이와 동등 이상의 학력이 있다고 인정된 자로 함.

① 치안 유지법이 제정되었다.
② 경성 제국 대학이 설립되었다.
③ 조선어 학회 사건이 발생하였다.
④ 브나로드 운동과 문자 보급 운동이 전개되었다.

19 0982   2018년 9급 서울시(추가 채용)

〈보기〉는 일제가 제정한 법령의 일부이다. 이 법령에 의해 처벌된 사건이 아닌 것은?

> **보기**
> 국체를 변혁하는 것을 목적으로 결사를 조직하는 자 또는 결사의 임원, 그의 지도자로서의 임무에 종사하는 자는 사형, 무기 또는 5년 이상의 징역 또는 금고에 처한다. (중략) 사유 재산 제도를 부인하는 것을 목적으로 결사를 조직하는 자, 결사에 가입하는 자, 또는 목적 수행을 위한 행위를 돕는 자는 10년 이하의 징역 또는 금고에 처한다.

① 김상옥의 종로 경찰서 폭탄 투척 사건
② 조선 공산당 사건
③ 수양 동우회 사건
④ 조선어 학회 사건

20 0983   2020년 9급 국가직

다음 법령이 실시된 기간에 있었던 사실로 옳은 것은?

> 제1조 국체를 변혁 또는 사유 재산제를 부인할 목적으로 결사를 조직하거나 그 정을 알고 이에 가입하는 자는 10년 이하의 징역 또는 금고에 처함
> 제2조 전조의 제1항의 목적으로 그 목적한 사항의 실행에 관하여 협의한 자는 7년 이하의 징역 또는 금고에 처함

① 「조선 태형령」이 공포되었다.
② 경성 제국 대학이 설립되었다.
③ 물산 장려 운동이 시작되었다.
④ 학도 지원병 제도가 실시되었다.

17 0980

제시문은 일제가 1922년에 발표한 제2차 조선 교육령이다.

④ 일제는 무력 수단만을 사용하는 식민 통치의 한계점을 깨달아 3·1 운동 이후 격화된 한국인의 반일 감정을 무마하기 위해 한국인에 대한 대학 교육을 허용하고, 수업 연한을 연장하는 등의 유화 정책을 펼쳤다.

오답 분석

① 일제가 헌병 경찰 중심의 통치 체제하에서 실용 교육만 실시하고자 한 것은 제1차 조선 교육령(1911)이다.
② 일제가 태평양 전쟁(1941)을 일으키고, 황국 신민화 교육을 더욱 강화한 것은 제4차 조선 교육령(1943)이다.
③ 만주 침략(1931)을 감행한 일제가 동화 교육을 통해 한국인을 침략 전쟁에 동원하고자 시행한 것은 제3차 조선 교육령(1938)이다.

정답 ④

18 0981

자료는 제2차 조선 교육령의 내용이다. 제2차 조선 교육령은 1922년부터 제3차 조선 교육령이 공포된 1938년까지 시행되었으며, 보통학교의 수업 연한을 4년에서 6년으로 연장하고, 고등 보통학교의 수업 연한은 4년에서 5년으로 연장하였다.

③ 조선어 학회 사건은 1942년에 일제가 조선어 학회를 독립운동 단체로 규정하여 강제 해산한 뒤 회원들을 대거 검거·투옥시킨 사건이다.

오답 분석

① 치안 유지법은 1925년에 제정되었다.
② 경성 제국 대학은 1924년에 설립되었다.
④ 브나로드 운동과 문자 보급 운동은 각각 1931년, 1929년에 시작되었다.

정답 ③

19 0982

〈보기〉의 법령은 일제가 1925년에 제정한 치안 유지법이다.

① 김상옥의 종로 경찰서 폭탄 투척 사건은 치안 유지법이 제정되기 이전인 1923년에 발생하였기 때문에 치안 유지법과는 관계가 없다.

오답 분석

② 조선 공산당은 1925년에 창건되었으나 치안 유지법으로 인해 탄압을 받았으며, 1928년 해체되었다.
③ 수양 동우회 사건은 1937년 일제가 중·일 전쟁을 도발하고 전시 체제를 강화하기 위해 수양 동우회에 치안 유지법을 적용하여 표적 수사를 하면서 불거진 사건이다. 이 사건에 의해 흥사단 계열의 수양 동우회는 실질적으로 와해되었다.
④ 1942년에 일어난 조선어 학회 사건은 일제가 조선어 학회를 독립운동 단체로 규정하고 치안 유지법을 적용하여 탄압한 사건이다.

정답 ①

20 0983

제시문의 법령은 1925년 제정된 치안 유지법이다. 치안 유지법은 1945년까지 유지되어 독립운동과 사회주의를 탄압하는 근거로 활용되었다. 아울러 일제는 1936년 '조선 사상범 보호 관찰령', 1941년 '조선 사상범 예방 구금령'을 제정하여 치안 유지법을 보완하는 수단으로 활용하였다.

④ 일제는 1943년 10월에 학도 지원병제를 실시하여 학생들을 전쟁터로 내몰았다.

오답 분석

모두 치안 유지법 실시 이전의 사실들이다.
① 「조선 태형령」은 1912년에 시행되었으며, 1920년에 폐지되었다.
② 경성 제국 대학은 일제에 의해 1924년에 설립되었다.
③ 물산 장려 운동은 1920년에 평양에서 조만식을 중심으로 추진되기 시작하였다.

정답 ④

21 0984

1920년대 산미 증식 계획에 대한 설명으로 옳은 것은?

① 춘궁 퇴치 · 자력 갱생 등을 내세웠다.
② 쌀 · 잡곡에 대한 배급 제도와 공출 제도가 실시되었다.
③ 소작농을 보호한다는 명목으로 소작 조정령을 발표하였다.
④ 공업화로 인한 일본의 식량 부족 문제를 해결하고자 실시하였다.

22 0985

산미 증식 계획의 영향으로 가장 옳지 않은 것은?

① 식민지 조선 내에서 부족해진 식량은 만주에서 조, 수수, 콩 등의 잡곡을 수입해서 메꾸었다.
② 대한 제국 정부와 황실의 땅 등 모든 국유지는 물론 황무지나 소유 관계가 불분명한 땅들도 모두 조선 총독부로 귀속시켰다.
③ 소작 농민들은 고율의 소작료 외에도 수리 조합비를 비롯한 여러 비용을 부담해야 했다.
④ 지주들은 일본으로의 쌀 수출을 통해 이익을 증대시켰다.

23 0986

표 (가), (나)를 통하여 추론할 수 있는 역사적 사실에 대한 옳은 설명을 〈보기〉에서 모두 고른 것은?

(가) 쌀 생산량과 수출량(단위: 만석)			
연도	생산량	수출량	국내 1인당 소비량
1912~1916 평균	1,230	106	1,124(0.72석)
1917~1921 평균	1,410	220	1,190(0.69석)
1922~1926 평균	1,450	434	1,016(0.59석)
1927~1931 평균	1,580	661	919(0.50석)
1932~1936 평균	1,700	876	842(0.40석)

(나) 농가 경영별 농민 계급 구성 비율(단위: %)				
연도	지주	자작농	자작 겸 소작농	소작농
1916	2.5	20.1	40.6	36.8
1922	3.7	19.7	35.8	40.8
1925	3.8	19.9	33.2	42.2
1928	3.7	18.3	32.0	44.9
1932	3.6	16.3	25.3	52.8

보기
㉠ 물산 장려 운동이 확산되었을 것이다.
㉡ 1920년대 이후 소작 쟁의가 격화되었을 것이다.
㉢ 미곡 공출제와 식량 배급제를 실시하였을 것이다.
㉣ 만주산 조, 콩 등 잡곡의 수입이 증대되었을 것이다.

① ㉠, ㉡   ② ㉠, ㉢   ③ ㉡, ㉢
④ ㉡, ㉣   ⑤ ㉢, ㉣

21 0984

④ 1920년부터 1934년까지 추진되었던 산미 증식 계획은 일본 본국의 급격한 공업화로 인한 식량 부족을 해소하기 위해 실시되었다.

오답 분석

① 춘궁 퇴치 · 자력 갱생 등을 내세운 정책은 1932년에 추진되었던 농촌 진흥 운동이다.
② 쌀 · 잡곡에 대한 배급 제도와 공출 제도가 실시되었던 시기는 일제가 대외적 침략을 강화하던 1940년대에 해당한다.
③ 소작농을 보호한다는 명목으로 조선 소작 조정령을 발표하였던 시기는 1932년이며, 이 정책의 시행으로 오히려 소작 쟁의가 증가하자 일제는 1934년에 조선 농지령을 발표하여 소작 쟁의를 무마시키려 하였다.

정답 ④

22 0985

② 1910년대에 시행된 토지 조사 사업의 내용에 해당한다.

오답 분석

① 산미 증식 계획의 추진으로 조선 내에 부족해진 식량을 보충하기 위해 일제는 만주에서 조, 수수, 콩 등의 잡곡을 수입하였다.
③ 산미 증식 계획이 추진되는 과정에서 소작 농민들은 소작료 외에도 수리 조합비를 비롯한 여러 비용을 부담해야 했으며, 소작료가 60~80%까지 증가하기도 하였다. 이 때문에 소작 쟁의 같은 농민 운동이 본격적으로 발생하였다.
④ 일본으로의 쌀 수출로 쌀값이 오르자, 지주들은 이를 통해 이익을 증대시킬 수 있었다.

정답 ②

23 0986

제시된 자료는 산미 증식 계획(1920~1934)으로 인한 변화를 나타낸 표인데, (가)는 산미 증식 계획으로 인한 미곡 생산량과 수탈량(수출량)의 관계, (나)는 농가 경영별 소작농의 증가를 나타낸다.

ⓒ, ⓔ 일제의 산미 증식 계획을 통해 미곡 생산량이 증가하였으나 일제는 미곡 생산량의 증가분보다 더 많은 쌀을 수탈하여 한국의 식량 사정은 급속도로 악화되었다. 일제는 이를 무마하기 위해 만주에서 잡곡(조, 콩 등)을 수입하였다. 한편, 산미 증식 계획으로 인해 몰락한 농민들은 유랑민 · 화전민이 되거나 소작농이 되었고, 농촌 경제가 수렁에 빠지게 되면서 1920년대 소작 쟁의의 발생 원인이 되기도 하였다.

오답 분석

ⓐ 물산 장려 운동은 1920년에 평양 물산 장려회가 조직되면서 시작된 국산품 애용 운동으로, 산미 증식 계획과는 관련이 없다.
ⓒ 조선 총독부는 1939년에 '조선 미곡 시장 주식회사령'과 '조선 미곡 배급 조정령'을 제정하여 식량 통제 정책을 실시하였다. 또한 1940년대부터는 공출 제도를 실시하였다.

정답 ④

24 0987

(가), (나) 사이의 농업 상황에 대한 설명으로 가장 적절한 것은?

구분	(가) 1921년		(나) 1936년	
	한국인	일본인	한국인	일본인
200정보 이상	66	169	49	181
100~200정보	360	321	336	380
50~100정보	1,650	519	1,571	749
20~50정보	14,438	1,420	12,701	2,958
10~20정보	29,646	1,544	30,332	3,504
1정보 이상 소계	1,125,604	18,060	1,073,177	41,986

〈민족별 토지 소유 현황〉 (단위: 명)

① 전체 지주의 감소는 주로 일본인 지주가 감소한 결과였다.
② 미곡 배급제도의 시행으로 10~20정보 구간 한국인 지주가 증가하였다.
③ 20정보 이상 일본인 지주의 증가는 상품 작물 개발과 밭농사 중심 경영 때문이었다.
④ 미곡의 수출 여건 악화와 일본인 위주 농정의 영향으로 1정보 이상 한국인 지주가 감소하였다.

25 0988

다음 ㉠의 추진 결과 나타난 현상으로 옳지 않은 것은?

일본은 1910년대 이후 자본주의 경제가 급속하게 발전하면서 농민들이 도시에 몰려 식량 조달에 큰 차질이 빚어졌다. 이를 해결하기 위해 ___㉠___ 을 추진하였는데, 이는 토지 개량과 농사 개량을 통해 식량 생산을 대폭 늘려 일본으로 더 많은 쌀을 가져가고 우리나라 농민 생활도 안정시킨다는 목표로 추진되었다.

① 쌀 생산량의 증가보다 일본으로의 수출량 증가가 두드러졌다.
② 만주로부터 조, 수수, 콩 등의 잡곡 수입이 증가하였다.
③ 한국인의 1인당 연간 쌀 소비량이 이전보다 줄어들었다.
④ 많은 수의 소작농이 이를 통해 자작농으로 바뀌었다.

26 0989

다음의 내용과 가장 관련이 깊은 일제의 정책은?

조선 총독부는 옷감을 절약하고 노동력을 쉽게 동원하기 위하여 여성들에게 '몸뻬'라는 이름의 바지를 입게 하였다. 이 옷은 일본의 농촌 여성들이 주로 입던 작업복으로, 긴 윗옷을 집어넣을 수 있도록 허리와 허벅지까지 통이 넓고 바지 아랫단은 좁았다.

① 산미 증식을 위하여 보국대를 동원하였다.
② 헌병 경찰과 보조원을 전국에 배치하였다.
③ 문화 통치를 표방하고 한글 신문을 발간하였다.
④ 호남선 철도를 개통하여 농산물 반출을 확대하였다.

27 0990

다음 법령이 실시되었던 시기에 일제가 실시한 정책을 〈보기〉에서 고른 것은?

제1조 국가 총동원이란 전시에 국방 목적을 달성하기 위해 국가의 전력을 가장 유효하게 발휘하도록 인적 및 물적 자원을 운용하는 것이다.
제4조 정부는 전시에 국가 총동원상 필요한 때에는 칙령이 정하는 바에 따라 제국 신민을 징용하여 총동원 업무에 종사하게 할 수 있다.
제8조 정부는 전시에 국가 총동원상 필요할 때에는 칙령이 정하는 바에 따라 물자의 생산, 수리, 배급, 양도, 기타의 처분, 사용, 소비, 소지 및 이동에 관하여 필요한 명령을 내릴 수 있다.

보기
ㄱ. 한글을 사용하는 신문과 잡지를 강제 폐간시켰다.
ㄴ. 소학교 대신 국민학교라는 명칭을 사용토록 하였다.
ㄷ. 조선 태형령과 경찰범 처벌 규칙을 만들어 시행하였다.
ㄹ. 사회주의자들을 탄압하기 위해 치안 유지법을 만들었다.

① ㄱ, ㄴ ② ㄱ, ㄹ ③ ㄴ, ㄷ ④ ㄷ, ㄹ

24 0987

④ 1930년대의 농업 공황으로 일본에서는 쌀 가격의 하락과 미곡의 과잉 문제가 심화되었고, 일제는 자국의 농민들을 보호하기 위해 조선에서 일본으로의 곡물 수출을 일시 중단하였다. 이러한 미곡의 수출 중단으로 조선 내 곡물 가격이 하락하여 1정보 이상의 토지를 소유한 한국인 지주가 감소하였다.

[오답 분석]
① 산미 증식 계획의 시행으로 일본인 지주는 증가하였으나, 한국인 지주의 수는 크게 감소하여 전체 지주의 수가 감소하였다.
② 10~20정보 구간에서 한국인 지주가 증가한 것과 미곡 배급제도는 관련이 없다.
③ 산미 증식 계획의 시행으로 밭농사가 아닌 논농사 중심의 경영이 이루어져 단작형 농업 구조가 형성되었다.

정답 ④

25 0988

㉠은 1920년부터 1934년까지 시행된 산미 증식 계획이다.

④ 산미 증식 계획은 식민지 지주제를 강화하는 결과를 가져왔는데, 이는 증산 사업에 들어가는 수리 조합비, 비료 구입비 등을 모두 농민에게 전가하여 몰락 농민을 양산하였기 때문이었다. 이에 많은 수의 자작농들이 몰락하여 유랑민·화전민이 되거나 소작농이 되었다.

정답 ④

26 0989

제시문은 일제의 조선인에 대한 인적·물적 수탈이 극심했던 1930년대 이후의 상황이다. 특히 중·일 전쟁 이후에는 전선이 확대됨에 따라 일제는 '국가 총동원법'을 공포하고, 이후 '국민 징용령'을 실시하여 많은 조선인을 침략 전쟁 수행을 위한 노동력으로 강제 동원하였다.

① 일제는 군량 확보를 위해 산미 증식 계획을 재개하고 이에 동원할 인적 자원을 수탈하기 위해 1938년에 보국대를 조직하였다.

[오답 분석]
② 1910년대 무단 통치기에 대한 설명이다.
③ 1920년대 문화 통치기에 대한 설명이다.
④ 호남선은 1914년에 개통되었다.

정답 ①

27 0990

제시문의 법령은 1938년 일제에 의해 공포된 국가 총동원법이다.

ㄱ. 일제는 1940년에 조선일보, 동아일보 등 한글을 사용하는 신문과 잡지를 강제 폐간시켰다.
ㄴ. 국민학교라는 명칭은 1941년에 소학교를 대신하여 사용되었으며, '황국 신민의 학교'라는 뜻을 가지고 있었다.

[오답 분석]
ㄷ. 조선 태형령과 경찰범 처벌 규칙은 무단 통치 시기인 1912년에 제정되었다.
ㄹ. 치안 유지법은 문화 통치 시기인 1925년에 제정되었으며, 사회주의자와 민족주의 계열의 독립운동가를 탄압하는 데 이용되었다.

정답 ①

28 0991

다음 법이 공포된 이후 나타난 일제의 지배 정책에 대한 설명으로 옳지 않은 것은?

> 제4조 정부는 전시에 국가 총동원상 필요할 때에는 칙령이 정하는 바에 따라 제국 신민을 징용하여 총동원 업무에 종사하게 할 수 있다.

① 마을에 애국반을 편성하여 일상 생활을 통제하였다.
② 일본식 성과 이름으로 고치는 창씨개명을 시행하였다.
③ 여성에게 작업복인 '몸뻬'라는 바지의 착용을 강요하였다.
④ 토지 현황 파악을 위해 전국적으로 토지 소유권을 조사하였다.

29 0992

다음 일제 강점기의 노래에서 빈칸에 들어갈 내용의 배경이 되는 법령으로 옳은 것은?

> 신고산이 우루루 화물차 가는 소리에
> 지원병 보낸 어머니 가슴만 쥐어뜯고요
> 어랑어랑 어허야
> 양곡 배급 적어서 콩깨묵만 먹고 사누나
> 신고산이 우루루 화물차 가는 소리에
> [   ] 딸이 가엾어 울고요
> 어랑어랑 어허야
> 풀만 씹는 어미소 배가 고파서 우누나
> 신고산이 우루루 화물차 가는 소리에
> 금붙이 쇠붙이 밥그릇마저 모조리 긁어갔고요
> 어랑어랑 어허야
> 이름 석자 잃고서 족보만 들고 우누나

① 조선 농지령
② 수리 조합령
③ 토지 조사 사업
④ 조선 소작 조정령
⑤ 여자 정신대 근무령

30 0993

다음 자서전의 내용이 전개되던 시기에 일제가 시행한 정책으로 가장 적절한 것은?

> 7월 20일, 학생들과 체조를 하고 있었는데 면사무소 직원이 징병 영장을 가져왔다. 흰 종이에는 '징병 영장' 그리고 '8월 1일까지 함경북도에 주둔한 일본군 나남 222부대에 입대하라'고 적혀 있었다. 7월 30일, 앞면에는 '무운장구(武運長久)' 뒷면에는 '축 입영'이라고 적힌 붉은 천의 어깨띠를 두르고 신사를 참배한 후 순사와 함께 나룻배를 타고 고향을 떠났다. 용산역에서 기차를 탈 때까지 순사는 매섭게 나를 감시하였다.

① 일진회를 앞세워 한·일 합방을 청원하게 하였다.
② 공출 제도를 강화하여 놋그릇, 농기구까지 수탈하였다.
③ 우가키 총독이 농촌 개발을 명분으로 농촌 진흥 운동을 주장하였다.
④ 헌병 경찰이 칼을 차고 민간의 치안 및 행정 업무를 처리하도록 하였다.

31 0994

다음 글에 근거하여 일제에 의해 훼손된 문화재로 가장 적절한 것은?

> 조선 총독부는 1943년에 각 도 경찰부장에게 지시 명령한 유림(儒林)의 숙정 및 반시국적 고비(古碑)의 철거를 결정하고, 항일 민족 사상과 투쟁 의식을 유발시키고 있는 민족적 사적비들을 모조리 파괴하려 했다.

① 황산 대첩비
② 『조선왕조실록』
③ 광개토 대왕릉비
④ 황룡사 9층 목탑
⑤ 부인사 초조대장경

28 0991

자료의 내용은 국가 총동원법(1938)의 일부 조항이다. 일제는 1930 년대 이후 민족 말살 통치를 자행하였으며, 중·일 전쟁(1937)을 기점으로 전시 총동원 체제를 강화하였다.

④ 토지 소유권을 조사한 것은 토지 조사 사업으로, 1912년부터 1918년까지 추진되었다.

정답 ④

29 0992

제시문은 '신고산 타령'으로, 빈 칸에 들어갈 내용은 '정신대'이다. 이 노래에 제시된 '지원병', '금붙이 쇠붙이 밥그릇마저 모조리 긁어 갔고요.'와 같은 표현을 통해 일제가 조선의 인적·물적 자원을 강제 수탈했던 1940년대 상황을 표현한 것임을 알 수 있다. 당시 일제는 육군 특별 지원병령(1938)·조선인 학도 육군 특별 지원병 제도(1943)·징병제(1944)를 통해 조선의 청년들을 전쟁으로 끌어들였으며, 국민 징용령(1939)·국민 근로 보국령(1941)을 내려 노동력을 강제 수탈하기도 하였다.

⑤ 일제는 1944년에 여자 정신대 근무령을 제정하여 12세에서 40 세까지의 여성 수십만 명을 강제 동원했다.

오답 분석

①, ④ 일제는 1930년대에 조선의 농민들이 격렬한 소작 쟁의와 농민 운동을 일으키자, 이에 대한 무마책으로 조선 소작 조정령 (1932), 자작 농지 창설 유지 사업(1932), 조선 농지령(1934) 등을 마련하였다.

② 일제는 산미 증식 계획의 일환으로 1917년에 수리 조합령을 제정·반포하였다.

③ 토지 조사 사업은 1912년부터 1918년까지 시행되었다.

정답 ⑤

30 0993

제시문은 일제 강점기에 실시한 징병제(1944)에 대한 내용이다. 일제는 태평양 전쟁의 막바지 무렵, 조선 청년을 전쟁에 동원하기 위해 징병제를 실시하였다.

② 1940년대에 일제는 전쟁이 장기화되자 조선의 식량을 강제 공출하기도 하였고, 철·금·아연·주석 등의 금속류와 고무·피혁 등의 사용을 제한하였으며, 심지어 농기구와 생활용품, 제기 등 금속류를 공출하기도 했다.

오답 분석

① 1910년 한·일 합방 이전의 일이다.

③ 우가키 총독은 1930년대 초에 농촌 진흥 운동을 통해 조선 농민층을 식민 지배 안으로 포섭하고 소작인의 지위를 안정시켜 농업 경제를 활성화시키고자 하였다.

④ 1910년대 일제의 무단 통치 체제(헌병 경찰 통치)에 대한 내용이다.

정답 ②

31 0994

1940년대 조선 총독부는 태평양 전쟁의 패망을 앞에 두고 조선의 민족혼을 말살시키려는 최후의 발악으로, 반시국적인 고적(古蹟)을 관할 도 경찰부장들이 임의로 철거·파괴하여도 좋다는 비밀 문서를 지방으로 내려보냈다. 1943년 11월 14일 조선 총독부에서 작성한 이 문서에 따라 일제에 의해 우리나라의 여러 문화재가 훼손되었다.

① 한·일 합병 이후 일제는 조선에 있던 일본 관련 전승비와 대첩비를 파괴하도록 하였다. 일제에 의해 훼손된 대표적인 비는 황산 대첩비로, 고려 말 이성계가 전라도 남원 운봉에서 아지발도를 비롯한 왜구를 섬멸한 황산 대첩을 기념하기 위해 제작된 비석이다. 일제 강점기 때 일본인들에 의해 파괴되어 파편만 남아 있었던 것을 광복 이후 귀부(받침대)와 이수(머릿돌)를 사용하여 중건하였다.

오답 분석

② 임진왜란으로 춘추관·충주·성주 사고의 실록이 불타고 전주 사고의 실록을 바탕으로 실록이 재편찬되어, 춘추관·마니산 (이괄의 난 이후 정족산)·묘향산(이괄의 난 이후 적상산)·태백산·오대산 사고에 보관되었다. 『조선왕조실록』은 이후 일제 강점기 때 일제에 의해 다른 장소로 이관·반출되었다가 현재 정족산본이 서울대 규장각에, 태백산본이 국가 기록원 부산 기록관에 보관되어 있다.

③ 광개토 대왕릉비는 1880년대에 비문의 탁본 작업 과정에서 청·일 양국에 의해 훼손된 것으로 여겨진다.

④ 황룡사 9층 목탑은 몽골의 3차 침입 때 소실되었다.

⑤ 부인사 초조대장경은 몽골의 2차 침입 때 소실되었다.

정답 ①

32 0995

㉠~㉣에 대한 설명으로 옳은 것은?

> 일제 강점기 조선 총독부는 수많은 우리 문화재를 훼손하였는데 남산도 예외가 아니었다. ㉠장충단을 공원화하고 그 동쪽에다 이토 히로부미를 기념하는 박문사를 세웠다. 거기에는 ㉡경복궁을 훼손하여 여러 부속 건물을 가져다 놓았고, ㉢원구단에 있던 석고전을 종각으로 변조하였으며, ㉣경희궁의 정문인 흥화문을 헐어서 정문으로 삼았다.

① ㉠ – 숙종 때 명나라 신종을 제사하려고 지은 사당이었다.

② ㉡ – 세종 때 만든 보루각과 간의대가 있었다.

③ ㉢ – 을미사변 때 죽은 이경직과 홍계훈 등 충신·열사의 넋을 기리는 제단이었다.

④ ㉣ – 역대 임금의 초상을 봉안하던 선원전이 있었다.

33 0996

일제의 인적·물적 자원 수탈에 대한 설명으로 옳지 않은 것은?

① 일제는 만주 사변 도발과 함께 국가 총동원법을 제정하여 전시 동원 체제를 확립하고 조선에도 이를 적용하였다.

② 일제는 중국 대륙 침략과 태평양 전쟁을 감행하면서 지원병제와 징병제를 실시하여 조선의 청년들을 군인으로 동원하였다.

③ 군수 산업에 종사할 노동자의 확보를 위해 징용제를 실시하여 조선인을 강제로 동원하였다.

④ 여성도 근로 보국대라는 이름으로 동원하여 노동력을 착취하였다.

34 0997

밑줄 친 ㉠, ㉡에 대한 설명으로 옳은 것은?

> 신고산이 우르르 함흥차 가는 소리에
> ㉠지원병 보낸 어머니 가슴만 쥐어뜯고요
> …(중략)…
> 신고산이 우르르 함흥차 가는 소리에
> ㉡정신대 보낸 어머니 딸이 가엾어 울고요

① ㉠ – 학생들도 모집 대상이었다.

② ㉠ – 처음에는 징병제에 따라 동원되기 시작하였다.

③ ㉡ – 국민 징용령에 근거한 조직이었다.

④ ㉡ – 물자 공출 장려를 목표로 결성하였다.

35 0998

일제 말 조선 총독부의 지배 정책에 해당하지 않는 것은?

① 만주 사변 이후 남면북양 정책을 실시하여 일본 방직 자본가를 보호하였다.

② 중·일 전쟁 이후 새로운 미곡 증산을 위한 흥남 질소 비료 공장을 설립하였다.

③ 태평양 전쟁 이후 징병제를 실시하여 조선인 청년을 국내외로 동원하였다.

④ 침략 전쟁에 필요한 근로 보국대 동원, 놋그릇 공출 등 노동력과 물자의 수탈을 강화하였다.

32 0995

② 보루각은 1434년 세종에 의해 경복궁 경회루의 남쪽에 건립했던 전각으로, 장영실이 만든 자격루를 설치한 곳이며, 간의대는 1434년 경회루 북쪽에 만든 천문 관측대로, 혼천의, 혼상, 간의, 규표를 설치하였다.

오답 분석

① 장충단은 대한 제국 시기인 1900년에 을미사변과 임오군란으로 순사한 충신·열사를 제사하기 위하여 설치하였다. 임진왜란 때 원병을 보내 준 명나라 신종의 은혜를 기리기 위하여 숙종 시기에 세운 것으로는 창덕궁 후원에 세운 대보단과 송시열의 유명으로 화양 계곡에 건립한 만동묘가 있다.

③ 원구단(환구단)은 고종이 1897년 대한 제국의 황제로 즉위하면서 천자의 제천 의식을 위하여 세운 제단이다.

④ 선원전은 창덕궁에 있는 조선 후기의 전각이다. 선원전의 어진들은 6·25 전쟁 시기 부산으로 옮겼으나, 1954년 대규모 화재로 대부분 소실되었다.

정답 ②

33 0996

① 만주 사변은 1931년에 일어났고, 국가 총동원법은 1938년에 제정되었다. 만주 사변은 일제가 1931년에 만주를 식민지화하여 주요 자원과 군수 물자의 공급처로 만들 목적으로 일으킨 사건이다. 일본의 관동군은 류탸오후 사건[柳條湖事件]을 계기로 전격적인 군사 작전을 펼쳐 만주 전역을 점령하고, 1932년 3월 1일에 괴뢰 만주국(滿州國)을 세워 실질적인 지배권을 행사했다. 국가 총동원법은 1937년 중·일 전쟁 도발 뒤인 1938년에 제정되었다. 중·일 전쟁 이후에는 전선이 확대됨에 따라 일제는 국가 총동원법을 공포하고, 이후 국민 징용령(1939)을 실시하여 많은 조선인을 침략 전쟁 수행을 위한 노동력으로 강제 동원하였다.

정답 ①

34 0997

① 일제는 1943년에 학도 지원병제를 통해 전문 학교와 대학교 학생들을 전쟁에 동원하였다.

오답 분석

② 징병제는 지원병제가 추진된 이후인 1944년 4월에 추진되었다.

③ 국민 징용령은 1939년에 공포되었으며, 1944년에 제정된 여자 정신대 근무령과는 관계가 없다.

④ 물자 공출은 식량 공출을 앞세워 1940년부터 본격화된 물적 수탈이다. 여자 정신대 근무령은 인적 수탈과 관련이 있다.

정답 ①

35 0998

② 중·일 전쟁은 1937년에 일어난 사건이고, 흥남 질소 비료 공장은 1927년에 설립되었다. 흥남 질소 비료 공장은 당시 한국 최대 규모의 질소 비료 공장으로, 1927년에 조선 질소 비료 주식회사 흥남 공장이 설립되면서 발족했으며, 1930년에 여러 시설들이 완공되면서 흥남 질소 비료 공장으로 확정되었다. 이 공장은 산미 증식 계획을 뒷받침하기 위한 시설이었다.

정답 ②

36 0999

2017년 9급 국가직(추가 채용)

다음 법령에 대한 설명으로 옳지 않은 것은?

> (가) 제5조 회사가 본령이나 본령에 의거하여 발하는 명령과 허가 조건에 위반하거나 공공질서와 선량한 풍속에 반하는 행위를 할 때 조선총독은 사업의 정지와 금지, 지점의 폐쇄, 또는 회사의 해산을 명할 수 있다.
>
> (나) 제1조 국가총동원이란 전시에 국방 목적을 달성하기 위해 국가의 전력을 가장 유효하게 발휘하도록 인적 및 물적 자원을 운용하는 것이다.
> 제4조 정부는 전시에 국가 총동원상 필요할 때에는 칙령이 정하는 바에 따라 제국 신민을 징용하여 총동원 업무에 종사하게 할 수 있다.

① (가) – 회사령이다.
② (가) – 1920년대에 폐지되었다.
③ (나) – 국가 총동원법이다.
④ (나) – 일제가 태평양 전쟁을 일으킨 이후 제정하였다.

37 1000

2018년 9급 국가직

다음의 법률에 근거하여 실시된 식민지 정책으로 옳지 않은 것은?

> 제4조 정부는 전시에 국가 총동원상 필요하다고 인정될 때에는 칙령이 정하는 바에 따라서 제국 신민을 징용하여 총동원 업무에 종사하도록 할 수 있다.
> 제7조 정부는 칙령이 정하는 바에 따라 노동 쟁의의 예방 혹은 해결에 관한 명령, 작업소 폐쇄, 작업 혹은 노무의 중지 … (중략) … 등을 명할 수 있다.

① 물자 통제령을 공포하여 배급제를 확대하였다.
② 육군 특별 지원병령을 제정하여 지원병을 선발하였다.
③ 금속류 회수령을 제정하여 주요 군수 물자를 공출하였다.
④ 국민 징용령을 공포하여 강제적인 노무 동원을 실시하였다.

38 1001

2021년 9급 국가직

중·일 전쟁 이후 조선 총독부가 시행한 민족 말살 정책이 아닌 것은?

① 아침마다 궁성요배를 강요하였다.
② 일본에 충성하자는 황국 신민 서사를 암송하게 하였다.
③ 공업 자원의 확보를 위하여 남면북양 정책을 시행하였다.
④ 황국 신민 의식을 강화하고자 소학교를 국민학교로 개칭하였다.

39 1002

2011년 9급 국가직

일제의 식민지 정책을 시기 순으로 바르게 나열한 것은?

> ㄱ. 농촌 경제의 안정화를 명분으로 농촌 진흥 운동을 전개하였다.
> ㄴ. 학도 지원병 제도를 강행하여 학생들을 전쟁터로 내몰았다.
> ㄷ. 회사령을 철폐하여 일본 자본이 조선에 자유롭게 유입될 수 있게 하였다.
> ㄹ. 토지의 소유권과 가격에 대한 대대적인 조사를 진행하였다.

① ㄷ → ㄹ → ㄱ → ㄴ
② ㄷ → ㄹ → ㄴ → ㄱ
③ ㄹ → ㄷ → ㄱ → ㄴ
④ ㄹ → ㄷ → ㄴ → ㄱ

36 0999

(가)는 회사령(1910)이고, (나)는 국가 총동원법(1938)의 내용이다.

④ (나) 국가 총동원법은 1937년 일본이 중·일 전쟁을 일으킨 이후인 1938년에 제정되었다. 태평양 전쟁은 1941년부터 1945년까지 일본과 연합국 사이에서 벌어진 전쟁이다.

정답 ④

38 1001

③ 남면북양 정책은 1932년부터 추진되기 시작하여 1934년 이후 본격화되었다. 따라서 1937년에 일어난 중·일 전쟁 이후의 일제가 시행한 민족 말살 정책에는 해당하지 않는다.

오답 분석

① 궁성요배는 1937년 이후부터 일제에 의해 강요되었다.
② 황국 신민 서사의 시행은 1937년부터 강요되고 점차 강화되었다.
④ 소학교를 국민학교로 개칭한 시기는 3차 교육령(1938~)이 시행되던 시기인 1941년이다.

정답 ③

37 1000

제시된 법률은 1938년 4월에 제정된 국가 총동원법이다.

② 육군 특별 지원병령은 국가 총동원법이 제정되기 이전인 1938년 2월에 제정되었다.

오답 분석

①, ③, ④ 국가 총동원법에 의하여 물자 통제령(1941), 금속류 회수령(1941), 국민 징용령(1939, 강제적인 노무 동원은 1944년부터 시행) 등이 제정되었다.

정답 ②

39 1002

③ 시기 순으로 바르게 나열하면 ㄹ. 토지 조사 사업(1912~1918) → ㄷ. 회사령 폐지(1920) → ㄱ. 농촌 진흥 운동(1932~1940) → ㄴ. 학도 지원병 제도(1943)가 된다.

정답 ③

40 1003

2016년 7급 국가직

조선 총독부의 식민지 경제 정책으로 옳지 않은 것은?

① 1910년대 – 회사 설립을 허가제로 한 회사령을 공포하였다.

② 1920년대 – 미곡 증산을 표방한 산미 증식 계획을 수립하였다.

③ 1930년대 – 농공은행을 통합하여 조선식산은행을 설립하였다.

④ 1940년대 – 전체 농민까지 식량 공출을 강제한 식량 관리령을 제정하였다.

41 1004

2012년 7급 국가직

일제의 경제 수탈 정책에 대한 설명으로 옳지 않은 것은?

① 1910년에 시작된 토지 조사 사업에서 신고된 토지에 대한 지주의 권리만을 인정하고, 농민이 오랫동안 누려왔던 관습적인 경작권은 부정되었다.

② 1920년대 일본 자본의 조선 진출 요구가 커지자, 조선 총독부는 회사의 설립과 해산을 신고제에서 허가제로 강화하였다.

③ 1920년대 일제는 자국의 식량 문제를 해결하기 위하여 산미 증식 계획을 시행하였는데, 한국인 지주도 이에 편승하여 토지를 크게 늘렸다.

④ 1930년대 이후 일제는 대륙 침략을 위하여 공업화 정책을 추진하였는데, 이 과정에서 일본의 대자본이 활발하게 투입되었다.

42 1005

2018년 9급 국가직

일제 강점기 조선인의 생활 모습으로 옳지 않은 것은?

① 도시 외곽의 토막촌에는 빈민이 살았다.

② 번화가에서 최신 유행의 모던 걸과 모던 보이가 활동하였다.

③ 몸뻬를 입은 여성들이 근로 보국대에서 강제 노동을 하였다.

④ 상류층이 한식 주택을 2층으로 개량한 영단 주택에 모여 살았다.

43 1006

2015년 9급 국가직

밑줄 친 ㉠, ㉡에 대한 설명으로 옳은 것은?

> 일제의 가혹한 탄압으로 독립운동은 큰 제약을 받게 되었다. 그러나 그러한 제약 속에서도 비밀 결사의 형태로 독립운동 단체가 결성되었다. ㉠독립 의군부와 ㉡대한 광복회는 모두 이러한 비밀 결사 단체였다.

① ㉠은 공화국의 건설을 목표로 하였다.

② ㉡은 고종의 비밀 지령을 받아 조직되었다.

③ ㉠과 ㉡은 모두 1910년대 국내에서 결성된 단체이다.

④ ㉠은 박상진을 중심으로, ㉡은 임병찬을 중심으로 한 조직이었다.

문제 풀이

40 1003

③ 1918년에 설립된 조선식산은행은 1906년 6월부터 각 지방에서 설립된 6개 농공은행의 권리와 의무를 계승한 은행이었다. 조선식산은행은 조선 총독부가 조선에서 농업 생산을 극대화하기 위해 일본인의 직접적인 투자와 경영에 의존하는 대형 개발 은행으로 설립한 것으로, 이후 전국에 60여 개의 지점을 두어 지방에까지 금융 조직망을 확대시켰다. 조선 총독부는 조선식산은행의 인사권과 경영권을 장악하였으며, 총독부 산하의 산업 정책 금융 기관으로 출범하였다.

오답 분석

① 1910년에 회사령이 공포되었다.
② 1920년에 산미 증식 계획이 수립되었다.
④ 1943년에 식량 관리령이 제정되었다.

정답 ③

41 1004

② 1920년대에 일제는 일본 자본의 조선 진출을 돕기 위해 허가제의 회사령을 폐지하고 신고제를 실시하여 회사 설립을 용이하게 하였다. 1920년에 회사령이 철폐되면서 한국인의 회사 설립이 활발해졌고, 경성 방직 주식회사, 평양 메리야스 공장 등이 세워졌고, 금융에서는 삼남은행이 설립되었다. 그러나 자본과 기술에서 우위에 있는 일본 기업과 경쟁하며 점차 어려움에 직면하였으며, 이에 한국인 자본가 등은 조선 총독부에 한국인 중심의 산업 정책을 추진할 것을 요청하였지만 받아들여지지 않았다. 게다가 조선 총독부는 면직물과 주류를 제외한 일본에서 수입되는 모든 상품의 관세를 없애려 하였다. 이에 1920년대 초반에 '민족 산업과 자본을 보호·육성하여 민족 경제의 자립을 이루자'는 물산 장려 운동이 전개되었다.

정답 ②

42 1005

④ 영단 주택은 1940년대의 전시 체제 하에서 일제가 조선의 병참 기지화를 위해 건설한 주택으로, 군수 산업체에 근무하는 노동자의 주택 부족 문제를 해결하기 위해 공급되었다. 1941년 6월 14일 총독부령 제23호로 조선 주택 영단령이 제정·공포되고, 같은 해 7월 1일에 설립된 조선 주택 영단에 의해 건설되었다. 이 시기에 일제는 식민지에서의 원활한 노동력 수탈을 위해 남성은 국방색의 국민복, 여성은 몸뻬를 입도록 강요하였다.

정답 ④

43 1006

③ ㉠ 독립 의군부는 1912년, ㉡ 대한 광복회는 1915년에 국내에서 결성된 비밀 결사 단체였다.

오답 분석

① 공화국의 건설을 목표로 결성된 단체는 ㉡ 대한 광복회이다.
② 고종의 비밀 지령을 받아 조직되었으며, 복벽주의를 지향하였던 단체는 ㉠ 독립 의군부이다.
④ ㉠ 독립 의군부는 최익현의 제자인 임병찬을 중심으로 결성되었으며, 의병 투쟁을 계획하였으나 발각되어 해체되었다. ㉡ 대한 광복회는 박상진, 채기중 등을 중심으로 결성되어 만주에 독립군 사관 학교 설립을 시도하고 자체적으로 반민족 행위자를 처단하기도 하였으나, 1918년에 일제의 탄압으로 해체되었다.

정답 ③

44 1007

밑줄 친 '그'의 활동으로 옳지 않은 것은?

<u>그</u>는 함경도 단천 출신으로 한성으로 올라와 무관 학교에 입학하였고, 졸업 후 시위대 장교로 군인 생활을 시작하였다. 강화도 진위대 대장 시절에는 공금을 횡령한 강화부윤이 자신을 모함하자, 군직을 사임하기도 하였다. <u>그</u>는 군인이면서도 계몽 운동을 중요하게 생각하여 강화읍에 보창 학교를 세워 근대적 교육을 시작하였다. 그러나 고종 황제의 강제 퇴위와 군대 해산을 전후하여 무력 항쟁과 친일파 대신 암살 등을 계획하였으며, 강화 진위대가 군대 해산에 항의하여 봉기하자 이에 연루되어 체포되기도 하였다.

① 비밀 결사 조직인 신민회에 참여하였다.
② 하바로프스크에서 한인 사회당을 결성하기도 하였다.
③ 대동 보국단을 조직하고 『진단』이라는 잡지를 발간하기도 하였다.
④ 블라디보스토크에 대한 광복군 정부라는 임시 정부를 수립하였다.

45 1008

밑줄 친 '여러 단체와 기관'에 해당하지 않는 것은?

1907년 설립된 신민회 회원들은 1909년 말 이후 일본의 한국 병합이 목전에 있다고 보고, 국외로 나가 독립운동을 전개할 필요가 있다는 데 의견을 같이하였다. 이에 따라 신민회 회원들은 1910년 초 이후 국외로 나가기 시작하였다. 신민회의 이회영, 이시영, 이상룡 등은 1911년 압록강 건너 서간도로 옮겨가 삼원보에 자리 잡았다. 이들은 <u>여러 단체와 기관</u>을 설립하여 독립 운동 기지 건설 운동을 전개하였다.

① 경학사   ② 권업회
③ 부민단   ④ 신흥 무관 학교

46 1009

밑줄 친 '이곳'에서 일어난 사실로 옳은 것을 〈보기〉에서 모두 고른 것은?

<u>이곳</u>에서는 한인 집단 거주지인 신한촌이 형성되어 자치 기구와 학교가 만들어졌으며, 다양한 독립운동이 일어났다. 이곳에서 이상설 등은 성명회를 조직하여 독립운동을 벌였고, 이후 임시 정부의 성격을 가진 대한 국민 의회가 전로 한족회 중앙 총회로부터 개편 조직되었다.

보기
㉠ 권업회라는 독립운동 단체가 조직되었다.
㉡ 독립군 양성을 위한 신흥 강습소가 설치되었다.
㉢ 대한 광복군 정부가 수립되어 독립운동을 벌였다.
㉣ 신규식, 박은식 등의 주도로 동제사가 조직되었다.

① ㉠, ㉡
② ㉠, ㉢
③ ㉡, ㉣
④ ㉢, ㉣

47 1010

〈보기〉 자료의 민족 운동가들이 추진한 독립 운동에 대한 서술로 가장 옳은 것은?

보기
8월 초에 여러 형제분이 모여서 같이 만주로 갈 준비를 하였다. 비밀리에 땅과 집을 파는데, 여러 집을 한꺼번에 처분하니 얼마나 어려우리요. 그때만 해도 여러 형제분 집은 예전 대갓집이 그렇듯이 종살이를 하는 사람이 수없이 많았고 (……) 우리 집 어른(이회영)은 옛날 범절을 따지지 않고 위아래 구분 없이 뜻만 같으면 악수하여 동지로 대접하였다. (……) 1만여 석의 재산과 가옥을 모두 팔고 경술년(1910) 12월 30일에 큰집, 작은집이 함께 압록강을 건너 떠났다.
– 이은숙, 『민족 운동가 아내의 수기, 서간도 시종기』

① 신흥 강습소를 만들어 민족 교육과 독립군 양성을 추진하였다.
② 대한 광복군 정부, 대한 국민 의회 등의 독립 운동 기지를 설립하였다.
③ 간민회를 기반으로 서전서숙과 명동학교 등 학교를 세워 민족 교육을 실시하였다.
④ 나라를 되찾은 후 고종을 복위시키려는 목표를 세우고 전국적인 의병 봉기를 준비하였다.

44 1007

제시문의 밑줄 친 '그'는 이동휘이다. 이동휘는 상하이 임시 정부의 국무총리로 선임되어 활동하였으며, 국민 대표 회의 당시 개조파로 역할을 수행하기도 하였다. 이후 그의 활동은 대개 연해주에서 이루어졌으며, 1935년 사망하였다.

③ 중국 상해에서 대동 보국단을 조직(1915)하고 『진단』이라는 잡지를 발간했던 인물은 신규식과 박은식이다.

정답 ③

46 1009

제시문의 '신한촌', '성명회', '대한 국민 의회' 등을 통해 밑줄 친 '이곳'이 연해주라는 것을 알 수 있다.

㉠ 권업회는 1911년 연해주 블라디보스토크의 신한촌에 본부를 둔 독립운동 단체로, 민족 정신을 고취시키기 위해 권업신문을 창간하였다.

㉢ 대한 광복군 정부는 1914년 연해주 블라디보스토크에서 권업회 인사들이 중심이 되어 조직되었다.

오답 분석

㉡ 신흥 강습소는 신민회 회원들이 서간도 삼원보 지역에 설립한 사관 양성 기관이다.

㉣ 동제사는 신규식, 박은식, 신채호 등이 주도하여 1912년 상해에서 결성된 조직이다.

정답 ②

45 1008

제시문은 서간도 지역의 독립운동 기지 건설에 대한 내용이다.

② 권업회는 1911년에 연해주 지역에서 의병 계열과 계몽 운동 계열의 합작으로 조직된 단체로, 권업신문을 발행하고 학교를 설립하는 등 항일 구국 운동을 전개하였다.

오답 분석

①, ③, ④ 신민회 소속의 애국 계몽 운동가들은 해외 독립 운동 기지 건설을 준비하였고, 서간도 지역에 신흥 강습소(1911, 1919년에 신흥 무관 학교로 개편), 경학사(1911), 부민단(1912), 한족회(1919) 등을 조직하여 독립운동 기지를 건설하였다. 또한 민족 교육 육성을 위해 오산 학교(정주), 대성 학교(평양), 보창 학교(강화) 등을 건립하였으며, 태극서관(대구), 자기 회사(평양) 등을 설립하여 민족 산업 육성을 위해 노력하였다.

정답 ②

47 1010

자료의 내용은 이회영, 이시영 형제 가문의 독립운동에 관련한 것이다.

① 이회영 형제 및 신민회 계열의 인사들은 서간도 삼원보에 신흥 강습소를 만들어 민족 교육과 독립군 양성에 매진하였다. 신흥 강습소는 1919년에 신흥 무관 학교로 발전하였다.

오답 분석

② 대한 광복군 정부(1914)와 대한 국민 의회(1919)는 모두 연해주에서 설립된 독립운동 단체로, 이회영 형제의 독립운동과는 관련이 없다.

③ 서전서숙은 1906년에 북간도에서 이상설이 조직하였으며, 간민회 역시 1913년에 북간도에서 조직되었다. 이 지역의 독립운동과 이회영 형제의 독립운동은 연관이 없다.

④ 고종 복위를 목표로 의병 봉기를 계획한 조직은 임병찬이 설립한 독립 의군부(1912)이다. 신민회 계열은 국왕의 복위를 목표로 한 복벽주의가 아닌 공화정체의 독립 국가 건설을 추진하였다.

정답 ①

48 1011

2020년 9급 지방직

밑줄 친 '그'의 활동으로 옳은 것은?

> 경술년(1910)에 여러 형제들이 모여서 같이 만주로 갈 준비를 하였다. …… 그(1857~1932)는 1만여 석의 재산과 가옥을 모두 팔고 큰집, 작은집이 함께 압록강을 건너 떠났다. 그는 만주에서 독립군 양성 기관인 신흥 강습소를 설립하였다.

① 조선어 학회 사건으로 옥고를 치렀다.
② 독립운동 단체인 경학사를 조직하였다.
③ 3 · 1 운동 민족대표 33인 중 한 명이었다.
④ '삼균주의'에 입각한 한국 국민당을 결성하였다.

49 1012

2017년 9급 국가직

밑줄 친 '이곳'에서 전개된 민족 운동으로 옳은 것은?

> 1903년에 우리나라 공식 이민단이 이곳에 도착하였다. 이주 노동자들은 사탕수수 농장, 개간 사업장, 철도 공사장 등에서 일하며 한인 사회를 형성하여 갔다. 노동 이민과 함께 사진 결혼에 의한 부녀자들의 이민도 이루어졌다. 또한 한인 합성 협회 등과 같은 한인 단체가 결성되었다.

① 독립운동 기지인 한흥동이 건설되었다.
② 독립운동 단체인 권업회가 조직되었다.
③ 자치 기관인 경학사와 부민단이 만들어졌다.
④ 군사 양성 기관인 대조선 국민 군단이 창설되었다.

50 1013

2015년 9급 국회직

(가) 시기에 일어났던 사건으로 옳은 것은?

① 105인 사건으로 비밀 결사 단체가 해체되었다.
② 경제적 독립을 이룩하기 위해 국채 보상 운동이 일어났다.
③ 만주 하얼빈 역에서 안중근이 이토 히로부미를 처단하였다.
④ 홍범도가 이끄는 대한 독립군 등이 봉오동에서 승리를 거두었다.
⑤ 내선일체, 황국 신민화 등이 제창되어 우리말과 글을 사용할 수 없게 되었다.

51 1014

2017년 9급 지방직(추가 채용)

(가), (나) 시기에 있었던 사실에 대한 설명으로 옳은 것은?

① (가) – 독립 협회가 개최한 관민 공동회에서 헌의 6조가 결의되었다.
② (가) – 독도를 울릉군 관할로 한다는 내용의 대한 제국 칙령 제41호가 공포되었다.
③ (나) – 일제가 '105인 사건'을 일으켜 윤치호 등을 체포하였다.
④ (나) – 일본인 메가타가 재정 고문으로 부임하여 화폐 정리 사업을 시작하였다.

48 1011

밑줄 친 '그'는 우당 이회영에 해당한다. 이회영은 형제들과 수많은 재산을 처분한 뒤 독립운동의 기반을 세우고자 서간도로 이주하였다. 그는 경학사와 신흥 강습소 설립에 기여하였으며, 후일 무정부주의를 주장하였다. 이후 1932년 일제의 무자비한 고문으로 순국하였다.

② 1911년 서간도에서 신민회 계열의 경학사가 조직되었으며, 신흥 강습소를 설립하였다.

오답 분석

① 조선어 학회 사건은 1942년에 일어났으며, 이 사건으로 한징, 이윤재, 이극로, 최현배, 이희승 등 회원 29명이 체포 · 투옥되었다.

③ 3 · 1 운동 당시의 민족대표 33인은 기독교계 16명, 천도교계 15명, 불교계 2명으로 구성되었으며, 이회영은 여기에 포함되지 않았다.

④ 한국 국민당은 민족 혁명당에 대응하여 김구가 1935년에 결성한 임시 정부 중심의 조직이다.

정답 ②

49 1012

사료에서 말하는 '이곳'은 하와이이다. 1903년 최초의 합법적 이민을 통해 많은 한인들이 하와이의 사탕수수 농장으로 건너갔다.

④ 대조선 국민 군단은 대한인 국민회의 하와이 지방 총회 하에 편성된 군사 훈련 단체로, 1914년 박용만에 의해 창설되었다.

오답 분석

① 한흥동(1909)은 북만주 밀산부에 건설된 독립운동 기지로, 이상설, 이승희 등이 북만주 한흥동 부근의 미개간지를 구입하여 한인촌을 형성하였다.

② 권업회(1911)는 연해주 블라디보스토크의 신한촌에 본부를 두었으며, 주요 도시에 지회와 분사무소를 두었다.

③ 경학사(1911)와 부민단(1912)은 망명 한인의 생활을 총체적으로 관여할 수 있는 자치 조직으로, 서간도의 삼원보 지역에 설립되었다.

정답 ④

50 1013

연표의 (가) 시기는 조선 총독부가 설치된 1910년부터 3 · 1 운동이 발발한 1919년까지의 시기에 해당한다. 조선 총독부는 1910년 9월 30일에 조선 총독부 및 소속 관서의 관제가 공포되어 10월 1일부터 조선 총독부가 운영되었다.

① 일제는 (가) 시기인 1911년에 데라우치 총독 암살 미수 사건을 조작하여 105인 사건을 일으켜 신민회 인사 등 민족 독립운동가를 탄압하였으며, 이에 큰 타격을 받은 신민회는 사실상 와해되었다.

오답 분석

② 국채 보상 운동은 1907년의 일이다.
③ 이토 히로부미의 처단은 1909년의 일이다.
④ 봉오동 전투는 1920년의 일이다.
⑤ 1930년대의 민족 말살 통치기에 있었던 사실이다.

정답 ①

51 1014

(가) 시기는 1904년 2월(러 · 일 전쟁 발발)~1907년 7월(고종 강제 퇴위)이고, (나) 시기는 1907년 7월~1917년 7월(대동 단결 선언 발표)이다.

③ (나) 시기인 1911년에 일어난 105인 사건은 일제가 무단 통치의 일환으로 민족 운동을 탄압하기 위해 데라우치 마사타케[寺內正毅] 총독의 암살 미수 사건을 확대 · 조작하여 신민회의 애국 계몽 운동가들을 투옥한 사건이다.

오답 분석

① 관민 공동회에서 헌의 6조가 결의된 것은 1898년 10월의 일이다.
② 대한 제국 칙령 제41호가 공포된 것은 1900년 10월의 일이다.
④ 메가타가 화폐 정리 사업을 시작한 것은 1905년의 일이다.

정답 ③

52 1015

2018년 7급 지방직

㉠~㉣에 들어갈 단체로 옳은 것은?

○ 1911년 북간도로 거점을 옮긴 대종교는 (㉠)(이)라는 무장 독립 단체를 만들었다. 이 단체는 3·1 운동 이후 북로 군정서로 발전하였다.

○ 러시아 연해주에서는 권업회를 기반으로 한 (㉡)이/가 수립되었다. 이 단체는 이상설과 이동휘를 중심으로 하여 독립 전쟁을 준비하였다.

○ 1915년 의병 계열과 애국 계몽 운동 계열의 비밀 결사들이 통합하여 결성된 (㉢)은/는 공화국 건설을 목표로 하였다. 그러나 군자금을 마련하던 중 경찰에게 조직이 드러나 해체되었다.

○ 경상도 일대에서는 윤상태, 서상일, 이시영 등이 중심이 되어 (㉣)을/를 조직하였다. 이 단체는 3·1 운동이 일어나자 이에 적극 가담하여 각 지방의 만세 운동을 주도하였다.

	㉠	㉡	㉢	㉣
①	대한 광복군 정부	중광단	조선 국권 회복단	대한 광복회
②	중광단	대한 광복군 정부	대한 광복회	조선 국권 회복단
③	조선 국권 회복단	중광단	대한 광복회	대한 광복군 정부
④	중광단	대한 광복회	대한 광복군 정부	조선 국권 회복단

53 1016

2014년 9급 국가직

다음은 박은식이 저술한『한국독립운동지혈사』의 일부분이다. 여기에서 언급된 사건과 관련된 설명으로 옳지 않은 것은?

만세 시위가 확산되자, 일제는 헌병 경찰은 물론이고 군인까지 긴급 출동시켜 시위 군중을 무차별 살상하였다. 정주, 사천, 맹산, 수안, 남원, 합천 등지에서는 일본 군경의 총격으로 수십 명의 사상자를 냈으며, 화성 제암리에서는 전 주민을 교회에 집합, 감금하고 불을 질러 학살하였다.

---

① 일제는 무단 통치를 이른바 '문화 통치'로 바꾸었다.

② 독립운동의 중요한 분기점이 된 대규모의 만세 운동이었다.

③ 세계 약소 민족의 독립운동에도 커다란 자극을 주었다.

④ 파리 강화 회의에 신규식을 대표로 파견하여 이 사건의 진상을 널리 알렸다.

54 1017

2019년 경찰간부직

3·1 운동과 관련된 설명 중 옳지 않은 것은?

① 미국에서는 필라델피아 한인 자유 대회가 개최되었다.

② 대한 독립 선언(무오 독립 선언), 대동 단결 선언, 2·8 독립 선언 순으로 발표되었다.

③ 당시 가장 많이 투옥된 계층은 지식인·청년·학생이 아닌 농민이었다.

④ 기미 독립 선언문의 본문은 최남선이 작성하고 공약 3장은 한용운이 작성하였다.

55 1018

2013년 9급 법원직

다음 역사적 사건의 영향에 대한 설명으로 옳지 않은 것은?

…… 오늘은 한국의 위대한 날이다. …… 오후 2시, 중학교를 비롯한 각급 학교들이 일본의 한국 지배에 항거하는 시위를 벌였고, 거리로 나가 양손을 위로 올리고 모자를 흔들며 '대한 독립 만세'를 외치며 행진을 하기 시작했다. 거리의 사람들 역시 이 대열에 합류했고, 도시 전역에 기쁨의 외침 소리들이 울려 퍼졌다. …… 최근 일본 정부는 소위 '역도들'을 제압할 수 있는 더 '근본적인 대책'을 마련했다고 한다. 우리는 손으로 단순히 '독립 만세'를 외치는 사람들에게 …… 보병대 2사단, 포병대 1사단, 기병대 2사단이 일본으로부터 파병되고 난 후 …… 마을들이 불타고 있다는 소문이 무성하다는 것이다.

– 「노블일지」

---

① 일제가 교활한 '문화 통치'를 표방하게 되었다.

② 이를 계기로 대한민국 임시 정부가 수립되었다.

③ 국내외에서 민족 유일당 운동이 촉발되는 계기가 되었다.

④ 해외의 무장 독립 투쟁이 더욱 치열하게 전개되었다.

52 1015

㉠ 중광단은 1911년에 북간도 지방에서 조직된 독립운동 단체로, 서일 등이 대종교를 기반으로 국외로 탈출하는 의병들을 규합해서 조직하였다.

㉡ 대한 광복군 정부는 1914년에 러시아 연해주 블라디보스토크에서 권업회를 이끈 이상설 등이 중심이 되어 조직한 망명 정부였으나 모체 조직인 권업회가 해산하자 해체되었다.

㉢ 대한 광복회는 한말 의병 계열과 계몽 운동 계열이 연합 결성한 단체로, 1913년에 경상북도 풍기에서 조직된 광복단과 1915년에 대구에서 조직된 조선 국권 회복단의 일부 인사들이 중심이 되어 창립되었다.

㉣ 조선 국권 회복단은 윤상태·이시영·서상일 등 계몽주의 인물들이 주축이 되어 경상북도 지방의 유림들을 포섭하여 경상북도 달성군에서 조직하였다.

정답 ②

53 1016

자료와 관련된 사건은 3·1 운동(1919)이다.

④ 3·1 운동이 일어나기 직전에 신한청년당은 파리 강화 회의에 대표를 파견하여 독립 청원서를 전달하고자 하였는데, 당시 신한청년당의 대표로 파견된 인물은 신규식이 아니라 김규식이다. 김규식은 제1차 세계 대전 후 파리 강화 회의에 파견되어 워싱턴 회의 등 각종 국제 회의에 한국인의 독립 의지를 전달하였으나 큰 성과를 거두지 못하였다.

오답 분석

① 3·1 운동의 영향으로 일제의 통치 방식이 무단 통치에서 문화 통치로 바뀌었다.

② 3·1 운동을 계기로 독립운동의 참여 계층과 기반이 확대되었고, 민족 운동이 보다 조직적이고 체계적인 독립운동으로 발전하였다. 또한 독립운동을 이끌어 갈 통일된 지도부의 필요성이 대두되어 상하이에 대한민국 임시 정부가 수립되었다.

③ 3·1 운동은 중국의 5·4 운동, 인도의 비폭력·불복종 운동, 베트남 독립운동, 필리핀의 마닐라 대학생 독립운동, 이집트 카이로 대학생 독립운동 등 세계의 민족 운동의 선구로 많은 영향을 끼쳤다.

정답 ④

54 1017

② 대동 단결 선언은 1917년, 대한 독립 선언(무오 독립 선언)은 1919년 2월 1일, 2·8 독립 선언은 1919년에 발표되었다.

한편, 대한 독립 선언은 무오년인 1918년 기초된 것으로 알려져 있으나 1919년 2월 1일(음력 1919년 1월 1일)에 발표되었다는 것이 학계의 정설이다. 조소앙이 기초한 것으로 알려진 이 선언에는 김교헌·김동삼·조용은·신규식·정재관·여준·이범윤·박은식·박찬익·이시영·이상룡·윤세복·문창범·이동녕·신채호·허혁·이세영·유동열·이광·안정근·김좌진·김학만·이대위·손일민·최병학·박용만·임방·김규식·이승만·조욱·김약연·이종탁·이동휘·한흥·이탁·황상규·이봉우·박성택·안창호 등이 서명하였다. 지산 정원택이 남긴 『지산외유일지』에는 "3월 11일에 선언서를 인쇄하였다."라는 기록이 있어 발표 시기에 대한 논란이 일어나고 있다. 그러나 현재까지는 대한 독립 선언 → 2·8 독립 선언 → 기미 독립 선언(3·1 운동) 순으로 보는 것이 정설인 만큼 주의할 필요가 있다.

오답 분석

① 1919년 4월 14일, 서재필의 주도로 열린 한인 자유 대회는 필라델피아 리틀 극장에서 막을 올렸다. 사흘 동안 진행된 이 대회에는 독립운동을 이끌어 나가는 서재필 등의 지도자들을 비롯해 2백여 명의 한인 동포가 참가했다.

③ 3·1 운동은 일제의 무자비한 탄압으로 시위의 양상도 비폭력에서 몽둥이와 죽창 등으로 무장하여 면사무소와 헌병 주재소 등을 습격하는 폭력 투쟁으로 발전하였다. 이후 만세 운동이 농촌으로 확대되면서 이러한 현상은 크게 늘어났으며, 이에 따라 농민들이 전체 투옥자의 58%를 차지하게 되었다.

④ 기미 독립 선언문은 최남선에 의해 기초되었고, 공약 3장은 한용운에 의해 작성되었다.

정답 ②

55 1018

제시된 자료는 미국 여선교사 매티 윌콕스 노블이 국내에 거주하면서 기록한 『노블일지』 중 3·1 운동에 대한 설명이다.

③ 민족 유일당 운동과 3·1 운동은 관련성이 약하다. 1920년대에는 일제 문화 통치의 영향으로 자치론, 참정권 허용을 주장하는 타협적 민족주의(민족 개량주의자)가 등장하여 비타협적 민족주의와 대립하였다. 이후 1926년에 중국에서는 중국의 국·공 합작의 영향을 받아 안창호를 중심으로 한국 독립 유일당 북경 촉성회가 창립되었고, 만주에서는 참의부, 정의부, 신민부의 3부 통합 운동의 결과로 국민부(1929)와 혁신 의회(1928)가 성립되었다. 국내에서는 6·10 만세 운동(1926) 이후 본격적인 민족 유일당 운동이 이루어져 신간회와 근우회가 창립되었다.

오답 분석

① 3·1 운동 이후 무단 통치의 한계를 인식한 일제는 민족 분열 정책인 '문화 통치'를 표방하였다.

② 3·1 운동을 계기로 독립운동을 이끌어 갈 통일된 지도부의 필요성이 대두되어 각 지역의 임시 정부가 상하이의 통합 임시 정부로 결집되었다.

④ 3·1 운동 이후 만주와 연해주를 중심으로 봉오동 전투, 청산리 대첩 등 무장 독립 투쟁이 활발히 전개되었다.

정답 ③

56 1019

2019년 경찰간부직

다음 인물들에 대한 설명 중 옳지 않은 것은?

① 1919년 4월 수립된 대한민국 임시 정부의 초대 대통령은 이승만, 초대 경무국장은 김구이다.

② 안중근은 만주 하얼빈 역에서 이토 히로부미를 저격하였고 이후 뤼순 감옥에서 『동양평화론』을 완성하였다.

③ 윤희순은 의병들의 군자금을 모으고 다양한 의병가도 지었다.

④ 안창호는 1913년에 미국 샌프란시스코에서 흥사단을 조직하였다.

57 1020

2019년 9급 국가직

밑줄 친 ⊙ 이후에 일어난 사실로 옳지 않은 것은?

> 상쾌한 아침의 나라라는 뜻을 지닌 조선은 일본의 총칼 아래 민족 정신을 무참하게 유린당했다. …(중략)… 조선 민족은 독립 항쟁을 줄기차게 계속하였다. 그 중에서도 중요한 것은 ⊙1919년의 독립 만세 운동이었다. — 네루, 『세계사 편력』

① '암태도 소작 쟁의'가 일어났다.

② '정우회 선언'이 발표되었다.

③ 임병찬이 독립 의군부를 조직하였다.

④ 조선 민립 대학 기성회가 창립되었다.

58 1021

2011년 9급 법원직

다음 선언이 발표된 배경으로 옳은 것은?

> '신인 일치(神人一致)로 중외 협응(中外協應)하여 한성(漢城)에서 의(義)를 일으킨 이래 30여 일간에 평화적 독립을 3백여 주에 광복하고, …… 항구히 자주 독립의 복리로 아(我) 자손 여민에게 세전(世傳)하기 위해 임시 의정원의 결의로 임시 헌장을 선포하노라.'

① 거족적인 민족 운동이 일어난 후 조직적으로 독립운동을 추진할 필요가 있었다.

② 자치론이 확산될 것을 우려하여 민족 협동 전선 운동이 전개되었다.

③ 일제가 중·일 전쟁을 일으키자 각지의 무장 세력을 결집할 필요가 있었다.

④ 독립운동의 방략을 둘러싸고 창조파와 개조파가 갈등하였다.

59 1022

2017년 9급 서울시

대한민국 임시 정부에 대한 설명으로 옳지 않은 것은?

① 국내 항일 세력들과 연락하기 위해 연통제를 운영하였다.

② 국외 거주 동포에게 독립 공채를 발행하였다.

③ 만주 지역의 무장 투쟁 세력들도 참여하였다.

④ 임시 정부 수립 직후 임시 의정원을 구성하였다.

56 1019

② 안중근은 1909년 10월 26일 만주 하얼빈에서 이토 히로부미를 사살하였다. 이후 그는 일제에 의해 사형 선교를 받고, 뤼순 감옥 안에서 『동양평화론』을 집필하기 시작하였다. 일제는 원고 완성 기간을 약속하고도 사형을 집행하여 안중근은 이 원고를 탈고하지 못하였다. 이 때문에 『동양평화론』은 원래 집필을 구상했던 서 · 전감 · 현상 · 복선 · 문답 가운데 서문과 전감 일부만 쓰여진 채 미완성으로 남았다.

정답 ②

57 1020

밑줄 친 ㉠은 3 · 1 운동에 해당한다.

③ 임병찬은 고종의 밀명을 받아 1912년 전라도 지역에서 복벽주의(보황주의)를 내세운 독립 의군부를 조직하였다.

오답 분석

① 암태도 소작쟁의는 1923년에 전라남도 신안군에서 일어났다.

② 정우회 선언은 1926년 11월 민족 유일당 운동의 일환으로 발표되었다. 이후 정우회 선언을 계기로 1927년 신간회와 근우회가 창립되었다.

④ 조선 민립 대학 기성회가 창립된 시기는 1923년의 일이다.

정답 ③

58 1021

자료는 1919년 4월에 상하이 임시 정부가 발표한 대한민국 임시 헌장 선포문이다.

① 거족적 민족 운동인 3 · 1 운동을 계기로 독립운동을 이끌어갈 정부의 필요성이 제기되어 1919년 3월과 4월에 걸쳐 국내외에 모두 8개의 임시 정부가 수립되었다. 각지에 세워진 임시 정부는 상해, 연해주, 국내 등 세 지역으로 정비되었으며, 이후 국내 한성 정부의 법통을 계승하여 상해에 통합 임시 정부가 수립되었다.

오답 분석

② 자치론은 사이토 마코토의 조선 총독부와 이광수 등 타협주의자들이 주창하여 확대되었다. 1926년 6 · 10 만세 운동을 계기로 비타협적 민족주의자들은 사회주의자들과 연합하여 민족 협동 전선 운동을 전개하였다. 그 결과 1927년에 민족 유일당인 신간회와 근우회가 창립되었다.

③ 일제가 1937년 중 · 일 전쟁을 일으키자, 조선 민족 전선 연맹은 1938년에 조선 의용대를 창설하였으며, 대한민국 임시 정부는 1940년에 한국광복군을 창설하였다.

④ 1923년에 개최된 국민 대표 회의에서 임시 정부의 해체와 새로운 정부의 수립을 주장하는 창조파와 임시 정부의 개편을 주장하는 개조파가 대립하였다.

정답 ①

59 1022

④ 대한민국 임시 의정원은 대한민국 임시 정부 수립 이전인 1919년 4월 10일부터 11일까지 중국 상해의 프랑스 조계지에서 국내외 대표자 29인이 모여 열린 회의에서 임시 의정원이라는 명칭이 결정되고 정식으로 구성 · 개원되었다. 이 회의를 통해 의장에 이동녕, 부의장에 손정도가 선출되었으며 국호를 대한민국이라 정하였다. 그리고 이승만을 국무총리로 하는 국무원을 구성하였고 10개조의 '대한민국 임시 헌장'을 제정 · 발표함으로써 임시 정부를 탄생시키는 구실을 담당하였다.

정답 ④

60 1023

2011년 7급 지방직

⊙~ⓒ 안에 들어갈 내용을 바르게 나열한 것은?

3 · 1 운동 이후 정부를 수립하려는 움직임은 활발해졌다. 국내에서는 13도 대표로 조직된 국민 대회를 개최하고 (⊙) 수립을 선포하였다. 중국 상해에서도 각 지역의 독립 지사들이 모여서 임시 정부의 수립을 선포하였다. 연해주에서는 손병희를 대통령으로 하는 (ⓒ)을(를) 조직하여 임시 정부의 수립을 발표하였다. 임시 정부가 여러 곳에서 만들어지자 통합된 민족 운동의 추진이 어려웠다. 이에 각 정부의 지도자들은 서로의 통합을 모색하여 마침내 1919년 9월에 상해에 통합 정부를 두고 (ⓒ)을(를) 대통령으로 하는 민주 공화제 정부를 수립하였다.

	⊙	ⓒ	ⓒ
①	한성 정부	대한 국민 의회	이동휘
②	국민 회의	의정원	이동휘
③	한성 정부	대한 국민 의회	이승만
④	국민 회의	의정원	이승만

61 1024

2017년 7급 지방직

대한민국 임시 정부에 대한 설명으로 옳은 것만을 모두 고른 것은?

⊙ 1919년 파리 강화 회의에 대표를 파견하는 등 외교 활동을 전개하였다.
ⓒ 민주주의에 입각한 정치 형태를 갖추었으나, 국내와는 연결된 적이 없었다.
ⓒ 블라디보스토크와 상해, 한성(서울) 등 세 곳의 임시 정부가 협력하여 구성하였다.
ⓔ 기관지로 독립신문을 간행하여 주로 독립운동에 관한 사실을 보도하였다.

① ⊙, ⓒ
② ⊙, ⓒ, ⓔ
③ ⓒ, ⓒ, ⓔ
④ ⊙, ⓒ, ⓒ, ⓔ

62 1025

2022년 9급 국가직

(가)에 대한 설명으로 옳은 것은?

3 · 1 운동 직후에 만들어진 ⌐ (가) ⌐은/는 연통제라는 비밀 행정 조직을 만들었으며, 국내 인사와의 연락과 이동을 위해 교통국을 두었다. 또 외교 선전물을 간행하여 일제 침략의 부당성을 널리 알리고자 하였다. 그러나 이러한 활동은 뚜렷한 성과를 내지 못하였다. 그러한 가운데 ⌐ (가) ⌐의 활동 방향을 두고 외교 운동 노선과 무장 투쟁 노선 사이에서 갈등이 빚어지기도 하였다.

① 외교 운동을 위해 미국에 구미 위원부를 설치하였다.
② 비밀 결사 운동을 추진하고자 독립 의군부를 만들었다.
③ 이인영, 허위 등을 중심으로 서울 진공 작전을 추진하였다.
④ 영국인 베델을 발행인으로 한 대한매일신보를 창간하였다.

63 1026

2021년 9급 지방직

(가) 단체의 활동에 대한 설명으로 옳은 것은?

탑골 공원에 모인 수많은 학생과 시민이 독립 선언식을 거행하고 만세를 부르며 거리를 행진하였다. 이후 만세 시위는 전국으로 확산하였다. 이 운동을 계기로 독립운동가 사이에는 독립운동을 더욱 조직적으로 전개하자는 공감대가 형성되어 ⌐ (가) ⌐가/이 만들어졌다. ⌐ (가) ⌐는/은 구미 위원부를 설치하는 등 적극적으로 독립운동을 펼쳐 나갔다.

①「대동단결선언」을 발표하였다.
② 국내와의 연락을 위해 교통국을 두었다.
③ 독립군을 양성하기 위해 신흥 무관 학교를 설립하였다.
④「조선혁명선언」을 강령으로 삼아 의열 투쟁을 전개하였다.

60 1023

③ ㉠은 한성 정부, ㉡은 대한 국민 의회, ㉢은 이승만이다. 대한민국 임시 정부는 국내외의 여러 임시 정부를 통합하여 상하이에 통합 임시 정부를 수립하고 대통령으로 이승만을 선출하였다.

정답 ③

61 1024

㉠ 대한민국 임시 정부는 제1차 세계 대전 후 열린 파리 강화 회의에 김규식을 대표로 파견하였으며, 워싱턴 회의 등 각종 국제 회의에 한국인의 독립 의지를 전달하였으나 큰 성과를 거두지 못하였다.
㉢ 1919년 한성 정부의 정통성을 인정하고 상해와 연해주의 정부를 통합하는 형식으로 대한민국 임시 정부가 수립되었다.
㉣ 대한민국 임시 정부는 기관지로 독립신문을 발간하여 독립운동의 방략을 논하고, 국제 정세, 임시 정부 활동 등을 국내외 동포에게 알렸다.

오답 분석

㉡ 대한민국 임시 정부는 국내와의 연결을 위해 비밀 행정 조직으로서 연통제를 두어 국내외의 독립운동을 지휘·감독하였다. 또한 임시 정부는 통신 기관으로 각 군에 교통국, 각 면에 교통소를 설치하여 정보의 수집·분석·교환·연락의 업무를 담당하게 하였는데, 국내에는 부산의 백산 상회를 교통국의 거점으로 삼았다.

정답 ②

62 1025

(가)는 대한민국 임시 정부에 해당한다.

① 임시 정부는 외교 독립운동을 위해 이승만을 중심으로 미국의 수도 워싱턴에 구미 위원부를 설치하였다.

오답 분석

② 독립 의군부는 복벽주의에 입각하여 고종의 밀명을 받아 1912년 임병찬이 조직한 단체이며, 임시 정부 수립 이전에 와해되었다.
③ 서울 진공 작전은 이인영, 허위 등에 의해 추진되었으며, 13도 창의군을 중심으로 한말인 1908년에 시도되었다. 임시 정부와는 전혀 관련이 없다.
④ 대한매일신보는 양기탁이 영국인 베델과 함께 한글과 영문으로 발간한 항일 신문으로, 1910년 국권 강탈과 더불어 일본 통감부에 넘어가 매일신보로 이름이 바뀌고 총독부의 기관지가 되었다. 임시 정부와는 전혀 관련성이 없다.

정답 ①

63 1026

제시문의 (가) 단체는 1919년에 수립된 대한민국 임시 정부이다.

② 임시 정부는 국내와의 연락을 위해 교통국을 설치하고, 행정 조직으로 연통제를 설립하였다.

오답 분석

① 「대동단결선언」은 임시 정부 수립 이전인 1917년에 발표되었다.
③ 서간도 삼원보에 설립된 신흥 무관 학교(1919)는 신흥 강습소(1911)에서 발전한 교육 기관으로 신민회 계열의 인물인 이회영, 이시영 등이 설립하였다.
④ 1923년에 발표된 신채호의 「조선혁명선언」을 강령으로 삼아 활동한 의열 단체는 1919년에 조직된 의열단이다.

정답 ②

64 1027

2017년 9급 국가직

다음 발의로 개최된 ㉠에 대한 설명으로 옳은 것은?

> 베이징 방면의 인사는 분열을 통탄하며 통일을 촉진하는 단체를 출현시키고 상하이 일대의 인사는 이를 고려하여 개혁을 제창하고 있다. … (중략) … 근본적 대해결로써 통일적 재조를 꾀하여 독립운동의 신국면을 타개하려고 함에는 다만 민의뿐이므로 이에 _____㉠_____ 의 소집을 제창한다.

① 파리 강화 회의에 김규식을 파견하는 것이 논의되었다.
② 삼균주의를 바탕으로 한 건국 강령이 채택되었다.
③ 한국 국민당을 통한 정당 정치 실시가 결정되었다.
④ 창조파와 개조파 등의 주장이 대립되었다.

65 1028

2012년 9급 법원직

다음은 국민 대표 회의를 둘러싼 여러 정치 세력의 주장이다. (가)~(다)에 대한 설명으로 가장 옳은 것은?

정치 세력	주장
(가)	• 대한민국 임시 정부 개조 • 민족주의 실력 양성
(나)	• 새로운 대한민국 임시 정부 건설 • 무장 투쟁 강조
(다)	• 임시 정부 유지 • 국민 대표 회의 불참

① (가) – 국민 대표 회의의 개최를 처음 요구하였다.
② (나) – 이승만의 독립 청원서 제출을 비판하였다.
③ (다) – 연해주 지역에서 활동하던 인물들을 중심으로 구성되었다.
④ (가), (나) – 국무령 중심의 집단 지도 체제를 제기하였다.

66 1029

2021년 9급 국가직

밑줄 친 '회의'에서 있었던 사실은?

> 본 회의는 2천만 민중의 공정한 뜻에 바탕을 둔 국민적 대화합으로 최고의 권위를 가지고 국민의 완전한 통일을 공고하게 하며, 광복 대업의 근본 방침을 수립하여 우리 민족의 자유를 만회하며 독립을 완성하기를 기도하고 이에 선언하노라. …(중략)… 본 대표 등은 국민이 위탁한 사명을 받들어 국민적 대단결에 힘쓰며 독립운동이 나아갈 방향을 확립하여 통일적 기관 아래에서 대업을 완성하고자 하노라.

① 대한민국 건국 강령이 상정되었다.
② 박은식이 임시 대통령으로 선출되었다.
③ 민족 유일당 운동 차원에서 조선 혁명당이 참가하였다.
④ 임시 정부를 대체할 새로운 조직을 만들자는 주장이 나왔다.

67 1030

2018년 7급 지방직

다음 인물의 활동으로 옳은 것은?

1878	평남 강서군 출생
1898	독립 협회 활동
1899	점진 학교 설립
1907	신민회 조직
1923	국민 대표 회의 참여
1938	투옥 끝에 사망

① 흥사단을 조직하였다.
② 한인 애국단을 창단하였다.
③ 헤이그 특사로 파견되었다.
④ 대한매일신보에 『독사신론』을 연재하였다.

64 1027

사료는 1921년 2월에 발표된 「우리 동포에게 고함」의 일부 내용이다. 이 발의는 당시 임시 정부의 무능을 비판하고 분열을 종식시키고자 제안된 것으로, ㉠에 들어갈 내용은 국민 대표 회의(1923)이다.

④ 국내외의 독립운동 상황을 점검하고 새로운 활로를 모색하기 위해 신숙·신채호 등 무장 독립 세력들이 주축이 되어 국민 대표 회의가 소집되었으나, 임시 정부의 해체와 새로운 정부의 수립을 주장하는 '창조파'와 임시 정부 내부의 체제 개혁을 주장하는 '개조파'의 대립이 극심하였고, 결국 국민 대표 회의는 결렬되었다.

> 오답 분석

① 파리 강화 회의에 김규식을 파견한 단체는 신한청년당이다. 1919년 김규식이 파리에 도착했을 당시는 신한청년당을 통합한 상해 임시 정부가 결성된 후였다.
② 삼균주의는 1941년에 임시 정부의 대한민국 건국 강령에서 기본 이념 및 정책 노선으로 채택되어 공포되었다.
③ 한국 국민당은 1935년에 민족 혁명당(의열단, 대한 독립당, 신한 독립당, 조선 혁명당, 한국 독립당)에 합류하지 않은 김구 중심의 임시 정부 세력이 중심이 되어 조직된 단체이다.

정답 ④

65 1028

(가)는 안창호 등의 개조파, (나)는 신채호 등의 창조파, (다)는 국민 대표 회의에 불참한 김구, 이동녕 등의 대한민국 임시 정부 유지파이다. 1921년 교통국과 연통제 조직이 와해되고 대한민국 임시 정부의 침체와 외교 노선의 실패가 드러나자 국내외의 독립운동 상황을 점검하고 새로운 활로를 모색하기 위해 신숙·신채호 등 무장 독립 세력들이 주축이 되어 국민 대표 회의 소집을 요구하였다. 이에 1923년에 국민 대표 회의가 개최되어 130여 명이 4개월 이상 회의를 진행하였으나 창조파와 개조파 간의 대립으로 회의는 결렬되었다. 이후 많은 민족 운동가가 대한민국 임시 정부를 이탈하여 임시 정부는 침체에 빠지게 되었다.

② 신채호, 문창범 등의 창조파는 이승만이 미국 대통령 월슨에게 국제 연맹의 위임 통치를 청원하는 문서를 제출한 사실을 비판하며 임시 정부의 해산과 새로운 대한민국 임시 정부를 건설할 것을 요구하였다.

> 오답 분석

① (나) 신채호 등의 창조파에 대한 설명이다.
③ (다) 유지파는 김구, 이동녕 등 상하이 임시 정부 세력 중 일부 세력이 중심이 되어 구성되었다. 연해주 세력은 대부분 창조파에 속했다.
④ (다) 유지파는 1925년 이승만 탄핵 이후 박은식을 대통령으로 추대하고 헌법을 개정하여 국무령 중심의 내각 책임제를 실시하였다. 또한 1927년에 대한민국 임시 정부는 국무위원 중심의 집단 지도 체제로 전환되었다.

정답 ②

66 1029

밑줄 친 '회의'는 1923년 상하이에서 개최된 국민 대표 회의이다.

④ 국민 대표 회의는 임시 정부의 진로 문제와 독립운동의 방향성 확립을 놓고 몇 개월간 열띤 토론을 벌였으나 합의점을 찾지 못하고 결렬되었다. 이 회의에서 창조파는 새로운 임시 정부의 수립을 주장하여 '한(韓) 정부'라는 이름의 정부를 수립하겠다는 입장을 내놓기도 하였으나, 실행되지 못하였다.

> 오답 분석

① 임시 정부에서 대한민국 건국 강령이 발표된 시기는 1941년에 해당하며, 국민 대표 회의에서는 건국 강령이 상정되지 않았다.
② 박은식은 국민 대표 회의가 결렬된 이후인 1925년 이승만이 대통령에서 탄핵되자, 2대 대통령으로 선출되었다.
③ 1929년 만주에서 창건된 조선 혁명당은 민족 유일당 운동 차원에서 1932년 대일전선통일동맹에 참여하였으며, 이어 1935년 민족혁명당, 1937년 한국광복운동단체 연합회에 참여하였다.

정답 ④

67 1030

제시된 연보에서 설명하는 인물은 안창호이다.

① 안창호는 1913년에 미국 샌프란시스코에서 흥사단을 조직하였다.

> 오답 분석

② 한인 애국단은 1931년에 김구에 의해 창단되었다.
③ 을사늑약의 부당함을 알리기 위해 1907년에 헤이그 특사로 파견된 인물은 이준, 이상설, 이위종이다.
④ 신채호는 1908년 대한매일신보에 「독사신론」을 연재하였다.

정답 ①

68 1031   2019년 경찰간부직

대한민국 임시 정부와 관련된 사실을 시기 순으로 바르게 나열한 것은?

> 가. 김구가 비밀 결사인 한인 애국단을 결성하였다.
> 나. 한국광복군을 창설하였다.
> 다. 민족 운동가들이 모여 국민 대표 회의를 개최하였다.
> 라. 임시 의정원에서는 박은식을 대통령으로 추대하였다.

① 라 - 다 - 가 - 나   ② 라 - 가 - 다 - 나
③ 다 - 라 - 가 - 나   ④ 다 - 라 - 나 - 가

69 1032   2012년 9급 국가직

다음 주장에서 강조하고 있는 내용으로 가장 적절한 것은?

> 그러면 지금의 조선 민족에게는 왜 정치적 생활이 없는가?
> 일본이 조선을 병합한 이래로 조선에게는 모든 정치 활동을 금지한 것이 첫째 원인이다. …… 지금까지 해 온 정치적 운동은 모두 일본을 적대시하는 운동뿐이었다. 이런 종류의 정치 운동은 해외에서나 할 수 있는 일이고, 조선 내에서는 허용되는 범위 내에서 일대 정치적 결사를 조직해야 한다는 것이 우리의 주장이다.

① 무장 투쟁을 통해 독립을 이루어야 한다.
② 농민, 노동자를 단결시켜 일제를 타도해야 한다.
③ 일제의 식민 지배를 인정하고 그 밑에서 정치적 실력 양성을 해야 한다.
④ 국제적인 외교를 통해서 일제의 만행을 알리고 우리나라의 독립을 알려야 한다.

70 1033   2019년 7급 지방직

(가) 시기에 있었던 사실로 옳은 것은?

	(가)	
도쿄에서 2 · 8 독립선언 발표		국내에서 6 · 10 만세 운동 발발

① 박상진이 대한 광복회를 조직하였다.
② 일제가 국가 총동원법을 적용하였다.
③ 임병찬이 독립 의군부를 만들었다.
④ 상하이에서 대한민국 임시 정부가 수립되었다.

71 1034   2012년 7급 국가직

다음과 같은 주장을 한 단체가 결성된 해에 전개된 사건은?

> 민족주의 세력에 대하여는 그 부르주아 민주주의적 성질을 분명히 인식함과 동시에 과정상의 동맹자적 성질도 충분하게 승인하여, 그것이 타락되지 않는 한 적극적으로 제휴하여 대중의 개량적 이익을 위해서도 종래의 소극적인 태도를 버리고 싸워야 할 것이다.

① 근우회 발족
② 6 · 10 만세 운동
③ 광주 학생 항일 운동
④ 훙커우 공원 폭탄 투척

68 1031

다. 국민 대표 회의는 1923년 1월에 상하이에서 개최되었다.
라. 박은식은 1925년 대한민국 임시 정부의 제2대 임시 대통령으로 추대되었다.
가. 한인 애국단은 1931년에 결성되었다.
나. 한국광복군은 1940년에 창설되었다.

정답 ③

69 1032

제시문은 이광수의 「민족적 경륜」(1924)의 내용이다.

③ 이광수는 일제와 타협하고 민족성을 개량하여 열등한 민족의 특성을 바꾸는 동시에 자치권·참정권을 획득해야 한다는 민족 개량주의를 주장하였다.

정답 ③

70 1033

2·8 독립 선언은 1919년 3·1 운동 직전에 도쿄에서 발표되었고 6·10 만세 운동은 1926년에 일어났다. 따라서 (가) 시기는 1919년에서 1926년까지이다.

④ 상하이 임시 정부는 1919년 4월 11일에 수립되었다.

오답 분석

① 대한 광복회는 (가) 시기 이전인 1915년에 결성되었다.
② 국가 총동원법은 조선 총독부에 의해 (가) 시기 이후인 1938년에 제정되었다.
③ 독립 의군부는 임병찬이 고종의 밀명에 따라 (가) 시기 이전인 1912년에 조직하였다.

정답 ④

71 1034

제시문은 1926년 11월 발표된 정우회 선언의 내용이다.

② 1926년에 6·10 만세 운동이 일어나 사회주의와 민족주의의 연대가 성공을 거두자 이에 영향을 받아 정우회 선언이 발표되었다. 정우회 선언은 사회주의 단체인 정우회가 사회주의 운동의 새로운 방향을 밝힌 것으로, 비타협적 민족주의 계열과의 협동 전선을 제창하여 신간회 결성의 기폭제가 되었다.

오답 분석

① 근우회는 신간회와 같은 해인 1927년에 결성되었다.
③ 광주 학생 항일 운동은 1929년에 일어났다.
④ 윤봉길 의사의 홍커우 공원 의거는 1932년에 일어났다.

정답 ②

72 1035

신간회에 대한 설명으로 옳지 않은 것은?

① 광주 학생 항일 운동을 지원하고자 조사단을 파견하였다.
② 일부 사회주의 계열과 제휴하여 조선 민흥회를 창립하였다.
③ 비타협적 민족주의 세력과 사회주의 세력이 힘을 합쳐 만들었다.
④ 정치·경제적 각성 촉구, 단결, 기회주의 배격을 기본 강령으로 내세웠다.

73 1036

다음 선언으로 결성된 단체에 대한 설명으로 옳은 것은?

> 민족주의적 세력에 대하여는 그 부르주아 민주주의적 성질을 분명히 인식함과 동시에 과정상의 동맹자적 성질도 충분히 승인하여, 그것이 타락하지 않는 한 적극적으로 제휴하여 대중의 이익을 위해서도 종래의 소극적인 태도를 버리고 싸워야 할 것이다.

① 조선인 본위의 교육 제도 실시를 주장하였고, 원산 노동자 총파업을 지원하였다.
② 민중의 직접 폭력 혁명으로 강도 일본을 무너뜨리는 목표를 설정하였다.
③ 언론을 통한 국민 계몽과 문맹 퇴치 운동, 민립 대학 설립 운동 등을 추진하였다.
④ 민족 자본의 육성을 위해 자급자족, 토산품 애용 등을 주장하며 물산 장려 운동을 벌였다.

74 1037

다음 강령을 채택한 단체의 활동으로 옳지 않은 것은?

> • 우리는 조선 민족의 정치적 경제적 해방의 실현을 도모한다.
> • 우리는 전 민족의 총역량을 집중하여 민족적 대표 기관이 되기를 기한다.
> • 우리는 일체의 개량주의 운동을 배척하여 전 민족의 현실적인 공동 이익을 위하여 투쟁한다.

① 동양 척식 주식회사를 폐지하자고 하였다.
② 의무 교육제와 고등 교육 기관 설립을 주장하였다.
③ 노동 운동과 연계하여 최저 임금제를 요구하였다.
④ 여성의 법률상 및 사회적 차별을 없애자고 하였다.

75 1038

다음 강령을 채택한 단체에 대한 설명으로 옳은 것은?

> ○ 우리는 정치적 경제적 각성을 촉구함
> ○ 우리는 단결을 공고히 함
> ○ 우리는 기회주의를 일체 부인함

① 조선 물산 장려회를 조직하였다.
② 한글 맞춤법 통일안을 제정하였다.
③ 암태도 소작 쟁의를 주도적으로 이끌었다.
④ 광주 학생 항일 운동의 진상 조사 활동을 펼쳤다.

72 1035

② 조선 민흥회는 신간회 결성(1927) 이전인 1926년 7월에 창립되었다. 조선 민흥회는 개량주의(타협적 민족주의)에 맞서서 비타협 민족주의 계열과 사회주의 계열이 연합하여 조직한 유일당 단체로, 일부 사회주의자들과 물산 장려회를 주도하였던 민족주의자들이 통합하여 결성하였다. 이러한 조선 민흥회의 발기는 신간회 결성을 촉진시키는 계기가 되었다.

정답 ②

73 1036

자료는 1926년 11월 조선일보에 발표된 정우회 선언이다. 이 선언을 바탕으로 1927년에 민족 유일당인 신간회가 발족되었다.

① 신간회는 1929년에 광주 학생 항일 운동을 후원하면서 조선인 본위의 교육 제도 실시를 주장하였으며, 같은 해 원산의 석유 회사 라이징 선에서 일어난 원산 노동자 총파업을 지원하였다.

오답 분석

② 의열단에 대한 설명이다.
③ 1922년 조선 교육 협회로 개칭된 조선 교육회는 교육에 대한 계몽 활동과 민립 대학 설립 운동을 전개하였다.
④ 조선 물산 장려회에 대한 설명이다.

정답 ①

74 1037

자료의 강령을 채택한 단체는 신간회(1927)이다.

② 1923년에 설립된 조선 민립 대학 기성회는 민족 역량 강화를 위해 한국인 본위의 고등 교육 기관을 설립하여 인재를 양성하는 것이 중요하다고 역설하였으며, 민립 대학 설립 운동을 주도하였다.

정답 ②

75 1038

자료의 강령을 채택한 단체는 신간회(1927)이다. 신간회는 1927년 2월 15일에 비타협 민족주의 계열과 사회주의 계열이 통합하여 창립하였다.

④ 신간회는 광주 학생 항일 운동을 지원하기 위하여 진상 조사단을 파견하고, 민중 대회를 계획하였지만 일제에 발각되어 실패하였다.

오답 분석

① 1923년에 서울에서 종교계, 교육계 지식인, 상인, 기업가 등이 주도한 조선 물산 장려회가 조직되었다.
② 조선어 학회(1931~1942)는 조선어 사전 편찬회를 결성하고, 한글 맞춤법 통일안(1933)과 조선어 표준말(어) 제정 및 외래어 표기법 통일안을 만들었다.
③ 암태도 소작 쟁의는 1923년 8월부터 1924년 8월까지 암태도의 소작 농민들이 지주 문재철과 그를 비호하는 일제에 대항하여 일으킨 농민 운동이다.

정답 ④

76 1039

밑줄 친 '이 단체'에 대한 설명으로 옳은 것은?

> 1920년대 국내에서는 일본과 타협해 실익을 찾자는 자치 운동이 대두하였다. 비타협적인 민족주의자들은 이를 경계하면서 사회주의 세력과 연대하고자 하였다. 사회주의 세력도 정우회 선언을 발표해 비타협적 민족주의 세력과 제휴를 주장하였다. 그 결과 비타협적 민족주의 세력과 사회주의 세력은 1927년 2월에 이 단체를 창립하고 이상재를 회장으로 추대하였다.

① 조선 물산 장려회를 조직해 물산 장려 운동을 펼쳤다.
② 고등 교육 기관을 설립하기 위해 민립 대학 설립 운동을 시작하였다.
③ 문맹 퇴치와 미신 타파를 목적으로 브나로드 운동을 전개하였다.
④ 광주 학생 항일 운동의 진상을 조사하고 이를 알리는 대회를 개최하고자 하였다.

77 1040

〈보기〉의 단체가 존속한 기간에 발생한 사건이 아닌 것은?

> **보기**
> • 사회주의 계열과 비타협적 민족주의 계열의 합작으로 구성되었다.
> • 설립 당시 회장은 이상재, 부회장은 홍명희가 맡았다.
> • 전국에 140여 개소의 지회를 두고, 약 4만 명의 회원을 확보하였다.

① 광주 학생 독립 운동
② 원산 총파업
③ 단천 산림 조합 시행령 반대 운동
④ 암태도 소작 쟁의

78 1041

(가) 단체로 옳은 것은?

> ___(가)___ 발기 취지(發起趣旨)
> 인간 사회는 많은 불합리를 산출한 동시에 그 해결을 우리에게 요구하고 있다. 여성 문제는 그중의 하나이다. …… 과거의 조선 여성 운동은 분산되어 있었다. 그것에는 통일된 조직이 없었고 통일된 지도 정신도 없었고 통일된 항쟁이 없었다. …… 우리는 우선 조선 자매 전체의 역량을 공고히 단결하여 운동을 전반적으로 전개하지 아니하면 아니 된다.
> – 『동아일보』, 1927. 5. 11.

① 근우회
② 신간회
③ 신민회
④ 정우회

79 1042

밑줄 친 '이 운동'에 대한 설명으로 옳은 것은?

> 1929년에 통학 열차를 이용하던 한 일본인 학생이 한국인 여학생을 희롱한 사건이 일어났다. 이에 분노한 한국인 학생은 일본인 학생에 맞서 싸웠다. 이때 일제 경찰은 일본인 학생만 두둔하고 나섰다. 광주의 학생들은 이에 대응해 시위를 벌였다. 일제의 차별 정책에 맞서 일어난 이 운동은 전국으로 퍼졌고 곳곳에서 동맹 휴학 투쟁이 연이어 벌어졌다.

① 진주에서 조선 형평사가 창설되는 결과로 이어졌다.
② 조선 민립 대학 설립 운동이 시작되는 배경이 되었다.
③ 신간회가 그 진상을 규명하고자 조사단을 현지에 파견하였다.
④ 비타협적 민족주의자들이 조선 민흥회를 만들게 된 계기가 되었다.

76 1039

밑줄 친 '이 단체'는 신간회이다.

④ 신간회는 민족 유일당 운동의 성과로 1927년에 발족하였으며, 광주 학생 항일 운동의 진상을 조사하고 이를 알리는 대회를 개최하고자 하였다. 또한 원산 노동자 대파업, 단천 산림 조합 설립 반대 운동 등을 지원하였다.

오답 분석

① 신간회는 물산 장려 운동과는 관련이 없다.
② 민립 대학 설립 운동을 추진한 단체는 조선 교육회이다.
③ 브나로드 운동은 동아일보를 중심으로 1931년부터 1934년까지 추진되었다.

정답 ④

77 1040

〈보기〉의 단체는 신간회이다. 신간회는 1927년에 창설되어 1931년에 해소되었다.

④ 암태도 소작 쟁의는 1923년부터 1년간 지주인 문재철과 그를 비호하는 일제에 대항하여 암태도 소작인들이 일으킨 농민 운동으로, 7~8할에 이르던 소작료를 소작 농민들이 4할로 인하할 것을 요구하면서 일어났다. 이 사건은 전국적인 농민 항쟁으로 확대될 것을 우려한 일제가 쟁의를 중재하면서 소작인의 승리로 마무리되었다.

오답 분석

①, ② 광주 학생 독립 운동과 원산 노동자 총파업은 1929년에 일어났다.
③ 단천 산림 조합 시행령 반대 운동은 1930년에 일어났다.

정답 ④

78 1041

(가)는 근우회이다.

① 비타협 민족주의와 사회주의의 결합으로 탄생한 여성계 유일당 조직인 근우회는 신간회와 더불어 합법적 단체로 1927년에 결성되었으며, 1931년 해소되었다.

오답 분석

② 신간회는 1927년 결성된 유일당 조직으로, 근우회는 이 조직의 자매 단체였다.
③ 신민회는 1907년 국내에서 조직된 비밀 결사 단체로, 최초의 공화정체를 주장한 단체였다.
④ 정우회는 1926년 조선 공산당의 표면 단체로 조직되었으며, 화요회·북풍회·조선 노동당·무산자 동맹회가 연합한 단체였다. 1926년 정우회 선언이 발표되어, 1927년 신간회와 근우회가 발족되었다.

정답 ①

79 1042

밑줄 친 '이 운동'은 1929년에 발생한 광주 학생 항일 운동이다.

③ 학생들의 시위 소식이 전해지자 신간회에서는 김병로·허헌 등으로 구성된 진상 조사단을 파견했고, 청년 조직인 조선 청년 동맹과 학생 전위 동맹도 조사단을 파견했다. 또한 광주 지역의 학생 비밀 결사인 성진회를 모태로 하여 결성된 독서회 중앙 본부의 장재성 등은 광주의 사회 단체들과 함께 학생 투쟁 지도 본부를 설치하여 학생들의 시위를 전면적인 항일 운동으로 발전시킬 것을 계획하였다. 이러한 지원하에 학생들의 시위 운동은 목포와 나주 등 인접 지역으로 퍼져갔고, 12월과 이듬해 1월에는 서울을 비롯한 전국으로 확산되었다.

오답 분석

① 조선 형평사는 1923년에 진주에서 이학찬, 장지필 등 백정 출신과 강상호, 천석구 등 양반 출신들이 조직하였으며, 광주 학생 항일 운동 이전에 결성되었다.
② 민립 대학 설립 운동은 조선 교육회를 중심으로 1920년대 초반에 추진되었다.
④ 조선 민흥회는 1926년에 일어난 6·10 만세 운동을 계기로 1926년 7월에 결성되었다.

정답 ③

80 1043

2013년 9급 지방직

일제 강점 시기 (가)와 (나)의 주장을 한 단체에 대한 설명으로 옳은 것은?

> (가) 우리가 우리의 손에 산업의 권리 생활의 제일 조건을 장악하지 아니하면 우리는 도저히 우리의 생명·인격·사회의 발전을 기대하지 못할지니 …… 우리 조선 사람의 물산을 장려하기 위하여 조선 사람은 조선 사람이 지은 것을 사서 쓰자.
>
> (나) 유감스러운 것은 우리에게 아직도 대학이 없는 일이라. 물론 관립 대학도 조만간 개교될 터지만 …… 우리 학문의 장래는 결코 일개 대학으로 만족할 수 없다. 그처럼 중대한 사업을 우리 민중이 직접 영위하는 것은 오히려 우리의 의무이다.

① (가) – 사회주의 성향의 운동 세력이 주도하였다.
② (가) – 조선과 일본 간의 관세 철폐 정책에 대항하였다.
③ (나) – 민족 연합 전선 단체인 신간회의 후원을 받았다.
④ (나) – 조선 학생 과학 연구회와 연계한 6·10 만세 운동을 전개하고 격문을 작성하였다.

81 1044

2018년 9급 지방직

밑줄 친 '운동'에 대한 설명으로 옳은 것은?

> 조선 사람은 조선 사람이 만든 물건만 쓰고 살자고 하는 운동이 일어나고 있다. 그렇게 하면 조선인 자본가의 공업이 일어난다고 한다. … (중략) … 이 운동이 잘 되면 조선인 공업이 발전해야 하지만 아직 그렇지 않다. … (중략) … 이 운동을 위해 곧 발행된다는 잡지에 회사를 만들라고 호소하지만 말고 기업을 하는 방법 같은 것을 소개해야 한다.
>
> – 「개벽」

① 조선 노농 총동맹의 적극적 참여로 대중적인 기반이 확충되었다.
② 조만식 등에 의해 평양에서 시작되어 전국으로 확산되었다.
③ 원산 총파업을 계기로 조직적으로 전개될 수 있었다.
④ 조선 총독부가 회사령을 폐지하는 계기가 되었다.

82 1045

2022년 9급 지방직

다음과 관련된 운동에 대한 설명으로 옳은 것은?

① 가뭄과 홍수로 인해 중단되었다.
② 조선 총독부의 회사령에 맞서기 위해 전개되었다.
③ 일부 사회주의자는 자본가 계급을 위한 운동이라고 비판하였다.
④ 조선에 사는 일본인이 일본 자본에 대항하기 위해 일으켰다.

83 1046

2013년 9급 법원직

다음 글에서 비판하고 있는 이 운동에 대한 설명으로 옳은 것을 〈보기〉에서 고른 것은?

> 이 운동의 사상적 도화수가 된 것은 누구인가 저들의 사회적 지위로 보나 계급적 의식으로 보나 결국 중산 계급임을 벗어나지 못했으며, 적어도 중산 계급의 이익에 충실한 대변인인 지식 계급 아닌가. …… 실상을 말하면 노동자에게는 …… 말할 필요가 없는 것이다. …… 그네는 자본가 중산 계급이 양복이나 비단 옷을 입는 대신 무명과 베옷을 입었고, 저들 자본가가 위스키나 브랜디나 정종을 마시는 대신 소주나 막걸리를 마시지 않았는가? …… 이리하여 저들은 민족적, 애국적 하는 감상적 미사(美辭)로써 눈물을 흘리면서 저들과 이해가 전연 상반한 노동 계급의 후원을 갈구하는 것이다.
>
> – 이성태, 동아일보

보기

ㄱ. 평양에서 시작하여 전국으로 확산되었다.
ㄴ. 사회주의 운동이 크게 확산되는 계기가 되었다.
ㄷ. 황성신문, 대한매일신보 등의 적극적인 지원을 받았다.
ㄹ. 일본 상품에 대한 관세 철폐 움직임에 대응하여 시작되었다.

① ㄱ, ㄴ   ② ㄱ, ㄷ   ③ ㄱ, ㄹ   ④ ㄴ, ㄷ

80 1043

(가)는 물산 장려 운동(조선 물산 장려회), (나)는 민립 대학 설립 운동(조선 민립 대학 설립 기성회, 1923)에 대한 내용으로, 1920년대 초반에 시행된 민족 실력 양성 운동이다.

② 물산 장려 운동은 1922년에 1924년부터 한 · 일 간(면직업과 주류를 제외한 제품의 수입) 관세가 철폐될 것이라는 소식이 전해지면서 이에 대항하기 위해 일어난 운동이다.

오답 분석

① 사회주의자들은 물산 장려 운동이 자본가 계급의 이익만 추구한다고 비판하였다.

③, ④ 민립 대학 설립 운동은 1920년대 초반에 전개된 운동으로, 1926년에 일어난 6 · 10 만세 운동이나 1927년에 결성된 신간회보다 앞서 추진되었던 운동이다.

정답 ②

81 1044

밑줄 친 '운동'은 물산 장려 운동이다.

② 물산 장려 운동(1920)은 조만식이 중심이 되어 평양 물산 장려회가 결성되면서 추진되기 시작하였다.

오답 분석

① 1924년에 발족된 조선 노농 총동맹은 농민 운동과 노동 운동을 활발히 전개하기 위하여 만들어진 단체로, 물산 장려 운동과는 관련이 없다.

③ 1924년부터 한 · 일 간 관세가 철폐될 것이라는 소식이 전해지자 1923년에 조선 물산 장려회가 본격적으로 발족하여 전국적으로 운동이 확대되었다. 원산 노동자 총파업은 1929년에 발발하였으며 물산 장려 운동과는 관련이 없다.

④ 회사령의 폐지는 1920년에 이루어졌다. 조선 총독부는 회사령을 폐지하고 허가제를 신고제로 바꾸어 조선 내 일본 기업의 설립을 용이하게 하였다. 이것은 조선의 민족 자본을 위한 것이 아니라, 어디까지나 일본 자본의 조선 침투를 확대하기 위함이었다. 한국은 일본 자본주의의 상품 시장뿐만 아니라 자본 투자 시장으로 변모하였다.

정답 ②

82 1045

제시된 그림은 물산 장려 운동과 관련된 표어이다.

③ 물산 장려 운동은 1920년 평양에서 시작하여 전국으로 확대된 운동으로 1920년대 이후 약화되었지만 1937년경까지 추진되었다. 일부 사회주의자들은 물산 장려 운동이 자본가 계급만을 위한 운동이라고 비판하였는데, 동아일보에 기고한 이성태의 비판이 대표적이다.

오답 분석

① 가뭄과 홍수로 인해 타격을 입은 실력 양성 운동은 민립 대학 설립 운동이다.

② 회사령은 1910년 시행되어 1920년 폐지되었기 때문에 물산 장려 운동의 전개와는 직접적인 관련성이 없다.

④ 물산 장려 운동은 조선인이 일본 자본에 대항하기 위해 일으킨 운동이었다.

정답 ③

83 1046

자료는 1920년대 초 물산 장려 운동에 대한 비판이다. 당시 우리 민족의 산업 기반이 취약하여 늘어난 수요를 뒷받침할 만한 생산력을 갖추지 못하였고, 새로운 회사나 공장의 설립도 제대로 이루어지지 못하였다. 또한 토산품 애용 운동은 상인이나 자본가 계급에 이용당하여 상품의 가격만 올려놓았다는 비판에 직면하였다. 사회주의자들은 이 운동을 자본가 계급의 이익만을 추구한다고 비판하였으며, 1923년 3월 20일 동아일보 이성태의 기고가 대표적인 것이었다.

ㄱ. 물산 장려 운동은 조만식 등을 중심으로 1920년에 평양에서 조선 물산 장려회 발기인 대회를 개최하면서 시작되었다.

ㄹ. 물산 장려 운동은 1920년에 회사령 철폐로 인한 일본 자본의 한국 진출과 이후 한 · 일 간 면직업과 주류를 제외한 제품의 수입 관세가 철폐될 것이라는 소식이 전해지면서 이에 대응하기 위해 시작되었다.

오답 분석

ㄴ. 사회주의 운동의 확산 계기는 조선 공산당의 창건 및 농민 · 노동 운동의 확대와 관련이 있다.

ㄷ. 황성신문, 대한매일신보 등의 적극적인 지원을 받은 것은 1907년에 전개된 국채 보상 운동이다.

정답 ③

84 1047

다음의 발기문이 발표된 시기와 가장 가까운 시기에 전개된 독립운동에 대한 설명으로 옳은 것은?

> 입어라, 조선 사람이 짠 것을
> 먹어라, 조선 사람이 만든 것을
> 써라, 조선 사람이 지은 것을
> 조선 사람, 조선 것.

① 안중근이 하얼빈 역에서 이토 히로부미를 사살하였다.
② 기회주의를 배격하고 민족 단일당을 지향한 신간회가 결성되었다.
③ 대한민국 임시 정부는 충칭에서 한국광복군을 창설하였다.
④ 윤봉길이 훙커우 공원에서 폭탄을 투척하였다.

85 1048

〈보기〉의 기사와 관련된 운동에 대한 설명으로 가장 옳은 것은?

> **보기**
> 우리의 빈약한 원인이 무엇인가를 말하고자 하노라. ……
> 나는 큰 원인이 있음을 간파하였으니, 즉 자작자급(自作自給)치 아니함이라 하노라. 환언하면 조선 물산을 장려치 아니함이니 고로 오인(吾人)이 이에 대서특서(大書特書)하고 절규 고창하는 바는 자작자급하자 함이니 즉 조선 물산을 장려함이 또 환언하면 보호 무역을 의미함이니 이것이 조선인의 가장 큰 문제라 하노라.

① 500여 명의 인사가 민립 대학 설립 기성회를 만들고 모금 운동에 나섰다.
② "조선인이 만든 것을 입고, 먹고, 쓰자"라는 구호를 내세웠고 민족 자본을 육성하려 하였다.
③ 대구에서 서상돈 등이 국민 성금으로 국채를 갚자는 운동을 일으켰다.
④ 조선어 학회가 참여하였으며, 전국 규모의 문맹 퇴치 운동을 전개하였다.

86 1049

(가)에 대한 설명으로 옳은 것은?

> 문화 통치의 일환으로 한글 신문의 발행이 허용되었다. 이에 따라 ____(가)____ 이/가 창간되었다. ____(가)____ 은/는 자치운동을 모색하던 이광수의 「민족적 경륜」을 실어 비판받기도 하였으나, '일장기 말소 사건'으로 일제로부터 정간 처분을 받기도 하였다.

① 한글 보급 운동에 앞장서 『한글원본』을 만들었다.
② 브나로드 운동이라는 농촌 계몽 운동을 전개하였다.
③ 『개벽』, 『신여성』, 『어린이』 등의 잡지를 발행하였다.
④ 신간회가 결성되자 신간회 본부와 같은 역할을 하게 되었다.

87 1050

일제 강점기 농민 운동에 대한 서술로 옳은 것을 모두 고른 것은?

> ㉠ 초기 소작 쟁의의 요구 사항은 주로 소작권 이동 반대, 소작료 인하 등이었다.
> ㉡ 일본인 농장·지주 회사를 상대로 한 소작 쟁의는 규모도 크고 격렬해지는 경우가 많았다.
> ㉢ 1920년대 농민들은 자위책으로 소작인 조합 등의 농민 단체를 결성하였다.
> ㉣ 소작인 조합은 1940년대 이후 자작농까지 포괄하는 농민 조합으로 바뀌어 갔다.

① ㉠
② ㉠, ㉡
③ ㉠, ㉡, ㉢
④ ㉠, ㉡, ㉢, ㉣

84 1047

제시문은 1920년대 초에 추진된 물산 장려 운동과 관련된 내용이다.

② 신간회는 1927년에 민족 유일당 운동의 결과로 결성되었다.

오답 분석

① 안중근이 이토 히로부미를 사살한 것은 1909년의 일이다.
③ 한국광복군이 창설된 것은 1940년의 일이다.
④ 윤봉길의 훙커우 공원 의거는 1932년의 일이다.

정답 ②

85 1048

〈보기〉는 물산 장려 운동과 관련된 기사이다.

② 물산 장려 운동은 "조선인이 만든 것을 입고, 먹고, 쓰자"라는 구호를 내세우며 자급자족, 국산품 애용, 금주 · 단연 등을 통해 민족 자본을 육성하고자 하였다.

오답 분석

① 1920년대 초 전개된 민립 대학 설립 운동이다.
③ 1907년에 일어난 국채 보상 운동이다.
④ 문맹 퇴치 운동에 대한 설명이다. 조선일보와 동아일보는 문자 보급 운동, 브나로드 운동 등의 농촌 계몽 운동을 주도하였고, 조선어 학회는 한글 교재를 보급하고 전국적으로 한글 강습회를 개최하였다.

정답 ②

86 1049

(가)는 1920년 간행되기 시작하여 1940년에 폐간된 동아일보이다. 동아일보는 1924년 타협주의의 입장을 내세운 이광수의 「민족적 경륜」을 게재하여 독립운동 세력으로부터 많은 비난을 받았다.

② 동아일보는 1931년부터 1934년까지 농촌 계몽 운동인 브나로드 운동을 전개하였다.

오답 분석

① 『한글원본』은 작은 소책자(16면)로, 문자 보급 운동을 펼쳤던 조선일보에서 1930년 11월에 제작하였다. 이 책은 한글의 자음 · 모음 · 반절 · 받침 등을 정리하고, 활용법과 적절한 예문을 제시하였다.
③ 『개벽』, 『신여성』, 『어린이』 등의 잡지를 발행한 출판사는 천도교가 세운 개벽사이다. 개벽사는 이 책들 외에도 『별건곤』, 『새벗』, 『신소년』, 『별나라』, 『학생』 등의 잡지를 발행하며 1920년대 잡지계를 이끌었다.
④ 1927년에 민족주의 계열과 사회주의 계열을 총망라한 항일 민족 단일 전선인 신간회가 결성되었다. 이때부터 한동안 조선일보는 신간회의 본부와 같은 역할을 맡았다. 동아일보는 당시 타협주의의 입장을 지지하였기 때문에 신간회에 주도적으로 참여하지 않았다.

정답 ②

87 1050

㉠ 초기에 전개된 소작 쟁의는 주로 소작권 이동 반대, 소작료 인하 등 농민의 생존권 확보를 위한 경제적 권익 투쟁의 형태로 전개되었다.
㉡ 소작 쟁의 중 일본인 농장 · 지주 회사를 상대로 한 소작 쟁의는 민족 운동과도 연계되어 규모가 큰 것이 많았다.
㉢ 1920년대에 농민들은 조직적인 투쟁을 위해 소작인 조합이나 농민 조합 등의 농민 단체를 결성하였다. 특히 1927년에는 전국적인 농민 조직인 조선 농민 총동맹이 조직되었다.

오답 분석

㉣ 소작인 조합은 1940년대가 아닌 1926년 이후에 자작농까지 포괄하는 농민 조합으로 성장하였다.

정답 ③

88 1051

다음 사실들을 시기 순으로 바르게 나열한 것은?

> ㄱ. 김좌진을 중심으로 한 신민부가 조직되었다.
> ㄴ. 민족 협동 전선론에 따라 정우회가 조직되었다.
> ㄷ. 노동 조건의 개선을 요구한 원산 노동자 총파업이 일어났다.
> ㄹ. 백정의 사회적 차별을 철폐하고자 하는 형평사가 창립되었다.

① ㄱ → ㄴ → ㄹ → ㄷ
② ㄱ → ㄹ → ㄷ → ㄴ
③ ㄹ → ㄱ → ㄴ → ㄷ
④ ㄹ → ㄷ → ㄱ → ㄴ

89 1052

19세기 말 이후 전개된 해외 이주에 대한 설명으로 옳지 않은 것은?

① 통감부는 교민의 통제와 영토의 편입을 위해 북변도 관리(北邊島管理)를 설치하였다.
② 시베리아의 연해주로 이주한 한인들은 『해조신문』을 발행하였다.
③ 만주로 이주한 한인들은 1918년에 '대한 독립 선언서'를 발표하였다.
④ 미국으로 이주한 한인들은 신민회, 공립협회, 대한인 국민회 등을 조직하였다.

90 1053

1920년대 만주 지역 독립운동에 대한 설명으로 옳지 않은 것은?

① 대종교 계통 인사들이 신민부를 결성하였다.
② 독립군 연합 부대가 봉오동 전투에서 승리하였다.
③ 민족 유일당 운동의 일환으로 국민부를 결성하였다.
④ 한국 독립군이 한·중 연합 작전으로 동경성에서 승리하였다.

91 1054

밑줄 친 '강습소'에 대한 설명으로 옳은 것은?

> 1911년 만주 유하현 삼원보에 독립군 양성을 목적으로 하는 강습소가 설립되었다. 이 강습소는 이듬해에 통화현으로 근거지를 옮겼으며, 나중에 학교로 개편되었다. 이 학교에는 4년제 중학 과정의 본과가 있었고, 3개월 또는 6개월의 무관 양성을 위한 속성과인 특별과가 있었다.

① 일제가 만주 군벌과 체결한 미쓰야 협정으로 폐교되었다.
② 이회영 등이 독립운동 기지 건설 운동의 일환으로 설립하였다.
③ 대한민국 임시 정부가 출범함에 따라 상해로 근거지를 옮겼다.
④ 중·일 전쟁 이후에 조선 민족 전선 연맹의 산하 조직으로 편입되었다.

88 1051

③ 시기 순으로 나열하면 ㄹ. 조선 형평사 창립(1923) → ㄱ. 신민부 조직(1925) → ㄴ. 정우회 조직(1926) → ㄷ. 원산 노동자 총파업(1929)이 된다.

정답 ③

90 1053

④ 한국 독립군이 동경성 전투에서 승리를 거둔 시기는 1933년이다.

오답 분석

① 대종교 계통 인사들은 1911년 북간도에서 중광단을 결성하였으며, 이를 계기로 1919년 북로 군정서가 발족되었다. 청산리 대첩과 자유시 참변 이후 북간도에 집결한 대종교 계통의 인사들은 김좌진을 중심으로 1925년에 신민부를 결성하였다.
② 대한 독립군, 군무 도독부군, 대한 국민회군 등 독립군 연합 부대가 봉오동 전투에서 승리한 시기는 1920년 6월이다.
③ 1929년에 민족 유일당 운동의 일환으로 참의부, 정의부, 신민부의 일부 인사들이 남만주에서 국민부를 결성하였다.

정답 ④

89 1052

① 대한 제국은 간도를 영토로 직접 관할하기 위해 1903년에 북변도 관리를 설치하고 이범윤을 간도 관리사(북변도 관리사)로 임명하였다. 1905년의 을사늑약 이후 설치된 통감부는 1907년에 간도 출장소를 개설하였다.

정답 ①

91 1054

밑줄 친 '강습소'는 신흥 강습소이다. 신흥 강습소는 신민회의 구성원을 중심으로 서간도에 세워졌으며, 자치 기구인 경학사(1911)의 부설 교육 기관으로 설립(1911)되었다.

② 신흥 강습소는 이회영 등이 독립운동 기지 건설 운동의 일환으로 설립하였는데, 이후 1913년에 신흥 중학교로 개편되었으며, 다시 1919년에 신흥 무관 학교로 개편되었으나 1920년에 폐교되었다.

오답 분석

① 미쓰야 협정(삼시협정)은 1925년에 조선 총독부 경무국장 미쓰야와 만주 군벌 장쭤린 사이에 체결되었다.
③ 신흥 무관 학교는 1920년에 폐교되었으며, 중국 본토로 이동한 사실이 없기 때문에 상해로의 근거지 이동은 이루어지지 않았다.
④ 조선 민족 전선 연맹의 산하 조직으로 1938년에 우한(한커우)에서 조선 의용대가 조직되었다.

정답 ②

92 1055

2011년 9급 지방직

일제 강점기 만주 · 연해주 등지에서 행해진 무장 독립운동에 대한 설명으로 옳지 않은 것은?

① 홍범도의 대한 독립군은 봉오동 전투에서, 김좌진의 북로 군 정서군은 청산리 전투에서 크게 승리하였다.

② 연해주의 자유시로 이동한 독립군은 적색군에 의해 무장 해제를 당하였다.

③ 독립군의 통합 운동으로 참의부, 정의부, 신민부가 조직되어 각각 입법부, 사법부, 행정부의 역할을 담당하였다.

④ 1930년대 초 만주에서의 독립 전쟁은 한국 독립군과 조선 혁명군이 중심이 되어 추진되었다.

93 1056

2018년 9급 서울시(추가 채용)

〈보기〉의 그에 대한 설명으로 가장 옳지 않은 것은?

> **보기**
> 그는 평안도 양덕 사람으로 (중략) 체격이 장대하고 지기가 왕성하였는데, 비록 글은 배우지 못하였으나 천성적인 의협심이 있어, 남을 돕는 일을 급무로 삼은 연유로 사람들이 많이 따랐다. 1907년 겨울에 차도선, 송상봉, 허근 등 여러 사람들과 의병을 일으켜 … (중략) … 전투를 벌였다.

① 산포수들을 모아 의병을 구성하였다.

② 주요 활동지는 함경도 삼수, 갑산 등지였다.

③ 1920년 청산리 전투에서 일본군을 격파하였다.

④ 13도 창의군을 결성하고 서울 진공 작전을 개시하였다.

94 1057

2017년 7급 국가직

다음 사건을 일어난 순서대로 바르게 나열한 것은?

> ㉠ 일제는 중국 마적단을 매수하여 훈춘의 일본 영사관을 공격하게 하는 조작 사건을 일으켰다.
> ㉡ 서일을 총재로 하는 대한 독립 군단은 소비에트 러시아의 자유시로 이동하였다.
> ㉢ 일제는 무장 독립 세력을 진압하기 위해 만주 군벌과 미쓰야 협정을 맺었다.
> ㉣ 한국 독립당의 산하에 지청천을 총사령관으로 하는 한국 독립군이 조직되었다.

① ㉠ → ㉡ → ㉢ → ㉣

② ㉡ → ㉠ → ㉣ → ㉢

③ ㉢ → ㉣ → ㉡ → ㉠

④ ㉣ → ㉢ → ㉠ → ㉡

95 1058

2016년 7급 국가직

1930년 이후 전개된 해외 독립운동으로 옳지 않은 것은?

① 홍진, 이청천 등이 만주에서 한국 독립당을 발족하였다.

② 임시 정부가 국무위원 중심제를 채택하고자 개헌하였다.

③ 조선 혁명군이 영릉가 전투에서 일본군을 물리쳤다.

④ 태항산 지역에서 조선 의용군이 팔로군과 협동 작전을 벌였다.

문제 풀이

92 1055

③ 참의부(1923, 임정 직할), 정의부(1924), 신민부(1925)는 각각 입법부, 사법부, 행정부를 모두 구성하고 있었다. 따라서 참의부가 입법부, 정의부가 사법부, 신민부가 행정부의 역할을 수행하였다는 지문은 사실과 부합하지 않는다.

정답 ③

94 1057

① 순서대로 나열하면 ㉠ 훈춘 사건(1920) → ㉡ 대한 독립 군단의 자유시 이동(1921) → ㉢ 미쓰야 협정(1925) → ㉣ 한국 독립군 조직(1930)이 된다.

정답 ①

93 1056

〈보기〉의 그는 홍범도이다.

④ 13도 창의군(1907)을 결성하고 서울 진공 작전(1908)을 개시한 인물은 이인영과 허위이다. 13도 창의군에는 평민 출신의 신돌석, 홍범도, 김수민 등이 배제되었다.

오답 분석

①, ② 홍범도는 1907년의 전국적인 의병 봉기에 자극을 받아 산포대를 조직한 뒤 삼수·갑산 지방 포수들의 총포를 회수하러 온 일본군에 대적하여 북청·후치령을 중심으로 갑산·삼수·혜산·풍산 등지에서 유격전을 벌여 격파하였다. 이후 1919년에 3·1 운동이 일어나자 대한 독립군의 총사령이 되어 약 400명의 독립군으로 1개 부대를 편성하였고, 국내에 잠입하여 갑산·혜산·자성 등의 일본군을 급습하여 전과를 거두었는데, 특히 만포진 전투에서 70여 명을 사살하였다.

③ 1920년 6월 반격에 나선 일본군이 제19사단의 병력과 남양 수비대로 부대를 편성하여 독립군 본거지인 봉오동을 공격해 오자, 700여 명의 독립군을 지휘하여 3일간의 치열한 전투를 벌인 끝에 일본군 157명을 사살하였고, 같은 해 10월에는 청산리 전투에 김좌진 장군이 이끄는 북로 군정서와 함께 제1연대장으로 참가하여 큰 공을 세웠다.

정답 ④

95 1058

② 임시 정부의 국무위원 중심 집단 지도 체제 개헌은 침체기인 1927년의 일이다.

오답 분석

① 만주 지역에서의 한국 독립당 발족은 1930년이다.
③ 조선 혁명군의 영릉가 전투 승리는 1932년이다.
④ 태항산 전투는 1941년부터 1943년까지 접전이 계속되었다. 처음에는 조선 의용대 화북 지대가 팔로군과 연계해 전투를 치렀으나, 1942년 7월에 조선 의용대 화북 지대가 조선 의용군으로 개편됨에 따라 이후 조선 의용군에게 승계되었다.

정답 ②

96 1059

1930년대 전개된 항일 독립운동에 해당하지 않는 것은?

① 한국 독립군이 쌍성보 전투에 참전하였다.

② 조선 의용대 화북 지대가 조선 의용군으로 재편되었다.

③ 의열단, 조선 혁명당 등이 결집하여 민족 혁명당을 창당하였다.

④ 양세봉이 이끄는 조선 혁명군이 흥경성 전투에서 일본군을 물리쳤다.

97 1060

다음은 일제 강점기 국외 독립운동에 관한 사실들이다. 이를 시기 순으로 바르게 나열한 것은?

⊙ 대한민국 임시 정부가 지청천을 총사령으로 하는 한국광복군을 창설하였다.

ⓒ 블라디보스토크에서 이상설, 이동휘 등이 중심이 된 대한 광복군 정부가 수립되었다.

ⓒ 홍범도가 이끄는 대한 독립군을 비롯한 연합 부대는 봉오동 전투에서 대승을 거두었다.

ⓐ 양세봉이 이끄는 조선 혁명군은 중국 의용군과 연합하여 영릉가 전투에서 일본군을 무찔렀다.

① ⊙ → ⓐ → ⓒ → ⓒ

② ⓒ → ⓒ → ⓐ → ⊙

③ ⓒ → ⓒ → ⓐ → ⊙

④ ⓐ → ⓒ → ⊙ → ⓒ

98 1061

다음 전투를 이끈 한국인 부대에 대한 설명으로 옳은 것은?

아군은 사도하자에 주둔 병력을 증강시키면서 훈련에 여념이 없었다. 새벽에 적군은 황가둔에서 이도하 방면을 거쳐 사도하로 진격하여 왔다. 그런데 적군은 아군이 세운 작전대로 함정에 들어왔고, 이에 일제히 포문을 열어 급습함으로써 적군은 응전할 사이도 없이 격파되었다.

① 조선 민족 전선 연맹이 중국 국민당의 지원을 받아 창설하였다.

② 한국 독립당의 산하 부대로 동경성 전투도 수행하였다.

③ 미쓰야 협정이 체결되기 직전까지 활약하였다.

④ 양세봉이 총사령관이었다.

99 1062

〈보기〉의 어록을 남긴 인물의 활동으로 가장 옳은 것은?

보기

"대전자령의 공격은 이천만 대한 인민을 위하여 원수를 갚는 것이다. 총알 한 개 한 개가 우리 조상 수천수만의 영혼이 보우하여 주는 피의 사자이니 제군은 단군의 아들로 군세게 용감히 모든 것을 희생하고 만대 자손을 위하여 최후까지 싸우라."

① 화북 조선 독립 동맹의 주석으로 선출되어 활동하였다.

② 조선 혁명군을 이끌고 영릉가 전투에서 대승을 거두었다.

③ 한국 독립군을 이끌고 쌍성보 전투에서 일본군을 격파하였다.

④ 조선 의용대를 결성하고 대적 심리전 등에서 크게 활약하였다.

96 1059

② 조선 의용대 화북 지대가 조선 독립 동맹 산하의 조선 의용군으로 개편된 것은 1942년의 일이다.

오답 분석

① 한국 독립군의 쌍성보 전투는 1932년에 일어났다.
③ 민족 혁명당은 한국 독립당, 대한 독립당, 조선 혁명당, 의열단, 신한 독립당 등 5개 정당이 연합하여 1935년 난징에서 창당하였다.
④ 양세봉이 이끄는 조선 혁명군은 1933년에 흥경성 전투에서 일본군에게 승리하였다.

정답 ②

97 1060

② 시기 순으로 나열하면 ⓒ 대한 광복군 정부 수립(1914) → ⓒ 봉오동 전투(1920) → ⓔ 영릉가 전투(1932) → ⓐ 한국광복군 창설(1940)이 된다.
ⓒ 대한 광복군 정부는 1914년 러시아 블라디보스토크에 세워졌던 망명 정부로, 권업회 인사들이 중심이 되어 조직되었다.
ⓒ 봉오동 전투는 1920년 6월의 일이다. 일제가 약 250명의 병력으로 '월강 추격대'를 편성하여 봉오동으로 진군해 오자, 대한 북로 독군부(홍범도의 대한 독립군+최진동의 군무 도독부+안무의 국민회군)와 이흥수가 이끄는 대한 신민단의 한 부대는 사전에 정보를 입수하여 일본군에게 대승을 거두었다.
ⓔ 조선 혁명군은 양세봉의 지도로 중국 의용군과 연합하여 영릉가 전투(1932), 흥경성 전투(1933)에서 일본군에게 승리하였다.
ⓐ 한국광복군은 1940년에 충칭에서 중국 정부의 지원을 받아 창설되었다.

정답 ②

98 1061

제시문의 사도하자 전투는 한국 독립군이 치른 전투이다.

② 한국 독립군은 한국 독립당 산하의 군사 조직으로 지청천이 지휘하였으며, 중국 호로군과 연대하여 쌍성보, 사도하자, 동경성, 대전자령 전투 등을 수행하였다.

오답 분석

① 조선 민족 전선 연맹이 중국 국민당의 지원을 받아 창설한 부대는 조선 의용대(1938)이다.
③ 한국 독립군은 미쓰야 협정이 체결(1925)된 이후에 조직되어 1930년대 초반 북만주 일대에서 중국 호로군과 연합하여 작전을 수행하였다.
④ 양세봉은 조선 혁명군의 총사령관이었다.

정답 ②

99 1062

제시문의 어록과 관련된 인물은 지청천이다.

③ 지청천은 1930년 7월 동삼성 길림에서 홍진 등과 함께 한국 독립당을 조직하고 산하 군대인 한국 독립군의 총사령관이 되어 동삼성 일대를 누비며 독립 전쟁을 계속하였다. 다음해 1931년 9월, 일제가 만주 사변을 일으키자 지청천은 중국 호로군과 연합하여 쌍성보, 경박호, 동경성, 사도하자, 대전자령 등 만주 각지에서 일제 침략군과 전투를 벌여 혁혁한 전과를 올렸다.

오답 분석

① 김두봉에 해당한다. 김두봉은 1935년 김원봉과 함께 한국 민족 혁명당(1937년 조선 민족 혁명당으로 개칭)을 결성하여 중앙 집행 위원으로 활동하다가, 1937년 후베이성 장링으로 근거지를 옮겼다. 이후 다시 충칭으로 활동 무대를 바꾸었다가, 1942년 옌안에서 조선 독립 동맹을 결성하여, 주석으로 활동하였다.
② 양세봉에 해당한다. 양세봉이 이끌던 조선 혁명군은 중국 의용군과 한·중 연합 작전을 전개하여 영릉가 전투와 흥경성 전투에서 대승을 거두었다.
④ 김원봉에 해당한다. 김원봉은 조선 의용대를 결성하여, 대장에 취임하였다. 이후 조선 의용대 일부를 이끌고 한국광복군에 합류하여 임시 정부의 군무총장이 되어 군부를 총괄하였으며, 1942년 광복군 부사령관, 1944년 임시 정부의 군무부장, 광복군 제1지대장 및 부사령관 등을 역임하였다.

정답 ③

100 1063
2012년 7급 국가직

독립군의 활동을 시대 순으로 바르게 나열한 것은?

> ㉠ 양세봉이 이끌던 조선 혁명군은 중국 의용군과 한·중 연합 작전을 전개하였다.
>
> ㉡ 소련 내 한인 부대들 간에 군사 지휘권 분쟁이 일어났으며, 이 과정에서 독립군들의 무장 해제를 요구하는 적색 군으로부터 공격을 받아 피해를 입었다.
>
> ㉢ 만주로 돌아온 독립군은 일제와 만주 군벌의 탄압 속에서도 조직의 재건에 착수하여 참의부, 정의부, 신민부를 조직하였다.
>
> ㉣ 김좌진이 이끌던 북로 군정서군과 홍범도가 이끈 대한 독립군의 연합 부대는 청산리 일대에서 6일간 10여 차례의 전투를 통해 일본군을 대파하였다.

① ㉠ → ㉡ → ㉢ → ㉣
② ㉡ → ㉣ → ㉢ → ㉠
③ ㉣ → ㉡ → ㉢ → ㉠
④ ㉣ → ㉢ → ㉡ → ㉠

101 1064
2018년 9급 지방직

㉠ 부대에 대한 설명으로 옳은 것은?

> (㉠)은/는 1933년에 중국인 부대와 연합하여 동경성 전투 등을 치르며 큰 전과를 올렸고, 대전자령에서는 일본군을 기습 공격하여 승리를 거두었다.

① 하와이에 대조선 국민 군단을 창설하였다.
② 양세봉의 지휘하에 흥경성 전투에 참여하였다.
③ 만주 지역에서 활동했던 한국 독립당의 산하 조직이었다.
④ 중국 의용군과 연합하여 영릉가 전투에서 일본군을 물리쳤다.

102 1065
2017년 7급 서울시

다음은 일제 강점기 독립운동 단체에 대한 설명이다. (가)~(다)에 각각 들어갈 가장 알맞은 단어를 순서대로 바르게 나열한 것은?

> 1920년대 자유시 참변 이후 만주 독립군의 활동은 3부를 중심으로 전개되었다. 3부 중 대체로 __(가)__ 는 북만주 지역 조선인 사회의 자치를 담당하였다. 1920년대 말 3부는 통합 운동을 벌인 결과 남북 만주에서 양대 세력으로 재편되었는데, 남만주에서는 __(나)__ 가 수립되고, 정당의 성격을 띤 조선 혁명당과 군사 성격을 띤 조선 혁명군이 결성되었다. 일제가 만주를 점령한 다음 중국 내의 독립운동 단체들 사이에서는 통합 운동이 제기되었다. 1937년 중·일 전쟁이 일어나자 민족 혁명당은 통합에 찬성하는 단체들과 연합하여 __(다)__ 을 결성하였다.

① 신민부 – 국민부 – 조선 민족 전선 연맹
② 신민부 – 혁신 의회 – 조선 독립 동맹
③ 정의부 – 국민부 – 조선 민족 전선 연맹
④ 정의부 – 혁신 의회 – 조선 독립 동맹

103 1066
2013년 7급 국가직

(가), (나)의 주장을 펼친 사람에 대한 설명으로 옳은 것을 〈보기〉에서 모두 고른 것은?

> (가) 강도 일본이 우리의 생명을 초개(草芥)로 보아 을사 이후 13도의 의병이 있던 각 지방에서 일본 군대가 행한 폭행도 이루 다 적을 수 없거니와 … (중략) … 우리는 일본의 강도 정치 곧 이족(異族) 통제가 우리 조선 민족 생존의 적임을 선언하는 동시에 우리는 혁명 수단으로 우리의 적인 강도 일본을 살벌(殺伐)함이 곧 우리의 정당한 수단임을 선언하노라.
>
> (나) 슬프다! 나라와 민족의 치욕이 이 지경에 이르렀으니 우리 인민은 장차 생존 경쟁 속에서 다 죽게 되었구나. 구차하게 살고자 하는 자는 반드시 죽고, 죽기를 각오한 자는 도리어 살게 되나니 … (중략) … 죽음으로 임금의 은혜를 갚고 이천만 동포 형제에게 사죄하노라.

> **보기**
>
> ㄱ. (가) – 노령에서 항일 활동을 하였고 하얼빈에서 이토 히로부미를 암살하였다.
>
> ㄴ. (가) – 의열단의 요청으로 「조선혁명선언」을 집필하였고 뤼순 감옥에서 순국하였다.
>
> ㄷ. (나) – 을사조약을 체결하자 이에 저항하여 자결하였다.
>
> ㄹ. (나) – 상하이 훙커우 공원에서 폭탄을 던져 일본군 고관을 죽였다.

① ㄱ, ㄷ   ② ㄱ, ㄹ   ③ ㄴ, ㄷ   ④ ㄴ, ㄹ

100 1063

③ 순서대로 바르게 나열하면 ⓔ 청산리 대첩(1920) → ⓛ 자유시 참변(1921) → ⓒ 참의부(1923), 정의부(1924), 신민부(1925) → ⓤ 1932년 이후 조선 혁명군의 활동이 된다.

정답 ③

101 1064

제시문의 ⓤ 부대는 한국 독립군이다.

③ 한국 독립군은 한국 독립당 소속의 군사 조직으로, 지청천을 중심으로 중국 호로군과 연합하여 1932년부터 쌍성보 전투, 사도하자 전투, 동경성 전투, 대전자령 전투에서 승리하였다.

오답 분석

① 하와이의 대조선 국민군단은 1914년에 박용만에 의해 창설되었다.

②, ④ 양세봉이 지휘한 군사 조직은 조선 혁명군으로, 영릉가, 흥경성 전투에서 승리하였다.

정답 ③

102 1065

① (가)는 신민부, (나)는 국민부, (다)는 조선 민족 전선 연맹이다.

(가) 1921년에 자유시 참변을 겪고 난 후, 만주와 북간도 일대를 중심으로 한 대종교 계통의 인사들이 북만주 지역의 독립 군단들을 통합하고자 하였다. 이들의 주도하에 신민부가 1925년에 조직되었다.

(나) 조선 혁명군은 남만주에서 조직된 국민부(1929)의 정당적 성격인 조선 혁명당의 군사 조직이다.

(다) 조선 민족 전선 연맹은 중 · 일 전쟁(1937) 발발 이후에 조선 민족 혁명당이 조선 민족 해방 동맹 · 조선 혁명자 연맹 · 조선 청년 전위 동맹을 연합하여 만든 항일 민족 연합 조직이다.

정답 ①

103 1066

(가)는 신채호의 「조선혁명선언」(1923)이고, (나)는 대한매일신보에 실린 민영환의 유서 「한국 인민에게 고함」(1905. 11)이다.

ㄴ. 신채호는 의열단의 요청으로 「조선혁명선언」을 작성하였고, 이후 뤼순 감옥에서 복역하던 중 순국(1936)하였다.

ㄷ. 민영환은 일본에 의해 강제로 을사늑약이 체결되자 이에 저항하여 자결하였다.

오답 분석

ㄱ. 안중근에 대한 설명이다.

ㄹ. 윤봉길에 대한 설명이다.

정답 ③

104 1067

2017년 9급 지방직

다음 자료를 쓴 역사가의 활동으로 옳은 것은?

> 역사란 무엇이뇨. 인류 사회의 아와 비아의 투쟁이 시간부터 발전하며 공간부터 확대하는 심적 활동의 상태의 기록이니, 세계사라 하면 세계 인류의 그리되어 온 상태의 기록이며, 조선사라 하면 조선 민족의 그리되어 온 상태의 기록이니라.

① 『여유당전서』를 발간하여 조선 후기 실학자들을 재평가하였다.
② 을지문덕, 최영, 이순신 등 애국 명장의 전기를 써서 애국심을 고취하였다.
③ 『조선사회경제사』를 저술하여 세계사적 보편성 속에서 한국사를 해석하였다.
④ 「5천 년간 조선의 얼」이라는 글을 동아일보에 연재하여 민족 정신을 고취하였다.

105 1068

2014년 7급 서울시

이 글을 쓴 인물에 대한 설명으로 알맞은 것은?

> 강도 일본이 헌병 정치, 경찰 정치를 힘써 행하여 …… 언론, 출판, 결사, 집회의 모든 자유가 없어 고통과 울분과 원한이 있어도 벙어리의 가슴이나 만질 뿐이요 …… 이상의 사실에 근거하여 우리는 일본 강도 정치 곧 이민족 정치가 우리 조선 민족 생존의 적임을 선언하는 동시에 우리는 혁명 수단으로 우리 생존의 적인 강도 일본을 멸망시키는 것이 곧 우리의 정당한 수단임을 선언하노라. ─「조선혁명선언」

① 1909년 미국 네브라스카에 한인 소년병 학교를 설립하였으며, 1914년에는 대조선 국민 군단을 조직하여 독립 전쟁을 대비하였다.
② 1918년 하바로프스크에서 한인 사회당을 조직했으며 대한민국 임시 정부의 초대 국무총리를 맡았다. 1921년 한인 사회당을 고려 공산당으로 개칭하였다.
③ 1918년 모스크바에서 개최된 약소 민족 대회 및 1919년 파리 강화 회의 한국 대표로 참석하였다. 파리에 있을 때 대한민국 임시 정부가 수립되어 임시 정부의 대표가 되었다.
④ 서일이 이끄는 대한 정의단에 가담해 정의단을 군정부(軍政府)로 개편한 다음 사령관이 되었다. 1919년 대한민국 임시 정부의 권고를 받아들여 북로 군정서로 개칭하고 총사령관이 되었다.
⑤ 대한민국 임시 정부의 노선과 이승만의 위임 통치 청원에 반대하고 『신대한』을 창간하여 주필이 되었으며 국민 대표 회의 개최를 주장하였다.

106 1069

2019년 7급 지방직

밑줄 친 '그'에 대한 설명으로 옳은 것은?

> 일제의 침략이 거세지자 <u>그</u>는 국외로 망명했다. 그는 의열 단장 김원봉의 요청을 받아 「조선혁명선언」을 작성하였다. 이 선언에는 외교 운동에 주력하자는 주장에 반대하고 더욱 적극적인 독립운동을 추진하자는 내용이 담겨 있다.

① 민족주의 역사학을 지향한 「독사신론」을 저술하였다.
② 철저한 문헌 고증을 지향하며 진단 학회를 조직하였다.
③ 동학을 천도교로 개편하고 친일적 인물들을 교단에서 내쫓았다.
④ 보편적 역사 발전 법칙에 따라 역사를 기술한 『조선사회경제사』를 집필하였다.

107 1070

2022년 9급 지방직

다음 글은 (가)의 부탁을 받고 (나)가 지은 것이다. (가)와 (나)에 대한 설명으로 옳은 것은?

> 우리는 '외교', '준비' 등의 미련한 꿈을 버리고 민중 직접 혁명의 수단을 취함을 선언하노라. 조선 민족의 생존을 유지하자면 강도 일본을 쫓아내야 하고, 강도 일본을 쫓아내려면 오직 혁명으로써만 가능하니, 혁명이 아니고는 강도 일본을 쫓아낼 방법이 없는 바이다.

① (가)는 조선 의용대를 결성하였고, (나)는 '국혼'을 강조하였다.
② (가)는 신흥 무관 학교를 세웠고, (나)는 형평사를 창립하였다.
③ (가)는 조선 건국 동맹을 조직하였고, (나)는 식민 사학의 한국사 정체성론을 반박하였다.
④ (가)는 황포 군관 학교에서 훈련받았고, (나)는 민족주의 역사 서술의 기본 틀을 제시하였다.

104 1067

제시된 자료는 신채호의 『조선상고사』 총론의 일부이다. 이 책에는 우리나라 단군 시대부터 백제의 멸망과 부흥 운동까지의 역사를 주체적으로 서술하고 있다.

② 신채호는 전쟁 영웅들의 전기인 『을지문덕전』·『최도통전』·『이순신전』을 저술하여 일본의 침략에 직면한 국민들에게 일본의 침략을 이겨낼 수 있다는 자신감과 애국심, 민족 의식, 민족의 자주 정신을 일깨워 주었다. 신채호는 『이태리 건국 삼걸전』을 역술하면서 마치니, 가리발디, 카보우르 등 삼걸에 해당하는 인물로 을지문덕, 최영, 이순신을 선정하였다.

오답 분석

① 『여유당전서』는 정치, 문학, 과학, 지리, 의학 등이 망라된 다산 정약용의 대표적인 서적이다. 『여유당전서』는 1930년대 조선학 운동이 활성화되면서 정인보, 안재홍 등에 의해 정리·발간되었다.

③ 백남운은 『조선사회경제사』를 저술하여 식민 사관인 정체성론을 비판하고 한국의 역사 발전이 세계사적 보편성에 의해 이루어졌음을 체계적으로 서술하였다.

④ 정인보는 1935년부터 1936년 동아일보가 정간될 때까지 「5천년 간 조선의 얼」이라는 제목으로 역사물을 연재하였으며, 이것이 다시 『조선사연구』로 재출간되었다.

정답 ②

105 1068

제시문은 신채호가 작성한 「조선혁명선언」(의열단 선언, 1923)의 내용이다. 「조선혁명선언」은 신채호가 의열단의 독립 투쟁 노선과 행동 강령을 제시한 선언문으로, '민중 직접 폭력 혁명'과 '평등주의'를 토대로 일부 민족주의자들의 독립운동 노선이었던 문화주의·외교론·준비론·자치론 등을 철저하게 비판하였다.

⑤ 신채호는 이승만의 위임 통치 청원을 비판하며 국민 대표 회의의 개최를 주장하였다. 또한 임시 정부 기관지인 독립신문에 맞서 '신대한'을 창간하였고, 주필이 되어 무장 독립 노선을 주창하였다.

오답 분석

① 박용만에 대한 설명이다.
② 이동휘에 대한 설명이다.
③ 김규식에 대한 설명이다.
④ 김좌진에 대한 설명이다.

정답 ⑤

106 1069

밑줄 친 '그'는 단재 신채호로, 1923년에 의열단의 강령인 「조선혁명선언」을 작성하였다.

① 신채호는 민족주의 사학의 선구자로 대한매일신보에 「독사신론」을 연재하였다.

오답 분석

② 진단 학회는 한국의 역사·언어·문학 및 주변국의 문화를 연구하기 위해 조직한 학술 단체로, 1934년에 이병도 등을 중심으로 결성되었다.

③ 손병희는 동학을 천도교로 개편하고 친일적 인물인 이용구 등을 교단에서 축출하였으며, 그들이 만든 시천교와 대립하였다.

④ 백남운은 『조선사회경제사』를 저술하여 유물론적 사관에 따른 보편적 역사 발전 법칙에 입각하여 민족의 역사를 규명하고 식민 사관인 정체성론을 비판하였다.

정답 ①

107 1070

제시문은 의열단의 강령으로 1923년에 발표된 「조선혁명선언」의 내용이다. (가)에 해당하는 인물은 의열단 단장 김원봉이며, (나)에 해당하는 인물은 신채호이다.

④ 김원봉은 1925년 황포 군관 학교에 의열단원들과 입교하여 훈련을 받았으며, 신채호는 한말 「독사신론」을 대한매일신보에 게재한 이래 일제 강점기까지 민족주의 사학의 기틀을 마련하였다.

오답 분석

① (가)는 김원봉에 대한 설명이 맞으나, (나)는 박은식에 대한 내용이다.

② (가)는 이회영, (나)는 장지필, 강상호, 천석구 등으로 각각 김원봉과 신채호에 대한 설명에 해당하지 않는 내용이다.

③ (가) 여운형, (나) 백남운 등에 대한 설명으로 김원봉과 신채호와 관련된 사실에 부합하지 않는다

정답 ④

108 1071

2013년 7급 서울시

다음 자료에 대한 설명으로 옳은 것은?

> 강도 일본의 구축을 주장하는 가운데 또 다음과 같은 논자들이 있으니, 첫째는 (㉠)이니 최근 3·1 운동에 일반 인사의 '평화 회의, 국제 연맹'에 대한 과신의 선전이 이천만 민중의 힘 있는 전진의 기운을 없애버리는 계기가 될 뿐이었도다. 둘째는 (㉡)이니, 을사조약 당시에 여러 나라 공관에 빗발치듯 하던 종이 쪽지로 넘어가는 국권을 잡지 못하며, 정미년의 헤이그 특사도 독립 회복의 복음을 안고 오지 못하매, 차차 전쟁 아니면 안 되겠다는 판단이 생겼다. …… 각 지사들이 국내외 각지에 출몰하여 십여 년 안팎을 준비를 불렀지만 그 소득이 몇 개 불완전한 학교와 실력 없는 단체뿐이었다. …… 이상의 이유에 의하여 우리는 (㉠), (㉡) 등의 미몽을 버리고 민중 직접 혁명의 수단을 취함을 선언하노라.

① 이 글의 저자는 『한국독립운동지혈사』도 저술했다.
② ㉠의 입장을 가진 사람들은 무정부주의자들이었다.
③ ㉡의 주장에 따라 의열단이 조직되었다.
④ ㉠을 주장한 대표적 인물은 이승만이다.
⑤ ㉡은 충칭 임시 정부 시기에 독립 방략으로 채택되었다.

109 1072

2015년 7급 국가직

다음 선언을 활동 지침으로 했던 단체의 활동으로 옳지 않은 것은?

> 우리는 일본 강도 정치 곧 이족(異族) 통치가 우리 조선 민족 생존의 적(敵)임을 선언하는 동시에, 우리는 혁명 선언으로 우리 생존의 적인 강도 일본을 살벌(殺伐)함이 곧 우리의 정당한 수단임을 선언하노라

① 박재혁이 부산 경찰서를 공격하였다.
② 김상옥이 종로 경찰서에 폭탄을 투척하였다.
③ 강우규가 사이토 총독에 폭탄을 투척하였다.
④ 나석주가 동양 척식 주식회사와 조선식산은행을 공격하였다.

110 1073

2019년 9급 지방직

다음 선언문의 강령에 따라 활동한 단체에 대한 설명으로 옳은 것은?

> 민중은 우리 혁명의 대본영(大本營)이다. 폭력은 우리 혁명의 유일한 무기이다. 우리는 민중 속으로 가서 민중과 손을 맞잡아 끊임없는 폭력─암살, 파괴, 폭동─으로써 강도 일본의 통치를 타도하고 우리 생활에 불합리한 일체의 제도를 개조하여 인류로써 인류를 압박하지 못하며, 사회로써 사회를 박탈하지 못하는 이상적 조선을 건설할지니라.

① 임시 정부 활동에 활기를 불어넣고자 결성하였다.
② 청산리 지역에서 일본군과 접전을 벌여 대승을 거두었다.
③ 한국 독립당, 조선 혁명당 등과 함께 민족 혁명당을 결성하였다.
④ 원산에서 일본인이 한국인 노동자를 구타한 사건을 계기로 총파업을 일으켰다.

111 1074

2018년 9급 서울시(추가 채용)

〈보기〉의 선언문을 지침으로 삼은 단체의 활동에 대한 설명으로 가장 옳은 것은?

> **보기**
> 강도 일본이 우리의 국호를 없이 하며, 우리의 정권을 빼앗으며, 우리의 생존적 필요 조건을 다 박탈하였다. (중략) 혁명의 길은 파괴부터 개척할지니라. 그러나 파괴만 하려고 파괴하는 것이 아니라 건설하려고 파괴하는 것이니, 만일 건설할 줄을 모르면 파괴할 줄도 모를지며, 파괴할 줄을 모르면 건설할 줄도 모를지니라. 건설과 파괴가 다만 형식상에서 보아 구별될 뿐이요 정신상에서는 파괴가 곧 건설이니, 이를테면 우리가 일본 세력을 파괴하려는 것이, (하략)

① 오성륜, 김익상, 이종암이 상해 황포탄에서 일본 육군 대장 다나카 기이치를 저격하였다.
② 이봉창이 동경에서 일왕 히로히토에게 폭탄을 던졌다.
③ 백정기, 이강훈, 원심창이 상해 육삼정에서 일본 공사 아리요시를 암살하려고 시도하였다.
④ 윤봉길이 상해 홍구 공원에서 열린 일본의 천장절 행사에 폭탄을 던졌다.

108 1071

제시문은 신채호가 1923년에 집필한 「조선혁명선언」으로 불리는 의열단 선언으로, ㉠은 외교론, ㉡은 준비론이다.

④ ㉠ 외교론을 중시한 대표적인 인물은 이승만이다. 이승만은 미국 워싱턴에 외교 담당 기관으로 구미 위원부를 두는 등 우리나라의 독립 문제를 국제 여론화하기 위해 노력하였으나 큰 외교적 성과를 거두지는 못하였다.

오답 분석

① 박은식의 「한국독립운동지혈사」는 국권 상실 이후 한국 최초로 쓰인 독립운동사 개설서로서 순 한문으로 기술하였다.
② 외교론의 입장을 가진 사람들은 상하이 임시 정부를 기반으로 우리나라의 독립 문제를 국제 여론화하는 데 주력하였다. 무정부주의 입장을 가진 사람들은 대체로 신채호 등의 무장 투쟁론자들이었다.
③ 의열단은 일부 민족주의자들의 독립운동 노선이었던 문화주의·외교론·준비론·자치론 등을 철저하게 비판하고, 오직 폭력적 민중 혁명을 통해 반일 투쟁을 전개하여 독립을 쟁취하는 것을 목표로 정하였다.
⑤ 1940년에 충칭에 정착한 임시 정부는 한국광복군을 창설하여 부단한 투쟁을 감행하여 독립을 쟁취하고자 하였다.

정답 ④

109 1072

제시문은 1923년 신채호가 작성한 것으로, 의열단의 「조선혁명선언」이다.

③ 강우규는 1919년 9월에 노인 동맹단의 대표로서 국내에 잠입하여 제3대 조선 총독 사이토에게 수류탄을 던졌으나 실패하고 순국하였다.

정답 ③

110 1073

제시문은 1923년에 신채호가 집필한 의열단의 강령인 「조선혁명선언」이다.

③ 김원봉의 의열단을 중심으로 1935년에 한국 독립당, 조선 혁명당, 대한 독립당, 신한 독립당 등이 참여하여 민족 유일당 조직인 민족 혁명당이 결성되었다.

오답 분석

① 1931년에 결성된 한인 애국단에 대한 설명이다.
② 청산리 대첩은 북로 군정서군을 비롯한 독립군이 대승을 거둔 전투였다.
④ 1929년에 일어난 원산 노동자 총파업은 원산 노동 연합회 산하 노동 조합원이 주도한 노동 운동이었다.

정답 ③

111 1074

〈보기〉의 선언문은 1923년에 신채호가 발표한 「조선혁명선언」으로, 의열단의 강령이다.

① 김익상, 오성륜, 이종암 등 의열단 단원들은 1922년에 상하이 세관 부두에서 일본 육군 대장을 암살하려 했으나 실패하고 체포되었다. 이후 김익상을 제외하고 오성륜과 이종암은 체포 후 다시 탈출하였다.

오답 분석

②, ④ 이봉창과 윤봉길은 한인 애국단 소속이다.
③ 흑색 공포단에 대한 내용이다. 흑색 공포단은 일본의 요인을 암살하고 기관을 파괴하며 친일 분자를 살해하고자 조직된 단체로서, 독립운동가 이회영이 결성한 '항일 구국 연맹' 산하 행동대였다. 남화 한인 청년 연맹의 구성원들 외에 일본인 무정부주의자, 대만, 중국인도 참여하였지만 실제 업무를 담당하고 있던 행동 대원들은 대부분 남화 한인 청년 연맹의 구성원들이었다. 이 단체는 경제부, 정보부, 선전부 등으로 구성되어 있었다. 경제부의 구성원 중 중국인은 왕아초, 화균실, 모일파 등 5~6명, 일본인은 길전, 좌야일랑 등이 소속되어 있었으며 책임자는 왕아초였다. 정보부의 책임자는 알 수 없으며, 구성원은 대만인 임성재, 조선인은 이용준, 이수현, 백정기, 양여주, 김지강, 이달, 이강훈, 엄형순 등이 있었다. 천진에서는 중국인과 백정기, 이강훈, 원심창과 함께 일본의 군수 물자를 수송하기 위해 중국으로 들어온 일본 군함 1만 톤 급 1척을 대파시키는 전과를 세웠다. 하지만 1933년 3월 상하이 홍커우 공원에서 정현섭, 원심창, 이강훈 등의 무정부주의자(아나키스트)들과 중국 주재 일본 공사 아리요시 아키라를 암살하려고 모의하다가 육삼정에서 체포되었다.

정답 ①

112 1075

다음 선언문을 강령으로 했던 단체의 활동으로 옳지 않은 것은?

> 우리는 일본 강도 정치 즉 이족 통치가 우리 조선 민족 생존의 적임을 선언하는 동시에, 우리는 혁명 수단으로 우리 생존의 적인 강도 일본을 살벌함이 곧 우리의 정당한 수단임을 선언하노라.

① 민족 혁명당 창당에 가담하였다.
② 경성 부민관에 폭탄을 투척하였다.
③ 일본 제국 의회와 황궁을 공격할 계획을 세웠다.
④ 임시 정부 요인과 제휴한 투탄 계획을 추진하였다.

113 1076

다음 선언을 지침으로 삼았던 애국 단체의 활동에 대한 설명으로 옳은 것은?

> 우리는 '외교', '준비' 등의 미련한 꿈을 버리고 민중 직접 혁명의 수단을 취함을 선언하노라. 조선 민족의 생존을 유지하자면 강도 일본을 내쫓을지며, 강도 일본을 내쫓을지면 오직 혁명으로써 할 뿐이니, 혁명이 아니고는 강도 일본을 내쫓을 방법이 없는 바이다.

① 이재명이 이완용을 습격해 중상을 입혔다.
② 나석주가 동양 척식 주식회사에 폭탄을 투척하였다.
③ 장인환이 샌프란시스코에서 외교 고문 스티븐스를 사살하였다.
④ 안중근이 만주 하얼빈 역에서 초대 통감이었던 이토 히로부미를 사살하였다.

114 1077

㉠ 조직에 대한 설명으로 옳은 것은?

> 1922년 3월, 중국 상하이에서 (㉠)이/가 일본 육군 대장 타나카 기이치(田中義一)를 암살하고자 한 사건이 발생했다. 이때 체포된 독립운동가들은 일본 경찰에 인도되어 심문을 받게 되었는데, 그 심문 과정에서 (㉠)에 속한 김익상이 1921년 9월 조선 총독부 건물에 폭탄을 던진 의거의 당사자라는 사실이 밝혀졌다.

① 공화주의를 주창하는 내용의 대동 단결 선언을 작성해 발표하였다.
② 이 조직에 속한 이봉창이 일왕이 탄 마차 행렬에 폭탄을 던졌다.
③ 일부 구성원을 황푸 군관 학교에 보내 군사 훈련을 받도록 하였다.
④ 새로 부임하는 사이토 조선 총독에게 폭탄을 투척하는 의거를 일으켰다.

115 1078

(가)와 (나) 사이의 시기에 만주에서 전개된 무장 항일 운동에 대한 설명으로 옳은 것은?

> (가) 경신년에 왜군이 내습하여 31명이 살고 있는 촌락을 방화하고 총격을 가하였다. 나도 가옥 9칸과 교회당, 학교가 잿더미로 변한 것을 보고 그것이 사실임을 알았다. 11월 1일에는 왜군 17명, 왜경 2명, 한인 경찰 1명이 와서 남자들을 모조리 끌어내어 죽인 뒤 … (중략)… 남은 주민들을 모아 일장 연설을 하였다.
> (나) 상해의 한국 독립 투사 조직에 속해 있는 한국의 한 젊은이는 비밀리에 도쿄로 건너갔다. 그는 마침 군대를 사열하기 위해 마차에 타고 있던 일본 천황에게 수류탄을 던졌다. 그는 영웅적인 행동 후에 무자비하게 살해되었다. 이 사건은 전 일본에 충격을 주었다. 이 사건은 일본 군국주의자들에게 한국인들은 결코 그들에게 지배될 수 없다는 것을 당당히 보여 준 것이다.

① 남만주에 조선 혁명군이 창설되었다.
② 한국광복군이 국내 진공 작전을 준비하였다.
③ 독립군이 봉오동 · 청산리 전투에서 일본군을 크게 무찔렀다.
④ 동북 항일 연군을 중심으로 치열한 항일 유격전이 전개되었다.

112 1075

제시된 선언문은 1923년에 신채호가 발표하였던 의열단의 강령인 「조선혁명선언」이다.

② 경성 부민관 폭탄 투척 사건은 1945년 7월 24일에 대한 애국 청년당 소속의 조문기 · 유만수 · 강윤국이 경성 부민관에서 친일파 박춘금 일당의 친일 연설 도중 연단을 폭파한 사건으로, 의열단과는 관련이 없다.

오답 분석

① 의열단은 조선 혁명당, 한국 독립당, 신한 독립당, 대한 독립당과 함께 1935년에 민족 혁명당 창당에 참여하였다.

③ 의열단원인 김지섭은 일본 제국 의회에 폭탄을 투척할 계획을 세우고 일본에 잠입하였으나, 의회가 휴회 중이자 일본 황궁을 공격할 계획을 세웠다. 이후 일본 황궁 앞의 다리인 니주바시(이중교)에 폭탄을 투척하였으며, 체포되어 옥살이 중 사망하였다.

④ 초기의 의열단은 임시 정부와 일정한 제휴 관계에 있었다. 대표적 인물인 나석주는 임시 정부의 경호원 출신으로, 김구 및 김창숙과 결의하여 동양 척식 주식회사에 폭탄을 투척한 후 자결하였다.

정답 ②

113 1076

제시문은 신채호가 작성한 「조선혁명선언」(의열단 선언, 1923)의 내용이다. 「조선혁명선언」은 신채호가 의열단의 독립 투쟁 노선과 행동 강령을 제시한 선언문으로, '민중 직접 폭력 혁명'과 '평등주의'를 토대로 일부 민족주의자들의 독립운동 노선이었던 문화주의 · 외교론 · 준비론 · 자치론 등을 철저하게 비판하였다.

② 의열단원의 대표적 활동상으로는, 나석주의 동양 척식 주식회사 · 조선식산은행 폭탄 투척, 박재혁의 부산 경찰서 폭탄 투척, 김익상의 조선 총독부 폭탄 투척 등이 있다.

오답 분석

① 미주의 공립 협회 회원이었던 이재명은 1909년에 귀국하여 매국노 이완용을 명동 성당에서 습격해 중상을 입혔다.

③ 장인환(대동 보국회) · 전명운(공립 협회)은 일본의 통감 정치를 찬양한 외교 고문 스티븐스를 샌프란시스코에서 저격(1908)하였다.

④ 이범윤 부대의 참모중장으로 연해주에서 국내 진공 작전에 참여하였던 안중근은 이후 하얼빈 역에서 거사를 일으켜 이토 히로부미를 사살(1909)하였다.

정답 ②

114 1077

③ 조직은 의열단이다. 의열단 단원인 김익상은 1921년에 조선 총독부에 폭탄을 던지고 탈출하였으며, 1922년에 상하이 세관 부두에서 일본 육군 대장인 타나카를 암살하려 했으나 실패하고 체포되었다.

③ 의열단의 김원봉은 소수에 의해 주도되는 의열 투쟁의 한계를 인식하고 다수가 참여하는 연합적 투쟁의 필요성을 절감하였다. 그 때문에 투쟁의 방식을 조직적 무장 투쟁으로 전환하였으며, 군대를 육성하기 위해 1926년에 단원들을 황푸 군관 학교에 입소시켜 군사 교육 및 간부 훈련을 받도록 하였다.

오답 분석

① 대동 단결 선언은 신한 혁명당의 고종 탈출 계획 실패 이후 1917년에 신규식, 박은식, 신채호, 박용만, 윤세복, 조소앙, 신석우, 한진교 등의 인물들이 공화주의 정부 창설을 목적으로 발표하였던 선언이다.

② 이봉창은 한인 애국단 소속으로, 1932년에 일왕에게 폭탄을 투척하였으나 실패하였다.

④ 강우규는 노인 동맹단 소속으로, 1919년 9월 2일에 제3대 조선 총독 사이토에게 수류탄을 던졌으나, 실패하였다.

정답 ③

115 1078

(가)는 간도 참변(1920), (나)는 이봉창 의거(1932)에 대한 내용이다.

① 조선 혁명군은 국민부의 조선 혁명당 산하 군사 조직으로서 1929년에 남만주에서 창설되었다.

오답 분석

② 한국광복군은 (나) 시기 이후인 1940년에 충칭에서 중국 정부의 지원을 받아 창설되었고, 미국 전략 정보국(OSS)의 지원을 받아 국내 진공 작전을 준비하였다.

③ 봉오동 전투(1920. 6.)와 청산리 전투(1920. 10.)는 간도 참변 이전에 일어난 사건이다.

④ 1930년대 만주 일대의 공산주의자들은 중국 공산당 유격대와 연합하여 무장 투쟁을 전개하였다. 동북 항일 연군은 (나) 시기 이후인 1936년에 동북 인민 혁명군을 확대 · 개편하여 조직되었으며 치열한 항일 유격전을 전개하였다.

정답 ①

116 1079

밑줄 친 '단체'의 활동에 대한 설명으로 옳은 것은?

> 1919년 김원봉, 윤세주 등이 만주 지린성에서 조직한 이 단체는 일제(日帝)의 요인 암살과 식민 지배 기관 파괴를 목표로 삼았다. 이 단체는 신채호가 작성한 조선혁명선언을 이념적 지표로 내세웠다.

① 중국 충칭에서 한국광복군을 조직하였다.
② 대한민국 임시 정부를 주도한 한국 독립당을 결성하였다.
③ 중국 의용군과 힘을 합쳐 영릉가 전투에서 일본군을 물리쳤다.
④ 이 단체에 속한 김익상이 조선 총독부에 폭탄을 투척하였다.

117 1080

〈보기〉 활동과 관련하여 학생들이 설정한 탐구 주제와 선정한 인물이 가장 잘못 연결된 것은?

> **보기**
> • 탐구 목표: 인물을 통해 우리나라의 역사를 이해한다.
> • 탐구 절차: 탐구 주제 설정 → 대상 인물 선정 → 관련 자료 수집 → 보고서 작성·발표

	탐구 주제	인물
①	종로 경찰서에 폭탄을 투척하다!	김익상
②	하얼빈에서 순국한 여성 독립운동가!	남자현
③	조선 의용대, 중국 국민당과 연합하다!	김원봉
④	통일 정부 수립을 위해 좌·우 합작 운동을 펼치다!	여운형

118 1081

다음의 독립 투쟁을 일으킨 인물과 당시 소속 단체가 일치하지 않은 것은?

> ㉠ 조선 총독부에 폭탄을 던진 다음 수십 겹의 포위망을 뚫고 중국으로 탈출하여, 이듬해 중국 상하이에서 일본 육군 대장을 저격하였다.
> ㉡ 조선 총독의 마차를 겨냥하고 영국제 수류탄을 던져 총독부 요인과 관리들에게 큰 부상을 입혔다.
> ㉢ 동양 척식 주식회사에 들어가 폭탄을 투척하였으나, 터지지 않자 권총으로 일본 간부를 사살하고 경찰과 시가전을 벌였다.
> ㉣ 도쿄에서 황궁으로 들어가는 이중교에 폭탄을 던져 일제에게 두려움을 안겨 주었다.

① ㉠ – 김익상: 의열단
② ㉡ – 강우규: 노인(동맹)단
③ ㉢ – 나석주: 의열단
④ ㉣ – 이봉창: 한인 애국단

119 1082

밑줄 친 '그'가 일으킨 사건의 영향에 대한 설명으로 옳은 것은?

> 일제는 1월 28일 일본 승려 사건을 계기로 전쟁을 도발하였다. 일본은 이때 시라카와(白川) 대장을 사령관으로 삼아 중국과의 전쟁을 승리로 이끌었다. 그는 이해 봄 야채상으로 가장하여 일본군의 정보를 탐지한 뒤, 4월 29일 이른바 천장절 겸 전승 축하 기념식에 폭탄을 투척하기로 하였다. 식장에 참석하여 수류탄을 투척함으로써 파견군 사령관 시라카와, 일본 거류민 단장 가와바다 등은 즉사하였다.

① 이를 계기로 신간회가 결성되었다.
② 한국광복군 형성의 기초가 되었다.
③ 민족 유일당 운동의 계기가 되었다.
④ 미쓰야 협정이 체결되는 계기가 되었다.

116 1079

자료의 밑줄 친 '단체'는 의열단이다.

④ 의열단원인 김익상은 1921년에 김원봉으로부터 총독 암살 밀령을 받고 조선 총독부에 잠입하여 폭탄을 투척하였으나 총독 암살에 실패하였다.

오답 분석

① 한국광복군은 대한민국 임시 정부가 1940년에 충칭에서 중국 정부의 지원을 받아 창설하였다.

② 1940년에 임시 정부를 중심으로 통합된 한국 독립당은 임시 정부의 여당 역할을 하였으며, 해방 후 임시 정부와 함께 귀국하여 김구를 중심으로 반탁 운동을 전개하였다.

③ 양세봉 중심의 조선 혁명군은 중국 의용군과 연합하여 1932년에 영릉가를 공격하였다.

정답 ④

117 1080

① 김익상은 의열단원으로 1921년에 조선 총독부에 폭탄을 던지고 탈출하였으며, 이후 1922년에 상하이 세관 부두에서 일본 육군 대장 다나카를 암살하려 했으나 실패하고 체포되었다. 1923년에 종로 경찰서에 폭탄을 던지고 일본 경찰과 전투 중 순국한 인물은 의열단원 김상옥이다.

오답 분석

② 남자현은 일제 강점기 만주에서 군사 기관과 농어촌을 순회하며 독립 정신을 고취시킨 독립운동가로, 주만 일본 대사 무토 노부요시를 살해하려는 계획 실패 후, 체포되어 옥고를 치른 뒤 풀려나 순국하였다.

③ 김원봉은 중국 국민당 정부의 협조를 얻어 조선 의용대(1938)를 조직하였다.

④ 여운형은 이승만의 남한 단독 정부 수립 주장에 반발하여 통일 정부를 수립하기 위해 좌·우 합작 위원회를 조직하여 좌·우 합작 운동을 전개하였다.

정답 ①

118 1081

④ ㉣은 의열단 소속의 김지섭에 관한 것이다. 김지섭은 1924년에 제국 의회에 참석하는 일본 고관들을 저격하고자 도쿄에 잠입하였다. 그러나 제국 의회가 무기한 연기되는 상황이 발생하자 계획을 변경하여 일본 궁성의 이중교(니주바시)에 폭탄 3개를 던지고 현장에서 체포되었다. 이후 이치가야 형무소에서 복역 중 1928년에 옥사하였다.

정답 ④

119 1082

제시문은 1932년 4월 29일에 있었던 윤봉길 의거에 대한 내용으로, 밑줄 친 '그'는 윤봉길이다.

② 윤봉길 의거를 계기로 중국 정부가 중국 영토 내에서 우리 민족의 무장 독립 활동을 승인·지원함으로써 한국광복군이 창설되었다.

정답 ②

120 1083

밑줄 친 '이 단체'에 대한 설명으로 옳은 것은?

> 1930년대 일제의 중국 침략이 본격화되자, 중국 본토에서 활동하던 독립운동 단체들은 좌우의 대립을 지양하고 민족 연합 전선을 형성하기 위해 상하이에서 '한국 대일 전선 통일 동맹'을 결성하고 민족 유일당 건설을 제창하였다. 이에 여러 단체의 인사들이 난징에서 회의를 열고 <u>이 단체</u>를 창건하였다. 이는 단순한 여러 단체의 동맹이 아니라 단일 정당을 형성한 것이다.

① 창설 당시 김구는 참여하지 않았다.
② 동북 항일 연군을 산하의 군사 조직으로 두었다.
③ 지청천, 조소앙의 독주로 김원봉이 탈퇴하였다.
④ 한국 독립당, 한국 국민당, 조선 혁명당 3당의 통합으로 만들어졌다.

121 1084

대한민국 임시 정부와 관련된 다음 사실들을 시기 순으로 바르게 나열한 것은?

> ㉠ 국민 대표 회의 소집
> ㉡ 한국 국민당 창립
> ㉢ 한인 애국단 조직
> ㉣ 이승만을 대통령에서 탄핵

① ㉠ → ㉣ → ㉡ → ㉢
② ㉠ → ㉣ → ㉢ → ㉡
③ ㉢ → ㉣ → ㉠ → ㉡
④ ㉣ → ㉠ → ㉡ → ㉢
⑤ ㉣ → ㉠ → ㉢ → ㉡

122 1085

밑줄 친 '이 부대'에 대한 설명으로 옳은 것은?

> 중국 한커우(漢口)에서 <u>이 부대</u>가 조직되었다. 부대는 1개 총대, 3개 분대로 편성되었는데 100여 명의 대원은 대부분 조선 민족 혁명당원이다. 총대장은 황포 군관 학교 제4기 출신인 진국빈이며, 부대는 대일 선전 공작과 대일 유격전을 수행함을 목적으로 하였다.

① 자유시 참변으로 피해를 입었다.
② 일부 대원이 한국광복군에 편입되었다.
③ 3부 통합으로 성립된 국민부 산하의 군대였다.
④ 쌍성보, 대전자령 등에서 일본군을 격파하였다.

123 1086

(가) 군대에 대한 설명으로 가장 옳은 것은?

> 대한민국 임시 정부는 1919년 정부가 공포한 군사 조직법에 의거하여 중화민국 총통 장개석 원수의 특별 허락으로 중화민국 영토 내에서 ___(가)___ 을/를 창설함을 선포한다. 중화민국 국민과 합작하여 우리 두 나라의 독립을 회복하고자 공동의 적인 일본 제국주의자들을 타도하기 위하여 연합군의 일원으로 항전을 계속한다.

① 전력을 보전하기 위하여 자유시로 이동하였다.
② 중국군과 화북 지방에서 공동 작전을 전개하였다.
③ 쌍성보와 대전자령 전투에서 커다란 전과를 거두었다.
④ 국내 진공 작전을 계획하였으나 일본의 패망으로 기회가 무산되었다.

120 1083

밑줄 친 '이 단체'는 민족 혁명당(1935)이다.

① 김구가 이끄는 임시 정부는 당시 민족 혁명당과 다른 노선을 걸으며 한국 국민당을 창당하였다.

오답 분석

② 민족 혁명당의 산하에서 조직된 군사 조직은 1938년에 만들어진 조선 의용대이다. 동북 항일 연군은 1936년에 한인 항일 유격대와 중국 공산당 유격대가 결성한 동북 인민 혁명군이 확대·개편되어 조직되었다.

③ 민족 혁명당 내부에서 김원봉의 의열단 계열이 독주하자 지청천, 조소앙 등이 자신들의 조직을 이끌고 탈퇴하였다.

④ 민족 혁명당은 한국 독립당, 신한 독립당, 대한 독립당, 조선 혁명당, 의열단의 5개 정당 통합으로 조직되었다. 한국 독립당, 한국 국민당, 조선 혁명당 3당의 통합으로 만들어진 조직은 임시 정부를 중심으로 한 통합 한국 독립당(1940)이다.

정답 ①

121 1084

② 시기 순으로 나열하면 ㉠ 국민 대표 회의 소집(1923) → ㉣ 대통령 이승만 탄핵(1925) → ㉢ 한인 애국단 조직(1931) → ㉡ 한국 국민당 창립(1935)이 된다.

정답 ②

122 1085

중국 한커우에서 조직된 밑줄 친 '이 부대'는 1938년에 창설된 조선 의용대이다.

② 조선 의용대의 병력은 초창기에 200여 명에 불과했지만 1940년에는 314명으로 증가하였다. 그러나 1940년에 대한민국 임시 정부 산하의 한국광복군이 조직되자 일부가 한국광복군으로 이동하였고, 다수 이탈자들이 화북 지방으로 이동하여 조선 의용대 화북 지대를 결성하였다. 이들은 중국 공산당 군대인 팔로군과 함께 활동하여 호가장 전투(1941. 12.), 반소탕전(1942. 5.) 등을 승리로 이끌기도 하였다.

오답 분석

① 서일이 주축이 된 대한 독립 군단과 일부 독립군 세력에 해당한다.

③ 양세봉이 이끌었던 조선 혁명군에 해당한다.

④ 지청천을 총사령관으로 한 한국 독립군에 해당한다.

정답 ②

123 1086

제시문은 1940년에 발표된 한국광복군 선언이며, (가) 군대는 한국광복군에 해당한다.

④ 한국광복군은 미군 전략 정보국(OSS)과 협력하여 국내 정진군을 편성하고 특수 공작 훈련을 실시하였다. 그러나 국내로 진공하기 직전 일본이 패망하여 국내 진공 작전은 실현되지 못하고 중단되었다.

오답 분석

① 대한 독립 군단(1920)에 대한 설명이다.

② 조선 의용대 화북 지대(1941)와 조선 의용군(1942)에 대한 설명이다.

③ 지청천이 이끌었던 한국 독립군에 대한 설명이다.

정답 ④

124 1087

2015년 9급 법원직

다음과 같이 대한민국 임시 정부의 국무 위원회가 구성되어 있었을 때의 사실로 옳은 것은?

> - 주석: 김구
> - 부주석: 김규식
> - 국무위원: 이시영, 조성환, 조소앙, … 김원봉, 김성숙

① 삼균주의를 바탕으로 한 건국 강령이 공포되었다.
② 국내 정진군을 통한 국내 진입 작전이 추진되었다.
③ 조선 의용대원의 일부가 한국광복군에 편입되었다.
④ 의열 활동 전개를 위하여 한인 애국단이 조직되었다.

125 1088

2019년 7급 국가직

㉠에 대한 설명으로 옳은 것은?

> 민국 23년에 채택한 (㉠)에는 언론과 종교의 자유를 보장하며, 무상 교육을 시행하겠다는 내용이 담겨 있다. … (중략)… 현재 우리의 급무는 연합군과 같이 일본을 패배시키고 다른 추축국을 물리치는 데에 있다. 우리는 독립과 우리가 원하는 정부, 국가를 원한다. (㉠)의 정신을 바탕으로 독립된 나라를 건설해 나가야 한다.

① 보통 선거 실시를 주장하였다.
② 조선 건국 동맹에서 발표하였다.
③ 파괴와 폭동 등에 의한 민중의 직접 혁명을 강조하였다.
④ 남북 제정당 사회 단체 대표자 회의의 소집을 요구하였다.

126 1089

2017년 9급 지방직

다음 자료에 나타난 사상을 정립한 인물에 대한 설명으로 옳지 않은 것은?

> 우리나라의 건국 정신은 삼균 제도(三均制度)의 역사적 근거를 두었으니 선조들이 분명히 명한 바 수미균평위(首尾均平位)하야 흥방보태평(興邦保泰平)하리라 하였다. 이는 사회 각층 각급의 지력과 권력과 부력의 향유를 균평하게 하야 국가를 진흥하며 태평을 보유(保維)하려 함이니 홍익인간(弘益人間)과 이화세계(理化世界)하자는 우리 민족의 지킬 바 최고 공리(公理)임

① 한국 독립당을 창당하였다.
② 임시 정부의 국무위원이었다.
③ 제헌 국회의원에 당선되었다.
④ 정치 · 경제 · 교육의 균등을 주장하였다.

127 1090

2019년 7급 지방직

㉠ 정당에 대한 설명으로 옳은 것은?

> 한국 국민당과 조선 혁명당, 한국 독립당은 몇 차례에 걸친 논의를 통해 통합하기로 결정하였다. 이들은 1940년에 자신들의 조직을 해체하고 힘을 합쳐 [㉠]을/를 조직하였다. 강화된 조직력을 바탕으로 [㉠]은/는 독립운동을 활발하게 펼쳐 나갈 수 있게 되었다.

① 조선 의용대 화북 지대를 흡수하여 조선 의용군을 조직하였다.
② 무력 투쟁을 준비하기 위해 만주에 신흥 무관 학교를 창설하였다.
③ 대한민국 임시 정부를 주도적으로 이끌어 나가는 역할을 하였다.
④ 쌍성보와 대전자령 전투에서 일본군을 물리쳤다.

문제 풀이

124 1087

주석에 김구, 부주석에 김규식이 선출된 것은 임시 정부의 제5차 개헌으로, 주석·부주석제가 실시된 1944년 이후의 일에 해당한다.

② 1945년에 한국광복군은 미국 전략 정보국(OSS)의 지원을 받아 국내 진공 작전을 계획하고 국내 정진군 편성을 완료했으나 일본의 패망으로 실현되지 못하였다.

오답 분석

① 삼균주의는 1941년에 대한민국 건국 강령에서 기본 이념 및 정책 노선으로 채택되어 공포되었다.

③ 1942년에 대한민국 임시 정부 제28차 국무 회의에서 조선 의용대의 일원을 한국 광복군에 편입시킬 것을 결의하여, 조선 의용대 화북 지대의 이탈로 약화된 잔여 세력을 광복군 제1지대에 편입하였다.

④ 김구는 침체에 빠진 독립운동에 활기를 불어 넣고, 임시 정부를 재정비할 방안으로 한인 애국단을 설립(1931)하여 의열 투쟁을 준비하였다. 한인 애국단의 대표적인 의거 활동으로는 이봉창 의거와 윤봉길 의거가 있다.

정답 ②

125 1088

㉠은 삼균주의를 바탕으로 한 대한민국 임시 정부의 건국 강령이다.

① 건국 강령은 가장 기본적인 독립 국가의 골격을 다음과 같이 제시하고 있다. '보통 선거 제도를 실시하여 정권을 균히(고르게)하고, 국유 제도를 채용하여 이권을 균히 하고 공비 교육(무상 의무 교육)으로써 학권을 균히 하며, 국내외에 대하여 민족 자결의 권리를 보장하여서 민족과 민족, 국가와 국가의 불평등을 깨뜨려 없앨 것이니, 이로써 국내에 실현하면 특권 계급이 곧 없어지고, 소수 민족이 침몰을 면하고, 정치와 경제·교육의 권리를 균히 하여 높고 낮음을 없이 하고, 동족과 이족에 대해 또한 이렇게 한다.'

오답 분석

② 건국 강령은 대한민국 임시 정부에서 1941년에 공포하였다.

③ 민중의 직접 혁명을 강조한 것은 신채호가 작성한 의열단의 강령인 「조선혁명선언」(1923)이다.

④ 남북 제정당 사회 단체 대표자 회의는 1948년에 김구와 김규식이 참여한 남북 협상을 말하는 것으로, 건국 강령과는 관련이 없다.

정답 ①

126 1089

제시문은 대한민국 건국 강령의 일부 내용이다. 건국 강령은 기본 이념 및 정책 노선으로 삼균주의를 채택하였는데, 삼균주의의 사상적 체계는 조소앙에 의해 정리되었다.

③ 조소앙은 김구, 김규식과 함께 남한 단독 정부 수립에 반대하여 남북 협상을 추진한 인물로, 제헌 국회의원 선거에 불참하였다. 이후 조소앙은 제2대 국회의원으로 당선되었으나 6·25 전쟁 때 납북되었다.

정답 ③

127 1090

제시문의 ㉠ 정당은 1940년에 조직된 통합 한국 독립당이다.

③ 한국 독립당은 1940년 충칭에서 결성되어 대한민국 임시 정부를 이끌어가는 역할을 수행하였다.

오답 분석

① 1942년에 조선 의용대 화북 지대를 흡수하여 조선 의용군을 조직한 단체는 옌안을 중심으로 창건된 조선 독립 동맹이다.

② 신민회 계열의 경학사가 조직한 신흥 강습소(1911)는 신흥 중학교(1913)를 거쳐 신흥 무관 학교(1919)로 개편되었다.

④ 만주에서 활약한 한국 독립군은 지청천의 지휘 하에서 중국 호로군과 연합하여 쌍성보 전투(1932)와 대전자령 전투(1933)를 승리로 이끌었다.

정답 ③

128 1091

괄호 안에 들어갈 단체의 활동으로 옳은 것은?

> 대한민국 임시 정부는 대한민국 원년에 정부가 공포한 군사 조직법에 의거하여 (   )을/를 조직하고, 공동의 적인 일본 제국주의자들을 타도하기 위해 연합군의 일원으로 항전을 계속한다. … (중략) … 이때 우리는 큰 희망을 갖고 우리 조국의 독립을 위해 우리의 전투력을 강화할 시기가 왔다고 확신한다.

① 중국군과 연합하여 쌍성보 전투를 수행하였다.
② 조선 본토에 투입할 국내 정진군을 편성하였다.
③ 중국 팔로군과 함께 태항산 지구에서 일본군과 교전하였다.
④ 연해주에서 러시아 적군과 연합 전선을 구축하려고 하였다.

130 1093

다음 자료가 발표된 이후의 사실에 해당하지 않는 것은?

> 우리는 3천만 한국 인민과 정부를 대표하여 삼가 중·영·미·소·캐나다 기타 제국의 대일 선전이 일본을 격패케 하고 동아를 재건하는 가장 유효한 수단이 됨을 축하하여 이에 특히 다음과 같이 성명한다.
> 1. 한국 전 인민은 현재 이미 반침략 전선에 참가하였으니 한 개의 전투 단위로서 추축국에 선전한다.
> 2. 1910년의 합방 조약과 일체의 불평등 조약의 무효를 거듭 선포하며 아울러 반(反)침략 국가인 한국에 있어서의 합리적 기득권익을 존중한다.
>   … (중략) …
> 5. 루스벨트·처어칠 선언의 각조를 견결히 주장하며 한국 독립을 실현키 위하여 이것을 적용하여 민주 진영의 최후 승리를 축원한다.

① 한국광복군은 김원봉이 이끌던 조선 의용대의 병력을 통합하였다.
② 영국군의 요청에 따라 인도, 미얀마 전선에 한국광복군이 파견되었다.
③ 조선 독립 동맹은 조선 의용대 화북 지대를 기반으로 조선 의용군을 조직하였다.
④ 대한민국 임시 정부는 김구를 주석으로 하는 단일 지도 체제를 만들고 「대한민국 건국 강령」을 제정하였다.

129 1092

밑줄 친 '우리 부대'에 대한 설명으로 옳은 것은?

> 이번 연합군과의 작전에 모든 운명을 거는 듯하였다. 주석(主席)과 우리 부대의 총사령관이 계속 의논하는 것을 옆에서 들었기 때문에 더욱 일의 중대성을 절감하였다. 드디어 시기가 온 것이다! 독립 투쟁 수십 년에 조국을 탈환하는 결정적 시기가 온 것이다. 이때의 긴장감은 내가 일본 군대를 탈출할 때와는 다른 긴장감이었다. 목적은 같으나 그때는 막연한 미지의 세계에 뛰어드는 것이었지만 이번에는 분명히 조국으로 가는 것이 아닌가?
>   – 「장정」

① 중국 공산군과 함께 화북에서 항일전을 벌였다.
② 만주에서 중국 의용군과 연합 작전을 수행하였다.
③ 중국 관내에서 조직된 최초 한국인 군사 조직이었다.
④ 인도, 미얀마 전선에서 영국군과 공동 작전을 펼쳤다.

131 1094

밑줄 친 '이 단체'에 관한 설명으로 옳지 않은 것은?

> 대한민국 임시 정부에서는 만주 지역의 독립군과 각처에 산재해 있던 무장 투쟁 세력을 모아 충칭에서 이 단체를 창설하였다.

① 김원봉이 이끄는 조선 의용대의 일부를 통합하여 군사력을 증강하였다.
② 초기에는 중국 군사 위원회의 지휘와 간섭을 받았다.
③ 중국의 화북 전선에서 일본군에 대항하여 팔로군과 연합 작전을 전개하였다.
④ 중국 주둔 미국 전략 정보국(OSS)과 합작하여 국내 진공 작전을 계획하였으나 실현되지 못했다.

문제 풀이 ⚙

128 1091

괄호에 들어갈 단체는 한국광복군이다. 연합군의 일원으로 항전을 계속한다는 시점에 주목하여 1940년에 창설된 한국광복군임을 알 수 있다.

② 한국광복군은 미국 전략 정보국(OSS)의 도움으로 국내 정진군 편성을 완료했으나 일본의 패망으로 국내 진공 계획은 실현되지 못하였다.

오답 분석

① 한국 독립군에 대한 설명이다.
③ 태항산 전투(1941~1943)에 참여한 군대는 조선 의용대 화북 지대 및 조선 의용군(조선 의용대 화북 지대는 1942년 조선 의용군으로 개편)이다.
④ 청산리 대첩 이후 서일을 중심으로 편성된 대한 독립 군단에 대한 설명이다.

정답 ②

129 1092

제시문은 국내 진공 작전에 대한 내용으로, 밑줄 친 '우리 부대'는 한국광복군이다. 한국광복군은 1940년에 충칭에서 중국 정부의 지원을 받아 창설되었고, 1942년에 조선 의용대의 일부가 합류하면서 군사력이 강화되었다.

④ 한국광복군은 1941년 12월에 일본에 선전 포고를 하였고, 1943년에 인도 · 미얀마 전선에 한국광복군 공작대를 파견하였으며, 국내 진공 작전 계획을 세워 미국 전략 정보국(OSS)의 지원을 받아 국내 투입 유격 훈련을 실시하기도 하였다. 그러나 국내 진공 작전은 일본의 패망으로 실현되지 못하였다.

오답 분석

① 조선 독립 동맹의 산하 군사 조직인 조선 의용군(1942)에 대한 설명이다.
② 조선 혁명군은 양세봉의 지도로 중국 의용군과 연합하여 영릉가 전투(1932), 흥경성 전투(1933)에서 승리하였다.
③ 중국 관내는 만리장성의 관문 안쪽이라는 어원에서 유래된 용어로, 만주 등을 제외한 중국 본토를 일컫는 말이다. 지문은 조선 민족 혁명당의 산하 군사 조직으로서 결성된 조선 의용대(1938)에 대한 설명이다.

정답 ④

130 1093

제시문은 임시 정부 산하의 한국광복군이 1941년 12월에 발표한 대일 선전 포고문이다.

④ 임시 정부는 1940년 충칭에서 4차 개헌을 통해 주석제를 실시하여 김구를 주석으로 하는 단일 지도 체제를 성립하고, 1941년 11월 대한민국 건국 강령을 발표하였다. 따라서 대일 선전 포고문 발표(1941년 12월) 이전에 일어난 사실이다.

오답 분석

① 1942년 대한민국 임시 정부는 제28차 국무 회의에서 조선 의용대의 일원을 한국광복군에 편입시킬 것을 결의, 조선 의용대 화북 지대의 이탈로 약화된 잔여 세력을 광복군 제1지대에 편입하였다.
② 임시 정부는 1943년 인도 · 미얀마 전선에 한국광복군 공작대를 파견하였다. 파견된 공작대원들은 대적 방송 · 문서 번역 · 포로 심문 · 전단 제작 등에 종사하였다.
③ 1942년 조선 독립 동맹 산하의 군사 조직으로 조선 의용군이 결성되면서 조선 의용대 화북 지대는 조선 의용군으로 흡수되었고, 이들은 중국 공산당 산하의 팔로군과 연합하여 항일전을 전개하였다.

정답 ④

131 1094

충칭에서 1940년에 창설된 조직은 한국광복군이다. 한국광복군은 1942년에 조선 의용대 화북 지대의 이탈로 약화된 조선 의용대 잔여 세력을 광복군 제1지대에 편입하였다. 또한 1944년 8월까지 중국 군사 위원회의 지휘를 받았으며, 미국 전략 정보국(OSS)의 지원을 받아 국내 진공 작전을 계획하였으나 일제의 패망으로 실현되지 못하였다.

③ 중국의 화북 전선에서 일본군에 대항하여 팔로군과 연합 작전을 전개하였던 조직은 조선 의용대 화북 지대이며, 이들은 1942년에 조선 독립 동맹 산하의 조선 의용군으로 개편되었다.

정답 ③

132 1095

1940년대 대한민국 임시 정부에 대한 설명으로 옳은 것만을 모두 고르면?

> ㉠ 의열 활동을 위해 한인 애국단을 결성하였다.
> ㉡ 삼균주의를 바탕으로 한 건국 강령을 발표하였다.
> ㉢ 대일 선전 포고를 하고 연합군과 합동 작전을 전개하였다.
> ㉣ 정부의 형태가 대통령제에서 국무령 중심의 의원 내각제로 바뀌었다.

① ㉠, ㉡   ② ㉠, ㉣
③ ㉡, ㉢   ④ ㉢, ㉣

133 1096

다음과 같은 강령을 발표한 조직의 활동으로 옳은 것은?

> 건국 시기의 헌법상 경제 체계는 국민 각개의 균등 생활 확보 및 민족 전체의 발전 그리고 국가를 건립 보위함과 연환(連環) 관계를 가진다. 그러므로 다음에 나오는 기본 원칙에 따라서 경제 정책을 집행하고자 한다.
> 가. 규모가 큰 생산 기관의 공구와 수단 …(중략)… 은행·전신·교통 등과 대규모 농·공·상·기업 및 성시(城市) 공업 구역의 주요한 공용 방산(防産)은 국유로 한다.
> 나. 적이 침략하여 점령 혹은 시설한 일체 사유 자본과 부역자의 일체 소유 자본 및 부동산은 몰수하여 국유로 한다.

① 이승만을 대통령, 이시영을 부통령으로 선출하였다.
② 자유시 참변을 겪고 러시아 적군에 무장 해제를 당하였다.
③ 좌우 합작 위원회를 구성하고 좌우 합작 7원칙을 발표하였다.
④ 미군 전략 정보국(OSS) 지원 아래 국내 진공 작전을 준비하였다.

134 1097

대한민국 임시 정부는 1940년 충칭에서 한국광복군을 창설하였는데, 이와 관련된 내용으로 옳지 않은 것은?

① 총사령에 이청천, 참모장에 이범석을 선임하였다.
② 영국군의 요청으로 일부 병력을 인도와 버마(미얀마) 전선에 참전시켰다.
③ 미국 전략 정보처(OSS)와 협력하면서 국내 진공을 준비하였다.
④ 조선 의용군과 연합하여 일본에 대해 선전 포고를 하였다.

135 1098

일제의 식민 통치에 대항하여 전개된 다음의 민족 운동 가운데 그 시기가 가장 늦은 것은?

① 임시 정부는 헌법을 개정해 국무령을 채택하였다.
② 경성 고무 공장 여성 노동자들이 '아사 동맹'을 맺으며 파업하였다.
③ 신채호가 「조선혁명선언」을 저술하였다.
④ 이봉창이 동경에서 일왕의 행차에 폭탄을 던졌다.

132 1095

ⓒ 삼균주의를 바탕으로 한 대한민국 임시 정부의 건국 강령은 1941년에 발표되었다.

ⓒ 2차 세계 대전 당시인 1941년 12월에 대한민국 임시 정부는 대일 선전 포고를 하고, 연합군과 공동 전선을 구성하였다.

오답 분석

㉠ 한인 애국단은 1931년에 김구에 의해 조직되었다.

㉣ 1925년에 이승만이 대통령에서 탄핵되고 박은식이 제2대 대통령에 취임한 이후 국무령 중심의 내각 책임제 개헌이 이루어졌다.

정답 ③

133 1096

제시문은 1941년에 대한민국 임시 정부가 발표한 건국 강령에 해당한다. 대한민국 임시 정부는 건국 강령에서 토지 국유화 및 대생산 기관(대기업)의 국유화를 바탕으로 한 경제 균등을 표방하였다.

④ 대한민국 임시 정부는 1945년에 미군 전략 정보국(OSS)과 국내 진공 작전을 계획하였다.

오답 분석

① 이승만이 대통령, 이시영이 부통령에 선출된 시기는 1948년 대한민국 정부 수립 당시의 상황이다. 대한민국 임시 정부와는 관련이 없다.

② 1921년에 서일이 이끄는 독립군의 연합 부대인 대한 독립 군단은 자유시 참변을 겪고 무장 해제를 당하였다.

③ 1946년 7월에 미 군정의 지원을 받은 여운형, 김규식 등이 좌·우 합작 위원회를 구성하였다.

정답 ④

134 1097

한국광복군은 1940년에 충칭에서 중국 정부의 지원을 받아 창설되었다. 총사령에 지청천(어머니의 성을 따라 이청천이라고도 함), 참모장에 이범석을 선임하였고, 1942년에는 조선 의용대의 합류로 군사력이 강화되었다. 한국광복군은 1943년에 인도·미얀마 전선에 한국광복군 공작대를 파견하였고, 미국 전략 정보국(OSS)의 지원을 받아 국내 투입 유격 요원을 훈련했다. 실제로 국내 정진군 편성을 완료했으나 일본의 패망으로 실현되지 못하였다.

④ 한국광복군은 1941년 12월 일본에 선전 포고를 하였다. 한편, 조선 의용군은 조선 독립 동맹 산하의 군사 조직으로서 1942년에 결성되었다. 이들은 중국 공산당 산하 팔로군과 연합하여 항일전을 전개하였다.

정답 ④

135 1098

④ 이봉창 의거는 1932년에 일어났다. 시기가 가장 늦은 사건은 이봉창 의거이다.

오답 분석

① 임시 정부의 국무령제 채택은 제2차 개헌으로, 1925년이다.

② 경성 고무 공장 여성 노동자들의 '아사 동맹(굶어 죽을 때까지 투쟁을 맹세)' 파업은 1923년에 일어났다.

③ 신채호의 「조선혁명선언」은 1923년에 작성되었다.

정답 ④

136 1099

2018년 7급 서울시(추가 채용)

조소앙이 주장한 '삼균주의'에 대한 설명으로 가장 옳지 않은 것은?

① 중국 사상가 쑨원(孫文)의 삼민주의에서 영향을 받았다.
② 정치, 경제, 교육 분야에서의 균등을 주장하였다.
③ 토지 및 대기업의 국유화에 반대하였다.
④ 식민 정책과 침략 전쟁을 반대하였다.

138 1101

2017년 7급 국가직

다음 대한민국 임시 정부에 대한 설명을 시기 순으로 바르게 나열한 것은?

> ㉠ 중국 국민당 정부를 따라 충칭으로 이동하였다.
> ㉡ 부주석제를 신설하여 김규식을 부주석으로 하였다.
> ㉢ 김원봉이 이끄는 조선 의용대를 한국광복군에 편입하였다.
> ㉣ 조소앙의 삼균주의를 기초로 하는 대한민국 건국 강령을 발표하였다.

① ㉠ → ㉣ → ㉢ → ㉡
② ㉡ → ㉠ → ㉣ → ㉢
③ ㉢ → ㉡ → ㉠ → ㉣
④ ㉣ → ㉢ → ㉡ → ㉠

137 1100

2019년 9급 법원직

다음과 같은 건국 강령을 발표한 세력의 활동으로 가장 옳은 것은?

> 삼균 제도를 골자로 한 헌법을 실시하여 정치와 경제와 교육의 민주적 시설로 실제상 균형을 도모하며 전국의 토지와 대생산 기관의 국유가 완성되고 전국의 학령 아동 전체가 고급 교육의 면비수학(무상 교육)이 완성되고 보통 선거가 구속 없이 완전히 실시되어 …… 자치 조직과 행정 조직과 민중 단체와 민중 조직이 완비되어 삼균 제도가 배합 실시되고 경향 각층의 극빈 계급에게 물질과 정신상 생활 정도와 문화 수준이 제고 보장되는 과정을 건국의 제2기라 함.

① 함경남도 보천보의 일제 통치 기구를 공격하였다.
② 미국 전략 정보처(OSS)와 협력하여 국내 진공 작전을 계획하였다.
③ 화북 지방에서 조선 의용군을 결성하여 일제에 저항하였다.
④ 중·일 전쟁이 발발하자 조선 민족 전선 연맹을 결성하였다.

139 1102

2011년 7급 국가직

(가), (나) 사론에 대한 설명으로 옳지 않은 것은?

> (가) 역사란 무엇이뇨. 인류 사회의 아(我)와 비아(非我)의 투쟁이 시간에서 발전하여 공간까지 확대하는 심적 활동의 기록이니, 세계사라 하면 세계 인류의 그리 되어 온 상태의 기록이며, 조선사라 하면 조선 민족이 그리 되어 온 상태의 기록이니라.
> (나) 한국사는 역사적 발전 단계를 거치지 못하여 근대로의 이행에 필수적인 봉건 사회를 거치지 못하고 전근대 단계에 머물러 있어 사회 경제적으로 낙후한 상태다.

① (가)와 같은 입장에서 쓰여진 대표적인 사서로 박은식의 『한국독립운동지혈사』가 있다.
② (가)의 저자는 묘청의 난을 '조선 역사상 일천 년래 제일 대사건'이라고 칭하였다.
③ (나) 사론의 주장자들은 식민주의 사관의 정체성 이론을 반박하였다.
④ (나)의 사관에 입각해서 조선사 편수회의 『조선사』가 집필되었다.

136 1099

③ 조소앙의 '삼균주의'는 쑨원의 삼민주의, 캉유웨이의 대동 사상 등에 영향을 받은 것으로, 완전 균등을 대전제로 하고 있다. 우선 개인과 개인 간의 균등은 정치·경제·교육의 균등을 통해 이룩될 수 있다고 전제하면서, 보통 선거제·국유제·국비 의무 학제를 실행해 각각 정치·경제·교육의 균등을 이룰 수 있다고 보았다. 또한 민족과 민족 간의 균등은 민족 자결을 통해 이룩된다고 전제하면서, 이를 모든 민족에 적용해 소수 민족과 약소 민족이 피압박·피통치의 위치에 빠지지 않도록 해야 한다고 보았다. 마지막으로 국가와 국가 간의 균등은 식민 정책과 자본 제국주의를 부정하고 침략 전쟁 행위를 금지하여 모든 국가들이 서로 간섭, 침탈 행위를 하지 않음으로써 이룩된다고 보았다. 이를 바탕으로 임시 정부는 보통 선거제에 의한 정치 균등, 토지와 대기업 국유화를 통한 경제 균등, 국비 의무 교육제에 의한 교육 균등의 실시를 정강으로 채택하였다.

정답 ③

137 1100

제시문은 1941년에 조소앙의 삼균주의를 바탕으로 발표된 대한민국 임시 정부의 건국 강령이다.

② 대한민국 임시 정부는 1945년에 국내 진공 작전을 시행하기 위해 국내 정진군 총지휘부를 설립했으며, 미국 전략 정보국(OSS)과 3개월간의 비밀 훈련을 마치고 대원들을 조선으로 밀파해 파괴와 정탐 등 공작 개시 준비를 했다. 그러나 일본이 1945년 8월 15일에 연합군에게 항복함으로써 이 계획은 무산되었다.

오답 분석

① 보천보 전투는 동북 항일 연군 가운데 일부 유격대 병력이 1937년에 함경남도 갑산군 혜산진 보천보 일대를 잠시 점령한 사건이다.

③ 조선 의용대 화북 지대를 개편해 조선 독립 동맹 산하의 군사 조직으로 만들어진 것은 조선 의용군(1942)이다.

④ 조선 민족 전선 연맹(1937)은 조선 민족 혁명당의 김원봉, 조선 민족 해방자 동맹의 김규광, 조선 청년 전위 동맹의 최창익, 조선 혁명자 연맹의 유자명 등이 난징에서 결성한 좌익 계열의 독립운동 단체였다.

정답 ②

138 1101

① 순서대로 나열하면 ㉠ 충칭 이동(1940) → ㉣ 건국 강령 발표(1941) → ㉢ 조선 의용대의 한국광복군 편입(1942) → ㉡ 부주석제 신설(1944)이다.

㉠ 대한민국 임시 정부는 1940년 중·일 전쟁 기간에 충칭에 정착하였다.

㉣ 대한민국 임시 정부는 조소앙의 삼균주의를 바탕으로 대한민국 건국 강령을 발표(1941)하였다.

㉢ 대한민국 임시 정부 제28차 국무 회의(1942)에서 조선 의용대의 일원을 한국광복군에 편입시킬 것을 결의하여 조선 의용대 화북 지대의 이탈로 약화된 잔여 세력을 광복군 제1지대에 편입하였다.

㉡ 대한민국 임시 정부 제5차 개헌(1944)에서 주석·부주석 체제가 신설되어 주석에 김구, 부주석에 김규식이 선출되었다.

정답 ①

139 1102

(가)는 『조선상고사』 총론에서 신채호가 언급한 '아와 비아의 투쟁'이며, (나)는 식민사관의 정체성론이다. 신채호와 같은 민족주의 대표 학자로는 박은식, 정인보, 문일평 등이 있으며, 특히 박은식의 『한국통사』, 『한국독립운동지혈사』, 정인보의 『조선사연구』, 안재홍의 『조선상고사감』 등이 대표적인 저작들이다.

③ (나) 정체성론은 후쿠다 도쿠조로부터 구체화되어, 타율성론과 함께 우리 역사를 왜곡한 대표적인 식민사관에 해당한다.

정답 ③

140 1103

2012년 9급 지방직

(가), (나)를 주장한 인물에 대한 설명으로 옳은 것은?

> (가) 내정 독립이나 참정권이나 자치를 운운하는 자 누구이냐? 너희들이 '동양 평화', '한국 독립 보전' 등을 담보한 맹약이 먹도 마르지 아니하여 삼천리 강토를 집어 먹힌 역사를 잊었느냐? … 민중은 우리 혁명의 대본영이다. 폭력은 우리 혁명의 유일한 무기이다.
>
> (나) 나라는 없어질 수 있으나 역사는 없어질 수 없으니 그것은 나라는 형체이고 역사는 정신이기 때문이다. … 정신이 보존되어 없어지지 않으면 형체는 부활할 때가 있을 것이다.

① (가) - 대한민국 임시 정부에서 처음으로 대통령을 역임하였다.

② (가) - 「독사신론」을 연재하여 민족주의 사학의 발판을 마련하였다.

③ (나) - 조선 불교 유신론을 통해 새로운 사회의 방향을 추구하였다.

④ (나) - 낭가 사상을 강조하여 민족 독립의 정신적 기반을 만들려고 하였다.

141 1104

2014년 7급 지방직

다음은 1910년 전후의 저술 일부이다. 이에 대한 설명으로 옳은 것만을 〈보기〉에서 모두 고른 것은?

> (가) 고대의 불완전한 역사라도 이를 상세히 살피면, 동국주족(東國主族) 단군 후예의 발달한 실제 자취가 뚜렷하거늘 무슨 까닭으로 우리 선조들을 헐뜯음이 이에 이르렀는가.
>
> (나) 옛 사람들이 말하기를 나라는 멸할 수 있으나 역사는 가히 멸할 수가 없다고 하였으니, 대개 나라는 형체이고 역사는 정신이기 때문이다. …… 오늘날 우리 민족 모두가 우리 조상의 피로써 골육을 삼고 우리 조상의 혼으로 영혼을 삼고 있으니 우리 조상은 신성한 교화가 있고 신성한 정법이 있고, 신성한 문사(文事)와 무공이 있으니, 우리 민족이 그 다른 것에서 구함이 옳다고 하겠는가. 무릇 우리 형제는 늘 잊지 말며 형체와 정신을 전멸시키지 말 것을 구구히 바란다.

보기

㉠ (가)의 저자는 유물 사관에 입각하여 역사를 연구하였다.

㉡ (가)의 저자는 민족 정신을 '낭가' 사상으로 설명하였다.

㉢ (나)의 저자는 양기탁의 추천으로 제국신문의 주필을 지냈다.

㉣ (나)의 저자는 1925년 대한민국 임시 정부 대통령에 취임하였다.

① ㉠, ㉣ ② ㉡, ㉣

③ ㉠, ㉡, ㉢ ④ ㉡, ㉢, ㉣

142 1105

2012년 7급 지방직

다음 글을 집필한 역사가에 대한 설명으로 옳은 것은?

> ○ 옛 사람들이 말하기를 나라는 멸망할 수 있지만 역사는 멸망할 수 없다고 하였으니, 나라는 형(形)이고 역사는 신(神)이기 때문이다. 지금 한국의 형은 허물어졌으나 신만이 홀로 남을 수는 없는 것인가. ─ ○○○○ 서문 ─
>
> ○ 무릇 역사는 국가의 정신이요, 영웅은 국가의 원기라. 국민의 수준이 높을수록 역사를 더욱 존중하고 영웅을 숭배하니 그 역사를 존중함과 영웅을 숭배함이 곧 그 국가를 사랑하는 사상이라. ─ 고구려 「영락대왕 묘비 등본」을 읽고 ─

① 국가의 구성 요소를 국혼과 국백으로 나누었다.

② 역사 연구의 목표를 '조선 얼'의 유지에 두었다.

③ 아와 비아의 투쟁으로 역사가 전개된다고 하였다.

④ 기자조선 - 마한 - 통일 신라로 이어지는 정통론을 주장하였다.

140 1103

(가)는 신채호의 「조선혁명선언」, (나)는 박은식의 『한국통사』의 서문이다.

② 신채호는 1908년부터 대한매일신보에 「독사신론」이라는 사론을 연재하여 민족주의 사학의 효시를 이루었다.

오답 분석

① 이승만에 대한 설명이다.
③ 한용운에 대한 설명이다.
④ 신채호에 대한 설명이다.

정답 ②

141 1104

(가)는 신채호, (나)는 박은식의 주장이다.

ⓒ 신채호는 우리 민족 고유의 낭가 사상을 민족 정신으로 강조하였다.
ⓔ 박은식은 이승만이 위임 통치 청원을 계기로 대한민국 임시 정부 대통령에서 탄핵된 이후 대한민국 임시 정부의 제2대 대통령에 취임하였다.

오답 분석

ⓐ 유물 사관에 입각한 사회·경제 사학자들로는 백남운, 전석담, 이청원, 이북만 등이 있다.
ⓑ 박은식은 황성신문의 주필로 활동하였으며, 대한매일신보의 집필진으로도 활동하였다. 제국신문의 주필을 지낸 인물은 이승만이다.

정답 ②

142 1105

제시문은 『한국통사』 서문과 「고구려 영락대왕 묘비 등본을 읽고」의 내용으로, 모두 박은식이 집필한 것이다.

① 근대 역사학의 토대를 닦았던 박은식은 국권이 상실되는 상황 속에서 국혼(國魂)을 강조하여 민족의 정신을 일깨우고자 하였다.

오답 분석

② 정인보에 대한 설명이다.
③ 신채호에 대한 설명이다.
④ 안정복에 대한 설명이다.

정답 ①

143 1106

다음과 같은 활동을 펼친 인물에 대한 설명으로 옳은 것은?

○ 대한매일신보에 애국적인 논설을 썼다.
○ 유교 개혁의 뜻을 담은 『유교구신론』을 집필하였다.

① 적극적인 의열 활동을 위해 한인 애국단을 만들었다.
② 일본의 침략상을 폭로하는 『한국통사』를 저술하였다.
③ 실증 사학의 입장에서 연구하는 진단 학회를 조직하였다.
④ 김원봉의 요청을 받아들여 「조선혁명선언」을 작성하였다.

144 1107

다음 글을 쓴 인물에 대한 설명으로 옳은 것은?

이른바 3대 문제는 무엇인가. 첫째는 유교계의 정신이 오로지 제왕 측에 있고, 인민 사회에 보급할 정신이 부족함이오, 둘째는 여러 나라를 돌아다니면서 천하를 변혁하려 하는 정신을 강구하지 않고, 내가 동몽(童蒙)을 찾는 것이 아니라 동몽이 나를 찾는다는 생각을 간직함이오, 셋째는 우리 대한의 유가에서 쉽고 정확한 법문을 구하지 아니하고 질질 끌고 되어 가는 대로 내버려 두는 공부만을 숭상함이다.

① '조선심'의 개념을 중시하고 한글을 그 결정체로 보았다.
② 「5천 년간 조선의 얼」이라는 글을 써서 민족 정신을 고취하였다.
③ 실천적인 새로운 유교 정신을 강조하는 「유교구신론」을 주장하였다.
④ 3 · 1 운동 때 민족 대표 33인의 한 사람이며, 일제의 사찰령에 반대하였다.

145 1108

다음 자료와 관련 있는 인물의 활동으로 옳은 것은?

무릇 동양의 수천 년 교화계(敎化界)에서 바르고 순수하며 광대 정미하여 많은 성인이 뒤를 이어 전하고 많은 현인이 강명(講明)하는 유교가 끝내 인도의 불교와 서양의 기독교와 같이 세계에 대발전을 하지 못함은 어째서이며, 근세에 이르러 침체 부진이 극도에 달하여 거의 회복할 가망이 없는 것은 무슨 까닭이뇨. …… 그 원인을 탐구하여 말류(末流)를 추측하니 유교계에 3대 문제가 있는지라. 그 3대 문제에 대하여 개량(改良) 구신(求新)을 하지 않으면 우리 유교는 흥왕할 수가 없을 것이며 …… 여기에 감히 외람됨을 무릅쓰고 3대 문제를 들어서 개량 구신의 의견을 바치노라.

－ 『서북학회 월보』 제1권

① 양명학을 토대로 대동 사상을 주창하였다.
② 만세보를 발간하여 민족 의식을 고취하였다.
③ 위정척사 운동의 계승과 실천을 강조하였다.
④ 「독사신론」을 통해 역사학의 방향을 제시하였다.
⑤ 신민족주의를 제창하여 민족주의의 한계를 극복하려 하였다.

146 1109

〈보기〉에서 나타내고 있는 인물에 대한 설명으로 가장 옳지 않은 것은?

보기
• 독립운동가이자 민족주의 역사학자
• 태백광노(太白狂奴) 또는 무치생(無恥生)이라는 별호를 쓰기도 함
• 상해에서 『안중근전』을 저술함

① '혼'과 '백' 중 '혼'을 잃지 않으면 나라를 되찾을 수 있다고 주장하였다.
② 윤세복이 만주에 세운 동창 학교에 참여하였다.
③ 대한민국 임시 정부의 대통령을 역임하였다.
④ 한인 애국단을 조직하였다.

143 1106

성리학 중심의 유교를 양명학 중심으로 혁신하자는 「유교구신론」을 저술한 인물은 박은식이다.

② 박은식은 「한국통사」를 저술하여 나라는 형(形, 형태)이고, 역사는 신(神, 정신)이라고 주장하였다.

오답 분석

① 1931년 김구에 의해 한인 애국단이 조직되었다.

③ 1934년 이병도, 손진태 등이 실증 사학의 관점에서 진단 학회를 조직하였다.

④ 「조선혁명선언」은 1923년 신채호가 작성한 의열단의 강령이다.

정답 ②

144 1107

제시문은 박은식이 저술한 「유교구신론」의 일부이다.

③ 박은식은 「유교구신론」에서 양명학 중심의 유교 개혁과 적극적 교화 활동을 주장하였다.

오답 분석

① 문일평에 대한 설명이다. 문일평은 '조선심', '조선 문학', '조선 사상'을 강조하였고, 특히 '조선심'의 결정체로 한글을 강조하였다.

② 정인보는 '얼' 중심의 정신사적인 역사관을 강조하였다. 그는 '얼'이란 민족 정신을 뜻하는 것으로 '얼'을 빼놓은 역사학은 쓸데없고 오히려 해악을 끼치는 것이라고 주장하였고, 「5천 년간 조선의 얼」을 동아일보에 연재하여 민족 정신을 고취하였다.

④ 한용운은 3·1 운동 때 민족 대표 33인의 일원으로 참가하였으며, 1921년에 조선 불교 유신회에 참여하여 불교 정화 운동, 일제의 불교 장악 의도인 사찰령 폐지 운동을 전개하였다.

정답 ③

145 1108

제시문은 1909년 『서북학회월보』에 게재된 박은식의 「유교구신론」이다.

① 박은식은 「유교구신론」을 통해 새로운 실천적인 유교 정신을 강조하면서 양명학 중심의 유교 개혁과 적극적 교화 활동을 주장하였다.

오답 분석

② 만세보(1906)는 손병희·오세창을 중심으로 창간된 천도교 계통의 신문이다.

③ 박은식은 주자학을 숭상하는 위정척사 사상을 비판하고 유교 개혁을 주장하였다.

④ 신채호는 민족주의 정신에 근거하여 한국사의 체계를 모색한 「독사신론」을 저술함으로써 일제의 근대 사학을 무비판적으로 수용하는 것을 비판하는 한편, 민족주의 사학의 연구 방향을 제시하였다.

⑤ 신민족주의를 주장한 손진태, 안재홍, 이인영, 홍인섭 등은 일제의 식민 사학에서 탈피하고 민족주의의 한계를 극복하여 새로운 발전을 모색하였다.

정답 ①

146 1109

〈보기〉의 인물은 박은식에 해당한다. 박은식은 1925년에 임시 정부의 제2대 대통령으로 선출된 이후 정부의 내각 책임제 개편을 이끌었으며, 그해 11월 병사하였다.

④ 한인 애국단은 1931년에 김구가 조직하였다.

오답 분석

① 박은식은 『한국통사』에서 '혼'과 '백' 중 '혼'을 잃지 않으면 나라를 되찾을 수 있다고 주장하였다.

② 박은식은 만주의 환인에 있는 윤세복의 집에 1년간 머물면서 저술에 집중하였으며, 1911년 만주에 설립된 동창 학교에 참여하였다. 이후 1912년에 상해로 가서 신규식 등과 함께 동제사를 조직하고, 동포들의 자녀 교육을 위해 박달 학원을 설립하였다.

③ 박은식은 이승만이 탄핵되자 1925년에 대한민국 임시 정부의 제2대 대통령으로 선출되었다.

정답 ④

147 1110

다음 글의 저자에 대한 설명으로 옳은 것은?

> 무릇 동양의 수천 년 교화계(敎化界)에서 바르고 순수하며 광대 정밀하여 많은 성현들이 전해주고 밝혀준 유교가 끝내 인도의 불교와 서양의 기독교와 같이 세계에 큰 발전을 하지 못함은 어째서이며 …(중략)… 유교계에 3대 문제가 있는지라. 그 3대 문제에 대하여 개량하고 구신(求新)을 하지 않으면 우리 유교는 흥왕할 수가 없을 것이다.

① 「독사신론」에서 민족을 역사서설의 주체로 설정하고 사대주의를 비판하였다.
② 주석·부주석 체제하의 대한민국 임시 정부에서 주석을 역임하였다.
③ '나라는 형(形)이고 역사는 신(神)'이라고 주장하였다.
④ '조선 얼'을 강조하며 '조선학 운동'을 펼쳤다.

148 1111

다음 글의 저자에 대한 설명으로 옳은 것은?

> 국가의 역사는 민족의 소장성쇠(消長盛衰)의 상태를 서술할지라. 민족을 빼면 역사가 없으며 역사를 빼어 버리면 민족의 그 국가에 대한 관념이 크지 않을지니, 오호라 역사가의 책임이 그 역시 무거울진저 … (중략) … 만일 그렇지 않으면 이는 무정신의 역사이다. 무정신의 역사는 무정신의 민족을 낳으며, 무정신의 국가를 만들 것이니 어찌 두렵지 아니하리오.

① 이순신, 을지문덕 등 위인의 전기를 써 민족 의식을 고취하였다.
② 한국의 독립운동 과정을 서술한 『한국독립운동지혈사』를 저술하였다.
③ 「5천 년간 조선의 얼」이라는 글을 신문에 연재하여 민족 정신을 고취하였다.
④ '조선심'을 강조하며 정약용 연구를 중심으로 한 조선학 운동을 전개하였다.

149 1112

다음 주장을 한 인물에 대한 설명으로 옳은 것은?

> 계급 투쟁은 민족의 내부 분열을 초래할 것이며, 민족의 내쟁은 필연적으로 민족의 약화에 따르는 다른 민족으로부터의 수모를 초래할 것이다. 계급 투쟁의 길은 우리가 반드시 취해야 할 필요는 없고, 민족 균등이 실현되는 날 그것은 자연 해소되는 문제다. … (중략) … 이 세계적 기운과 민족적 요청에서 민족 사관은 출발하는 것이며, 민족사는 그 향로와 방법을 명백하게 과학적으로 지시하여야 할 것이다.
>
> – 『조선민족사개론』

① 『조선상고사』와 『조선사연구초』를 저술하였다.
② 대동 사상을 수용한 「유교구신론」을 주장하였다.
③ 『진단학보』를 발간한 진단 학회의 발기인으로 활동하였다.
④ 「5천 년간 조선의 얼」이라는 글을 동아일보에 연재하였다.

150 1113

밑줄 친 '나'에 대한 설명으로 옳은 것은?

> 나의 조선 경제사의 기도(企圖)는 사회의 경제적 구성을 기축으로 대체로 다음과 같은 제 문제를 취급하려 하였다.
> 제1. 원시 씨족 공산체의 태양(態樣)
> 제2. 삼국의 정립 시대의 노예 경제
> 제3. 삼국 시대 말기 경부터 최근세에 이르기까지의 아시아적 봉건 사회의 특질
> 제4. 아시아적 봉건 국가의 붕괴 과정과 자본주의 맹아 형태
> 제5. 외래 자본주의 발전의 일정과 국제적 관계
> 제6. 이데올로기 발전의 총 과정

① 우리 고대사를 중국 민족에 필적하는 강건한 민족의 역사로 서술했다.
② 일제 식민 사학의 정체성론을 극복하는 근거를 제공하였다.
③ 실학에서 자주적인 근대 사상과 우리 학문의 주체성을 찾으려 하였다.
④ 순수 학문을 표방하면서 식민주의 사학에 학문적으로 대항하려 하였다.

147 1110

제시문은 박은식의 「유교구신론」이다.

③ 박은식은 민족의 '혼'을 강조하였으며 '나라는 형(形)이고 역사는 신(神)'이라고 주장하였다.

오답 분석

① 신채호에 대한 설명이다.
② 김구에 대한 설명이다.
④ 정인보에 대한 설명이다.

정답 ③

148 1111

사료는 신채호가 대한매일신보에 연재한 「독사신론」(1908)의 내용이다.

① 신채호는 「이순신전」, 「을지문덕전」, 「최도통전」 등의 위인전기를 집필하여 민족 정신을 고취하였다.

오답 분석

② 박은식에 대한 설명이다.
③ 정인보에 대한 설명이다.
④ 문일평에 대한 설명이다.

정답 ①

149 1112

『조선민족사개론』은 신민족주의 사학자인 손진태가 저술한 책이다. 신민족주의 사학자들은 일제 강점기 민족주의 사학을 계승하는 한편, 문헌 고증을 토대로 사회 · 경제 사학의 세계사적 발전 법칙을 수용하였으며, 이를 바탕으로 민족사를 체계화하였다.

③ 손진태는 1934년에 청구 학회에 대항하기 위하여 설립된 진단 학회의 발기인으로 참여하였으며, 『진단학보』를 발행하여 실증적 역사를 연구하였다.

오답 분석

① 『조선상고사』와 『조선사연구초』는 신채호의 저술이다.
② 박은식은 「유교구신론」을 통해 양명학 중심의 유교 개혁과 적극적 교화 활동을 주장하였다.
④ 정인보는 1935년부터 1936년 동아일보가 정간될 때까지 「5천년간 조선의 얼」이라는 글을 연재하였다.

정답 ③

150 1113

제시문은 백남운의 『조선사회경제사』 서문의 일부 내용으로, 밑줄 친 '나'는 백남운을 의미한다.

② 백남운은 『조선사회경제사』를 저술하여 식민 사학의 정체성론을 비판하고 한국의 역사 발전이 세계사적 보편성에 의해 이루어졌음을 체계적으로 서술하였다.

오답 분석

① 신채호를 중심으로 한 민족주의 사학자들이 주장한 내용이다.
③ 실학에서 자주적인 근대 사상과 우리 학문의 주체성을 찾으려고 한 것은 1934년에 일어난 조선학 운동으로, 정인보, 문일평, 안재홍 등이 주도하였다.
④ 실증 사학은 순수 학문으로서의 역사학을 지향하며 문헌 고증을 중시하였고, 식민 사학의 타율성론, 단군 조선 부정 등을 비판하였다. 대표적인 인물로는 이병도, 손진태 등이 있다.

정답 ②

151 1114

㉠~㉢에 들어갈 내용으로 옳은 것은?

> ○ (㉠)은 한국 민족사의 주체적 발전과 민족 문화의 우수
> 성을 강조하면서, 민족 정신을 중시하고 이를 고취시켜
> 독립을 이룩하려는 의도를 강하게 드러냈다. 박은식, 신
> 채호 등이 대표적 인물이다.
> ○ (㉡)은 사회 구성체 발전 단계론의 역사 인식을 바탕으
> 로 하면서 역사 발전의 원동력을 민중에게서 구했으며,
> 우리 역사를 유물 사관의 방법론에 맞추려고 하였다. 백
> 남운, 이청원 등이 대표적 인물이다.
> ○ (㉢)은 순수 학문으로서의 역사학을 지향하며 문헌 고
> 증을 중시하였다. 이병도, 손진태 등이 대표적 인물이다.

	㉠	㉡	㉢
①	민족주의 사학	사회 · 경제 사학	실증 사학
②	실증 사학	민족주의 사학	사회 · 경제 사학
③	민족주의 사학	실증 사학	사회 · 경제 사학
④	사회 · 경제 사학	실증 사학	민족주의 사학

152 1115

일제 강점기 우리나라 역사학자들의 역사 연구 활동에 대한
설명으로 옳지 않은 것은?

① 안재홍은 우리나라 역사를 통사 형식으로 쓴 『조선사연구』
를 편찬하였다.

② 백남운 등의 사회 · 경제 사학자들은 민족주의 사학자들의
정신 사관을 비판하기도 하였다.

③ 신채호는 『조선상고문화사』를 저술하여 대종교와 연결되는
전통적 민간 신앙에 관심을 보였다.

④ 정인보는 광개토 왕릉 비문을 연구하여 일본 학자의 고대사
왜곡을 바로잡는 데 기여하였다.

153 1116

일제 강점기 식민 사학을 비판한 연구 경향으로 옳지 않은
것은?

① 정인보는 5천 년간의 조선 얼을 강조하였다.

② 신채호는 『조선상고사』를 연재하여 민족 의식을 고취하였다.

③ 진단 학회는 개별 역사적 사실의 이해를 확고히 하는 실증
사관을 중시하였다.

④ 청구 학회는 조선과 만주의 역사를 일원적으로 파악하는 만
선 사관을 견지하였다.

154 1117

〈보기〉는 일제 강점기 당시 흥행에 성공하였던 영화의 줄거
리이다. 이 영화가 상영되던 시기의 문화 예술계에 대한 설명
으로 가장 옳은 것은?

> **보기**
>
> 영진은 전문 학교를 다닐 때 독립 만세를 부르다가 왜경에
> 게 고문을 당해 정신 이상이 된 청년이었다. 한편 마을의 악
> 덕 지주 천가의 머슴이며, 왜경의 앞잡이인 오기호는 빚 독
> 촉을 하며 영진의 아버지를 괴롭혔다. 더욱이 딸 영희를 아
> 내로 준다면 빚을 대신 갚아줄 수 있다고 회유하기까지 하
> 였다. … (중략) … 오기호는 마을 축제의 어수선한 틈을 타
> 영희를 겁탈하려 하고 이를 지켜보던 영진은 갑자기 환상에
> 빠져 낫을 휘둘러 오기호를 죽인다. 영진은 살인 혐의로 일
> 본 순경에게 끌려가고, 주제곡이 흐른다.

① 역사학 : 민족주의 역사가들 사이에서 이른바 조선학 운동
이 시작되었다.

② 문학 : 민중 생활에 관심을 기울인 신경향파 문학이 대두하
여 식민 통치에 대한 저항 문학으로 발전했다.

③ 음악 : 일본 주류 대중 음악의 영향을 받은 트로트 양식이
정립되었다.

④ 영화 : 일제는 조선 영화령을 공포하여 영화를 전시 체제의
옹호와 선전의 수단으로 사용하였다.

문제 풀이

151 1114

㉠ 민족주의 사학은 역사 연구를 독립운동 방법의 하나로 인식하여 우리 민족의 자율성과 주체성, 한국사의 자주적 발전을 강조하였다. 대표적인 인물 중 신채호는 『조선상고사』에서 역사 주체로서 민족을 선명하게 부각시킴으로써 반식민주의적 관점을 분명히 해 주체적인 한국사 연구의 방향을 제시하였고, 박은식은 한 나라의 국교(國敎)와 국사(國史)가 없어지지 않으면 나라도 결코 망한 것이 아니라는 신념 아래 민족주의 사관에 입각해 『한국통사』를 서술하였다.

㉡ 1920년대 후반에 사회주의 이념의 확산으로 노동자·농민 운동이 활성화되는 가운데 유물 사관으로 한국사의 발전 과정을 탐구하려는 사회·경제 사학이 등장하였다. 사회·경제 사학자들은 한국사가 세계사의 발전 법칙에 입각하여 발전해 왔음을 강조하며 식민 사학의 정체성 이론을 비판하였다. 대표적인 인물인 백남운은 『조선사회경제사』와 『조선봉건사회경제사』에서 조선 사회의 정체성을 주장하였던 식민주의자들의 논리를 유물론의 '세계사적인 일원적 역사 법칙'에 따라 반박하였고, 이청원은 『조선사회사독본』에서 사적 유물론을 기반으로 식민 사관에 의해 왜곡된 한국 사상을 비판하였다.

㉢ 실증 사학의 대표적인 인물인 이병도와 손진태는 객관적 사실에 근거하는 문헌 고증의 자세로 우리의 역사·문화·언어 등을 연구하여, 식민 사학의 타율성론, 단군 조선 부정 등을 비판하였다.

정답 ①

152 1115

① 『조선사연구』는 정인보가 저술한 책으로, 1935년부터 1936년에 동아일보가 정간될 때까지 『5천 년간 조선의 얼』이라는 제목으로 연재되었던 것을 서울 신문사에서 상(1946. 9.)·하(1947. 7.) 두 권으로 간행한 것이다.

정답 ①

153 1116

④ 청구 학회는 조선사 편수회 간부들과 경성 제국 대학 법문학부 출신 인물들이 연계하여 1930년에 조직하였으며, 식민 사관의 관점에서 조선 및 만주 등의 역사·문화를 연구하였다. 이 단체에는 최남선, 이능화, 이병도, 신석호 등이 참여하였다. 청구 학회가 주장한 만선 사관은 조선의 역사가 만주 지역의 역사에 종속되었다고 보는 것으로, 타율성론에서 파생된 식민 사학의 대표적 이론이다.

정답 ④

154 1117

〈보기〉의 영화는 나운규의 '아리랑'(1926)이다.

② 1925년에 조선 공산당이 창건되고 신경향파 문학이 대두하여 식민지 현실을 강력하게 비판하였다.

오답 분석

① 1934년에 정인보와 안재홍이 다산 정약용의 서거 99주년을 기념하여 정약용에 관련된 논문을 발표하면서 조선학 운동이 시작되었다. 조선학 운동은 1936년 이후 진보적 민족주의 역사가들에 의해 활발히 전개되었다.

③ 트로트는 1930년을 전후한 시기에 일본 엔카의 영향을 받아 국내 창작이 본격화되었다.

④ 1940년에 공포된 조선 영화령은 1939년에 일본에서 공포된 일본 영화령의 내용을 그대로 옮긴 것으로, 영화의 제작·배급 및 흥행 등 각 분야에 대한 통제와 규제로 일관되었다.

정답 ②

155 1118

2017년 7급 서울시

다음 〈보기〉의 내용과 같은 분위기가 유행한 시대에 대한 설명으로 가장 옳지 않은 것은?

> **보기**
> 혈색 좋은 흰 피부가 드러날 만큼 반짝거리는 엷은 양말에, 금방 발목이나 삐지 않을까 보기에도 조마조마한 구두 뒤로 몸을 고이고, 스커트 자락이 비칠 듯 말 듯한 정강이를 지나는 외투에 단발 혹은 미미가쿠시(당시 유행하던 머리모양)에다가 모자를 푹 눌러 쓴 모양 … 분길 같은 손에 경복궁 기둥 같은 단장을 휘두르면서 두툼한 각테 안경, 펑퍼짐한 모자, 코 높은 구두를 신고 …
> — 『별건곤』, 모년 12월호

① 『신여성』, 『삼천리』 등의 잡지는 새로운 패션이나 화장법을 소개하여 유행을 이끌었다.

② 대한천일은행, 한성은행, 조선은행 등이 설립되어 경성 상인에게 자본을 빌려주어 유행을 뒷받침하였다.

③ 조선 총독부는 기존의 우측 통행 방침을 바꾸어 좌측 통행을 일반화하였다.

④ 사회주의 운동의 영향으로 식민지 현실의 계급 모순을 비판하는 프로 문학이 등장하였다.

156 1119

2010년 9급 국가직

일제 강점기의 문예 활동과 관련하여 옳지 않은 것은?

① 1920년대 중반에는 신경향파 문학이 대두하여 문학의 사회적 기능이 강조되었다.

② 정지용과 김영랑은 『시문학』 동인으로 순수 문학의 발전에 이바지하였다.

③ 미술에서는 안중식이 서양화를 대표하였다.

④ 영화에서는 나운규가 아리랑을 발표하여 한국 영화 발전에 기여하였다.

155 1118

『별건곤』은 1926년에 창간된 취미 잡지로, 제시문은 1927년 당시 경성 시내를 활보하던 모던 걸과 모던 보이를 묘사한 것이다. 『별건곤』은 언론 잡지인 『개벽』의 뒤를 이어 개벽사에서 월간으로 창간하였다.

② 대한천일은행(1899), 한성은행(1897), 조선은행(1896)은 모두 1890년대에 설립된 은행들이다.

오답 분석

① 『신여성』은 1923년, 『삼천리』는 1929년에 창간된 잡지들로, 당시의 유행을 선도하였다.

③ 조선 총독부는 1921년에 도로 규칙을 개정하여 좌측 통행을 일반화하였다. 한편 대한 제국은 1905년에 우측 통행을 규정한 바 있었다.

④ 조선 공산당이 창건되는 등 사회주의가 유행하고 있던 시기인 1925년에는 신경향파 문인들이 프롤레타리아 예술가 연맹인 카프(KAPF)를 결성하였다. 카프는 사회 참여와 비판을 주도하였으며 계급 문학 운동을 이끌었다.

정답 ②

156 1119

③ 안중식은 서양화를 대표하는 인물이 아닌, 조선 말기의 전통 회화를 근대 회화로 이행시키는 데 큰 역할을 한 인물이다. 서양화를 대표한 인물로는 고희동, 나혜석, 이중섭 등이 있다.

정답 ③

PART 11

현대 사회의 발전

01 1120

2017년 9급 지방직(추가 채용)

다음 글의 ㉠에 해당하는 것은?

국내 · 외에서 줄기차게 전개된 독립 운동은 연합국이 한국의 독립을 약속하는 데에 영향을 미쳤다. 1943년에 미국의 루스벨트 대통령과 영국의 처칠 수상, 중국의 장제스 총통은 '한국인이 노예적 상태에 있음을 유의하여 적당한 절차(in due course)를 밟아 한국을 독립시키기로 결의한다.'는 내용이 담긴 (㉠)을 발표하였다.

① 얄타 협정
② 카이로 선언
③ 포츠담 선언
④ 트루먼 독트린

02 1121

2018년 9급 서울시(추가 채용)

〈보기〉의 선언에 대한 설명으로 가장 옳은 것은?

보기

각 군사 사절단은 일본국에 대한 장래의 군사 행동을 협정하였다. … (중략) … 앞의 3대국은 조선 인민의 노예 상태에 유의하여 적당한 시기에 맹세코 조선을 자주 독립시킬 결의를 한다.

① 이 선언에서 연합국은 일본에 무조건 항복을 요구하였다.
② 미국, 영국, 중국의 정상이 모여 회담을 한 후 나온 선언이다.
③ 소련은 일본과의 전쟁에 참전할 것을 결정했다.
④ 미국의 루즈벨트 대통령이 20~30년간의 신탁 통치안을 처음으로 제안하였다.

03 1122

2016년 7급 국가직

다음 선언문을 발표한 회담과 관련한 설명으로 옳은 것은?

우리 동맹국은 일본이 제1차 세계 대전 이후에 탈취하거나 점령한 태평양의 도서 일체를 박탈할 것과 만주, 팽호도와 같이 일본이 청국에게서 빼앗은 지역을 모두 중화민국에 반환할 것을 목표로 한다. … (중략) … 그리고 우리 세 나라는 현재 한국 국민이 노예 상태하에 있음을 유의하여 적당한 시기에 한국을 자주 · 독립 국가로 할 결의를 가지고 있다.

① 회담 당사국은 미국, 영국, 소련이었다.
② 4개국에 의한 최장 5개년의 한반도 신탁 통치를 결정하였다.
③ 회담의 영향으로 임시 정부가 건국 강령을 발표하였다.
④ 제2차 세계 대전 중 최초로 한국의 독립을 국제적으로 보장하였다.

04 1123

2016년 7급 국가직

다음 강령을 선포한 단체의 활동으로 옳은 것을 〈보기〉에서 모두 고른 것은?

○ 우리는 완전한 독립 국가의 건설을 기함
○ 우리는 전 민족의 정치적, 사회적 기본 요구를 실현할 수 있는 민주주의 정권의 수립을 기함
○ 우리는 일시적 과도기에 있어서 국내 질서를 자주적으로 유지하며 대중 생활의 확보를 기함

보기

㉠ 전국에 지부를 건설하고 치안대를 조직하였다.
㉡ 이른바 8월 테제를 발표하여 토지 혁명을 제창하였다.
㉢ 남북을 통합한 좌우 합작으로 임시 정부 수립을 주장하였다.
㉣ 전국 인민 대표 대회에서 조선 인민 공화국의 수립을 선언하였다.

① ㉠, ㉡
② ㉡, ㉢
③ ㉢, ㉣
④ ㉠, ㉣

01 1120

② 카이로 선언은 1943년 11월에 미국의 루스벨트, 영국의 처칠, 중국의 장제스가 모여 합의한 내용을 발표한 공동 선언이다. 이 선언에서 3국은 일본이 무조건 항복할 때까지 전쟁을 계속할 것임을 확인하였고 만주·타이완 등 일본이 탈취·점령한 모든 지역을 반환시킬 것이며, 적절한 절차를 거쳐 한국의 독립을 지원하겠다고 발표하였다.

오답 분석

① 얄타 협정은 1945년 2월 11일에 미국, 영국, 소련 3국이 만나 결의한 것이다. 얄타 협정의 내용은 소련이 독일 항복 후 2~3개월 이내에 대일전에 참전할 것이며, 그 대가로 연합국은 소련에게 러·일 전쟁에서 소련이 잃은 영토를 반환할 것, 외몽골의 독립을 인정할 것 등이 협의되었다.

③ 포츠담 선언은 1945년 7월에 미국·영국·중국·소련 4개국에 의하여 결의된 것으로, 카이로 회담의 한국 독립 원칙이 재확인되고 미국·영국·중국·소련에 의한 5년~10년간의 한반도 신탁 통치 결정이 합의되었다.

④ 트루먼 독트린은 1947년 3월에 미국 대통령 트루먼이 선언한 것으로, 그리스와 터키 등지에서 공산주의 세력의 확산을 저지하기 위한 것이었다.

정답 ②

02 1121

〈보기〉의 내용은 1943년 11월에 미국, 영국, 중국의 세 나라 수뇌가 모여 합의한 카이로 회담의 내용이다. 회담의 주요 내용은 다음과 같다.

1) 3국은 일본에 대한 장래의 군사 행동을 협정하였다.
2) 3국은 야만적인 일본에 가차없는 압력을 가할 것을 결의하였다.
3) 3국은 일본의 침략을 저지, 응징하나 모두 영토 확장의 의사는 없다.
4) 제1차 세계 대전 후 일본이 탈취한 태평양 여러 섬을 박탈하고, 또한 만주·타이완·평후 제도 등을 중화 민국에 반환하고, 일본이 약취한 모든 지역에서 일본 세력을 축출한다.
5) 〈특별 조항〉 한국의 미래에 대하여 언급하고 독립을 보장하는 국제적 합의를 하였다. "현재 한국민이 노예 상태 아래 놓여 있음을 유의하여 앞으로 적절한 절차에 따라 한국의 자유와 독립을 줄 것이다."

② 카이로 선언은 미국의 루스벨트, 영국의 처칠, 중국의 장제스가 이집트 카이로에 모여서 개최한 카이로 회담에서 발표되었다.

오답 분석

① 일본에게 항복을 권고한 것은 포츠담 회담(1945. 7.)이다.
③ 얄타 회담(1945. 2.)에서 스탈린은 독일이 항복한 뒤 2~3개월 내에 대일전에 참전할 것을 약속하였다.
④ 미국의 루스벨트가 20~30년간의 한반도 신탁 통치안을 소련에게 제안한 것은 얄타 회담이다.

정답 ②

03 1122

자료의 선언문은 카이로 회담(1943. 11.)의 내용이다.

④ 카이로 회담은 제2차 세계 대전 중에 열린 회담으로, 최초로 한국의 독립을 국제적으로 보장한 회담이었다. 다만 이 회담에서 언급된 한국의 독립은 즉각적인 독립을 의미하는 것이 아니며, 루스벨트의 한반도 신탁 통치안을 염두에 둔 것이었다.

오답 분석

① 카이로 회담의 회담 당사국은 미국, 영국, 중국이었다.
② 신탁 통치는 1945년 12월에 모스크바 3상 회의에서 결정되었다.
③ 임시 정부의 건국 강령은 카이로 회담이 열리기 이전인 1941년에 발표되었다.

정답 ④

04 1123

제시문은 조선 건국 준비 위원회의 강령으로 1945년 8월에 발표되었다.

㉠ 조선 건국 준비 위원회의 산하 단체로는 치안 확보를 위한 건국 치안대, 식량 확보와 보급을 위한 식량 대책 위원회가 결성되었다. 지방에도 전국적으로 145개의 지부가 결성되어 지방의 치안을 담당했다.

㉣ 여운형을 중심으로 한 조선 건국 준비 위원회 세력은 몇 차례의 진통을 거친 뒤 1945년 9월 6일에 600여 명으로 된 전국 인민 대표자 회의를 서울 경기 여자 중학교 강당에서 소집하였으며, 1945년 9월에 '조선 인민 공화국'의 수립을 발표하였다.

오답 분석

㉡ 박헌영은 1945년에 '조선 공산당 재건 준비 위원회'를 결성하고 이른바 '현 정세와 우리의 임무'라는 8월 테제를 발표하여 당시의 혁명 단계를 부르주아 민주주의 혁명 단계로 규정하고 노동자, 농민 등 기존의 프롤레타리아를 주축으로 지주·자본가 등 부르주아 계층과 연합하여 혁명 전선을 결성해야 한다고 주장하였다.

㉢ 좌·우 합작 위원회에 대한 설명이다.

정답 ④

05 1124   2019년 7급 국가직

다음 선언문을 발표한 단체에 대한 설명으로 옳은 것은?

> 본 위원회는 우리 민족을 진정한 민주주의적 정권으로 재조직하기 위한 새 국가 건설의 준비 기관인 동시에 모든 진보적 민주주의적 세력을 집결하기 위하여 각층 각계에 완전히 개방된 통일 기관이요, 결코 혼잡된 협동 기관은 아니다.

① 각지에 치안대를 설치하였다.
② 반민족 행위 처벌법에 근거하여 설치되었다.
③ 임정 지지를 주장하면서 한국 민주당에 참가하였다.
④ 친일 청산 등을 명시한 좌우 합작 7원칙을 결정하였다.

06 1125   2012년 9급 법원직

다음 조항이 발표되었을 당시의 사실로 옳은 것은?

> 제1조 북위 38도선 이남의 조선 영토와 조선 인민에 대한 통치의 모든 권한은 당분간 본관의 권한하에 시행한다.
> 제2조 정부 등 모든 공공 사업 기관에 종사하는 유급·무급 직원과 고용인, 그리고 기타 중요한 제반 사업에 종사하는 자는 별도의 명령이 있을 때까지 종래의 정상 기능과 업무를 수행할 것이며, 모든 기록 및 재산을 보호, 보존하여야 한다.
> 제5조 군정 기간 동안 영어를 모든 목적을 위해 사용하는 공용어로 한다.

① 신탁 통치 반대 운동이 일어났다.
② 서울에서 미·소 공동 위원회가 개최되었다.
③ 카이로 회담에서 한국의 독립을 약속하였다.
④ 조선 건국 준비 위원회가 치안과 행정을 담당하였다.

07 1126   2014년 9급 국가직

8·15 광복 직후에 결성된 정당의 중심 인물과 주요 내용을 정리하였다. 이와 관련된 정당을 바르게 연결한 것은?

> ㉠ 여운형 등이 중심이 되어 결성하였으며, 진보적 민주주의를 표방하면서 좌·우 합작을 추진하였다.
> ㉡ 송진우 등이 중심이 되어 결성하였으며, 인민 공화국을 부정하고 대한민국 임시 정부의 법통을 계승하려 하였다.
> ㉢ 안재홍 등이 중심이 되어 결성하였으며, 신민족주의를 내세워 평등 사회를 건설하려 하였다.

	㉠	㉡	㉢
①	조선 인민당	한국 민주당	한국 독립당
②	조선 신민당	민족 혁명당	한국 독립당
③	조선 신민당	한국 민주당	국민당
④	조선 인민당	한국 민주당	국민당

08 1127   2016년 9급 국가직

다음 결정문에 근거하여 실행된 사실로 옳은 것은?

> 조선을 독립시키고 민주 국가로 발전시키는 동시에, 가혹한 일본의 조선 통치 잔재를 빨리 청산하기 위해 조선에 임시 민주주의 정부를 수립한다.

① 미·소 공동 위원회가 개최되었다.
② 서울에서 건국 준비 위원회가 조직되었다.
③ 유엔 감시 하에 남한에서 총선거가 실시되었다.
④ 한반도에서 미군과 소련군의 군정이 시작되었다.

05 1124

제시문은 건국 준비 위원회 강령으로, 안재홍이 기초한 것이다.

① 중도 좌파인 여운형과 중도 우파인 안재홍을 중심으로 조직된 조선 건국 준비 위원회는 전국 각지에 치안대를 설치하고 건국 준비에 나섰다. 이후 조선 건국 준비 위원회는 조선 인민 공화국으로 확대·개편되었다.

오답 분석

② 1948년 10월에 설치된 반민특위에 대한 설명이다.
③ 김성수, 송진우 등은 대한민국 임시 정부가 유일한 정부라는 임정 봉대론을 주장하면서 한국 민주당을 창당하였다.
④ 1946년 7월에 설립된 좌·우 합작 위원회는 1946년 10월 좌·우 합작 7원칙을 발표하였다.

정답 ①

06 1125

맥아더는 1945년 9월 9일에 태평양 미 육군 총사령관의 자격으로 「조선 국민에게 고함」이라는 사령부 포고 제1호를 발표하여, 38도선 이남에 미 군정 실시를 선언하였다.

④ 맥아더가 포고령을 발표하기 이전인 1945년 8월 15일에 여운형은 안재홍과 함께 조선 건국 준비 위원회를 결성하였고, 산하 단체로는 치안 확보를 위한 건국 치안대, 식량 확보와 보급을 위한 식량 대책 위원회가 결성되었다. 지방에서도 지방의 치안을 관장하는 조선 건국 준비 위원회 지부들이 중앙 조직의 지시 아래, 또는 독자적으로 결성되어 1945년 8월 말에는 전국적으로 145개에 이르렀다. 이후 조선 건국 준비 위원회가 조선 인민 공화국으로 확대·개편됨에 따라 대부분의 조선 건국 준비 위원회 지부들은 인민 위원회로 명칭을 바꾸어 활동을 계속했다.

오답 분석

① 모스크바 3국 외상 회의(1945. 12.)에서 신탁 통치안이 결정된 이후 전국적으로 신탁 통치 반대 운동이 일어났다.
② 모스크바 3국 외상 회의의 결정 이후 임시 정부 수립을 지원하기 위한 미·소 공동 위원회가 1946년 3월과 1947년 5월에 개최되었으나 모두 결렬되었다.
③ 1943년 11월에 카이로에서 미국의 루스벨트, 영국의 처칠, 중국의 장제스가 회동하여 일본이 무조건 항복할 때까지 전쟁을 계속할 것을 천명하였고 만주·타이완 등 일본이 탈취·점령한 모든 지역을 반환시킬 것이며, 적절한 절차를 거쳐 한국의 독립을 지원하겠다는 내용을 담고 있다.

정답 ④

07 1126

④ ㉠은 조선 인민당, ㉡은 한국 민주당, ㉢은 국민당이다.
㉠ 조선 인민당(1945. 11. 12.)은 조선 건국 준비 위원회가 극좌로 선회하는 데 반대하며 탈퇴한 여운형 등의 중도 좌파 세력이 조직한 정당이다. 조선 인민당은 진보적 민주주의를 표방하면서 좌·우 합작을 추진하였다. 조선 인민당은 창당 1년 뒤 남로당의 통합에 참여하였으며 여운형은 별도로 사회 노동당과 그 후 신인 근로 인민당을 결성하기도 하였다.
㉡ 한국 민주당(1945. 9. 16.)은 일제 강점기에 송진우, 김성수 등 국내에 거주하면서 일제에 대해 '일면저항, 일면타협'의 노선을 취했던 대지주 및 도시 부유층의 출신 성분을 가진 정당이다. 이 정당은 미 군정청의 정치 노선에 적극 참여하여 '조선 인민 공화국' 타도에 주력하였고, 반탁 운동을 전개하였다.
㉢ 국민당(1945. 9. 1.)은 여운형의 조선 건국 준비 위원회가 점차 좌경화하는 데 불만을 품고 이탈한 중도 우파 세력인 안재홍이 공화당·동지회·사회 민주당 등 여러 군소 정당을 흡수하여 조직하였다. 조선 국민당은 창당 선언에서 민족 정당으로서의 이념과 의도를 표방했고 종국적인 대동 단결을 실천하면서 통일 국가의 창업을 목표로 하였다.

정답 ④

08 1127

제시문은 모스크바 3국 외상 회의의 한국 문제에 대한 미국·소련안 및 결정서에 나타난 미·소 공동 위원회에 대한 설명이다.

① 1945년 12월 16일에 미국·영국·소련 3국이 참여한 모스크바 3국 외상 회의에서는 한반도 문제에 대해 최고 5년간 강대국(미·영·중·소)에 의한 신탁 통치(감독안)와 임시 정부를 수립하기 위한 미·소 공동 위원회의 설치를 결의하였다.

오답 분석

② 1945년 8·15 광복과 함께 서울에서 조선 건국 준비 위원회가 조직되었다.
③ 유엔 감시 하에 남한에서 총선거가 실시되었던 시기는 1948년 5월 10일이다.
④ 한반도에서 미 군정이 실시된 시기는 1945년 9월로, 미군의 진주 이후이다. 소련은 해방 이후 북쪽에 자치를 부여하였으며, 이를 통한 간접적 영향력을 행사하였다.

정답 ①

09 1128

(가)에 대한 설명으로 옳은 것은?

> 1945년 12월 모스크바에서 미국, 소련, 영국의 외무장관들은 한국 문제를 논의하였다. 이 회의에서 미국, 소련, 영국, 중국이 최장 5년간 신탁 통치를 시행한다는 합의가 이루어졌다. 또 미국과 소련이 [(가)]를/을 개최해 민주주의 임시 정부 수립 문제에 대해 논의하기로 했다. 이 합의에 따라 1946년 3월 서울에서 [(가)]가/이 시작되었다.

① 미·소 양측의 의견 차이로 결렬되었다.
② 조선 건국 준비 위원회를 조직하는 성과를 냈다.
③ 민주 공화제를 핵심으로 한 제헌 헌법을 만들었다.
④ 유엔 감시하의 총선거로 정부를 수립한다는 결정을 내렸다.

10 1129

(가), (나) 문서에 대한 설명으로 옳은 것은?

> (가) 조선 인민의 노예 상태에 유의하여 적당한 시기에 맹세코 조선을 자주 독립시킬 것을 결의한다.
> (나) 조선 임시 정부의 구성을 원조할 목적으로 먼저 그 적절한 방안을 마련하기 위하여 남조선 합중국 관구와 북조선 소련 관구의 대표자들로 공동 위원회가 설치될 것이다.

① (가)는 포츠담 회담에서 발표되었다.
② (나)의 결정에는 미국, 영국, 소련이 참여하였다.
③ (나)의 결정에 따라 좌·우 합작 위원회가 만들어졌다.
④ (가), (나)는 8·15 해방 직전에 발표되었다.

11 1130

〈보기〉의 결정을 내린 회의에 대한 설명으로 가장 옳지 않은 것은?

> **보기**
> • 첫째, 한국을 독립 국가로 재건하기 위해 민주주의 임시 정부를 수립한다.
> • 둘째, 한국 임시 정부 수립을 위해 미·소 공동 위원회를 설치한다.
> • 셋째, 미국, 영국, 중국, 소련의 4개국이 공동 관리하는 최고 5년 기한의 신탁 통치를 시행한다.

① 1945년 12월 모스크바에서 개최하였다.
② 미국, 영국, 소련 세 나라의 외무 장관이 참석하였다.
③ 한국의 신탁 통치에 대하여 처음 국제적으로 논의하였다.
④ 이 회의의 결정 소식은 국내 좌우익의 극심한 분열을 일으켰다.

12 1131

다음 자료와 관련된 설명으로 옳은 것은?

> 공동 위원회의 역할은 조선인의 정치적·경제적·사회적 진보와 민주주의 발전 및 조선 독립 국가 수립을 도와줄 방안을 만드는 것이다. 또한, 조선 임시 정부 및 조선 민주주의 단체를 참여시키도록 한다. 공동 위원회는 미·영·소·중 4국 정부가 최고 5년 기간의 4개국 통치 협약을 작성하는 데 공동으로 참작할 수 있는 제안을 조선 임시 정부와 협의하여 제출해야 한다.

① 카이로 선언의 원칙을 구체적으로 실행에 옮기기 위한 방안에서 나온 것이다.
② 미국의 즉각적인 독립안과 소련의 신탁 통치안이 대립하면서 나온 절충안이었다.
③ 공동 위원회에서 소련은 표현의 자유를 내세워 모든 단체의 회담 참여를 주장하였다.
④ 한반도 내의 좌익 세력은 좌·우 합작 위원회를 구성하여 회의 결과를 총체적으로 지지하였다.

09 1128

(가)는 미·소 공동 위원회이다.

① 미·소 공동 위원회는 1946년 3월에 1차가 개최되었으나 결렬되었고, 1947년 5월에 열린 2차 역시 양측의 견해 차이로 와해되었다.

오답 분석

② 조선 건국 준비 위원회는 1944년 결성된 조선 건국 동맹을 모체로 해방일인 1945년 8월 15일에 창립되었다.

③ 제헌 헌법은 1948년 5·10 총선거로 출범한 제헌 의회에서 제정되었다.

④ 1947년 10월에 개최된 유엔 총회에서는 유엔 감시하의 총선거로 대한민국 정부를 수립한다는 결정을 내렸다.

정답 ①

10 1129

(가)는 해방 전인 1943년 11월 27일에 발표된 카이로 선언, (나)는 해방 이후인 1945년 12월에 열린 모스크바 3국 외상 회의에서 발표된 미·소 공동 위원회의 설치에 대한 내용이다.

② 모스크바 3국 외상 회의는 강대국에 의한 신탁 통치와 한반도에 임시 정부를 수립하기 위한 미·소 공동 위원회의 설치를 결정한 회의로, 미국, 영국, 소련이 참여하였다.

오답 분석

① (가)는 카이로 회담(1943)에서 발표되었다.

③ 좌·우 합작 위원회는 제1차 미·소 공동 위원회가 실패로 돌아가고 이승만의 정읍 발언이 발표된 이후 조직되었다.

④ (가)는 8·15 해방 이전, (나)는 해방 이후에 발표되었다.

정답 ②

11 1130

〈보기〉의 내용은 '한국 문제에 관한 4개 항의 결의서'로 모스크바 3국 외상 회의(1945. 12.)에서 결정되었다.

③ 카이로 회담(1943. 11.)에서 미국 대통령 루스벨트는 '적절한 시기'에 한국을 독립시킬 것을 제안하였다. 이후 1945년 2월에 열린 얄타 회담과 1945년 7월에 개최된 포츠담 회담에서 한국의 신탁통치가 논의되었다.

오답 분석

①, ②, ④ 1945년 12월에 모스크바에서 미국·영국·소련의 외무 장관이 참석한 '모스크바 3국 외상 회의'가 개최되었다. 회의 결과, 최고 5년간 미·영·중·소 4개국에 의한 신탁 통치안과 한국에 임시 정부 수립, 미·소 공동 위원회 설치에 대한 결의안이 통과되었다. 이 결의안의 내용이 국내에 알려지자, 신탁 통치에 대해 반탁에서 찬탁으로 선회한 좌익과 반탁을 주장하는 우익의 대립이 격화되었다.

정답 ③

12 1131

제시문은 모스크바 3국 외상 회의의 한국 문제에 대한 미국·소련 안 및 결정서에 나타난 미·소 공동 위원회에 대한 내용이다. 연합국이 각종 전후 문제의 처리를 협의하기 위해 모스크바에서 개최한 미국·영국·소련 3국의 외상 회의에서 최고 5년간 강대국(미·영·중·소)에 의한 신탁 통치(감독안)와 한반도에 임시 정부를 수립하기 위한 미·소 공동 위원회의 설치를 결의하였다.

① 모스크바 3국 외상 회의는 카이로 선언(1943. 11. 27.)의 "한국을 일정한 절차를 밟아서 독립시킬 것"이라는 원칙을 실현하기 위하여 개최되었다.

오답 분석

② 미국은 강대국 직접 통치의 신탁 통치안, 소련은 즉각 독립을 주장하였다.

③ 모든 단체의 회담 참여를 주장한 나라는 미국, 신탁 통치 찬성 단체의 참여만을 주장한 나라는 소련이다.

④ 본격적으로 좌·우 합작의 필요성이 강조된 시점은 1946년 5월 6일 제1차 미·소 공동 위원회가 결렬되고, 무기 휴회를 선언하면서부터였다. 신탁 통치를 둘러싸고 좌·우익 단체의 반목이 극도에 달하자 민주 통일 전선을 구축할 필요성이 제기된 것이다.

정답 ①

13 1132

다음 선언문이 발표된 배경으로 옳은 것은?

> 우리는 피로 건립한 독립국과 정부가 이미 존재함을 다시
> 선언한다. 5천 년의 주권과 3천 만의 자유를 쟁취하는 것은
> 자기의 정치 활동을 옹호하고 외래의 신탁 통치를 배격함
> 에 있다. 우리의 혁혁한 혁명을 완성하자면 민족의 일치로
> 써 최후까지 분투할 뿐이다.

① 모스크바 3국 외상 회의가 열려 한국 문제를 의결하였다.
② 김구와 김규식이 참가한 남북 지도자 회의가 성과 없이 끝
  났다.
③ 중도 세력이 좌·우 대립을 극복하기 위하여 좌·우 합작 운
  동을 추진하였다.
④ 유엔 총회에서 유엔 감시 아래 남북한 총선거를 실시하기
  로 결정하였다.

14 1133

밑줄 친 '그'에 대한 설명으로 옳은 것은?

> 한국 국민당을 이끌던 그는 독립운동 세력을 통합하고자 한
> 국 독립당을 결성해 항일 운동을 주도하였다. 광복 직후 귀
> 국한 그는 정부 수립을 위한 활동을 이어나갔으며, 남한 단
> 독 선거가 결정되자 김규식과 더불어 남북 협상을 위해 평
> 양을 방문하기도 하였다.

① 좌·우 합작 위원회를 구성해 좌·우 합작 7원칙을 발표
  하였다.
② 광복 직후 안재홍 등과 함께 조선 건국 준비 위원회를 만
  들었다.
③ 무장 항일 투쟁을 위해 하와이로 건너가 대조선 국민 군단
  을 결성하였다.
④ 모스크바 3국 외상 회의의 결정 사항이 알려지자 신탁 통치
  반대 운동을 펼쳤다.

15 1134

㉠에 들어갈 명칭으로 옳은 것은?

> ____㉠____ 에서 소련 대표는 미국·소련·영국 외무장관이
> 합의한 사항에 동의하는 사회 단체와 정당을 한국 민주주
> 의 임시 정부 수립 문제를 논의할 협의 대상으로 하자고 했
> 다. 또 합의한 사항에 반대하는 세력을 협의 대상에서 배제
> 해야 한다고 주장하였다. 미국은 소련이 '의사 표현의 자유'
> 를 보장하지 않는다며 비판했다. 양측은 이 문제로 대립하
> 였고, 결국 ____㉠____ 는 특별한 성과를 거두지 못한 채 휴
> 회에 들어갔다.

① 미·소 공동 위원회
② 모스크바 3상 회의
③ 좌·우 합작 위원회
④ 조선 건국 준비 위원회

16 1135

다음 원칙을 발표한 기구가 내세운 주장으로 옳은 것은?

> 조선의 좌·우 합작은 민주 독립의 단계요, 남북 통일의 관
> 건인 점에서 3천만 민족의 지상 명령이며 국제 민주화의 필
> 연적 요청이었음에도 불구하고 저간의 복잡 다단한 내외 정
> 세로 오랫동안 파란곡절을 거듭해 오던 바, 드디어 …… 다
> 음과 같은 7원칙을 결정하였다.

① 외국 군대의 철수
② 미·소 공동 위원회의 속개
③ 토지의 무상 몰수, 무상 분배
④ 유엔(UN) 감시 하의 남북한 총선거 실시

문제 풀이

13 1132

제시문은 신탁 통치 반대 국민 총동원 위원회(1945. 12. 28.)의 선언문이다.

① 이승만, 김구, 한국 민주당 등 우익 세력은 모스크바 3국 외상 회의(1945. 12.)에서 최고 5년간 강대국(미·영·중·소)에 의한 신탁 통치(감독안)와 한반도에 임시 정부를 수립하기 위한 미·소 공동 위원회의 설치를 결의하자 반탁 운동을 전개하였다.

오답 분석

② 1948년 4월에 김구와 김규식은 북한의 김일성 등과 평양에서 남북 지도자 회의(남북 연석 회의)를 개최하였으나, 성과 없이 끝이 났다.

③ 1946년 5월 6일에 제1차 미·소 공동 위원회가 결렬되고 무기휴회를 선언하면서 좌·우 합작에 대한 중요성이 제기되었고, 미군정의 도움을 받아 여운형과 김규식을 중심으로 한 좌·우 합작 운동이 추진되었다.

④ 국제 연합 총회는 1947년 11월에 미국이 제안한 한국 통일안(유엔 감독하의 남북한 총선거, 인구 비례에 따라 의석수 배분)을 의결하였다.

정답 ①

14 1133

밑줄 친 그는 백범 김구이다.

④ 그는 해방 정국에서 모스크바 3상 회의의 결과로 신탁 통치안이 발표되자 신탁 통치 반대 운동을 전개하였다.

오답 분석

① 좌·우 합작 위원회를 구성해 좌·우 합작 7원칙을 발표한 대표 인물은 여운형이다. 김구는 7원칙에 대해 찬성의 입장을 보였으나, 좌·우 합작 위원회에는 참여하지 않았다.

② 여운형은 광복 직후 안재홍 등과 함께 조선 건국 준비 위원회를 조직하였다.

③ 하와이에서 1914년 대조선 국민 군단을 조직한 인물은 박용만이다.

정답 ④

15 1134

① ㉠은 미·소 공동 위원회에 해당한다. 이 위원회는 1945년 12월에 모스크바에서 미국, 영국, 소련의 외무 장관이 한국 문제에 대해 회의를 열었던 모스크바 3국 외상 회의 결정에 따라 한국의 임시 민주주의 정부 수립을 돕기 위하여 만든 회의체였다. 1946년에 제1차 미·소 공동 위원회가 열렸지만, 한국 임시 정부 수립에 참여시킬 단체를 선정하는 문제를 놓고 미국과 소련이 대립하다가 결국 아무런 성과 없이 무산되었다. 이후 제2차 회의가 개최되었으나 결렬되고 1947년 9월에 미국이 한국 문제를 유엔에 상정함으로써 자연적으로 해체되었다.

정답 ①

16 1135

여운형과 김규식을 중심으로 결성된 좌·우 합작 위원회는 좌·우 합작 7원칙을 발표하였다.

② 좌·우 합작 위원회가 발표한 좌·우 합작 7원칙의 제2조에 미·소 공동 위원회의 속개를 주장하는 내용이 담겨 있다.

좌·우 합작 7원칙의 내용은 다음과 같다.

1. 조선의 민주 독립을 보장한 모스크바 3국 외상 회의 결정에 의하여 남북을 통한 좌·우 합작으로 민주주의 임시 정부를 수립할 것

2. 미·소 공동 위원회 속개를 요청하는 공동 성명을 발표할 것

3. 토지 개혁에 있어 몰수, 조건 몰수, 체감 매상 등으로 토지를 농민에게 무상으로 나누어 주며 ……

4. 친일파 및 민족 반역자를 처리할 조례를 본 합작 위원회의 입법 기구에 제안하여 입법 기구로 하여금 심리, 결정하여 실시케 할 것

5. 남북을 통하여 현 정권하에 검거된 정치 운동자의 석방에 노력하고, 아울러 남북 좌우의 테러적 행동을 일체 즉시로 제지하도록 노력할 것

6. 입법 기구에 있어서는 일체 그 권능과 구성 방법, 운영 등에 관한 대안을 본 합작 위원회에서 작성하여 적극적으로 실행을 기도할 것

7. 전국적으로 언론, 집회, 결사, 출판, 교통, 투표 등의 자유가 절대 보장되도록 노력할 것

오답 분석

① 외국 군대의 철수는 남북 협상(남북 연석 회의, 1948. 4.)의 결의문에 해당한다.

③ 토지의 무상 몰수, 무상 분배는 좌·우 합작 위원회에서 좌익측이 주장한 좌·우 합작 5원칙에 해당한다.

④ 유엔(UN) 감시하의 남북한 총선거 실시는 유엔의 결의(1947. 11.), 또는 1954년 제네바 회담시 자유 진영의 주장 등에 해당한다.

정답 ②

17 1136

2017년 7급 서울시

좌 · 우 합작 위원회의 활동에 대한 설명으로 가장 옳지 않은 것은?

① 제1차 미 · 소 공동 위원회가 결렬되고 이승만 중심의 단독 정부 수립론이 제기됨에 따라 이에 대응하여 전개되었다.

② 여운형과 김규식 등 중도파가 중심이 되어 추진하였다.

③ 미 군정은 처음부터 이를 지지하지 않았으나 대중은 이 운동을 지지하였다.

④ 좌 · 우 합작 7원칙은 토지 문제와 친일파 처리 문제 등을 중도적 입장에서 조정한 것이었다.

18 1137

2017년 7급 지방직

밑줄 친 '입법 기구'에 대한 설명으로 옳지 않은 것은?

> 1. 조선의 민주 독립을 보장한 3상 회의 결정에 의하여 남북을 통한 좌우 합작으로 민주주의 임시 정부를 수립할 것.
> 2. 미 · 소 공동 위원회 속개를 요청하는 공동 성명을 발(發)할 것.
> 3. 토지 개혁에 있어 몰수, 유조건 몰수, 체감 매상 등으로 토지를 농민에…
> 4. … 본 합작 위원회에서 입법 기구에 제안하여 <u>입법 기구</u>로 하여금 심리 결정케 하여 실시케 할 것.
> … (후략) …

① 입법의원 의원 선거법을 제정하였다.

② 초대 의장으로 여운형이 선임되었다.

③ 관선과 민선 두 종류의 의원이 있었다.

④ 민족 반역자 · 부일 협력자 · 간상배에 대한 특별법을 제정하였다.

19 1138

2015년 7급 서울시

광복 후 ㉠과 ㉡의 주장을 한 사람을 옳게 연결한 것은?

> ㉠ 신민족주의와 신민주주의
> ㉡ 연합성 신민주주의

	㉠	㉡
①	안재홍	백남운
②	김규식	여운형
③	안재홍	여운형
④	김규식	백남운

20 1139

2016년 7급 서울시

빈칸에 들어갈 인물에 대한 설명으로 가장 옳은 것은?

> _____은(는) 조선 총독에게 정치 · 경제범의 즉시 석방, 서울의 3개월분 식량 확보, 치안 유지 등을 위한 정치 운동 · 학생 및 청년 활동 · 노동자와 농민 동원 등에 대한 불간섭 등을 요구하였다.

① 만주 길림시에서 의열단을 조직하여 일본을 무너뜨리고 '민중적 조선'을 건설하는 것을 목표로 민족 투쟁을 벌였다.

② 김규식과 함께 좌 · 우익의 대표로서 10인의 좌 · 우 합작 위원회를 구성하여 남 · 북한 통일 정부 수립 운동을 벌였다.

③ 단독 정부 수립 운동에 반대하며 분단을 막고 통일 정부 수립을 위하여 북한에 남북 지도자 연석 회의를 제안하였다.

④ 좌우 협력의 민족 운동인 신간회 운동을 주도한 인물 중 한 사람으로 조선학 운동을 통해 민족 문화 수호에 앞장섰다.

17 1136

③ 좌·우 합작 위원회는 중도 세력을 중심으로 미국에 우호적인 정부를 세우려는 미 군정의 적극적인 지원을 받았다. 1946년 7월에 정식으로 수립된 좌·우 합작 위원회는 좌익 세력들이 가져온 5원칙과 우익 세력들이 가져온 8원칙에 입각하여 서로 절충하고 논의한 끝에 3개월 후인 1946년 10월에 좌·우 합작 7원칙을 발표하였다.

정답 ③

18 1137

제시된 자료는 '좌·우 합작 7원칙'의 조항으로, 밑줄 친 '입법 기구'는 남조선 과도 입법 의원이다. 좌·우 합작 7원칙의 제6항의 합의에 따라 미 군정은 1946년 10월 12일에 군정 법령으로 「조선 과도 입법 의원의 창설에 관한 법령」을 발표하여 10월 중에 민선 의원 45명이 선출되고, 11월 18일부터 관선 의원 45명의 심사가 이루어져 12월 12일에 입법 의원의 개원을 보게 되었다.

② **남조선 과도 입법 의원의 초대 의장으로는 김규식이 선임되었다.**

오답 분석

① 남조선 과도 입법 의원은 입법의원 의원 선거법을 비롯하여, 미성년자 보호법, 남조선 과도 입법 의원법, 미곡 수집령, 사찰령 폐지에 관한 법령 등을 제정하였다.

③ 남조선 과도 입법 의원은 관선 45명, 민선 45명의 두 종류의 의원으로 구성되었다.

④ 1947년 7월 2일에 남조선 과도 입법 의원은 민족 반역자·부일 협력자·간상배에 대한 특별법을 제정하였으나, 미 군정의 인준 거부로 무산되고 말았다.

정답 ②

19 1138

㉠ 안재홍은 1945년 9월에 「신민족주의와 신민주주의」라는 논설을 발표하였다. 이 글은 민족의 분열과 혼란 속에서 '경쟁'과 '정복'의 민족주의를 지양하고 '협력'과 '공존'의 민족주의로 나아가자는 내용을 담고 있다.

㉡ 모스크바 3국 외상 회의 이후 백남운은 민족 해방을 지지하는 일부 유산 계급까지 포함하는 좌·우익 합작을 통해(⇨ 연합성) 진보적인 통일 임시 정부를 수립하여 미·소 양국군을 철수시키는 것(⇨ 신민주주의)이 당면 과제라고 제시했다. 이러한 백남운의 연합성 신민주의론은 곧바로 좌·우 합작 운동의 이론적 기반이 되었다.

정답 ①

20 1139

제시문은 일제의 패망 직전 여운형과 정무총감 엔도의 회담에서 제기된 것으로, 빈칸에 들어갈 인물은 여운형이다. 엔도는 자주적인 국내 치안 유지를 제안하고 일본인들의 퇴거 때까지 일본인들의 생명과 재산 보호 등을 요청하였으며, 이에 대해 여운형은 5개의 조건을 제시하여 타협을 보았다. 이후 여운형은 조선 건국 준비 위원회를 구성하였다.

② **여운형은 이후 1946년에 김규식과 함께 좌·우익의 대표로서 10인의 좌·우 합작 위원회를 구성하여 남·북한 통일 정부 수립 운동을 벌였다.**

오답 분석

① 김원봉에 대한 설명이다.
③ 김구에 대한 설명이다.
④ 안재홍에 대한 설명이다.

정답 ②

21 1140

밑줄 친 '이 사람'에 대한 설명으로 옳은 것은?

> 해방 며칠 전, 엔도 정무총감은 어제까지도 자기 마음대로 모욕하던 이 사람을 초청하여 일본인의 생명 보호를 애걸하였다. 그러자 이 사람은 감옥에 있는 정치범의 즉시 석방, 청년 학생의 자치대 결성, 정치적 활동의 자유 보장, 3개월간의 식량 확보 등 4개 조항을 조건으로 내걸고 응락하였다. 돌아오는 길에는 동지들로 하여금 자치대를 조직하게 하였다.

① 반탁을 주도하는 독립 촉성 중앙 협의회를 조직하였다.
② 미 군정의 지원을 받은 좌·우 합작 위원회에 참가하였다.
③ 신민족주의를 내세운 국민당을 창당하였다.
④ 연합성 신민주주의를 표방한 신민당을 결성하였다.

22 1141

다음의 발언을 한 (가), (나) 정치인에 대한 설명으로 옳은 것은?

> (가) 이제 우리는 무기 휴회된 미·소 공동 위원회가 재개될 기색도 보이지 않으며, 통일 정부를 고대하나 여의케 되지 않으나, 우리는 남방만이라도 임시 정부 혹은 위원회 같은 것을 조직하여 38 이북에서 소련이 철퇴하도록 세계 공론에 호소하여야 될 것이니 여러분도 결심하여야 될 것이다.
>
> (나) 현시에 있어서 나의 유일한 염원은 3천만 동포와 손을 잡고 통일된 조국의 달성을 위하여 공동 분투하는 것뿐이다. 이 육신을 조국이 수요(需要)로 한다면 당장에라도 제단에 바치겠다. 나는 통일된 조국을 건설하려다 38도선을 베고 쓰러질지언정 일신에 구차한 안일을 취하여 단독 정부를 세우는 데는 협력하지 아니하겠다.

① (가)는 신한청년당의 대표로 활동하였다.
② (나)는 독립 촉성 중앙 협의회 대표로 활약하였다.
③ (가), (나)는 신탁 통치 실시를 반대하였다.
④ (가), (나)는 좌우 합작 운동에 적극 참여하였다.

23 1142

밑줄 친 '그'에 대한 설명으로 옳은 것은?

> 그는 신민회 회원으로 활동하면서 해서 교육 총회에 가담해 교육 사업에 힘을 기울였으며, 안악 사건에 연루되어 일제 경찰에 체포되었다. 1923년에 열린 국민 대표 회의에서 창조파와 개조파가 대립했을 때, 그는 국민 대표 회의의 해산을 명하는 내무부령을 공포하였다. 그 뒤 그는 한국 국민당을 조직하는 등 독립운동 정당을 만들기 위해 노력하였다.

① 평양에서 열린 남북 협상 회의에 참석하였다.
② 조선 민족 혁명당을 조직하고 조선 의용대를 이끌었다.
③ 안재홍과 함께 조선 건국 준비 위원회를 주도적으로 조직하였다.
④ 대통령 직선제를 골자로 하는 발췌 개헌안을 국회에 제출하였다.

24 1143

다음 호소문을 발표한 사람에 대한 설명으로 옳은 것은?

> 현재 나의 유일한 염원은 3천만 동포와 손잡고 통일된 조국을 위하여 공동 분투하는 것이다. 조국이 필요하다면 이 육신을 당장에라도 제단에 바치겠다. 나는 통일된 조국을 건설하려다 38도선을 베고 쓰러질지언정 일신에 구차한 안일을 취하여 단독 정부를 세우는 데는 협력하지 아니하겠다.

① 조선사 편수회에 참가하여 조선사를 편찬하였다.
② 의열 투쟁을 목적으로 한인 애국단을 창단하였다.
③ 조선 민족 전선 연맹을 결성해 민족 단일 전선에 노력하였다.
④ 선임정·후신탁 이념을 담은 좌우 합작 7원칙에 합의하였다.

21 1140

밑줄 친 '이 사람'은 여운형이다. 1945년 8월 초, 일본의 패배가 확실해지자 당시 조선 총독 아베 노부유키는 일본의 항복과 더불어 일어날지도 모를 한반도 거주 일본인들에 대한 문제와 앞으로의 한·일 관계의 원만한 해결을 위하여 신망있는 민족 지도자와 협력 관계를 맺고자 했다. 그러나 협상을 시도한 송진우가 임시 정부와의 협의 없이는 어떠한 사항도 결정할 수 없다고 거부하자 정무총감 엔도는 여운형과 협상을 하고자 하였다. 엔도는 자주적인 국내 치안 유지를 제안하고 일본인들의 퇴거 때까지 일본인들의 생명과 재산 보호 등을 요청하였으며, 이에 대해 여운형은 정치·경제범의 즉시 석방, 3개월간의 식량 보급 등 5개의 조건을 제시하여 타협을 보았다.

② 여운형은 중도 우파인 김규식과 함께 미군정의 지원을 받은 좌·우 합작 위원회에 참가하여 좌·우 합작 7원칙을 발표하였다.

오답 분석

① 이승만에 대한 설명이다.
③ 안재홍에 대한 설명이다.
④ 백남운에 대한 설명이다.

정답 ②

22 1141

(가)는 이승만의 '정읍 발언(1946. 6.)', (나)는 김구의 '삼천만 동포에게 읍고함(1948. 2.)'이다.

③ 이승만과 김구는 모두 신탁 통치의 실시에 반대하였다.

오답 분석

① 신한청년당은 1918년에 결성되어 이사장으로 서병호를 추대하고 이사로는 여운형·김구·이광수·안정근·조동호·한원창·한진교·선우혁·김순애 등을 선임하였다. 이승만은 신한청년당의 대표로 활동한 사실이 없다.
② 이승만에 대한 설명이다.
④ 이승만과 김구는 조선 공산당과 한국 민주당이 좌·우 합작 7원칙을 반대하여 좌·우 합작 위원회가 표류하자 이에 가담하지 않았다.

정답 ③

23 1142

밑줄 친 '그'는 김구이다.

① 김구는 해방 이후 여러 노력에도 불구하고 통일을 위한 움직임이 좌절되는 가운데 1948년 2월 10일에 '삼천만 동포에게 읍고함'이라는 성명서를 통하여 38선을 무너뜨리고 자주 독립의 통일 정부를 세울 것을 강력히 호소하였다. 그리고 1948년 4월 김규식·김일성·김두봉 등과 남북 협상(남북 연석 회의) 4자 회담에 참가하였으나 성과 없이 서울로 돌아왔다.

오답 분석

② 김원봉에 대한 설명이다.
③ 여운형에 대한 설명이다.
④ 이승만에 대한 설명이다.

정답 ①

24 1143

제시문은 김구의 '삼천만 동포에게 읍고함(1948. 2.)'이다. 김구는 이 호소문을 발표하고 남북 협상(남북 연석 회의)을 추진하였다.

② 김구는 임시 정부를 재정비할 방안으로 1931년에 한인 애국단을 설립하여 의열 투쟁을 준비하였다. 이러한 노력이 1932년에 이봉창, 윤봉길 의거로 나타났다.

오답 분석

① 조선사 편수회(1925)는 일제가 일본 민족의 우위성을 입증하고 한국인의 민족 의식을 말살하고자 설치한 것으로, 김구와 관련이 없다.
③ 조선 민족 전선 연맹은 중·일 전쟁(1937) 발발 이후에 조선 민족 혁명당이 중도 좌파 단체인 조선 민족 해방 동맹, 조선 혁명자 연맹, 조선 청년 전위 동맹을 연합하여 만든 항일 민족 연합 조직이다. 이 조직은 김구 세력과의 제휴가 이루어지지 못했다는 한계를 가지고 있었다.
④ 선임정·후신탁의 이념을 담은 내용은 좌·우 합작 8원칙에 언급되어 있으며, 이는 좌·우 합작 7원칙에 1, 2조로 계승되었다. 좌·우 합작 7원칙에 합의한 사람은 중도파인 여운형과 김규식이다.

정답 ②

25 1144

2018년 9급 국가직

(가)와 (나)를 주장한 각 인물에 대한 설명으로 옳은 것은?

> (가) 우리는 남방만이라도 임시 정부 혹은 위원회 같은 것을
> 조직하여 38도선 이북에서 소련이 철퇴하도록 세계 공
> 론에 호소해야 할 것이다.
> (나) 나는 통일된 조국을 달성하려다 38도선을 베고 쓰러질
> 지언정 일신의 구차한 안일을 위하여 단독 정부를 세우
> 는 데는 협력하지 아니하겠다.

① (가) – 5 · 10 총선거에 불참하였다.
② (가) – 좌우 합작 7원칙을 지지하였다.
③ (나) – 탁치 반대 국민 총동원 위원회를 조직하였다.
④ (나) – 남조선 과도 입법 의원의 의장을 역임하였다.

27 1146

2014년 9급 지방직

밑줄 친 '나'에 대한 설명으로 옳은 것은?

> 우리가 기다리던 해방은 우리 국토를 양분하였으며, 앞으로
> 는 그것을 영원히 양국의 영토로 만들 위험성을 내포하고
> 있다. …… 나는 통일된 조국을 건설하려다가 38도선을 베
> 고 쓰러질지언정 일신의 구차한 안일을 취하여 단독 정부를
> 세우는 데에는 협력하지 아니하겠다.

① 통일 정부 수립을 위한 남북 협상을 추진하였다.
② 한국 민주당을 결성하여 미 군정에 적극적으로 참여하였다.
③ 미국에서 귀국한 후 독립 촉성 중앙 협의회를 구성하였다.
④ 조선 건국 준비 위원회를 조직하고 위원장으로 활동하였다.

26 1145

2017년 7급 국가직(추가 채용)

밑줄 친 '나'에 대한 설명으로 옳은 것은?

> 네 소원이 무엇이냐 하고 하느님이 내게 물으시면, 나는 서
> 슴지 않고 "내 소원은 대한 독립이오."하고 대답할 것이다.
> 그 다음 소원은 무엇이냐 하면, 나는 또 "우리나라의 독립이
> 오."할 것이요, 또 그 다음 소원이 무엇이냐 하는 세 번째 물
> 음에도, 나는 더욱 소리를 높여서 "나의 소원은 우리나라 대
> 한의 완전한 자주 독립이오."하고 대답할 것이다.

① 신탁 통치를 반대한 독립 촉성 중앙 협의회를 조직하였다.
② 민족 자주 연맹을 결성하여 남북 협상을 주도하였다.
③ 대한민국 임시 정부의 대통령을 역임하였다.
④ 동학 접주로서 농민 전쟁에 참전하였다.

28 1147

2018년 7급 서울시

1948년 남북 협상에 대한 설명으로 옳은 것을 〈보기〉에서 모
두 고른 것은?

> **보기**
> ㉠ 제1차 미 · 소 공동 위원회와 2차 미 · 소 공동 위원회 사
> 이에 추진되었다.
> ㉡ 좌 · 우 정치 세력의 합작을 위한 7원칙을 발표하였다.
> ㉢ 김구, 김규식 등이 평양에서 열린 회의에 참여하였다.
> ㉣ 회의 결과, 미 · 소 양군의 철수를 요구하는 결의문을 채
> 택하였다.

① ㉠, ㉡　　　　　　② ㉠, ㉣
③ ㉡, ㉢　　　　　　④ ㉢, ㉣

25 1144

(가)는 이승만의 '정읍 발언(1946. 6.)'이며, (나)는 김구의 '삼천만 동포에게 읍고함(1948. 2.)'의 일부이다. 따라서 (가)를 주장한 인물은 이승만, (나)를 주장한 인물은 김구이다.

③ 김구는 1945년 12월 28일을 기점으로 신탁 통치 반대 국민 총동원 위원회를 조직하였다.

오답 분석

① 5 · 10 총선거에 불참한 것은 김구에 해당한다.
② 좌 · 우 합작 7원칙을 지지한 것은 김구이다. 이승만은 좌 · 우 합작 7원칙에 대해 조건부 지지를 표방하였다. (오답의 시비가 벌어질 수 있는 부분이다.)
④ 남조선 과도 입법 의원의 의장을 역임한 인물은 김규식이다.

정답 ③

26 1145

제시문은 김구의 『백범일지』의 내용으로, 밑줄 친 '나'는 김구이다.

④ 김구는 동학 농민군 제2차 봉기 당시 지도자 최시형의 지시를 받고 황해도 동학군의 선봉장으로 해주성을 습격하였다.

오답 분석

①, ③ 이승만에 대한 설명이다.
② 김규식에 대한 설명이다.

정답 ④

27 1146

제시문은 단독 정부 수립을 반대한 김구가 발표한 '삼천만 동포에게 읍고함(1948. 2. 10.)'의 일부로, 밑줄 친 '나'는 김구이다.

① 김구와 김규식 등은 남북 협상(남북 연석 회의)을 추진하여 김일성 등과 평양의 모란봉 극장에서 연석 회의를 개최하고 남한 단독 정부 수립 반대와 미 · 소 양군 철수에 관한 결의문을 채택하였다.

오답 분석

② 한국 민주당을 결성하여 미 군정에 적극적으로 참여한 인물은 김성수, 송진우 등이다. 이들은 일제 강점기에 일제의 통치에 대해 '일면타협, 일면저항'의 노선을 택했던 대지주 및 도시 부유층이었다.
③ 이승만에 대한 설명이다.
④ 여운형에 대한 설명이다.

정답 ①

28 1147

ⓒ 1948년 4월에 평양에서 남북 연석 회의(남북 지도자 회의)가 개최되었고, 남측 대표로 김구와 김규식 등이 참여하였다.
ⓔ 남북 연석 회의(남북 지도자 회의) 결과, 남한 단독 정부 수립 반대와 미 · 소 양군 철수에 관한 결의문이 채택되었다.

오답 분석

㉠ 제1차 미 · 소 공동 위원회는 1946년 3~5월, 제2차 미 · 소 공동 위원회는 1947년에 추진되었으며, 남북 협상은 1948년 4월에 추진되었다.
ⓛ 김규식과 여운형 등 중도파 인사에 의해 설치된 좌 · 우 합작 위원회는 1946년 10월에 좌 · 우 합작 7원칙을 발표하였다.

정답 ④

29 1148

2019년 7급 서울시(추가 채용)

〈보기〉는 해방 후 통일 정부 수립을 위해 노력하던 과정에서 발생한 사건들이다. 시간 순으로 바르게 나열한 것은?

보기
(가) 미 군정의 지원과 대중적 지지 속에 결성된 좌·우 합작 위원회는 '좌·우 합작 7원칙'을 발표했다.
(나) 서울의 혜화동에서 여운형이 암살되었다.
(다) 이승만은 전라북도 정읍에서 단독 정부를 수립하자고 연설했다.
(라) 미 군정은 좌·우 합작 위원회와 한민당을 주축으로 남조선 과도 입법 의원을 구성했다.
(마) 모스크바 3국 외상 회의의 결정 사항을 이행하기 위해 제2차 미·소 공동 위원회가 재개되었다.

① (가) – (나) – (다) – (라) – (마)
② (가) – (라) – (마) – (나) – (다)
③ (다) – (가) – (라) – (마) – (나)
④ (마) – (가) – (다) – (나) – (라)

30 1149

2016년 7급 국가직

밑줄 친 '이것'이 수행한 내용으로 옳은 것은?

당면한 한반도 문제를 심의하는 데 선거로 뽑힌 한반도 국민의 대표가 참여할 것을 결의한다. …(중략)… 참여할 한반도 대표가 한반도의 군정 당국에 의하여 지명된 자가 아니라 한반도 주민에 의하여 정당히 선거된 자임을 감시하기 위하여 조속히 이것을 설치하여 한반도에 보내고자 한다. 그리고 이것에 한반도 전체에서 여행, 감시, 협의할 수 있는 권한을 주기로 결의한다.

① 소련의 방해로 남한 지역에서만 총선거를 감시하였다.
② 북한을 침략자로 규정하고 유엔군 파견을 결정하였다.
③ 한국 경제의 재건과 복구를 지원하였다.
④ 남한을 한반도에서 유일한 합법 정부로 승인하였다.

31 1150

2019년 9급 서울시(추가 채용)

〈보기〉의 사실들을 시간 순으로 나열했을 때 세 번째에 해당하는 것은?

보기
ㄱ. 제2차 미·소 공동 위원회 결렬
ㄴ. 좌·우 합작 위원회, '좌·우 합작 7원칙'에 합의
ㄷ. 이승만, 정읍 발언에서 남한만의 정부 수립 주장
ㄹ. 유엔 소총회, 가능한 지역에서만 총선거 실시 결의

① ㄱ   ② ㄴ   ③ ㄷ   ④ ㄹ

32 1151

2019년 9급 국가직

(가)~(라)를 시기 순으로 바르게 나열한 것은?

(가) 좌우 합작 7원칙이 발표되었다.
(나) 조선 건국 준비 위원회가 결성되었다.
(다) 모스크바 3국 외상 회의가 개최되었다.
(라) 김구와 김규식이 남북 협상을 제의하였다.

① (나) → (가) → (라) → (다)
② (나) → (다) → (가) → (라)
③ (다) → (가) → (나) → (라)
④ (다) → (나) → (가) → (라)

29 1148

③ 시간 순으로 나열하면 (다) – (가) – (라) – (마) – (나)이다.

(다) 1946년 6월에 이승만은 정읍 발언을 통해 남한만의 단독 정부 수립을 주장하였다.

(가) 1946년 10월에 여운형 중심의 좌 · 우 합작 위원회에서 '좌 · 우 합작 7원칙'이 발표되었다.

(라) 1946년 12월에 남조선 과도 입법 의원이 발족되었다.

(마) 1947년 5월에 제2차 미 · 소 공동 위원회가 개최되었으나 8월 말에 결렬되었다.

(나) 1947년 7월에 여운형이 암살되었다.

정답 ③

30 1149

제시문의 '이것'은 남북 총선거를 감시하기 위해 파견될 '유엔 한국 임시 위원단'을 가리킨다.

① 유엔 한국 임시 위원단은 1948년 1월에 남한에 입국하였으나, 소련의 거부로 38도선 이북으로는 건너갈 수 없었다. 이후 김구 등에 의해 추진되었던 남북 협상(남북 연석 회의)이 결렬되자 유엔 한국 임시 위원단은 남한에서만의 총선거를 감시하였다.

오답 분석

② 6 · 25 전쟁 때 유엔 안전 보장 이사회의 결정에 해당한다.

③ 미국을 중심으로 한 유엔 회원국에 해당한다.

④ 유엔 결의에 해당한다.

정답 ①

31 1150

① 시간 순으로 세 번째에 해당하는 것은 ㄱ. 제2차 미 · 소 공동 위원회의 결렬이다.

ㄷ. 이승만은 1946년 6월에 정읍 발언을 통해 남한만의 단독 정부 수립을 주장하였다. → ㄴ. 좌 · 우 합작 7원칙은 1946년 10월에 합의되었다. → ㄱ. 제2차 미 · 소 공동 위원회는 1947년 5월에 개최되어 8월 말경 결렬되었다. → ㄹ. 1948년 2월에 유엔 소총회에서 남한 단독 선거를 결의하였다.

정답 ①

32 1151

② 시기 순으로 나열하면 (나) 조선 건국 준비 위원회 결성(1945. 8.) → (다) 모스크바 3국 외상 회의 개최(1945. 12.) → (가) 좌 · 우 합작 7원칙 발표(1946) → (라) 남북 협상 제의(1948)가 된다.

정답 ②

33 1152

다음의 사건을 시기 순으로 바르게 나열한 것은?

(가) 제헌 국회가 구성되어 헌법을 제정하였다.
(나) 여운형과 김규식은 좌 · 우 합작 위원회를 조직하였다.
(다) 조선 건국 동맹을 기반으로 조선 건국 준비 위원회가 조직되었다.
(라) 민주주의 임시 정부 수립을 논의하기 위해 제1차 미 · 소 공동 위원회가 열렸다.

① (가) – (다) – (나) – (라)
② (나) – (다) – (라) – (가)
③ (다) – (라) – (나) – (가)
④ (라) – (나) – (가) – (다)

34 1153

밑줄 친 '총선거'에 대한 설명으로 옳지 않은 것은?

1948년 5월 10일, 마침내 남한에서는 유엔 한국 임시 위원단의 감시 아래 총선거가 실시되었다. 이 선거를 통해 구성된 제헌 국회는 국호를 대한민국으로 정하고, 7월 17일에 헌법을 제정 · 공포하였다.

① 만 19세 이상이면 모든 국민이 이 선거의 투표권을 가졌다.
② 이 선거를 통해 선출된 국회의원의 임기는 2년이었다.
③ 이 선거를 앞두고 남북 협상에 참가했던 김규식은 선거에 나서지 않았다.
④ 제주도에서는 이 선거에 반대한 세력과 경찰이 충돌하면서 많은 민간인 희생자가 발생하였다.

35 1154

다음은 1945년부터 1950년까지 발생했던 한국 현대사의 역사적 기록이다. 시기 순으로 바르게 나열한 것은?

ㄱ. 미국, 소련, 영국의 외상들이 삼상 회의를 개최하고 '한국 문제에 관한 4개항의 결의서'(신탁 통치안)를 결정하였다.
ㄴ. 남한에서는 유엔 한국 임시 위원단의 감시 아래 총선거가 실시되었다.
ㄷ. 일제의 잔재를 청산하고 민족 정기를 바로잡기 위해 반민족 행위 처벌법을 제정하였다.
ㄹ. 북한은 38도선 전 지역에 걸쳐 남침을 감행하였다.

① ㄱ – ㄴ – ㄷ – ㄹ
② ㄱ – ㄴ – ㄹ – ㄷ
③ ㄱ – ㄷ – ㄴ – ㄹ
④ ㄴ – ㄱ – ㄷ – ㄹ

36 1155

〈보기〉의 역사적 사건들을 시간 순으로 옳게 배열한 것은?

보기
㉠ 모스크바에서 세 나라의 외상들이 회의하였다.
㉡ 제주도 파병과 정부에 반대하는 군인들이 반란을 일으켰다.
㉢ 경교장에서 백범 김구가 육군 소위 안두희에게 암살당하였다.
㉣ 좌우의 정치 세력이 힘을 합치려는 운동을 전개하였다.
㉤ 평양에서 남북의 정치, 사회 단체 지도자들이 모였다.

① ㉠ – ㉡ – ㉢ – ㉣ – ㉤
② ㉠ – ㉢ – ㉣ – ㉤ – ㉡
③ ㉠ – ㉣ – ㉤ – ㉡ – ㉢
④ ㉠ – ㉤ – ㉣ – ㉢ – ㉣

33 1152

③ 시기 순으로 나열하면 (다) 조선 건국 준비 위원회 조직(1945. 8.) → (라) 제1차 미·소 공동 위원회 개최(1946. 3.~1946. 5.) → (나) 좌·우 합작 위원회 조직(1946. 7.) → (가) 제헌 헌법 제정(1948. 7)

정답 ③

35 1154

① 시기 순으로 나열하면 ㄱ. 모스크바 3국 외상 회의 개최(1945. 12.) → ㄴ. 5·10 총선거 실시(1948. 5. 10.) → ㄷ. 반민족 행위 처벌법 제정(1948. 9.) → ㄹ. 북한의 남침(한국 전쟁, 1950. 6. 25.)이 된다.

정답 ①

34 1153

밑줄 친 '총선거'는 5·10 총선거이다.

① 1948년에 치러진 5·10 총선거의 선거권은 만 19세 이상으로 규정되어 있는 현재와는 달리 만 21세 이상의 모든 남녀 국민에게 부여되었고, 피선거권은 만 25세 이상의 모든 국민에게 인정되었다. 선거구제는 1선거구에서 1인을 선출하는 소선거구제를 채택하였다. 유엔 한국 임시 위원단은 인구 비례에 의한 총선거로 300석의 국회의원을 선출할 방침이었으나, 북한 지역의 선거 불가능으로 남북한의 총선거가 불가능해지자 북한 지역에 할당된 의석 수 100석을 유보해 두고 남한에서의 의석 수를 200석으로 할당하여 남한만의 총선거를 실시하였다.

정답 ①

36 1155

③ 시간 순으로 나열하면 ㉠ 모스크바 삼국 외상 회의(1945. 12.) → ㉣ 좌·우 합작 운동(1946. 7.) → ㉤ 남북 협상(남북 연석 회의, 1948. 4.) → ㉡ 여수·순천 사건(1948. 10.) → ㉢ 김구 암살 사건(1949. 6.)이 된다.

정답 ③

37 1156

2015년 9급 국가직

(가)~(라)는 광복을 전후해 일어난 사건을 시기 순으로 나열한 것이다. (다)에 들어갈 수 있는 내용으로 적절하지 않은 것은?

> (가) 삼균주의를 바탕으로 대한민국 임시 정부가 '대한민국 건국 강령'을 발표하였다.
> (나) 이승만을 중심으로 독립 촉성 중앙 협의회가 발족되었다.
> (다) _____
> (라) 제헌 국회에서 대한민국의 헌법이 제정 · 공포되었다.

① 좌 · 우 합작 위원회의 '좌 · 우 합작 7원칙'이 선포되었다.
② 김구의 '삼천만 동포에게 읍고함'이라는 글이 발표되었다.
③ 여운형, 안재홍 등을 중심으로 조선 건국 준비 위원회가 조직되었다.
④ 유엔 총회에서 유엔 감시하에 인구 비례에 의한 남북한 총선거의 실시가 결의되었다.

38 1157

2022년 9급 국가직

제헌 국회에 대한 설명으로 옳은 것은?

① 반민족 행위 특별 조사 위원회를 구성하였다.
② 한 · 일 기본 조약 체결에 반대하는 성명을 내놓았다.
③ 통일 3대 원칙이 언급된 7 · 4 남북 공동 성명을 발표하였다.
④ 통일 주체 국민 회의에서 대통령을 뽑는다는 내용의 개헌안을 통과시켰다.

39 1158

2013년 9급 국가직

연표의 (가)~(라) 시기에 있었던 사실로 옳은 것은?

	(가)	(나)	(다)	(라)	
광복	모스크바 3국 외상 회의	5 · 10 총선거	대한민국 정부 수립	6 · 25 전쟁 발발	

① (가) – 대한민국 임시 정부에서 건국 강령을 제정하였다.
② (나) – 북한 정부가 수립되었다.
③ (다) – 김구 · 김규식이 남북 협상을 위해 북한을 방문하였다.
④ (라) – 국회에서 반민족 행위 처벌법을 제정하였다.

40 1159

2018년 7급 지방직

다음 자료에서 밑줄 친 '위원회'에 대한 설명으로 옳은 것은?

> 대통령은 우리 위원회의 활동이 삼권 분립 원칙에 위배된다고 주장하고 있으며, 내무장관은 피의자인 노덕술을 요직에 등용하였다. …(중략)… 당국자가 노덕술을 보호하고, 우리 위원회에 그의 석방을 요구한 이유가 무엇인가? 우리는 친일 경관이 아니라 애국심을 지닌 경관이 등용되기를 바란다.

① 제헌 헌법의 특별 규정에 의해 제정된 법률에 따라 구성되었다.
② 3 · 15 부정 선거를 규탄하는 시위를 주도하였다.
③ 부산 정치 파동으로 인해 해산되었다.
④ 남북 협상을 추진하였다.

37 1156

이승만을 중심으로 독립 촉성 중앙 협의회가 발족한 것은 1945년 10월이고 제헌 국회에서 대한민국 헌법이 제정·공포된 것은 1948년 7월 17일의 일이다. 따라서 (다) 시기는 1945년 10월부터 1948년 7월에 해당한다.

③ 조선 건국 준비 위원회는 (다) 시기가 아닌 (나) 시기 이전인 1945년 8월 15일에 조직되었다.

오답 분석

① 좌·우 합작 7원칙은 1946년 10월에 선포되었다.
② 김구의 '삼천만 동포에게 읍고함'이라는 글은 1948년 2월에 발표되었다.
④ 유엔 총회에서 유엔 감시하에 인구 비례에 의한 남북한 총선거의 실시가 결의된 시기는 1947년 11월에 해당한다.

정답 ③

38 1157

제헌 국회는 1948년 5·10 남한 단독 선거에 의해 제주도 2개 선거구를 제외한 198명의 당선으로 구성된 국회이며 2년의 임기를 수행하였다.

① 제헌 국회는 친일파 처벌을 목적으로 한 반민족 행위 처벌법을 제정하고 반민족 행위 특별 조사 위원회를 구성하였다.

오답 분석

②, ③, ④ 제헌 국회는 1950년에 마무리되었으며, 그 해 선거를 통해 2대 국회가 개원하였다. 따라서 1965년에 체결된 한·일 기본 조약 반대 성명이나, 1972년에 발표된 7·4 남북 공동 성명과는 무관하며, 더군다나 1972년에 나온 유신 헌법 개헌안과는 전혀 관련이 없다.

정답 ①

39 1158

(가) 광복(1945. 8.)~모스크바 3국 외상 회의(1945. 12.)
(나) 모스크바 3국 외상 회의(1945. 12.)~5·10 총선거(1948. 5.)
(다) 5·10 총선거(1948. 5.)~대한민국 정부 수립(1948. 8.)
(라) 대한민국 정부 수립(1948. 8.)~6·25 전쟁 발발(1950)

④ 대한민국 정부가 수립된 (라) 시기 이후 구성된 제헌 국회에서 헌법 101조에 의거하여 '반민족 행위 처벌법 기초 특별 위원회'를 구성하고, 1948년 9월 22일에 반민족 행위 처벌법을 제정하였다.

오답 분석

① 1941년에 대한민국 임시 정부는 조소앙의 삼균주의를 바탕으로 대한민국 건국 강령을 발표하였다.
② 1948년 9월 9일에 북한 정부는 김일성을 수상, 박헌영과 홍명희, 김책을 부수상으로 하여 조선 민주주의 인민 공화국을 선포하였다.
③ 1948년 4월에 김구와 김규식 등은 김일성 등과 평양의 모란봉 극장에서 연석 회의를 개최하고 남한 단독 정부 수립에 반대, 미·소 양군 철수에 관한 결의문을 채택하였다.

정답 ④

40 1159

밑줄 친 '위원회'는 친일파의 반민족 행위를 처벌하기 위하여 1948년 제헌 국회에 설치되었던 '반민족 행위 특별 조사 위원회'를 가리킨다.

① 반민특위는 1948년 8월에 '친일파 처벌에 대해서는 형벌 불소급을 적용하지 않는다.'는 형벌 불소급 원칙의 예외에 해당하는 부칙이 담긴 제헌 헌법에 의해 설치되었다. 그러나 친일파 처벌에 대한 공소 시효가 1949년으로 단축되고, 반민특위와 특별 재판부 폐지안과 반민족 행위 처벌법 개정안이 국회에서 가결되어 1949년 10월에 반민특위, 특별 검찰부, 특별 재판부는 해체되었다.

오답 분석

② 3·15 부정 선거를 규탄하는 시위는 마산 의거부터 4·19 혁명(1960)까지의 민주화 운동으로, 반민특위의 활동과 연관이 없다.
③ 부산 정치 파동은 대통령 직선제와 양원제를 골자로 한 발췌 개헌(1952)을 추진하는 과정에서 일어난 일련의 정치적 사건들을 일컫는 것으로, 반민특위 해산과는 관련이 없다.
④ 남북 협상(남북 연석 회의)은 1948년 4월에 김구, 김규식 등이 추진하였다.

정답 ①

41 1160

다음 법령에 대한 설명으로 옳지 않은 것은?

> 제1조 일본 정부와 통모하여 한·일 합병에 적극 협력한
> 자, 한국의 주권을 침해하는 조약 또는 문서에 조인
> 한 자와 모의한 자는 사형 또는 무기 징역에 처하고,
> 그 재산과 유산의 전부 혹은 2분의 1 이상을 몰수한다.
> 제2조 일본 정부로부터 작위를 받은 자 또는 일본 제국 의
> 회의 의원이 되었던 자는 무기 또는 5년 이상의 징역
> 에 처하고 그 재산과 유산의 전부 혹은 2분의 1 이상
> 을 몰수한다.
> 제3조 일본 치하 독립운동자나 그 가족을 악의로 살상·박
> 해한 자 또는 이를 지휘한 자는 사형, 무기 또는 5년
> 이상의 징역에 처하고 그 재산의 전부 혹은 일부를
> 몰수한다.

① 이 법령에 따라 특별 재판부가 설치되었다.
② 이 법령의 제정은 제헌 헌법에 명시된 사항이었다.
③ 이 법령에 따라 반민족 행위자들이 실형을 선고받았다.
④ 이 법령은 여수·순천 10·19 사건 직후에 국회에서 통과
되었다.

42 1161

다음 조항을 포함한 법률에 대한 설명으로 옳지 않은 것은?

> 제1조 일본 정부와 통모하여 한·일 합병에 적극 협력한 자,
> 한국의 주권을 침해하는 조약 또는 문서에 조인한
> 자와 이를 모의한 자는 사형 또는 무기 징역에 처하
> 고, 그 재산과 유산의 전부 혹은 2분의 1 이상을 몰
> 수한다.

① 이 법률은 제헌 국회에서 제정되었다.
② 이 법률은 농지 개혁법이 제정된 후 제정되었다.
③ 이 법률에 의해 반민특위와 특별 재판부가 구성되었다.
④ 이 법률에 의해 친일 경력을 지닌 고위 경찰 간부가 체포
되었다.

43 1162

다음 자료와 관련된 설명으로 옳지 않은 것은?

> 제1조 일본 정부와 통모하여 한·일 합병에 적극 협력한
> 자, 한국의 주권을 침해하는 조약 또는 문서에 조인
> 한 자와 모의한 자는 사형 또는 무기 징역에 처하고
> 그 재산과 유산의 전부 혹은 2분지 1 이상을 몰수한다.
> 제3조 일본 치하 독립운동자나 그 가족을 악의로 살상 박
> 해한 자 또는 이를 지휘한 자는 사형, 무기 또는 5년
> 이상의 징역에 처하고 그 재산의 전부 혹은 일부를
> 몰수한다.

① 독립을 방해할 목적으로 단체를 조직했다면 10년 이하의 징
역과 재산의 몰수 등이 가능했다.
② 기술관을 포함하여 고등관 3등급 이상의 관공리는 공소 시
효 경과 전에는 공무원 임용이 불허되었다.
③ 반민족 행위를 조사하기 위하여 특별 조사 위원회를 설치
하였다.
④ 일본 정부로부터 작위를 받은 자는 무기 또는 5년 이상의 징
역과 재산·유산의 몰수 등이 가능했다.

44 1163

대한민국 정부 수립 이후에 일어난 사건을 〈보기〉에서 모두
고른 것은?

> **보기**
> ㉠ 반민족 행위 특별 조사 위원회 설치
> ㉡ 농지 개혁법 시행
> ㉢ 안두희의 김구 암살
> ㉣ 제주 4·3 사건 발생
> ㉤ 여수·순천 10·19 사건 발생

① ㉠, ㉡, ㉤   ② ㉠, ㉡, ㉢, ㉤
③ ㉠, ㉡, ㉣, ㉤   ④ ㉠, ㉡, ㉢, ㉣, ㉤

41 1160

제시문은 1948년 9월 22일에 제정된 반민족 행위 처벌법이다. 이 법령이 제정되고 곧이어 반민족 행위 특별 조사 위원회와 특별 재판부가 구성(1948. 10.)되었다. 또한 제헌 국회는 이 법을 위해 헌법 안에 반민법과 관련한 부칙을 넣어놓았는데, 이것은 이 법의 적용 대상자를 '형벌 불소급의 원칙'의 예외로 두기 위해서였다.

④ 반민족 행위 처벌법은 1948년 9월에 제헌 국회에서 제정되었으므로, 여수·순천 사건(1948. 10. 19.) 이전에 통과되었다. 여수·순천 사건은 1948년 10월 19일에 여수 주둔 국군 제14연대가 제주도 4·3 항쟁 진압 명령을 거부하면서 반란을 일으킨 사건을 말한다.

정답 ④

43 1162

제시문은 반민족 행위 처벌법(1948. 9. 22.)이다.

② 반민족 행위 처벌법에는 "일제 치하에 고등관 3급 이상, 훈(勳) 5등 이상을 받은 관공리 또는 헌병, 헌병보, 고등 경찰의 직에 있던 자는 본법의 공소시효 경과 전에는 공무원에 임명될 수 없다."는 조항이 명시되어 있었으나, 기술관은 제외되었다.

정답 ②

42 1161

제시문은 1948년 9월 22일 제헌 국회에서 제정된 반민족 행위 처벌법의 내용이다. 이 법으로 반민특위가 구성되고 특별 재판부가 만들어졌으며, 노덕술과 같은 친일 경찰이 체포되는 등의 성과가 있었으나, 정권의 방해와 기간 축소 등으로 인해 모두 풀려나고 말았다.

② 농지 개혁법은 1949년 6월에 제정되었으며, 1950년 수정하여 실시되었다.

정답 ②

44 1163

② 대한민국 정부는 1948년 8월 15일에 수립되었다. 따라서 대한민국 정부 수립 이후의 사건으로는 ㉠ 반민족 행위 특별 조사 위원회 설치(1948. 10.), ㉡ 농지 개혁법 시행(1950. 3.), ㉢ 안두희의 김구 암살(1949. 6.), ㉤ 여수·순천 10·19 사건 발생(1948. 10.)이 해당된다.

오답 분석

㉣ 제주 4·3 사건은 대한민국 정부 수립 이전인 1948년 4월에 발생하였다.

정답 ②

45 1164

2015년 9급 국가직

연표의 (가), (나) 시기에 있었던 사실로 옳은 것은?

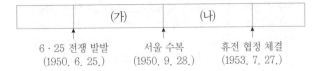

	(가)	(나)	
6 · 25 전쟁 발발 (1950. 6. 25.)	서울 수복 (1950. 9. 28.)	휴전 협정 체결 (1953. 7. 27.)	

① (가) - 인천 상륙 작전이 실시되었다.

② (가) - 중국군의 참전으로 인해 한국군은 서울에서 후퇴하게 되었다.

③ (나) - 애치슨 선언이 발표되었다.

④ (나) - 유엔 안전 보장 이사회에서 유엔군 파병이 결정되었다.

46 1165

2017년 7급 국가직

(가) 시기에 있었던 사실로 옳은 것은?

1950. 6.	1950. 9.	1951. 1.		1951. 6.	1953. 7.
		(가)			
6 · 25 전쟁 발발	서울 수복	1 · 4 후퇴		휴전 회담 시작	정전 협정 체결

① 대규모 해상 작전인 흥남 철수가 이루어졌다.

② 이승만 정부가 반공 포로의 석방을 단행하였다.

③ 맥아더 장군이 유엔군 총사령관직에서 해임되었다.

④ 미국은 극동 방위선에서 한국을 제외한다고 선언하였다.

47 1166

2015년 7급 국가직

다음 회담과 관련한 내용으로 옳지 않은 것은?

> 제2 의제: 전투 행위를 정지한다는 전제 아래 양측 군대 사이에 비무장 지대를 설치하고자 군사 분계선을 정하는 일
>
> … (중략) …
>
> 제5 의제: 외국 군대의 철수와 한반도 문제의 평화적 해결에 관해서 쌍방 관련 국가의 정부에 권고하는 일

① 개성과 판문점 등지에서 회담이 진행되었다.

② 공산군 측은 38도선을 경계로 휴전할 것을 요구하였다.

③ 유엔군 측은 제네바 협정에 따른 포로의 자동 송환을 주장하였다.

④ 쌍방은 소련을 제외한 4개국 중립국 감시 위원회의 구성에 합의하였다.

48 1167

2016년 9급 서울시

1950년대 정치와 사회에 대한 설명으로 가장 옳지 않은 것은?

① 이승만 정권은 1951년 국민회, 대한 청년당, 노동 총연맹, 농민 총연맹, 대한 부인회 등 우익 단체를 토대로 자유당을 조직하였다.

② 이승만 정권은 신국가 보안법을 제정하였고 반공 청년단을 조직하였으며 진보당의 조봉암을 간첩 혐의로 사형에 처하였다.

③ 미국의 원조로 소비재 공업이 성장하였고 밀가루, 설탕, 면화 산업 등 삼백 산업이 중심을 이루었다.

④ 이승만 정권은 1954년 의회에서 부결된 대통령 직선제 개헌안을 사사오입의 논리로 통과시켰다.

45 1164

① 1950년 9월에 맥아더 유엔군 총사령관의 인천 상륙 작전의 성공으로 국군과 유엔군은 서울을 수복하였다.

오답 분석

② 중국군은 국군과 유엔군이 서울을 수복한 이후, (나) 시기인 1950년 10월에 6 · 25 전쟁에 참전하였다. 중국군의 대대적인 공세로 국군과 유엔군은 서울에서 후퇴(1 · 4 후퇴)하게 되었다.
③ 애치슨 선언이 발표된 것은 중국이 공산화된 이후인 1950년 1월로, (가) 시기 이전이다.
④ 유엔 안전 보장 이사회에서 유엔군 파병이 결정된 시점은 1950년 6월 28일로 (가) 시기에 해당한다.

정답 ①

46 1165

① 흥남 철수 작전은 미 제10군단과 국군 제1군단이 1950년 12월 15일부터 23일까지 흥남 항구를 통해 해상으로 탈출한 작전이다.

오답 분석

② 이승만 정부의 반공 포로 석방은 (가) 시기 이후인 1953년 6월 18일에 실시되었다.
③ 맥아더 장군이 트루먼 대통령과의 대립으로 인해 유엔군 총사령관의 지위에서 해임된 것은 (가) 시기 이후인 1951년 4월 11일의 일이다.
④ 미국이 한반도와 타이완을 태평양 방위선에서 제외하는 내용을 골자로 한 애치슨 라인을 발표한 것은 (가) 시기 이전인 1950년 1월이다.

정답 ①

47 1166

제시문은 6 · 25 전쟁을 평화적 방법으로 해결하기 위하여 유엔군 측과 공산군 측이 1951년 7월 10일부터 1953년 7월 27일까지 진행한 휴전 회담의 내용이다.

③ 휴전 협정에서는 휴전선 문제와 포로 송환 문제가 주된 쟁점이자 의제로 대두되었다. 휴전선 문제는 유엔군이 제시한 양군의 '접촉선'으로 타결되었으나, 포로 송환 문제의 해결이 쉽지 않았다. 공산군은 포로를 본국으로 무조건 송환해야 한다는 '본국 송환' 안을 내놓은 반면, 유엔군은 포로에게 의사를 물어 송환해야 한다는 '자유 의사 송환' 안을 내놓아 양측이 대립하였다. 포로 송환 협정이 서명되어 협상 타결이 가시화되자 이승만은 일방적으로 남한에 수용되어 있던 반공 포로를 석방(1953. 6. 18.)하였다. 이에 한때 휴전 회담은 다시 무산되는 듯하였으나 미국의 노력과 공산군의 동의로 결국 휴전 협정이 체결(1953. 7. 27.)되었다.

오답 분석

① 휴전 회담은 처음에 개성에서 시작하였는데, 이후 회담 장소를 판문점으로 옮겼고, 휴전 협정도 판문점에서 체결되었다.
② 휴전 회담에서 휴전선 설정 문제에 대해 공산군측은 38도선으로 설정하자고 주장하였고, 유엔군측은 현재의 접촉선으로 하자고 주장하였는데, 결국 1951년 11월에 유엔측의 주장대로 합의되었다.
④ 휴전 회담의 합의로 스위스 · 체코슬로바키아 · 스웨덴 · 폴란드로 구성된 중립국 감시 위원단이 설치되어 활동을 개시하였다.

정답 ③

48 1167

④ 6 · 25 전쟁 중인 1951년에 임시 수도 부산에서 이범석의 민족 청년단을 중심으로 자유당이 조직되고, 1952년에 대통령 직선제로의 개헌 추진 강행으로 부산 정치 파동이 일어났다. 이 시기에 대통령 직선제와 양원제를 골자로 하는 소위 '발췌 개헌안'을 경찰의 삼엄한 포위 속에서 기립 표결로 통과시켰다. 1954년에 추진된 사사오입 개헌은 초대 대통령의 중임 제한 폐지를 골자로 한 것이었다.

정답 ④

49 1168

밑줄 친 '개헌안'에 대한 설명으로 옳은 것은?

> 1954년에 실시된 선거로 국회 내 다수 세력이 된 자유당은 새 개헌안을 국회에 상정하였다. 이 개헌안이 국회를 통과 하기 위해서는 그 재적 의원 203명의 3분의 2 이상이 찬성 해야 했다. 그러나 표결 결과 135표를 얻는 데 그쳐 부결되 었다. 그럼에도 자유당은 이른바 '사사오입'이라는 논리로 부결을 번복하고 가결을 선언하였다. 이는 절차적 민주주의 원칙이 크게 훼손된 사건이었다.

① 대통령이 국회의원의 3분의 1을 직접 지명하도록 규정하 였다.

② 국가 보위 비상 대책 위원회가 언론을 통제한다는 규정이 포함되어 있었다.

③ 대통령 선거인단에 의한 간접선거로 대통령을 선출한다는 조항을 두었다.

④ 당시 재임 중인 대통령에 대해서는 중임 제한 규정을 적용하 지 않는다는 내용이 있었다.

50 1169

다음의 선거 벽보가 사용된 선거에 대한 설명으로 옳지 않 은 것은?

① 조봉암이 대통령 후보로 출마하였다.

② 자유당의 부통령 후보는 이기붕이었다.

③ 부정 선거로 자유당이 대통령과 부통령 선거에서 모두 승 리했다.

④ 사사오입 개헌 이후 이승만이 제3대 대통령으로 당선된 선 거였다.

51 1170

〈보기〉의 ㉠과 ㉡에 들어갈 인물들의 이름을 옳게 짝지은 것 은?

> **보기**
>
> 1956년의 제3대 정·부통령 선거에서는 평화 통일과 혁 신 노선을 내세운 ㉠ 후보가 대통령 선거에 출마하여 전 체 유효표의 30%를 차지하였고, 부통령 선거에서는 민주 당의 ㉡ 후보가 자유당의 이기붕 후보를 누르고 당선되 었다.

	㉠	㉡
①	조봉암	장면
②	신익희	장면
③	조봉암	김성수
④	신익희	김성수

52 1171

다음 자료에 해당하는 선거에 대한 설명으로 가장 옳지 않 은 것은?

> • 총 유권자의 40%에 해당하는 표를 자유당 후보에게 기표 하여 투표 당일 투표함에 미리 넣어 놓는다.
> • 나머지 60%의 유권자는 3인, 5인, 9인조로 묶어 매수 혹 은 위협을 통해 자유당 후보에게 투표하도록 한다.
> • 투표소 부근에 여당 완장을 착용한 완장 부대를 배치하여 야당 성향의 유권자를 위협한다.
> • 야당 참관인은 적당한 구실을 만들어 투표소 밖으로 내쫓 는다.
> – 동아일보, 1960년 3월 4일

① 4·19 혁명 발발의 중요한 계기가 되었다.

② 장면 정부는 이 선거 결과를 무효로 하고 재선거를 실시하 였다.

③ 이승만의 대통령 당선 가능성이 높은 상황에서 실시되었다.

④ 정부는 이 선거를 규탄하는 시위의 배후에 공산주의 세력이 개입되었다고 발표하였다.

49 1168

밑줄 친 '개헌안'은 사사오입 개헌이다.

④ 사사오입 개헌안에는 초대 대통령에 한해 중임 제한 규정을 철폐한다는 내용이 들어가 있었다.

오답 분석

① 1972년에 제정된 유신 헌법의 내용으로, 유신 정우회 의원에 대한 설명이다. 유신 정우회 의원은 3년 임기로 대통령이 지명하면 통일 주체 국민 회의에서 선출하도록 되어 있었다.

② 국가 보위 비상 대책 위원회는 신군부가 5·18 광주 민주화 운동을 무력으로 진압한 후 1980년 5월 31일에 정치 권력을 사유화하기 위한 대통령의 자문·보좌 기관으로 설치한 임시 행정 기구이다.

③ 대통령 선거인단에 의해 간접 선거로 7년 단임제의 대통령을 선출한다는 규정은 1980년 10월에 공포된 제8차 개헌의 주요 내용이다.

정답 ④

50 1169

1956년 5월에 치러진 제3대 정·부통령 선거에 대한 내용이다. 자유당에서는 대통령에 이승만, 부통령에 이기붕이 후보로 출마하였고, 민주당에서는 신익희와 장면이 각각 정·부통령 후보로 출마하여 '못살겠다. 갈아보자'는 구호를 제시하였다.

③ 제3대 정·부통령 선거에서 야당 후보 신익희가 급사해 대통령에 이승만이 당선되었으나, 부통령은 민주당의 장면이 당선되었다. 또 다른 대통령 후보인 조봉암은 1956년 제3대 정·부통령 선거에서 무려 30%의 지지율을 확보하였다.

정답 ③

51 1170

①〈보기〉에 들어갈 ㉠은 조봉암, ㉡은 장면이다. 1956년의 제3대 정·부통령 선거에 대통령 후보로 출마한 야당의 인물은 민주당의 신익희와 진보당 창당 발기 위원회 소속의 조봉암이었다. 신익희가 유세 도중 서거한 뒤 혁신 세력의 조봉암은 30%가 넘게 득표하였으나, 1958년에 국가 보안법 위반으로 체포되어 1959년에 사형에 처해졌다. 한편 부통령 선거에서는 민주당의 장면이 부통령으로 당선되었다.

정답 ①

52 1171

자료에서 언급된 선거는 1960년에 시행된 3·15 부정 선거에 해당한다. 제4대 대통령 및 제5대 부통령 선거 당시 야당 후보인 조병옥의 급사로 이승만의 대통령 당선은 기정사실화되었으나, 재임 기간 중 고령인 이승만의 유고가 예상되자 자유당은 부통령 이기붕을 당선시켜 정권을 유지하기 위해 대대적인 부정 선거를 감행하였다. 이 선거의 결과 마산 의거가 일어나자 이승만은 담화문을 통해 시위의 배후에 공산주의 세력의 개입을 주장하며 수습하려 하였으나, 이어 4·19 혁명이 발발하여 이승만 정부가 붕괴되었다.

② 이승만 정부 붕괴 이후 등장한 허정 과도 내각은 이 선거 결과를 무효로 하고 재선거를 실시하였다.

정답 ②

53 1172

2019년 7급 서울시(추가 채용)

〈보기〉의 부정 선거가 계기가 되어 촉발된 민주화 운동에 대한 설명으로 가장 옳은 것은?

> **보기**
>
> 민주당 후보인 조병옥이 선거 10일을 앞두고 급사하여 단일 후보가 되었음에도 자유당의 충성파들은 약 40%의 사전 투표를 하는 등 온갖 부정 선거를 자행하였다. 이에 부통령 이기붕의 표가 100%에 육박하는 결과가 나오자 이를 79%로 하향 조정하기도 하였다.

① 야당 정치인과 종교인 등이 민주 회복 국민 회의를 결성하여 저항하였다.
② 경무대를 향해 돌진하던 시위대에 경찰이 총격을 가하였다.
③ 부산과 마산을 중심으로 부마 항쟁으로 불리는 대규모 저항 운동이 일어났다.
④ 서울의 봄이라고 불리는 대규모 학생 시위가 벌어졌다.

54 1173

2017년 7급 서울시

1960년 4 · 19 혁명 전후 정치 · 사회적 상황에 대한 설명으로 가장 옳지 않은 것은?

① 혁명적 분위기 속에서 혁신 정당 세력도 총선거에 참여하여 정치적으로 크게 약진하였다.
② 이승만 대통령이 하야한 뒤 허정 과도 정부가 내각 책임제 개헌을 단행하였고, 총선거를 통해 민주당 정권이 탄생하였다.
③ 4 · 19 혁명의 도화선에 불을 붙인 것은 청년 학생들이었지만, 곧 전 민중적 항쟁으로 발전하였다.
④ 1961년에 접어들면서 민중 운동은 생존권 차원을 넘어 한국 사회의 구조적 문제를 제기하고, 민족 통일 운동으로 나아갔다.

55 1174

2014년 9급 국가직

4 · 19 혁명과 관련된 설명으로 옳은 것은?

① 5 · 10 총선거가 남한에서 실시되어 제헌 의회가 구성되었다.
② 농지 개혁이 실시되어 농민들은 자작농으로 발전하게 되었다.
③ 혁명 이후 남북 통일 문제에 대한 논의가 전혀 이루어지지 않았다.
④ 과도 정부가 출범하고, 내각 책임제와 양원제를 골자로 하는 헌법으로 개정되었다.

56 1175

2016년 7급 서울시

4 · 19 혁명으로 집권한 민주당 정부의 시정 방침으로 가장 옳지 않은 것은?

① 외자 도입과 경제 원조 확대를 통한 경제 개발 계획 추진
② 반공을 국시의 제일로 삼아 반공 태세를 재정비 · 강화
③ 일본과의 국교 정상화 및 유엔 감시하의 남북한 자유 선거에 의한 통일 달성
④ 군비 축소와 군의 정예화 추진을 통한 국방력 강화 및 군의 정치적 중립 확보

53 1172

〈보기〉의 내용은 1960년에 치러진 3·15 부정 선거에 대한 설명이다. 이 선거를 규탄하는 마산 의거와 4·19 혁명이 일어나 이승만 정부(제1공화국)가 붕괴되었다.

② 4·19 혁명(1960) 당시 경무대(청와대)를 향해 돌진하던 시위대에 경찰이 총격을 가하여 많은 사상자가 발생하였다.

오답 분석

① 민주 회복 국민 회의는 1974년에 반유신 운동을 전개하기 위해 결성되었다.

③ 1979년에 일어난 부·마 항쟁은 유신 체제에 비판적이었던 김영삼 의원의 제명으로 촉발되었다. 부·마 항쟁은 반유신 운동의 대표적 사건이 되었고, 박정희 대통령이 사망하는 10·26 사태의 도화선이 되었다.

④ 1980년 5월 초에 전두환 등 신군부 퇴진을 요구하는 서울의 봄이라 불리는 민주화 시위가 확산되었다. 신군부는 이 사건을 계기로 계엄령을 전국으로 확대하고 5·18 광주 민주화 운동을 폭압적으로 탄압하였다.

정답 ②

54 1173

① 4·19 혁명 이후 사회 대중당, 사회 혁신당, 통일 사회당 등 다양한 혁신계 정당이 등장하였다. 혁신계 정당들은 4·19 혁명 이후 치러진 제5대 총선거에 참여하였으나, 의석을 거의 얻지 못한 채 참패하였다. 혁신계 정당들은 5·16 군사 정변 이후 대부분 해산하였다.

정답 ①

55 1174

4·19 혁명은 1960년 4월 19일, 이승만 정부의 독재 정치에 불만을 갖고 있던 국민들이 3·15 부정 선거와 마산 의거를 기폭제로 하여 일어난 사건이다.

④ 4·19 혁명으로 이승만이 하야한 이후 허정을 수반으로 하는 과도 정부가 출범하였고, 허정 과도 정부는 내각 책임제와 양원제를 골자로 하는 제3차 개헌(1960. 6.)을 단행하였다.

오답 분석

① 1948년 5월 10일에 김구 등 남북 협상파가 대거 불참하고 남로당이 격렬하게 선거를 반대하는 가운데 남한 단독 선거가 실시되었다. 이후 5·10 총선거로 선출된 국회의원들이 모여 제헌 국회를 구성하였다.(1948년 5월 31일 개원)

② 농지 개혁법은 유상 매수·유상 분배 원칙하에 1949년 6월 21일에 제정·공포되었고, 1950년에 본격적으로 실시되었으나, 6·25 전쟁으로 중단되었다가 1957년에 완료되었다.

③ 4·19 혁명 이후 통일 운동이 활성화되어 학생들을 중심으로 중립화 통일론, 남북 협상론이 대두되었고, 진보 세력을 주축으로 민족 자주 통일 중앙 협의회가 조직되기도 하였다.

정답 ④

56 1175

장면이 이끄는 민주당 정부는 독재 정권의 유산 청산, 민주주의 실현, 경제 재건 및 경제 개발, 남북 관계 개선을 국정 과제 지표로 내세웠다.

② 반공을 국시의 제일로 삼아 반공 태세를 재정비·강화하겠다는 주장은 1961년 5·16 군사 정변 이후 박정희가 발표한 혁명 공약 내용 중 첫 번째에 해당한다.

정답 ②

57 1176

2017년 7급 국가직(추가 채용)

다음은 같은 인물이 발표한 성명서이다. (가)를 발표한 때부터 (나)를 발표한 때까지 있었던 사실로 옳은 것은?

> (가) 이제 정전이 조인되었음에 정전의 결과에 대한 나의 그동안의 판단이 옳지 않았던 것이 되기를 바란다.
>
> (나) 나는 국회의 결의를 존중하여 대통령직을 사임하고 물러앉아 국민의 한 사람으로서 나의 여생을 국가와 민족을 위하여 바치고자 하는 바이다.

① 제4대 대통령 선거가 실시되었다.

② 국민학교 의무 교육이 개시되었다.

③ 임시 수도 부산에서 자유당을 창당하였다.

④ 점령지 구호(GARIOA) 원조가 전개되었다.

58 1177

2019년 9급 서울시

〈보기〉 선언문의 발표 후에 있었던 사건으로 가장 적합하지 않은 것은?

> **보기**
>
> 상아의 진리탑을 박차고 거리에 나선 우리는 질풍과 같은 역사의 조류에 자신을 참여시킴으로써 이성과 진리, 그리고 자유의 대학정신을 현실의 참담한 박토에 뿌리려 하는 바이다. 〈중략〉 무릇 모든 민주주의 정치사는 자유의 투쟁사다. 그것은 또한 여하한 형태의 전제로 민중 앞에 군림하든 '종이로 만든 호랑이'같이 헤슬픈 것임을 교시한다. 〈중략〉 근대적 민주주의의 근간은 자유다. 〈하략〉
>
> – 서울대학교 문리과대학 학생 일동

① 이승만 대통령이 하야하였다.

② 장면 정권이 수립되었다.

③ 민족 자주 통일 중앙 협의회가 조직되었다.

④ 조봉암이 진보당을 결성하였다.

59 1178

2022년 9급 지방직

다음 글은 어떤 사건이 일어났을 때 발표되었는가?

> 1. 마산, 서울 기타 각지의 데모는 주권을 빼앗긴 국민의 울분을 대신하여 궐기한 학생들의 순수한 정의감의 발로이며 부정과 불의에는 언제나 항거하는 민족정기의 표현이다.
>
> … (중략) …
>
> 3. 합법적이고 평화적인 데모 학생에게 총탄과 폭력을 거리낌 없이 남용하여 참극을 빚어낸 경찰은 자유와 민주를 기본으로 한 대한민국의 국립 경찰이 아니라 불법과 폭력으로 권력을 유지하려는 일부 정부 집단의 사병이다.
>
> – 대학 교수단 4·25 선언문

① 4·19 혁명

② 5·18 민주화 운동

③ 6·3 시위

④ 6·29 민주화 선언

60 1179

2020년 9급 지방직

밑줄 친 '새 헌법'에 대한 설명으로 옳은 것은?

> 정부에서는 6월 15일 국회에서 통과된 개헌안을 이송받자 이날 긴급 국무회의를 소집하고 정식으로 이를 공포하였다. 이로써 개정된 새 헌법은 16일 0시를 기해 효력을 발생케 되었다. 새 헌법이 공포됨으로써 16일부터는 실질적인 내각 책임 체제의 정부를 갖게 되었으며 허정 수석 국무위원은 자동으로 국무총리가 된다.
>
> – 『경향신문』, 1960. 6. 16

① 임시 수도 부산에서 개정되었다.

② '사사오입'의 논리로 통과되었다.

③ 통일 주체 국민 회의 설치를 규정한 조항이 있다.

④ 민의원과 참의원으로 구성된 국회 조항이 있다.

57 1176

(가)는 1953년 7월 27일에 발표된 휴전 조인에 관한 이승만 대통령의 성명서이고, (나)는 1960년 4월 26일에 발표한 이승만 대통령 하야 담화문의 내용이다.

① 제4대 대통령 선거는 1960년 3월에 치러진 이른바 3·15 부정 선거를 의미한다. 이 사건을 계기로 4·19 혁명이 촉발되어 궁지에 몰린 이승만은 4월 26일에 결국 하야를 선언하였다.

오답 분석

② 국민학교 의무 교육제는 1948년에 제정되어 1950년 6월에 시행되었다.

③ 1951년 12월 임시 수도 부산에서 이범석의 민족 청년단을 중심으로 자유당이 조직되었다.

④ 점령 지역 행정 구호 원조(GARIOA 원조)는 1945년부터 1948년까지 이루어졌다. 이후 이승만 정권이 성립되자 한·미 원조 협정(1948. 12.~1961. 2.)에 의하여 원조가 계속되었고, 후속으로 1961년 2월에 한·미 경제 기술 원조 협정이 체결되었다.

정답 ①

58 1177

〈보기〉의 선언문은 4·19 혁명 당시 서울대학교 문리과대학 학생들이 발표한 선언문이다.

④ 조봉암이 진보당을 결성한 시기는 1956년으로, 1960년에 일어난 4·19 혁명 이전의 일이다. 조봉암은 1958년 1월에 국가 보안법 위반으로 체포되어 대법원에서 사형 선고를 받고 1959년에 처형되었다. 이후 2011년 1월 20일에 열린 재심에서 조봉암의 간첩죄와 국가 보안법 위반 등 주요 혐의에 대해 무죄 판결이 내려졌다.

오답 분석

① 4·19 혁명의 결과로 이승만 대통령이 하야하였다.

② 이승만 대통령의 하야 후 수립된 허정 과도 정부가 추진한 제3차 개헌을 통해 제2공화국이 수립되어 장면 정부가 출범하였다.

③ 4·19 혁명 이후 수립된 제2공화국 시기에는 민간 통일 논의가 활발하게 전개되어 민족 자주 통일 중앙 협의회가 출범하였다.

정답 ④

59 1178

① 대학 교수단의 4·25 시국 선언문은 4·19 혁명의 전개 과정에서 발표된 것이다. 제시문의 내용을 보아 마산 의거를 필두로 서울에서 학생 시위가 일어났고 이것이 대학 교수단의 시국 선언문으로 이어지는 4·19 혁명의 과정임을 알 수 있다.

오답 분석

②, ③, ④ 제시된 내용은 1980년에 일어난 광주 5·18 민주화 운동과 1964년에 일어난 6·3 시위, 그리고 1987년 6월 항쟁으로 촉발된 6·29 선언과는 관계가 없다.

정답 ①

60 1179

④ 밑줄 친 '새 헌법'은 1960년 허정 과도 정부에서 선포된 3차 개헌에 해당한다. 이 개헌에서 내각 책임제가 추진되었으며, 국회가 민의원과 참의원의 양원제로 결정되었다.

오답 분석

① 1952년 부산 정치 파동을 통해 공포된 발췌 개헌에 해당한다.

② 1954년 초대 대통령의 중임 제한을 폐지한 사사오입 개헌이 관철되었다.

③ 1972년 유신 헌법(7차 개헌)에 해당한다.

정답 ④

61 1180

1965년 6월 22일 체결된 한·일 기본 조약에 대한 설명으로 가장 옳은 것은?

> 제2조 : 1910년 8월 22일 및 그 이전에 대한 제국과 일본 제국 간에 체결된 모든 조약 및 협정이 이미 무효임을 확인한다.
>
> 제3조 : 대한민국 정부가 국제 연합 총회의 결의 제195(Ⅲ)호에 명시된 바와 같이 한반도에 있어서의 유일한 합법 정부임을 확인한다.

① 위안부 문제가 주요한 의제로 논의되었다.
② 조약에 반대하여 학생들이 6·10 민주 항쟁을 일으켰다.
③ 조약 협의를 위해 중앙 정보부장 이후락이 특사로 파견되었다.
④ 재일 교포의 법적 지위 및 대우에 관한 협정도 함께 체결되었다.

62 1181

(가)와 (나) 사이에 있었던 역사적 사실로 옳은 것을 〈보기〉에서 모두 고른 것은?

> (가) 이번 4월의 참사는 학생 운동 사상 최대 비극이요, 이 나라의 정치적 위기를 극복하기 위한 중대 사태이다. 이에 대한 철저한 반성 없이는 이 민족의 불행한 운명을 도저히 만회할 길이 없다. 우리 전국 대학교 교수들은 이 비상 시국에 대처하여 양심의 호소를 하는 바이다.
>
> (나) 대한민국과 일본국은 양국 국민 관계의 역사적 배경을 고려하며, 선린 관계 및 주권 상호 존중 원칙에 입각한 양국 관계의 정상화를 상호 의망(意望)함을 고려하고, 양국의 공동 복지 및 공동 이익을 증진하고 국제 평화 및 안전을 유지하는데 양국이 …… 협력하는 것이 중요하다는 사실을 인식한다.

> **보기**
> ㉠ 진보당 사건, 경향신문 폐간이 이어졌다.
> ㉡ 한·일 회담에 반대하여 6·3 시위가 일어났다.
> ㉢ 국가 재건 최고 회의가 구성되어 군정이 실시되었다.
> ㉣ 부산 정치 파동으로 야당 국회의원이 정치적 공격을 받았다.

① ㉠, ㉡
② ㉡, ㉢
③ ㉡, ㉣
④ ㉢, ㉣

63 1182

다음은 1960년대 어느 일간지에 실린 사설이다. 밑줄 친 '파병'에 대한 설명으로 옳은 것만을 모두 고르면?

> 우리는 원했든 원하지 않았든 이미 이 전쟁에 직접적인 관계를 맺었고, 파병을 찬반(贊反)하던 국민이 이젠 다 힘과 마음을 합해서 파병된 용사들을 성원하고 있거니와 근대 전쟁이 전투하는 사람만의 전쟁이 아니라 온 국민이 참가하는 '총력전'이라는 것을 알고 이 전쟁의 승리를 위해 모든 국민의 단합을 호소하는 바이다.

> ㄱ. 발췌 개헌안 통과에 영향을 주었다.
> ㄴ. 브라운 각서를 체결하는 이유가 되었다.
> ㄷ. 1960년대 경제 개발 계획의 추진에 기여하였다.
> ㄹ. 한·미 상호 방위 원조 협정을 체결하는 계기가 되었다.

① ㄱ, ㄴ
② ㄱ, ㄷ
③ ㄴ, ㄷ
④ ㄷ, ㄹ

64 1183

다음 내용을 포함하는 헌법이 제정된 시기를 연표에서 고르면?

> • 대통령은 임기가 6년으로 중임 제한이 없으며, 통일 주체 국민회의에서 토론 없이 무기명으로 선출한다.
> • 대통령은 국회의원 정수의 3분의 1에 대한 추천권을 가지며, 국회 해산을 명할 수 있다.
> • 대통령은 필요한 경우 국민의 자유와 권리를 잠정적으로 제한하는 긴급 조치권을 가지며, 긴급 조치는 사법적 심사의 대상이 아니다.

1960		1965		1972		1979		1987
	(가)		(나)		(다)		(라)	
4·19 혁명		한·일 국교 정상화		7·4 남북 공동 성명		10·26 사태		6월 민주 항쟁

① (가)
② (나)
③ (다)
④ (라)

61 1180

제시문은 1965년 6월에 체결된 한·일 기본 조약의 부속 조약인 한·일 재산 및 청구권 문제 해결과 경제 협력에 관한 결정의 내용이다.

④ 한·일 기본 조약 체결 당시, 그 부속 협정으로 재일 교포의 법적 지위 및 대우에 관한 협정도 함께 체결되었다.

오답 분석

① 한·일 기본 조약에서는 위안부 문제와 독도 문제 등이 논의되지 않아 국민들로부터 굴욕적인 외교라는 비판을 받았다.
② 한·일 기본 조약 체결에 반대하여 1964년에 6·3 시위가 일어났다.
③ 이후락 중앙 정보부장이 특사로 파견된 것은 1972년에 합의한 7·4 남북 공동 성명 때이다. 한·일 기본 조약의 협의를 위해 파견된 인물은 김종필이다.

정답 ④

62 1181

(가)는 4·19 혁명(1960), (나)는 한·일 협정(한·일 기본 조약, 1965. 6.)에 관한 내용이다.

ⓒ 1964년에 6·3 시위가 일어났다.
ⓒ 국가 재건 최고 회의는 처음 군사 혁명 위원회로 발족되었으나, 1961년 5월 18일에 국가 재건 최고 회의로 개칭되었다.

오답 분석

㉠ 진보당 사건은 1958년, 경향신문 폐간은 1959년의 일로, (가) 시기 이전에 해당한다.
㉣ 부산 정치 파동은 1952년의 일로, (가) 시기 이전에 해당한다.

정답 ②

63 1182

밑줄 친 '파병'은 1964년부터 1973년까지 추진된 베트남 파병에 해당한다.

ㄴ. 1966년 체결된 브라운 각서는 베트남 전쟁에 한국군 전투 부대를 파병하면서 우리 정부가 미국 측과 파병에 대한 보상 조치로 합의한 것이다.
ㄷ. 베트남 전쟁 파병의 대가로 브라운 각서를 체결하여 미국으로부터 거액의 원조를 제공받았으며, 베트남 특수에 힘입어 우리나라는 1960년대에 고용 증대와 경제 성장의 발판을 마련하였다.

오답 분석

모두 베트남 파병과는 관련이 없다.

ㄱ. 발췌 개헌안은 6·25 전쟁 중 부산 피난 정부 시절인 1952년에 통과되었다.
ㄹ. 한·미 상호 방위 원조 협정은 1950년 1월에 체결되었다. 이것은 1949년 미군의 철수 이후 군사 원조를 약속한 것이었지만 6·25 전쟁으로 유명무실화되었다.

정답 ③

64 1183

제시문은 1972년 10월에 공포된 유신 헌법의 내용이다.

③ 박정희 정부는 (다) 시기인 1972년 10월 17일에 국회를 해산하고 전국에 계엄령을 선포하여 모든 대학을 휴교시키고 신문·통신에 대한 사전 검열제를 실시하는 10월 유신을 단행하였다. 이후 비상 국무 회의에서 유신 헌법을 제정한 후 11월에 국민 투표로 확정하였다. 박정희는 통일 주체 국민회의에서 간접 선거로 대통령을 선출하도록 하였고, 제8대 대통령 선거에 단독 출마하여 대통령에 당선되었다.

정답 ③

65 1184

2022년 9급 지방직

다음과 같은 대통령 선출 방식이 포함된 헌법의 내용으로 옳지 않은 것은?

> 제39조 ① 대통령은 통일 주체 국민회의에서 토론 없이 무기명 투표로 선거한다.
> ② 통일 주체 국민회의에서 재적 대의원 과반수의 찬성을 얻은 자를 대통령 당선자로 한다.

① 대통령은 국회를 해산할 수 있다.
② 대통령의 임기는 7년으로 하며, 중임할 수 없다.
③ 대법원장은 대통령이 국회의 동의를 얻어 임명한다.
④ 대통령은 국정 전반에 걸쳐 필요한 긴급 조치를 할 수 있다.

66 1185

2018년 7급 서울시(추가 채용)

〈보기〉의 1960~70년대 전개된 민주화 운동을 시간 순으로 옳게 배열한 것은?

> **보기**
> ㉠ YH 여성 노동자들이 야당 당사에서 농성을 시작하였다.
> ㉡ 삼선 개헌에 반대하는 시위가 전국으로 확산되었다.
> ㉢ 교련에 반대하는 시위가 계속되고 위수령이 발동되었다.
> ㉣ 동아일보 기자들이 언론 자유 수호 투쟁을 전개하였다.

① ㉡ - ㉠ - ㉢ - ㉣
② ㉡ - ㉠ - ㉣ - ㉢
③ ㉡ - ㉢ - ㉠ - ㉣
④ ㉡ - ㉢ - ㉣ - ㉠

67 1186

2016년 7급 서울시

우리나라의 역대 대통령 선거와 관련된 내용으로 옳지 않은 것은?

① 1979년 대통령 선거에서 10대 대통령으로 최규하가 당선되었다.
② 1980년 대통령 선거에서 11대 대통령으로 전두환이 당선되었다.
③ 1978년 대통령 선거에는 민주 공화당 후보로 박정희가 단독 출마하였다.
④ 1972년 대통령 선거에는 민주 공화당 후보로 박정희, 신민당 후보로 김대중이 출마하였다.

68 1187

2021년 9급 지방직

(가) 시기에 있었던 사실로 옳은 것은?

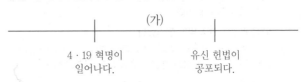

4·19 혁명이 일어나다. ―― (가) ―― 유신 헌법이 공포되다.

① 「반민족행위처벌법」이 제정되다.
② 7·4 남북 공동 성명이 발표되다.
③ 남북한이 유엔에 동시 가입하다.
④ 5·18 민주화 운동이 일어나다.

65 1184

제시문에서 대통령을 통일 주체 국민회의에서 선출하는 내용이 들어 있는 것으로 보아 1972년 개정된 7차 개헌, 즉 유신 헌법임을 알 수 있다.

② 유신 헌법은 대통령 간선제, 6년 임기를 규정하고 있다. 대통령의 임기를 7년으로 규정하고 중임할 수 없도록 규정한 것은 1980년 10월에 개정된 8차 개헌이며, 이를 계기로 제5공화국이 전두환 신군부에 의해 수립되었다.

오답 분석

①, ③, ④ 유신 헌법은 대통령의 국회 해산권과 대법원장에 대한 국회 동의를 얻어 대통령이 임명할 수 있는 권한, 긴급 조치권 등이 명시되어 있다.

정답 ②

66 1185

④ 순서대로 나열하면 ⓒ 3선 개헌 반대 시위(1969) – ⓒ 교련 반대 시위(1971) – ⓔ 동아일보의 언론 자유 수호 운동(1975) – ㉠ YH 무역 사건(1979)이 된다.

정답 ④

67 1186

해방 이후 대통령의 재임 기간은 다음과 같다.
제1~3대 이승만(1948~1960), 제4대 윤보선(1960~1962), 제5~9대 박정희(1963~1979), 제10대 최규하(1979~1980), 제11~12대 전두환(1980~1988), 제13대 노태우(1988~1993), 제14대 김영삼(1993~1998), 제15대 김대중(1998~2003), 제16대 노무현(2003~2008), 제17대 이명박(2008~2013), 제18대 박근혜(2013~2017), 제19대 문재인(2017~)

④ 민주 공화당 후보로 박정희, 신민당 후보로 김대중이 출마하여 격돌하였던 제7대 대통령 선거(직선제)는 1971년에 치러졌다. 박정희는 1972년 10월 '통일 주체 국민회의'에서 간선제로 대통령을 선출하는 유신 헌법을 제정하였으며, 1972년 12월에 실시된 제8대 대통령 선거에서 통일 주체 국민회의의 99.9%의 지지로 대통령에 당선되었다.

오답 분석

① 1979년 통일 주체 국민회의를 통해 제10대 대통령으로 최규하가 당선되었다.
② 1980년 통일 주체 국민회의를 통해 제11대 대통령으로 전두환이 당선되었다.
③ 1978년 제9대 대통령 선거에 민주 공화당의 박정희가 단독 출마하여 통일 주체 국민회의를 통해 당선되었다.

정답 ④

68 1187

4·19 혁명은 1960년에 일어난 사건이며, 유신 헌법이 공포된 시기는 1972년 12월이다. (가) 시기는 1960년에서 1972년 사이에 해당한다.

② (가) 시기인 1972년 7월에 7·4 남북 공동 성명이 발표되었다.

오답 분석

① 「반민족행위처벌법」이 제정된 시기는 1948년 9월이다.
③ 남북한은 1991년 9월 UN에 동시 가입하였다.
④ 1980년 5·18 민주화 운동이 일어났다.

정답 ②

69 1188

2019년 9급 서울시

〈보기〉와 같은 내용의 헌법으로 개정된 이후 발생한 사건으로 가장 옳은 것은?

> **보기**
>
> 제39조 대통령은 통일 주체 국민회의에서 토론없이 무기명 투표로 선거한다.
> 제40조 통일 주체 국민회의는 국회의원 정수의 1/3에 해당 하는 수의 국회의원을 선거한다.
> 제43조 대통령은 조국의 평화적 통일을 위한 성실한 의무 를 진다.

① 굴욕적인 한·일 회담에 반대하는 학생 시위가 전개되었다.
② 재야 인사들이 명동 성당에 모여 '3·1 민주 구국 선언'을 발표하였다.
③ 친일파 청산을 위해 반민족 행위 특별 조사 위원회를 설치 하였다.
④ 민생 안정을 위해 농가 부채 탕감, 화폐 개혁 등을 실시하 였다.

70 1189

2018년 7급 서울시

〈보기〉의 내용이 추구되었던 제4공화국 시기의 정치 상황으 로 가장 옳지 않은 것은?

> **보기**
>
> ㉠ 10월 유신
> ㉡ 100억 불 수출
> ㉢ 1000불 소득

① 통일 주체 국민회의 대의원들의 간접 선거로 대통령이 선 출되었다.
② 비상 계엄하에서 제정되어 국민 투표로 확정된 헌법이 시 행되었다.
③ 정권에 반대하는 교수, 종교인 등이 긴급 조치로 투옥 혹 은 해직되었다.
④ 학생, 지식인, 언론, 종교 단체, 야당 등의 반대 속에서 한· 일 협정이 조인되었다.

71 1190

2021년 9급 국가직

밑줄 친 '헌법'이 시행 중인 시기에 일어난 사건은?

> 이 헌법은 한 사람의 집권자가 긴급조치라는 형식적인 법 절차와 권력 남용으로 양보할 수 없는 국민의 기본 인권과 존엄성을 억압하였다. 그리고 이러한 권력 남용에 형식적인 합법성을 부여하고자 … (중략) … 입법, 사법, 행정 3권을 한 사람의 집권자에게 집중시키고 있다.

① 부·마 민주 항쟁이 일어났다.
② 국민 교육 헌장을 선포하였다.
③ 7·4 남북 공동 성명이 발표되었다.
④ 한·일 협정 체결을 반대하는 6·3 시위가 있었다.

72 1191

2017년 9급 지방직

다음 (가)~(라)를 내용으로 하는 헌법이 적용되던 시기에 일 어난 사건으로 바르게 연결한 것은?

> (가) 대통령의 임기는 7년이며 중임할 수 없다.
> (나) 대통령과 부통령은 국회에서 무기명 투표로 각각 선 거한다.
> (다) 대통령과 부통령의 임기는 4년으로 하며, 1차 중임할 수 있다. 단, 이 헌법 공포 당시의 대통령에 대하여 중 임 제한을 적용하지 아니한다.
> (라) 6년 임기의 대통령은 통일 주체 국민회의에서 선출 된다.

① (가) – 남한과 북한은 함께 유엔에 가입하였다.
② (나) – 판문점에서 휴전 협정이 체결되었다.
③ (다) – 평화 통일론을 주장한 진보당의 정당 등록이 취소 되었다.
④ (라) – 민족 통일을 위한 남북 공동 성명이 발표되었다.

69 1188

〈보기〉의 내용은 1972년에 제정된 유신 헌법이다.

② 3 · 1 민주 구국 선언은 1976년 3월 1일에 서울 명동 성당의 3 · 1절 기념 미사와 기도회에서 김대중 · 윤보선 · 함석헌 등이 주축이 되어 발표한 유신 반대 투쟁 선언이었다.

[오답 분석]

① 1965년 체결된 한 · 일 협정에 반대하는 시위는 1960년대 전반 치열하게 전개되었다. 특히 1964년의 6 · 3 시위가 대표적인 사건이다.
③ 반민족 행위 특별 조사 위원회가 설치된 시기는 1948년 10월이다.
④ 1961년 5 · 16 군사 정변 이후 농가 부채 탕감, 화폐 개혁 등의 민생 안정 정책이 추진되었다.

정답 ②

71 1190

밑줄 친 '헌법'은 1972년 말 선포된 유신 헌법이며, 이 헌법이 시행 중인 시기는 유신 체제라 불리는 제4공화국(1972~1981)에 해당한다.

① 1979년 10월 부 · 마 민주 항쟁이 일어났으며, 이후 박정희 대통령이 중앙 정보부장 김재규에 의해 피살된 10 · 26 사건이 발생하였다.

[오답 분석]

② 국민 교육 헌장은 제3공화국 시기인 1968년에 제정되었다.
③ 7 · 4 남북 공동 성명은 유신 체제가 성립되기 직전인 1972년 7월 4일에 발표되었다.
④ 한 · 일 협정에 반대하는 6 · 3 시위가 일어난 해는 제3공화국 시기인 1964년에 해당한다.

정답 ①

70 1189

제4공화국은 1972년 유신 체제가 선포된 이후부터 1981년까지 유지되었다.

④ 한 · 일 협정(한 · 일 기본 조약)이 체결된 것은 1965년으로, 제3공화국 시기이다.

[오답 분석]

①, ② 박정희는 1971년에 국민 투표를 통해 대통령으로 당선된 후, 1971년 12월 국가 비상 사태를 선포하였다. 이후 대통령 간선제의 시행과 대통령의 임기를 6년으로 하는 것, 중임 제한의 철폐 등을 골자로 한 유신 헌법을 제정하고 국민 투표로 확정시켰다. 1972년에 박정희는 통일 주체 국민회의 대의원들의 간접 선거로 6년 임기의 대통령으로 선출되었으며, 1978년에 재선출되었다.
③ 긴급 조치는 1974년부터 1975년까지 총 9차례 발동되었으며, 이 시기 교수, 종교인, 학생 등 많은 민주 인사들이 탄압받았다.

정답 ④

72 1191

(가)는 제8차 개헌(1980~1987), (나)는 제헌 헌법(1948~1952), (다)는 사사오입 개헌(제2차 개헌, 1954~1960), (라)는 유신 헌법(제7차 개헌, 1972~1980)의 내용이다.

③ 1956년 제3대 대통령 선거에서 바람을 일으킨 조봉암은 이승만의 장기 집권 체제에 큰 위협이 되었다. 이에 자유당 정권은 1958년 1월 13일에 조봉암을 간첩 혐의로 구속 · 처형시킨 진보당 사건을 일으킨 후 2월에 진보당의 정당 등록을 취소하였다.

[오답 분석]

① 남북한의 UN 동시 가입은 1991년 9월의 일이다.
② 1953년 7월 27일에 판문점에서 유엔군 측과 공산군 측 사이에 휴전 협정이 체결되었다.
④ 1972년 7월 4일에 남북한 당국이 분단 이후 최초로 조국 통일과 관련하여 합의한 남북 공동 성명을 발표하였다.

정답 ③

73 1192

다음의 선언문이 나오게 된 배경으로 옳은 것은?

> 오늘 우리는 전 세계의 이목이 주시하는 가운데 … 독재 정치를 청산하고 희망찬 민주 국가를 건설하기 위한 거보를 전 국민과 함께 내딛는다. 국가의 미래요 소망인 꽃다운 젊은이를 야만적인 고문으로 죽여 놓고 그것도 모자라서 뻔뻔스럽게 국민을 속이려 했던 현 정권에게 국민의 분노가 무엇인지를 분명히 보여주고 … 민주장정을 시작한다.

① 정부가 대통령 중심제에서 내각 책임제로 헌법을 개정하였다.
② 정부가 긴급 조치권을 발동하여 헌법 개정 논의를 탄압하였다.
③ 마산의 중앙 부두에서 김주열 군의 시신이 발견되었다.
④ 정부가 대통령 간선제 헌법의 고수를 천명하였다.

74 1193

〈보기〉의 사건을 시간 순으로 바르게 나열한 것은?

> **보기**
> ㉠ 제13대 대통령 선거
> ㉡ 4 · 13 호헌 조치 발표
> ㉢ 박종철 고문 치사 사건
> ㉣ 민주 헌법 쟁취 국민 운동 본부의 결성

① ㉡ → ㉠ → ㉢ → ㉣
② ㉡ → ㉢ → ㉠ → ㉣
③ ㉢ → ㉡ → ㉣ → ㉠
④ ㉢ → ㉣ → ㉡ → ㉠

75 1194

(가)~(라)에 해당하는 구호와 관련된 설명이 잘못된 것은?

> (가) 3 · 15 부정 선거 다시 하라!
> (나) 계엄령 해제하고 신군부 퇴진하라!
> (다) 굴욕적인 대일 외교 결사 반대한다!
> (라) 호헌 철폐, 대통령 직선제 개헌 쟁취하자!

① (가) - 이승만이 하야하는 계기가 되었다.
② (나) - 종신 집권이 가능한 대통령제로 개헌했다.
③ (다) - 한 · 일 회담에 반대하고 정권의 퇴진을 요구했다.
④ (라) - 이한열 등의 희생을 통해 직선제 개헌에 성공했다.

76 1195

밑줄 친 ㉠과 ㉡에 대한 설명으로 옳은 것은?

> 여야 합의하에 조속히 대통령 직선제 개헌을 하고, ㉠새 헌법에 의한 대통령 선거를 통해 평화적 정부 이양을 실현토록 해야겠습니다. 오늘 이 시점에서 저는 사회적 혼란을 극복하고 국민적 화해를 이룩하기 위하여는, ㉡대통령 직선제를 택하지 않을 수 없다는 결론에 이르게 되었습니다.

① ㉠ - 노태우 정부 시기에 공포되었다.
② ㉡ - 사사오입 개헌으로 시작되었다.
③ ㉠ - 4 · 13 호헌 조치로 효력을 유지하였다.
④ ㉡ - 6 · 10 민주 항쟁의 결실이었다.

문제 풀이 🔧

73 1192

제시문은 6·10 국민 대회 선언의 내용이다.

④ 6·10 국민 대회는 전두환 정부가 발표한 대통령 간선제를 유지한다는 내용의 4·13 호헌 조치와 박종철 고문 치사 사건(1987. 1. 14.)이 기폭제가 되어 일어난 시민들의 민주 항쟁이다. 게다가 이한열이 시위 중에 최루탄에 맞아 사망한 사건이 발생하면서 시위가 격화되어 1987년 6월 민주 항쟁이 전개되었다.

오답 분석

① 1960년에 일어난 4·19 혁명으로 성립된 허정 과도 정부하에서 내각 책임제와 양원제를 골자로 하는 제3차 개헌이 단행되었다.

② 긴급 조치권은 유신 헌법하에서 대통령에게 부과된 초법적 권한이다. 국내에서 장준하 등을 중심으로 개헌 청원 일백만인 서명 운동(1973)이 일어나는 등 유신 체제에 대한 강력한 반발이 잇따르자, 박정희 정부는 긴급 조치권을 행사하였다.

③ 3·15 부정 선거 규탄 시위 중에 실종되었던 김주열의 시체가 4월 11일 마산 중앙 부두에서 발견되자, 이에 분노한 마산 시민의 2차 시위와 함께 전 국민의 분노가 확산되어 4·19 혁명의 기폭제가 되었다.

정답 ④

74 1193

③ 순서대로 나열하면 ⓒ 박종철 고문 치사 사건(1987. 1.) → ⓛ 4·13 호헌 조치 발표(1987. 4.) → ② 민주 헌법 쟁취 국민 운동 본부 결성(1987. 5.) → ① 제13대 대통령 선거(1987. 12.)가 된다.

ⓒ 1987년 1월에 박종철 고문 치사 사건이 발생하였다.

ⓛ 1987년 4월 13일에 전두환 정부는 간선제를 그대로 유지하겠다는 호헌 조치를 발표하였다.

② 민주화 운동이 격화되던 1987년 5월 말 민주 헌법 쟁취 국민 운동 본부가 결성되었다.

① 1987년 12월에 실시된 제13대 대통령 선거에서 노태우 대통령이 당선되었다.

정답 ③

75 1194

(나)의 주장은 1979년 12·12 사태로 권력을 장악한 전두환 중심의 신군부에 대한 반대로 등장한 구호이다. 신군부는 1980년 이른바 '서울의 봄'으로 민주화 요구가 거세지자 계엄령을 전국으로 확대하고 탄압을 강화하였다. 이러한 상황에서 5·18 광주 민주화 운동이 발발하였다.

② 종신 집권이 가능한 대통령제는 박정희 정부가 제정한 유신 헌법으로, 5·18 광주 민주화 운동과 관련이 없다.

오답 분석

① 3·15 부정 선거에 반대하여 마산 의거와 4·19 혁명이 발발하였으며, 이는 이승만이 하야하는 계기가 되었다.

③ 1964년에 일어난 6·3 시위의 구호이다. 6·3 시위는 한·일 회담에 반대하고 정권의 퇴진을 요구했다.

④ 제시문의 구호는 1987년 6월 민주 항쟁에서 주장되었다. 6월 민주 항쟁 결과 6·29 민주화 선언이 발표되어 대통령 직선제 개헌이 추진되었다.

정답 ②

76 1195

제시문은 1987년 6월 민주 항쟁의 결과로 당시 민주 정의당(여당) 대표이자 대통령 후보였던 노태우가 발표한 6·29 선언의 내용이다.

④ 대통령 직선제는 6월 민주 항쟁의 결과로 실시되었다.

오답 분석

① 대통령 직선제를 골자로 한 제9차 개헌은 전두환 정부 시기인 1987년 10월에 공포되었다.

② 사사오입 개헌으로 이루어진 제2차 개헌(1954. 11.)은 대통령 중임 제한을 철폐한 것이었다.

③ 4·13 호헌 조치는 전두환 정권이 대통령 간선제를 유지하겠다는 내용을 담아 발표한 것으로, 6월 민주 항쟁의 발단이 된 사건이다.

정답 ④

77 1196

2018년 9급 서울시

대한민국의 민주화 여정에 대한 설명으로 가장 옳은 것은?

① 1960년대: 장기 집권을 획책한 박정희의 사사오입 개헌에 맞서 학생들과 재야 인사들이 그 반대 투쟁을 전개하였다.

② 1970년대: 유신 개헌을 통해 평화적으로 민주화를 추진할 수 있는 법률적 기틀을 제공하였다.

③ 1980년대: 6월 민주 항쟁을 통해 군사 정권을 종식시키고 선거를 통해 문민 정부가 출범하였다.

④ 1990년대: 대선 결과에 따라 평화적 정권 교체가 실현되었다.

78 1197

2019년 7급 서울시(추가 채용)

〈보기〉에 제시된 헌법 개정의 주요 내용을 시간 순으로 바르게 나열한 것은?

보기

ㄱ. 대통령을 직선으로 선출하고 임기는 5년으로 하였다.

ㄴ. 대통령을 대통령 선거인단에서 선출하고, 임기는 7년으로 하였다.

ㄷ. 대통령과 부통령을 직선으로 선출하고, 임기는 4년으로 하였다.

ㄹ. 대통령을 통일 주체 국민회의에서 선출하고, 임기는 6년으로 하였다.

---

① ㄱ - ㄴ - ㄷ - ㄹ　　② ㄴ - ㄹ - ㄷ - ㄱ

③ ㄷ - ㄹ - ㄴ - ㄱ　　④ ㄹ - ㄷ - ㄴ - ㄱ

79 1198

2017년 9급 서울시

다음 자료와 관련된 사건을 순서대로 바르게 나열한 것은?

㉠ 무엇보다 우리는 이른바 4 · 13 대통령의 특별 조치를 국민의 이름으로 무효임을 선언한다.

㉡ 우리 시민군은 온갖 방해에도 불구하고 여러분의 안전을 끝까지 지킬 것입니다. 또한 협상이 올바른 방향대로 진행되면 우리는 즉각 총을 놓겠습니다.

㉢ 오늘의 이 시점에서 저는 사회적 혼란을 극복하고, 국민적 화해를 이룩하기 위하여 대통령 직선제를 택하지 않을 수 없다는 결론에 이르게 되었습니다.

---

① ㉠ → ㉡ → ㉢

② ㉡ → ㉠ → ㉢

③ ㉡ → ㉢ → ㉠

④ ㉢ → ㉡ → ㉠

80 1199

2017년 9급 서울시

다음 역사적 사건을 순서대로 바르게 나열한 것은?

㉠ 5 · 16 군사 정변　　㉡ 4 · 19 혁명

㉢ 3 · 1 민주 구국 선언　　㉣ 10월 유신

㉤ 5 · 18 민주화 운동　　㉥ 6 · 29 민주화 선언

---

① ㉡ → ㉠ → ㉣ → ㉢ → ㉤ → ㉥

② ㉡ → ㉠ → ㉣ → ㉢ → ㉥ → ㉤

③ ㉢ → ㉡ → ㉠ → ㉣ → ㉤ → ㉥

④ ㉢ → ㉡ → ㉠ → ㉣ → ㉥ → ㉤

77 1196

④ 1997년에 실시된 제15대 대통령 선거에서 야당의 김대중 후보가 당선되면서 최초로 여당과 야당의 평화적인 정권 교체가 이루어졌다.

오답 분석

① 1954년의 사사오입 개헌은 이승만, 1969년의 3선 개헌은 박정희와 관련된 것이다.
② 유신 헌법(1972)은 대통령의 초법적 권한을 중심으로 박정희 정부의 장기 집권을 위해 마련된 헌법이다.
③ 문민 정부(김영삼 정부)는 1993년에 출범하였다. 6월 민주 항쟁 이후에는 노태우 정부가 등장하였다.

정답 ④

78 1197

③ 순서대로 나열하면 ㄷ. 발췌 개헌(제1차 개헌, 1952) – ㄹ. 유신 헌법(제7차 개헌, 1972) – ㄴ. 제8차 개헌(1980) – ㄱ. 제9차 개헌(1987)이 된다.

ㄷ. 1952년 6 · 25 전쟁 중 부산 피난 정부 시기에 발췌 개헌이 통과되어, 대통령과 부통령의 임기를 4년 직선제로 선출하게 되었다.
ㄹ. 1972년 유신 헌법에 의해 6년 임기의 대통령 간선제(통일 주체 국민회의 선출)가 결정되었다.
ㄴ. 1980년에 제8차 개헌에서 대통령 선거인단이 선출하는 7년 간선제가 규정되었다.
ㄱ. 1987년 6월 민주 항쟁 이후 5년 임기의 대통령 직선제가 헌법 개정으로 규정되었다.

정답 ③

79 1198

② 사건을 순서대로 나열하면 ⓒ 5 · 18 광주 민주화 운동(1980) → ㉠ 6 · 10 국민 대회 선언문(1987. 6. 10.) → ⓒ 6 · 29 선언(1987. 6. 29.)이다.

정답 ②

80 1199

① 역사적 사건을 순서대로 나열하면 ⓒ 4 · 19 혁명(1960) → ㉠ 5 · 16 군사 정변(1961) → ⓔ 10월 유신(1972) → ⓒ 3 · 1 민주 구국 선언(1976) → ⓜ 5 · 18 광주 민주화 운동(1980) → ⓗ 6 · 29 민주화 선언(1987)이다.

정답 ①

81 1200

다음 사건들을 일어난 순서대로 바르게 나열한 것은?

> (가) 김영삼 신민당 당수 국회 제명
> (나) 김대중 납치 사건 발생
> (다) 유신 헌법의 국민 투표 통과
> (라) 국민 교육 헌장 제정
> (마) 7 · 4 남북 공동 성명 발표

① (라) → (마) → (다) → (가) → (나)
② (라) → (마) → (다) → (나) → (가)
③ (마) → (다) → (라) → (가) → (나)
④ (마) → (다) → (라) → (나) → (가)

82 1201

북한이 일으킨 사건을 순서대로 바르게 나열한 것은?

> ㉠ 판문점 도끼 만행 사건
> ㉡ 1 · 21 청와대 습격 사건
> ㉢ 아웅산 폭탄 테러 사건
> ㉣ 대한항공 858편 폭파 사건

① ㉡ → ㉠ → ㉢ → ㉣
② ㉡ → ㉣ → ㉢ → ㉠
③ ㉣ → ㉠ → ㉡ → ㉢
④ ㉣ → ㉠ → ㉢ → ㉡

83 1202

다음 합의문에 대한 설명으로 옳은 것은?

> 쌍방은 오랫동안 서로 만나보지 못한 결과로 생긴 남북 사이의 오해와 불신을 풀고 긴장의 고조를 완화시키며 나아가서 조국 통일을 촉진시키기 위하여 다음과 같은 문제들에 완전한 견해의 일치를 보았다.
> 　1. 쌍방은 다음과 같은 조국 통일 원칙들에 합의를 보았다.
> 　첫째, 통일은 외세에 의존하거나 외세의 간섭을 받음이 없이 자주적으로 해결하여야 한다.
> 　둘째, 통일은 서로 상대방을 반대하는 무력 행사에 의거하지 않고 평화적 방법으로 실현하여야 한다.
> 　　　　　… (중략) …
> 　4. 쌍방은 지금 온 민족의 거대한 기대 속에 진행되고 있는 남북 적십자 회담이 하루빨리 성사되도록 적극 협조하는 데 합의하였다.
> 　　　　　… (후략) …

① 남북 기본 합의서와 동시에 작성된 문서이다.
② 남북 조절 위원회를 구성하기로 합의한 내용이 담겨 있다.
③ 분단 후 최초로 열린 남북 정상 회담의 결과로 발표된 성명서이다.
④ 금강산 관광 사업을 추진하기로 결정했다는 내용이 수록되어 있다.

84 1203

다음 합의문에 대한 설명으로 옳은 것은?

> ○ 통일은 외세에 의존하거나 외세의 간섭을 받음이 없이 자주적으로 해결하여야 한다.
> ○ 통일은 서로 상대방을 반대하는 무력행사에 의거하지 않고 평화적 방법으로 실현하여야 한다.
> ○ 사상과 이념 · 제도의 차이를 초월하여 우선 하나의 민족으로서 민족적 대단결을 도모하여야 한다.

① 합의문 발표 이후 남북 조절 위원회가 설치되었다.
② 합의 내용은 6 · 15 남북 공동 선언으로 정리되었다.
③ 합의문 중에는 한반도 비핵화 문제가 포함되었다.
④ 합의 결과로 경의선 및 동해선 철도가 연결되었다.

81 1200

② 순서대로 나열하면 (라) 국민 교육 헌장 제정(1968. 12.) → (마) 7 · 4 남북 공동 성명 발표(1972. 7.) → (다) 유신 헌법의 국민 투표 통과(1972. 11.) → (나) 김대중 납치 사건 발생(1973. 8.) → (가) 김영삼 신민당 당수 국회 제명(1979. 10.)이다.

정답 ②

83 1202

사료의 합의문은 1972년의 7 · 4 남북 공동 성명의 내용이다.

② 7 · 4 남북 공동 성명은 자주 · 평화 · 민족 대단결의 원칙을 합의하였으며, 합의 사항을 추진하기 위한 기구로 남북 조절 위원회를 발족시켰다.

오답 분석

① 남북 기본 합의서는 1991년에 합의되었으며, 사료의 내용과는 관련이 없다.
③ 최초의 남북 정상 회담 합의 결과로 발표된 것은 6 · 15 남북 공동 선언(2000)이다.
④ 금강산 해로 관광 사업은 1998년에 이루어졌으며, 2003년에 육로 관광이 시행되었다. 금강산 관광의 최초 합의는 1989년에 금강산 남북 공동 개발 의정서의 체결로 이루어졌다.

정답 ②

82 1201

① 순서대로 나열하면 ⓒ 1 · 21 청와대 습격 사건(1968) → ⓐ 판문점 도끼 만행 사건(1976) → ⓒ 아웅산 폭탄 테러 사건(1983) → ⓐ 대한항공 858편 폭파 사건(1987)이다.

ⓒ 1968년 1월 21일에 북한 특수군 31명이 청와대를 습격하기 위하여 서울 세검정 고개까지 침투하였다가 소탕된 사건이다. 이 사건을 계기로 박정희 정부는 1968년 4월 향토 예비군을 창설하였다.

ⓐ 1976년 8월 18일에 판문점 공동 경비 구역 안에서 미루나무 가지치기를 하고 있던 미군 장교 2명을 북한군이 도끼로 살해한 사건이다. 이 사건으로 정부는 주한 미군과 데프콘 3호를 발령하고 전투 태세를 갖추었으나 북한의 김일성이 사과문을 전달함으로써 일단락되었다.

ⓒ 1983년 10월 9일 미얀마의 아웅산 묘소를 참배할 예정이었던 전두환 대통령을 대상으로 폭탄 테러 사건이 발생하였다. 이 사건으로 부총리 서석준 이하 여러 정부 요인과 기자 등 17명이 사망하였고 13명이 부상당하였다. 미얀마 정부는 이 사건이 북한의 소행이라고 국제연합에 보고하였다.

ⓐ 1987년 11월 28일에 이라크에서 출발하여 방콕을 향해 가던 대한항공 858편 비행기가 29일 오후 북한 공작원들의 기습을 받아 미얀마 안다만 상공에서 폭발하여, 탑승객 115명 전원이 사망한 사건이다. 이는 북한의 김현희, 김승일 등이 김정일의 지령을 받고 서울 올림픽 개최를 방해하기 위하여 일으킨 사건으로 밝혀졌다.

정답 ①

84 1203

제시문은 7 · 4 남북 공동 성명의 내용이다. 1972년 7월 4일 남 · 북한 당국은 분단 이후 최초로 조국 통일과 관련하여 합의 발표한 공동 성명을 발표하였다.

① 남북은 7 · 4 남북 공동 성명을 통해 자주 · 평화 · 민족 대단결의 3대 통일 원칙을 합의하였고, 성명 발표 이후 공식 대화 기구인 남북 조절 위원회를 구성하였다. 이 공동 성명은 남북 모두 유신 체제와 사회주의 헌법과 같은 독재 체제 강화에 정치적으로 이용되었다.

오답 분석

②, ④ 6 · 15 남북 공동 선언은 2000년 6월 15일에 분단 55년 만에 처음 만난 남 · 북한의 두 정상이 합의한 5개항의 내용을 담고 있다. 주요 내용은 통일 문제의 자주적 해결 · 남과 북의 사회 체제를 서로 인정하며 통일을 논의할 것 · 이산가족 문제 해결 · 경제 협력 등이다. 또한 남북은 6 · 15 남북 공동 선언에 따라 경의선 철도 및 도로 연결에 대한 복구 작업을 시작하였으나, 이후 북한 핵문제로 인해 경의선과 동해선 철도의 시행 운전이 지연되다가 10 · 4 남북 공동 선언(2007) 이후 개통되었다.
③ 남북 고위급 회담의 결과 남북 기본 합의서를 채택(1991. 12.)하고, 남북 비핵화 공동 선언이 발표되었다.

정답 ①

85 1204

다음은 시기별 남북한 관련 주요 정치 사안이다. (가)에 들어갈 사항으로 옳은 것만을 〈보기〉에서 모두 고른 것은?

1970년대 – [　　　　(가)　　　　]

1980년대 – 남북한 이산가족 고향 방문 및 예술 공연단의 교환 방문

1990년대 – 남북한 유엔 동시 가입

2000년대 – 6 · 15 남북 공동 선언 채택

보기

㉠ 남북 정상 회담 개최

㉡ 7 · 4 남북 공동 성명 발표

㉢ 남북 적십자 회담 개최

㉣ 한민족 공동체 통일 방안 제안
---

① ㉠, ㉡   ② ㉠, ㉣

③ ㉡, ㉢   ④ ㉢, ㉣

86 1205

밑줄 친 '합의'에 대한 설명으로 옳은 것을 〈보기〉에서 모두 고르면?

쌍방 사이의 관계가 나라와 나라 사이의 관계가 아닌 통일을 지향하는 과정에서 잠정적으로 형성되는 특수 관계라는 것을 인정하고, 평화 통일을 성취하기 위한 공동의 노력을 경주할 것을 다짐하면서, 다음과 같이 합의하였다.

제1조 남과 북은 서로 상대방의 체제를 인정하고 존중한다.

보기

㉠ 남북의 정상이 만나서 약속한 것이다.

㉡ 남북이 동시에 유엔에 가입하는 계기가 되었다.

㉢ 군사 당국자 간의 직통 전화를 가설하기로 하였다.

㉣ 남북 불가침을 위한 남북 군사 공동 위원회 설치를 명시하였다.
---

① ㉠, ㉡   ② ㉠, ㉣

③ ㉡, ㉢   ④ ㉢, ㉣

87 1206

(가)와 (나) 사이에 있었던 사실로 옳은 것은?

(가) 남북한은 자주 · 평화 · 민족적 대단결의 통일 원칙을 명시한 7 · 4 남북 공동 성명을 발표하였다.

(나) 남북한은 유엔에 동시 가입하였고, 같은 해에 '남북 사이의 화해와 불가침 및 교류 · 협력에 관한 합의서(남북 기본 합의서)'를 채택하였다.
---

① 4 · 19 혁명 발발

② 금융 실명제 실시

③ 5 · 18 민주화 운동 발발

④ 제2차 경제 개발 5개년 계획 시작

88 1207

〈보기 1〉의 (가)와 (나)가 발표된 시기의 사이에 있었던 사실을 〈보기 2〉에서 모두 고른 것은?

보기 1

(가) 첫째, 통일은 외세에 의존하거나 외세의 간섭을 받음이 없이 자주적으로 해결하여야 한다.

　　 둘째, 통일은 서로 상대방을 반대하는 무력 행사에 의거하지 않고 평화 방법으로 실현하여야 한다.

　　 셋째, 사상과 이념, 제도의 차이를 초월하여 우선 하나의 민족으로서 민족적 대단결을 도모하여야 한다.

(나) 1. 남과 북은 나라의 통일 문제를 그 주인인 우리 민족끼리 서로 힘을 합쳐 자주적으로 해결한다.

　　 2. 남과 북은 남측의 연합제 안과 북측의 낮은 단계의 연방제 안이 서로 공통성이 있다고 인정한다.

보기 2

㉠ 금강산 관광이 시작되었다.

㉡ 남북 조절 위원회를 설치하였다.

㉢ 경의선과 동해선 철도가 연결되었다.

㉣ 남과 북이 동시에 유엔에 가입하였다.
---

① ㉠, ㉡, ㉢   ② ㉠, ㉡, ㉣

③ ㉠, ㉢, ㉣   ④ ㉡, ㉢, ㉣

85 1204

ⓒ 7·4 남북 공동 성명은 1972년 7월 4일에 발표되었다.

ⓒ 남북 적십자 회담은 1971년부터 1973년까지 7차례에 걸쳐 본 회담이 이루어졌으나 의견을 좁히지 못한 채 진전이 없다가 1973년 8월 28일 북한의 전면적인 대화 중단 선언과 함께 단절되었다.

오답 분석

㉠ 남북 정상 회담은 김대중 정부 때인 2000년과 노무현 정부 때인 2007년에 개최되었다.

ⓔ 한민족 공동체 통일 방안은 노태우 정부 때인 1989년에 제안되었다.

정답 ③

87 1206

(가)는 1972년에 발표된 7·4 남북 공동 성명, (나)는 1991년에 발표된 남북 기본 합의서이다.

③ 5·18 광주 민주화 운동은 (가)와 (나) 사이인 1980년에 일어났다.

오답 분석

① 1960년의 사실이다.

② 1993년의 사실이다.

④ 1967년의 사실이다.

정답 ③

86 1205

제시문은 1991년 12월에 채택된 남북 기본 합의서의 내용이다.

ⓒ 남북 기본 합의서에서 남북은 군사 당국자 간의 직통 전화를 가설하기로 합의하였다.

ⓔ 남북 기본 합의서에서 남북은 남북 화해 및 불가침 등을 이행하기 위해 남북 군사 공동 위원회, 남북 화해 공동 위원회 등의 설치를 명시하였다.

오답 분석

㉠ 남북 정상의 만남 이후 발표된 것은 2000년에 6·15 남북 공동 선언과 2007년에 10·4 남북 공동 선언(남북 관계 발전과 평화 번영을 위한 선언)이다.

ⓒ 남북 고위급 회담의 결과 남북한은 제46차 유엔 총회에서 별개의 의석으로 동시에 유엔 회원국으로 가입하였다. 이는 1991년 9월의 일로, 남북 기본 합의서 채택 이전의 일이다.

정답 ④

88 1207

(가)는 7·4 남북 공동 성명(1972), (나)는 6·15 남북 공동 선언(2000)이다.

㉠ 금강산 해로 관광은 1998년에 시작되었다.

ⓒ 7·4 남북 공동 성명 발표 이후 공식 대화 기구인 남북 조절 위원회를 구성하였다.

ⓔ 남한과 북한이 동시에 유엔에 가입한 것은 1991년의 사실이다.

오답 분석

ⓒ 2000년에 열린 제1차 남북 장관급 회담과 2002년 제2차 남북 경제 협력 추진 위원회의 합의에 따라 남북한이 동시에 서쪽의 경의선과 동해선 철도를 함께 복원하기로 하였다.

정답 ②

89 1208

다음 사실들을 시기 순으로 바르게 나열한 것은?

> ㉠ 남북이 유엔에 동시 가입하였다.
> ㉡ 분단 후 처음으로 금강산 관광 사업이 실현되었다.
> ㉢ '남북 사이의 화해와 불가침 및 교류 · 협력에 관한 합의서'가 체결되었다.
> ㉣ 북한 핵 시설 동결과 경수로 발전소 건설 지원 등을 명시한 '북 · 미 제네바 기본 합의서'가 채택되었다.

① ㉠ → ㉡ → ㉢ → ㉣
② ㉠ → ㉢ → ㉣ → ㉡
③ ㉢ → ㉠ → ㉣ → ㉡
④ ㉢ → ㉣ → ㉠ → ㉡

90 1209

다음과 같은 남북 합의가 이루어진 정부에서 일어난 사실은?

> 제1조 남과 북은 서로 상대방의 체제를 인정하고 존중한다.
> 제2조 남과 북은 상대방의 내부 문제에 간섭하지 아니한다.
> 제3조 남과 북은 상대방에 대한 비방, 중상을 하지 아니한다.
> 제4조 남과 북은 상대방을 파괴, 전복하는 일체 행위를 하지 아니한다.

① 남북 조절 위원회 회담
② 금융 실명제 전면 실시
③ 남북 정상 회담 개최
④ 북방 외교의 적극 추진

91 1210

다음은 '남북 사이의 화해와 불가침 및 교류 · 협력에 관한 합의서'의 일부이다. ㉠, ㉡에 해당하는 것을 바르게 연결한 것은?

> 남과 북은 분단된 조국의 평화적 통일을 염원하는 온 겨레의 뜻에 따라, (㉠)에서 천명된 (㉡)을 재확인하고, 정치 군사적 대결 상태를 해소하여 민족적 화해를 이룩하고, 무력에 의한 침략과 충돌을 막고 긴장 완화와 평화를 보장하며, … (중략) … 다음과 같이 합의하였다.

	㉠	㉡
①	7 · 7 선언	남북 공동 번영의 원칙
②	6 · 15 남북 공동 선언	대북 화해 협력 정책
③	7 · 4 남북 공동 성명	조국 통일 3대 원칙
④	한민족 공동체 통일 방안	3단계 통일 구상

92 1211

(가), (나) 발표 시기의 사이에 있었던 사실로 옳지 않은 것은?

> (가) 통일은 외세에 의존하거나 외세의 간섭을 받음이 없이 자주적으로 해결하여야 한다. 통일은 서로 상대방을 반대하는 무력행사에 의거하지 않고 평화적인 방법으로 실현하여야 한다. 사상과 이념, 제도의 차이를 초월하여 우선 하나의 민족으로서 민족적 대단결을 도모하여야 한다.
> (나) 남과 북은 나라의 통일을 위한 남측의 연합제안과 북측의 낮은 단계의 연방제 안이 서로 공통성이 있다고 인정하고, 앞으로 이 방향에서 통일을 지향시켜 나가기로 하였다.

① 경의선 철도가 다시 연결되었다.
② 북한에서 국가 주석제가 도입되었다.
③ 남북 이산가족이 서울과 평양을 처음 방문하였다.
④ 한반도 비핵화에 관한 공동 선언이 채택되었다.

89 1208

② 순서대로 나열하면 ㉠ 남북한 유엔 동시 가입(1991. 9.) → ㉢ 남북 기본 합의서 체결(1991. 12.) → ㉣ 북 · 미 제네바 기본 합의서 채택(1994) → ㉡ 금강산 관광 사업 시작(1998)이 된다.

- ㉠ 1991년 9월 남북한은 제46차 유엔 총회에서 별개의 의석으로 동시에 유엔 회원국으로 가입하였다.
- ㉢ 1991년 12월 제5차 남북 고위급 회담에서 남북 사이의 화해와 불가침 및 교류 · 협력에 관한 합의서(남북 기본 합의서)가 체결되었다.
- ㉣ 1994년 10월 제네바에서 북 · 미 제네바 기본 합의서가 채택되었다. 이 합의를 바탕으로 1995년에 한반도 에너지 개발 기구(KEDO)가 설립되었다.
- ㉡ 금강산 관광 사업은 1989년 현대 그룹의 정주영 회장이 방북하여 금강산 남북 공동 개발 의정서를 체결한 후 본격적으로 추진되었다. 이후 1998년 11월 18일에 금강산 해로 관광을 시작하였다.

정답 ②

90 1209

자료는 1991년 노태우 정부 때 합의된 남북 기본 합의서의 내용이다.

④ 노태우 정부 때 소련 및 중국과의 수교가 이루어지는 등 북방 외교가 적극적으로 추진되었다.

오답 분석

① 남북 조절 위원회를 설치하고, 남북 조절 위원회 회담이 열린 것은 1972년 박정희 정부(제3공화국) 때의 사실이다.
② 금융 실명제를 실시한 것은 1993년 김영삼 정부(문민 정부) 때의 사실이다.
③ 남북 정상 회담이 개최된 것은 2000년 김대중 정부(국민의 정부)와 2007년 노무현 정부(참여 정부) 때의 사실이다.

정답 ④

91 1210

③ 1991년에 발표된 남북 기본 합의서의 내용에는 ㉠ 7 · 4 남북 공동 성명에서 천명된 ㉡ 조국 통일 3대 원칙인 자주, 평화, 민족 대단결의 원칙을 재확인한다는 내용이 수록되어 있다. 또한 민족 화해 이룩, 무력 침략과 충돌 방지, 긴장 완화와 평화 보장, 교류 협력을 통한 민족 공동의 번영 도모, 평화 통일을 성취하기 위한 공동의 노력 등을 규정하고 있다.

정답 ③

92 1211

(가)는 7 · 4 남북 공동 성명(1972), (나)는 6 · 15 남북 공동 선언(2000)이다.

① 경의선 철도는 2000년 6월 남북 정상 회담에서 복원을 합의하여 9월 18일 경의선 복구 작업에 착공하였다. 이후 2003년 6월 14일에 경의선 연결식이 군사 분계선(MDL)에서 개최되었다.

오답 분석

② 북한에서는 남한에서 유신 헌법이 공포된 지 2개월 후인 1972년 12월에 국가 주석제를 도입하고, 김일성의 주체사상을 지도 이념으로 하는 새로운 헌법을 공포하였다.
③ 남북 이산가족의 첫 교환 방문은 1985년 9월에 이루어졌다.
④ 한반도 비핵화 공동 선언은 제5차 남북 고위급 회담에서 합의된 바에 따라 3차례에 걸친 대표 접촉 끝에 1991년 12월 31일에 채택되었고, 1992년 2월 19일에 정식 발효되었다.

정답 ①

93 1212

2014년 7급 서울시

(가)와 (나) 사이의 시기에 있었던 사실을 〈보기〉에서 모두 고른 것은?

> (가) 남과 북은 …… 쌍방 사이의 관계가 나라와 나라 사이의 관계가 아닌 통일을 지향하는 과정에서 잠정적으로 형성되는 특수 관계라는 것을 인정하고, 평화 통일을 성취하기 위한 공동의 노력을 경주할 것을 다짐하면서 다음과 같이 합의하였다.
>
> (나) 남과 북은 나라의 통일을 위한 남측의 연합제 안과 북측의 낮은 단계의 연방제 안이 서로 공통성이 있다고 인정하고 앞으로 이 방향에서 통일을 지향시켜 나가기로 하였다.

보기
㉠ 남북 조절 위원회를 설치하였다.
㉡ 경의선 철도 복원 기공식을 가졌다.
㉢ 최초로 남북한 이산가족의 상봉이 이루어졌다.
㉣ 한반도 에너지 개발 기구(KEDO)가 발족하였다.
㉤ 배를 이용한 금강산 관광이 처음으로 시작되었다.

① ㉠, ㉡
② ㉡, ㉢
③ ㉢, ㉣
④ ㉣, ㉤
⑤ ㉠, ㉤

94 1213

2019년 9급 법원직

다음 선언이 발표된 시기를 (가)~(라) 중 찾으시오.

> 2. 남과 북은 나라의 통일을 위한 남측의 연합제와 북측의 낮은 단계의 연방제 안이 공통성이 있다고 인정하고 이 방향에서 통일을 지향시켜 나가기로 하였다.
> 4. 남과 북은 경제 협력을 통하여 민족 경제를 균형적으로 발전시키고, 사회, 문화, 체육, 보건, 환경 등 제반 분야의 협력과 교류를 활성화하여 서로의 신뢰를 다져 나가기로 하였다.

	(가)	(나)	(다)	(라)	
5·16 군사 정변	유신 헌법 공포	전두환 구속	김대중 대통령 당선	개성 공단 조성	

① (가)
② (나)
③ (다)
④ (라)

95 1214

2020년 9급 국가직

다음 그래프에 표시된 시기에 일어난 사회 현상으로 옳지 않은 것은?

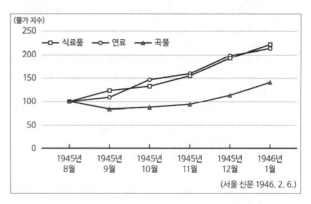

(서울 신문 1946. 2. 6.)

① 해외로부터 귀환인이 급증하여 식량이 부족했다.
② 38도선 분할 점령 이후 식료품 부문의 생산이 크게 위축되었다.
③ 미군정이 재정 적자를 메우기 위해 화폐를 과도하게 발행했다.
④ 미곡 수집제 폐지, 토지 개혁 실시를 주장하는 대규모 시위가 일어났다.

96 1215

2015년 7급 국가직

밑줄 친 '개혁'에 대한 설명으로 옳지 않은 것은?

> 정부는 제헌 헌법에 의거하여 1949년 6월 21일 법률 제31호로 농지를 농민에게 적절히 분배하는 <u>개혁</u>을 추진하였다. 그것을 통하여 농가 경제 자립과 농업 생산력 증진으로 인한 농민 생활의 향상 및 국민 경제의 균형과 발전을 도모하였다.

① 귀속 농지의 관리 기구인 신한 공사를 해체하였다.
② 호당 3정보 이하 농지는 매수 대상에서 제외하였다.
③ 3정보 이상의 농지로 이미 매도된 경우 개혁에서 제외하였다.
④ 매수된 농지의 지주에게는 연평균 수확량의 150%를 5년간 나누어 보상하도록 하였다.

93 1212

(가)는 1991년 12월에 채택된 남북 기본 합의서(남북 사이의 화해와 불가침 및 교류 협력에 관한 합의서)이고, (나)는 2000년에 발표된 6·15 남북 공동 선언의 내용이다.

ⓔ 한반도 에너지 개발 기구(KEDO)는 김영삼 정부 시기인 1995년에 북한 경수로 지원 사업과 관련된 재원 조달과 공급 그리고 북한 대체 에너지 공급을 목적으로 설치되었다.

ⓜ 금강산 관광은 1998년 6월 북한(조선 아시아 태평양 평화 위원회와 금강산 관광 총회사)과 현대 그룹이 금강산 관광 사업 계약을 체결하면서 본격 추진되었다. 금강산 관광 대가로 매월 1,200만 달러를 북한에 지불하기로 하였으며, 1998년 11월 18일 '금강호'가 첫 출항을 하여 해로 관광이 시작되었다. 한편 육로 관광은 2003년에 실현되었다.

오답 분석

ⓙ 1972년 7·4 공동 성명 발표 이후 공식 대화 기구인 남북 조절 위원회가 구성되었다.

ⓛ 2000년에 이루어진 남북 정상 회담 이후, 같은 해 9월 18일에 경의선 철도 복원 기공식이 이루어졌다.

ⓒ 최초의 남북 이산가족 상봉은 남북 적십자 회담의 결과로서 1985년 9월 20일부터 23일까지 3박 4일로 이루어졌다.

정답 ④

94 1213

5·16 군사 정변은 1961년, 유신 헌법 공포는 1972년, 전두환 구속은 1995년, 김대중 대통령 당선은 1997년 12월, 개성 공단 조성은 2004년에 이루어졌다.

④ 제시문의 내용은 2000년에 발표된 6·15 남북 공동 선언의 합의문으로, (라) 시기에 해당한다. 이 선언 이후 이산가족 방문단 교환, 남북 장관급 회담, 남북 경제 협력 추진 위원회의 구성 등이 이루어졌으며, 남북 분단으로 단절되었던 경의선과 동해선 연결을 위한 복원 공사가 착수되었다.

정답 ④

95 1214

④ 미곡 수집제 폐지, 토지 개혁 실시를 주장하는 대규모 시위가 전국적으로 일어난 시기는 그래프 시기 이후에 해당한다. 미군정은 1945년 후반에 자유 시장 경제 체제와 자본주의의 확대를 명분으로 미곡의 자유 거래를 허용하였다. 일제 강점기 말 미곡 공출제 등으로 절대적 빈곤을 경험했던 상황에서 쌀의 투기와 매점매석이 확대되고 쌀값이 폭등하자 미군정은 1946년 1월 25일부터 미곡 수집령을 공포하여 쌀을 매집하기 시작했다. 곡물 수집은 쌀을 매점매석한 지주와 악덕 상인은 제외한 채 경찰을 동원하여 농민이 갖고 있던 쌀을 강제로 수탈하는 방식으로 진행되었으므로, 미군정에 대한 민중의 불만이 고조되었다. 특히 대구에서는 1946년 5월 콜레라가 발생하여 교통이 통제되고 쌀 반입마저 끊기자 굶주림에 시달린 시민들은 미군정에 식량 배급을 요구하며 대규모 시위를 벌였다(1946.10.1.). 이에 경찰들이 발포하여 사상자가 발생함에 따라 시위는 무장봉기로 변하였고, 전국적으로 확산되었다.

오답 분석

① 해방 직후에는 해외 동포의 귀국과 북한 동포의 월남으로 인구와 실업자가 증가하여 극심한 식량 부족이 초래되었다.

② 해방 직후 공업 부문의 낙후로 남한에서는 생필품과 식료품 생산이 부진하여 큰 혼란을 겪었다.

③ 미군정은 통치에 필요한 자금을 확보하기 위해 거액의 화폐를 초과 발행하여 심각한 인플레이션이 촉발하였다.

정답 ④

96 1215

밑줄 친 '개혁'은 1949년 6월 21일에 제정·공포된 농지 개혁법이다. 이에 근거하여 추진된 농지 개혁은 유상 매수·유상 분배를 원칙으로 하여, 1가구당 3정보 이내로 토지 소유를 제한하였고, 농지 개혁법에 의하여 몰수된 농지와 소유권의 명의가 분명치 않은 농지는 정부에 귀속되었다.

① 신한 공사는 농지 개혁법이 제정되기 이전에 해체되었다. 신한 공사는 미 군정기인 1948년 3월 22일 군정법령 제172호에 따라 해체되었고, 새로 설립된 중앙 토지 행정처가 귀속 농지 분배를 하였다.

정답 ①

97 1216

2016년 9급 지방직

다음 법령의 시행 결과에 대한 설명으로 옳은 것은?

> 제5조 정부는 다음에 의하여 농지를 매수한다.
> 1. 다음의 농지는 정부에 귀속한다.
> (가) 법령 및 조약에 의하여 몰수 또는 국유로 된 토지
> (나) 소유권의 명의가 분명하지 않은 농지
> 2. 다음의 농지는 본법 규정에 의하여 정부가 매수한다.
> … (중략) …
> 제12조 농지의 분배는 1가구당 총 경영 면적 3정보를 초과하
> 지 못한다.

① 협동 조합이 모든 농지를 소유하게 되었다.
② 많은 일반 민유지가 총독부 소유로 되었다.
③ 소작지가 크게 줄어들고 자작지가 늘어났다.
④ 지주 소유 토지를 몰수하여 농민에게 무상으로 분배하였다.

98 1217

2014년 7급 지방직

정부 수립 이후 이승만 정부의 경제 정책에 대한 설명으로
옳지 않은 것은?

① 미국과 경제 원조 협정을 체결하여 경제 안정과 시설 복구
를 위한 원조를 받았다.
② 귀속 재산 처리법에 따라 일본인이 소유했던 재산과 공장 등
을 민간인에게 불하하였다.
③ 농지 개혁법을 제정하여 유상 매입, 무상 분배의 농지 개혁
을 실시하였다.
④ 금융기관의 공공성 유지와 경영 건실화를 위하여 한국은행
법과 은행법을 제정하였다.

99 1218

2021년 9급 국가직

이승만 정부의 경제 정책으로 옳지 않은 것은?

① 한미 원조 협정을 체결하였다.
② 농지 개혁에 따른 지가 증권을 발행하였다.
③ 제분, 제당, 면방직 등 삼백 산업을 적극 지원하였다.
④ 제1차 경제 개발 5개년 계획을 추진하였다.

100 1219

2019년 9급 서울시(추가 채용)

1960년대 정부의 경제 정책에 대한 설명으로 가장 옳은 것
은?

① 귀속 재산 처리법을 공포하였다.
② 한미 경제 조정 협정을 체결하였다.
③ 경제 협력 개발 기구(OECD)에 가입하였다.
④ 제1차 경제 개발 5개년 계획이 실시되었다.

97 1216

제시문은 1949년 6월 21일 제정·공포된 농지 개혁법의 일부 내용이다.

③ 농지 개혁법 시행 결과, 소작지가 크게 감소하고 자작지가 증가하여 농민 중심의 토지 제도가 확립되었고, 지주제가 점차 소멸되었다. 또한 농지 개혁은 실시 시기의 지연으로 인해 문제점이 있었으나 근대적 농민 중심의 토지 소유가 어느 정도 실현되었다는 점에서 그 의의를 찾을 수 있다.

오답 분석
① 협동 조합과 농지 개혁법은 관련이 없다.
② 1912년부터 1918년까지 시행되었던 토지 조사 사업에 대한 내용이다. 토지 조사 사업으로 우리나라 전 국토의 약 40%가 총독부 소유가 되었고, 1919년의 총독부 재정 상황은 초기보다 약 2배가량 증가했다.
④ 남한의 농지 개혁은 유상 매수·유상 분배를 원칙으로 하였으며, 1가구당 3정보 이내로 토지 소유를 제한하였다.

정답 ③

98 1217

③ 이승만 정부가 추진한 농지 개혁법은 유상 매수와 유상 분배를 원칙으로, 1가구당 3정보 이내로 토지 소유를 제한하였다. 농지 개혁법에 의하여 몰수된 농지와 소유권 명의가 분명치 않은 농지는 정부에 귀속되었다.

오답 분석
① 이승만 정부는 미국과 경제 원조 협정을 체결하여 경제 안정과 시설 복구를 위한 원조를 받았다. 한·미 원조 협정은 1948년 12월 10일, 한국의 경제적 위기를 방지하고 국력 부흥을 촉진하며 안정을 확보한다는 목적 아래, 미국 정부가 한국 정부에 제공할 재정적·기술적 원조와 관련된 원칙·기준 등을 명문화한 협정이다. 이 협정은 1961년 2월 8일의 한·미 경제 원조 협정에 의하여 대체되었다.
② 이승만 정부는 미 군정으로부터 일제의 귀속 기업체 등을 넘겨받고 1949년 제정된 귀속 재산 처리법에 따라, 일본인이 소유했던 재산과 공장 등을 민간인에게 불하하였다.
④ 이승만 정부는 금융 기관의 공공성 유지와 경영 건실화를 위하여 1950년 한국은행법과 은행법을 제정하였다.

정답 ③

99 1218

④ 1962년부터 제1차 경제 개발 5개년 계획을 추진한 것은 5·16 군사 정변 이후 등장한 박정희 군사 정권이었다.

오답 분석
① 이승만 정부는 1948년 한·미 원조 협정을 체결하였다. 이 협정이 체결됨으로써 미국 국무성 소관의 자금으로 점령지에 제공되어 온 GARIOA 원조가 국가 대 국가 원조로 변하고 원조 자금의 원천도 경제협조처(Economic Cooperation Administration, ECA) 자금으로 변하였다. ECA 원조는 원래 유럽 경제 부흥을 위해 1948년 '대외원조법'에 의거 개시되었으며, 한국도 그해 12월 한미 원조 협정(ECA 협정)을 체결함으로써 이 원조를 받게 되었다.
② 농지 개혁법은 이승만 정부 시기인 1949년 제정되었으나, 국회와 정부 사이의 논쟁과 수정을 거쳐 1950년에 공포되었다. 유상 매수와 유상 매입을 골격으로 한 농지 개혁법은 1년 소출의 1.5배를 매각 지가로 산정하여 매년 소출의 30%씩 5년간 균등 상환하도록 한 것이었다.
③ 제분, 제당, 면방직 등의 삼백 산업은 미국의 소비재 원조를 중심으로 1950년대에 대대적인 이승만 정부의 지원을 받으며 성장하였다.

정답 ④

100 1219

④ 제1차 경제 개발 계획은 국가 재건 최고 회의 주관하에 1962년부터 추진되기 시작하였다.

오답 분석
① 귀속 재산 처리법을 공포한 것은 1949년이며, 본격적인 귀속 재산의 처리는 6·25 전쟁 이후에 추진되었다.
② 한미 경제 조정 협정은 1952년에 체결되었다. 이 협정은 6·25 전쟁 중 절대적 빈곤을 해결하기 위해 원조를 담당한 국가와 원조를 지원받아 배분하는 이승만 정부의 역할을 명확히 규정하려는 목적으로 체결되었다.
③ 경제 협력 개발 기구(OECD)에 가입한 것은 1996년으로, 김영삼 정부 때이다.

정답 ④

101 1220

2018년 9급 국가직

(가)와 (나)는 외국과 맺은 각서이다. 두 각서 사이에 있었던 사실로 옳은 것은?

> (가) 일본 측은 한국 측에 무상 원조 3억 달러, 유상 원조(해외 경제 협력 기금) 2억 달러, 그리고 수출입 은행 차관 1억 달러 이상을 제공한다.
> (나) 미국 정부가 한국과 약속했던 1억 5천만 달러 규모의 차관 공여와 더불어 … (중략) … 한국의 경제 발전을 돕기 위한 추가 AID차관을 제공한다.

① 경부 고속 국도가 개통되었다.
② 마산에 수출 자유 지역이 건설되었다.
③ 국가 기간 산업인 울산 정유 공장이 가동되었다.
④ 유엔의 지원으로 충주에 비료 공장을 설립하였다.

102 1221

2017년 9급 국가직(추가 채용)

다음 법을 시행하기 이전 상황에 대한 설명으로 옳은 것은?

> 제1조 본법은 헌법에 의거하여 농지를 농민에게 적절히 분배함으로써 농가 경제의 자립과 농업 생산력의 증진으로 인한 농민 생활의 향상 내지 국민 경제의 균형과 발전을 기함을 목적으로 한다.
> 제17조 일체의 농지는 소작, 임대차 또는 위탁 경영 등 행위를 금지한다.

① 반민족 행위 처벌법의 시효가 단축되었다.
② 제2대 국회의원 총선거가 실시되었다.
③ 미국의 공법 480호(PL480)에 따른 잉여 농산물이 도입되었다.
④ 국민 방위군 사건이 일어났다.

103 1222

2019년 9급 지방직

다음 법령과 관련한 설명으로 옳은 것은?

> 제5조 정부는 다음에 의하여 농지를 취득한다.
> 다음의 농지는 정부에 귀속한다.
> (가) 법령 및 조약에 의하여 몰수 또는 국유로 된 토지
> (나) 소유권의 명의가 분명하지 않은 농지

① 농지 이외 임야도 포함되었다.
② 신한 공사가 보유하던 토지를 분배하였다.
③ 중앙 토지 행정처가 분배 업무를 주무하였다.
④ 분배받은 농민은 평년 생산량의 30%를 5년간 상환하였다.

104 1223

2012년 9급 국가직

1960년대의 경제 상황으로 옳지 않은 것은?

① 제1차 경제 개발 5개년 계획이 추진되었다.
② 베트남 파병을 계기로 베트남 특수를 누리게 되었다.
③ 미국의 무상 원조가 경제 개발의 주요 재원으로 활용되었다.
④ 경제 건설에 필요한 재원 조달을 위해 한·일 협정이 체결되었다.

101 1220

(가)는 1962년 김종필 · 오히라 각서(메모), (나)는 1966년 브라운 각서의 내용이다.

③ (가)와 (나) 사이 시기인 1964년에 울산 정유 공장이 가동되었다.

오답 분석

① 경부 고속 국도가 개통된 것은 1970년이다.
② 마산 수출 자유 지역이 완공된 것은 1970년이다.
④ 충주 비료 공장은 1959년에 건설되었으며, 1961년에 확장되었다.

정답 ③

102 1221

제시문은 1949년 6월 21일에 제정 · 공포된 농지 개혁법의 내용이다. 이 개혁은 1950년 3월 10일에 개정되어 본격적으로 시행되었으나 6 · 25 전쟁으로 중단되었다가 1957년에 완료되었다.

① 제헌 국회에서 헌법 101조에 의거하여 '반민족 행위 처벌법 기초 특별 위원회'를 구성하고, 1948년 9월 22일 반민족 행위 처벌법을 제정하였다. 그러나 1949년 7월에 2년을 기한으로 1950년 6월 20일까지 정해졌던 반민법(반민족 행위 처벌법)의 시효 기간을 1949년 8월 31일로 축소함으로써 반민특위 활동은 중단될 수밖에 없었다.

오답 분석

② 제2대 국회의원 총선거는 1950년 5월 30일 제헌 국회에서 제정한 국회의원 선거법에 따라 실시되었다.
③ 미국의 공법 480호는 1954년에 제정된 미국의 농산물 무역 촉진 원조법을 말한다. 이 법에 의하여 1950년대 중반부터 국내에 미국의 잉여 농산물이 본격적으로 도입되기 시작하였다.
④ 국민 방위군 사건은 1 · 4 후퇴 시기 국민 방위군의 간부들이 방위군 예산을 부정 착복한 결과, 철수 도중에 많은 병사들이 굶거나 얼어 죽은 사건이다. 부당한 처우를 견디지 못한 국민 방위군들은 집단 탈출하기 시작했으며, 이러한 사실이 국민들에게 알려지자 문제가 되기 시작하였다. 이 사건은 1951년 1월 15일에 문제 제기되어 국회가 1951년 4월 30일에 국민 방위군 설치법 폐지안을 결의함으로써 국민 방위군이 해산되면서 종결되었다.

정답 ①

103 1222

제시된 법령은 1950년에 시행된 농지 개혁법이다.

④ 농지 개혁법에서는 유상 매입, 유상 분배의 원칙에 따라 토지를 매입하거나 분배할 경우 전체 생산물의 150%를 가격으로 정하여 5년간 분할 지급하도록 하였다. 이에 따라 토지를 분배받은 농민은 전체 생산물의 150%를 5년으로 분할하여 평년 생산량의 30%를 5년간 상환하게 되었다.

오답 분석

① 농지 개혁법은 임야를 제외한 3정보 이하의 농지만 소유할 수 있었다. 임야가 포함된 것은 북한의 토지 개혁법이다.
②, ③ 미 군정기에 해당한다. 미 군정은 일본인이 남기고 간 귀속 농지를 관리하기 위해 신한 공사를 설립하였으며, 이후 신한 공사를 해체하고 중앙 토지 행정처로 개편하여 귀속 농지를 분배하였다.

정답 ④

104 1223

③ 미국의 무상 원조가 이루어진 것은 1950년대의 사실이다. 미국의 무상 원조는 제2차 세계 대전 후의 혼란기와 6 · 25 전쟁기를 통한 심한 식량난과 극도로 감퇴한 공업 생산력을 극복하고, 이승만 정권을 지탱하면서 남한의 자본주의 경제 체제를 안정시켜 나가는 데 도움이 되었다. 무상 원조는 미국의 국제수지가 악화된 1957년을 고비로 점차 줄어들어 유상 차관 방식으로 바뀌어갔으며, 1958년 이후부터 유상 차관으로 전환되었다.

정답 ③

105 1224

2015년 9급 지방직

1970년대 시행된 정책이 아닌 것은?

① 금융 실명제의 실시
② 새마을 운동의 추진
③ 통일벼의 전국적 보급
④ 수출 주도형 중화학 공업화

106 1225

2017년 9급 지방직(추가 채용)

밑줄 친 '시기'에 있었던 사실에 대한 설명으로 옳은 것은?

> 제1차 경제 개발 5개년 계획을 시행할 무렵에 우리나라 정부는 국내에서 산업 개발 자금을 확보하려 하였다. 이에 통화 개혁을 실시했으나 목적을 달성하지 못했고, 결국 외국 차관을 들여왔다. 이러한 배경 속에서 섬유 · 가발 등의 수출 산업이 육성되었다. 제2차 경제 개발 5개년 계획이 적용된 때에는 화학, 철강 산업에 대한 투자도 이루어졌다. 이 두 차례의 경제 개발 계획이 시행된 시기에 수출 주도 성장 전략이 자리를 잡았다.

① 경부 고속 국도가 건설되었다.
② 금융 실명제가 전격적으로 실시되었다.
③ 경제 협력 개발 기구(OECD)에 가입하였다.
④ 연간 수출 총액이 늘어나 100억 달러를 돌파하였다.

107 1226

2020년 9급 국가직

다음은 우리나라 경제 성장 과정을 시간순으로 나열한 것이다. (가)에 들어갈 내용으로 옳은 것은?

> 수출액 100억 달러를 돌파하다.
>
> ↓
>
> 제2차 석유 파동으로 경제가 침체에 빠지다.
>
> ↓
>
> (가)
>
> ↓
>
> 경제 협력 개발 기구에 가입하다.

① 제3차 경제 개발 5개년 계획이 실시되다.
② 저금리, 저유가, 저달러의 3저 호황을 경험하다.
③ 베트남 파병을 시작하고 「브라운 각서」를 체결하다.
④ 일본과 대일 청구권 문제에 합의하고 「한일 기본 조약」을 체결하다.

108 1227

2015년 7급 지방직

(가)~(라) 시기에 있었던 경제 상황에 대한 설명으로 옳지 않은 것은?

1960년	1970년	1980년	1990년	2000년
(가)	(나)	(다)	(라)	

① (가) – 농지 개혁법을 제정 · 공포하였다.
② (나) – 연간 대외 수출액이 100억 달러를 넘어섰다.
③ (다) – 저금리 · 저유가 · 저달러의 3저 현상으로 호황을 맞이하였다.
④ (라) – 경제 협력 개발 기구(OECD)에 가입하였다.

105 1224

1970년대는 제3공화국에서 유신 체제가 확립되었던 시점이다.

① 금융 실명제 실시는 김영삼 정부(문민 정부) 시기인 1993년에 시행되었다.

오답 분석

② 새마을 운동은 1970년부터 추진되었다.

③ 통일벼는 1972년부터 전국적으로 보급되었다.

④ 1970년대에 들어와 수출 주도형 중화학 공업이 본격적으로 육성되었다.

정답 ①

106 1225

제1차 경제 개발 5개년 계획은 1962년부터 1966년까지 추진되었고, 제2차 경제 개발 5개년 계획은 1967년부터 1971년까지 추진되었다. 따라서 자료의 밑줄 친 '시기'는 두 차례의 경제 개발 계획이 시행된 1962년부터 1971년까지를 의미한다.

① 경부 고속 국도는 박정희 정부 때인 1968년 2월 1일에 공사를 시작해서 1970년 7월 7일에 완공되었다.

오답 분석

②, ③ 금융 실명제가 전격적으로 실시(1993)되고, 경제 협력 개발 기구(OECD)에 가입(1996)한 시기는 김영삼 정부 때이다.

④ 연간 수출 총액이 100억 달러를 돌파한 시기는 1977년으로, 제4차 경제 개발 5개년 계획(1977~1981)이 시행되던 시기이다.

정답 ①

107 1226

수출액 100억 달러를 돌파한 시기는 1977년, 2차 석유 파동은 1978년, 경제 협력 개발 기구(OECD)에 가입한 시기는 1996년에 해당한다. 그러므로 (가) 시기는 1978년부터 1996년 사이에 해당한다.

② 전두환 정부(제5공화국) 시기인 1980년대 중반 이후 3저 호황(저금리, 저유가, 저달러)으로 자동차, 기계, 철강, 가전제품 등의 수출이 확대되고, 무역 흑자가 축적되어 경제 호황이 크게 확산되었다.

오답 분석

① 제3차 경제 개발 5개년 계획은 1972년부터 1976년에 시행되었다.

③ 베트남 파병은 1964년 비전투 부대의 파병, 그 이듬해인 1965년부터 전투 부대의 파병이 이루어졌으며, 이후 1966년 미국과 브라운 각서가 체결되었다.

④ 일본과 대일 청구권 문제에 합의하고 한일 기본 조약을 체결한 시기는 1965년이다.

정답 ②

108 1227

① 농지 개혁법은 유상 매수 · 유상 분배 원칙하에 1949년 6월 21일에 제정 · 공포되었고, 1950년에 본격적인 실시 단계에 접어들었다.

오답 분석

② 제3 · 4차 경제 개발 5개년 계획하에 산업 구조의 고도화와 수출 증대를 이룩하였고, 1977년에 연간 수출 총액이 100억 달러를 돌파하였다.

③ 1980년대에는 저유가 · 저금리 · 저달러의 3저 호황으로 수출 증대를 이루고 무역 흑자를 달성하였다.

④ 김영삼 정부 시기인 1996년에 아시아 국가로는 일본에 이어 두 번째로 경제 협력 개발 기구(OECD)의 회원국이 되었다.

정답 ①

109 1228

시대별 교육 문화의 변화에 대한 설명으로 옳지 않은 것은?

① 미군정기: 미국식 민주주의 교육과 6-3-3학제가 도입되었다.

② 1950년대: 경제적 어려움 속에서도 초등학교 의무 교육제가 시행되었다.

③ 1960년대: 입시 과열을 막기 위해 중학교 무시험 추첨제가 도입되었다.

④ 1970년대: 국가주의 이념을 강조한 국민 교육 헌장이 제정되었다.

111 1230

다음은 연대별 인구 정책을 상징하는 표어이다. 각 연대별로 일어난 일에 대한 설명으로 옳은 것만을 〈보기〉에서 모두 고른 것은?

연대	표어
(가)	덮어 놓고 낳다 보면 거지꼴을 못 면한다.
(나)	딸 아들 구별 말고 둘만 낳아 잘 기르자.
(다)	잘 키운 딸 하나 열 아들 안 부럽다.

보기
㉠ (가) 군사 정부가 '경제 개발 5개년 계획'을 추진하였다.
㉡ (나) 유신 체제가 성립되었고, 2차례의 오일 쇼크와 중화학 공업 과잉 중복 투자에 따른 경제 불황이 있었다.
㉢ (다) 6월 민주 항쟁과 저금리, 저유가, 저달러의 3저 호황이 있었다.

① ㉠, ㉡

② ㉠, ㉢

③ ㉡, ㉢

④ ㉠, ㉡, ㉢

110 1229

우리나라의 시기별 교육 변화 양상으로 옳지 않은 것은?

① 1960년대 – 중학교 무시험 진학 제도가 처음 실시되었다.

② 1970년대 – 처음으로 고등학교 입학 시험이 연합고사로 바뀌었다.

③ 1980년대 – 학교 교육과 별개로 사교육인 과외가 활성화되었다.

④ 1990년대 – 대학 수학 능력 시험이 실시되었다.

109 1228

④ 국민 교육 헌장은 1968년 12월 5일에 발표되었다.

오답 분석

① 미 군정기에는 미국식 민주주의 교육 원리가 반영되어 초등학교 6학년, 중학교 3학년, 고등학교 3학년의 6–3–3 학제가 도입되었다.
② 초등학교 의무 교육제는 1950년부터 시행되었다.
③ 중학교 무시험 추첨제는 1969년부터 서울에 도입되었고, 1970년에는 10개 도시, 1971년에는 전국적으로 실시되었다.

정답 ④

110 1229

③ 1980년 7월에 전두환을 중심으로 한 신군부의 국가 보위 비상 대책 위원회에서 7·30 교육 개혁 조치를 발표하여 재학생의 과외 교습 및 입시 목적의 재학생 학원 수강을 금지하였다.

오답 분석

① 중학교 무시험 진학 제도는 1969학년도부터 시행되었다.
② 고입 선발고사인 연합고사는 1974년부터 실시되었다.
④ 1994년에 제1차 대학 수학 능력 시험이 실시되었다.

정답 ③

111 1230

(가)는 1960년대, (나)는 1970년대, (다)는 1980년대의 인구 정책 표어이다.

㉠ 1961년 5·16 군사 정변으로 중단된 경제 개발 5개년 계획은 박정희 군사 정부가 재추진하였다.
㉡ 1972년 박정희 정부에 의해 유신 체제가 성립되었다. 이후 두 차례의 오일 쇼크(석유 파동, 제1차 1973, 제2차 1978)와 경제 개발 계획으로 인해 급격히 발전한 중화학 공업에 대한 과잉 중복 투자로 경제 불황이 발생하였다.
㉢ 전두환 정부 시기인 1980년대에는 6월 민주 항쟁으로 민주화가 추진되었으며, 3저 호황으로 인한 수출 증대로 무역 흑자를 이룰 수 있었다.

정답 ④

gosi.Hackers.com

회독용 답안지

회독 차수: 진행 날짜:

01 한국사의 이해

01	①	②	③	④	⑤
02	①	②	③	④	⑤
03	①	②	③	④	⑤
○: 개		△: 개		X: 개	

02 선사 시대의 문화와 국가의 형성

01	①	②	③	④	⑤
02	①	②	③	④	⑤
03	①	②	③	④	⑤
04	①	②	③	④	⑤
05	①	②	③	④	⑤
06	①	②	③	④	⑤
07	①	②	③	④	⑤
08	①	②	③	④	⑤
09	①	②	③	④	⑤
10	①	②	③	④	⑤
11	①	②	③	④	⑤
12	①	②	③	④	⑤
13	①	②	③	④	⑤
14	①	②	③	④	⑤
15	①	②	③	④	⑤
16	①	②	③	④	⑤
17	①	②	③	④	⑤
18	①	②	③	④	⑤
19	①	②	③	④	⑤
20	①	②	③	④	⑤
21	①	②	③	④	⑤
22	①	②	③	④	⑤
23	①	②	③	④	⑤
24	①	②	③	④	⑤
25	①	②	③	④	⑤
26	①	②	③	④	⑤
27	①	②	③	④	⑤
28	①	②	③	④	⑤
29	①	②	③	④	⑤
30	①	②	③	④	⑤
31	①	②	③	④	⑤
32	①	②	③	④	⑤
33	①	②	③	④	⑤
34	①	②	③	④	⑤
35	①	②	③	④	⑤
36	①	②	③	④	⑤
37	①	②	③	④	⑤
38	①	②	③	④	⑤
39	①	②	③	④	⑤
40	①	②	③	④	⑤
41	①	②	③	④	⑤
42	①	②	③	④	⑤
43	①	②	③	④	⑤
44	①	②	③	④	⑤
45	①	②	③	④	⑤

46	①	②	③	④	⑤
47	①	②	③	④	⑤
48	①	②	③	④	⑤
49	①	②	③	④	⑤
50	①	②	③	④	⑤
51	①	②	③	④	⑤
52	①	②	③	④	⑤
53	①	②	③	④	⑤
54	①	②	③	④	⑤
55	①	②	③	④	⑤
56	①	②	③	④	⑤
57	①	②	③	④	⑤
58	①	②	③	④	⑤
59	①	②	③	④	⑤
○: 개		△: 개		X: 개	

회독용 답안지

회독 차수: 진행 날짜:

03 고대의 정치

01	①	②	③	④	⑤
02	①	②	③	④	⑤
03	①	②	③	④	⑤
04	①	②	③	④	⑤
05	①	②	③	④	⑤
06	①	②	③	④	⑤
07	①	②	③	④	⑤
08	①	②	③	④	⑤
09	①	②	③	④	⑤
10	①	②	③	④	⑤
11	①	②	③	④	⑤
12	①	②	③	④	⑤
13	①	②	③	④	⑤
14	①	②	③	④	⑤
15	①	②	③	④	⑤
16	①	②	③	④	⑤
17	①	②	③	④	⑤
18	①	②	③	④	⑤
19	①	②	③	④	⑤
20	①	②	③	④	⑤
21	①	②	③	④	⑤
22	①	②	③	④	⑤
23	①	②	③	④	⑤
24	①	②	③	④	⑤
25	①	②	③	④	⑤
26	①	②	③	④	⑤
27	①	②	③	④	⑤
28	①	②	③	④	⑤
29	①	②	③	④	⑤
30	①	②	③	④	⑤
31	①	②	③	④	⑤
32	①	②	③	④	⑤
33	①	②	③	④	⑤
34	①	②	③	④	⑤
35	①	②	③	④	⑤
36	①	②	③	④	⑤
37	①	②	③	④	⑤
38	①	②	③	④	⑤
39	①	②	③	④	⑤
40	①	②	③	④	⑤
41	①	②	③	④	⑤
42	①	②	③	④	⑤
43	①	②	③	④	⑤
44	①	②	③	④	⑤
45	①	②	③	④	⑤

46	①	②	③	④	⑤
47	①	②	③	④	⑤
48	①	②	③	④	⑤
49	①	②	③	④	⑤
50	①	②	③	④	⑤
51	①	②	③	④	⑤
52	①	②	③	④	⑤
53	①	②	③	④	⑤
54	①	②	③	④	⑤
55	①	②	③	④	⑤
56	①	②	③	④	⑤
57	①	②	③	④	⑤
58	①	②	③	④	⑤
59	①	②	③	④	⑤
60	①	②	③	④	⑤
61	①	②	③	④	⑤
62	①	②	③	④	⑤
63	①	②	③	④	⑤
64	①	②	③	④	⑤
65	①	②	③	④	⑤
66	①	②	③	④	⑤
67	①	②	③	④	⑤
68	①	②	③	④	⑤
69	①	②	③	④	⑤
70	①	②	③	④	⑤
71	①	②	③	④	⑤
72	①	②	③	④	⑤
73	①	②	③	④	⑤
74	①	②	③	④	⑤
75	①	②	③	④	⑤
76	①	②	③	④	⑤
77	①	②	③	④	⑤
78	①	②	③	④	⑤
79	①	②	③	④	⑤
80	①	②	③	④	⑤
81	①	②	③	④	⑤
82	①	②	③	④	⑤
83	①	②	③	④	⑤
84	①	②	③	④	⑤
85	①	②	③	④	⑤
86	①	②	③	④	⑤
87	①	②	③	④	⑤
88	①	②	③	④	⑤
89	①	②	③	④	⑤
90	①	②	③	④	⑤

91	①	②	③	④	⑤
92	①	②	③	④	⑤
93	①	②	③	④	⑤
94	①	②	③	④	⑤
95	①	②	③	④	⑤
96	①	②	③	④	⑤
97	①	②	③	④	⑤
98	①	②	③	④	⑤
99	①	②	③	④	⑤
100	①	②	③	④	⑤
101	①	②	③	④	⑤
102	①	②	③	④	⑤
103	①	②	③	④	⑤
104	①	②	③	④	⑤
105	①	②	③	④	⑤
106	①	②	③	④	⑤
107	①	②	③	④	⑤
108	①	②	③	④	⑤
109	①	②	③	④	⑤
110	①	②	③	④	⑤
111	①	②	③	④	⑤
112	①	②	③	④	⑤
113	①	②	③	④	⑤
114	①	②	③	④	⑤
115	①	②	③	④	⑤
116	①	②	③	④	⑤
117	①	②	③	④	⑤
118	①	②	③	④	⑤
119	①	②	③	④	⑤
120	①	②	③	④	⑤

○: 개	△: 개	X: 개

회독용 답안지

답안지 활용 방법

1. 회독 차수에 따라 본 답안지에 문제 풀이를 진행해 주세요. 추가 회독을 할 때는 해커스공무원(gosi.Hackers.com)
   ▶ 사이트 상단의 [교재 ▶ 무료 학습 자료]에서 답안지를 다운받아 진행하실 수 있습니다.
2. 채점 시 ○, △, X로 구분하여 채점해주세요. ○: 정확하게 맞음 △: 찍었는데 맞음 X: 틀림

회독 차수:　　　　　　진행 날짜:

04 중세의 정치

01	①	②	③	④	⑤
02	①	②	③	④	⑤
03	①	②	③	④	⑤
04	①	②	③	④	⑤
05	①	②	③	④	⑤
06	①	②	③	④	⑤
07	①	②	③	④	⑤
08	①	②	③	④	⑤
09	①	②	③	④	⑤
10	①	②	③	④	⑤
11	①	②	③	④	⑤
12	①	②	③	④	⑤
13	①	②	③	④	⑤
14	①	②	③	④	⑤
15	①	②	③	④	⑤
16	①	②	③	④	⑤
17	①	②	③	④	⑤
18	①	②	③	④	⑤
19	①	②	③	④	⑤
20	①	②	③	④	⑤
21	①	②	③	④	⑤
22	①	②	③	④	⑤
23	①	②	③	④	⑤
24	①	②	③	④	⑤
25	①	②	③	④	⑤
26	①	②	③	④	⑤
27	①	②	③	④	⑤
28	①	②	③	④	⑤
29	①	②	③	④	⑤
30	①	②	③	④	⑤
31	①	②	③	④	⑤
32	①	②	③	④	⑤
33	①	②	③	④	⑤
34	①	②	③	④	⑤
35	①	②	③	④	⑤
36	①	②	③	④	⑤
37	①	②	③	④	⑤
38	①	②	③	④	⑤
39	①	②	③	④	⑤
40	①	②	③	④	⑤
41	①	②	③	④	⑤
42	①	②	③	④	⑤
43	①	②	③	④	⑤
44	①	②	③	④	⑤
45	①	②	③	④	⑤

46	①	②	③	④	⑤
47	①	②	③	④	⑤
48	①	②	③	④	⑤
49	①	②	③	④	⑤
50	①	②	③	④	⑤
51	①	②	③	④	⑤
52	①	②	③	④	⑤
53	①	②	③	④	⑤
54	①	②	③	④	⑤
55	①	②	③	④	⑤
56	①	②	③	④	⑤
57	①	②	③	④	⑤
58	①	②	③	④	⑤
59	①	②	③	④	⑤
60	①	②	③	④	⑤
61	①	②	③	④	⑤
62	①	②	③	④	⑤
63	①	②	③	④	⑤
64	①	②	③	④	⑤
65	①	②	③	④	⑤
66	①	②	③	④	⑤
67	①	②	③	④	⑤
68	①	②	③	④	⑤
69	①	②	③	④	⑤
70	①	②	③	④	⑤
71	①	②	③	④	⑤
72	①	②	③	④	⑤
73	①	②	③	④	⑤
74	①	②	③	④	⑤
75	①	②	③	④	⑤
76	①	②	③	④	⑤
77	①	②	③	④	⑤
78	①	②	③	④	⑤
79	①	②	③	④	⑤
80	①	②	③	④	⑤
81	①	②	③	④	⑤
82	①	②	③	④	⑤
83	①	②	③	④	⑤
84	①	②	③	④	⑤
85	①	②	③	④	⑤
86	①	②	③	④	⑤
87	①	②	③	④	⑤
88	①	②	③	④	⑤
89	①	②	③	④	⑤
90	①	②	③	④	⑤

91	①	②	③	④	⑤
92	①	②	③	④	⑤
○: 개		△: 개		X: 개	

해커스공무원 대한국사 윤승규
기출 1200제

회독용 답안지

답안지 활용 방법

1. 회독 차수에 따라 본 답안지에 문제 풀이를 진행해 주세요. 추가 회독을 할 때는 해커스공무원(gosi.Hackers.com)
   ▶ 사이트 상단의 [교재 ▶ 무료 학습 자료]에서 답안지를 다운받아 진행하실 수 있습니다.
2. 채점 시 ○, △, X로 구분하여 채점해주세요. ○: 정확하게 맞음 △: 찍었는데 맞음 X: 틀림

회독 차수: 진행 날짜:

05 근세~근대 태동기의 정치

No.	①	②	③	④	⑤
01	①	②	③	④	⑤
02	①	②	③	④	⑤
03	①	②	③	④	⑤
04	①	②	③	④	⑤
05	①	②	③	④	⑤
06	①	②	③	④	⑤
07	①	②	③	④	⑤
08	①	②	③	④	⑤
09	①	②	③	④	⑤
10	①	②	③	④	⑤
11	①	②	③	④	⑤
12	①	②	③	④	⑤
13	①	②	③	④	⑤
14	①	②	③	④	⑤
15	①	②	③	④	⑤
16	①	②	③	④	⑤
17	①	②	③	④	⑤
18	①	②	③	④	⑤
19	①	②	③	④	⑤
20	①	②	③	④	⑤
21	①	②	③	④	⑤
22	①	②	③	④	⑤
23	①	②	③	④	⑤
24	①	②	③	④	⑤
25	①	②	③	④	⑤
26	①	②	③	④	⑤
27	①	②	③	④	⑤
28	①	②	③	④	⑤
29	①	②	③	④	⑤
30	①	②	③	④	⑤
31	①	②	③	④	⑤
32	①	②	③	④	⑤
33	①	②	③	④	⑤
34	①	②	③	④	⑤
35	①	②	③	④	⑤
36	①	②	③	④	⑤
37	①	②	③	④	⑤
38	①	②	③	④	⑤
39	①	②	③	④	⑤
40	①	②	③	④	⑤
41	①	②	③	④	⑤
42	①	②	③	④	⑤
43	①	②	③	④	⑤
44	①	②	③	④	⑤
45	①	②	③	④	⑤

No.	①	②	③	④	⑤
46	①	②	③	④	⑤
47	①	②	③	④	⑤
48	①	②	③	④	⑤
49	①	②	③	④	⑤
50	①	②	③	④	⑤
51	①	②	③	④	⑤
52	①	②	③	④	⑤
53	①	②	③	④	⑤
54	①	②	③	④	⑤
55	①	②	③	④	⑤
56	①	②	③	④	⑤
57	①	②	③	④	⑤
58	①	②	③	④	⑤
59	①	②	③	④	⑤
60	①	②	③	④	⑤
61	①	②	③	④	⑤
62	①	②	③	④	⑤
63	①	②	③	④	⑤
64	①	②	③	④	⑤
65	①	②	③	④	⑤
66	①	②	③	④	⑤
67	①	②	③	④	⑤
68	①	②	③	④	⑤
69	①	②	③	④	⑤
70	①	②	③	④	⑤
71	①	②	③	④	⑤
72	①	②	③	④	⑤
73	①	②	③	④	⑤
74	①	②	③	④	⑤
75	①	②	③	④	⑤
76	①	②	③	④	⑤
77	①	②	③	④	⑤
78	①	②	③	④	⑤
79	①	②	③	④	⑤
80	①	②	③	④	⑤
81	①	②	③	④	⑤
82	①	②	③	④	⑤
83	①	②	③	④	⑤
84	①	②	③	④	⑤
85	①	②	③	④	⑤
86	①	②	③	④	⑤
87	①	②	③	④	⑤
88	①	②	③	④	⑤
89	①	②	③	④	⑤
90	①	②	③	④	⑤

No.	①	②	③	④	⑤
91	①	②	③	④	⑤
92	①	②	③	④	⑤
93	①	②	③	④	⑤
94	①	②	③	④	⑤
95	①	②	③	④	⑤
96	①	②	③	④	⑤
97	①	②	③	④	⑤
98	①	②	③	④	⑤
99	①	②	③	④	⑤
100	①	②	③	④	⑤
101	①	②	③	④	⑤
102	①	②	③	④	⑤
103	①	②	③	④	⑤
104	①	②	③	④	⑤
105	①	②	③	④	⑤
106	①	②	③	④	⑤
107	①	②	③	④	⑤
108	①	②	③	④	⑤
109	①	②	③	④	⑤
110	①	②	③	④	⑤
111	①	②	③	④	⑤
112	①	②	③	④	⑤
113	①	②	③	④	⑤
114	①	②	③	④	⑤
115	①	②	③	④	⑤
116	①	②	③	④	⑤
117	①	②	③	④	⑤
118	①	②	③	④	⑤
119	①	②	③	④	⑤
120	①	②	③	④	⑤
121	①	②	③	④	⑤
122	①	②	③	④	⑤
123	①	②	③	④	⑤
124	①	②	③	④	⑤
125	①	②	③	④	⑤
126	①	②	③	④	⑤
127	①	②	③	④	⑤

○:   개   △:   개   X: 개

회독용 답안지

답안지 활용 방법

1. 회독 차수에 따라 본 답안지에 문제 풀이를 진행해 주세요. 추가 회독을 할 때는 해커스공무원(gosi.Hackers.com)
   ▶ 사이트 상단의 [교재 ▶ 무료 학습 자료]에서 답안지를 다운받아 진행하실 수 있습니다.
2. 채점 시 ○, △, X로 구분하여 채점해주세요. ○: 정확하게 맞음 △: 찍었는데 맞음 X: 틀림

회독 차수: 진행 날짜:

06 경제 구조와 경제생활

01	① ② ③ ④ ⑤
02	① ② ③ ④ ⑤
03	① ② ③ ④ ⑤
04	① ② ③ ④ ⑤
05	① ② ③ ④ ⑤
06	① ② ③ ④ ⑤
07	① ② ③ ④ ⑤
08	① ② ③ ④ ⑤
09	① ② ③ ④ ⑤
10	① ② ③ ④ ⑤
11	① ② ③ ④ ⑤
12	① ② ③ ④ ⑤
13	① ② ③ ④ ⑤
14	① ② ③ ④ ⑤
15	① ② ③ ④ ⑤
16	① ② ③ ④ ⑤
17	① ② ③ ④ ⑤
18	① ② ③ ④ ⑤
19	① ② ③ ④ ⑤
20	① ② ③ ④ ⑤
21	① ② ③ ④ ⑤
22	① ② ③ ④ ⑤
23	① ② ③ ④ ⑤
24	① ② ③ ④ ⑤
25	① ② ③ ④ ⑤
26	① ② ③ ④ ⑤
27	① ② ③ ④ ⑤
28	① ② ③ ④ ⑤
29	① ② ③ ④ ⑤
30	① ② ③ ④ ⑤
31	① ② ③ ④ ⑤
32	① ② ③ ④ ⑤
33	① ② ③ ④ ⑤
34	① ② ③ ④ ⑤
35	① ② ③ ④ ⑤
36	① ② ③ ④ ⑤
37	① ② ③ ④ ⑤
38	① ② ③ ④ ⑤
39	① ② ③ ④ ⑤
40	① ② ③ ④ ⑤
41	① ② ③ ④ ⑤
42	① ② ③ ④ ⑤
43	① ② ③ ④ ⑤
44	① ② ③ ④ ⑤
45	① ② ③ ④ ⑤

46	① ② ③ ④ ⑤
47	① ② ③ ④ ⑤
48	① ② ③ ④ ⑤
49	① ② ③ ④ ⑤
50	① ② ③ ④ ⑤
51	① ② ③ ④ ⑤
52	① ② ③ ④ ⑤
53	① ② ③ ④ ⑤
54	① ② ③ ④ ⑤
55	① ② ③ ④ ⑤
56	① ② ③ ④ ⑤
57	① ② ③ ④ ⑤
58	① ② ③ ④ ⑤
59	① ② ③ ④ ⑤
60	① ② ③ ④ ⑤
61	① ② ③ ④ ⑤
62	① ② ③ ④ ⑤
63	① ② ③ ④ ⑤
64	① ② ③ ④ ⑤
65	① ② ③ ④ ⑤
66	① ② ③ ④ ⑤
67	① ② ③ ④ ⑤
68	① ② ③ ④ ⑤
69	① ② ③ ④ ⑤
70	① ② ③ ④ ⑤
71	① ② ③ ④ ⑤
72	① ② ③ ④ ⑤
73	① ② ③ ④ ⑤
74	① ② ③ ④ ⑤
75	① ② ③ ④ ⑤
76	① ② ③ ④ ⑤
77	① ② ③ ④ ⑤
78	① ② ③ ④ ⑤
79	① ② ③ ④ ⑤
80	① ② ③ ④ ⑤
81	① ② ③ ④ ⑤
82	① ② ③ ④ ⑤
83	① ② ③ ④ ⑤
84	① ② ③ ④ ⑤
85	① ② ③ ④ ⑤
86	① ② ③ ④ ⑤
87	① ② ③ ④ ⑤
88	① ② ③ ④ ⑤
89	① ② ③ ④ ⑤
90	① ② ③ ④ ⑤

91	① ② ③ ④ ⑤
92	① ② ③ ④ ⑤
93	① ② ③ ④ ⑤
94	① ② ③ ④ ⑤
95	① ② ③ ④ ⑤
96	① ② ③ ④ ⑤
97	① ② ③ ④ ⑤
98	① ② ③ ④ ⑤
99	① ② ③ ④ ⑤
100	① ② ③ ④ ⑤
101	① ② ③ ④ ⑤
102	① ② ③ ④ ⑤
103	① ② ③ ④ ⑤
104	① ② ③ ④ ⑤
105	① ② ③ ④ ⑤

○: 개   △: 개   X: 개

회독용 답안지

답안지 활용 방법

1. 회독 차수에 따라 본 답안지에 문제 풀이를 진행해 주세요. 추가 회독을 할 때는 해커스공무원(gosi.Hackers.com)
   ▶ 사이트 상단의 [교재 ▶ 무료 학습 자료]에서 답안지를 다운받아 진행하실 수 있습니다.
2. 채점 시 ○, △, X로 구분하여 채점해주세요. ○: 정확하게 맞음 △: 찍었는데 맞음 X: 틀림

회독 차수:　　　　　　진행 날짜:

07 사회 구조와 사회생활

01	①	②	③	④	⑤
02	①	②	③	④	⑤
03	①	②	③	④	⑤
04	①	②	③	④	⑤
05	①	②	③	④	⑤
06	①	②	③	④	⑤
07	①	②	③	④	⑤
08	①	②	③	④	⑤
09	①	②	③	④	⑤
10	①	②	③	④	⑤
11	①	②	③	④	⑤
12	①	②	③	④	⑤
13	①	②	③	④	⑤
14	①	②	③	④	⑤
15	①	②	③	④	⑤
16	①	②	③	④	⑤
17	①	②	③	④	⑤
18	①	②	③	④	⑤
19	①	②	③	④	⑤
20	①	②	③	④	⑤
21	①	②	③	④	⑤
22	①	②	③	④	⑤
23	①	②	③	④	⑤
24	①	②	③	④	⑤
25	①	②	③	④	⑤
26	①	②	③	④	⑤
27	①	②	③	④	⑤
28	①	②	③	④	⑤
29	①	②	③	④	⑤
30	①	②	③	④	⑤
31	①	②	③	④	⑤
32	①	②	③	④	⑤
33	①	②	③	④	⑤
34	①	②	③	④	⑤
35	①	②	③	④	⑤
36	①	②	③	④	⑤
37	①	②	③	④	⑤
38	①	②	③	④	⑤
39	①	②	③	④	⑤
40	①	②	③	④	⑤
41	①	②	③	④	⑤
42	①	②	③	④	⑤
43	①	②	③	④	⑤
44	①	②	③	④	⑤
45	①	②	③	④	⑤

46	①	②	③	④	⑤
47	①	②	③	④	⑤
48	①	②	③	④	⑤
49	①	②	③	④	⑤
50	①	②	③	④	⑤
51	①	②	③	④	⑤
52	①	②	③	④	⑤
53	①	②	③	④	⑤
54	①	②	③	④	⑤
55	①	②	③	④	⑤
56	①	②	③	④	⑤
57	①	②	③	④	⑤
58	①	②	③	④	⑤
59	①	②	③	④	⑤
60	①	②	③	④	⑤
61	①	②	③	④	⑤
62	①	②	③	④	⑤
63	①	②	③	④	⑤
64	①	②	③	④	⑤
65	①	②	③	④	⑤
66	①	②	③	④	⑤
67	①	②	③	④	⑤
68	①	②	③	④	⑤
69	①	②	③	④	⑤
70	①	②	③	④	⑤
71	①	②	③	④	⑤
72	①	②	③	④	⑤
73	①	②	③	④	⑤
74	①	②	③	④	⑤
75	①	②	③	④	⑤
76	①	②	③	④	⑤

○: 　개　　△: 　개　　X: 　개

해커스공무원 대한국사 윤승규
기출 1200제

회독용 답안지

답안지 활용 방법

1. 회독 차수에 따라 본 답안지에 문제 풀이를 진행해 주세요. 추가 회독을 할 때는 해커스공무원(gosi.Hackers.com)
   ▶ 사이트 상단의 [교재 ▶ 무료 학습 자료]에서 답안지를 다운받아 진행하실 수 있습니다.
2. 채점 시 ○, △, X로 구분하여 채점해주세요. ○: 정확하게 맞음 △: 찍었는데 맞음 X: 틀림

회독 차수: 진행 날짜:

08 민족 문화의 발달

번호	답란		번호	답란		번호	답란
01	① ② ③ ④ ⑤		46	① ② ③ ④ ⑤		91	① ② ③ ④ ⑤
02	① ② ③ ④ ⑤		47	① ② ③ ④ ⑤		92	① ② ③ ④ ⑤
03	① ② ③ ④ ⑤		48	① ② ③ ④ ⑤		93	① ② ③ ④ ⑤
04	① ② ③ ④ ⑤		49	① ② ③ ④ ⑤		94	① ② ③ ④ ⑤
05	① ② ③ ④ ⑤		50	① ② ③ ④ ⑤		95	① ② ③ ④ ⑤
06	① ② ③ ④ ⑤		51	① ② ③ ④ ⑤		96	① ② ③ ④ ⑤
07	① ② ③ ④ ⑤		52	① ② ③ ④ ⑤		97	① ② ③ ④ ⑤
08	① ② ③ ④ ⑤		53	① ② ③ ④ ⑤		98	① ② ③ ④ ⑤
09	① ② ③ ④ ⑤		54	① ② ③ ④ ⑤		99	① ② ③ ④ ⑤
10	① ② ③ ④ ⑤		55	① ② ③ ④ ⑤		100	① ② ③ ④ ⑤
11	① ② ③ ④ ⑤		56	① ② ③ ④ ⑤		101	① ② ③ ④ ⑤
12	① ② ③ ④ ⑤		57	① ② ③ ④ ⑤		102	① ② ③ ④ ⑤
13	① ② ③ ④ ⑤		58	① ② ③ ④ ⑤		103	① ② ③ ④ ⑤
14	① ② ③ ④ ⑤		59	① ② ③ ④ ⑤		104	① ② ③ ④ ⑤
15	① ② ③ ④ ⑤		60	① ② ③ ④ ⑤		105	① ② ③ ④ ⑤
16	① ② ③ ④ ⑤		61	① ② ③ ④ ⑤		106	① ② ③ ④ ⑤
17	① ② ③ ④ ⑤		62	① ② ③ ④ ⑤		107	① ② ③ ④ ⑤
18	① ② ③ ④ ⑤		63	① ② ③ ④ ⑤		108	① ② ③ ④ ⑤
19	① ② ③ ④ ⑤		64	① ② ③ ④ ⑤		109	① ② ③ ④ ⑤
20	① ② ③ ④ ⑤		65	① ② ③ ④ ⑤		110	① ② ③ ④ ⑤
21	① ② ③ ④ ⑤		66	① ② ③ ④ ⑤		111	① ② ③ ④ ⑤
22	① ② ③ ④ ⑤		67	① ② ③ ④ ⑤		112	① ② ③ ④ ⑤
23	① ② ③ ④ ⑤		68	① ② ③ ④ ⑤		113	① ② ③ ④ ⑤
24	① ② ③ ④ ⑤		69	① ② ③ ④ ⑤		114	① ② ③ ④ ⑤
25	① ② ③ ④ ⑤		70	① ② ③ ④ ⑤		115	① ② ③ ④ ⑤
26	① ② ③ ④ ⑤		71	① ② ③ ④ ⑤		116	① ② ③ ④ ⑤
27	① ② ③ ④ ⑤		72	① ② ③ ④ ⑤		117	① ② ③ ④ ⑤
28	① ② ③ ④ ⑤		73	① ② ③ ④ ⑤		118	① ② ③ ④ ⑤
29	① ② ③ ④ ⑤		74	① ② ③ ④ ⑤		119	① ② ③ ④ ⑤
30	① ② ③ ④ ⑤		75	① ② ③ ④ ⑤		120	① ② ③ ④ ⑤
31	① ② ③ ④ ⑤		76	① ② ③ ④ ⑤		121	① ② ③ ④ ⑤
32	① ② ③ ④ ⑤		77	① ② ③ ④ ⑤		122	① ② ③ ④ ⑤
33	① ② ③ ④ ⑤		78	① ② ③ ④ ⑤		123	① ② ③ ④ ⑤
34	① ② ③ ④ ⑤		79	① ② ③ ④ ⑤		124	① ② ③ ④ ⑤
35	① ② ③ ④ ⑤		80	① ② ③ ④ ⑤		125	① ② ③ ④ ⑤
36	① ② ③ ④ ⑤		81	① ② ③ ④ ⑤		126	① ② ③ ④ ⑤
37	① ② ③ ④ ⑤		82	① ② ③ ④ ⑤		127	① ② ③ ④ ⑤
38	① ② ③ ④ ⑤		83	① ② ③ ④ ⑤		128	① ② ③ ④ ⑤
39	① ② ③ ④ ⑤		84	① ② ③ ④ ⑤		129	① ② ③ ④ ⑤
40	① ② ③ ④ ⑤		85	① ② ③ ④ ⑤		130	① ② ③ ④ ⑤
41	① ② ③ ④ ⑤		86	① ② ③ ④ ⑤		131	① ② ③ ④ ⑤
42	① ② ③ ④ ⑤		87	① ② ③ ④ ⑤		132	① ② ③ ④ ⑤
43	① ② ③ ④ ⑤		88	① ② ③ ④ ⑤		133	① ② ③ ④ ⑤
44	① ② ③ ④ ⑤		89	① ② ③ ④ ⑤		134	① ② ③ ④ ⑤
45	① ② ③ ④ ⑤		90	① ② ③ ④ ⑤		135	① ② ③ ④ ⑤

136	① ② ③ ④ ⑤	181	① ② ③ ④ ⑤
137	① ② ③ ④ ⑤	182	① ② ③ ④ ⑤
138	① ② ③ ④ ⑤	183	① ② ③ ④ ⑤
139	① ② ③ ④ ⑤	184	① ② ③ ④ ⑤
140	① ② ③ ④ ⑤	185	① ② ③ ④ ⑤
141	① ② ③ ④ ⑤	186	① ② ③ ④ ⑤
142	① ② ③ ④ ⑤	187	① ② ③ ④ ⑤
143	① ② ③ ④ ⑤	188	① ② ③ ④ ⑤
144	① ② ③ ④ ⑤	189	① ② ③ ④ ⑤
145	① ② ③ ④ ⑤	190	① ② ③ ④ ⑤
146	① ② ③ ④ ⑤	191	① ② ③ ④ ⑤
147	① ② ③ ④ ⑤	192	① ② ③ ④ ⑤
148	① ② ③ ④ ⑤	193	① ② ③ ④ ⑤
149	① ② ③ ④ ⑤	194	① ② ③ ④ ⑤
150	① ② ③ ④ ⑤	195	① ② ③ ④ ⑤
151	① ② ③ ④ ⑤	196	① ② ③ ④ ⑤
152	① ② ③ ④ ⑤	197	① ② ③ ④ ⑤
153	① ② ③ ④ ⑤	198	① ② ③ ④ ⑤
154	① ② ③ ④ ⑤	199	① ② ③ ④ ⑤
155	① ② ③ ④ ⑤	200	① ② ③ ④ ⑤
156	① ② ③ ④ ⑤	201	① ② ③ ④ ⑤
157	① ② ③ ④ ⑤	202	① ② ③ ④ ⑤
158	① ② ③ ④ ⑤	203	① ② ③ ④ ⑤
159	① ② ③ ④ ⑤	204	① ② ③ ④ ⑤
160	① ② ③ ④ ⑤	205	① ② ③ ④ ⑤
161	① ② ③ ④ ⑤	206	① ② ③ ④ ⑤
162	① ② ③ ④ ⑤	207	① ② ③ ④ ⑤
163	① ② ③ ④ ⑤	208	① ② ③ ④ ⑤
164	① ② ③ ④ ⑤	209	① ② ③ ④ ⑤
165	① ② ③ ④ ⑤	210	① ② ③ ④ ⑤
166	① ② ③ ④ ⑤	211	① ② ③ ④ ⑤
167	① ② ③ ④ ⑤	212	① ② ③ ④ ⑤
168	① ② ③ ④ ⑤	213	① ② ③ ④ ⑤
169	① ② ③ ④ ⑤	214	① ② ③ ④ ⑤
170	① ② ③ ④ ⑤	215	① ② ③ ④ ⑤
171	① ② ③ ④ ⑤	216	① ② ③ ④ ⑤
172	① ② ③ ④ ⑤	○: 개 △: 개 X: 개	
173	① ② ③ ④ ⑤		
174	① ② ③ ④ ⑤		
175	① ② ③ ④ ⑤		
176	① ② ③ ④ ⑤		
177	① ② ③ ④ ⑤		
178	① ② ③ ④ ⑤		
179	① ② ③ ④ ⑤		
180	① ② ③ ④ ⑤		

답안지 활용 방법

1. 회독 차수에 따라 본 답안지에 문제 풀이를 진행해 주세요. 추가 회독을 할 때는 해커스공무원(gosi.Hackers.com)
   ▶ 사이트 상단의 [교재 ▶ 무료 학습 자료]에서 답안지를 다운받아 진행하실 수 있습니다.
2. 채점 시 ○, △, X로 구분하여 채점해주세요. ○: 정확하게 맞음 △: 찍었는데 맞음 X: 틀림

회독 차수:　　　　　진행 날짜:

09 근대 사회의 전개

01	① ② ③ ④ ⑤
02	① ② ③ ④ ⑤
03	① ② ③ ④ ⑤
04	① ② ③ ④ ⑤
05	① ② ③ ④ ⑤
06	① ② ③ ④ ⑤
07	① ② ③ ④ ⑤
08	① ② ③ ④ ⑤
09	① ② ③ ④ ⑤
10	① ② ③ ④ ⑤
11	① ② ③ ④ ⑤
12	① ② ③ ④ ⑤
13	① ② ③ ④ ⑤
14	① ② ③ ④ ⑤
15	① ② ③ ④ ⑤
16	① ② ③ ④ ⑤
17	① ② ③ ④ ⑤
18	① ② ③ ④ ⑤
19	① ② ③ ④ ⑤
20	① ② ③ ④ ⑤
21	① ② ③ ④ ⑤
22	① ② ③ ④ ⑤
23	① ② ③ ④ ⑤
24	① ② ③ ④ ⑤
25	① ② ③ ④ ⑤
26	① ② ③ ④ ⑤
27	① ② ③ ④ ⑤
28	① ② ③ ④ ⑤
29	① ② ③ ④ ⑤
30	① ② ③ ④ ⑤
31	① ② ③ ④ ⑤
32	① ② ③ ④ ⑤
33	① ② ③ ④ ⑤
34	① ② ③ ④ ⑤
35	① ② ③ ④ ⑤
36	① ② ③ ④ ⑤
37	① ② ③ ④ ⑤
38	① ② ③ ④ ⑤
39	① ② ③ ④ ⑤
40	① ② ③ ④ ⑤
41	① ② ③ ④ ⑤
42	① ② ③ ④ ⑤
43	① ② ③ ④ ⑤
44	① ② ③ ④ ⑤
45	① ② ③ ④ ⑤
46	① ② ③ ④ ⑤
47	① ② ③ ④ ⑤
48	① ② ③ ④ ⑤
49	① ② ③ ④ ⑤
50	① ② ③ ④ ⑤
51	① ② ③ ④ ⑤
52	① ② ③ ④ ⑤
53	① ② ③ ④ ⑤
54	① ② ③ ④ ⑤
55	① ② ③ ④ ⑤
56	① ② ③ ④ ⑤
57	① ② ③ ④ ⑤
58	① ② ③ ④ ⑤
59	① ② ③ ④ ⑤
60	① ② ③ ④ ⑤
61	① ② ③ ④ ⑤
62	① ② ③ ④ ⑤
63	① ② ③ ④ ⑤
64	① ② ③ ④ ⑤
65	① ② ③ ④ ⑤
66	① ② ③ ④ ⑤
67	① ② ③ ④ ⑤
68	① ② ③ ④ ⑤
69	① ② ③ ④ ⑤
70	① ② ③ ④ ⑤
71	① ② ③ ④ ⑤
72	① ② ③ ④ ⑤
73	① ② ③ ④ ⑤
74	① ② ③ ④ ⑤
75	① ② ③ ④ ⑤
76	① ② ③ ④ ⑤
77	① ② ③ ④ ⑤
78	① ② ③ ④ ⑤
79	① ② ③ ④ ⑤
80	① ② ③ ④ ⑤
81	① ② ③ ④ ⑤
82	① ② ③ ④ ⑤
83	① ② ③ ④ ⑤
84	① ② ③ ④ ⑤
85	① ② ③ ④ ⑤
86	① ② ③ ④ ⑤
87	① ② ③ ④ ⑤
88	① ② ③ ④ ⑤
89	① ② ③ ④ ⑤
90	① ② ③ ④ ⑤
91	① ② ③ ④ ⑤
92	① ② ③ ④ ⑤
93	① ② ③ ④ ⑤
94	① ② ③ ④ ⑤
95	① ② ③ ④ ⑤
96	① ② ③ ④ ⑤
97	① ② ③ ④ ⑤
98	① ② ③ ④ ⑤
99	① ② ③ ④ ⑤
100	① ② ③ ④ ⑤
101	① ② ③ ④ ⑤
102	① ② ③ ④ ⑤
103	① ② ③ ④ ⑤
104	① ② ③ ④ ⑤
105	① ② ③ ④ ⑤
106	① ② ③ ④ ⑤
107	① ② ③ ④ ⑤
108	① ② ③ ④ ⑤
109	① ② ③ ④ ⑤
110	① ② ③ ④ ⑤
111	① ② ③ ④ ⑤
112	① ② ③ ④ ⑤
113	① ② ③ ④ ⑤
114	① ② ③ ④ ⑤
115	① ② ③ ④ ⑤
116	① ② ③ ④ ⑤
117	① ② ③ ④ ⑤
118	① ② ③ ④ ⑤
119	① ② ③ ④ ⑤
120	① ② ③ ④ ⑤
121	① ② ③ ④ ⑤
122	① ② ③ ④ ⑤
123	① ② ③ ④ ⑤
124	① ② ③ ④ ⑤
125	① ② ③ ④ ⑤
126	① ② ③ ④ ⑤
127	① ② ③ ④ ⑤
128	① ② ③ ④ ⑤
129	① ② ③ ④ ⑤
130	① ② ③ ④ ⑤
131	① ② ③ ④ ⑤
132	① ② ③ ④ ⑤
133	① ② ③ ④ ⑤
134	① ② ③ ④ ⑤
135	① ② ③ ④ ⑤

136	①	②	③	④	⑤
137	①	②	③	④	⑤
138	①	②	③	④	⑤
139	①	②	③	④	⑤
140	①	②	③	④	⑤
141	①	②	③	④	⑤
142	①	②	③	④	⑤
143	①	②	③	④	⑤
144	①	②	③	④	⑤
145	①	②	③	④	⑤
146	①	②	③	④	⑤
147	①	②	③	④	⑤
148	①	②	③	④	⑤
149	①	②	③	④	⑤
150	①	②	③	④	⑤
151	①	②	③	④	⑤
152	①	②	③	④	⑤
153	①	②	③	④	⑤
154	①	②	③	④	⑤
155	①	②	③	④	⑤
156	①	②	③	④	⑤
157	①	②	③	④	⑤
158	①	②	③	④	⑤
159	①	②	③	④	⑤
160	①	②	③	④	⑤
161	①	②	③	④	⑤
162	①	②	③	④	⑤
163	①	②	③	④	⑤
164	①	②	③	④	⑤
165	①	②	③	④	⑤
○: 개		△: 개		X: 개	

회독 차수: 진행 날짜:

10 민족 독립운동의 전개

01	① ② ③ ④ ⑤	46	① ② ③ ④ ⑤	91	① ② ③ ④ ⑤
02	① ② ③ ④ ⑤	47	① ② ③ ④ ⑤	92	① ② ③ ④ ⑤
03	① ② ③ ④ ⑤	48	① ② ③ ④ ⑤	93	① ② ③ ④ ⑤
04	① ② ③ ④ ⑤	49	① ② ③ ④ ⑤	94	① ② ③ ④ ⑤
05	① ② ③ ④ ⑤	50	① ② ③ ④ ⑤	95	① ② ③ ④ ⑤
06	① ② ③ ④ ⑤	51	① ② ③ ④ ⑤	96	① ② ③ ④ ⑤
07	① ② ③ ④ ⑤	52	① ② ③ ④ ⑤	97	① ② ③ ④ ⑤
08	① ② ③ ④ ⑤	53	① ② ③ ④ ⑤	98	① ② ③ ④ ⑤
09	① ② ③ ④ ⑤	54	① ② ③ ④ ⑤	99	① ② ③ ④ ⑤
10	① ② ③ ④ ⑤	55	① ② ③ ④ ⑤	100	① ② ③ ④ ⑤
11	① ② ③ ④ ⑤	56	① ② ③ ④ ⑤	101	① ② ③ ④ ⑤
12	① ② ③ ④ ⑤	57	① ② ③ ④ ⑤	102	① ② ③ ④ ⑤
13	① ② ③ ④ ⑤	58	① ② ③ ④ ⑤	103	① ② ③ ④ ⑤
14	① ② ③ ④ ⑤	59	① ② ③ ④ ⑤	104	① ② ③ ④ ⑤
15	① ② ③ ④ ⑤	60	① ② ③ ④ ⑤	105	① ② ③ ④ ⑤
16	① ② ③ ④ ⑤	61	① ② ③ ④ ⑤	106	① ② ③ ④ ⑤
17	① ② ③ ④ ⑤	62	① ② ③ ④ ⑤	107	① ② ③ ④ ⑤
18	① ② ③ ④ ⑤	63	① ② ③ ④ ⑤	108	① ② ③ ④ ⑤
19	① ② ③ ④ ⑤	64	① ② ③ ④ ⑤	109	① ② ③ ④ ⑤
20	① ② ③ ④ ⑤	65	① ② ③ ④ ⑤	110	① ② ③ ④ ⑤
21	① ② ③ ④ ⑤	66	① ② ③ ④ ⑤	111	① ② ③ ④ ⑤
22	① ② ③ ④ ⑤	67	① ② ③ ④ ⑤	112	① ② ③ ④ ⑤
23	① ② ③ ④ ⑤	68	① ② ③ ④ ⑤	113	① ② ③ ④ ⑤
24	① ② ③ ④ ⑤	69	① ② ③ ④ ⑤	114	① ② ③ ④ ⑤
25	① ② ③ ④ ⑤	70	① ② ③ ④ ⑤	115	① ② ③ ④ ⑤
26	① ② ③ ④ ⑤	71	① ② ③ ④ ⑤	116	① ② ③ ④ ⑤
27	① ② ③ ④ ⑤	72	① ② ③ ④ ⑤	117	① ② ③ ④ ⑤
28	① ② ③ ④ ⑤	73	① ② ③ ④ ⑤	118	① ② ③ ④ ⑤
29	① ② ③ ④ ⑤	74	① ② ③ ④ ⑤	119	① ② ③ ④ ⑤
30	① ② ③ ④ ⑤	75	① ② ③ ④ ⑤	120	① ② ③ ④ ⑤
31	① ② ③ ④ ⑤	76	① ② ③ ④ ⑤	121	① ② ③ ④ ⑤
32	① ② ③ ④ ⑤	77	① ② ③ ④ ⑤	122	① ② ③ ④ ⑤
33	① ② ③ ④ ⑤	78	① ② ③ ④ ⑤	123	① ② ③ ④ ⑤
34	① ② ③ ④ ⑤	79	① ② ③ ④ ⑤	124	① ② ③ ④ ⑤
35	① ② ③ ④ ⑤	80	① ② ③ ④ ⑤	125	① ② ③ ④ ⑤
36	① ② ③ ④ ⑤	81	① ② ③ ④ ⑤	126	① ② ③ ④ ⑤
37	① ② ③ ④ ⑤	82	① ② ③ ④ ⑤	127	① ② ③ ④ ⑤
38	① ② ③ ④ ⑤	83	① ② ③ ④ ⑤	128	① ② ③ ④ ⑤
39	① ② ③ ④ ⑤	84	① ② ③ ④ ⑤	129	① ② ③ ④ ⑤
40	① ② ③ ④ ⑤	85	① ② ③ ④ ⑤	130	① ② ③ ④ ⑤
41	① ② ③ ④ ⑤	86	① ② ③ ④ ⑤	131	① ② ③ ④ ⑤
42	① ② ③ ④ ⑤	87	① ② ③ ④ ⑤	132	① ② ③ ④ ⑤
43	① ② ③ ④ ⑤	88	① ② ③ ④ ⑤	133	① ② ③ ④ ⑤
44	① ② ③ ④ ⑤	89	① ② ③ ④ ⑤	134	① ② ③ ④ ⑤
45	① ② ③ ④ ⑤	90	① ② ③ ④ ⑤	135	① ② ③ ④ ⑤

136	①	②	③	④	⑤
137	①	②	③	④	⑤
138	①	②	③	④	⑤
139	①	②	③	④	⑤
140	①	②	③	④	⑤
141	①	②	③	④	⑤
142	①	②	③	④	⑤
143	①	②	③	④	⑤
144	①	②	③	④	⑤
145	①	②	③	④	⑤
146	①	②	③	④	⑤
147	①	②	③	④	⑤
148	①	②	③	④	⑤
149	①	②	③	④	⑤
150	①	②	③	④	⑤
151	①	②	③	④	⑤
152	①	②	③	④	⑤
153	①	②	③	④	⑤
154	①	②	③	④	⑤
155	①	②	③	④	⑤
156	①	②	③	④	⑤
○: 개		△: 개		X: 개	

회독용 답안지

답안지 활용 방법

1. 회독 차수에 따라 본 답안지에 문제 풀이를 진행해 주세요. 추가 회독을 할 때는 해커스공무원(gosi.Hackers.com)
   ▶ 사이트 상단의 [교재 ▶ 무료 학습 자료]에서 답안지를 다운받아 진행하실 수 있습니다.
2. 채점 시 ○, △, X로 구분하여 채점해주세요. ○: 정확하게 맞음 △: 찍었는데 맞음 X: 틀림

회독 차수:　　　　　　진행 날짜:

11 현대 사회의 발전

01	① ② ③ ④ ⑤	46	① ② ③ ④ ⑤	91	① ② ③ ④ ⑤
02	① ② ③ ④ ⑤	47	① ② ③ ④ ⑤	92	① ② ③ ④ ⑤
03	① ② ③ ④ ⑤	48	① ② ③ ④ ⑤	93	① ② ③ ④ ⑤
04	① ② ③ ④ ⑤	49	① ② ③ ④ ⑤	94	① ② ③ ④ ⑤
05	① ② ③ ④ ⑤	50	① ② ③ ④ ⑤	95	① ② ③ ④ ⑤
06	① ② ③ ④ ⑤	51	① ② ③ ④ ⑤	96	① ② ③ ④ ⑤
07	① ② ③ ④ ⑤	52	① ② ③ ④ ⑤	97	① ② ③ ④ ⑤
08	① ② ③ ④ ⑤	53	① ② ③ ④ ⑤	98	① ② ③ ④ ⑤
09	① ② ③ ④ ⑤	54	① ② ③ ④ ⑤	99	① ② ③ ④ ⑤
10	① ② ③ ④ ⑤	55	① ② ③ ④ ⑤	100	① ② ③ ④ ⑤
11	① ② ③ ④ ⑤	56	① ② ③ ④ ⑤	101	① ② ③ ④ ⑤
12	① ② ③ ④ ⑤	57	① ② ③ ④ ⑤	102	① ② ③ ④ ⑤
13	① ② ③ ④ ⑤	58	① ② ③ ④ ⑤	103	① ② ③ ④ ⑤
14	① ② ③ ④ ⑤	59	① ② ③ ④ ⑤	104	① ② ③ ④ ⑤
15	① ② ③ ④ ⑤	60	① ② ③ ④ ⑤	105	① ② ③ ④ ⑤
16	① ② ③ ④ ⑤	61	① ② ③ ④ ⑤	106	① ② ③ ④ ⑤
17	① ② ③ ④ ⑤	62	① ② ③ ④ ⑤	107	① ② ③ ④ ⑤
18	① ② ③ ④ ⑤	63	① ② ③ ④ ⑤	108	① ② ③ ④ ⑤
19	① ② ③ ④ ⑤	64	① ② ③ ④ ⑤	109	① ② ③ ④ ⑤
20	① ② ③ ④ ⑤	65	① ② ③ ④ ⑤	110	① ② ③ ④ ⑤
21	① ② ③ ④ ⑤	66	① ② ③ ④ ⑤	111	① ② ③ ④ ⑤
22	① ② ③ ④ ⑤	67	① ② ③ ④ ⑤	○: 개　△: 개　X: 개
23	① ② ③ ④ ⑤	68	① ② ③ ④ ⑤	
24	① ② ③ ④ ⑤	69	① ② ③ ④ ⑤	
25	① ② ③ ④ ⑤	70	① ② ③ ④ ⑤	
26	① ② ③ ④ ⑤	71	① ② ③ ④ ⑤	
27	① ② ③ ④ ⑤	72	① ② ③ ④ ⑤	
28	① ② ③ ④ ⑤	73	① ② ③ ④ ⑤	
29	① ② ③ ④ ⑤	74	① ② ③ ④ ⑤	
30	① ② ③ ④ ⑤	75	① ② ③ ④ ⑤	
31	① ② ③ ④ ⑤	76	① ② ③ ④ ⑤	
32	① ② ③ ④ ⑤	77	① ② ③ ④ ⑤	
33	① ② ③ ④ ⑤	78	① ② ③ ④ ⑤	
34	① ② ③ ④ ⑤	79	① ② ③ ④ ⑤	
35	① ② ③ ④ ⑤	80	① ② ③ ④ ⑤	
36	① ② ③ ④ ⑤	81	① ② ③ ④ ⑤	
37	① ② ③ ④ ⑤	82	① ② ③ ④ ⑤	
38	① ② ③ ④ ⑤	83	① ② ③ ④ ⑤	
39	① ② ③ ④ ⑤	84	① ② ③ ④ ⑤	
40	① ② ③ ④ ⑤	85	① ② ③ ④ ⑤	
41	① ② ③ ④ ⑤	86	① ② ③ ④ ⑤	
42	① ② ③ ④ ⑤	87	① ② ③ ④ ⑤	
43	① ② ③ ④ ⑤	88	① ② ③ ④ ⑤	
44	① ② ③ ④ ⑤	89	① ② ③ ④ ⑤	
45	① ② ③ ④ ⑤	90	① ② ③ ④ ⑤	

2023 대비 최신개정판

해커스공무원

대한국사

윤승규

기출

1200 제

개정 4판 1쇄 발행 2022년 10월 27일

지은이	윤승규
펴낸곳	해커스패스
펴낸이	해커스공무원 출판팀

주소	서울특별시 강남구 강남대로 428 해커스공무원
고객센터	1588-4055
교재 관련 문의	gosi@hackerspass.com
	해커스공무원 사이트(gosi.Hackers.com) 교재 Q&A 게시판
	카카오톡 플러스 친구 [해커스공무원 노량진캠퍼스]
학원 강의 및 동영상강의	gosi.Hackers.com

ISBN	979-11-6880-693-1 (13910)
Serial Number	04-01-01

최단기 합격 공무원학원 1위,

해커스공무원 gosi.Hackers.com

해커스공무원

- 다회독에 최적화된 **회독용 답안지**
- '회독'의 방법과 공부 습관을 제시하는 **해커스 회독증강 콘텐츠**(교재 내 할인쿠폰 수록)
- 정확한 성적 분석으로 약점 극복이 가능한 **합격예측 모의고사**(교재 내 응시권 및 해설강의 수강권 수록)
- 해커스 스타강사의 **공무원 한국사 무료 동영상강의**
- 윤승규 선생님의 **본 교재 인강**(교재 내 할인쿠폰 수록)